GESTION FINANCIÈRE

2ᵉ édition

Stephen A. Ross
Randolph W. Westerfield
Bradford D. Jordan
Gordon S. Roberts

Adaptation française

Martin Boyer
HEC Montréal

Jacques Saint-Pierre
Université Laval

Traduit de l'anglais par
Jeanne Charbonneau
et René Lapalme

**Chenelière
McGraw Hill**

CHENELIÈRE ÉDUCATION

Gestion financière, 2e édition

Stephen A. Ross, Randolph W. Westerfield, Bradford D. Jordan,
Gordon S. Roberts

Traduction de : *Fundamentals of Corporate Finance, Fifth
Canadian Edition* de Ross, Westerfield, Jordan, Roberts
(ISBN 0-07-091659-4 © 2005, 2002, 1999 McGraw-Hill Ryerson
Limited © 1996, 1993 Richard D. Irwin)

© 2005, 2001 Les Éditions de la Chenelière inc.

Éditeurs : Sylvain Ménard et Pierre Frigon
Coordination : Lucie Turcotte
Révision linguistique : Ginette Laliberté
Correction d'épreuves : Lucie Lefebvre
Conception graphique et infographie : Marc Leblanc
Couverture : Karina Dupuis

Catalogage avant publication de Bibliothèque et Archives Canada

Vedette principale au titre :

Gestion financière
2e éd.
Traduction de la 5e éd. canadienne de : Fundamentals of
corporate finance.
Comprend un index.

ISBN 2-7651-0405-0

1. Sociétés — Finances. 2. Entreprises — Finances. 3. États
financiers. 4. Investissements. 5. Sociétés — Finances —
Problèmes et exercices. I. Ross, Stephen A. II. Boyer
M. Martin. III. Saint-Pierre, Jacques, 1943- .

HG4026.F8614 2005   658.15   C2005-940619-4

**Chenelière
McGraw-Hill**

CHENELIÈRE ÉDUCATION

7001, boul. Saint-Laurent
Montréal (Québec)
Canada H2S 3E3
Téléphone : (514) 273-1066
Télécopieur : (514) 276-0324
info@cheneliere-education.ca

ISBN 2-7651-0405-0

Dépôt légal : 2e trimestre 2005
Bibliothèque nationale du Québec
Bibliothèque nationale du Canada

Imprimé au Canada

1 2 3 4 5 ITIB 09 08 07 06 05

Dans ce livre, le masculin a été utilisé dans le but d'alléger le texte.
La lectrice et le lecteur verront à interpréter selon le contexte.

Nous reconnaissons l'aide financière du gouvernement du Canada
par l'entremise du Programme d'aide au développement de l'industrie de l'édition (PADIÉ) pour nos activités d'édition.

Chenelière Éducation remercie le gouvernement du Québec de
l'aide financière qu'il lui a accordée pour l'édition de cet ouvrage par
l'intermédiaire du Programme de crédit d'impôt pour l'édition de
livres (SODEC).

L'Éditeur a fait tout ce qui était en son pourvoir pour retrouver les
copyrights. On peut lui signaler tout renseignement menant à la correction d'erreurs ou d'omissions.

DANGER

LE
PHOTOCOPILLAGE
TUE LE LIVRE

La gestion financière représente plus que jamais un défi de taille. La nature même des marchés et des instruments financiers a connu d'importants changements au cours des quinze dernières années, et la pratique de la gestion financière continue d'évoluer à un rythme effréné. Ce qui, hier encore, était à la fine pointe peut être dépassé le jour suivant ; c'est pourquoi il est essentiel que les cours et les manuels de finance restent actuels.

Dans cette deuxième édition de *Gestion financière,* les auteurs proposent une approche contemporaine et unifiée de la gestion financière au Canada. Cet ouvrage convient particulièrement aux étudiants qui commencent leur formation dans ce domaine.

L'approche de base

Les changements rapides et profonds du marché ne font qu'alourdir la tâche du professeur de gestion financière. D'une part, il est beaucoup plus difficile d'assurer la mise à jour du matériel ; d'autre part, il importe de reconnaître les tendances passagères afin d'éviter d'enseigner uniquement ce qui, demain, n'aura plus cours. Ce manuel se propose donc d'étudier les éléments de base de la gestion financière moderne et de les illustrer grâce à des exemples tirés du Canada contemporain. Comme il sera souligné tout au long du manuel, la gestion financière est présentée ici comme la réunion d'un petit nombre d'intuitions interreliées et très puissantes.

Selon les divers ouvrages d'initiation à la gestion financière consultés, y compris ceux qui ont aidé à la rédaction de ce manuel, cette approche fondamentale tient davantage de l'exception que de la règle. Trop souvent, pour l'étudiant débutant, la gestion financière n'est qu'un amalgame de sujets disparates dont le seul point commun réside dans leur assemblage sous une même couverture. Ce phénomène est souvent inévitable, la matière étant abordée de manière compartimentée et axée sur la procédure. En général, on recherche des « solutions » détaillées et précises à des problèmes particuliers. Combien de fois a-t-on entendu des étudiants se plaindre de ne pouvoir résoudre un problème parce qu'ils ignorent quelle formule employer ?

Il faut éviter de considérer les parties sans tenir compte de l'ensemble. Au fil du temps, les détails s'estompent pour faire place, à la condition d'avoir réussi, à une solide maîtrise des principes sous-jacents. C'est pourquoi, tout au long du manuel, nous nous attarderons à la logique de base de la gestion financière.

Les caractéristiques du manuel

Les éléments qui suivent témoignent tous de l'approche qui vient d'être décrite.

L'intuition avant tout Les principes sous-jacents sont toujours mis en relief et expliqués de manière intuitive avant d'entreprendre une étude plus approfondie. Les principaux concepts sont d'abord décrits de façon générale, puis ils sont illustrés grâce à des exemples qui montrent comment les gestionnaires financiers pourraient les appliquer dans une situation donnée.

Une approche unifiée de l'évaluation De nombreux manuels n'admettent que du bout des lèvres que la valeur actualisée nette (VAN) peut être au cœur même de la gestion financière, et ils évitent l'intégration systématique de cet important principe. Une approche trop mécanique de la VAN, qui accorde la priorité aux calculs plutôt qu'à la compréhension, masque une des notions les plus essentielles, à savoir que la VAN représente l'écart entre la valeur marchande et les coûts. Chacun des sujets traités dans ce manuel est abordé en fonction de l'évaluation, et l'effet de décisions sur la valeur est toujours expliqué de façon précise.

La gestion en bout de ligne Les étudiants auront toujours à l'esprit que la gestion financière relève justement de la *gestion*. Dans cet ouvrage, nous insistons sur le rôle du gestionnaire financier dans la prise de décision et sur l'importance de l'opinion et du jugement des dirigeants. Nous évitons consciemment l'approche de la « boîte noire ».

Ces thèmes s'unissent dans le manuel afin d'offrir un traitement soutenu, une base solide et une compréhension pratique et utile de l'évaluation des décisions financières.

Le public cible

Cet ouvrage est conçu spécialement pour les cours d'introduction à la gestion financière. L'étudiant type ne possède aucune formation dans ce domaine et n'a aucune connaissance précise s'y rapportant. Puisque le cours fait en général partie d'un ensemble où puisent divers programmes d'études commerciales, ce manuel s'adresse tout aussi bien à des étudiants spécialisés en affaires ou non. Il ne présuppose aucun préalable et se suffit à lui-même. On pourrait s'attendre à une connaissance de certaines notions préliminaires en comptabilité, mais celles-ci sont abordées au départ. Le manuel sera donc accessible à un très grand nombre d'étudiants, peu importe leur expérience dans le domaine.

Le contenu

Dès le début, *Gestion financière* propose un contenu novateur et traite d'une grande diversité de sujets. À titre d'exemple, le chapitre 4, qui porte sur la planification financière à long terme, comprend une discussion approfondie sur l'utilisation des taux de croissance durable à titre d'outil de planification. Le chapitre 11, qui présente l'analyse et l'évaluation de projets, traite à fond de l'évaluation des estimations de la VAN. Le chapitre 12, qui décrit l'historique des marchés financiers, détaille la célèbre étude d'Ibbotson-Sinquefield ainsi que d'autres études canadiennes et s'attarde à la nature des risques et des rendements des marchés financiers. Le chapitre 15 traite de la réunion de capital. Il permet d'amorcer une discussion sur les premiers appels publics à l'épargne et les frais liés à la transformation en société ouverte au Canada ; l'accent est mis sur les entreprises de haute technologie.

Il ne s'agit ici que d'un échantillon. Ce sont les données les plus pertinentes qui retiennent l'attention, et c'est par une approche moderne et nouvelle que sont abordés de nombreux sujets traditionnels. Ainsi, il est possible d'éliminer les sujets d'importance douteuse et d'éviter les discussions purement théoriques. De plus, on peut minimiser le recours à des calculs laborieux pour illustrer des concepts, ces derniers paraissant évidents par instinct ou ayant une importance pratique limitée.

Contrairement à d'autres manuels d'introduction, *Gestion financière* donne de nombreux conseils pratiques d'une réelle pertinence. Cet ouvrage cherche surtout à dépasser la présentation habituellement aride de nombreux manuels afin d'illustrer l'utilisation concrète des outils présentés. Au besoin, on dévoile également la nature approximative et pragmatique de certains types d'analyse financière, certains des pièges qui guettent les gestionnaires financiers et les limites avec lesquelles il faut composer.

Un souci de pédagogie

Outre le fait d'illustrer des concepts pertinents et de présenter un contenu à la fine pointe, *Gestion financière* aborde la matière de façon conséquente et vise la facilité d'accès. Dans le but de satisfaire aux exigences diverses de son public cible, le manuel contient une multitude d'outils pédagogiques, tels que ceux qui sont décrits ci-après.

De nombreux exemples, questions, problèmes et cas

1. *Les exemples* Chaque chapitre comporte une grande diversité d'exemples détaillés et bien expliqués. On les trouve au fil du texte principal, où ils sont présentés séparément sous forme d'exemples numérotés auxquels renvoie le texte. Selon les expériences effectuées en classe, ces exemples sont parmi les outils les plus utiles, car ils contiennent à la fois les détails du problème et les explications.

2. *Les questions théoriques* Les chapitres sont divisés en courtes sections qui se terminent par une série de questions théoriques permettant de vérifier rapidement la compréhension de la matière. Puisque ces questions soulignent les notions clés, les étudiants semblent s'y fier largement lorsqu'ils font la révision des chapitres.

3. *Les problèmes d'auto-évaluation* Les chapitres se terminent tous par une série de problèmes d'auto-évaluation, suivis d'une solution détaillée et de commentaires. Ces questions regroupent souvent plusieurs éléments du chapitre afin d'illustrer leurs interrelations.

4. *Les questions de synthèse et de réflexion critique* Dans la plupart des chapitres, des questions de synthèse et de réflexion critique invitent l'étudiant à faire le point sur les notions abordées.

5. *Les problèmes de fin de chapitre* Les étudiants semblent apprendre davantage lorsqu'ils peuvent mettre leurs connaissances en pratique. Cette édition propose donc une série de problèmes et de questions largement revus et mis à jour, présentés par ordre de difficulté.

6. *Les mini études de cas* Dans la majorité des chapitres, aux questions et problèmes s'ajoutent des *mini études de cas* destinées à favoriser la réflexion, l'analyse et l'intégration des thématiques abordées.

L'annexe B Située à la fin du manuel, cette annexe donne des réponses précises à certains problèmes de fin de chapitre. Ainsi, les étudiants peuvent vérifier leur compréhension de la matière.

Les questions et les problèmes sont de divers niveaux, allant de problèmes relativement simples de mise en pratique jusqu'à des problèmes qui posent des défis plus sérieux et stimulent la réflexion, conçus pour piquer la curiosité des étudiants les plus enthousiastes. Le degré de difficulté des problèmes est clairement précisé dans la marge pour les repérer rapidement. Tout au long du manuel, divers problèmes conçus pour stimuler l'intérêt servent à illustrer comment la théorie est mise en pratique dans le monde réel.

Les essais à l'intérieur des encadrés Une série originale de courts essais intitulée « Les propos de… » présente le point de vue de chercheurs de renom et de praticiens canadiens sur certains sujets importants. On trouve notamment des essais de Merton H. Miller sur la structure du capital, de Richard Roll sur le cours des valeurs mobilières et de F. Anthony Comper sur l'avenir des services financiers. Ces textes ont pour but d'éclairer, d'informer et de divertir.

Les stratégies pour l'emploi de tableurs Cette nouvelle rubrique permettra à l'étudiant de se familiariser avec Excel ou d'approfondir sa connaissance de ce logiciel. Ainsi, il pourra concevoir des feuilles de calcul facilitant l'analyse de problèmes de gestion courants.

Les questions sur des applications Internet Cette deuxième édition propose des questions sur des applications Internet qui initieront l'étudiant à de nouveaux outils de gestion financière.

Les autres caractéristiques Parmi les éléments qui servent à promouvoir l'apprentissage, on peut souligner ceux-ci :

1. *Les termes importants* Chaque chapitre comporte une série de termes importants imprimés en **caractères gras** à leur première occurrence. Ces termes sont définis au fil du texte, mais ils sont également repris dans la marge pour un repérage plus rapide. On trouve également une liste de notions clés à la fin de chaque chapitre ainsi qu'un glossaire complet à la fin du manuel indiquant les pages où les termes sont expliqués.

2. *La révision et la récapitulation des chapitres* Afin de permettre une vue d'ensemble, chaque chapitre se termine par une section récapitulative où sont énumérés les éléments les plus importants. Les tableaux récapitulatifs reprennent de façon succincte les principes essentiels.

3. *Les lectures suggérées* Le lecteur désireux d'effectuer une recherche plus approfondie peut consulter une courte liste commentée de références à la fin de chacun des chapitres.

4. *Le niveau de langue* Dans le but de capter l'attention des lecteurs, *Gestion financière* utilise un niveau de langue assez accessible. Tout au long du manuel, la matière est abordée avec un enthousiasme évident. Les étudiants trouveront le style clair et compréhensible.

Le matériel complémentaire

Des outils complémentaires permettent de parfaire l'approche pédagogique du manuel.

Le solutionnaire Le solutionnaire comporte des réponses détaillées aux questions et problèmes en fin de chapitre.

Les gabarits GTAF Les gabarits de tableurs d'analyse financière Excel seront utiles pour résoudre plusieurs questions et problèmes en fin de chapitre. Ces gabarits sont présentés sur notre site Internet à l'adresse suivante : www.cheneliere-education.ca.

Le diaporama Également sur le site www.cheneliere-education.ca, un diaporama PowerPoint présente un contenu correspondant à celui de chacun des chapitres.

L'organisation du manuel

Un cours d'initiation à la gestion financière doit couvrir une quantité impressionnante de concepts en fort peu de temps. C'est pour cette raison que ce manuel est conçu dans le but de permettre un maximum de flexibilité. L'ouvrage se divise en six parties et, en règle générale, le professeur est libre de choisir la séquence qui lui convient le mieux. De plus, le premier chapitre de chacune des parties comporte habituellement une vue d'ensemble de la matière à venir. Ainsi, si le temps manque, il est toujours possible d'éliminer certains chapitres. Enfin, les sections au début de chacun des chapitres sont les plus importantes, et il est souvent possible d'omettre les sections qui suivent sans perdre l'idée de base. Le professeur peut alors contrôler la matière enseignée, ainsi que la séquence et l'étendue de l'apprentissage.

La première partie se compose de deux chapitres. Le chapitre 1 discute le rôle des sociétés, leur organisation, le problème d'agence et, brièvement, les marchés monétaires et financiers. Le chapitre 2 décrit de façon succincte les flux monétaires et les bénéfices comptables, la valeur marchande et la valeur aux livres et, enfin, les impôts. Il propose également une révision fort utile des états financiers.

La deuxième partie concerne l'analyse des états financiers, la planification à long terme et la croissance des entreprises. La troisième partie aborde l'évaluation de la valeur de rendement, des flux monétaires, des actions et des obligations. On peut toutefois négliger la deuxième partie, s'il y a lieu. Après la troisième partie, la plupart des professeurs voudront sans doute poursuivre avec la quatrième partie, qui traite de la valeur actualisée, de l'évaluation de flux monétaires actualisés et de la budgétisation des investissements.

La cinquième partie comporte deux chapitres sur le risque et le rendement. Le premier chapitre, sur l'historique du marché, initie les étudiants aux taux de rendement typiques d'actifs risqués. Le deuxième discute le compromis entre le rendement espéré et le risque, et il explique la courbe risque-rendement d'une manière intuitive qui évite en grande partie le recours aux habituelles théories du portefeuille et aux statistiques.

Enfin, le premier chapitre de la sixième partie est une initiation au financement à long terme et il a trait au coût du capital. Le deuxième chapitre porte sur la réunion de capital et s'attarde au rôle du spécialiste des services de banques d'affaires et aux frais afférents à la transformation en une société ouverte. Comme ce chapitre est très descriptif, on peut laisser les étudiants le lire de leur propre chef, si le calendrier l'exige. La structure du capital et la politique du dividende font l'objet des deux chapitres suivants. On peut étudier le chapitre sur les dividendes séparément, et le chapitre sur la structure du capital peut être omis sans nuire à la cohérence du manuel.

Sommaire

Table des matières

Partie IV   Le choix des investissements   251

Partie V　Le risque et le rendement　　359

Partie VI   Le coût du capital et la décision de financement   **429**

UNE VUE D'ENSEMBLE DE LA FINANCE DES ENTREPRISES

CHAPITRE 1

Une introduction à la finance des entreprises

L'entreprise Research in Motion (RIM) a vu le jour à Waterloo (Ontario) en 1982. Elle ne comptait alors qu'une poignée d'employés et ses deux cofondateurs, Mike Lazardis et Douglas Fregin. En 2000, grâce à sa technologie permettant l'accès sans fil à Internet, les ventes de l'entreprise ont atteint plus de 127 millions de dollars. RIM s'est inscrite à la Bourse en 1999 ; son premier appel public à l'épargne lui a donné la possibilité de réunir plus de 250 millions de dollars. Les actions de RIM sont cotées à la Bourse de Toronto et à la Bourse du NASDAQ. Bien qu'elle fasse partie des grandes sociétés canadiennes, RIM maintient un cadre organisationnel qui la distingue des entreprises traditionnelles. En effet, Mike Lazardis est président et cochef de la direction alors que Jim Balsillie est président du conseil et cochef de la direction. À travers l'étude de croissance de la société RIM, de ses débuts modestes jusqu'à la grande entreprise qui évolue sur les marchés étrangers, nous étudierons les formes possibles d'organisation, les buts de l'entreprise et les moyens de contrôle.

En commençant notre étude de la finance des entreprises modernes et de la gestion financière, nous devons répondre à deux questions clés. Premièrement, une fois la « finance des entreprises » définie, quel est le rôle du gestionnaire financier dans une entreprise ? Deuxièmement, quel est le but de la gestion financière ? Pour décrire l'environnement de la gestion financière, nous examinerons les types d'organisation des entreprises et nous discuterons certains conflits qui peuvent naître au sein d'une entreprise. Nous jetterons également un coup d'œil sur les institutions financières et les marchés des capitaux au Canada.

1.1 La finance des entreprises et le gestionnaire financier

Dans cette section, il sera question du rôle du gestionnaire financier dans l'entreprise. Commençons d'abord par examiner ce que sont la finance des entreprises et les fonctions d'un gestionnaire financier.

Qu'est-ce que la finance des entreprises ?

Supposons que vous créez votre propre entreprise. Peu importe le type d'entité dont il s'agit, il vous faudra répondre aux trois questions suivantes sous une forme ou une autre.

1. Quels investissements à long terme devriez-vous faire ? Autrement dit, quel secteur d'activité choisirez-vous ? De quels genres d'immeubles, de matériel, d'outillage et d'installations de recherche et de développement aurez-vous besoin ?
2. Où trouverez-vous le financement à long terme qui est indispensable à cet investissement ? Vous associerez-vous à d'autres propriétaires ou emprunterez-vous l'argent nécessaire ?
3. Comment organiserez-vous vos activités financières quotidiennes comme le recouvrement des sommes dues par les clients et le règlement des sommes dues aux fournisseurs ?

Il ne s'agit évidemment pas des seules questions que vous devrez vous poser, mais celles-ci comptent parmi les plus importantes. De façon générale, la finance des entreprises est l'étude des manières de répondre aux trois questions susmentionnées. Nous examinerons donc chacune d'elles dans les chapitres qui suivent. Même si notre analyse porte principalement sur le rôle du gestionnaire financier, ces trois questions ont de l'importance pour les gestionnaires dans tous les services d'une entreprise. Par exemple, le choix du secteur d'activité (la question 1) détermine les tâches des directeurs de la production, du marketing et des systèmes d'information de gestion. Il en résulte que beaucoup de grandes entreprises centralisent les activités de leur fonction financière et s'en servent pour mesurer leur rendement dans d'autres services. La plupart des directeurs généraux possèdent une bonne expérience de la gestion financière.

Le gestionnaire financier

Les grandes entreprises se caractérisent par le fait que leurs propriétaires (les actionnaires) ne participent généralement pas directement à la prise de décisions d'affaires, surtout d'ordre courant. Elles emploient plutôt des gestionnaires qui représentent les intérêts des propriétaires et qui prennent des décisions en leur nom. Dans ce type d'entreprises, le gestionnaire financier a pour tâche de répondre aux trois questions déjà énoncées.

Il s'agit d'une tâche ardue car, à cause des changements qui se produisent dans les activités d'une entreprise et des fluctuations des marchés canadiens et mondiaux, les réponses qui conviennent le mieux à chaque entreprise varient et, dans certains cas, de façon très rapide. La mondialisation des marchés, les technologies de pointe en informatique et dans les communications de même que la volatilité accrue des taux d'intérêt et des taux de change ont augmenté les enjeux associés aux décisions en matière de gestion financière. Nous analyserons les principales tendances dans ce domaine après avoir examiné certains éléments fondamentaux des décisions financières des entreprises.

La fonction de gestion financière est généralement associée à un poste de cadre supérieur dans une entreprise, par exemple celui de vice-président des finances ou de tout autre gestionnaire financier. L'organigramme simplifié de la figure 1.1 met en lumière l'activité financière d'une grande entreprise. Le gestionnaire financier fait rapport au président, qui est le directeur de l'exploitation chargé des activités quotidiennes et qui, à son tour, rend des comptes au président du conseil d'administration, c'est-à-dire habituellement au directeur général. Ce dernier est responsable de l'ensemble de l'entreprise devant le conseil d'administration. Comme on peut le voir dans la figure 1.1, le vice-président des finances coordonne les activités du trésorier et du contrôleur de gestion. Le bureau du contrôleur de gestion s'occupe de la comptabilité analytique (ou la comptabilité des coûts de revient) et de la comptabilité générale, du paiement des impôts et des systèmes d'information de gestion. Le bureau du trésorier est chargé de la gestion de la trésorerie de l'entreprise, de sa planification financière et de ses dépenses en immobilisations. Ces activités sont liées aux trois questions générales soulevées précédemment, et les chapitres qui suivent y seront en grande partie consacrés. Ainsi, notre étude porte principalement sur des activités généralement associées au bureau du trésorier.

Les décisions en matière de gestion financière

Comme le suggère notre analyse, le gestionnaire financier doit se préoccuper de trois types de questions fondamentales que nous allons examiner en détail ici.

L'établissement du budget des investissements La première question porte sur les investissements (ou les placements) à long terme de l'entreprise. Le processus de planification et de gestion des investissements à long terme d'une entreprise porte le nom d'**établissement du budget des investissements**. Dans ce type d'activité, le gestionnaire financier cherche à déterminer les possibilités d'investissements qui ont une valeur plus élevée pour l'entreprise que leur coût d'acquisition. En d'autres mots, la valeur des rentrées de fonds dues à un actif doit être supérieure au coût de celui-ci. Le type de possibilités d'investissements considéré dépend en partie de la nature des activités de l'entreprise. Par exemple, pour un magasin de vente au détail comme Mountain Equipment Coop (www.mec.ca), la décision d'ouvrir ou non un autre magasin représente une décision importante en matière de choix d'investissement.

Établissement du budget des investissements

Processus de planification et de gestion des investissements d'une entreprise en actifs immobilisés.

Figure 1.1

L'organigramme simplifié de l'organisation d'une entreprise. Les titres exacts des postes et la structure peuvent varier d'une entreprise à l'autre.

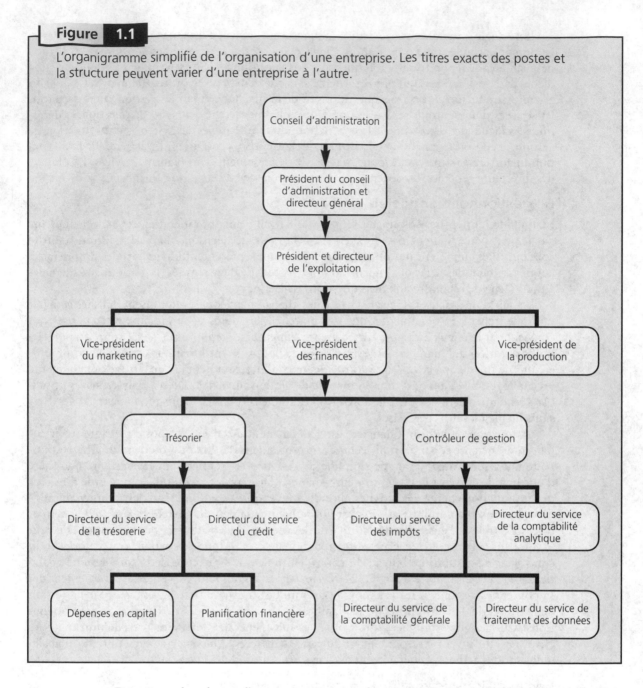

De même, dans le cas d'une entreprise viticole comme Vincor (www.vincor.com), la décision d'élaborer et de mettre un nouveau vin sur le marché constituerait une décision importante dans l'établissement du budget des investissements. Par contre, certaines décisions, par exemple la sorte de système informatique à acheter, ne dépendent pas nécessairement d'un secteur d'activité en particulier.

Les gestionnaires financiers doivent se préoccuper de connaître non seulement le montant des sommes à recevoir, mais aussi le moment où ils s'attendent à les recevoir et la probabilité qu'ils les reçoivent. L'essence même de l'établissement du budget des investissements consiste à pouvoir évaluer la taille des rentrées et des sorties nettes de fonds, le moment où elles se produiront et les risques qui leur sont associés. Il en sera question plus en détail dans les prochains chapitres.

La structure financière La deuxième grande question que le gestionnaire financier doit se poser porte sur la façon dont l'entreprise devrait obtenir et gérer le financement à long terme dont elle a besoin pour soutenir ses investissements à long terme. La **structure financière** d'une entreprise désigne la combinaison particulière de dettes à long terme et de fonds propres dont elle se sert pour financer ses activités. Dans ce domaine, le gestionnaire financier concentre son attention sur deux questions. En premier lieu, quels montants l'entreprise devrait-elle emprunter, c'est-à-dire quelle est la meilleure combinaison de dettes et de fonds propres ? De fait, la combinaison choisie influe à la fois sur le risque qu'elle prend et sur sa valeur. En second lieu, quelles sont les sources de fonds les moins coûteuses qui s'offrent à elle ?

Si on se représente l'entreprise sous la forme d'une tarte, la structure financière détermine comment celle-ci est découpée. Autrement dit, quel pourcentage du flux de trésorerie va aux créanciers et quel pourcentage va aux actionnaires ? La direction jouit d'une grande latitude dans le choix de la structure financière d'une entreprise. La question de savoir si une structure est meilleure qu'une autre dans le cas d'une entreprise donnée constitue l'essentiel du problème.

Outre le choix de cette combinaison, le gestionnaire financier doit décider comment et où se procurer de l'argent. Du fait que les dépenses associées à l'obtention d'un financement à long terme peuvent être considérables, il faut être vigilant dans l'évaluation des différentes possibilités. De plus, les entreprises empruntent de l'argent à toutes sortes de bailleurs de fonds en exploitant à la fois les marchés de l'emprunt canadien et les marchés internationaux de manières différentes et parfois peu familières. Le choix des prêteurs et des catégories de prêts fait aussi partie des tâches du gestionnaire financier.

Le fonds de roulement La troisième question importante a trait à la **gestion du fonds de roulement**. L'expression « fonds de roulement » désigne l'actif à court terme d'une entreprise, par exemple son stock, et son passif à court terme, par exemple l'argent qu'elle doit à ses fournisseurs. La gestion du fonds de roulement d'une entreprise est une activité au jour le jour qui vise à s'assurer que l'entreprise dispose de ressources suffisantes pour poursuivre ses opérations et éviter des interruptions coûteuses. Elle comprend un certain nombre d'activités reliées aux rentrées et aux sorties de fonds.

Voici quelques-unes des questions auxquelles il faut répondre concernant le fonds de roulement : 1) Quel montant d'encaisse et quelle quantité de stocks devrait-on avoir à sa disposition ? 2) Faudrait-il vendre à crédit ? Si oui, quelles conditions devrait-on poser et à qui devrait-on les consentir ? 3) Comment peut-on obtenir un financement à court terme si cela s'avère nécessaire ? Faut-il acheter à crédit ou emprunter à court terme et payer comptant ? Dans le cas d'un emprunt à court terme, comment et quand devrait-on l'effectuer ? Il s'agit d'un échantillon très restreint de toutes les questions que soulève la gestion du fonds de roulement d'une entreprise.

Les trois domaines de la gestion financière des entreprises que nous avons décrits ici — l'établissement du budget des investissements, la structure financière et la gestion du fonds de roulement — constituent de très vastes catégories. Chacun de ces domaines englobe une grande variété de sujets. Nous n'avons abordé que quelques-unes des questions qui s'y rapportent ; nous y reviendrons plus en détail dans les chapitres qui suivent.

Questions théoriques

1. Qu'est-ce qu'une décision concernant l'établissement du budget des investissements ?
2. Dans quelle catégorie de la gestion financière la gestion de la trésorerie entre-t-elle ?
3. Comment appelle-t-on la combinaison particulière de dettes à long terme et de fonds propres qu'une entreprise choisit d'employer ?

Les grandes entreprises canadiennes comme Bombardier, CIBC et Nortel sont presque toutes structurées comme des sociétés par actions (ou sociétés de capitaux). Pour en comprendre les raisons, examinons les trois différentes formes juridiques d'entreprises commerciales : l'entreprise individuelle, la société de personnes et la société par actions. Chacune de ces trois formes présente des avantages et des inconvénients en ce qui a trait à la vie de l'entreprise, à sa capacité de se procurer de l'argent et aux impôts. On notera toutefois que, à mesure qu'une entreprise grossit, les avantages de la forme d'organisation en société par actions peuvent finir par en contrebalancer les inconvénients.

L'entreprise individuelle

Entreprise individuelle

Entreprise appartenant à une seule personne.

L'**entreprise individuelle** est une entreprise qui appartient à une seule personne. C'est la catégorie d'entreprise la plus simple à démarrer et la moins réglementée. Selon l'endroit où on habite, il est possible d'établir une entreprise individuelle en se procurant simplement une licence (ou un permis) et en ouvrant ses portes. C'est pourquoi de nombreuses entités destinées à devenir de grosses sociétés par actions commencent sous cette forme. Il existe plus d'entreprises individuelles que de tout autre type d'entreprises.

Le propriétaire d'une entreprise individuelle conserve tous les profits. C'est l'avantage de cette forme d'entreprise. Par contre, la responsabilité de cette personne est illimitée relativement aux dettes de son entreprise, ce qui signifie que les créanciers peuvent obtenir un remboursement non seulement à même l'actif de l'entreprise, mais aussi à même les biens personnels de son propriétaire. De plus, il n'y a aucune distinction entre le revenu personnel et le revenu d'entreprise, de sorte que tout le revenu d'affaires est imposé comme étant un revenu personnel.

La vie d'une entreprise individuelle est limitée à celle de son propriétaire ; il est important de noter que le montant des fonds propres que l'entreprise peut obtenir se limite à la richesse personnelle du propriétaire. Pour cette raison, il arrive souvent que l'entreprise ne puisse exploiter de nouvelles occasions d'affaires faute de capital. Le droit de propriété d'une entreprise individuelle est souvent difficile à transmettre parce qu'il requiert la vente de l'ensemble de l'entreprise à un nouveau propriétaire.

La société de personnes

Société de personnes

Entreprise constituée par deux ou plusieurs copropriétaires.

La **société de personnes** ressemble à une entreprise individuelle, sauf qu'elle compte deux propriétaires ou plus. Dans une société en nom collectif, tous les associés se partagent les profits ou les pertes. Ils ont tous une responsabilité illimitée relativement aux dettes de la société, c'est-à-dire qui ne se limite pas à une quote-part. Le contrat de société sert à préciser comment les bénéfices (et les pertes) de la société doivent être répartis. Il peut s'agir d'une entente orale informelle du type « Démarrons une entreprise de tonte de gazon » ou d'un long document rédigé dans les formes.

Dans une société en commandite (simple), un ou plusieurs (associés) commandités ont une responsabilité illimitée et exploitent l'entreprise pour le compte d'un ou de plusieurs (associés) commanditaires qui ne participent pas activement au fonctionnement de l'entreprise. La responsabilité d'un associé commanditaire relativement aux dettes de l'entreprise est limitée au montant qu'il a investi dans la société de personnes. On trouve fréquemment ce type d'organisation dans les entreprises de biens immobiliers, par exemple.

Les avantages et les inconvénients d'une société de personnes sont essentiellement les mêmes que ceux d'une entreprise individuelle. Cette forme de société, basée sur une entente plus ou moins informelle, est facile et peu coûteuse à former. Les associés commandités ont une responsabilité illimitée en ce qui a trait aux dettes de la société de personnes, et leur association est généralement dissoute lorsque l'un d'eux décide de vendre ou meurt. Tous les revenus sont imposés comme s'il s'agissait des revenus personnels des associés, et le montant des fonds propres que ceux-ci peuvent se procurer se limite à leurs avoirs combinés. Le droit de propriété d'un associé commandité est difficile à transmettre parce que cette opération exige la formation d'une nouvelle société de personnes. Par contre, un associé commanditaire peut vendre sa part sans dissoudre la société. Toutefois, trouver un acheteur se révèle souvent difficile, car il n'existe pas de marché structuré pour les sociétés en commandite simple.

D'après ce qu'on vient de voir, les principaux inconvénients de l'entreprise individuelle et de la société de personnes comme formes d'organisation d'une entreprise sont 1) la responsabilité illimitée des propriétaires en ce qui a trait aux dettes de l'entreprise ; 2) la vie limitée de l'entreprise et 3) la difficulté de céder la propriété. Ces trois inconvénients se résument en un seul problème crucial : la capacité de croissance de ces entreprises peut être considérablement limitée par l'incapacité des dirigeants à se procurer des capitaux destinés aux investissements.

La société par actions

Société par actions

Entreprise constituée en entité juridique distincte et composée d'une ou de plusieurs personnes ou entités.

Du point de vue de la taille, la **société par actions** (ou la société de capitaux) est la forme d'organisation d'entreprise la plus importante au Canada. Il s'agit d'une entité juridique séparée et distincte de ses propriétaires. La société par actions jouit des nombreux droits et privilèges d'une personne réelle et est assujettie à bon nombre des mêmes devoirs. Par exemple, elle peut emprunter de l'argent et posséder des biens, engager des poursuites et être poursuivie ainsi que passer des contrats. Il lui est même possible de se constituer en associé commandité ou en associé commanditaire dans une société de personnes et de posséder des actions dans une autre société de capitaux.

Il n'est donc pas surprenant qu'il soit un peu plus compliqué de créer une société par actions que toute autre forme d'entreprise, sauf si elle est de petite taille. La constitution d'une société par actions nécessite la rédaction de statuts constitutifs (ou d'une charte) et d'un ensemble de dispositions appelées « règlement intérieur ». Les statuts constitutifs doivent comporter un certain nombre d'éléments, entre autres la raison sociale de l'entreprise, la durée de son existence (elle peut être éternelle), le but de ses activités et le nombre d'actions qui peuvent être émises. Il faut ensuite fournir ces renseignements aux organismes de réglementation de la collectivité publique dans laquelle l'entreprise se constitue en société. Au Canada, les entreprises peuvent être enregistrées conformément soit à la loi (fédérale) sur les sociétés par actions, soit à une loi provinciale[1].

Le règlement intérieur est composé de règles qui décrivent comment une société de capitaux régit sa propre existence. Par exemple, il précise la procédure d'élection des administrateurs. Il peut se résumer à un simple énoncé de règles et de procédures ou être plus explicite dans le cas d'une grande société. Son contenu peut être amendé ou élargi de temps en temps par les actionnaires.

Dans une grande société de capitaux, les actionnaires et la direction forment généralement des groupes séparés. Les actionnaires élisent un conseil d'administration qui, à son tour, choisit les directeurs. Ceux-ci sont chargés d'administrer les affaires de la société dans l'intérêt des actionnaires. En théorie, ces derniers contrôlent la société puisqu'ils élisent les directeurs.

Il résulte de cette séparation entre la propriété et la direction que la société de capitaux offre plusieurs avantages. Le droit de propriété (représenté par des actions) peut être facilement transféré et, par conséquent, la vie de ce type d'entreprise n'est pas limitée. La société emprunte de l'argent en son propre nom. Les actionnaires ont donc une responsabilité limitée en ce qui a trait aux dettes de l'entreprise. Ils ne peuvent pas perdre plus que le montant de leur investissement[2].

Si la responsabilité limitée rend cette forme d'entreprise attrayante à ceux qui veulent investir dans des actions, les prêteurs considèrent parfois cette caractéristique comme un inconvénient. Si l'emprunteur éprouve des difficultés financières et est incapable de rembourser une dette, la responsabilité limitée empêche les prêteurs de mettre la main sur les biens personnels des propriétaires. Pour cette raison, les banques à charte contournent souvent cette absence de responsabilité en exigeant des propriétaires de petites entreprises qu'ils fournissent des garanties personnelles sur la dette de leur société.

---

1 Dans certaines provinces, les documents juridiques de constitution en société de capitaux portent le nom de « lettres patentes » ou d'« acte constitutif ».

2 Il existe une exception importante, à savoir la négligence par un dirigeant d'entreprise. S'il est possible de démontrer cette négligence, par exemple dans le cas de dommages à l'environnement, le dirigeant peut être tenu responsable pour un montant supérieur à son investissement initial.

La facilité relative avec laquelle on peut transmettre le droit de propriété, la responsabilité limitée relativement aux dettes de l'entreprise et la durée de vie illimitée de cette entreprise constituent autant de raisons pour lesquelles la société par actions est supérieure aux autres formes d'organisation lorsqu'il s'agit de trouver des capitaux. Ainsi, lorsqu'une société par actions a besoin de fonds propres supplémentaires, il lui suffit de vendre de nouvelles actions et d'attirer d'autres investisseurs. Le nombre de propriétaires peut être considérable, et les grandes sociétés comptent plusieurs milliers et même des millions d'actionnaires. Récemment, on a dénombré plus de 191 000 actionnaires dans les Entreprises Bell Canada et environ 11 000 chez Bombardier. Dans ces cas, la propriété peut changer continuellement de mains sans que cela ait le moindre effet sur la poursuite des affaires.

Toutefois, cette forme d'entreprise présente un inconvénient important. Comme il s'agit d'une entité juridique, la société de capitaux doit payer des impôts. En outre, l'argent versé en dividendes aux actionnaires est de nouveau imposé à titre de revenus personnels. Il s'agit d'une double imposition, c'est-à-dire que les bénéfices des sociétés sont imposés deux fois — d'abord au niveau de l'entreprise, lorsqu'ils sont réalisés, puis au niveau de l'individu, lorsqu'ils sont versés[3].

Comme on l'a vu dans cette section, le besoin qu'ont les grandes entreprises de trouver des investisseurs et des créanciers de l'extérieur est tel que la forme d'organisation en sociétés par actions représente pour elles la meilleure solution. Dans les chapitres suivants, nous nous intéresserons principalement à cette forme d'organisation à cause de son importance dans les économies canadienne et mondiale. D'ailleurs, certaines questions importantes de gestion financière, comme la ligne de conduite en matière de dividendes, concernent uniquement les sociétés par actions. Toutefois, comme les entreprises de tous les types et de toutes les tailles ont besoin de gestion financière, la plupart des sujets que nous traiterons plus en détail se rapportent à toutes les formes d'entreprises.

D'autres appellations des sociétés par actions La société par actions prend toutes sortes de formes selon les endroits. Les lois et les règlements diffèrent d'un pays à l'autre mais ses principales caractéristiques, soit la cotation en Bourse et la responsabilité limitée, demeurent. On désigne souvent ces types d'entreprises par les noms de « sociétés de capitaux », de « sociétés anonymes » ou de « sociétés à responsabilité limitée », selon la nature particulière de l'entreprise et le pays d'origine.

Le tableau 1.1 dresse une liste des noms de quelques sociétés par actions internationales bien connues, avec leur pays d'origine et une traduction de l'abréviation qui suit leur nom.

Tableau 1.1 Les sociétés de capitaux internationales

Entreprise	Pays d'origine	Type d'entreprise	
		En langue originale	Traduction
Bayerische Moterenwerke (BMW) AG	Allemagne	Aktiengesellschaft	Société de capitaux
Dornier GmBH	Allemagne	Gesellschaft mit Beschraenkter Haftung	Société à responsabilité limitée
Rolls-Royce PLC	Royaume-Uni	Public limited company	Société ouverte à responsabilité limitée
Shell UK Ltd.	Royaume-Uni	Limited	Société de capitaux
Unilever NV	Pays-Bas	Naamloze Vennootschap	Société par actions
Fiat SpA	Italie	Societa per Azioni	Société par actions
Volvo AB	Suède	Aktiebolag	Société par actions
Peugeot SA	France	Société anonyme	Société anonyme

3 Le crédit d'impôt pour dividendes accordé aux actionnaires individuels et une exclusion des dividendes d'entreprises réduisent l'effet de la double imposition sur les sociétés de capitaux canadiennes. Il sera question de ces dispositions fiscales au chapitre 2.

Questions théoriques

1. Nommez les trois formes d'organisation des entreprises.
2. Quels sont les principaux avantages et inconvénients de l'entreprise individuelle ou de la société de personnes ?
3. Quelle est la différence entre un associé commandité et un associé commanditaire ?
4. Pourquoi la société par actions est-elle préférable lorsqu'il s'agit de trouver des fonds ?

1.3 L'objectif de la gestion financière

Puisque notre étude se limite aux entreprises à but lucratif, nous pouvons dire que l'objectif de la gestion financière est de faire de l'argent ou d'augmenter la valeur des entreprises pour le compte de leurs propriétaires. Cet objectif est évidemment un peu vague. Nous examinerons donc différentes manières de le formuler pour obtenir une définition plus précise. Une telle définition a son importance, car elle mène à l'établissement d'une base objective qui permet de prendre et d'évaluer des décisions financières.

Les objectifs possibles

En recherchant des objectifs financiers possibles, on établirait probablement les résolutions suivantes :

- survivre en affaires ;
- éviter les difficultés financières et la faillite ;
- l'emporter sur ses concurrents ;
- maximiser les ventes ou sa part du marché ;
- minimiser les coûts ;
- maximiser les profits ;
- maintenir une croissance régulière des bénéfices nets.

Voilà seulement quelques-uns des objectifs qu'on pourrait énumérer. Chacune de ces résolutions soulève des problèmes qu'un gestionnaire financier peut avoir à résoudre.

Par exemple, il est facile d'accroître la part de marché ou les ventes à l'unité. Il suffit de baisser les prix ou d'assouplir les conditions de paiement. De même, on peut toujours réduire les coûts en éliminant certaines fonctions, par exemple la recherche et le développement. On peut éviter la faillite en n'empruntant jamais d'argent ou en ne prenant aucun risque, etc. Toutefois, il n'est pas évident que chacune de ces mesures soit dans l'intérêt des actionnaires.

La maximisation des profits est probablement l'objectif le plus couramment mentionné, mais il manque de précision. S'agit-il des profits de l'année en cours ? Dans ce cas, remettre l'entretien à plus tard, laisser les stocks s'épuiser ou appliquer toute autre mesure de réduction des coûts à court terme permet d'accroître les profits dans l'immédiat, mais ce n'est pas nécessairement souhaitable.

L'objectif de la maximisation des profits peut aussi faire référence à des bénéfices à moyen ou à long terme sans que sa signification soit plus claire. S'agit-il par exemple du bénéfice (net) comptable ou du bénéfice par action ? Nous verrons plus en détail dans le prochain chapitre que ces valeurs comptables ont parfois peu de relation avec ce qui est bon ou mauvais pour une entreprise. Et que signifie l'expression « à long terme » ? Comme le faisait remarquer un jour un économiste célèbre, à long terme, nous serons tous morts ! Plus précisément, cet objectif n'indique pas quel est le meilleur compromis entre les profits actuels et futurs.

Même si tous les objectifs de la liste ci-dessus sont différents, ils peuvent être classés en deux catégories. La première a trait à la rentabilité. Les objectifs concernant les ventes, la part de marché et le contrôle des coûts sont liés, au moins de façon potentielle, à différentes manières de faire des profits ou de les augmenter. La seconde catégorie, qui regroupe les efforts pour éviter la faillite, le maintien d'une relative stabilité et la sécurité, est reliée d'une certaine façon au contrôle des risques. Malheureusement, ces deux types d'objectifs sont quelque peu contradictoires. Comme la recherche du profit implique généralement un certain élément de risque, il est impossible de maximiser en même temps la sécurité et les profits. Il faut donc trouver un objectif qui engloberait ces deux facteurs.

L'objectif de la gestion financière

Dans une société par actions, le gestionnaire financier prend des décisions au nom des actionnaires de l'entreprise. Par conséquent, au lieu de dresser une liste d'objectifs possibles pour ce cadre, il convient plutôt de se demander ce que serait une bonne décision de gestion financière du point de vue des actionnaires.

Si on suppose que les actionnaires achètent des actions parce qu'ils cherchent à faire de l'argent, la réponse à cette question est claire. Les bonnes décisions accroissent la valeur des actions, tandis que les mauvaises décisions la font baisser.

On déduit de cette observation que le gestionnaire financier agit dans l'intérêt des actionnaires lorsqu'il prend des décisions permettant d'augmenter la valeur des actions. Il est donc facile de formuler l'objectif que le gestionnaire financier doit poursuivre : **la gestion financière a pour but de maximiser la valeur actuelle par action des titres existants.**

L'objectif de la maximisation de la valeur des actions permet d'éviter les problèmes associés aux différents objectifs énumérés précédemment. Il n'y a aucune ambiguïté en ce qui a trait au critère ni d'opposition entre le court terme et le long terme. Il s'agit explicitement de maximiser la valeur actuelle des actions. Si cet objectif vous paraît un peu exagéré ou trop unidimensionnel, rappelez-vous que les actionnaires d'une entreprise sont les derniers propriétaires. Autrement dit, ils n'ont droit qu'à ce qui reste après que les employés, les fournisseurs et les créanciers (et toute autre personne ayant une créance légitime) ont été payés. Si l'un de ces groupes ne reçoit pas son dû, les actionnaires ne reçoivent rien non plus. Par conséquent, si les actionnaires obtiennent quelque chose, c'est-à-dire si la partie restante ou résiduelle s'accroît, il faut croire que les autres y gagnent.

L'objectif de la gestion financière étant de maximiser la valeur des actions, nous devons apprendre à reconnaître les investissements et les mesures de financement qui influent favorablement sur cette valeur. C'est exactement le but de notre étude. En fait, nous aurions pu définir la finance des entreprises comme étant l'étude de la relation entre les décisions d'affaires et la valeur des actions.

Pour que la valeur marchande des actions constitue une mesure valable dans les décisions financières, il faut un marché financier efficace. Dans un tel marché, le prix des titres reflète parfaitement l'information disponible. En établissant le prix des actions, le marché fournit à l'entreprise un rapport précis sur ses décisions. Nous reviendrons sur le sujet de l'efficacité du marché financier dans la partie V.

Un objectif plus général

Après avoir établi l'objectif de maximisation de la valeur des actions, on peut se poser la question suivante : quel objectif convient le mieux dans le cas où l'entreprise est une société privée et n'est pas cotée en Bourse ? Comme les sociétés de capitaux ne sont pas le seul type d'entreprises et que les actions d'un grand nombre de ces sociétés changent rarement de propriétaires, il est difficile de déterminer leur valeur par action à un moment donné.

Pour compliquer encore la situation, certaines grandes entreprises canadiennes, comme Irving et Recochem, sont des sociétés privées. Au Canada, beaucoup de grandes entreprises sont des filiales de sociétés multinationales, tandis que d'autres sont contrôlées par un seul actionnaire national.

Toutefois, une simple modification suffit à tenir compte de ces complications dans le cas des entreprises à but lucratif. Pour une société de capitaux, la valeur totale des actions est simplement égale à la valeur des fonds propres. Par conséquent, nous pourrions énoncer notre objectif de façon plus générale en parlant de maximiser la valeur marchande des fonds propres. Un évaluateur d'entreprise ou un banquier d'affaires peut se charger de mesurer cette valeur marchande si l'entreprise s'inscrit en Bourse.

Une fois cette précision établie, il importe peu que l'entreprise soit une entreprise individuelle, une société de personnes ou une société de capitaux. Dans chaque cas, les bonnes décisions financières accroissent la valeur marchande des fonds propres, tandis que de mauvaises décisions financières la font décroître. En fait, bien que les chapitres suivants portent principalement sur les sociétés par actions, les principes que nous présentons ici s'appliquent à tous les types d'entreprises. Un grand nombre de ces principes s'appliquent même aux entreprises à but non lucratif.

Enfin, l'objectif que nous avons fixé ne signifie pas que le gestionnaire financier devrait prendre des mesures illégales ou contraires à l'éthique pour accroître la valeur des fonds propres de son entreprise. Disons plutôt que, pour servir de son mieux les intérêts des propriétaires, il doit déterminer quels sont les biens et les services qui ajoutent à la valeur de l'entreprise actuelle parce qu'ils sont désirables et appréciés dans une économie de marché.

Questions théoriques

1. Quel est l'objectif de la gestion financière ?
2. Énumérez quelques défauts de l'objectif de la maximisation des profits.
3. Comment définiriez-vous l'expression « finance des entreprises » ?

1.4 Le problème d'agence et le contrôle de la société de capitaux

On a vu qu'en prenant des mesures destinées à augmenter la valeur des actions, le gestionnaire financier agit dans l'intérêt des actionnaires. Toutefois, on a aussi observé que, dans les grandes sociétés de capitaux, la propriété est parfois divisée entre un grand nombre de détenteurs d'actions. Il arrive aussi qu'un gros actionnaire possède un bloc important d'actions, alors que des caisses de retraite en détiennent de gros blocs minoritaires. Dans un cas comme dans l'autre, ce fractionnement de la propriété a pour effet de concentrer le contrôle de l'entreprise dans les mains de la direction. Celle-ci agit-elle alors nécessairement dans l'intérêt des actionnaires ? Autrement dit, la direction ne risque-t-elle pas de chercher à réaliser ses propres objectifs au détriment de ceux des actionnaires ? Examinons brièvement ces questions.

Les relations d'agence

Les relations entre les actionnaires et la direction portent le nom de « relations de mandataire ». On les trouve chaque fois qu'une personne (le principal) engage une autre personne (l'agent) pour représenter ses intérêts. Vous pouvez par exemple engager quelqu'un (un agent) pour vendre une voiture qui vous appartient. Dans de telles relations, il y a souvent des conflits d'intérêts entre le principal et l'agent. On parle alors de **problème d'agence**.

Lorsque vous engagez quelqu'un pour vendre votre voiture et que vous acceptez de lui verser un montant forfaitaire une fois la transaction conclue, l'agent a intérêt à réaliser la vente mais pas nécessairement au meilleur prix pour vous. Par contre, si vous convenez d'une commission (par exemple 10 % du prix de vente), il prendra vos intérêts à cœur. Cet exemple montre que la forme de rémunération de l'agent constitue un des facteurs à considérer dans les problèmes d'agence.

Problème d'agence

Possibilité de conflits d'intérêts entre les actionnaires et la direction d'une entreprise.

Les objectifs de la direction

Pour comprendre en quoi les intérêts de la direction et ceux des actionnaires peuvent différer, imaginons qu'une entreprise envisage un nouvel investissement. Celui-ci aurait un effet favorable sur la valeur des actions, mais il s'agit d'une opération relativement risquée. Les propriétaires souhaiteront peut-être réaliser ce projet parce qu'il fera augmenter la valeur des actions, mais la direction, de son côté, pourrait le refuser parce que si les choses tournaient mal, certains dirigeants perdraient leur emploi. Si la direction ne fait pas l'investissement, les actionnaires auront peut-être perdu une bonne occasion d'affaires. C'est un exemple de ce qu'on appelle un « coût d'agence ».

De façon générale, les coûts d'agence désignent les coûts reliés aux conflits d'intérêts entre les actionnaires et la direction. Il peut s'agir de coûts indirects ou directs. Un coût d'agence indirect est une occasion d'affaires manquée comme celle qui est décrite ci-dessus.

Les coûts d'agence directs peuvent prendre deux formes. La première consiste en une dépense de la société qui bénéficie à la direction mais qui est coûteuse pour les actionnaires. On pourrait citer comme exemple l'achat d'un avion d'affaires luxueux mais inutile pour l'entreprise. La seconde forme de coûts d'agence directs consiste en une dépense découlant de la nécessité de surveiller le comportement de la direction. Payer des vérificateurs externes pour évaluer l'exactitude des renseignements contenus dans les états financiers en serait un exemple.

Selon certains, si les dirigeants jouissaient d'une liberté totale, ils maximiseraient la quantité de ressources sur lesquelles ils ont un contrôle, c'est-à-dire leur pouvoir au sein de l'entreprise ou leur richesse personnelle. Avec un tel objectif, ils risqueraient d'accorder une importance démesurée à la taille ou à la croissance de leur société. Il n'est pas rare, par exemple, que des dirigeants soient accusés de surpayer pour acheter une autre entreprise dans le seul but d'augmenter la taille de leur société ou de démontrer son pouvoir. De toute évidence, si le débours est excessif, l'achat en question ne profite pas aux actionnaires.

Comme le montre notre discussion, les cadres ont parfois tendance à accorder trop d'attention au maintien de la structure de l'entreprise pour protéger leurs emplois. Ils peuvent aussi détester toute interférence de l'extérieur. Dans ce cas, l'indépendance et l'autosuffisance de la société constituent pour certains d'entre eux des objectifs fondamentaux[4].

Les dirigeants agissent-ils dans l'intérêt des actionnaires?

Deux facteurs permettent de déterminer si les dirigeants agissent ou non dans l'intérêt des actionnaires. Premièrement, jusqu'à quel point les objectifs de la direction concordent-ils avec ceux des actionnaires? Cette question est liée à la façon dont les cadres sont rémunérés. Deuxièmement, est-il possible de remplacer les dirigeants qui ne cherchent pas à réaliser les objectifs des actionnaires? Cette question est liée au contrôle de l'entreprise. Comme nous le verrons, il existe des raisons de croire que, même dans les plus grandes entreprises, la direction est fortement motivée à agir dans l'intérêt des actionnaires.

La rémunération de la direction La direction a souvent de fortes motivations économiques pour augmenter la valeur des actions, et ce, pour deux raisons. D'abord, la rémunération des dirigeants, surtout au sommet de la hiérarchie, dépend habituellement des réalisations financières en général et de la valeur des actions en particulier. Par exemple, on offre fréquemment aux dirigeants la possibilité d'acheter des actions à des prix réduits. Plus l'action a de la valeur, plus cette «option» d'achat est intéressante. La seconde motivation est liée aux perspectives d'emploi. Les dirigeants les plus performants obtiennent des promotions dans l'entreprise. De façon générale, ceux qui réussissent le mieux à réaliser les objectifs des actionnaires sont plus en demande que les autres sur le marché du travail et on leur offre de meilleurs salaires.

Le contrôle de l'entreprise En définitive, le contrôle de l'entreprise appartient aux actionnaires. Ils élisent le conseil d'administration qui, de son côté, engage et congédie les dirigeants. L'expérience de M. Steven Jobs chez Apple Computer montre que les actionnaires sont tout-puissants dans leur entreprise. M. Steven Jobs était l'un des fondateurs de la société et il avait grandement contribué à la réalisation de ses produits les plus populaires, mais il a dû quitter son poste lorsque les actionnaires ont décidé, par le truchement de leur conseil d'administration, qu'Apple Computer fonctionnerait mieux sans lui[5].

La direction peut aussi être remplacée à la suite d'une prise de contrôle, comme dans le cas de Canadien et Air Canada. Les entreprises mal gérées sont plus intéressantes à acquérir que celles qui sont bien dirigées, car elles offrent un plus grand potentiel de redressement. Par conséquent, éviter une prise de contrôle par une autre entreprise constitue pour la direction un nouveau motif d'agir dans l'intérêt des actionnaires.

---

4 Ces facteurs ont été déterminés à partir d'une enquête auprès des directeurs généraux. Voir G. Donaldson, *Managing Corporate Wealth : The Operations of A Comprehensive Goals System,* New York, Praeger Publishers, 1984.

5 La preuve qu'un bon entrepreneur reprend toujours le dessus, c'est que M. Steven Jobs a fondé Pixar Animation Studios, l'entreprise qui a réalisé les animations dans le film à succès *Histoire de jouets.* Pixar Animation Studios s'est introduite en Bourse en 1995 et, après un accueil chaleureux du marché des valeurs mobilières, la participation de M. Steven Jobs (80%) était évaluée à environ 1,1 milliard de dollars.

La théorie et les constatations actuelles confirment que les actionnaires contrôlent l'entreprise et que la maximisation de leur richesse est l'objectif approprié d'une société par actions. Néanmoins, il arrive que les dirigeants d'une entreprise poursuivent, au moins temporairement, leurs propres objectifs au détriment de ceux des actionnaires. Par exemple, la direction tâche parfois d'éviter les désagréments d'une prise de contrôle potentielle en établissant des provisions du type « pilule empoisonnée » pour rendre les actions moins attrayantes. L'entreprise peut aussi émettre des actions sans droit de vote pour contrecarrer une tentative de rachat. Les actionnaires canadiens, particulièrement les caisses de retraite et les autres investisseurs institutionnels, luttent de plus en plus activement contre ce type de procédés de la part des dirigeants.

Dans le cas de certains grands fonds de pension comme Teachers en Ontario (Ontario Teachers' Pension Plan Board), on a établi des règles de conduite relatives à la gouvernance des entreprises dans lesquelles les actionnaires investissent. Les plus petits fonds d'investissement ont recours aux services d'entreprises telle Fairvest Securities Corporation, qui les informent des répercussions de leurs votes.

Les parties intéressées Jusqu'ici, notre analyse pourrait laisser croire que les dirigeants et les actionnaires sont les seules parties ayant un intérêt dans les décisions d'une entreprise. Ce serait évidemment trop simple. Les employés, les clients, les fournisseurs et différents ordres de gouvernement ont aussi des intérêts financiers dans l'entreprise.

Partie intéressée

Toute personne ayant potentiellement un droit sur une entreprise.

Mis ensemble, ces différents groupes portent le nom de **parties intéressées** d'une entreprise. En général, une partie intéressée est un actionnaire, un créancier ou toute autre personne (ou tout groupe) qui a potentiellement un droit sur les rentrées et les sorties nettes de fonds de cette entreprise. De tels groupes tentent également d'exercer un contrôle sur l'entreprise en proposant d'autres objectifs à caractère social comme la protection de l'environnement ou l'égalité dans l'emploi. Même si les pressions exercées par les parties intéressées entraînent souvent des coûts additionnels pour les propriétaires, la plupart des grandes sociétés par actions écoutent attentivement leurs demandes. Le tableau 1.2 résume les préoccupations des différentes parties intéressées.

Tableau 1.2 La liste des parties intéressées typiques et de leurs préoccupations

Entreprise	Employés		Actionnaires	Clients	Fournisseurs	Parties intéressées publiques	Concurrents
Histoire de l'entreprise	Ligne de conduite générale	Profits	Ligne de conduite générale	Ligne de conduite générale	Ligne de conduite générale	Santé, sécurité et protection du public	Ligne de conduite générale
Contexte industriel	Rémunération et récompenses	Formation et développement	Communications et plaintes des actionnaires	Communications avec la clientèle	Pouvoir relatif	Questions d'environnement	
Structure de l'organisation	Planification de carrière	Programme d'aide aux employés	Défense des intérêts des actionnaires	Caractère sécuritaire des produits	Autres questions concernant les fournisseurs	Participation à l'élaboration des politiques publiques	
Rendement économique	Promotion de la santé	Absentéisme et rotation du personnel	Droits des actionnaires	Plaintes de la clientèle		Relations avec la collectivité	
Milieu concurrentiel	Congés spéciaux	Relations avec les syndicats	Autres questions concernant les actionnaires	Services spéciaux à la clientèle		Investissement social et dons	
Mission ou but	Congédiements et recours	Résiliation du contrat de travail, licenciement et suppression d'emplois		Autres questions concernant les clients			
Codes de l'entreprise	Services de conseillers au moment de la retraite ou de la résiliation du contrat de travail	Équité et discrimination dans l'emploi					
Préoccupations des parties intéressées et de la société	Présence des femmes à la direction et dans le conseil d'administration	Garderie et logement pour les familles					
Gestion	Communication avec les employés	Santé et sécurité au travail					
	Employés travaillant à temps partiel et temporairement, ou contractuels	Autres questions concernant les employés ou les ressources humaines					

Source : M. B. E. Clarkson, « Analyzing Corporate Performance : A New Approach », *Canadian Investment Review,* automne 1991, p. 70.

Les grandes entreprises bien gérées tentent de se forger une réputation de «bon citoyen corporatif» en adoptant des lignes de conduite précises sur des questions sociales importantes. Par exemple, les grandes banques à charte exigent un rapport favorable sur l'effet des activités d'une entreprise cliente sur l'environnement avant de lui accorder un prêt. Les investisseurs se préoccupent de plus en plus des questions sociales et certains se prévalent, par exemple, des services de conseillers qui examinent les politiques des plus grandes entreprises canadiennes et qui émettent des recommandations aux actionnaires. Les fonds d'investissement sur une base éthique donnent aux gens la possibilité d'acheter des actions dans un portefeuille d'entreprises qui satisfont à certains critères. Selon des critiques, ce type d'investissement tend à produire de plus faibles revenus parce qu'il n'est pas motivé par une maximisation des profits. Les investisseurs leur répondent qu'ils obtiennent de meilleurs résultats en soutenant des entreprises qui, parce qu'elles assument leurs responsabilités, ont un bon rendement à long terme. D'après différentes études, l'investissement sur une base éthique est parfois payant et parfois ne l'est pas. Cependant, tout indique que la tendance à prêter de plus en plus attention aux parties intéressées se poursuivra.

Questions théoriques

1. Que signifie l'expression «relations de mandataire»?
2. Décrivez certains problèmes d'agence. Comment se produisent-ils? Que signifie l'expression «coûts d'agence»?
3. Quelle motivation pousse les dirigeants des grandes sociétés de capitaux à maximiser la valeur des actions?
4. Quel rôle les parties intéressées jouent-elles dans la détermination des objectifs d'une entreprise?

1.5 Les marchés financiers et l'entreprise

Les flux monétaires de l'entreprise

Les marchés de capitaux diffèrent les uns des autres, tout comme les institutions financières. Les principales différences portent sur les catégories de titres qui y sont négociés, la façon dont ils sont négociés et ceux qui les achètent et les vendent. Il sera question de quelques-unes de ces différences ci-dessous.

Le marché monétaire et le marché financier

Marché monétaire

Marché des capitaux sur lequel les titres de créances (ou les valeurs obligataires à court terme) s'achètent et se vendent.

Marché financier

Marché des capitaux qui sert à acheter et à vendre des titres de créances et des titres de participation à long terme.

On peut diviser les marchés de capitaux en deux grandes catégories, le **marché monétaire** et le **marché financier**. Toutes sortes de titres de créances négociables à court terme sont achetés et vendus sur le marché monétaire. Ces titres de créances sont souvent appelés des «titres de marché monétaire» et consistent essentiellement en des reconnaissances de dettes. Par exemple, une acceptation bancaire représente un emprunt à court terme obtenu par de grandes sociétés par actions et constitue un titre de marché monétaire. Un bon du Trésor est une reconnaissance de dette du gouvernement du Canada. En outre, le marché financier est un marché spécialisé dans les dettes (ou les passifs) et les actions à long terme; le Toronto Stock Exchange en est un exemple.

Le marché monétaire est un marché de négociants. En général, les négociants achètent ou vendent quelque chose pour leur propre compte, à leurs risques et périls. Un concessionnaire d'automobiles, par exemple, vend et achète des voitures. D'un autre côté, les courtiers et les agents mettent en relation les vendeurs et les acheteurs, mais les produits ne leur appartiennent pas. Normalement, un agent ou un courtier immobilier n'achète pas les maisons qu'il vend.

Les plus gros négociants du marché monétaire sont les banques à charte et les courtiers en valeurs mobilières. Leurs systèmes d'exploitation, ainsi que ceux des autres participants du marché, sont reliés de façon électronique par téléphone et par ordinateur. En conséquence, le marché monétaire n'occupe aucun lieu physique précis.

Le marché primaire et le marché secondaire

Les marchés de capitaux existent sous la forme de marché primaire et de marché secondaire pour les titres de créances et de participation. Le terme « marché primaire » désigne le marché sur lequel ces titres sont achetés et vendus après leur vente initiale. Naturellement, les titres de participation (ou les actions ordinaires) sont émis uniquement par des sociétés de capitaux. Les titres de créances sont émis par les gouvernements et les sociétés de capitaux. Nous discuterons ici uniquement les titres de sociétés.

Le marché primaire Dans une transaction sur le marché primaire, la société par actions est le vendeur et la transaction sert à lui procurer des fonds. Les premiers appels publics à l'épargne (PAPE) des entreprises de haute technologie ont contribué à alimenter la bulle spéculative des années 1999 et 2000. Les sociétés font deux types de transactions sur le marché primaire : des appels publics à l'épargne et des placements privés. Comme son nom l'indique, un appel public vise la vente de valeurs au public en général, tandis qu'un placement privé est une vente négociée s'adressant à un acheteur en particulier. Comme ces transactions seront analysées en détail à la partie VI, nous ne présentons ici que des notions de base.

La plupart des titres de créances et de participation offerts au public sont garantis. Au Canada, les maisons de courtage de valeurs spécialisées dans la négociation de titres, comme RBC Dominion, Scotia Capital, Nesbitt Burns et CIBC World Markets, s'engagent à honorer cette garantie.

Lorsqu'un appel public à l'épargne est garanti, une maison de courtage de valeurs ou un regroupement de ces maisons (appelé « consortium financier » ou « syndicat financier ») achète généralement les titres de l'entreprise et les lance sur le marché. Les syndicataires espèrent réaliser des profits en revendant ces titres à des investisseurs à un prix plus élevé que celui qu'ils ont payé à l'entreprise.

D'après la loi, les appels publics à l'épargne de titres de créances et de participation doivent être enregistrés auprès des autorités provinciales, dont la plus importante est la Commission des valeurs mobilières de l'Ontario (Ontario Securities Commission — OSC). L'entreprise doit alors fournir un grand nombre de renseignements avant de pouvoir vendre le moindre titre. Les coûts comptables, juridiques et de garantie liés à ce type d'offre peuvent être considérables.

En partie pour éviter les diverses exigences réglementaires et la dépense d'un appel public à l'épargne, les titres de créances et de participation sont souvent vendus en privé à de grandes institutions financières comme des compagnies d'assurance-vie ou des fonds communs de placement. De tels placements privés n'ont pas besoin d'être enregistrés auprès d'une commission des valeurs mobilières et ne nécessitent aucun recours aux services de syndicataires.

Le marché secondaire Lors d'une transaction sur un marché secondaire, un propriétaire ou un créancier vend quelque chose à un autre propriétaire ou créancier. Par conséquent, le marché secondaire permet de transmettre la propriété de titres de sociétés. Il existe deux types de marchés secondaires : les marchés à la criée et les marchés de négociants.

Les marchés de négociants en actions et en dettes à long terme portent le nom de « marchés hors cote ». Le commerce des titres de créances se fait de « gré à gré ». En anglais, l'expression *over the counter* renvoie à une époque où les titres étaient achetés et vendus sur des comptoirs de bureaux un peu partout au pays. De nos jours, comme dans le cas du marché monétaire, une partie importante du marché des valeurs mobilières et la totalité du marché des dettes à long terme n'ont pas lieu en un endroit précis ; les nombreux courtiers sont reliés de façon électronique.

Les transactions de titres Au Canada, les actions ordinaires de la plupart des grandes entreprises sont négociées sur des marchés organisés à la criée et des marchés de négociants. Le plus grand marché canadien des valeurs mobilières est le groupe du Toronto Stock Exchange (TSX). Le tableau 1.3 présente les 10 plus grands marchés de valeurs mobilières au monde en 2002 et 2003 ; le TSX s'est alors classé au septième rang.

		2003 (en millions de dollars américains)	Rang en 2002
1.	NYSE	11 328 953,1	1
2.	Tokyo	2 953 098,3	2
3.	Nasdaq	2 844 192,6	4
4.	London	2 460 064,0	3
5.	Euronext	2 076 410,2	5
6.	Deutsche Börse	1 079 026,2	6
7.	TSX Group	888 677,7	7
8.	Swiss Exchange	727 103,0	8
9.	Hong Kong	714 597,4	10
10.	Borsa Italiana	614 841,6	9

Source : World Federation of Stock Exchanges. Sur Internet : www.word-exchanges.org

Il y a deux différences entre le marché à la criée et le marché de négociants. D'abord, contrairement au marché de négociants, un marché à la criée (ou Bourse) est installé dans un lieu physique précis, par exemple Bay Street ou Wall Street. En outre, sur un marché de négociants, la plus grande partie des achats et des ventes est effectuée par des courtiers ; sur un marché à la criée, le rôle des courtiers est limité puisque le but principal consiste à rapprocher les vendeurs et les acheteurs. Jusqu'à très récemment, le TSX offrait la possibilité de faire à la fois des transactions sur le « parquet » et par l'intermédiaire d'un réseau informatique étendu. Ce virage technologique a fait du TSX un marché hybride à la criée et de négociants[6].

L'inscription à la cote officielle On dit des actions qui sont négociées sur un marché organisé qu'elles sont inscrites à la Bourse. Pour être inscrites (ou cotées), les entreprises doivent satisfaire à certains critères minimaux concernant, par exemple, la taille des actifs et le nombre d'actionnaires. Ces critères varient selon les Bourses.

De toutes les Bourses du Canada, le TSX est celle qui impose les conditions les plus sévères. Par exemple, pour être cotée au TSX, une entreprise doit avoir une valeur marchande (ou une valeur à la cote) pour ses actions non nominatives d'au moins 2 millions de dollars et un minimum de 300 actionnaires possédant chacun au moins 100 actions. Il existe encore d'autres exigences en matière de minimums, de bénéfices nets, d'actifs et de nombre d'actions en circulation.

1.6 Les institutions financières

Nous avons vu que, par rapport aux autres formes d'organisations, la société par actions a comme principaux avantages d'accélérer et de simplifier les formalités de transmission de la propriété et de faciliter l'obtention de capitaux. Ces deux avantages sont sensiblement accrus grâce à l'existence des institutions financières et des marchés de capitaux. Ces derniers jouent d'ailleurs un rôle extrêmement important dans la finance des entreprises.

L'interaction entre la société par actions et les différents marchés de capitaux est considérable. Supposons, au départ, que l'entreprise vend des actions et emprunte de l'argent pour se procurer des fonds. L'argent passe du marché de capitaux vers l'entreprise. Celle-ci investit alors dans des actifs à court terme et dans des immobilisations (ou des actifs fixes). Ces actifs rapportent de l'argent, dont une partie sert à payer les impôts de la société. Une fois les impôts payés, une partie du flux monétaire est réinvestie dans l'entreprise. Le reste retourne sur les marchés de capitaux sous forme de paiements aux créanciers et aux actionnaires.

Comme n'importe quel autre marché, le marché des capitaux sert simplement à réunir des acheteurs et des vendeurs. On y vend et on y achète des titres de créances et des titres de participation. Là comme ailleurs, c'est la loi de l'offre et de la demande qui régit les transactions. Comme le montre notre analyse, lorsque les participants qui disposent de fonds excédentaires investissent dans les titres émis par une entreprise, ils fournissent (offrent) des fonds à l'entreprise. Dans la même veine, l'entreprise demande des fonds aux participants sur les marchés de capitaux.

6 Au TSX, les transactions sur le parquet ont cessé définitivement en avril 1997.

Les institutions financières agissent comme intermédiaires entre les investisseurs (les fournisseurs de fonds) et les entreprises qui recherchent un financement. (Les gouvernements fédéral et provinciaux de même que les personnes peuvent aussi se procurer des fonds sur les marchés de capitaux, mais nos exemples portent surtout sur les entreprises.) Les institutions financières justifient leur existence en fournissant toute une gamme de services qui favorisent une répartition efficace des capitaux. Les institutions bancaires canadiennes comprennent les banques à charte et les autres banques de dépôts — les sociétés de fiducie, les coopératives d'épargne et de crédit, les courtiers en valeurs mobilières, les compagnies d'assurances, les caisses de retraite et les fonds communs de placement.

Le tableau 1.4 dresse la liste des 10 principales institutions financières en 2002, soit les six grandes banques à charte, une coopérative d'épargne et de crédit (le Mouvement Desjardins), une société de portefeuille (Power Financial) et une caisse de retraite (la Caisse de dépôt). Comme la loi permet aux banques à charte de diversifier leurs activités en ouvrant des succursales dans toutes les provinces du Canada, leur taille est respectable à l'échelle internationale. Le tableau 1.4 montre que ce type de banques occupe les cinq premières positions sur le marché interne.

Tableau 1.4 Les plus grandes institutions financières au Canada en 2002

	Rang par actifs	Total des actifs (en milliards de dollars)
Banque Royale	1	377,0
Banque de Nouvelle-Écosse	2	296,4
Banque TD	3	278,0
Banque canadienne impériale de commerce (CIBC)	4	273,3
Banque de Montréal	5	252,9
Caisse de dépôt et de placement du Québec	6	107,4
Mouvement des caisses Desjardins	7	85,3
Banque Nationale du Canada	8	74,6
Power Financial Corp.	9	68,3
Banque du Canada	10	44,0

Source : *FP 500, National Post,* juin 2003.

Les banques à charte sont régies par une réglementation fédérale. Elles acceptent des dépôts provenant de fournisseurs de capitaux et consentent des prêts commerciaux à des entreprises de taille moyenne, des prêts de sociétés de capitaux à de grosses entreprises ainsi que des prêts et des hypothèques personnels aux individus. Elles tirent la plus grande part de leurs revenus de l'écart entre l'intérêt versé sur les dépôts et le taux plus élevé touché sur les prêts. Ce procédé porte le nom de «financement indirect», car les banques reçoivent des fonds sous forme de dépôts et signent des contrats de crédit séparés avec les demandeurs de fonds. La figure 1.2 illustre le processus de financement indirect.

Figure 1.2

Les deux types de financement

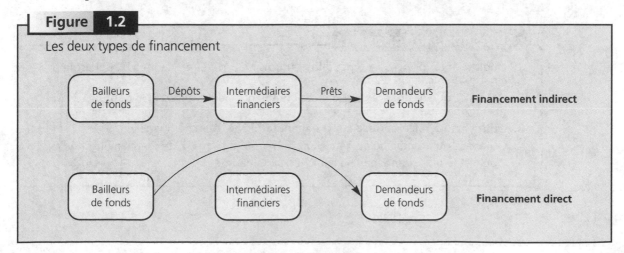

Les banques à charte fournissent aussi d'autres services qui leur rapportent des redevances plutôt qu'un écart entre les taux des dépôts et des prêts. Par exemple, une grande entreprise cliente qui cherche à consolider une dette à court terme peut emprunter directement d'une autre grande société à l'aide de fonds provenant d'une acceptation bancaire. Il s'agit en fait d'une reconnaissance de dette émise par une banque qui garantit le crédit de l'emprunteur et qui porte intérêt. Cette fois, au lieu de toucher l'écart, la banque perçoit des droits d'estampillage. L'acceptation bancaire est un exemple du financement direct illustré dans la figure 1.2. La principale différence entre les financements direct et indirect réside dans le fait que les fonds du financement direct ne sont pas inscrits dans le bilan de la banque sous forme de dépôts et de prêts. Souvent appelée « titrisation » parce qu'il y a création d'un titre (l'acceptation bancaire), le financement direct est en pleine expansion. Plusieurs grandes banques canadiennes à charte visent à tirer la moitié de leurs revenus de redevances liées au financement direct.

Les sociétés de fiducie acceptent également les dépôts et consentent des prêts. En outre, elles se lancent dans des activités fiduciaires — elles administrent des actifs pour des successions, des régimes enregistrés d'épargne-retraite (REÉR), etc. Comme les sociétés de fiducie, les coopératives d'épargne et de crédit acceptent les dépôts et consentent des prêts. Au cours des dernières années, la plupart des grandes sociétés de fiducie ont été achetées par des banques à charte.

Les maisons de courtage en valeurs mobilières n'acceptent pas de dépôts, mais elles aident les entreprises à émettre de nouveaux titres de placement en échange de redevances. Elles aident également les investisseurs à acheter et à vendre des titres. Les banques à charte possèdent des participations majoritaires dans 5 des 15 plus grandes maisons de courtage en valeurs mobilières du Canada.

Parmi les compagnies d'assurances, on compte les compagnies d'assurances sur la propriété et les risques divers ainsi que sur la santé et sur la vie. Les compagnies d'assurance-vie font du financement indirect en acceptant des fonds sous une forme semblable à des dépôts et en consentant des prêts.

À cause du vieillissement de la population, les caisses de retraite ont accumulé un capital important qui est investi sur les marchés financiers. Comme dans le cas des fonds communs de placement, les caisses de retraite investissent les contributions des employeurs et des employés dans des titres offerts sur les marchés financiers. Dans les deux cas, des investissements individuels sont mis en commun pour acheter des portefeuilles de titres diversifiés.

Notre vue d'ensemble des principales activités des institutions financières est basée sur leurs services actuels. La récente déréglementation permet maintenant aux banques à charte, aux sociétés de fiducie, aux compagnies d'assurances et aux courtiers en valeurs mobilières d'offrir les mêmes services que les autres institutions, à une exception près. Les banques à charte n'ont pas le droit de vendre de l'assurance-vie par l'entremise de leurs réseaux de succursales. Même si tous les établissements ne souhaitent pas devenir des supermarchés qui offrent tous les produits financiers, il est probable que les différents types d'institutions tendront à se regrouper de plus en plus.

Questions théoriques

1. Quels sont les principaux types d'institutions financières au Canada ? Quel est le principal rôle de chacun d'eux ?
2. Qu'est-ce que le financement direct et le financement indirect ? En quoi se distinguent-ils ?
3. Qu'est-ce qui différencie le marché monétaire et le marché financier ?
4. Qu'est-ce qu'un marché de négociants ? En quoi diffère-t-il du marché à la criée ?
5. Quel est le plus grand marché à la criée au Canada ?

1.7 La tendance sur les marchés de capitaux et en gestion financière

Comme tous les marchés, les marchés de capitaux connaissent une mondialisation rapide. Par exemple, des actions d'entreprises canadiennes comme la Banque de Montréal et Seagram sont négociées à la Bourse de New York, avec celles d'autres entreprises non américaines comme Telmex, le géant des télécommunications au Mexique. À cause de la mondialisation, il est désormais plus difficile pour les investisseurs de protéger leurs portefeuilles des chocs financiers qui se produisent dans d'autres pays. À la fin de 1994 et au début de 1995, la dévaluation du peso a fait perdre à Telmex près des deux tiers de sa valeur en devises américaines. À l'été 1998, c'était au tour du marché financier asiatique d'être en crise. En même temps, les taux d'intérêt, le taux de change et différentes autres variables macro-économiques sont devenus plus volatils qu'auparavant. La panoplie des techniques de gestion financière disponibles s'est rapidement élargie en réponse au besoin de contrôler les risques accrus de volatilité et de s'y retrouver dans la complexité des problèmes résultant des échanges avec un grand nombre de pays. Les progrès de l'informatique permettent de mettre en œuvre de nouvelles applications pratiques de l'**ingénierie financière**.

Lorsque les gestionnaires ou les courtiers en valeurs mobilières conçoivent de nouveaux titres ou de nouveaux procédés financiers, on désigne leurs efforts sous l'expression d'« ingénierie financière ». Celle-ci vise la réduction et le contrôle des risques ainsi que l'« optimisation fiscale ». Elle permet de créer différents titres de créances et de renforcer la tendance vers la titrisation des crédits dont il a été question précédemment. Un exemple de réalisation controversée dans ce domaine est l'invention et la croissance rapide du commerce des contrats d'option, des valeurs à terme et d'autres **titres dérivés**. Ce genre de titres est très utile pour contrôler les risques, mais il a également déjà entraîné de fortes pertes à cause d'opérations malhabiles. Au moment où nous écrivons ces lignes, la plus grave catastrophe financière due à des titres dérivés concerne une perte de 3,5 milliards de dollars en valeurs à terme qui a causé la faillite, en 1998, de Long-Term Capital Management, une société de placement établie par des personnes ayant reçu le prix Nobel d'économie.

L'ingénierie financière vise également à réduire les coûts de l'émission de titres ainsi que les coûts dus au respect des règles édictées par les organismes de contrôle. Son régime de prospectus simplifié, par exemple, permet aux entreprises qui émettent fréquemment de nouvelles actions ordinaires de contourner la plupart des exigences d'enregistrement des commissions de valeurs mobilières.

Outre l'ingénierie financière, les progrès de l'informatique ont suscité des occasions de combiner différents types d'institutions financières pour profiter d'économies d'échelle et de gamme. Ainsi, la Banque Royale du Canada, la plus grande banque à charte canadienne, possède le Trust Royal et RBC Dominion Securities. Ces vastes institutions font des affaires dans toutes les provinces et au niveau international, de sorte qu'elles peuvent se prévaloir des réglementations moins sévères de certains gouvernements. Elles font aussi pression auprès des autorités pour obtenir une déréglementation, tandis que les autorités font pression en sens inverse. C'est ce qu'on appelle une **dialectique de réglementation**.

Par exemple, au milieu des années 1980, le Québec a supprimé presque toutes les restrictions concernant la combinaison de différents types d'institutions financières. Il en a résulté que les institutions québécoises ont grandi beaucoup plus vite que leurs concurrents canadiens. À l'époque, seules les banques à charte situées au Québec pouvaient posséder des maisons de courtage de valeurs. Cet exemple a incité les organismes de réglementation à accorder le même privilège aux banques à charte des provinces canadiennes.

De façon générale, cette dialectique de réglementation est à l'origine des règles canadiennes actuelles, qui laissent les institutions financières presque complètement libres d'empiéter sur les secteurs d'affaires traditionnels les unes des autres[7]. D'ailleurs, la démutualisation de grands assureurs (par exemple Clarica, Sun Life et Manuvie) en 1999 et 2000 illustre bien à quel point le marché financier est dynamique. La raison évoquée par ces mutuelles d'assurance pour devenir des sociétés

---

Ingénierie financière

Création de nouveaux titres ou de nouveaux processus financiers.

Titres dérivés

Contrats d'option ou à terme et autres titres dont la valeur provient du prix d'un autre actif sous-jacent.

Dialectique de réglementation

Pressions que les institutions financières et les organismes de contrôle exercent les uns sur les autres.

---

7 Cette analyse est basée sur L. Kryzanowski et G. S. Roberts, « Bank Structure in Canada », dans *Banking Structure in Major Countries*, édité par G. G. Kaufman, Boston, Kluwer Academic Publishers, 1992.

par actions était leur besoin d'émettre des titres plus facilement afin de parer à la concurrence internationale.

Ces tendances ont accru l'aspect technique et la complexité des activités de gestion financière. Pour cette raison, un grand nombre d'étudiants en administration des affaires considèrent l'introduction à la finance comme un des sujets les plus ardus. Ces tendances ont également accru les intérêts en jeu. À cause de la compétition mondiale croissante, une bonne gestion financière peut rapporter beaucoup. La fonction financière prend d'ailleurs de plus en plus d'importance dans la planification stratégique d'une entreprise. On peut se réjouir du fait que les possibilités de carrières (et la rémunération) dans le domaine financier sont très attrayantes.

Après ce rapide survol des préoccupations liées à la finance des entreprises, examinons plus en détail l'organisation de cet ouvrage qui est divisé en six parties.

1.8 Plan du manuel

Partie I :   Une vue d'ensemble de la finance des entreprises
Partie II :   Les états financiers et la planification financière à long terme
Partie III : L'évaluation des flux monétaires futurs
Partie IV :   Le choix des investissements
Partie V :   Le risque et le rendement
Partie VI :   Le coût du capital et la décision de financement

La partie I de ce manuel contient des éléments d'introduction, et elle explique la relation entre la comptabilité et les flux de trésorerie. La partie II explore en détail la question des états financiers et leur rôle en finance.

Les parties III et IV comprennent une analyse centrale sur l'évaluation. Dans la partie III, nous développons des processus de base pour évaluer les futures rentrées et sorties nettes de fonds en insistant sur les actions et les obligations. La partie IV applique ces notions et porte sur l'établissement du budget des investissements et l'effet des décisions d'investissements à long terme sur une entreprise.

Dans la partie V, nous élaborons certains outils d'évaluation des risques. Nous voyons ensuite comment évaluer les risques associés aux investissements que fait une entreprise à long terme. Dans cette partie, nous soulignons aussi l'importance d'établir un point de repère pour prendre des décisions en matière d'investissements.

La partie VI traite des questions connexes du financement à long terme, de la ligne de conduite en matière de dividendes et de la structure du capital. Nous analysons en détail des titres de sociétés, et nous décrivons les procédés utilisés par les entreprises pour se procurer des fonds et vendre des titres au public. Nous présentons une notion essentielle, le coût du capital, puis nous étudions les dividendes et la ligne de conduite en matière de dividendes. De plus, nous considérons la détermination de la structure du capital.

Les propos de...

Clifford W. Smith Jr. et les mesures prises par le marché dans le but d'encourager un comportement éthique

La question du comportement éthique suscite de plus en plus d'intérêt dans le monde des affaires. Une grande partie des débats soulevés ont été menés par des penseurs et portaient sur des principes moraux. Plutôt que de revenir sur cet aspect, je voudrais traiter d'un ensemble de sujets complémentaires (souvent laissés de côté) du point de vue d'un économiste. Les marchés imposent des coûts parfois considérables aux personnes et aux institutions qui adoptent un comportement contraire à l'éthique. Les forces exercées par ces marchés représentent d'importants stimulants visant à favoriser un comportement éthique chez les gens d'affaires.

La science économique se définit essentiellement comme l'étude de la prise de décisions. Je voudrais donc me contenter d'examiner le comportement éthique comme un choix que doit faire chaque personne. D'après l'analyse économique, lorsqu'on envisage d'entreprendre quelque chose, on détermine d'abord les avantages et les coûts potentiels. Si les avantages prévus dépassent les coûts estimés, on va de l'avant mais, dans le cas contraire, on s'abstient de passer à l'action. Pour bien encadrer cette discussion, examinons un choix en particulier. Supposons que vous avez obtenu un contrat pour livrer un produit d'une qualité donnée. Tromperiez-vous votre client en réduisant la qualité du produit dans le but de diminuer vos coûts et d'augmenter vos profits ? En économie, plus les coûts pouvant résulter d'une fraude sont élevés, plus il y a de chances que les gens d'affaires adoptent un comportement éthique. De ce principe élémentaire découlent plusieurs conséquences.

Premièrement, plus la probabilité de détection d'une fraude est élevée, moins les individus auront tendance à la commettre. Cette conséquence permet de comprendre les multiples dispositions de contrôle mises en place par les institutions sur le marché. Elle permet aussi d'expliquer, par exemple, qu'une entreprise accepte de faire vérifier ses états financiers par un bureau d'experts comptables indépendant. Puisque cette vérification professionnelle périodique accroît les probabilités de détection des fraudes, toute tentative pour l'entreprise de faire des déclarations erronées sur sa situation financière diminue.

Deuxièmement, plus les sanctions imposées en cas de détection d'une fraude sont sévères, moins les individus auront tendance à agir de façon malhonnête. Lorsqu'une transaction commerciale est susceptible de se répéter entre deux parties, la probabilité de fraude est plus faible. En effet, si les ventes à venir sont annulées, le risque de perte de profit constitue un puissant encouragement à respecter le contrat. Toutefois, lorsque la continuité des entreprises est moins certaine, les coûts liés aux ventes perdues dans le futur le sont aussi. C'est pourquoi les entreprises qui éprouvent des difficultés financières sont plus susceptibles de commettre des fraudes que celles qui sont en bonne santé financière. De façon générale, les sociétés ont intérêt à adopter des politiques financières qui les aident à sceller leur engagement à lutter contre la fraude. Par exemple, si la qualité d'un produit peut difficilement être évaluée avant l'achat, les clients auront tendance à mettre en doute les affirmations de l'entreprise au sujet de cette qualité et, en cas d'incertitude, ils achèteront peut-être mais à la condition de payer moins cher qu'ailleurs. Ces entreprises moins prospères sont ainsi très fortement motivées à adopter des politiques financières susceptibles de diminuer la probabilité d'insolvabilité. Elles devraient avoir un levier financier (ou niveau d'endettement) moins élevé, conclure moins de contrats de location et effectuer plus d'opérations de couverture que les autres entreprises.

Troisièmement, les coûts prévus sont plus élevés lorsque de l'information concernant une fraude se répand largement et rapidement parmi des clients potentiels. Par conséquent, les services d'information sur la consommation, qui surveillent la qualité des produits et en informent les consommateurs, aident à réduire le nombre de fraudes. En diminuant les coûts que doivent engager les consommateurs potentiels pour contrôler la qualité, ces services accroissent les coûts prévisibles de la fraude.

Enfin, les coûts imposés à une entreprise prise en flagrant délit de fraude dépendent de la façon dont le marché évalue son manquement aux règles d'éthique. Des activités considérées comme de véritables transgressions par certains paraissent parfois justifiables à d'autres. Les normes en matière d'éthique varient également d'un marché à l'autre. Par exemple, le versement d'une somme d'argent qui serait qualifié de « pot-de-vin » en Amérique du Nord pourrait être considéré comme une pratique d'affaires normale dans un pays en voie de développement. Plus le consensus sur le caractère non éthique d'un comportement est grand, plus les coûts qui en résulteront seront élevés.

L'établissement et le maintien d'une réputation de comportement éthique constituent un élément d'actif précieux pour une entreprise dans le milieu des affaires. On peut conclure de cette analyse qu'une entreprise qui se préoccupe du comportement de ses employés sur le plan éthique devrait surveiller très attentivement les conflits susceptibles de survenir entre sa direction, ses employés, ses clients, ses créanciers et ses actionnaires. Prenons l'exemple de Sears, un géant dans le secteur des grands magasins. Cette entreprise a été trouvée coupable de facturer ses clients pour des réparations automobiles dont la nécessité n'était pas démontrée. Pour tenter de développer davantage l'aspect « services » de son entreprise (comme l'ont fait des concurrents telle la société Nordstrom), Sears avait instauré une politique générale de vente à la commission. Toutefois, les mesures qui se révèlent efficaces dans les rayons des vêtements et des articles ménagers ne s'appliquent pas nécessairement de la même manière dans l'atelier de réparation automobile. Un client qui achète un complet en connaît presque autant sur le produit que le vendeur. Par contre, un grand nombre de personnes qui font réparer leur voiture en savent très peu sur son fonctionnement et doivent donc, le plus souvent, se fier aux recommandations de l'employé pour effectuer un achat. Les principes de rémunération de Sears ont eu pour effet d'inciter ses employés à recommander aux clients des réparations superflues. L'entreprise n'aurait pas connu ces problèmes et n'aurait pas vu sa réputation entachée si elle avait prévu que sa politique de vente à la commission encouragerait les employés de ses ateliers de réparation automobile à tromper leurs clients.

Clifford W. Smith Jr. est titulaire de la chaire Epstein de finance à la Simon's School of Business Administration de l'University of Rochester. Il est également éditeur conseil au *Journal of Financial Economics*. Ses recherches portent principalement sur les politiques financières des sociétés et la structure des institutions financières. Des renseignements à jour sur ses travaux sont disponibles sur le site www.simon.rochester.edu/fac/smith/index.html/.

1.9 Résumé et conclusions

Dans ce chapitre, nous avons présenté quelques-unes des notions fondamentales de la finance des entreprises, notamment celles qui sont décrites ci-dessous.

1. La finance d'entreprise cherche à répondre aux trois principales questions que voici :

   a) Quels investissements à long terme l'entreprise devrait-elle choisir ? Cette décision concerne l'établissement du budget des investissements.

   b) Où l'entreprise trouvera-t-elle le financement à long terme nécessaire à cet investissement ? Autrement dit, quelle combinaison d'endettement et de fonds propres permettra de financer ses activités ? Cette décision concerne la structure du capital.

   c) Comment l'entreprise devrait-elle gérer ses activités financières quotidiennes ? Cette décision concerne le fonds de roulement.

2. Dans une entreprise à but lucratif, l'objectif de la gestion financière est de prendre les décisions qui permettent d'accroître la valeur des actions ou, de façon générale, la valeur marchande des capitaux investis.

3. La société par actions est une forme d'organisation plus avantageuse que les autres lorsqu'il s'agit de se procurer de l'argent et de transmettre une participation, mais l'inconvénient inhérent à ce type d'organisation est la double imposition.

4. Des conflits peuvent naître entre les actionnaires et la direction d'une grande entreprise. Nous avons appelé ce type de conflits des « problèmes d'agence », et nous avons expliqué comment il est possible de les contrôler et de les atténuer.

5. La présence de marchés de capitaux augmente les avantages des entreprises constituées en sociétés par actions. Il incombe aux institutions financières de favoriser l'efficacité de ces marchés. Les marchés de capitaux servent à la fois de marché primaire et de marché secondaire pour les titres de sociétés. Ils peuvent être organisés en marché de négociants ou en marché à la criée. La mondialisation, la déréglementation et l'ingénierie financière influent considérablement sur l'organisation des marchés de capitaux et sur la pratique de la gestion financière.

Parmi les sujets traités jusqu'ici, le plus important est l'objectif de la gestion financière, c'est-à-dire la maximisation de la valeur des actions. Tout au long du manuel, dans notre analyse des décisions financières, nous poserons constamment la même question : quel serait l'effet de la décision envisagée sur la valeur des actions ?

NOTIONS CLÉS

Dialectique de réglementation (page 19)
Entreprise individuelle (page 6)
Établissement du budget des investissements (page 3)
Gestion du fonds de roulement (page 5)
Ingénierie financière (page 19)
Marché financier (page 14)
Marché monétaire (page 14)

Partie intéressée (page 13)
Problème d'agence (page 11)
Société de personnes (page 6)
Société par actions (page 7)
Structure financière (page 5)
Titres dérivés (page 19)

Questions et problèmes

Notions de base (questions 1 à 8)

1. **Le processus décisionnel en gestion financière** Quels sont les trois types de décisions en gestion financière ? Pour chaque type, donnez un exemple pertinent de transaction financière.

2. **L'entreprise individuelle et la société de personnes** Quels sont les quatre principaux inconvénients de l'entreprise individuelle et de la société de personnes en tant que formes d'organisation commerciale ? Quels sont les avantages de ces types d'organisation par rapport à la société par actions ?

3. **La société par actions** Quel est le principal inconvénient de la société par actions comme forme d'organisation ? Donnez au moins deux avantages de ce type d'organisation.

4. **La structure organisationnelle de la finance des entreprises** Dans une grande société par actions, quels sont les deux groupes distincts qui doivent faire rapport au gestionnaire financier ? Quel groupe constitue le centre des préoccupations de la finance des entreprises ?

5. **L'objectif de la gestion financière** Quel objectif devrait motiver toutes les actions du gestionnaire financier ?

6. **Les questions concernant le mandat de l'entreprise** À qui appartient une société par actions ? Décrivez le processus qui permet aux propriétaires d'exercer un contrôle sur la gestion de cette entreprise. Qu'est-ce qui justifie l'existence de la relation de mandataire dans une société par actions ? Quels types de problèmes peuvent apparaître dans un tel contexte ?

7. **Les marchés de capitaux** Vous avez peut-être déjà lu, dans les revues ou les journaux financiers, l'expression « premier appel public à l'épargne » des titres d'une entreprise. S'agit-il d'une transaction sur un marché primaire ou sur un marché secondaire ?

8. **Les marchés de capitaux** Que signifie la phrase « le Toronto Stock Exchange est à la fois un marché à la criée et un marché de négociants » ? En quoi un marché à la criée diffère-t-il d'un marché de négociants ? À quel type de marché appartient le Nasdaq ?

9. **Les objectifs des entreprises à but non lucratif** Supposons que vous êtes le gestionnaire financier d'une entreprise à but non lucratif (par exemple un hôpital). Quels genres d'objectifs conviendraient dans ce contexte ?

10. **Les objectifs des entreprises et la valeur des actions** Évaluez l'énoncé suivant : « Les gestionnaires financiers ne devraient pas concentrer leurs efforts sur la valeur actuelle des actions parce qu'ils risquent ainsi de donner trop d'importance aux profits à court terme au détriment des profits à long terme. »

11. **Les objectifs des entreprises et les questions d'éthique** L'objectif qui consiste à maximiser la valeur des actions est-il en contradiction avec d'autres objectifs, comme celui d'éviter tout comportement contraire à l'éthique ou illégal ? Plus précisément, croyez-vous que des aspects comme la sécurité des clients et des employés, le respect de l'environnement et le bien de la société en général ont leur place dans ce contexte ou s'ils sont laissés de côté ? Tâchez d'imaginer quelques situations pertinentes pour illustrer votre réponse.

12. **Les objectifs des entreprises et les sociétés multinationales** L'objectif de maximisation de la valeur des actions serait-il différent s'il s'agissait de gestion financière dans un pays étranger ? Justifiez votre réponse.

13. **Les questions d'agence et de contrôle des entreprises** Supposons que vous possédez des actions dans une entreprise et que leur prix actuel s'élève à 25 $ par unité. Une autre entreprise annonce qu'elle veut acheter votre entreprise et qu'elle est prête à verser 35 $ par action pour acquérir toutes celles qui sont en circulation. La direction de votre entreprise entreprend aussitôt de combattre cette offre d'achat hostile. Agit-elle dans l'intérêt des actionnaires ? Justifiez votre réponse.

14. **Les questions d'agence et la finance internationale** La propriété des sociétés par actions varie d'un pays à l'autre. Autrefois, des individus détenaient la majorité des actions de sociétés de capitaux nationales aux États-Unis. C'était aussi le cas au Canada, mais la propriété y est plus souvent concentrée dans les mains d'un actionnaire majoritaire. En Allemagne et au Japon, les banques et d'autres institutions financières ainsi que de grandes entreprises détiennent la plus grande partie des actions des sociétés publiques. À votre avis, quels effets ces différences dans les types de propriétés ont-elles sur l'importance des coûts d'agence dans ces divers pays ?

15. **Les grandes institutions financières et les marchés** Quelles sont les principales catégories d'institutions financières et de marchés de capitaux au Canada ?

16. **Le financement direct et le financement indirect** Quelle est la différence entre le financement direct et le financement indirect ? Donnez un exemple dans chaque cas.

17. **Les grandes tendances actuelles** Donnez quelques-unes des grandes tendances observables dans les marchés de capitaux canadiens. Expliquez comment ces tendances influent sur les méthodes de gestion financière au Canada.

Lectures suggérées

Voici une enquête sur les tendances dans les banques à charte et d'autres institutions financières canadiennes :

MacKENZIE, M. et G. S. ROBERTS. « The Canadian Financial Sector », dans *Canada and the New World Economic Order : Strategic Briefings for Canadian Enterprise,* édité par Tom Wesson, North York, Captus Press, 1998.

Une autre source utile :

« Task Force on the Future of Canadian Financial Services Industry », *Report of the Task Force,* Ottawa, ministère des Finances, septembre 1998.

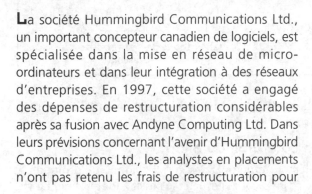

CHAPITRE 2

Les états financiers, les impôts et les flux monétaires

La société Hummingbird Communications Ltd., un important concepteur canadien de logiciels, est spécialisée dans la mise en réseau de micro-ordinateurs et dans leur intégration à des réseaux d'entreprises. En 1997, cette société a engagé des dépenses de restructuration considérables après sa fusion avec Andyne Computing Ltd. Dans leurs prévisions concernant l'avenir d'Hummingbird Communications Ltd., les analystes en placements n'ont pas retenu les frais de restructuration pour le calcul du bénéfice net parce qu'il s'agissait de frais exceptionnels qu'ils ne s'attendaient pas à voir reparaître.

Ce raisonnement est logique, car l'analyste en placements a pour tâche de prévoir les flux monétaires des exercices à venir. Dans ce chapitre, on cherche à comprendre pourquoi le flux monétaire est l'élément de la plus haute importance.

Le chapitre 2 porte sur les états financiers, les flux monétaires et les impôts. Nous n'insistons pas sur la façon de dresser des états financiers. Toutefois, comme ils constituent souvent une source essentielle d'information pour la prise de décisions financières, nous en ferons un bref examen en soulignant leurs caractéristiques les plus pertinentes ainsi que quelques-unes de leurs lacunes. Nous accorderons aussi une attention particulière à certains aspects du flux monétaire.

Les impôts constituent un autre sujet très important parce que le flux monétaire est mesuré après leur calcul. Nous verrons comment sont établis les impôts sur les sociétés et sur le revenu des particuliers et comment les investisseurs paient des impôts sur différents types de revenus. Il est essentiel d'avoir une compréhension de base du système d'imposition canadien pour utiliser adéquatement les outils de gestion financière.

2.1 Le bilan d'entreprise

Bilan
État financier qui indique la valeur comptable d'une entreprise à une date donnée.

Le **bilan** est en quelque sorte un instantané de l'entreprise. C'est un moyen pratique d'organiser et de résumer ce que l'entreprise possède (son actif), ce qu'elle doit (son passif) et la différence entre les deux (les fonds propres) à un moment donné. La figure 2.1 montre comment établir un bilan. Du côté gauche, on inscrit l'actif de l'entreprise et du côté droit, le passif et les fonds propres.

L'actif : le côté gauche du bilan

Dans l'actif, on distingue deux catégories : l'actif (réalisable) à court terme et l'actif immobilisé. Un actif immobilisé est un actif qui a une vie relativement longue. Il peut s'agir d'un élément d'actif ou d'un bien corporel comme un camion ou un ordinateur ou d'un élément d'actif ou d'un bien incorporel comme une marque ou un brevet. Les comptables emploient le terme «immobilisations» pour désigner ce type d'actif. Un actif à court terme a une durée de moins d'un an. Autrement dit, il sera transformé en argent dans l'espace de 12 mois. Par exemple, le stock d'une entreprise est généralement acheté et vendu à l'intérieur d'une année, de sorte qu'il entre dans la catégorie de l'actif réalisable à court terme. De toute évidence, l'argent est un actif

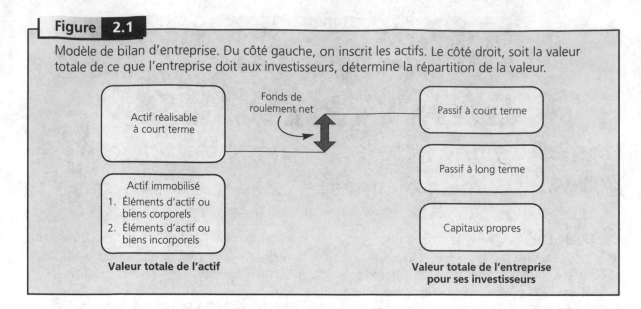

Figure 2.1

Modèle de bilan d'entreprise. Du côté gauche, on inscrit les actifs. Le côté droit, soit la valeur totale de ce que l'entreprise doit aux investisseurs, détermine la répartition de la valeur.

Fonds de roulement net

Actif réalisable à court terme

Actif immobilisé
1. Éléments d'actif ou biens corporels
2. Éléments d'actif ou biens incorporels

Valeur totale de l'actif

Passif à court terme

Passif à long terme

Capitaux propres

Valeur totale de l'entreprise pour ses investisseurs

à court terme. Les créances ou comptes clients (l'argent que les clients doivent à l'entreprise) constituent également des actifs à court terme.

Le passif et les fonds propres : le côté droit du bilan

Le passif d'une entreprise est le premier élément qui apparaît dans la colonne de droite d'un bilan. Il se divise en deux catégories, soit le passif à court terme et le passif à long terme. La vie du passif à court terme, comme celle de l'actif à court terme, a une durée de moins d'un an (c'est-à-dire qu'il doit être remboursé dans l'année), et on le place au-dessus du passif à long terme. Les comptes fournisseurs (les sommes que l'entreprise doit à ses fournisseurs) sont un exemple de passif à court terme.

Une dette qui n'est pas exigible dans l'année à venir porte le nom de «passif à long terme». C'est le cas notamment d'un prêt que l'entreprise prévoit rembourser en cinq ans. Les entreprises empruntent à long terme de différentes sources. De façon générale, on emploie les termes «obligation» et «créancier obligataire» pour désigner respectivement une dette et un créancier à long terme.

Enfin, par définition, la différence entre la valeur totale de l'actif (à court terme et immobilisé) et la valeur totale du passif (à court terme et à long terme) constitue les fonds propres, appelés aussi «capitaux propres», «avoir des propriétaires» ou «avoir des actionnaires». Si l'entreprise vendait tous ses actifs et utilisait cet argent pour rembourser ses dettes, la valeur résiduelle (ou fonds propres) de cette opération, quelle qu'elle soit, appartiendrait aux actionnaires. Par conséquent, le bilan est équilibré, car la valeur de la colonne de gauche est toujours égale à celle de la colonne de droite. Autrement dit, la valeur de l'actif de l'entreprise est égale à la somme du passif et des fonds propres[1] :

Actif = Passif + Fonds propres [2.1]

Il s'agit de l'équation comptable (ou identité fondamentale) du bilan, et elle se vérifie toujours, car, par définition, les fonds propres constituent la différence entre l'actif et le passif.

Le fonds de roulement net

Comme le montre la figure 2.1, la différence entre l'actif à court terme d'une entreprise et son passif à court terme porte le nom de «fonds de roulement net». Le fonds de roulement net est un nombre positif lorsque le total de l'actif à court terme est supérieur à celui du passif à court terme. À partir de la détermination de l'actif et du passif à court terme, on peut savoir si les sommes d'argent disponibles pendant les 12 prochains mois sont supérieures aux sommes

---

1 On emploie indifféremment les expressions «fonds propres» et «capitaux propres» pour désigner les fonds propres dans une entreprise. On se sert aussi de l'expression «valeur nette comptable». Il existe encore d'autres synonymes.

Une entreprise possède 100 $ en actif à court terme, 500 $ en actif immobilisé, 70 $ en passif à court terme et 200 $ en passif à long terme. Comment s'établit son bilan ? Quels sont ses fonds propres ? Quel est le montant du fonds de roulement net ?

Dans ce cas, le total de l'actif est de 100 $ + 500 $ = 600 $ et le total du passif, de 70 $ + 200 $ = 270 $. Par conséquent, la différence entre ces deux montants constitue les fonds propres, soit 600 $ − 270 $ = 330 $. Le bilan aurait donc l'aspect suivant :

Actif		Passif	
Actif à court terme	100 $	Passif à court terme	70 $
Actif immobilisé	500	Passif à long terme	200
		Fonds propres	330
Total de l'actif	600 $	Total du passif et des fonds propres	600 $

devant être remboursées au cours de la même période. C'est la raison pour laquelle, dans une entreprise saine, le fonds de roulement net est généralement positif.

Le fonds de roulement net est égal à la différence entre l'actif à court terme et le passif à court terme, soit 100 $ − 70 $ = 30 $.

Le tableau 2.1 *a*) présente des bilans simplifiés de la société Entreprises Canadiennes inc. L'ordre d'inscription des éléments de l'actif est fonction du temps requis pour les transformer en argent dans le cours normal des affaires. De même, les éléments du passif apparaissent dans l'ordre où ils devraient normalement être remboursés.

Tableau 2.1 *a*) Des bilans simplifiés

ENTREPRISES CANADIENNES INC.
Bilans
au 31 décembre 2002 et au 31 décembre 2003
(en millions de dollars)

	2002	2003		2002	2003
Actif			*Passif et fonds propres*		
Actif à court terme			Passif à court terme		
Encaisse	114 $	160 $	Comptes fournisseurs	232 $	266 $
Comptes clients	445	688	Effets à payer	196	123
Stock	553	555	Total	428 $	389 $
Total	1 112 $	1 403 $			
Actif immobilisé					
Immobilisations (net)	1 644 $	1 709 $	Passif à long terme	408 $	454 $
			Fonds propres		
			Actions ordinaires	600	640
			Bénéfices non répartis	1 320	1 629
			Total	1 920 $	2 269 $
Total de l'actif	2 756 $	3 112 $	Total du passif et des fonds propres	2 756 $	3 112 $

La structure de l'actif d'une entreprise reflète son secteur d'activité ainsi que les décisions de la direction concernant le montant d'encaisse et la quantité de stock à conserver et la ligne de conduite adoptée en matière de crédit, d'acquisition d'actif immobilisé, etc.

Dans le bilan, le côté du passif reflète principalement les décisions de la direction en matière de structure du capital et d'utilisation du passif à court terme. Par exemple, en 2003, le total des éléments du passif à long terme de la société Entreprises Canadiennes inc. était de 454 $ et le total des fonds propres, 640 $ + 1 629 $ = 2 269 $, de sorte que le total du financement à long terme équivalait à 454 $ + 2 269 $ = 2 723 $. De cette somme, 454 $/2 723 $ = 16,67 % représentent le passif à long terme. Ce pourcentage reflète les décisions que la direction de la société a prises par le passé concernant la structure du capital.

Trois éléments très importants doivent retenir l'attention lorsqu'on examine un bilan : la liquidité, le ratio dette-fonds propres et la valeur marchande par rapport à la valeur comptable[2].

La liquidité

Le terme « liquidité » désigne la rapidité et la facilité avec lesquelles on peut transformer un actif en argent. L'or est un actif relativement liquide, ce qui n'est pas le cas d'un établissement de fabrication sur mesure. La liquidité a deux dimensions : la facilité de conversion et la perte de valeur. Il est possible de transformer rapidement n'importe quel actif en argent pourvu qu'on baisse suffisamment son prix. Par conséquent, un actif est très liquide s'il peut être vendu très vite sans perte importante de valeur. Un actif non liquide ne saurait être transformé rapidement en argent sans une baisse de prix considérable.

 Dans un bilan, on inscrit généralement les éléments d'actif dans un ordre décroissant de liquidité. Autrement dit, les actifs les plus liquides apparaissent en tête de liste. L'actif à court terme est relativement liquide et comprend l'encaisse et les éléments d'actif qu'on s'attend à transformer en argent au cours des 12 prochains mois. Les comptes clients, par exemple, représentent des montants qui n'ont pas encore été recouvrés auprès des clients sur des ventes déjà réalisées. Naturellement, on espère que ces actifs seront convertis en argent à plus ou moins brève échéance. Le stock est probablement l'actif à court terme le moins liquide, du moins pour de nombreuses entreprises.

En général, l'actif immobilisé est relativement non liquide. Il comprend les biens corporels tels que les immeubles et le matériel. Les biens incorporels, comme la marque, n'ont aucune existence physique mais peuvent avoir une grande valeur. De même que les immobilisations corporelles, on ne les transforme habituellement pas en argent et ils sont considérés comme non liquides.

La liquidité est très importante. Plus une entreprise en a, moins elle risque d'éprouver de difficultés financières (à payer ses dettes ou à acheter les biens dont elle a besoin). Par contre, les actifs disponibles sont généralement moins rentables. Par exemple, les avoirs liquides sont les investissements les plus liquides de tous, mais il arrive qu'ils ne rapportent aucun revenu — ils dorment. Par conséquent, il faut faire un compromis entre les avantages de la liquidité et les profits potentiels auxquels on doit renoncer. Il sera question de ce compromis dans des chapitres ultérieurs.

Les dettes par opposition aux fonds propres

Lorsqu'une entreprise emprunte de l'argent, elle assure habituellement à ses créanciers un droit prioritaire sur ses flux monétaires. Les actionnaires n'ont droit qu'à la valeur résiduelle, c'est-à-dire à ce qui reste lorsque les créanciers sont payés. La valeur de cette portion résiduelle constitue les fonds propres de l'entreprise et équivaut simplement à la valeur de son actif moins la valeur de son passif :

Fonds propres = Actif – Passif

Cette équation se vérifie sur le plan comptable, car les fonds propres sont définis comme étant cette portion résiduelle. Toutefois, et c'est plus important encore, cette équation se vérifie aussi sur le plan économique. En effet, si l'entreprise vend ses actifs et rembourse ses dettes, l'argent qui reste appartient aux actionnaires.

L'utilisation du passif dans la structure du capital d'une entreprise porte le nom d'« effet de levier financier ». Plus le passif d'une entreprise est considérable (en pourcentage de son actif), plus son effet de levier financier est important. Comme on le verra dans des chapitres ultérieurs, le passif a un effet de levier dans le sens où son utilisation peut augmenter considérablement les gains et les pertes. Ainsi, il accroît le gain potentiel des actionnaires, mais il accroît aussi le risque de difficultés financières et de faillite.

La valeur marchande par opposition à la valeur comptable

Les valeurs inscrites au bilan d'une entreprise dans la colonne de l'actif sont des valeurs comptables et ne représentent généralement pas la valeur réelle de l'actif. D'après les **principes**

---

2 Les chapitres 3 et 4 traitent plus en détail de l'analyse des états financiers.

Principes comptables généralement reconnus (PCGR)

Ensemble commun de normes et de méthodes conformément auxquelles on dresse les états financiers vérifiés.

comptables généralement reconnus, les états financiers vérifiés donnent le coût historique ou coût d'origine des éléments d'actif. Autrement dit, la valeur de l'actif reportée dans les livres correspond à ce que l'entreprise a déboursé pour l'acquérir, peu importe depuis quand elle l'a acheté et ce qu'il vaut aujourd'hui.

Dans le cas de l'actif à court terme, la valeur marchande et la valeur comptable pourraient être à peu près similaires, car ces éléments d'actif sont achetés et transformés en argent dans un laps de temps relativement court. En d'autres circonstances, ces valeurs varieraient peut-être considérablement. Par contre, dans le cas de l'actif immobilisé, il faudrait une pure coïncidence pour que la valeur marchande actuelle d'un actif (le montant qu'on obtiendrait en le vendant) soit la même que sa valeur comptable. Par exemple, supposons qu'une compagnie de chemins de fer possède d'immenses terrains achetés il y a 100 ans ou plus. Le montant qu'elle a versé pour ces terrains est probablement des centaines sinon des milliers de fois inférieur à leur valeur actuelle. Et pourtant, son bilan porte le coût historique.

Comme les valeurs comptables correspondent rarement à la valeur actuelle de l'actif, on peut se demander pourquoi les comptables s'en servent. Leur raisonnement repose sur deux principes de comptabilité : l'objectivité et le principe de prudence. Les valeurs comptables sont objectives puisqu'il s'agit d'enregistrements (ou d'inscriptions) et non d'opinions. À cause de l'inflation, elles sont généralement plus basses que les valeurs marchandes des actifs et de ce point de vue, elles sont « prudentes ». Lorsque les comptables savent que les valeurs marchandes des actifs sont très au-dessous des valeurs comptables, ils réduisent la valeur des actifs. Un exemple bien connu est l'importante réduction de la valeur de certains actifs sous forme de prêts aux pays en voie de développement dans toutes les grandes banques à charte du Canada à la fin des années 1980[3].

Le bilan peut être utile à différentes parties intéressées. En comparant le montant des comptes fournisseurs au total des achats, un fournisseur est en mesure de déterminer avec quelle rapidité l'entreprise paie ses factures. Un créancier potentiel examinera la liquidité et l'effet de levier financier. Les gestionnaires de l'entreprise y recherchent certains renseignements tels que le montant de l'encaisse et la quantité de stock dont l'entreprise dispose. Il sera de nouveau question de ces multiples utilisations au chapitre 3.

Exemple 2.2 La valeur marchande par opposition à la valeur comptable

Chez la Société Québec, la valeur comptable de l'actif immobilisé est de 700 $ et la valeur marchande est estimée à environ 1 000 $. Le fonds de roulement net est de 400 $ dans les comptes, mais l'entreprise obtiendrait environ 600 $ si elle liquidait tous ses comptes courants. Enfin, l'entreprise a un passif à long terme de 500 $ en valeur comptable et en valeur marchande. Quelle est la valeur comptable des fonds propres ? Quelle est leur valeur marchande ?

On peut établir deux bilans simplifiés : un bilan comptable (pour la valeur comptable) et un bilan économique (pour la valeur marchande).

SOCIÉTÉ QUÉBEC
Bilans
Valeur marchande et valeur comptable

	Valeur comptable	Valeur marchande		Valeur comptable	Valeur marchande
Actif			*Passif*		
Fonds de roulement net	400 $	600 $	Passif à long terme	500 $	500 $
Actif immobilisé net	700	1 000	Fonds propres	600	1 100
	1 100 $	1 600 $		1 100 $	1 600 $

Dans cet exemple, les fonds propres valent en réalité près de deux fois le montant inscrit comme valeur comptable. La distinction entre la valeur comptable et la valeur marchande est importante justement parce que la première peut varier grandement par rapport à la valeur économique réelle.

Les gestionnaires financiers et les investisseurs ont souvent intérêt à connaître la valeur de l'entreprise. Cette information ne se trouve pas dans le bilan. Comme les éléments d'actif d'un bilan sont inscrits au coût historique, il n'y a pas nécessairement de lien entre le total de l'actif

---

3 Dans de tels cas, l'actif est inscrit à sa valeur la plus faible, qu'elle soit marchande ou comptable.

qui y apparaît et la valeur de l'entreprise. En fait, un grand nombre des actifs les plus valables d'une entreprise — une saine gestion, une bonne réputation, des employés compétents — ne figurent pas dans le bilan.

De même, les montants inscrits au bilan pour les fonds propres et la valeur véritable des actions ne correspondent pas nécessairement. Pour les gestionnaires financiers, la valeur comptable des actions n'a pas une grande importance ; c'est sa valeur marchande qui compte. Par conséquent, chaque fois qu'on parle de la valeur d'un actif ou de celle d'une entreprise, il s'agit habituellement de sa valeur marchande. Ainsi, lorsqu'on affirme que l'objectif du gestionnaire financier est d'augmenter la valeur des actions, cela signifie la valeur marchande des actions.

Questions théoriques

1. Quelle est l'équation comptable ou identité fondamentale du bilan ?
2. Qu'est-ce que la liquidité ? Pourquoi est-elle si importante ?
3. Qu'entend-on par « levier financier » ?
4. Expliquez la différence entre la valeur comptable et la valeur marchande. Laquelle des deux est la plus importante pour un gestionnaire financier ? Pourquoi ?

2.2 L'état des résultats

État des résultats

État financier qui résume le rendement d'une entreprise sur une période de temps donnée.

L'**état des résultats** mesure le rendement sur une période de temps donnée, généralement une année. Il est représenté par l'équation suivante :

Revenus – Dépenses = Bénéfice net   [2.2]

Si le bilan peut être comparé à un instantané, l'état des résultats constitue plutôt une vidéo de la période qui précède et qui suit la prise de l'instantané. Le tableau 2.1 *b*) présente un exemple d'état des résultats simplifié pour la société Entreprises Canadiennes inc.

| **Tableau 2.1 *b*)** Un état des résultats simplifié |

ENTREPRISES CANADIENNES INC.
État des résultats
pour l'exercice terminé le 31 décembre 2003
(en millions de dollars)

Chiffre d'affaires net	1 509 $
Coût des biens vendus	750
Amortissement	65
Bénéfice avant intérêts et impôts	694 $
Intérêts	70
Bénéfice avant impôts	624 $
Impôts	250
Bénéfice net	374 $
Addition aux bénéfices non répartis	309 $
Dividendes	65

Le premier élément d'un état des résultats indique généralement le revenu et les dépenses attribuables aux principales activités de l'entreprise. Parmi les éléments suivants, on compte notamment les charges financières, comme les intérêts payés. Les impôts versés sont inscrits séparément. Le dernier poste est le bénéfice net (ou résultat net), souvent exprimé sous la forme d'un montant par action et appelé « bénéfice par action ».

Comme l'indique le tableau 2.1 *b*), la société Entreprises Canadiennes inc. a versé 65 $ de dividendes en espèces. La différence entre le bénéfice net et les dividendes en argent, soit 309 $, constitue l'addition aux bénéfices non répartis pour l'année. Ce montant est ajouté au compte des bénéfices non répartis cumulatifs dans le bilan. En examinant les deux bilans d'Entreprises Canadiennes inc., on constate que les bénéfices non répartis ont augmenté de ce montant : 1 320 $ + 309 $ = 1 629 $.

Exemple **2.3**   Le calcul du bénéfice et des dividendes par action

Supposons que la société Entreprises Canadiennes inc. a 200 millions d'actions en circulation à la fin de 2003. D'après l'état des résultats précédent, quel est le bénéfice par action (BPA) de l'entreprise ? Quels sont ses dividendes par action ? L'état des résultats indique qu'Entreprises Canadiennes inc. a eu un bénéfice net de 374 millions de dollars pour l'année 2003. Comme il y a 200 millions d'actions en circulation,

le BPA s'élève à 374 $/200 = 1,87 $ par action. De même, les dividendes par action sont de 65 $/200 = 0,325 $ par action.

Lorsque le gestionnaire financier examine un état des résultats, il doit tenir compte de trois éléments : 1) les principes comptables généralement reconnus ; 2) les éléments ayant un effet sur la trésorerie par opposition aux éléments sans effet sur la trésorerie ; 3) la durée et les coûts.

Les principes comptables généralement reconnus et l'état des résultats

Un état des résultats élaboré suivant les principes comptables généralement reconnus indique les produits d'exploitation lorsqu'ils s'accroissent, ce qui ne correspond pas nécessairement au moment où l'argent rentre. D'après la règle générale (le principe de réalisation), on comptabilise des produits d'exploitation lorsque le processus de génération de ces produits est presque terminé et qu'on connaît ou qu'on peut déterminer sans se tromper la valeur d'un échange de biens ou de services. En pratique, ce principe signifie que le produit d'exploitation est comptabilisé au moment de la vente, mais pas nécessairement à celui du recouvrement.

Les coûts qui apparaissent dans l'état des résultats sont calculés d'après le principe du rapprochement des produits et des charges. Il s'agit essentiellement de déterminer d'abord les produits d'exploitation tels qu'ils ont été décrits ci-dessus et de rattacher ensuite à ces produits les coûts associés à leur fabrication. Ainsi, lorsqu'on fabrique puis qu'on vend un produit à crédit, les produits d'exploitation sont réalisés au moment de la vente. La production et d'autres coûts associés à la vente du produit sont également comptabilisés à ce moment. Rappelons que les sorties de fonds peuvent avoir eu lieu à des moments très différents.

Compte tenu de la façon dont les produits d'exploitation et les coûts sont réalisés, les chiffres qui apparaissent dans l'état des résultats ne reflètent parfois en rien les rentrées et les sorties de fonds qui surviennent pendant une période donnée.

Les postes hors caisse

Éléments sans effet sur la trésorerie

Dépenses portées au compte des produits d'exploitation et qui n'influent pas directement sur les flux monétaires, comme l'amortissement.

Une des principales raisons pour lesquelles le résultat comptable diffère du flux monétaire est que l'état des résultats comporte des **éléments sans effet sur la trésorerie** ou postes hors caisse. Le plus important d'entre eux est l'amortissement (ou amortissement pour dépréciation). Supposons qu'une entreprise verse 5 000 $ pour l'achat d'un bien et paie en argent comptant. De toute évidence, il y a une sortie de fonds équivalente à 5 000 $ au moment de l'achat. Toutefois, au lieu de soustraire 5 000 $ comme dépense, un comptable peut amortir le bien sur une période de cinq ans.

En cas d'amortissement linéaire et si on suppose que la valeur du bien est réduite à zéro à l'intérieur de cette période, 5 000 $/5 = 1 000 $ seraient soustraits chaque année à titre de dépense[4]. Il est important de comprendre que cette soustraction de 1 000 $ ne représente pas de l'argent — c'est un chiffre comptable. La véritable sortie de fonds a eu lieu au moment de l'achat du bien.

La soustraction de l'amortissement n'est qu'une autre application du principe du rapprochement en comptabilité. Les produits d'exploitation associés à un bien prennent généralement un certain temps à se réaliser. Le comptable cherche donc à rattacher la dépense associée à l'achat du bien aux profits réalisés grâce à la possession de ce bien.

---

4 Par « amortissement linéaire », on entend que la soustraction de l'amortissement est la même chaque année. L'expression « valeur réduite à zéro » signifie qu'on suppose que le bien n'aura plus aucune valeur à la fin de la période de cinq ans. Il sera question d'amortissement fiscal plus loin dans ce chapitre.

Comme on va le voir, la détermination du moment exact des rentrées et des sorties de fonds est cruciale pour le gestionnaire financier qui essaie de faire une estimation raisonnable de la valeur marchande de l'entreprise. Il faut donc savoir comment distinguer les rentrées de fonds des enregistrements comptables qui n'ont aucun effet sur la trésorerie.

La durée et les coûts

Il est souvent utile d'envisager l'avenir selon deux points de vue distincts, le court terme et le long terme. Il ne s'agit pas de périodes de temps précises. La distinction concerne plutôt le caractère fixe ou variable des coûts. À long terme, tous les coûts d'une entreprise sont variables. Sur une période de temps suffisamment longue, il est possible de vendre des biens, de payer des dettes, etc.

Toutefois, sur une période de temps relativement courte, certains coûts sont fixes — ils doivent être payés sans faute (l'impôt foncier, par exemple). D'autres coûts, comme les salaires des employés et les paiements aux fournisseurs, restent variables. Il en résulte que, même à court terme, une entreprise peut augmenter ou diminuer son niveau de production en variant ses dépenses dans ces domaines.

À certains moments, la distinction entre les coûts fixes et les coûts variables est importante pour le gestionnaire financier. Toutefois, la façon dont les coûts sont inscrits dans l'état des résultats ne permet pas de discerner à quelle catégorie appartient chacun d'eux. En effet, en pratique, les comptables ont tendance à classer les coûts comme étant soit incorporables, soit non incorporables.

Parmi les coûts incorporables, on compte notamment le coût des matières premières, celui de la main-d'œuvre directe et certains coûts indirects de production. Ces coûts sont inscrits dans l'état des résultats à titre de coûts de biens vendus, mais ils englobent à la fois des coûts fixes et des coûts variables. De même, les coûts non incorporables sont engagés au cours d'une période de temps donnée et sont inscrits à titre de frais de vente, de frais généraux et de frais d'administration. Encore une fois, certains de ces coûts non incorporables sont parfois fixes, parfois variables. Le salaire du président de l'entreprise, par exemple, est un coût non incorporable et il est probablement fixe, du moins à court terme.

Questions théoriques

1. Quelle est l'équation de l'état des résultats?
2. Donnez trois éléments dont il faut tenir compte lorsqu'on examine un état des résultats.
3. Pourquoi le bénéfice comptable ne correspond-il pas au flux monétaire? Donnez deux raisons de cette différence.

2.3 Le flux monétaire

On peut maintenant analyser l'un des éléments d'information financière les plus importants qu'on puisse trouver dans des états financiers : le flux monétaire. L'expression « flux monétaire » désigne simplement la différence entre le nombre de dollars qui rentre et le nombre de dollars qui sort. Tout au long de ce manuel, nous nous servirons de l'analyse du flux monétaire, qui est un élément essentiel d'une bonne gestion financière. Par exemple, de plus en plus de banquiers qui prêtent à des entreprises examinent leurs flux monétaires parce qu'ils les considèrent comme la mesure la plus fiable de la capacité des emprunteurs à rembourser un prêt. De même, la plupart des grandes entreprises préparent leur budget d'investissement dans les usines et l'outillage d'après l'analyse de leurs flux monétaires. Bref, nous verrons plus loin qu'il est payant de bien connaître cet élément des états financiers.

Aucun état financier standard ne présente ce type d'information de la façon la plus souhaitable. Nous verrons donc comment calculer le flux monétaire d'une entreprise (Entreprises Canadiennes inc.) et nous ferons ressortir en quoi notre calcul diffère de ceux des états financiers habituels.

Il existe un état de compte ordinaire, appelé « état de l'évolution de la situation financière », mais ce dernier traite d'un sujet quelque peu différent et il ne faudrait pas le confondre avec le sujet de cette section. L'état de l'évolution de la situation financière sera discuté au chapitre 3.

D'après l'équation comptable du bilan, on sait que la valeur de l'actif d'une entreprise est égale à la valeur de son passif additionnée à la valeur de ses fonds propres. De même, le flux monétaire provenant de l'actif doit être égal à la somme du flux monétaire destiné aux détenteurs d'obligations (ou créanciers) et du flux monétaire destiné aux actionnaires (ou propriétaires) :

$$\text{Flux monétaire provenant de l'actif} = \text{Flux monétaire destiné aux détenteurs d'obligations}$$
$$+ \text{Flux monétaire destiné aux actionnaires} \qquad [2.3]$$

Il s'agit de l'équation comptable du flux monétaire. Elle précise que le flux monétaire provenant de l'actif d'une entreprise est égal aux sorties de fonds effectuées pour payer ses fournisseurs de capitaux. L'argent provenant des différentes activités d'une entreprise sert à payer ses créanciers ou est versé aux propriétaires de l'entreprise.

Le flux monétaire provenant de l'actif

Flux monétaire provenant de l'actif

Total du flux monétaire destiné aux détenteurs d'obligations et aux actionnaires qui comprend le flux monétaire provenant de l'exploitation, les dépenses d'investissement et les additions au fonds de roulement net.

Le flux monétaire provenant de l'actif compte trois composantes : le flux monétaire provenant de l'exploitation, les dépenses d'investissement et les additions au fonds de roulement net. Le flux monétaire provenant de l'exploitation désigne les flux monétaires qui résultent des activités quotidiennes de production et de vente d'une entreprise. Il n'englobe pas les dépenses associées au financement de l'actif de l'entreprise parce que celles-ci ne constituent pas des dépenses d'exploitation.

Comme on l'a vu au chapitre 1, une partie du flux monétaire est réinvestie dans l'entreprise. L'expression « dépenses d'investissement » fait référence à la dépense nette en actifs immobilisés (la différence entre les montants consacrés à l'achat et à la vente d'actifs immobilisés). Enfin, les additions au fonds de roulement net représentent le montant affecté au fonds de roulement net. Pour le mesurer, on se sert de la variation du fonds de roulement net au cours de la période analysée ; autrement dit, il s'agit de l'accroissement net de l'actif à court terme par rapport au passif à court terme. Examinons plus en détail ces trois composantes du flux monétaire.

Flux monétaire provenant de l'exploitation

Argent produit grâce aux activités d'exploitation courantes d'une entreprise.

Le flux monétaire provenant de l'exploitation Le flux monétaire provenant de l'exploitation correspond aux produits d'exploitation dont on soustrait les coûts ; l'amortissement n'est pas inclus parce qu'il ne s'agit pas d'une sortie de fonds, ni d'ailleurs de l'intérêt parce que c'est une charge financière. Par contre, on y ajoute les impôts parce que, inévitablement, ils doivent être payés en argent comptant.

Dans l'état des résultats du tableau 2.1 b), on constate qu'Entreprises Canadiennes inc. avait un bénéfice avant intérêts et impôts de 694 $. Ce montant correspond presque à ce qu'on cherche puisque l'intérêt n'est pas inclus. Toutefois, deux corrections s'imposent. Il faut d'abord se rappeler que l'amortissement n'est pas une dépense en espèces. Pour obtenir le flux monétaire, on commence par additionner de nouveau 65 $ en amortissement puisqu'il ne s'agissait pas d'une soustraction en argent, puis on retranche 250 $ d'impôts, car cette somme a été versée en argent comptant. Le résultat constitue le flux monétaire provenant de l'exploitation.

En 2003, Entreprises Canadiennes inc. disposait donc d'un flux monétaire provenant de l'exploitation de 509 $ (voir le tableau 2.2).

Tableau 2.2

ENTREPRISES CANADIENNES INC. Flux monétaire d'exploitation pour l'exercice terminé le 31 décembre 2003	
Bénéfices avant intérêts et impôts	694 $
+ Amortissement	65
– Impôts	250
Flux monétaire provenant de l'exploitation	509 $

L'expression « flux monétaire provenant de l'exploitation » peut prêter à confusion. Dans la pratique comptable, ce flux monétaire est souvent défini comme le bénéfice net plus l'amortissement. Dans le cas d'Entreprises Canadiennes inc., ce montant correspondrait à 374 $ + 65 $ = 439 $ (voir le tableau 2.1 *b*)).

La définition comptable du flux monétaire provenant de l'exploitation diffère de notre définition sur un point important : les intérêts sont soustraits lors du calcul du bénéfice net. Fait à remarquer, la différence entre le montant de 509 $ qu'on a calculé pour le flux monétaire provenant de l'exploitation et celui de 439 $ obtenu avec la méthode comptable est de 70 $, soit le montant des intérêts payés pour l'année.

Dans cette définition du flux monétaire, on envisage donc les intérêts versés comme des frais d'exploitation. Dans notre définition, on les considère plus correctement comme des charges financières. S'il n'y avait pas d'intérêts débiteurs, les deux définitions seraient identiques.

Pour terminer les calculs du flux monétaire provenant de l'actif d'Entreprises Canadiennes inc., il faut déterminer quelle partie du montant de 509 $ de flux monétaire provenant de l'exploitation a été réinvestie dans l'entreprise. Pour ce faire, on examine d'abord les dépenses en actif immobilisé.

Les dépenses d'investissement

Les dépenses d'investissement nettes représentent l'argent dépensé pour de l'actif immobilisé dont on soustrait l'argent reçu pour la vente d'actif du même type. À la fin de 2002, l'actif immobilisé net valait 1 644 $. Au cours de l'année, sa valeur a été réduite (dépréciée) de 65 $ dans l'état des résultats. Par conséquent, s'il n'y a eu aucun achat de nouvel actif immobilisé, on obtient à la fin de l'année 1 644 $ – 65 $ = 1 579 $. Le bilan de 2003 indique un actif immobilisé net de 1 709 $, de sorte que la dépense totale pour ce type d'actif a été de 1 709 $ – 1 579 $ = 130 $ pour l'année.

Actif immobilisé en fin d'exercice	1 709 $
– Actif immobilisé en début d'exercice	1 644
+ Amortissement	65
Investissement net en actif immobilisé	130 $

Ce montant de 130 $ correspond aux dépenses d'investissement nettes pour 2003.

Les dépenses d'investissement nettes peuvent-elles être négatives ? Oui, si l'entreprise vend plus d'actif qu'elle n'en achète. Le terme « net » qualifie ici les achats d'actif hors de toute vente.

Les additions au fonds de roulement net

Outre ses investissements dans de l'actif immobilisé, une entreprise investit aussi dans de l'actif à court terme. Par exemple, en examinant les bilans du tableau 2.1 *a*), on constate qu'à la fin de 2003, Entreprises Canadiennes inc. possédait de l'actif à court terme d'une valeur de 1 403 $. À la fin de 2002, cette valeur était de 1 112 $. Par conséquent, durant l'année, Entreprises Canadiennes inc. a investi 1 403 $ – 1 112 $ = 291 $ en actif à court terme.

Lorsqu'une entreprise modifie ses investissements en actif à court terme, son passif à court terme varie généralement aussi. Pour déterminer les additions au fonds de roulement net, la méthode la plus simple consiste à calculer la différence entre les chiffres du fonds de roulement net en début et en fin d'exercice. Par exemple, à la fin de 2003, ce fonds s'élevait à 1 403 $ – 389 $ = 1 014 $. De même, à la fin de 2002, il était de 1 112 $ – 428 $ = 684 $. On obtient donc le calcul ci-après :

Fonds de roulement net en fin d'exercice	1 014 $
– Fonds de roulement net en début d'exercice	684
Addition au fonds de roulement net	330 $

Le fonds de roulement net a donc augmenté de 330 $. Autrement dit, Entreprises Canadiennes inc. a fait un investissement net de 330 $ dans son fonds de roulement net en 2002.

Le flux monétaire provenant de l'actif

Grâce aux chiffres qu'on a obtenus, on peut maintenant calculer le flux monétaire provenant de l'actif. On détermine le flux monétaire total provenant de l'actif en soustrayant du flux monétaire provenant de l'exploitation les montants investis dans l'actif immobilisé et dans le fonds de roulement net. Par conséquent, dans le cas d'Entreprises Canadiennes inc., on obtient le résultat ci-après :

ENTREPRISES CANADIENNES INC.
Flux monétaire provenant de l'actif
pour l'exercice terminé le 31 décembre 2003

Flux monétaire provenant de l'exploitation	509 $
– Dépenses d'investissement nettes	130
– Additions au fonds de roulement net	330
Flux monétaire provenant de l'actif	49 $

D'après l'équation comptable précédemment établie, le flux monétaire provenant de l'actif est égal à la somme du flux monétaire affecté aux créanciers de l'entreprise et du flux monétaire affecté aux actionnaires. Ces deux notions seront examinées un peu plus loin.

Il ne serait pas surprenant qu'une entreprise en pleine croissance ait un flux monétaire négatif. Comme on le verra ci-après, un flux monétaire négatif signifie qu'au cours de l'année, l'entreprise a obtenu plus d'argent grâce à des emprunts et à la vente d'actions qu'elle n'en a versé à ses créanciers et à ses actionnaires.

Les flux monétaires affectés aux créanciers et aux actionnaires

Les flux monétaires affectés aux créanciers et aux actionnaires sont les paiements nets faits aux créanciers et aux propriétaires de l'entreprise au cours de l'année. On les calcule d'une manière similaire. Le **flux monétaire affecté aux créanciers** est l'intérêt versé dont on soustrait les nouveaux emprunts nets. Le **flux monétaire affecté aux actionnaires** se détermine en soustrayant des dividendes les nouveaux fonds propres nets obtenus par l'entreprise.

Flux monétaire affecté aux créanciers

Montant des intérêts versés par une entreprise à ses créanciers et dont on soustrait les nouveaux emprunts nets.

Flux monétaire affecté aux actionnaires

Dividendes versés par une entreprise à ses actionnaires et dont on soustrait les nouveaux fonds propres nets obtenus.

Le flux monétaire affecté aux créanciers En examinant l'état des résultats du tableau 2.1 b), on constate que la société Entreprises Canadiennes inc. a versé 70 $ en intérêts à ses créanciers. D'après le bilan du tableau 2.1 a), le passif à long terme s'est élevé de 454 $ – 408 $ = 46 $. Ainsi, l'entreprise a versé 70 $ en intérêts, mais elle a emprunté 46 $ de plus. Par conséquent, le flux monétaire net affecté aux créanciers se calcule comme suit :

ENTREPRISES CANADIENNES INC.
Flux monétaire net affecté aux créanciers
pour l'exercice terminé le 31 décembre 2003

Intérêts versés	70 $
– Nouveaux emprunts nets	46
Flux monétaire affecté aux créanciers	24 $

On appelle parfois ce type de sorties de fonds le « flux monétaire affecté aux détenteurs d'obligations ». On utilise l'une ou l'autre expression indifféremment.

Le flux monétaire affecté aux actionnaires D'après l'état des résultats, on constate que les dividendes versés aux actionnaires s'élèvent à 65 $. Pour déterminer les nouveaux fonds propres nets obtenus, il faut jeter un coup d'œil au compte des actions ordinaires. Ce compte indique combien d'actions l'entreprise a vendues ; au cours de l'année, il a augmenté de 40 $. Par conséquent, ce montant correspond aux nouveaux fonds propres obtenus. On trouve alors ce qui suit :

ENTREPRISES CANADIENNES INC.
Flux monétaire affecté aux actionnaires
pour l'exercice terminé le 31 décembre 2003

Dividendes versés	65 $
– Nouveaux fonds propres nets	40
Flux monétaire affecté aux actionnaires	25 $

À la fin de l'exercice de 2003, le flux monétaire affecté aux actionnaires s'élevait donc à 25 $.

Il reste maintenant à déterminer si l'équation comptable se vérifie toujours pour s'assurer qu'on n'a commis aucune erreur. On a dit précédemment que le flux monétaire provenant de l'actif était de 49 $. Les flux monétaires affectés aux créanciers et aux actionnaires sont de 24 $ + 25 $ = 49 $, de sorte que l'équation comptable se vérifie. Le tableau 2.3 présente un résumé des différents calculs de flux monétaires qui pourront servir de référence.

| Tableau | 2.3 | Résumé des flux monétaires |

L'équation comptable du flux monétaire

| Flux monétaire provenant de l'actif | = Flux monétaire affecté aux créanciers (ou détenteurs d'obligations) |
| | + Flux monétaire affecté aux actionnaires (ou propriétaires) |

Flux monétaire provenant de l'actif

Flux monétaire provenant de l'actif	= Flux monétaire provenant de l'exploitation
	– Dépenses d'investissement nettes
	– Additions au fonds de roulement net

dans lequel

a) Flux monétaire provenant de l'exploitation	= Bénéfice avant intérêts et impôts
	+ Amortissement
	– Impôts
b) Dépenses d'investissement nettes	= Actif net immobilisé en fin d'exercice
	– Actif net immobilisé en début d'exercice
	+ Amortissement
c) Additions au fonds de roulement net	= Fonds de roulement net en fin d'exercice
	– Fonds de roulement net en début d'exercice

Flux monétaire affecté aux créanciers (détenteurs d'obligations)

Flux monétaire affecté aux créanciers = Intérêts versés – Nouveaux emprunts nets

Flux monétaire affecté aux actionnaires (propriétaires)

Flux monétaire affecté aux actionnaires = Dividendes payés – Nouveaux fonds propres nets obtenus

Cette analyse permet de tirer deux conclusions importantes. D'abord, il faut connaître différents types de flux monétaires pour comprendre la situation financière d'une entreprise. Le flux monétaire provenant de l'exploitation, défini comme le bénéfice net avant intérêts et amortissement dont on soustrait les impôts, sert à déterminer l'argent produit par les activités de l'entreprise, sans tenir compte des dépenses d'investissement ou des besoins en fonds de roulement. Ce flux est généralement positif. Une entreprise est en difficulté lorsque son flux monétaire provenant de l'exploitation est négatif durant une longue période de temps parce qu'elle ne produit pas suffisamment d'argent pour couvrir ses coûts de fonctionnement. Le flux monétaire total d'une entreprise comprend ses dépenses d'investissement et les additions à son fonds de roulement net. Ce montant est souvent négatif. Lorsqu'une entreprise connaît un essor rapide, les dépenses en stock et en actif immobilisé peuvent excéder les rentrées nettes de fonds provenant des ventes.

En outre, le bénéfice net n'est pas un flux monétaire. À la fin de 2003, celui de la société Entreprises Canadiennes inc. s'élevait à 374 millions de dollars tandis que le flux monétaire total provenant de l'actif était de 49 millions de dollars. En général, ces deux chiffres ne sont pas égaux. Pour connaître la situation économique et financière d'une entreprise, le flux monétaire s'avère un élément plus révélateur.

Exemple 2.4 Les flux monétaires chez Dola inc.

Au cours de l'année, les ventes et les coûts de la société Dola inc. se sont élevés à 600 $ et à 300 $ respectivement. L'amortissement était de 150 $ et les intérêts versés, de 30 $. Les impôts ont été calculés à exactement 40 %. L'entreprise a versé des dividendes de 30 $. Quel était le montant du flux

monétaire provenant de l'exploitation de la société ? Pourquoi ce chiffre est-il différent du bénéfice net ?

La solution la plus simple consiste à établir un état des résultats. On pourra alors y inscrire les nombres dont on a besoin. L'état des résultats de Dola inc. est le suivant :

DOLA INC.
État des résultats
pour l'exercice terminé le 31 décembre 2003
(en millions de dollars)

Chiffre d'affaires net		600 $
Coût des biens vendus		300
Amortissement		150
Bénéfice avant intérêts et impôts		150 $
Intérêts versés		30
Bénéfice imposable		120 $
Impôts		48
Bénéfice net		72 $
Bénéfices non répartis	42 $	
Dividendes	30	

Le bénéfice net est donc de 72 $. On dispose maintenant de tous les chiffres dont on a besoin. En se référant à l'exemple d'Entreprises Canadiennes inc., on peut écrire ce qui suit :

DOLA INC.
Flux monétaire provenant de l'exploitation
pour l'exercice terminé le 31 décembre 2003
(en millions de dollars)

Bénéfice avant intérêts et impôts	150 $
+ Amortissement	150
– Impôts	48
Flux monétaire provenant de l'exploitation	252 $

Comme le montre cet exemple, le montant correspondant au flux monétaire provenant de l'exploitation n'est pas le même que celui du bénéfice net puisque, dans le calcul de ce bénéfice, on soustrait l'amortissement et les intérêts. Il convient de se rappeler qu'on ne soustrait pas ces éléments lorsqu'on calcule le flux monétaire provenant de l'exploitation, car l'amortissement n'est pas une dépense en espèces et que les intérêts versés sont une charge financière et non des frais d'exploitation.

Les dépenses d'investissement nettes

Supposons que l'actif immobilisé net soit de 500 $ en début d'exercice et de 750 $ en fin d'exercice. À combien se chiffrent les dépenses d'investissement nettes pour l'année ?

D'après l'état des résultats de Dola inc., l'amortissement a été de 150 $ au cours de l'année. L'actif immobilisé net a augmenté de 250 $. L'entreprise a donc dépensé 150 $ destinés à couvrir ses frais d'amortissement et 250 $ supplémentaires, pour un total de 400 $.

La variation dans le fonds de roulement net et le flux monétaire provenant de l'actif

Supposons que la société Dola inc. a commencé l'année avec 2 130 $ en actif à court terme et 1 620 $ en passif à court terme. À la fin de l'année, ces chiffres s'élèvent respectivement à 2 260 $ et à 1 710 $. Quelle a été l'addition au fonds de roulement au cours de l'année ? Quel était le montant du flux monétaire provenant de l'actif ? Quelle est la différence entre ce résultat et le bénéfice net ?

Le fonds de roulement net était de 2 130 $ – 1 620 $ = 510 $ en début d'exercice et de 2 260 $ – 1 710 $ = 550 $ en fin d'exercice. L'addition au fonds de roulement net a donc été de 550 $ – 510 $ = 40 $. En réunissant toute l'information disponible, on obtient ce qui suit :

DOLA INC.

Flux monétaire provenant de l'actif
pour l'exercice terminé le 31 décembre 2003

Flux monétaire provenant de l'exploitation	252 $
– Dépenses d'investissement nettes	400
– Addition au fonds de roulement	40
Flux monétaire provenant de l'actif	–188 $

La société avait un flux monétaire provenant de l'actif négatif de –188 $. Le bénéfice net avait une valeur positive se chiffrant à 72 $. Faut-il s'inquiéter du fait que le flux monétaire provenant de l'actif est négatif ? Pas nécessairement. Dans le cas présent, le flux négatif est principalement dû à un gros investissement en actif immobilisé. S'il s'agit de bons investissements financiers, il n'y a pas lieu de s'inquiéter.

Le flux monétaire affecté aux créanciers et aux actionnaires On a vu que le flux monétaire provenant de l'actif de Dola inc. était de –188 $. Ce chiffre négatif indique que l'entreprise s'est procuré plus d'argent sous forme de nouvelles dettes et de nouveaux fonds propres qu'elle n'en a déboursé en 2003. Par exemple, supposons que la société n'a vendu aucune nouvelle action ordinaire durant l'année. Quel a été le montant du flux monétaire affecté aux créanciers ? aux détenteurs d'obligations ?

Comme l'entreprise n'a obtenu aucun nouveau capital propre, le flux monétaire affecté aux actionnaires est égal aux dividendes payés en argent comptant.

DOLA INC.

Flux monétaire affecté aux actionnaires
pour l'exercice terminé le 31 décembre 2003

Dividendes payés	30 $
– Nouveau capital propre net	0
Flux monétaire affecté aux actionnaires	30 $

D'après l'équation du flux monétaire, le montant total versé aux détenteurs d'obligations et aux actionnaires était de –188 $. Le flux monétaire affecté aux actionnaires s'élevait à 30 $, de sorte que le flux monétaire affecté aux détenteurs d'obligations doit être égal à –188 $ – 30 $ = –218 $.

Flux monétaire affecté aux détenteurs d'obligations	
+ Flux monétaire affecté aux actionnaires	= –188 $
Flux monétaire affecté aux détenteurs d'obligations + 30 $	= – 30 $
Flux monétaire affecté aux détenteurs d'obligations	= –218 $

D'après l'état des résultats, les intérêts versés s'élèvent à 30 $. Pour déterminer le nouvel emprunt net, on procède comme suit :

DOLA INC.

Flux monétaire affecté aux détenteurs d'obligations
pour l'exercice terminé le 31 décembre 2003

Intérêts versés	30 $
– Nouvel emprunt net	–248
Flux monétaire affecté aux détenteurs d'obligations	–218 $

Puisque le flux monétaire affecté aux détenteurs d'obligations est de –218 $ et que les intérêts versés sont de 30 $, l'entreprise a dû emprunter 248 $ au cours de 2003 pour financer l'augmentation de son actif immobilisé.

Questions théoriques

1. Donnez l'équation comptable du flux monétaire. Expliquez ce qu'elle signifie.
2. Quelles sont les composantes du flux monétaire provenant de l'exploitation ?
3. Pourquoi les intérêts versés ne font-ils pas partie du flux monétaire provenant de l'exploitation ?

2.4 Les impôts

Les impôts jouent un rôle très important, car, comme nous venons de le voir, il faut en tenir compte pour mesurer les flux monétaires. Dans cette section, nous traitons des taux d'imposition des sociétés et des particuliers et de la façon dont les impôts sont calculés. Nous utiliserons ensuite ces renseignements pour examiner les différences d'imposition selon les types de revenus ou de bénéfices des particuliers et des sociétés.

Le montant à verser en impôts est déterminé à l'aide des lois et des règlements fiscaux inscrits dans les budgets annuels des gouvernements fédéral (administrés par l'Agence des douanes et du revenu du Canada[5]) et provinciaux. Si les différentes règles d'imposition paraissent un peu étranges ou exagérément compliquées, il faut se rappeler que la loi fiscale est le résultat de pressions politiques autant qu'économiques. D'après la théorie économique, le système fiscal idéal a trois caractéristiques. Premièrement, il doit répartir le fardeau fiscal équitablement, de façon que chaque contribuable paie son dû. Deuxièmement, il ne doit pas modifier la répartition efficiente des ressources par les marchés. Dans le cas contraire, le bien-être de la nation s'en trouverait diminué. Troisièmement, il doit être facile à administrer.

Comme la loi fiscale évolue constamment, notre analyse ne fera pas de vous un expert dans le domaine. Elle permettra toutefois de comprendre les principes de fiscalité qui importent en gestion financière et de poser des questions pertinentes lors de la consultation d'un fiscaliste.

Les taux d'imposition des particuliers

Les taux d'imposition des particuliers en vigueur en 2003 aux niveaux fédéral et provinciaux apparaissent dans le tableau 2.4. Ces taux s'appliquent au revenu provenant d'un emploi (sous forme de salaire) ou d'une entreprise non constituée en personne morale. Ils s'appliquent aussi au revenu de placement. Les intérêts créditeurs sont imposés aux mêmes taux que le revenu d'emploi, mais des dispositions particulières réduisent l'impôt à verser sur les dividendes et les gains en capital. Il en sera question plus loin dans ce chapitre.

Tableau 2.4 Les taux d'imposition du revenu des particuliers en 2003

Revenu imposable	Taux d'imposition
Impôt fédéral	
0–32 183 $	16 %
32 184–64 368	22,0
64 369–104 648	26,0
104 649 $ et plus	29,0
Colombie-Britannique	
0–31 653 $	6,05 %
31 654–63 308	9,15
63 309–72 685	11,70
72 686–88 260	13,70
88 261 $ et plus	14,70
Alberta	
Tous revenus	10,0 %
Ontario	
0–32 435 $	6,05 %
32 436–64 870	9,15
64 871 $ et plus	11,16
Québec	
0–27 100 $	16,0 %
27 101–54 205	20,0
54 206 $ et plus	24,0
Nouvelle-Écosse	
0–29 590 $	9,77 %
29 591–59 180	14,95
59 181 $ et plus	16,67

Source : KPMG, www.kpmg.ca/en/services/tax/documents/perstable1.pdf

5 Le 1er novembre 1999, Revenu Canada est devenu l'Agence des douanes et du revenu du Canada.

Exception faite des résidents du Québec, les contribuables canadiens font une seule déclaration de revenus. Ils déterminent leur impôt fédéral puis celui de leur province à l'intérieur de la même déclaration. Par exemple, pour un habitant de l'Ontario ayant un revenu imposable supérieur à 65 000 $, l'impôt sur le dollar excédentaire se calcule comme suit[6] :

37,16 % = Taux d'imposition fédéral + Taux d'imposition provincial = 26 % + 11,16 %

Les taux d'imposition marginaux et moyens

Lorsqu'on prend des décisions financières, il est souvent important de faire la distinction entre les taux d'imposition moyen et marginal. Le **taux d'imposition moyen** s'obtient en divisant le montant d'impôt à payer par le revenu imposable. Autrement dit, il s'agit du pourcentage du revenu qui sert à payer l'impôt. Le **taux d'imposition marginal** est l'impôt supplémentaire qu'il faudrait payer si on gagnait un dollar de plus. Les pourcentages d'imposition du tableau 2.4 sont tous des taux marginaux. Ils s'appliquent à la partie du revenu qui se situe dans l'éventail indiqué et non pas à l'ensemble du revenu.

Exemple 2.5 — Les impôts à la marge

Supposons que votre revenu imposable s'élève à 50 000 $ et que vous habitez en Nouvelle-Écosse. Combien d'impôts paierez-vous ? En consultant le tableau 2.4, vous pouvez les calculer comme suit[7] :

Impôt fédéral : 5 149,28 $ sur la première tranche de 32 183 $, soit 16 % de 32 183 $ + 22 % de (50 000 $ − 32 184 $) = 5 149,28 $ + 3 919,52 $ = 9 068,80 $

Impôt provincial : 2 890,94 $ sur la première tranche de 29 590 $, soit 9,77 % de 29 590 $ + 14,97 % de (50 000 $ − 29 591 $) = 2 890,94 $ + 3 055,23 $ = 5 946,17 $

Total des impôts à payer : 9 068,80 $ + 5 946,17 $ = 15 014,97 $

Dans cet exemple, quel est le taux d'imposition moyen ? Le revenu imposable s'élève à 50 000 $ et le montant d'impôt à payer, à 15 015 $, de sorte que le taux d'imposition moyen est 15 015 $/50 000 $ = 30 %. Quel est le taux d'imposition marginal ? Si vous gagniez un dollar de plus, vous devriez payer 36,97 cents = 22 % + 14,97 % en impôts. Le taux d'imposition marginal est donc de 36,97 %.

L'exemple 2.5 aide à comprendre comment calculer les taux d'imposition marginal et moyen. Notons que, dans ce cas, les deux taux étaient très rapprochés l'un de l'autre. Cela s'explique par le fait que le revenu dépassait largement le seuil de la tranche d'imposition supérieure, de sorte que sa plus grande partie était imposée au taux marginal.

Suivant le principe d'équité, les impôts des particuliers sont conçus de façon à être progressifs, c'est-à-dire que les particuliers ayant les revenus les plus élevés ont un taux d'imposition supérieur à ceux des autres. Par opposition, dans le cas d'un taux d'imposition uniforme, il n'y a qu'un seul taux d'imposition identique à tous les niveaux de revenus. Le taux d'imposition marginal est alors toujours égal au taux d'imposition moyen. Dans la situation actuelle, l'impôt des particuliers au Canada est progressif, mais il tend vers un taux uniforme pour les revenus les plus élevés.

En général, le taux d'imposition marginal est utile lorsqu'il s'agit de prendre des décisions, car il s'applique à tout nouveau flux monétaire. Comme les décisions financières concernent le plus souvent de nouveaux flux monétaires ou des modifications dans ceux dont on dispose déjà, ce taux permet de déterminer l'effet marginal sur l'impôt à payer.

Les impôts sur le revenu de placement

En abordant le sujet des impôts, on a signalé que les lois fiscales ne sont pas toujours logiques. La façon dont on traite les dividendes au Canada est une exception, du moins en partie. En effet, la loi a deux objectifs clairs dans ce domaine. Premièrement, les sociétés paient des dividendes sur le bénéfice net après impôts, de sorte que les lois fiscales protègent ces dividendes

---

6 Les taux actuels sont légèrement plus élevés, car, dans cette analyse, on ne tient pas compte des impôts supplémentaires qui s'appliquent aux tranches d'imposition supérieures.

7 En fait, le montant d'impôt que vous auriez à payer serait légèrement plus élevé à cause de la surtaxe fédérale dont on n'a pas tenu compte ici.

d'une imposition complète lorsqu'ils ont été versés aux actionnaires. On évite ainsi la double imposition, qui ne respecte pas le principe d'une répartition équitable du fardeau fiscal. Deuxièmement, les crédits d'impôt dans cette catégorie s'appliquent uniquement aux dividendes versés par des sociétés canadiennes. Cette mesure a pour effet d'inciter les investisseurs canadiens à placer leur argent dans des entreprises nationales plutôt qu'étrangères[8].

Crédit d'impôt pour dividendes

Formule fiscale qui permet de réduire le taux d'imposition en vigueur sur les dividendes.

Voyons comment les dividendes sont imposés en commençant par les actions ordinaires détenues par des investisseurs individuels. Le tableau 2.5 donne le **crédit d'impôt pour dividendes** des trois tranches d'imposition fédérales. Les étapes énumérées suivent les instructions fournies dans les déclarations de revenus fédérales. Les dividendes sont majorés de 25 %, et l'impôt fédéral est calculé sur le montant obtenu. Un crédit d'impôt pour dividendes de 13 ⅓ % du dividende majoré est soustrait de ce montant pour obtenir l'impôt fédéral à payer. On calcule et on ajoute ensuite l'impôt provincial (de l'Ontario dans ce cas-ci).

Tableau 2.5 Les impôts sur le revenu de placement des habitants de l'Ontario qui se situent dans la tranche d'imposition supérieure (103 001 $ et plus) pour 2003

Modalités d'imposition des intérêts

Intérêts	1 000,00 $
Impôt fédéral de 29 %	290,00
Impôt provincial de 11,16 %	111,60
Impôt total	401,60 $

Modalités d'imposition des gains en capital

Gains en capital	1 000,00 $
Gains en capital imposables (50 % × 1 000 $)	500,00
Impôt fédéral de 29 %	145,00
Impôt provincial de 11,16 %	55,80
Impôt total	200,80 $

Modalités d'imposition des dividendes

Dividendes	1 000,00 $
Majoration de 25 %	250,00
Dividendes majorés	1 250,00
Impôt fédéral de 29 %	362,50
Moins le crédit d'impôt pour dividendes (13,33 % × 1 250 $)	(166,70)
Impôt fédéral à payer	195,80
Impôt provincial de 11,16 %	139,50
Moins le crédit d'impôt pour dividendes (5,13 %[9] × 1 250 $)	(64,13)
Impôt provincial à payer	75,37
Impôt total	271,17 $

Taux d'imposition effectifs combinés applicables aux habitants de l'Ontario qui se situent dans la tranche d'imposition supérieure pour 2003 (y compris les impôts supplémentaires)

Salaire et intérêts	46,41 %
Gains en capital	23,20
Dividendes	31,33

Source : KPMG, www.kpmg.ca/english/services/docs/tax/rates/kpmg2003ptr.pdf

L'équation suivante, qui permet de déterminer le taux d'imposition marginal sur les dividendes, pourrait remplacer les calculs du tableau 2.5[10] :

Taux d'imposition effectif sur les dividendes =
1,25 [(Taux d'imposition fédéral – 0,1333) + (Taux d'imposition provincial – 0,0513)]

8 Le fait que ce crédit d'impôt pour dividendes incite les investisseurs à favoriser les actions canadiennes est démontré dans l'ouvrage de L. BOOTH, « The Dividend Tax Credit and Canadian Ownership Objectives », *Canadian Journal of Economics* 20, mai 1987.

9 Chaque province possède son propre pourcentage de crédit d'impôt pour dividendes. Celui de l'Ontario était de 5,13 % du dividende majoré en 2003.

10 A. H. R. DAVIS et G. E. PINCHES, *Canadian Financial Management*, 2ᵉ édition, New York, Harper Collins, 1991, p. 26.

Gains en capital

Accroissement
de la valeur
d'un investissement
par rapport à son
prix d'acquisition.

Gains en capital réalisés

Accroissement de la valeur
d'un investissement
lorsqu'on le transforme
en argent comptant.

Il en résulte que l'impôt sur les dividendes est beaucoup plus bas que celui sur le revenu ordinaire.

Les investisseurs canadiens individuels bénéficient aussi d'une réduction d'impôt pour **gains en capital**. Il y a un gain en capital lorsque la valeur d'un investissement excède son prix d'acquisition. Dans ce cas, les impôts s'appliquent à 50 %[11] du taux d'imposition marginal applicable. Par exemple, un particulier qui se situe dans la tranche d'imposition supérieure du tableau 2.5 paie en impôts un taux nominal de 20,08 % = 40,16 % × 0,50 sur ses gains en capital.

En pratique, l'impôt sur les gains en capital est plus faible parce que les particuliers paient des impôts sur les **gains en capital réalisés** seulement lors de la vente de leurs actions. Comme un grand nombre de personnes détiennent des actions pendant longtemps (c'est-à-dire que leurs gains en capital ne sont pas réalisés), la valeur temporelle de l'argent réduit considérablement le taux d'imposition effectif sur les gains en capital[12].

Exemple 2.6 — Le revenu de placement après impôts

Vous possédez 10 000 $ dans une banque à charte qui vous rapporte des intérêts à un taux annuel effectif de 6 %. Vous habitez l'Ontario et vous vous situez dans la tranche d'imposition supérieure. Si vous investissiez cet argent dans des actions ordinaires d'entreprises canadiennes, vous auriez droit au crédit d'impôt pour dividendes. Le portefeuille d'actions que vous considérez rapporterait des dividendes à un taux de 5 %. Si vous ne tenez pas compte de la possibilité de gains ou de pertes en capital liés à la valeur des actions, lequel de ces deux types d'investissement produit la rentrée nette de fonds la plus importante après impôts ?

Les intérêts que vous recevez sont entièrement imposables au taux d'imposition marginal de votre tranche d'imposition, soit 40,16 %. Les intérêts créditeurs après impôts sont donc :

$$10\ 000\$ \times 0,06 \times (1 - 0,4016) = 359,04\$$$

Le taux d'imposition effectif sur les dividendes est le suivant :

= 1,25 [(Taux d'imposition fédéral – 0,1333) × (Taux d'imposition provincial – 0,513)]
= 1,25 [(0,29 – 0,1333) × (0,1116 – 0,0513)]
= 27,125 %

Dividendes après impôts = 10 000 $ × 0,05 × (1 – 0,271 25) = 364,38 $

Par conséquent, vous obtiendriez 364,38 $ en dividendes après impôts par rapport à 359,04 $ en intérêts après impôts. Naturellement, avant d'investir dans des actions, il faut considérer qu'il y a un facteur de risque supplémentaire. Nous reviendrons sur ce sujet au chapitre 12.

Les impôts des sociétés

Les sociétés canadiennes, tout comme les personnes, sont assujetties au paiement d'impôts aux gouvernements fédéral et provincial. Ces impôts sont assumés par les consommateurs sous forme d'augmentation des prix, par les employés sous forme de baisse de salaires ou par les investisseurs sous forme de diminution de rendement.

Le tableau 2.6 donne les taux d'imposition des sociétés en prenant l'Ontario comme exemple. Notons que les petites sociétés (dont le bénéfice net est inférieur à 200 000 $) et, à un moindre degré, les entreprises de fabrication et de transformation profitent d'un allégement fiscal grâce à des taux d'imposition moins élevés.

Tableau 2.6 — Le taux d'imposition des sociétés en pourcentages pour 2003

	Impôt fédéral	Impôt de l'Ontario	Impôts combinés
Entreprises	24,12 %	12,50 %	36,62 %
Entreprises de fabrication et de transformation	22,12 %	11,00 %	33,12 %
Toutes les petites sociétés ayant un bénéfice net imposable de moins de 200 000 $	13,12 %	5,50 %	18,62 %

Source : www.kpmg.ca

---

11 Ce taux est tombé à 50 % en janvier 2001.

12 D. BOOTH et D. J. JOHNSTON, « The Ex-Dividend Day Behavior of Canadian Stock Prices : Tax Changes and Clientele Effects », *Journal of Finance* 39, juin 1984. Les auteurs ont constaté un « très faible taux d'imposition effectif sur les gains en capital » dans les années 1970, avant la mise en vigueur de l'exonération cumulative des gains en capital. Ils comparent leurs résultats avec ceux d'une étude américaine dans laquelle on fait état d'un taux d'imposition effectif des gains en capital inférieur à 7 %.

Si on compare les taux du tableau 2.6 aux taux d'imposition des particuliers du tableau 2.4, on constate que les petites entreprises et les professionnels qui se constituent en sociétés semblent avantagés sur le plan fiscal. Le taux d'imposition d'une entreprise ayant un bénéfice net de 150 000 $ (par exemple) est moins élevé que celui des particuliers, calculé sur le revenu d'une entreprise non constituée. Toutefois, il s'agit d'une simplification excessive, car les dividendes versés aux propriétaires sont également imposés, comme on l'a vu précédemment.

Les bénéfices imposables

Dans la section 2.2, on a étudié l'état des résultats de la société Entreprises Canadiennes inc. (voir le tableau 2.1 b)), qui comportait le paiement de dividendes et d'intérêts. Il faut noter une différence importante entre ces deux éléments. Les intérêts payés par l'entreprise sont soustraits du bénéfice avant intérêts et impôts dans le calcul du bénéfice imposable, mais ce n'est pas le cas des dividendes. Comme les intérêts constituent une dépense déductible d'impôts, le financement par emprunt est plus avantageux sur le plan fiscal que le financement par actions ordinaires. Par exemple, le tableau 2.1 b) indique qu'Entreprises Canadiennes inc. a versé 250 millions de dollars en impôts sur un bénéfice imposable de 624 millions de dollars. Le taux d'imposition de l'entreprise est de 250/624 = 40 %. Autrement dit, pour verser 1 $ de plus en dividendes, Entreprises Canadiennes inc. doit augmenter son bénéfice avant intérêts et impôts de 1,67 $. De ce montant, 40 % — soit 0,67 $ — sont versés en impôts et il reste 1 $ pour accroître les dividendes. De façon générale, une entreprise assujettie à l'impôt doit accumuler $1/(1 - \text{Taux d'imposition})$ en bénéfices avant intérêts et impôts supplémentaires pour chaque dollar additionnel de dividendes. Comme les intérêts sont déductibles des impôts, Entreprises Canadiennes inc. n'aura besoin de gagner que 1 $ en bénéfices avant intérêts et impôts pour pouvoir payer 1 $ d'intérêts supplémentaires.

La situation change lorsque l'on compare les intérêts et les dividendes perçus par l'entreprise. Les intérêts créditeurs sont entièrement imposables comme n'importe quelle autre forme de revenu. Par contre, les dividendes sur des actions ordinaires reçus d'autres sociétés canadiennes sont exonérés d'impôts à 100 % et sont donc exempts d'impôts pour le récipiendaire[13].

Les gains en capital et le report rétrospectif et prospectif

Lorsqu'une entreprise vend un bien pour un montant supérieur à celui qu'elle a payé à l'origine, la différence constitue un gain en capital. Comme pour les personnes, les entreprises jouissent d'un traitement fiscal avantageux en ce qui concerne ce type de gain. Au moment où nous écrivons ces lignes, les gains en capital réalisés par les sociétés sont imposés à 50 % du taux d'imposition marginal.

Lorsqu'une entreprise calcule des gains en capital à des fins fiscales, elle déduit toutes ses pertes en capital dans une même année. Si les pertes en capital dépassent les gains en capital, il est possible de reporter la perte en capital nette sur des exercices antérieurs pour diminuer les gains en capital imposables des trois années précédentes. Dans le cas du **report rétrospectif**, une entreprise produit une déclaration de revenus révisée et reçoit un remboursement des impôts des années précédentes. Par exemple, supposons qu'Entreprises Canadiennes inc. enregistre une perte en capital nette de 1 million de dollars en 2003 et des gains en capital nets de 300 000 $ en 2002, de 200 000 $ en 2001 et de 150 000 $ en 2000. L'entreprise pourrait faire un report sur ses exercices antérieurs de 650 000 $ et obtenir un remboursement de ses impôts. Le montant de 350 000 $ qui reste peut faire l'objet d'un **report prospectif** indéfiniment pour réduire ses futurs impôts sur d'éventuels gains en capital.

Il existe une disposition de report prospectif semblable dans le cas de pertes liées à l'exploitation. La période de report rétrospectif est de trois ans et celle de report prospectif peut s'étendre jusqu'à sept ans.

Report de perte rétrospectif et prospectif
Utilisation des pertes en capital subies au cours d'une année pour compenser les gains en capital réalisés dans le passé ou à venir.

---

13 La situation est plus complexe dans le cas des dividendes versés pour des actions privilégiées, comme nous le verrons au chapitre 7.

Au Canada, l'**amortissement du coût en capital (ACC)**, appelé aussi « amortissement fiscal » ou « déduction pour amortissement », est une mesure d'amortissement à des fins fiscales. Cette déduction se fait au moment de déterminer le bénéfice imposable. Comme la loi fiscale résulte de différents compromis politiques, l'ACC ne correspond pas à l'amortissement établi d'après les principes comptables généralement reconnus. Il n'y a donc aucune raison pour que le calcul du bénéfice d'une entreprise, conformément aux règles fiscales, soit identique à celui qui est effectué suivant les PCGR. Par exemple, il arrive souvent qu'une entreprise ait un bénéfice imposable inférieur à son bénéfice comptable, car elle a le droit d'appliquer des règles de DPA accélérées dans le calcul de l'amortissement destiné à l'Agence des douanes et du revenu du Canada tout en se servant de la méthode de l'amortissement linéaire dans ses rapports basés sur les PCGR[14].

Pour calculer l'ACC, on commence par classer chaque actif immobilisé dans la catégorie appropriée. La catégorie d'un bien détermine son taux de l'ACC maximal à des fins fiscales. Pour les biens incorporels, par exemple l'aménagement de locaux loués (voir le tableau 2.7), on applique la méthode de l'amortissement linéaire. Pour tous les autres actifs, la DPA s'obtient à l'aide de la méthode de l'amortissement décroissant à taux constant. On calcule la déduction pour amortissement de chaque année en multipliant la valeur comptable de l'actif à des fins fiscales, appelée « fraction non amortie du coût en capital (FNACC) », par le taux approprié.

Le Canada est le seul pays à employer le système de l'ACC, qui diffère à bien des égards de la méthode d'amortissement Accelerated Cost Recovery System (ACRS) utilisée aux États-Unis. L'une des principales différences entre ces deux systèmes a trait à la valeur de récupération prévue (ce qu'on pense qu'un bien vaudra lorsqu'on l'aura mis hors service) et à la durée économique réelle prévue (combien de temps on s'attend à ce qu'un bien soit utilisable) qui, dans le système canadien, ne sont pas considérées explicitement dans le calcul de l'ACC. Le tableau 2.7 donne certaines catégories typiques de l'ACC ainsi que les taux correspondants.

Voici un exemple de la façon de calculer la déduction pour amortissement. Supposons que votre entreprise envisage d'acheter une fourgonnette qui coûte 30 000 $ en incluant tous les frais de mise au point qui doivent (d'après la loi) être capitalisés. (Aucune entreprise ne capitaliserait,

Tableau 2.7 Les catégories courantes d'amortissement fiscal

Catégorie	Taux	Biens
1	4 %	Immeubles acquis après 1987
8	20	Meubles, photocopieurs
10	30	Fourgonnettes, camions, tracteurs et matériel
13	Amortissement linéaire	Aménagements à des locaux loués
22	50	Matériel antipollution
43	30	Matériel de fabrication et de transformation

Tableau 2.8 L'amortissement du coût en capital dans le cas d'une fourgonnette

Année	FNACC en début d'exercice	DPA	FNACC en fin d'exercice
1	15 000 $*	4 500 $	10 500 $
2	25 500**	7 650	17 850
3	17 850	5 355	12 495
4	12 495	3 748	8 747
5	8 747	2 624	6 123

* La moitié de 30 000 $.
** Solde en fin d'exercice de la première année + Reste de la moitié de 30 000 $, soit 10 500 $ + 15 000 $.

---

14 Lorsque le bénéfice imposable est inférieur au bénéfice comptable, la différence est reportée dans un compte de passif à long terme du bilan qu'on appelle « impôts reportés ».

à des fins fiscales, quoi que ce soit qui pourrait être légalement imputé à l'exercice.) D'après le tableau 2.7, la fourgonnette appartient à la catégorie 10, dont le taux de l'ACC s'élève à 30 %. On applique alors la **règle de la demi-année** de l'Agence des douanes et du revenu du Canada, qui permet de calculer la DPA sur seulement la moitié du coût (y compris les frais d'installation) du bien dans la première année où il est utilisé. Le tableau 2.8 donne les ACC obtenus pour la fourgonnette pendant les cinq premières années de son utilisation.

Comme on l'a noté précédemment, lorsqu'on calcule l'ACC d'après la loi fiscale actuelle, la durée économique et la valeur marchande future d'un bien n'entrent pas en ligne de compte. Il en résulte que la fraction non amortie du coût en capital (FNACC) d'un bien peut varier considérablement par rapport à sa valeur marchande actuelle. Dans le cas de la fourgonnette de 30 000 $, la FNACC à la fin de la première année correspond à 15 000 $, dont on soustrait l'ACC de la première année, soit 4 500 $, ce qui donne comme résultat 10 500 $. Les valeurs de la FNACC des années suivantes apparaissent dans le tableau 2.8. Après cinq ans, la fraction non amortie du coût en capital de la fourgonnette est de 6 123 $.

Exemple 2.7 Les incitations de l'amortissement fiscal dans la pratique

Comme le montant de l'amortissement fiscal est soustrait dans le calcul du bénéfice imposable, plus les taux de l'ACC sont élevés, plus les impôts diminuent et plus les flux monétaires augmentent. Comme on l'a signalé précédemment, les ministres des Finances déterminent parfois ces taux de manière à créer des incitations fiscales. Par exemple, dans un budget fédéral récent, le ministre a annoncé que les taux de l'ACC allaient augmenter de 20 à 30 % pour les biens de fabrication et de transformation. Le taux combiné (fédéral et provincial) d'imposition des sociétés dans ce secteur est de 34,5 % en Ontario.

À la société manufacturière Mississauga, on planifie d'acheter du nouveau matériel de transformation pour améliorer l'efficacité de l'entreprise et sa capacité à concurrencer les entreprises américaines. Le coût du matériel (y compris les frais d'installation) est de 1 million de dollars. Quel montant d'impôt supplémentaire la nouvelle mesure permettrat-t-elle à l'entreprise d'économiser au cours de la première année d'utilisation de ce matériel ?

D'après la règle de la demi-année, la FNACC pour la première année s'élève à ½ × 1 million de dollars = 500 000 $. Voici l'amortissement du coût en capital calculé d'après l'ancien taux et le nouveau taux :

Ancien taux : ACC = 0,20 × 500 000 $ = 100 000 $

Nouveau taux : ACC = 0,30 × 500 000 $ = 150 000 $

En soustrayant l'ACC dans le calcul du bénéfice imposable, l'entreprise réduit celui-ci d'un montant de 50 000 $. Après ce calcul, le montant d'impôt combiné que la société doit payer décroît de 50 000 $ × 0,345 = 17 250 $.

L'achat et la vente de biens

Au moment de la vente d'un actif, la fraction non amortie du coût en capital qui correspond à cette catégorie de biens est réduite du montant le moins élevé, soit de la somme réalisée sur cet actif ou de son coût historique (sa valeur d'origine). Ce montant porte le nom de « coût rajusté de cession ». Supposons que votre entreprise veut vendre la fourgonnette d'un des exemples précédents après cinq ans. Supposons également que, d'après les moyennes de prix de revente, ce véhicule vaut 25 % de son prix d'achat, soit 0,25 × 30 000 $ = 7 500 $. Comme il s'agit d'un montant inférieur au coût historique, le coût rajusté de cession est de 7 500 $ et la FNACC pour la catégorie 10 est réduite de ce montant.

Selon le tableau 2.8, après cinq ans, la FNACC de la fourgonnette s'élève à 6 123 $. Le montant de 7 500 $ soustrait de cette catégorie de biens excède de 1 377 $ la FNACC de la fourgonnette que vous voulez vendre, et les futures déductions pour amortissement seront réduites dans le cas où la catégorie est toujours valable. Par contre, si vous vendez le véhicule 4 000 $, par exemple, la FNACC de la catégorie 10 diminue de 4 000 $, et l'excédent de la FNACC par rapport au prix de vente (soit de 2 123 $) resterait dans cette catégorie. Le cas échéant, le futur ACC s'accroîtrait, tandis que les calculs d'amortissement décroissant à taux constant diminueraient la FNACC excédentaire de 2 123 $ jusqu'à l'infini.

Jusqu'ici, on a surtout effectué des calculs de déduction pour amortissement concernant un seul bien. Dans la pratique, les entreprises achètent et vendent souvent des biens d'une catégorie donnée dans le cours d'une année. Il faut alors appliquer la règle des **acquisitions nettes.** On soustrait du coût total de toutes les acquisitions (y compris les frais d'installation) le coût rajusté de cession de tous les biens de cette catégorie. On obtient comme résultat les acquisitions nettes pour cette catégorie de biens. Si le montant des acquisitions nettes est positif, on applique la règle de la demi-année et on calcule la déduction pour amortissement comme on l'a fait précédemment. Si ce montant est négatif, il n'y a pas d'ajustement pour la règle de la demi-année.

La suppression d'une catégorie de biens Supposons que votre entreprise décide de recourir à l'impartition pour tout son transport et qu'elle vend l'ensemble de ses véhicules. Si elle ne possède aucun autre bien de la catégorie 10, cette catégorie de biens disparaît. Comme précédemment, le coût rajusté de la cession correspond au montant le moins élevé soit du produit net des ventes, soit du total des coûts (y compris les frais d'installation) de tous les biens de cette catégorie. On soustrait ce coût rajusté de cession du total de la fraction non amortie du coût en capital de cette catégorie. Jusqu'ici, on suit les mêmes étapes que dans l'exemple de la fourgonnette, alors que cette catégorie de biens était encore valable. La suite diffère. Si le coût rajusté de cession n'est pas exactement égal à la fraction non amortie du coût en capital, il y a un excédent soit négatif, soit positif de cette fraction et il faut alors tenir compte de l'impôt.

On dispose d'un reste de FNACC positif lorsque le coût rajusté de cession est moins élevé que la FNACC avant la vente. Le cas échéant, l'entreprise subit une **perte finale** égale au montant de la FNACC qui reste. Cette perte est déductible d'impôt pour l'exercice en cours. Par exemple, si vous vendez la fourgonnette après deux ans pour la somme de 10 000 $, la FNACC indiquée dans le tableau 2.8 s'élève à 17 850 $ et excède la valeur marchande du véhicule de 7 850 $. La perte finale de 7 850 $ permet une économie d'impôt de 0,40 × 7 850 $ = 3 140 $. (On présume que le taux d'imposition est de 40 %.)

Lorsque le coût rajusté de cession est supérieur à la FNACC, le reste de la FNACC est négatif dans cette catégorie. Revenons à l'exemple de la fourgonnette. Supposons qu'il s'agit du seul bien de la catégorie 10 que votre entreprise possède et que celle-ci la vend après cinq ans pour la somme de 7 500 $. Le coût rajusté de cession excède la FNACC de 1 377 $ (7 500 $ – 6 123 $), de sorte que le reste de la FNACC final s'élève à 1 377 $.

L'entreprise doit payer de l'impôt à son taux d'imposition normal pour ce reste parce que la différence entre le coût rajusté de cession et la FNACC est une déduction pour **récupération d'amortissement** excédentaire de la vente du bien. Le bien a été « surdéprécié » de 7 500 $ – 6 123 $ = 1 377 $. Si l'ACC est de 1 377 $ trop élevé, l'entreprise a versé 550,80 $ de moins en impôt (à un taux de 40 %) et elle doit combler la différence.

Fait à remarquer, il ne s'agit pas d'un impôt sur un gain en capital. En règle générale, il y a un gain en capital uniquement lorsque la valeur marchande dépasse le coût historique. Voici un exemple qui illustrera notre propos. Supposons qu'au lieu d'acheter une fourgonnette, l'entreprise a fait l'acquisition d'une voiture de collection pour 30 000 $. Après cinq ans, elle revend cette voiture 75 000 $. Le prix de vente dépasse le prix d'achat, de sorte que le coût rajusté de cession est de 30 000 $ et la FNACC dans cette catégorie est diminuée de ce montant. Le solde

Perte finale

Différence entre la fraction non amortie du coût en capital et le coût rajusté de la cession lorsque cette fraction est plus élevée que le coût de cession.

Récupération d'amortissement

Différence imposable entre le coût rajusté d'une cession et la fraction non amortie du coût en capital lorsque la FNACC est plus élevée.

Exemple 2.8 Les calculs de l'ACC

La société Fournitures de bureau inc. vient d'acquérir un nouveau système d'information informatisé au coût de 160 000 $ (y compris les frais d'installation). L'ordinateur appartient à la catégorie 10 aux fins de l'amortissement fiscal. Quel est l'amortissement annuel du coût en capital ? D'après des expériences antérieures, on suppose que le système aura une valeur de seulement 10 000 $ lorsque l'entreprise voudra s'en défaire dans quatre ans. En ce qui concerne l'impôt, quelles seront les conséquences de cette vente, si l'entreprise possède plusieurs autres ordinateurs encore en utilisation dans quatre ans ? Supposez ensuite que la société veut vendre tous ses biens et fermer ses portes dans quatre ans. Quel flux monétaire total après impôts cette vente produira-t-elle ?

Dans le tableau 2.9, on constate qu'à la fin de l'exercice de la quatrième année, le solde qui reste pour le système informatique en question est de 46 648 $[16]. Dans cette catégorie, la réduction est de 10 000 $, mais elle continuera à être amortie. Il n'y a pas de conséquences sur le plan des impôts la quatrième année. C'est le cas uniquement lorsque la catégorie est excédentaire. S'il s'agissait du seul système informatique, il aurait fallu supprimer la catégorie et l'entreprise aurait pu réclamer une perte finale de 46 648 $ – 10 000 $ = 36 648 $.

total négatif qui reste dans cette catégorie de FNACC est 30 000 \$ – 6 123 \$ = 23 877 \$, c'est-à-dire l'ACC récupéré. En outre, le gain en capital imposable est 75 000 \$ – 30 000 \$ = 45 000 \$, soit la différence entre le prix de vente et le coût historique ou d'acquisition[15].

Tableau 2.9 L'ACC pour un système informatique

Année	FNACC en début d'exercice	ACC	FNACC en fin d'exercice
1	80 000 \$*	24 000 \$	56 000 \$
2	136 000**	40 800	95 200
3	95 200	28 560	66 640
4	66 640	19 992	46 648

* La moitié de 160 000 \$.
** Solde à la fin de la première année + Reste de la moitié de 160 000 \$.

Questions théoriques

1. Quelle est la différence entre la déduction pour amortissement et la dépréciation selon les principes comptables généralement reconnus ?
2. Pourquoi les gouvernements augmentent-ils parfois les taux de l'ACC ?
3. Reconsidérez l'augmentation de l'ACC dont il a été question dans l'exemple 2.7. À votre avis, a-t-elle stimulé efficacement l'investissement ? Pourquoi ?

2.6 Résumé et conclusions

Dans ce chapitre, nous avons présenté certaines notions de base sur les états financiers, les impôts et les flux monétaires.

1. Les valeurs comptables inscrites dans un bilan peuvent différer considérablement des valeurs marchandes. L'objectif de la gestion financière est de maximiser la valeur marchande des actions et non leur valeur comptable.

2. Le bénéfice net tel qu'il est calculé dans l'état des résultats ne constitue pas un flux monétaire, principalement parce que, lorsqu'on le calcule, on en déduit l'amortissement, une dépense sans effet sur la trésorerie.

3. Les taux d'imposition marginal et moyen peuvent différer ; il faut tenir compte du taux d'imposition marginal dans la plupart des décisions financières.

4. L'équation comptable du flux monétaire ressemble beaucoup à celle du bilan. Elle indique que le flux monétaire provenant de l'actif est égal aux flux monétaires affectés aux détenteurs d'obligations et aux actionnaires. Il est relativement facile de calculer le flux monétaire d'après les états financiers. Il faut toutefois être vigilant lorsqu'on manipule les dépenses qui sont sans effet sur la trésorerie, comme l'amortissement, et ne pas confondre les frais d'exploitation avec les frais financiers. Le plus important est de ne pas confondre les valeurs comptables et les valeurs marchandes ainsi que le résultat comptable et le flux monétaire.

5. Les différents types de revenus de placement, de dividendes, d'intérêts et de gains en capital de source canadienne ont des taux d'imposition variés.

6. L'impôt sur les bénéfices des sociétés donne un avantage fiscal au financement par emprunt (le versement d'intérêts déductibles d'impôts) par rapport au financement par actions (le paiement de dividendes). Le chapitre 15 traite ce sujet en profondeur.

7. Au Canada, l'amortissement du coût en capital (ACC) est un amortissement à des fins fiscales. Les calculs de la DPA sont importants pour déterminer les flux monétaires.

---

15 Cet exemple montre qu'il est possible de récupérer une partie de la DPA sans supprimer une catégorie lorsque le solde de la FNACC devient négatif.

16 En réalité, la DPA pour l'ensemble de la catégorie est calculée immédiatement, sans distinction quant au système informatique.

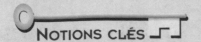

Notions clés

Problème de récapitulation et auto-évaluation

2.1 **Le flux monétaire de la société B. C. Ressources inc.** Ce problème permettra de vous familiariser avec les états financiers et le calcul des flux monétaires. En vous servant des renseignements qui suivent, établissez un état des résultats pour l'année 2003 et des bilans pour 2002 et 2003. Ensuite, en vous basant sur les exemples concernant la société Entreprises Canadiennes inc. présentés dans ce chapitre, calculez le flux monétaire de B. C. Ressources inc. ainsi que ses flux monétaires affectés aux détenteurs d'obligations et aux actionnaires pour 2003. Utilisez un taux d'imposition de 40 % dans tous les cas. Vous pourrez vérifier vos réponses dans la prochaine section.

	2002	2003
Ventes	4 203 $	4 507 $
Coût des produits vendus	2 422	2 633
Amortissement	785	952
Intérêts	180	196
Dividendes	225	250
Actif à court terme	2 205	2 429
Actif immobilisé net	7 344	7 650
Passif à court terme	1 003	1 255
Passif à long terme	3 106	2 085

Réponse à l'auto-évaluation

2.1 En dressant les bilans, rappelez-vous que les fonds propres constituent un résidu qu'on peut déterminer à l'aide de l'équation suivante :

Actif total = Passif total + Total des fonds propres

Dans cette optique, les bilans de B. C. Ressources inc. s'établissent comme suit :

B. C. RESSOURCES INC.
Bilans
au 31 décembre 2002 et au 31 décembre 2003

	2002	2003		2002	2003
Actif à court terme	2 205 $	2 429 $	Passif à court terme	1 003 $	1 255 $
Actif immobilisé net	7 344	7 650	Passif à long terme	3 106	2 085
			Fonds propres	5 440	6 739
Total de l'actif	9 549 $	10 079 $	Total du passif et des fonds propres	9 549 $	10 079 $

L'état des résultats est simple :

B. C. RESSOURCES INC.
État des résultats
pour l'exercice terminé le 31 décembre 2003

Ventes	4 507 $
Coût des produits vendus	2 633
Amortissement	952
Bénéfice avant intérêts et impôts	922 $
Intérêts versés	196
Bénéfice imposable	726 $
Impôts (40 %)	290
Bénéfice net	436 $
Dividendes	250 $
Addition aux bénéfices non répartis	186

Fait à remarquer, on a utilisé un taux d'imposition uniforme de 40 %. De plus, les bénéfices non répartis correspondent exactement au bénéfice net dont on a soustrait les dividendes en argent comptant. Il est maintenant possible de choisir les chiffres permettant de calculer le flux monétaire provenant de l'exploitation.

B. C. RESSOURCES INC.
Flux monétaire provenant de l'exploitation
pour l'exercice terminé le 31 décembre 2003

Bénéfice avant intérêts et impôts	922 $
+ Amortissement	952
– Impôts	290
Flux monétaire provenant de l'exploitation	1 584 $

On calcule ensuite les dépenses d'investissement pour 2003 en établissant la variation dans l'actif immobilisé et en tenant compte de l'amortissement.

B. C. RESSOURCES INC.
Flux monétaire provenant de l'exploitation
pour l'exercice terminé le 31 décembre 2003

Actif immobilisé net en fin d'exercice	7 650 $
– Actif immobilisé net en début d'exercice	7 344
+ Amortissement	952
Dépenses d'investissement nettes	1 258 $

Après avoir calculé le fonds de roulement net (FRN) au début et à la fin de l'exercice, on détermine la différence entre les deux et on obtient l'addition à ce fonds.

B. C. RESSOURCES INC.
Flux monétaire provenant de l'exploitation
pour l'exercice terminé le 31 décembre 2003

FRN en fin d'exercice	1 174 $
– FRN en début d'exercice	1 202
Variation dans le FRN	–28 $

On combine ensuite le flux monétaire provenant de l'exploitation, les dépenses d'investissement nettes et l'addition au fonds de roulement net pour obtenir le total du flux monétaire provenant de l'actif.

B. C. RESSOURCES INC.
Flux monétaire provenant de l'actif
pour l'exercice terminé le 31 décembre 2003

Flux monétaire provenant de l'exploitation	1 584 $
– Dépenses d'investissement nettes	1 258
– Variation dans le FRN	–28
Flux monétaire provenant de l'actif	354 $

Pour déterminer le flux monétaire affecté aux créanciers, il faut noter que l'emprunt à long terme a diminué de 1021 $ au cours de l'année et que le montant d'intérêts payés atteignait 196 $.

B. C. RESSOURCES INC.
Flux monétaire affecté aux créanciers
pour l'exercice terminé le 31 décembre 2003

Intérêts payés	196 $
– Nouvel emprunt net	–(1 021)
Flux monétaire affecté aux créanciers	1 217 $

Enfin, l'entreprise a versé des dividendes de 250 $. Pour connaître le montant des nouveaux fonds propres nets, il faut faire certains calculs supplémentaires. On a établi le montant total des fonds propres en équilibrant le bilan. En 2003, les fonds propres ont augmenté de 6 739 $ – 5 440 $ = 1 299 $. De cette augmentation, 186 $ proviennent d'additions aux bénéfices non répartis, de sorte que l'entreprise s'est procuré 1 113 $ en nouveaux fonds propres au cours de l'année. Le flux monétaire affecté aux actionnaires se calcule comme suit :

B. C. RESSOURCES INC.
Flux monétaire affecté aux actionnaires
pour l'exercice terminé le 31 décembre 2003

Dividendes versés	250 $
– Nouveaux fonds propres nets	–1 113
Flux monétaire affecté aux actionnaires	–863 $

Pour vérifier ce résultat, on s'assure que le flux monétaire provenant de l'actif, soit 354 $, est égal au flux monétaire affecté aux créanciers additionné au flux monétaire affecté aux actionnaires (1 217 $ – 863 $ = 354 $).

Questions et problèmes

Notions de base
(questions 1 à 13)

1. **L'établissement d'un bilan** L'actif à court terme de l'entreprise Fleabok Inc. vaut 1 500 $, son actif immobilisé net, 5 350 $, son passif à court terme, 750 $, et son passif à long terme, 4 200 $. Quelle est la valeur du compte de fonds propres de cette entreprise ? Quel est le montant du fonds de roulement net ?

2. **L'établissement d'un état des résultats** Les ventes de l'entreprise Les Biscuits savoureux inc. se chiffrent à 250 000 $, ses coûts à 125 000 $, l'amortissement de l'exercice à 10 000 $ et les frais d'intérêt à 7 000 $. Si le taux d'imposition est de 35 %, quel est le bénéfice net de cette entreprise ?

3. **Les dividendes et les bénéfices non répartis** Supposons que l'entreprise du problème 2 a versé 15 000 $ de dividendes en argent. À combien se chiffre l'addition aux bénéfices non répartis ?

4. **Le bénéfice par action et les dividendes** Supposons que l'entreprise du problème 3 a 20 000 actions ordinaires en circulation. Quel est le bénéfice par action ? Quel est le dividende par action ?

5. **La valeur marchande et la valeur comptable** Il y a trois ans, l'entreprise Machin Truc inc. a acheté de nouvelles machines de revêtement pour un montant de 2 millions de dollars. Ces machines pourraient être vendues dès maintenant aux Romuliens au prix de 1 million de dollars. Le dernier bilan de l'entreprise indique un actif immobilisé net de 750 000 $, un passif à court terme de 750 000 $ et un fonds de roulement net de 500 000 $. Si tous les comptes courants étaient réalisés aujourd'hui, l'entreprise recevrait 1,5 million de dollars en argent. Quelle est la valeur comptable de l'actif de Machin Truc inc. en ce moment ? Quelle est sa valeur marchande ?

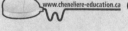
6. **Le calcul du flux monétaire provenant de l'exploitation** Chez Musique Ragoût inc., les ventes atteignent 7 000 $, les coûts sont de 4 750 $, l'amortissement de l'exercice de 950 $ et les intérêts débiteurs de 180 $. Si le taux d'imposition est fixé à 35 %, quel est le flux monétaire provenant de l'exploitation ?

7. **Le calcul des dépenses d'investissement nettes** D'après ses bilans, Donnybrook avait un actif immobilisé net de 2,7 millions de dollars au 31 décembre 2002 et de 2,9 millions de dollars au 31 décembre 2003. L'état des résultats de l'entreprise pour l'exercice terminé le 31 décembre 2003 indique un amortissement de l'exercice de 650 000 $. À combien se chiffrent les dépenses d'investissement nettes de la société en 2003 ?

8. **Le calcul des taux d'imposition** La compagnie Crie-Olé est une société non manufacturière située en Ontario. En 2002, son bénéfice imposable s'élevait à 180 000 $. En vous basant sur le tableau 2.6 du chapitre, calculez l'impôt que cette entreprise devra payer en 2003. Quel est le taux d'imposition moyen ? Quel est le taux d'imposition marginal ?

9. Le calcul des taux d'imposition Quelles auraient été les réponses aux questions du problème 8 si le bénéfice imposable avait été de 960 000 $?

10. La constitution en société et les impôts Déterminez l'avantage fiscal que procurerait à son propriétaire la constitution en société de la compagnie Crie-Olé s'il s'agissait d'une entreprise individuelle, pour les deux montants de bénéfice précités. Référez-vous au tableau 2.4.

11. Le flux monétaire affecté aux créanciers Des bilans de l'entreprise La Perle éclatante inc. indiquent un passif à long terme de 2 millions de dollars au 31 décembre 2002 et de 2,8 millions de dollars au 31 décembre 2003. Dans l'état des résultats de 2003, on trouve des intérêts débiteurs de 750 000 $. À combien se chiffre le flux monétaire affecté aux créanciers en 2003 ?

12. Le flux monétaire affecté aux actionnaires Dans les bilans de l'entreprise La Perle éclatante inc. du 31 décembre 2002 et du 31 décembre 2003, on trouve respectivement 500 000 $ et 550 000 $ au poste du compte des actions ordinaires ainsi que 6,5 millions de dollars et 7 millions de dollars à celui du surplus d'apport supplémentaire. Si l'entreprise a versé 250 000 $ de dividendes en espèces en 2003, quel est le montant du flux monétaire affecté aux actionnaires cette année-là ?

13. Le calcul du flux monétaire total À l'aide des renseignements fournis sur La Perle éclatante inc. dans les problèmes 11 et 12 et en supposant premièrement que les dépenses d'investissement nettes s'élevaient à 500 000 $ en 2003 et deuxièmement que l'entreprise a diminué ses investissements dans le fonds de roulement net de 115 000 $, déterminez son flux monétaire provenant de l'exploitation pour 2003.

Notions intermédiaires (questions 14 à 23)

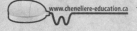
www.cheneliere-education.ca

14. Le calcul du total des flux monétaires Franklin Inc. a fourni les renseignements suivants concernant son état des résultats pour 2003 : les ventes sont de 60 000 $, les coûts de 41 000 $, les autres frais de 1 750 $, l'amortissement de l'exercice de 3 000 $, les intérêts débiteurs de 7 000 $, les impôts de 2 465 $ et les dividendes de 3 200 $. On sait aussi que l'entreprise a émis de nouvelles actions pour un montant de 1 415 $ au cours de 2003 et qu'elle a remboursé 3 000 $ en dettes à long terme impayées.

a) Quel est le montant du flux monétaire provenant de l'exploitation pour 2003 ?

b) Quel est le flux monétaire affecté aux créanciers pour 2003 ?

c) Quel est le flux monétaire affecté aux actionnaires pour 2003 ?

d) Si l'actif immobilisé net augmentait de 3 500 $ au cours de l'année, quelle serait l'addition au fonds de roulement net ?

15. L'utilisation de l'état des résultats À l'aide des renseignements suivants, calculez l'amortissement de l'exercice : les ventes sont de 15 000 $, les coûts de 7 000 $, l'addition aux bénéfices non répartis de 3 000 $, les dividendes versés de 500 $, les intérêts débiteurs de 950 $ et le taux d'imposition de 35 %.

16. La valeur marchande et la valeur comptable Expliquez la différence entre la valeur marchande et la valeur comptable. Laquelle est la plus pertinente ? Pourquoi ?

17. Les réclamations résiduelles L'entreprise Sur la brique inc. doit verser 2 300 $ à ses créanciers au cours de l'année. Quelle est la valeur de ses fonds propres si son actif se chiffre à 2 400 $? Et s'il était de 1 800 $?

18. Le taux d'imposition marginal et le taux d'imposition moyen (Référez-vous au tableau 2.6.) Le montant du bénéfice imposable de la société X et celui de la société Y, une entreprise de fabrication, s'élèvent tous les deux à 1 million de dollars.

a) Combien d'impôt chaque société devra-t-elle payer ?

b) Supposons que ces deux entreprises ont trouvé de nouveaux projets qui augmenteraient leur bénéfice imposable de 10 000 $. Quel montant d'impôt additionnel chacune d'elles devrait-elle payer ? Pourquoi s'agit-il de deux montants différents ?

19. Le bénéfice net et le flux monétaire provenant de l'exploitation Au cours de l'année 2003, les ventes chez Chuck Swab Inc. ont rapporté 675 000 $. Le coût des biens vendus, les frais d'administration et de vente ainsi que l'amortissement de l'exercice s'élevaient respectivement à 400 000 $, à 200 000 $ et à 60 000 $. En outre, l'entreprise a dû payer des intérêts débiteurs de 55 000 $ et son taux d'imposition était de 35 %. (Ne tenez compte d'aucune mesure fiscale de report de perte rétrospectif ou prospectif.)

a) Quel est le bénéfice net de l'entreprise pour 2003 ?

b) Quel est son flux monétaire provenant de l'exploitation ?

c) Expliquez vos résultats en a) et en b).

20. Les impôts sur un revenu de placement Mme Marie Song, une investisseuse de Calgary, reçoit 10 000 $ en dividendes sur ses actions de la B. C. Forest Products, 10 000 $ en intérêts sur un dépôt dans une banque à charte et 10 000 $ de gain en capital sur ses actions dans B. C. Mines. À l'aide des renseignements du tableau 2.4, calculez le flux monétaire provenant de chaque investissement après impôts. Supposez que le taux d'imposition fédéral est de 17 % dans ce cas.

21. **Le calcul des flux monétaires** La société Bouchard a obtenu les résultats d'exploitation suivants pour 2003 : les ventes sont de 6 000 $, le coût des biens vendus de 4 500 $, l'amortissement de l'exercice de 800 $, les intérêts débiteurs de 100 $ et les dividendes versés de 150 $. Au début de l'exercice, la valeur de l'actif immobilisé net s'élevait à 4 000 $, celle de l'actif à court terme à 1 000 $ et celle du passif à court terme à 750 $. À la fin de l'exercice, son actif immobilisé net valait 4 200 $, son actif à court terme, 1 550 $ et son passif à court terme, 900 $. Le taux d'imposition en 2003 était de 34 %.

    a) Quel était le bénéfice net de l'entreprise en 2003 ?

    b) À combien s'élevait son flux monétaire provenant de l'exploitation ?

    c) Quel était le montant du flux monétaire provenant de l'actif en 2003 ? Est-ce possible ? Justifiez votre réponse.

    d) Si l'entreprise n'a contracté aucune nouvelle dette au cours de l'année, à combien se chiffrait le flux monétaire affecté aux créanciers ? le flux monétaire affecté aux actionnaires ? Expliquez et interprétez les signes positifs et négatifs de vos réponses de a) à d).

22. **Le calcul des flux monétaires** Voici des états financiers abrégés de la Société F/X inc.

SOCIÉTÉ F/X INC.
Bilans partiels
au 31 décembre 2002 et au 31 décembre 2003

	2002	2003		2002	2003
			Passifs et fonds propres		
Actif					
Actif à court terme	475 $	503 $	Passif à court terme	205 $	301 $
Actif immobilisé	2 100	2 330	Passif à long terme	1 200	1 400

SOCIÉTÉ F/X INC.
État des résultats
pour l'exercice terminé
le 31 décembre 2003

Ventes	7 100 $
Coûts	3 560
Amortissement	600
Intérêts versés	108

    a) Quelle est la valeur des fonds propres en 2002 et en 2003 ?

    b) De quel montant le fonds de roulement net a-t-il varié en 2003 ?

    c) En 2003, la Société F/X inc. a déboursé 1 000 $ pour acheter un nouvel actif immobilisé. Quelle est la valeur de l'actif immobilisé vendu par l'entreprise ? À combien se chiffre le flux monétaire provenant de l'actif pour cette année-là ? (Le taux d'imposition est de 35 %.)

    d) En 2003, l'entreprise a fait un nouvel emprunt à long terme de 300 $. Quel montant a-t-elle dû rembourser sur son passif à long terme au cours de l'année ? Quelle est la valeur du flux monétaire affecté aux créanciers ?

23. **La liquidité** Qu'est-ce que la liquidité sert à mesurer ? Expliquez le compromis auquel doivent parvenir les entreprises entre des niveaux élevés et bas de liquidité.

24. **L'actif immobilisé net et l'amortissement** Dans un bilan, le compte de l'actif immobilisé net (AIN) est égal au compte de l'actif immobilisé brut (AIB), qui indique le coût d'acquisition de ce type d'actif, dont on soustrait l'amortissement cumulé (AC). Ce dernier compte donne le total des amortissements que l'entreprise a obtenus pour son actif immobilisé. Sachant que AIN = AIB – AC, montrez que l'expression employée dans le chapitre pour désigner les augmentations dans les dépenses d'investissement, soit AIN (en fin d'exercice) – AIN (en début d'exercice) + AE (où AE représente l'amortissement de l'exercice), est l'équivalent de AIB (en fin d'exercice) – AIB (en début d'exercice).

Pour résoudre les problèmes 25 et 26, utilisez les renseignements suivants sur Value Debt Airlines Inc., en supposant que le taux d'imposition est de 34 %.

	2002	2003
Ventes	2 083 $	2 245 $
Amortissement	295	295
Coût des ventes	705	801
Autres dépenses	170	140
Intérêts	137	158
Argent	1 075	1 099
Comptes clients	1 423	1 603
Effets à payer à court terme	208	195
Passif à long terme	3 600	4 200
Actif immobilisé net	9 015	9 230
Comptes fournisseurs	1 129	1 095
Stock	2 530	2 600
Dividendes	250	275

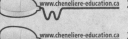

25. Les états financiers Établissez un état des résultats et un bilan pour cette entreprise en 2002 et en 2003.

26. Le calcul du flux monétaire Calculez le flux monétaire provenant de l'actif, celui qui est affecté aux créanciers et celui qui est affecté aux actionnaires pour 2003.

27. Le revenu de placement En supposant que les rentrées de fonds de Mme Song, au problème 20, proviennent de placements égaux de 30 000 $ chacun, déterminez le taux de rendement après impôts de chacun d'eux.

28. L'amortissement du coût en capital (ACC) La Société de fabrication de Montréal vient d'investir dans de nouvelles machines de transformation pour tirer profit des taux de DPA plus avantageux d'un nouveau budget fédéral. Ce type de matériel donne droit à un taux de DPA de 25 % et coûte (y compris les frais d'installation) 1 200 000 $. Calculez la DPA et la FNACC pour les cinq premières années d'utilisation.

29. La fraction non amortie du coût en capital Une entreprise a récemment acheté, au coût de 276 000 $, un élément d'outillage industriel qui entre dans la catégorie 8. Calculez les dotations annuelles aux amortissements et les valeurs comptables en fin d'exercice (FNACC) des cinq premières années.

30. La DPA et la FNACC Notre nouveau système informatique a coûté 120 000 $. Dans trois ans, soit au début de la quatrième année, nous devrons nous en défaire. Lorsque nous le revendrons, nous n'obtiendrons probablement que 20 % du prix d'achat. Le taux de calcul de la DPA pour ce système est de 30 % (la catégorie 10). Calculez les valeurs de la DPA et de la FNACC pour cinq ans. Quel sera le produit après impôts de la vente si cette catégorie d'actif est toujours valable ? Supposez que le taux d'imposition est de 40 %.

31. L'amortissement du coût en capital En 2002, Les Industries Trans Canada ont payé 750 000 $ pour du nouveau matériel de production (la catégorie 8). L'entreprise a ensuite déboursé 75 000 $ pour son installation et a capitalisé cette dernière dans la catégorie 8. Elle a aussi investi 1 million de dollars dans un nouvel immeuble en brique (la catégorie 3). Au cours de l'année 2002, l'entreprise a terminé ses innovations et a mis son matériel en fonction. Déterminez la DPA totale des Industries Trans Canada pour 2002 et 2003.

32. La fraction non amortie du coût en capital Construction Tor-Van se spécialise dans les grands projets à Toronto et à Vancouver. En 2002, l'entreprise a investi 450 000 $ dans un nouvel outillage d'excavation (la catégorie 22). En même temps, elle a vendu de l'équipement plus ancien dans un marché de matériel d'occasion pour 75 000 $. À son achat, en 1999, ce matériel coûtait 225 000 $. Calculez la FNACC correspondant à cette catégorie de biens (la catégorie 22) pour chaque année, de 1999 à 2003.

33. Les impôts sur le revenu Un résident de l'Alberta a un revenu d'emploi imposable de 85 000 $. Il envisage trois investissements comportant le même degré de risque et voudrait déterminer le revenu après impôts de chacun d'eux.

    a) 38 000 $ en obligations à un taux d'intérêt nominal de 10 % ;

    b) 250 actions qui rapporteront 14 $ chacune en dividende à la fin de l'année ;

    c) 500 actions d'une autre entreprise dont la valeur devrait augmenter de 6 $ par unité au cours de l'année.

34. Le report de perte rétrospectif et prospectif L'entreprise Trois R a subi des pertes d'exploitation de 900 000 $ en 2000. Le tableau ci-dessous indique les revenus imposables des dernières années. Montrez comment l'entreprise pourrait maximiser ses remboursements d'impôts.

	1997	1998	1999	2000	2001	2002	2003
Revenu imposable (1 000 $)	116 $	140 $	168 $	(900 $)	40 $	40 $	40 $

35. La fraction non amortie du coût en capital Un nouvel appareil qui permettrait de réaliser des économies coûterait 39 600 $ (y compris les frais d'installation). Aux fins de DPA, il s'agit d'un bien de catégorie 9. L'appareil fonctionnerait pendant cinq ans mais, à la fin de cette période, il n'aurait plus aucune valeur.

    a) Calculez la FNACC au bout de cinq ans.

    b) Quelles sont les conséquences de la vente de ce bien sur le plan fiscal ?

Lectures suggérées

Il existe un grand nombre d'excellents ouvrages sur la comptabilité et les états financiers. En voici un qui pourrait vous être utile.

GARRISON, R. H., E. W. NOREEN, G. R. CHESLEY et R. G. CARROLL. *Managerial Accounting*, 5e éd. canadienne, Whitby (Ont.), McGraw-Hill Ryerson, 2001.

GARRISON, R. H., E. W. NOREEN, G. R. CHESLEY et R. G. CARROLL. *Introduction à la comptabilité de management,* traduction de *Managerial Accounting,* 5e éd. canadienne, sous la direction de F. Gélinas, H. Bergeron et C. Roy, Montréal, Chenelière/McGraw-Hill, 2005.

GARRISON, R. H., E. W. NOREEN, G. R. CHESLEY et R. G. CARROLL. *Fondements de la comptabilité de management : planification, contrôle et prise de décisions,* traduction de *Managerial Accounting,* 5e éd. canadienne, sous la direction de H. Bergeron et C. Roy, Montréal, Chenelière/McGraw-Hill, 2005.

PARTIE II

LES ÉTATS FINANCIERS ET LA PLANIFICATION FINANCIÈRE À LONG TERME

Chapitre 3

L'utilisation des états financiers

Ce chapitre traite de différents aspects des états financiers, entre autres des façons d'établir un état de l'évolution de l'encaisse et un état de l'évolution de la situation financière, de standardiser les états financiers ainsi que de déterminer et d'interpréter certains ratios financiers.

Chapitre 4

La planification financière à long terme et la croissance des entreprises

Ce chapitre analyse les éléments de base de la planification financière et présente un outil très utile, le concept de croissance durable.

CHAPITRE 3

L'utilisation des états financiers

Le 22 novembre 2002, l'action ordinaire de Bell Canada Enterprises (BCE) inc. valait 28,34 $ à la clôture du marché. À ce prix, le ratio cours-bénéfice de BCE s'élevait à 25,8X. Autrement dit, les investisseurs étaient prêts à verser 25,80 $ pour chaque dollar de bénéfice de l'exercice de BCE. Au même moment, ils n'acceptaient de débourser que 14,60 $ pour chaque dollar de bénéfice de la Banque Nova Scotia. À l'autre extrémité du spectre, Air Canada déclarait des pertes pour les 12 derniers mois mais son action était tout de même évaluée à 5,93 $ l'unité. Étant donné ses bénéfices négatifs, le transporteur aérien aurait eu un ratio cours-bénéfice négatif et ne l'aurait donc pas publié.

Les comparaisons entre le cours et les bénéfices sont des exemples de ratios financiers. Comme nous allons le voir dans ce chapitre, il existe un vaste éventail de ratios, tous destinés à résumer des aspects particuliers de la situation financière d'une entreprise. Après avoir traité des façons d'analyser les états financiers et de calculer les ratios financiers, nous nous demanderons quelles catégories d'utilisateurs ont recours à ces renseignements et pourquoi.

Le chapitre 2 portait sur quelques-unes des notions essentielles en matière d'états financiers et de flux monétaires. Dans la deuxième partie, c'est-à-dire dans les chapitres 3 et 4, nous poursuivons cette analyse. Notre objectif est de vous aider à mieux comprendre l'utilisation de l'information fournie par les états financiers, que celle-ci soit pertinente ou abusive.

Il sera question de l'information contenue dans les états financiers à plusieurs reprises tout au long de ce manuel. La deuxième partie que voici n'est pas essentielle à la compréhension de cette information, mais elle donne une vue d'ensemble de son rôle dans la finance des entreprises.

Il est souhaitable d'avoir une connaissance suffisante des états financiers, surtout parce que ces documents et les chiffres qui en découlent constituent les principaux moyens de communication de l'information financière, à l'intérieur comme à l'extérieur de l'entreprise. Autrement dit, une grande partie du langage de la finance des entreprises tire ses origines des notions que nous présentons ici.

En outre, comme nous le verrons plus loin, l'information contenue dans les états financiers peut être exploitée de différentes manières et peut servir à diverses catégories d'utilisateurs. Une telle polyvalence reflète l'importance de ces renseignements pour la prise de nombreuses décisions.

Idéalement, les gestionnaires financiers devraient disposer de tous les renseignements nécessaires sur la valeur marchande de tous les éléments d'actif de leur entreprise. C'est rarement (sinon jamais) le cas. Par conséquent, ils doivent se fier aux chiffres comptables pour une grande partie de l'information financière parce qu'il leur est presque impossible d'obtenir l'ensemble (ou même une partie) des renseignements dont ils ont besoin. Le seul critère significatif pour évaluer des décisions d'affaires consiste à se demander si oui ou non il en résultera une valeur économique (voir le chapitre 1). Toutefois, dans bien des cas, puisqu'on ne peut observer les effets de ces décisions sur la valeur marchande, on ne saurait répondre directement à cette question.

Il faut admettre que les chiffres comptables ne donnent pas une idée très précise de la réalité économique, mais ils représentent souvent la meilleure information disponible. On possède très peu d'information directe concernant la valeur marchande des sociétés fermées, des entreprises sans but lucratif et des petites entreprises. De ce fait, le rôle du comptable qui établit les états financiers est crucial.

De toute évidence, l'un des principaux objectifs du comptable est de fournir de l'information financière à l'utilisateur sous une forme pratique qui lui permet de prendre des décisions, mais, paradoxalement, c'est rarement ce qui se produit et il n'existe malheureusement pas de mode d'emploi pour les états financiers. Le présent chapitre et le suivant tendent à combler cette lacune.

3.1 Les flux monétaires et les états financiers : un examen minutieux

Les entreprises ont deux activités principales : elles génèrent de l'argent et elles le dépensent. Pour générer de l'argent, elles vendent un produit, un bien, un service ou un titre. La vente d'un titre signifie soit un emprunt, soit la vente d'un titre participatif (c'est-à-dire d'actions) dans l'entreprise. L'argent est dépensé pour payer l'équipement et la main-d'œuvre nécessaires à la fabrication d'un produit et à l'achat de biens. Les versements aux créanciers et aux propriétaires requièrent également des dépenses d'argent.

Au chapitre 2, on a vu que les activités de trésorerie d'une entreprise peuvent se résumer à l'équation comptable ou l'identité fondamentale suivante :

Flux monétaires provenant de l'actif = Flux monétaire affecté aux créanciers + Flux monétaire affecté aux propriétaires

Cette équation comptable des flux monétaires résume le résultat total en argent de toutes les transactions effectuées par l'entreprise au cours d'une année. Dans cette section, nous revenons sur le sujet des flux monétaires en examinant attentivement les activités financières qui ont mené à ces totaux au cours de l'année.

La provenance et l'utilisation de l'encaisse

Provenance de l'encaisse

Activités d'une entreprise qui génèrent de l'argent.

Utilisation de l'encaisse

Activités d'une entreprise qui entraînent des dépenses d'argent.

Pour les activités qui rapportent de l'argent, on parle de **provenance de l'encaisse** et pour celles qui nécessitent des dépenses d'argent, d'**utilisation** (ou emploi) **de l'encaisse**. Il faut retracer les variations dans le bilan d'une entreprise pour savoir comment celle-ci a obtenu son argent et comment elle le dépense au cours d'une période de temps donnée.

Pour commencer, on étudie les bilans de la Société Purol inc. au tableau 3.1. Notons qu'on a effectué le calcul des variations de chacun des postes du bilan au cours d'une année, soit de la fin de 2002 à la fin de 2003.

Lorsqu'on examine les bilans de cette entreprise, on constate certains changements au cours de l'année. Par exemple, l'actif immobilisé net a augmenté de 149 000 $ et ses stocks, de 29 000 $. D'où venait cet argent ? Pour le savoir (et répondre à d'autres questions connexes), il faut déterminer les changements qui ont provoqué la dépense de l'argent (son utilisation) et ceux qui ont permis d'en rapporter (sa provenance). Le bon sens nous dit qu'une entreprise utilise de l'argent soit lorsqu'elle achète des éléments d'actif, soit lorsqu'elle effectue des paiements. De façon générale, une augmentation d'un compte d'actif indique que l'entreprise a acheté des biens nets, ce qui constitue une utilisation d'encaisse. Si un compte d'actif a subi une baisse, on suppose qu'il y a eu une vente nette de biens par l'entreprise. Il s'agit alors d'une provenance nette d'encaisse. De même, si un compte de passif diminue, l'entreprise a effectué un paiement net, c'est-à-dire une utilisation d'encaisse.

À partir de ce raisonnement, on peut formuler une définition simple, quoique mécanique, de ce type de variations. Une augmentation d'un compte du côté gauche du bilan (l'actif) ou une diminution d'un compte du côté droit (le passif ou les fonds propres) constituent une utilisation d'encaisse. De même, une diminution d'un compte d'actif ou une augmentation d'un compte du passif (ou des fonds propres) représentent une provenance d'encaisse.

En revenant au cas de la Société Purol inc., on constate que la valeur des stocks s'est accrue de 29 $. Il s'agit d'une utilisation nette puisque l'entreprise a effectivement versé 29 $ pour augmenter ses stocks. Les comptes fournisseurs sont en hausse de 32 $. Il s'agit d'une provenance d'encaisse, car la société a emprunté 32 $ supplémentaires vers la fin de l'année. Par contre, les effets à payer ont diminué de 35 $. L'entreprise a donc versé 35 $ sur sa dette à court terme, ce qui représente une utilisation d'encaisse.

Tableau 3.1

SOCIÉTÉ PUROL INC.
Bilans
au 31 décembre 2002 et au 31 décembre 2003
(en milliers de dollars)

	2002	2003	Variation
Actif			
Actif à court terme			
Encaisse	84 $	98 $	+14 $
Comptes clients	165	188	+23
Stocks	393	422	+29
Total	642 $	708 $	+66 $
Actif immobilisé			
Actif net, usine et équipement	2 731	2 880	+149
Total de l'actif	3 373 $	3 588 $	+215 $
Passif et fonds propres			
Passif à court terme			
Comptes fournisseurs	312 $	344 $	+32 $
Effets à payer	231	196	−35
Total	543 $	540 $	−3 $
Passif à long terme	531 $	457 $	−74 $
Fonds propres			
Actions ordinaires	500	550	+50
Bénéfices non répartis	1 799	2 041	+242
Total	2 299 $	2 591 $	+292 $
Total du passif et des fonds propres	3 373 $	3 588 $	+215 $

Après analyse, voici la liste des provenances et des utilisations d'encaisse tirées de ce bilan.

Provenances de l'encaisse :	
Augmentation des comptes fournisseurs	32 $
Augmentation des actions ordinaires	50
Augmentation des bénéfices non répartis	242
Total des provenances	324 $

Utilisations de l'encaisse :	
Augmentation des comptes clients	23 $
Augmentation des stocks	29
Diminution des effets à payer	35
Diminution du passif à long terme	74
Acquisition nette de biens immobilisés	149
Total des utilisations	310 $
Addition nette à l'encaisse	14 $

L'addition nette à l'encaisse correspond à la différence entre les provenances et les utilisations de l'encaisse, de sorte que le montant de 14 $ obtenu ici concorde avec la variation inscrite au bilan.

Ce simple état financier nous en apprend beaucoup sur ce qui s'est passé au cours de l'année mais il ne dit pas tout. Par exemple, l'augmentation dans les bénéfices non répartis est un bénéfice net (une provenance de fonds) dont on soustrait les dividendes (une utilisation de fonds). On en saurait davantage si ces deux postes étaient inscrits séparément pour qu'on en voie la répartition. De même, on n'a examiné que les acquisitions nettes d'actif immobilisé alors qu'il serait plus intéressant de connaître la dépense totale ou brute.

Pour mieux retracer la circulation de l'argent dans l'entreprise au cours de l'année, on a besoin d'un état des résultats. Le tableau 3.2 présente ceux de la Société Purol inc. pour 2003 et 2002. Comme on s'intéresse aux flux monétaires au cours de l'année civile 2003, on concentre son attention sur l'état des résultats de cette année-là.

Tableau 3.2

SOCIÉTÉ PUROL INC.
États des résultats
pour les exercices terminés le 31 décembre 2003 et le 31 décembre 2002
(en milliers de dollars)

	2003	2002
Ventes	2 311 $	2 070 $
Coût des marchandises vendues	1 344	1 291
Amortissement	276	250
Bénéfice avant intérêts et impôts	691 $	529 $
Intérêt payé	141	127
Bénéfice imposable	550 $	402 $
Impôts	187	161
Bénéfice net	363 $	241 $
Addition aux bénéfices non répartis	242 $	120 $
Dividendes	121	121

Fait à remarquer, l'addition de 242 $ aux bénéfices non répartis calculée d'après le bilan n'est que la différence entre le bénéfice net de 2003 (363 $) et les dividendes de la même année (121 $).

L'état de l'évolution de la situation financière

État de l'évolution de la situation financière

État financier présentant les flux de trésorerie attribuables aux activités d'exploitation, de financement et d'investissement d'une entreprise au cours de l'exercice.

Lorsqu'on résume la provenance et l'utilisation de l'encaisse sous forme d'état financier, on dispose d'une certaine latitude. Quelle que soit sa présentation, le résultat de cet exercice porte le nom d'**état de l'évolution de la situation financière**.

Le tableau 3.3 présente un exemple suivant un modèle particulier. Il s'agit essentiellement de regrouper toutes les variations dans une des trois catégories suivantes : les activités d'exploitation, les activités de financement ou les activités d'investissement.

Tableau 3.3

SOCIÉTÉ PUROL INC.
État de l'évolution de la situation financière pour l'exercice terminé le 31 décembre 2003

Activités d'exploitation	
Bénéfice net	363 $
Plus :	
Amortissement	276
Augmentation dans les comptes fournisseurs	32
Moins :	
Augmentation dans les comptes clients	−23
Augmentation dans les stocks	−29
Fonds provenant des activités d'exploitation	619 $
Activités d'investissement :	
Acquisitions d'actif immobilisé	−425 $
Fonds provenant des activités d'investissement	−425 $
Activités de financement :	
Diminution des effets à payer	−35 $
Diminution du passif à long terme	−74
Dividendes versés	−121
Augmentation des actions ordinaires	50
Fonds provenant des activités de financement	−180 $
Augmentation nette de l'encaisse	14 $

D'un auteur à l'autre, la forme exacte de cette présentation peut différer légèrement ; vous ne devriez donc pas en être surpris. Les types de renseignements sont souvent similaires, mais l'ordre dans lequel on les trouve peut varier. L'important, dans le cas présent, est de se rappeler qu'on a commencé avec 84 $ en espèces et qu'on a terminé avec 98 $, soit une augmentation nette de 14 $. On cherche simplement à connaître la raison de cette variation.

En se référant au chapitre 2, on constate qu'il y a un léger problème théorique. Les intérêts payés devraient être inscrits dans les activités de financement. Malheureusement, ce n'est pas la façon dont on procède en comptabilité. En effet, l'intérêt est plutôt soustrait à titre de dépense au moment du calcul du bénéfice net. De plus, dans le cas de Purol inc., l'achat net d'actif immobilisé s'élève à 149 $. En raison d'un amortissement d'une valeur de 276 $, l'entreprise doit avoir dépensé en réalité un total de 149 $ + 276 $ = 425 $ en actif immobilisé.

Lorsqu'on a établi cet état de l'évolution de la situation financière, on peut vouloir exprimer la variation dans l'encaisse par action, un peu comme dans le cas du bénéfice net. Même si, en comptabilité, cette information n'est habituellement pas fournie, elle est souvent calculée par les analystes financiers. Pour les comptables, le flux monétaire (ou une composante quelconque de ce flux) ne peut remplacer le bénéfice comptable, de sorte qu'ils ne calculent que le bénéfice par action.

Maintenant qu'on a classé les différents éléments de l'encaisse, on peut avoir une meilleure idée de ce qui s'est passé au cours de l'année 2003 chez Purol inc. Les principaux débours d'argent ont été affectés à des acquisitions d'actif immobilisé et au versement de dividendes. L'entreprise a financé ces activités essentiellement grâce à l'argent qu'ont rapporté ses activités d'exploitation.

La Société Purol inc. a également remboursé une partie du passif à long terme et a augmenté son actif réalisable à court terme. Enfin, le passif à court terme n'a presque pas varié, et une quantité relativement petite de nouvelles actions ont été vendues. De façon générale, cette brève description indique les principales provenances et utilisations de l'encaisse chez Purol inc. au cours de l'année 2003.

Questions théoriques

1. Qu'entend-on par « provenance de l'encaisse » ? Donnez trois exemples.
2. Qu'est-ce que l'utilisation de l'encaisse ? Donnez trois exemples.

3.2 Les états financiers standardisés

On peut vouloir comparer les états financiers de la Société Purol inc. avec ceux d'autres entreprises semblables. Toutefois, cette pratique pose tout de suite un problème. Il est presque impossible de comparer directement les états financiers de deux entreprises à cause de leurs différences de taille. Au Canada, ce problème est aggravé par le fait que certaines entreprises sont uniques en leur genre. C'est le cas par exemple du Canadien Pacifique limitée ou de Northern Telecom. En outre, les grandes entreprises canadiennes couvrent souvent deux ou trois secteurs d'activité ou même plus, ce qui rend les comparaisons extrêmement difficiles.

Pour comparer des états financiers, il faudrait les standardiser. Un des moyens les plus couramment employés et les plus pratiques pour y arriver consiste à travailler avec des pourcentages plutôt qu'avec des montants d'argent. Dans cette section, nous étudierons deux méthodes différentes de standardisation des états financiers basées sur ce principe.

Les tableaux en chiffres relatifs

Une façon utile de standardiser les états financiers consiste à exprimer le bilan sous forme de pourcentage de l'actif et l'état des résultats sous forme de pourcentage du chiffre d'affaires. De tels états financiers portent le nom de **tableaux en chiffres relatifs** (ou états dressés en pourcentage). Nous allons les examiner ici.

Tableau en chiffres relatifs

État financier standardisé qui présente tous les postes en pourcentages. Les bilans sont ainsi présentés sous forme de pourcentages d'actif et les états des résultats, sous forme de pourcentages de ventes.

Le bilan en chiffres relatifs Un moyen parmi d'autres d'établir un bilan en chiffres relatifs consiste à exprimer chaque poste sous forme de pourcentage du total de l'actif. Le tableau 3.4 présente les bilans de Purol inc. au 31 décembre 2002 et au 31 décembre 2003 en chiffres relatifs.

Tableau 3.4			

SOCIÉTÉ PUROL INC.
Bilans
au 31 décembre 2002 et au 31 décembre 2003
(en chiffres relatifs)

	2002	2003	Variation
Actif			
Actif à court terme			
Encaisse	2,5 %	2,7 %	+0,2 %
Comptes clients	4,9	5,2	+0,3
Stocks	11,7	11,8	+0,1
Total	19,0	19,7	+0,7
Actif immobilisé			
Actif net, usine et équipement	81,0	80,3	–0,7
Total de l'actif	100,0 %	100,0 %	0 %
Passif et fonds propres			
Passif à court terme			
Comptes fournisseurs	9,2 %	9,6 %	+0,4 %
Effets à payer	6,8	5,5	–1,3
Total	16,1	15,1	–1,0
Passif à long terme	15,7	12,7	–3,0
Fonds propres			
Actions ordinaires	14,8	15,3	+0,5
Bénéfices non répartis	53,3	56,9	+3,6
Total	68,2	72,2	+4,0
Total du passif et des fonds propres	100,0 %	100,0 %	0 %

Fait à noter, certains totaux ne se vérifient pas exactement à cause d'erreurs dues à l'arrondissement des chiffres. De plus, la variation totale doit être égale à zéro, puisque les chiffres en début et en fin d'exercice représentent 100 %.

Sous cette forme, les états financiers sont relativement faciles à lire et à comparer. Par exemple, en examinant les deux bilans de Purol inc., on constate que l'actif à court terme représente 19,7 % du total de l'actif en 2003, une augmentation par rapport aux 19 % de 2002. Par contre, le passif à court terme a diminué de 16,1 à 15,1 % du passif total au cours de la même période. Le total des fonds propres s'est accru pendant ce temps de 68,2 à 72,2 % du total du passif.

De façon générale, la liquidité de Purol inc., mesurée en comparant l'actif à court terme et le passif à court terme, a augmenté au cours de l'année. En même temps, son endettement a diminué en pourcentage du total de son actif. On pourrait être tenté de conclure que le bilan s'est amélioré. On y reviendra plus tard.

L'état des résultats en chiffres relatifs On peut standardiser l'état des résultats de façon utile en exprimant chaque poste sous forme de pourcentage du chiffre d'affaires total, comme le montre le tableau 3.5.

Les états des résultats en chiffres relatifs indiquent ce qu'il advient de chaque dollar provenant des ventes. Pour Purol inc., en 2003 par exemple, les intérêts débiteurs absorbent 0,061 $ de chaque dollar de ventes et les impôts prennent encore 0,081 $. Au bout du compte, il y a seulement 0,157 $ de bénéfice net sur chaque dollar; ce montant est encore subdivisé en deux parties : 0,105 $ qui reste dans l'entreprise et 0,052 $ qui est versé en dividendes.

Ces pourcentages sont très utiles pour effectuer des comparaisons. Le pourcentage des coûts, par exemple, est un chiffre pertinent. Dans le cas de Purol inc., 0,582 $ de chaque dollar du chiffre d'affaires sert à payer le coût des marchandises vendues en 2003 par rapport à 0,624 $ en 2002. Cette réduction indique probablement un meilleur contrôle des coûts en 2003. Pour éclaircir ce point, il serait intéressant de pouvoir calculer le même pourcentage dans le cas des principaux concurrents de Purol inc. afin de déterminer comment l'amélioration du contrôle des coûts de cette entreprise se mesure en 2003.

Même si on ne l'a pas fait ici, il serait également possible et utile d'établir un tableau en chiffres relatifs des flux monétaires. Malheureusement, l'état de l'évolution de la situation financière ne fournit pas de dénominateur évident comme le total de l'actif ou le chiffre d'affaires total. Toutefois, lorsque l'information est organisée à la manière du tableau 3.5, on peut exprimer chaque poste sous la forme d'un pourcentage du total des provenances (ou de l'utilisation totale). On interprète ensuite les résultats comme étant le pourcentage du total des provenances de l'encaisse obtenue ou le pourcentage de toutes les utilisations de l'encaisse pour un poste en particulier.

Tableau	3.5				
	SOCIÉTÉ PUROL INC.				
	États des résultats				
	(en chiffres relatifs)				
			2002		2003
Ventes			100,0 %		100,0 %
Coût des marchandises vendues			62,4		58,2
Amortissement			12,0		11,9
Bénéfice avant intérêts et impôts			25,6		29,9
Intérêt payé			6,2		6,1
Bénéfice imposable			19,4		23,8
Impôts			7,8		8,1
Bénéfice net			11,6 %		15,7 %
Addition aux bénéfices non répartis	5,8 %			10,5 %	
Dividendes	5,8 %			5,2 %	

Les états financiers d'une année de référence : l'analyse de tendances

Supposons qu'on dispose des bilans d'une entreprise quelconque pour les 10 dernières années et qu'on tente de déterminer des tendances dans le schéma de ses activités. L'entreprise a-t-elle recours à plus ou moins d'endettement? Ses liquidités ont-elles augmenté ou diminué? Une méthode pratique pour standardiser des états financiers consiste à choisir une année de référence (ou année de base) et à exprimer chaque poste par rapport au montant de référence. On parle alors d'**états financiers de l'année de référence**.

Ainsi, on observe que la valeur des stocks de Purol inc. a augmenté de 393 $ à 422 $. En choisissant 2002 comme année de référence, on établit que les stocks ont une valeur équivalant à 1 pour cette année-là. On calcule les stocks de l'année suivante par rapport à l'année de référence, soit 422 $/393 $ = 1,07. On peut alors dire que leur valeur a augmenté d'environ 7 % au cours de l'année. Lorsqu'on dispose des chiffres de plusieurs années, il suffit de diviser chacun d'eux par 393 $. On peut facilement tracer un graphique des résultats obtenus et s'en servir pour comparer deux entreprises ou plus. Le tableau 3.6 donne un résumé de ces calculs pour la colonne de l'actif d'un bilan.

Une analyse combinée de chiffres relatifs et de ceux de l'année de référence Il est possible de combiner l'analyse des tendances dont il a été question ci-dessus à une analyse en chiffres relatifs comme celle qu'on a vue précédemment. On procède ainsi parce que, à mesure que le total de l'actif augmente, la plupart des autres comptes augmentent aussi. En établissant d'abord les tableaux de chiffres relatifs, on supprime l'effet de cette croissance générale.

Par exemple, les comptes clients de Purol inc. s'élevaient à 165 $, soit 4,9 % du total de l'actif, en 2002. L'année suivante, ils ont augmenté à 188 $, soit 5,2 % de ce total. Dans une analyse de tendances en dollars, le chiffre de 2003 est de 188 $/165 $ = 1,14, ce qui indique un accroissement de 14 % des comptes clients. Toutefois, dans un tableau de chiffres relatifs, celui de 2003 sera de 5,2 %/4,9 %, soit de 1,06 seulement. Ce chiffre indique qu'en pourcentage du total de l'actif, les comptes clients ont augmenté de 6 %. En gros, on constate que sur l'augmentation totale de 14 %, environ 8 % (14 % – 6 %) sont simplement attribuables à la croissance du total de l'actif. Le tableau 3.6 résume cette analyse en ce qui concerne l'actif de la Société Purol inc.

| Tableau | 3.6 |

SOCIÉTÉ PUROL INC.
Résumé de bilans standardisés (colonne de l'actif seulement)
(en milliers de dollars)

	Actif		Chiffres relatifs de référence		Année	Combinaison des chiffres relatifs et de ceux de l'année de référence
	2002	2003	2002	2003	2003	2003
Actif à court terme						
Encaisse	84 $	98 $	2,5 %	2,7 %	1,17	1,08
Comptes clients	165	188	4,9	5,2	1,14	1,06
Stocks	393	422	11,7	11,8	1,07	1,01
Total de l'actif à court terme	642 $	708 $	19,0	19,7	1,10	1,04
Actif immobilisé						
Actif net, usine et équipement	2 731	2 880	81,0	80,3	1,05	0,99
Total de l'actif	3 373 $	3 588 $	100 %	100 %	1,06	1,00

On calcule les chiffres relatifs en divisant chaque poste par le total de l'actif de l'année. Par exemple, en 2002, le montant de l'encaisse en chiffres relatifs est de 84 $/3 373 $ = 0,0249 ou 2,5 %. Pour obtenir les chiffres de l'année de référence, on divise chaque poste du bilan de 2003 par le montant en dollars de l'année de référence (2002). Le montant de l'encaisse par rapport à l'année de référence est donc de 98 $/84 $ = 1,17, ce qui représente un accroissement de 17 %. Enfin, on calcule la combinaison des chiffres relatifs et des chiffres de l'année de référence en divisant chaque montant de la colonne des chiffres relatifs par le montant de la colonne des chiffres relatifs de l'année de référence (2002). Pour le montant de l'encaisse, on obtient ainsi 2,7 %/2,5 % = 1,08, ce qui indique une augmentation de 8 % de l'encaisse en pourcentage du total de l'actif.

Questions théoriques

1. Pourquoi est-il souvent nécessaire de standardiser les états financiers ?
2. Donnez deux types d'états financiers standardisés et décrivez comment on établit chacun d'eux.

3.3 L'analyse au moyen de ratios

Ratios financiers

Relations établies d'après l'information financière disponible sur une entreprise et utilisées aux fins de comparaison.

Un autre moyen de résoudre le problème de la comparaison d'entreprises de tailles différentes consiste à calculer et à comparer des **ratios financiers**. Ces ratios permettent de comparer et d'analyser les relations entre différents éléments d'information financière. On élimine ainsi l'inconvénient de la taille puisque celle-ci se répartit proportionnellement. On travaille alors seulement avec des pourcentages, des multiples ou des périodes de temps.

Toutefois, l'analyse de ratios financiers pose certaines difficultés. Comme un ratio est simplement un nombre divisé par un autre et puisqu'il y a une quantité considérable de chiffres comptables, la quantité de ratios susceptibles d'être examinés est faramineuse. Tout le monde ayant ses préférences, on se contente ici d'un échantillon représentatif, qui a été choisi de manière qu'il corresponde aux méthodes des analystes financiers chevronnés. Un autre moyen de déterminer les ratios les plus souvent employés consiste à examiner les progiciels qui établissent des ratios et qu'on trouve dans le commerce.

Lorsque vous aurez acquis une certaine expérience dans l'analyse au moyen de ratios, vous réaliserez que 20 ratios ne vous en apprendront pas 2 fois plus que 10. Vous devez chercher à déterminer les secteurs qui posent des problèmes et non dresser une liste exhaustive de ratios. Il est donc inutile d'essayer d'inclure tous les ratios possibles.

Ajoutons que nombre de personnes et de sources ne calculent pas ces ratios exactement de la même manière, ce qui prête à confusion. Les définitions très précises qu'on emploie peuvent être identiques ou non à celles que vous avez déjà vues ou que vous verrez ailleurs. Lorsque vous vous servez de ratios comme instruments d'analyse, renseignez-vous minutieusement sur la façon de calculer chacun d'eux.

Une grande partie de notre analyse sur la façon de se servir des ratios et sur certains problèmes soulevés par leur utilisation sera traitée dans la prochaine section. Pour l'instant, on peut se poser différentes questions à propos de chacun des ratios qui seront étudiés ici.

1. Comment peut-on calculer ce ratio ?
2. Que doit-il mesurer et en quoi peut-il être utile ?
3. Que signifie une valeur élevée ou faible ? Comment ces valeurs peuvent-elles induire en erreur ?
4. Comment peut-on améliorer cette mesure ?

On regroupe traditionnellement les ratios financiers dans les catégories suivantes :

1. La solvabilité à court terme ou les ratios de liquidité ;
2. La solvabilité à long terme ou les ratios de levier financier ;
3. La gestion de l'actif ou le coefficient de rotation ;
4. Les ratios de rentabilité ;
5. Les ratios de la valeur marchande.

On examinera chacun d'eux séparément. Sauf indication contraire, on utilisera les chiffres du bilan de 2003 à titre d'exemples pour les calculs de ratios concernant la Société Purol inc. Après avoir calculé les ratios de 2003, on illustrera les conclusions déduites en effectuant deux comparaisons pour chaque ratio. Ces comparaisons sont basées sur les chiffres du tableau 3.7, qui indique la valeur de chaque ratio pour Purol inc. en 2003 et en 2002 et la moyenne de son secteur d'activité[1].

Tableau 3.7	Quelques ratios financiers s'appliquant à la Société Purol inc.

SOCIÉTÉ PUROL INC.
États des résultats
(en chiffres relatifs)

Solvabilité à court terme (liquidité)	2002	2003	Secteur d'activité	Cotation
Ratio du fonds de roulement	1,18	1,31	1,25	Bien
Ratio de trésorerie	0,46	0,53	0,60	—
Ratio de liquidité immédiate	0,15	0,18	0,20	Bien
Fonds de roulement net	2,9 %	4,7 %	5,2 %	Bien
Intervalle de défense (en jours)	182	192	202	Bien
Coefficient de rotation				
Coefficient de rotation des stocks	3,3	3,3	4,0	—
Délai moyen de rotation des stocks	111	114	91	—
Coefficient de rotation des comptes clients	12,5	12,3	11,5	Bien
Délai moyen de recouvrement des créances	29	30	32	Bien
Coefficient de rotation du fonds de roulement net	20,9	13,8	14,6	—
Coefficient de rotation de l'actif immobilisé	0,76	0,80	0,90	Bien
Coefficient de rotation (du total) de l'actif	0,61	0,64	0,71	Bien
Levier financier				
Ratio de l'endettement total	0,32	0,28	0,42	++
Ratio dette-fonds propres	0,47	0,39	0,72	++
Ratio actif-fonds propres	1,47	1,39	1,72	+
Ratio d'endettement à long terme	0,16	0,15	0,16	+
Ratio de couverture des intérêts	4,2	4,9	2,8	++
Ratio de couverture des intérêts avant amortissement	6,2	6,9	4,2	++
Rentabilité				
Ratio de marge bénéficiaire	11,6 %	15,7 %	10,7 %	++
Taux de rendement de l'actif	7,1 %	10,1 %	7,6 %	+
Taux de rendement des fonds propres	10,5 %	14,0 %	13,1 %	+
Ratios de la valeur marchande				
Ratio cours-bénéfice	7,0	8,0	7,1	+
Ratio valeur marchande-valeur comptable	0,73	1,12	0,92	+

Commentaire : L'entreprise manifeste une certaine vigueur par rapport à son secteur d'activité en évitant une augmentation du levier financier. Sa rentabilité est supérieure à la moyenne. Elle conserve plus de stocks que la plupart des entreprises de son secteur d'activité, ce qui entraîne une certaine faiblesse des ratios connexes. Les ratios de la valeur marchande sont élevés.

1 Dans ce cas, les chiffres de la moyenne du secteur d'activité (ou de l'industrie) sont fictifs. Nous reviendrons plus loin sur la question des ratios moyens sectoriels.

La solvabilité à court terme ou les mesures de liquidité

Comme leur nom le suggère, les ratios de solvabilité à court terme ont été conçus pour fournir de l'information sur la liquidité d'une entreprise et ils sont parfois appelés « indicateurs de liquidité ». Ils servent principalement à déterminer si l'entreprise est capable de payer ses factures à court terme sans trop de difficultés. Ces ratios portent donc surtout sur l'actif et le passif à court terme.

Pour des raisons évidentes, les ratios de liquidité sont particulièrement intéressants pour les créanciers à court terme. Comme les gestionnaires financiers font constamment des affaires avec des banques et d'autres prêteurs à court terme, il est important de comprendre ces ratios.

Un des avantages d'examiner l'actif et le passif à court terme, c'est la forte probabilité que leurs valeurs comptables soient similaires à leurs valeurs marchandes. Souvent (mais ce n'est pas toujours le cas), ces éléments d'actif et de passif n'ont pas une durée de vie assez longue pour que les deux valeurs diffèrent considérablement. C'est vrai pour une entreprise en exploitation qui n'a aucun problème à vendre ses stocks, c'est-à-dire à les transformer en comptes clients, et à recouvrer ces comptes à leur valeur comptable. Même dans ce type d'entreprises, les stocks ne sont pas tous liquides puisqu'une partie peut être conservée de façon permanente à titre de stock tampon pour parer à des retards non prévus.

Par contre, comme n'importe quel autre type de quasi-espèces, les éléments d'actif et de passif à court terme peuvent varier et varient en réalité assez rapidement. Par conséquent, les montants d'aujourd'hui ne sont pas nécessairement un indice fiable pour l'avenir. Par exemple, lorsqu'une entreprise éprouve des difficultés financières, qu'elle doit rembourser un prêt ou procéder à une liquidation, les stocks désuets et les comptes clients en retard ont souvent une valeur marchande très inférieure à leur valeur comptable.

Le ratio du fonds de roulement L'un des ratios les mieux connus et les plus largement employés est le *ratio du fonds de roulement*. Il se définit comme suit :

Ratio du fonds de roulement = Actif à court terme/Passif à court terme   [3.1]

Dans le cas de Purol inc., le ratio du fonds de roulement pour 2003 est le suivant :

Ratio du fonds de roulement = 708 \$/540 \$ = 1,31

Comme l'actif et le passif à court terme sont, en principe, convertis en espèces au cours des 12 mois qui suivent, le ratio du fonds de roulement constitue une mesure de la liquidité à court terme. L'unité de mesure est soit sous forme de dollars, soit un nombre de fois. On peut donc dire que Purol inc. dispose de 1,31 \$ en actif à court terme pour chaque dollar de passif à court terme. On peut ajouter que son passif à court terme est couvert 1,31 fois. Un créancier, et en particulier un créancier à court terme comme un fournisseur, préfère que ce taux de liquidité soit aussi élevé que possible. Pour une entreprise, un tel taux de liquidité élevé signifie une certaine liquidité, mais il peut aussi indiquer une utilisation inefficace de l'encaisse et des autres actifs à court terme. Sauf dans certaines circonstances extraordinaires, on s'attend à observer un ratio du fonds de roulement d'au moins 1. S'il était inférieur à 1, le fonds de roulement net (l'actif à court terme dont on soustrait le passif à court terme) serait négatif. Cette situation serait surprenante pour une entreprise prospère, du moins dans la plupart des types d'activités. Certains analystes posent qu'en règle générale, ce ratio devrait atteindre au moins 2,0, mais un tel chiffre peut être trompeur dans de nombreux secteurs d'activité.

Si on applique ces considérations au cas de Purol inc., on constate d'après le tableau 3.7 que son ratio du fonds de roulement pour 2003, soit 1,31, est supérieur à celui de 2002, soit 1,18, et légèrement au-dessus de celui de la moyenne dans son secteur d'activité. C'est pourquoi l'analyste lui a attribué la cotation « Bien » (ou « OK ») pour ce ratio.

Habituellement, le ratio du fonds de roulement, comme n'importe quel autre ratio d'ailleurs, varie sous l'effet de différents types de transactions. Supposons par exemple que l'entreprise emprunte à long terme pour se procurer de l'argent. Cet emprunt a comme effet à court terme d'augmenter l'encaisse provenant du produit de l'émission de la dette et le passif à long terme. Par contre, le passif à court terme ne varie pas, de sorte que le ratio du fonds de roulement s'accroît.

Enfin, il faut noter qu'un ratio du fonds de roulement apparemment bas n'est pas nécessairement un mauvais signe pour une entreprise qui dispose d'une grande capacité d'emprunt inexploitée.

Supposons qu'une entreprise décide de rembourser certains de ses fournisseurs et de ses créanciers à court terme. Que deviendra le ratio du fonds de roulement ? Si une autre entreprise achète des stocks en versant des espèces, que se passe-t-il ? Que se produit-il si elle vend certaines de ses marchandises ?

La première question est complexe. Dans ce cas, le ratio du fonds de roulement s'éloigne de 1. S'il est supérieur à 1 (ce qui est généralement le cas), il s'accroît encore ; par contre, s'il est inférieur à 1, il décroît. Donnons un exemple. Supposons qu'une entreprise dispose de 4 $ en actif à court terme et que son passif à court terme est de 2 $. Elle a un ratio du fonds de roulement de 2. Si elle utilise 1 $ en espèces pour réduire son passif à court terme, le nouveau ratio du fonds de roulement correspond à (4 $ − 1 $)/(2 $ − 1 $) = 3. Si on inverse la situation pour avoir 2 $ d'actif à court terme et 4 $ de passif à court terme, le ratio décroît de 1/2 à 1/3.

La deuxième question est un peu plus simple. Le ratio du fonds de roulement ne varie pas parce que l'encaisse diminue, tandis que les stocks augmentent. Le total de l'actif à court terme reste inchangé.

Dans le troisième cas, le ratio du fonds de roulement doit normalement augmenter parce que les stocks sont généralement inscrits d'après leur coût et que le montant de la vente devrait être plus élevé que ce coût (la différence constitue la marge sur coût de revient). L'augmentation soit de l'encaisse, soit des comptes clients est donc supérieure à la diminution des stocks. Il en résulte un accroissement de l'actif à court terme et, de ce fait, une hausse du ratio du fonds de roulement.

Le ratio de trésorerie (ou ratio de liquidité au sens strict)   Les stocks sont souvent l'actif à court terme le moins liquide. C'est aussi celui pour lequel les valeurs comptables sont les moins fiables en tant que mesures de la valeur du marché parce qu'on ne tient aucun compte de sa qualité. Une partie de ces stocks peut être endommagée, périmée, voire perdue.

Plus précisément, des stocks relativement importants sont souvent le signe de problèmes à court terme. L'entreprise peut avoir surestimé ses ventes et, par conséquent, avoir trop acheté ou trop produit. Dans ce cas, une proportion considérable de ses liquidités pourrait être investie dans des stocks à rotation lente.

Pour évaluer la liquidité de façon plus précise, on calcule le *ratio de trésorerie* de la même façon que le ratio du fonds de roulement, sauf qu'on ne tient pas compte des stocks. Le calcul est le suivant :

$$\text{Ratio de trésorie} = \frac{\text{Actif à court terme} - \text{Stocks}}{\text{Passif à court terme}} \qquad [3.2]$$

L'utilisation de l'encaisse pour acheter des stocks n'influe pas sur le ratio du fonds de roulement, mais elle réduit le ratio de trésorerie. Il faut se rappeler que les stocks sont relativement non liquides par rapport à l'encaisse.

Voici le ratio de trésorerie de Purol inc. pour 2003 :

Ratio de trésorerie = (708 $ − 422 $)/540 $ = 0,53

Ce ratio est un indicateur passablement différent du ratio du fonds de roulement, car les stocks constituent plus de la moitié de l'actif à court terme de l'entreprise. Pour illustrer notre propos, on peut dire que, à la limite, si ces stocks consistaient en des centrales d'énergie nucléaire non vendues, il y aurait matière à s'inquiéter.

Le tableau 3.7 fournit davantage d'information. Le ratio du fonds de roulement s'est amélioré de 2002 à 2003, mais il est toujours inférieur à la moyenne dans ce secteur d'activité. On pourrait en déduire que Purol inc. conserve relativement plus de stocks que ses concurrents, mais il faudrait plus de renseignements pour pouvoir évaluer s'il s'agit d'un problème ou non.

Les autres ratios de liquidités

Maintenant, on examine brièvement trois autres mesures de liquidité. Un créancier à très court terme pourrait être intéressé par le *ratio de liquidité immédiate*, qui se calcule de la manière suivante :

Ratio de liquidité immédiate = Encaisse/Passif à court terme   [3.3]

On peut vérifier que, dans le cas de Purol inc., ce taux est de 0,18 en 2003. D'après le tableau 3.7, il s'agit d'une légère amélioration par rapport à 2002 et un tel chiffre se situe à peu près dans la moyenne du secteur d'activité de l'entreprise. Purol inc. ne semble pas avoir de difficulté à se procurer de l'argent.

Le fonds de roulement net (FRN) étant fréquemment considéré comme le montant de liquidité à court terme d'une entreprise, on peut mesurer le *ratio de ce montant par rapport au total de l'actif* de la manière suivante :

Fonds de roulement net
par rapport au total de l'actif = Fonds de roulement net/Total de l'actif   [3.4]

Une valeur relativement faible de ce ratio pourrait indiquer des niveaux relativement bas de liquidité. Dans le cas de Purol inc., en 2003, ce ratio est (708 $ − 540 $)/3 588 $ = 0,0468 ou 4,7 %. De même que pour le ratio de liquidité immédiate, les comparaisons avec 2002 et avec la moyenne du secteur d'activité montrent qu'il n'y a aucun problème.

Supposons enfin que la Société Purol inc. est menacée par une grève et que les rentrées de fonds commencent à diminuer. Pendant combien de temps l'entreprise pourra-t-elle continuer à fonctionner ? On peut répondre à cette question à l'aide de la *mesure de l'intervalle de défense*, qui se calcule ainsi :

Intervalle de défense = Actif à court terme/Coûts d'exploitation moyens par jour   [3.5]

Le total des coûts pour 2003, si on exclut l'amortissement et les intérêts, s'élève à 1 344 $. Le coût moyen par jour est donc de 1 344 $/365 = 3,68 $. On obtient alors comme mesure de l'intervalle 708 $/3,68 $ = 192 jours. D'après ces calculs, Purol inc. pourrait tenir six mois, soit environ le même intervalle que ses concurrents[2].

Des mesures de solvabilité à long terme

Les ratios de solvabilité à long terme sont conçus pour décrire la capacité à long terme d'une entreprise de respecter ses engagements ou, de façon plus générale, son effet de levier financier. On parle alors de « ratio de levier financier ». On examine trois mesures couramment employées et quelques variations. Ces ratios mesurent toutes les valeurs comptables de l'endettement, des fonds propres et de l'actif. Comme on l'a souligné au début de cette section, les valeurs marchandes seraient préférables mais elles sont rarement disponibles.

Le ratio de l'endettement total Le *ratio de l'endettement total* tient compte de toutes les dettes, peu importe l'échéance, qui sont payables à tous les créanciers. On peut le définir de différentes manières, mais la plus simple est la suivante :

Ratio de
l'endettement total = (Total de l'actif − Total des fonds propres)/Total de l'actif   [3.6]
= (3 588 $ − 2 591 $)/3 588 $ = 0,28

Un analyste pourrait donc dire que Purol inc. a recours à 28 % d'endettement[3]. De nombreuses recherches théoriques portent sur la proportion optimale du financement par emprunts. Il en sera question dans la partie VI. D'un point de vue plus concret, la plupart des analystes financiers noteraient que le recours à l'endettement de Purol inc. a légèrement diminué par rapport à 2002 et que sa dette est considérablement inférieure à celle de la moyenne des entreprises de ce secteur. Pour déterminer si cette diminution est bon ou mauvais signe, on a besoin de renseignements sur la santé financière des concurrents de Purol inc. La cotation et le commentaire du tableau 3.7 semblent indiquer qu'ils sont surendettés et que le fait que la société fasse preuve de prudence dans ce domaine est un atout.

Quelle que soit l'interprétation qu'on en fait, le ratio du total de la dette montre qu'en 2003, pour chaque 1 $ d'actif, Purol inc. est endettée de 0,28 $. Par conséquent, l'entreprise dispose de 0,72 $ en fonds propres (1 $ − 0,28 $) pour chaque 0,28 $ de dette. On peut maintenant définir deux variations utiles du ratio du total de la dette, le *ratio dette-fonds propres* et le *ratio*

---

2 Parfois, l'amortissement ou les intérêts entrent dans le calcul des coûts moyens par jour. Comme l'amortissement n'est pas une dépense en argent, ce n'est pas très logique. De leur côté, les intérêts sont une charge financière, de sorte qu'on les a exclus par définition (notre examen se limitant aux coûts d'exploitation). Naturellement, il serait possible de définir un ratio différent qui engloberait ce type de dépense.

3 Le total des fonds propres inclut les actions privilégiées (dont il sera question au chapitre 14) s'il y en a. On pourrait avoir comme équivalent du numérateur dans ce ratio (Passif à court terme + Dette à long terme).

actif-fonds propres (ou multiplicateur de fonds propres). Dans le cas de Purol inc., en 2003, ces ratios peuvent être calculés ainsi :

Ratio dette-fonds propres = Endettement total/Total des fonds propres   [3.7]
$$= 0,28\ \$/0,72\ \$ = 0,39$$

Ratio actif-fonds propres = Total de l'actif/Total des fonds propres   [3.8]
$$= 1\ \$/0,72\ \$ = 1,39$$

Le fait que le ratio actif-fonds propres vaut 1 plus le ratio dette-fonds propres n'est pas une coïncidence. On a :

Ratio actif-fonds propres = Total de l'actif/Total des fonds propres
$$= 1\ \$/0,72\ \$ = 1,39$$
= (Total des fonds propres + Endettement total)/
Total des fonds propres
= 1 + Ratio dette-fonds propres = 1,39

Notons qu'à partir de n'importe lequel de ces ratios, il est possible de calculer directement les deux autres. Ces ratios indiquent donc tous la même chose. Pour le vérifier, il convient d'examiner les comparaisons du tableau 3.7.

Une brève digression concernant le total des capitaux investis et le total de l'actif Les analystes financiers sont souvent plus préoccupés par les dettes à long terme d'une entreprise que par ses dettes à court terme du fait que ces dernières changent constamment. En outre, les comptes fournisseurs d'une entreprise peuvent mieux servir d'indication sur ses pratiques commerciales que sa politique de gestion de ses dettes. Pour ces raisons, on calcule souvent le *ratio d'endettement* (ou ratio d'endettement à long terme) de la manière suivante :

$$\text{Ratio d'endettement à long terme} = \frac{\text{Dettes à long terme}}{\text{Dettes à long terme + Fonds propres}} \qquad [3.9]$$
$$= 457\ \$/(457\ \$ + 2\,591) = 457\ \$/3\,048\ \$ = 0,15$$

Le montant de 3 048 $ correspondant au total du passif à long terme et des fonds propres porte parfois le nom de « total des capitaux investis ». Le gestionnaire financier accorde souvent plus d'attention à ce montant qu'au total de l'actif. Comme le montre le tableau 3.7, le ratio d'endettement suit la même tendance que les autres ratios de levier financier.

Pour compliquer la situation, l'expression « ratio d'endettement » prend différentes significations selon les personnes (et les manuels). Pour certains, il s'agit de l'endettement total et, pour d'autres, des dettes à long terme seulement ; toutefois, la plupart ne font pas clairement la distinction entre les deux.

Pour éviter toute confusion, nous avons décidé de donner deux noms différents à ces deux mesures. Le même problème se pose au sujet du ratio dette-fonds propres. Les analystes financiers le calculent souvent en se basant seulement sur les dettes à long terme.

Le ratio de couverture des intérêts On utilise fréquemment une autre mesure de la solvabilité à long terme, le *ratio de couverture des intérêts*. Encore une fois, il existe différentes définitions de ce ratio, mais nous nous en tiendrons à la plus traditionnelle, qui est la suivante :

Ratio de couverture des intérêts = Bénéfice avant intérêts et impôts/Intérêts   [3.10]
$$= 691\ \$/141\ \$ = 4,9\ \text{fois}$$

Comme son nom le suggère, ce rapport mesure la capacité d'une entreprise à respecter certains engagements en matière d'intérêts. Dans le cas de Purol inc., la facture des intérêts est couverte 4,9 fois en 2003. Le tableau 3.7 montre que ce ratio est légèrement supérieur à celui de 2002 et qu'il dépasse le ratio moyen des entreprises dans ce secteur d'activité. Il vient confirmer ce qu'indiquent les autres ratios du passif.

La couverture des intérêts avant amortissement Le ratio de couverture des intérêts pose certains problèmes. Par exemple, il se fonde sur le bénéfice avant intérêts et impôts (BAII), qui n'est pas vraiment une mesure de l'argent disponible pour payer des intérêts. La raison en est que l'amortissement, qui ne constitue pas une sortie de fonds, a été retranché. Comme le versement des intérêts représente une sortie d'argent (destinée aux créanciers), on peut définir le *ratio de couverture des intérêts en ce qui concerne l'encaisse* comme suit :

Ratio de couverture des intérêts
avant amortissement = (Bénéfice avant intérêts et impôts + Amortissement)/Intérêts [3.11]
= (691 $ + 276 $)/141 $ = 967 $/141 $ = 6,9 fois

Le numérateur, soit le bénéfice avant intérêts et impôts additionné à l'amortissement, est souvent appelé le « bénéfice avant amortissement, intérêts et impôts ». Il s'agit d'une mesure de base de la capacité d'une entreprise à tirer de l'argent de ses activités et elle sert souvent à déterminer le flux monétaire dont cette entreprise dispose pour faire face à des obligations financières. Si l'amortissement varie considérablement d'une année à l'autre, ce ratio donnera une indication différente de celle du ratio de couverture des intérêts. Dans le cas de Purol inc., ces indications se renforcent l'une l'autre, comme le montre le tableau 3.7[4].

Les mesures de gestion de l'actif ou les coefficients de rotation

Voyons maintenant avec quelle efficacité Purol inc. utilise son actif. Les mesures dont il sera question dans cette section portent parfois le nom de « taux d'utilisation de l'actif ». Les taux qui seront analysés ici peuvent tous être considérés comme des coefficients de rotation. Ils servent à décrire l'efficacité ou l'intensité avec laquelle une entreprise utilise son actif pour réaliser des ventes. Examinons d'abord deux éléments d'actif à court terme importants : les stocks et les comptes clients.

Le coefficient de rotation des stocks et le délai moyen de rotation des stocks Au cours de l'année 2003, le coût des marchandises vendues par Purol inc. s'élevait à 1 344 $. À la fin de l'année, les stocks étaient évalués à 422 $. On peut calculer le *coefficient de rotation des stocks* à l'aide de ces deux montants de la manière suivante :

Coefficient de rotation des stocks = Coût des marchandises vendues/Stocks [3.12]
= 1 344 $/422 $ = 3,2 fois

On pourrait conclure que l'entreprise a vendu ou a écoulé la totalité de ses stocks 3,2 fois[5]. Dans la mesure où elle n'épuise pas ses stocks, ce qui lui ferait manquer des ventes, plus ce coefficient est élevé, plus sa gestion des stocks est efficace.

Si une entreprise a écoulé ses stocks 3,2 fois dans une année, il est possible de calculer immédiatement la période moyenne requise pour la vente des produits en magasin de la manière suivante :

Délai moyen de rotation des stocks = 365 jours/Coefficient de rotation des stocks [3.13]
= 365/3,2 = 114 jours

Ce rapport indique, en gros, qu'en 2003, il a fallu 114 jours en moyenne pour vendre toutes les marchandises. On peut aussi dire, en se servant des chiffres les plus récents en matière de stocks et de coûts, qu'il faudrait environ 114 jours pour se débarrasser de tous les stocks actuels.

D'après le tableau 3.7, Purol inc. dispose de 114 jours d'approvisionnement en stocks. On considère 91 jours comme une période normale. Par conséquent, au rythme quotidien actuel des ventes, il faudrait 114 jours pour épuiser les stocks disponibles. Autrement dit, l'entreprise possède l'équivalent de 114 jours de ventes en magasin. Dans le tableau 3.7, la cotation concernant les stocks est négative, car Purol inc. en possède plus que la moyenne des entreprises dans ce secteur d'activité. Il pourrait s'agir d'une indication de mauvaise gestion financière caractérisée par un surinvestissement dans des stocks qui devront finalement être vendus avec une marge bénéficiaire normale. Il se pourrait même qu'une partie des stocks de la société soient périmés et qu'il faille en baisser le prix. Enfin, il est également possible que l'entreprise vende une combinaison de produits différente de celle de ses concurrents et que la situation soit normale. Ce coefficient indique simplement qu'il faut essayer d'en savoir davantage.

---

4 Toute transaction unique, comme des gains ou des pertes en capital, devrait être déduite du bénéfice avant intérêts et impôts, et ce, avant le calcul de la couverture de l'encaisse.

5 On a utilisé le coût des marchandises vendues au numérateur. À certaines fins, il serait peut-être plus pratique de se servir des ventes plutôt que des coûts. Par exemple, lorsqu'on veut connaître le montant des ventes réalisées par dollar de stocks, on remplace le coût des marchandises par le montant des ventes.

Pour en revenir au calcul de ce ratio, il pourrait être plus logique d'utiliser les stocks moyens quand on veut déterminer le coefficient de rotation. Le coefficient de rotation des stocks deviendrait alors 1 344 $/[(393 $ + 422 $)/2] = 3,3 fois[6]. En réalité, tout dépend de l'objectif visé par ce calcul. Lorsqu'on cherche à savoir combien de temps il faudra pour vendre les stocks actuels, il vaut mieux utiliser le chiffre de fin d'exercice (comme on l'a fait au départ).

Dans un bon nombre des ratios qu'on va maintenant examiner, l'utilisation des moyennes est très recommandable. Tout dépend de ce qui nous intéresse : pour le passé, les moyennes sont préférables ; pour l'avenir, les chiffres de fin d'exercice conviendraient mieux. D'ailleurs, quand il s'agit de signaler les moyennes de l'ensemble d'un secteur, on se sert souvent des chiffres de fin d'exercice, de sorte que pour faire des comparaisons, on devrait choisir ce type de données. De toute façon, comme ces chiffres sont nettement plus faciles à employer, on continuera à s'en servir.

Le coefficient de rotation des comptes clients et le délai moyen de recouvrement des créances Les mesures des stocks donnent certaines indications sur la rapidité avec laquelle une entreprise réussit à vendre ses produits. Voyons maintenant avec quelle rapidité elle peut recouvrer ce qui lui est dû. Le *coefficient de rotation des comptes clients* se définit de la même manière que le coefficient de rotation des stocks :

Coefficient de rotation des comptes clients = Chiffre d'affaires/Comptes clients   [3.14]
= 2 311 $/188 $ = 12,3 fois

En gros, l'entreprise a recouvré ses créances impayées et reprêté cet argent 12,3 fois au cours de 2003[7].

Ce rapport paraîtra plus logique si on le convertit en jours, c'est-à-dire sous forme de *délai moyen de recouvrement des créances,* de la manière suivante :

Délai moyen de recouvrement
des créances = 365 jours/Coefficient de rotation des comptes clients   [3.15]
= 365/12,3 = 30 jours

Par conséquent, en moyenne, l'entreprise a recouvré ses ventes à crédit en 30 jours au cours de l'année 2003, d'où le nom de ce ratio.

Si on utilisait les chiffres les plus récents, on pourrait aussi dire que l'entreprise dispose de 30 jours de créances encore non recouvrées. En consultant le tableau 3.7, on constate que le délai moyen de recouvrement chez Purol inc. se situe toujours près de celui de la moyenne des entreprises dans ce secteur d'activité, de sorte qu'on ne signale aucun problème.

Exemple   3.2   Le coefficient de rotation des comptes fournisseurs

On s'intéresse ici à une variante du délai moyen de recouvrement des comptes clients. En moyenne, combien de temps la Société Purol inc. a-t-elle mis à payer ses factures en 2003 ? Pour le savoir, on doit calculer le coefficient de rotation des comptes fournisseurs à l'aide du coût des marchandises vendues[8]. On suppose que la société fait tous ses achats à crédit.

Le coût des marchandises vendues s'élève à 1 344 $ et les comptes fournisseurs, à 344 $. Le coefficient de rotation est donc 1 344 $/344 $ = 3,9 fois. Par conséquent, les comptes fournisseurs ont été réglés environ tous les 94 jours (365/3,9). L'entreprise met donc en moyenne 94 jours à payer ce qu'elle doit. Un créancier potentiel devrait prendre note de ce fait.

Les coefficients de rotation de l'actif Laissons les comptes précis comme les stocks ou les comptes clients pour considérer quelques ratios plus «généraux», par exemple le *coefficient de rotation du fonds de roulement net* que voici :

---

6 Notons qu'on a calculé la moyenne ainsi : (Valeur en début d'exercice + Valeur en fin d'exercice)/2.

7 On a supposé implicitement que toutes les ventes se font à crédit. Si ce n'était pas le cas, il suffirait d'utiliser le total des ventes à crédit dans ces calculs et non le chiffre d'affaires total.

8 On pourrait préciser davantage le résultat de ce calcul en remplaçant le coût des marchandises vendues par les achats au dénominateur.

Coefficient de rotation du fonds

de roulement net = Chiffre d'affaires/Fonds de roulement net   [3.16]

= 2 311 $/(708 $ − 540 $) = 13,8 fois

En consultant le tableau 3.7, on constate que ce ratio est inférieur à la moyenne pour les entreprises de ce secteur. Est-ce bon ou mauvais signe ? Le coefficient de rotation du fonds de roulement net mesure la quantité de travail effectué grâce au fonds de roulement. Encore une fois, si on suppose que les ventes n'en souffrent pas, il est préférable d'obtenir une valeur élevée. La lenteur de la rotation des stocks est probablement à l'origine de cette faible valeur du coefficient de rotation du fonds de roulement net chez Purol inc.

Le *coefficient de rotation de l'actif immobilisé* se calcule comme suit :

Coefficient de rotation

de l'actif immobilisé = Chiffre d'affaires/Actif immobilisé net   [3.17]

= 2 311 $/2 880 $ = 0,80 fois

Ce ratio indique que chaque dollar en actif immobilisé permet de produire 0,80 $ du chiffre d'affaires.

Le dernier ratio de gestion de l'actif, le *coefficient de rotation (du total) de l'actif,* est fréquemment utilisé. On le trouvera plus loin dans ce chapitre ainsi que dans le chapitre 4. Comme son nom le suggère, on le calcule de la façon suivante :

Coefficient de rotation (du total) de l'actif = Chiffre d'affaires/Total de l'actif   [3.18]

= 2 311 $/3 588 $ = 0,64 fois

Autrement dit, chaque dollar d'actif a permis d'obtenir 0,64 $ de ventes en 2003. Si on compare ce chiffre à celui de 2002 et à la norme pour l'ensemble du secteur, on ne constate aucune anomalie en ce qui concerne la rotation de l'actif immobilisé. Comme le coefficient de rotation du total de l'actif est moins élevé que la moyenne dans ce secteur, on pourrait soupçonner l'actif à court terme — et, dans ce cas, les stocks — d'être la source d'un problème potentiel.

Exemple 3.3   D'autres coefficients de rotation

Supposons qu'une entreprise obtient 0,40 $ en ventes pour chaque dollar du total de son actif. À quel rythme réalise-t-elle le total de son actif ?

Dans ce cas, le coefficient de rotation du total de l'actif est de 0,40 fois par année. Il faut donc 1/0,40 = 2,5 années pour le réaliser complètement.

Les mesures de rentabilité

Les trois mesures dont il est question dans cette section sont probablement les plus connues et les plus populaires de tous les ratios financiers. Sous une forme ou une autre, ils sont destinés à mesurer la capacité d'une entreprise à utiliser son actif et à gérer ses activités. Dans ce groupe de ratios, on s'intéresse essentiellement au bénéfice net.

Le ratio de marge bénéficiaire Les entreprises accordent beaucoup d'attention à leur *ratio de marge bénéficiaire,* qui se calcule ainsi :

Ratio de marge bénéficiaire = Bénéfice net/Chiffre d'affaires   [3.19]

= 363 $/2 311 $ = 15,7 %

Ce ratio indique que, du point de vue comptable, Purol inc. a retiré un peu moins de 0,16 $ de profit sur chaque dollar de son chiffre d'affaires en 2003. Ce résultat constitue une amélioration par rapport à 2002 et dépasse la moyenne pour les entreprises dans ce secteur.

Toutes choses étant égales par ailleurs, il est évidemment souhaitable d'avoir un ratio de marge bénéficiaire relativement élevé. Cette situation correspond à de faibles ratios de dépenses reliés aux ventes. Toutefois, il faut admettre que tout n'est pas toujours aussi simple.

Par exemple, une baisse du prix de vente augmente généralement le volume d'unités vendues, mais elle entraîne une diminution de la marge bénéficiaire. Le profit total (ou, ce qui est plus important, le flux monétaire provenant de l'exploitation) peut croître ou décroître. Par conséquent, le fait que les ratios de marge bénéficiaire soient moins élevés n'est pas nécessairement mauvais signe. N'est-il pas possible, comme certains le prétendent, qu'en réduisant ses prix, l'entreprise perde de l'argent sur tout ce qu'elle vend mais se rattrape grâce au volume de marchandises vendues[9]?

Le taux de rendement de l'actif Le *taux de rendement de l'actif* est une mesure du profit obtenu par dollar d'actif. On peut le définir de différentes façons, mais la plus courante est la suivante[10] :

$$\text{Taux de rendement de l'actif} = \text{Bénéfice net/Total de l'actif} \qquad [3.20]$$
$$= 363\,\$/3\,588\,\$ = 10,12\,\%$$

Le taux de rendement des fonds propres Le *taux de rendement des fonds propres* sert à mesurer ce que les actionnaires ont obtenu au cours d'une année. Comme l'entreprise a pour objectif de maximiser la richesse de ses actionnaires, ce taux est, du point de vue comptable, la vraie mesure du rendement. On le calcule généralement comme suit :

$$\text{Taux de rendement des fonds propres} = \text{Bénéfice net/Total des fonds propres} \qquad [3.21]$$
$$= 363\,\$/2\,591\,\$ = 14\,\%$$

Ainsi, sur chaque dollar de fonds propres, Purol inc. génère 0,14 $ de profit. Toutefois, ce calcul n'est exact que du point de vue comptable.

Comme le taux de rendement de l'actif et le taux de rendement des fonds propres sont des chiffres employés fréquemment, on doit souligner qu'il s'agit de taux de rendement comptable. Il serait donc plus juste de parler de taux de rendement de l'actif comptable et du taux de rendement des fonds propres comptables. En fait, ce dernier taux est parfois appelé « rendement sur la valeur nette ». Quelle que soit l'appellation employée, on ne peut, par exemple, comparer ce résultat à un taux d'intérêt observé sur des marchés de capitaux. Nous reviendrons sur le sujet des taux de rendement comptable dans des chapitres ultérieurs.

Dans le tableau 3.7, on peut constater que les taux de rendement de l'actif et de rendement des fonds propres de Purol inc. sont supérieurs à la moyenne pour les entreprises de ce secteur. Le fait que le taux de rendement des fonds propres dépasse le taux de rendement de l'actif indique que l'entreprise utilise l'effet de levier financier. On examine maintenant la relation entre ces deux mesures de façon plus détaillée.

Exemple 3.4 Le taux de rendement des fonds propres et le taux de rendement de l'actif

Comme ces deux taux servent généralement à mesurer le rendement d'une période antérieure, il serait logique de se baser respectivement sur la moyenne des fonds propres et sur celle de l'actif pour les déterminer. Dans le cas de Purol inc., comment peut-on calculer ces taux pour 2003 ?

On commence par calculer la moyenne des éléments d'actif et celle des fonds propres :

Moyenne des éléments d'actif = (3 373 $ + 3 588 $)/2 = 3 481 $

Moyenne des fonds propres = (2 299 $ + 2 591 $)/2 = 2 445 $

À l'aide de ces moyennes, on peut recalculer les taux de rendement de l'actif et de rendement des fonds propres comme suit :

Taux de rendement de l'actif = 363 $/3 481 $ = 10,43 %

Taux de rendement des fonds propres = 363 $/2 445 $ = 14,85 %

Ces taux sont légèrement plus élevés que ceux qu'on a obtenus précédemment parce que l'actif a augmenté au cours de l'année, de sorte que la moyenne est inférieure à la valeur en fin d'exercice.

---

9 Cette croyance est erronée.

10 Vous trouverez une autre définition qui tient compte des coûts de financement de la dette et des actions privilégiées dans l'ouvrage de R. H. GARRISON, G. R. CHESLEY et R. F. CARROLL, *Managerial Accounting*, 2e édition canadienne, Homewood, Illinois, Richard D. Irwin, Inc., 1993, chap. 17.

Les mesures de la valeur marchande

La dernière catégorie de mesures est basée, en partie, sur un renseignement qui ne se trouve pas nécessairement dans les états financiers — la valeur marchande par action. De toute évidence, on ne peut calculer directement ces mesures que pour les sociétés ouvertes.

On suppose que Purol inc. avait 33 000 actions en circulation à la fin de 2003 et que chaque action se vendait 88 $ à la fin de l'année. Si on considère que le bénéfice net de la société s'élevait à 363 000 $, le bénéfice par action (BPA) se calcule comme suit :

BPA = 363 $/33 = 11 $

Le ratio cours-bénéfice La première des mesures de la valeur marchande, le *ratio cours-bénéfice*, se définit comme suit :

$$\text{Ratio cours-bénéfice} = \text{Prix par action/Bénéfice par action} \qquad [3.22]$$
$$= 88 \ \$/11 \ \$ = 8 \text{ fois}$$

En jargon du métier, on dira que les actions de Purol inc. s'échangent à 8 fois ses bénéfices ou encore qu'elles ont ou qu'elles rapportent un ratio cours-bénéfice de 8. En 2002, ce ratio cours-bénéfice était de 7 fois, c'est-à-dire qu'il était identique à la moyenne pour les entreprises de ce secteur.

Ce ratio sert à mesurer quel montant les investisseurs sont prêts à débourser par dollar de bénéfice de l'exercice. Lorsqu'il est plus élevé que la moyenne, on a tendance à croire que les perspectives de croissance de l'entreprise sont prometteuses. Naturellement, si une entreprise n'avait pas ou presque pas de bénéfices, son ratio cours-bénéfice serait probablement très élevé, de sorte que, comme d'habitude, il faut se montrer prudent dans l'interprétation de ce ratio.

Le ratio valeur marchande-valeur comptable et le ratio Q de Tobin Une autre mesure couramment employée est le *ratio valeur marchande-valeur comptable*, qui se calcule ainsi :

$$\text{Ratio valeur marchande-valeur comptable} = \text{Valeur marchande par action/Valeur comptable par action} \qquad [3.23]$$
$$= 88 \ \$/(2 \ 591 \ \$/33) = 88 \ \$/78,5 \ \$ = 1,12 \text{ fois}$$

Fait à remarquer, la valeur comptable d'une action correspond au quotient du total des fonds propres (et non seulement les actions ordinaires) par le nombre d'actions en circulation. Le tableau 3.7 montre que le ratio valeur marchande-valeur comptable était de 0,73 en 2002.

Comme la valeur comptable par action est un nombre comptable, elle reflète les coûts d'origine. On pourrait donc dire, en généralisant, que ce ratio compare la valeur marchande des investissements d'une entreprise à leurs coûts. Une valeur inférieure à 1 indiquerait probablement que, dans l'ensemble, l'entreprise n'a pas réussi à augmenter la valeur de ses actions. Le ratio valeur marchande-valeur comptable de Purol inc. est supérieur à 1, ce qui est une indication encourageante.

Il existe un autre ratio, appelé le ratio Q de Tobin, qui ressemble beaucoup au ratio valeur marchande-valeur comptable. Pour l'obtenir, on divise la valeur marchande du total du passif d'une entreprise additionné à ses fonds propres par la valeur de remplacement de son actif. Voici ce ratio pour différentes entreprises américaines[11] :

		Ratio
Ratio Q élevé	Coca Cola	4,2
	IBM	4,2
Ratio Q peu élevé	National Steel Corporation	0,53
	USX	0,61

Le ratio Q et le ratio valeur marchande-valeur comptable se distinguent de deux façons : l'utilisation de la valeur marchande de la dette additionnée aux fonds propres et l'emploi de la valeur (ou du coût) de remplacement de tous les éléments d'actif au lieu de la valeur du coût d'origine dans le cas du ratio Q.

---

11 E. B. LINDBERG et S. ROSS, «Tobin's Q and Industrial Organization», *Journal of Business* 54, janvier 1981.

Les entreprises dont le ratio Q est supérieur à 1 sont probablement plus motivées à investir que celles dont le ratio est inférieur à 1. Celles dont le ratio Q est élevé offrent généralement des possibilités d'investissement intéressantes ou un avantage concurrentiel important.

Cette analyse complète les définitions de quelques-uns des ratios les plus couramment utilisés. Nous pourrions en présenter davantage, mais nous nous arrêterons ici pour le moment. Nous examinerons plutôt en détail certaines façons de se servir de ces ratios en pratique. Le tableau 3.8 résume les formules des ratios dont il a été question jusqu'ici.

Tableau 3.8 Les ratios financiers couramment utilisés

I. Solvabilité à court terme ou ratios de liquidité

$$\text{Ratio du fonds de roulement} = \frac{\text{Actif à court terme}}{\text{Passif à court terme}}$$

$$\text{Ratio de trésorerie} = \frac{\text{Actif à court terme} - \text{Stocks}}{\text{Passif à court terme}}$$

$$\text{Ratio de liquidité immédiate} = \frac{\text{Encaisse}}{\text{Passif à court terme}}$$

$$\text{Ratio du fonds de roulement net} - \text{Total de l'actif} = \frac{\text{Fonds de roulement net}}{\text{Total de l'actif}}$$

$$\text{Intervalle de défense} = \frac{\text{Actif à court terme}}{\text{Coûts d'exploitation quotidiens moyens}}$$

II. Solvabilité à long terme ou ratios de levier financier

$$\text{Ratio de l'endettement total} = \frac{\text{Total de l'actif} - \text{Total des fonds propres}}{\text{Total de l'actif}}$$

Ratio dette-fonds propres
= Total du passif/Total des fonds propres
Ratio actif-fonds propres
= Total de l'actif/Total des fonds propres

$$\text{Ratio d'endettement à long terme} = \frac{\text{Passif à long terme}}{\text{Passif à long terme} + \text{Fonds propres}}$$

$$\text{(Ratio de) couverture des intérêts} = \frac{\text{Bénéfice avant intérêts et impôts}}{\text{Intérêts}}$$

$$\text{Ratio de couverture des intérêts avant amortissement} = \frac{\text{Bénéfice avant intérêts et impôts} + \text{Amortissement}}{\text{Intérêts}}$$

III. Coefficients de rotation d'utilisation de l'actif

$$\text{Coefficient de rotation des stocks} = \frac{\text{Coûts des marchandises vendues}}{\text{Stocks}}$$

$$\text{Délai moyen de rotation des stocks} = \frac{365 \text{ jours}}{\text{Coefficient de rotation des stocks}}$$

$$\text{Coefficient de rotation des comptes clients} = \frac{\text{Chiffre d'affaires}}{\text{Comptes clients}}$$

$$\text{Délai moyen de recouvrement des créances} = \frac{365 \text{ jours}}{\text{Coefficient de rotation des comptes clients}}$$

$$\text{Coefficient de rotation du fonds de roulement net} = \frac{\text{Chiffre d'affaires}}{\text{Fonds de roulement net}}$$

$$\text{Coefficient de rotation de l'actif immobilisé} = \frac{\text{Chiffre d'affaires}}{\text{Actif immobilisé net}}$$

$$\text{Coefficient de rotation (du total) de l'actif} = \frac{\text{Chiffre d'affaires}}{\text{Total de l'actif}}$$

IV. Ratios de rentabilité

$$\text{Ratio de marge bénéficiaire} = \frac{\text{Bénéfice net}}{\text{Chiffre d'affaires}}$$

$$\text{Taux de rendement de l'actif} = \frac{\text{Bénéfice net}}{\text{Total de l'actif}}$$

$$\text{Taux de rendement des fonds propres} = \frac{\text{Bénéfice net}}{\text{Total des fonds propres}}$$

$$\text{Taux de rendement des fonds propres} = \frac{\text{Bénéfice net}}{\text{Chiffre d'affaires}} \times \frac{\text{Chiffre d'affaires}}{\text{Actif}} \times \frac{\text{Actif}}{\text{Fonds propres}}$$

V. Ratios de la valeur marchande

$$\text{Ratio cours-bénéfice} = \frac{\text{Cours par action}}{\text{Bénéfice par action}}$$

$$\text{Ratio valeur marchande-valeur comptable} = \frac{\text{Valeur marchande par action}}{\text{Valeur comptable par action}}$$

Questions théoriques

1. Quelles sont les cinq catégories de ratios? Donnez deux ou trois exemples de chaque catégorie.
2. Deux chiffres seulement peuvent servir de numérateurs aux coefficients de rotation. On utilise toujours l'un ou l'autre. Quels sont-ils? Que mesurent ces ratios? Comment interprétez-vous les résultats?
3. Les ratios de rentabilité ont toujours le même chiffre au numérateur. Quel est-il? Que mesurent ces ratios? Comment interprétez-vous les résultats?

Comme on l'a vu dans l'analyse des taux de rendement de l'actif et des fonds propres, la différence entre ces deux mesures de rentabilité renseigne sur l'utilisation du financement par emprunt ou de l'effet de levier financier. On illustre maintenant la relation entre ces mesures en examinant une méthode bien connue pour décomposer le taux de rendement des fonds propres en ses composantes.

Revoyons d'abord la définition de ce taux :

Taux de rendement des fonds propres = Bénéfice net/Total des fonds propres

On pourrait multiplier ce ratio par Actif/Actif sans rien y changer :

Taux de rendement
des fonds propres = Bénéfice net/Total des fonds propres × Actif/Actif
= Bénéfice net/Actif × Actif/Fonds propres

On a exprimé le taux de rendement des fonds propres sous forme de produit de deux autres ratios — le taux de rendement de l'actif et le ratio actif-fonds propres :

Taux de rendement des fonds propres = Taux de rendement de l'actif × Ratio actif-fonds propres =
Taux de rendement de l'actif × (1 + Ratio dette-fonds propres)

Ainsi, en 2003, Purol inc. avait un ratio de dette-fonds propres de 0,39 et un taux de rendement de l'actif de 10,12 %. D'après notre analyse et conformément aux calculs précédents, le taux de rendement des fonds propres de cette entreprise est le suivant :

Taux de rendement des fonds propres = 10,12 % × 1,39 = 14 %

On peut encore décomposer ce taux en multipliant le numérateur et le dénominateur par le chiffre d'affaires ainsi :

Taux de rendement des fonds propres = Chiffre d'affaires/Chiffre d'affaires × Bénéfice net/Actif × Actif/Fonds propres

En agençant de nouveau les éléments de l'équation, on obtient :

Taux de rendement des fonds propres = Bénéfice net/
Chiffre d'affaires × Chiffre d'affaires/Actif × Actif/Fonds propres   [3.24]
= Ratio de la marge bénéficiaire × Coefficient de rotation (du total) de l'actif
× Ratio actif-fonds propres

On a simplement divisé le taux de rendement de l'actif en ses deux composantes : le ratio de marge bénéficiaire et le coefficient de rotation du total de l'actif. Cette expression porte le nom d'**identité de Du Pont** en l'honneur de la société E. I. Du Pont de Nemours, qui en a popularisé l'utilisation.

On peut vérifier cette relation dans le cas de Purol inc. En 2003, le ratio de marge bénéficiaire était de 15,7 % et le coefficient de rotation (du total) de l'actif, de 0,64. Le taux de rendement des fonds propres devrait donc être le suivant :

Taux de rendement des fonds propres = Marge bénéficiaire × Coefficient de rotation (du total)
de l'actif × Ratio actif-fonds propres
= 15,7 %   ×   0,64   ×   1,39
= 14 %

Ce résultat est exactement celui qu'on a obtenu pour ce taux.

L'identité de Du Pont indique que trois éléments influent sur le taux de rendement des fonds propres :

1. L'efficience de l'exploitation (mesurée avec le ratio de marge bénéficiaire) ;
2. L'efficience de l'utilisation de l'actif (mesurée avec le coefficient de rotation [du total] de l'actif) ;
3. Le levier financier (mesuré avec le ratio actif-fonds propres).

Une défaillance dans l'efficacité d'exploitation ou d'utilisation de l'actif (ou encore dans les deux) se traduit par une diminution du taux de rendement de l'actif qui produit un taux de rendement des fonds propres moins élevé.

Identité de Du Pont

Expression bien connue qui permet de diviser le taux de rendement des fonds propres en trois parties : la marge bénéficiaire, le coefficient de rotation du total de l'actif et l'effet de levier financier.

D'après l'identité de Du Pont, il semble qu'on peut faire remonter ce taux en accroissant le montant d'endettement de l'entreprise. Une telle mesure n'est toutefois possible que si le taux de rendement de l'actif est supérieur au taux d'intérêt sur la dette. Il est important d'ajouter que l'utilisation du financement par emprunt a d'autres effets et que, comme nous le verrons plus en détail dans la partie VI, c'est la politique d'une entreprise en matière de structure financière qui détermine son degré d'endettement.

La décomposition du taux de rendement des fonds propres présentée dans cette section constitue un moyen pratique d'aborder méthodiquement l'analyse des états financiers. Si ce taux est insatisfaisant d'une façon ou d'une autre, l'identité de Du Pont permet d'en déterminer les raisons. Pour illustrer ce propos, revenons à Purol inc. D'après le tableau 3.7, le taux de rendement des fonds propres de cette entreprise a augmenté de 10,4 % en 2002 à 14 % en 2003. L'identité de Du Pont permet de savoir pourquoi. En décomposant ce taux pour 2002, on peut comparer ses composantes à celles qui ont déjà été calculées pour 2003 de la façon suivante :

Taux de rendement des fonds
propres pour 2002 = 10,4 % = Ratio de marge bénéficiaire × Coefficient de rotation (du total) de
l'actif × Ratio actif-fonds propres
= 11,6 % × 0,61 × 1,47

Taux de rendement des fonds
propres pour 2003 = 14 % = 15,7 % × 0,64 × 1,39

Cette comparaison montre que la hausse du taux de rendement des fonds propres de Purol inc. est principalement due à un accroissement du ratio de marge bénéficiaire.

Exemple 3.5 Les magasins d'alimentation et les grands magasins

Le tableau 3.9 présente les ratios de l'identité de Du Pont pour deux types de magasins. Le taux de rendement des fonds propres de ces deux secteurs est à peu près comparable, malgré le fait que le ratio de marge bénéficiaire des grands magasins est plus élevé que celui des magasins d'alimentation. Dans ces derniers, on compense la marge bénéficiaire moins élevée en écoulant plus rapidement les éléments d'actif et en utilisant davantage l'effet de levier financier. L'analyse basée sur l'identité de Du Pont permet d'aller plus loin et de se demander pourquoi ces magasins ont un coefficient de rotation du total de l'actif plus élevé que les autres. Ce phénomène s'explique par un coefficient de rotation des stocks plus élevé — 15,4 fois par rapport à 4,9 fois dans le cas des grands magasins. La figure 3.1 présente l'interaction des composantes du bilan et de l'état des résultats d'après l'analyse de l'identité de Du Pont.

Tableau 3.9 Les ratios d'identité de Du Pont pour les magasins d'alimentation et les grands magasins

Secteur	Ratio de marge bénéficiaire	Coefficient de rotation (du total) de l'actif	Ratio actif-fonds propres	Taux de rendement des fonds propres
Magasins d'alimentation	1,0 %	3,56	3,04	10,8 %
Grands magasins	1,8	2,60	2,58	12,1

Questions théoriques

1. On peut exprimer le taux de rendement de l'actif sous forme de produit de deux rapports. Quels sont ces rapports ?
2. On peut exprimer le taux de rendement des fonds propres sous forme de produit de trois rapports. Quels sont ces rapports ?

L'analyse d'après l'identité Du Pont

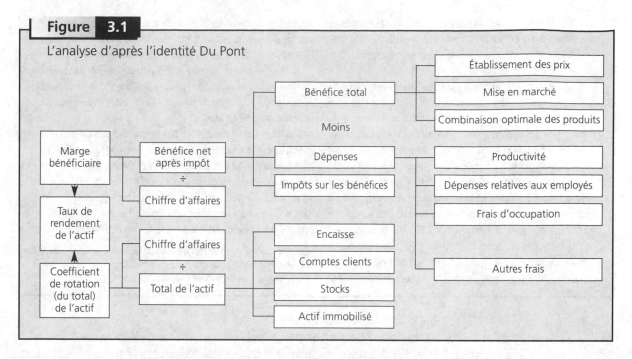

3.5 L'utilisation des renseignements contenus dans les états financiers

Avant de clore ce chapitre, nous étudierons plus en détail certains aspects pratiques de l'analyse des états financiers. Nous verrons en particulier les raisons pour lesquelles on procède à une telle analyse, les moyens d'obtenir une information pouvant servir de référence et quelques-uns des problèmes qui surgissent durant ce processus.

Pourquoi évaluer des états financiers ?

Comme on l'a vu précédemment, on se sert de renseignements comptables principalement parce qu'on ne possède pas de renseignements sur la valeur marchande, et qu'en toute logique, on ne peut pas espérer en obtenir. Chaque fois qu'on dispose de renseignements concernant cette valeur, il faut les utiliser de préférence aux données comptables. En outre, lorsque les données comptables et celles du marché ne concordent pas, on devrait donner la priorité à ces dernières.

L'analyse des états financiers est essentiellement une application de la gestion par exceptions. Dans un grand nombre de cas, comme on l'a montré avec l'exemple d'une entreprise hypothétique, Purol inc., ce type d'analyse se résume à une comparaison de ratios — ceux d'une entreprise par rapport à des moyennes ou à des ratios typiques quelconques. Les ratios qui diffèrent le plus des moyennes font alors l'objet d'une étude plus approfondie.

Les propos de...

D'après Edward Clifford, la société BC Sugar Refinery Ltd. satisfait aux critères des plus grands investisseurs

Les investisseurs prudents qui évitent la spéculation sont à la recherche d'actions offrant l'une des garanties suivantes (sinon toutes) :
- un prix d'échange acceptable en fonction de la rentabilité de l'entreprise — aussi appelé le « ratio cours-bénéfice » ;
- un taux de rendement intéressant qui se compare avantageusement à ce qu'ils pourraient obtenir avec

des obligations d'épargne du Canada ou un certificat de placement garanti ;
- la possibilité d'un gain en capital suggéré par le prix courant par rapport au cours le plus élevé des 52 dernières semaines ;
- la possibilité d'acheter ou de vendre facilement lorsque l'occasion se présente — aussi appelée « liquidité » ;
- une valeur marchande raisonnable, c'est-à-dire que les actions se négocient à la valeur ou près de la valeur de l'actif de l'entreprise moins son passif — autrement dit à celle des fonds propres divisés par le nombre d'actions en circulation.

Une des entreprises qui satisfont le mieux à presque tous ces critères est la BC Sugar Refinery Ltd. Il s'agit d'un des plus gros producteurs de sucre raffiné au Canada, qui contrôle 70 % du marché dans ce domaine.

Ses actions, cotées à 9,87 $, se vendent avec un multiple de 13,7 fois son bénéfice net en comparaison de 41,7 pour la moyenne, des actions de premier ordre de la Bourse de Toronto (TSE). Elles rapportent un dividende de 4 % alors qu'en moyenne, une action a un rendement de 2,9 %. En outre, leur prix courant permet d'espérer une importante plus-value puisqu'elles se sont échangées à 11,62 $ au cours des six derniers mois. Enfin, les titres de BC Sugar Refinery Ltd. sont assez facilement négociables avec un volume de transactions au TSE qui dépasse fréquemment les 100 000 actions.

D'après les rapports trimestriels les plus récents, les actions de la BC Sugar Refinery Ltd. ont une valeur comptable de 7,40 $ par unité. En conséquence, elles se vendent avec une prime d'environ 30 % par rapport à leur valeur comptable, ce qui est tout à fait conforme à la situation dans les autres entreprises du secteur de l'alimentation.

On peut donc dire que les actions de la BC Sugar Refinery Ltd. respectent les paramètres admis par la plupart des investisseurs conservateurs. Qu'en est-il cependant de l'entreprise elle-même ?

Outre sa prédominance sur le marché canadien, cette société est la troisième plus grosse entreprise sucrière en Amérique du Nord et possède des raffineries dans une ville américaine et dans cinq villes canadiennes. On établit son marché à 75 millions de consommateurs potentiels aux États-Unis et au Canada. Par ailleurs, il s'agit d'un produit relativement peu sensible à toute forme de récession.

Edward Clifford est rédacteur de la chronique « Stock Scene » dans le *Globe and Mail*. Les commentaires ci-dessus, reproduits avec autorisation, sont extraits de l'édition du 29 octobre 1993.

Les utilisations à l'intérieur de l'entreprise À l'intérieur même de l'entreprise, on se sert de l'information financière de multiples façons, dont une des plus importantes est l'évaluation du rendement. Par exemple, on évalue et on récompense souvent les gestionnaires en se basant sur des mesures comptables de rendement telles que le ratio de marge bénéficiaire et le taux de rendement des fonds propres. En outre, les entreprises qui comptent de nombreuses divisions comparent souvent leurs rendements respectifs à l'aide des renseignements contenus dans les états financiers.

Nous verrons aussi dans le prochain chapitre une autre utilisation importante des états financiers : ils servent à faire des prévisions pour des périodes futures. Leurs renseignements à caractère historique sont très précieux pour faire des projections et vérifier la justesse des hypothèses qui leur servent de base.

Les utilisations à l'extérieur de l'entreprise Les états financiers informent les parties intéressées à l'extérieur de l'entreprise, en particulier les créanciers à court terme et à long terme ainsi que les investisseurs potentiels. Leurs renseignements servent, par exemple, à décider si on peut ou non accorder du crédit à un nouveau client.

Lorsqu'une entreprise emprunte d'une banque à charte, il n'est pas rare que le contrat de prêt contienne une clause requérant la présentation périodique d'états financiers. La plupart des banquiers utilisent des logiciels pour dresser des tableaux en chiffres relatifs et calculer des ratios pour différents comptes. Les logiciels standard produisent des sorties qui ressemblent à celle du tableau 3.7. Des logiciels plus complexes fournissent un diagnostic préliminaire du compte en comparant les ratios de l'entreprise à des paramètres de référence choisis par le banquier.

Ce genre d'information permet également d'évaluer le rendement de ses principaux concurrents. Supposons qu'une entreprise désire lancer un nouveau produit. Sa principale préoccupation est de savoir si la concurrence imitera son initiative peu de temps après. Elle cherche donc à connaître la solidité financière de ses rivaux pour déterminer s'ils ont les moyens d'engager les dépenses nécessaires à ce projet.

Une entreprise peut aussi songer à en acquérir une autre. Elle a alors besoin des renseignements contenus dans des états financiers pour déterminer les cibles potentielles et décider de l'offre à présenter.

Le choix d'un point de référence

Lorsqu'on veut évaluer le rendement d'une division ou d'une entreprise d'après ses états financiers, un problème de base se pose immédiatement. Comment choisir un point de référence ou une norme de comparaison? Dans la présente section, nous étudierons quelques moyens d'y parvenir.

L'analyse axée sur le temps Une des normes dont on pourrait se servir est l'historique. Dans le cas de Purol inc., on a analysé les données de deux années. Supposons que le ratio du fonds de roulement d'une entreprise est de 2,4 d'après les renseignements contenus dans ses états financiers les plus récents. En étudiant ceux des 10 dernières d'années, on pourrait se rendre compte que ce ratio a diminué de façon relativement constante.

On est alors amené à se demander s'il n'y a pas eu détérioration de la situation de l'entreprise sur le plan de la liquidité. Il est évidemment possible qu'elle ait effectué des changements pour utiliser son actif à court terme d'une manière plus efficace, que la nature de ses activités soit différente ou que ses pratiques commerciales se soient modifiées. Toutes ces explications sont plausibles. Il s'agit d'un exemple de gestion par exceptions — une tendance à la détérioration dans le temps n'est pas nécessairement alarmante, mais il faut l'examiner de près.

L'analyse d'entreprises semblables (ou groupe témoin) Un autre moyen d'établir un point de repère consiste à trouver des entreprises semblables — dans le sens où elles se font concurrence sur les mêmes marchés, ont des actifs similaires et fonctionnent de la même façon. Autrement dit, il s'agit de trouver un *groupe témoin*. Dans l'analyse de Purol inc., on a utilisé une moyenne sectorielle sans se préoccuper de sa provenance. En pratique, les choses ne sont pas aussi simples, car il n'y a pas deux entreprises identiques. En fin de compte, le choix des entreprises qui serviront de base de comparaison relève du jugement de l'analyste.

Il existe différents points de repère disponibles[12]. Les publications de Statistique Canada, par exemple, contiennent des renseignements typiques comme des bilans, des états des résultats et certains ratios d'entreprises appartenant à environ 180 secteurs d'activité. Le Financial Post Datagroup fournit les principaux ratios d'affaires des grandes sociétés canadiennes. La figure 3.2 présente un exemple pour les entreprises de vente en gros et au détail. Parmi les autres sources de référence concernant les entreprises canadiennes, on peut mentionner les bases de données financières qui sont disponibles chez Dun & Bradstreet Canada[13]. Plusieurs institutions financières établissent leurs propres bases de données de ratios en compilant des renseignements sur leurs clients emprunteurs. Elles essaient ainsi de recueillir une information plus à jour que les données communiquées par des services comme Statistique Canada ou Dun & Bradstreet Canada.

L'analyste financier doit relever plusieurs défis en plus de la recherche de l'information la plus récente possible. Les activités de la plupart des grandes sociétés canadiennes sont très diversifiées, de sorte que l'analyste doit souvent comparer leurs chiffres aux moyennes de différents secteurs. Il ne faut pas oublier que de telles moyennes ne correspondent pas nécessairement à l'objectif que se fixent les entreprises. Par exemple, les analystes du secteur agricole savent que les agriculteurs souffrent généralement d'une rentabilité moyenne extrêmement faible combinée à des dettes trop élevées. Malgré ses lacunes, la moyenne sectorielle est un point de référence utile en gestion par exceptions, une méthode recommandée pour l'analyse des ratios.

---

12 Cette analyse est basée sur L. KRYZNAOWSKI, M.-C. TO et R. SÉGUIN, *Business Solvency Risk Analysis,* Institute of Canadian Bankers, 1990, chap. 3.

13 Les analystes qui s'intéressent aux entreprises américaines trouveront une information comparable chez Robert Morris Associates.

Figure 3.2

Les principaux ratios d'affaires des entreprises canadiennes, de 1990 à 1996, dans le secteur de la vente en gros et au détail

Exercice financier :	1996	1995	1994	1993	1992	1991	1990	Moyenne des sept années
ANALYSE								
Croissance du bénéfice net (en pourcentage)	(18,66)	16,35	91,90	63,00	(7,90)	(66,42)	(39,77)	5,5
Rendement en dividendes (en pourcentage)	1,97	1,69	1,30	1,21	1,31	2,63	2,50	1,80
Ratio moyen cours-bénéfice	15,4	14,1	11,9	17,8	25,1	19,9	17,6	17,4
Ratio moyen cours-valeur comptable	1,4	1,3	1,6	1,8	1,5	1,5	1,5	1,5
Ratio moyen cours-chiffre d'affaires	0,2	0,2	0,3	0,3	0,2	0,3	0,2	0,2
Ratio moyen cours-flux monétaire	8,9	8,3	10,8	12,2	7,7	8,7	7,8	9,2
Taux de rendement du bénéfice net	9,5	10,3	9,8	7,5	6,5	6,7	8,2	8,3
Remboursement estimé (en années)	8,07	9,65	7,83	11,34	11,93	13,57	12,96	10,77
SÉCURITÉ								
Ratio flux monétaire-total du passif (en pourcentage)	48,49	37,45	98,15	55,38	58,88	66,46	48,44	59,04
Ratio du fonds de roulement	1,76	1,68	1,70	1,83	1,63	1,55	1,58	1,68
Ratio de trésorerie	0,65	0,58	0,65	0,71	0,65	0,61	0,66	0,64
Comptes clients-comptes fournisseurs	0,71	0,75	0,80	0,81	0,79	0,87	0,99	0,82
Fonds de roulement-total de l'actif (en pourcentage)	24,23	23,18	24,05	24,42	21,11	19,39	20,30	22,40
Dette à long terme-fonds propres	0,39	0,11	0,51	0,47	0,65	0,06	0,66	0,41
Dette totale-fonds propres	0,65	0,26	0,94	0,88	1,06	0,18	1,14	0,73
Flux monétaires-net avant rabais	3,03	0,31	1,20	2,45	(0,69)	2,41	3,38	1,73
Ratio de couverture des intérêts	31,37	16,10	19,32	16,06	7,33	4,46	3,15	13,97
Taux de rendement des fonds propres-taux de rendement de l'actif	1,32	2,91	2,06	1,39	0,62	1,17	1,07	1,51
QUALITÉ DES BÉNÉFICES								
Marge de bénéfice avant intérêts et impôts (en pourcentage)	2,97	4,07	3,94	3,71	2,79	2,77	2,74	3,28
Coefficient de rotation de l'actif	2,73	2,84	2,82	2,72	2,72	2,72	2,64	2,74
Fardeau d'intérêts	1,89	2,37	2,16	2,34	2,93	3,51	4,32	2,79
Pourcentage des bénéfices qui sont réinvestis	64,21	58,37	68,20	68,75	68,52	68,90	63,74	65,81
Postes après impôts-actif (en pourcentage)	(0,84)	.....	(0,04)	(0,11)	0,21	0,05	(0,12)	(0,12)
Levier	2,51	1,74	3,09	3,11	4,33	2,38	3,30	2,92
Taux d'imposition apparent (en pourcentage)	34,77	39,25	30,89	28,57	28,70	30,16	35,09	32,49
RENTABILITÉ ET EFFICACITÉ (EN POURCENTAGE)								
Marge brute d'exploitation	5,07	5,36	5,50	5,22	5,01	4,67	5,45	5,18
Marge avant impôts	2,07	2,95	2,97	2,59	1,44	1,20	0,84	2,01
Marge de bénéfice net	0,95	1,80	1,62	1,63	0,73	0,68	0,13	1,08
Taux de rendement des fonds propres	7,80	12,94	4,44	11,83	(54,82)	3,72	3,56	(1,50)
Taux de rendement de l'actif	4,38	6,59	5,60	6,29	3,47	3,92	5,19	5,06
Taux de rendement sur le capital investi	7,42	10,69	9,41	11,06	3,76	5,33	6,53	7,74
AUTRES RATIOS								
Chiffre d'affaires-comptes clients	65,67	63,81	64,21	58,25	40,40	32,68	40,57	52,23
Chiffre d'affaires-stocks	9,11	9,27	9,69	9,72	9,67	9,85	11,17	9,78
Chiffre d'affaires-actif immobilisé	16,46	16,90	19,79	22,95	24,77	14,07	11,89	18,12
Chiffre d'affaires-espèces et quasi-espèces	185,23	128,83	126,27	115,23	141,59	171,62	75,84	134,94

Source : *The Financial Post Investment Reports : Industry Reports*, juin 1998, p. 23. Reproduit avec autorisation.

D'autres problèmes inhérents à l'analyse des états financiers

Nous terminerons ce chapitre sur les états financiers en traitant de divers autres problèmes auxquels il faut s'attendre lorsqu'on utilise ces documents. L'analyse des états financiers est complexe, d'abord et avant tout parce qu'il n'existe aucune théorie de base permettant de déterminer quels renseignements il convient d'examiner et comment fixer des points de repère.

Comme nous le verrons dans des chapitres ultérieurs, la théorie financière et la logique économique aident dans bien des cas à porter des jugements en matière de valeur et de risque.

Dans le cas des états financiers, ce type d'aide est très restreint. C'est pourquoi il est impossible de déterminer quels sont les ratios les plus importants ni ce que devrait être une valeur élevée ou faible.

Un des problèmes les plus sérieux est lié au fait que de nombreuses entreprises forment des conglomérats qui évoluent dans des secteurs d'activité plus ou moins reliés. Les états financiers consolidés de ces entreprises n'entrent dans aucune catégorie précise de secteur d'activité. Par exemple, Sears a le code SIC 6710 (sociétés de contrôle) à cause de ses diverses activités financières et de vente au détail. De façon générale, le type d'analyse d'un groupe témoin qu'on a décrit ici est plus efficace s'il s'applique à des entreprises appartenant exclusivement au même secteur d'activité, en concurrence, et obéissant à un seul mode d'exploitation.

On observe aussi de plus en plus fréquemment un autre type de problème. Les grands concurrents et ceux qui forment naturellement un groupe de sociétés semblables dans un secteur d'activité donné sont dispersés dans le monde. C'est le cas pour l'industrie de l'automobile. Or, les états financiers établis à l'extérieur du Canada et des États-Unis ne respectent pas nécessairement les principes comptables généralement reconnus. L'utilisation de normes et de procédures différentes rend difficile la comparaison d'états financiers au-delà des frontières nationales.

Des entreprises qui appartiennent clairement au même secteur d'activité ne sont pas nécessairement comparables. Par exemple, les entreprises d'électricité qui s'occupent principalement de la production d'énergie sont toutes classées dans le même groupe (SIC 4911), souvent considéré comme relativement homogène. Pourtant, ces entreprises fonctionnent généralement comme des monopoles à tarifs réglementés, de sorte qu'elles ne se trouvent pas en concurrence les unes avec les autres. Un grand nombre d'entre elles ont des actionnaires, tandis que d'autres ont une structure coopérative et ne comptent aucun actionnaire. Étant donné qu'il existe différentes manières de produire de l'énergie, qui vont de l'hydroélectricité à l'énergie nucléaire, leurs activités d'exploitation n'ont parfois rien en commun. Enfin, la rentabilité dépend étroitement des réglementations, de sorte que même si ces entreprises se ressemblent beaucoup d'un endroit à l'autre, elles afficheront des profits très différents.

D'autres problèmes généraux apparaissent fréquemment. D'abord, les entreprises utilisent différents procédés de comptabilité pour évaluer leurs stocks, ce qui peut compliquer la comparaison de leurs états financiers. Ensuite, beaucoup terminent leur exercice financier à des dates différentes. Par ailleurs, il est difficile de comparer les bilans de celles qui ont des activités à caractère saisonnier (par exemple les détaillants qui font le gros de leurs affaires durant la période des fêtes), à cause des fluctuations dans leurs comptes tout au long de l'année. Enfin, le rendement financier de n'importe quelle entreprise peut être fortement modifié par des événements inhabituels ou transitoires, comme le profit unique tiré de la vente d'un actif. Quand on compare différentes entreprises, de tels événements peuvent donner des indications trompeuses.

Questions théoriques

1. À quoi sert l'analyse des états financiers? Donnez quelques exemples.
2. D'où viennent les ratios moyens d'un secteur d'activité? À quoi peuvent-ils servir?
3. Pourquoi dit-on que l'analyse des états financiers est une forme de gestion par exceptions?
4. Énumérez certains problèmes qui peuvent compliquer l'analyse des états financiers.

3.6 Résumé et conclusions

Ce chapitre traite de divers aspects de l'analyse des états financiers.

1. La provenance et l'utilisation de l'encaisse. On a vu comment reconnaître les différentes façons, pour les entreprises, de se procurer et d'utiliser des fonds. On a montré comment retracer la circulation de l'argent dans une entreprise au cours d'une année. On a aussi brièvement examiné l'état de l'évolution de la situation financière.

2. **Les états financiers standardisés.** On a expliqué que les différences de tailles entre les entreprises rendent difficile la comparaison de leurs états financiers ; on a aussi vu comment établir des tableaux en chiffres relatifs et des états financiers pour une année de référence afin de faciliter ces comparaisons.

3. **L'analyse des ratios.** L'évaluation de ratios de chiffres comptables constitue un autre moyen de comparer les renseignements contenus dans les états financiers. On a donc défini et examiné quelques-uns des ratios financiers les plus couramment intégrés aux rapports. On a aussi expliqué la célèbre identité de Du Pont, qui sert à analyser la performance financière.

4. **L'utilisation des états financiers.** On a vu comment établir des points de repère aux fins de comparaison et on a décrit certains types de renseignements disponibles. On a ensuite examiné quelques-uns des problèmes inhérents à la consultation des états financiers.

Nous espérons que ce chapitre vous permettra de mieux comprendre la nécessité des états financiers mais aussi leurs lacunes. Vous devriez également réaliser que votre vocabulaire des termes commerciaux et financiers s'est considérablement enrichi.

NOTIONS CLÉS ⌐⌐

État de l'évolution de la situation financière (page 59)
États financiers de l'année de référence (page 62)
Identité de Du Pont (page 75)
Provenance de l'encaisse (page 57)

Ratios financiers (page 63 ; tableau 3.8, page 74)
Tableau en chiffres relatifs (page 60)
Utilisation de l'encaisse (page 57)

Problèmes de récapitulation et auto-évaluation

3.1 La provenance et l'utilisation de l'encaisse Examinez les bilans de la société Philippe présentés ci-dessous. Calculez les variations dans les différents comptes et indiquez si chacune d'elles constitue une provenance ou une utilisation de l'encaisse, lorsque cette distinction s'applique. Quelles ont été les principales provenances et utilisations d'encaisse de cette entreprise ? Sa liquidité a-t-elle augmenté ou diminué pendant l'année ? Qu'est-il arrivé à l'encaisse au cours de cette année ?

SOCIÉTÉ PHILIPPE
Bilans
au 31 décembre 2002 et au 31 décembre 2003
(en millions de dollars)

	2002	2003
Actif		
Actif à court terme		
Encaisse	210 $	215 $
Comptes clients	355	310
Stocks	507	328
Total	1 072 $	853 $
Actif immobilisé		
Actif net, usine et équipement	6 085 $	6 527 $
Total de l'actif	7 157 $	7 380 $
Passif et fonds propres		
Passif à court terme		
Comptes fournisseurs	207 $	298 $
Effets à payer	1 715	1 427
Total	1 922 $	1 725 $
Dette à long terme	1 987 $	2 308 $
Fonds propres		
Actions ordinaires et surplus d'apport	1 000 $	1 000 $
Bénéfices non répartis	2 248	2 347
Total	3 248 $	3 347 $
Total du passif et des fonds propres	7 157 $	7 380 $

3.2 Les tableaux en chiffres relatifs Voici l'état des résultats le plus récent de la société Philippe. Dressez un tableau des revenus en chiffres relatifs d'après ces renseignements. Comment interprétez-vous le bénéfice net standardisé? Quel pourcentage du chiffre d'affaires est affecté au coût des marchandises vendues?

SOCIÉTÉ PHILIPPE
État des résultats
pour l'exercice terminé le 31 décembre 2003
(en millions de dollars)

Chiffre d'affaires		4 053 $
Coût des marchandises vendues		2 780
Amortissement		550
Bénéfice avant intérêts et impôts		723 $
Intérêts versés		502
Bénéfice imposable		221 $
Impôts (34 %)		75
Bénéfice net		146 $
Dividendes	47 $	
Addition aux bénéfices non répartis	99	

3.3 Les ratios financiers En vous servant des bilans et de l'état des résultats des deux problèmes précédents, calculez les ratios suivants pour 2003.

Ratio du fonds de roulement	_____
Ratio de trésorerie	_____
Ratio de liquidité immédiate	_____
Coefficient de rotation des stocks	_____
Coefficient de rotation des comptes clients	_____
Délai moyen de rotation des stocks	_____
Délai moyen de recouvrement des créances	_____
Ratio de l'endettement total	_____
Ratio d'endettement à long terme	_____
Ratio de couverture des intérêts	_____
Ratio de couverture des intérêts avant amortissement	_____

3.4 Le taux de rendement des fonds propres et l'identité de Du Pont Calculez le taux de rendement des fonds propres de 2003 pour la société Philippe, puis décomposez votre réponse en ses différents éléments à l'aide de l'identité de Du Pont.

Réponses à l'auto-évaluation

3.1 Vous trouverez les réponses aux questions de ce problème dans le tableau qui suit. N'oubliez pas qu'une augmentation de l'actif et une diminution du passif indiquent une dépense d'argent. Par contre, une diminution de l'actif et une augmentation du passif sont des moyens de se procurer de l'argent.

L'entreprise a principalement utilisé son argent pour acheter des actifs immobilisés et pour payer des dettes à court terme. Cet argent provient surtout d'emprunts supplémentaires à long terme mais aussi, en grande partie, de réductions dans l'actif à court terme et d'additions aux bénéfices non répartis. Le ratio du fonds de roulement est passé de 1 072 $/1 922 = 0,56 à 853 $/1 725 = 0,49, de sorte que la liquidité semble avoir légèrement diminué. Toutefois, dans l'ensemble, l'encaisse disponible a augmenté de 5 $.

SOCIÉTÉ PHILIPPE
Bilans
au 31 décembre 2002 et au 31 décembre 2003
(en millions de dollars)

	2002	2003	Variations	Provenance ou utilisation de l'encaisse
Actif				
Actif à court terme				
Encaisse	210 $	215 $	+5 $	
Comptes clients	310	245	−45	Provenance
Stocks	507	328	−179	Provenance
Total	1 072 $	853 $	−219 $	
Actif immobilisé				
Actif net, usine et équipement	6 085 $	6 527 $	+442 $	Utilisation
Total de l'actif	7 157 $	7 380 $	+233 $	
Passif et fonds propres				
Passif à court terme				
Comptes fournisseurs	207 $	298 $	+91 $	Provenance
Effets à payer	1 715	1 427	−288	Utilisation
Total	1 922 $	1 725 $	−197 $	
Dette à long terme	1 987 $	2 308 $	+321 $	Provenance
Fonds propres				
Actions ordinaires et surplus d'apport	1 000 $	1 000 $	+0 $	—
Bénéfices non répartis	2 248	2 347	+99	Provenance
Total	3 248 $	3 347 $	+99 $	
Total du passif et des fonds propres	7 157 $	7 380 $	+233 $	

3.2 Voici un état des résultats en chiffres relatifs de l'entreprise. On a simplement divisé chaque poste par le chiffre d'affaires.

SOCIÉTÉ PHILIPPE
État des résultats en chiffres relatifs
pour l'exercice terminé le 31 décembre 2003

Chiffre d'affaires	100,0 %
Coût des marchandises vendues	68,6
Amortissement	13,6
Bénéfice avant intérêts et impôts	17,8
Intérêts versés	12,3
Bénéfice imposable	5,5
Impôts (34 %)	1,9
Bénéfice net	3,6 %
Dividendes	1,2 %
Addition aux bénéfices non répartis	2,4

Le bénéfice net représente 3,6 % du chiffre d'affaires. Comme il s'agit du pourcentage de chaque dollar de ce chiffre qui apparaît au bénéfice net, le bénéfice net standardisé correspond à la marge bénéficiaire de l'entreprise. Le coût des marchandises vendues représente 68,6 % du chiffre d'affaires.

3.3 On a calculé les ratios suivants d'après les chiffres de fin d'exercice. Si vous ne vous rappelez pas une définition, consultez le tableau 3.8.

Ratio du fonds de roulement	853 $/1 725 $	= 0,49 fois
Ratio de trésorerie	525 $/1 725 $	= 0,30 fois
Ratio de liquidité immédiate	215 $/1 725 $	= 0,12 fois
Coefficient de rotation des stocks	2 780 $/328 $	= 8,48 fois
Coefficient de rotation des comptes clients	4 053 $/310 $	= 13,07 fois
Délai moyen de rotation des stocks	365/8,48	= 43,06 jours
Délai moyen de recouvrement des créances	365/13,07	= 27,92 jours
Ratio de l'endettement total	4 033 $/7 380 $	= 54,6 %
Ratio d'endettement à long terme	2 308 $/5 655 $	= 40,8 %
Ratio de couverture des intérêts	723 $/502 $	= 1,44 fois
Ratio de couverture de l'encaisse	1 273 $/502 $	= 2,54 fois

3.4 Le taux de rendement des fonds propres est le rapport entre le bénéfice net et les fonds propres. Dans le cas de la société Philippe, on obtient 146 $/3 347 $ = 4,4 %, ce qui n'est pas exceptionnel.

Grâce à l'identité de Du Pont, on peut réécrire ce taux comme suit :

Taux de rendement des fonds propres = Ratio de marge bénéficiaire ×
Coefficient de rotation du total de l'actif × Ratio actif-fonds propres
= (146 $/4 053 $) × (4 053 $/7 380 $) × (7 380 $/3 347 $)
= 3,6 % × 0,549 × 2,20
= 4,4 %

Fait à noter, le taux de rendement de l'actif est égal à 3,6 % × 0,549 = 1,98 %.

Questions et problèmes

Notions de base (questions 1 à 21)

1. **Les variations dans le ratio du fonds de roulement** Quel effet les mesures suivantes auraient-elles sur le ratio du fonds de roulement d'une entreprise ? Supposez que le fonds de roulement net a une valeur positive.

   a) L'achat de stocks ;

   b) Le paiement d'un fournisseur ;

   c) Le remboursement d'un prêt bancaire à court terme ;

   d) Le remboursement d'une dette à long terme avant l'échéance ;

   e) Le règlement d'un compte de crédit par un client ;

   f) La vente de stocks au coût (historique) ;

   g) La vente de stocks à profit.

2. **La liquidité et les ratios** Au cours des dernières années, la société Dixie a considérablement augmenté son ratio du fonds de roulement. Dans la même période, son ratio de trésorerie a diminué. Que s'est-il passé ? L'entreprise a-t-elle augmenté sa liquidité ?

3. **Le ratio du fonds de roulement** Expliquez ce qu'un ratio du fonds de roulement de 0,50 signifie pour une entreprise. Celle-ci serait-elle plus prospère si son ratio était de 1,50 ? Et s'il était de 15,0 ? Justifiez vos réponses.

4. **L'interprétation des ratios financiers** Expliquez en détail le genre d'information que les ratios financiers suivants fournissent sur une entreprise :

   a) Le ratio de trésorerie ;

   b) Le ratio de liquidité immédiate ;

   c) La mesure de l'intervalle ;

   d) Le coefficient de rotation (du total) de l'actif ;

   e) Le ratio actif-fonds propres ;

   f) Le ratio d'endettement à long terme ;

   g) Le ratio de couverture des intérêts ;

   h) Le ratio de marge bénéficiaire ;

   i) Le taux de rendement de l'actif ;

   j) Le taux de rendement des fonds propres ;

   k) Le ratio cours-bénéfice.

5. **Le calcul des ratios de liquidité** Une entreprise a un fonds de roulement net de 750 $, son passif à court terme s'élève à 2 100 $ et ses stocks valent 900 $. Quel est son ratio du fonds de roulement ? son ratio de trésorerie relative ?

6. **Le calcul des ratios de rentabilité** Une entreprise a un chiffre d'affaires de 25 millions de dollars. Le total de son actif s'élève à 36 millions de dollars et le total de son passif, à 7 millions de dollars. Si son ratio de marge bénéficiaire est de 6 %, quel est son bénéfice net ? Quel est le taux de rendement de son actif ? Quel est le taux de rendement de ses fonds propres ?

7. **Le calcul du délai moyen de recouvrement des créances** Le solde des comptes clients courants de la société Amhearst se chiffre à 425 467 $. Les ventes à crédit pour l'année qui vient de se terminer atteignent 2 500 192 $. Quel est le coefficient de rotation des comptes clients ? Quel est le délai moyen de recouvrement des créances ? En moyenne, combien de temps les clients qui achètent à crédit ont-ils mis à régler leurs comptes au cours de la dernière année ?

8. **Le calcul du coefficient de rotation des stocks** En fin d'exercice, la société Marlate dispose de stocks d'une valeur de 352 600 $ et le coût des biens vendus au cours de l'année qui vient de se terminer se chiffre à 1 480 920 $. Calculez le coefficient de rotation des stocks. Quel est le délai moyen de rotation des stocks ? En moyenne, combien de temps chaque unité de stock est-elle restée sur les tablettes avant d'être vendue ?

9. **Le calcul du ratio de levier financier** Le ratio du total de la dette d'une entreprise est de 0,35. Quel est son ratio dette-fonds propres ? Quel est son ratio actif-fonds propres ?

10. **Le calcul des ratios de valeur marchande** Les additions aux bénéfices non répartis de la société Deltamax inc. pour l'année qui vient de se terminer sont de 160 000 $. L'entreprise a versé 100 000 $ de dividendes en espèces, et le total de ses fonds propres en fin d'exercice est de 5 millions de dollars. S'il y a en ce moment 100 000 actions ordinaires de Deltamax inc. en circulation, quels sont les bénéfices par action ? Quels sont les dividendes par action ? Quelle est la valeur comptable d'une action ? Si une action se vend actuellement 65 $, quel est son ratio valeur marchande-valeur comptable ? Quel est le ratio cours-bénéfice ?

11. **L'identité de Du Pont** Si le ratio actif-fonds propres d'une entreprise est de 1,80, que le coefficient de rotation (du total) de son actif est de 1,10 et sa marge bénéficiaire de 11 %, quel est le taux de rendement de ses fonds propres ?

12. **L'identité de Du Pont** La société Eastern Manufacturing affiche une marge bénéficiaire de 10,5 %, un coefficient de rotation (du total) de l'actif de 1,75 et un taux de rendement des fonds propres de 24,50 %. Quel est le ratio dette-fonds propres de l'entreprise ?

13. **La provenance et l'utilisation de l'encaisse** En vous servant uniquement des renseignements ci-dessous concernant la société Asset Liquidation, déterminez si l'encaisse a augmenté ou diminué. De combien ? Classez chaque mesure selon qu'il s'agit de provenance ou d'utilisation de l'encaisse.

Diminution des stocks	420 $
Diminution des comptes fournisseurs	260
Diminution des effets à payer	750
Augmentation des comptes clients	900

14. **Le calcul du délai moyen de recouvrement des comptes fournisseurs** En 2003, le coût des biens vendus par la société BDJ inc. se chiffrait à 8 325 $. À la fin de l'année, le solde des comptes fournisseurs atteignait 1 100 $. En moyenne, combien de temps l'entreprise a-t-elle mis à régler ses fournisseurs au cours de l'année ? Qu'est-ce qu'une valeur élevée de ce ratio pourrait indiquer ?

15. **Les flux monétaires et les dépenses d'investissement** Pour l'année qui vient de se terminer, la société Netware inc. affiche une augmentation du compte de son actif immobilisé net de 370 $. Dans la même période, l'entreprise a eu des frais d'amortissement de 130 $. Combien a-t-elle investi dans de nouveaux éléments d'actif immobilisé ? S'agit-il de provenance ou d'utilisation d'encaisse ?

16. **Le ratio actif-fonds propres et le taux de rendement des fonds propres** Le ratio dette-fonds propres de la société Poulet rôti est de 1,10. Le taux de rendement de l'actif atteint 6,5 %, et le total des fonds propres s'élève à 210 000 $. Calculez le ratio actif-fonds propres, le taux de rendement des fonds propres et le bénéfice net.

Voici les bilans de la société Windsor au 31 décembre 2002 et au 31 décembre 2003. Servez-vous de cette information pour résoudre les problèmes 17 à 21.

SOCIÉTÉ WINDSOR
Bilans
au 31 décembre 2002 et au 31 décembre 2003

	2002	2003
Actif		
Actif à court terme		
Encaisse	7 085 $	8 933 $
Comptes clients	22 409	23 855
Stocks	45 818	60 290
Total	75 312 $	93 078 $
Actif immobilisé		
Actif net, usine et équipement	259 432 $	273 508 $
Total de l'actif	334 744 $	366 586 $
Passif et fonds propres		
Passif à court terme		
Comptes fournisseurs	72 502 $	66 339 $
Effets à payer	35 201	41 775
Total	107 703 $	108 114 $
Dette à long terme	50 000 $	25 000 $
Fonds propres		
Actions ordinaires et surplus d'apport	75 000 $	75 000 $
Bénéfices non répartis	102 041	158 472
Total	177 041 $	233 472 $
Total du passif et des fonds propres	334 744 $	366 586 $

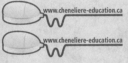

17. La préparation d'états financiers standardisés Établissez les bilans de la société Windsor en chiffres relatifs au 31 décembre 2002 et au 31 décembre 2003.

18. La préparation d'états financiers standardisés Établissez le bilan de la société Windsor pour l'année 2003 en considérant l'année 2002 comme année de référence.

19. La préparation d'états financiers standardisés Établissez le bilan de la société Windsor au 31 décembre 2003 en combinant les chiffres relatifs avec ceux de l'année de référence.

20. La provenance et l'utilisation de l'encaisse Pour chaque compte du bilan de cette entreprise, déterminez la variation au cours de 2003 et indiquez s'il s'agit d'une provenance ou d'une utilisation d'encaisse. Vos chiffres concordent-ils et sont-ils logiques ? Expliquez votre réponse pour le total de l'actif en le comparant à votre réponse pour le total du passif et des fonds propres.

21. Le calcul de ratios financiers D'après les bilans fournis pour la société Windsor, calculez chacun des ratios suivants pour 2002 et 2003 :

a) Le ratio du fonds de roulement ;

b) Le ratio de trésorerie ;

c) Le ratio de liquidité immédiate ;

d) Le ratio fonds de roulement net-total de l'actif ;

e) Le ratio dette-fonds propres et le ratio actif-fonds propres ;

f) Le ratio du total du passif et le ratio d'endettement.

22. L'utilisation d'états financiers standardisés Quels genres de renseignements les tableaux de chiffres relatifs révèlent-ils concernant une entreprise ? À quoi ces tableaux sont-ils le plus utiles ? Quel est l'objectif des tableaux établis d'après une année de référence ? Quand vous en serviriez-vous ?

23. L'utilisation de ratios financiers Expliquez ce que signifie l'analyse d'un groupe de pairs. En tant que gestionnaire financier, comment les résultats d'une telle analyse pourraient-ils vous aider à évaluer le rendement de votre entreprise ? En quoi un groupe de pairs se distingue-t-il d'un groupe de référence ?

24. L'interprétation de l'identité de Du Pont Pourquoi considère-t-on l'identité de Du Pont comme un instrument précieux lorsqu'il s'agit d'analyser le rendement d'une entreprise ? Analysez les sortes de renseignements qu'elle fournit par rapport à ceux qu'on obtient à partir du taux de rendement des fonds propres utilisé seul.

25. L'utilisation de l'identité de Du Pont Le chiffre d'affaires d'une entreprise s'élève à 1 200 $ et le total de son actif, à 700 $, alors que son ratio dette-fonds propres est de 1. Si le taux de rendement de ses fonds propres atteint 13 %, quel est son bénéfice net ?

26. La provenance et l'utilisation de l'encaisse Si les comptes fournisseurs d'un bilan ont augmenté de 8 000 $ entre le début et la fin de l'exercice, peut-on parler d'une provenance ou d'une utilisation de l'encaisse ? Justifiez votre réponse.

27. Les ratios et l'actif immobilisé Chez la société Intech, le ratio d'endettement à long terme est de 0,45 et le ratio du fonds de roulement, de 1,20. Le passif à court terme de l'entreprise a une valeur à long terme de 750 $, son chiffre d'affaires s'élève à 3 650 $, son ratio de marge bénéficiaire est égal à 7,5 % et le taux de rendement de ses fonds propres atteint 20,5 %. Quel est le montant de l'actif immobilisé net de la société ?

28. Le ratio de marge bénéficiaire En réponse à des plaintes concernant ses prix trop élevés, une chaîne de magasins d'alimentation lance la campagne de publicité suivante : « Lorsque vous donnez 0,50 $ à votre enfant pour qu'il fasse des commissions d'une valeur de 25 $, cette course lui rapporte deux fois plus qu'à nous. » Les renseignements suivants sont tirés des états financiers de cette chaîne.

	(en millions de dollars)
Chiffre d'affaires	230,0 $
Bénéfice net	2,3
Total de l'actif	50,0
Total du passif	35,0

Évaluez l'affirmation de la publicité. Sur quoi l'entreprise se base-t-elle pour faire cette affirmation ? Est-ce une affirmation trompeuse ? Justifiez votre réponse.

29. L'utilisation de l'identité de Du Pont La société Jordan affiche un bénéfice net de 73 500 $. Le délai moyen de recouvrement des créances est de 14,20 jours. Le total de l'actif s'élève à 560 000 $ et celui des comptes clients, à 84 000 $. Le ratio dette-fonds propres est de 0,65. Quel est le ratio de marge bénéficiaire de l'entreprise ? Quel est le coefficient de rotation (du total) de l'actif ? Quel est le taux de rendement des fonds propres ?

30. Le calcul du ratio de couverture des intérêts avant amortissement Le bénéfice net de la société Rexit Autos inc. pour l'année la plus récente se chiffrait à 7 250 $. Le taux d'imposition atteignait 34 %. L'entreprise a versé 2 235 $ en intérêts et a déduit 1 450 $ en amortissement pour l'exercice. Quel était le ratio de couverture des intérêts avant amortissement de la société pour cette année-là ?

31. Le calcul du ratio de couverture des intérêts Voici quelques renseignements concernant le dernier exercice d'une entreprise. Le chiffre d'affaires est de 230 000 $, le coût des biens vendus de 75 000 $, l'amortissement pour l'exercice de 27 000 $ et les additions aux bénéfices non répartis de 33 360 $. Actuellement, 20 000 actions ordinaires de cette entreprise sont en circulation et, l'année précédente, chacune rapportait 1,50 $ en dividendes. En supposant que le taux d'imposition est de 34 %, déterminez le ratio de couverture des intérêts pour le dernier exercice.

32. Les ratios et les entreprises étrangères En 2002, la société Bearings PLC a subi une perte nette de 7 036 £ sur un chiffre d'affaires de 108 246 £ (en milliers de livres chaque fois). Quel était le ratio de marge bénéficiaire de l'entreprise ? L'utilisation de chiffres en devise étrangère fait-elle une différence ? Pourquoi ? Le chiffre d'affaires de la société s'élevait à 853 709 $ CAN. Quelle a été la perte nette en dollars canadiens ?

Voici des états financiers récents de la société Sleight. Servez-vous de ces renseignements pour résoudre les problèmes 33 à 37.

SOCIÉTÉ SLEIGHT
Bilans
au 31 décembre 2002 et au 31 décembre 2003

	2002	2003
Actif		
Actif à court terme		
Encaisse	510 $	302 $
Comptes clients	1 273	1 704
Stocks	3 109	2 955
Total	4 892 $	4 961 $
Actif immobilisé		
Actif net, usine et équipement	9 733 $	10 255 $
Total de l'actif	14 625 $	15 216 $
Passif et fonds propres		
Passif à court terme		
Comptes fournisseurs	702 $	815 $
Effets à payer	413	429
Autres	30	209
Total	1 145 $	1 453 $
Dette à long terme	3 117 $	2 500 $
Fonds propres		
Actions ordinaires et surplus d'apport	10 000 $	10 000 $
Bénéfices non répartis	363	1 263
Total	10 363 $	11 263 $
Total du passif et des fonds propres	14 625 $	15 216 $

SOCIÉTÉ SLEIGHT
État des résultats
pour l'exercice terminé le 31 décembre 2003

Chiffre d'affaires	10 500 $
Coût des biens vendus	3 900
Amortissement	650
Bénéfice avant intérêts et impôts	5 950 $
Intérêts versés	585
Bénéfice imposable	5 365 $
Impôts (34 %)	1 824
Bénéfice net	3 541 $
Dividendes	2 641 $
Additions aux bénéfices non répartis	900

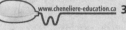
www.cheneliere-education.ca

33. Le calcul des ratios financiers Déterminez les ratios financiers suivants pour la société Sleight (utilisez des chiffres de fin d'exercice plutôt que des valeurs moyennes aux endroits appropriés).

Les ratios de solvabilité à court terme
a) le ratio du fonds de roulement   _____
b) le ratio de trésorerie   _____
c) le ratio de liquidité immédiate   _____

Les ratios de gestion de l'actif
d) le coefficient de rotation (du total) de l'actif   _____
e) le coefficient de rotation des stocks   _____
f) le coefficient de rotation des comptes clients   _____

Les ratios de solvabilité à long terme
g) le ratio de l'endettement total   _____
h) le ratio dette-fonds propres   _____
i) le ratio actif-fonds propres   _____
j) le ratio de couverture des intérêts   _____
k) le ratio de couverture des intérêts avant amortissement   _____

Les ratios de rentabilité
l) le ratio de marge bénéficiaire   _____
m) le taux de rendement de l'actif   _____
n) le taux de rendement des fonds propres   _____

34. L'identité de Du Pont Établissez l'identité de Du Pont pour la société Sleight.

35. Le calcul de la mesure de l'intervalle Pendant combien de jours l'entreprise pourrait-elle continuer à fonctionner si ses rentrées de fonds étaient brusquement interrompues ?

36. L'état de l'évolution de la situation financière Dressez un état des flux monétaires de la société Sleight pour l'exercice terminé le 31 décembre 2003.

37. Les ratios de valeur marchande La société Sleight a 500 actions ordinaires en circulation et, à la fin de 2003, chacune d'elles avait une valeur marchande de 63 $. Quel est le ratio cours-bénéfice ? À combien s'élèvent les dividendes par action ? Quel est le ratio valeur marchande-valeur comptable à la fin de 2003 ?

38. L'acceptation par le marché boursier Un concurrent type de la société Sleight a un ratio cours-bénéfice de 8 fois et un ratio valeur marchande-valeur comptable de 1,5 fois. Qu'est-ce que ces chiffres suggèrent concernant le caractère attrayant des actions de la société Sleight ?

Mini étude de cas

La société Atlantic Lumber Traders*

Le 20 avril 1989, Mme Lynn Thomas, après une conversation téléphonique, examine ses notes. Mme Gail Hall, une des propriétaires d'Atlantic Lumber Traders, vient de lui fournir les derniers renseignements dont elle avait besoin. Adjointe de M. Harry Sarson au service d'évaluation du crédit de la Maritime Bank à Saint-Jean au Nouveau-Brunswick, Mme Thomas a été chargée de revoir le dossier d'Atlantic Lumber Traders. Elle doit déterminer si l'explication de Mme Hall concernant les problèmes de son entreprise est plausible et évaluer les risques que courrait la banque advenant la réalisation de diverses projections concernant l'avenir de l'entreprise. Elle devra ensuite présenter des recommandations sur les mesures à prendre. Au pire, si un redressement se révèle impossible, c'est à elle que reviendra la tâche de trouver le meilleur moyen de liquider méthodiquement Atlantic Lumber Traders.

D'après le dossier, l'entreprise a été fondée à Saint-Jean, en 1983, dans le but de vendre du bois de charpente en gros dans les provinces maritimes. Ses principaux actionnaires, M. Edward Hall et Mme Gail Hall, sont frère et sœur. Ils viennent d'une famille riche et considérée du Nouveau-Brunswick qui a une longue tradition d'entrepreneurship.

Après quatre années d'activités rentables, l'entreprise a subi des pertes d'exploitation de 219 666 $ et une perte nette de 174 216 $ sur un chiffre d'affaires de 17 millions de dollars pour l'année se terminant le 31 décembre 1988. Cette perte a beaucoup préoccupé les Hall, mais aussi la Maritime Bank, qui avait consenti à l'entreprise un crédit renouvelable de 1,3 million de dollars à un taux d'intérêt préférentiel plus 1 %.

Lorsque les résultats du troisième trimestre sont arrivés, Mme Gail Hall a ressenti le besoin de reprendre personnellement le contrôle de l'entreprise. En octobre 1988, elle a donc abandonné la pratique du droit (une profession lucrative dans son cas puisque, cette année-là, son bénéfice net s'élevait à 140 000 $) pour se consacrer entièrement à l'entreprise. Elle devait d'abord cerner les principaux problèmes puis appliquer des mesures correctives.

Un historique de l'entreprise

M. Edward Hall et Mme Gail Hall, deux avocats dans la trentaine, ont fondé la société Atlantic Lumber Traders en 1983 dans le but de vendre du bois de charpente en gros. L'entreprise avait des territoires de vente dans les quatre provinces maritimes, au Québec, en Ontario et, occasionnellement, aux États-Unis. Environ 80 % de son chiffre d'affaires provenait des provinces maritimes, 19 % du Québec et de l'Ontario et 1 % des États-Unis. Les Hall, frère et sœur, détenaient la plus grande partie des actions ainsi que M. David Lawson, le gestionnaire de l'entreprise jusqu'en octobre 1988. À cette date, M. Lawson a été remercié de ses services et les Hall ont racheté ses actions pour 1 $ tout en rejetant sur lui le blâme du piètre rendement de l'entreprise dès la fin de 1987 et pendant toute l'année 1988. Les propriétaires ont admis qu'ils auraient dû mieux surveiller leurs affaires.

Jusqu'en 1988, l'entreprise avait vu son chiffre d'affaires s'accroître considérablement de 3 millions de dollars pour la première année d'exploitation (1984) à 19 millions de dollars pour l'exercice financier 1987 (voir l'annexe 2). Le bénéfice net avait atteint un sommet de 128 000 $ malgré une perte de 48 000 $ due à la location de deux immeubles de 16 logements achetés par l'entreprise en 1987. Cette perte devait compenser les bénéfices sur la vente du bois de charpente. Au cours de 1988, en partie à cause de la piètre performance d'Atlantic Lumber Traders, les propriétés en location ont été vendues (à leur valeur comptable) à une autre entreprise exploitée par les Hall. Selon Mme Hall, l'activité de location a atteint un seuil de rentabilité lorsqu'elle s'en est chargée personnellement. Elle a fait exécuter certains travaux de rénovation et remplacé les anciens administrateurs, réussissant ainsi à augmenter le niveau d'occupation.

Le fonctionnement de l'entreprise de bois de charpente était très simple. À la fin de 1988, Atlantic Lumber Traders avait une équipe de vente composée de quatre personnes — trois négociants à temps plein et un directeur général qui s'occupait également de ventes — chargées de vendre du bois de charpente en gros à une clientèle constituée de 50 à 100 grands détaillants. Le personnel de vente recevait une commission de 1,8 % et la marge bénéficiaire variait entre 4,5 et 5,5 %. On ne conservait aucun stock pour la plupart des ventes, car aussitôt reçues, les commandes étaient acheminées aux scieries, d'où le bois était livré directement au client. Le personnel administratif très restreint d'Atlantic Lumber Traders se composait de deux ou trois personnes chargées de la comptabilité. L'entente conclue avec la plupart des scieries stipulait des délais de 10 jours, et le délai moyen de recouvrement des créances était de 22 jours en 1987 — 37 jours pour ce secteur d'activité (voir l'annexe 3). L'entreprise devait donc financer environ 40 jours de ventes en moyenne, ce qui requérait un important capital social. On gardait un petit stock de pièces de longueurs peu courantes pour les commandes spéciales, dont la valeur s'élevait à environ 200 000 $.

Au cours de l'année 1988, M. David Lawson a spéculé sur des achats à la fois pour la revente et pour les stocks, dont la valeur, à un certain moment, dépassait 600 000 $. En effectuant ces achats, pour lesquels il n'y avait pas de commandes fermes, M. Lawson espérait tirer profit des fluctuations de prix du marché.

En 1987 et en 1988, l'entreprise employait jusqu'à 11 personnes. Le personnel de bureau comptait six employés, soit un de plus que le nombre de vendeurs. Pour satisfaire la clientèle, M. Lawson a vendu du bois de charpente en lots irréguliers plutôt que de se conformer aux usages de ce secteur suivant lesquels les clients doivent acheter des lots complets. Par conséquent, l'entreprise s'est retrouvée avec des stocks importants de pièces de longueurs moins demandées et il a fallu réduire la valeur des stocks lorsqu'on s'en est rendu compte.

---

* Ce cas a été préparé par Mme Linda P. Henry, professeure de finance à la Dalhousie University, à la demande de l'Atlantic Entrepreneurial Institute qui souhaitait en faire le sujet d'une analyse en classe. Il ne vise pas à illustrer l'efficacité ou l'inefficacité de diverses méthodes de gestion. Certains de ses éléments ont d'ailleurs été modifiés pour masquer les frais réels. Copyright © 1991, Atlantic Entrepreneurial Institute, un organisme fondé par l'Atlantic Canada Opportunities Agency. Utilisé avec autorisation.

Mme Hall a mis fin à ces façons de procéder dès qu'elle a repris le contrôle des activités quotidiennes de l'entreprise. Ses efforts ont même permis de réaliser un léger profit de 16 000 $ pour le premier trimestre de 1989. D'après elle, ce profit indiquait un redressement de l'entreprise, car le premier trimestre est, traditionnellement, la période la moins rentable de l'année pour Atlantic Lumber Traders.

Les débiteurs principaux

Même si Atlantic Lumber Traders n'a été fondée qu'en 1983, la famille Hall a des intérêts dans le secteur du bois et du bois de charpente depuis plus d'un demi-siècle. Hall Investments Ltd., une société de portefeuille établie en 1984 par le frère et la sœur, possède deux filiales contrôlées à 100 %, une dans le transport et l'autre dans des activités connexes au commerce du bois de charpente. Ces entreprises font des affaires avec toutes les grandes banques. Les Hall considèrent qu'ils connaissent bien le domaine du bois de charpente et qu'ils ont les relations nécessaires pour réaliser des ventes substantielles. Toutefois, M. Hall n'a jamais joué un rôle actif dans ces entreprises. Quant à sa sœur, elle reconnaît les avoir négligées en faveur du droit. Mme Hall semble connaître le domaine et être en mesure de participer à l'effort de vente au besoin.

Comme les Hall jouissent d'une grande influence sur le marché au Nouveau-Brunswick, Mme Thomas sait que son patron, M. Harry Sarson, tient à rester en bons termes avec eux. Toutefois, il veut aussi s'assurer que l'investissement de la banque est sûr.

ANNEXE 1

ATLANTIC LUMBER TRADERS
Bilan
au 31 décembre
(en milliers de dollars)

	1985[1]	1986[2]	1987[2]	1988[2]
Actif				
Actif à court terme				
Encaisse	0 $	0 $	0 $	0 $
Créances clients (nettes)	645	938	1 174	688
Autres comptes clients (nets)	2	39	79	101
Stocks	99	184	570	262
Frais payés d'avance	0	0	12	5
Montants payables par les actionnaires	0	33	0	0
Impôts à recouvrer	0	0	1	71
Total de l'actif à court terme	746 $	1 194 $	1 836 $	1 127 $
Actif immobilisé				
Terrain et immeubles	0	0	1 150	0
Équipement et outillage	6	6	58	19
Aménagement des locaux loués	9	9	10	13
Amortissement cumulé	(4)	(6)	(69)	(20)
Total de l'actif immobilisé	11 $	9 $	1 149 $	12 $
Autres éléments d'actif				
Biens incorporels	18	0	0	0
Investissement en ou investissements provenant de	0	60	180	0
Charges de garantie à étaler	0	0	11	0
Effets à recevoir	0	0	0	328
Total des autres éléments d'actif	18 $	60 $	191 $	328 $
Total de l'actif	775 $	1 263 $	3 176 $	1 467 $
Passif et fonds propres				
Passif à court terme				
Emprunt bancaire	471 $	668 $	985 $	886 $
Comptes fournisseurs	207	425	933	467
Impôts (sur les bénéfices) à payer	14	11	0	0
Versements sur la dette à long terme exigibles à court terme	12	12	44	0
Total du passif à court terme	704 $	1 116 $	1 962 $	1 353 $
Passif à long terme				
Endettement à long terme envers la banque	29	17	501	0
Autres dettes à long terme envers l'entreprise 1	0	0	225	0
Autres dettes à long terme envers l'entreprise 2	0	0	200	0
Paiement aux actionnaires[3]	0	0	30	30
Total du passif à long terme	29 $	17 $	956 $	30 $
Total du passif	733 $	1 133 $	2 918 $	1 383 $
Fonds propres				
Actions ordinaires	1	1	1	1
Bénéfices non répartis	41	129	257	83
Total des fonds propres	42 $	130 $	258 $	84 $
Total du passif et des fonds propres	775 $	1 263 $	3 176 $	1 467 $

1. Non vérifié.
2. Vérifié.
3. Différé.
Source : Archives de l'entreprise et dossiers de la banque.

ATLANTIC LUMBER TRADERS
État des résultats
pour les exercices terminés le 31 décembre
(en milliers de dollars)

	1985[1]	1986[2]	1987[2]	1988[2]
Chiffre d'affaires	7 507 $	12 540 $	19 049 $	16 853 $
Coût des biens vendus	7 148	11 936	18 121	16 095
Marge bénéficiaire brute	359 $	604 $	928 $	758 $
Frais d'exploitation				
Amortissement	2	2	4	9
Créances douteuses	12	3	2	16
Intérêts débiteurs	31	54	82	130
Salaires	102	237	419	489
Frais de téléphone	42	60	94	100
Frais de déplacement	25	46	80	66
Loyer	12	16	18	20
Frais de démarrage (amortissement)	18	0	0	0
Autres[3]	29	76	85	46
Total des frais d'exploitation	273 $	494 $	784 $	876 $
Bénéfice d'exploitation (perte)	86	110	144	(118)
Autres revenus (dépenses)				
Perte de la division de location	0	0	(48)	(102)
Société affiliée	0	0	54	22
Divers	4	0	0	0
Bénéfice avant impôts (perte)	90 $	110 $	150 $	(198 $)
Impôts sur les bénéfices (récupération)	14	22	32	(46)
Gains ou pertes exceptionnels	0	0	10	(22)
Bénéfice net (perte)	76 $	88 $	128 $	(174 $)
Bénéfices non répartis (d'ouverture)	(35) $	41 $	129 $	257 $
Bénéfices non répartis (de clôture)	41 $	129 $	257 $	83 $

Commentaires sur les états financiers : Le chiffre d'affaires a diminué de 2 200 000 $ par rapport à l'année précédente à cause de problèmes de gestion interne et de restructuration. Les pertes subies (174 000 $), après récupération des impôts sur les bénéfices (46 000 $) et une perte exceptionnelle sur la vente des investissements dans une société affiliée (22 000 $), sont attribuées à une baisse de la marge bénéficiaire brute de 0,4 % (75 000 $) due à des achats non rentables par le gestionnaire précédent (les stocks achetés aux fins de spéculation puis écoulés à un prix inférieur à la marge normale). Les propriétaires ont repris le contrôle et se chargent de l'administration. Le total des dépenses a augmenté de 1,1 % (185 000 $) à cause de dépenses excessives pour des postes non essentiels (comptes de frais, personnel administratif, etc.). Depuis la fin de l'année, cinq employés ont été mis à pied, et les dépenses ont été réduites à l'essentiel (les ventes ne semblent pas en avoir souffert jusqu'ici).

1. Non vérifié.
2. Vérifié.
3. Frais de vente, frais généraux et frais d'administration.

Source : Archives de l'entreprise et dossiers de la banque.

L'évaluation des risques de l'entreprise par la banque en avril 1989

Mme Thomas a déterminé quatre domaines dans lesquels l'entreprise a mis en péril le capital de la banque : 1) les pertes subies jusqu'ici dans l'exploitation ; 2) le ratio dette-fonds propres, qui était de 17 pour 1 à la fin de 1988 et qui est passé à 4 pour 1 lorsqu'on tient compte des prêts de rang inférieur[14] et des valeurs liquides pour le premier trimestre de 1989 ; 3) la concurrence ; 4) l'incapacité de subir de nouvelles pertes.

Selon Mme Thomas, il y avait des circonstances atténuantes pour chaque facteur de risque. L'amélioration du rendement depuis la fin de 1988 semble indiquer que les domaines qui posaient des problèmes ont été décelés et qu'on y a apporté des corrections. Mme Hall a elle-même supervisé attentivement les états financiers internes. De son côté, Mme Thomas ne croit pas que l'accord de libre-échange canado-américain constitue un risque important. Mme Hall l'a assurée que cet accord aurait un effet négligeable sur le pourcentage des ventes (1 %) de l'entreprise aux États-Unis.

14 De valeur inférieure à la dette envers la banque. On parle aussi d'un renvoi des réclamations des actionnaires. Dans ce cas-ci, les Hall ont injecté 200 000 $ (un prêt d'actionnaires de rang inférieur) dans l'entreprise depuis la fin de 1988.

ANNEXE 3 — Quelques ratios du secteur d'activité d'Atlantic Lumber Traders

	Ratios de ce secteur d'activité en 1987
Liquidité	
Ratio du fonds de roulement	1,50
Ratio de trésorerie	0,70
Délai moyen de recouvrement des créances	36,80
Délai moyen de paiement	10,55
Chiffre d'affaires-fonds de roulement	14,90
Ratios de levier financier	
Ratio dette-fonds propres	2,10
Ratio dette-valeur corporelle nette	2,10
Actif immobilisé net-valeur corporelle nette	0,51
Ratios de couverture	
Bénéfice avant intérêts et impôts-intérêts	2,50
Ratios de rentabilité (en pourcentage)	
Bénéfice brut-chiffre d'affaires	5,00
Bénéfice brut en espèces-chiffre d'affaires	3,00
Bénéfice avant impôts-chiffre d'affaires	2,58
Bénéfice net-chiffre d'affaires	2,30
Bénéfice avant impôts-total de l'actif	5,30

Source : Dossiers de la banque.

Les garanties personnelles offertes par les Hall s'élèvent à 316 000 $ et compensent en partie le ratio dette-fonds propres.

Atlantic Lumber Traders a déjà une clientèle établie et le nom des Hall est synonyme de bois de charpente depuis plus de 50 ans. Mme Thomas croit que la crainte de voir ternir la réputation de sa famille va inciter Mme Hall à coopérer avec la banque. Mme Hall a déjà indiqué que pour éviter les pertes, elle mettrait fin aux activités de l'entreprise au moindre signe de ralentissement.

Les prévisions économiques

En faisant son analyse des antécédents de l'entreprise, Mme Thomas a relu les prévisions établies par les économistes de la banque au début de 1989. L'étude des indicateurs de tendances semblait démontrer que l'économie allait commencer à ralentir au cours du deuxième trimestre. Selon les spécialistes à l'emploi de la banque, les taux d'intérêt resteraient élevés aussi longtemps que le gouverneur de la Banque du Canada, M. John Crow, s'efforcerait de réduire l'inflation.

D'après leur rapport, le dollar canadien était surévalué par rapport à la devise américaine à cause des taux d'intérêt élevés et de l'écart anormalement grand entre ces taux dans les deux pays. On s'attendait à ce que le dollar canadien tombe à environ 0,81 $ US vers la fin de 1989.

On prévoyait aussi un ralentissement économique pour les provinces de l'est du pays, ce qui aurait un effet négatif sur le chiffre d'affaires d'Atlantic Lumber Traders. La taxe sur les produits et services (TPS) devait entrer en application en janvier 1991 et, à cause de ses coûts additionnels de tenue des comptes, son effet sur ce secteur d'activité à faible marge s'annonçait considérable.

L'analyse du secteur d'activité

Les clients d'Atlantic Lumber Traders sont habituellement des fournisseurs indépendants, des entrepreneurs généraux qui travaillent à de vastes projets (sans intermédiaires) ou des utilisateurs de bois de charpente sur une grande échelle comme les fabricants de maisons mobiles.

Sans les services d'un négociant en bois de charpente, un client (vendeur en gros ou au détail) devrait passer par les étapes d'un long processus pour acheter du bois. Les grossistes et les détaillants économisent le temps qu'ils devraient employer à acheter le bois directement de la scierie ou à se procurer des chargements partiels en cédant un pourcentage de leur marge bénéficiaire brute (généralement de 5 à 6 %) aux négociants en bois de charpente pour que ceux-ci fassent les achats à leur place.

Les négociants en bois de charpente doivent avoir de l'expérience pour acheter à bon prix, savoir quelles scieries offrent certaines espèces de bois, différentes dimensions et qualités en tout temps. Il est important qu'ils connaissent la réputation de chacun de ces fournisseurs en ce qui concerne la qualité et la fiabilité. Ils doivent également organiser le transport du bois de charpente de la scierie à son destinataire. Si un acheteur ne veut pas d'un lot complet, comme c'est souvent le cas, le coût du transport d'un chargement partiel peut avoir pour effet de rendre la commande non rentable. Les faibles coûts constituent un facteur critique dans ce secteur d'activité à cause de ses marges réduites.

Certains risques sont inhérents au commerce du bois de charpente ; le plus important d'entre eux se rapporte aux créances irrécouvrables. Le négociant doit payer la scierie, que son client ait acquitté sa facture à temps, en retard ou pas du tout. Si le client ne la paie pas, les pertes qui en résultent peuvent l'acculer à la faillite. En outre, il a la responsabilité de livrer des produits respectant la quantité et la qualité exigées par l'acheteur et dans le délai prévu. Du bois qui n'a pas la qualité demandée ou des livraisons en retard pourraient nuire aux relations avec la clientèle et influer sur le recouvrement des créances.

Les provinces maritimes constituent le principal marché d'Atlantic Lumber Traders. On y consomme environ 1,2 milliard de pieds de planche de bois de charpente par année. L'entreprise détient à peu près 5 % du marché dans un secteur extrêmement concurrentiel et doit rivaliser avec des familles influentes tels les Irving du Nouveau-Brunswick, qui ont des intérêts bien établis. Par conséquent, Atlantic Lumber Traders doit faire un effort pour se redresser rapidement si elle veut maintenir ses positions par rapport à la concurrence.

Certains facteurs environnementaux peuvent nuire à l'approvisionnement en bois de charpente. Le dommage causé par la tordeuse des bourgeons de l'épinette et le programme controversé de pulvérisation des forêts ont terni l'image publique du secteur de la foresterie et, par la suite, ont diminué les profits des entreprises individuelles. En outre, du côté des scieries, on a pris conscience de la nécessité d'enrayer la pollution, et le coût des mesures adoptées devrait être absorbé par les clients. Il en résultera une réduction additionnelle des marges des négociants de bois de charpente, ce qui pourrait amener certains clients à traiter directement avec les scieries pour diminuer leurs coûts.

La situation en avril 1989

Depuis la fin de 1988, les Hall ont injecté un montant supplémentaire de 200 000 $ dans leur société, et la banque a réduit sa marge de crédit de 1,3 à 1 million de dollars. La disponibilité des fonds de crédit bancaire était sujette aux conditions suivantes : un maximum de 75 % de l'évaluation par la banque des comptes clients mobilisés après déduction des comptes clients en souffrance depuis 60 jours ou plus, plus 50 % de l'évaluation par la banque des stocks désignés jusqu'à une valeur maximale de 125 000 $. La banque a demandé et obtenu en mars 1989 un droit de rétention sur les stocks en vertu de l'article 178. D'après ce droit de rétention ou privilège, si l'entreprise fait faillite, les biens couverts par le privilège pourront être liquidés uniquement pour rembourser la dette de l'entreprise envers la banque et non envers ses autres créanciers. La banque a également obtenu une mobilisation des créances (ou comptes clients).

À son arrivée, Mme Gail Hall a mis en application un certain nombre de mesures. Elle a d'abord réduit le personnel de 11 à 6 personnes. Elle a remplacé le système de comptabilité interne inefficace par un programme informatique simple et efficient. Désormais, le personnel de vente travaille à commission seulement et ne reçoit rien sur les comptes qui ne sont pas réglés avant 60 jours. Le niveau des stocks a été diminué et leur valeur a passé de la tranche de 500 000 à 850 000 $ à celle de moins de 150 000 $. D'après Mme Hall, ces mesures ont fortement contribué à rétablir la rentabilité d'Atlantic Lumber Traders.

Malgré son personnel réduit, l'entreprise compte vendre pour environ 10 millions de dollars de bois de charpente en 1989 par rapport à 16,9 millions de dollars en 1988. On espère une marge bénéficiaire brute de 5 %. D'après le rendement de l'entreprise dans le passé, son budget pour 1989 et les points de référence de ce secteur d'activité, Mme Thomas a établi que les coûts variables projetés d'une entreprise de vente en gros de bois de charpente correspondent à environ 3 % de son chiffre d'affaires. Elle a aussi estimé que les coûts fixes de l'entreprise varient entre 14 000 et 15 000 $ par mois. À l'aide de ces estimations, elle a calculé le seuil de rentabilité des ventes, puis elle a utilisé un tableur afin de déterminer l'effet combiné (sur le seuil de rentabilité des ventes et sur le bénéfice net) d'une variation dans chacune de ses estimations — c'est-à-dire une augmentation et une diminution de la marge bénéficiaire brute, des coûts variables et des coûts fixes par rapport aux valeurs prévues.

Les choix qui s'offrent à la direction et à la banque

Au cours de leur dernière conversation, Mme Hall a fait une proposition à Mme Thomas. En se fondant sur les améliorations observées depuis la fin de l'année, elle souhaitait négocier une augmentation de la marge de crédit (de 1 à 1,4 million de dollars) qui lui permettrait d'accroître son chiffre d'affaires jusqu'à 14,5 millions de dollars au lieu des 10 millions de dollars prévus. Compte tenu des ventes réalisées dans le passé et des résultats encourageants du premier trimestre, ce montant lui paraissait mieux refléter les capacités de l'entreprise. Selon elle, il y avait place pour un autre négociant dans le bureau, et l'équipe administrative suffirait à soutenir les activités commerciales supplémentaires. L'expérience a d'ailleurs démontré la capacité du marché à faire face à un volume de ventes plus élevé. Par conséquent, une fois surmonté l'obstacle principal des fonds propres, Mme Hall était convaincue qu'Atlantic Lumber Traders serait une entreprise viable.

De son côté, Mme Thomas avait déjà envisagé un plan plus conservateur en deux parties. Premièrement, une augmentation du taux d'intérêt de 1 % (ce qui coûterait 100 000 $ de plus à l'entreprise par année) pour couvrir les coûts supplémentaires de contrôle et, deuxièmement, l'élimination de la marge déjà disponible sur les stocks (50 % jusqu'à concurrence de 125 000 $). Tout en réglant les coûts additionnels dus au contrôle du compte, ce plan permettrait à la banque de réduire ses risques. L'élimination de la marge sur les stocks aurait un effet direct sur le potentiel de vente de la société.

Mme Thomas était décidée, au pire, à recommander aux Hall de mettre fin à leur exploitation de façon ordonnée, c'est-à-dire à fermer un territoire de vente à la fois, de sorte qu'eux-mêmes et la banque puissent récupérer leurs investissements.

Les derniers préparatifs

Mme Thomas prend une gorgée de café et s'installe à son ordinateur pour préparer le rapport dont M. Harry Sarson aura besoin avant sa rencontre du lendemain matin avec Mme Gail Hall. Elle sait que, puisque les efforts de Mme Hall ont apporté certaines améliorations au rendement de l'entreprise au cours du premier trimestre de 1989 et que l'avocate a coopéré avec la banque dans son analyse de la situation, il ne serait pas indiqué de réclamer le remboursement du prêt dans de telles circonstances.

Questions sur le cas à l'étude

1. Effectuez une analyse des ratios financiers d'Atlantic Lumber Traders pour 1987 et 1988. Comparez-les aux moyennes de ce secteur d'activité qui sont présentées dans l'annexe 3. Faites des commentaires sur les points forts et les points faibles de l'entreprise et comparez-les aux points de vue exprimés par Mme Gail Hall et Lynn Thomas.

2. Examinez comment les mesures adoptées par Mme Hall en 1989 pourraient améliorer la situation de l'entreprise.

3. Si vous aviez à conseiller Mme Thomas, quelle ligne de conduite lui recommanderiez-vous ?

Lectures suggérées

Il existe un grand nombre d'excellents ouvrages sur l'analyse des états financiers. En voici trois qui pourront vous être utiles.

GARRISON, R. H., G. R. CHESLEY et R. F. CARROLL. *Managerial Accounting,* 2e éd. canadienne, Homewood, Illinois, Richard D. Irwin, Inc., 1993, chap. 17.

GIBSON, C. H. et P. A. FRISHKOFF. *Financial Statement Analysis,* Boston, Kent Publishing, 1986.

VISCIONE, J. A. *Financial Analysis : Tools and Concepts,* New York, National Association of Credit Management, 1984.

CHAPITRE 4

La planification financière à long terme et la croissance des entreprises

Corel Corp., une entreprise de logiciels établie à Ottawa, a connu une croissance rapide après le succès de ses logiciels graphiques au début des années 1990[1]. En 1996, elle est devenue un acteur important du secteur informatique grâce à son acquisition de WordPerfect. Elle a ensuite décidé de concurrencer Microsoft en s'attaquant à sa chasse gardée, le logiciel bureautique. Pourtant, malgré la mise en marché de Java, des PC de poche et d'autres produits innovateurs, la rentabilité de Corel a diminué à tel point qu'au début de l'an 2000, l'entreprise éprouvait un sérieux déficit de trésorerie. Elle a alors essayé de remédier au problème en faisant une offre d'achat de toutes les actions d'Imprise, une entreprise de logiciels californienne dotée d'une solide encaisse. Après l'échec de cette opération commerciale, les analystes se sont sérieusement demandé comment elle paierait la note de cette transition alors qu'elle dépensait entre 18 et 20 millions de dollars par mois. En conséquence, la valeur de l'action de Corel est tombée de 10 % en une journée et ses employés, inquiets pour leur avenir, ont commencé à envoyer leur curriculum vitæ aux concurrents de leur employeur. Peu de temps après, Microsoft venait à la rescousse de Corel par une injection de fonds en lui achetant 24 millions d'actions sans droit de vote à 5,625 dollars américains chacune. Au moment de la rédaction de cet ouvrage, les actions de Corel ne valaient plus que 0,95 dollar américain. Pourtant, à la fin de 1999, avant cette dégringolade, elles se négociaient jusqu'à 39,25 dollars américains.

L'exemple de Corel montre l'importance d'une bonne planification financière pour la réussite d'une entreprise.

On dit souvent que les difficultés financières et les faillites sont dues à l'absence d'une planification à long terme efficace. C'est particulièrement vrai dans le cas des petites entreprises — un secteur essentiel à la création de nouveaux emplois au Canada. Au cours de ce chapitre, nous verrons qu'une planification à long terme est un moyen de réfléchir à l'avenir de façon systématique et d'anticiper les problèmes potentiels. Faute de miroirs magiques, nous devons nous contenter de méthodes logiques et structurées pour explorer l'inconnu. Un des membres du conseil d'administration de General Motors a d'ailleurs déjà mentionné qu'au mieux, la planification est un moyen d'empêcher une entreprise de faire fausse route en entrant à reculons dans l'avenir.

La planification financière permet d'établir des principes directeurs en vue de la transformation et de la croissance d'une entreprise. Normalement, elle porte sur la situation en général, c'est-à-dire sur les principaux aspects des lignes de conduite de l'entreprise en matière de finance et d'investissement, sans s'attarder sur chacune de leurs composantes.

Dans le présent chapitre, nous allons surtout traiter de la planification financière et illustrer l'interdépendance entre les diverses décisions que les gestionnaires d'entreprise doivent prendre concernant les investissements et le financement. Dans les chapitres qui suivront, nous examinerons plus en détail comment ces décisions sont prises.

---

1 Notre analyse de la situation de Corel Corp. est inspirée de S. TUCK, « Corel Cash Woes Worsen », *Report on Business, The Globe and Mail,* 18 mai 2000, p. B1 et 12.

Nous allons commencer par décrire ce qu'on entend généralement par « planification financière ». Il sera question ici presque uniquement de planification à long terme. Nous étudierons les résultats qu'une entreprise peut obtenir en dressant un plan financier à long terme. Pour ce faire, nous allons élaborer une technique de planification à long terme simple mais très pratique : la méthode d'estimation fondée sur le pourcentage du chiffre d'affaires. Nous allons voir comment appliquer cette méthode à des cas simples puis à certaines situations plus complexes.

Pour établir un plan financier précis, la direction doit définir certains éléments de sa ligne de conduite en matière de finance. Voici ces éléments de base :

1. L'investissement dans de nouveaux éléments d'actif dont l'entreprise a besoin, qui dépend des occasions dont l'entreprise décide de tirer parti et résulte de ses décisions en matière d'établissement du budget des investissements.

2. Le degré de levier financier qu'une entreprise choisit d'employer, qui détermine le montant des emprunts auxquels l'entreprise a recours pour financer ses investissements en immobilisations corporelles et dépend de sa ligne de conduite en matière de structure du capital.

3. Le montant d'argent que l'entreprise considère comme nécessaire et approprié de verser à ses actionnaires, qui résulte de sa ligne de conduite en matière de dividendes.

4. Le montant de liquidité et de fonds de roulement dont l'entreprise a besoin pour fonctionner quotidiennement, qui découle de sa décision en matière de fonds de roulement net.

Comme nous allons le voir, les décisions qu'une entreprise prend dans ces quatre domaines influent directement sur sa rentabilité future, son besoin de financement externe et ses occasions de croissance.

Ce chapitre tend à démontrer l'interdépendance entre l'investissement d'une entreprise et sa ligne de conduite en matière de finance. On ne peut donc pas les étudier l'un sans l'autre. Il faut tenir compte du type et du coût des éléments d'actif qu'une entreprise prévoit acquérir en même temps que de sa capacité à se procurer les fonds nécessaires pour ces investissements.

La planification financière oblige une entreprise à réfléchir à ses objectifs. L'un des objectifs les plus fréquemment choisis est la croissance, et presque toutes les entreprises utilisent un taux de croissance explicite qu'elles appliquent à l'ensemble de leurs activités comme principale composante de leur planification financière à long terme. En novembre 2000, Molson inc. a annoncé qu'elle achetait une nouvelle marque de bière brésilienne pour une somme d'environ 300 millions de dollars canadiens. Cette opération commerciale faisait partie d'une stratégie de l'entreprise visant à se procurer des rentrées d'argent sur les marchés émergents, où le fait que l'âge moyen de la population soit moins élevé pourrait entraîner une croissance des ventes plus rapide qu'ailleurs. Une telle stratégie montre que la croissance est un objectif important pour la plupart des grandes entreprises.

Il existe des liens étroits entre la croissance d'une entreprise et sa ligne de conduite en matière de finance. Dans les sections suivantes, nous verrons que les modèles de planification financière permettent de mieux comprendre comment se fait la croissance. Nous verrons aussi comment se servir de ces modèles pour fixer des limites aux possibilités d'expansion. Cette analyse pourrait aider les entreprises à éviter l'erreur parfois fatale d'une croissance trop rapide.

4.1 La planification financière

La planification financière précise de quelle façon atteindre des objectifs financiers. Un plan financier constitue donc un énoncé de ce qu'il faut faire dans l'avenir. La plupart des décisions exigent un long délai d'exécution, c'est-à-dire qu'on met beaucoup de temps à les mettre en œuvre. Dans un monde où rien n'est sûr, ces décisions doivent être prises longtemps avant d'être appliquées. Une entreprise qui veut construire une usine en 2008, par exemple, doit commencer à choisir ses entrepreneurs et à prévoir son financement dès 2006 ou même avant.

La croissance comme objectif de gestion financière

Comme la question de la croissance reviendra à maintes reprises dans ce chapitre, on commencera tout de suite par une mise en garde. La croissance n'est pas en soi un objectif approprié pour un gestionnaire financier. En fait, on a vu qu'une croissance rapide n'est pas toujours favorable pour une entreprise. Cott Corp., un embouteilleur d'une marque de boissons gazeuses maison installé à Toronto, est un autre exemple de ce qui peut arriver lorsqu'une entreprise croît trop rapidement. L'entreprise a fait une percée énergique sur le marché avec ses boissons gazeuses au début des années 1990, et ses ventes ont atteint des sommets inégalés. Pourtant, malgré l'augmentation de son chiffre d'affaires, elle a perdu 29,4 millions de dollars au cours de l'exercice financier se terminant le 27 janvier 1996.

Cott Corp. a éprouvé différentes difficultés : 1) le prix de l'aluminium a augmenté ; 2) l'entreprise a dû faire face à des prix concurrentiels ; 3) ses coûts ont monté en flèche alors qu'elle mettait sur pied une infrastructure en vue de s'agrandir ; 4) elle a raté son expansion au Royaume-Uni. La société s'était facilement emparée de 25 % du marché britannique en vendant moins cher que les autres grandes entreprises. Toutefois, pour satisfaire à la demande, elle a dû faire appel à un embouteilleur de l'extérieur, et cette impartition lui a coûté beaucoup plus cher que l'embouteillage dans ses propres usines. La moitié des caisses vendues au Royaume-Uni en 1995 l'ont été à un prix inférieur au coût de revient, ce qui s'est traduit par une perte pour l'ensemble de l'entreprise. Cott Corp. s'efforce maintenant de croître plus lentement et de contrôler ses coûts d'exploitation. Comme on l'a vu au chapitre 1, une entreprise devrait viser à augmenter la valeur marchande de ses fonds propres. La réalisation de cet objectif a souvent pour effet de favoriser sa croissance.

La croissance peut donc être un des résultats souhaités d'un bon processus de prise de décision, mais ce n'est pas une fin en soi. Il en est question ici uniquement parce que les taux de croissance sont fréquemment utilisés dans les processus de planification. En fait, c'est un moyen pratique de résumer différents aspects des lignes de conduite d'une entreprise en matière de finance et d'investissement. En outre, si on considère cette croissance comme étant celle de la valeur marchande des fonds propres de l'entreprise, l'objectif de croissance et celui de l'accroissement de la valeur marchande des fonds propres ne diffèrent pas beaucoup l'un de l'autre.

Les dimensions de la planification financière

Aux fins de planification, il est souvent utile de considérer que l'avenir comporte un court terme et un long terme. Le court terme, en pratique, s'étend généralement sur les 12 prochains mois. Notre analyse de la planification financière porte principalement sur le long terme, qui représente les deux à cinq années à venir. On parle alors d'**horizon de planification**, et il s'agit de la première dimension du processus de planification qu'il faut établir[2].

Lorsqu'on élabore un plan financier, on combine tous les projets distincts que l'entreprise veut réaliser et tous ses investissements pour déterminer l'investissement total nécessaire. Ainsi, les plus petites propositions d'investissement de chaque unité d'exploitation sont additionnées et traitées comme faisant partie d'un projet global. Ce processus porte le nom de **regroupement** ou de **totalisation**. C'est la deuxième dimension du processus de planification.

Une fois qu'on a établi l'horizon de planification et le degré de regroupement, l'établissement du plan financier requiert des intrants sous forme d'ensembles optionnels d'hypothèses concernant des variables importantes. Par exemple, supposons qu'une entreprise compte deux divisions distinctes : l'une pour les produits de consommation et l'autre pour des turbomoteurs. Le processus de planification financière pourrait exiger que chaque division prépare trois plans d'affaires optionnels pour les trois prochaines années.

1. **Le pire scénario** Ce plan nécessite la formulation des pires hypothèses possibles concernant les produits de l'entreprise et la situation économique en général. Ce type de planification des catastrophes met en lumière la capacité d'une division à faire face à d'importantes difficultés économiques et fournit des renseignements concernant la réduction des coûts et même le dessaisissement ou la liquidation. Par exemple, le marché des PC s'est effondré en 2001. De grands fabricants comme Compaq, Dell et Gateway se sont alors

---

2 Les techniques présentées ici peuvent également servir pour la planification financière à court terme.

retrouvés enfermés dans une guerre des prix, luttant pour se tailler une part du marché à un moment où les ventes stagnaient.

2. **Le scénario normal** Ce plan requiert l'établissement des hypothèses les plus probables concernant l'entreprise et l'économie.

3. **Le meilleur scénario** Chaque division devrait élaborer un scénario basé sur les hypothèses les plus optimistes, que ce soit au sujet de nouveaux produits ou d'expansion. Il s'agirait alors de décrire en détail le financement nécessaire pour procéder, par exemple, à une expansion.

Dans cet exemple, les activités de l'entreprise sont regroupées suivant les divisions, et l'horizon de planification correspond à trois ans. Ce type de planification, qui consiste à envisager tous les événements possibles, est particulièrement utile pour les entreprises à caractère cyclique (celles dont les ventes subissent fortement l'influence de la situation économique en général ou des cycles économiques). Par exemple, en 1995, Chrysler a préparé des prévisions pour les quatre années à venir. D'après le scénario le plus probable, le fabricant d'automobiles disposait d'une encaisse de 10,7 milliards de dollars à la fin de 1999 grâce à une croissance constante à partir des 6,9 milliards de dollars de la fin de l'exercice de 1995. Dans le pire des scénarios envisagés, il ne disposait que de 3,3 milliards de dollars à la fin de 1999 après avoir atteint un minimum de 0 $ en 1997.

Le rôle de la planification

Comme l'entreprise consacrera probablement beaucoup de temps à examiner les différents scénarios pouvant servir de base à son plan financier, il est logique de se demander ce qu'elle retirera du processus de planification.

Les interactions Comme on le verra en détail plus loin, le plan financier doit rendre explicites les liens entre les propositions d'investissement destinées à différentes activités d'exploitation de l'entreprise et les choix de financement qui s'offrent à elle. Autrement dit, si l'entreprise songe à prendre de l'expansion, à faire de nouveaux investissements et à réaliser de nouveaux projets, où prendra-t-elle le financement nécessaire?

Les options Le plan financier fournit à l'entreprise l'occasion d'élaborer, d'analyser et de comparer de nombreux scénarios de façon méthodique. Il permet d'examiner diverses options en matière d'investissement et de financement et d'évaluer leurs effets sur les actionnaires. On y traite de questions concernant les futures branches d'activité de l'entreprise et les meilleures dispositions financières possible. On peut aussi évaluer l'opportunité de mettre de nouveaux produits sur le marché ou de fermer des usines.

La façon d'éviter les surprises La planification financière devrait viser à déterminer ce qui pourrait arriver à l'entreprise advenant différents événements. Plus particulièrement, elle devrait porter sur les mesures à prendre si la situation se détériorait vraiment ou, de façon générale, si les hypothèses établies en ce moment concernant l'avenir se révélaient complètement fausses. Par conséquent, l'un des objectifs de la planification financière est d'éviter les surprises et d'élaborer des plans d'urgence. Par exemple, la société IBM a annoncé, en septembre 1995, qu'elle retardait la livraison de ses nouveaux ordinateurs centraux de quatre semaines au plus à cause du manque d'une composante essentielle — l'alimentation électrique. On s'attendait à ce que ce retard diminue les bénéfices de 250 millions de dollars et qu'il réduise le profit net d'au moins 20 % par action ou d'environ 8 % dans le trimestre en cours. Il semble que l'entreprise ait été incapable d'exécuter ses commandes lorsque la demande a augmenté trop rapidement. Ainsi, un manque de planification de la croissance des ventes peut aussi constituer un problème pour les grandes sociétés.

La faisabilité et la cohérence interne Outre l'objectif premier d'augmenter sa valeur, une entreprise a normalement un grand nombre d'autres objectifs concernant par exemple sa part du marché, le taux de rendement de ses fonds propres, l'effet de levier financier, etc. Il arrive parfois que les liens entre ces différents objectifs et certains aspects des activités de l'entreprise soient difficiles à déceler. Non seulement le plan financier rend ces liens explicites, mais il impose aussi une structure unifiée pour harmoniser les buts et les objectifs qui diffèrent. En d'autres termes, la planification financière est un moyen de s'assurer que les objectifs et les plans concernant des domaines d'activités spécifiques de l'entreprise sont réalisables et harmonisés entre eux, malgré de fréquentes divergences. Pour élaborer un plan cohérent, il faut modifier les buts et les objectifs à cet effet et établir un ordre de priorité.

Par exemple, une entreprise peut se donner comme objectif une croissance des ventes à l'unité de 12 % par année. Elle peut aussi viser à réduire le ratio du total de sa dette de 40 à 20 %. Ces deux objectifs sont-ils compatibles ? Peut-on les réaliser simultanément ? Peut-être que oui et peut-être que non. Comme on le verra plus loin, la planification financière est un moyen de déterminer ce qui est possible et, par voie de conséquence, ce qui ne l'est pas.

L'un des résultats les plus importants de la planification financière est probablement d'obliger la direction à réfléchir à ses objectifs et à établir un ordre de priorité. D'après la croyance populaire, en affaires, les plans ne servent à rien, mais la planification est un outil indispensable. Naturellement, il est impossible de connaître l'avenir. On ne peut que déterminer la direction qu'on veut prendre et tâcher de faire des suppositions éclairées sur ce qu'on va rencontrer en chemin. Si on le fait sérieusement, on risque moins d'être pris au dépourvu, quoi qu'il advienne.

La communication avec les investisseurs et les prêteurs Jusqu'ici, on a essayé de mettre en évidence que la planification financière est un élément essentiel à une bonne gestion. Étant donné que tout bon gestionnaire cherche à contrôler les risques, les investisseurs de fonds propres et les prêteurs sont très intéressés à connaître le plan financier d'une entreprise dans laquelle ils veulent placer de l'argent. Comme on le verra au chapitre 15, les autorités de réglementation en matière de valeurs mobilières exigent que les entreprises qui émettent de nouvelles actions ou lancent des emprunts présentent un plan financier détaillé dans le prospectus décrivant la nouvelle émission. Les banques à charte et d'autres institutions financières qui consentent des prêts aux entreprises exigent aussi presque toujours des emprunteurs éventuels qu'ils fournissent un plan financier. Les petites entreprises ayant des ressources de planification limitées sont souvent forcées par les prêteurs à faire de la planification financière.

Questions théoriques

1. Quelles sont les deux dimensions du processus de planification financière ?
2. Pourquoi les entreprises devraient-elles établir des plans financiers ?

4.2 Les modèles de planification financière : un aperçu

De même que la taille des sociétés et leurs produits varient, les processus de planification financière sont différents d'une entreprise à l'autre. Dans cette section, on analysera certains éléments communs aux plans financiers et on élaborera un modèle de base permettant de cerner ces éléments.

Un modèle de planification financière : les composantes

Dans la plupart des modèles de planification financière, l'utilisateur doit formuler certaines hypothèses concernant l'avenir. Le modèle se fonde ensuite sur ces hypothèses pour prévoir les valeurs d'un grand nombre de variables. Les modèles peuvent considérablement varier en complexité, mais la plupart renferment les éléments décrits ci-après.

Des prévisions de vente Presque tous les plans financiers requièrent que l'utilisateur fournisse des prévisions de vente. Par exemple, dans les modèles qui suivent, les prévisions de vente sont le moteur principal, c'est-à-dire que l'utilisateur doit fournir cette valeur et que toutes les autres valeurs sont calculées d'après ce chiffre. On trouve cette façon de procéder dans un grand nombre de types d'entreprises. La planification se concentre sur les ventes projetées ainsi que sur l'actif et le financement nécessaire pour soutenir ces ventes.

Il arrive souvent que les prévisions de vente soient exprimées sous forme de taux de croissance du chiffre d'affaires plutôt que sous forme de chiffre d'affaires explicite. Ces deux méthodes reviennent essentiellement au même, car on peut toujours calculer les ventes projetées à partir du taux de croissance. Il est évidemment impossible de faire des prévisions de vente parfaites. En effet, les ventes dépendent d'une situation économique future très incertaine et des conditions qui auront alors cours dans le secteur d'activité en question.

Par exemple, les attaques terroristes du 11 septembre 2001 ont obligé de nombreuses entreprises à réduire leurs prévisions de vente. Certains secteurs en ont particulièrement souffert, comme l'industrie aéronautique et l'hôtellerie. Pour aider les entreprises à établir ces projections, il existe des cabinets de consultation spécialisés dans les projections macro-économiques et sectorielles. Il est aussi possible de se procurer gratuitement des prévisions concernant l'économie en général ou un secteur d'activité en particulier auprès des services de recherches économiques des banques à charte.

Comme on l'a vu précédemment, les entreprises sont souvent intéressées à évaluer différents scénarios, de sorte qu'il n'est pas absolument nécessaire que les prévisions de vente soient précises. Leur objectif est d'examiner l'interaction entre les besoins en investissement et en financement à différents niveaux de vente possibles et non de déterminer précisément ce à quoi on peut s'attendre.

Les états financiers prévisionnels Un plan financier comporte un bilan prévisionnel, un état des résultats et un état de l'évolution de la situation financière. On désigne ces documents sous le nom d'« états financiers prévisionnels ». Ces états financiers sont les formulaires dont on se sert pour résumer les différents événements projetés. Un modèle de planification financière permet d'établir ces états financiers d'après des projections concernant des éléments essentiels tel le chiffre d'affaires.

On décrira plus loin certains modèles de planification financière et on verra que les états financiers prévisionnels sont les produits de ce type de modèles. L'utilisateur fournit un chiffre d'affaires, et le modèle génère l'état des résultats et le bilan qui y correspondent.

Les exigences en matière d'actif Le plan décrit les dépenses d'investissement projetées. Les bilans projetés renferment des variations dans le total de l'actif immobilisé et le fonds de roulement net qui correspondent au budget total des investissements. Les dépenses d'investissement proposées dans différents domaines doivent donc être harmonisées avec les augmentations globales contenues dans le plan à long terme.

Les exigences financières Le plan comprend une section consacrée aux mesures requises au point de vue financier. Cette partie devrait porter sur les lignes de conduite en matière de dividendes et de dettes. Les entreprises espèrent parfois se procurer de l'argent en vendant de nouvelles actions ou en empruntant. Le plan précise alors le genre de titres qui devront être vendus et les méthodes d'émission les plus appropriées. Il en sera question dans la partie VI, lorsqu'on traitera du financement à long terme, de la structure du capital et de la ligne de conduite en matière de dividendes.

Le poste tampon Lorsque l'entreprise a établi ses prévisions de vente et a estimé les dépenses requises en matière d'actif, elle doit souvent déterminer un nouveau montant de financement parce que le total de l'actif projeté dépasse celui qu'elle a prévu pour le passif et les fonds propres. Autrement dit, le bilan n'est plus équilibré.

Comme on peut avoir besoin d'un financement supplémentaire pour couvrir toutes les dépenses d'investissement projetées, on doit trouver une nouvelle source de financement externe. Celle-ci permet de couvrir un manque à gagner (ou surplus) dans le financement et de maintenir ainsi l'équilibre du bilan.

Par exemple, une entreprise qui a un grand nombre d'occasions d'investissement mais un flux monétaire limité peut être obligée de se procurer de nouveaux fonds propres. D'autres entreprises pour lesquelles les occasions d'investissement sont rares, mais qui ont une importante marge d'autofinancement, ont des surplus et peuvent ainsi verser un dividende supplémentaire. Dans le premier cas, on se sert de fonds propres provenant de l'extérieur comme poste tampon et, dans le second, on se sert des dividendes.

Les hypothèses économiques Le plan doit décrire de façon explicite le milieu économique où l'entreprise prévoit évoluer durant sa mise en application. Les hypothèses économiques les plus importantes qu'il faut poser concernent le niveau des taux d'intérêt et le taux d'imposition de l'entreprise, de même que les prévisions de vente dont il a été question plus haut.

Un modèle de planification financière simple

Commençons notre analyse des modèles de planification à long terme par un exemple relativement simple[3]. Voici les états financiers de la société Calculette pour l'année :

CALCULETTE
États financiers

État des résultats			Bilan			
Chiffre d'affaires	1 000 $		Actif	500 $	Passif	250 $
Coûts	800				Fonds propres	250
Bénéfice net	200 $		Total	500 $	Total	500 $

Sauf indication contraire, les planificateurs financiers de Calculette supposent que toutes les variables dépendent directement du chiffre d'affaires et que les relations actuelles sont optimales. Autrement dit, tous les postes augmentent exactement au même rythme que le chiffre d'affaires. Naturellement, il s'agit d'une simplification excessive. Cette hypothèse est émise uniquement aux fins de démonstration.

Supposons que le chiffre d'affaires augmente de 20 %, passant de 1 000 $ à 1 200 $. Les planificateurs pourraient alors prévoir un accroissement de 20 % dans les coûts, qui passeront de 800 $ à 800 $ × 1,2 = 960 $. L'état des résultats prévisionnels ressemblerait donc à celui-ci :

État des résultats prévisionnels	
Chiffre d'affaires	1 200 $
Coûts	960
Bénéfice net	240 $

L'hypothèse selon laquelle toutes les variables augmenteraient de 20 % permet d'établir le bilan prévisionnel suivant :

Bilan prévisionnel				
Actif	600 $ (+100)	Dette	300 $	(+50)
		Fonds propres	300	(+50)
Total	600 $ (+100)	Total	600 $	(+100)

Fait à remarquer, on a simplement augmenté le montant de chaque poste de 20 %. Les nombres entre parenthèses représentent les variations de chaque poste en dollars.

Il faut maintenant harmoniser ces deux états financiers prévisionnels. Par exemple, comment est-il possible que le bénéfice net soit égal à 240 $ alors que les fonds propres n'augmentent que de 50 $? La réponse est que Calculette a probablement versé la différence, soit 240 $ − 50 $ = 190 $, sous forme de dividendes en espèces. Dans ce cas, les dividendes constituent le poste tampon.

Supposons que l'entreprise ne verse pas 190 $ en dividendes. L'addition aux bénéfices non répartis est alors égale à 240 $. Les fonds propres augmentent de 250 $ (le montant du début) + 240 $ (le bénéfice net) = 490 $, et il faut rembourser la dette pour maintenir le total de l'actif à 600 $.

---

3 On se sert ordinairement de tableurs pour préparer ces modèles et les autres exemples présentés ici. L'annexe 10 B donne des renseignements généraux sur les tableurs et sur leur utilisation dans la planification appliquée à l'établissement de budgets d'investissements.

Lorsque le total de l'actif se chiffre à 600 $ et le total des fonds propres, à 490 $, la dette doit être de 600 $ – 490 $ = 110 $. Au départ, puisque la dette s'élevait à 250 $, Calculette doit rembourser 250 $ – 110 $ = 140 $ de dette. On obtient alors le bilan prévisionnel suivant :

Bilan prévisionnel			
Actif	600 $ (+100)	Dette	110 $ (–140)
		Fonds propres	490 (+240)
Total	600 $ (+100)	Total	600 $ (+110)

Dans ce cas, la dette constitue le poste tampon utilisé pour équilibrer le total de l'actif et le passif projetés.

Cet exemple illustre l'interdépendance entre la croissance du chiffre d'affaires et la ligne de conduite en matière de finance. À mesure que le chiffre d'affaires augmente, le total de l'actif augmente aussi. Cette situation s'explique par le fait que l'entreprise doit investir dans son fonds de roulement net et son actif immobilisé pour soutenir des taux de vente plus élevés. Comme l'actif augmente, le total du passif et des fonds propres, c'est-à-dire le côté droit du bilan, s'accroît également.

Cet exemple très simple démontre que les variations dans le passif et les fonds propres dépendent des lignes de conduite de l'entreprise en matière de financement et de dividendes. Lorsque son actif s'accroît, l'entreprise doit déterminer comment elle financera cette croissance. Il s'agit strictement d'une décision de gestion. Dans cet exemple, l'entreprise n'avait besoin d'aucun fonds extérieur, mais, puisque ce n'est généralement pas le cas, on examinera une autre situation de façon plus détaillée dans la section suivante.

Questions théoriques

1. Quels concepts fondamentaux sous-tendent un plan financier ?
2. Pourquoi est-il nécessaire de choisir un poste tampon dans un modèle de planification financière ?

4.3 La méthode d'estimation fondée sur le pourcentage du chiffre d'affaires

Dans la section précédente, on a présenté un modèle de planification financière simple dans lequel chaque poste augmentait au même taux que le chiffre d'affaires. Cette hypothèse peut se révéler acceptable pour certains éléments, mais elle ne l'est probablement pas pour d'autres comme l'emprunt à long terme. En effet, le montant d'un tel emprunt est établi par la direction et n'est pas nécessairement en rapport direct avec le volume des ventes.

Dans cette section, on élaborera une version plus détaillée de notre modèle simple. Il s'agit, en gros, de séparer les comptes de l'état des résultats et du bilan en deux groupes, ceux qui varient directement en fonction du chiffre d'affaires et ceux qui ne le font pas. À partir des prévisions de vente, on est en mesure de calculer de quel montant de financement l'entreprise aura besoin pour soutenir le volume de ventes prévu.

Une illustration de la méthode d'estimation fondée sur le pourcentage du chiffre d'affaires

Méthode d'estimation fondée sur le pourcentage du chiffre d'affaires

Méthode de planification financière dans laquelle on fait des projections des comptes en fonction du volume de ventes prévu.

Le modèle de planification financière qu'on va décrire ici est axé sur la **méthode d'estimation fondée sur le pourcentage du chiffre d'affaires**. L'objectif est d'élaborer une technique rapide et pratique de produire des états financiers prévisionnels. On reportera l'analyse de certaines difficultés à une section ultérieure.

L'état des résultats Commençons avec l'état des résultats le plus récent de la société La Rose, présenté dans le tableau 4.1. On a encore simplifié la situation en incluant les coûts, l'amortissement et les intérêts dans un seul chiffre correspondant au poste des coûts. Ces valeurs ont été reprises séparément dans l'annexe 4 A, à la fin du chapitre.

La société La Rose prévoit un accroissement de 25 % des ventes pour la prochaine année, de sorte que son chiffre d'affaires devrait atteindre 1 000 × 1,25 = 1 250 $. Pour produire un état des résultats prévisionnels, on suppose que le total des coûts équivaut toujours à 800 $/1 000 $ = 0,8 ou 80 % du chiffre d'affaires. Étant donné cette hypothèse, on obtient l'état des résultats prévisionnels de la société La Rose qui apparaît au tableau 4.2. Lorsqu'on suppose que les coûts représentent un pourcentage constant du chiffre d'affaires, on doit également supposer que la marge bénéficiaire est constante. Pour le vérifier, il faut remarquer que cette marge équivalait à 132 $/1 000 $ = 0,132 ou 13,2 %. Dans notre état financier prévisionnel, la marge bénéficiaire est de 165 $/1 250 $ = 0,1312 ou 13,2 % et n'a donc pas varié.

Tableau 4.1

LA ROSE
État des résultats

Chiffre d'affaires	1 000 $
Coûts	800
Bénéfice imposable	200 $
Impôts	68
Bénéfice net	132 $
Addition aux bénéfices non répartis	88 $
Dividendes	44 $

Tableau 4.2

LA ROSE
État des résultats prévisionnels

Chiffre d'affaires (projeté)	1 250 $
Coûts (80 % du chiffre d'affaires)	1 000
Bénéfice imposable	250 $
Impôts	85
Bénéfice net	165 $

Il faut ensuite faire une projection du paiement des dividendes. Ce montant est laissé à la discrétion de la direction de l'entreprise. On suppose que La Rose a pour ligne de conduite de verser une fraction constante de son bénéfice net sous forme de dividendes en espèces. Pour l'année la plus récente, son **ratio dividendes-bénéfice** était le suivant :

> **Ratio dividendes-bénéfice**
>
> Résultat du montant versé en espèces aux actionnaires divisé par le bénéfice net.

Ratio dividendes-bénéfice = Dividendes en espèces/Bénéfice net   [4.1]

= 44 $/132 $

= 0,333 ou 33⅓ %

On peut également calculer le ratio d'addition aux bénéfices non répartis par rapport au bénéfice net :

Bénéfices non répartis/bénéfice net = 88 $/132 $ = 0,666 ou 66⅔ %

> **Ratio de réinvestissement**
>
> Résultat des bénéfices non répartis divisés par le bénéfice net.

Ce ratio porte le nom de **ratio de réinvestissement** et il est égal à 1 moins le ratio de distribution parce que tout ce qui n'est pas versé est mis en réserve. Si on suppose que les ratios de distribution et de réinvestissement sont constants, les dividendes et l'addition aux bénéfices non répartis projetés seraient les suivants :

Addition aux bénéfices non répartis projetée = 165 $ × 2/3 = 110 $

Dividendes versés aux actionnaires projetés = 165 $ × 1/3 = 55 $

Bénéfice net = 165 $

Le bilan Pour produire un bilan prévisionnel, on se sert de l'état financier le plus récent, celui du tableau 4.3. On suppose que certains postes de ce bilan varient en fonction du chiffre d'affaires mais pas tous. Chacun de ceux qui varient en fonction du chiffre d'affaires est exprimé en pourcentage du chiffre d'affaires de l'année dont l'exercice vient de se terminer.

Tableau **4.3**

LA ROSE
Bilan

	(en dollars)	(en pourcentage)		(en dollars)	(en pourcentage)
Actif			*Passif et fonds propres*		
Actif à court terme			Passif à court terme		
Encaisse	160	16	Comptes fournisseurs	300	30
Comptes clients	440	44	Effets à payer	100	s.o.
Stock	600	60	Total	400	s.o.
Total	1 200	120	Dette à long terme	800	s.o.
			Fonds propres		
Actif immobilisé			Actions ordinaires	800	s.o.
Actif net, usine et matériel	1 800	180	Bénéfices non répartis	1 000	s.o.
			Total	1 800	s.o.
Total de l'actif	3 000	300	Total du passif et des fonds propres	3 000	s.o.

Lorsqu'un poste ne varie pas en proportion directe du chiffre d'affaires, on indique « s.o. » pour « sans objet ». Par exemple, du côté de l'actif, le stock représente 60 % du chiffre d'affaires (600 $/1 000 $ = 0,6) pour l'année qui vient de se terminer. On suppose que ce pourcentage s'applique à l'année qui vient. Par conséquent, pour chaque dollar d'augmentation du chiffre d'affaires, le stock s'accroît de 0,60 $. De façon plus générale, le ratio du total de l'actif par rapport au chiffre d'affaires pour l'année qui vient de se terminer est 3 000 $/1 000 $ = 3 ou 300 %.

Ce ratio du total de l'actif par rapport au chiffre d'affaires porte parfois le nom de **ratio d'intensité du capital**. Il indique la quantité d'actif nécessaire pour produire 1 $ de vente. Ainsi, plus ce ratio est élevé, plus on peut dire que l'entreprise est capitalistique. Ce ratio est la réciproque du coefficient de rotation du total de l'actif, qu'on a défini au chapitre précédent.

Dans le cas de La Rose, si on suppose que ce ratio est constant, il faut 3 $ du total de l'actif pour produire 1 $ de vente. (Il semble que La Rose fasse partie d'un secteur d'activité relativement capitalistique.) Par conséquent, si l'entreprise veut augmenter son chiffre d'affaires de 100 $, elle doit accroître le total de son actif de trois fois ce montant, soit de 300 $.

Du côté du passif, on constate que les comptes fournisseurs varient en fonction du chiffre d'affaires. En effet, on s'attend à ce que, à mesure que le volume des ventes augmente, l'entreprise donne plus de commandes à ses fournisseurs. Par conséquent, les comptes fournisseurs devraient se modifier suivant les fluctuations du chiffre d'affaires. Les effets à payer, par contre, constituent une dette à court terme comme un emprunt bancaire. Ils ne devraient pas varier, sauf si l'entreprise prend des mesures particulières pour modifier ces montants. Par conséquent, on indique « s.o. ».

On emploie aussi l'abréviation « s.o. » pour la dette à long terme parce qu'elle ne devrait pas varier automatiquement avec le chiffre d'affaires. La même remarque s'applique aux actions ordinaires. Le dernier poste du côté droit du bilan, les bénéfices non répartis, varie en fonction du chiffre d'affaires, mais il ne s'agit pas d'un simple pourcentage de ce chiffre. On calcule plutôt explicitement la variation des bénéfices non répartis d'après le bénéfice net et les dividendes projetés.

On peut maintenant établir un bilan prévisionnel partiel de la société La Rose en utilisant les pourcentages calculés précédemment, chaque fois que c'est possible, pour déterminer les montants projetés. Par exemple, l'actif immobilisé représente 180 % du chiffre d'affaires. Par conséquent, lorsque le volume des ventes passe à 1 250 $, le montant de l'actif immobilisé s'élève à 1,80 × 1 250 $ = 2 250 $, soit une augmentation de 2 250 $ − 1 800 $ = 450 $ en usine et en matériel. Il est important de noter que, dans le cas des postes qui ne varient pas en fonction du chiffre d'affaires, on suppose au départ qu'il n'y a aucune variation et on inscrit simplement les montants initiaux. On obtient alors comme résultat le bilan prévisionnel du tableau 4.4. Fait à remarquer, la variation dans les bénéfices non répartis est égale à l'addition aux bénéfices non répartis qu'on a calculée précédemment, soit 110 $.

Ratio d'intensité du capital

Résultat du total de l'actif d'une entreprise divisé par son chiffre d'affaires ou le montant de l'actif nécessaire pour produire 1 $ de vente.

Tableau 4.4

LA ROSE
Bilan prévisionnel partiel

	Année en cours	Variation par rapport à l'année précédente		Année en cours	Variation par rapport à l'année précédente
Actif			*Passif et fonds propres*		
Actif à court terme			Passif à court terme		
Encaisse	200 $	40 $	Comptes fournisseurs	375 $	75 $
Comptes clients	550	110	Effets à payer	100	0
Stock	750	150	Total	475 $	75 $
Total	1 500 $	300 $	Passif à long terme	800	0
			Fonds propres		
Actif immobilisé			Actions ordinaires	800	0
Actif net, usine et			Bénéfices non répartis	1 110	110
matériel	2 250	450	Total	1 910 $	110 $
Total de l'actif	3 750 $	750 $	Total du passif et des fonds propres	3 185 $	185 $
			Financement externe requis	565 $	

En examinant le bilan prévisionnel, on s'aperçoit que, d'après notre projection, l'actif devrait augmenter de 750 $. Toutefois, sans financement supplémentaire, le passif et les fonds propres n'augmentent que de 185 $. On se retrouve donc avec un écart de 750 $ – 185 $ = 565 $. Ce montant est appelé le « financement externe requis » (FER).

Un scénario particulier Notre modèle de planification financière semble contenir une bonne et une mauvaise nouvelle. La bonne nouvelle, c'est l'accroissement de 25 % du chiffre d'affaires escompté. La mauvaise nouvelle, c'est qu'il ne se produira rien si l'entreprise ne réussit pas à se procurer 565 $ en apport de capitaux neufs.

Voilà un exemple de la façon dont le processus de planification permet de soulever les problèmes et les conflits potentiels. Dans le cas présent, si l'entreprise a pour objectif de ne pas emprunter de capitaux supplémentaires et de n'émettre aucune nouvelle action, il lui sera probablement impossible d'augmenter son chiffre d'affaires de 25 %.

Si on considère comme acquise la nécessité d'un nouveau financement de 565 $, l'entreprise a trois choix. Elle peut recourir à un emprunt à court terme, à un emprunt à long terme ou au financement par l'émission de nouvelles actions. Le choix d'une combinaison de ces solutions relève de la direction. On examine ici seulement une de ces possibilités.

Supposons que La Rose décide d'emprunter les fonds nécessaires. L'entreprise peut choisir d'effectuer un emprunt à court terme et un autre à long terme. Par exemple, l'actif à court terme a augmenté de 300 $, alors que le passif à court terme s'est accru de seulement 75 $. La Rose pourrait emprunter 300 $ – 75 $ = 225 $ en effets à payer à court terme sous la forme d'un prêt d'une banque à charte, ce qui n'affecterait en rien le total du fonds de roulement net. Si le montant total requis est de 565 $, le reste, soit 565 $ – 225 $ = 340 $, devrait provenir d'une dette à long terme. Il sera question au chapitre 15 de deux exemples de dettes à long terme, l'émission d'obligations et l'emprunt à terme auprès d'une banque à charte ou d'une société d'assurances. Le tableau 4.5 donne le bilan prévisionnel complet de La Rose.

Dans notre exemple, l'entreprise a recours à une combinaison de dettes à court terme et à long terme comme poste tampon, mais il convient de préciser qu'il s'agit seulement d'une des multiples stratégies possibles et que ce n'est pas nécessairement la meilleure. Il existe un grand nombre d'autres scénarios qu'elle pourrait (et devrait) examiner. Les ratios qu'on a étudiés au chapitre 3 vont se révéler fort utiles dans ces conditions. Par exemple, dans le scénario qu'on vient d'analyser, les dirigeants de l'entreprise voudraient sûrement examiner le ratio de liquidité générale et le ratio du total de la dette pour vérifier s'il est possible de s'accommoder des niveaux d'endettement projetés.

Une fois le bilan terminé, on connaît toutes les provenances et toutes les utilisations projetées de l'encaisse. On pourrait compléter la série des rapports prévisionnels en établissant l'état (projeté) de l'évolution de la situation financière, conformément à l'analyse du chapitre 3. (Vous le ferez sous forme d'exercice.) Examinons plutôt un autre scénario important.

Tableau 4.5

	Année en cours	Variation par rapport à l'année précédente		Année en cours	Variation par rapport à l'année précédente
			LA ROSE Bilan prévisionnel		
	Actif		*Passif et fonds propres*		
Actif à court terme			Passif à court terme		
Encaisse	200 $	40 $	Comptes fournisseurs	375 $	75 $
Comptes clients	550	110	Effets à payer	325	225
Stock	750	150	Total	700 $	300 $
Total	1 500 $	300 $	Passif à long terme	1 140	340
			Fonds propres		
Actif immobilisé			Actions ordinaires	800	0
Actif net, usine et			Bénéfices non répartis	1 110	110
matériel	2 250	450	Total	1 910 $	110 $
Total de l'actif	3 750 $	750 $	Total du passif et des fonds propres	3 750 $	750 $

Un autre scénario L'hypothèse selon laquelle l'actif représente un pourcentage fixe du chiffre d'affaires est pratique, mais elle ne convient pas dans bien des cas. Par exemple, on a supposé que la société La Rose utilisait son actif immobilisé à 100 % de sa capacité, car tout accroissement du chiffre d'affaires entraînait un accroissement de l'actif immobilisé. Dans la plupart des entreprises, il y a toujours un certain jeu ou une capacité excédentaire et il est possible d'augmenter la production en ajoutant, par exemple, une période de travail supplémentaire.

Si on suppose que la société La Rose fonctionne à seulement 70 % de son potentiel de production, le besoin de capitaux externes sera très différent. Ce pourcentage de capacité indique que le volume actuel des ventes correspond à 70 % du volume de capacité totale des ventes :

Ventes actuelles = 1 000 $ = 0,70 × Capacité totale des ventes
Capacité totale des ventes = 1 000 $/0,70 = 1 429 $

Ainsi, le chiffre d'affaires pourrait augmenter de presque 43 % — de 1 000 $ à 1 429 $ — avant que l'entreprise ait besoin d'un nouvel actif immobilisé.

Dans le scénario précédent, on supposait qu'il serait nécessaire d'ajouter 450 $ en actif immobilisé net. Dans le présent scénario, on n'a besoin d'aucune dépense de ce type, car, d'après la projection, les ventes devraient augmenter à 1 250 $, ce qui est encore largement inférieur au montant de 1 429 $, qui correspond au volume de capacité totale.

Par conséquent, l'estimation initiale des capitaux externes requis, soit 565 $, était trop élevée. On avait évalué qu'il faudrait 450 $ en nouvel actif immobilisé net, mais, d'après le nouveau scénario, l'entreprise n'aura rien à débourser pour ce type d'actif. Ainsi, si elle fonctionne en ce

Exemple 4.1 Le financement externe requis et l'utilisation du potentiel de production

Supposons que la société La Rose fonctionne à 90 % de son potentiel de production. Quel serait son chiffre d'affaires si elle fonctionnait à pleine capacité ? Quel est son ratio d'intensité du capital à pleine capacité ? Quel est le financement externe requis dans ce cas ?

Le chiffre d'affaires à pleine capacité serait 1 000 $/0,90 = 1 111 $. D'après le tableau 4.3, l'actif immobilisé vaut 1 800 $. À pleine capacité, le rapport entre l'actif immobilisé et le chiffre d'affaires est le suivant :

Actif immobilisé/Chiffre d'affaires à pleine capacité = 1 800 $/1 111 $ = 1,62

Ce rapport indique que l'entreprise a besoin de 1,62 $ en actif immobilisé pour obtenir chaque dollar de son chiffre d'affaires lorsqu'elle a atteint sa pleine capacité. Au volume de ventes projeté, soit de 1 250 $, il faut 1 250 $ × 1,62 = 2 025 $ en actif immobilisé. Si on compare ce montant à celui de la première projection, soit de 2 250 $, on constate qu'il est inférieur de 225 $. Par conséquent, le financement externe requis est 565 $ – 225 $ = 340 $.

La valeur de l'actif à court terme reste de 1 500 $, de sorte que le total de l'actif s'élève à 1 500 $ + 2 025 $ = 3 525 $. Le ratio d'intensité du capital est donc 3 525 $/1 250 $ = 2,82, ce qui est inférieur à la valeur estimée initialement, soit 3, à cause de la capacité excédentaire.

moment à 70 % de sa capacité, elle n'aura besoin que de 565 $ – 450 $ = 115 $ en capitaux externes. La capacité excédentaire a donc un effet important sur les projections.

Ces différents scénarios montrent clairement que, dans un processus de planification, il ne faut jamais se servir aveuglément des renseignements contenus dans les états financiers. Le résultat de n'importe quel modèle n'est valable qu'à la condition que les hypothèses de départ le soient. Dans le langage des informaticiens, on dira « à données inexactes, résultats erronés ». Les résultats dépendent étroitement des hypothèses établies au sujet des relations entre le chiffre d'affaires et les besoins en matière d'actif. On y reviendra un peu plus loin.

Questions théoriques

1. Quelle est la raison d'être de la méthode d'estimation fondée sur le pourcentage du chiffre d'affaires ?
2. À moins qu'elle ne soit modifiée, quelle est l'hypothèse de base de cette méthode d'estimation concernant l'utilisation du potentiel de production de l'actif immobilisé ?

4.4 Le financement externe et la croissance

De toute évidence, il existe un lien entre le besoin de financement externe et la croissance. Toutes choses étant égales par ailleurs, plus le taux de croissance du chiffre d'affaires ou de l'actif est élevé, plus le besoin de financement externe est grand. Dans la section précédente, on a choisi le taux de croissance comme donnée et on a déterminé le montant de financement externe requis pour soutenir cette croissance. D'un autre point de vue, on considérera la ligne de conduite de l'entreprise en matière financière comme une donnée et on examinera la relation entre cette ligne de conduite et la capacité de l'entreprise à se procurer de nouveaux investissements et, par conséquent, à se développer.

Cette méthode peut se révéler très utile, car, comme on l'a déjà constaté, toute croissance des ventes requérant un financement et toute croissance trop rapide peuvent entraîner la faillite[4]. Les entreprises qui négligent de planifier le financement de leur croissance peuvent être obligées de fermer leurs portes au moment même où leur production et leur mise en marché sont sur la bonne voie. En fait, la planification d'une croissance financièrement durable peut aider une entreprise prospère à atteindre son plein potentiel. C'est pourquoi les gestionnaires, ainsi que les banquiers et les autres bailleurs de fonds, doivent envisager une croissance durable.

Le financement externe requis et la croissance

Commençons par établir une relation entre le financement externe requis et la croissance. Pour ce faire, on utilisera le tableau 4.6, qui présente l'état des résultats et le bilan simplifiés de la société Houle. On a simplifié le bilan en combinant le passif à court terme et à long terme en un seul chiffre, celui de l'endettement total. On suppose donc qu'aucun poste du passif à court terme ne varie spontanément en fonction du chiffre d'affaires. Cette hypothèse n'est pas aussi restrictive qu'elle le paraît. Si un élément quelconque du passif à court terme (par exemple les comptes fournisseurs) varie en fonction du chiffre d'affaires, on peut supposer qu'il a été soustrait de l'actif à court terme. Par ailleurs, on continue à combiner l'amortissement, les intérêts et les coûts dans l'état des résultats.

Voici quelques symboles utiles :

V : chiffre d'affaires de l'année précédente = 500 $;

A : total de l'actif = 500 $;

D : total de la dette = 250 $;

E : total des fonds propres = 250 $;

g : taux de croissance du chiffre d'affaires ;

FER : financement externe requis.

---

4 Cette assertion ainsi que le reste de l'analyse tirent une partie de leur substance de l'article de R. C. HIGGINS, « How Much Growth Can a Firm Afford ? », *Financial Management* 6, automne 1977, p. 7-16.

Tableau 4.6

HOULE
État des résultats et bilan

État des résultats

Chiffre d'affaires	500 $
Coûts	400
Bénéfice imposable	100 $
Impôts	34
Bénéfice net	66 $
Addition aux bénéfices non répartis	44 $
Dividendes	22 $

Bilan

Actif	Dollars	Pourcentage du chiffre d'affaires	Passif	Dollars	Pourcentage du chiffre d'affaires
Actif à court terme	200	40	Total de la dette	250	s.o.
Actif immobilisé net	300	60	Fonds propres	250	s.o.
Total de l'actif	500	100	Total du passif et des fonds propres	500	s.o.

En outre, grâce aux analyses précédentes de ratios financiers, il est possible de calculer les éléments suivants :

m : marge bénéficiaire = 66 \$/500 \$ = 0,132 ou 13,2 % ;

R : ratio de réinvestissement = 44 \$/66 \$ = 0,666 ou 2/3 ;

RA : taux de rendement de l'actif = 66 \$/500 \$ = 0,132 ou 13,2 % ;

RFP : taux de rendement des fonds propres = 66 \$/250 \$ = 0,264 ou 26,4 % ;

D/E : ratio dette-fonds propres = 250 \$/250 \$ = 1,0.

Supposons que, d'après ses propres prévisions, la société Houle aura un chiffre d'affaires de 600 \$, soit un accroissement de 100 \$. Le ratio d'intensité du capital est de 500 \$/500 \$ = 1, de sorte que l'actif doit augmenter de 1 × 100 \$ = 100 \$ (en supposant une utilisation à pleine capacité). Le pourcentage d'accroissement du chiffre d'affaires est 100 \$/500 \$ = 0,2 ou 20 %. Le pourcentage d'augmentation de l'actif est également de 20 % : 100 \$/500 \$ = 0,2 ou 20 %. Alors, si on suppose que le ratio d'intensité du capital reste constant, l'accroissement du total de l'actif est simplement $A \times g$, où g symbolise le taux de croissance du chiffre d'affaires :

Augmentation du total de l'actif = $A \times g$
= 500 \$ × 20 %
= 100 \$

Autrement dit, on peut également envisager le taux de croissance du chiffre d'affaires comme étant le taux de croissance du total de l'actif de l'entreprise.

Une partie du financement nécessaire pour couvrir l'augmentation du total de l'actif provient de fonds générés par l'entreprise et se présente sous forme d'addition aux bénéfices non répartis. Ce montant est égal au bénéfice net multiplié par le ratio de réinvestissement R. Ainsi, le bénéfice net projeté est égal à la marge bénéficiaire m multipliée par le chiffre d'affaires escompté $V \times (1 + g)$. On peut donc exprimer l'addition qu'on projette de faire aux bénéfices non répartis de la société Houle comme suit :

Addition aux bénéfices non répartis = $m(V) R \times (1 + g)$
= 0,132(500 \$)(2/3) × 1,20
= 44 \$ × 1,20
= 52,80 \$

Fait à remarquer, ce montant est égal à celui des additions aux bénéfices non répartis de l'année précédente, soit de 44 \$, qu'on multiplie par $(1 + g)$.

Si on analyse ces renseignements, on découvre que l'entreprise a besoin de $A \times g = 100$ \$ en nouveau financement. L'entreprise génère $m(V)R \times (1 + g) = 52,80$ \$ de façon interne, de sorte que la différence correspond au montant qu'elle doit trouver. Autrement dit, on exprime les fonds externes requis comme suit :

FER = Augmentation dans le total de l'actif − Addition aux bénéfices non répartis [4.2]

$\quad = A(g) - m(V)R \times (1 + g)$

Dans le cas de la société Houle, on obtient ce qui suit :

FER = 500 \$(0,20) − 0,132(500 \$)(2/3) × 1,20

$\quad = 100$ \$ − 52,80 \$

$\quad = 47,20$ \$

On peut vérifier l'exactitude de ce montant en établissant un état des résultats et un bilan prévisionnels semblables à ceux du tableau 4.7. Comme l'indiquait le calcul, la société Houle doit se procurer 47,20 \$.

Tableau 4.7

HOULE
État des résultats et bilan prévisionnels

État des résultats

Chiffre d'affaires	600,00 \$
Coûts (80 % du chiffre d'affaires)	480,00
Bénéfice imposable	120,00 \$
Impôts	40,80
Bénéfice net	79,20 \$
Addition aux bénéfices non répartis	52,80 \$
Dividendes	26,40 \$

Bilan

Actif	Dollars	Pourcentage du chiffre d'affaires	Passif	Dollars	Pourcentage du chiffre d'affaires
Actif à court terme	240,00	40	Total de la dette	250,00	s.o.
Actif immobilisé net	360,00	60	Fonds propres	302,80	s.o.
Total de l'actif	600,00	100	Total du passif et des fonds propres	552,80	s.o.
			Fonds externes requis	47,20	

En examinant l'équation du financement externe requis, on constate que le FER dépend directement du g. En réorganisant les éléments de façon à mettre cette relation en valeur, on obtient l'expression suivante :

FER $= -m(V)R + [A - m(V)R] \times g$ [4.3]

On remplace les variables par les chiffres du bilan de la société Houle, ce qui donne la relation suivante entre le FER et le g :

FER = − 0,132(500 \$)(2/3) + [500 \$ − 0,132(500 \$)(2/3)] × g

$\quad = -44 + 456 \times g$

Fait à remarquer, il s'agit de l'équation d'une droite qui coupe l'ordonnée à − 44 \$ et dont la pente est de 456 \$.

Cette relation entre la croissance et les fonds externes requis est représentée dans la figure 4.1. L'intersection de la droite avec l'ordonnée, au point − 44 \$, est égale au montant de l'addition aux bénéfices non répartis pour l'année précédente. Ce raisonnement est logique, car, si le taux de croissance du chiffre d'affaires est nul, les bénéfices non répartis sont de 44 \$, soit le même montant que l'année précédente. En outre, lorsqu'il n'y a pas de croissance, l'entreprise n'a besoin d'aucun investissement net en actif. Elle se retrouve donc avec un surplus égal à l'addition aux bénéfices non répartis, ce qui explique le signe négatif.

Figure 4.1

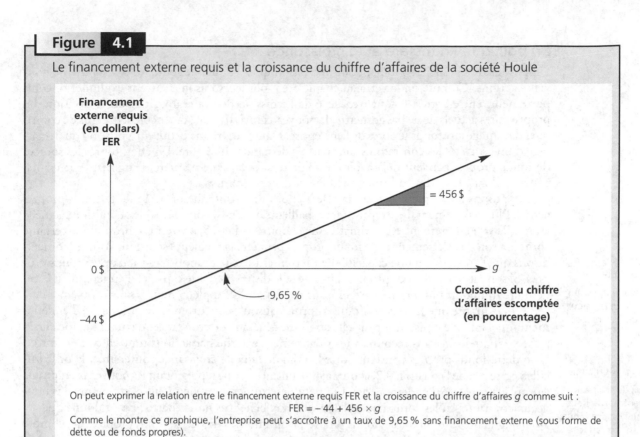

Le financement externe requis et la croissance du chiffre d'affaires de la société Houle

On peut exprimer la relation entre le financement externe requis FER et la croissance du chiffre d'affaires g comme suit :

$$FER = -44 + 456 \times g$$

Comme le montre ce graphique, l'entreprise peut s'accroître à un taux de 9,65 % sans financement externe (sous forme de dette ou de fonds propres).

La pente de la droite de la figure 4.1 indique que pour soutenir chaque 0,01 (ou 1 %) de croissance du chiffre d'affaires, il faut un montant supplémentaire de 456 $ × 0,01 = 4,56 $ sous forme de financement externe.

Le taux de croissance interne

Taux de croissance interne

Taux de croissance qu'une entreprise peut maintenir par autofinancement seulement.

L'examen de la figure 4.1 permet de découvrir un taux de croissance très intéressant. Quel est ce taux qu'une entreprise peut atteindre sans financement externe ? Il s'agit du **taux de croissance interne**, ainsi nommé parce qu'une entreprise peut le maintenir par simple autofinancement. Ce taux de croissance correspond au point où la droite coupe l'abscisse, c'est-à-dire où le FER a une valeur nulle. À ce point, l'augmentation nécessaire de l'actif est exactement égale au montant de l'addition aux bénéfices non répartis et, par conséquent, le FER est nul. D'après la figure 4.1, ce taux est à peine inférieur à 10 %.

On peut facilement calculer ce taux en posant que le FER est égal à zéro :

$$FER = -m(V)R + [A - m(V)R] \times g \qquad [4.4]$$
$$g = mV(R)/[A - mV(R)]$$
$$= 0,132(500\ \$)(2/3)/[500\ \$ - 0,132(500\ \$)\,(2/3)]$$
$$= 44/[500 - 44]$$
$$= 44/456 = 0,096\,49 \text{ ou } 9,65 \%$$

Par conséquent, la société Houle peut s'accroître à un taux de 9,65 % sans avoir recours à un financement externe quelconque. En utilisant l'algèbre, on peut reformuler cette expression pour déterminer le taux de croissance interne (voir l'équation 4.4)[5] :

$$\text{Taux de croissance interne} = \frac{(RA \times R)}{1 - (RA \times R)} \qquad [4.5]$$

Dans le cas de la société Houle, on peut vérifier cette formule en recalculant le taux de croissance interne de 9,65 % :

$$= \frac{(0,132 \times 2/3)}{1 - (0,132 \times 2/3)}$$

5 Pour dériver l'équation 4.5 de l'équation 4.4, il suffit de diviser l'ensemble par A et de reconnaître que le taux de rendement de l'actif = $m(V)/A$.

La politique financière et la croissance

Supposons que la société Houle, pour une raison quelconque, ne souhaite pas vendre de nouvelles actions. Comme on le verra au chapitre 15, plusieurs raisons peuvent expliquer ce comportement, entre autres le coût très élevé de l'émission de nouveaux titres ou la décision des propriétaires actuels de ne pas admettre de nouveaux investisseurs, ou encore leur refus de contribuer davantage aux fonds propres de l'entreprise. Dans le cas d'une petite entreprise ou du démarrage d'une société, les contraintes sont parfois de nature différente. En effet, toutes les sources de fonds propres peuvent déjà avoir été sollicitées, et la seule manière d'augmenter le capital consiste alors à faire des additions aux bénéfices non répartis.

Supposons aussi que la société Houle a choisi de maintenir son ratio dette-fonds propres actuel. Plus précisément, l'entreprise (et ses bailleurs de fonds) considère que sa politique actuelle en matière d'endettement est optimale. Aux chapitres 14 et 15, on verra pourquoi une certaine combinaison d'endettement et de fonds propres peut être la meilleure solution. Pour le moment, disons que l'entreprise a une **capacité d'endettement** fixe par rapport au total de ses fonds propres. Si son ratio dette-fonds propres diminue, elle disposera d'une capacité d'endettement excédentaire qui pourra lui permettre d'emprunter des fonds supplémentaires sans problème.

Capacité d'endettement

Capacité d'emprunter pour accroître la valeur de l'entreprise.

Taux de croissance soutenable

Taux de croissance qu'une entreprise peut maintenir compte tenu de sa capacité d'endettement, du taux de rendement de ses fonds propres et de son taux de réinvestissement.

Si on suppose que la société Houle emprunte jusqu'à concurrence de sa capacité d'endettement, quel taux de croissance peut-elle atteindre ? Le taux de croissance maximal qu'une entreprise peut atteindre sans recourir à un financement externe par actions tout en conservant un ratio dette-fonds propres constant porte le nom de **taux de croissance soutenable**. Pour le calculer, on se sert de l'équation 4.2, et on y ajoute un autre terme représentant les nouveaux emprunts (jusqu'à la capacité d'endettement). On peut déterminer d'où viennent les montants des nouveaux emprunts en les comparant à l'addition aux bénéfices non répartis. Étant donné que cet ajout augmente le montant des fonds propres, il diminue le ratio dette-fonds propres. Or, compte tenu du fait que la croissance durable est basée sur un ratio dette-fonds propres constant, on doit utiliser de nouveaux emprunts pour compléter l'endettement. Comme son nom l'indique, le financement externe requis désigne uniquement les fonds provenant de l'extérieur. Puisqu'il n'y a pas de fonds externes disponibles, FER = 0.

$$\text{FER} = \text{Augmentation du total de l'actif} - \text{Addition aux bénéfices non répartis} \quad [4.6]$$
$$- \text{Nouveaux emprunts}$$
$$= A\,(g) - m(V)R \times (1 + g) - mV(R) \times (1 + g)\,[D/E]$$
$$\text{FER} = 0$$

On peut résoudre l'équation algébriquement et déterminer le taux de croissance soutenable[6].

$$g^* = (RFP \times R)/1 - RFP \times R \quad [4.7]$$

Ce taux de croissance porte le nom de « taux de croissance soutenable » de l'entreprise.

Dans le cas de la société Houle, on sait déjà que le taux de rendement des fonds propres est de 26,4 % et que le taux de réinvestissement R est de 2/3. Par conséquent, on a comme taux de croissance soutenable :

$$g^* = (RFP \times R)/1 - (RFP \times R)$$
$$= 0,176/0,824$$
$$= 0,213 \text{ ou } 21,3\,\%$$

Ce taux indique que l'entreprise peut augmenter son chiffre d'affaires et son actif à un rythme de 21,3 % par année sans vendre d'actions supplémentaires et sans modifier son ratio d'endet-

Tableau 4.8

HOULE
Bilan prévisionnel

	Dollars	Pourcentage du chiffre d'affaires		Dollars	Pourcentage du chiffre d'affaires
Actif à court terme	242	40	Total de la dette	250	s.o.
Actif immobilisé net	364	60	Fonds propres	303	s.o.
Total de l'actif	606	100	Total du passif	553	s.o.
			Financement externe requis	53	

6 La façon de dériver le taux de croissance soutenable est décrite dans l'annexe 4 B.

tement ou son ratio dividendes-bénéfice. Si elle souhaitait (ou prévoyait) un taux de croissance supérieur à 21,3 %, elle devrait supprimer un élément quelconque.

Pour mieux se rendre compte que le taux de croissance soutenable est de 21,3 % (et pour vérifier la réponse ci-dessus), on peut établir les états financiers prévisionnels de la société Houle en supposant que l'accroissement de son chiffre d'affaires s'est fait exactement au même taux. On vérifie alors si, lorsque le chiffre d'affaires de l'entreprise augmente à un rythme de 21,3 %, celle-ci peut se procurer tout le financement requis sans avoir à vendre de nouvelles actions et, en même temps, maintenir son ratio dette-fonds propres à son niveau actuel de 1.

Pour commencer, le chiffre d'affaires passe de 500 $ à 500 $ × (1 + 0,213) = 606 $. En supposant, comme précédemment, que les coûts sont proportionnels aux ventes, on obtient l'état des résultats ci-après :

HOULE
État des résultats prévisionnels

Chiffre d'affaires	606 $
Coûts (80 % du chiffre d'affaires)	485
Bénéfice imposable	121 $
Impôts	41
Bénéfice net	80 $

Compte tenu du fait que le ratio de réinvestissement R demeure de 2/3, l'addition aux bénéfices non répartis est 80 $ × (2/3) = 53 $, de sorte que les dividendes versés sont 80 $ − 53 = 27 $.

On établit alors un bilan prévisionnel (voir le tableau 4.8) comme précédemment. Fait à remarquer, les fonds propres passent de 250 $ à 303 $ parce que l'addition aux bénéfices non répartis se chiffre à 53 $. Comme le montre le bilan, le FER est de 53 $. Si l'entreprise emprunte ce montant, le total de sa dette s'élèvera à 250 $ + 53 $ = 303 $. Le ratio dette-fonds propres sera alors 303 $/303 $ = 1, comme prévu, ce qui confirme les calculs précédents. Pour tout autre taux de croissance, un de ces éléments devrait varier.

Exemple 4.2 Une croissance entraînant la faillite

Supposons que la direction de la société Houle, insatisfaite d'un taux de croissance de 21 %, désire que l'entreprise s'accroisse rapidement et qu'elle double son chiffre d'affaires pour atteindre 1 000 $ l'année prochaine. Que se passera-t-il ? Pour répondre à cette question, il faut revenir au point de départ de l'exemple précédent.

On sait que le taux de croissance soutenable de la société Houle est de 21,3 %. Par conséquent, l'entreprise ne peut doubler son chiffre d'affaires (une croissance de 100 %) sans un financement par actions ou une hausse de son ratio dette-fonds propres au-delà de 1. Il est possible de le démontrer à l'aide de simples états financiers prévisionnels.

État des résultats prévisionnels

Chiffre d'affaires		1 000 $
Coûts (80 % du chiffre d'affaires)		800
Bénéfice imposable		200 $
Impôts		68
Bénéfice net		132 $
Dividendes (1/3)	44 $	
Addition aux bénéfices non répartis	88	

Bilan prévisionnel

Actif à court terme	400 $	Total de la dette	250 $
Actif immobilisé	600	Fonds propres	338
Total de l'actif	1 000 $	Total du passif	588 $
		Financement externe requis	412 $

Pour maintenir son ratio dette-fonds propres à 1, l'entreprise doit augmenter le montant de sa dette à 338 $. Il lui reste donc à se procurer 588 $ − 338 $ = 250 $ au moyen de financement externe. Si l'entreprise ne trouve pas ce montant, elle pourrait essayer d'obtenir le montant total, soit 412 $, sous forme de dette additionnelle. Le ratio dette-fonds propres grimperait alors jusqu'à (250 $ + 412 $)/338 $ = 1,96, soit presque le double du chiffre visé.

Compte tenu du fait que les banquiers et les autres bailleurs de fonds de l'extérieur ont leur mot à dire sur le ratio cible, il est peu probable que l'entreprise puisse obtenir un montant aussi élevé d'endettement supplémentaire. Si elle persiste à vouloir doubler son chiffre d'affaires, elle risque fort de faire faillite.

Les déterminants de la croissance

Au chapitre précédent, on a vu qu'il est possible de décomposer le rendement sur les fonds propres en ses différents éléments grâce à l'identité de Du Pont. Comme le taux de rendement des fonds propres joue un rôle important dans la détermination du taux de croissance du chiffre d'affaires, les facteurs qui permettent de le déterminer servent aussi de déterminants de la croissance. Pour s'en convaincre, il suffit de formuler ce taux de rendement à l'aide de l'identité de Du Pont :

RFP = Ratio de la marge bénéficiaire × Coefficient de rotation (du total) de l'actif × Ratio actif-capital

Avec les symboles utilisés dans le présent chapitre, cette expression devient[7] :

$$RFP = m(V/A)(1 + D/E)$$

Si on insère cette expression dans celle du taux de croissance soutenable du chiffre d'affaires g^*, on constate qu'il est possible de formuler le taux de croissance soutenable d'une façon plus détaillée :

$$g^* = \frac{[m(V/A)(1 + D/E) \times R]}{[1 - m(V/A)(1 + D/E) \times R]}$$

Cette façon d'exprimer le taux de croissance du chiffre d'affaires peut paraître un peu compliquée, mais elle met en lumière différents facteurs importants qui déterminent la capacité de croissance d'une entreprise. En l'examinant, on se rend compte que la croissance dépend des quatre facteurs suivants :

1. **La marge bénéficiaire** Une augmentation de la marge bénéficiaire m accroît la capacité de l'entreprise à générer des fonds par elle-même et favorise ainsi sa croissance soutenable.

2. **La politique de dividendes** Une diminution du pourcentage du bénéfice net versé sous forme de dividendes augmente le ratio de réinvestissement R. Cette augmentation accroît les fonds propres autogénérés, ce qui favorise la croissance soutenable.

3. **La politique financière** Un accroissement du ratio dette-fonds propres D/E augmente l'effet de levier financier de l'entreprise. Une telle mesure, en élevant le potentiel de financement par emprunt, favorise aussi un taux de croissance soutenable.

4. **Le coefficient de rotation (du total) de l'actif** L'accroissement du coefficient de rotation (du total) de l'actif V/A augmente les ventes générées grâce à chaque dollar d'actif, ce qui diminue la nécessité pour l'entreprise de se procurer de nouveaux éléments d'actif, puisque le chiffre d'affaires augmente et, par conséquent, favorise une hausse du taux de croissance soutenable. Fait à remarquer, le fait d'augmenter le coefficient de rotation (du total) de l'actif revient au même que de diminuer le ratio d'intensité du capital.

Le taux de croissance soutenable est un chiffre fort utile en planification. Il illustre la relation explicite entre les quatre grands domaines de préoccupation d'une entreprise : 1) son efficience en matière d'exploitation, mesurée avec m ; 2) son efficience en matière d'utilisation de l'actif, mesurée avec V/A ; 3) sa politique de dividendes, mesurée avec R ; et 4) sa politique financière, mesurée avec D/E.

Lorsqu'on dispose de valeurs pour ces quatre facteurs, on ne peut parvenir qu'à un seul taux de croissance. Il s'agit d'une constatation importante qu'on peut reformuler ainsi :

> Lorsqu'une entreprise ne veut pas vendre de nouvelles actions et que sa marge bénéficiaire, sa politique de dividendes, sa politique financière et le coefficient de rotation (du total) de son actif (ou le ratio d'intensité de son capital) sont fixes, il n'existe qu'un seul taux de croissance maximal possible.

Comme on l'a vu précédemment dans ce chapitre, l'un des principaux avantages de la planification financière est d'assurer une cohérence interne entre les différents objectifs d'une entreprise. Le taux de croissance soutenable en est un excellent exemple. Il est donc inclus dans les logiciels que les organismes de crédit aux entreprises emploient dans plusieurs banques à charte canadiennes pour analyser leurs comptes.

On sait maintenant comment utiliser un modèle de planification financière pour vérifier la possibilité d'application d'un taux de croissance projeté. Si on veut que le chiffre d'affaires augmente à un rythme supérieur au taux de croissance soutenable, l'entreprise doit accroître sa marge

---

7 Rappelez-vous que le ratio actif-capital correspond à 1 plus le ratio dette-fonds propres. Vous trouverez à l'annexe 4 B une explication détaillée de la façon de dériver cette expression.

bénéficiaire, le coefficient de rotation (du total) de son actif, son levier financier et ses bénéfices non répartis ou alors vendre de nouvelles actions.

Par contre, supposons que l'entreprise perd de l'argent (sa marge bénéficiaire est négative) ou qu'elle verse plus de 100 % de son bénéfice net en dividendes, de sorte que la valeur de *R* est négative. Dans chacun de ces cas, le taux de croissance négatif du chiffre d'affaires indique le taux auquel ce chiffre et l'actif doivent redescendre. Une entreprise peut avoir une croissance négative en vendant de l'actif ou en fermant des divisions. L'argent produit par la vente de l'actif sert souvent à rembourser des dettes excessives contractées précédemment pour financer une expansion rapide. Les sociétés Campeau Corporation et Central Capital sont deux exemples d'entreprises canadiennes qui ont subi ce douloureux processus d'effet de levier à rebours.

◼es propos de...

Robert C. Higgins sur la croissance soutenable

La plupart des gestionnaires financiers savent intuitivement qu'il faut de l'argent pour faire de l'argent. Une croissance rapide du chiffre d'affaires exige une augmentation de l'actif sous forme de comptes clients, de stock et d'installations permanentes qui doivent être payés avec de l'argent ! Tout gestionnaire financier sait aussi que si son entreprise n'a pas la somme nécessaire au moment où elle en a besoin, elle peut littéralement faire faillite. L'équation de la croissance soutenable exprime ces intuitions de façon explicite.

Les banquiers et les analystes financiers ont souvent recours à la notion de croissance soutenable lorsqu'ils doivent évaluer la solvabilité d'une entreprise. Pour faire cette évaluation, ils se servent de différents progiciels extrêmement complexes qui leur fournissent des analyses détaillées du rendement financier de l'entreprise dans le passé, de même que son taux de croissance soutenable annuel.

Les banquiers utilisent cette information de différentes manières. Une comparaison rapide entre le taux de croissance actuel d'une entreprise et son taux de croissance soutenable leur indique les préoccupations les plus pressantes de la haute direction sur le plan financier. Si la croissance actuelle dépasse sérieusement le taux de croissance soutenable, le problème de la direction sera de trouver l'argent dont elle a besoin pour financer cette croissance. Le banquier peut alors régler d'avance la question des intérêts sur les prêts. Inversement, si le taux de croissance de l'entreprise est constamment inférieur à son taux de croissance soutenable, le banquier aurait intérêt à se préparer à discuter d'investissements parce que le problème de la direction sera de trouver quoi faire avec l'argent qui s'ajoute constamment à l'encaisse.

Les banquiers se servent aussi de l'équation de la croissance soutenable pour expliquer aux propriétaires de petites entreprises peu expérimentés sur le plan financier et aux entrepreneurs trop optimistes la nécessité de maintenir un équilibre entre la croissance et la rentabilité s'ils veulent assurer la viabilité de leur entreprise à long terme.

Enfin, une comparaison entre le taux de croissance actuel et le taux de croissance soutenable permet aux banquiers de comprendre pourquoi un client a besoin d'un prêt et pour combien de temps. Ainsi, un chef d'entreprise a déjà demandé un prêt de 100 000 $ pour rembourser des factures pressantes en promettant de s'acquitter de sa dette dans quelques mois, alors qu'il aurait recouvré certaines créances exigibles sous peu. Après analyse, le banquier s'est rendu compte que le taux de croissance actuel de l'entreprise était de quatre à six fois supérieur à son taux de croissance soutenable et que cette tendance allait se maintenir dans un avenir prévisible. Il a compris que l'insistance des fournisseurs n'était que le symptôme d'un mal beaucoup plus grave dû à une croissance trop rapide. Dans ces conditions, un prêt de 100 000 $ n'aurait au mieux constitué qu'un acompte sur un engagement de plus grande envergure et d'une durée de plusieurs années.

Robert C. Higgins est professeur de finance à la University of Washington. Il est un des pionniers de l'utilisation de la croissance soutenable comme instrument d'analyse financière.

Exemple 4.3 La croissance soutenable

La société Sandar a un ratio dette-fonds propres de 0,5 et un ratio de marge bénéficiaire de 3 %. Son ratio dividendes-bénéfice atteint 40 % et son ratio d'intensité du capital est de 1. Quel est son taux de croissance soutenable ? Si l'entreprise souhaitait voir ce taux atteindre 10 % et qu'elle avait planifié d'atteindre cet objectif en augmentant sa marge bénéficiaire, qu'en penseriez-vous ?

On calcule le taux de croissance soutenable comme suit :
$$g^* = 0{,}03(1)(1 + 0{,}5)(1 - 0{,}40)/[1 - (0{,}03(1)(1 + 0{,}5)$$
$$(1 - 0{,}40))] = 2{,}77 \%$$

Pour parvenir à un taux de croissance de 10 %, il faut augmenter la marge bénéficiaire. On pose donc que g^* est égal à 10 % et on résout en fonction de m :
$$0{,}10 = m(1{,}5)(0{,}6)/[1 - (m(1{,}5)(0{,}6))]$$
$$m = 0{,}1/0{,}99 = 0{,}101 \text{ ou } 10{,}1 \%$$
Si l'entreprise veut atteindre son objectif, elle doit augmenter sa marge bénéficiaire de façon considérable, soit de 3 à environ 10 %, ce qui n'est peut-être pas réalisable.

Questions théoriques

1. Quels sont les déterminants de la croissance ?
2. Quel est le lien entre la croissance soutenable d'une entreprise et le taux de rendement de ses fonds propres ?
3. Que signifie un taux de croissance soutenable négatif pour une entreprise ?

4.5 Certaines mises en garde concernant les modèles de planification financière

Les modèles de planification financière n'aident pas toujours à se poser les bonnes questions, principalement parce qu'ils ont tendance à se baser sur des relations comptables plutôt que financières. Ainsi, les trois éléments de base de la valeur d'une entreprise, soit la taille de son flux monétaire, le risque et le choix du moment opportun, en sont généralement exclus.

À cause de telles lacunes, les résultats de ces modèles ne fournissent parfois pas d'indices pertinents sur les stratégies qui permettraient à l'utilisateur d'augmenter la valeur de son entreprise. En fait, ils détournent son attention vers des questions concernant, par exemple, l'association entre le ratio dette-fonds propres et la croissance de l'entreprise.

Le modèle de planification financière qu'on a utilisé pour la société Houle est trop simple. Comme dans le cas d'un grand nombre de modèles employés de nos jours, il s'agit plutôt d'un générateur d'états financiers. De tels modèles sont pratiques lorsqu'il faut faire ressortir des incohérences et remettre en mémoire des besoins financiers, mais ils présentent très peu de pistes quant à la façon de résoudre ces problèmes.

Pour conclure cette analyse, ajoutons que la planification financière est un processus répétitif. Il faut établir des plans, les examiner, les modifier et les retravailler sans cesse. Le plan final est le résultat de multiples négociations entre les différentes personnes qui participent au processus. En pratique, dans certaines entreprises, la planification financière à long terme a trop tendance à résulter d'une démarche du haut vers le bas. La haute direction vise un certain taux de croissance et confie au personnel de planification la tâche d'élaborer et de présenter un plan qui permet d'y parvenir. De tels plans paraissent souvent réalisables (sur papier ou sur un écran d'ordinateur) à cause d'hypothèses optimistes concernant le ratio de croissance du chiffre d'affaires et le ratio dette-fonds propres. Ils échouent lamentablement lorsque de faibles volumes de ventes empêchent l'entreprise d'honorer ses dettes.

En tant que résultat négocié, le plan final doit implicitement présenter différents objectifs dans divers domaines et tenir compte de nombreuses contraintes. Pour cette raison, il n'est pas nécessaire qu'il s'agisse d'une évaluation impartiale de ce qu'on croit que l'avenir réserve à l'entreprise. Il peut au contraire servir à harmoniser les activités projetées par différents groupes et les aider à se fixer des objectifs communs pour l'avenir.

Questions théoriques

1. Nommez quelques éléments importants qui sont souvent absents des modèles de planification financière.
2. Pourquoi dit-on que la planification est un processus répétitif ?

4.6 Résumé et conclusions

La planification financière oblige l'entreprise à réfléchir à son avenir. On a examiné différents éléments de ce processus. On a vu à quoi sert la planification financière et quelles sont les composantes du modèle d'un plan financier. On a ensuite établi une relation entre la croissance d'une entreprise et ses besoins en matière de financement. Le tableau 4.9 résume les notions concernant les taux de deux types de croissance, la croissance interne et la croissance soutenable. De plus, on a décrit la façon d'utiliser un modèle de planification financière pour analyser la relation entre ces deux taux.

| Tableau | 4.9 | Résumé des notions sur les taux de croissance interne et de croissance soutenable |

I. Taux de croissance interne

$$\text{Taux de croissance interne} = \frac{RA \times R}{1 - RA \times R}$$

où

RA = Taux de rendement de l'actif = Bénéfice net/Total de l'actif

R = Ratio de réinvestissement
= Addition aux bénéfices non répartis/Bénéfice net

Le taux de croissance interne est le taux de croissance maximal que l'entreprise peut atteindre sans aucun type de financement provenant de l'extérieur.

II. Taux de croissance soutenable

$$\text{Taux de croissance soutenable} = \frac{RFP \times R}{1 - RFP \times R}$$

où

RFP = Taux de rendement des fonds propres = Bénéfice net/Total des fonds propres

R = Ratio de réinvestissement
= Addition aux bénéfices non répartis/Bénéfice net

Le taux de croissance soutenable est le taux de croissance maximal que peut atteindre une entreprise sans financement externe au moyen d'actions tout en maintenant un ratio dette-fonds propres constant.

La planification financière au sein d'une entreprise ne devrait jamais devenir une activité purement mécanique. Sinon, elle risque de porter sur des éléments sans importance. Trop souvent, les plans financiers sont établis en fonction d'un taux de croissance cible n'ayant aucun lien explicite avec la production d'une valeur, et les gestionnaires se préoccupent exagérément des états financiers. Cela dit, sans planification financière, toute entreprise risque de faire fausse route en entrant dans l'avenir à reculons !

NOTIONS CLÉS

Capacité d'endettement (page 112)
Horizon de planification (page 98)
Méthode d'estimation fondée sur le pourcentage
  du chiffre d'affaires (page 103)
Ratio de réinvestissement (page 104)

Ratio d'intensité du capital (page 105)
Ratio dividendes-bénéfice (page 104)
Regroupement ou totalisation (page 98)
Taux de croissance interne (page 111)
Taux de croissance soutenable (page 112)

Problèmes de récapitulation et auto-évaluation

4.1 Le calcul du FER En vous basant sur les renseignements suivants concernant la Société minière Skandia, déterminez le financement externe requis (FER) si l'entreprise prévoit une augmentation de 10 % de son chiffre d'affaires. Utilisez la méthode d'estimation fondée sur le pourcentage du chiffre d'affaires en supposant que l'entreprise fonctionne de façon maximale et que le ratio dividendes-bénéfice reste constant.

SOCIÉTÉ MINIÈRE SKANDIA
États financiers

État des résultats		Bilan			
		Actif		*Passif et fonds propres*	
Chiffre d'affaires	4 250,00 $	Actif à court terme	900 $	Passif à court terme	500 $
Coûts	3 876,00	Actif immobilisé net	2 200	Passif à long terme	1 800
Bénéfice imposable	374,00 $	Total	3 100 $	Fonds propres	800
Impôts (34 %)	127,20				
Bénéfice net	246,80 $			Total du passif et	
Dividendes	82,40 $			des fonds propres	3 100 $
Addition aux bénéfices non répartis	164,40				

4.2 Le FER et l'utilisation du potentiel de production D'après les renseignements fournis dans le problème 4.1, quel est le financement externe requis si on suppose que l'actif immobilisé net est utilisé à 60 % de sa capacité ? s'il est utilisé à 95 % de sa capacité ?

4.3 La croissance soutenable D'après les renseignements fournis dans le problème 4.1, quel taux de croissance l'entreprise peut-elle maintenir si elle n'a recours à aucun financement externe ? Quel est son taux de croissance soutenable ?

Réponses à l'auto-évaluation

4.1 On peut calculer le FER en établissant des états financiers prévisionnels à l'aide de la méthode d'estimation fondée sur le pourcentage du chiffre d'affaires. Fait à remarquer, d'après les prévisions, le chiffre d'affaires devrait atteindre 4 250 $ × 1,10 = 4 675 $.

SOCIÉTÉ MINIÈRE SKANDIA
États financiers prévisionnels

État des résultats

Chiffre d'affaires	4 675,00 $	Prévisions
Coûts	4 263,60 $	91,2 % du chiffre d'affaires
Bénéfice imposable	411,40 $	
Impôts (34 %)	139,90 $	
Bénéfice net	271,50 $	
Dividendes	90,60 $	33,37 % du bénéfice net
Addition aux bénéfices non répartis	180,90 $	

Bilan

	Dollars	Pourcentage du chiffre d'affaires		Dollars	Pourcentage du chiffre d'affaires
Actif			*Passif et fonds propres*		
Actif à court terme	990,00 $	21,18 %	Passif à court terme	550,00 $	11,76 %
Actif immobilisé net	2 420,00	51,76 %	Dette à long terme	1 800,00 $	s.o.
Total de l'actif	3 410,00 $	72,94 %	Fonds propres	981,30	s.o.
			Total du passif et des fonds propres	3 331,30	s.o.
			Financement externe requis	78,70 $	s.o.

4.2 À pleine capacité, le chiffre d'affaires est égal au résultat du chiffre d'affaires actuel divisé par l'utilisation de la capacité. À 60 % de capacité :

4 250 $ = 0,60 × Chiffre d'affaires à pleine capacité

7 083 $ = Chiffre d'affaires à pleine capacité

Avec un volume de ventes de 4 675 $, l'entreprise n'a pas besoin de nouvel actif immobilisé, de sorte que la première estimation est trop élevée. On a prévu une augmentation de l'actif immobilisé telle que 2 420 $ – 2 200 $ = 220 $. Le nouveau financement externe requis sera donc 78,70 $ – 220 $ = –141,30 $, soit un surplus. L'entreprise n'a donc pas besoin de financement externe dans ce cas.

Avec une capacité de 95 %, le chiffre d'affaires à pleine capacité est de 4 474 $. Le ratio entre l'actif immobilisé et le chiffre d'affaires à pleine capacité est 2 200 $/4 474 $ = 0,4917 ou 49,17 %. Autrement dit, pour un volume de ventes de 4 675 $, il faut 4 675 $ × 0,4917 = 2 298 $ en actif immobilisé net, soit une augmentation de 98,7 $. Ce nombre est néanmoins de 220 $ – 98,70 $ = 121,30 $ moins élevé que la prévision initiale. Par conséquent, le FER atteint maintenant 78,70 $ – 121,30 $ = – 42,60 $, c'est-à-dire un surplus. L'entreprise n'a donc pas besoin de financement additionnel.

4.3 La Société minière Skandia met en réserve b = 1 – 0,3337 = 0,6663 ou 66,63 % du bénéfice net. Le taux de rendement de l'actif est 246,80 $/3 100 = 7,96 %. Le taux de croissance interne se calcule comme suit :

$$\frac{RA \times b}{1 - RA \times b} = \frac{0,0796 \times 0,6663}{1 - 0,0796 \times 0,6663}$$
$$= 5,60 \%$$

Le taux de rendement des fonds propres de la Société minière Skandia est 246,80 \$/800 \$ = 0,3085 ou 30,85 %. On peut donc calculer le taux de croissance soutenable comme suit :

$$\frac{\text{RFP} \times b}{1 - \text{RFP} \times b} = \frac{0,3085 \times 0,6663}{1 - 0,3085 \times 0,6663}$$
$$= 25,87\%$$

Questions et problèmes

Notions de base (questions 1 à 15)

1. Les états financiers prévisionnels Examinez les états financiers simplifiés suivants de la Société Techno inc. en supposant qu'il n'y a pas d'impôts sur les bénéfices.

SOCIÉTÉ TECHNO INC.

État des résultats		Bilan			
Chiffre d'affaires	9 000 \$	Actif	4 500 \$	Dette	2 250 \$
Coûts	7 000			Fonds propres	2 250
Bénéfice net	2 000 \$	Total	4 500 \$	Total	4 500 \$

L'entreprise prévoit une augmentation de son chiffre d'affaires de 20 %. Elle s'attend à ce que tous les postes de son bilan augmentent également de 20 %. Établissez de nouveaux états financiers prévisionnels et faites-les concorder avec les anciens. Quel est le poste tampon dans ce cas ?

2. Les états financiers prévisionnels et le FER Dans le problème précédent, supposons que la Société Techno inc. verse la moitié de son bénéfice net sous forme de dividendes en espèces. Les coûts et l'actif varient en fonction du chiffre d'affaires, mais ni le passif ni les fonds propres n'en dépendent. Établissez les états financiers prévisionnels de l'entreprise et déterminez le financement externe requis.

3. Un calcul du FER Voici les états financiers les plus récents d'Aventures gériatriques inc. (On n'a pas tenu compte des impôts sur les bénéfices.) :

AVENTURES GÉRIATRIQUES INC.

État des résultats		Bilan			
Chiffre d'affaires	1 850 \$	Actif	7 500 \$	Dette	4 500 \$
Coûts	750			Fonds propres	3 000
Bénéfice net	1 100 \$	Total	7 500 \$	Total	7 500 \$

L'actif et les coûts varient en proportion du chiffre d'affaires, mais ni le passif ni les fonds propres ne dépendent de ce poste. L'entreprise ne verse aucun dividende. L'année prochaine, elle escompte un chiffre d'affaires de 2 240 \$. Quel est le financement externe requis ?

4. Le FER Voici les états financiers les plus récents de REM inc. :

REM INC.

État des résultats		Bilan			
Chiffre d'affaires	12 550 \$	Actif	75 000 \$	Passif	12 500 \$
Coûts	9 750			Fonds propres	62 500
Bénéfice net	2 750 \$	Total	75 000 \$	Total	75 000 \$
Impôts (34 %)	935				
Bénéfice net	1 815 \$				

L'actif et les coûts varient proportionnellement au chiffre d'affaires. Par contre, ni le passif ni les fonds propres ne dépendent de ce poste. L'entreprise a versé 1 000 \$ en dividendes et souhaite maintenir un ratio dividendes-bénéfice constant. Elle prévoit un chiffre d'affaires de 14 375 \$ pour l'année qui vient. Quel est le montant du financement externe requis par la société REM inc. ?

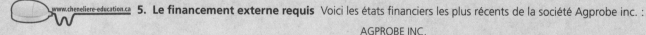

5. Le financement externe requis Voici les états financiers les plus récents de la société Agprobe inc. :

AGPROBE INC.

État des résultats		Bilan			
Chiffre d'affaires	3 100 \$	Actif à court terme	4 000 \$	Passif à court terme	750 \$
Coûts	2 600	Actif immobilisé	3 000	Dette à long terme	1 250
Bénéfice net	500			Fonds propres	5 000
Impôts (34 %)	170	Total	7 000 \$	Total	7 000 \$
Bénéfice net	330 \$				

L'actif, les coûts et le passif à court terme varient en fonction du chiffre d'affaires. Par contre, le passif à long terme et les fonds propres ne dépendent pas de cette variable. L'entreprise maintient un ratio constant dividendes-bénéfice de 60 %. Comme toutes les autres entreprises de ce secteur d'activité, elle prévoit que son chiffre d'affaires devrait augmenter exactement de 12,50 % l'an prochain. Quel est le montant de financement externe requis ?

www.cheneliere-education.ca

6. Le calcul du taux de croissance interne Les états financiers les plus récents de Lambda inc. sont présentés ci-dessous.

LAMBDA INC.

État des résultats			Bilan		
Chiffre d'affaires	6 475 $		Actif à court terme	7 000 $	Dette	20 000 $
Coûts	3 981		Actif immobilisé	25 000	Fonds propres	12 000
Bénéfice imposable	2 994 $		Total	32 000 $	Total	32 000 $
Impôts (34 %)	848					
Bénéfice net	1 646 $					

L'actif et les coûts varient proportionnellement au chiffre d'affaires. Par contre, le passif et les fonds propres ne dépendent pas de ce poste. L'entreprise maintient un ratio dividendes-bénéfice constant de 50 %. Si elle ne peut avoir recours à un financement par l'émission d'actions, quel est son taux de croissance interne ?

7. Le calcul du taux de croissance soutenable Quel est le taux de croissance soutenable de l'entreprise du problème précédent ?

8. Le chiffre d'affaires et la croissance Voici les états financiers les plus récents de Rose, Anne et Cie :

ROSE, ANNE ET CIE

État des résultats			Bilan		
Chiffre d'affaires	23 000 $		Fonds de roulement net	10 500 $	Dette à long terme	32 000 $
Coûts	15 200		Actif immobilisé	50 000	Fonds propres	28 500
Bénéfice imposable	7 800 $		Total	60 500 $	Total	60 500 $
Impôts (34 %)	2 652					
Bénéfice net	5 148 $					

L'actif et les coûts varient proportionnellement au chiffre d'affaires. L'entreprise maintient un ratio dividendes-bénéfice constant de 60 %, et son ratio dette-fonds propres reste invariable. Quelle augmentation maximale de son chiffre d'affaires l'entreprise peut-elle soutenir sans émettre de nouvelles actions ?

9. Le calcul des bénéfices non répartis à partir d'un état financier prévisionnel Examinez l'état des résultats suivant établi pour la société Pharaon inc. :

PHARAON INC.
État des résultats

Chiffre d'affaires	16 000 $
Coûts	9 000
Bénéfice imposable	7 000 $
Impôts (34 %)	2 380
Bénéfice net	4 620 $
Dividendes	1 500 $

L'entreprise prévoit un taux de croissance de son chiffre d'affaires de 15 %. Établissez un état des résultats prévisionnels en supposant que les coûts varient en fonction du chiffre d'affaires et que le ratio dividendes-bénéfice est constant. Quelle est l'addition aux bénéfices non répartis escomptée ?

10. L'application de la méthode d'estimation fondée sur le pourcentage du chiffre d'affaires
Le bilan de la société Pharaon inc. est présenté ci-dessous. En vous basant sur ce document et sur l'état des résultats fourni au problème précédent, trouvez les renseignements qui manquent à l'aide de la méthode d'estimation fondée sur le pourcentage du chiffre d'affaires. Supposons que les comptes fournisseurs varient en fonction du chiffre d'affaires, mais que ce n'est pas le cas des effets à payer. Inscrivez « s.o. » aux endroits appropriés.

PHARAON INC.
Bilan

Actif	Dollars	Pourcentage du chiffre d'affaires	Passif et fonds propres	Dollars	Pourcentage du chiffre d'affaires
Actif à court terme			Passif à court terme		
Encaisse	2 350	_____	Comptes fournisseurs	5 000	_____
Comptes clients	4 000	_____	Effets à payer	2 000	_____
Stock	5 000	_____	Total	7 000	_____
Total	11 350	_____	Dette à long terme	13 000	_____
Actif net, usine et matériel	20 000	_____	Fonds propres		
Total de l'actif	31 350	_____	Actions ordinaires et surplus d'apport	10 000	
			Bénéfices non répartis	1 350	
			Total	11 350	
			Total du passif et des fonds propres	31 350	

11. Le FER et le chiffre d'affaires En vous basant sur les deux problèmes précédents, établissez un bilan prévisionnel qui indique le financement externe requis. Supposons que le chiffre d'affaires augmentera de 15%, mais que l'entreprise ne contractera aucune nouvelle dette externe ni ne recourra au financement par actions.

12. La croissance interne Si le taux de rendement de l'actif d'une entreprise est de 11 % et que son ratio dividendes-bénéfice atteint 33 %, quel est son taux de croissance interne ?

13. La croissance soutenable Si le taux de rendement des fonds propres d'une entreprise est de 23% et que son ratio dividendes-bénéfice s'élève à 60%, quel est son taux de croissance soutenable ?

14. La croissance soutenable À l'aide des renseignements suivants, calculez le taux de croissance soutenable d'une entreprise.

Marge bénéficiaire = 7,5 %

Ratio d'intensité du capital = 0,60

Ratio dette-fonds propres = 0,50

Bénéfice net = 11 000 $

Dividendes = 4 000 $

Quel est le taux de rendement des fonds propres (RFP) de cette entreprise ?

15. La croissance soutenable En supposant que les ratios suivants demeurent constants, déterminez le taux de croissance soutenable.

Coefficient de rotation (du total) de l'actif = 1,20

Marge bénéficiaire = 6,0 %

Ratio actif-capital = 2,25

Ratio dividendes-bénéfice = 33 %

16. Les ventes à pleine capacité Disques Copa inc. fonctionne en ce moment à seulement 75 % de la capacité de son actif immobilisé. Son chiffre d'affaires actuel s'élève néanmoins à 250 000 $. À quel taux ce chiffre peut-il augmenter avant que l'entreprise ait besoin de nouvel actif immobilisé ?

17. L'actif immobilisé et l'utilisation du potentiel de production Supposons que l'actif immobilisé de l'entreprise du problème précédent a une valeur de 190 000 $ et qu'on prévoit un accroissement de son chiffre d'affaires jusqu'à 325 000 $. Quel montant faut-il consacrer à l'achat de nouvel actif immobilisé pour soutenir un tel accroissement ?

18. La croissance et la marge bénéficiaire Une entreprise souhaite maintenir un taux de croissance de 6 % par année, un ratio dette-fonds propres de 0,40 et un ratio dividendes-bénéfice de 60 %. Le rapport entre le total de l'actif et le chiffre d'affaires reste constant à 1,20. Quelle marge bénéficiaire l'entreprise doit-elle atteindre ?

19. La croissance et le ratio dette-fonds propres Une entreprise souhaite maintenir un taux de croissance de 12,94 % et un ratio dividendes-bénéfice de 40 %. Le rapport entre le total de l'actif et le chiffre d'affaires demeure constant à 1,1. La marge bénéficiaire est de 7 %. Si l'entreprise souhaite également que son ratio dette-fonds propres reste constant, à quel niveau doit-elle le fixer ?

20. La croissance et l'actif Une entreprise souhaite maintenir son taux de croissance à 8 % et son ratio dividendes-bénéfice à 70 %. Elle a une marge bénéficiaire de 13 % et n'a recours à aucune source de financement externe. Quel doit être le coefficient de rotation du total de son actif ?

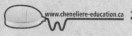
www.cheneliere-education.ca

21. La croissance soutenable À l'aide des renseignements suivants, calculez le taux de croissance soutenable :

Marge bénéficiaire = 7 %

Coefficient de rotation (du total) de l'actif = 1,10

Ratio du total de la dette = 0,80

Ratio dividendes-bénéfice = 60 %

Quel est le taux de rendement de l'actif (RA) de cette entreprise ?

22. La croissance soutenable et le financement externe Vous avez recueilli les renseignements suivants concernant la société Vélos Clark inc.

Chiffre d'affaires = 75 000 $

Bénéfice net = 4 000 $

Dividendes = 1 200 $

Total de la dette = 40 000 $

Total des fonds propres = 18 000 $

Quel est le taux de croissance soutenable de cette entreprise ? Si cette dernière progresse à ce taux, quel sera le montant total de ses nouveaux emprunts au cours de l'année qui vient, si on suppose que son

Notions intermédiaires (suite)

www.cheneliere-education.ca

ratio dette-fonds propres reste constant ? Quel taux de croissance pourrait-elle soutenir sans avoir recours à un financement externe ?

23. **Le calcul du FER** Voici les états financiers les plus récents de la société Tours St-Laurent inc. On prévoit que son chiffre d'affaires devrait augmenter de 30 % en 2003. Les intérêts débiteurs demeureront constants ainsi que le taux d'imposition et le ratio dividendes-bénéfice. Les coûts, les autres dépenses, l'actif à court terme et les comptes fournisseurs augmentent spontanément en fonction du chiffre d'affaires. Si l'entreprise fonctionne à pleine capacité et qu'elle ne compte contracter aucune dette ni émettre aucune nouvelle action, de quel financement externe aura-t-elle besoin pour soutenir un taux de croissance du chiffre d'affaires de 30 % ?

TOURS ST-LAURENT INC.

État des résultats pour l'exercice terminé le 31 décembre 2002

Chiffre d'affaires	700 000 $
Coûts	550 000
Autres dépenses	10 000
Bénéfice avant intérêts et impôts	140 000 $
Intérêts versés	17 000
Bénéfice imposable	123 000 $
Impôts (35 %)	43 050
Bénéfice net	79 950 $
Dividendes	35 000 $
Addition aux bénéfices non répartis	44 950

TOURS ST-LAURENT INC.

Bilan au 31 décembre 2002

Actif		Passif et fonds propres	
Actif à court terme		Passif à court terme	
Encaisse	20 000 $	Comptes fournisseurs	50 000 $
Comptes clients	35 000	Effets à payer	5 000
Stock	60 000	Total	55 000 $
Total	115 000 $	Dette à long terme	120 000 $
Actif immobilisé		Fonds propres	
Actif net, usine et matériel	275 000 $	Actions ordinaires et surplus d'apport	15 000 $
		Bénéfices non répartis	200 000
		Total	215 000 $
Total de l'actif	390 000 $	Total du passif et des fonds propres	390 000 $

24. **L'utilisation du potentiel de production et la croissance** Dans le problème précédent, supposons que l'entreprise fonctionne à seulement 90 % de sa capacité en 2002. De quel financement externe a-t-elle maintenant besoin ?

25. **Le calcul du FER** Dans le problème 23, supposons que l'entreprise souhaite maintenir son ratio dette-fonds propres constant. De quel financement externe a-t-elle besoin ?

Problèmes complexes (26 à 30)

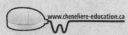
www.cheneliere-education.ca

26. **Le FER et la croissance interne** Reprenez le problème 23 en supposant que les taux de croissance du chiffre d'affaires sont de 20 et de 25 % en plus du chiffre d'affaires de 30 %. Illustrez par un graphique la relation entre le financement externe requis et le taux de croissance. Servez-vous de ce graphique pour déterminer la relation entre eux. Pour quel taux de croissance le financement externe est-il nul ? Pourquoi ce taux de croissance interne est-il différent de celui qu'on peut calculer à l'aide de l'équation proposée dans ce chapitre ?

27. **Le FER et la croissance soutenable** Refaites le problème 25 en supposant que le taux de croissance du chiffre d'affaires est non seulement de 30 % mais aussi de 35 et de 40 %. Illustrez la relation entre le financement externe requis et le taux de croissance par un graphique et servez-vous-en pour déterminer cette relation. Pour quel taux de croissance le financement externe est-il nul ? Pourquoi ce taux de croissance soutenable est-il différent de celui qu'on peut calculer à l'aide de l'équation proposée dans ce chapitre ?

28. **Les contraintes inhérentes à la croissance** Une entreprise souhaite maintenir un taux de croissance de 11 % par année et un ratio dette-fonds propres de 0,30. La marge bénéficiaire est de 5 %, et le rapport entre le total de l'actif et le chiffre d'affaires demeure constant à 1,75. Dans ces circonstances, un tel taux de croissance est-il possible ? Pour répondre à cette question, déterminez le ratio dividendes-bénéfice. Comment interprétez-vous ce résultat ?

29. Le financement externe requis Définissez les concepts suivants :

V : chiffre d'affaires de l'année précédente

A : total de l'actif

D : total de la dette

E : total des fonds propres

g : taux de croissance du chiffre d'affaires escompté

m : marge bénéficiaire

R : ratio de réinvestissement

Démontrez qu'on peut exprimer le financement externe requis de la façon suivante :

$$FER = -m(V)R + (A - m(V)R) \times g$$

[Indices : Le besoin en matière d'actif sera égal à A $\times$ g. L'addition aux bénéfices non répartis s'exprime sous la forme $m(V)R \times (1 + g)$.]

30. Les taux de croissance D'après le résultat du problème 29, montrez que les taux de croissance interne et de croissance durable correspondent à ceux qui sont donnés dans ce chapitre. [Indice : Dans le cas du taux de croissance interne, posez que le FER est nul et résolvez en fonction de g.]

Lectures suggérées

Vous trouverez des méthodes d'établissement de modèles de planification financière dans les articles suivants :

CARLETON, W. T., D. H. DOWNES et C. L. DICK, Jr. «Financial Policy Models : Theory and Practice», *Journal of Financial and Quantitative Analysis*, n° 8, 1973.

FRANCIS, J. C. et D. R. ROWELL. «A Simultaneous-Equation Model of the Firm for Financial Analysis and Planning», *Financial Management*, n° 7, printemps 1978.

MYERS, S. C. et G. A. POGUE. «A Programming Approach to Corporate Financial Management», *Journal of Finance*, 29 mai 1974.

WARREN, J. M. et J. R. SHELTON. «A Simultaneous-Equation Approach to Financial Planning», *Journal of Finance*, 26 décembre 1971.

Voici deux manuels qui portent sur la planification financière :

LEE, C. F. *Financial Analysis and Planning : Theory and Application*, Reading, MA., Addison-Wesley, 1985.

VISCIONE, J. A. *Financial Analysis : Tools and Concepts*, New York, National Association of Credit Management, 1984.

Il est question de croissance soutenable dans les ouvrages suivants :

HIGGINS, R. C. «Sustainable Growth Under Inflation», *Financial Management*, n° 10, automne 1981.

SAINT-PIERRE, Jacques. «Un signal financier pour la PME : l'état des fonds distribuables», *Gestion* 10, n° 4, novembre 1985, p. 15-22.

SAINT-PIERRE, Jacques. «Un signal financier pour la PME : le taux de croissance soutenable», *Gestion* 11, n° 2, avril 1986, p. 24-26.

Pour une analyse critique de la croissance soutenable, consultez l'ouvrage suivant :

RAPPAPORT, A. *Creating Shareholder Value : The New Standard for Business Performance*, New York, Free Press, 1986.

Un modèle de planification financière pour la société Houle

Dans cette annexe, on examine la façon d'élaborer un modèle de planification financière[8]. L'objectif est d'établir pour la société Houle un modèle simple qui comporte quelques-uns des éléments qu'on trouve le plus fréquemment dans les modèles de planification. Ce modèle inclut, à titre de cas particulier, la méthode d'estimation fondée sur le chiffre d'affaires qu'on a examinée dans ce chapitre. Toutefois, il est plus flexible et un peu plus réaliste que le modèle précédent. Sans être exhaustif, il devrait vous donner une bonne idée de la façon de procéder.

Le tableau 4 A.1 comprend des états financiers un peu plus détaillés que précédemment pour la société Houle. En effet, on a présenté séparément l'amortissement et les intérêts. On a aussi indiqué certaines abréviations dont on se servira pour désigner les différents postes de ces états financiers.

Tableau 4 A.1

HOULE
État des résultats et bilan

État des résultats

Chiffre d'affaires	(V)		500 $
Coûts	(C)		235
Amortissement	(AM)		120
Intérêts	(INT)		45
Bénéfice imposable	(BI)		100 $
Impôts	(T)		34
Bénéfice net	(BN)		66 $
Addition aux bénéfices non répartis	(ABN)	22 $	
Dividendes	(DIV)	44 $	

Bilan

Actif			Passif		
Actif à court terme	(ACT)	400 $	Endettement total	(D)	450 $
Actif immobilisé net	(AIN)	600	Fonds propres	(E)	550
Total de l'actif	(AT)	1 000 $	Total du passif	(RT)	1 000 $

Comme on l'a vu précédemment, il faut choisir un poste tampon. Dans notre modèle, il s'agira des nouveaux emprunts et on suppose que la société Houle n'émet pas de nouvelles actions. Autrement dit, le ratio dette-fonds propres peut varier si cela s'avère nécessaire. Le modèle se sert de prévisions concernant le chiffre d'affaires comme intrants et fournit des états financiers prévisionnels comme résultats.

Pour élaborer ce modèle, on utilise des états financiers et on y remplace les chiffres par des formules qui décrivent les rapports entre eux. Outre les symboles déjà connus, on emploie FP_0 pour représenter les fonds propres initiaux.

Dans le tableau 4 A.2, les symboles a_1 à a_7 sont appelés des «paramètres du modèle» et servent à décrire les relations entre les variables. Par exemple, a_7 indique le lien entre le chiffre d'affaires et le total de l'actif. On peut l'interpréter comme étant le ratio d'intensité du capital :

$$TA = a_7 \times V$$
$$a_7 = TA/V = \text{ratio d'intensité du capital}$$

Tableau 4 A.2

HOULE
Modèle de planification financière à long terme

État des résultats

Chiffre d'affaires	V = fourni par l'utilisateur
Coûts	$C = a_1 \times V$
Amortissement	$AM = a_2 \times AIN$
Intérêts	$INT = a_3 \times D$
Bénéfice imposable	$BI = V - C - AM - INT$
Impôts	$T = a_4 \times BI$
Bénéfice net	$BN = BI - T$
Addition aux bénéfices non répartis	$ABN = BN - DIV$
Dividendes	$DIV = a_5 \times BN$

---

[8] Cette annexe est basée en partie sur l'ouvrage de R. A. BREALEY et S. C. MYERS, *Principles of Corporate Finance*, 3e éd., New York, McGraw-Hill Book Company, chap. 28, 1984.

Tableau 4 A.2

(suite)		Bilan		
Actif			*Passif*	
Actif à court terme	$ACT = AT - AIN$	Endettement total	$D = AT - E$	
Actif immobilisé net	$AIN = a_6 \times AT$	Fonds propres	$D = E_0 + ABN$	
Total de l'actif	$AT = a_7 \times V$	Total du passif	$RT = AT$	

De même, a_3 symbolise la relation entre l'endettement total et les intérêts versés, de sorte qu'on peut considérer cette variable comme un taux d'intérêt global. On représente le taux d'imposition par a_4 et le ratio dividendes-bénéfice par a_5.

Ce modèle utilise les nouveaux emprunts comme poste tampon en posant au départ que la somme du total du passif et des fonds propres est égale au total de l'actif. On calcule ensuite le montant de fin d'exercice des fonds propres comme étant le montant de départ E_0, auquel on a ajouté les additions aux bénéfices non répartis ABN. La différence entre ces montants, soit $AT - E$, constitue le nouveau total de la dette nécessaire pour équilibrer le bilan.

Ce modèle se différencie principalement de la méthode du financement externe requis par le fait qu'on a indiqué séparément l'amortissement et les intérêts. On remarque que a_2 exprime l'amortissement sous forme de fraction de l'actif immobilisé au départ. Cette façon de procéder, ainsi que l'hypothèse d'après laquelle les intérêts versés dépendent de l'endettement total, est plus réaliste que celle qu'on avait adoptée précédemment. Toutefois, comme les intérêts et l'amortissement ne varient pas nécessairement en fonction du chiffre d'affaires, il n'est plus possible d'avoir une marge bénéficiaire constante.

On peut déterminer les paramètres du modèle de a_1 à a_7 simplement d'après la méthode d'estimation fondée sur le pourcentage du chiffre d'affaires ou d'après toute autre méthode choisie par le concepteur du modèle. Par exemple, on se basera sur les valeurs moyennes des dernières années, les normes du secteur d'activité de l'entreprise, des estimations subjectives ou même les objectifs des dirigeants. Il existe aussi des techniques statistiques complexes afin de les estimer.

Pour conclure cette analyse, on a estimé les paramètres du modèle dans le cas de la société Houle en utilisant de simples pourcentages, puis on a établi des états financiers prévisionnels correspondant à un niveau de chiffre d'affaires prévu de 600 $. Voici les résultats qu'on a obtenus :

$a_1 = 235\ \$/500 = 0,47 = $ Pourcentage du coût

$a_2 = 120\ \$/600 = 0,20 = $ Taux d'amortissement

$a_3 = 45\ \$/450 = 0,10 = $ Taux d'intérêt

$a_4 = 34\ \$/100 = 0,34 = $ Taux d'imposition

$a_5 = 44\ \$/66 = 2/3 = $ Ratio dividendes-bénéfice

$a_6 = 600\ \$/1\ 000 = 0,60 = $ Actif immobilisé/Total de l'actif

$a_7 = 1\ 000\ \$/500 = 2 = $ Ratio d'intensité du capital

En se servant de ces paramètres et de la prévision concernant le chiffre d'affaires (600 $), on obtient les états financiers qui apparaissent dans le tableau 4 A.3[9].

---

9 Lorsqu'on entre ce modèle dans un tableur (comme on l'a fait pour obtenir les données), le logiciel pourrait « se plaindre » de l'existence d'une référence circulaire, parce que le montant du nouvel emprunt dépend de l'addition aux bénéfices non répartis, laquelle dépend des intérêts versés, qui dépendent à leur tour de l'emprunt, etc. Toutefois, il n'y a vraiment pas de quoi s'inquiéter. On peut demander au tableur de recommencer les calculs à quelques reprises jusqu'à ce que les chiffres cessent de varier.

En fait, cette méthode ne pose pas de problème circulaire parce qu'il n'y a qu'une seule inconnue, l'endettement total, en fonction de laquelle on peut explicitement résoudre l'équation. C'est généralement le cas pourvu qu'il n'y ait qu'un seul poste tampon. Toutefois, l'aspect algébrique de ces calculs peut devenir fastidieux. Pour plus de renseignements, voyez les problèmes à la fin de cette annexe.

Tableau 4 A.3

HOULE
États financiers prévisionnels

État des résultats

Chiffre d'affaires	(V)	600 $ = Intrant
Coûts des produits vendus	(CPV)	282 = 0,47 × 600 $
Amortissement	(AM)	144 = 0,20 × 720 $
Intérêts	(INT)	63 = 0,10 × 626 $
Bénéfice imposable	(BI)	111 $ = 600 $ – 282 – 144 – 63
Impôts	(T)	38 = 0,34 × 111 $
Bénéfice net	(BN)	73 $ = 111 $ – 38 $

Le modèle indique qu'une augmentation du chiffre d'affaires de 100 $ requiert un montant supplémentaire de 200 $ en actif net (puisque le ratio d'intensité du capital est de 2). Pour financer cet ajout, l'entreprise devrait utiliser 24 $ de fonds autogénérés. Le reste, soit 200 $ – 24 $ = 176 $, doit être emprunté. Ce montant correspond à l'augmentation du total de la dette dans le bilan, soit 626 $ – 450 $ = 176 $. Si l'entreprise applique ce plan, sa marge bénéficiaire diminuera légèrement, et son ratio dette-fonds propres augmentera.

Questions et problèmes

A.1 Voici les états financiers simplifiés de la société Dotsa inc.

DOTSA INC.
État des résultats et bilan

État des résultats

Chiffre d'affaires	3 750 $
Coûts	3 000
Bénéfice imposable	750 $
Impôts	255
Bénéfice net	495 $
Addition aux bénéfices non répartis	165 $
Dividendes	330 $

Bilan

Actif		Passif	
Actif à court terme	3 000 $	Endettement total	3 375 $
Actif immobilisé net	4 500	Fonds propres	4 125
Total de l'actif	7 500 $	Total du passif	7 500 $

Établissez un modèle de planification financière ressemblant au modèle élaboré pour la société Houle. Estimez les valeurs des paramètres de votre modèle en utilisant les pourcentages calculés à partir des états financiers fournis. Établissez aussi des états financiers prévisionnels en recalculant le modèle à la main à trois ou quatre reprises.

A.2 Modifiez le modèle de la question précédente de façon que le montant de la dette ne varie pas, et servez-vous de la vente de nouvelles actions comme poste tampon.

A.3 Voici une question plus complexe. Comment pourriez-vous modifier le modèle établi pour la société Houle de façon à maintenir le ratio dette-fonds propres constant?

A.4 Voici une autre question plus complexe. Dans le modèle de planification financière établi pour la société Houle, montrez qu'il est possible de résoudre l'équation de façon algébrique en fonction du montant du nouvel emprunt. Pouvez-vous interpréter l'expression que vous avez obtenue?

Une dérivation de la formule de la croissance soutenable

FER = Augmentation du total de l'actif – Addition aux bénéfices non répartis [4 A.1]
  – Nouvel emprunt
  $= A(g) - m(V)R \times (1 + g) - mV(R) \times (1 + g)[D/E]$

Comme :

FER = 0
  $0 = A(g) - mV(R)(1 + g)[1 + D/E]$
  $= -mV(R)[1 + D/E] + [A - mV(R) \times (1 + D/E)]g$

En divisant par A, on obtient :

  $= -m(V/A)(R)[1 + D/E] + [1 - m(V/A)(R) \times (1 + D/E)]g$

$$g^* = \frac{m(V/A)(R)[1 + D/E]}{1 - m(V/A)(R)[1 + D/E]}$$

Dans le chapitre précédent, on a vu qu'il est possible de décomposer le taux de rendement des fonds propres en ses divers éléments grâce à l'identité de Du Pont. En effet, d'après cette identité, on peut exprimer le taux de rendement des fonds propres comme suit :

RFP = Marge bénéficiaire × Coefficient de rotation (du total) de l'actif × Ratio actif-fonds propres

En utilisant les symboles choisis pour ces ratios, on trouve la définition suivante :

Taux de rendement des fonds propres (RFP) $= m(V/A)(1 + D/E)$ [4 A.2]

$$g^* = \frac{RFP \times R}{1 - RFP \times R}$$

PARTIE III

L'ÉVALUATION DES FLUX MONÉTAIRES FUTURS

Chapitre 5

Une initiation à l'évaluation : la valeur de rendement de l'argent

Ce chapitre énonce les principes de base de la valeur actualisée et des flux monétaires actualisés. On traite en profondeur de la valeur de rendement de l'argent. Les concepts décrits ici serviront tout au long des chapitres suivants.

Chapitre 6

La valeur des flux monétaires actualisés

Le chapitre 6 démontre comment les concepts de valeur actualisée et de flux monétaires actualisés s'appliquent à l'évaluation des obligations et des actions.

Chapitre 7

Les taux d'intérêt et la valeur des obligations

Ce chapitre discute les obligations, leurs caractéristiques et le processus de vente et de négociation. Il y est aussi question des taux d'intérêt et de leur comportement.

Chapitre 8

L'évaluation du capital-actions

Le chapitre 8 étudie les caractéristiques importantes des actions ordinaires et privilégiées, et plus particulièrement les droits des actionnaires. On y présente le modèle de croissance du dividende. On discute également de la négociation des actions et de la publication des cours.

CHAPITRE 5

Une initiation à l'évaluation : la valeur de rendement de l'argent

La maison de placement ScotiaMcLeod est un courtier en valeurs mobilières appartenant à la Banque Scotia. Le 5 février 2000, elle offrait en vente publique des obligations à coupons détachés du gouvernement du Canada qui étaient alors en sa possession. Pour chacune de ces obligations (aussi appelées obligations à escompte pures ou obligations zéro-coupon), le Canada promettait de remettre 100 $ au porteur à la date d'échéance, soit le 5 février 2022. Les investisseurs, quant à eux, ne recevraient rien avant cette date. Les investisseurs ont versé 29,19 $ pour chaque 100 $. En d'autres mots, les investisseurs ont versé 29,19 $ le 5 février 2000 pour recevoir 100 $ vingt ans plus tard. Payer ainsi un montant donné avec la promesse de recevoir un montant forfaitaire à une date ultérieure représente sans doute le plus simple de tous les placements.

Le fait de donner 29,19 $ en échange de 100 $ dans 20 ans peut sembler une bonne affaire. D'un côté, on reçoit 2,80 $ pour chaque dollar investi, ce qui n'est pas négligeable, mais il faut par contre patienter 20 ans avant d'en voir la couleur. Pour vous y retrouver, vous aurez besoin d'analyser cet échange avec les outils proposés dans ce chapitre.

Les gestionnaires financiers doivent tous savoir comment déterminer la valeur actualisée des flux monétaires attendus à une date ultérieure ; c'est la base de leur travail. Par exemple, supposons que le ministre des Finances d'une province vous demande conseil pour reconsidérer entièrement la loterie provinciale dans le but d'augmenter les revenus et de contribuer à équilibrer le budget. Il pourrait être intéressant d'augmenter la taille des lots, mais d'étaler les paiements pour éviter d'épuiser le Trésor public. Plutôt que d'offrir 1 million de dollars en un seul versement, la nouvelle loterie remettrait 10 versements annuels de 100 000 $. Quelle somme la province épargnerait-elle ainsi ? La réponse dépend de la valeur de rendement de l'argent, ce qui est le sujet de ce chapitre.

Au départ, l'expression « valeur de rendement de l'argent » vient de l'idée que 1 $ qu'on a en main aujourd'hui vaut mieux que 1 $ attendu à une date ultérieure. D'un point de vue pratique, on peut notamment avancer qu'il est possible d'investir 1 $ et de cumuler de l'intérêt. À ce titre, 1 $ qu'on possède aujourd'hui augmenterait davantage en valeur que 1 $ remis plus tard. Le compromis entre une somme remise aujourd'hui et une somme remise plus tard dépend, entre autres, du taux d'intérêt de l'investissement. Le but de ce chapitre est d'évaluer de façon claire ce compromis entre de l'argent remis aujourd'hui et de l'argent remis à une date ultérieure.

Il est essentiel de saisir parfaitement les propos de ce chapitre avant de poursuivre. C'est pourquoi nous vous recommandons de lui accorder une attention toute particulière. De nombreux exemples seront présentés en cours de route. Dans bien des cas, le résultat de vos calculs sera peut-être légèrement différent, mais nul besoin de vous inquiéter, puisque nous avons simplement choisi d'arrondir certains chiffres.

5.1 La valeur capitalisée et le calcul de l'intérêt composé

Valeur capitalisée (VC)

Valeur d'un investissement après une ou plusieurs périodes. On dit aussi « valeur composée ».

Nous commençons par une étude de la valeur capitalisée. La **valeur capitalisée** désigne la valeur en argent qu'un investissement devrait atteindre après un certain temps à un taux d'intérêt donné. Autrement dit, la valeur capitalisée représente la valeur de rachat d'un investissement à une date ultérieure. Nous débutons par l'exemple le plus simple, soit un investissement sur une seule période.

Un investissement sur un seul terme

Supposons que vous devez investir 100 $ dans un compte d'épargne qui vous offre un taux d'intérêt de 10 % par année. Quel montant obtiendrez-vous après 1 an ? Vous auriez 110 $. Ce montant équivaut à votre *capital* d'origine de 100 $, plus 10 $ d'intérêts cumulés. On dit alors que les 110 $ représentent la valeur capitalisée (VC) des 100 $ investis pendant 1 an à 10 %, ce qui revient simplement à dire que 100 $ aujourd'hui représentent 110 $ dans 1 an si le taux d'intérêt est de 10 %.

En général, lorsqu'on investit pour une période à un taux d'intérêt r, l'investissement augmente de $1 + r$ par dollar investi. Dans cet exemple, r est égal à 10 %. L'investissement augmente donc de 1 $ $(1 + 0,10) = 1,10$ $ par dollar investi. Dans cet exemple, comme vous avez investi 100 $, vous avez obtenu 100 $ $(1,1) = 110$ $.

Capitalisation

Cumuler de l'intérêt sur un investissement pendant un certain temps afin d'obtenir davantage d'intérêts.

On peut se demander si une période doit nécessairement être de une année, mais il n'en est rien. Par exemple, si le taux d'intérêt était de 2 % par trimestre, votre montant initial de 100 $ augmenterait de 100 $ $(1 + 0,02) = 102$ $ à la fin du trimestre. On peut aussi se demander si 2 % de chaque trimestre équivalent à 8 % par année. À nouveau, la réponse est non, et nous verrons pourquoi un peu plus loin.

Un investissement pour plus d'un terme

Intérêt sur intérêt

Intérêt créditeur obtenu en réinvestissant les intérêts cumulés au cours des périodes précédentes.

Reprenons l'exemple de l'investissement de 100 $. Si le taux d'intérêt ne varie pas, combien obtiendrez-vous après 2 ans ? Si vous laissez les 110 $ dans votre compte, vous aurez alors 110 $ $(0,10) = 11$ $ d'intérêts pendant la deuxième année, pour un total de 110 $ + 11 $ = 121 $. Ces 121 $ représentent la valeur capitalisée de 100 $ dans 2 ans à 10 %. En d'autres mots, dans 1 an, vous investirez 110 $ à 10 % pendant un an. Il s'agit toujours d'une période simple ; vous aurez donc 1,10 $ pour chaque dollar investi, soit 110 $ × 1,1 = 121 $.

Intérêt composé

Intérêts calculés sur un capital initial accru de ses intérêts accumulés au cours de périodes précédentes.

Ces 121 $ sont composés de quatre parties. La première partie est le capital d'origine de 100 $. La deuxième correspond aux 10 $ d'intérêts de la première année. Les 10 $ d'intérêts de la deuxième année représentent la troisième partie pour un total de 120 $. Le dernier dollar qui reste (la quatrième partie) correspond aux intérêts cumulés au cours de la deuxième année sur l'intérêt créditeur de la première année, soit 10 $ × 0,1 = 1 $.

Intérêt simple

Intérêt calculé uniquement sur un capital initial.

Lorsque vous investissez ainsi une somme d'argent et tout intérêt engagé pour plus d'un terme, vous *réinvestissez* les intérêts et effectuez ce qu'il convient d'appeler la **capitalisation**. Composer de l'intérêt signifie cumuler de l'**intérêt sur l'intérêt** pour obtenir ce qu'on appelle l'**intérêt composé**. On parle d'**intérêt simple** lorsque l'intérêt n'est pas réinvesti ; dans ce cas, on cumule de l'intérêt uniquement sur le capital d'origine.

Exemple **5.1** L'intérêt sur l'intérêt

Imaginez un investissement de 2 ans qui offre 14 % d'intérêts par année. Si vous investissez 325 $, combien aurez-vous dans 2 ans ? Quelle part de cette somme représente de l'intérêt simple ? Quelle part représente de l'intérêt composé ? À la fin de la première année, vous auriez 325 $ × $(1 + 0,14) =$ 370,50 $. Si vous réinvestissiez ce montant en entier, pour obtenir un intérêt composé, vous auriez 370,50 $ × 1,14 = 422,37 $ à la fin de la deuxième année. L'intérêt total accumulé serait donc de 422,37 $ − 325 $ = 97,37 $. Votre capital d'origine de 325 $ cumule 325 $ × 0,14 = 45,50 $ d'intérêts par année, pour un total de 91 $ en intérêt simple sur 2 ans. La somme restante, soit 97,37 $ − 91 $ = 6,37 $, représente l'intérêt composé. Ce résultat est simple à vérifier lorsqu'on remarque que l'intérêt accumulé au cours de la première année est de 45,50 $. L'intérêt sur l'intérêt cumulé au cours de la deuxième année est donc de 45,50 $ × 0,14 = 6,37 $, comme nous l'avions calculé.

Examinons maintenant de plus près la façon de calculer la valeur capitalisée de 121 $. On a multiplié 110 $ par 1,1 afin d'obtenir 121 $. Les 110 $, toutefois, représentaient en fait 100 $ multipliés eux aussi par 1,1. Autrement dit :

$$121\$ = 110\$ \times 1,1$$
$$= (100\$ \times 1,1) \times 1,1$$
$$= 100\$ \times (1,1 \times 1,1)$$
$$= 100\$ \times 1,1^2$$
$$= 100\$ \times 1,21$$

Comme le démontre cet exemple, la valeur capitalisée de 1 $ investi pour un nombre t de périodes à un taux de r par période est :

$$\text{Valeur capitalisée} = 1\$ \times (1 + r)^t \qquad [5.1]$$

L'expression $(1 + r)^t$ est parfois appelée «facteur d'intérêt de la valeur capitalisée – FIVC» (ou plus simplement le facteur de la valeur composée) de 1 $ investi à r % pendant t périodes. On peut abréger ainsi : FIVC (r, t).

Si on reprend l'exemple du début, combien vos 100 $ vaudront-ils dans 5 ans? On peut d'abord calculer le facteur de la valeur capitalisée comme suit :

$$(1 + r)^t = (1 + 0,10)^5 = 1,1^5 = 1,6105$$

Vos 100 $ atteindront :

$$100\$ \times 1,6105 = 161,05\$$$

Le tableau 5.1 illustre la croissance de vos 100 $ chaque année. Comme vous pouvez le constater, l'intérêt réalisé chaque année équivaut au capital initial multiplié par le taux d'intérêt de 10 %.

Vous pouvez aussi remarquer dans le tableau 5.1 que le montant total des intérêts réalisés est de 61,05 $. Au cours des 5 années de cet investissement, l'intérêt simple est de $100\$ \times 0,10 = 10\$$ par année, ce qui vous permet d'accumuler 50 $. Les 11,05 $ qui restent représentent l'intérêt composé.

La figure 5.1 illustre la croissance de l'intérêt composé décrit dans le tableau 5.1. On remarque que l'intérêt simple reste le même d'année en année, mais que l'intérêt composé augmente chaque année. L'intérêt composé continue d'augmenter parce que les intérêts s'accumulent et qu'il y a donc davantage d'argent qui rapporte des intérêts.

Tableau 5.1 Les valeurs capitalisées de 100 $ à 10 %

Année	Capital initial	Intérêt simple	Intérêt composé	Total des intérêts	Montant à l'échéance
1	100,00 $	10	0,00	10,00 $	110,00 $
2	110,00	10	1,00	11,00	121,00
3	121,00	10	2,10	12,10	133,10
4	133,10	10	3,31	13,31	146,41
5	146,41	10	4,64	14,64	161,05
		Total de l'intérêt simple 50	Total de l'intérêt composé 11,05 $	Total des intérêts 61,05 $	

Les valeurs capitalisées dépendent essentiellement du taux d'intérêt présumé, particulièrement dans le cas d'investissements à long terme. Le graphique de la figure 5.2 illustre ce rapport entre la croissance de 1 $ et le taux d'intérêt et la durée. On remarque que la valeur capitalisée de 1 $ après 10 ans est d'environ 6,20 $ à un taux d'intérêt de 20 %, mais seulement de 2,60 $ à un taux d'intérêt de 10 %. Dans ce cas-ci, la valeur capitalisée est plus que doublée si on double le taux d'intérêt.

Pour résoudre des problèmes de valeur capitalisée, il faut d'abord obtenir le facteur de capitalisation approprié. Les possibilités de résolution sont diverses. Dans l'exemple du début, on aurait pu multiplier 1,1 par lui-même cinq fois. Cette méthode fonctionne parfaitement, mais elle deviendrait pénible s'il s'agissait, par exemple, d'investir pendant 30 ans.

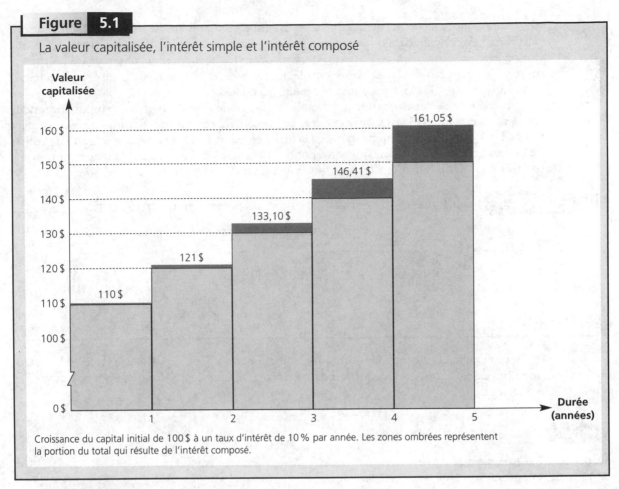

Figure 5.1

La valeur capitalisée, l'intérêt simple et l'intérêt composé

Croissance du capital initial de 100 $ à un taux d'intérêt de 10 % par année. Les zones ombrées représentent la portion du total qui résulte de l'intérêt composé.

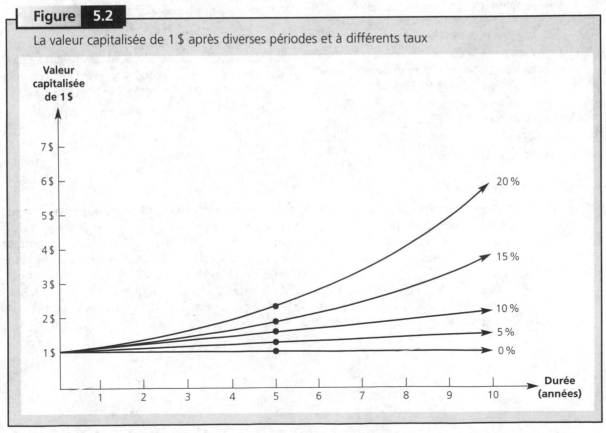

Figure 5.2

La valeur capitalisée de 1 $ après diverses périodes et à différents taux

Heureusement, il existe des approches plus simples pour obtenir le facteur de capitalisation. La plupart des calculatrices offrent cette fonction grâce à la touche y^x. Il suffit d'entrer 1,1, d'enfoncer cette touche, d'entrer 5 et ensuite d'enfoncer la touche = pour obtenir la réponse. Ce moyen est facile, rapide et précis pour calculer les facteurs de capitalisation. Dans le logiciel Excel, il suffit d'entrer = 1,1^5 pour obtenir le même résultat.

Vous pouvez également utiliser un tableau qui contient les facteurs de capitalisation pour certains taux d'intérêt et diverses périodes. Le tableau 5.2 contient un petit nombre de ces facteurs. Le tableau A.1 de l'annexe fournie à la fin de ce manuel en contient davantage. Pour utiliser le tableau, trouvez la colonne qui correspond à 10 %. Déterminez ensuite la rangée qui correspond à cinq périodes. Vous devriez trouver le facteur de capitalisation calculé, soit 1,6105.

Tableau 5.2 Les acteurs de capitalisation pour diverses périodes et différents taux

| Périodes | Taux d'intérêt | | | |
	5 %	10 %	15 %	20 %
1	1,0500	1,1000	1,1500	1,2000
2	1,1025	1,2100	1,3225	1,4400
3	1,1576	1,3310	1,5209	1,7280
4	1,2155	1,4641	1,7490	2,0736
5	1,2763	1,6105	2,0114	2,4883

Ces tableaux ont cependant toujours leur utilité. Pour vérifier si vous effectuez correctement les calculs, choisissez un facteur dans le tableau, puis calculez-le vous-même pour vérifier votre réponse.

Exemple 5.2 L'intérêt composé

Supposons qu'un investissement vous offre un taux d'intérêt de 12 %. Comme le taux vous semble bon, vous investissez 400 $. Quelle somme obtiendrez-vous en 3 ans ? Quelle somme obtiendrez-vous en 7 ans ? Après 7 ans, combien d'intérêts aurez-vous cumulés ? Quelle est la part de ces intérêts qui correspond à l'intérêt composé ?

En vous basant sur les notions déjà expliquées, vous pouvez calculer le facteur de capitalisation pour 12 % sur 3 ans comme suit :

$$(1 + r)^t = 1,12^3 = 1,4049$$

Vos 400 $ atteindront donc :
$$400\ \$ \times 1,4049 = 561,97\ \$$$

Après 7 ans, vous obtiendrez :
$$400\ \$ \times 1,12^7 = 400\ \$ \times 2,2107 = 884,27\ \$$$

Ainsi, votre argent a plus que doublé en 7 ans.

Puisque vous avez investi 400 $, l'intérêt de la valeur capitalisée de 884,27 $ est 884,27 $ – 400 $ = 484,27 $. À 12 %, vos 400 $ vous rapportent 400 $ × 0,12 = 48 $ en intérêt simple chaque année. Sur une période de 7 ans, l'intérêt simple est donc 7 × 48 $ = 336 $. La somme restante, soit 484,27 $ – 336 $ = 148,27 $, correspond à l'intérêt composé.

L'intérêt composé ne représente qu'une faible somme sur une courte période, mais il devient beaucoup plus important à long terme. Prenons un exemple. Imaginez qu'un de vos ancêtres particulièrement pingre a investi 5 $ pour vous à 6 % d'intérêt il y a 200 ans. Quelle somme auriez-vous aujourd'hui à votre disposition ? Le facteur de capitalisation n'est pas du tout négligeable : $(1,06)^{200} = 115\ 125,90$ (inutile de chercher dans un tableau !). Vous posséderiez donc 5 $ × 115 125,90 = 575 629,52 $. L'intérêt simple n'est que de 5 $ × 0,6 = 0,30 $ par année. Après 200 ans, cela ne fait que 60 $. Le reste provient du réinvestissement. Voilà toute la puissance de l'intérêt composé !

Exemple 5.3 Le coût de la coupe Stanley

Afin d'illustrer à nouveau l'effet de l'intérêt composé à long terme, prenons l'exemple de la coupe Stanley. C'est le gouverneur général du Canada de l'époque, Sir Frederick Arthur Lord Stanley qui, en 1893, acheta la coupe, le plus ancien trophée remis à une équipe sportive en Amérique du Nord. Lord Stanley paya 48,67 $ pour la coupe il y a plus de 110 ans. Bien qu'elle n'ait pas de prix, le Temple de la renommée du hockey de Toronto a assuré la coupe pour un montant de 1,5 million de dollars[1]. Combien vaudrait aujourd'hui le montant payé par Lord Stanley pour acheter la coupe s'il avait choisi plutôt de l'investir à 10 % ?

En 110 ans, à 10 %, 48,67 $ augmentent considérablement. De combien ? Le facteur de capitalisation est d'environ :

$$(1 + r)^t = (1,10)^{110} = 35\,743,36$$
$$VC = 48,67\,\$ \times 35\,743,36 = 1\,739\,629,30\,\$$$

Nul doute, 1 739 629,30 $ représentent une grosse somme, beaucoup plus que les 75 000 $ nécessaires pour fabriquer ce trophée aujourd'hui.

Bien sûr, cet exemple est un peu exagéré. En 1893, il n'aurait pas été facile de trouver un investissement à 10 % par année, de façon continue, pour les 110 années à venir.

Une remarque sur le taux de croissance de l'intérêt composé

Si vous songez à déposer de l'argent dans un compte portant intérêt, le taux d'intérêt représente uniquement le taux de croissance de votre argent, à la condition de ne rien retirer. Si ce taux est de 10 %, vous aurez chaque année 10 % de plus que l'année précédente. Dans ce cas-ci, le taux d'intérêt n'est qu'un exemple d'un taux de croissance de l'intérêt composé.

La méthode de calcul de la valeur capitalisée est assez générale et permet de répondre à d'autres questions sur la croissance. Par exemple, supposons que votre société compte 10 000 employés. Vous évaluez que le nombre d'employés augmente de 3 % par année. Combien d'employés aurez-vous dans 5 ans ? On parle ici de personnes et non de dollars, et il ne s'agit pas d'un taux d'intérêt, mais bien d'un taux de croissance. Toutefois, le calcul reste le même :

$$10\,000 \times (1,03)^5 = 10\,000 \times 1,1593 = 11\,593 \text{ employés}$$

Vous engagerez donc 1 593 nouveaux employés au cours des 5 prochaines années.

Exemple 5.4 La croissance des dividendes

Au cours des 11 années se terminant en 2002, les dividendes de la Banque Royale du Canada ont augmenté de 0,58 $ à 1,52 $, soit un taux de croissance annuel moyen de 9,15 %[2]. Si cette croissance devait continuer, quels seraient les dividendes en 2004 ?

Ici, le dividende en espèces croît parce que la direction provoque son augmentation, mais, à nouveau, le calcul est le même :

$$\text{Valeur capitalisée} = 1,52\,\$ \times (1,0915)^2$$
$$= 1,52\,\$ (1,1914) = 1,81\,\$$$

Les dividendes augmenteront de 0,29 $ au cours de cette période. Nous reviendrons à la croissance des dividendes dans un chapitre ultérieur.

Questions théoriques

1. Que représente la valeur capitalisée d'un investissement ?
2. Que signifie l'expression « intérêt composé » ? Quelle est la différence entre un intérêt simple et un intérêt composé ?
3. En général, quelle est la valeur capitalisée de 1 $ investi à un taux de r par période pour une durée de t périodes ?

---

1 Lorsque la valeur de la coupe Stanley a été dévoilée en 2002, la pratique consistant à calculer l'intérêt composé existait déjà depuis plus de 600 ans.

2 $\quad 1,52\,\$ = 0,63\,\$ \times (1 + r)^{16}$

$\quad\quad 2,41 = (1 + r)^{16}$

$\quad (2,41)^{1/16} = 1 + r$

$\quad\quad 1,0566 = 1 + r$

$\quad\quad\quad r = 5,66\,\%$

5.2 La valeur actualisée et l'actualisation

Lorsqu'on parle de valeur capitalisée, on a généralement à l'esprit des questions de ce genre : quelle sera la valeur de mon investissement de 2 000 $ s'il cumule 6,5 % d'intérêts chaque année au cours des 6 prochaines années ? La réponse à cette question correspond à la valeur capitalisée des 2 000 $ investis à 6,5 % pendant 6 ans (vérifiez que la réponse est bien d'environ 2 918 $).

La valeur capitalisée est également au cœur d'un autre type de problème tout aussi fréquent en analyse financière. Imaginez que vous deviez obtenir 10 000 $ dans 10 ans et que vous puissiez obtenir un taux d'intérêt de 6,5 %. Combien devrez-vous investir aujourd'hui afin d'atteindre votre but ? Faites vous-même le calcul : la réponse est 5 327,26 $. Comment le sait-on ? C'est ce qu'on va voir à l'instant.

La période simple

On a vu que la valeur capitalisée de 1 $ investi pendant 1 an à 10 % était de 1,10 $. On pose maintenant une question légèrement différente : combien doit-on investir aujourd'hui à 10 % pour obtenir 1 $ en 1 an ? En d'autres mots, on sait que la valeur capitalisée est de 1 $, mais on veut savoir quelle est la **valeur actualisée (VA)** ? La réponse n'est pas bien difficile à trouver. Peu importe la somme investie, elle sera aujourd'hui 1,1 fois plus importante après 1 an. Puisqu'on a besoin de 1 $ à la fin de l'année :

> **Valeur actualisée (VA)**
>
> Valeur actuelle de flux monétaires actualisés au taux d'actualisation approprié.

Valeur actualisée × 1,1 = 1 $

ou

Valeur actualisée = 1 $/1,1 = 0,909 $

> **Actualisation**
>
> Calcul de la valeur actualisée d'une somme future.

La valeur actualisée correspond à la réponse à la question suivante : quelle somme investie aujourd'hui représentera 1 $ dans 1 an si le taux d'intérêt est de 10 % ? La valeur actualisée est ainsi tout l'inverse de la valeur capitalisée. Plutôt que de calculer l'intérêt composé dans l'avenir, on l'**actualise** au présent.

> **Exemple 5.5** La valeur actualisée pour une seule période
>
> Supposons que vous avez besoin de 400 $ pour acheter vos manuels l'année prochaine. Vous pouvez obtenir un taux de 7 % pour votre argent. Quel montant devrez-vous investir aujourd'hui ?
>
> On doit trouver la valeur actualisée de 400 $ dans 1 an à 7 %. On utilise la même méthode que précédemment :
>
> VA × 1,07 = 400 $
>
> On peut maintenant calculer la valeur actualisée :
>
> Valeur actualisée = 400 $ × [1/1,07] = 373,83 $
>
> Ainsi, 373,83 $ est la valeur actualisée. À nouveau, cela signifie simplement qu'en investissant ce montant à 7 % pendant 1 an, vous obtiendrez une valeur capitalisée de 400 $.

On peut déduire, à partir de ces exemples, que la valeur actualisée de 1 $ pour une seule période est généralement :

$$VA = 1 \$ \times [1/(1 + r)] = 1 \$/(1 + r)$$

Examinons maintenant la façon d'obtenir la valeur actualisée d'un montant à recevoir après plus d'une période.

La valeur actualisée pour plusieurs périodes

Supposons que vous avez besoin de 1 000 $ d'ici 2 ans. Si vous pouvez obtenir un taux de 7 %, quel montant devez-vous investir pour avoir les 1 000 $ dont vous avez besoin ? Autrement dit, quelle est la valeur actualisée de 1 000 $ dans 2 ans si le taux d'intérêt est de 7 % ?

À partir de ce qu'on a appris sur la valeur capitalisée, on sait que le montant investi doit atteindre 1 000 $ en 2 ans. Autrement dit, il s'ensuit que :

$$1\ 000 \$ = VA \times 1,07^2$$
$$= VA \times 1,1449$$

On peut alors calculer la valeur actualisée comme suit :

Valeur actualisée = 1 000 $/1,1449 = 873,44 $

Vous devez donc investir 873,44 $ pour atteindre votre but.

Exemple 5.6 L'épargne

Vous aimeriez bien vous acheter une nouvelle voiture. Vous disposez d'environ 50 000 $, mais la voiture coûte 68 500 $. Si on vous offre un taux de 9 %, combien devrez-vous investir aujourd'hui pour acheter la voiture dans 2 ans ? En avez-vous assez ? On imagine ici que le prix de la voiture ne variera pas.

Vous devez calculer la valeur actualisée de 68 500 $ dans 2 ans, si le taux d'intérêt est de 9 %. Selon ce qu'on a établi précédemment, on peut calculer :

$$VA = 68\,500\,\$/1{,}09^2 = 68\,500\,\$/1{,}1881 = 57\,655{,}08\,\$$$

Il manque environ 7 655 $, même si vous attendez 2 ans.

Comme vous l'avez sans doute remarqué, le calcul de la valeur actualisée ressemble beaucoup au calcul de la valeur capitalisée et le résultat est similaire. La valeur actualisée de 1 $ qu'on recevra dans t périodes à un taux d'actualisation de r est :

$$VA = 1\,\$ \times [1/(1+r)^t] = 1\,\$/(1+r)^t \qquad [5.2]$$

La quantité entre crochets, soit $1/(1+r)^t$, porte plusieurs noms. Puisqu'on l'utilise pour actualiser un flux monétaire futur, on l'appelle souvent le « facteur d'actualisation ». Avec une telle appellation, il semble tout à fait logique que le taux utilisé dans le calcul soit souvent nommé le **taux d'actualisation**. C'est le nom qu'on lui donne en général lorsqu'on discute la valeur actualisée. La quantité entre crochets s'appelle aussi parfois le « facteur d'intérêt de la valeur actualisée » pour 1 $ à r % pour une période t et on utilise alors l'abréviation FIVA(r, t). Enfin, le calcul de la valeur actualisée d'un flux monétaire futur visant à déterminer sa valeur aujourd'hui s'appelle souvent l'évaluation de « flux monétaires actualisés (FMA) ».

À titre d'illustration, supposons que vous avez besoin de 1 000 $ dans 3 ans. On vous offre un taux de 15 %. Combien devez-vous investir aujourd'hui ? Pour le savoir, il faut déterminer la valeur actualisée de 1 000 $ dans 3 ans à 15 %. Vous devez donc actualiser 1 000 $ de 3 périodes à 15 %. Le facteur d'actualisation est donc :

$$1/(1+0{,}15)^3 = 1/1{,}5209 = 0{,}6575$$

Le montant à investir est alors :

$$1\,000\,\$ \times 0{,}6575 = 657{,}50\,\$$$

On dit que 675,50 $ est la valeur actualisée de 1 000 $ dans 3 ans à 15 %.

Il existe des tableaux qui représentent les facteurs d'actualisation, comme il y a des tableaux pour les facteurs de capitalisation, et ils s'utilisent de la même façon (si vous décidez, bien sûr, d'y avoir recours). Le tableau 5.3 en contient un petit échantillon. Vous en trouverez davantage dans le tableau A.2 de l'annexe.

Dans le tableau 5.3, vous pouvez trouver le facteur d'actualisation de l'exemple précédent (0,6575) en consultant la colonne intitulée 15 %, jusqu'à la troisième rangée.

Taux d'actualisation

Taux utilisé pour calculer la valeur actualisée d'un flux monétaire futur.

Tableau 5.3 Les facteurs d'intérêt de valeurs actualisées

Termes	Taux d'intérêt			
	5 %	10 %	15 %	20 %
1	0,9524	0,9091	0,8696	0,8333
2	0,9070	0,8264	0,7561	0,6944
3	0,8638	0,7513	0,6575	0,5787
4	0,8227	0,6830	0,5718	0,4823
5	0,7835	0,6209	0,4972	0,4019

Les courtiers en valeurs mobilières canadiens achètent des obligations du gouvernement du Canada et revendent les coupons et le remboursement de capital séparément. C'est ce qu'on appelle le « démembrement d'obligations », parce que les coupons sont détachés. Ces coupons détachés attirent parfois les investisseurs, car ils ne comportent aucun risque de réinvestissement. Un investisseur qui achète un coupon détaché ne reçoit aucun paiement avant la date inscrite sur le coupon. Le prix d'un coupon de 25 ans d'une valeur nominale de 10 000 $ est tout simplement la valeur actualisée de 10 000 $ dans 25 ans. Supposons que le prix de ce coupon est de 2 330 $. Le taux d'actualisation ou le rendement de cette émission d'obligation est :

$$2\,330\,\$ = 10\,000\,\$ / (1 + r)^{25}$$
$$(1 + r)^{25} = 4,2918$$
$$1 + r = 1,0600$$

Le taux d'actualisation r est de 6 %. Un montant de 1 $ dans 25 ans vaut à peine plus de 0,23 $ aujourd'hui, selon ce même taux d'actualisation. Nous étudierons les obligations à coupons détachés au chapitre 7.

Au fur et à mesure que la période augmente, la valeur actualisée diminue. Comme l'illustre l'exemple 5.7, la valeur actualisée diminue alors que l'horizon temporel augmente. Plus vous vous projetez dans un avenir lointain, plus la valeur actualisée se rapproche de zéro. De plus, pour une période donnée, plus le taux d'actualisation est élevé, plus la valeur actualisée est faible. Autrement dit, la valeur actualisée et le taux d'actualisation sont inversement proportionnels. Lorsqu'on augmente le taux d'actualisation, on diminue la valeur actualisée et inversement.

La figure 5.3 illustre le rapport entre le temps, le taux d'actualisation et la valeur actualisée. Vous remarquerez que, lorsqu'on arrive à 10 ans, les valeurs actualisées sont beaucoup plus petites que les valeurs futures.

Figure 5.3

La valeur actualisée de 1 $ pour diverses périodes et différents taux

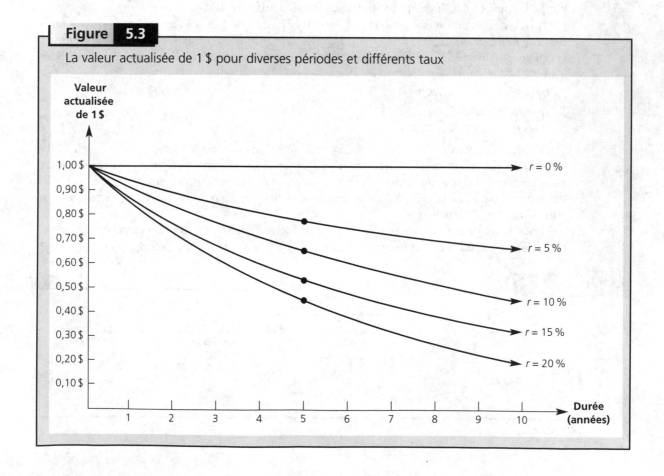

Questions théoriques

1. Que représente la valeur actualisée d'un investissement ?
2. Le processus d'actualisation d'un montant futur au moment présent est le contraire de quelle opération ?
3. Que signifie l'expression « méthode du flux monétaire actualisé » ou FMA ?

5.3 Les valeurs actualisées et capitalisées : plus en détail

Comparez les expressions qu'on a trouvées pour les valeurs actualisées et capitalisées et vous constaterez qu'il existe un rapport très simple entre les deux. Cette section explore ce même rapport et certaines questions qui s'y rattachent.

La valeur actualisée par rapport à la valeur capitalisée

Ce qu'on appelle le « facteur d'actualisation » est simplement la réciproque du « facteur de capitalisation » (autrement dit, 1 divisé par le facteur de capitalisation) :

Facteur de capitalisation = $(1 + r)^t$

Facteur d'actualisation = $1/(1 + r)^t$

D'ailleurs, le moyen le plus simple de calculer le facteur d'actualisation sur de nombreuses calculatrices est d'abord de calculer le facteur de capitalisation, puis d'enfoncer la touche « $1/x$ ».

Si VC représente la valeur capitalisée après t périodes, le rapport entre la valeur capitalisée et la valeur actualisée peut prendre une des deux formes suivantes :

$$\text{VA} \times (1 + r)^t = \text{VC}_t \qquad\qquad [5.3]$$
$$\text{VA} = \text{VC}_t/(1 + r)^t = \text{VC}_t \times [1/(1 + r)^t]$$

Ce dernier résultat s'appelle l'« équation de base de la valeur actualisée ». Cette équation est utilisée tout au long du manuel. Elle peut varier à l'occasion, mais cette équation toute simple sous-tend plusieurs des concepts les plus importants de la gestion financière.

Exemple 5.8 L'évaluation des investissements

Pour vous donner une idée de l'utilisation des valeurs actualisées et capitalisées, songez à l'investissement suivant. Votre société propose l'achat d'un élément d'actif de 355 000 $. C'est un investissement très sûr. Vous vendrez l'actif dans 3 ans à 400 000 $. Vous savez que vous pouvez investir les 335 000 $ ailleurs à 10 % à très peu de risque. Que pensez-vous de l'investissement qu'on vous propose ?

Il ne s'agit pas d'un bon investissement. Pourquoi ? Parce que vous pouvez investir les 335 000 $ ailleurs à 10 %. Si vous le faites, après 3 ans, vous obtiendrez :

$$335\,000\,\$ \times (1 + r)^t = 335\,000\,\$ \times 1{,}1^3$$
$$= 335\,000\,\$ \times 1{,}331$$
$$= 445\,885\,\$$$

Parce que l'investissement proposé ne vous donne que 400 000 $, il n'est pas aussi intéressant que certaines des options à votre disposition. Autrement dit, la valeur actualisée de 400 000$ dans trois ans à 10 % est de :

$$400\,000\,\$ \times [1/(1 + r)^t] = 400\,000\,\$/1{,}1^3$$
$$= 400\,000\,\$/1{,}331$$
$$= 300\,526\,\$$$

Cela démontre qu'il suffit d'investir 300 000 $ pour obtenir 400 000 $ dans 3 ans, et non 335 000 $. Nous reviendrons plus loin à ce type d'analyse.

La détermination du taux d'actualisation

Il est souvent nécessaire de déterminer le taux d'actualisation d'un investissement. Pour ce faire, il suffit d'examiner l'équation de base de la valeur actualisée :

$$\text{VA} = \text{VC}_t/(1 + r)^t$$

Cette équation ne comprend que quatre variables : la valeur actualisée VA, la valeur capitalisée VC_t, le taux d'actualisation r et la durée de l'investissement t. Si on connaît trois de ces éléments, il est toujours facile de trouver le quatrième.

| **Exemple** | **5.9** | Le calcul du rendement pour une seule période |

Vous songez à investir pour une période de 1 an. Si vous déposez 1 250 $, vous obtiendrez 1 350 $. Quel est le taux de rendement de l'investissement ?

Tout d'abord, puisqu'il s'agit d'une seule période, la réponse semble assez évidente. Vous avez tout simplement obtenu 100 $ de plus sur vos 1 250 $ initiaux. Le taux de rendement de l'investissement est donc 100 $/1 250 = 8 %.

D'une manière plus formelle, à partir de l'équation de base de la valeur actualisée, la valeur actualisée (la somme qu'il faut investir aujourd'hui) est de 1 250 $. La valeur capitalisée (la croissance de la valeur actualisée) est de 1 350 $. Une année s'écoule, ce qui donne :

$$1\ 250\ \$ = 1\ 350\ \$/(1 + r)^1$$
$$(1 + r) = 1\ 350\ \$/1\ 250 = 1,08$$
$$r = 8\ \%$$

Dans cet exemple plutôt simple, il était bien inutile d'effectuer tous ces calculs, mais comme on le verra plus loin, la situation est plus complexe lorsqu'il y a plus d'une période.

Afin d'illustrer ce qui se passe sur plusieurs périodes, supposons qu'on nous propose un investissement qui coûte 100 $ et qui double le montant investi en 8 ans. Afin de comparer cet investissement à d'autres, on doit savoir quel est le taux d'actualisation pour une telle offre. Dans ce type de situation, on appelle le taux d'actualisation le « taux de rendement » ou parfois le « rendement » de l'investissement. Dans le cas présent, la valeur actualisée est de 100 $, la valeur capitalisée, de 200 $ (le double du montant initial) et la durée, de 8 ans. Afin de calculer le rendement, on peut utiliser l'équation de base de la valeur actualisée, soit :

$$VA = VC_t/(1 + r)^t$$
$$100\ \$ = 200\ \$/(1 + r)^8$$

On peut aussi l'écrire ainsi :

$$(1 + r)^8 = 200/100 = 2$$

Il faut maintenant trouver la valeur de r. On peut procéder des trois façons décrites ci-après.
1. Utiliser une calculatrice financière.
2. Résoudre l'équation pour trouver $1 + r$. On prend la racine huitième de chaque côté de l'équation. Puisque cela équivaut à multiplier l'exposant de chaque côté par 1/8 ou 0,125, il est facile d'effectuer ce calcul à l'aide de la touche y^x de la calculatrice. Il suffit d'entrer 2, d'enfoncer la touche y^x, d'entrer 0,125, puis d'enfoncer la touche 5. La racine huitième devrait être d'environ 1,09, ce qui veut dire que r équivaut à 9 %.
3. Utiliser un tableau de valeurs capitalisées. Le facteur de capitalisation après 8 ans est de 2. Consultez la rangée qui correspond à 8 périodes dans le tableau A.1 de l'annexe. Vous verrez qu'un facteur de capitalisation de 2 correspond à la colonne de 9 %, ce qui indique à nouveau que le rendement est de 9 %[3].

| **Exemple** | **5.10** | Des épargnes en vue de faire des études universitaires |

Plusieurs universités canadiennes augmentent leurs frais de scolarité. Vous évaluez qu'il vous faudra environ 65 000 $ pour inscrire votre enfant à l'université dans huit ans. Vous disposez d'environ 25 000 $. Si vous pouvez compter sur un taux de 15 %, serez-vous en mesure d'atteindre votre but ? De quel taux avez-vous besoin pour y arriver ?

Si vous pouvez cumuler 15 %, la valeur capitalisée de vos 25 000 $ dans 8 ans sera de :

$$VC = 25\ 000\ \$ \times (1,15)^8 = 25\ 000\ \$ \times 3,0590 = 76\ 475,57\ \$$$

Vous y arriverez donc facilement. Le taux minimal dont vous auriez besoin correspond à la variable r dans le problème suivant :

$$VC = 25\ 000\ \$ \times (1 + r)^8 = 65\ 000\ \$$$
$$(1 + r)^8 = 65\ 000\ \$/25\ 000 = 2,6000$$

Ainsi, le facteur de capitalisation est de 2,6000. Dans le tableau A.1 de l'annexe, si vous consultez la rangée qui correspond à 8 périodes, le facteur de capitalisation se situe quelque part entre les valeurs pour 12 % (2,4760) et 14 % (2,8526). Vous pourriez donc tout juste atteindre votre but si vous aviez un taux à peine supérieur à 12 %. Pour obtenir la réponse exacte, vous pouvez utiliser une calculatrice financière ou trouver la valeur de r de la manière suivante :

$$(1 + r)^8 = 65\ 000\ \$/25\ 000 = 2,6000$$
$$(1 + r) = 2,6000^{(1/8)} = 2,6000^{0,125} = 1,1269$$
$$r = 12,69\ \%$$

---

3 Il existe une façon simple et approximative de trouver la valeur de r : la règle de 72. Pour un taux de rendement raisonnable, le temps nécessaire pour doubler un investissement est de $72/r\ \%$. Dans cet exemple, $72/r^5 = 8$ ans, ce qui sous-entend que r équivaut à 9 %, tel qu'il a été calculé. Cette règle est somme toute assez précise pour les taux d'actualisation de 5 à 20 %.

Vous aimeriez bien être millionnaire dans 30 ans, au moment de prendre votre retraite. Vous avez 10 000 $ aujourd'hui. Quel rendement vous faudrait-il pour atteindre votre but ?

La valeur capitalisée est de 1 million de dollars. La valeur actualisée est de 10 000 $ et la durée, de 30 ans. Vous devez calculer le taux d'actualisation comme suit :

$$10\,000\,\$ = 1\,000\,000\,\$/(1 + r)^{30}$$
$$(1 + r)^{30} = 100$$

Le facteur de la valeur capitalisée est donc de 100. Vous pouvez vérifier que le taux est donc d'environ 16,59 %.

Lorsqu'on néglige de considérer la valeur de rendement de l'argent, on court le risque de faire des erreurs graves au moment de calculer les taux de croissance ou les taux de rendement. Par exemple, en 1997, la société Nissan a annoncé qu'elle prévoyait retaper et mettre en vente 56 anciennes Datsun 240Z. Quel allait être le prix de détail suggéré pour ces véhicules ? Près de 38 000 $, ce qui représentait sept fois le prix de vente d'une Datsun 240Z en 1970, il y a 27 ans. Comme on l'avait prévu, plusieurs collectionneurs ont pensé que les automobiles retapées étaient de bons moyens d'épargner puisqu'elles étaient des copies quasi parfaites des voitures originales. La voiture originale se détaillait environ 5 289 $ en 1970. La nouvelle Z se détaillait 38 000 $ en 1997, ce qui représente un taux de rendement annuel de 7,58 %, de loin inférieur au taux précédent de 700 %. Cet exemple illustre à quel point il est facile de se tromper lorsque les rendements totaux ne tiennent pas compte de la valeur de rendement de l'argent. Même les adeptes de la finance peuvent s'y méprendre. Récemment, une revue financière annonçait qu'on s'attend à une croissance de 70 % de l'indice Dow Jones (DJIA) au cours des cinq prochaines années. Croyez-vous qu'on parle d'une croissance de 70 % par année ? Quel est en fait le taux de croissance annuel qui permettrait au DJIA d'atteindre une croissance totale de l'indice de 70 % d'ici cinq ans ? Voici un indice : historiquement, ce taux de rendement se situe dans la moyenne !

Trouver le nombre de périodes

Supposons maintenant que vous désirez acheter un élément d'actif au coût de 50 000 $. Vous disposez pour l'instant de 25 000 $. Si vous pouvez obtenir 12 % pour ces 25 000 $, dans combien de temps aurez-vous 50 000 $? Pour trouver la réponse, il faut trouver la dernière variable dans l'équation de base de la valeur actualisée, soit le nombre de périodes. Vous savez déjà comment trouver une réponse approximative à ce type de problème. Remarquez qu'il s'agit de doubler le montant initial. Selon la règle de 72, il vous faudrait 72/12 = 6 ans à 12 %.

Pour obtenir la réponse exacte, vous pouvez à nouveau manipuler l'équation de base de la valeur actualisée. La valeur actualisée est de 25 000 $ et la valeur capitalisée, de 50 000 $. Avec un taux d'actualisation de 12 %, l'équation de base prend une des formes suivantes :

$$25\,000\,\$ = 50\,000\,\$/(1,12)^t$$
$$50\,000\,\$/25\,000 = (1,12)^t = 2$$

Vous obtenez donc un facteur de capitalisation de 2 pour un taux de 12 %. Vous devez maintenant trouver t. Dans le tableau A.1 de l'annexe, si vous consultez la colonne qui correspond à 12 %, vous trouverez un facteur de valeur capitalisée de 1,9738 à la sixième période. Il faut donc environ 6 périodes, comme on l'avait calculé. Pour obtenir la réponse exacte, il faut trouver t (ou utiliser une calculatrice financière) :

$$t = \ln 2/\ln(1,12)$$

Vous obtiendrez ainsi 6,1163 années. L'approximation était donc ici assez précise[4].

---

4 Pour trouver t, il faut d'abord prendre le logarithme de chacun des membres de l'équation :

$$1,12^t = 2$$
$$\log 1,12^t = \log 2$$
$$t \log 1,12 = \log 2$$

On peut alors trouver t de manière formelle :

$$t = \log 2/\log 1,12$$
$$= 6,1163$$

Presque toutes les calculatrices peuvent calculer un logarithme ; cherchez une touche *log* ou *ln*. Si vous avez les deux, utilisez l'une ou l'autre indifféremment.

Vous épargnez depuis un certain temps pour acheter la société Godot. Le coût total est de 10 millions de dollars. Vous avez à l'heure actuelle environ 2,3 millions de dollars. Si vous pouvez obtenir un taux de 5 %, combien de temps devrez-vous patienter ? Avec un taux de 16 %, combien d'années vous faudra-t-il ?

Avec un taux de 5 %, vous devrez attendre très longtemps. Selon l'équation de base de la valeur actualisée :

$$2,3 \text{ \$} = 10/(1,05)^t$$
$$1,05^t = 4,33$$
$$t = 30 \text{ ans}$$

Avec un taux de 16 %, on peut se permettre d'espérer davantage. Vérifiez par vous-même ; il vous faudra environ 10 ans.

Comme nous l'avons mentionné précédemment, les obligations à coupons détachés sont une forme d'épargne très en vogue. Il est ainsi possible de les acheter pour une fraction de leur valeur nominale. Par exemple, supposons que vous dépensez 50 $ pour acheter une telle obligation le 1er juillet 2005. Cette obligation venant à échéance 12 ans plus tard, le 1er juillet 2017, vous recevrez un montant de 100 $. Étant donné que la valeur de votre investissement double en 12 ans, quel est le taux de rendement annuel que vous avez obtenu ? Vous devriez obtenir près de 6 %.

www.cheneliere-education.ca

STRATÉGIES POUR L'EMPLOI DE TABLEURS

Cet exemple termine cette initiation aux concepts de base concernant la valeur de rendement de l'argent. Le tableau 5.4 constitue un résumé des calculs de la valeur actualisée et de la valeur capitalisée et vous servira de référence.

Tableau **5.4** Sommaire des calculs de la valeur de rendement

I. Symboles
VA : valeur actualisée, la valeur actuelle des flux monétaires futurs
VC_t : valeur capitalisée, la valeur future des flux monétaires actuels
r : taux d'intérêt, taux de rendement ou taux d'actualisation par période — généralement de 1 an mais pas toujours
t : nombre de périodes — généralement le nombre d'années mais pas toujours
C : somme d'argent

II. La valeur capitalisée de C investi à r % pendant t périodes
$VC_t = C \times (1 + r)^t$
L'expression $(1 + r)^t$ désigne le « facteur de capitalisation »

III. La valeur actualisée de C obtenue dans t périodes à r % par période
$VA = C/(1 + r)^t$
L'expression $(1 + r)^t$ désigne le « facteur d'actualisation »

IV. L'équation de base de la valeur actualisée exprimant le rapport entre les valeurs actualisée et capitalisée
$VA = VC_t/(1 + r)^t$

Questions théoriques

1. Qu'est-ce que l'équation de base de la valeur actualisée ?

2. En général, quelle est la valeur actualisée d'une somme de 1 $ remise après t périodes, si le taux d'actualisation est de r par période ?

5.4 Résumé et conclusions

Dans ce chapitre, nous avons présenté les principes de base de l'évaluation de la valeur actualisée et des flux monétaires capitalisés. Entre autres, nous avons expliqué certains éléments relevant de la valeur de rendement de l'argent, tels que ceux décrits ci-dessous.

1. Pour un taux de rendement donné, il est possible de déterminer la valeur à un moment précis d'un investissement effectué aujourd'hui en calculant la valeur capitalisée de l'investissement.

2. On peut déterminer la valeur actuelle d'un flux monétaire futur ou d'une série de flux monétaires pour un taux de rendement donné en calculant la valeur actualisée du flux monétaire en question.

3. On obtient le rapport entre la valeur actualisée VA et la valeur capitalisée VC pour un taux r donné et une durée t en utilisant l'équation de base de la valeur actualisée :

$$VA = VC_t / (1 + r)^t$$

Comme nous l'avons démontré, il est possible de trouver l'une ou l'autre des quatre variables (VA, VC_t, r ou t) si les trois autres sont connues.

Les principes énoncés dans ce chapitre seront au cœur des prochains chapitres. En effet, on peut analyser la plupart des investissements, qu'il s'agisse d'actifs réels ou d'actifs financiers, en utilisant l'approche des flux monétaires actualisés (FMA). Ainsi, l'approche des FMA peut s'appliquer à de nombreuses situations et est donc fréquemment utilisée. Avant de continuer, vous voudrez sans doute vous faire la main avec quelques-uns des problèmes qui suivent.

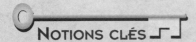

Notions clés

Problèmes de récapitulation et auto-évaluation

5.1 Le calcul des valeurs capitalisées Supposons que vous déposez 10 000 $ aujourd'hui dans un compte qui vous offre un taux d'intérêt de 6 %. Quelle somme obtiendrez-vous dans 5 ans ?

5.2 Le calcul des valeurs actualisées Supposons que vous venez tout juste de fêter vos 19 ans. Un oncle riche établit un fonds en fiducie à votre intention afin que vous receviez 150 000 $ à l'âge de 30 ans. Si le taux d'actualisation est de 9 %, quelle est la valeur du fonds aujourd'hui ?

5.3 Le calcul du taux de rendement On vous propose un investissement qui promet de doubler en 10 ans. Quel est le taux de rendement offert ? Vérifiez votre réponse à l'aide de la règle de 72.

5.4 Le calcul du nombre de périodes On vous propose un investissement à 9 % par année. Si vous investissez 15 000 $, combien de temps vous faudra-t-il pour obtenir 30 000 $? et pour obtenir 45 000 $?

5.5 L'intérêt composé En 1867, M. George Edward Lee trouva un astrolabe (un outil de navigation du XVIIᵉ siècle) que Samuel de Champlain avait perdu sur ses terres, en Ontario. M. Lee vendit l'astrolabe à un étranger pour 10 $. En 1989, le Musée canadien de la civilisation acheta l'astrolabe pour 250 000 $ de son propriétaire d'alors, la New York Historical Society (où il s'était retrouvé après bien des aventures). De toute évidence, M. Lee avait été escroqué. Imaginez toutefois qu'il ait investi ses 10 $ à 10 %. Combien cette somme vaudrait-elle en 2004 ?

Réponses à l'auto-évaluation

5.1 Il faut calculer la valeur capitalisée de 10 000 $ à 6 % pendant 5 ans. Le facteur de la valeur capitalisée est :

$$1,06^5 = 1,3382$$

La valeur capitalisée est donc 10 000 $ × 1,3382 = 13 382,26 $.

5.2 Il faut calculer la valeur actualisée de 150 000 $ versés dans 11 ans à 9 %. Le facteur d'actualisation est :

$$1/1,09^{11} = 1/2,5804 = 0,3875.$$

La valeur actualisée est donc d'environ 58 130 $.

5.3 Supposons que vous investissez 1 000 $. Vous obtiendrez 2 000 $ dans 10 ans. Ainsi, 1 000 $ est le montant dont vous disposez aujourd'hui, soit la valeur actualisée, et 2 000 $ est le montant que vous aurez dans 10 ans, soit la valeur capitalisée. À l'aide de l'équation de base de la valeur actualisée, vous obtenez :

$$2\,000\ \$ = 1\,000\ \$ \times (1 + r)^{10}$$
$$2 = (1 + r)^{10}$$

Partant de là, vous devez maintenant trouver r, le taux de rendement. Comme on l'a vu au cours de ce chapitre, il y a plusieurs façons de procéder. On prend ici la racine dixième de 2 (en multipliant 2 à la puissance 1/10) :

$$2^{(1/10)} = 1 + r$$
$$1,0718 = 1 + r$$
$$r = 7,18\,\%$$

À l'aide de la règle de 72, on obtient $72/t = r\,\%$ ou $72/10 = 7,2\,\%$. La réponse semble donc être la bonne (n'oubliez pas que la règle de 72 n'offre qu'une approximation).

5.4 L'équation de base est la suivante :

$$30\,000\ \$ = 15\,000\ \$ \times (1 + 0,09)^t$$
$$2 = (1 + 0,09)^t$$

Si on cherche t, on obtient $t = 8,04$ ans. À l'aide de la règle de 72, on obtient $72/9 = 8$ ans. La réponse semble à nouveau être la bonne. Pour obtenir 45 000 $, vous pouvez vérifier par vous-même que vous devrez effectivement patienter 12,75 ans.

5.5 Avec un taux de 10 %, les 10 $ auront subi une croissance étonnante en 137 ans. Le facteur de capitalisation est :

$$(1 + r)^t = 1,1^{130} = 468\,595,23\ \$$$

La valeur capitalisée s'élève donc à :

$$10\ \$ \times 468\,595,23 = 4\,685\,952\ \$$$

? Questions de synthèse et de réflexion critique

1. L'équation de base de la valeur actualisée comporte quatre éléments. Quels sont-ils ?

2. Qu'est-ce que la capitalisation ? Qu'est-ce que l'actualisation ?

3. À mesure qu'on allonge la période de temps, qu'advient-il de la valeur capitalisée ? Qu'advient-il de la valeur actualisée ?

4. Qu'advient-il d'une valeur capitalisée lorsqu'on augmente le taux r ? Qu'advient-il d'une valeur actualisée ?
   Pour répondre aux quatre prochaines questions, référez-vous aux renseignements sur l'obligation à coupons détachés du gouvernement du Canada présentés au début de ce chapitre.

5. Pourquoi la maison de placement ScotiaMcLeod accepterait-elle de recevoir un montant si peu élevé (29,19 $) aujourd'hui en échange d'une promesse de remettre plus de trois fois ce montant (100 $) dans l'avenir ?

6. Accepteriez-vous de verser 500 $ aujourd'hui en échange de 10 000 $ dans 30 ans ? Quels seraient les principaux éléments à considérer avant de prendre une telle décision ? Votre réponse dépendrait-elle de la personne qui vous fait cette promesse ?

7. Supposons qu'au moment où ScotiaMcLeod offrait le coupon du gouvernement du Canada à 29,19 $, le gouvernement du Québec avait mis en vente un titre à peu près identique. À votre avis, ce titre aurait-il eu un prix plus ou moins élevé que le montant ci-dessus ? Pourquoi ?

8. Le coupon détaché du gouvernement canadien est couramment acheté et vendu par ScotiaMcLeod et d'autres courtiers en valeurs mobilières. Si vous obteniez un prix aujourd'hui, croyez-vous qu'il serait supérieur au prix original de 29,19 $? Pourquoi ? En l'an 2006, croyez-vous que ce prix serait plus élevé ou moins élevé que le prix d'aujourd'hui ? Pourquoi ?

Questions et problèmes

Notions de base (questions 1 à 15)

www.cheneliere-education.ca

1. **L'intérêt simple par rapport à l'intérêt composé** La Banque Simplex propose un taux d'intérêt simple de 5 % sur le solde de ses comptes d'épargne. La Banque Complex, pour sa part, offre un taux d'intérêt composé de 5 % par année. Si vous deviez déposer 5 000 $ dans chacune de ces banques, combien d'argent la Banque Complex vous rapporterait-elle de plus que la Banque Simplex en 10 ans ?

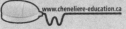
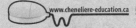
2. Le calcul des valeurs capitalisées Calculez la valeur capitalisée dans chacun des cas suivants :

Valeur actualisée	Années	Taux d'intérêt	Valeur capitalisée
2 250 $	30	12 %	
9 310	16	9	
76 355	3	19	
183 796	7	5	

3. Le calcul des valeurs actualisées Calculez la valeur actualisée dans chacun des cas suivants :

Valeur actualisée	Années	Taux d'intérêt	Valeur capitalisée
	5	4 %	15 451 $
	8	12	51 557
	19	22	886 073
	15	20	550 164

4. Le calcul des taux d'intérêt Trouvez le taux d'intérêt dans chacun des cas suivants :

Valeur actualisée	Années	Taux d'intérêt	Valeur capitalisée
265 $	3		307 $
360	9		761
39 000	15		136 771
46 523	30		255 810

5. Le calcul du nombre de périodes Trouvez le nombre d'années dans chacun des cas suivants :

Valeur actualisée	Années	Taux d'intérêt	Valeur capitalisée
625 $		4 %	1 284 $
810		9	4 341
18 400		23	402 662
21 500		34	173 439

6. Le calcul des taux d'intérêt Supposons que vous souhaitez que votre enfant amorce ses études universitaires dans 18 ans et que le tout coûtera 200 000 $. Vous pouvez actuellement investir 27 000 $. Quel taux d'intérêt devez-vous obtenir afin de couvrir les frais universitaires ?

7. Le calcul du nombre de périodes Si le taux d'intérêt est de 6 %, combien de temps vous faudra-t-il pour doubler votre investissement ? pour le quadrupler ?

8. Le calcul des taux d'intérêt On vous offre un investissement qui exige 12 000 $ aujourd'hui contre une promesse de 40 000 $ dans 15 ans. Quel est le taux de rendement annuel de l'investissement ?

9. Le calcul du nombre de périodes Vous désirez épargner afin de vous acheter une nouvelle Ferrari de 120 000 $. Vous disposez aujourd'hui de 40 000 $ et souhaitez l'investir à la banque. Votre banque offre un taux d'intérêt annuel de 5,5 % sur tous ses comptes. Combien de temps vous faudra-t-il pour pouvoir vous procurer la Ferrari ?

10. Le calcul des valeurs actualisées Imprudentielle inc. possède un régime de retraite sans capitalisation, soit un passif de 650 millions de dollars à verser dans 20 ans. Afin d'évaluer la valeur des actions de la société, un analyste financier désire actualiser cette somme en date d'aujourd'hui. Si le taux d'actualisation est de 8,5 %, quelle est la valeur actualisée de ce passif ?

11. Le calcul des valeurs actualisées On vient de vous apprendre que vous avez remporté le gros lot de 1 million de dollars à la loterie provinciale. Toutefois, on vous remettra votre lot à votre 100e anniversaire (à la condition, bien sûr, que vous soyez toujours en vie), soit dans 80 ans. Quelle est la valeur actualisée de votre fortune si le taux d'actualisation est de 13 % ?

12. Le calcul de la valeur capitalisée Votre collection de monnaie comprend 50 $ en argent de 1952. Si vous avez acheté les pièces à leur valeur nominale au moment de leur émission, quelle sera la valeur de votre collection en 2067, si elle augmente à un taux de 4 % par année ?

13. Le calcul des taux d'intérêt et des valeurs capitalisées En 1996, les motocyclettes d'époque Vincent Black Shadow Series B de 1949 (le fabricant n'en a produit que 80) se vendaient environ 55 000 $ l'unité. Si vous étiez parmi les quelques privilégiés qui ont pu s'en procurer une en 1949 au coût de 630 $, quel a été le rendement de votre investissement ? Si la valeur en 2000 d'une Supermono Bimota était de 20 000 $, combien vaudra-t-elle dans 47 ans si la valeur augmente au même rythme historique que la valeur d'une Vincent Black Shadow Series B de 1949 ?

14. Le calcul des valeurs actualisées Au cours d'une vente aux enchères de Christie's International PLC tenue en 2000, les voitures miniatures Hot Wheels se vendaient 100 $ l'unité. À l'époque, on avait évalué que le taux de rendement annuel était de 27,7 %. Si ces chiffres sont exacts, quel était le prix d'une de ces voitures neuves en 1975 ?

15. Le calcul du taux de rendement Bien qu'exerçant toujours un certain attrait chez les esprits raffinés, le fait de collectionner des œuvres d'art n'a pas toujours été une activité lucrative. Toujours en 1995, Christie's a vendu aux enchères un tableau de William de Kooning intitulé « Une œuvre sans titre ». Le propriétaire a toutefois rejeté l'enchère maximale de 1,95 million de dollars, car il avait lui-même acheté la toile à un prix se situant au sommet du marché des beaux-arts en 1989, soit 3,52 millions de dollars. Si le vendeur avait accepté l'enchère, quel aurait été son taux de rendement annuel ?

16. Le calcul du taux de rendement Revenons aux obligations à coupons détachés du Canada qu'on a discutés au début du chapitre :

a) Si le prix était de 29,19 $ par 100 $ de valeur nominale, quel était le taux d'intérêt ?

b) Supposons que vous ayez vendu cette obligation le 5 février 2001 pour 35 $, alors que vous l'aviez achetée un an plus tôt pour 29,19 $. Quel aurait alors été votre taux de rendement ?

c) Si un investisseur vous avait acheté votre obligation du Canada le 5 février 2001 pour 35 $ et l'avait conservée jusqu'à l'échéance, quel aurait alors été son taux de rendement ?

17. Le calcul des valeurs actualisées Supposons que vous désirez toujours vous procurer une Ferrari de 120 000 $ (voir la question 9). Si vous pensez que votre fonds commun de placement peut vous offrir un taux de rendement annuel de 7 % et que vous voulez acheter la voiture dans 10 ans, le jour de vos 30 ans, combien devez-vous investir aujourd'hui ?

18. Le calcul des valeurs capitalisées Vous venez tout juste d'effectuer votre première cotisation de 2 000 $ à votre régime enregistré d'épargne-retraite. Si vous pouvez compter sur un taux de rendement de 9 % (avec un intérêt composé tous les mois) et ne cotisez plus par la suite, à combien s'élèvera votre investissement dans 45 ans ? Que se passe-t-il si vous attendez 10 ans avant de contribuer ? (Est-ce que cela vous suggère une stratégie d'investissement ?)

19. Le calcul de la valeur capitalisée Vous devez recevoir 30 000 $ dans 2 ans. Lorsqu'on vous remettra cette somme, vous l'investirez pour 6 années de plus à 6 % par année. Combien aurez-vous dans 8 ans ?

20. Le calcul du nombre de périodes Vous devez recevoir 40 000 $ au moment d'obtenir votre diplôme, soit dans 2 ans. Vous songez à investir cette somme à 6 % afin d'obtenir 120 000 $. Combien de temps vous faudra-t-il patienter ? (La situation est plus favorable que celle de la question 9, mais oubliez tout de même la Ferrari !)

CHAPITRE 6

La valeur des flux monétaires actualisés

On souligne souvent avec éclat la signature d'un contrat important par un athlète de renom, mais les chiffres sont parfois trompeurs. En 2002, le Club de hockey Canadien de Montréal signait un contrat avec le gardien de but étoile José Théodore, qui devenait ainsi le joueur le mieux payé de l'histoire du club. Le contrat stipulait qu'on devait lui verser 16,5 millions de dollars américains, soit 5 millions la première année, 5,5 millions la deuxième et 6 millions de dollars la troisième année. Si on calcule la valeur de rendement de l'argent, José Théodore n'a pas véritablement obtenu 16,5 millions de dollars. Quelle somme a-t-il réellement obtenue ? C'est ce genre de calcul que ce chapitre propose d'étudier.

Le chapitre 5 se voulait une introduction au calcul de la valeur des flux monétaires actualisés. Il était cependant uniquement question de flux monétaires simples. En réalité, vous aurez généralement à effectuer vos calculs à partir de flux monétaires multiples. À titre d'exemple, l'ouverture de nouvelles succursales exigerait des propriétaires des restaurants Saint-Hubert ou McDonald's d'importantes dépenses, mais ces derniers profiteraient par la suite de rentrées de fonds pendant plusieurs années. Ce chapitre explique également la façon d'évaluer ce type d'investissement.

Le chapitre terminé, vous aurez en main de nombreux outils très pratiques. Vous pourrez par exemple calculer vos propres versements sur votre prêt automobile ou votre prêt étudiant. Vous pourrez aussi déterminer le temps nécessaire pour rembourser le solde de votre carte de crédit en n'effectuant que les paiements mensuels minimaux (une pratique qui, par ailleurs, n'est pas recommandée). Vous apprendrez à comparer les taux d'intérêt afin de déterminer lesquels sont les plus élevés et lesquels sont les plus faibles ; de plus, vous découvrirez comment la cotation d'un taux d'intérêt peut même être trompeuse.

6.1 Les valeurs capitalisées et actualisées de flux monétaires multiples

Pour l'instant, seules la valeur capitalisée d'un montant forfaitaire initial ou la valeur actualisée d'un seul flux monétaire futur ont fait l'objet d'une étude. On étudie maintenant la façon de calculer la valeur de flux monétaires multiples en commençant par la valeur capitalisée.

La valeur capitalisée de flux monétaires multiples

Supposons que vous déposez 100 $ aujourd'hui dans un compte qui offre un taux d'intérêt de 8 %. Une année plus tard, vous déposez de nouveau 100 $. Quelle somme obtiendrez-vous dans deux ans ? Ce problème est relativement simple. À la fin de la première année, vous aurez 108 $, plus la nouvelle somme de 100 $ que vous déposez, pour un total de 208 $. Ce dernier montant demeure dans votre compte au taux de 8 % pour une autre année. La deuxième année écoulée, vous obtenez alors :

208 $ × 1,08 = 224,64 $

La figure 6.1 est une *ligne du temps* qui illustre la façon de calculer la valeur capitalisée de ces deux dépôts de 100 $. Ce type de figure est très utile lorsqu'il s'agit de résoudre des problèmes complexes. Lorsque vous éprouvez des difficultés à calculer la valeur capitalisée ou actualisée, vous pouvez presque toujours tracer une ligne du temps afin de clarifier la situation.

Figure 6.1

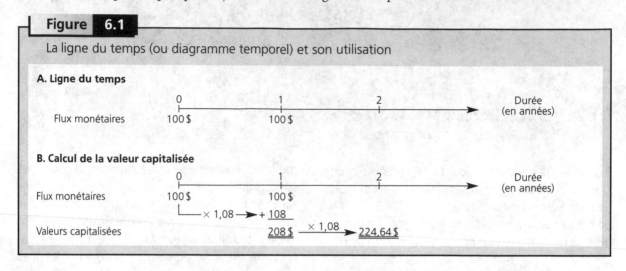

La ligne du temps (ou diagramme temporel) et son utilisation

Dans la première partie de la figure 6.1, les flux monétaires sont inscrits sur une ligne du temps. Il est primordial que leur emplacement sur la ligne corresponde exactement au moment réel de leur mesure et de leur évaluation. Ici, le premier flux monétaire est investi à la période 0, c'est-à-dire aujourd'hui même. On inscrit donc 100 $ à la période 0 sur la ligne du temps.

Exemple 6.1 Un rappel au sujet de l'épargne

Vous croyez être en mesure de déposer 4 000 $ à la fin de l'année, au cours des trois prochaines années, dans un compte bancaire qui vous offre un taux d'intérêt de 8 %. Le solde de votre compte est actuellement de 7 000 $. Quel sera votre solde dans trois ans ? Dans quatre ans ?

À la fin de la première année, vous aurez :
7 000 $ × 1,08 + 4 000 = 11 560 $
À la fin de la deuxième année, vous aurez :
11 560 $ × 1,08 + 4 000 = 16 484,80 $

Finalement, à la fin de la troisième année, vous obtiendrez :
16 484,80 $ × 1,08 + 4 000 = 21 803,58 $

Vous aurez donc un solde de 21 803,58 $ dans trois ans. Si vous laissez cette somme dans votre compte une année de plus (sans rien y ajouter), vous obtiendrez alors, à la fin de la quatrième année :
21 803,58 $ × 1,08 = 23 547,87 $

Le deuxième flux monétaire de 100 $ est investi une année plus tard, ce qui correspond à la période 1 sur la ligne du temps. Dans la deuxième partie de la figure 6.1, on calcule la valeur capitalisée une période à la fois, pour obtenir le résultat final de 224,64 $.

Pour calculer la valeur capitalisée de deux dépôts de 100 $, on a tout simplement calculé le solde au début de chaque année pour ensuite reporter le montant à l'année suivante. Il existe également une approche plus rapide. Les 100 premiers dollars sont déposés pendant deux ans et le taux d'intérêt est de 8 %. La valeur capitalisée est donc la suivante :

$$100 \$ \times 1,08^2 = 100 \$ \times 1,1664 = 116,64 \$$$

La deuxième somme de 100 $ est déposée pendant un an, et le taux d'intérêt est de 8 %. La valeur capitalisée est donc celle-ci :

$$100 \$ \times 1,08 = 108 \$$$

Le total de la valeur capitalisée, comme nous l'avons calculé précédemment, est la somme de ces deux valeurs capitalisées :

116,64 $ + 108 = 224,64 $

À partir de cet exemple, on comprend que la valeur capitalisée de flux monétaires multiples peut être évaluée de deux façons : 1) calculer les intérêts composés du solde reporté d'année en année ; 2) calculer la valeur capitalisée de chacun des flux monétaires et les additionner. Comme le résultat est le même dans les deux cas, les deux méthodes sont acceptables.

Voici un autre exemple qui permet d'illustrer ces deux approches du calcul de la valeur capitalisée. Soit 2 000 $ investis à la fin de chaque année pendant cinq ans. Le solde actuel est de 0 et le taux d'intérêt, de 10 %. On trace d'abord une ligne du temps (voir la figure 6.2).

Figure 6.2

La ligne du temps portant sur 2 000 $ par année pendant cinq ans

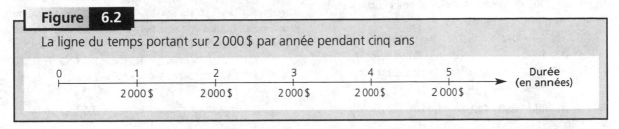

En examinant la ligne du temps, on remarque qu'il ne se passe rien avant la fin de la première année, moment où on investit le premier montant de 2 000 $. Ces 2 000 $ permettent d'accumuler des intérêts au cours des quatre (et non cinq) années subséquentes. On remarque également que le dernier montant de 2 000 $ est investi à la fin de la cinquième année et qu'il ne permet donc pas d'accumuler d'intérêts.

La figure 6.3 illustre ce qui se produit si on calcule les intérêts composés d'une période à l'autre. La valeur capitalisée est alors de 12 210,20 $.

Figure 6.3

Le calcul de la valeur capitalisée jusqu'à l'échéance

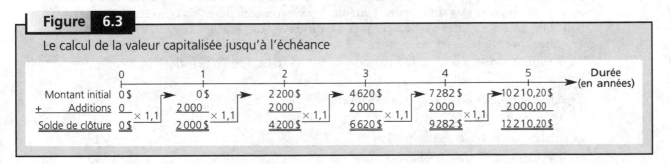

La figure 6.4 illustre la même situation à l'aide de la deuxième méthode. Naturellement, la réponse est la même.

Figure 6.4

La valeur capitalisée déterminée en calculant séparément les intérêts composés de chaque flux monétaire

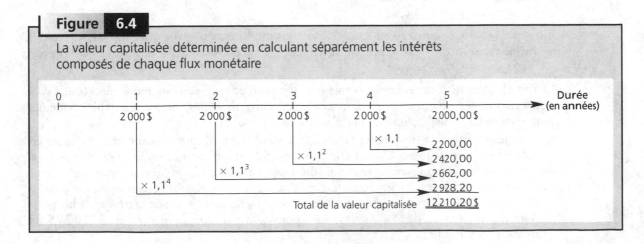

6.2   Un autre rappel au sujet de l'épargne

Si vous déposez 100 $ une première année, 200 $ l'année suivante et 300 $ l'année d'après, combien d'argent aurez-vous dans trois ans ? À combien s'élèveront les intérêts ? Quelle somme obtiendrez-vous dans cinq ans si vous n'investissez aucun nouveau montant ? Le taux d'intérêt est de 7 %.

Vous devez calculer la valeur capitalisée de chaque montant dans trois ans. Les 100 $ permettent d'accumuler des intérêts pendant deux ans et les 200 $, pendant une seule année. Les 300 $ ne permettent d'accumuler aucun intérêt. La valeur capitalisée est donc :

100 $ $\times$ 1,07^2	= 114,49 $
200 $ $\times$ 1,07	= 214,00
+ 300 $	= 300,00
Total de la valeur capitalisée	= 628,49 $

Par conséquent, la valeur capitalisée est de 628,49 $. Le montant total des intérêts est :

628,49 $ – (100 + 200 + 300) = 28,49 $

Combien d'argent aurez-vous dans cinq ans ? On sait que vous obtiendrez 628,49 $ dans trois ans. Si vous ne retirez pas cette somme avant deux ans, elle fructifiera ainsi :

628,49 $ $\times$ 1,07^2 = 628,49 $ $\times$ 1,1449 = 719,56 $

Fait à remarquer, on aurait pu aussi calculer la valeur capitalisée de chaque montant séparément. Il faut cependant de nouveau veiller à respecter la durée de chacun des investissements. On sait déjà que le premier montant de 100 $ permet d'accumuler des intérêts pendant quatre ans, le deuxième dépôt, pendant trois ans et le dernier, pendant deux ans, ce qui peut être représenté ainsi :

100 $ $\times$ 1,07^4 = 100 $ $\times$ 1,3108	= 131,08 $
200 $ $\times$ 1,07^3 = 200 $ $\times$ 1,2250	= 245,01
+ 300 $ $\times$ 1,07^2 = 300 $ $\times$ 1,1449	= 343,47
Total de la valeur capitalisée	= 719,56 $

La valeur actualisée de flux monétaires multiples

Vous devrez souvent déterminer la valeur actualisée de flux monétaires futurs. Comme pour la valeur capitalisée, on peut procéder de deux façons : soit actualiser d'une période à l'autre, soit calculer les valeurs actualisées séparément et calculer le total par la suite.

Supposons que vous avez besoin de 1 000 $ dans un an et de 2 000 $ de plus dans deux ans. Si vous pouvez compter sur un taux d'intérêt de 9 %, combien devez-vous investir aujourd'hui pour obtenir ces sommes au moment prévu ? Autrement dit, quelle est la valeur actualisée des deux flux monétaires si le taux d'intérêt est de 9 % ?

La valeur actualisée de 2 000 $ dans deux ans, si le taux d'intérêt est de 9 %, est :

2 000 $/1,09^2 = 1 683,36 $

La valeur actualisée de 1 000 $ dans un an est :

1 000 $/1,09 = 917,43 $

Le total de la valeur actualisée est donc :

1 683,36 $ + 917,43 = 2 600,79 $

Pour s'assurer que 2 600,79 $ est bien la bonne réponse, on peut vérifier qu'il ne reste aucun surplus après la remise des 2 000 $ dans deux ans. Si on investit 2 600,79 $ pendant un an à un taux d'intérêt de 9 %, on obtient :

2 600,79 $ $\times$ 1,09 = 2 834,86 $

On retire 1 000 $, ce qui donne 1 834,86 $. Cette somme permet encore d'accumuler des intérêts au même taux, soit 9 %, pendant une autre année. On obtient alors, comme on l'avait prévu :

1 834,86 $ $\times$ 1,09 = 2 000 $

Comme le démontre cet exemple, la valeur actualisée d'une série de flux monétaires futurs correspond tout simplement au montant que vous devez investir aujourd'hui pour obtenir ces mêmes flux monétaires futurs (selon un taux d'actualisation donné).

On peut également déterminer la valeur actualisée de multiples flux monétaires futurs en calculant la valeur actualisée d'une période à l'autre. À titre d'illustration, supposons que vous comptez investir une certaine somme qui vous rapportera 1 000 $ à la fin de chaque année pendant les cinq prochaines années. Pour trouver la valeur actualisée, vous pouvez actualiser chaque somme de 1 000 $ séparément, puis calculer le total. La figure 6.5 illustre cette approche, pour un taux d'actualisation de 6 % ; comme vous pouvez le constater, la réponse est 4 212,37 $ (la somme est ici arrondie).

Figure 6.5

La valeur actualisée déterminée en calculant séparément la valeur actualisée de chaque flux monétaire

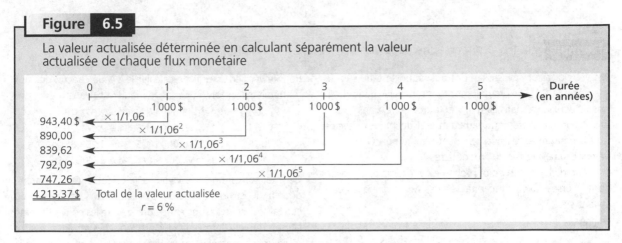

On pourrait aussi actualiser le flux monétaire futur d'une échéance et ajouter ce montant à l'avant-dernier flux monétaire de la manière suivante :

$$(1\,000\,\$/1,06) + 1\,000 = 943,40\,\$ + 1\,000 = 1\,943,40\,\$$$

On pourrait ensuite actualiser le montant d'une échéance et ajouter le résultat au flux monétaire de la troisième année comme suit :

$$(1\,943,40\,\$/1,06) + 1\,000 = 1\,833,40\,\$ + 1\,000 = 2\,833,40\,\$$$

On peut procéder ainsi jusqu'au résultat voulu. La figure 6.6 illustre la démarche complète.

Figure 6.6

La valeur actualisée calculée en actualisant d'une période à l'autre

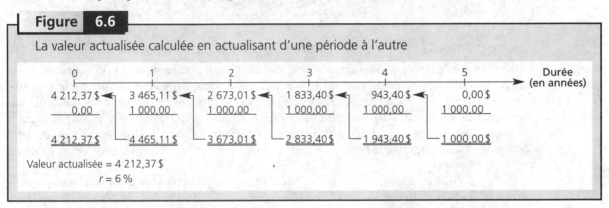

Revenons au cas de José Théodore présenté au début du chapitre. Quelle est la vraie valeur de son contrat de trois ans si on retient un taux d'actualisation des flux monétaires de 5 % ? On peut calculer la valeur présente ainsi (en supposant que son salaire est versé à la fin de chaque année) :

$$5\,000\,000\,\$ \times (1,05)^{-1} = 4\,760\,000\,\$$$
$$5\,500\,000\,\$ \times (1,05)^{-2} = 4\,990\,000\,\$$$
$$6\,000\,000\,\$ \times (1,05)^{-3} = 5\,180\,000\,\$$$

Par conséquent, la valeur du contrat du gardien de but étoile n'est que de 14,9 millions de dollars, et non pas de 16,5 millions comme l'annonçaient les médias.

Exemple 6.3   La recherche de la valeur – Première partie

On vous propose un investissement qui rapportera 200 $ après la première année, 400 $ après la deuxième, 600 $ après la troisième et 800 $ à la fin de la quatrième année. Vous pouvez obtenir un taux d'intérêt de 12 % pour d'autres investissements du même type. Quel montant êtes-vous prêt à payer pour cet investissement ?

Pour le savoir, il faut calculer la valeur actualisée de ces flux monétaires à 12 %. En les calculant un par un, on obtient :

$$200\,\$ \times 1/1,12^1 = 200\,\$/1,1200 = \quad 178,57\,\$$$
$$400\,\$ \times 1/1,12^2 = 400\,\$/1,2544 = \quad 318,88$$
$$600\,\$ \times 1/1,12^3 = 600\,\$/1,4049 = \quad 427,07$$
$$+\ 800\,\$ \times 1/1,12^4 = 800\,\$/1,5735 = \quad \underline{508,41}$$
Total de la valeur actualisée = $\underline{1\,432,93\,\$}$

Avec un taux d'intérêt de 12 %, vous pouvez reproduire les flux monétaires de cet investissement avec une somme de 1 432,93 $. Vous devriez donc refuser de payer davantage.

On vous offre un investissement qui rapportera trois verse-ments de 5 000 $. Le premier montant sera versé dans quatre ans, le deuxième, dans cinq ans et le troisième, dans six ans. Si vous pouvez obtenir un taux d'intérêt de 11 %, quelle est la valeur maximale de l'investissement aujourd'hui ? Quelle est la valeur capitalisée des flux monétaires ?

Afin d'illustrer un point précis de cet exemple, les calculs sont inversés. La valeur capitalisée des flux monétaires dans six ans est :

$(5\,000\$ \times 1,11^2) + (5\,000 \times 1,11) + 5\,000 = 6\,160,50\$$
$$+ 5\,550 + 5\,000 = 16\,710,50\$$$

La valeur actualisée (VA) doit être :

$16\,710,50\$/1,11^6 = 8\,934,12\$$

Pour le vérifier, il suffit de calculer la VA de chacun des flux monétaires à la fois, et ce, de la manière suivante :

$5\,000\$ \times 1/1,11^6 = 5\,000\$/1,8704 = 2\,673,20\$$
$5\,000\$ \times 1/1,11^5 = 5\,000\$/1,6851 = 2\,967,26$
$+ 5\,000\$ \times 1/1,11^4 = 5\,000\$/1,5181 = 3\,293,65$
Total de la valeur actualisée $= 8\,934,12\$$

Ce total correspond à la valeur déjà calculée. On comprend donc qu'il est possible de calculer les valeurs actualisées ou capitalisées sans se soucier de l'ordre et de les convertir selon la méthode qui semble la plus pratique. Les réponses seront toujours les mêmes à la condition de toujours conserver le même taux d'actualisation et de ne pas perdre de vue le nombre de périodes.

STRATÉGIES POUR L'EMPLOI DE TABLEURS

Les versements de flux monétaires : notes supplémentaires

Lorsque l'on calcule les valeurs actualisées et capitalisées, il faut se souvenir du moment où les flux monétaires futurs seront versés. Dans la plupart des cas, on considère que les flux moné-taires sont versés *à la fin* de chacune des périodes. D'ailleurs, toutes les formules déjà utilisées, toutes les valeurs inscrites dans un tableau de valeurs actualisées ou capitalisées et, surtout, toutes les valeurs par défaut des calculatrices financières partent du principe que les flux monétaires sont versés à la fin de chaque période. À moins d'une indication contraire, vous devez toujours respecter ce principe.

À titre d'illustration, supposons qu'on vous propose un investissement de trois ans qui vous permettra d'obtenir un flux monétaire de 100 $ après un an, de 200 $ après deux ans et de 300 $ après trois ans. On vous demande de tracer une ligne du temps. À moins d'une indication contraire, vous devez considérer que la ligne du temps aura l'aspect de la figure ci-dessous.

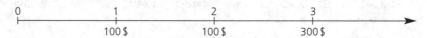

Notons ici que le premier flux monétaire apparaît à la fin de la première période, le deuxième, à la fin de la deuxième et le troisième, à la fin de la troisième période.

Questions théoriques

1. Décrivez la façon de calculer la valeur capitalisée de flux monétaires multiples.
2. Décrivez la façon de calculer la valeur actualisée de flux monétaires multiples.
3. À moins d'une indication contraire, quel principe gouverne la date des versements de flux monétaires dans les problèmes de valeurs actualisées et capitalisées ?

6.2 L'évaluation de flux monétaires constants : l'annuité et la perpétuité

On rencontre souvent des situations où des flux monétaires multiples sont tous du même montant. Ainsi, de nombreux prêts exigent de l'emprunteur qu'il rembourse le montant prêté sous forme de versements égaux étalés sur une période donnée. Presque tous les prêts personnels (les prêts automobiles, entre autres) et les prêts hypothécaires exigent des versements égaux, en général effectués chaque mois.

Annuité

Flux monétaire constant versé périodiquement pendant une période donnée.

D'une manière plus générale, on appelle **annuité** de fin de période une série de flux monétaires constants versés à la fin de chaque période pour un nombre de périodes donné. Plus précisément, on dit de ces flux monétaires qu'ils sont versés sous la forme d'une annuité de fin de période. Les dispositions financières comprennent souvent des annuités, et il existe diverses méthodes rapides pour en déterminer la valeur. C'est ce dont il est question dans la prochaine sous-section de ce chapitre.

La valeur actualisée des annuités

Supposons que vous examinez un actif qui vous permettra d'obtenir 500 $ à la fin de chacune des trois prochaines années. Ces flux monétaires se présentent sous la forme d'une annuité de 500 $ pendant trois ans. Si le taux d'intérêt est de 10 %, combien devez-vous verser pour cette annuité ?

On sait déjà qu'il suffit d'actualiser chacun de ces versements de 500 $ à un taux d'actualisation de 10 % afin de déterminer la valeur actualisée ainsi :

$$
\begin{aligned}
\text{Valeur actualisée} &= (500\ \$/1,1^1) + (500/1,1^2) + (500/1,1^3) \\
&= (500\ \$/1,1) + (500/1,21) + (500/1,331) \\
&= 454,55\ \$ + 413,22 + 375,66 \\
&= 1\,243,43\ \$
\end{aligned}
$$

Cette approche est tout à fait acceptable. Dans certaines situations, toutefois, vous devrez traiter un très grand nombre de flux monétaires. Ainsi, une hypothèque exige très fréquemment des versements mensuels pendant plus de 25 ans, soit un total de 300 versements. Si vous essayez de déterminer la valeur actualisée de ces versements, l'utilisation d'un raccourci serait utile.

Puisque les flux monétaires d'une annuité sont tous égaux, il est facile de simplifier l'équation de la valeur actualisée. En effet, on peut trouver la valeur actualisée d'une annuité de C dollars par période pour un nombre t de périodes lorsque le taux de rendement ou le taux d'intérêt est de r de la façon suivante :

$$
\begin{aligned}
\text{Valeur actualisée} &= C \times \left(\frac{1 - \text{Facteur d'actualisation}}{r} \right) \\
&= C \times \left\{ \frac{1 - [1/(1 + r)^t]}{r} \right\}
\end{aligned}
\qquad [6.1]
$$

On nomme parfois l'expression entre parenthèses de la première ligne le « facteur d'actualisation de l'annuité » ou FAA (r, t).

L'équation de la valeur actualisée d'une annuité peut sembler complexe, mais elle est simple à utiliser. L'expression entre crochets de la deuxième ligne, $1/(1 + r)^t$, représente le facteur d'actualisation qui a été calculé auparavant. Dans l'exemple présenté au début de cette section, le taux d'intérêt est de 10 % et la durée est de trois ans. Le facteur d'actualisation est donc :

$$
\text{Facteur d'actualisation} = 1/1,1^3 = 1/1,331 = 0,751\,31
$$

Afin de calculer le facteur d'actualisation de l'annuité, il suffit d'ajouter ce facteur de la manière suivante :

$$
\begin{aligned}
\text{FAA} &= (1 - \text{Facteur d'actualisation})/r \\
&= (1 - 0,751\,31)/0,10 \\
&= 0,248\,685/0,10 = 2,486\,85
\end{aligned}
$$

6.1 Les facteurs d'actualisation des intérêts de l'annuité

Nombre de périodes	Taux d'intérêt			
	5 %	10 %	15 %	20 %
1	0,9524	0,9091	0,8696	0,8333
2	1,8594	1,7355	1,6257	1,5278
3	2,7232	2,4869	2,2832	2,1065
4	3,5460	3,1699	2,8550	2,5887
5	4,3295	3,7908	3,3522	2,9906

Comme on l'a déjà calculé, la valeur actualisée de l'annuité de 500 $ est donc celle-ci[1] :

VA de l'annuité = 500 $ × 2,486 85 = 1 243,43 $

Exemple **6.5** Le montant dont vous disposez

Après avoir soigneusement révisé votre budget, vous déterminez que vous disposez de 632 $ par mois pour une nouvelle voiture sport. En consultant le site Internet de votre banque, vous apprenez que le taux d'intérêt est de 1 % par mois pour 48 mois. Combien pouvez-vous emprunter ?

Pour déterminer ledit montant, vous devez calculer la valeur actualisée de 632 $ par mois pendant 48 mois à un taux d'actualisation de 1 % par mois. Les versements se présentent sous la forme d'annuités de fin de période. Le facteur d'actualisation de l'annuité est donc :

FAA = (1 − Facteur d'actualisation)/r
     = [1 − (1/1,01^{48})]/0,01
     = (1 − 0,6203)/0,01 = 37,9740

Avec ce facteur, vous pouvez calculer la valeur actualisée des 48 paiements de 632 $ ainsi :

VA = 632 $ × 37,9740 = 24 000 $

Vous êtes donc en mesure d'emprunter et de rembourser 24 000 $.

Les tableaux des annuités Tout comme il existe des tableaux pour les facteurs de valeurs actualisées, on trouve également des tableaux pour les facteurs d'annuités. Le tableau 6.1 contient quelques-uns de ces facteurs ; le tableau A.3 de l'annexe en contient un plus grand nombre. Pour trouver le facteur d'actualisation de l'annuité calculée à l'exemple 6.5, il suffit de chercher la rangée qui correspond à trois périodes et de trouver la colonne des 10 %. Le nombre à la croisée de la ligne et de la colonne devrait être de 2,4869 (arrondi au millionième près), comme on l'a calculé. Une fois de plus, essayez de calculer certains de ces facteurs par vous-même et comparez vos réponses aux valeurs du tableau pour vérifier si vous avez bien saisi la méthode. Si vous utilisez une calculatrice financière, entrez tout simplement un versement de 1 $ et calculez la valeur actualisée ; le résultat devrait correspondre au facteur d'actualisation d'une annuité.

La façon de trouver le montant des versements Supposons que vous désirez démarrer une entreprise pour produire la toute dernière innovation en matière d'alimentation naturelle : du lait de yak glacé. Pour fabriquer et mettre en marché votre produit, le Rêve du yak, vous devez emprunter 100 000 $. Comme vous avez sérieusement l'impression qu'il s'agit là d'une mode passagère, vous proposez de rembourser le prêt rapidement, en cinq versements annuels égaux. Si le taux d'intérêt est de 18 %, quel sera le montant des versements ?

---

1 Afin de résoudre ce problème avec une calculatrice financière courante, vous devez suivre les étapes suivantes :
a) Entrer le montant des versements C = 500 $ et enfoncer la touche « PMT » ;
b) Entrer le taux d'intérêt de r = 10 % sous la forme 10 (et non 0,10) et appuyer sur la touche « i » ;
c) Entrer le nombre de périodes, soit 3, et appuyer sur la touche « n » ;
d) Demander à la calculatrice de calculer la VA en enfonçant les touches « compute » ou « solve », puis la touche « PV ». La réponse sera peut-être exprimée avec un signe négatif.

Cette fois, la valeur actualisée est connue : 100 000 $. Le taux d'intérêt est de 18 % et la période est de cinq ans. Comme les versements sont égaux, il faut maintenant trouver le facteur de l'annuité et trouver le flux monétaire. On a :

$$VA = 100\ 000\ \$ = C \times [(1 - \text{Facteur d'actualisation})/r]$$
$$= C \times \{[1 - (1/1,18^5)]/0,18\}$$
$$= C \times [(1 - 0,4371)/0,18]$$
$$= C \times 3,1272$$
$$C = 100\ 000\ \$/3,1272 = 31\ 977\ \$$$

Vous devrez donc effectuer cinq versements d'à peine moins de 32 000 $.

---

www.cheneliere-education.ca

STRATÉGIES POUR L'EMPLOI DE TABLEURS

Exemple 6.6 La façon de trouver le nombre de versements

Il vous a manqué un peu d'argent à la fin de vos vacances de février et vous avez donc décidé d'utiliser votre carte de crédit pour un montant de 1 000 $. Vous êtes en mesure d'effectuer les versements minimaux de 20 $ par mois mais pas davantage. Le taux d'intérêt de votre carte est de 1,5 % par mois. Combien de temps vous faudra-t-il pour rembourser les 1 000 $?

Il s'agit ici d'une annuité de 20 $ par mois à 1,5 % par mois pour une période de temps indéterminée. La valeur actualisée est de 1 000 $ (le montant que vous devez en date d'aujourd'hui). Pour résoudre ce problème, vous devez avoir recours à l'algèbre (ou à une calculatrice financière) et procéder ainsi :

$$VA = 1\ 000\ \$ = 20\ \$ \times [(1 - \text{Facteur d'actualisation})/0,015]$$
$$(1\ 000\ \$/20) \times 0,015 = 1 - \text{Facteur d'actualisation}$$
$$\text{Facteur d'actualisation} = 0,25 = 1/(1 + r)^t$$
$$1,015^t = 1/0,25 = 4$$

Il ne vous reste plus qu'à répondre à la question suivante : dans combien de temps votre argent aura-t-il quadruplé si le taux d'intérêt mensuel est de 1,5 % ? En reprenant les calculs déjà exposés au chapitre précédent, on obtient une réponse se situant aux environs de 93 mois. On calcule ensuite :

$$1,015^{93} = 3,99 \approx 4$$

Il vous faudra environ 93/12 = 7,75 ans pour rembourser les 1 000 $ au taux d'intérêt indiqué. Si vous utilisez une calculatrice financière pour résoudre ce type de problème, n'oubliez pas que certains modèles arrondissent automatiquement les résultats à la hausse.

Le calcul du taux Vous pourriez enfin devoir calculer le taux d'intérêt d'une annuité. Par exemple, une société d'assurances pourrait vous offrir la possibilité de vous verser 1 000 $ chaque année pendant 10 ans si vous investissez 6 710 $ aujourd'hui. Quel est le taux d'intérêt de cette annuité de 10 ans ?

Cette fois-ci, la valeur actualisée est connue (6 710 $), tout comme les flux monétaires (1 000 $ par année) et la durée de l'investissement (10 ans). Le taux d'actualisation est toutefois manquant. Vous le calculez ainsi :

$$6\ 710\ \$ = 1\ 000\ \$ \times [(1 - \text{Facteur d'actualisation})/r]$$
$$6\ 710\ \$/1\ 000 = 6,71 = \{1 - [1/(1 + r)^{10}]\}/r$$

Donc, le facteur de l'annuité pour 10 périodes est de 6,71, mais il vous reste encore à calculer la valeur du taux r. Malheureusement, il est mathématiquement impossible de résoudre cette équation telle quelle. Il ne reste que deux possibilités : consulter un tableau ou trouver la valeur de r par tâtonnements.

Si vous consultez la rangée qui correspond à 10 périodes dans le tableau A.3 de l'annexe, vous trouverez un facteur de 6,7101 pour 8 %. On comprend donc que la société d'assurances offre un taux d'environ 8 %. On peut également essayer diverses valeurs, pour se rapprocher progressivement de la réponse. Une telle approche par tâtonnements peut sembler fastidieuse, mais, fort heureusement, il existe des instruments qui font justement ce genre de travail[2].

---

2 Les calculatrices financières trouvent la réponse justement par tâtonnements. C'est pourquoi elles semblent parfois « réfléchir » avant de dévoiler la réponse. En fait, il est possible de calculer directement la valeur de r s'il y a moins de cinq périodes, mais cela en vaut rarement la peine.

Afin d'illustrer la façon de trouver la réponse par tâtonnements, supposons qu'une proche parente désire vous emprunter 3 000 $. Elle vous propose de vous rembourser par versements annuels de 1 000 $ étalés sur quatre ans. Quel taux d'intérêt vous propose-t-elle ?

Les flux monétaires se présentent ici sous la forme d'une annuité de 1 000 $ pendant quatre ans. La valeur actualisée est de 3 000 $. Il reste à trouver le taux d'actualisation r. Cet exercice vise à vous permettre de comprendre le rapport entre la valeur d'une annuité et le taux d'actualisation.

Il faut d'abord établir un point de départ : 10 % semble ici plutôt raisonnable. Pour un taux de 10 %, le facteur de l'annuité est :

$$FAA = [1 - (1/1,10^4)/0,10] = 3,1699$$

La valeur actualisée des flux monétaires avec un taux de 10 % est donc :

$$\text{Valeur actualisée} = 1\,000\,\$ \times 3,1699 = 3\,169,90\,\$$$

On semble déjà près du but.

Un taux d'actualisation de 10 % est-il trop élevé ou trop faible ? Il faut se souvenir que les valeurs actualisées et les taux d'actualisation sont inversement proportionnels : lorsqu'on augmente le taux d'actualisation, la VA diminue et inversement. Comme la valeur actualisée est trop élevée, le taux d'actualisation est donc trop faible. Que se passe-t-il si on choisit un taux de 12 % ? On a :

$$\text{Valeur actualisée} = 1\,000\,\$ \times \{[1 - (1/1,12^4)]/0,12\} = 3\,037,35\,\$$$

On se rapproche de la réponse. Le taux d'actualisation est encore un peu faible, puisque la VA est encore trop élevée. On peut donc l'augmenter à 13 % :

$$\text{Valeur actualisée} = 1\,000 \times \{[1 - (1/1,13^4)]/0,13\} = 2\,974,47\,\$$$

Puisque le résultat est inférieur à 3 000 $, on sait maintenant que la réponse se situe entre 12 et 13 %, soit environ 12,5 %. À titre d'exercice, essayez de vous rapprocher davantage de la réponse ; vous devriez obtenir approximativement 12,59 %.

Il est facile d'imaginer des problèmes qui exigent le calcul du taux d'actualisation. Il suffit de penser à certaines loteries provinciales, qui offrent la possibilité de choisir divers modes de versements pour la remise des lots. Au cours d'un récent tirage, les participants pouvaient choisir soit de recevoir un seul versement de 400 000 $, soit une annuité de 800 000 $ en versements égaux pendant 20 ans. (À l'époque, le montant global correspondait toujours à la moitié de l'annuité.) Quelle option était la plus profitable ?

Pour répondre à cette question, il faut d'abord comparer 400 000 $ aujourd'hui à une annuité de 800 000 $/20 = 40 000 $ pendant 20 ans. À quel taux ces deux offres ont-elles la même valeur ? Il s'agit d'un problème du même type que celui qu'on a étudié précédemment. Il faut trouver la valeur du taux d'actualisation r pour une valeur actualisée de 400 000 $, un versement de 40 000 $ et une période de 20 ans. Si vous effectuez tous les calculs, vous devriez obtenir un taux d'actualisation d'environ 7,75 %. Vous devriez choisir l'annuité, si ce taux est au moins aussi substantiel que les autres formes d'investissement qui vous sont offertes. Notez qu'il n'est nullement question d'impôts ici, et que ceux-ci peuvent sérieusement influer sur vos choix. N'oubliez jamais de consulter un conseiller fiscal si vous gagnez à la loterie.

La valeur capitalisée des annuités

Il est parfois utile de disposer de méthodes plus rapides pour calculer la valeur capitalisée d'une annuité. Par exemple, supposons que vous voulez cotiser à raison de 2 000 $ par année à un régime enregistré d'épargne-retraite (REÉR) qui vous offre un taux d'intérêt de 8 %. Si vous prenez votre retraite dans 30 ans, de combien d'argent disposerez-vous ?

Pour résoudre ce problème, on peut d'abord calculer la valeur actualisée d'une annuité de 2 000 $ d'une durée de 30 ans dont le taux d'intérêt est de 8 %, puis calculer la valeur capitalisée de ce montant global ainsi :

$$\text{Valeur actualisée de l'annuité} = 2\,000\,\$ \times (1 - 1/1,08^{30})/0,08$$
$$= 2\,000\,\$ \times 11,2578$$
$$= 22\,515,57\,\$$$

La valeur capitalisée de ce montant dans 30 ans est :

$$\text{Valeur capitalisée} = 22\,516\,\$ \times 1,08^{30} = 22\,515,57\,\$ \times 10,0627 = 226\,566,40\,\$$$

On aurait pu aussi effectuer ces calculs en une seule étape :

Valeur capitalisée de l'annuité = Valeur actualisée de l'annuité $\times (1,08)^{30}$

$$= 2\,000\,\$ \times (1 - 1/1,08^{30})/0,08 \times (1,08)^{30}$$
$$= 2\,000\,\$ \times (1,08^{30} - 1)/0,08$$
$$= 2\,000\,\$ \times (10,0627 - 1)/0,08$$
$$= 2\,000\,\$ \times 113,2832 = 226\,566,40\,\$$$

Comme on peut le voir dans cet exemple, il existe des facteurs de capitalisation pour les annuités, tout comme on trouve des facteurs d'actualisation. En règle générale, on calcule le facteur de capitalisation ainsi :

Facteur de capitalisation de l'annuité = (Facteur de capitalisation − 1)/r [6.2]
$$= \{[(1 + r)^t] - 1\}/r$$

À titre d'exemple, les Distilleries du Grand Nord ont placé une cargaison de whisky canadien dans un entrepôt de douanes pour le laisser vieillir pendant les huit prochaines années. Un exportateur planifie d'acheter pour 1 million de dollars de ce whisky dans huit ans. Si l'exportateur dépose annuellement 95 000 $ à la fin de l'année dans un compte bancaire qui offre un taux d'intérêt de 8 %, aura-t-il suffisamment d'argent pour acheter le whisky ?

Cette fois-ci, on trouve le facteur de capitalisation de l'annuité de la façon suivante :

Facteur de capitalisation de l'annuité = (Facteur de capitalisation − 1)/r
$$= (1,08^8 - 1)/0,08$$
$$= (1,8509 - 1)/0,08$$
$$= 10,6366$$

Ainsi, la valeur capitalisée de cette annuité de huit ans de 95 000 $ est :

Valeur capitalisée de l'annuité = 95 000 $ × 10,6366
$$= 1\,010\,480\,\$$$

Donc, l'exportateur aurait même un petit surplus de 10 480 $.

Dans cet exemple, vous remarquerez que le premier dépôt est effectué après un an et le dernier, après huit ans. Le premier dépôt ne permet d'accumuler des intérêts que pendant sept ans et le dernier dépôt, pas du tout.

Les annuités de début de période : notes supplémentaires

Jusqu'à maintenant, il n'a été question que des annuités de fin de période. Ce sont les plus fréquentes, mais il existe tout de même une variante assez courante. Dans le cas des annuités de fin de période, les flux monétaires sont calculés à la fin de chaque période. Lorsque vous effectuez un emprunt requérant des versements mensuels, par exemple, le premier versement a lieu habituellement après le premier mois, de votre prêt. Toutefois, si vous louez un appartement, vous devez en général effectuer le premier versement sur-le-champ. Le deuxième versement doit être effectué au début du deuxième mois, et ainsi de suite. Un bail est un exemple d'une **annuité de début de période**. Une annuité de début de période est une annuité dont les flux monétaires sont versés au début de chaque période. Presque tous les types d'ententes qui exigent des versements égaux au début de chaque période sont des annuités de début de période.

Annuité de début de période

Annuité dont les flux monétaires se mesurent et s'évaluent au début de chaque période.

Il existe plusieurs façons de calculer la valeur d'une annuité de début de période. Si vous utilisez une calculatrice financière, il suffit de l'activer en mode « due » ou « beginning ». N'oubliez pas de désactiver ces modes une fois vos calculs effectués ! Vous pouvez aussi calculer la valeur actualisée d'une annuité de début de période à l'aide d'une ligne du temps. Supposons qu'une annuité de début de période exige des versements de 400 $ et que le taux d'actualisation est de 10 %. Vous obtenez alors la ligne du temps ci-après.

```
      0         1         2         3         4              5
      |─────────|─────────|─────────|─────────|──────────────|────────▶
    400 $     400 $     400 $     400 $     400 $
```

Fait à remarquer, les flux monétaires sont les mêmes que pour une annuité de fin de période de *quatre* ans, mais on doit faire un versement de 400 $ de plus à la période initiale. À titre d'exercice, assurez-vous que la valeur d'une annuité de fin de période de quatre ans, dont le taux d'intérêt est de 10 %, est bien de 1 267,95 $. En ajoutant les 400 $ supplémentaires, on obtient 1 667,95 $, soit la valeur actualisée de cette annuité de début de période.

Il existe un moyen encore plus simple de calculer la valeur actualisée ou capitalisée d'une annuité de début de période. Si on considère que les flux monétaires doivent être versés à la fin de chaque période plutôt qu'au début, on les actualise alors en ajoutant une période de plus. Il suffit ensuite de multiplier la réponse par $1 + r$, où r représente le taux d'actualisation. D'ailleurs, le rapport entre la valeur d'une annuité de début de période et d'une annuité de fin de période s'écrit simplement comme suit :

Valeur d'une annuité de début de période = Valeur d'une annuité de fin de période $\times (1 + r)$ [6.3]

Il en est de même pour les valeurs actualisées et capitalisées. Ainsi, le calcul de la valeur d'une annuité de début de période se fait en deux étapes : 1) on calcule la valeur actualisée ou capitalisée comme s'il s'agissait d'une annuité de fin de période ; 2) on multiplie la réponse par $1 + r$.

Exemple 6.7   L'achat de REÉR en début d'année

Tous les mois de février, les établissements financiers annoncent leurs programmes de REÉR. Bien que la plupart des gens cotisent juste avant la date d'échéance, les vendeurs de REÉR discutent souvent les avantages de cotiser plus tôt, ce qui permet un meilleur rendement grâce aux intérêts composés. À partir de l'exemple donné précédemment sur la valeur capitalisée des annuités, on sait que si on verse 2 000 $ par année à la fin de chaque année, on obtient 226 566 $ au bout de 30 ans si le taux d'intérêt est de 8 %. Supposons maintenant que vous faites plutôt vos versements au début de chaque année. Quelle différence remarquerez-vous après 30 ans ?

Valeur capitalisée de l'annuité de début de période = Versement $\times$ Facteur de capitalisation de l'annuité $\times (1 + r)$
= 2 000 $ $\times (1{,}08^8 - 1)/0{,}08 \times (1{,}08)$
= 244 692 $

Vous aurez ainsi 244 692 $ – 226 566 $ = 18 126 $ de plus.

Les perpétuités

On a déjà vu qu'il est possible d'évaluer une série de flux monétaires égaux en les traitant sous forme d'annuités. Il existe une situation particulière où les flux monétaires ne s'arrêtent jamais. Ce type d'actif se nomme une **perpétuité**, car les flux monétaires se poursuivent à perpétuité. On les nomme également des **rentes perpétuelles**.

Perpétuité

Annuité dont les flux monétaires ne cessent jamais.

Rente perpétuelle

Type de perpétuité.

Puisqu'une perpétuité est caractérisée par une quantité infinie de flux monétaires, il est bien sûr impossible d'en calculer la valeur en actualisant chacun de ces flux. Heureusement, l'évaluation d'une perpétuité est d'une très grande simplicité. Supposons qu'une perpétuité coûte 1 000 $ et qu'elle offre un taux de rendement de 12 % avec des versements à la fin de chaque période. Le flux monétaire à la fin de chaque année doit être de 1 000 $ $\times$ 0,12 = 120 $. D'une façon plus générale, la valeur actualisée d'une perpétuité ($VA = 1\,000$ $) multipliée par le taux d'actualisation ($r = 12\,\%$) doit correspondre au flux monétaire ($C = 120$ $) :

Valeur actualisée de la perpétuité $\times$ Taux = Flux monétaire
$$VA \times r = C$$

Ainsi, si on connaît le flux monétaire et le taux de rendement, il est facile de trouver la valeur actualisée. On procède ainsi :

VA de la perpétuité $= C/r = C \times (1/r)$

Par exemple, un investissement offre un flux monétaire perpétuel de 500 $ par année. Le rendement de cet investissement est de 8 %. Quelle est la valeur de l'investissement ? La valeur de cette perpétuité est la suivante :

VA de la perpétuité $= C \times (1/r) = 500$ $/0{,}08 = 6\,250$ $

Afin de mieux comprendre pourquoi le calcul de la valeur d'une perpétuité est si simple, il suffit d'examiner l'expression qui sert au calcul du facteur d'actualisation d'une annuité :

Facteur d'actualisation de l'annuité $= (1 - \text{Facteur d'actualisation})/r$
$= (1/r) \times (1 - \text{Facteur d'actualisation})$

Comme on l'a vu précédemment, lorsque le nombre de périodes devient important, le facteur d'actualisation diminue beaucoup. Il en résulte que le facteur de l'annuité se rapproche de plus en plus de $1/r$. À 10 %, par exemple, le facteur d'actualisation de l'annuité pour 100 ans est :

$$\text{Facteur d'actualisation de l'annuité} = (1/0,10) \times (1 - 1/1,10^{100})$$
$$= (1/0,10) \times (1 - 0,000\,073)$$
$$\approx (1/0,10)$$

Le tableau 6.2 résume les formules pour le calcul des annuités et des perpétuités.

Exemple 6.8 Les actions privilégiées

Les *actions privilégiées* à *taux fixe* sont un exemple important de perpétuités[3]. Lorsqu'une corporation vend des actions privilégiées à taux fixe, elle promet à l'acheteur un dividende fixe en argent pour chaque période (en général tous les trimestres), et ce, durant toute son existence. Ce dividende doit être remis avant que tout autre actionnaire puisse toucher un dividende, d'où l'expression « action privilégiée ».

Supposons que la Banque de Dépôt du Canada décide de vendre des actions privilégiées au coût de 100 $ par action. Une émission semblable d'actions privilégiées déjà en circulation coûte 40 $ par action et offre un dividende de 1 $ chaque trimestre. Quel dividende la Banque de Dépôt doit-elle proposer pour assurer la popularité de ses actions privilégiées ?

L'émission déjà en circulation a une valeur actualisée de 40 $ et un flux monétaire de 1 $ par trimestre pour toujours. Puisqu'il s'agit d'une perpétuité, on peut faire le calcul suivant :

$$\text{Valeur actualisée} = 40\,\$ = 1\,\$ \times (1/r)$$
$$r = 2,5\,\%$$

Afin de demeurer concurrentielle, la nouvelle émission de la Banque de Dépôt doit aussi offrir 2,5 % par trimestre. Ainsi, si la valeur actualisée est de 100 $, le dividende doit être :

$$\text{Valeur actualisée} = 100\,\$ = C \times (1/0,025)$$
$$C = 2,50\,\$ \text{ (par trimestre)}$$

Tableau 6.2 Résumé des calculs des annuités et des perpétuités

I. Symboles
VA : valeur actualisée ou valeur actuelle d'un flux monétaire futur
VC_t : valeur capitalisée ou valeur future d'un flux monétaire actuel
r : taux d'intérêt d'actualisation ou de rendement par période (les périodes sont généralement d'une année mais pas toujours)
t : nombre de périodes (en général le nombre d'années mais pas toujours)
C : flux monétaire ou somme d'argent

II. Valeur capitalisée de C par période pour une durée de t périodes aux taux de r % par période
$$VC_t = C \times [(1 + r)^t - 1]/r$$
Une série de flux monétaires identiques se nomme une « annuité » et l'expression $[(1 + r)^t - 1]/r$ s'appelle le « facteur de capitalisation de l'annuité ».

III. Valeur actualisée de C par période pour un nombre t de périodes au taux de r % par période
$$VA = C \times \{1 - [1/(1 + r)^t]\}/r$$
L'expression $\{1 - [1/(1 + r)^t]\}/r$ se nomme le « facteur d'actualisation de l'annuité ».

IV. Valeur actualisée d'une perpétuité de C par période
$$VA = C/r$$
Une *perpétuité* a le même flux monétaire d'année en année.

Questions théoriques

1. En général, quelle est la valeur actualisée d'une annuité de C $ par période si le taux d'actualisation est de r par période ? Quelle est la valeur capitalisée ?

2. En général, quelle est la valeur actualisée d'une perpétuité ?

---

3 Les corporations émettent également des actions privilégiées à taux flottant, comme on le verra au chapitre 8.

Les perpétuités à valeur croissante

Les perpétuités dont il a été question jusqu'ici sont des annuités constituées de paiements égaux. En pratique, il n'est pas rare qu'elles se présentent sous forme de paiements à valeur croissante. Prenons l'exemple d'un immeuble d'appartements pour lequel les rentrées de fonds du propriétaire après dépenses seront de 100 000 $ l'année prochaine. On s'attend à ce que la valeur de ce type de flux monétaires augmente de 5 % par année. On suppose que l'augmentation continuera indéfiniment ; cette succession de flux monétaires est appelée une **perpétuité à valeur croissante**. Si le taux d'actualisation est de 11 %, on peut exprimer la valeur actualisée des flux monétaires comme suit :

$$VA = \frac{100\,000\,\$}{1,11} + \frac{100\,000\,\$\,(1,05)}{(1,11)^2} + \frac{100\,000\,\$\,(1,05)^5}{(1,11)^3} + \dots$$
$$+ \frac{100\,000\,\$\,(1,05)^{N-1}}{(1,11)^N} + \dots$$

Il est possible de récrire cette formule sous forme algébrique :

$$VA = \frac{C}{1+r} + \frac{C \times (1+g)}{(1+r)^2} + \frac{C \times (1+g)^2}{(1+r)^3} + \dots$$
$$+ \frac{C \times (1+g)^{N-1}}{(1+r)^N} + \dots$$

où C est le flux monétaire à recevoir à la prochaine période, g le taux de croissance par période exprimé en pourcentage et r le taux d'intérêt.

Heureusement, on peut simplifier cette formule de la façon suivante[4] :

Formule de la valeur actualisée d'une perpétuité à valeur croissante

$$VA = \frac{C}{r-g}$$

À l'aide de cette équation, on établit la valeur actualisée des flux monétaires provenant de l'immeuble d'appartements ainsi :

$$\frac{100\,000\,\$}{0,11 - 0,05} = 1\,666\,667\,\$$$

Exemple 6.9

La société Hoffstein s'apprête à verser un dividende de 3,00 $ par action. Les investisseurs s'attendent à ce que le dividende annuel augmente de 6 % par année indéfiniment. Si le taux d'intérêt applicable est de 11 %, quel est le prix de l'action aujourd'hui ?

Dans la formule, le numérateur correspond au flux monétaire que recevront les investisseurs à la prochaine période. Comme le taux de croissance prévu est de 6 %, le dividende sera de 3,18 $ (ou 3,00 $ × 1,06) l'année prochaine. Le prix de l'action s'élève donc aujourd'hui à

$$66,60\,\$ = \underset{\substack{\text{dividende cette}\\\text{année}}}{3,00\,\$} + \underset{\substack{\text{valeur actualisée de}\\\text{tous les dividendes à}\\\text{partir de l'année}\\\text{prochaine}}}{\frac{3,18\,\$}{0,11 - 0,06}}$$

Le montant de 66,60 $ comprend à la fois le dividende à recevoir immédiatement et la valeur actualisée de tous les dividendes à partir de l'année prochaine. La formule permet simplement de calculer la valeur actualisée de tous les dividendes en commençant par celui de la prochaine année. Assurez-vous de bien comprendre cet exemple, car un certain nombre d'étudiants commettent des erreurs lorsqu'ils répondent à des questions d'examen relatives à ce sujet.

---

4 VA est la somme d'une suite géométrique infinie.
$$VA = a(1 + x + x^2 + \dots)$$
où $a = C/(1+r)$ et $x = (1+g)/(1+r)$. Nous avons vu précédemment que la somme d'une suite géométrique infinie équivaut à $a/(1-x)$. À l'aide de ce résultat et en remplaçant a et x, on obtient
$$VA = C/(r-g).$$
Il faut noter que cette suite géométrique converge vers une somme finie uniquement lorsque x est inférieur à 1. Il en résulte que le taux de croissance g doit être inférieur au taux d'intérêt r.

Il importe de souligner trois éléments concernant la formule de la perpétuité à valeur croissante.

1. *Le numérateur.* Le numérateur correspond au flux monétaire de la prochaine période et non à celui de la période 0. Examinons l'exemple suivant.

2. *Le taux d'intérêt et le taux de croissance.* Le taux d'intérêt r doit être supérieur au taux de croissance g pour que la formule de la perpétuité à valeur croissante s'applique. Considérons le cas où le taux de croissance se rapproche en grandeur du taux d'intérêt. Le dénominateur de la formule de la perpétuité à valeur croissante devient alors infiniment petit, tandis que la valeur actualisée s'accroît indéfiniment. En fait, la valeur actualisée n'est pas définie lorsque r devient inférieur à g.

3. *L'hypothèse du choix du moment.* Dans les situations concrètes, les flux monétaires entrent et sortent généralement des entreprises de façon à la fois irrégulière et presque continue. Toutefois, dans cette formule de la perpétuité à valeur croissante, on suppose que les flux monétaires sont reçus et versés à des moments réguliers et bien définis dans le temps. Dans notre exemple de l'immeuble à appartements, on a supposé que les flux monétaires nets n'ont lieu qu'une fois par année. En réalité, un propriétaire reçoit habituellement les chèques de loyer chaque mois. Les frais d'entretien et les autres dépenses peuvent être générés n'importe quand à l'intérieur d'une année.

Ainsi, la formule de la perpétuité à valeur croissante ne s'applique que lorsqu'on émet l'hypothèse d'un calendrier régulier et bien précis de flux monétaires. Même si cette hypothèse est raisonnable parce que la formule permet d'économiser beaucoup de temps, il ne faut jamais oublier qu'il s'agit d'une hypothèse. Nous en reparlerons dans les chapitres à venir.

L'annuité à valeur croissante

En affaires, les flux monétaires ont souvent tendance à s'accroître avec le temps par suite d'une croissance réelle ou de l'inflation. Dans le cas de la perpétuité à valeur croissante, qui se compose en principe d'un nombre illimité de rentrées ou de sorties de fonds, il existe une formule permettant d'exprimer cette croissance. Considérons maintenant l'**annuité à valeur croissante**, qui se définit comme un nombre limité de rentrées ou de sorties de fonds à valeur croissante. Puisque toutes les perpétuités, de quelque type que ce soit, sont rares, il est souvent pratique de disposer d'une formule pour calculer les annuités à valeur croissante. Cette formule est la suivante[5] :

> **Annuité à valeur croissante**
>
> Nombre fini de flux monétaires annuels croissants.

Formule pour calculer la valeur actualisée d'une annuité à valeur croissante

$$PV = \frac{C}{r-g}\left[1 - \left(\frac{1+g}{1+r}\right)^T\right]$$

où, comme précédemment, C est le versement qui sera effectué à la fin de la première période, r le taux d'intérêt, g le taux de croissance par période exprimé sous forme de pourcentage et T le nombre de périodes de l'annuité.

---

5 Il est possible de démontrer cette formule comme suit. On peut considérer l'annuité à valeur croissante comme la différence entre deux perpétuités à valeur croissante. Prenons par exemple une perpétuité à valeur croissante A, dont le premier versement C a lieu à la date 1. Considérons ensuite une perpétuité à valeur croissante B, dont le premier versement $C(1+g)^T$ est effectué à la date $T+1$. Ces deux perpétuités ont un taux de croissance de c. L'annuité à valeur croissante sur un nombre de périodes T correspond à la différence entre l'annuité A et l'annuité B, ce qu'on peut représenter comme suit :

Date	0	1	2	3	...	T	$T+1$	$T+2$	$T+3$
Perpétuité A		C	$C \times (1+g)$	$C \times (1+g)^2$	...	$C \times (1+c)^{T-1}$	$C \times (1+g)^T$	$C \times (1+g)^{T+1}$	$C \times (1+g)^{T+2}$ ...
Perpétuité B							$C \times (1+g)^T$	$C \times (1+g)^{T+1}$	$C \times (1+g)^{T+2}$
Annuité		C	$C \times (1+g)$	$C \times (1+g)^2$	...	$C \times (1+g)^{T-1}$			

La valeur de la perpétuité A correspond à $\frac{C}{(r-g)}$

et celle de la perpétuité B, à $C \times \frac{(1+g)^r}{(r-c)} \times \frac{1}{(1+r)^T}$

La différence entre les deux est exprimée par la formule de la valeur actualisée de l'annuité à valeur croissante.

Gilles Leboudeur, un étudiant de deuxième année de maîtrise en administration des affaires, se fait offrir un poste à 50 000 $ par année. Il prévoit que son salaire augmentera de 5 % par année jusqu'à sa retraite, dans 40 ans. Si le taux d'intérêt est de 8 %, quelle est la valeur actualisée de son salaire jusqu'à sa retraite ?

On simplifie le problème en supposant que M. Leboudeur recevra 50 000 $ dans un an exactement et que son salaire continuera de lui être versé sous forme d'un paiement annuel. D'après la formule de l'annuité à valeur croissante, le calcul s'effectue comme suit :

Valeur actualisée du salaire de M. Leboudeur pendant sa vie active

$$= 50\ 000\ \$ \times [1/(0,08 - 0,05) - 1/(0,08 - 0,05)(1,05/1,08)^{40}]$$
$$= 1\ 126\ 571\ \$$$

Bien que l'utilité de la formule de l'annuité à valeur croissante ne soit plus à démontrer, elle paraît plus fastidieuse que les autres formules simplificatrices. En effet, alors que la plupart des calculatrices de pointe comportent des programmes spéciaux permettant de déterminer les perpétuités, les perpétuités à valeur croissante et les annuités, il n'existe aucun programme consacré aux annuités à valeur croissante. Il faut donc effectuer à la main le calcul indiqué ci-dessus.

Questions théoriques

1. De façon générale, quelle est la valeur actualisée d'une annuité de C dollars par période à un taux d'actualisation de r par période ? et sa valeur capitalisée ?

2. De façon générale, quelle est la valeur actualisée d'une perpétuité ?

3. De façon générale, quelle est la valeur actualisée d'une perpétuité à valeur croissante ?

4. De façon générale, quelle est la valeur actualisée d'une annuité à valeur croissante ?

6.3 La comparaison des taux : l'effet des intérêts composés

Il reste encore à discuter la cotation des taux d'intérêt. Comme il existe plusieurs façons de procéder, le sujet porte souvent à confusion. On indique parfois le taux d'intérêt selon la tradition, parfois selon la loi. Malheureusement, les taux sont aussi occasionnellement indiqués de façon à tromper délibérément les emprunteurs et les investisseurs. C'est à ces questions qu'est consacrée la présente section.

Le taux d'intérêt annuel effectif et les intérêts composés

Si on indique un taux d'intérêt de 10 % à capitalisation semestrielle, il faut comprendre que le taux est en réalité de 5 % tous les six mois. On peut alors se demander si un taux de 5 % par semestre équivaut réellement à 10 % par année. La réponse est clairement négative. Si vous investissez 1 $ à 10 % par année, vous obtiendrez 1,10 $ à la fin de l'année. Si vous investissez le même montant à 5 % par semestre, la valeur capitalisée de 1 $ à 5 % pour deux périodes sera :

$$1\ \$ \times 1,05^2 = 1,1025\ \$$$

Vous aurez donc 0,0025 $ de plus. La raison en est simple. Votre compte a reçu un crédit de $1\ \$ \times 0,05 = 5\ ¢$ en intérêts après six mois. Au cours des six mois suivants, vous avez accumulé 5 % d'intérêts sur cette somme, soit une somme supplémentaire de $5 \times 0,05 = 0,25\ ¢$.

Comme le démontre cet exemple, un taux d'intérêt de 10 % à capitalisation semestrielle représente en fait un taux annuel de 10,25 %. Autrement dit, on pourrait choisir indifféremment un taux de 10 % à capitalisation semestrielle ou un taux d'intérêt annuel de 10,25 %. Si un investissement permet d'accumuler des intérêts composés au cours de l'année, il faut toujours se demander quel est le véritable taux d'intérêt.

Taux d'intérêt spécifié

Taux d'intérêt exprimé sous forme de versements d'intérêts effectués à chaque période. On dit aussi « taux d'intérêt stipulé » et « taux d'intérêt nominal ».

Taux d'intérêt annuel effectif

Taux d'intérêt présenté comme s'il était calculé une fois par année.

Toujours dans le même exemple, on appelle le taux de 10 % le **taux d'intérêt spécifié** ou **stipulé**. On utilise parfois d'autres appellations. Le taux de 10,25 %, le taux d'intérêt que vous toucherez réellement, se nomme le **taux d'intérêt annuel effectif**. Afin de comparer divers investissements ou taux d'intérêt, il faut toujours les convertir en taux effectifs. Il sera maintenant question des diverses étapes de ce processus de conversion.

Le calcul et la comparaison des taux d'intérêt annuels réels

Afin de comprendre pourquoi il est important de toujours utiliser le taux effectif, prenons un exemple. Supposons qu'après avoir étudié le marché, vous avez trouvé les trois possibilités suivantes :

Banque A : 15 % d'intérêts composés quotidiennement

Banque B : 15,5 % d'intérêts composés trimestriellement

Banque C : 16 % d'intérêts composés annuellement

Lequel de ces taux est le plus profitable si vous désirez ouvrir un compte d'épargne ? Lequel de ces taux est le plus profitable si vous désirez faire un emprunt ?

Tout d'abord, la banque C offre 16 % par année. Puisqu'il n'y a aucun intérêt composé pendant l'année, il s'agit là d'un taux effectif. La banque B, quant à elle, offre en réalité $0{,}155/4 = 0{,}03875$, soit 3,875 % par trimestre. À ce taux, un investissement de 1 \$ pendant quatre trimestres donnerait :

$$1\ \$ \times 1{,}03875^4 = 1{,}1642\ \$$$

Le taux effectif est donc de 16,42 %. Pour un compte d'épargne, ce taux est préférable à celui de la banque C (16 %). S'il s'agit d'emprunter, par contre, il vaut mieux opter pour la banque C.

La banque A offre un taux d'intérêt composé quotidiennement. Cela peut paraître un peu excessif, mais c'est en réalité une pratique courante. Dans ce cas-ci, les intérêts sont en fait :

$$0{,}15/365 = 0{,}000411$$

ce qui représente 0,0411 % par jour. À ce taux, un investissement de 1 \$ pour 365 périodes donnerait :

$$1\ \$ \times 1{,}000411^{365} = 1{,}1618\ \$$$

Le taux effectif est donc de 16,18 %. Ce taux n'est pas aussi élevé que celui de la banque B, qui est de 16,42 %, donc moins intéressant si vous désirez épargner, et il est plus élevé que le taux de 16 % de la banque C, donc plus profitable si vous voulez emprunter.

Cet exemple illustre deux réalités. Premièrement, le taux spécifié le plus élevé n'est pas nécessairement le meilleur. Ensuite, des intérêts composés en cours d'année peuvent donner lieu à une différence importante entre le taux d'intérêt spécifié et le taux d'intérêt effectif. N'oubliez pas que le taux effectif correspond à ce que vous obtenez ou à ce que vous versez.

Si vous observez bien ces exemples, vous remarquerez que le taux effectif a été calculé en trois étapes. On a d'abord divisé le taux spécifié par la fréquence du calcul des intérêts composés. Puis, on a ajouté 1 au résultat pour ensuite le multiplier par lui-même pour un nombre de fois équivalant à la fréquence du calcul des intérêts composés. Enfin, on a soustrait 1 du total. Si m correspond au nombre de fois que le calcul des intérêts composés est effectué au cours d'une année, on peut alors simplifier toutes ces étapes de la façon suivante :

$$\text{Taux effectif} = [1 + (\text{Taux spécifié}/m)]^m - 1 \qquad [6.4]$$

Supposons qu'on vous propose un taux de 12 % à capitalisation mensuelle. Les intérêts composés seraient alors calculés 12 fois par année ; m correspond alors à 12. Vous pouvez calculer le taux effectif ainsi :

$$
\begin{aligned}
\text{Taux effectif} &= [1 + (\text{Taux spécifié}/m)]^m - 1\\
&= [1 + (0{,}12/12)]^{12} - 1\\
&= 1{,}01^{12} - 1\\
&= 1{,}126825 - 1\\
&= 12{,}6825\ \%
\end{aligned}
$$

Exemple 6.11 Quel est le taux effectif?

Une banque offre un taux de 12 % à capitalisation trimestrielle. Si vous déposez 100 $ dans un compte, combien obtiendrez-vous après un an? Quel est le taux effectif? Combien obtiendrez-vous après deux ans?

La banque vous offre en fait 12 %/4 = 3 % par trimestre. Si vous investissez 100 $ pendant quatre périodes à 3 % par période, la valeur capitalisée est :

$$\begin{aligned} \text{Valeur capitalisée} &= 100\ \$ \times 1,03^4 \\ &= 100\ \$ \times 1,1255 \\ &= 112,55\ \$ \end{aligned}$$

Le taux effectif est de 12,55 % : 100 $ × (1 + 0,1255) = 112,55 $. Vous pouvez déterminer votre avoir après deux ans de deux façons différentes. Vous pouvez d'abord vous dire que deux ans équivalent à huit trimestres. À 3 % par trimestre, vous obtiendrez, après huit trimestres :

$$100\ \$ \times 1,03^8 = 100\ \$ \times 1,2668 = 126,68\ \$$$

Vous pouvez aussi déterminer la valeur après deux ans en utilisant le taux annuel effectif de 12,55 %. Après deux ans, vous aurez :

$$100\ \$ \times 1,1255^2 = 100\ \$ \times 1,2688 = 126,68\ \$$$

Ainsi, les deux méthodes donnent le même résultat. Cela permet d'illustrer un point important. Lorsqu'on effectue un calcul pour déterminer la valeur actualisée ou capitalisée, le taux utilisé doit correspondre au taux effectif. Dans le cas présent, le taux effectif est de 3 % par trimestre. Le taux annuel effectif est de 12,55 %. On peut utiliser l'un ou l'autre une fois le taux annuel effectif établi.

Exemple 6.12 La spécification d'un taux

Maintenant qu'il vous est possible de convertir un taux spécifié en taux effectif, vous pouvez également faire le processus inverse. En tant que prêteur, vous souhaitez accumuler 18 % d'intérêts sur un prêt donné. Vous voulez spécifier un taux d'intérêt composé mensuellement. Comment vous y prendrez-vous?

Vous connaissez cette fois le taux annuel effectif, soit 18 %, et vous savez aussi qu'il est le produit d'un taux d'intérêt composé mensuellement. Si s correspond au taux spécifié, vous obtenez alors :

$$\begin{aligned} \text{Taux effectif} &= [1 + (\text{Taux spécifié}/m)]^m - 1 \\ 0,18 &= [1 + (s/12)]^{12} - 1 \\ 1,18 &= [1 + (s/12)]^{12} \end{aligned}$$

Il reste maintenant à trouver le taux spécifié. Il suffit de procéder comme lorsqu'il s'agissait de trouver le taux d'intérêt (voir le chapitre 5) :

$$\begin{aligned} 1,18^{(1/12)} &= 1 + (s/12) \\ 1,18^{0,083\,33} &= 1 + (s/12) \\ 1,0139 &= 1 + (s/12) \\ s &= 0,0139 \times 12 \\ &= 16,68\ \% \end{aligned}$$

Vous devez donc spécifier un taux d'intérêt composé mensuellement de 16,68 %.

Les hypothèques

Les hypothèques sont un exemple très courant d'annuités comportant des versements mensuels. Pour comprendre comment calculer une hypothèque, il faut considérer deux types de mesures institutionnelles : 1) bien que les versements soient mensuels, la loi exige que les institutions financières canadiennes spécifient les taux hypothécaires avec intérêts composés chaque semestre ; 2) les institutions financières offrent des hypothèques assorties de taux d'intérêt fixes pour diverses périodes, en général jusqu'à cinq ans. À titre d'emprunteur, vous devez choisir la période pour laquelle le taux est fixé. (L'exemple 6.14 peut servir de guide.) Dans tous les cas, les versements hypothécaires sont calculés jusqu'à l'échéance (en général après 25 ans).

Un établissement financier vous propose une hypothèque de 100 000 $ dont le taux d'intérêt spécifié est de 6 %. Pour calculer le montant de vos versements, vous devez trouver le taux d'intérêt mensuel spécifié. Pour ce faire, vous devez convertir le taux semestriel spécifié en taux effectif de la manière suivante :

$$\text{Taux effectif} = [1 + (\text{Taux spécifié}/m)]^m - 1$$
$$= [1 + (0{,}6/2)]^2 - 1$$
$$= 1{,}03^2 - 1$$
$$= 6{,}09\%$$

Vous déterminez ensuite le taux mensuel spécifié qui est utilisé pour calculer les versements :

$$\text{Taux spécifié}/m = (\text{Taux effectif} + 1)^{1/m} - 1$$
$$\text{Taux spécifié}/12 = (1{,}0609)^{1/12} - 1$$
$$= 1{,}004\,939 - 1 = 0{,}4939\%$$

Le taux d'intérêt mensuel spécifié est de 0,4939 % et il faudra effectuer $12 \times 25 = 300$ versements. Pour trouver le montant des versements, il faut utiliser la formule permettant de calculer la valeur actualisée de l'annuité :

$$\text{Valeur actualisée de l'annuité} = 100\,000\$ = C \times$$
$$(1 - \text{Facteur d'actualisation})/r$$

$$100\,000\$ = C \times (1 - 1/1{,}004\,939^{300})/0{,}004\,939$$
$$= C \times (1 - 0{,}228\,08)/0{,}004\,939$$
$$= C \times 156{,}2907$$
$$C = 639{,}83\$$$

Les versements mensuels s'élèvent à 639,83 $.

$$VA = C \times \frac{1 - \left(\frac{1}{1+r}\right)^n}{r}$$

Vous savez maintenant que bien que les hypothèques soient amorties sur 300 mois, le taux d'intérêt est fixé pour une plus courte période, en général cinq ans tout au plus. Supposons que le taux de 6 % de l'exemple 6.13 est fixé pour cinq ans et que vous vous demandez si ce taux est satisfaisant ou s'il vaudrait mieux trouver un taux plus faible de 4 % fixé pour une seule année. Si vous choisissez le taux d'un an, de combien seraient réduits vos versements pour cette première année ?

Si le taux d'intérêt est de 4 %, les versements sont alors de 525,63 $, soit une réduction de 111,40 $ par mois. Si vous choisissez l'hypothèque à court terme dont les versements sont moins élevés, c'est que vous jugez que les taux ne grimperont pas indûment l'année suivante au-delà de 6 %. Bien que la formule du calcul des hypothèques ne puisse pas vous aider à prendre une décision dans de tels cas (tout dépend du risque et du rendement, sujets qui seront discutés au chapitre 12), elle vous permet toutefois d'évaluer le risque auquel vous vous exposeriez si les versements devaient augmenter. En 1981, les taux d'intérêt hypothécaires étaient de près de 20 % !

Le taux d'intérêt annuel effectif et le taux périodique annuel

Taux périodique annuel (TPA)

Taux d'intérêt par période multiplié par le nombre de périodes par année. On dit aussi « taux annuel de financement ».

La différence entre le taux d'intérêt spécifié et le taux d'intérêt effectif ne va pas toujours de soi. C'est le cas, entre autres, du **taux périodique annuel** (TPA) d'un prêt. Le règlement sur le coût d'emprunt (selon la loi sur les banques) du Canada exige des prêteurs qu'ils déclarent un taux périodique annuel pour presque tous les prêts personnels. Ce taux doit être mis clairement en évidence sur les formulaires de demande d'emprunt.

Puisque le TPA doit être obligatoirement calculé et affiché, une question se pose : s'agit-il d'un taux d'intérêt annuel effectif ? Autrement dit, si une banque spécifie un taux périodique annuel de 12 % pour un prêt automobile, le consommateur obtient-il effectivement un taux d'intérêt de 12 % ? Étonnamment, la réponse est non. Une certaine confusion persiste, toutefois, comme on pourra le voir.

Cette confusion existe parce que la loi oblige les prêteurs à calculer le taux périodique annuel selon une méthode précise. Aux termes de la loi, le taux périodique annuel correspond simplement au taux d'intérêt par période multiplié par le nombre de périodes d'une année. Par exemple, si une banque exige un taux d'intérêt de 1,2 % par mois pour ses prêts automobiles, il faut alors spécifier un taux périodique annuel de $1{,}2\% \times 12 = 14{,}4\%$. Ainsi, le taux périodique annuel n'est en fait qu'un taux spécifié ou stipulé, du moins selon les principes énumérés dans ce manuel. Par exemple, un taux périodique annuel de 12 % pour un prêt qui exige des versements mensuels représente en réalité 1 % par mois. Le taux effectif d'un tel prêt est donc :

$$\text{Taux effectif} = [1 + (\text{TPA}/12)]^{12} - 1$$
$$= 1{,}01^{12} - 1 = 12{,}6825\%$$

Selon l'émetteur, un contrat de carte de crédit stipule un taux périodique annuel de 18 %. On exige des versements mensuels. Quel est le taux d'intérêt effectif offert par cette carte de crédit ?

On peut d'abord calculer qu'un taux périodique annuel de 18 % accompagné d'une obligation de faire des versements mensuels est en réalité 0,18/12 = 0,015, soit 1,5 % par mois. Le taux annuel effectif est donc :

$$\text{Taux effectif} = [1 + (0,18/12)]^{12} - 1$$
$$= 1,015^{12} - 1$$
$$= 1,1956 - 1$$
$$= 19,56\,\%$$

La réponse indique le taux que vous payez réellement.

La différence entre le taux périodique annuel et le taux annuel effectif ne sera probablement pas très grande, mais il est un peu ironique que les lois sur la divulgation de la vérité en matière de prêts exigent parfois des prêteurs qu'ils ne disent pas toute la vérité sur le taux effectif d'un prêt.

La limite extrême : l'intérêt à capitalisation continue

Si vous déposez de l'argent dans un compte d'épargne, combien de fois calculera-t-on les intérêts composés au cours d'une année ? Lorsqu'on y réfléchit, il n'y a véritablement aucune limite. On sait déjà qu'il est tout à fait possible d'avoir un taux d'intérêt composé quotidiennement. Il n'y a aucune raison, toutefois, de s'arrêter là. On pourrait calculer l'intérêt composé toutes les heures, toutes les minutes ou toutes les secondes. Que deviendrait alors le taux annuel effectif ? Le tableau 6.3 illustre le taux annuel effectif lorsque les intérêts composés d'un taux de 10 % sont calculés pour des périodes de plus en plus courtes. Vous remarquerez que le taux annuel effectif augmente chaque fois, mais que la différence entre les taux effectifs est de plus en plus faible.

Tableau **6.3** Les taux d'intérêt annuels effectifs capitalisés selon la fréquence

Périodes	Nombre de périodes pour lesquelles les intérêts composés sont calculés	Taux d'intérêt annuel effectif
Année	1	10,000 00 %
Trimestre	4	10,381 29
Mois	12	10,471 31
Semaine	52	10,506 48
Jour	365	10,515 58
Heure	8 760	10,517 03
Minute	525 600	10,517 09

Les données du tableau 6.3 semblent indiquer qu'il existe une limite au taux effectif. Si s représente le taux d'intérêt spécifié, plus le nombre de fois où on calcule les intérêts composés augmente, plus le taux effectif se rapproche de :

$$\text{Taux effectif} = e^s - 1 \qquad [6.5]$$

La variable e représente le nombre 2,718 28 (trouvez la touche « e^x » de votre calculatrice). Ainsi, si le taux d'intérêt est de 10 %, la limite du taux effectif est :

$$\text{Taux effectif} = e^s - 1$$
$$= 2,718 28^{0,10} - 1$$
$$= 1,105 170 9 - 1$$
$$= 10,517 09\,\%$$

Dans de tels cas, on dit que les intérêts composés sont calculés de façon continue ou instantanée. Les intérêts sont donc crédités aussitôt qu'ils sont calculés, et la somme des intérêts croît de façon continue.

6.4 Les divers types de prêts et l'amortissement des prêts

Lorsqu'un prêteur propose un prêt, certaines mesures doivent être prises afin d'assurer le remboursement du capital (le montant initial du prêt). On peut rembourser un prêt en versements égaux, par exemple, ou encore remettre le montant global. À vrai dire, la méthode de remboursement du capital et des intérêts est une décision prise par les parties concernées, et les possibilités sont illimitées.

La présente section examine diverses façons courantes de rembourser un prêt, lesquelles peuvent toujours servir à l'élaboration d'autres approches plus complexes. Les trois principaux types de prêts sont les prêts à escompte, les prêts capitalisés à l'échéance et les prêts amortis. Ces divers types de prêts vous permettront de mettre directement en pratique les principes de valeur actualisée déjà étudiés.

Les prêts à escompte

Le *prêt à escompte* est la forme de prêt la plus élémentaire. L'emprunteur reçoit de l'argent aujourd'hui et doit rembourser le montant global à une date ultérieure. Un prêt à escompte dont le taux d'intérêt serait de 10 % exigerait ainsi de l'emprunteur qu'il rembourse 1,10 $ dans un an pour chaque dollar emprunté aujourd'hui.

Étant donné la grande simplicité de ce type de prêt, vous pouvez en calculer la valeur sans peine. Supposons qu'un emprunteur est en mesure de rembourser 25 000 $ en cinq ans. À titre de prêteur, quelle somme pouvez-vous prêter si vous fixez votre taux d'intérêt à 12 % ? Autrement dit, quelle serait la valeur aujourd'hui de 25 000 $ remis dans cinq ans ? Vous avez appris au chapitre 5 qu'il s'agit ici tout simplement de calculer la valeur actualisée de 25 000 $ à 12 % pendant cinq ans :

$$\text{Valeur actualisée} = 25\ 000\ \$/1,12^5$$
$$= 25\ 000\ \$/1,7623$$
$$= 14\ 186\ \$$$

On a souvent recours aux prêts à escompte pour les emprunts à court terme, soit d'un an ou moins. Depuis quelques années, toutefois, on les utilise aussi fréquemment pour de plus longs termes.

Exemple 6.16 Les bons du Trésor

Lorsque le gouvernement canadien souhaite emprunter une somme à court terme (un an ou moins), il vend tout simplement des bons du Trésor. Ces bons représentent une promesse du gouvernement de rembourser une somme donnée à une date ultérieure, généralement de 3 à 12 mois.

Les bons du Trésor sont des prêts à escompte. Si un bon du Trésor permet un remboursement de 10 000 $ dans 12 mois et que le taux d'intérêt du marché est de 4 %, à combien se vend le bon sur le marché ?

Puisque le taux en vigueur est de 4 %, le bon du Trésor se vend pour la valeur actualisée de 10 000 $, qui seront remis dans un an au taux de 4 %, soit :

$$\text{Valeur actualisée} = 10\ 000\ \$/1,04 = 9\ 615,38\ \$$$

Depuis quelques années, le gouvernement canadien préfère les bons du Trésor aux obligations d'épargne du Canada pour le financement à court terme. Les bons du Trésor sont généralement remis en coupures de 1 million de dollars. Les courtiers en valeurs mobilières achètent les bons du Trésor et les divisent en plus petites coupures, parfois d'à peine 1 000 $, pour les revendre à des investisseurs.

Les prêts capitalisés à l'échéance

Un autre type de prêt exige de l'emprunteur qu'il rembourse les intérêts après chaque période, pour ensuite remettre le capital (le montant initial du prêt) à une date ultérieure. C'est ce qu'on appelle les « prêts capitalisés à l'échéance ». Vous remarquerez que s'il n'y a qu'une seule période, les prêts à escompte et les prêts capitalisés à l'échéance sont identiques.

Ainsi, un prêt de 1 000 $ pour trois ans capitalisé à l'échéance, et dont le taux d'intérêt est de 10 %, exigerait de l'emprunteur qu'il verse 1 000 $ × 0,10 = 100 $ en intérêts à la fin de la première et de la deuxième année. À la fin de la troisième année, l'emprunteur devrait rembourser les 1 000 $ en plus des 100 derniers dollars d'intérêts. Un prêt capitalisé à l'échéance de 50 ans exigerait donc de l'emprunteur qu'il verse des intérêts chaque année pendant 50 ans, pour ensuite rembourser le capital. On pourrait imaginer une situation où l'emprunteur devrait verser des intérêts après chaque période pour toujours sans jamais rembourser le capital. Comme on l'a vu précédemment, il s'agirait alors d'une perpétuité.

La plupart des obligations émises par le gouvernement du Canada, les provinces et les corporations ressemblent en général à des prêts capitalisés à l'échéance. Puisque les obligations feront l'objet d'une étude plus approfondie au cours du prochain chapitre, il est inutile de s'y attarder davantage ici.

Les prêts amortis

Les prêts à escompte et les prêts capitalisés à l'échéance exigent que le capital soit remboursé en un montant global. Il existe toutefois un *prêt amorti* où on exige de l'emprunteur qu'il rembourse le prêt en divers versements étalés sur une période donnée. Le remboursement d'un prêt duquel on déduit des sommes du capital à intervalles réguliers s'appelle l'« amortissement ».

La manière la plus simple d'amortir un prêt est d'exiger de l'emprunteur qu'il rembourse les intérêts après chaque période en plus d'un montant fixe. C'est une approche courante pour les prêts aux entreprises à moyen terme. À titre d'exemple, supposons qu'une entreprise effectue un emprunt de 5 000 $ à 9 % pendant cinq ans. Le contrat exige de l'emprunteur qu'il rembourse les intérêts sur le solde du prêt chaque année et qu'il réduise le solde du prêt chaque année de 1 000 $. Puisque le montant du prêt diminue de 1 000 $ par année, il sera donc remboursé dans sa totalité dans cinq ans.

Pour ce qui est du cas présent, vous remarquerez que le montant global diminue chaque année. En effet, le solde du prêt est plus petit chaque année, ce qui diminue le taux d'intérêt à chaque versement alors que la réduction du capital de 1 000 $ par année est continue. Ainsi, le total des intérêts de la première année sera 5 000 $ × 0,09 = 450 $. Le versement total sera donc cette année-là 1 000 $ + 450 $ = 1 450 $. À la fin de la deuxième année, le solde du prêt sera de 4 000 $. Le total des intérêts sera donc 4 000 $ × 0,09 = 360 $ et le versement sera de 1 360 $. On peut calculer chacun des versements pour les trois années restantes à l'aide d'un *tableau d'amortissement* tel que celui-ci :

Année	Solde d'ouverture	Versement	Intérêts	Capital	Solde de clôture
1	5 000 $	1 450 $	450 $	1 000 $	4 000 $
2	4 000	1 360	360	1 000	3 000
3	3 000	1 270	270	1 000	2 000
4	2 000	1 180	180	1 000	1 000
5	1 000	1 090	90	1 000	0
Totaux		6 350 $	1 350 $	5 000 $	

Fait à noter, chaque année, vous obtenez le montant des intérêts à payer en multipliant le solde d'ouverture par le taux d'intérêt. Vous remarquerez également que le solde d'ouverture est égal au solde de clôture de l'année précédente.

La méthode d'amortissement d'un prêt la plus courante est sans doute celle qui consiste à exiger de l'emprunteur qu'il effectue un versement fixe par période. Presque tous les prêts personnels (les prêts automobiles, entre autres) et les prêts hypothécaires suivent ce principe. À titre d'exemple, supposons qu'on amortisse ainsi le prêt de 5 000 $ de cinq ans à 9 %. Quel serait le tableau d'amortissement ?

Il faut d'abord déterminer les versements. On sait déjà que les flux monétaires du prêt représentent une annuité de fin de période. On peut donc calculer le montant des versements de la façon suivante :

$$5\ 000\ \$ = C \times \{[1 - (1/1{,}09^5)]/0{,}09\}$$
$$= C \times [(1 - 0{,}6499)/0{,}09]$$

On obtient ainsi :

$$C = 5\ 000\ \$/3{,}8897$$
$$= 1\ 285{,}46\ \$$$

L'emprunteur effectuera cinq versements égaux de 1 285,46 $. Parviendra-t-il à rembourser le prêt ? Pour le savoir, il faut dresser un tableau d'amortissement.

Dans l'exemple précédent, la réduction annuelle du capital était connue. On avait donc pu calculer le taux d'intérêt nécessaire pour obtenir le versement total. Cette fois-ci, on connaît le montant total des versements. Il faut donc calculer l'intérêt pour ensuite le soustraire du montant total des versements afin de calculer la part de capital des versements.

Après un an, le total des intérêts est de 450 $, comme on l'a déjà calculé. Puisque le versement total est de 1 285,46 $, le capital versé la première année devrait être le suivant :

Capital versé = 1 285,46 $ – 450 = 835,46 $

Le solde de clôture du prêt est donc :

Solde de clôture = 5 000 $ – 835,46 = 4 164,54 $

Les intérêts à la fin de la deuxième année sont 4 164,54 $ × 0,09 = 374,81 $, et le solde du prêt est maintenant 1 285,46 $ – 374,81 $ = 910,65 $. On peut résumer les calculs pertinents à l'aide du tableau ci-dessous.

Année	Solde d'ouverture	Versement total	Intérêts	Capital	Solde de fermeture
1	5 000,00 $	1 285,46 $	450,00 $	835,46 $	4 164,54 $
2	4 164,54	1 285,46	374,81	910,65	3 253,88
3	3 253,88	1 285,46	292,85	992,61	2 261,27
4	2 261,27	1 285,46	203,51	1 081,95	1 179,32
5	1 179,32	1 285,46	106,14	1 179,32	0,00
Totaux		6 427,30 $	1 427,31 $	5 000,00 $	

Puisque le solde du prêt atteint zéro, cela signifie que les cinq versements égaux permettent bien de rembourser le prêt. Vous remarquerez que les intérêts versés diminuent après chaque période. Il n'y a là rien d'étonnant, puisque le solde du prêt diminue lui aussi. Puisque le versement total est un montant fixe, le capital remboursé doit augmenter à chacune des périodes.

Si on compare les deux amortissements de prêts étudiés dans cette section, on peut observer que le total des intérêts versés est supérieur dans le cas des versements égaux, soit 1 427,31 $ en comparaison avec 1 350 $. En effet, les premiers versements sont ici plus faibles, ce qui augmente légèrement la somme des intérêts. Cela ne signifie pas toutefois qu'un prêt soit préférable à l'autre, mais bien qu'un des prêts est en réalité remboursé plus vite que l'autre. Par exemple, la réduction du capital après un an est de 835,46 $ dans le cas des versements égaux par rapport à 1 000 $ dans le premier cas.

Comme on l'a vu, dans le cas des prêts immobiliers, le remboursement des prêts hypothécaires est généralement d'une durée moindre que l'hypothèque elle-même. On pourrait ainsi avoir un prêt de 5 ans amorti sur 15 ans, ce qui signifie que l'emprunteur effectuera des versements chaque mois, qui sont calculés en fonction d'un amortissement de 15 ans. Toutefois, après 60 mois, l'emprunteur doit soit négocier un nouveau prêt de 5 ans, soit remettre un versement global beaucoup plus important appelé « versement forfaitaire et final ». Le versement forfaitaire et final est courant pour ce qui est des hypothèques commerciales. Dans tous les cas, puisque les versements mensuels ne remboursent pas entièrement le prêt, on dit que le prêt est partiellement amorti.

Supposons que vous avez une hypothèque commerciale de 100 000 $ assortie d'un taux d'intérêt composé semestriellement de 12 % et d'un amortissement de 20 ans (240 mois). Supposons de plus que l'hypothèque exige un versement forfaitaire et final dans cinq ans. Quel sera le montant des versements mensuels ? Quel sera le montant du versement forfaitaire et final ?

On peut calculer les versements mensuels comme une annuité de fin de période d'une valeur actualisée de 100 000 $. Pour trouver le taux mensuel, il faut d'abord trouver le taux annuel effectif, puis le convertir en taux mensuel spécifié. Pour ce faire, on convertit le taux d'intérêt composé semestriellement sous forme de taux annuel effectif ainsi :

$$\text{Taux effectif} = [1 + (\text{Taux spécifié}/m)]^m - 1$$
$$= [1 + (0,12/2)]^2 - 1$$
$$= 1,06^2 - 1$$
$$= 12,36 \%$$

On trouve ensuite le taux mensuel utilisé pour calculer les versements :

$$\text{Taux spécifié}/m = (\text{Taux effectif} + 1)^{1/m} - 1$$

$$\text{Taux spécifié}/12 = (1,1236)^{1/12} - 1$$
$$= 1,0098 - 1 = 0,98 \%$$

Le taux mensuel est de 0,98 %, et le nombre de versements est $12 \times 20 = 240$. Pour trouver le montant des versements, on utilise la formule de la valeur actualisée d'une annuité :

$$\text{Valeur actualisée de l'annuité} = 100\,000\,\$ = C \times$$
$$(1 - \text{Facteur d'actualisation})/r$$
$$100\,000\,\$ = C \times (1 - 1/1,0098^{240})/0,0098$$
$$= C \times (1 - 0,0972)/0,0098$$
$$= C \times 92,5092$$
$$C = 1\,080,97\,\$$$

Le montant des versements mensuels est donc de 1 080,97 $. Il existe deux approches, l'une simple, l'autre plus compliquée, pour déterminer le montant du versement forfaitaire et final. La manière compliquée consiste à amortir le prêt pendant 60 mois afin d'obtenir le solde. Pour une approche plus simple, il suffit de reconnaître qu'après 60 mois, on obtient $240 - 60 = 180$ mois pour la durée du prêt. Les versements sont toujours de 1 080,97 $ par mois, et le taux d'intérêt est toujours de 0,98 % par mois. Le solde du prêt correspond donc à la valeur actualisée des versements restants, soit :

$$\text{Solde du prêt} = 1\,080,97\,\$ \times (1 - 1/1,0098^{180})/0,0098$$
$$= 1\,080,97\,\$ \times 84,6303$$
$$= 91\,482,84\,\$^{[17]}$$

Le versement forfaitaire et final représente donc la forte somme de 91 483 $. Pourquoi tant d'argent ? Afin de mieux comprendre, considérez le premier versement de l'hypothèque. Les intérêts pour le premier mois sont $100\,000\,\$ \times 0,0098 = 975,88\,\$$ (à la condition d'arrondir). Les versements sont de 1 080,97 $, ce qui veut dire que le solde du prêt diminue d'à peine 105,09 $. Puisque le solde diminue aussi lentement, le montant remboursé reste très faible même après cinq ans.

Questions théoriques

1. Qu'est-ce qu'un prêt à escompte ? un prêt capitalisé à l'échéance ?
2. Que signifie « amortir un prêt » ?
3. Qu'est-ce qu'un versement forfaitaire et final ? Comment en détermine-t-on la valeur ?

6.5   Résumé et conclusions

Ce chapitre a permis d'approfondir vos connaissances sur les concepts relevant de la valeur de rendement de l'argent et de l'évaluation des flux monétaires actualisés. Certains sujets particuliers retiennent l'attention.

1.   Il existe deux façons de calculer la valeur actualisée et capitalisée en présence de flux monétaires multiples. Les deux approches découlent directement des processus déjà étudiés pour les flux monétaires simples.

2. Une série de flux monétaires continus qui sont versés ou payés à la fin de chaque période s'appellent des «annuités de fin de période». Vous connaissez maintenant certaines méthodes abrégées pour calculer les valeurs actualisées et capitalisées des annuités.

3. On peut spécifier les taux d'intérêt de diverses façons. Lorsqu'il s'agit de prendre une décision financière, il est important de comparer les taux spécifiés en les convertissant tout d'abord en taux effectifs. On obtient le rapport entre le taux spécifié, parfois présenté sous la forme de taux périodique annuel, et le taux d'intérêt annuel effectif de la façon suivante :

Taux effectif = $[1 + (\text{Taux spécifié}/m)]^m - 1$

La variable *m* correspond au nombre de fois où les intérêts composés sont calculés pendant une année ou encore au nombre de versements effectués pendant l'année.

4. Plusieurs prêts se présentent sous forme d'annuités. Lorsqu'un prêt est remboursé graduellement, on parle alors d'amortissement. On a pu voir comment préparer et interpréter les calendriers d'amortissement des prêts.

Les principes établis dans ce chapitre joueront un rôle important dans les chapitres à venir. En effet, la plupart des investissements, qu'il s'agisse d'actifs réels ou d'actifs financiers, peuvent faire l'objet d'une analyse à l'aide de l'approche de l'actualisation des flux monétaires (AFM). L'approche AFM se prête à de nombreuses situations et est utilisée couramment. À titre d'exemple, les deux prochains chapitres montrent comment évaluer des obligations et des actions en adaptant les méthodes étudiées dans ce chapitre. Avant de procéder, il est donc recommandé de résoudre quelques-uns des problèmes qui suivent.

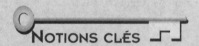

NOTIONS CLÉS

Problèmes de récapitulation et auto-évaluation

6.1 Les valeurs actualisées de flux monétaires multiples Un quart arrière repêché au premier tour se voit offrir un contrat de 25 millions de dollars. Selon les détails du contrat, il recevra d'abord une prime en espèces de 2 millions de dollars. On lui versera ensuite 5 millions de dollars à la fin de la première année, puis 8 millions de dollars à la fin de la deuxième année et 10 millions de dollars à la fin de la dernière année. Si le taux d'actualisation est de 15 %, la valeur totale du contrat est-elle réellement de 25 millions de dollars ? Quelle en est la valeur ?

6.2 La valeur capitalisée de flux monétaires multiples Vous prévoyez effectuer une série de dépôts dans un REÉR. Vous comptez déposer 1 000 $ aujourd'hui, 2 000 $ dans deux ans et 2 000 $ dans cinq ans. Si vous retirez 1 500 $ dans trois ans et 1 000 $ dans sept ans, en ne subissant aucune pénalité pour ces retraits, combien d'argent aurez-vous dans huit ans si le taux d'intérêt est de 7 % ? Quelle est la valeur actualisée de ces flux monétaires ?

6.3 La valeur actualisée d'une annuité On vous propose un investissement qui rapportera 12 000 $ par année pour les 10 prochaines années. Si le taux de rendement est de 15 %, quelle est la somme maximale que vous devez investir aujourd'hui ?

6.4 Le taux périodique annuel par rapport au taux annuel effectif Le taux en vigueur pour un prêt étudiant est un taux périodique annuel de 8 %. Le prêt exige des versements mensuels. Quel est le taux d'intérêt annuel effectif de ce type de prêt ?

6.5 Une question de principe Supposons que vous empruntez 10 000 $. Vous comptez rembourser votre emprunt en versements annuels égaux pendant cinq ans. Le taux d'intérêt est de 14 % par année. Dressez un tableau d'amortissement pour le prêt. Quel est le montant des intérêts que vous aurez payés à la fin du contrat ?

6.6 Un peu chaque mois Vous avez récemment terminé votre MBA à l'Université Zutpourir. Bien sûr, vous désirez sans tarder vous acheter une BMW. Le véhicule coûte environ 42 000 $. La banque spécifie un taux d'intérêt sous forme d'un taux périodique annuel de 15 % pour un prêt de 72 mois avec un versement initial de 10 %. Vous pensez échanger votre voiture pour une neuve dans deux ans. Quel sera le montant de vos versements ? Quel est le taux d'intérêt effectif du prêt ? Quel sera le solde du prêt lorsque vous échangerez la voiture ?

Réponses à l'auto-évaluation

6.1 De toute évidence, le contrat ne peut valoir 25 millions de dollars, puisque les versements sont étalés sur trois ans. La prime est versée aujourd'hui, elle vaut donc bien 2 millions de dollars. La valeur actualisée pour les trois autres versements est :

$$(5\ \$/1,15) + (8/1,15^2) + (10/1,15^3) = (5\ \$/1,15) + (8/1,32) + (10/1,52)$$
$$= 16,9721 \text{ millions de dollars}$$

Le contrat a donc une valeur totale de 18,9721 millions de dollars.

6.2 On calcule d'abord la valeur capitalisée de chacun des flux monétaires séparément pour ensuite les additionner. Vous remarquerez que les retraits correspondent à des flux monétaires négatifs.

$$
\begin{array}{rcrcr}
1\ 000\ \$ \times 1,07^8 &=& 1\ 000\ \$ \times 1,7182 &=& 1\ 718,19\ \$ \\
2\ 000\ \$ \times 1,07^6 &=& 2\ 000\ \$ \times 1,5007 &=& 3\ 001,46 \\
-1\ 500\ \$ \times 1,07^5 &=& -1\ 500\ \$ \times 1,4026 &=& -2\ 103,83 \\
2\ 000\ \$ \times 1,07^3 &=& 2\ 000\ \$ \times 1,2250 &=& 2\ 450,09 \\
-1\ 000\ \$ \times 1,07^1 &=& -1\ 000\ \$ \times 1,0700 &=& \underline{-1\ 070,00} \\
&& \text{Valeur capitalisée totale} &=& \underline{3\ 995,91\ \$}
\end{array}
$$

Le résultat est ici arrondi.

Pour calculer la valeur actualisée, on pourrait actualiser chaque flux monétaire en une seule fois ou encore actualiser année après année. Toutefois, puisqu'on sait déjà que la valeur capitalisée dans huit ans est de 3 995,91 $, il est plus simple d'actualiser ce montant huit ans à la fois :

$$
\begin{aligned}
\text{Valeur actualisée} &= 3\ 995,91\ \$/1,07^8 \\
&= 3\ 995,91\ \$/1,7182 \\
&= 2\ 325,64\ \$
\end{aligned}
$$

Le résultat est de nouveau arrondi. À titre d'exercice, vous pouvez vérifier qu'il s'agit bien du résultat qu'on obtiendrait en actualisant chaque flux monétaire séparément.

6.3 Le montant maximal que vous devriez payer est la valeur actualisée de 12 000 $ par année pendant 10 ans au taux d'actualisation de 15 %. Les flux monétaires représentent ici une annuité de fin de période. Le facteur d'actualisation est donc :

$$
\begin{aligned}
\text{Facteur d'actualisation de l'annuité} &= (1 - \text{Facteur d'actualisation})/r \\
&= [1 - (1/1,15^{10})]/0,15 \\
&= (1 - 0,2472)/0,15 \\
&= 5,0188
\end{aligned}
$$

La valeur actualisée des 10 flux monétaires est donc :

$$
\begin{aligned}
\text{Valeur actualisée} &= 12\ 000\ \$ \times 5,0188 \\
&= 60\ 225\ \$
\end{aligned}
$$

Vous devriez refuser de payer davantage.

6.4 Un taux périodique annuel de 8 % associé à des versements mensuels représente en fait 8 %/12 = 0,67 % par mois. Le taux annuel effectif est donc :

$$\text{Taux effectif} = [1 + (0,08/12)]^{12} - 1 = 8,30\ \%$$

6.5 Il faut d'abord calculer le montant des versements annuels. Si la valeur actualisée est de 10 000 $, le taux d'intérêt, de 14 % et la période, de cinq ans, on peut calculer le montant des versements ainsi :

$$
\begin{aligned}
10\ 000\ \$ &= \text{Versement} \times \{[1 - (1/1,14^5)]/0,14\} \\
&= \text{Versement} \times 3,4331
\end{aligned}
$$

Donc, le versement est 10 000 $/3,4331 = 2 912,84 $ (en fait, le versement est de 2 912,8355 $; il faut alors compter sur l'arrondissement en consultant le tableau ci-dessous). On peut maintenant dresser un tableau d'amortissement :

Année	Solde d'ouverture	Versement	Intérêts	Capital	Solde de clôture
1	10 000,00 $	2 912,84 $	1 400,00 $	1 512,84 $	8 487,16 $
2	8 487,16	2 912,84	1 188,20	1 724,63	6 762,53
3	6 762,53	2 912,84	946,75	1 966,08	4 796,45
4	4 796,45	2 912,84	674,50	2 241,33	2 555,12
5	2 555,12	2 912,84	357,72	2 555,12	0,00
Totaux		14 564,17 $	4 564,17 $	10 000,00 $	

PRÊTS EN COURS EN DATE DU 2013-09-24 14:11
pour : Raouf Maria bouchra

lyse financière et gestion du fond.
                    ch ance: 2013-10-15   GBQ
 n financière / Stephen A. Ross...
                    ch ance: 2013-10-15   GBQ
       financière / Stephen A. Ross...
                    ch ance: 2013-10-15   GBQ

       uments: 3

6.6 Les flux monétaires d'un prêt automobile représentent une annuité; il ne reste donc qu'à calculer le montant des versements. Le taux d'intérêt est $15\%/12 = 1,25\%$ par mois pendant 72 mois. Il faut tout d'abord calculer le facteur de l'annuité pour 72 périodes à 1,25 % par période :

$$\text{Facteur d'actualisation de l'annuité} = (1 - \text{Facteur d'actualisation})/r$$
$$= [1 - (1/1,0125^{72})]/0,0125$$
$$= [1 - (1/2,4459)]/0,0125$$
$$= (1 - 0,4088)/0,0125$$
$$= 47,2925$$

La valeur actualisée représente le montant du financement. Avec un versement initial de 10 %, le montant de l'emprunt est donc de 90 % de 42 000 $, soit 37 800 $.

Ainsi, pour trouver le montant des versements, il faut calculer C de la façon suivante :

$$37\ 800\ \$ = C \times \text{Facteur d'actualisation de l'annuité}$$
$$= C \times 47,2925$$

En reformulant, on obtient :

$$C = 37\ 800\ \$ \times (1/47,2925)$$
$$= 37\ 800\ \$ \times 0,021\,15$$
$$= 799,47\ \$$$

Les versements sont donc à peine inférieurs à 800 $ par mois.

Le taux d'intérêt annuel effectif de ce prêt est de 1,25 % par mois. On peut maintenant calculer le taux d'intérêt annuel effectif comme suit :

$$\text{Taux effectif} = (1,0125)^{12} - 1 = 16,08\%$$

Le taux d'intérêt effectif est donc supérieur d'environ un point de pourcentage au taux d'intérêt spécifié.

Afin de déterminer le solde du prêt dans deux ans, on pourrait amortir le prêt et obtenir ainsi le solde. Ce calcul serait plutôt fastidieux à faire à la main. Grâce à l'information dont vous disposez, il est facile de calculer la valeur actualisée des versements restants. Après deux ans, on aura effectué 24 versements. Il restera donc $72 - 24 = 48$ versements. Quelle est la valeur actualisée de 48 versements mensuels de 399,64 $ à 1,25 % par mois? Le facteur de l'annuité est :

$$\text{Facteur d'actualisation de l'annuité} = (1 - \text{Facteur d'actualisation})/r$$
$$= [1 - (1/1,0125^{48})]/0,0125$$
$$= [1 - (1/1,8154)]/0,0125$$
$$= (1 - 0,5509)/0,0125$$
$$= 35,9315$$

La valeur actualisée est donc :

$$\text{Valeur actualisée} = 799,47\ \$ \times 35,9315 = 28\ 726,16\ \$$$

Par conséquent, le solde sera de 28 726,16 $ dans deux ans.

❓ Questions de synthèse et de réflexion critique

1. Lorsqu'on évalue la valeur actualisée d'une annuité, il faut considérer quatre facteurs. Quels sont-ils ?

2. À mesure qu'on rallonge la durée d'une annuité, qu'advient-il de sa valeur actualisée ? Qu'advient-il de sa valeur capitalisée ?

3. Qu'advient-il de la valeur capitalisée d'une annuité lorsque le taux r augmente ? Qu'advient-il de sa valeur actualisée ?

4. Que pensez-vous d'une loterie qui annonce un gros lot de 500 000 $ lorsque le montant de la somme globale proposée est de 250 000 $? S'agit-il d'une publicité trompeuse ?

5. Supposez qu'à titre d'athlète, vous devez négocier un contrat. Préféreriez-vous une prime d'embauche généreuse payable immédiatement et de plus petits versements plus tard ou l'inverse ? Quel serait le choix du point de vue de l'équipe ?

6. Supposez que deux athlètes signent des contrats de 10 ans leur accordant des montants totaux de 80 millions de dollars chacun. Dans un cas, on vous dit que ce montant sera payé en 10 versements égaux. Dans l'autre cas, on précise que cet argent sera aussi payé en 10 versements, mais que la valeur de ceux-ci augmentera de 5 % chaque année. Qui a conclu le meilleur marché ?

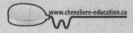
1. La valeur actualisée de flux monétaires multiples La société Bon pied bon œil a repéré un investissement qui offre les flux monétaires suivants. Si le taux d'actualisation est de 10 %, quelle est la valeur actualisée de ces flux monétaires ? Quelle est la valeur actualisée si le taux est de 18 % ? si le taux est de 24 % ?

Année	Flux monétaire
1	1 300 $
2	500
3	700
4	1 620

2. La valeur actualisée de flux monétaires multiples Un investissement X propose de vous payer 3 000 $ par année pendant huit ans, alors que l'investissement Y vous offre 5 000 $ par année pendant quatre ans. Lequel de ces flux monétaires vous offre la valeur actualisée la plus élevée si le taux d'actualisation est de 5 % ? si le taux est de 22 % ?

3. La valeur capitalisée de flux monétaires multiples La société Vlad-Poutine a repéré un investissement dont les flux monétaires sont illustrés ci-dessous. Si le taux d'actualisation est de 8 %, quelle est la valeur capitalisée de ces flux monétaires à la quatrième année ? Quelle est la valeur capitalisée si le taux d'actualisation est de 11 % ? si le taux est de 24 % ?

Année	Flux monétaire
1	900 $
2	1 000
3	1 100
4	1 200

4. Le calcul de la valeur actualisée de l'annuité Un investissement offre 4 100 $ par année pendant 15 ans, avec un premier versement dans un an. Si le taux de rendement est de 10 %, quelle est la valeur de l'investissement ? Quelle en serait la valeur si les versements étaient effectués pendant 40 ans ? pendant 75 ans ? pour toujours ?

5. Le calcul des flux monétaires d'une annuité Si vous payez 20 000 $ aujourd'hui pour recevoir une annuité de 12 ans à 8,25 %, quel en serait le flux monétaire annuel ?

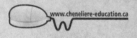
6. Le calcul de la valeur d'une annuité Votre société compte produire des recettes annuelles de 75 000 $ chaque année pendant les huit prochaines années grâce à une nouvelle base de données. Le système informatique nécessaire à l'implantation de la base de données coûte 380 000 $. Si vous pouvez emprunter cette somme pour acheter le système informatique à un taux d'intérêt annuel de 7,5 %, le système est-il à votre portée ?

7. Le calcul de la valeur d'une annuité Vous souhaitez accumuler 50 000 $ dans votre compte d'épargne d'ici cinq ans et vous êtes disposé à verser des dépôts annuels de montants égaux dans ce même compte à la fin de chaque année. Si le compte vous offre un taux d'intérêt de 6,2 %, quelle somme d'argent devez-vous déposer par année ?

8. Le calcul de la valeur d'une perpétuité La société d'assurances Perpétuelle-Vie désire vous vendre une police de placement qui vous versera 5 000 $ par année pour toujours, à vous et à votre descendance. Si le taux de rendement de cet investissement est de 9 %, quel montant devrez-vous payer pour cette police ?

9. Le calcul de la valeur d'une perpétuité Reprenez le problème précédent et supposez que la société d'assurances vous annonce que la police coûte 58 000 $. À partir de quel taux d'intérêt s'agirait-il d'une bonne affaire ?

10. Le calcul du taux d'intérêt annuel effectif Trouvez le taux d'intérêt annuel effectif dans chacune des situations décrites ci-après.

Taux spécifié	Fréquence des intérêts composés	Taux effectif
12 %	Trimestriellement	
8	Mensuellement	
7	Quotidiennement	
16	À l'infini	

11. Le calcul du taux spécifié Calculez le taux spécifié dans chacune des situations décrites ci-après.

Taux spécifié	Fréquence des intérêts composés	Taux effectif
	Trimestriellement	7,2 %
	Mensuellement	9,1
	Quotidiennement	18,5
	À l'infini	28,3

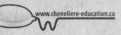

12. Le calcul du taux effectif La Banque Royale Canadienne offre un taux d'intérêt de 9,1 % composé chaque mois pour les prêts à l'entreprise. La Banque Dominion de Montréal propose un taux de 9,2 % composé semestriellement. À titre d'emprunteur éventuel, quelle banque choisiriez-vous ?

13. Le calcul du taux périodique annuel La Banque Colossale inc. souhaite fixer un taux de rendement annuel effectif de 14 % sur ses prêts personnels. La banque offre des prêts à un taux d'intérêt composé quotidiennement. Quel est le taux d'intérêt que la banque est tenue de spécifier en vertu de la loi ? Expliquez pourquoi ce taux pourrait confondre un emprunteur mal informé.

14. Le calcul des valeurs capitalisées La banque Tovaritch offre un taux d'intérêt composé quotidiennement de 6,3 % pour ses comptes d'épargne. Si vous déposez 5 000 $ aujourd'hui, quelle somme obtiendrez-vous dans cinq ans ? dans 10 ans ? dans 20 ans ?

15. Le calcul des valeurs actualisées Un investissement vous propose 19 000 $ dans six ans. Si le taux d'actualisation est de 12 % composé quotidiennement, quelle est la valeur actualisée ?

16. Le taux effectif en comparaison avec le taux périodique annuel M. Jean Faucher est prêteur sur gages. Il propose un taux d'intérêt de 25 % par mois pour ses prêts personnels. Comme tous les prêteurs, M. Faucher doit afficher un taux périodique annuel. Quel est le taux périodique annuel qu'il doit spécifier ? Quel est le taux annuel effectif ?

17. Le calcul des versements de prêts Vous prévoyez acheter une nouvelle voiture sport d'une valeur de 48 250 $, et le bureau de financement du concessionnaire vous propose un prêt dont le taux périodique annuel est de 9,8 % pendant 60 mois. Quel sera le montant de vos versements ? Quel est le taux d'intérêt annuel effectif ?

18. Le calcul du nombre de périodes Un de vos clients tarde à verser le solde de son compte. Vous arrivez à une entente qui consiste en des versements de 400 $ par mois. Vous exigez 1,5 % en intérêt par mois sur le solde dû. Si le solde est actuellement de 17 805,69 $, dans combien de temps le compte sera-t-il enfin remboursé ?

19. Le calcul du taux effectif La société Prêts vite faits inc. vous offre un « trois pour quatre ou je casse votre baraque ». Autrement dit, on vous offre 3 $ aujourd'hui, mais vous devez remettre 4 $ lorsque vous recevez votre chèque de paie dans une semaine (sinon, prenez garde…). Quel est le taux d'intérêt annuel effectif de la petite entreprise Prêts vite faits inc. ? Si vous aviez l'audace de demander le taux périodique annuel, que vous répondrait-on ?

20. L'évaluation des perpétuités La compagnie d'assurance sur la vie Passisûre vend une perpétuité de 1 050 $ par mois. Le contrat se vend actuellement 75 000 $. Quel est le rendement mensuel de cet investissement ? Quel est le taux périodique annuel ? Quel est le taux d'intérêt annuel effectif ?

21. Le calcul des valeurs capitalisées d'annuités Vous devez effectuer des dépôts de 100 $ dans un compte de retraite qui vous offre un taux d'intérêt composé mensuellement de 11 %. Si vous effectuez votre premier dépôt dans un mois, quelle somme obtiendrez-vous dans 20 ans ?

22. Le calcul des valeurs capitalisées d'annuités Reprenez le problème précédent et supposons maintenant que vous devez effectuer des dépôts de 1 200 $ par année dans le même compte de retraite. Quelle somme obtiendrez-vous dans 20 ans ?

23. Le calcul des valeurs actualisées d'annuités Vous souhaitez commencer dans trois mois à retirer 1 000 $ par trimestre de votre compte bancaire afin de couvrir vos dépenses reliées aux études universitaires pour les quatre années à venir. Si votre compte vous permet d'obtenir un taux d'intérêt de 0,75 % par trimestre, combien d'argent doit contenir votre compte aujourd'hui pour assurer l'atteinte de vos objectifs ?

24. L'analyse de la valeur actualisée de flux monétaires Si le taux d'actualisation des flux monétaires suivants est de 14 % par trimestre, quelle est la valeur actualisée des flux monétaires ?

Année	Flux monétaire
1	800 $
2	700
3	0
4	1 200

25. L'intérêt simple par rapport à l'intérêt composé La Banque Simplex offre un taux d'intérêt simple de 6 % sur ses comptes d'investissement. La Banque Complex, quant à elle, offre des comptes dont l'intérêt composé est calculé annuellement ; quel taux d'intérêt devrait-elle fixer si elle désire offrir les mêmes avantages que la Banque Simplex sur une période de 10 ans ?

26. Le calcul du taux effectif On vous propose un investissement dont le taux d'intérêt annuel effectif est de 14 %. Quel est le taux d'intérêt semestriel effectif ? le taux d'intérêt trimestriel effectif ? le taux d'intérêt mensuel effectif ?

27. Le calcul des frais d'intérêt La Banque Interlope vous envoie un formulaire de demande de carte de crédit comportant un taux d'intérêt d'ouverture de 2,90 % par année, composé mensuellement pendant les six premiers mois, puis un taux de 15 % composé mensuellement. Si vous devez transférer 3 000 $ du solde de votre carte de crédit actuelle et que vous n'effectuez ensuite aucun versement, quelle sera la somme des intérêts que vous aurez accumulés après un an ?

28. Le calcul du nombre de périodes Vous désirez acheter une maison d'une valeur de 150 000 $. Deux banques cherchent à obtenir votre clientèle. Chacune vous offre des certificats de dépôt garanti (CPG) dont le taux d'intérêt est de 5 %. Dans combien de temps votre investissement initial de 95 000 $ atteindra-t-il la somme nécessaire à cet achat à la Banque Primo, qui offre un taux d'intérêt simple, et à la Banque Secundo, qui offre un taux d'intérêt composé mensuellement ?

29. Le calcul des valeurs capitalisées On vous propose un investissement dont le rendement mensuel est de 1,72 %. Combien obtiendrez-vous par dollar investi après un an ? après deux ans ?

30. Le calcul du nombre de périodes Vous disposez actuellement de 1 100 $, et vous avez besoin de 2 000 $. Si on vous offre un taux d'intérêt mensuel de 1 %, dans combien de mois obtiendrez-vous la somme désirée ?

31. Le calcul du taux de rendement Supposons qu'un investissement vous propose de quadrupler votre argent en 12 mois (n'en croyez rien !). Quel est le taux de rendement trimestriel proposé ?

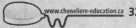

32. La comparaison de sources de flux monétaires Vous venez de vous joindre à la maison de souscription Nathaniel, Sixpieds, Souterre et associés. On vous offre deux types de traitements. Vous pouvez recevoir 75 000 $ par année pour les deux prochaines années ou encore 55 000 $ par année pour les deux prochaines années et une prime de 30 000 $ versée immédiatement. Si le taux d'intérêt composé mensuellement est de 10 %, quelle option choisirez-vous ?

33. Le calcul de la valeur actualisée d'annuités M. Ronald Recto essaie de vous vendre un contrat d'investissement qui offre des versements égaux de 10 000 $ à la fin de chacune des 20 prochaines années. Si le taux d'actualisation annuel effectif est de 9,5 %, quelle est la valeur actualisée du contrat en date d'aujourd'hui ?

34. Le calcul du taux de rendement Vous désirez choisir le meilleur de deux investissements qui exigent tous les deux un versement initial de 30 000 $. L'investissement G offre 55 000 $ dans 6 ans et l'investissement H, 90 000 $ dans 11 ans. Lequel de ces deux investissements offre le meilleur rendement ?

35. La valeur actualisée et le taux d'intérêt Quel est le rapport entre la valeur d'une annuité et le taux d'intérêt ? Supposons que vous venez d'acheter une annuité de 10 ans de 2 000 $ par année dont le taux d'intérêt actuel est de 10 % par année. Qu'arriverait-il à votre investissement si le taux d'intérêt devait soudainement chuter à 5 % ? si le taux d'intérêt augmentait soudainement à 15 % ?

36. Le calcul du nombre de versements Vous êtes en mesure d'effectuer des versements mensuels de 95 $ au début de chaque mois dans un compte qui vous offre un taux d'intérêt composé mensuellement de 10 %. Combien de versements aurez-vous effectués lorsque le solde de votre compte aura atteint 18 000 $?

37. Le calcul des valeurs actualisées des annuités Vous souhaitez emprunter 40 000 $ à la banque pour vous acheter un nouveau voilier. Vous êtes en mesure d'effectuer des versements de 825 $ par mois mais pas plus. Si vous obtenez un taux d'intérêt composé mensuellement, quel est le taux d'intérêt maximal à votre portée pour un prêt de 60 mois avec le TPA ?

38. Le calcul des valeurs actualisées Glenn Robinson a signé son premier contrat professionnel dans la NBA avec les Bucks de Milwaukee en 1994. Son contrat lui octroyait 68 millions de dollars pour une période de 10 ans (il demandait 100 millions pour une période de 13 ans). Aux termes de son contrat, on lui verserait un montant de 2,9 millions de dollars la première année, suivi d'une augmentation salariale constante de 870 000 $ par année pour les neuf années suivantes. Quelle était la valeur réelle du contrat de M. Robinson si on calcule un taux d'actualisation de 10 % par année ?

39. Le calcul des valeurs actualisées Glenn Robinson n'est pas le seul joueur de basketball à avoir obtenu un contrat très important. M. Shaquille O'Neal, le premier choix du Magic d'Orlando au cours du repêchage de 1992, profite lui aussi d'un contrat des plus appréciables. M. O'Neal a signé un contrat de sept ans dont le total des versements est évalué à 40 millions de dollars. Bien que les conditions exactes n'aient jamais été dévoilées, on sait que M. O'Neal devait encaisser un salaire de 3 millions de dollars la première année pour ensuite recevoir des augmentations de 900 000 $ par année. Si on actualise les flux monétaires au taux d'actualisation de 10 % utilisé pour M. Robinson, peut-on dire que M. O'Neal a eu droit aux mêmes égards ? M. Robinson est-il parvenu à recevoir le salaire le plus important de toutes les recrues de l'histoire de la NBA, y compris celui de M. O'Neil ? La longueur des contrats est-elle ici un facteur d'importance ? (Petit indice : la réponse est oui.)

Notions intermédiaires (suite)

40. La valeur actualisée et le seuil de rentabilité de l'intérêt Supposons qu'une société désire vendre un actif de 95 000 $ dans trois ans. Cet actif coûte 57 000 $ aujourd'hui. Si le taux d'actualisation est de 14 % par année, la société réalisera-t-elle un profit ? Quel taux d'intérêt permettrait à la société d'atteindre au moins le seuil de rentabilité ?

41. La valeur actualisée et le taux d'intérêt Vous venez tout juste de remporter le gros lot. On vous offre deux possibilités : vous pouvez recevoir 2 millions de dollars tout de suite ou 4 millions de dollars dans 10 ans. Si le taux d'actualisation est de 0 %, laquelle des deux possibilités semble la meilleure ? si le taux est de 10 % ? si le taux est de 20 % ?

42. Le calcul de la valeur actualisée des annuités Félicitations ! Vous avez remporté le grand prix de 15 millions de dollars de la campagne Abonnez-vous ! Malheureusement, on vous remettra votre lot en versements annuels de 375 000 $ à partir de l'année prochaine, et ce, pendant 40 ans. Si le taux d'actualisation est de 11 % par année, combien d'argent avez-vous réellement gagné ?

43. La valeur actualisée et les flux monétaires multiples Quelle est la valeur actualisée de 500 $ par année si le taux d'actualisation est de 13 %, si vous recevez le premier versement dans 5 ans et si vous recevez le dernier versement dans 20 ans ?

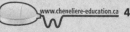

44. Le taux d'intérêt variable Une annuité de 10 ans offre 1 500 $ par mois, et les versements sont effectués à la fin de chaque mois. Si le taux d'intérêt composé mensuellement est de 15 % pour les quatre premières années et de 12 % par la suite, quelle est la valeur actualisée de l'annuité ?

45. La comparaison de sources de flux monétaires Vous pouvez choisir entre deux comptes d'investissement. L'investissement A consiste en une annuité de 10 ans comportant des versements de 1 000 $ effectués à la fin du mois à un taux d'intérêt composé mensuellement de 11,5 %. L'investissement B représente un montant forfaitaire dont le taux d'intérêt composé continu est de 8 %, également pendant 10 ans. Combien d'argent devez-vous placer dans l'investissement B aujourd'hui pour recevoir autant qu'avec l'investissement A dans 10 ans ?

46. Le calcul de la valeur actualisée d'une perpétuité Si le taux d'intérêt est de 6,5 % par année, quelle est la valeur au temps $t = 7$ d'une source perpétuelle de versements de 500 $ qui débutent au temps $t = 13$?

47. Le calcul du taux effectif Une société financière offre un taux d'intérêt spécifié de 13 % sur ses prêts d'un an. Ainsi, si vous empruntez 20 000 $, vous aurez accumulé 2 600 $ en intérêts à la fin de l'année. Puisque vous devez rembourser un total de 22 600 $ en un an, la société financière vous demande de verser 22 600 $/12, soit 1 833,33 $ par mois au cours des 12 prochains mois. S'agit-il réellement d'un prêt à 13 % ? Quel est le taux qui, selon la loi, devrait être spécifié ? Quel est le taux d'intérêt annuel effectif ?

48. Le calcul des valeurs capitalisées Si aujourd'hui représente l'année 0, quelle est la valeur capitalisée des flux monétaires suivants dans cinq ans ? Quelle sera leur valeur capitalisée dans 10 ans ? Le taux d'actualisation est de 9 % par année.

Année	Flux monétaire
2	30 000 $
3	50 000
5	85 000

49. Le calcul des valeurs actualisées Une annuité de 10 versements semestriels de 8 000 $ doit commencer dans 9 ans. Le premier versement sera effectué dans 9,5 ans. Le taux d'actualisation composé mensuellement est de 14 %. Quelle sera la valeur de cette annuité dans cinq ans ? dans trois ans ? Quelle est la valeur actualisée de l'annuité aujourd'hui ?

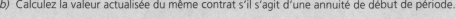

50. Le calcul d'une annuité de début de période On sait déjà qu'une annuité de fin de période représente des versements égaux effectués à la fin de chaque période pendant toute la durée de l'annuité. Dans le cas d'une *annuité de début de période*, les versements sont effectués au début de chaque période. Ainsi, dans le cas d'une annuité de début de période de trois ans, les flux monétaires seraient versés lors de l'année 0, de l'année 1 et de l'année 2, alors que dans le cas d'une annuité de fin de période de trois ans, les flux monétaires seraient versés lors de l'année 1, de l'année 2 et de l'année 3.

a) Si le taux d'actualisation annuel est de 10,5 %, trouvez la valeur actualisée d'une annuité de fin de période de six ans dont les versements sont de 475 $.

b) Calculez la valeur actualisée du même contrat s'il s'agit d'une annuité de début de période.

Chapitre 6 La valeur des flux monétaires actualisés

177

51. Le calcul des annuités de fin de période Vous voulez louer une nouvelle voiture sport de Muscle Motors au coût de 48 000 $. Le contrat de location représente une annuité de fin de période de 48 mois assortie d'un taux périodique annuel de 9,25 %. Quel sera le montant de vos versements ?

52. L'amortissement sous forme de versements égaux Dressez un tableau d'amortissement pour un prêt de 20 000 $ de cinq ans. Le taux d'intérêt est de 12 % par année et il faut effectuer des versements annuels égaux. Quelle est la somme des intérêts payés au cours de la troisième année ? Quelle est la somme totale des intérêts sur toute la durée du prêt ?

53. L'amortissement sous forme de versements de capital égaux Reprenez le problème précédent en remplaçant les versements égaux par une réduction du capital de 4 000 $ par année.

54. Les prêts à intérêt escompté La question suivante illustre ce qu'on appelle les intérêts escomptés. Supposons que vous discutez d'un prêt avec un prêteur sans scrupule. Vous souhaitez emprunter 20 000 $ pendant un an. Le taux d'intérêt est de 11 %. Vous comprenez tous les deux que les intérêts calculés sur le prêt sont $0{,}11 \times 20\,000\,\$ = 2\,200\,\$$. Le prêteur déduit donc les intérêts du prêt et vous donne 17 800 $. On dit alors que l'escompte est de 2 200 $. Qu'est-ce qui cause problème ?

55. Le calcul du taux effectif avec intérêts escomptés Vous prévoyez effectuer un emprunt d'un an de 13 000 $. Le taux d'intérêt spécifié sur la base des intérêts escomptés (voir le problème précédent) est de 16 %. Quel est le taux d'intérêt annuel effectif ?

56. Le calcul du taux effectif d'un prêt comportant des intérêts sur le montant prêté Ce problème illustre une façon trompeuse de spécifier le taux d'intérêt appelé « intérêt sur le montant prêté ». Supposons que La Foire du stéréo publie l'annonce suivante : « 1 000 $ de crédit instantané ! Taux d'intérêt simple de 14 % ! Financement de 3 ans ! Paiements mensuels minimes ! » Vous ne savez pas exactement ce que tout cela signifie et quelqu'un a renversé de l'encre sur le taux périodique annuel du contrat. Vous demandez donc au gérant de vous expliquer le tout.

Le gérant vous explique que si vous empruntez 1 000 $ pendant trois ans à un taux d'intérêt de 14 %, vous devrez :

$$1\,000\,\$ \times 1{,}14^3 = 1\,000\,\$ \times 1{,}481\,54 = 1\,481{,}54\,\$$$

Le gérant reconnaît qu'il est difficile de payer 1 481,54 $ d'un seul coup. Il vous demande donc d'effectuer des « versements minimes » de 1 481,54 $/36 = 41,15 $ par mois, même si cela implique un peu plus de travail de comptabilité de sa part.

S'agit-il vraiment d'un prêt à 14 % ? Justifiez votre réponse. Quel est le taux périodique annuel du prêt ? Quel est le taux effectif ? Pourquoi parle-t-on d'intérêt sur le montant prêté ?

57. Le calcul des versements d'une annuité Voici un problème typique relié à la retraite. Vous pourrez le résoudre à l'aide d'une ligne du temps. Une de vos amies célèbre son 35e anniversaire aujourd'hui et elle désire commencer à faire des économies en vue de sa retraite, à 65 ans. Elle veut pouvoir retirer 80 000 $ de son compte d'épargne tous les ans le jour de sa fête pendant 15 ans après le début de sa retraite. Elle recevrait le premier versement le jour de ses 66 ans. Votre amie veut investir son argent à la coopérative de crédit locale, qui offre un taux d'intérêt de 9 % par année. Elle veut effectuer des versements égaux chaque année dans le compte qu'elle a ouvert à la coopérative de crédit.

a) Si elle commence à verser de l'argent dès ses 36 ans et continue d'effectuer des dépôts jusqu'à l'âge de 65 ans (le dernier versement sera donc effectué le jour de ses 65 ans), quelle somme doit-elle déposer chaque année si elle désire atteindre son but ?

b) Supposons que votre amie hérite d'une importante somme d'argent. Plutôt que d'effectuer des versements égaux, elle décide de déposer une somme forfaitaire le jour de ses 36 ans afin de combler ses besoins à la retraite. Quelle somme doit-elle déposer ?

c) Supposons que l'employeur de votre amie apporte une contribution de 1 500 $ à son compte de retraite chaque année grâce à un programme de participation aux bénéfices. De plus, votre amie s'attend à recevoir 30 000 $ d'un fonds en fiducie familiale le jour de ses 55 ans, qu'elle versera également dans son compte de retraite. Quelle somme doit-elle verser annuellement pour atteindre son but ?

58. Le calcul du nombre de périodes Votre voyage de ski pendant les vacances de Noël vous a fait le plus grand bien, mais il vous a malheureusement coûté plus que vous n'aviez prévu. Tout n'est pas perdu, toutefois, car vous venez de recevoir par courrier une offre qui vous permettrait de transférer le solde de 10 000 $ de votre carte de crédit, dont le taux d'intérêt est de 17,9 %, au compte d'une nouvelle carte de crédit dont le taux d'intérêt est de 8,9 %. Si vous effectuez les versements prévus de 200 $ par mois avec la nouvelle carte, de combien le temps nécessaire pour rembourser le prêt diminuera-t-il ? Que se produirait-il si la nouvelle carte comportait des frais de 2 % pour transférer le solde ?

59. La valeur capitalisée et les flux monétaires multiples Une société d'assurances offre une nouvelle police à ses clients. Celle-ci est achetée par un parent pour un enfant le jour de sa naissance. Les détails de la police sont décrits ci-après.

L'acheteur effectue six versements.

Premier anniversaire :	750 $
Deuxième anniversaire :	750
Troisième anniversaire :	850
Quatrième anniversaire :	850
Cinquième anniversaire :	950
Sixième anniversaire :	950

Les versements cessent après le sixième anniversaire de l'enfant. Lorsque ce dernier atteint ses 65 ans, il reçoit 175 000 $. Si le taux d'intérêt est de 10 % pour les six premières années, puis de 6 % les années subséquentes, la police en vaut-elle la peine ?

60. Le calcul d'un versement forfaitaire et final Vous venez tout juste de prendre une hypothèque de 300 000 $ pour l'achat d'un vaste lopin de terre. Le taux périodique annuel de l'hypothèque est de 9 % et nécessite des versements mensuels pour les 15 prochaines années. Toutefois, le prêt exige également un versement forfaitaire et final après cinq ans, ce qui signifie que le prêt doit être remboursé dans cinq ans. Quelle sera la somme du versement forfaitaire et final ?

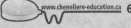

61. Le calcul du taux d'intérêt Un service de planification financière offre un programme d'épargne en vue des études universitaires. Le programme exige six versements annuels de 5 000 $. Le premier versement doit être effectué aujourd'hui même, au douzième anniversaire de votre enfant.

À partir des 18 ans de votre enfant, le programme verserait 15 000 $ par année pendant quatre ans. Quel est le taux de rendement de cet investissement ?

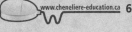

62. Le seuil de rentabilité du rendement d'investissement Votre planificateur financier vous offre deux programmes d'investissement différents. Le programme X est une perpétuité annuelle de 8 000 $. Le programme Y est une annuité annuelle de 20 000 $ sur 10 ans. Les deux programmes commencent leurs versements dans un an. Quel serait le taux de rendement nécessaire pour que ces deux programmes soient équivalents ?

63. Les rentes perpétuelles Quelle est la valeur d'un investissement qui offre 5 200 $ tous les deux ans si le premier versement est effectué dans un an et que le taux de rendement est de 14 % composé quotidiennement ? Quelle est la valeur aujourd'hui si le premier versement est effectué dans quatre ans ?

64. L'annuité de fin de période et l'annuité de début de période Une annuité de début de période est similaire à une annuité de fin de période, mais les versements se produisent au début de chaque période et non à la fin. Démontrez que le rapport entre la valeur d'une annuité de fin de période et une annuité de début de période est :

Valeur d'une annuité de début de période = Valeur d'une annuité de fin de période $\times$ (1 + r)

Démontrez qu'il en est de même pour la valeur actualisée et la valeur capitalisée.

65. Le calcul de l'annuité de début de période Une annuité de début de période de 10 ans dont le premier versement est effectué à la date $t = 5$ a une valeur actualisée de 50 000 $. Si le taux d'actualisation est de 13 % par année, quel est le montant des versements de l'annuité ?

66. Le calcul du taux effectif Une agence d'encaissement de chèques propose des prêts personnels à ses clients. L'agence n'offre que des prêts d'une semaine, et le taux d'intérêt est de 11 % par semaine.

a) Quel taux périodique annuel l'agence doit-elle spécifier à ses clients ? Quel est le taux effectif que paient véritablement les clients ?

b) Supposons maintenant que l'agence offre un prêt d'une semaine assorti d'intérêts escomptés de 11 % par semaine. Quel est maintenant le taux périodique annuel ? Quel est le taux effectif ?

c) L'agence offre également des prêts avec intérêt sur le montant prêté dont le taux des intérêts escomptés est de 8 % par semaine. Ainsi, si vous empruntez 100 $ pour un mois (quatre semaines), les intérêts seraient (100 $ $\times$ 1,08^4) – 100 $ = 36,05 $. Puisqu'il s'agit d'intérêts escomptés, le produit net du prêt sera de 63,95 $. Vous devez remettre 100 $ à l'agence à la fin du mois. Pour vous aider, toutefois, l'agence vous permet de rembourser ces 100 $ en versements de 25 $ par semaine. Quel est le taux périodique annuel du prêt ? Quel est le taux effectif ?

67. Les versements hypothécaires Un promoteur de Vancouver désire acheter un nouveau condominium. Celui-ci a une valeur de 240 000 $, et la banque offre un prêt hypothécaire de 105 000 $ dont le taux périodique annuel est de 6 % (souvenez-vous des taux spécifiés semestriels) pendant 25 ans. Quels sont les versements mensuels ?

68. **Le terme d'une hypothèque** Un entrepreneur prévoit acheter un bureau dans une nouvelle tour à bureaux. Le bureau a une valeur de 350 000 $, et la banque offre une hypothèque de 230 000 $ à un taux périodique annuel de 5,5 %. Si le budget de l'entrepreneur lui permet des versements de 2 750 $ par mois, combien de temps lui faudra-t-il pour rembourser le tout ?

69. **Le calcul de la valeur actualisée d'une annuité croissante** Après la mort de Marilyn Monroe, son ex-conjoint, Joe DiMaggio, a fait la promesse de déposer des fleurs fraîchement coupées sur sa tombe chaque dimanche jusqu'à la fin de ses jours. Le bouquet que l'ancien joueur de base-ball considérait comme digne de la star en 1962, année où elle est morte, coûtait environ 5 $. D'après les tables actuarielles, DiMaggio pouvait espérer survivre à l'actrice durant 30 ans. Si le taux d'inflation prévu était de 4,5 % et le taux d'intérêt annuel, de 10,4 %, quelle était la valeur actualisée de cette promesse ? N'oubliez pas qu'une année compte 52 semaines.

70. **Le calcul de la valeur actualisée d'une annuité à valeur croissante** Une grande banque d'affaires a offert à Madame Jobin un poste d'assistante au vice-président. Son salaire de base s'élèvera à 90 000 $. Elle recevra son premier salaire sous forme de versement annuel un an jour pour jour après avoir commencé à travailler. En outre, elle obtiendra immédiatement une prime d'embauche de 10 000 $. Son salaire augmentera de 4 % par année. Chaque année, elle recevra une prime équivalant à 10 % de son salaire. On s'attend à ce que Madame Jobin occupe ce poste pendant 25 ans. Quelle est la valeur actualisée de cette offre si le taux d'actualisation qui s'applique est de 7 % ?

71. **Le calcul de la valeur actualisée d'une annuité à valeur croissante s'achevant par un remboursement final** Une entreprise prévoit générer une rentrée de fonds nette de 10 000 $ à la fin de sa première année d'existence. Ce flux monétaire augmentera de 3 % par année pendant sept ans, après quoi l'entreprise pourra être vendue pour un montant de 120 000 $. Si le taux d'actualisation approprié se chiffre à 10 %, quelle est la valeur actualisée de l'entreprise ?

Mini étude de cas

Vous venez d'obtenir votre diplôme en planification financière et votre premier client est une dame de 65 ans qui s'inquiète de son revenu à la retraite. Son principal bien est sa maison, et elle ne possède pas suffisamment d'argent dans ses comptes bancaires ou sous forme de placement pour payer ses dépenses après la présente année. Elle vous a remis de l'information sur un prêt hypothécaire inversé offert par une banque de son quartier, et elle voudrait que vous l'aidiez à déterminer la meilleure solution concernant sa maison. Elle souhaiterait disposer d'une somme d'argent suffisante jusqu'à l'âge de 85 ans. Voici les deux solutions possibles.

Solution A

Votre cliente pourrait vendre sa maison à sa valeur actuelle, qui s'élève à environ 250 000 $. Vous connaissez un agent immobilier qui lui réclamerait la commission la plus basse possible sur le prix de vente, soit 4,5 %. Vous avez aussi effectué une enquête sur des placements relativement sûrs qui produiraient un rendement moyen de 6,5 %. Si elle prend cette décision, votre cliente devrait louer un logement et vous estimez qu'elle aurait alors besoin de 1 250 $ par mois pour conserver un niveau de vie confortable. Il lui faudrait 400 $ de plus par mois pour ses frais de subsistance. Ces montants augmenteraient avec l'inflation, qui se situera, selon la plupart des économistes, entre 1 et 2 % à long terme.

Solution B

Votre cliente pourrait se prévaloir de l'offre de prêt hypothécaire inversé, au sujet de laquelle elle vous a remis de l'information. Dans ce cas, la banque lui verserait des montants égaux chaque mois pendant les 20 prochaines années. À la fin de cette période, son hypothèque vaudrait 75 % de la valeur actuelle de sa maison. La banque calcule le montant des versements mensuels en se basant sur un taux d'intérêt de 8 % composé semi-annuellement.

a) En supposant que le revenu obtenu grâce à l'une ou l'autre de ces solutions n'est pas imposable, croyez-vous que les deux solutions soient valables ? Quelle solution votre cliente devrait-elle choisir ?

b) Le gouvernement fédéral examine la possibilité d'adopter un système fiscal uniforme dans lequel le taux d'imposition serait de 15 % pour tous les contribuables. Dans ces conditions, le prêt hypothécaire inversé ne serait pas considéré comme un revenu. Quelle solution recommanderiez-vous à votre cliente en cas d'adoption de ce système (en supposant qu'il entre en vigueur immédiatement) ?

c) De quelles autres considérations devriez-vous tenir compte en conseillant votre cliente ?

Lectures suggérées

Un des meilleurs moyens de se renseigner sur la façon de calculer la valeur actualisée est de consulter les manuels d'utilisation des calculatrices financières. Nous conseillons celui qui accompagne le modèle 12C de Hewlett-Packard :

Hewlett-Packard HP-12C. *Owner's Handbook and Problem Solving Guide*, dernière édition.

Hewlett-Packard HP-12C. *Solutions Handbook*, dernière édition.

Voici également d'autres ressources utiles :

Texas Instruments. *Business Analyst/Guidebook,* dernière édition.

Sharp. Business/Financial Calculator EL-731SL. *Instruction Guide and Application Manual.*

ANNEXE 6 A La formule servant à démontrer la valeur actualisée de l'annuité

Une annuité est une série continue de versements égaux qui s'étendent sur une période donnée. Les annuités sont parmi les instruments financiers les plus courants. Les rentes de retraite sont souvent des annuités ; les loyers, les hypothèques et les régimes de retraite en sont également.

Pour calculer la valeur actualisée d'une annuité, vous devez utiliser l'équation suivante :

$$\frac{C}{1+r} + \frac{C}{(1+r)^2} + \frac{C}{(1+r)^3} + \ldots \frac{C}{(1+r)^T}$$

La valeur actualisée lorsqu'on reçoit les coupons pendant un nombre T de périodes doit être moindre que la valeur actualisée de la rente, mais de combien ? Pour répondre à cette question, il faut examiner les rentes d'un peu plus près.

Examinez le tableau ci-après.

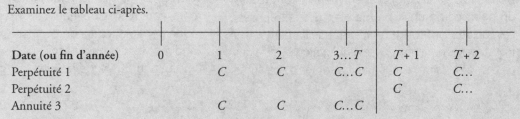

Date (ou fin d'année)	0	1	2	3...T	T + 1	T + 2
Perpétuité 1		C	C	C...C	C	C...
Perpétuité 2					C	C...
Annuité 3		C	C	C...C		

La perpétuité 1 est une rente ordinaire dont le premier versement est effectué à la date 1. Le premier versement de la perpétuité 2 se produit à la date $T + 1$.

La valeur actualisée d'un flux monétaire C à chacune des dates T est égale à la valeur actualisée de la perpétuité 1 moins la valeur actualisée de la perpétuité 2. On obtient la valeur actualisée de la perpétuité 1 comme suit :

$$VA = \frac{C}{r}$$

La perpétuité 2 n'est qu'une rente dont le premier versement est effectué à la date $T + 1$. Avec la formule de la perpétuité, cette rente vaudra C/r à la date T[6]. Toutefois, on ne veut pas la valeur à la date T. On cherche la date maintenant, autrement dit la valeur actualisée à la date 0. On doit donc actualiser C/r de T périodes. Ainsi, la valeur actualisée de la rente 2 est :

$$VA = \frac{C}{r} \left[\frac{1}{(1+r)^T} \right]$$

La valeur actualisée des flux monétaires pendant T années est la valeur actualisée d'une rente avec le premier versement à la date 1 moins la valeur actualisée de la rente dont le premier versement est à la date $T + 1$. Ainsi, la valeur actualisée d'une annuité correspond à la première formule moins la deuxième formule. On peut l'écrire ainsi :

$$\frac{C}{r} - \frac{C}{r} \left[\frac{1}{(1+r)^T} \right]$$

On peut simplifier pour trouver la formule pour la valeur actualisée d'une annuité :

$$VA = C \left[\frac{1}{r} - \frac{1}{r(1+r)^T} \right]$$
$$= C\{1 - [1/(1+r)^T]\}/r$$

---

6 Les étudiants croient souvent que C/r correspond à la valeur actualisée au temps $T + 1$ parce que le premier versement de la rente se produit au temps $T + 1$. Cependant, la formule évalue l'annuité à partir d'une période avant le premier versement.

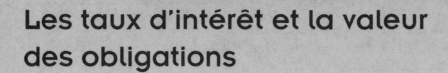

CHAPITRE 7

Les taux d'intérêt et la valeur des obligations

La Banque Canadienne Impériale de Commerce, Domtar, Loblaws, Cambior et Quebecor ont toutes un point commun. Comme bien des entreprises, ces sociétés ont toutes emprunté de l'argent à des investisseurs par l'entremise d'obligations. Certaines de ces sociétés ont accumulé davantage de créances et leurs obligations sont moins bien cotées. Toutefois, malgré le risque plus élevé qu'elles représentent, ces obligations offrent un meilleur rendement. Au cours de ce chapitre, vous approfondirez vos connaissances sur les obligations et l'évaluation du risque qu'elles comportent.

Pour le moment, nous ne visons qu'à vous initier au concept des obligations. Nous vous apprendrons tout d'abord à utiliser les techniques étudiées au cours des chapitres 5 et 6 pour calculer la valeur des obligations. Il sera ensuite question des particularités de divers types d'obligations ainsi que des processus de vente et d'achat. Un détail très important devra retenir votre attention : la valeur des obligations dépend largement des taux d'intérêt. Le chapitre se termine donc par un tour d'horizon des taux d'intérêt et de leur fonctionnement.

7.1 Les obligations et leur valeur

Lorsqu'une société ou un gouvernement souhaitent emprunter de l'argent à long terme auprès du public, ils procèdent généralement par l'émission ou la vente de titres d'emprunt qui portent l'appellation générale d'«obligations». La section qui suit s'intéresse aux diverses caractéristiques des obligations de sociétés et à la terminologie qui s'y rattache. La section se termine par une discussion sur les flux monétaires associés aux obligations et sur la façon d'évaluer les obligations à l'aide de la méthode de l'actualisation des flux monétaires.

Les caractéristiques et les cours des obligations

Une obligation se présente en général sous forme de prêt capitalisé à l'échéance. Autrement dit, l'emprunteur doit payer les intérêts de période en période, mais le capital n'est remboursé qu'à la toute fin du prêt. À titre d'exemple, supposons qu'une société souhaite emprunter 1 000 $ pendant 30 ans et que le taux d'intérêt pour une dette émise par des sociétés de même type est de 12 %. La société verse ainsi 0,12 × 1 000 $ = 120 $ en intérêts tous les ans pendant 30 ans. Après 30 ans, elle doit rembourser les 1 000 $. Comme on peut le constater, une obligation est un accord de financement très simple. Le vocabulaire des obligations, par contre, est imposant ; l'exemple qui précède permettra de définir certains de ces termes parmi les plus importants.

Dans l'exemple du début, les versements d'intérêts réguliers de 120 $ promis par la société se nomment les **coupons** de l'obligation. Puisque le coupon est fixé et que la société doit effectuer des versements chaque année, on appelle parfois ce type d'obligation une «obligation à coupon constant». La somme remboursée à la fin du prêt s'appelle la **valeur nominale** ou la **valeur au pair** de l'obligation. Comme pour notre exemple, la valeur nominale des obligations

Coupons

Versements d'intérêts prévus aux termes d'une obligation.

Valeur nominale

Capital d'une obligation remis à l'échéance ; on parle aussi de « valeur au pair ».

de sociétés est en général de 1 000 $, et on nomme une obligation vendue à sa valeur nominale une « obligation au pair ». Les obligations du gouvernement canadien et des gouvernements provinciaux ont souvent une valeur nominale beaucoup plus élevée. Enfin, lorsqu'on divise le coupon annuel par la valeur nominale, on obtient le **taux du coupon** de l'obligation, soit 120 $/1 000 = 12 %. L'obligation qui nous intéresse a donc un taux de coupon de 12 %.

On appelle le nombre d'années précédant le remboursement de la valeur nominale l'**échéance** d'une obligation. Une obligation de société possède souvent une échéance de 30 ans au moment de l'émission, mais il existe des variantes. Une fois émise, la durée de l'échéance de l'obligation diminue au fil du temps.

Taux de coupon

Coupon annuel divisé par la valeur nominale d'une obligation.

Échéance

Date stipulée à laquelle l'émetteur doit remettre le capital d'une obligation.

Rendement à l'échéance (RAÉ)

Taux d'intérêt du marché qui fait en sorte que le cours d'une obligation est égal à la valeur actualisée des versements d'intérêt et du remboursement du capital.

La valeur et le rendement des obligations

Avec le temps, les taux d'intérêt évoluent sur le marché. Les flux monétaires d'une obligation, toutefois, se maintiennent parce que le taux de coupon et la date d'échéance sont spécifiés au moment de l'émission. Par conséquent, la valeur de l'obligation fluctue. Lorsque les taux d'intérêt augmentent, la valeur actualisée des flux monétaires qui subsistent de l'obligation diminue et, avec elle, la valeur de l'obligation. Lorsque les taux d'intérêt diminuent, la valeur de l'obligation augmente.

Afin de déterminer la valeur d'une obligation à une date donnée, il faut connaître le nombre de périodes précédant l'échéance, la valeur nominale, la valeur du coupon et le taux d'intérêt courant pour des obligations de même type. Le taux d'intérêt exigé sur le marché pour une obligation se nomme le **rendement à l'échéance (RAÉ)** d'une obligation. On l'appelle parfois tout simplement le rendement. Une fois ces éléments réunis, il est possible de calculer la valeur actualisée des flux monétaires sous forme d'une évaluation de la valeur marchande courante de l'obligation.

À titre d'exemple, supposons que la Banque Royale émet une obligation dont l'échéance est de 10 ans. Le coupon annuel de l'obligation de la Banque Royale du Canada est de 56 $. Supposons qu'une obligation du même type offre un rendement à l'échéance de 5,6 %. Cela signifie que l'obligation de la Banque Royale rapporte 56 $ en intérêts chaque année au cours des 10 prochaines années. Dans 10 ans, la Banque Royale remet 1 000 $ au propriétaire de l'obligation. Les flux monétaires de l'obligation sont illustrés à la figure 7.1. Combien cette obligation devrait-elle se vendre ?

Figure 7.1

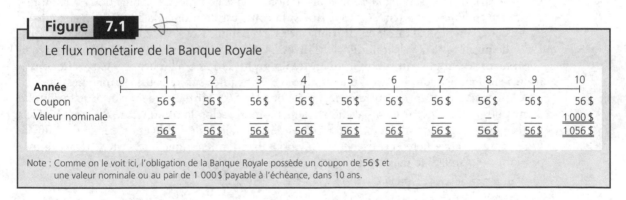

Le flux monétaire de la Banque Royale

Note : Comme on le voit ici, l'obligation de la Banque Royale possède un coupon de 56 $ et une valeur nominale ou au pair de 1 000 $ payable à l'échéance, dans 10 ans.

Comme le démontre la figure 7.1, les flux monétaires de l'obligation de la Banque Royale se composent d'une annuité (les coupons) et d'un montant forfaitaire (la valeur nominale versée à l'échéance). On évalue donc la valeur marchande de l'obligation en calculant la valeur actualisée de ces deux flux pris séparément pour ensuite en additionner les résultats. Si le taux courant est de 5,6 %, la valeur actualisée de 1 000 $ dans 10 ans est :

$$VA = 1\,000\,\$/1{,}056^{10} = 1\,000\,\$/1{,}7244 = 579{,}91\,\$$$

L'obligation offre 56 $ par année pendant 10 ans. La valeur actualisée de l'annuité est donc :

$$\begin{aligned} \text{Valeur actualisée de l'annuité} &= 56\,\$ \times (1 - 1/1{,}056^{10})/0{,}056 \\ &= 56\,\$ \times (1 - 1/1{,}7244)/0{,}056 \\ &= 56\,\$ \times 7{,}5016 \\ &= 420{,}09\,\$ \end{aligned}$$

On peut maintenant ajouter les valeurs obtenues pour déterminer la valeur de l'obligation ainsi :

Valeur totale de l'obligation = 579,91 $ + 420,09 = 1 000,00 $

Le cours de l'obligation est donc exactement égal à sa valeur nominale, ce qui n'a rien d'une coïncidence. En effet, le taux d'intérêt courant sur le marché est de 5,6 %. Si on considère qu'il s'agit d'un prêt capitalisé à l'échéance, quel est alors le taux d'intérêt de l'obligation ? Si le coupon est de 56 $, l'obligation offre un taux d'intérêt de 5,6 % uniquement lorsqu'elle se vend 1 000 $.

Afin d'illustrer ce qui se produit au fur et à mesure que les taux d'intérêt fluctuent, supposons qu'une année soit déjà passée. L'obligation de la Banque Royale viendra à échéance dans neuf ans. Si le taux d'intérêt sur le marché est maintenant de 7,6 %, quelle est la valeur de l'obligation ? Pour le savoir, il faut reprendre les calculs de la valeur actualisée, mais en remplaçant certaines valeurs : 9 ans au lieu de 10 et un rendement de 7,6 % plutôt qu'un rendement de 5,6 %. Tout d'abord, la valeur actualisée des 1 000 $ dans 9 ans à 7,6 % est de :

Valeur actualisée = 1 000 $/$1,076^9$ = 1 000 $/1,9333 = 517,25 $

Maintenant, puisque l'obligation offre 56 $ par année pendant 9 ans, la valeur actualisée de cette annuité au taux de 7,6 % est :

$$\text{Valeur actualisée de l'annuité} = 56\,\$ \times (1 - 1/1,076^9)/0,076$$
$$= 56\,\$ \times (1 - 1/1,9333)/0,076$$
$$= 56\,\$ \times 6,3520$$
$$= 355,71\,\$$$

On peut maintenant ajouter les valeurs obtenues pour déterminer la valeur de l'obligation :

Valeur totale de l'obligation = 517,25 $ + 355,71 = 872,96 $

Ainsi, l'obligation devrait se vendre environ 873 $. Dans le jargon du milieu, on dit qu'avec son coupon de 5,6 %, l'obligation a un rendement à l'échéance de 7,6 % et se vend 873 $.

L'obligation de la Banque Royale se vend donc à moins de sa valeur nominale de 1 000 $. Comment peut-on l'expliquer ? Le taux d'intérêt du marché est de 7,6 %. Si on envisage cette obligation comme un prêt capitalisé à l'échéance de 1 000 $, elle ne verse alors que 5,6 % en intérêts, soit son taux d'intérêt nominal. Puisque l'obligation rapporte moins que le taux courant du marché, les investisseurs n'accepteront de prêter qu'une somme moindre que les 1 000 $ promis. Une obligation qui se vend moins que sa valeur nominale se nomme une « obligation à escompte ».

Le taux d'intérêt n'atteindra 7,6 % que si le cours est de moins de 1 000 $. L'acheteur est alors assuré d'un profit. Dans le cas de l'obligation de la Banque Royale, le cours de 873 $ représente 127 $ de moins que la valeur nominale ; l'investisseur qui achète et conserve l'obligation reçoit 56 $ par année en plus du fait qu'il enregistre un profit de 127 $ à l'échéance. Ce profit constitue une indemnisation, le taux d'intérêt nominal étant inférieur au cours du marché.

On peut voir les choses autrement. Le coupon de 56 $ offre 20 $ de moins que le coupon d'une obligation à valeur nominale nouvellement émise, selon la conjoncture du marché. Cela signifie que si le coupon était de 76 $ par année, la valeur de l'obligation serait de 1 000 $. L'investisseur qui achète et conserve l'obligation abandonne en quelque sorte 20 $ par année pendant neuf ans. Si le taux est de 7,6 %, la valeur de l'annuité est donc :

$$\text{Valeur actualisée de l'annuité} = 20\,\$ \times (1 - 1/1,076^9)/0,076$$
$$= 20\,\$ \times 6,3520$$
$$= 127,04\,\$$$

ce qui est précisément le montant de l'escompte.

Qu'arriverait-il à l'obligation de la Banque Royale si les taux d'intérêt chutaient de 2 % plutôt que d'augmenter ? On devine aisément qu'elle se vendrait pour une somme supérieure à 1 000 $. On dit d'une telle obligation qu'elle se vend « à prime », d'où son nom d'« obligation à prime ».

Il s'agit donc exactement du contraire de l'obligation à escompte. Le taux d'intérêt nominal de l'obligation de la Banque Royale est toujours de 5,6 % lorsque le taux du marché est de 3,6 %. Les investisseurs sont prêts à payer une prime pour obtenir ce coupon supplémentaire. Le taux d'actualisation est de 3,6 % et l'échéance a lieu dans neuf ans. La valeur actualisée de la valeur nominale de 1 000 $ est :

Valeur actualisée = 1 000 $/$1,036^9$ = 1 000 $/1,3748 = 727,38

La valeur actualisée du coupon est :

Valeur actualisée de l'annuité = 56 $ × (1 − 1/1,036⁹)/0,036

$$= 56\,\$ \times (1 - 1/1{,}036^9)/0{,}036$$
$$= 56\,\$ \times (1 - 1/1{,}3748)/0{,}036$$
$$= 56\,\$ \times 7{,}5728$$
$$= 424{,}08\,\$$$

On peut maintenant additionner les valeurs obtenues pour déterminer la valeur de l'obligation :

$$\text{Valeur totale de l'obligation} = 727{,}38\,\$ + 424{,}08 = 1\,151{,}46\,\$$$

La valeur totale de l'obligation est donc supérieure à la valeur nominale d'environ 151 $. Pour vérifier, il suffit de constater que, cette fois, le coupon est supérieur de 20 $ au coupon d'une nouvelle émission. La valeur actualisée de 20 $ par année pendant neuf ans à 3,6 % est de :

$$\text{Valeur actualisée de l'annuité} = 20\,\$ \times (1 - 1/1{,}036^9)/0{,}036$$
$$= 20\,\$ \times 7{,}5728$$
$$= 151{,}46\,\$$$

À titre de vérification, on peut à nouveau écrire l'expression de la valeur d'une obligation. Si une obligation possède : 1) une valeur nominale de V payée à l'échéance, 2) un coupon de C payé à chaque période, 3) une durée de t périodes jusqu'à l'échéance et 4) un rendement de r par période, sa valeur est :

$$\text{Valeur de l'obligation} = C \times (1 - 1/(1 + r)^t)/r + V/(1 + r)^t \qquad [7.1]$$

$$\text{Valeur de l'obligation} = \text{Valeur actualisée des coupons} + \text{Valeur actualisée de la valeur nominale}$$

Exemple 7.1 Les coupons semestriels

En général, les obligations émises au Canada impliquent le versement de la valeur de coupons deux fois par année. Si le taux de coupon d'une obligation ordinaire est de 8 %, son propriétaire reçoit en tout 80 $ par année, mais la somme est divisée en deux versements de 40 $. Supposons qu'une obligation de ce type vous intéresse. Le rendement à l'échéance est de 10 %.

Le rendement des obligations est stipulé sous forme de taux périodique annuel (TPA) ; le taux stipulé est égal au taux par période multiplié par le nombre de périodes. Si le taux de rendement stipulé est de 10 % avec des versements semestriels, le rendement véritable est de 5 % tous les six mois. L'obligation arrive à échéance dans sept ans. Quel est le cours de l'obligation ? Quel est le taux de rendement annuel effectif de l'obligation ?

On sait déjà que l'obligation devrait se vendre à escompte. En effet, le taux d'intérêt nominal est de 4 % tous les six mois, mais le marché exige un taux de 5 % tous les six mois. Si la réponse est supérieure à 1 000 $, c'est donc qu'il y a une erreur.

Pour obtenir le cours exact, il faut d'abord calculer la valeur actualisée de la valeur nominale de 1 000 $ de l'obligation dans sept ans. En sept ans, il faut compter 14 périodes de six mois. Si le taux est de 5 % par période, on obtient :

$$\text{Valeur actualisée} = 1\,000\,\$/1{,}05^{14} = 1\,000\,\$/1{,}9799$$
$$= 505{,}08\,\$$$

On peut envisager le coupon sous forme d'une annuité de 14 périodes à 40 $ par période. Si le taux d'actualisation est de 5 % par période, la valeur actualisée de l'annuité est :

$$\text{Valeur actualisée de l'annuité} = 40\,\$ \times (1 - 1/1{,}05^{14})/0{,}05$$
$$= 40\,\$ \times (1 - 0{,}5051)/0{,}05$$
$$= 40\,\$ \times 9{,}8980$$
$$= 395{,}92\,\$$$

La valeur actualisée totale correspond à la valeur de l'obligation :

$$\text{Valeur actualisée totale} = 505{,}08\,\$ + 395{,}92 = 901{,}00\,\$$$

Pour obtenir le taux de rendement effectif de l'obligation, on note qu'un taux de 5 % tous les six mois correspond à :

$$\text{Taux de rendement effectif} = (1 + 0{,}05)^2 - 1 = 10{,}25\,\%$$

Le taux de rendement effectif est donc de 10,25 %.

Comme le démontre cette section du chapitre, le cours et le taux d'intérêt (ou le rendement du marché) des obligations fluctuent à l'opposé l'un de l'autre, selon un mouvement de bascule. La plupart des obligations sont émises au pair, et le taux du coupon est égal au taux de rendement à échéance. Lorsque les taux d'intérêt augmentent, la valeur d'une obligation, comme toute autre valeur actualisée, diminue. Lorsque les taux d'intérêt sont plus élevés que le taux du coupon de l'obligation, cette dernière se vend à escompte. Suivant ce même principe, lorsque les taux d'intérêt chutent, la valeur de l'obligation augmente. Lorsque les taux d'intérêt sont plus faibles que le taux du coupon de l'obligation, cette dernière se vend à prime. Même si on envisage une obligation sans risque et que l'emprunteur ne laisse aucun doute sur sa capacité à effectuer tous les versements, l'achat d'une obligation comporte toujours un risque. C'est de ce risque qu'il faut maintenant parler.

Le risque des taux d'intérêt

On appelle le risque provoqué par la fluctuation des taux d'intérêt (les rendements exigés par le marché) le « risque des taux d'intérêt ». Le risque d'intérêt d'une obligation dépend de la sensibilité du cours de l'obligation aux fluctuations des taux d'intérêt. Deux éléments entrent ici directement en jeu : le temps qui reste avant l'échéance et le taux du coupon. Lorsqu'on évalue une obligation, il ne faut jamais oublier ces deux principes :

1. Toutes choses égales par ailleurs, plus l'échéance est éloignée, plus le risque d'intérêt est élevé.
2. Toutes choses égales par ailleurs, plus le taux du coupon est faible, plus le risque d'intérêt est élevé.

La figure 7.2 sert à illustrer le premier de ces principes. Le graphique représente les fluctuations du cours d'obligations dont le taux du coupon est de 10 % et dont l'échéance est de 1 an et de 30 ans, à divers taux d'intérêt. Vous remarquerez que la pente de la droite qui relie les cours est beaucoup plus prononcée pour l'échéance de 30 ans que pour celle de 1 an. Cela indique qu'une fluctuation, même faible, du taux d'intérêt peut avoir de sérieuses répercussions sur la valeur de l'obligation. Par contre, le cours de l'obligation de 1 an est assez peu sensible aux fluctuations des taux d'intérêt.

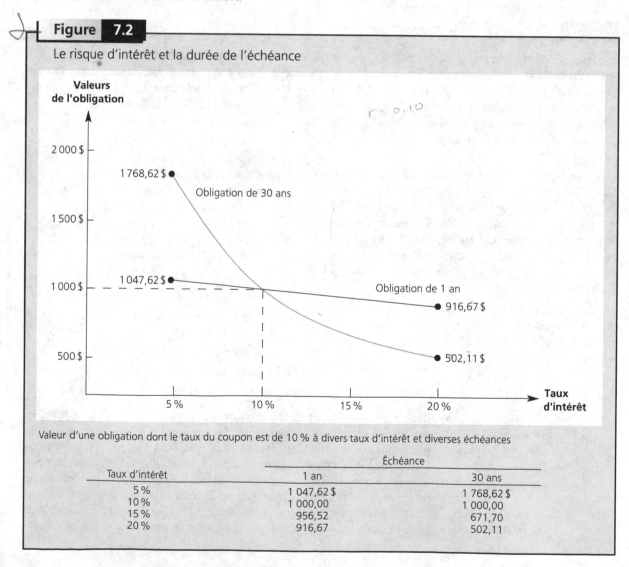

Figure 7.2

Le risque d'intérêt et la durée de l'échéance

Valeur d'une obligation dont le taux du coupon est de 10 % à divers taux d'intérêt et diverses échéances

Taux d'intérêt	Échéance	
	1 an	30 ans
5 %	1 047,62 $	1 768,62 $
10 %	1 000,00	1 000,00
15 %	956,52	671,70
20 %	916,67	502,11

On pourrait conclure assez logiquement que les obligations à plus long terme sont plus sensibles aux fluctuations des taux d'intérêt parce qu'une bonne partie de la valeur d'une obligation provient de la valeur nominale de 1 000 $. En effet, la valeur actualisée de cette somme n'est pas sérieusement affectée par de faibles fluctuations des taux d'intérêt si elle est versée dans un an. Par contre, lorsque la même somme n'est versée que dans 30 ans, une fluctuation même faible peut avoir un effet considérable lorsque les taux d'intérêt sont capitalisés sur 30 ans. La valeur actualisée de la valeur nominale est donc beaucoup plus instable pour les obligations à long terme.

La raison pour laquelle les obligations ayant des coupons de faible valeur comportent elles aussi un risque d'intérêt élevé est essentiellement la même. On le sait, la valeur d'une obligation dépend de la valeur actualisée de ses coupons et de la valeur actualisée de la valeur nominale. Si deux obligations ont des taux de coupon différents mais la même échéance, la valeur de l'obligation dont le coupon est le moins élevé dépend davantage, proportionnellement, de la valeur nominale versée à l'échéance. Toutes choses égales par ailleurs, sa valeur varie donc davantage selon les fluctuations des taux d'intérêt. Autrement dit, l'obligation dont le taux du coupon est plus élevé offre un flux monétaire plus élevé au début, et sa valeur est donc moins sensible aux mouvements du taux d'actualisation.

Le calcul du rendement à l'échéance

Il arrive souvent que l'on connaisse le cours d'une obligation, le taux du coupon et la date d'échéance, mais pas le rendement à l'échéance. À titre d'exemple, supposons que vous songez à acheter une obligation de 6 ans dont le taux du coupon est de 8 %. Un courtier cote un cours de 955,14 $. Quel est le rendement de cette obligation ?

On sait déjà que le cours d'une obligation est égal à la somme de son annuité et des composantes du montant global. Si le coupon est de 80 $ pendant 6 ans et que la valeur nominale est de 1 000 $, on obtient :

$$955,14\ \$ = 80\ \$ \times [1 - 1/(1 + r)^6]/r + 1\ 000\ \$/(1 + r)^6$$

La variable r correspond au taux d'actualisation ou au rendement à l'échéance. Il est toutefois impossible ici de calculer directement la valeur de r. Il faudra obligatoirement procéder par tâtonnements.

Ce problème est essentiellement identique à un problème déjà étudié au cours du précédent chapitre, alors qu'il fallait déterminer le taux d'intérêt d'une annuité. Toutefois, le calcul du taux (ou du rendement) d'une obligation est plus ardu, en raison de la valeur nominale de 1 000 $.

Il est possible d'accélérer le calcul par tâtonnements en se fiant à ce qu'on sait sur le cours des obligations et le rendement. L'obligation offre un coupon de 80 $ et se vend à escompte. On sait donc que le rendement est supérieur à 8 %. Si on utilise un cours de 10 % :

$$\text{Valeur de l'obligation} = 80\ \$ \times (1 - 1/1{,}10^6)/0{,}10 + 1\ 000\ \$/1{,}10^6$$
$$= 80\ \$ \times (4{,}3553) + 1\ 000\ \$/1{,}7716$$
$$= 912{,}89\ \$$$

À 10 %, la valeur calculée est inférieure au cours ; il faut donc essayer un pourcentage moindre. Le rendement véritable devrait se situer entre 8 % et 10 %. On pourra trouver une réponse plus précise à force d'essais. Il vous viendra sans doute d'abord à l'esprit d'essayer 9 %. Ce serait d'ailleurs un choix judicieux, car, comme vous pourrez le constater, il s'agit précisément du rendement à l'échéance de l'obligation.

Voici un raccourci qui permet d'approximer le rendement d'une obligation :

$$\text{Rendement} = \frac{[\text{Coupon} + (\text{Valeur nominale} - \text{Prix})/\text{Échéance}]}{(\text{Prix} + \text{Valeur nominale})/2}$$

Si on reprend notre exemple, on peut donc effectuer le calcul suivant, pour obtenir un résultat approximatif :

$$\text{Rendement} = \frac{[80\ \$ + (1\ 000\ \$ - 955{,}14\ \$)/6]}{(955{,}14\ \$ + 1\ 000\ \$)/2}$$
$$= \frac{(80\ \$ + 7{,}48)}{977{,}57\ \$}$$
$$= 8{,}95\ \%$$

La formule de l'approximation divise le flux monétaire moyen par le montant moyen investi dans l'obligation. Cette formule permet de déterminer plus rapidement un point de départ pour les calculs par tâtonnements. *Elle ne doit toutefois jamais remplacer les calculs de la valeur actualisée.* En effet, l'approximation ne tient pas compte de la valeur de rendement de l'argent et peut se situer très loin du véritable rendement lorsque la prime ou l'escompte de l'obligation représentent une somme importante. Le tableau 7.1 propose une récapitulation de l'évaluation des obligations.

Tableau 7.1 Récapitulation de l'évaluation des obligations

I. Le calcul de la valeur d'une obligation

Valeur de l'obligation = $C \times [1 - 1/(1 + r)^t]/r + V/(1 + r)^t$

où

C = le coupon versé à chaque période
r = le taux par période
t = le nombre de périodes
V = la valeur nominale de l'obligation

II. Le calcul du rendement d'une obligation

À partir de la valeur d'une obligation et du coupon, de l'échéance et de la valeur nominale, il est possible de calculer le taux d'actualisation implicite ou le rendement à l'échéance uniquement par tâtonnements. Pour y arriver, il suffit d'essayer plusieurs taux d'actualisation, jusqu'à ce que la valeur calculée de l'obligation corresponde à la valeur donnée. N'oubliez pas que plus les taux d'intérêt augmentent, plus la valeur de l'obligation diminue.

Exemple 7.2 Le rendement des obligations

Vous désirez comparer deux obligations identiques en tous points, exception faite des coupons et, bien sûr, des cours. Les deux obligations ont la même échéance de 12 ans. La première obligation offre un taux de coupon de 10 % et se vend 935,08 $. La deuxième a un taux de coupon de 12 %. Pouvez-vous calculer son cours ?

Puisque ces deux obligations sont similaires, leur cours est fixé de façon à offrir environ le même rendement. Ici, il faut d'abord calculer le rendement de l'obligation dont le taux du coupon est de 10 %. Grâce aux tableurs et aux calculatrices financières, on obtient rapidement par tâtonnement un rendement de 11 %. Ainsi,

Valeur de l'obligation = 100 $ × $(1 - 1/1,11^{12})/0,11 + 1\,000\,\$/1,11^{12}$

= 100 $ × 6,4924 + 1 000 $/3,4985

= 649,24 $ + 285,84

= 935,08 $

Si le rendement est de 11 %, la deuxième obligation se vend à prime, en vertu de son coupon de 120 $. Sa valeur est donc :

Valeur de l'obligation = 120 $ × $(1 - 1/1,11^{12})/0,11 + 1\,000\,\$/1,11^{12}$

= 120 $ × 6,4924 + 1 000 $/3,4985

= 779,08 $ + 285,84

= 1 064,92 $

Lorsqu'ils désirent déterminer la valeur d'une obligation, les négociateurs d'obligations effectuent exactement les calculs utilisés pour trouver la valeur de la deuxième obligation. Dans un marché secondaire composé de courtiers en valeurs mobilières et de banques, les obligations sont négociées hors-cote. Supposons qu'un courtier de chez BMO Nesbitt Burns, par exemple, reçoit une demande pour obtenir le cours de la deuxième obligation d'un autre courtier de chez Scotia Capital. Supposons également que la deuxième obligation n'a pas fait l'objet de négociations récentes. Le courtier propose un cours en fonction de la première obligation activement négociée.

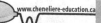 www.cheneliere-education.ca

STRATÉGIES POUR L'EMPLOI DE TABLEURS

7.2 Quelques caractéristiques des obligations

Cette section s'attarde davantage sur l'endettement d'entreprise et s'intéresse particulièrement aux termes importants et aux caractéristiques essentielles des obligations des sociétés à long terme. Certains problèmes relevant de la dette à long terme feront l'objet d'une étude plus approfondie dans les sections suivantes.

On peut diviser sommairement les valeurs mobilières émises par des sociétés en deux catégories : les *titres participatifs* (capital) et les *titres de créances* (dette). En termes très rudimentaires, on peut dire qu'une créance représente quelque chose qui doit être remboursé ; c'est le résultat d'un emprunt. Lorsqu'une société emprunte une somme d'argent, elle promet en général d'effectuer des versements réguliers d'intérêts et de rembourser le capital d'origine. L'individu ou la firme qui accorde le prêt se nomme le « créancier » ou « prêteur ». La société qui emprunte l'argent se nomme le « débiteur » ou « emprunteur ».

D'un point de vue financier, les principales différences entre une créance et un capital sont les suivantes :

1. Une créance n'est pas un droit sur l'actif de la société. Les créanciers n'ont pas le droit de vote.

2. On considère que les versements des intérêts d'une créance font partie des coûts d'exploitation et sont entièrement déductibles. Les dividendes versés aux actionnaires ne sont pas déductibles.

3. Une créance non payée représente un passif. Si elle n'est pas remboursée, les créanciers peuvent légalement saisir les éléments d'actif de la société. Cela peut entraîner la liquidation ou la réorganisation de l'entreprise, deux des conséquences possibles d'une faillite. L'émission d'un titre de créance augmente donc le risque d'une faillite, ce qui n'est pas le cas pour les titres participatifs.

La façon de différencier les créances des capitaux

Il est parfois difficile de trancher clairement entre une créance et un capital. À titre d'exemple, supposons qu'une société émet une obligation perpétuelle dont l'intérêt est payable uniquement à partir des revenus de l'entreprise, si revenu il y a. Il est difficile ici de dire s'il s'agit d'un titre de créance ou non ; cela tient plutôt du domaine juridique et de la sémantique. La cour et les autorités fiscales devront trancher.

Les sociétés sont devenues très habiles dans la création de valeurs mobilières hybrides, qui ressemblent beaucoup à des titres participatifs, mais qui sont en fait des titres de créances. La distinction entre créance et capital est bien sûr très importante lorsqu'il est question d'impôt. En essayant de créer un titre de créance qui se présente sous forme de titre participatif, les sociétés obtiennent ainsi les avantages fiscaux d'une dette et les bénéfices liés à la réduction du risque de faillite.

En règle générale, le capital-actions représente une participation et constitue un droit résiduel. Cela signifie que les détenteurs d'actions sont payés après les détenteurs de créances. Par conséquent, une créance et un capital ne comportent pas les mêmes risques, ni les mêmes avantages. À titre d'exemple, la récompense maximale qu'on peut compter recevoir pour un titre d'emprunt dépend du montant du prêt, alors qu'il n'y a aucune limite au potentiel d'un titre participatif.

Quelques notions de base sur la dette à long terme

À la base, en émettant des titres de créances à long terme, les sociétés promettent de payer le capital à l'échéance et d'effectuer des versements d'intérêts sur le solde. Il existe toutefois certaines caractéristiques qui permettent de différencier certains types de titres. Il est temps d'examiner ces caractéristiques de plus près.

Lorsqu'on parle de l'échéance d'un titre de créance à long terme, il faut comprendre le temps pendant lequel le solde d'une créance reste impayé. On trouve des titres de créance à court terme (avec une échéance de une année ou moins) ou à long terme (avec une échéance de plus de un an[1]). On appelle généralement les titres de créances des « billets à ordre », des « débentures » ou simplement des « obligations ». Prise au sens strict, une obligation est une créance garantie, mais dans le langage courant, une *obligation* peut représenter toutes sortes de créances, garanties ou non. On l'emploie ici pour parler de créances à long terme.

---

1 Il n'existe aucune distinction universelle entre le court terme et le long terme. De plus, certains parlent de créance à moyen terme lorsque l'échéance est de plus de 1 an et de moins de 3 ou 5 ans, parfois même de 10 ans.

Les créances à long terme se divisent en deux catégories principales : les obligations publiques ou les obligations privées. Il sera surtout question ici des obligations publiques. La plupart des caractéristiques de ce type d'obligation s'appliquent également aux créances à long terme qui sont privées. La seule vraie différence entre les obligations publiques et les obligations privées est que ces dernières sont placées directement auprès d'un prêteur sans être offertes au public. Comme il s'agit d'une transaction privée, les conditions relèvent de la responsabilité unique des parties concernées.

Les créances à long terme possèdent bien d'autres caractéristiques, par exemple la sûreté, les clauses de rachat, les fonds d'amortissement, les notations et les clauses restrictives. Le tableau suivant illustre ces caractéristiques pour une obligation des Entreprises Loblaw Limitées émise en mars 2002. Si certains de ces termes ne vous sont pas familiers, n'ayez crainte, ils seront expliqués en détail par la suite.

Caractéristiques d'une obligation (débenture) des Entreprises Loblaw

Conditions		Explication
Montant de l'émission	200 millions de dollars	La société émettra 200 millions de dollars en obligations
Date de l'émission	2002-03-01	Les obligations seront mises en vente le 1er mars 2002
Échéance	2031-03-01	Le capital sera versé dans 30 ans
Valeur nominale	1 000 $	La coupure des obligations est de 1 000 $
Taux du coupon	6,85 %	Chaque détenteur d'obligation recevra 68,50 $ par obligation
Prix d'émission	99,697	Chaque obligation est offerte à un prix égal à 99,697 % de la valeur nominale de 1 000 $
Rendement à l'échéance	6,87 %	Si l'obligation est conservée jusqu'à l'échéance, les détenteurs recevront un taux de rendement annuel stipulé de 6,87 %
Versement du coupon	1er mars et 1er septembre de chaque année	Des coupons de 68,50 $/2 = 34,25 $ seront payés aux dates indiquées
Garantie	Aucune	Des obligations non garanties sont des débentures
Fonds d'amortissement	Annuel	La société devra verser des sommes annuelles pour le fonds d'amortissement
Clause de rachat	Aucun rachat avant le 1er mars 2012	Les obligations comportent une clause de rachat
Prix d'exercice	Canada plus 0,26 %	Après 10 ans, la société peut racheter les obligations à la condition de verser un montant tel que le rendement à l'échéance de l'obligation sera égal au rendement des obligations du Canada plus 26 points de base
Cote	DBRS A	Cette obligation possède une bonne cote de crédit, mais elle n'est pas cotée AA

(Source : www.sedar.com)

Comme plusieurs de ces caractéristiques sont décrites en détail dans l'acte de fiducie, il est important de s'y attarder.

L'acte de fiducie

Acte de fiducie

Entente écrite entre la société et le prêteur décrivant en détail les conditions de l'émission de la créance.

L'acte de fiducie est l'entente écrite entre la société (l'emprunteur) et ses créanciers ; on dit aussi « acte fiduciaire[2] ». En général, la société nomme un fiduciaire (une société de fiducie) afin de représenter les détenteurs d'obligations. La société de fiducie doit : 1) veiller à ce que les conditions de l'acte de fiducie soient respectées ; 2) assurer la gestion du fonds d'amortissement

---

2 On réserve généralement l'expression « contrat de prêt » aux créances placées sur le marché privé et aux prêts à terme.

(décrit un peu plus loin); 3) représenter les détenteurs d'obligations en cas de défaut de paiement, c'est-à-dire si la société manque à ses engagements et n'effectue pas les versements.

L'acte de fiducie est un document juridique. Il peut contenir plusieurs centaines de pages, et sa lecture est parfois profondément ennuyeuse. Il s'agit toutefois d'un document d'une grande importance parce qu'il comprend généralement les dispositions suivantes :

1. Les conditions de base de l'obligation ;
2. Le montant des obligations émises ;
3. Une description du bien mis en garantie, dans le cas d'obligations garanties ;
4. La convention de remboursement ;
5. Les clauses de rachat ;
6. Les détails de la clause restrictive.

Voici maintenant ces dispositions plus en détail.

Les conditions de l'obligation Les obligations de sociétés ont en général une valeur nominale (une coupure, si on veut) de 1 000 $. C'est ce qu'on appelle la « valeur du capital », et elle apparaît sur le certificat d'obligation. Ainsi, si une société souhaitait emprunter 1 million de dollars, elle devrait vendre 1 000 obligations. La valeur au pair, c'est-à-dire la valeur comptable actuelle d'une obligation, est presque toujours égale à la valeur nominale.

Les **obligations** de sociétés sont en général **enregistrées**. À titre d'exemple, l'acte de fiducie pourrait être conçu ainsi : les intérêts seraient payables deux fois par année, le 1er juin et le 1er décembre, à la personne au nom de qui l'obligation est enregistrée, à la fermeture des bureaux le 15 mai et le 15 novembre, respectivement.

Cela signifie que la société recourt à un agent comptable des registres qui prend note du nom du propriétaire de chacune des obligations et de tout changement de propriétaire. La société verse les intérêts et le capital par chèque envoyé directement à l'adresse du propriétaire de l'obligation. Parfois, les obligations de sociétés sont enregistrées et possèdent un coupon. Pour obtenir un versement d'intérêts, le propriétaire doit détacher le coupon du certificat d'obligation et l'envoyer à l'agent comptable des registres (l'agent payeur).

On trouve aussi des **obligations au porteur**. Dans ce cas, le certificat établit la preuve de propriété et la société paie le porteur. Il n'y a aucun registre du nom des propriétaires et, tout comme pour les obligations immatriculées avec coupon, le détenteur des certificats des obligations doit détacher les coupons et les envoyer à la société pour recevoir ses versements.

Les obligations au porteur comportent deux désavantages : 1) il est difficile de les remplacer en cas de perte ou de vol ; 2) puisque la société ne connaît pas le nom des propriétaires de ses obligations, elle ne peut les tenir au courant d'événements importants. Les obligations au porteur ne facilitent pas les transactions pour les investisseurs qui négocient fréquemment leurs obligations.

La garantie On classe les titres de créances selon les biens affectés en garantie et les hypothèques qui protègent le détenteur d'obligations.

L'expression « biens affectés en garantie » est un terme courant qui, prise au sens strict, désigne les valeurs (par exemple les obligations et les actions) offertes en garantie pour le remboursement de la dette. Entre autres, les obligations garanties par nantissement de titres promettent souvent en gage des obligations ordinaires détenues par la société. Les biens donnés en gage sont en général garantis par des titres facilement négociables. Toutefois, l'expression « biens affectés en garantie » s'utilise souvent plus librement pour représenter tout type de garantie.

Les *garanties hypothécaires* sont des hypothèques sur les biens immobiliers de l'emprunteur. Il peut s'agir de biens immobiliers, d'équipement de transport ou de tout autre type de biens. Le document juridique qui définit les conditions d'une hypothèque sur les biens immobiliers se nomme un « acte de fiducie » ou un « acte fiduciaire ».

Une hypothèque est parfois constituée sur un bien précis, par exemple une voiture de chemin de fer. C'est ce qu'on appelle une « hypothèque mobilière ». Le plus souvent, on a recours à des hypothèques générales. Une hypothèque générale offre en gage tous les biens immobiliers de l'entreprise[3].

---

3 Les biens immobiliers comprennent les terres et les biens qui s'y rattachent, mais non l'argent comptant et les stocks.

Lorsqu'on parle d'obligations, il s'agit très souvent d'obligations non garanties. Une **débenture** est une obligation offerte sans gage. On parle plutôt de **billet à ordre** si l'échéance de l'obligation non garantie est approximativement de moins de 10 ans au moment de l'émission. Les détenteurs de débentures peuvent réclamer des biens non offerts en gage, c'est-à-dire les biens qui demeurent une fois réunis les hypothèques et les gages assurés par un nantissement de titre.

Aujourd'hui, la plupart des obligations publiques émises par les sociétés industrielles et financières ne sont pas garanties. Toutefois, la plupart des obligations des services publics et des chemins de fer offrent des titres en gage.

La priorité Le terme « priorité » signifie en général qu'il existe une hiérarchie entre les prêteurs. On parle alors parfois de « créance prioritaire » et de « créance de second rang » (ou de « créance senior » et de « créance junior »). On dit aussi de certaines créances qu'elles sont « subordonnées ». C'est le cas, entre autres, des débentures subordonnées.

En cas de défaut, les détenteurs de créances subordonnées doivent accorder la priorité à d'autres créanciers prédéterminés. En général, les prêteurs subordonnés doivent attendre que ces créditeurs prioritaires soient remboursés avant de réclamer leur dû, qui leur sera versé à même certains flux monétaires et le fruit de la vente d'éléments d'actif. Par contre, on ne peut subordonner une créance au capital-actions.

Le remboursement On peut rembourser les obligations à l'échéance ; le détenteur de l'obligation reçoit alors la valeur stipulée ou nominale de l'obligation. On peut aussi les rembourser en partie ou en entier avant l'échéance. On adopte généralement une formule de remboursement anticipé, souvent par l'entremise d'un fonds d'amortissement.

Un **fonds d'amortissement** est un compte géré par le fiduciaire dans le but de rembourser les obligations. L'entreprise effectue des versements annuels au fiduciaire, qui utilise ensuite le fonds pour rembourser une partie de la créance. Pour ce faire, le fiduciaire peut soit acheter quelques-unes des obligations au prix du marché, soit exercer une partie de ses privilèges de rachat d'obligations. Il sera question de cette deuxième possibilité au cours de la prochaine section.

Il existe plusieurs types de fonds d'amortissement. Le fonds peut débuter sur-le-champ ou être reporté jusqu'à 10 ans après l'émission de l'obligation. Certaines clauses peuvent exiger le remboursement d'une partie des émissions en circulation ou de la totalité des émissions avant l'échéance. Comme la société émettrice est plus susceptible de pouvoir rembourser le capital à l'échéance, l'investisseur y trouve son compte. Puisqu'un fonds d'amortissement prévoit des achats réguliers, les obligations se négocient plus facilement.

Le privilège de rachat Le **privilège de rachat** permet à la société de racheter une partie ou la totalité de l'obligation à un cours donné pour une période déterminée. Les obligations de sociétés contiennent généralement cette clause.

Le plus souvent, le prix d'exercice est supérieur à la valeur nominale de l'obligation. On appelle la différence entre le prix d'exercice et la valeur nominale la **prime de rachat**. Cette prime s'exprime parfois par un pourcentage de la valeur nominale de l'obligation. Le montant de la prime de remboursement diminue généralement au fil du temps. On peut, entre autres, fixer une prime de rachat égale au coupon annuel pour ensuite en diminuer graduellement le montant jusqu'à zéro à l'approche de l'échéance.

Les clauses de rachat n'entrent généralement en vigueur qu'après une période donnée, dans le but de rassurer les détenteurs au cours des premières années qui suivent l'émission de l'obligation. On pourrait ainsi interdire à une société de racheter l'obligation au cours des 10 premières années de l'émission. C'est ce qu'on appelle une **clause de rachat différé**. On dit alors que l'obligation est **à l'abri du rachat**.

Un grand nombre d'obligations à long terme en circulation au Canada comportent des clauses de remboursement anticipé telles que nous venons de les décrire. Les nouveaux titres d'emprunt présentent une clause de remboursement anticipé différente appelée la **clause Canada plus**. Cette nouvelle clause, conçue pour remplacer l'ancienne, consiste à rendre le rachat des actions de l'émetteur peu intéressant pour ce dernier. Elle diffère de la clause standard en ce que le montant exact de la prime de remboursement anticipé n'est pas déterminé au moment de l'émission. Au contraire, elle stipule qu'en cas de remboursement anticipé, l'émetteur doit fournir une prime qui dédommagera les investisseurs en compensant la différence d'intérêt entre l'obligation initiale et le nouvel emprunt émis pour la remplacer. Cette compensation annule le profit que l'emprunteur tirerait du remboursement anticipé, et il en résulte qu'il ne gagne rien à l'exiger.

Le nom de « clause Canada plus » dérive de la formule employée pour calculer la différence d'intérêt. Afin de déterminer le nouveau taux d'intérêt, moins élevé que le précédent, cette formule additionne une prime au rendement des obligations. Vous trouverez un exemple numérique d'une clause Canada plus dans l'annexe 7 B, qui traite en détail des clauses de remboursement anticipé et de refinancement des dettes.

Consultez l'annexe 7 A pour plus de détail sur les privilèges de rachat et le rachat des obligations.

La clause restrictive La **clause restrictive** d'un acte de fiducie ou d'un prêt limite les démarches que la société peut entreprendre pendant la durée du prêt. Ces clauses ont pour but de réduire les coûts d'agence que doivent assumer les détenteurs d'obligations. Si les activités de la société sont contrôlées, les obligations sont du même coup moins risquées.

À titre d'exemple, les clauses les plus communes limitent les dividendes que la firme peut payer et exigent que la vente de tout élément d'actif majeur soit approuvée par le détenteur d'obligations. Autrement dit, si la firme craint la faillite, elle ne peut vendre ses éléments d'actif et payer un dividende de liquidation aux actionnaires, laissant les détenteurs d'obligations aux prises avec une société inactive. On peut déterminer deux types de clauses restrictives : les clauses d'interdiction et les clauses d'obligation.

Une *clause d'interdiction* contient un engagement à ne pas faire. Elle limite ou interdit certains gestes que la société pourrait poser. En voici quelques exemples :

1. La firme doit limiter le montant des dividendes versés selon une règle donnée.
2. La firme ne peut offrir des éléments d'actif en gage à d'autres prêteurs.
3. La firme ne peut fusionner avec une autre firme.
4. La firme ne peut vendre ou louer des éléments d'actifs majeurs sans l'approbation du prêteur.
5. La firme ne peut émettre d'autres créances à long terme.

Une *clause d'obligation* contient un engagement à faire. Elle détermine une action que la société accepte d'entreprendre ou une condition que la société doit respecter. En voici quelques exemples :

1. La société doit maintenir un fonds de roulement d'un montant égal ou supérieur à une somme minimale donnée.
2. La société doit déposer régulièrement auprès du prêteur des états financiers vérifiés.
3. La firme doit veiller à maintenir les biens affectés en garantie ou les titres en bonne condition.

Il ne s'agit ici que d'une liste partielle ; les clauses peuvent différer grandement selon les actes de fiducie.

Questions théoriques

1. Quelles différences y a-t-il entre une créance et un capital ?

2. Qu'est-ce qu'un acte de fiducie ? Qu'est-ce qu'une clause restrictive ? Donnez des exemples.

3. Qu'est-ce qu'un fonds d'amortissement ?

7.3 La cotation des obligations

Les sociétés font souvent évaluer leurs créances. Au Canada, les deux firmes de cotation d'obligations les plus importantes sont Standard & Poor's et le Dominion Bond Rating Service (DBRS). Moody's et Standard & Poor's (S&P) sont les plus importantes firmes de cotation des obligations aux États-Unis, et elles évaluent souvent des sociétés canadiennes qui réunissent des fonds sur le marché obligataire américain[4]. La cotation des obligations permet d'évaluer la solvabilité de l'émetteur privé. Les firmes de cotation des obligations déterminent la solvabilité en examinant les risques de défaut et le type de protection offerte aux créditeurs en cas de défaut.

Il faut se souvenir ici que la cotation des obligations ne cherche à évaluer que le risque de défaut. Au cours du chapitre 4, il a déjà été question du risque d'intérêt, c'est-à-dire le risque qu'un changement des taux d'intérêt affecte la valeur d'une obligation. La cotation des obligations ne s'intéresse pas à ce type de problème. Le cours d'une obligation très bien cotée peut donc demeurer très changeant.

La cotation d'obligations s'effectue à partir des renseignements que fournit la société. Les cotes attribuées et leurs caractéristiques sont décrites dans le tableau 7.2 et dans celui qui suit le présent texte.

	Investissement de qualité			De faible qualité, spéculatif ou à risque élevé					
	Classe supérieure		Classe moyenne		Classe inférieure		Classe très inférieure		
Dominion Bond Rating Service Limited	AAA	AA	A	BBB	BB	B	CCC	CC	C	NR

Tableau 7.2 Descriptions des notations utilisées par le Dominion Bond Rating Service

AAA Les obligations AAA représentent des investissements de tout premier ordre. La protection du capital et des intérêts est de qualité supérieure. Les revenus sont relativement stables ; la structure de l'industrie qui constitue le domaine d'activité de l'entreprise est très solide et les prévisions de rentabilité future sont extrêmement favorables. Les facteurs qui pourraient nuire au rendement de l'entreprise sont minimes et la force des ratios de liquidité et de couverture est incontestée au sein de l'industrie. L'entreprise s'est bâti une solide réputation de rendement supérieur. Compte tenu des critères d'évaluation extrêmement sévères que DBRS a définis pour cette catégorie, peu d'entreprises peuvent espérer obtenir une telle cote.

AA Les obligations AA représentent un investissement de classe supérieure et la protection du capital et des intérêts est de haut niveau. Ces obligations diffèrent souvent très peu des obligations AAA. Compte tenu des critères d'évaluation extrêmement sévères que DBRS utilise pour la catégorie AAA (et auxquels peu d'entreprises parviennent à satisfaire), les sociétés de cette catégorie sont également considérées comme des valeurs sûres ayant une fiabilité supérieure à la moyenne en ce qui a trait aux principaux points examinés et sont peu susceptibles de subir les contrecoups d'événements possibles à prévoir.

A Les obligations A sont des titres de classe moyenne supérieure. La protection des intérêts et du capital reste importante bien qu'inférieure à celle qui caractérise les obligations AA. Les sociétés de cette catégorie sont plus prédisposées à souffrir d'une conjoncture économique défavorable et plus sensibles aux grands cycles économiques que les entreprises ayant une cotation plus élevée.

BBB Les obligations BBB sont de classe moyenne. La protection des intérêts et du capital est adéquate mais la société est plus sensible aux changements négatifs dans les conditions économiques et financières que les sociétés mieux cotées. D'autres facteurs défavorables pourraient également réduire la fiabilité des obligations de ce type.

BB Les obligations BB sont de classe moyenne inférieure. On les juge légèrement spéculatives. La protection des intérêts et du capital est incertaine, particulièrement au cours d'une récession. Les sociétés auxquelles DBR accorde cette cote ont généralement un accès limité aux marchés de capitaux et autres sources de soutien financier. Souvent, la petite taille de l'entreprise ou le manque de capacité concurrentielle peuvent constituer des facteurs négatifs supplémentaires.

B Les obligations de type B sont fortement spéculatives. On ne peut être assuré de la capacité de la société à verser les intérêts et le capital de façon régulière, surtout en période de récession ou dans une conjoncture défavorable à son secteur d'activité.

CCC Les obligations CCC sont très fortement spéculatives. Les facteurs défavorables sont également plus élevés dans ce cas que pour les obligations de type B. Les obligations CCC comportent souvent des caractéristiques qui, si elles ne sont pas modifiées, peuvent entraîner un défaut de paiement.

CC Les obligations CC sont extrêmement spéculatives et les risques de défaut sont élevés pour les intérêts comme pour le capital. Les obligations CC comportent des caractéristiques qui, si elles ne sont pas modifiées, peuvent entraîner un défaut de paiement.

C Les obligations C sont extrêmement spéculatives et les risques de défaut sont immédiats. Il s'agit de la cote la plus faible attribuée à des investissements à long terme qui n'ont pas encore fait défaut.

D Les obligations D font actuellement défaut sur le paiement des intérêts, du capital ou des deux.

Source : © 2002 Dominion Bond Rating Service Limited, www.dbrs.com, avec l'autorisation de DBRS.

---

4 Elles évaluent également des obligations émises par les provinces.

Une firme ne peut obtenir une cote de plus de AAA, et les créances de ce type sont de classe supérieure et comportent le plus faible risque. De telles obligations sont peu nombreuses ; les obligations de type AA ou A+ sont plus fréquentes et somme toute très fiables. Les obligations de bonne qualité détiennent une cote d'au moins BBB. La cote la plus faible est réservée aux créances en défaut.

Au cours des années 1980, une part grandissante des emprunts de sociétés était constituée d'obligations de classe inférieure ou d'obligations à risque élevé (parfois dites « de pacotille »), particulièrement aux États-Unis. Lorsqu'on leur accorde une cote, ces obligations de classe inférieure sont jugées de mauvaise qualité par les sociétés de cotation les plus importantes. On appelle également les obligations à risque élevé des obligations « à rendement élevé », car elles offrent un taux d'intérêt supérieur de 3 à 5 points de pourcentage (de 300 à 500 points de base) au taux d'une créance AAA. Les obligations de pacotille n'ont jamais constitué une source de fonds importante sur les marchés financiers canadiens. On leur a plutôt préféré, en partie du moins, les actions privilégiées et, à un degré moindre, les obligations à revenu variable. Au cours des dernières années, certaines sociétés canadiennes dont les besoins en financement par emprunt étaient très élevés ont émis des obligations de classe inférieure aux États-Unis.

Questions théoriques

1. Qu'est-ce qu'une obligation de pacotille ?
2. Qu'indique la cotation des obligations sur le risque de fluctuation de la valeur d'une obligation en fonction des taux d'intérêt ?

7.4 Les caractéristiques de certaines obligations

Jusqu'à maintenant, il n'a été question que d'obligations ordinaires. Il est maintenant temps de s'attarder à des types un peu plus complexes d'obligations qui résultent de manipulations d'ingénierie financière : les obligations à coupon détaché, les obligations à taux variable et quelques autres.

L'ingénierie financière

Lorsque les gestionnaires financiers ou leurs spécialistes des services de banques d'investissement créent de nouveaux titres ou processus financiers, on parle alors d'« ingénierie financière[5] ». Une ingénierie financière efficace diminue et contrôle les risques et minimise le taux d'imposition. L'ingénierie financière permet également de réduire les frais de financement liés à l'émission d'une créance et aux versements exigés ainsi que les frais liés aux règles stipulées par les autorités administratives. L'ingénierie financière est issue de tendances dont il a déjà été question au chapitre 1, c'est-à-dire la mondialisation, la déréglementation et l'augmentation de la concurrence sur les marchés financiers.

L'ingénierie financière appliquée aux titres de créance permet la création de titres hybrides plutôt singuliers qui ressemblent en plusieurs points à du capital, mais qui sont traités comme des créances. À titre d'exemple, supposons qu'une société émet une obligation perpétuelle dont les intérêts sont payables uniquement à partir des revenus de la société, si et seulement s'il y a revenu. Dans ce cas, il est difficile de dire s'il s'agit ou non d'une créance ; la question est plutôt d'ordre juridique et sémantique. Les autorités fiscales et juridiques auront le dernier mot.

De toute évidence, la distinction entre une créance et un capital est d'une très grande importance en matière de fiscalité. Les sociétés tentent donc souvent de créer des titres de créances qui sont en réalité du capital afin d'obtenir les avantages fiscaux de la dette et les avantages de propriété reliés à la faillite (où les coûts d'agence sont plus faibles) d'un droit.

D'une manière générale, le capital représente une participation et un droit résiduel. Autrement dit, les détenteurs de capital sont payés après les détenteurs de créances. Le capital et les créances

---

5 Pour de plus amples renseignements sur l'ingénierie financière, on peut consulter l'ouvrage de FINNERTY, John, « Financial Engineering in Corporate Finance : An Overview », dans *The Handbook of Financial Engineering*, sous la dir. de C. W. Smith et C. W. Smithson, New York, Harper Business, 1990.

comportent donc des risques et des avantages bien différents. À titre d'exemple, la récompense maximale pour une créance à échéance unique est fixée en fonction du montant du prêt, alors qu'il n'y a pas nécessairement de limite supérieure à la récompense potentielle du capital.

Les ingénieurs financiers peuvent modifier la répartition des créances en vendant des obligations avec un *bon de souscription (warrant)* qui propose aux détenteurs des options leur permettant d'acheter des actions de la société. Ces bons permettent aux détenteurs de participer à des récompenses futures au-delà de la valeur nominale de la créance. D'autres exemples d'ingénierie financière seront étudiés au cours de ce chapitre.

Les obligations à coupon détaché

Une obligation qui ne comporte pas de coupon doit se vendre à un cours moindre que sa valeur nominale. On parle alors d'**obligation à coupon détaché**[6].

Supposons que la société DDB émet une obligation à coupon détaché de cinq ans dont la valeur nominale est de 1 000 $. Le cours initial est de 497 $. Il est facile de vérifier, avec un tel cours, que les obligations ont un rendement de 15 % à l'échéance. Le total des intérêts versés pendant la durée de l'obligation est 1 000 $ − 497 $ = 503 $.

Les propos de...

Edward I. Altman au sujet des obligations de pacotille

Un des développements les plus importants de la gestion financière des 20 dernières années reste la résurgence de créances de sociétés à faible cote offertes au public. Émises pour la première fois au public au début des années 1900 afin de contribuer au financement de certaines sociétés en croissance, ces obligations à rendement élevé, mais très risquées, ont presque disparu après l'épidémie de défauts de la Grande Dépression. Récemment, toutefois, le marché des obligations de pacotille a connu une montée foudroyante. D'une portion tout à fait insignifiante du marché des titres à revenu fixe, ces obligations sont devenues un mécanisme financier dont la croissance a été parmi les plus rapides et les plus controversées.

Le terme « pacotille » provient du type principal d'obligations à risque élevé en circulation avant 1977, lorsque le « marché » était constitué presque exclusivement d'obligations dont l'émission initiale avait été de bonne qualité et dont le cours dégringolait; le risque de défaut augmentait alors en flèche et les obligations devenaient du même coup beaucoup plus spéculatives. Ces « anges déchus » représentaient en tout environ 8,5 milliards de dollars en 1977. Au début de l'année 1994, le marché des obligations de pacotille de propriété publique totalisait 200 milliards de dollars, et les anges déchus représentaient environ 17 % du total.

Au début de 1977, les émetteurs ont commencé à s'adresser directement au public afin de trouver du capital pour l'expansion des entreprises. Les premiers négociateurs d'obligations de pacotille étaient des firmes dans le domaine énergétique, les sociétés de câblodistribution, les compagnies aériennes et divers types de sociétés industrielles. Jusqu'à ce moment, ce genre de financement, qui est en fait une forme de titrisation, relevait uniquement du placement privé financé par les banques et les sociétés d'assurances. L'explication fournie par les nouvelles sociétés en croissance, doublée d'un rendement plutôt élevé pour les premiers investisseurs, ont contribué à rendre ce secteur plus légitime. En effet, la plupart des banques avaient jusque-là négligé les obligations de pacotille. En 1983-1984, toutefois, il était clair que les obligations de pacotille possédaient leurs qualités et qu'elles permettaient notamment d'espérer l'accumulation d'importants profits.

La croissance du marché a donné lieu à la création de la maison de souscription (courtier) Drexel Burnham Lambert, dirigée par le génie des obligations de pacotille, M. Michael Milken. Cette maison a instauré un réseau puissant d'émetteurs et d'investisseurs et a ainsi profité de cette nouvelle vague financière et de l'émergence du marché secondaire qui en résultait pour devenir un des courtiers les plus puissants de la fin des années 1980. Après une montée spectaculaire, l'entreprise a toutefois connu une chute tout aussi remarquable, suivie de condamnations gouvernementales civiles et criminelles et de très fortes amendes pour divers types de transactions douteuses qui ont finalement provoqué l'effondrement complet et la faillite de l'entreprise en février 1990.

L'aspect le plus controversé des obligations de pacotille reste sans doute, et de loin, le rôle qu'elles ont joué dans le mouvement de restructuration interne des sociétés de 1985 à 1989. Des transactions et des acquisitions à fort levier financier telles les acquisitions par emprunt (LBO, pour *leverage buy-out*), qui se produisent lorsqu'une société devient privée, et les refontes de capital par endettement (échange de dette contre du capital) ont transformé le profil corporatif des États-Unis, ce qui a donné lieu à un débat intense sur les conséquences économiques et sociales de la transformation

---

[6] Une obligation dont le taux d'intérêt nominal est très faible (par opposition à une obligation à coupon zéro) est une obligation initiale à escompte ou *original issue discount bond (OID)*.

d'entreprises publiques en sociétés privées dont le rapport entre les créances et le capital était d'au moins 6 pour 1.

Les sociétés engagées dans ce type de transaction étaient de plus en plus importantes, et les prises de contrôle de plusieurs milliards étaient presque monnaie courante, jusqu'à l'extraordinaire acquisition par emprunt de plus de 25 milliards de dollars de RJR Nabisco en 1989. Les acquisitions par emprunt étaient généralement financées à 60 % par des créances prioritaires de banques ou de sociétés d'assurances, à 25-30 % par des créances subordonnées publiques (des obligations de pacotille) et à 10-15 % par des actions. On nomme parfois la part des obligations de pacotille le financement « mezzanine », car il se situe entre le « balcon » de la créance prioritaire et le « parterre » des droits.

Grâce à cette restructuration, les conseillers et les souscripteurs pouvaient exiger des frais exorbitants, et les anciens actionnaires dont on avait racheté les parts pouvaient s'attendre à de fortes primes. Ces avantages ont persisté tant et aussi longtemps que le marché était prêt à acheter ces nouvelles créances et que le rapport entre les risques et les avantages semblait favorable. Le marché s'est toutefois écroulé au cours des six derniers mois de 1989. Les raisons en étaient nombreuses : une augmentation marquée des défauts, des règlements gouvernementaux interdisant aux caisses d'épargne de détenir des obligations de pacotille, la crainte d'une augmentation des taux d'intérêt et d'une récession et, finalement, la prise de conscience des excès d'endettement provoqués par certaines restructurations mal conçues.

Le taux de défaut a augmenté en flèche, de 4 % en 1989 à 10,1 % en 1990 et à 10,3 % en 1991, pour une valeur totale des défauts de 19 milliards de dollars en 1991. À la fin de 1990, l'émission d'obligations de pacotille et le rendement ont inversé leur mouvement de croissance pour chuter, avec les cours, jusqu'à la dissolution quasi totale du marché des nouvelles émissions. L'année 1991 constitue un point tournant : malgré le nombre record de défauts, les cours des obligations et les nouvelles émissions ont retrouvé leur vigueur, l'avenir semblant à nouveau prometteur.

Au début des années 1990, le marché financier remettait en question l'existence même du marché des obligations de pacotille. On décida en masse de les laisser « vivre » et le nombre de nouvelles émissions monta en flèche pour atteindre des niveaux annuels records de 40 milliards de dollars en 1992 et de près de 60 milliards en 1993. En 1997, la valeur de ces émissions s'élevait au montant imposant de 119 milliards de dollars. Si on ajoute des taux de défaut de plus en plus faibles (moins de 2,0 % chaque année entre 1993 et 1997) et un rendement avantageux au cours de toutes ces années, le rapport risque-rendement est extrêmement favorable.

De nos jours, le marché des obligations de pacotille est plus calme que dans les années 1980 mais, en ce qui concerne la croissance et le rendement, il se porte mieux que jamais auparavant. Même si les taux de défaut peu élevés entre 1992 et 1998 ont aidé à attirer de l'argent dans de nouveaux fonds d'investissement et de nouvelles émissions, le marché connaîtra des hauts et des bas dans l'avenir. Il continuera néanmoins à être l'une des principales sources de financement par emprunt des entreprises et une catégorie d'actifs satisfaisante pour les investisseurs.

Edward I. Altman est le Max L. Heine Professor of Finance et le directeur adjoint du Salomon Center à la Stern School of Business de la New York University. Il est reconnu parmi les experts mondiaux en matière de faillite et d'analyse de crédit, en plus du marché des obligations à fort taux de rendement ou « de pacotille ».

À des fins fiscales, l'émetteur d'une obligation à coupon détaché déduit les intérêts chaque année, même si aucun intérêt n'est payé. Parallèlement, le détenteur doit payer des impôts sur les intérêts calculés tous les ans, même si aucun intérêt n'est effectivement reçu[7]. Cette deuxième particularité fiscale diminue l'intérêt des obligations à coupons détachés imposables pour les investisseurs imposables. Elles constituent toutefois un investissement très intéressant pour les investisseurs exonérés d'impôt avec des créances nominales à long terme telles les caisses de retraite, parce que la valeur monétaire future laisse relativement peu de doute. Les obligations à coupon détaché intéressent également les investisseurs individuels à la recherche de régimes enregistrés d'épargne retraite (REÉR), qui bénéficient d'un abri fiscal. Il faut se souvenir que les obligations à coupon détaché étaient, à l'origine, des obligations ordinaires (avec coupons). Les courtiers en valeurs mobilières procèdent au démembrement d'obligations lorsqu'ils vendent le capital et les coupons séparément.

Les obligations à taux variable

Les obligations traditionnelles dont il a été question jusqu'à maintenant comportent une obligation non revalorisée parce que le taux du coupon représente un pourcentage fixe de la valeur nominale. D'une façon similaire, le capital correspond à la valeur nominale. Les versements reliés au coupon et le capital sont donc fixes.

---

7 On calcule les intérêts annuels d'une obligation à coupon détaché en fonction des lois fiscales. Il ne s'agit pas nécessairement des intérêts composés.

Lorsqu'on parle d'«obligations à taux variable» (ou d'«instrument à taux variable»), toutefois, les versements reliés au coupon peuvent être rajustés en fonction du taux d'escompte des bons du Trésor ou de tout autre taux d'intérêt à court terme. À titre d'exemple, la Banque Royale a en circulation 250 millions de dollars en obligations à taux variable qui viennent à échéance en 2083. Le taux du coupon est de 0,40 % supérieur au taux d'intérêt des acceptations bancaires.

Les obligations à taux variable ont été conçues dans le but de contrôler les risques de fluctuations des cours provoqués par les variations des taux d'intérêt. Une obligation dont le taux du coupon est égal au rendement du marché se vend à sa valeur au pair. Dans la pratique, la valeur d'une obligation à taux variable dépend de la manière dont on détermine les rajustements au versement du coupon. Dans la plupart des cas, on rajuste le coupon avec un certain décalage par rapport à un taux de base donné, et le cours peut alors s'écarter quelque peu de la valeur nominale. À titre d'exemple, supposons qu'on rajuste le taux d'intérêt nominal le 1er juin. On pourrait effectuer ce rajustement en fonction de la moyenne simple des rendements des bons du Trésor au cours des trois mois précédents. De plus, la majorité des obligations à taux variable possèdent les caractéristiques suivantes :

1. Le détenteur peut réclamer la valeur nominale de l'obligation en date du versement relié au coupon lorsqu'une certaine période fixée au préalable s'est écoulée. C'est ce qu'on appelle un «droit de vente». Il en sera question un peu plus loin.

2. Le taux du coupon possède un plancher et un plafond. Autrement dit, on fixe un montant maximum et un minimum pour le coupon.

Les autres types d'obligations

Un grand nombre de titres ont des caractéristiques inhabituelles et même surprenantes. Les obligations catastrophe (*disaster bonds*) constituent un exemple intéressant. En 1996, USAA, un important vendeur d'assurances automobile et habitation établi à San Antonio, au Texas, a annoncé qu'il projetait d'émettre des obligations de catastrophes naturelles pour un montant de 500 millions de dollars. L'entreprise s'engageait à payer les intérêts et le capital de la manière habituelle à moins qu'elle ne soit obligée de rembourser plus de 1 milliard de dollars en réclamations pour les dégâts causés par un seul ouragan dans n'importe quelle période d'une année. Le cas échéant, les investisseurs risquaient de perdre à la fois leur capital et leurs intérêts.

La California Earthquake Authority, un organisme public qui devait être établi pour faire face à une réduction croissante de la disponibilité des assurances habitation dans cet État, planifiait une émission d'obligations analogue. Cette émission, d'une valeur anticipée de 3,35 milliards de dollars, aurait présenté une échéance de 10 ans, et les intérêts payables aux investisseurs au cours des quatre premières années risquaient d'être perdus en cas de tremblement de terre important.

Puisque les obligations sont des contrats financiers, leurs caractéristiques ne sont limitées que par l'imagination des parties concernées. Les obligations sont donc parfois singulières, particulièrement dans le cas de certaines émissions récentes. En voici d'ailleurs un échantillonnage.

Les *obligations à revenu variable* ressemblent aux obligations ordinaires, mais les versements reliés au coupon dépendent des revenus de la société. Plus précisément, les intérêts de ces coupons sont versés aux détenteurs uniquement si la société affiche un revenu suffisant. Au Canada, les obligations à intérêt conditionnel sont généralement émises par des sociétés en cours de réorganisation qui tentent de mettre fin à leurs déboires financiers. La société peut ainsi éviter d'effectuer un versement d'intérêts sans qu'il y ait défaut. Ceux qui achètent ce type d'obligation bénéficient d'un traitement fiscal favorable sur les intérêts reçus. Les *obligations à rendement réel* possèdent des coupons et un capital indexé sur l'inflation afin d'offrir un rendement stipulé réel. En 1993, le gouvernement fédéral a émis une *obligation à rendement réel à coupon détaché,* offrant ainsi une protection contre l'inflation sous forme d'une obligation dont le taux du coupon était de zéro.

On peut échanger une *obligation convertible* contre un nombre donné d'actions à tout moment avant l'échéance, selon les désirs du détenteur. Les obligations convertibles constituent des formes hybrides, mi-créance, mi-capital, qui permettent au détenteur d'enregistrer des profits si le cours des actions de l'émetteur augmente.

Obligation rétractable

Obligation qu'on peut revendre à l'émetteur avant l'échéance pour un cours fixé au préalable.

Une **obligation rétractable** permet au détenteur d'obliger l'émetteur à racheter l'obligation pour une somme déterminée auparavant. Tant que l'émetteur reste solvable, l'option de vente détermine un taux plancher pour l'obligation. C'est donc tout l'inverse d'un privilège de rachat et il s'agit d'un développement récent.

Une obligation donnée peut rassembler plusieurs caractéristiques inhabituelles. À titre d'exemple, la maison de courtage Merrill Lynch a créé une obligation très populaire qui porte le nom de *liquid yield option note* (obligation avec option au rendement en liquide) ou LYON (lion). Une LYON rassemble à peu près toutes les caractéristiques possibles : l'obligation est assortie d'un privilège de rachat, est rétractable, convertible, à coupon zéro et subordonnée. En 1991, Rogers Communications Inc. émettait la première obligation de ce type au Canada. L'évaluation d'une telle obligation est extrêmement complexe.

Questions théoriques

1. Pourquoi une obligation à revenu variable pourrait-elle convenir à une société dont les flux monétaires sont erratiques ? Pouvez-vous donner des raisons pour lesquelles les obligations à revenu variable ne sont pas plus populaires ?

2. Quel effet croyez-vous qu'un droit de vente pourrait avoir sur le coupon d'une obligation ? Qu'en est-il de la convertibilité ? Pourquoi ?

7.5 Le marché obligataire (ou marché des obligations)

Une quantité énorme d'obligations s'achètent et se vendent chaque jour. Cela peut paraître étonnant, mais le volume des transactions d'obligations au cours d'une journée normale est de plusieurs fois supérieur au volume des transactions d'actions (par volume des transactions, il faut comprendre tout simplement les sommes d'argent qui passent de main en main). Voici d'ailleurs une question piège : quel est le marché des valeurs mobilières le plus important au monde ? La plupart des gens croient qu'il s'agit de la Bourse de New York. Eh bien non ! En fait, le plus important marché des valeurs mobilières au monde pour ce qui est du volume des transactions est le marché américain du Trésor.

La vente et l'achat des obligations

Comme on l'a déjà expliqué au cours du chapitre 1, les obligations sont le plus souvent négociées hors-cote. Cela signifie que les ventes et les achats ne s'effectuent pas dans un lieu précis. Les courtiers du pays (du monde, en fait) sont toujours prêts à vendre et à acheter. Ils sont d'ailleurs tous reliés par voie électronique.

Une des raisons qui expliquent l'ampleur du marché des obligations est que le nombre d'obligations émises par une société excède de beaucoup le nombre d'actions émises. Une société aurait normalement une seule émission d'actions en circulation (le prochain chapitre examinera de plus près certaines exceptions). Une société importante peut cependant facilement avoir une douzaine d'émissions d'obligations en circulation ou plus.

Le marché des obligations étant presque entièrement hors-cote, la *transparence* fait généralement défaut. Un marché financier est qualifié de « transparent » s'il est possible d'observer facilement ses cours et son volume de transactions. Entre autres, on peut voir sans problème les cours et les quantités de chacune des transactions négociées à la Bourse de Toronto. Par contre, sur le marché des obligations, il est généralement impossible de consulter l'une ou l'autre de ces données. Les transactions sont négociées en privé entre les parties, et l'information concernant les transactions n'est à peu près jamais centralisée.

Bien que le volume total des transactions d'obligations soit beaucoup plus important que celui des actions, seule une infime partie du total des émissions d'obligations est négociée chaque jour. Lorsqu'on songe au manque de transparence du marché des obligations, on comprend alors qu'il devient très difficile, voire impossible, d'obtenir le cours exact d'une obligation donnée, surtout lorsqu'il s'agit d'une émission provenant d'une petite entreprise ou d'une municipalité. Dans ce cas, on doit plutôt avoir recours à des sources d'évaluation des cours très diverses.

Comment lire le cours des obligations

Si vous consultez le *Financial Post* (ou tout autre journal financier du même type), vous y trouverez des renseignements sur diverses obligations émises par le gouvernement du Canada, les provinces et les sociétés de la Couronne provinciales et certaines sociétés importantes. La figure 7.3 est une reproduction des cours des obligations du 29 novembre 2002. Si vous consultez la liste sous Corporate, vous remarquerez l'entrée suivante : BMO 7.000 Jan 28/10. Cela signifie que l'obligation a été émise par la Banque de Montréal et qu'elle arrivera à échéance le 28 janvier 2010. Le nombre 7.000 est le taux du coupon ; le coupon correspond donc à 7,00 % de la valeur nominale. Si la valeur nominale est de 1 000 $, le coupon annuel de l'obligation vaut donc 0,0700 × 1 000 $ = 70,00 $.

Figure 7.3

Exemple de tableau du cours des obligations

BONDS

Supplied by RBC Dominion Securities Inc. International from Reuters.

INDEXES

RBC DS Index	Index level	Total ret	Price ret	MTD tot.ret
Market	405.68	-0.55	-0.56	0.03
Short	345.05	-0.31	-0.33	0.08
Intermed	415.72	-0.67	-0.68	-0.29
Long	494.11	-0.86	-0.88	0.29
Govts	403.34	-0.57	-0.58	-0.21
Canadas	390.75	-0.53	-0.55	-0.25
Provs	435.76	-0.65	-0.67	-0.11
Munis	152 19	-0.70	-0.72	-0.16
Corps	430.49	-0.48	-0.50	0.79

FEDERAL

	Coupon	Mat. date	Bid $	Yld%
Canada	5.000	Dec 01/03	101.91	3.05
Canada	7.500	Dec 01/03	104.37	3.05
Canada	10.250	Feb 01/04	108.12	3.14
Canada	3.500	Jun 01/04	100.33	3.27
Canada	6.500	Jun 01/04	104.70	3.27
Canada	5.000	Sep 01/04	102.72	3.39
Canada	9.000	Dec 01/04	110.62	3.47
Canada	4.250	Dec 01/04	101.49	3.47
Canada	12.000	Mar 01/05	117.94	3.63
Canada	12.250	Sep 01/05	121.99	3.76
Canada	6.000	Sep 01/05	105.74	3.78
Canada	8.750	Dec 01/05	113.69	3.87
Canada	5.750	Sep 01/06	105.61	4.12
Canada	14.000	Oct 01/06	134.58	4.14
Canada	7.000	Dec 01/06	110.23	4.19
Canada	7.250	Jun 01/07	111.81	4.33
Canada	4.500	Sep 01/07	100.45	4.39
Canada	13.000	Oct 01/07	136.92	4.42
Canada	12.750	Mar 01/08	138.12	4.51
Canada	10.000	Jun 01/08	126.24	4.55
Canada	6.000	Jun 01/08	106.80	4.59
Canada	5.500	Jun 01/09	103.91	4.79
Canada	9.750	Mar 01/10	128.79	4.97
Canada	5.500	Jun 01/10	103.30	4.97
Canada	9.500	Jun 01/10	128.41	4.92
Canada	9.000	Mar 01/11	126.30	5.06
Canada	6.000	Jun 01/11	106.16	5.10
Canada	5.250	Jun 01/12	100.52	5.18
Canada	10.250	Mar 15/14	141.86	5.28
Canada	11.250	Jun 01/15	153.96	5.29
Canada	9.750	Jun 01/21	148.66	5.52
Canada	9.250	Jun 01/22	143.22	5.58
Canada	8.000	Jun 01/23	129.02	5.60
Canada	9.000	Jun 01/25	142.91	5.62
Canada	8.000	Jun 01/27	131.33	5.63
Canada	5.750	Jun 01/29	102.30	5.58
Canada	5.750	Jun 01/33	103.26	5.53

	Coupon	Mat. date	Bid $	Yld%
Quebec	5.500	Jun 01/09	102.31	5.08
Quebec	6.250	Dec 01/10	105.74	5.36
Quebec	6.000	Oct 01/12	102.98	5.60
Quebec	8.500	Apr 01/26	129.31	6.12
Quebec	6.000	Oct 01/29	98.13	6.14
Quebec	6.250	Oct 01/32	101.73	6.12
Saskat	5.500	Jun 02/08	103.44	4.78
Saskat	8.750	May 30/25	133.21	6.03
Toronto	6.100	Aug 15/07	106.18	4.62
Toronto	6.100	Dec 12/17	102.48	5.85

CORPORATE

	Coupon	Mat. date	Bid $	Yld%
AGT Lt	8.800	Sep 22/25	90.08	9.90
Air Ca	6.750	Feb 02/04	88.00	18.61
Avco	5.750	Jun 02/03	101.30	3.10
BCE	6.750	Oct 30/07	104.08	5.78
BCE	7.350	Oct 30/09	105.27	6.39
Bell	6.250	Dec 01/03	102.67	3.50
Bell	6.500	May 09/05	104.87	4.37
Bell	6.250	Apr 12/12	101.06	6.10
Bell	6.550	May 01/29	92.27	7.21
BMO	7.000	Jan 28/10	110.05	5.29
BMO	6.903	Jun 30/10	105.94	5.92
BMO	6.647	Dec 31/10	104.10	6.00
BMO	6.685	Dec 31/11	103.48	6.18
BNS	6.250	Jul 16/07	105.55	4.89
BNS	7.310	Dec 31/10	107.83	6.07
CnCrTr	5.625	Mar 24/05	103.77	3.90
Coke	5.650	Mar 17/04	102.59	3.57
DlmrCCF	6.600	Jun 21/04	102.70	4.77
DlmrCCF	5.940	Apr 22/05	101.48	5.27
Domtar	10.000	Apr 15/11	116.34	7.35
Ford C	5.730	Dec 01/03	99.79	5.95
Ford C	6.000	Mar 08/04	99.86	6.10
Ford C	6.650	Jun 20/05	99.72	6.77
GE CAP	5.300	Jul 24/07	101.71	4.88
Genss	6.869	Feb 15/05	106.35	3.83
GldCrd	5.700	Aug 15/06	104.54	4.36
GrTAA	5.400	Dec 03/02	100.01	2.95
GrTAA	5.950	Dec 03/07	103.79	5.08
GrTAA	6.700	Jul 19/10	105.81	5.75
GrTAA	6.250	Jan 30/12	101.75	6.00
GrTAA	6.450	Dec 03/27	94.70	6.90
GrTAA	6.450	Jul 30/29	94.17	6.93
GrTAA	7.050	Jun 12/30	101.86	6.90
GrTAA	7.100	Jun 04/31	102.51	6.90
GTC Tr	6.200	Jun 17/07	100.85	5.98
Gulf C	6.450	Oct 01/07	106.75	4.86
HolRec	5.672	Apr 26/06	104.33	4.29
HSBC	7.780	Dec 31/10	106.85	6.67
HydOne	6.940	Jun 03/05	106.27	4.27
HydOne	7.150	Jun 03/10	108.13	5.80

Source : *National Post*, 29 novembre 2002, p. C19. Reproduit avec autorisation.

La colonne Bid $ contient les plus récents cours acheteurs disponibles pour les obligations à la fermeture des marchés la veille. Le cours est fourni par la RBC Dominion Securities. Comme pour le coupon, le cours représente un pourcentage de la valeur nominale. Ainsi, si la valeur nominale est de 1 000 $, on a donc vendu la même obligation pour 110,05 % de 1 000 $, soit

1 100,50 $. Puisque l'obligation se vend environ à 110,05 % de sa valeur nominale, elle se vend à prime. La dernière colonne Yld % indique le rendement à l'échéance du titre sur le marché, soit 5,29 % pour l'obligation de la Banque de Montréal. Ce rendement est inférieur au taux du coupon de 7,00 %, ce qui explique pourquoi l'obligation se vend pour une somme qui dépasse sa valeur nominale. Le rendement à échéance se situe à 1,71 % sous le taux d'intérêt nominal ou 171 points de base. (Dans le langage des négociateurs d'obligations, un point de base est égal à 1/100 de 1 %.) C'est ce qui explique une valeur au marché supérieure à la valeur nominale.

Exemple 7.3 La détermination du cours d'une obligation

Les gestionnaires de portefeuilles spécialisés dans le domaine des obligations suivent les principes du cours des obligations pour tenter d'obtenir des profits pour leurs clients en achetant des obligations dont on prévoit que le cours augmentera. Afin d'anticiper les taux d'intérêt à venir, il faut d'abord prédire les niveaux des taux d'intérêt. Il est extrêmement compliqué d'effectuer ce genre de prédiction avec exactitude. Le chapitre 12 explique en détail à quel point il est difficile d'anticiper ce que sera le marché.

Supposons qu'un gestionnaire de portefeuille a prédit une importante chute des taux d'intérêt en 2005. Quel sera son choix d'investissement ?

Il choisira sans doute d'investir de façon importante dans les obligations les plus sensibles aux fluctuations des cours ou, autrement dit, dans des obligations dont les cours auront le plus augmenté au cours de la chute des taux d'intérêt. N'oubliez pas que les obligations sensibles aux cours ont une échéance plus éloignée et des coupons de valeur moins élevée. Supposons que vous souhaitez parier sur la chute éventuelle des taux d'intérêt en vous inspirant des cours illustrés dans la figure 7.3. Supposons de plus que votre client souhaite investir uniquement dans des obligations du gouvernement du Canada. Lesquelles achèteriez-vous ?

Questions théoriques

1. Quels flux monétaires sont associés à une obligation ?

2. Quelle est l'expression générale de la valeur d'une obligation ?

3. Est-il vrai que le seul risque associé à une obligation est que l'émetteur ne puisse effectuer tous les versements ? Justifiez votre réponse.

7.6 L'inflation et les taux d'intérêt

Il reste encore à examiner de plus près le rôle de l'inflation sur les taux d'intérêt et le rendement. Comme il s'agit d'une question très importante, il faut d'abord discuter l'impact de l'inflation.

Le taux réel en comparaison avec le taux nominal

Taux réel
Taux d'intérêt ou de rendement rajusté en fonction de l'inflation.

Lorsqu'on se penche sur les taux d'intérêt ou tout autre taux de marché financier tel que les taux d'actualisation, le rendement des obligations, le taux de rendement et les taux de rendement exigés, il est souvent nécessaire de distinguer le **taux réel** du **taux nominal**. Les taux nominaux n'ont pas été rajustés pour rendre compte de l'inflation, d'où leur nom. Les taux réels, par contre, ont été rajustés en fonction de l'inflation.

Taux nominal
Taux d'intérêt ou de rendement non rajusté en fonction de l'inflation.

Pour comprendre l'impact de l'inflation, supposons que les cours augmentent de 5 % par année. Autrement dit, le taux d'inflation est de 5 %. Vous trouvez un investissement qui vous rapportera 115,50 $ dans un an, pour 100 $ investis aujourd'hui. Notons que si la valeur actualisée est de 100 $ et que la valeur capitalisée est de 115,50 $, le taux de rendement de l'investissement est de 15,5 %. Ce pourcentage ne tient toutefois pas compte de l'inflation ; il s'agit donc d'un rendement nominal.

Quel serait l'impact de l'inflation dans cet exemple ? Supposons qu'une pizza coûte 5 $ au début de l'année. Avec 100 $, on peut donc acheter 20 pizzas. Si le taux d'inflation est de 5 %, les pizzas coûteront 5 % de plus, soit 5,25 $ à la fin de l'année. Si on accepte l'investissement, combien de pizzas pourra-t-on acheter à la fin de l'année ? Si on mesure le taux en pizzas, quel est le taux de rendement de l'investissement ?

Les 115,50 $ versés grâce à l'investissement vous permettront d'acheter 115,50 $/5,25 $ = 22 pizzas. C'est un peu plus que 20 pizzas; le taux de rendement des pizzas est donc de 10 %. Ainsi, même si le rendement nominal de notre investissement est de 15,5 %, le pouvoir d'achat n'augmente en réalité que de 10 % en raison de l'inflation. Autrement dit, vous êtes plus riche de 10 %. On dit alors que le rendement réel est de 10 %.

On peut aussi dire qu'avec un taux d'inflation de 5 %, chaque tranche de 115,50 $ d'origine obtenue a en réalité perdu 5 % de sa valeur. La valeur réelle en dollars de notre investissement dans un an est donc :

115,50 $/1,05 = 110 $

On a ici *rajusté au taux réel* les 115,50 $ à 5 %. Puisqu'on abandonne 100 $ en pouvoir d'achat actuel pour obtenir essentiellement 110 $, notre rendement réel est donc à nouveau de 10 %. Parce que les effets de l'inflation ne sont pas considérés ici, on dit que les 110 $ sont mesurés en dollars courants.

La différence entre le taux nominal et le taux réel est importante et mérite d'être répétée :

> Le rendement nominal d'un investissement correspond à la variation en pourcentage du nombre de dollars que vous possédez.

> Le rendement réel d'un investissement correspond à la variation en pourcentage de ce que vous pouvez acheter avec vos dollars, soit la variation en pourcentage de votre pouvoir d'achat.

L'effet Fisher

Effet Fisher

Rapport entre le rendement nominal, le rendement réel et l'inflation.

Ce court passage sur le rendement réel et le rendement nominal illustre un rapport souvent appelé l'**effet Fisher** (en l'honneur du grand économiste Irving Fisher). En définitive, puisque les investisseurs s'intéressent à ce qu'ils peuvent acheter avec leur argent, ils cherchent à être indemnisés pour l'inflation. Si R représente le taux nominal et r représente le taux réel, l'effet Fisher nous apprend que le rapport entre les taux nominaux, les taux réels et l'inflation peut s'écrire de la façon suivante :

$$1 + R = (1 + r) \times (1 + h) \qquad [7.2]$$

La variable h représente le taux d'inflation.

Dans l'exemple qui précède, le taux nominal était de 15,50 % et le taux d'inflation, de 5 %. Quel était le taux réel? On peut le déterminer grâce à la formule :

$$1 + 0{,}1550 = (1 + r) \times (1 + 0{,}05)$$
$$1 + r = 1{,}1550/1{,}05 = 1{,}10$$
$$r = 10\,\%$$

Le taux réel est donc égal à celui qui a déjà été calculé. On peut aussi simplifier la formule de l'effet Fisher de la façon suivante :

$$1 + R = (1 + r) \times (1 + h) \qquad [7.3]$$
$$R = r + h + r \times h$$

On peut donc voir que le taux nominal se compose de trois éléments. Tout d'abord, on trouve le taux réel de l'investissement r. Vient ensuite l'indemnité pour la baisse de la valeur de l'argent investi au départ en raison de l'inflation h. Finalement, il faut inclure une indemnité supplémentaire parce que les dollars que rapporte l'investissement sont également de moindre valeur à cause de l'inflation.

Cette troisième composante est généralement faible et on l'élimine souvent. Le taux nominal est donc à peu près égal au taux réel ajouté au taux d'inflation :

$$R \approx r + h \qquad [7.4]$$

Si des investisseurs exigent un taux de rendement réel de 10 % et que le taux d'inflation est de 8 %, quel est le taux nominal approximatif ? Quel est le taux nominal exact ?

Tout d'abord, le taux nominal approximatif est égal à la somme du taux réel et du taux d'inflation : 10 % + 8 % = 18 %.

Grâce à la formule de l'effet Fisher, on obtient :

$$1 + R = (1 + r) \times (1 + h)$$
$$= 1,10 \times 1,08$$
$$= 1,1880$$

Le taux nominal est donc plus près de 19 %.

Il est important de noter que les rendements financiers tels que les taux d'intérêt, les taux d'actualisation et les taux de rendement sont presque toujours exprimés en termes nominaux.

> **Questions théoriques**
>
> **1.** Quelle est la différence entre le rendement nominal et le rendement réel ? Lequel est le plus important pour un investisseur typique ?
>
> **2.** Qu'est-ce que l'effet Fisher ?

7.7 Les déterminants du rendement des obligations

La structure à terme des taux d'intérêt
Les cours au comptant et le rendement à l'échéance

Les problèmes étudiés dans ce chapitre partaient toujours du principe que les taux d'intérêt étaient constants jusqu'à l'échéance. En réalité, les taux d'intérêt varient au fil du temps jusqu'à l'échéance, principalement parce que les taux d'inflation risquent toujours de changer au fil des années. La figure 7.4 montre la structure à terme des taux d'intérêt en pente ascendante et en pente descendante en fonction du temps.

À titre d'illustration, considérons deux obligations à coupon zéro. L'obligation A est une obligation de un an et l'obligation B, une obligation de deux ans. Ces deux obligations ont une valeur nominale de 1 000 $. Le taux d'intérêt de l'obligation de un an r_1 est de 8 %, et celui de l'obligation de deux ans r_2 est de 10 %. Ces deux taux d'intérêt sont des exemples de *cours au comptant*. Cette inégalité entre les taux d'intérêt existe peut-être parce qu'on s'attend à ce que l'inflation soit plus importante au cours de la deuxième année que durant la première. Les deux obligations sont représentées par le diagramme temporel ci-dessous :

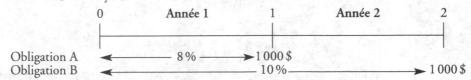

On peut aisément calculer la valeur actualisée de l'obligation A et de l'obligation B comme suit :

$VA_A = 925,93\ \$ = 1\ 000\ \$/1,08$
$VA_B = 826,45\ \$ = 1\ 000\ \$/(1,10)^2$

Bien sûr, si on connaissait la VA_A et la VA_B mais non les cours au comptant, il serait possible de déterminer ces derniers grâce à la formule de la VA, puisque :

$VA_A = 925,93\ \$ = 1\ 000\ \$/(1 + r_1)/ \rightarrow r_1 = 8\ \%$

et

$VA_B = 826,45\ \$ = 1\ 000\ \$/(1 + r_2)^2 \rightarrow r_2 = 10\ \%$

Après avoir appris comment calculer les cours d'obligations plus complexes, il est possible de faire le problème suivant. Cet exemple porte sur la différence entre le cours au comptant et le rendement à l'échéance.

Question théorique

1. Quelle est la différence entre le cours au comptant et le rendement à l'échéance?

Figure 7.4

La structure à terme des taux d'intérêt

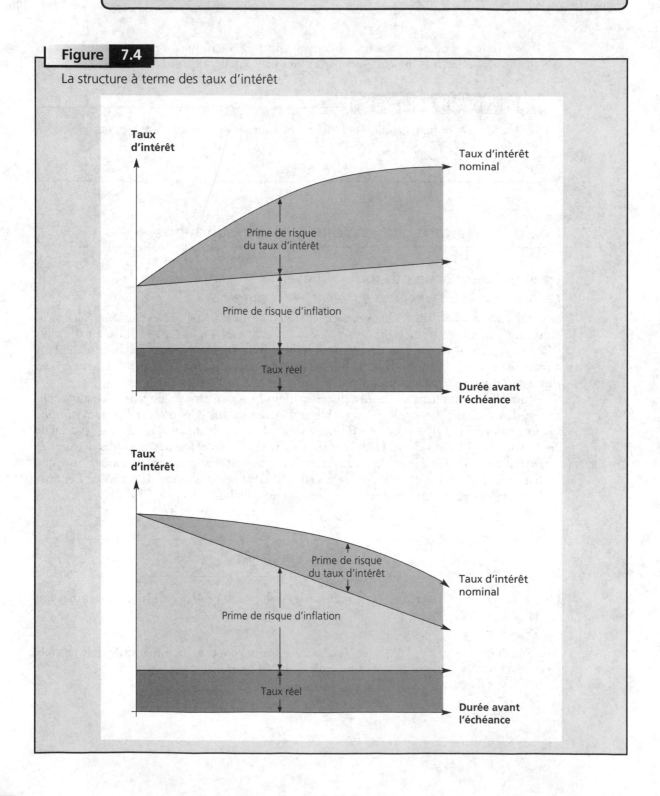

Soit les cours au comptant suivants : $r_1 = 8\%$ et $r_2 = 10\%$. Quel devrait être le cours d'une obligation de deux ans dont le coupon vaut 5 % ? Les flux monétaires C_1 et C_2 sont illustrés à l'aide du diagramme temporel suivant :

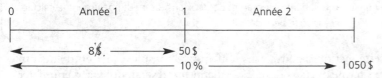

On peut considérer qu'il s'agit d'un portefeuille d'obligations à coupon zéro dont l'échéance est de un an. Ainsi,

$$VA = 50\,\$/(1 + 0,08) + 1\,050\,\$/(1 + 0,10)^2 = 914,06 \quad [7.5]$$

On souhaite maintenant calculer un seul taux pour l'obligation. Pour y arriver, il faut déterminer y dans l'équation suivante :

$$914,06\,\$ = 50\,\$/(1 + y) + 1\,050\,\$/(1 + y)^2 \quad [7.6]$$

Dans l'équation 7.6, y est égal à 9,05 %. Comme on l'a déjà précisé, on appelle y le « rendement à l'échéance » de l'obligation.

Il serait opportun de comparer les équations 7.5 et 7.6. Dans l'équation 7.5, on utilise les cours au comptant pour déterminer le prix des obligations. Une fois le prix obtenu, on se sert de l'équation 7.6 pour calculer son rendement à l'échéance. Du fait que l'équation 7.5 utilise deux cours au comptant alors que l'équation 7.6 n'en utilise qu'un seul, on peut envisager le rendement à l'échéance comme une sorte de moyenne des deux cours au comptant[8].

À l'aide de ces cours au comptant, on peut déterminer le rendement à l'échéance d'une obligation à coupon annuel qui vient à échéance dans deux ans, dont le taux du coupon est de 12 % et la valeur actualisée de 1 036,73 $ de la façon suivante :

$$1\,036,73\,\$ = 120\,\$/(1 + r) + 1\,020\,\$/(1 + r)^2 \rightarrow r = 9,89\%$$

Comme le démontrent ces calculs, deux obligations qui partagent la même échéance n'ont généralement pas le même rendement à l'échéance si le coupon diffère.

La structure à terme

Il faut maintenant explorer plus avant le rapport entre le cours au comptant et l'échéance. Tout d'abord, il est important de définir une nouvelle expression : le « cours à terme ». Il faudra ensuite établir le rapport entre le cours à terme et les taux d'intérêt futurs. Enfin, on évaluera diverses théories sur la structure à terme des taux d'intérêt.

La définition du cours à terme Dans cette section, il a déjà été question d'une obligation de deux ans dont le cours au comptant durant la première année était de 8 % et le cours au comptant durant deux ans était de 10 %. Dans un tel cas, une personne qui déciderait d'investir 1 $ dans une obligation à coupon zéro de deux ans obtiendrait $1\,\$ \times (1,10)^2$ dans deux ans.

Avant de poursuivre, il convient de récrire l'équation :

$$1\,\$ \times (1,10)^2 = 1\,\$ \times 1,08 \times 1,1204 \quad [7.7]$$

L'équation 7.7 permet d'obtenir d'importantes indications sur le rapport entre des taux de un an et de deux ans. Lorsqu'on investit dans une obligation à coupon zéro de deux ans dont le rendement est de 10 %, on obtient une somme égale à un investissement de 8 % la première année et de 12,04 % la deuxième année. Ce taux hypothétique de la deuxième année, soit 12,04 %, se nomme le « cours à terme ». On peut ainsi se dire qu'en investissant dans une obligation à coupon zéro de deux ans, on obtient en fait un cours au comptant de 8 % la première année et un cours verrouillé à 12,04 % la deuxième année.

De manière plus générale, avec les cours au comptant r_1 et r_2, on peut toujours calculer le cours à terme f_2 de la façon suivante :

$$(1 + r_2)^2 = (1 + r_1) \times (1 + f_2) \quad [7.8]$$

On isole ensuite f_2 pour obtenir :

$$f_2 = \frac{(1 + r_2)^2}{1 + r_1} = 1 \quad [7.9]$$

---

8 Le rendement à l'échéance est plus qu'une simple moyenne de r_1 et r_2. Les économistes financiers parlent plutôt d'une moyenne de r_1 et r_2 pondérée en fonction du temps.

<table>
<tr><td>**Exemple**</td><td>**7.6**</td><td>Un rappel au sujet de l'épargne</td></tr>
</table>

Si le cours au comptant de un an est de 7 % et que le cours au comptant de deux ans est de 12 %, quelle est la valeur de f_2 ?

On remplace les variables de l'équation 7.9 par les valeurs actuelles pour obtenir :

$$f_2 = (1,12)^2/1,07 - 1 = 17,23\%$$

Supposons qu'une personne investit dans une obligation à coupon zéro de deux ans dont le rendement est de 12 %. On dit alors qu'elle reçoit en fait 7 % au cours de la première année et ensuite 17,23 % au cours de la deuxième année. Il faut remarquer que l'on connaît le cours au comptant de un an et le cours au comptant de deux ans dès la période initiale. Puisque le cours à terme est calculé à partir des cours au comptant de un an et de deux ans, on peut également le calculer à la période initiale.

La matière exposée dans cette section paraîtra sans doute assez complexe aux étudiants qui n'ont jamais abordé la structure à terme des taux d'intérêt auparavant. Il serait utile ici d'énumérer les connaissances requises pour bien comprendre. L'équation 7.9 nécessite de savoir calculer une série de cours à terme à partir d'une série de cours au comptant. On peut envisager ce processus comme un simple calcul mécanique. Outre le fait de pouvoir effectuer ces calculs, les étudiants devraient comprendre intuitivement ce qui sous-tend le calcul. En outre, la figure 7.5 illustre une courbe de rendement pour les obligations du gouvernement du Canada au 29 novembre 2002 construite à partir des données contenues dans la figure 7.3.

<table>
<tr><td>**Figure**</td><td>**7.5**</td></tr>
</table>

La courbe de rendement des obligations du gouvernement du Canada

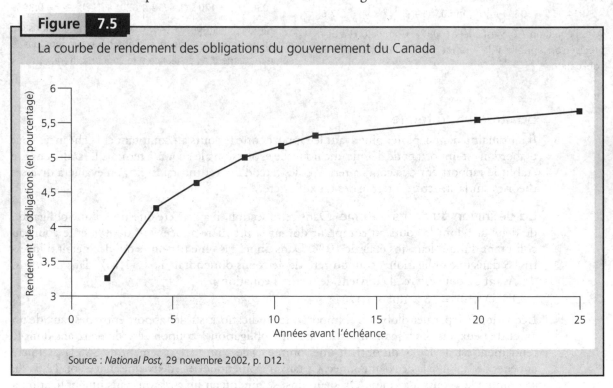

Source : *National Post,* 29 novembre 2002, p. D12.

Il est maintenant temps d'examiner de plus près le rapport entre le cours à terme et les cours au comptant attendus dans le futur.

Le rapport entre les cours à terme et les cours au comptant anticipés

Un investisseur qui souhaite investir 1 000 $ pour une période de deux ans peut choisir entre deux stratégies d'investissement à la date 0 :

1. Acheter une obligation à escompte pure de deux ans. Si le cours au comptant de deux ans est de 10 %, le produit sera :

$$1\,000\,\$ \times (1,10)^2 = 1\,210\,\$$$

2. Acheter une obligation de un an et réinvestir le produit après un an. Le cours au comptant pour la première année est de 8 %. Le taux de réinvestissement pour la deuxième période est de r_2. Il s'agit du cours au comptant de un an qui débute à la date 1 et qui est inconnu à la date 0. Le produit sera :

$$1\,000\,\$ \times (1,08) \times (1 + r_2) = ?$$

Si le risque est le même partout, comment l'investisseur devrait-il procéder pour choisir la meilleure stratégie?

Votre choix dépend de vos attentes quant aux cours au comptant de un an débutant à la date 1, soit r_2. Si vous croyez que le cours au comptant de un an sera de 13 %, vous devriez choisir la stratégie 2. Le rendement attendu de la stratégie 2 serait:

$$1\,000\,\$ \times (1,08) \times (1,13) = 1\,220,40\,\$$$

Si vous croyez que le cours au comptant de un an à la date 1 sera de 11 %, vous devriez choisir la stratégie 1. En effet, si r_2 est de 11 %, la stratégie 2 ne produira que:

$$1\,000\,\$ \times (1,08) \times (1,11) = 1\,198,80\,\$$$

Quelles seraient les conditions nécessaires pour que les rendements de la stratégie 1 et de la stratégie 2 soient identiques? Les deux stratégies auraient le même rendement attendu uniquement dans le cas suivant:

$$12,04\,\% = \text{Cours au comptant attendu de l'année 2}$$

Autrement dit, si le cours à terme est égal au cours au comptant attendu, on pourrait s'attendre à obtenir le même rendement en deux ans.

L'hypothèse des anticipations

Il est raisonnable de penser que les investisseurs fixent les taux d'intérêt de façon que le cours à terme soit égal au cours au comptant anticipé sur le marché dans un an[9].

On a déjà eu recours à une équation pour notre exemple de cours à terme de 12,04 % qu'on peut généraliser ainsi:

$$f_2 = \text{Cours au comptant attendu au cours de l'année 2} \qquad [7.10]$$

Le cours à terme durant la deuxième année est fixé au cours au comptant anticipé pour cette même année. C'est ce qu'on appelle l'«hypothèse des anticipations». Celle-ci stipule que les investisseurs fixent les taux d'intérêt de façon que le cours à terme de la deuxième année soit égal au cours au comptant anticipé pour la deuxième année.

L'hypothèse préférentielle de la liquidité

Plusieurs étudiants pourraient s'imaginer ici que l'équation 7.10 s'applique à tous les cas. Il faut néanmoins remarquer que l'équation 7.10 partait du principe que les investisseurs ne craignaient pas le risque. Que se passerait-il si, au contraire, la crainte du risque était un facteur?

Laquelle de ces deux stratégies pourrait paraître plus risquée à un individu qui désire investir pour un an (plutôt que deux ans, comme dans l'exemple précédent)?

3. Acheter une obligation de un an.

4. Acheter une obligation de deux ans pour la revendre après un an.

La stratégie 3 ne comporte aucun risque, car l'investisseur sait que le taux de rendement doit être de r_1. La stratégie 4, par contre, est beaucoup plus risquée, car le rendement final dépend des fluctuations du taux d'intérêt.

Puisque la stratégie 4 est plus risquée que la stratégie 3, aucun investisseur craignant le risque n'oserait choisir la stratégie 4 si les deux stratégies proposaient le même rendement anticipé. Les investisseurs qui n'aiment pas le risque n'auront toutefois aucune préférence pour l'une ou l'autre des stratégies si le rendement attendu pour la stratégie 4 est *supérieur* au rendement de la stratégie 3. Du fait que les deux stratégies ont le même rendement anticipé lorsque f_2 est égal au cours au comptant attendu durant l'année 2, la stratégie 3 ne peut avoir un taux de rendement plus élevé que si on a:

$$f_2 = \text{Cours au comptant anticipé} + \text{Prime de liquidité} \qquad [7.11]$$

Autrement dit, afin d'inciter les investisseurs à choisir l'obligation de deux ans plus risquée, le marché fixe le cours à terme de la deuxième année à un taux plus élevé que le cours au comptant attendu pour la deuxième année. On appelle l'équation 7.11 l'«hypothèse préférentielle de la liquidité».

---

9 Bien sûr, chaque individu a ses propres attentes, et l'égalité ne peut s'appliquer à tous. Toutefois, les économistes financiers parlent généralement d'une attente du marché en général.

L'hypothèse préférentielle de la liquidité a été élaborée en partant du principe que les investisseurs songent à investir pour un an. On a déjà dit que pour ces derniers, une obligation de deux ans comporte des risques supplémentaires à cause de sa vente anticipée. Mais quels sont les choix permis à ceux qui désirent investir pour une période de deux ans ? (On dit de ces investisseurs qu'ils ont un *horizon prévisionnel* de deux ans.) Ils pourraient :

1. acheter une obligation à coupon zéro de deux ans ;
2. acheter une obligation de un an, puis une autre aussitôt après l'échéance.

La stratégie 1 ne comporte aucun risque pour les investisseurs dont l'horizon prévisionnel est de deux ans, car le produit à la date 2 est connu dès la date 0. Toutefois, la stratégie 2 comporte un risque parce que le cours au comptant de l'année 2 est inconnu à la date 0. On peut démontrer que les investisseurs qui craignent le risque ne préfèrent ni la stratégie 1 ni la stratégie 2 lorsque :

$$f_2 = \text{Cours au comptant} - \text{Prime pour le temps} \qquad [7.12]$$

Il faut noter que la crainte du risque donne lieu à une prévision contraire. Le rapport de l'équation 7.11 s'applique à un marché dominé par les investisseurs dont l'horizon prévisionnel est de un an. Le rapport de l'équation 7.12 s'applique à un marché dominé par des investisseurs dont l'horizon prévisionnel est de deux ans. En général, les économistes financiers considèrent que l'horizon prévisionnel de l'investisseur typique est habituellement beaucoup plus court que l'échéance des obligations qu'on trouve d'ordinaire sur le marché. Les économistes croient donc que l'équation 7.11 est l'illustration la plus juste d'un équilibre du marché des obligations pour les investisseurs qui préfèrent éviter le risque.

Il faudrait pourtant savoir si le marché actuel est composé d'investisseurs sans crainte de risque ou, au contraire, d'investisseurs préférant l'éviter. Autrement dit, laquelle des deux hypothèses, l'hypothèse des anticipations (voir l'équation 7.10) ou l'hypothèse préférentielle de la liquidité (voir l'équation 7.11), risque de tenir ? Comme on l'expliquera plus loin, les économistes considèrent que la plupart des investisseurs cherchent à éviter le risque, mais ils ne se limitent jamais à un simple examen des prémisses d'une théorie. Pour eux, la décision doit être prise après une observation empirique des prévisions théoriques.

On trouve un vaste échantillon d'observations empiriques sur la structure à terme des taux d'intérêt. Malheureusement (ou peut-être fort heureusement, aux yeux de certains étudiants), il est impossible de présenter ici ces observations en détail. Il semble toutefois que ces observations soutiennent davantage l'hypothèse préférentielle de la liquidité que l'hypothèse des anticipations.

Questions théoriques

1. Définissez le cours à terme.
2. Quel est le rapport entre un cours au comptant de un an, un cours au comptant de deux ans et un cours à terme pour la deuxième année ?
3. Qu'est-ce que l'hypothèse des anticipations ?
4. Qu'est-ce que l'hypothèse préférentielle de la liquidité ?

La mise en application de la théorie de la structure des termes

Afin d'expliquer la théorie de la structure des termes, les exemples faisant référence à des obligations à coupon zéro et aux cours au comptant et à terme étaient fort utiles. Pour les mettre en application, il convient de revenir aux obligations ordinaires et aux rendements à l'échéance et à la façon dont les journaux financiers présentent leurs données relatives aux obligations.

À la figure 7.5, on pouvait voir le rapport entre les rendements à l'échéance et les années précédant l'échéance. On observe ces courbes de rendement à un moment précis, et elles changent de forme au fil du temps.

Il faut noter que les rendements augmentent à l'échéance ; plus l'échéance d'une obligation est longue, plus le rendement à maturité est élevé. La théorie de la structure à terme des taux d'intérêt offre deux explications possibles à ce phénomène : d'une part, les investisseurs s'attendent à ce que les taux augmentent et, d'autre part, il existe une prime de liquidité.

Supposons maintenant que vous devez conseiller un ami qui cherche à renouveler son hypothèque. Supposons aussi que votre ami doit choisir entre une hypothèque de un an à 6,5 % et une hypothèque de deux ans à 8 %. On sait qu'en moyenne, si on réfléchit à la durée totale d'une hypothèque, il est plus avantageux de renouveler son hypothèque de un an chaque année parce que l'emprunteur évite ainsi de payer la prime de liquidité. Toutefois, on sait également que cette approche est plus risquée parce que la courbe des rendements des obligations et des hypothèques est ascendante, ce qui implique que les investisseurs croient que les taux risquent d'augmenter.

7.8 Le risque des taux d'intérêt

Il a déjà été question, lorsqu'on parlait du risque des taux d'intérêt et des applications, de la façon dont les gestionnaires de portefeuilles d'obligations choisissent des obligations pour accroître la volatilité des prix lorsque les taux d'intérêt chutent. On recommande alors d'acheter des obligations à long terme dont le coupon est de faible valeur. Lorsqu'ils appliquent cette règle, les gestionnaires d'obligations canadiens utilisent la *durée* — une façon de mesurer l'échéance effective d'une obligation en tenant compte à la fois de l'échéance et du taux du coupon. Dans la présente section, on explique comment calculer la durée et la manière dont les gestionnaires de portefeuilles d'obligations l'utilisent.

Supposons qu'un portefeuille comporte deux obligations à escompte pur (coupon zéro). La première obligation arrive à échéance dans un an et la deuxième, dans cinq ans. Comme il s'agit d'obligations à coupon zéro, celles-ci offrent un flux monétaire de 100 $ à l'échéance mais uniquement à l'échéance. Si le taux d'intérêt est de 10 % pour toutes les échéances, le cours des obligations est :

Valeur de l'obligation à escompte de un an : $\frac{100\,\$}{1,10} = 90,91\,\$$

Valeur de l'obligation à escompte de cinq ans : $\frac{100\,\$}{(1,10)^5} = 62,09\,\$$

Laquelle de ces obligations devrait produire le pourcentage de gain en capital le plus élevé si les taux chutaient à 8 % pour toutes les échéances ? On sait déjà que la volatilité des prix augmente selon l'échéance et diminue selon le taux du coupon. Les deux obligations partagent le même taux de coupon (de zéro) ; l'obligation de cinq ans devrait donc offrir le plus haut pourcentage de gain.

Afin de le prouver, on peut calculer les nouveaux cours et les modifications de pourcentage. Le cours de l'obligation de un an s'élève à 92,50 $, ce qui représente une augmentation de 1,85 %[10]. Le cours de l'obligation de cinq ans se chiffre à 68,06 $, soit une augmentation de 9,61 %. Vous devriez être en mesure de prouver que l'effet est aussi valable en sens inverse. Si les taux d'intérêt augmentent à 12 % pour toutes les échéances, l'obligation de cinq ans perdra un plus grand pourcentage de sa valeur.

Si toutes les obligations étaient des obligations à coupon zéro, l'échéance serait une mesure précise de la volatilité du cours. En fait, la plupart des obligations comportent le versement de coupons. La durée permet de mesurer l'échéance effective en intégrant l'effet de divers taux de coupon.

La durée

On remarque d'abord que toute obligation ordinaire est en fait un mélange d'obligations à coupon zéro. À titre d'exemple, une obligation de cinq ans dont le coupon vaut 10 % et la valeur nominale, 100 $, est composée de cinq obligations à coupon zéro :

1. Une obligation à coupon zéro qui offre un remboursement de 10 $ à la fin de la première année ;

2. Une obligation à coupon zéro qui offre un remboursement de 10 $ à la fin de la deuxième année ;

---

10 Le pourcentage de l'augmentation du cours est (92,59 $ – 90,91 $)/90,91 $ = 1,85 %.

3. Une obligation à coupon zéro qui offre un remboursement de 10 $ à la fin de la troisième année ;

4. Une obligation à coupon zéro qui offre un remboursement de 10 $ à la fin de la quatrième année ;

5. Une obligation à coupon zéro qui offre un remboursement de 110 $ à la fin de la cinquième année.

Puisqu'on détermine la volatilité du cours d'une obligation à coupon zéro uniquement à partir de l'échéance, on aimerait pouvoir déterminer l'échéance moyenne des obligations à coupon zéro qui composent l'obligation ordinaire de cinq ans. On en arrive alors au concept de durée.

Pour calculer l'échéance moyenne pour l'obligation à coupon de 10 %, il faut procéder en trois étapes.

1. On calcule la valeur actualisée de chaque versement à partir du rendement à l'échéance de l'obligation ainsi :

Année	Versement	Valeur actualisée du versement en actualisant un taux de 10 %
1	10 $	9,091 $
2	10	8,264
3	10	7,513
4	10	6,830
5	110	68,302
Total		100,000 $

2. On exprime la valeur actualisée de chaque versement de façon relative. On calcule la valeur relative d'un seul versement en déterminant le rapport entre la valeur actualisée du versement et la valeur de l'obligation. La valeur de l'obligation est de 100 $. On obtient donc ce qui suit :

Année	Versement	Valeur actualisée du versement	Valeur relative = Versement de la valeur actualisée ÷ Valeur de l'obligation
1	10 $	9,091 $	9,091 $/100 $ = 0,090 91
2	10	8,264	0,082 64
3	10	7,513	0,075 13
4	10	6,830	0,0683
5	110	68,302	0,683 02
Total		100,000 $	1,000 00

L'essentiel de la valeur relative, soit 68,302 %, apparaît à la date 5, année où le capital est remboursé.

3. On évalue l'échéance de chaque versement en fonction de sa valeur relative. On obtient :

$$4,1699 \text{ années} = 1 \text{ année} \times 0,090\,91 + 2 \text{ années} \times 0,082\,64 + 3 \text{ années} \times 0,075\,13 + 4 \text{ années} \times 0,068\,30 + 5 \text{ années} \times 0,683\,02$$

Il existe plusieurs façons de calculer l'échéance moyenne d'une obligation. On l'a calculée ici en comparant l'échéance de chaque versement à la valeur actualisée des versements. L'échéance effective des obligations est donc de 4,1699 années. On utilise communément le terme « durée » pour parler de l'échéance effective. Ainsi, la durée de l'obligation est de 4,1699 années. Vous remarquerez que la durée s'exprime en unités de temps.

Parce que l'obligation de cinq ans dont le coupon vaut 10 % a une durée de 4,1699 années, le pourcentage des fluctuations de son cours devrait être le même que pour une obligation à coupon zéro dont la durée est de 4,1699 années. En fait, une obligation de cinq ans dont le coupon est de 1 % possède une durée de 4,8842 années. Puisque la durée de l'obligation à 1 % est plus longue que pour l'obligation à 10 %, le cours de l'obligation à 1 % devrait connaître des fluctuations plus importantes. C'est exactement ce qu'on avait prévu.

Pourquoi l'obligation à 1 % a-t-elle une plus longue durée que l'obligation à 10 %, même si elles partagent la même échéance de cinq ans? Comme on l'a vu, la durée constitue la moyenne de l'échéance des flux monétaires de l'obligation pondérée par la valeur actualisée de chaque flux monétaire. L'obligation à 1 % ne permet de recevoir que 1 $ au cours des cinq premières années. Ainsi, la pondération pour les années 1 à 4 dans la formule de la durée sera très faible. De son côté, l'obligation à 10 % permet de recevoir 10 $ au cours des quatre premières années. Il faudra donc pondérer davantage dans la formule de la durée pour les années 1 à 4.

En règle générale, les changements de pourcentage du cours d'une obligation dont la durée est élevée sont plus importants que pour les obligations de courte durée. Cette propriété est utile aux gestionnaires de portefeuilles à la recherche d'un rendement supérieur. Ces gestionnaires prolongent la durée du portefeuille lorsqu'ils s'attendent à une chute des taux, et ils diminuent cette même durée lorsqu'ils croient que les taux s'apprêtent à augmenter.

Comme il est presque impossible de prédire les taux avec exactitude, certains gestionnaires couvrent les rendements en fixant pour leurs éléments d'actif une durée égale à celle de leurs éléments de passif. Ainsi, les valeurs marchandes des deux côtés du bilan se rajustent de la même façon, et la valeur marchande de la valeur nette reste constante. On appelle souvent la couverture de la durée l'« immunisation » du portefeuille.

La recherche actuelle sur le rendement des obligations du gouvernement du Canada démontre que la durée est un moyen pratique de mesurer la volatilité du cours d'une obligation et un outil efficace pour couvrir les risques d'intérêt.

7.9 Résumé et conclusions

Ce chapitre s'est attardé davantage sur les obligations et leur rendement. Vous avez abordé les notions décrites ci-après.

1. Les cours et les rendements des obligations sont établis selon les principes de base de l'actualisation des flux monétaires.

2. La valeur des obligations est inversement proportionnelle aux taux d'intérêt, ce qui entraîne des gains ou des pertes pour les investisseurs.

3. Les obligations possèdent une grande variété de caractéristiques détaillées dans un document nommé l'« acte de fiducie ».

4. Les obligations sont évaluées en fonction de leur risque de défaut. Certaines obligations, tels les bons du Trésor, ne comportent aucun risque de défaut, alors que les obligations dites « de pacotille » sont beaucoup plus risquées.

5. Il existe une très large variété d'obligations, et plusieurs d'entre elles ont des caractéristiques quelque peu inhabituelles.

6. Presque toutes les obligations sont négociées hors-cote, et leur marché manque donc de transparence. Par conséquent, il est difficile d'obtenir le prix et le volume de transaction pour une obligation avec certitude.

7. Les rendements des obligations sont le reflet du taux réel et des primes que les investisseurs exigent à titre d'indemnisation pour l'inflation et le risque d'intérêt.

En conclusion, il faut noter que les obligations sont une source vitale de financement pour les gouvernements et les sociétés de toutes sortes. Les cours et les rendements des obligations constituent une matière riche, et ce seul chapitre ne peut bien sûr qu'aborder les concepts et les idées les plus importantes. Il y aurait encore beaucoup à dire, mais le prochain chapitre s'attardera davantage sur les actions.

NOTIONS CLÉS

Problèmes de récapitulation et auto-évaluation

7.1 **La valeur des obligations** Une obligation de la société Microgates Industries propose un taux de coupon de 10 % et une valeur nominale de 1 000 $. Les intérêts sont payés par versements semestriels avec une échéance de 20 ans. Si les investisseurs exigent un rendement de 12 %, quelle est la valeur de l'obligation ? Quel est le rendement annuel effectif de l'obligation ?

7.2 **Le rendement des obligations** Une obligation de la société Macrodur offre un coupon de 8 % remboursable par versements semestriels. La valeur nominale est de 1 000 $ avec une échéance de six ans. Si l'obligation se vend actuellement 911,37 $, quel est son rendement à l'échéance ? Quel est le rendement annuel effectif ?

Réponses à l'auto-évaluation

7.1 Puisque le taux du coupon de l'obligation est de 10 % et que les investisseurs exigent un rendement de 12 %, l'obligation doit se vendre à escompte. Vous remarquerez qu'étant donné que l'obligation émet des intérêts semestriels, le coupon vaudra donc 100 $/2 = 50 $ et sera versé tous les six mois. Le rendement exigé est 12 %/2 = 6 % tous les six mois. Enfin, l'échéance est de 20 ans ; il y a donc 40 périodes de six mois en tout.

Ainsi, la valeur de l'obligation est égale à la valeur actualisée de 50 $ tous les six mois au cours des 40 prochaines périodes de six mois, ajoutée à la valeur actualisée de la valeur nominale, soit 1 000 $. On a :

$$\text{Valeur de l'obligation} = [50\,\$ \times (1 - 1/1,06)^{40}]/0,06 + 1\,000/1,06^{40}$$
$$= 50\,\$ \times 15,04630 + 1\,000/10,2857$$
$$= 849,54\,\$$$

Notons qu'il faut actualiser les 1 000 $ de 40 périodes à 6 % par période et non de 20 ans à 12 %. En effet, le rendement annuel réel de l'obligation est $1,06^2 - 1 = 12,36\,\%$ et non de 12 %. On aurait donc pu utiliser 12,36 % par année pendant 20 ans pour calculer la valeur actualisée de la valeur nominale de 1 000 $ et obtenir ainsi la même réponse.

7.2 La valeur actualisée des flux monétaires de l'obligation correspond à son prix courant, soit 911,37 $. Le coupon vaut 40 $ et il est versé tous les six mois pendant 12 périodes. La valeur nominale est de 1 000 $. Le rendement de l'obligation correspond au taux d'actualisation dans l'équation suivante :

$$911,37\,\$ = 40\,\$ \times [1 - 1/(1 + r)^{12}]/r + 1\,000/(1 + r)^{12}$$

L'obligation se vend à escompte. Puisque le taux du coupon est de 8 %, le rendement devrait lui être quelque peu supérieur.

Pour calculer la réponse par tâtonnements, on pourrait essayer tout d'abord 12 % (ou 6 % par semestre) :

$$\text{Valeur de l'obligation} = 40\,\$ \times (1 - 1/1,06^{12})/0,06 + 1\,000/1,06^{12}$$
$$= 832,32\,\$$$

La réponse est inférieure à la valeur actuelle, ce qui signifie que notre taux d'actualisation est trop élevé. Le rendement se situe donc entre 8 % et 12 %. À force d'essais (ou à l'aide d'une calculatrice), on obtient un rendement annuel de 10 % ou semestriel de 5 % tous les six mois.

Selon les normes, il faudrait alors stipuler le rendement à l'échéance ainsi :

$2 \times 5\,\% = 10\,\%$. Le rendement effectif est donc $1,05^2 - 1 = 10,25\,\%$.

Questions de synthèse et de réflexion critique

1. Est-il vrai qu'un titre du gouvernement du Canada est sans risque ?

2. Laquelle des obligations suivantes a le risque de taux le plus élevé : une obligation du gouvernement du Canada venant à échéance dans 30 ans ou une obligation de société ayant une cote BB qui échoit dans 30 ans ?

3. Concernant les cours acheteurs et vendeurs d'une obligation du Canada, est-il possible que le cours acheteur soit plus élevé que le cours vendeur ? Expliquez votre réponse.

4. Les cotations des cours acheteurs et vendeurs des obligations du Canada sont parfois exprimées sous forme de rendements, de sorte qu'on a un rendement de cours acheteur et un rendement de cours vendeur. À votre avis, lequel des deux est le plus élevé ? Expliquez votre réponse.

5. Une entreprise considère la possibilité d'émettre une obligation à long terme. Ses dirigeants se demandent s'ils doivent y inclure ou non une clause de remboursement anticipé. Quels seraient les avantages, du point de vue de l'entreprise, d'ajouter une telle clause ? Quels en seraient les coûts ? En quoi vos réponses changeraient-elles s'il s'agissait d'un droit de vente ?

6. Comment une entité émettrice détermine-t-elle le taux d'intérêt nominal approprié pour ses obligations ? Expliquez la différence entre le taux d'intérêt nominal et le rendement exigé sur un titre.

7. Existe-t-il des circonstances dans lesquelles un investisseur pourrait se préoccuper davantage du rendement nominal de son investissement que de son rendement réel ?

8. Certaines entreprises versent des sommes souvent substantielles à des firmes de cotation comme le Dominion Bond Rating Service pour faire évaluer leurs titres. Toutefois, elles ne sont pas obligées de se soumettre à cette pratique, qui est purement volontaire. Alors, à votre avis, pourquoi le font-elles ?

9. Les obligations du Canada ne sont pas cotées. Pourquoi ? Il arrive souvent que les obligations de pacotille ne le soient pas non plus. Pourquoi ?

10. Quelle est la différence entre la structure à terme des taux d'intérêt et leur courbe de rendement ?

Questions et problèmes

Notions de base (questions 1 à 14)

1. **L'interprétation du rendement des obligations** Le rendement à l'échéance d'une obligation correspond-il au rendement exigé ? Le rendement à l'échéance correspond-il au taux du coupon ? Supposons qu'une obligation dont le coupon vaut 10 % se vend aujourd'hui à sa valeur nominale. Dans deux ans, le rendement exigé sur cette même obligation est de 8 %. Quel est alors le taux du coupon de l'obligation ? le rendement à l'échéance ?

2. **L'interprétation du rendement des obligations** Supposons que vous achetez aujourd'hui une obligation dont le coupon vaut 7 % avec une échéance de 20 ans, au moment de son émission. Si les taux d'intérêt augmentent soudain de 15 %, qu'advient-il de la valeur de votre obligation ? Pourquoi ?

3. **Le cours des obligations** La société CIR inc. possède des obligations sur le marché dont le coupon vaut 7 % avec une échéance de 10 ans. Les obligations proposent des versements annuels. Si le rendement à l'échéance est de 9,5 %, quel est le cours actuel des obligations ?

4. **Le rendement des obligations** Berrada inc. a émis sur le marché des obligations dont le coupon vaut 10 %, remboursables par versements annuels avec une échéance de 9 ans. Si l'obligation se vend 1 075,25 $, quel est le rendement à l'échéance ?

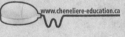

5. **Le taux du coupon** Les entreprises Valéry ont émis sur le marché des obligations remboursables par versements annuels dont l'échéance est de 13 ans. Les obligations se vendent 850 $. À ce prix, le rendement des obligations est de 7,4 %. Quel est le taux du coupon des obligations de Valéry ?

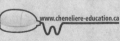

6. **Le cours des obligations** La société Simonato a émis des obligations dont l'échéance était de 11 ans l'année dernière et dont le taux du coupon est de 9,25 %. Les coupons sont payés par versements semestriels. Si le rendement à l'échéance est de 8,15 %, quel est le cours actuel de ces obligations ?

7. **Le rendement des obligations** La société Chréphane a émis des obligations dont l'échéance était de 12 ans il y a deux ans et dont le taux du coupon est de 7,8 %. Les coupons sont payés par versements semestriels. Si ces obligations se vendent actuellement à une cote de 108 %, quel est le rendement à l'échéance ?

8. **Le taux d'intérêt nominal** La société Reznik possède des obligations sur le marché dont l'échéance est de 14,5 ans, le rendement à l'échéance de 9 % et le cours actuel de 850 $. Les coupons sont payés par versements semestriels. Quel est le taux du coupon de ces obligations ?

9. **Le calcul du taux de rendement réel** Si les bons du Trésor offrent actuellement un taux d'intérêt de 8 % et que le taux d'inflation est de 6 %, quel est le taux d'intérêt réel approximatif ? Quel est le taux réel exact ?

10. L'inflation et le rendement nominal Supposons que le taux réel soit de 3,5 % et que le taux d'inflation soit de 3 %. Quel serait le taux que vous pourriez espérer d'un bon du Trésor ?

11. Le rendement réel et le rendement nominal Un investissement propose un rendement total de 16 % au cours de la prochaine année. Le directeur de la Société de financement générale, Claude Blanchiment, croit que le rendement réel total de l'investissement sera uniquement de 10 %. À combien Claude Blanchiment a-t-il évalué le taux d'inflation pour la prochaine année ?

12. Le rendement nominal et le rendement réel Supposons que vous possédez un actif dont le rendement total l'année dernière était de 13 %. Si le taux d'inflation l'année dernière était de 4 %, quel a été votre rendement réel ?

13. Le cours des obligations Ce problème fait référence au tableau du cours des obligations de la figure 7.3. Calculez le prix de « Canada 7,00 Dec 01/06 » afin de prouver qu'il est bien de 110,23, comme c'est indiqué. Considérez le problème en date du 29 novembre 2002.

14. La valeur d'une obligation Au cours du dernier référendum, le rendement des obligations provinciales du Québec était plus élevé que des obligations du même type en Ontario parce que les investisseurs considéraient que l'avenir politique du Québec était incertain. Supposons que vous étiez alors un gestionnaire de portefeuille qui croyait que le marché exagérait les craintes d'instabilité. Supposons plus précisément que vous pensiez que les rendements des obligations du Québec chuteraient de 50 points de base. Quelles obligations auriez-vous achetées ou vendues ? Justifiez votre réponse.

15. Les fluctuations du cours des obligations L'obligation XAV est une obligation à prime dont les coupons sont versés annuellement. L'obligation comporte un coupon de 9 %, possède un rendement à l'échéance de 7 % avec une échéance de 13 ans. L'obligation SEB est une obligation à escompte dont les coupons sont versés annuellement. L'obligation comporte un coupon de 7 %, possède un rendement à l'échéance de 9 % avec une échéance de 13 ans. Si les taux d'intérêt ne changent pas, quel devrait être le cours de ces obligations dans 1 an ? dans 3 ans ? dans 8 ans ? dans 12 ans ? dans 13 ans ? Que se passe-t-il, exactement ? Illustrez vos réponses en traçant le graphique du rapport entre les cours des obligations et le temps précédant l'échéance.

16. Le risque des taux d'intérêt Les obligations THO et NAT comportent toutes les deux des coupons de 8 % ; elles versent leurs coupons de façon semestrielle et leur cours est fixé à leur valeur nominale. L'échéance de l'obligation THO est de 2 ans et celle de l'obligation NAT, de 15 ans. Si les taux d'intérêt devaient augmenter soudainement de 2 %, quel serait le pourcentage de changement du cours de l'obligation THO ? du cours de l'obligation NAT ? Si les taux devaient chuter soudainement de 2 %, quel serait le pourcentage de changement du cours de l'obligation THO ? du cours de l'obligation NAT ? Illustrez votre réponse en traçant le graphique du rapport entre le cours des obligations et le rendement à l'échéance. Que pouvez-vous conclure quant au risque des taux d'intérêt des obligations à plus long terme ?

17. Le risque des taux d'intérêt L'obligation JUL comporte un taux de coupon de 5 % et l'obligation FRA, de 11 %. Dans les deux cas, l'échéance est de 8 ans, les coupons sont versés de façon semestrielle et le rendement à l'échéance est de 8 %. Si les taux d'intérêt devaient soudainement augmenter de 2 %, quel serait le pourcentage de changement du cours de ces obligations ? si le taux d'intérêt devait chuter de 2 % ? Que pouvez-vous conclure quant au risque des taux d'intérêt des obligations comportant un faible taux de coupon ?

www.cheneliere-education.ca

18. Le rendement des obligations La société Logiciels Zap a émis des obligations sur le marché comportant un taux de coupon de 10 % avec une échéance de sept ans. Les coupons sont versés de façon semestrielle et les obligations se vendent actuellement à 104 % de la valeur nominale. Quel est le rendement actuel des obligations de logiciels Zap ? le rendement à l'échéance ? le rendement annuel effectif ?

19. Le rendement des obligations La société BDJ souhaite émettre une nouvelle obligation avec une échéance de 10 ans pour un projet d'expansion devenu nécessaire. La société possède actuellement des obligations dont le taux du coupon est de 8 % et qui se vendent 1 095 $. Les coupons sont versés de façon semestrielle et l'obligation a une échéance de 10 ans. Quel devrait être le taux du coupon de la nouvelle obligation si la société désire les vendre à la valeur nominale ?

20. Le calcul de l'échéance La société Jacolin offre des obligations comportant un taux de coupon de 12 % payé par versements semestriels, et le rendement à l'échéance est de 9 %. Le rendement actuel de ces obligations est de 9,80 %. Combien d'années reste-t-il avant l'échéance ?

21. Les tableaux de cours Supposons que vous trouvez l'information suivante dans votre journal pour les obligations de la société DET. Si la valeur nominale de cette obligation est de 1 000 $, quel était le cours stipulé dans le journal d'*hier* ?

Obligations	Rendement	Volume	Fermeture	Changement net
DET 7,875	9,4	10	??	−½

22. Le cours des obligations et le rendement

   a) Quel est le rapport entre le cours d'une obligation et le rendement à l'échéance ?

   b) Expliquez pourquoi certaines obligations se vendent à prime alors que d'autres se vendent à escompte. Quel est le rapport entre le taux du coupon et le rendement à l'échéance pour les obligations à prime ? pour les obligations à escompte ? pour les obligations qui se vendent au pair ?

   c) Quel est le rapport entre le rendement actuel et le rendement à l'échéance pour les obligations à prime ? pour les obligations à escompte ? pour les obligations qui se vendent au pair ?

23. L'intérêt sur les obligations à coupon détaché La société HSD veut agrandir son usine. Pour financer ce projet, elle a décidé d'émettre des obligations à coupons détachés dont l'échéance est fixée à 20 ans et qui lui permettront de recueillir les fonds nécessaires. Le rendement exigé sur les titres sera de 9 %.

   a) Quel sera le prix de vente de ces obligations au moment de leur émission ?

   b) Quelle déduction d'intérêt l'entreprise peut-elle effectuer sur ces titres durant la première année ? durant la dernière année ?

   c) Reprenez la question *b)* en vous servant de la méthode de l'amortissement linéaire de la déduction d'intérêt.

   d) D'après vos réponses en *b)* et en *c)*, quelle méthode de déduction d'intérêt l'entreprise HSD devrait-elle préférer ? Expliquez votre réponse.

24. Les obligations à coupons détachés Imaginez que votre entreprise a besoin de 10 millions de dollars. Pour obtenir ce montant, vous choisissez d'émettre des obligations venant à échéance dans 30 ans. En supposant que le rendement exigé pour cette émission sera de 9 %, vous évaluez deux possibilités, soit une obligation à coupons annuels de 9 %, soit une obligation à coupons détachés. Le taux d'imposition de votre entreprise s'élève à 35 %.

   a) Pour obtenir 10 millions de dollars, combien d'obligations à coupons devriez-vous émettre ? combien d'obligations à coupons détachés ?

   b) Dans 30 ans, quel montant votre entreprise devra-t-elle rembourser dans le cas d'une émission d'obligations à coupons ? dans le cas d'obligations à coupons détachés ?

   c) D'après vos réponses en *a)* et en *b)*, pourquoi souhaiteriez-vous émettre des obligations à coupons détachés ? Pour répondre à cette question, calculez les sorties de fonds après impôts de l'entreprise pour la première année en fonction des deux types d'obligations respectivement.

25. Le calcul de l'échéance Vous avez trouvé une obligation comportant un taux de coupon de 10 %, qui se vend à la valeur nominale. Quelle est l'échéance de cette obligation ?

26. Les composantes du rendement d'une obligation L'obligation P est une obligation à prime dont le coupon vaut 10 %. L'obligation D offre un coupon de 6 % et se vend actuellement à escompte. Les deux obligations versent des coupons annuels, elles ont un rendement à l'échéance de 8 % et une échéance de 8 ans. Quel est le rendement actuel pour l'obligation P ? pour l'obligation D ? Si les taux d'intérêt ne changent pas, quel devrait être le rendement sur le gain en capital au cours de la prochaine année pour l'obligation P ? pour l'obligation D ? Justifiez vos réponses et expliquez le rapport entre les divers types de rendement.

27. Le rendement pendant la période de détention Le rendement à l'échéance d'une obligation représente le taux d'intérêt de l'investissement si les taux d'intérêt restent les mêmes. Si vous vendez l'obligation avant l'échéance, on parle alors d'un rendement pendant la période de détention.

   a) Supposons que vous achetez aujourd'hui une obligation dont le taux du coupon est de 9 %, les coupons annuels de 1 150 $ et l'échéance de 10 ans. Quel taux de rendement à échéance devriez-vous attendre de cet investissement ?

   b) Dans deux ans, le rendement à l'échéance de votre obligation diminue de 1 % et vous décidez de vendre. Quel sera le cours de l'obligation ? Quel sera le rendement pendant la période de détention de votre investissement ? Comparez ce rendement au rendement à l'échéance lors de l'achat de l'obligation. Comment expliquez-vous cette différence ?

28. L'évaluation des obligations La société Lourds Mange possède deux obligations de types différents en circulation. La valeur nominale de l'obligation M est de 20 000 $ avec une échéance de 20 ans. L'obligation ne verse aucun coupon au cours des six premières années, puis verse des coupons semestriels de 1 000 $ pendant les huit années qui suivent, puis de 1 750 $ semestriellement pendant les six dernières années. La valeur nominale de l'obligation N est également de 20 000 $ avec une échéance de 20 ans. N est une obligation à escompte pure (donc ne verse aucun coupon). Si le rendement exigé de ces deux obligations est de 12 % capitalisé tous les six mois, quel est le cours actuel de l'obligation M ? de l'obligation N ?

Mini étude de cas

Compte tenu des conditions actuelles du marché, vous avez décidé d'augmenter la part d'obligations de votre porte-feuille. Vous disposez de 15 000 $ à investir et, après analyse, vous avez restreint votre choix aux trois titres décrits ci-après.

Premier titre

Une obligation de pacotille (d'une valeur nominale de 100 $) qui se vend 90 $. Elle rapporte 6 % en versements semestriels de coupons.

Deuxième titre

Une action de premier ordre d'une société qui se vend actuelle-ment 93 $ (mais ayant une valeur nominale de 100 $) et rap-porte 3,5 % en versements de coupons deux fois par année.

Troisième titre

Une obligation à coupons détachés émise par la province de Saskatchewan qui est disponible à 85 $ (mais ayant une valeur nominale de 100 $).

Tous ces titres viennent à échéance dans cinq ans. Vous avez décidé de n'acheter qu'un seul de ces types d'obligations et de conserver les titres jusqu'à leur échéance.

a) Quel serait votre rendement annuel avec chacun de ces investissements ?

b) Combien accepteriez-vous de payer pour chacun de ces titres si vous exigiez un rendement annuel de 7 % ? de 10 % ?

c) Si les taux du marché restent identiques, quel sera le prix de chacun de ces titres dans 18 mois ? (Supposez que vous les achetez le 1er janvier.)

d) Supposez que, dans deux ans, les rendements exigés sur le marché étant de 1,5 % supérieurs à ceux de cette année, vous décidez alors de vendre. Quel sera votre rendement total ? et le rendement de votre investissement ?

e) Lequel de ces titres choisiriez-vous et pourquoi ?

Problème de Standard & Poor's

1. **La cotation des obligations** Consultez notre site concernant Biomira inc. (BIOM), Nortel Networks Corp. (NT), Alcan inc. (AL) et Placer Dome inc. (PDG). Pour chacune de ces entreprises, suivez le lien « Financial Highlights » et trouvez la cotation de ses obligations. Quelles entreprises ont des obligations de bonne qualité ou une notation d'émission sans risque ? Lesquelles se situent au-dessous de ce niveau ? Certaines sont-elles sans cotation ? Lorsque vous trouverez la cotation financière d'une de ces entreprises, cliquez sur le lien « S&P Issuer Credit Rating ». Quels sont les trois facteurs d'évaluation employés par Standard & Poor's pour établir une cote de crédit ?

QUESTIONS SUR DES APPLICATIONS INTERNET

Lectures suggérées

Un manuel sur l'investissement reste encore la meilleure source d'information sur l'évaluation des actions et des obligations.

BODIE, Z., A. KANE, A. MARCUS, S. PERRAKIS et P. RYAN. *Investments*, 2e édition canadienne, Whitby, Ontario, McGraw-Hill Ryerson, 2003.

SHARPE, W. F., G. J. ALEXANDER, J. V. BAILEY et D. J. FOWLER. *Investments*, 2e édition canadienne, Scarborough, Ontario, Prentice-Hall Canada, 1999.

Pour en savoir davantage sur les problèmes reliés à la durée, consultez l'article suivant :

FOOLADI, I. et G. S. ROBERTS. « How Effective Are Duration-Based Bond Strategies in Canada ? », *Canadian Investment Review*, printemps 1989, p. 57-61.

ANNEXE 7 A   Les obligations avec privilège de rachat et le refinancement des obligations

Refinancement des obligations

Remplacement en tout ou en partie de l'émission d'obligations en circulation.

Lorsqu'une émission d'obligations en circulation est remplacée en partie ou en entier, on parle alors de **refi-nancement des obligations**[11]. Comme on l'a déjà vu, la plupart des créances de sociétés possèdent un privi-lège de rachat (*call option*). En général, la première étape d'un refinancement est de profiter de cette caractéristique pour racheter l'émission complète des obligations au prix d'exercice.

---

11 Il s'agira ici surtout de refinancement des obligations, mais l'analyse s'applique également au refinancement des actions privilégiées.

Pourquoi une société voudrait-elle refinancer une émission d'obligations? Il existe au moins une raison évidente. Supposons qu'une société émet une créance à long terme dont le coupon vaut 12%. Quelque temps après l'émission, les taux d'intérêt chutent et la société s'aperçoit qu'elle pourrait payer un coupon de 8% et obtenir la même quantité d'argent. Dans de telles circonstances, la société pourrait alors décider de refinancer la créance. Vous remarquerez que, dans une telle situation, le refinancement de l'obligation n'est qu'un moyen pour refinancer un prêt dont le taux d'intérêt est élevé à l'aide d'un prêt ayant un taux d'intérêt plus faible.

Au cours de la discussion qui suit, il sera question brièvement de plusieurs problèmes relevant du refinancement des obligations et des privilèges de rachat. Tout d'abord, quel est le coût réel d'un privilège de rachat pour la société? Ensuite, quelle est la valeur d'un privilège de rachat? Enfin, si une société émet des obligations avec privilège de rachat, à quel moment ce privilège devrait-il être exercé[12]?

Les privilèges de rachat

En toute logique, un privilège de rachat représente un avantage. Tout d'abord, presque toutes les obligations émises au public possèdent une telle clause. Deuxièmement, ce privilège est tout à l'avantage de l'émetteur. Si les taux d'intérêt devaient chuter et le cours des obligations augmenter, l'émetteur aurait alors la possibilité de racheter l'obligation à très bon prix.

Par contre, toutes choses étant égales par ailleurs, les détenteurs d'obligations n'aiment pas les clauses de rachat. La raison en est assez claire. Si les taux d'intérêt devaient chuter, les gains des détenteurs seraient alors limités parce que les obligations risqueraient d'être remboursées. Les détenteurs d'obligations tiennent donc toujours compte de la clause de rachat lorsqu'ils achètent des obligations et ils exigent un taux de coupon plus élevé à titre d'indemnisation.

Il s'agit là d'un détail important. Un privilège de rachat n'est pas gratuit. La société doit plutôt verser un coupon un peu plus élevé. Il reste maintenant à savoir s'il vaut la peine d'offrir ainsi un taux plus élevé.

Le coût d'un privilège de rachat

Afin d'illustrer les effets d'un privilège de rachat sur le coupon d'une obligation, supposons que la société Câble Vidéo décide d'émettre des obligations perpétuelles dont la valeur nominale est de 1 000 $. Il est préférable ici de s'en tenir à une perpétuité, ce qui permettra de simplifier grandement une partie de notre analyse sans modifier le résultat global.

Le taux d'intérêt courant d'une telle obligation est de 10%; Câble Vidéo décide donc de fixer le coupon annuel à 100 $. Supposons qu'il y a autant de risque qu'à la fin de l'année; les taux d'intérêt:

1.   chutent à 6⅔%; dans un tel cas, le cours des obligations atteindrait 100 $/0,067 = 1 500 $;
2.   augmentent à 20%; dans un tel cas, le cours des obligations chuterait pour atteindre 100 $/0,20 = 500 $.

Vous remarquerez que les obligations risquent tout autant de se vendre 500 $ ou 1 500 $. Le prix attendu est donc de 1 000 $. Notons également que le taux d'intérêt le plus faible est en fait de 0,0666... et non de 0,067. On a recours au taux exact dans tous les calculs de cette section.

On peut maintenant se tourner vers le prix du marché de l'obligation, à condition qu'il ne soit pas remboursable par anticipation, soit P_{NR}. Il s'agit en réalité du cours anticipé de l'obligation l'année prochaine additionné à la valeur du coupon, le tout étant actualisé au taux d'intérêt courant de 10%. On a:

P_{NR} = (Coupon de la première année + Cours anticipé à la fin de l'année)/1,10
     = (100 $ + 1 000 $)/1,10
     = 1 000 $

L'obligation se vend donc à sa valeur nominale.

Supposons maintenant que la société Câble Vidéo décide d'ajouter un privilège de rachat anticipé. Pour simplifier le plus possible, dites-vous que ces privilèges ne peuvent être exercés que dans un an, après quoi il sera trop tard. Pour rembourser les obligations, Câble Vidéo doit verser la valeur nominale de 1 000 $, plus une prime de remboursement de 150 $, pour un total de 1 150 $. Si Câble Vidéo souhaite que l'obligation avec privilège de rachat se vende à sa valeur nominale, quel est la valeur C du coupon qu'elle doit offrir?

Afin de déterminer la valeur du coupon, il faut calculer les cours possibles dans un an. Si les taux d'intérêt chutent, le privilège de rachat sera exercé, l'obligation sera remboursée, et le détenteur obtiendra 1 150 $. Si les taux d'intérêt augmentent, l'obligation ne sera pas remboursée et sa valeur sera alors de C/0,20. Le prix

---

12 Pour obtenir plus de détails sur tous ces sujets, vous pouvez consulter l'ouvrage de FINNERTY, John, Andrew J. KALOTAY et Francis X. FARRELL, Jr., *The Financial Manager's Guide to Evaluating Bond Refunding Opportunities,* «The Institutional Investor Series in Finance and Financial Management Association Survey and Synthesis Series», Cambridge, MA, Ballinger Publishing Company, 1988. La discussion qui suit est inspirée en partie de l'ouvrage de KRAUS, Alan, «An Analysis of Call Provisions and the Corporate Refunding Decision», *Midland Corporate Finance Journal,* printemps 1983.

attendu dans un an est donc $0,50 \times (C/0,20) + 0,50 \times (1\,150\,\$)$. Si l'obligation se vend à sa valeur nominale, le prix P_C est donc de $1\,000\,\$$, ce qui donne :

$P_C = 1\,000\,\$ = $ (Coupon de la première année + Cours anticipé à la fin de l'année)/1,10

$\qquad = \{C\,\$ + [0,50 \times (C\,\$/0,20) + 0,50 \times (1\,150\,\$)]\}/1,10$

Si on calcule C, on trouve alors que le coupon doit être de :

$\qquad C = 525\,\$/3,5 = 150\,\$$

Cette somme est de beaucoup supérieure aux $100\,\$$ de tout à l'heure, ce qui démontre bien qu'un privilège de rachat n'est pas du tout gratuit.

Quel est le coût de la clause de remboursement dans ce cas-ci ? Pour le savoir, on peut calculer combien l'obligation se vendrait si elle n'était pas remboursable par anticipation et si le coupon était de $150\,\$$. Ainsi :

$P_{NR} = $ (Coupon de la première année + Cours attendu à la fin de l'année)/1,10

$\qquad = \{150\,\$ + [0,50 \times (150\,\$/0,20) + 0,50 \times (150\,\$/0,067)]\}/1,10$

$\qquad = 1\,500\,\$$

On peut donc voir que le privilège de rachat coûte en réalité $500\,\$$ par obligation dans le cas présent parce que Câble Vidéo aurait pu obtenir $1\,500\,\$$ par obligation au lieu de $1\,000\,\$$ si les obligations n'étaient pas remboursables par anticipation.

La valeur du privilège de rachat

Comme on l'a vu, la société Câble Vidéo doit payer si elle désire émettre des obligations avec privilège de rachat. Il reste maintenant à savoir ce que la valeur de ce privilège représente pour Câble Vidéo. Si la valeur est supérieure à $500\,\$$, la valeur actualisée nette (VAN) du privilège de rachat est positive et il faudrait l'inclure. Sinon, Câble Vidéo devrait émettre des obligations sans privilège de rachat.

Si la société Câble Vidéo émet une obligation avec privilège de rachat et que les taux d'intérêt chutent à $6\frac{2}{3}\,\%$ dans un an, la société peut remplacer l'obligation de $15\,\%$ par une obligation perpétuelle sans privilège de rachat dont le coupon vaut $6\frac{2}{3}\,\%$. L'épargne en intérêts est ici $150\,\$ - 66,67\,\$ = 83,33\,\$$ par année, chaque année, pour toujours (puisqu'il s'agit d'une perpétuité). Si le taux d'intérêt est de $6\frac{2}{3}\,\%$, la valeur actualisée des épargnes en intérêts est $83,33\,\$/0,067 = 1\,250\,\$$.

Pour procéder au refinancement de l'obligation, Câble Vidéo doit payer une prime de $150\,\$$. La valeur actualisée nette des processus de refinancement dans un an est par conséquent de $1\,250\,\$ - 150\,\$ = 1\,100\,\$$ par obligation. Cependant, le taux de risque d'une chute des taux d'intérêt n'est que de $50\,\%$; on peut donc s'attendre à n'obtenir que $0,50 \times 1\,100\,\$ = 550\,\$$ lors du refinancement, dans un an. La valeur actualisée de cette somme est $550\,\$/1,1 = 500\,\$$. Ainsi, on peut donc conclure que la valeur du privilège de rachat de Câble Vidéo est de $500\,\$$.

Que le coût et la valeur du privilège de rachat soient identiques n'est pas une coïncidence. Il en résulte tout simplement que la VAN du privilège de rachat est de zéro. Les détenteurs exigent un coupon comportant une indemnisation qui les protège parfaitement de la possibilité que ce privilège soit exercé.

La question du refinancement

Dans l'exemple qui précède, on a pu voir que Câble Vidéo obtiendrait des gains de $1\,100\,\$$ par obligation à la suite du refinancement si les taux d'intérêt venaient à chuter. Il faut maintenant décider du moment le plus opportun pour effectuer le refinancement d'une émission en circulation. La réponse à cette question peut s'avérer plutôt complexe ; il vaut donc mieux s'en tenir à la même situation simplifiée pour une première étude et s'attarder ensuite à un exemple plus réaliste. De façon précise, on considère toujours :

1. que les obligations en question sont des perpétuités ;

2. qu'il n'y a aucune taxe ;

3. qu'il n'y a pas d'autres coûts de refinancement que la prime de rachat, et que le remboursement est instantané. Il n'y a aucune période de chevauchement pendant laquelle les deux émissions sont en circulation ;

4. que le privilège de rachat doit être exercé maintenant ou jamais[13].

---

13 Ce dernier point est plus difficile à éliminer. En effet, lorsqu'on lève des options d'achat, on détruit à tout jamais la possibilité de lever l'option à une date ultérieure. Il pourrait s'avérer plus profitable d'attendre et de lever l'option plus tard dans l'espoir de profiter de taux d'intérêt encore plus faibles. Il s'agit ici d'une situation qui sera étudiée au cours du chapitre 11, lorsqu'il sera question des options en matière d'investissements, en particulier l'option d'attendre.

Le moment où une société devrait exercer son privilège de rachat d'obligation

Les variables suivantes sont utiles lorsqu'il s'agit d'analyser la question du refinancement :

c_o = Taux du coupon des obligations émises à l'origine et toujours en circulation ;

c_N = Taux du coupon de la nouvelle émission, égal au taux courant du marché ;

PR = Prime de rachat par obligation.

On suppose que la valeur nominale est de 1 000 $ par obligation. Si on remplace l'ancienne émission, on épargne alors $(c_o - c_N) \times 1\,000$ en intérêt par obligation chaque année, pour toujours.

Le taux d'intérêt courant étant de c_N, la valeur actualisée de l'épargne en intérêts est $(c_o - c_N) \times 1\,000\,\$/c_N$. Le coût du remboursement étant de PR, la VAN par obligation de refinancement peut s'écrire comme suit :

$$\text{VAN} = (c_o - c_N)/c_N \times 1\,000\,\$ - PR \qquad\qquad [7\,\text{A.1}]$$

Si on reprend l'exemple de Câble Vidéo, les obligations émises à l'origine avaient un coupon de 15 %. Le taux d'intérêt courant a chuté à 6⅔ % et la prime de rachat était de 150 $. La VAN du refinancement est donc :

$$
\begin{aligned}
\text{VAN} &= (c_o - c_n)/c_n \times 1\,000\,\$ - PR \\
&= (0{,}15 - 0{,}067)/0{,}067 \times 1\,000\,\$ - 150\,\$ \\
&= 1{,}25 \times 1\,000\,\$ - 150\,\$ \\
&= 1\,100\,\$ \text{ par obligation}
\end{aligned}
$$

C'est d'ailleurs ce qu'on avait déjà calculé (si on ignore un léger arrondissement) : la valeur actualisée de l'épargne en intérêts lorsqu'on rembourse l'obligation est de 1 250 $. On soustrait la prime de rachat de 150 $, et en levant ces options d'achat, on obtient une VAN de 1 100 $ par obligation.

Exemple 7 A.1 Rachetez ! Rachetez !

La société Cousebotte inc. possède en circulation une perpétuité avec privilège de rachat dont le taux du coupon est de 10 %. Ce privilège doit être exercé maintenant ou jamais. Si on lève cette option, elle sera remplacée par une émission dont le taux du coupon nominal est de 8 %, un taux égal au taux d'intérêt courant. La prime de rachat est de 200 $ par obligation. Faut-il refinancer ? Quelle est la VAN du refinancement ?

Si la valeur nominale est de 1 000 $, l'épargne en intérêts sera 100 $ – 80 $ × 20 $ par obligation, par année, pour toujours. La valeur actualisée de cette épargne est 20 $/0,08 = 250 $ par obligation. Puisque la prime de rachat est de 200 $ par obligation, il serait bon de refinancer : la VAN est de 50 $ par obligation.

Exemple 7 A.2 Le refinancement à l'aide d'un tableur

La Société minière du lac Massawippi possède une créance de 20 millions de dollars en circulation dont le coupon vaut 16 % et dont l'émission remonte à 1986. Les obligations arrivent à échéance en 2010, mais elles sont rachetables en 2001 pour une prime de rachat de 6 %. Le spécialiste des services de banques d'investissements de la société lui certifie qu'elle pourra vendre jusqu'à 30 millions de dollars de nouvelles obligations de neuf ans dont l'échéance est en 2010 avec un coupon valant 11 %. Afin d'éliminer les problèmes de synchronisation des obligations, les nouvelles obligations seront vendues un mois avant le remboursement des anciennes obligations. La société devrait donc verser les coupons des deux

obligations au cours d'un même mois, mais elle pourra payer une part des coûts en investissant l'émission à 8,5 %, le taux d'intérêt à court terme. Les frais d'émission de la nouvelle émission de 20 millions de dollars totaliseraient 1 125 000 $, et le taux marginal d'imposition de la société est de 40 %. Établissez un cadre qui permettra de déterminer si la société devrait réellement exercer son privilège de rachat sur l'ancienne émission.

Lorsqu'on élabore un cadre pour analyser un processus de refinancement, il faut procéder en trois étapes : 1) établir le coût du refinancement ; 2) calculer les épargnes en intérêts ; 3) calculer la VAN du processus de refinancement. C'est ce qu'illustre le tableau 7 A.1.

Tableau 7 A.1 Feuille de calcul pour le refinancement des obligations

	A	B	C	D	E	F	G	H	I	J	K	L	M	N
1														
2														
3														
4								Montant avant impôt		Montant après impôt		Période	Facteur de VA à 6,6 %	VA
5														
6	**Coût de la VA du refinancement**													
7	Prime de rachat								1 200 000 $		0	1,0000		1 200 000 $
8	Frais d'émission de la nouvelle émission								1 125 000		0	1,0000		1 125 000
9	Épargne fiscale sur les frais d'émission de la nouvelle émission								−90 000		1-5	4,1445		−373 005
10	Intérêts supplémentaires sur l'ancienne émission						266 667 $		160 000		0	1,0000		160 000
11	Intérêts de l'investissement à court terme						−141 667		−85 000		0	1,0000		−85 000
12	Investissement total après impôt													2 026 995 $
13	**Épargnes en intérêts pour l'émission refinancée**													
	t = 1 − 9													
14	Intérêts de l'ancienne obligation						3 200 000		1 920 000					
15	Intérêts de la nouvelle obligation						2 200 000		1 320 000					
16	Épargne en intérêts nette						1 000 000 $		600 000 $		1-9	6,6276		3 976 560 $
17														
18	**VAN du refinancement**													
19	VAN = VA des épargnes en intérêts – VA du coût du refinancement													1 949 565 $
20														
21														
22														

Le coût du refinancement La première étape consiste à calculer la prime de rachat, les frais d'émission et l'épargne fiscale qui en découle, ainsi que tous les intérêts supplémentaires versés ou obtenus. On a :

Prime de rachat = 0,06 × (20 000 000 $) = 1 200 000 $

Notons que la prime de rachat n'est pas déductible.

Les frais d'émission Bien que les frais d'émission constituent une dépense unique, pour des raisons fiscales, on les amortit sur toute la durée de l'émission ou sur cinq ans, selon l'option la plus courte. Dans le cas de la Société minière du lac Massawippi, les frais d'émission sont de 1 125 000 $, ce qui représente une dépense annuelle pour les cinq premières années suivant l'émission.

1 125 000 $/5 = 225 000 $

Les frais d'émission produisent un avantage fiscal de 90 000 $.

225 000 $ × (0,4) = 90 000 $

L'épargne fiscale des frais d'émission constitue une annuité de cinq ans qui sera actualisée selon le coût de l'endettement après impôt [11% (1 − 0,40) = 6,6 %]. Cette somme représente une épargne de 373 005 $. Les frais d'émission pour l'émission de la créance sont donc :

Frais d'émission	1 125 000 $
VA de l'épargne en intérêts	−373 005
Frais totaux après impôt	751 995 $

Les intérêts supplémentaires Les intérêts supplémentaires versés sur l'ancienne émission sont :

20 000 000 $ × (16 % × 1/2) = 266 667 $

Après impôt : 266 667 $ × (1 − 0,40) = 160 000 $

En investissant le produit de la nouvelle émission à des taux d'intérêt à court terme, on peut éviter une partie de ces frais. On a :

20 000 000 $ × (8,5 % × 1/12) = 141 667 $

Après impôt : 141 667 $ × (1 − 0,40) = 85 000 $

Le total des intérêts supplémentaires est :

Intérêts supplémentaires versés	160 000 $
Intérêts supplémentaires encaissés	−85 000
Total des intérêts supplémentaires	75 000 $

On obtient alors le total de l'investissement après impôt :

Prime de rachat	1 200 000 $
Frais d'émission	751 995
Intérêts supplémentaires	75 000
Investissement total	2 026 995 $

L'épargne en intérêts sur la nouvelle émission

Intérêts de l'ancienne obligation = 20 000 000 $ × 16 % = 3 200 000 $

Intérêts sur la nouvelle obligation = 20 000 000 $ × 11 % = 2 200 000 $

Épargne annuelle = 1 000 000 $

Épargne après impôt = 1 000 000 $ × (1 − 0,40) = 600 000 $

VA de l'épargne annuelle pendant neuf ans = 600 000 $ × 6,6276 = 3 976 560 $

La VAN de l'opération de refinancement

Épargne en intérêts	3 976 560 $
Investissement	−2 026 995
VAN	1 949 565 $

La Société minière du lac Massawippi peut donc épargner près de 2 millions de dollars en rachetant les anciennes obligations. Les taux d'intérêt utilisés ici suivent de près les taux d'intérêt courants au cours des années 1980. Cet exemple illustre pourquoi les sociétés désirent parfois inclure un privilège de rachat lorsque les taux d'intérêt sont élevés.

La clause de rachat Canada plus Dans notre exemple, le titre de la Société Massawippi comportait une clause de rachat traditionnelle[14]. Voyons comment une clause Canada plus rendrait peu attrayant le rachat de la créance d'une telle dette. Supposons que les titres émis par l'entreprise en 1986 offraient un rendement supérieur de 75 points de base à des obligations du Canada de valeur comparable. Pour établir une clause de rachat Canada plus, à partir de cette année-là, l'entreprise a accepté de compenser les investisseurs d'après le rendement des obligations du Canada en y ajoutant 75 points de base en cas de rachat éventuel des titres.

Dans notre exemple, les taux des obligations du Canada étaient tombés à 10,25 % en 2001, et la Société Massawippi pouvait alors émettre un nouvel emprunt de neuf ans à 11 %. À l'aide de ces renseignements, il est possible de calculer l'indemnité en intérêts annuels que l'entreprise devrait verser pour le rachat de sa dette :

16 % − [Obligation du Canada + 0,75] = 16 % − [10,25 + 0,75] = 5 %

Il s'agit de 5 % de 20 000 000 $, soit 1 million de dollars. Ce million correspond exactement aux économies annuelles attribuables au rachat de la dette prévu par la clause traditionnelle qu'on a calculées précédemment. Notre exemple démontre que, lorsqu'il y a une clause de rachat Canada plus, la dette ne sera pas rachetée.

Les sociétés devraient-elles émettre des obligations avec privilège de rachat ?

On sait déjà que la VAN d'un privilège de rachat au moment de l'émission d'une obligation sera probablement de zéro. Cela signifie qu'il importe peu qu'une obligation soit rachetable ou non : les bénéfices qu'on en retire sont égaux aux coûts, du moins en moyenne.

Une société préfère émettre une obligation avec privilège de rachat uniquement si l'option de rachat représente davantage à ses yeux qu'à ceux des détenteurs. Une société peut envisager un privilège de rachat pour trois raisons :

1. Une forte habileté à prédire les taux d'intérêt futurs ;
2. L'impôt ;
3. Une plus grande flexibilité financière pour des investissements futurs.

La capacité de prédire les fluctuations des taux d'intérêt Une société pourrait envisager une clause de remboursement si, contrairement aux détenteurs, elle craint une véritable chute du taux du coupon qu'elle doit verser. À titre d'exemple, les administrateurs pourraient détenir de meilleurs renseignements quant à l'amélioration de la cote de crédit de la société. Les initiés en savent donc peut-être un peu plus sur les possibilités de chute des taux d'intérêt que les détenteurs.

On ne peut déclarer avec certitude que les sociétés en savent réellement davantage que les créditeurs sur les taux d'intérêt futurs, mais elles le croient et préfèrent alors émettre des émissions de dette avec privilège de rachat.

---

14 Notre analyse de la clause de rachat Canada plus s'inspire d'un texte de D. J. FOWLER, A. KAPLAN et W. A. MACKENZIE, «A Note on Call Premium on U.S. and Canadian Corporate Debt», *York University Working Paper*, avril 1995.

L'impôt Un privilège de rachat peut comporter certains avantages fiscaux pour les détenteurs comme pour la société émettrice, surtout si le taux d'imposition des détenteurs est moindre que celui de la société.

On sait déjà que le taux du coupon des obligations avec privilège de rachat est supérieur à celui des obligations ordinaires. Puisque les coupons représentent des paiements d'intérêts déductibles pour la société, si le taux d'imposition pour les sociétés est plus élevé que celui des détenteurs d'obligations, les épargnes en intérêts de la société sont plus élevées que la somme perdue par les détenteurs sous forme d'impôt. L'Agence des douanes et du revenu du Canada paie ainsi pour une partie du privilège de rachat en réduisant les recettes fiscales.

Les possibilités d'investissements futurs Comme on l'a déjà vu, les actes de fiducie contiennent des clauses restrictives qui limitent les investissements futurs de la société. Ainsi, une clause restrictive pourrait limiter les possibilités d'achat d'une autre société ou de vente de certains biens (par exemple une filiale de la société). Si les clauses sont suffisamment restrictives, le coût pour les actionnaires en ce qui concerne la perte de la VAN peut devenir très important.

Si les obligations comportent un privilège de rachat, toutefois, en versant la prime de rachat, la société peut racheter les obligations et profiter d'un meilleur investissement.

Questions théoriques

1. Pourquoi une société pourrait-elle exercer son privilège de rachat sur une obligation ? Comment appelle-t-on ce procédé ?
2. Quel effet une clause de rachat peut-elle avoir sur le taux du coupon nominal d'une obligation ? Pourquoi ?

Problèmes de récapitulation et auto-évaluation

A.1 **La clause de rachat et la valeur des obligations** Les industries Vonne ont décidé d'émettre une obligation perpétuelle. Le coupon vaudra 8 % (le taux d'intérêt courant). Dans un an, le taux d'intérêt pourrait être tout autant de 5 % que de 20 %. Quelle sera la valeur marchande des obligations si elles n'offrent pas de privilège de rachat ? si elles sont rachetables à leur valeur au pair plus 80 $?

A.2 **La clause de rachat et le taux d'intérêt nominal** Si la même obligation des industries Vonne possédait un privilège de rachat et qu'elle se vendait à sa valeur nominale, quelle serait la valeur du coupon C ? Quel serait le coût du privilège de rachat dans une telle situation ?

Réponses à l'auto-évaluation

A.1 Si l'obligation n'est pas assortie d'un privilège de rachat, dans un an, elle vaudra soit 80 $/0,05 = 1 600 $, soit 80 $/0,2 = 400 $. Le prix attendu est de 1 000 $. La VA de 1 000 $ et le premier coupon de 80 $ est 1 080 $/1,08 = 1 000 $. L'obligation se vend donc à sa valeur nominale.

Si l'obligation est assortie d'un privilège de rachat, le remboursement sera de 1 080 $ (si les taux chutent à 5 %) ou elle se vendra 400 $. La valeur attendue est (1 080 $ + 400 $)/2 = 740 $. La VA est (740 $ + 80 $)/1,08 = 759,26 $.

A.2 Dans un an, l'obligation aura une valeur de C/0,20 ou elle sera remboursée pour 1 080 $. Si l'obligation se vend à sa valeur nominale, alors :

$$1\ 000\ \$ = [C + 0,5(C/0,20) + 0,5(1\ 080\ \$)]/1,08$$
$$540\ \$ = [C + 0,5(C/0,20)]$$
$$= 3,5C$$

Le coupon C doit valoir 540 $/3,5 = 154,29 $.

Si l'obligation avait un coupon de 154,29 $ et qu'elle n'était pas assortie d'un privilège de rachat, dans un an, sa valeur serait soit 154,20 $/0,05 = 3 085 $, soit 154,20 $/0,20 = 771,43 $. Les deux situations sont tout aussi probables ; on s'attend donc à une valeur de 1 928,57 $. L'obligation se vendrait aujourd'hui (1 928,57 $ + 154,29 $)/1,08 = 1 928,57 $. Le coût du privilège de rachat est donc de 928,57 $. C'est une somme importante, mais comme on pourra le voir au cours d'un chapitre ultérieur, cela s'explique par la très grande volatilité des taux d'intérêt utilisés pour les besoins de l'exemple.

Questions et problèmes

Notions de base
(A.1 à A.8)

A.1 La VAN et le refinancement La société Afgan inc. possède une obligation perpétuelle avec privilège de rachat en circulation dont le taux du coupon est de 9 %. Si le privilège n'est pas exercé dès maintenant, il sera trop tard. Si on rachète l'obligation, elle sera remplacée par une émission dont le taux du coupon est de 6 %, donc égal au taux d'intérêt actuellement. La prime de rachat est de 180 $ par obligation. La société devrait-elle racheter son obligation en circulation ? Quelle est la VAN du refinancement ?

A.2 Le taux d'intérêt et le refinancement Si on se réfère au problème précédent, quel devrait être le taux d'intérêt actuellement pour que la société Afgan inc. puisse décider indifféremment de refinancer ou non ?

A.3 La fixation du taux du coupon La société Superdoux a décidé de financer son expansion à l'aide d'une obligation perpétuelle. Le taux d'intérêt est de 7 %. Dans un an, les taux d'intérêt peuvent tout aussi bien être de 5 % ou de 9 %. Si l'obligation est assortie d'un privilège de rachat et que la prime de rachat est de 80 $ par obligation, quel devrait être le taux du coupon pour que l'obligation se vende à sa valeur au pair ?

A.4 La fixation de la prime de rachat Si on se réfère au problème précédent, supposons que vous souhaitez fixer un taux de coupon de 7 %. Quelle devrait être la prime de rachat pour que l'obligation se vende à sa valeur au pair ?

A.5 Le cours des obligations avec privilège de rachat Si on se réfère au problème précédent, supposons que le taux du coupon soit de 7 % et la prime de rachat, de 125 $. Quel serait le cours de l'obligation ?

A.6 Le coût du privilège de rachat Dans le problème précédent, quel est le coût du privilège de rachat ?

A.7 La VAN et le refinancement Votre société possède des obligations perpétuelles en circulation dont la valeur nominale est de 50 millions de dollars et le taux du coupon, de 8 %. Les obligations sont rachetables à la valeur nominale, plus une prime de rachat de 150 $ par obligation. De plus, toute nouvelle émission d'obligations de votre société engendrera des frais fixes de 9 millions de dollars. Il faut exercer le privilège de rachat maintenant ou il sera trop tard. Quel devrait être le taux d'intérêt pour que vous puissiez choisir indifféremment entre racheter ou non l'obligation ?

A.8 La VAN et l'échéance Si on se réfère au problème précédent, supposons que les obligations en question offrent des versements annuels et que leur échéance est de 15 ans (ce ne sont donc plus des perpétuités). Si le taux d'intérêt est de 7 % et que le privilège de rachat des obligations ne peut être exercé que maintenant, quelle est la VAN du refinancement ?

Problèmes complexes
(A.9 à A.11)

A.9 La VAN et l'échéance Si on se réfère au problème A.8, quel devrait être le taux d'intérêt pour qu'on puisse choisir indifféremment de refinancer ou non ?

A.10 Le refinancement et l'impôt Si on se réfère au problème A.1, supposons qu'Afgan inc. se situe dans la tranche d'imposition des 40 %. La prime de rachat est déductible et constitue un intérêt versé sur les anciennes et les nouvelles obligations. Quelle est la VAN du refinancement ? Fait à noter, le taux d'actualisation approprié correspond au taux d'emprunt après impôt. Quel est le résultat net de l'effet de l'imposition sur la VAN du refinancement ? Justifiez votre réponse.

A.11 La prévention du rachat et le rendement au rachat Ce problème relève de la cotation du rendement des obligations avec privilège de rachat. Supposons que vous remarquez une obligation dont le coupon annuel vaut 10 % avec une échéance de 10 ans et un cours actuel de 1 060 $.

a) Quel est le rendement à l'échéance de cette obligation ?

b) Supposons maintenant que cette obligation comprend une clause qui la met à l'abri du rachat pour les deux prochaines années. Si l'obligation risque d'être remboursée dès la fin de la clause, quel est le rendement de votre investissement ? [Indice : Trouvez le taux de rendement interne des flux monétaires.] C'est ce qu'on appelle le « rendement au rachat ». Pourquoi ce taux est-il à ce point inférieur aux rendements à l'échéance ?

c) Quelle prime de rachat, si prime il y a, exigeriez-vous pour que le rendement au rachat soit le même que le rendement à l'échéance ?

CHAPITRE 8

L'évaluation du capital-actions

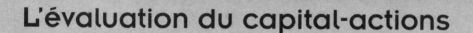

L'entreprise Telus est l'un des leaders dans le secteur des télécommunications au Canada. En janvier 2002, Telus a annoncé un montant de dividende trimestriel à verser de 0,15 $ par action, soit un dividende annuel de 0,60 $ par action. D'un autre côté, la société Hummingbird ltée, un fournisseur de solutions logicielles d'entreprise, n'a jamais versé de dividendes. Quoi qu'il en soit, en décembre 2002, les actions de la société Hummingbird se négociaient à 36 $ par action à la Bourse de Toronto, alors que le cours des actions de Telus était de 17,40 $. Comment les investisseurs décident-ils de la valeur de ces actions ? Bien qu'il existe plusieurs facteurs qui influent sur le cours des actions, le versement de dividendes est le plus fréquemment étudié. Le présent chapitre porte sur les dividendes, la valeur du capital-actions et la relation qui existe entre les deux.

Le chapitre 7 proposait un tour d'horizon des obligations et des calculs nécessaires à leur évaluation. Le présent chapitre s'intéresse plutôt à la deuxième source la plus importante de financement des entreprises, c'est-à-dire les actions ordinaires et les actions privilégiées. Nous aborderons la question des flux monétaires associés au capital-actions et présenterons ensuite une approche aujourd'hui célèbre, le modèle de croissance des dividendes. Puis nous examinerons diverses caractéristiques importantes des actions ordinaires et des actions privilégiées, tout particulièrement en ce qui a trait aux droits des actionnaires. Le chapitre se termine par un tour d'horizon du processus de négociation des actions et l'interprétation des tableaux de cotation du cours des actions diffusés dans les journaux.

8.1 L'évaluation des actions ordinaires

Il est toujours plus difficile d'évaluer une action ordinaire qu'une obligation. On trouve au moins trois explications à ce phénomène. Tout d'abord, il est impossible de connaître à l'avance les flux monétaires futurs. Ensuite, l'investissement est essentiellement d'une durée infinie, puisque les actions ordinaires n'ont pas d'échéance. Enfin, il est presque impossible d'observer le taux de rendement requis sur les actions ordinaires par le marché. Néanmoins, il existe des contextes qui permettent de calculer la valeur actualisée de flux monétaires futurs pour une action de capital et d'en déterminer ainsi la valeur.

Les flux monétaires d'actions ordinaires

Supposons que vous achetez une action ordinaire aujourd'hui. Vous prévoyez la revendre dans un an. Vous avez déterminé que la valeur de l'action sera alors de 70 $. De plus, vous croyez qu'un dividende de 10 $ par action sera versé à la fin de l'année. Si vous exigez un rendement de 25 % pour votre investissement, quel est le montant maximal que vous devriez verser pour acheter cette action ? Autrement dit, quelle est la valeur actualisée du dividende de 10 $ ajouté à la valeur finale de 70 $ à 25 % ?

Si vous achetez l'action aujourd'hui pour la revendre à la fin de l'année, vous obtiendrez alors un total de 80 $. À 25 % :

Valeur actualisée = (10 $ + 70)/1,25 = 64 $

La valeur de l'action en date d'aujourd'hui serait donc de 64 $.

D'une manière plus générale, soit P_0, le cours de l'action et P_1, le cours après une période. Si D_1 représente le dividende versé à la fin de la période, on obtient alors :

$$P_0 = (D_1 + P_1)/(1 + r) \qquad [8.1]$$

La variable r représente le taux de rendement exigé sur le marché pour cet investissement.

Pour l'instant, rien de tout cela n'est bien nouveau. Si on voulait déterminer le prix d'une action aujourd'hui P_0, il faudrait alors trouver le prix de cette action dans un an P_1. Cette opération est encore plus difficile et ne fait que compliquer davantage le problème[1].

Quel est le cours après une période P_1 ? En général, cette donnée nous échappe. Supposons plutôt qu'on connaît le cours après deux périodes P_2. Si on sait quel est le dividende prévu après deux périodes D_2, on peut calculer le cours de l'action après une période. On a :

$$P_1 = (D_2 + P_2)/(1 + r)$$

En substituant cette équation à P_1 dans l'équation pour trouver P_0, on obtient :

$$P_0 = \frac{D_1 + P_1}{1 + r} = \frac{D_1 + \dfrac{D_2 + P_2}{1 + r}}{1 + r}$$

$$= \frac{D_1}{(1 + r)^1} + \frac{D_2}{(1 + r)^2} + \frac{P_2}{(1 + r)^2}$$

Il reste maintenant à calculer le cours après deux périodes. Comme il s'agit à nouveau d'une donnée manquante, on peut encore faire une supposition et écrire :

$$P_2 = (D_3 + P_3)/(1 + r)$$

Si on substitue cette dernière équation à P_2, on obtient :

$$P_0 = \frac{D_1}{(1 + r)^1} + \frac{D_2}{(1 + r)^2} + \frac{P_2}{(1 + r)^2}$$

$$= \frac{D_1}{(1 + r)^1} + \frac{D_2}{(1 + r)^2} + \frac{\dfrac{D_3 + P_3}{1 + r}}{(1 + r)^2}$$

$$= \frac{D_1}{(1 + r)^1} + \frac{D_2}{(1 + r)^2} + \frac{D_3}{(1 + r)^3} + \frac{P_3}{(1 + r)^3}$$

Il est possible de projeter ainsi le calcul du cours d'une action à l'infini. Il convient de retenir que peu importe la valeur d'une action, lorsqu'on projette suffisamment loin dans l'avenir, la valeur actualisée est essentiellement de zéro[2]. Le cours actuel de l'action correspondrait alors à la valeur actualisée des dividendes versés à partir de la première période et se prolongeant pour toujours :

$$P_0 = \frac{D_1}{(1 + r)^1} + \frac{D_2}{(1 + r)^2} + \frac{D_3}{(1 + r)^3} + \frac{D_4}{(1 + r)^4} + \frac{D_5}{(1 + r)^5} + \ldots$$

On peut donc observer que le cours de l'action aujourd'hui est égal à la valeur actualisée de tous les dividendes futurs. Combien y a-t-il de dividendes futurs ? En principe, les dividendes peuvent s'étendre à l'infini, ce qui signifie qu'il demeure impossible de calculer la valeur de l'action.

---

1 Il n'est possible d'émettre qu'une seule hypothèse quant au cours des actions : il s'agira toujours d'un nombre fini, peu importe l'ampleur des calculs. On peut obtenir un chiffre d'une taille étonnante mais jamais un chiffre infini. Puisque personne n'a jamais signalé un cours infini, l'hypothèse semble raisonnable.

2 On peut notamment résoudre ce problème grâce à l'approche « de l'idiot », qui consiste à se demander ce qu'un investisseur moins intelligent (que vous) serait prêt à verser pour l'action. Cette approche permet d'expliquer de façon particulièrement séduisante les bulles spéculatives qui surviennent lorsque les cours augmentent de façon irrationnelle, pour ensuite chuter lorsque la bulle éclate. Il sera ici question de situations plus communes, où les cours sont calculés selon des facteurs rationnels.

En effet, il faudrait pouvoir prédire un nombre infini de dividendes, pour ensuite tous les actualiser. Dans la prochaine section, il sera question de certaines situations particulières où il devient possible de contourner ce problème.

Exemple   8.1   Les valeurs des titres de croissance

Peut-être vous demandez-vous ce qu'il advient des actions du capital de sociétés qui n'offrent actuellement aucun dividende. Les petites entreprises en pleine croissance réinvestissent souvent tout et ne versent ainsi aucun dividende. Il s'agit dans bien des cas d'entreprises qui évoluent dans le domaine minier, pétrolier, du gaz et des technologies de pointe. À titre d'exemple, au moment d'écrire ces lignes, les actions de la société Cambior se négociaient à 3,85 $, alors que la société ne versait plus de dividendes. Doit-on considérer que ces actions n'ont véritablement aucune valeur ? Stipuler que la valeur d'une action est égale à la valeur actualisée des dividendes futurs n'exclut pas la possibilité que certains de ces dividendes soient de zéro. Toutefois, ils ne peuvent tous l'être.

Supposons que la charte corporative d'une société fictive contient une clause qui interdit catégoriquement le versement de dividendes. De plus, la société n'emprunte jamais d'argent, ne verse de l'argent aux actionnaires sous aucune forme et ne vend jamais d'éléments d'actif. Une telle société ne pourrait exister en réalité : les actionnaires s'y opposeraient. Ils pourraient cependant voter pour amender la charte s'ils le désiraient. Si une telle société devait exister, toutefois, quelle serait la valeur de ses actions ?

Les actions n'auraient absolument aucune valeur ; une telle société est un véritable trou noir financier. L'argent y entre, mais rien n'en ressort qui possède une réelle valeur. Puisque l'investissement n'a aucun rendement, il n'a aucune valeur. L'exemple est certes absurde, mais il permet de démontrer que lorsqu'on indique qu'une société ne verse aucun dividende, il s'agit évidemment d'une situation temporaire.

L'évaluation des actions ordinaires : quelques situations particulières

Il est parfois possible de calculer la valeur d'une action, mais il s'agit de circonstances particulières. Encore faut-il émettre un certain nombre d'hypothèses quant à la croissance des dividendes futurs. On peut dégager trois scénarios possibles : 1) le taux de croissance du dividende est de zéro ; 2) le taux de croissance du dividende est constant ; 3) le taux de croissance du dividende est constant, mais uniquement à partir d'une date donnée. Chacune de ces situations sera examinée séparément[3].

Les dividendes constants   Il a déjà été question de la croissance zéro dans ce manuel. Une action ordinaire du capital d'une société dont le dividende ne varie jamais ressemble beaucoup à une action privilégiée. Grâce à l'exemple 6.8 du chapitre 6, on sait déjà que le dividende d'une action privilégiée à taux fixe ne possède aucun taux de croissance et qu'il reste donc de valeur égale au fil du temps. Le fait qu'une action ordinaire ait une croissance zéro sous-tend que :

$$D_1 = D_2 = D_3 = D = \text{constant}$$

La valeur de l'action est donc :

$$P_0 = \frac{D}{(1+r)^1} + \frac{D}{(1+r)^2} + \frac{D}{(1+r)^3} + \frac{D}{(1+r)^4} + \frac{D}{(1+r)^5} + \dots$$

Puisque le dividende reste toujours le même, on peut concevoir l'action comme une perpétuité ordinaire dont le flux monétaire est égal à D à chacune des périodes. On obtient alors la valeur par action ainsi :

$$P_0 = D/r \qquad\qquad [8.2]$$

La variable r correspond au taux de rendement exigé.

À titre d'exemple, supposons que la société Est-Énergie a pour politique de verser un dividende de 10 $ par action chaque année. Si cette politique devait se prolonger indéfiniment, quelle serait la valeur d'une action si le rendement exigé était de 20 % ? Comme il s'agit d'une perpétuité ordinaire, la valeur de l'action est 10 $/0,20 = 50 $ par action.

---

3 La croissance n'est en fait qu'une comparaison des dividendes au fil du temps. Le chapitre 12 s'attardera plus longuement au rapport entre l'inflation et la croissance.

La croissance constante Supposons que le dividende d'une société donnée connaît un taux de croissance constant de g. Si D_0 représente le dividende qui vient d'être versé, le prochain dividende D_1 sera :

$$D_1 = D_0 \times (1 + g)$$

Le dividende après deux périodes sera :

$$D_2 = D_1 \times (1 + g)$$
$$= [D_0 \times (1 + g)] \times (1 + g)$$
$$= D_0 \times (1 + g)^2$$

On pourrait reprendre ce même processus pour calculer le dividende futur selon le nombre de périodes désiré. En général, si on se fie à l'étude de la croissance capitalisée abordée dans un précédent chapitre, on peut déduire que le dividende D_t dans un nombre t de périodes se calcule ainsi :

$$D_t = D_0 \times (1 + g)^t$$

Un actif dont les flux monétaires croissent à un taux constant s'appelle une *perpétuité croissante*. Comme on pourra le voir à l'instant, il existe une équation toute simple qui permet de déterminer la valeur de ce type d'actif.

L'hypothèse qu'un dividende puisse connaître un taux de croissance constant risque de sembler curieux. Pourquoi le dividende augmenterait-il ainsi à un taux constant ? Pour de nombreuses sociétés (les banques à charte, par exemple), la croissance constante des dividendes constitue en réalité un objectif explicite. Il en sera d'ailleurs question plus loin, au chapitre 17, car ce problème relève de l'élaboration des politiques relatives aux dividendes.

Exemple 8.2 — Un retour sur la croissance des dividendes

La banque du Manitoba vient tout juste de verser un dividende de 3 $ par action. Le taux de croissance du dividende est de 8 % par année. Ces données en main, peut-on calculer le montant du dividende dans cinq ans ?

On se retrouve ici avec un montant actuel de 3 $ qui augmente de 8 % par année pendant cinq ans. Le montant capitalisé est donc :

$$3\,\$ \times (1,08)^5 = 3\,\$ \times 1,4693 = 4,41\,\$$$

Le dividende aura donc augmenté de 1,41 $ après cinq ans.

Si le dividende croît à un taux constant, alors, plutôt que de tenter de prédire un nombre infini de dividendes futurs, nous n'avons plus qu'à trouver un taux de croissance unique, ce qui est beaucoup plus simple. Si D_0 représente le dividende qui vient d'être versé et g, le taux de croissance constant, on peut calculer la valeur d'une action ordinaire de la façon suivante :

$$P_0 = \frac{D_1}{(1 + r)^1} + \frac{D_2}{(1 + r)^2} + \frac{D_3}{(1 + r)^3}$$

$$= \frac{D_0(1 + g)^1}{(1 + r)^1} + \frac{D_0(1 + g)^2}{(1 + r)^2} + \frac{D_0(1 + g)^3}{(1 + r)^3} + \cdots$$

Si le taux de croissance g reste inférieur au taux d'actualisation r, on peut écrire la valeur actualisée de cette série de flux monétaires de la façon suivante :

$$P_0 = \frac{D_0 \times (1 + g)}{r - g} = \frac{D_1}{r - g} \qquad [8.3]$$

Modèle de croissance du dividende

Modèle qui permet de calculer le cours actuel d'une action en divisant son dividende à la prochaine période par le taux d'actualisation moins le taux de croissance du dividende.

Cette solution plutôt élégante porte plusieurs noms. On l'appellera ici le **modèle de croissance du dividende**[4]. Peu importe le nom qu'on lui donne, ce modèle est facile à utiliser. À titre d'illustration, supposons que D_0 est de 2,30 $, r de 13 % et g de 5 %. Le cours par action serait alors :

$$P_0 = D_0 \times (1 + g)/(r - g)$$
$$= 2,30\,\$ \times (1,05)/(0,13 - 0,05)$$
$$= 2,415\,\$/(0,08)$$
$$= 30,19\,\$$$

---

4 On l'appelle souvent le « modèle de Gordon », en l'honneur du professeur Myron Gordon, de l'Université de Toronto, son concepteur le plus connu.

En plus du cours actuel d'une action, on peut utiliser le modèle de croissance du dividende pour obtenir le cours d'une action à n'importe quel moment. En général, le cours d'une action à un moment précis t est :

$$P_t = \frac{D_t \ (1+g)}{r-g} = \frac{D_{t+1}}{r-g}$$

[8.4]

Si on reprend l'exemple de tout à l'heure, supposons que vous désirez connaître le cours de l'action dans cinq ans, soit P_5. Il faut tout d'abord trouver le dividende à la cinquième période, soit D_5. Puisqu'on vient de recevoir un dividende de 2,30 \$ et que le taux de croissance est de 5 % par année, la valeur de D_5 est :

$$D_5 = 2{,}30 \ \$ \times (1{,}05)^5 = 2{,}30 \ \$ \times 1{,}2763 = 2{,}935 \ \$$$

D'après le modèle de croissance du dividende, le cours de l'action dans cinq ans sera :

$$P_5 = \frac{D_5 \ (1+g)}{r-g} = \frac{2{,}935 \ \$ \ (1{,}05)}{0{,}13 - 0{,}05} = \frac{3{,}0822 \ \$}{0{,}08} = 38{,}53 \ \$$$

Exemple 8.3 La banque de Winnipeg

Le prochain dividende de la banque de Winnipeg sera de 4,00 \$ par action. Les investisseurs exigent un rendement de 17 % pour des sociétés de ce type. Le dividende de la banque augmente au rythme de 7 % par année. À partir du modèle de croissance du dividende, quelle est la valeur des actions de la banque de Winnipeg aujourd'hui ? Quelle sera sa valeur dans quatre ans ?

Ici, la seule difficulté vient du fait que le prochain dividende D_1 est déjà connu : 4,00 \$. On ne peut donc le multiplier par $(1 + g)$. Si on tient compte de cela, on obtient alors le cours par action de la façon suivante :

$P_0 = D_1/(r - g)$
$= 4{,}00 \ \$/(0{,}17 - 0{,}07)$
$= 4{,}00 \ \$/(0{,}10)$
$= 40{,}00 \ \$$

Puisqu'on a déjà le dividende dans un an, le dividende dans quatre ans est égal à $D_1 \times (1 + g)^3 = 4{,}00 \ \$ \times (1{,}07)^3 = 4{,}90 \ \$$. Le cours dans quatre ans est donc :

$P_4 = [D_4 \times (1 + g)]/(r - g)$
$= (4{,}90 \ \$ \times 1{,}07)/(0{,}17 - 0{,}07)$
$= 5{,}243 \ \$/(0{,}10)$
$= 52{,}43 \ \$$

Notons que dans cet exemple, P_4 est égal à $P_0 \times (1 + g)^4$:
$P_4 = 52{,}43 \ \$ = 40{,}00 \ \$ \times (1{,}07)^4 = P_0 \times (1 + g)^4$

Afin de comprendre ce phénomène, il convient de remarquer que :

$P_4 = D_5/(r - g)$

Toutefois, D_5 est égal à $D_1 \times (1 + g)^4$. On peut donc écrire P_4 ainsi :

$P_4 = D_1 \times (1 + g)^4/(r - g)$
$= [D_1/(r - g)] \times (1 + g)^4$
$= P_0 \times (1 + g)^4$

Ce dernier exemple démontre clairement que selon le modèle de croissance du dividende, le cours des actions augmente au même taux constant que le dividende. Il n'y a là rien de bien surprenant. On apprend tout simplement que si les flux monétaires d'un investissement augmentent à un rythme constant au fil du temps, la valeur de l'investissement en fait tout autant.

On pourrait se demander ce que nous apprendrait le modèle de croissance du dividende si le taux de croissance g était supérieur au taux d'actualisation r. À première vue, on pourrait croire à un cours négatif, puisque $r - g$ serait inférieur à zéro. La réalité est tout autre.

Si le taux de croissance constant est supérieur au taux d'actualisation, le cours de l'action est infiniment élevé. Pourquoi ? Lorsque le taux de croissance est supérieur au taux d'actualisation, la valeur actualisée des dividendes continue d'augmenter sans arrêt. À la base, il en est de même si le taux de croissance et le taux d'actualisation sont égaux. Dans les deux cas, il est impossible de simplifier l'équation en remplaçant le flux infini de dividendes par le modèle de croissance du dividende. En effet, les réponses qu'on obtiendrait grâce au modèle de croissance du dividende n'auraient aucune logique, sauf si le taux de croissance était inférieur au taux d'actualisation.

L'équation élaborée précédemment pour les situations de croissance constante est applicable à tout type de perpétuité croissante et n'est nullement limitée aux dividendes et aux actions ordinaires. Si C_1 correspond au prochain flux monétaire d'une perpétuité croissante, on obtient alors la valeur actualisée des flux monétaires de la façon suivante :

Valeur actualisée = $C_1/(r - g) = C_0(1 + g)/(r - g)$

Fait à remarquer, cette équation ressemble à l'équation d'une perpétuité ordinaire, avec cette différence qu'on doit maintenant écrire $r - g$ plutôt que simplement r [5].

La croissance variable Il reste maintenant à examiner de plus près les situations de croissance variable. En effet, les dividendes peuvent parfois connaître des périodes de croissance excessive. On le sait, le taux de croissance ne peut être supérieur au rendement exigé indéfiniment, mais il peut certes le devenir pour une période déterminée. Afin d'éviter la tâche ardue de devoir prédire et actualiser un nombre infini de dividendes, les dividendes doivent un jour se mettre à croître de façon constante.

Voici un exemple de croissance variable. Supposons qu'une société ne verse actuellement aucun dividende. Selon vos prévisions, la société versera son premier dividende dans cinq ans. Le dividende sera de 0,50 $ par action. Selon vos attentes, ce dividende devrait croître indéfiniment au taux de 10 % par la suite. Le rendement exigé de ce type de société est de 20 %. Quel est le cours de l'action aujourd'hui ?

Pour connaître la valeur de l'action aujourd'hui, il faut trouver sa valeur lors du premier versement de dividende. On peut ensuite calculer la valeur actualisée de ce cours à venir afin d'obtenir le prix actuel sur le marché. Le premier dividende sera versé dans cinq ans, et le dividende augmentera alors de façon continue. À l'aide du modèle de croissance du dividende, on calcule d'abord le cours dans quatre ans :

$P_4 = D_5/(r - g)$
$\quad = 0,50 \$/(0,20 - 0,10)$
$\quad = 5,00 \$$

Si la valeur de l'action est de 5,00 $ dans quatre ans, on peut obtenir le cours du marché en actualisant ces quatre années à 20 % de la manière suivante :

$P_0 = 5,00 \$/(1,20)^4 = 5,00 \$/2,0736 = 2,41 \$$

La valeur actualisée de l'action est donc de 2,41 $.

Les problèmes de croissance variable sont à peine plus complexes lorsque les dividendes ne sont pas de zéro au cours des premières années. À titre d'exemple, supposons que vous avez prédit les dividendes suivants pour les trois prochaines années :

Année	Dividende prévu
1	1,00 $
2	2,00
3	2,50

Après la troisième année, le dividende augmentera à un taux constant de 5 % par année. Le rendement exigé est de 10 %. Quelle est la valeur de l'action aujourd'hui ?

Comme on le sait, la valeur de l'action est égale à la valeur actualisée de tous les dividendes futurs. Afin de trouver la valeur actualisée, il faut d'abord calculer la valeur actualisée du cours de l'action dans trois ans, comme précédemment. On ajoute ensuite la valeur actualisée des dividendes versés au cours de cette période. Le cours dans trois ans sera donc :

$P_3 = D_3 \times (1 + g)/(r - g)$
$\quad = 2,50 \$ \times (1,05)/(0,10 - 0,05)$
$\quad = 52,50 \$$

---

5 A est la somme d'une série géométrique infinie :

$\quad$ A = $a(1 + x + x_2 + ...)$

La variable $a = C_1/(1 + r)$ et $x = (1 + g)/(1 + r)$. La somme d'une série géométrique infinie est $a/(1 - x)$. À l'aide de ce résultat et en substituant a et x, on obtient :

$\quad$ A = $C_1/(r - g)$

Cette série géométrique converge vers une somme finie uniquement si x est inférieur à 1. Cela implique que le taux de croissance g doit être inférieur au taux d'intérêt.

On peut maintenant trouver la valeur totale de l'action en calculant la somme de la valeur actualisée des trois premiers dividendes et de la valeur actualisée du cours à la période 3, soit P_3, ainsi :

$$P_0 = D_1/(1 + r)^1 + D_2/(1 + r)^2 + D_3/(1 + r)^3 + P_3/(1 + r)^3$$
$$= 1,00\ \$/1,10 + 2,00\ \$/1,10^2 + 2,50\ \$/1,10^3 + 52,50\ \$/1,10^3$$
$$= 0,91\ \$ + 1,65 + 1,88 + 39,44$$
$$= 43,88\ \$$$

La valeur de l'action en date d'aujourd'hui est donc de 43,88 $.

Exemple 8.4 La croissance excessive

La société Génie génétique ltée connaît une croissance phénoménale de 30 % par année grâce à son expansion rapide et à des ventes explosives. Vous prévoyez que ce taux de croissance durera encore trois ans pour ensuite chuter à 10 % par année. Si le taux de croissance se maintient ensuite à 10 % indéfiniment, quelle est la valeur sur le marché de l'avoir des actionnaires ? La société vient tout juste de verser 5 millions de dollars en dividendes, et le rendement exigé est de 20 %.

Génie génétique ltée traverse ce qu'on appelle une période de croissance excessive. Il est peu probable qu'une société maintienne un taux de croissance de 30 % très longtemps. Pour évaluer le capital de cette société, il faut d'abord calculer le total des dividendes au cours de la période de croissance excessive :

Année	Total des dividendes (en millions de dollars)	
1	5,00 $ × (1,3) =	6,500 $
2	6,50 × (1,3) =	8,450
3	8,45 × (1,3) =	10,985

On peut calculer le cours à la période 3 de la façon suivante :

$$P_3 = D_3 \times (1 + g)/(r - g)$$

où g représente le taux de croissance à long terme. On obtient alors :

$$P_3 = 10,985\ \$ \times (1,10)/(0,20 - 0,10) = 120,84\ \$$$

Pour déterminer la valeur aujourd'hui, il faut calculer la somme de la valeur actualisée de ce montant et la valeur actualisée du total des dividendes :

$$P_0 = D_1/(1 + r)^1 + D_2/(1 + r)^2 + D_3/(1 + r)^3 + P_3/(1 + r)^3$$
$$= 6,50\ \$/1,20 + 8,45\ \$/1,20^2 + 10,985\ \$/1,20^3 +$$
$$120,835\ \$/1,20^3$$
$$= 5,42\ \$ + 5,87 + 6,36 + 69,93$$
$$= 87,58\ \$$$

La valeur sur le marché de l'avoir des actionnaires aujourd'hui est donc de 87,58 millions de dollars. Si la société comptait 20 millions d'actions, on obtiendrait alors une valeur de 87,58 $/20 = 4,38 $ par action.

Les taux de croissance multiples

Lorsqu'un analyste financier utilise le modèle d'évaluation des dividendes, il envisage en général la possibilité de tout un éventail de taux de croissance. Pour ce faire, il doit copier le modèle dans un tableur et varier les données. Si on reprend l'exemple de la société Génie génétique ltée, il suffit de varier les données du scénario de base (voir le tableau ci-dessous). Grâce au modèle, on avait calculé un cours de 4,38 $ par action. Le tableau illustre deux autres scénarios possibles. Dans le meilleur des scénarios, le taux de croissance excessif est de 40 % et se prolonge sur cinq ans au lieu de trois. À partir de la sixième année, le taux de croissance normale est plus élevé, soit de 13 %. Dans le pire des scénarios, la croissance normale commence immédiatement et il n'y a aucune période de croissance excessive. Le taux de rendement exigé est de 20 % dans tous les cas.

Le tableau illustre que le cours calculé selon le modèle est particulièrement sensible aux données. Dans le pire des scénarios, le cours du modèle chute à 2,50 $; dans le meilleur des cas, il augmente à 8,14 $. Bien sûr, on pourrait examiner un grand nombre de scénarios à l'aide d'un tableur, mais le tableau ci-dessous suffit à démontrer que la valeur d'une action dépend largement des taux de croissance envisagés et de leur durée.

	Base	Meilleur scénario	Pire scénario
Taux de croissance excessif	30 %	40 %	s.o.
Période de croissance excessive	3 années	5 années	0 année
Taux de croissance normal	10 %	13 %	10 %
Taux de rendement exigé	20 %	20 %	20 %
Cours calculé à l'aide du modèle	4,38 $	8,14 $	2,50 $

Les composantes du rendement exigé

Jusqu'à maintenant, le taux de rendement exigé r a toujours été considéré tel quel. Ce sujet sera traité plus en profondeur dans les chapitres 12 et 13. Pour l'instant, il suffit de comprendre les conséquences du modèle de croissance du dividende en ce qui concerne le rendement exigé. On a déjà déterminé que P_0 se calculait ainsi :

$$P_0 = D_1/(r - g)$$

Si on doit calculer r, on obtient :

$$(r - g) = D_1/P_0 \qquad\qquad [8.5]$$
$$r = D_1/P_0 + g$$

Cela nous indique que le rendement total r se compose de deux éléments. Le premier, D_1/P_0, s'appelle le **rendement des dividendes** (ou taux de rendement sur le dividende). On le calcule en divisant le dividende en espèces qui est attendu par le cours du marché ; en théorie, il se rapproche du rendement courant d'une obligation.

La deuxième composante du rendement exigé correspond au taux de croissance g. On sait déjà que le taux de croissance du dividende correspond également au taux de croissance du cours de l'action (voir l'exemple 8.3). On peut ainsi concevoir le taux de croissance comme étant le **rendement des gains en capital**, c'est-à-dire le taux de croissance de la valeur de l'investissement.

Afin d'illustrer ces deux composantes, supposons qu'une action se négocie 20 $. Le prochain dividende sera de 1 $ par action. Vous prévoyez que le dividende augmentera de 10 % plus ou moins indéfiniment. Quel sera le rendement de cette action si vos prédictions sont exactes ?

À partir du modèle de croissance du dividende, on obtient la formule suivante pour le calcul du rendement total :

$$r = \text{Taux de rendement des dividendes} + \text{Taux de rendement des gains en capital}$$
$$r = D_1/P_0 + g$$

Le rendement total est donc :

$$r = 1\,\$/20\,\$ + 10\,\%$$
$$= 5\,\% + 10\,\%$$
$$= 15\,\%$$

L'action offre donc un rendement de 15 %.

On peut vérifier cette réponse en calculant le cours dans un an P_1 si le rendement exigé est de 15 %. À l'aide du modèle de croissance du dividende, on obtient :

$$P_1 = D_1 \times (1 + g)/(r - g)$$
$$= 1\,\$ \times (1{,}10)/(0{,}15 - 0{,}10)$$
$$= 1{,}1\,\$/0{,}05$$
$$= 22\,\$$$

Notons que les 22 $ représentent 20 $ × (1,1) et que le cours de l'action a donc augmenté de 10 %, comme il se doit. Si vous payez 20 $ pour l'action aujourd'hui, vous devriez recevoir un dividende de 1 $ à la fin de l'année et obtenir un gain de capital de 22 $ − 20 $ = 2 $. Le rendement des dividendes de l'action est donc 1 $/20 $ = 0,05 ou 5 %. Le rendement des gains de capital est 2 $/20 $ = 0,1 ou 10 %. Votre rendement total serait donc 5 % + 10 % = 15 %. Le tableau 8.1 présente un résumé de l'évaluation des actions.

Rendement des dividendes

Dividende en espèces d'une action divisé par le cours actuel du marché.

Rendement des gains en capital

Taux de croissance du dividende ou taux de croissance de la valeur de l'investissement.

Tableau **8.1** Résumé de l'évaluation des actions

Situation classique

En général, le cours aujourd'hui d'une action ordinaire P_0 est égal à la valeur actualisée des dividendes futurs : $D_1, D_2, D_3…$

$$P_0 = \frac{D_1}{(1+r)^1} + \frac{D_2}{(1+r)^2} + \frac{D_3}{(1+r)^3} + …$$

La variable r représente le rendement exigé.

Croissance continue

Si le dividende croît à un rythme constant de g, on peut calculer le cours ainsi :

$$P_0 = \frac{D_1}{(1-g)}$$

On appelle cette formule le « modèle de croissance du dividende ».

Croissance excessive

Si le dividende croît de façon constante après un nombre t de périodes, on peut calculer le cours ainsi :

$$P_0 = \frac{D_1}{(1+r)^1} + \frac{D_2}{(1+r)^2} + … + \frac{D_t}{(1+r)^t} + \frac{P_t}{(1+r)^t}$$

où

$$P_t = \frac{D_t \times (1+g)}{(r-g)}$$

Rendement exigé

Le rendement exigé r correspond à la somme de deux éléments :

$$r = D_1/P_0 + g$$

Les variables D_1/P_0 représentent le *taux de rendement sur le dividende* et g le *taux de rendement des gains en capital* (l'équivalent du taux de croissance du dividende dans le cas d'une croissance constantes.

8.2 Les caractéristiques des actions ordinaires

Action ordinaire

Capital qui ne bénéficie d'une priorité ni pour les dividendes, ni en cas de faillite.

Chaque détenteur peut définir à sa façon l'expression **action ordinaire**, mais celle-ci désigne généralement des actions qui ne bénéficient d'aucune priorité ni pour les dividendes, ni en cas de faillite.

Les droits des actionnaires

La structure conceptuelle d'une société part du principe que les actionnaires élisent des administrateurs qui, à leur tour, engagent une équipe de gestion devant exécuter leurs directives. Les actionnaires contrôlent ainsi la société par leur capacité de choisir les administrateurs de l'entreprise. En général, seuls les actionnaires possèdent ce droit.

Les administrateurs sont élus chaque année au cours d'une réunion annuelle. Outre quelques exceptions dont il sera question plus loin, on accorde un vote par action détenue, plutôt qu'un seul vote par actionnaire.

La démocratie d'entreprise est donc bien différente de la démocratie politique. Pour la démocratie d'entreprise, il n'y a qu'une seule règle : la « règle d'or[6] ». De grands investisseurs institutionnels, tels que la Caisse de dépôt et l'Ontario Teachers' Pension Plan Board, prennent une part active dans l'exercice de leurs droits de vote afin d'influencer les pratiques d'affaires des entreprises dans lesquelles ils investissent.

Les administrateurs sont élus à la majorité des actions détenues par les actionnaires présents à la réunion annuelle et ayant le droit de vote. Toutefois, le déroulement exact du scrutin varie de société en société. Les deux méthodes les plus importantes sont l'élection par droits de vote cumulatifs et par vote direct (voir l'annexe 8 A pour plus de détails concernant ces deux options).

Les développements récents en matière de gouvernance d'entreprise (ou de gouvernement d'entreprise) ont incité les actionnaires à se préoccuper de plus en plus de questions telles que

---

6 C'est-à-dire : « Celui qui possède l'or impose les règles. »

la rémunération des dirigeants et les octrois d'options d'achat aux dirigeants. Bien que les actionnaires votent généralement en faveur des recommandations émises par les dirigeants ou le conseil d'administration de l'entreprise, les actionnaires qui s'y opposent peuvent lutter contre ces recommandations au moyen d'une course aux procurations. Celle-ci est essentiellement une lutte entre différents groupes d'actionnaires pour le contrôle des votes au sein de l'entreprise. En novembre 2002, par exemple, un groupe d'administrateurs dissidents de la société Diamond Fields International Ltd a réussi à prendre le contrôle du conseil d'administration de l'entreprise grâce à une course aux procurations. Dès qu'ils ont réussi à faire changer les politiques d'investissement de l'entreprise, à réduire les coûts de production et à résoudre un conflit légal dans lequel l'entreprise s'était embourbée, les administrateurs dissidents ont accepté de laisser leur place à une équipe dirigeante avertie au mois de juin 2003.

Les autres droits La valeur de l'action ordinaire d'une société dépend directement des droits des actionnaires. En plus du droit d'élire les administrateurs, on accorde généralement aux actionnaires les droits suivants :

1. Le droit de souscrire au prorata aux dividendes versés.
2. Le droit de souscrire au prorata aux éléments d'actif qui demeurent une fois le passif remboursé lors d'une liquidation.
3. Le droit de vote des questions importantes pour les actionnaires telles les fusions, ce qui se produit en général au cours des réunions annuelles ou d'une réunion extraordinaire.

De plus, les actionnaires ont parfois le droit de souscrire au prorata à toute nouvelle action vendue. C'est ce qu'on appelle le « droit de préemption ». Ce droit signifie essentiellement qu'une société qui souhaite vendre des actions doit d'abord offrir celles-ci aux actionnaires avant de les offrir au grand public. Les actionnaires ont ainsi la chance de protéger le pourcentage de la société qu'ils contrôlent.

Les dividendes

Entre autres caractéristiques, les sociétés possèdent des actions de capital pour lesquelles la loi autorise des versements de dividendes aux actionnaires. Les **dividendes** versés aux actionnaires représentent un rendement du capital investi directement ou indirectement dans la société par les actionnaires. Les versements de dividendes sont effectués selon la volonté du conseil d'administration. Voici certaines des caractéristiques les plus importantes des dividendes :

1. À moins qu'il ne soit déclaré tel par le conseil d'administration d'une société, un dividende ne constitue pas un passif. Lorsqu'une société néglige d'effectuer le versement d'un dividende non déclaré, elle n'est pas en défaut. Par conséquent, les sociétés ne peuvent déclarer faillite en plaidant le non-versement de dividendes. Le montant du dividende dépend de la politique du conseil d'administration, qui décide également de verser ou non le dividende.
2. Le versement des dividendes par la société ne constitue pas une dépense d'exploitation. Les dividendes ne sont pas déductibles du revenu imposable des sociétés. En bref, les dividendes sont versés à partir des bénéfices après impôt de la société.
3. Les dividendes reçus par les actionnaires donnent droit à un crédit d'impôt pour dividende (voir le chapitre 2) ; il s'agit d'une sorte d'abri fiscal partiel. Fait à noter, dans le cas des actions privilégiées, les sociétés qui possèdent des actions d'autres sociétés peuvent exclure 100 % des dividendes qu'elles reçoivent de sociétés canadiennes imposables. On peut ainsi éviter la double imposition des dividendes.

Les catégories d'actions

Certaines sociétés possèdent plusieurs catégories d'actions ordinaires[7]. Le droit de vote varie d'ailleurs souvent selon les catégories. On se souviendra, entre autres, que la société Canadian Tire possède deux catégories d'actions ordinaires, toutes deux négociées publiquement. En 1990, on a

---

Dividende

Versement effectué à même les bénéfices de la société à ses propriétaires sous forme d'espèces ou de rachat d'actions.

---

7 Cette section s'inspire largement de l'article de Elizabeth MAYNES, Chris ROBINSON et Alan WHITE, « How Much Is a Share Vote Worth ? », *Canadian Investment Review,* printemps 1990, p. 49-56.

distribué les actions avec droit de vote de la façon suivante : 61 % des actions ont été remises à trois des enfants du fondateur de la société ; les détaillants, les caisses de retraite et le grand public se sont partagé le reste. La distribution d'actions A sans droit de vote de Canadian Tire était plus étendue.

Plusieurs sociétés canadiennes ont ainsi des actions subalternes (sans droit de vote). De telles actions représentaient environ 15 % des valeurs marchandes des actions cotées à la Bourse de Toronto à la fin de l'année 1989. Les dividendes des actions sans droit de vote ne doivent pas être inférieurs aux dividendes des actions avec droit de vote. Certaines sociétés versent un dividende plus élevé pour les actions sans droit de vote. En 1990, Canadian Tire versait un dividende annuel de 0,40 $ par action pour les deux catégories d'actions.

Le désir de contrôler l'entreprise justifie l'existence des actions sans droit de vote. De fait, en émettant ainsi des actions subalternes ou sans droit de vote, la direction d'une entreprise peut obtenir du capital tout en conservant le contrôle de l'entreprise.

Puisqu'il suffit de posséder 51 % des actions avec droit de vote pour contrôler une entreprise, les actionnaires qui n'ont pas le droit de vote pourraient être livrés à eux-mêmes en cas d'une offre publique d'achat de l'entreprise. Afin de protéger les actionnaires sans droit de vote, la plupart des entreprises offrent une clause de protection qui leur accorde le droit de vote ou le droit de convertir leurs actions en actions avec droit de vote dans le cas d'une offre publique d'achat. En ce qui concerne Canadian Tire, tous les actionnaires de catégorie A obtiennent le droit de vote en vertu d'une clause de protection qui entre en vigueur dès qu'une offre est déposée pour la totalité ou la quasi-totalité des actions avec droit de vote.

L'efficacité de la clause de protection a d'ailleurs été mise à l'épreuve en 1986, lorsque l'Association des détaillants de Canadian Tire a offert d'acheter 49 % des actions avec droit de vote, qui étaient alors détenues par les Billes, la famille fondatrice. En l'absence de protection, les actionnaires sans droit de vote risquaient de perdre de fortes sommes. Les détaillants ont déposé une offre comportant une prime importante pour les actions avec droit de vote, qui se négociaient 40 $ avant l'offre. Le cours des actions sans droit de vote était de 14 $. De plus, puisque les détaillants représentaient les principaux acheteurs de produits Canadian Tire, le contrôle de l'entreprise leur aurait permis de fixer les prix pour leur propre bénéfice, au détriment des actionnaires sans droit de vote.

Il fallait déterminer si l'offre activait du même coup la clause de protection. Selon les détaillants et la famille Billes, l'offre de 49 % des actions ne représentait pas « la totalité ou la quasi-totalité » des actions avec droit de vote. La Commission des valeurs mobilières de l'Ontario a finalement déclaré que l'offre n'était pas équitable pour les détenteurs d'actions de catégorie A, jugement qui a été confirmé par deux cours d'appel.

Les investisseurs reconnaissent donc la valeur des clauses de protection, mais ils doutent que ces clauses offrent une protection complète. En novembre 2004, les actions avec droit de vote de Canadian Tire se négociaient avec une prime d'environ 15 % par rapport aux actions sans droit de vote, soit 58,50 $ par action avec droit de vote par opposition à 51,00 $ pour les actions sans droit de vote. La prime était encore plus élevée en décembre 2000.

Questions théoriques

1. Qu'est-ce que la valeur comptable d'une société ?
2. Quels sont les droits que possèdent les actionnaires ?
3. Pourquoi certaines entreprises ont-elles deux catégories d'actions ?

Actions privilégiées

Actions ayant priorité sur les actions ordinaires quant au versement des dividendes, généralement avec un taux de dividende fixe et souvent sans droit de vote.

Les **actions privilégiées** diffèrent des actions ordinaires parce qu'elles ont préséance sur celles-ci quant au versement des dividendes et à la distribution de l'actif de la société en cas de liquidation. Autrement dit, les détenteurs d'actions privilégiées doivent recevoir un dividende (dans le cas d'une entreprise active) avant les détenteurs d'actions ordinaires. En cas de liquidation, les actionnaires privilégiés passent après les créanciers mais avant les détenteurs d'actions ordinaires.

Les actions privilégiées représentent un capital du point de vue de la loi, de la fiscalité et de la réglementation. Au cours de la dernière décennie, les banques à charte ont été d'importants émetteurs d'actions privilégiées dans le but de satisfaire leur besoin plus élevé en capital. Il faut signaler ici un détail important : les détenteurs d'actions privilégiées n'ont en général pas le droit de vote.

La valeur nominale

Les actions privilégiées ont une valeur liquidative nominale. Le dividende en espèces s'écrit en dollars par action. Ainsi, lorsque la Banque de Montréal affiche « 2,25 $ », il faut comprendre « un rendement sur le dividende de 9 % pour une valeur nominale de 25 $ ».

Les dividendes cumulatifs et non cumulatifs

Un dividende privilégié est bien différent de l'intérêt d'une obligation. Le conseil d'administration peut décider de ne pas verser de dividendes pour les actions privilégiées, et sa décision ne dépend pas nécessairement du bénéfice net actuel de la société.

Les dividendes d'actions privilégiées sont soit cumulatifs, soit non cumulatifs. La plupart du temps, toutefois, ils sont cumulatifs. Lorsque les dividendes privilégiés sont cumulatifs et ne sont pas versés au cours d'une année, ils sont alors reportés et constituent un *arrérage de dividendes*. En général, les dividendes privilégiés accumulés et les dividendes privilégiés courants doivent être versés avant que les détenteurs d'actions ordinaires puissent toucher une somme quelconque.

Les dividendes privilégiés non versés ne constituent pas une créance. Les administrateurs élus par les détenteurs d'actions ordinaires peuvent reporter les dividendes privilégiés indéfiniment. Toutefois, lorsque cela se produit :

1. les détenteurs d'actions ordinaires doivent également se priver de leurs dividendes ;
2. en fonction de l'acte de fiducie particulier à chaque série d'actions privilégiées, les détenteurs d'actions privilégiées obtiennent souvent le droit de vote ainsi que d'autres droits si les dividendes privilégiés ne sont pas versés pendant un certain temps.

Puisque les détenteurs d'actions privilégiées ne reçoivent pas d'intérêts sur les dividendes accumulés, certains prétendent que les entreprises pourraient trouver plus profitable de reporter les versements de dividendes privilégiés.

Les actions privilégiées sont-elles des créances ?

On pourrait facilement démontrer que les actions privilégiées sont en réalité des créances déguisées, une forme d'obligations. Les actionnaires privilégiés ne reçoivent qu'un dividende spécifié et, si la société est liquidée, les actionnaires privilégiés obtiennent une valeur nominale. Les actions privilégiées possèdent souvent une cote de solvabilité, tout comme les obligations. De plus, les actions privilégiées peuvent parfois être converties en actions ordinaires. Elles sont aussi souvent assorties d'un privilège de rachat, et on accorde souvent au détenteur le droit de revendre l'action privilégiée à l'émetteur à un cours fixe (action privilégiée rétractable).

De plus, depuis quelques années, plusieurs nouvelles émissions d'actions privilégiées possèdent un fonds d'amortissement obligatoire. Ce fonds d'amortissement permet de fixer une échéance, puisque l'émission sera retirée tôt ou tard. À titre d'exemple, si un fonds d'amortissement exige que 2 % de l'émission d'origine soit retirée chaque année, l'émission sera entièrement retirée dans 50 ans.

On offre également des actions privilégiées avec dividendes variables. On trouve ainsi des actions privilégiées cumulatives à taux variable (CARP — *cumulative, adjustable rate, preferred stock*). Il existe divers types d'actions privilégiées à taux variable, et certaines font foi d'une grande originalité lorsqu'il s'agit d'établir le montant du dividende. Ainsi, les dividendes des actions privilégiées de premier rang de la série C de la Banque Royale sont fixés aux ⅔ de la moyenne du taux préférentiel canadien de la banque, avec un dividende plancher de 6,67 % par année.

Pour toutes ces raisons, les actions privilégiées ressemblent beaucoup à des créances. Lorsqu'on les compare à des créances, le rendement des actions privilégiées peut sembler très faible. Ainsi, la Banque Royale possède une autre action privilégiée dont le dividende stipulé est de 1,17 $. En décembre 2002, le cours du marché de l'action privilégiée de 1,17 $ de la Banque Royale était de 26,40 $. Si on calcule le rendement des dividendes, on obtient 1,17 $/26,40 $ = 4,4 %, soit moins que le rendement des créances à long terme de la Banque Royale (environ 5,82 % à l'époque). Toujours à cette époque, le rendement des obligations à long terme du gouvernement du Canada était d'environ 5,5 %.

Malgré ce rendement d'apparence plutôt faible, les investisseurs corporatifs préfèrent détenir des actions privilégiées émises par d'autres sociétés plutôt que des créances, pour la simple raison que la totalité des dividendes ainsi reçus est exonérée d'impôt. Les investisseurs individuels ne bénéficient pas de cet allégement fiscal, et la plupart des actions privilégiées au Canada sont achetées par des investisseurs corporatifs. Ces investisseurs corporatifs versent une prime pour les dividendes privilégiés en raison de l'exonération d'impôt pour les dividendes ; par conséquent, les rendements sont plus faibles.

Les actions privilégiées et l'impôt

Du point de vue de l'émetteur, une échappatoire fiscale encourage les sociétés qui sont légèrement imposées ou non imposées temporairement en raison de pertes reportées ou d'abris fiscaux à émettre des actions privilégiées. Ces sociétés faiblement imposées ne peuvent pas profiter pleinement d'une déduction fiscale sur l'intérêt. Toutefois, elles peuvent émettre des actions privilégiées et profiter d'une source de financement moins coûteuse, les dividendes privilégiés étant largement inférieurs aux versements d'intérêts.

En 1987, le gouvernement fédéral a tenté d'éliminer cette échappatoire fiscale par la création d'une taxe de 40 % sur les dividendes privilégiés, qui doit être versée par tout émetteur d'actions privilégiées. Seuls les émetteurs imposables sont remboursés par une déduction. Cette modification fiscale (accompagnée d'autres changements) a permis de restreindre, mais non d'éliminer, l'échappatoire fiscale.

Le tableau 8.2 illustre comment la société Impôt Zéro ltée, une société qui ne paie pas d'impôt, peut émettre des actions privilégiées avantageuses pour la société Impôt Total ltée, une société imposable au taux combiné fédéral et provincial de 45 %. Selon cet exemple, Impôt Zéro ltée cherche à obtenir 1 000 $ par l'entremise d'une créance ou d'actions privilégiées et peut émettre, au choix, une créance dont le coupon est de 10 % ou une action privilégiée dont le dividende est de 6,7 %[8].

Le tableau 8.2 montre qu'à l'aide d'actions privilégiées, Impôt Zéro ltée verse des dividendes de 6,7 % × 1 000 $ = 67,00 $ et que l'impôt sur les dividendes est 40 % × 67,00 $ = 26,80 $, pour une dépense engagée totale après impôt de 93,80 $. Cela représente le coût après impôt suivant : 93,80 $/1 000 $ = 0,0938 ou 9,38 %. Un financement par créance coûte plus cher, avec une dépense engagée de 100 $ et un rendement après impôt de 10 %. Il est donc préférable que la société Impôt Zéro ltée s'en tienne aux actions privilégiées.

Du point de vue de l'acheteur, Impôt Total ltée, le dividende privilégié reçu est libre d'impôt, pour un rendement après impôt de 6,7 %. Si Impôt Total ltée choisissait plutôt d'acheter des créances d'Impôt Zéro ltée, elle devrait verser un impôt sur le revenu de 45 $ pour un rendement net après impôt de 55 $ ou 5,5 %. Les actions privilégiées sont donc à nouveau plus avantageuses que les créances.

---

8 Le dividende d'une action privilégiée représente environ les deux tiers du rendement d'une créance, ce qui correspond aux pratiques du marché, comme le démontre l'exemple de la Banque Royale dont il a déjà été question. Pour plus de détails sur les actions privilégiées et l'impôt, vous pouvez consulter l'article de I. FOOLADI, P. A. McGRAW et G. S. ROBERTS, « Preferred Share Rules Freeze Out the Individual Investor », *CA Magazine*, 11 avril 1988, p. 38-41.

Bien sûr, si l'émetteur était imposable, le coût après impôt de la créance ne serait plus que de 5,5 % et le financement par créance serait alors plus avantageux. On comprend donc mieux pourquoi l'émission d'actions privilégiées ne séduit véritablement que les sociétés faiblement imposées.

Tableau 8.2	L'échappatoire fiscale pour les actions privilégiées		
		Action privilégiée	Créance
Émetteur : Impôt Zéro ltée			
Dividende d'action privilégiée-intérêts versés		67 00 $	100,00 $
Impôt sur les dividendes à 40 %		26,80	0,00
Déduction fiscale de l'intérêt		0,00	0,00
Coût total du financement		93,80 $	100,00 $
Coût après impôt		9,38 %	10,00 %
Acheteur : Impôt Total ltée			
Revenu avant impôt		67,00 $	100,00 $
Impôt		0,00	45,00
Revenu après impôt		67,00 $	55,00 $
Rendement après impôt		6,70 %	5,50 %

Au-delà de l'impôt

Le principal obstacle à l'émission d'actions privilégiées demeure l'impossibilité, pour les sociétés entièrement imposables, de déduire les dividendes de leur revenu de société imposable. Toutefois, les raisons pour lesquelles une société peut choisir d'émettre des actions privilégiées dépassent les simples considérations d'ordre fiscal.

On peut d'abord parler de facteurs reliés à l'offre. En premier lieu, les services publics réglementés peuvent transmettre le désavantage fiscal de leurs actions privilégiées à leurs clients, en raison des méthodes utilisées par les organismes réglementés pour établir les prix. Par conséquent, les services publics émettent un nombre important d'actions privilégiées.

Ensuite, les sociétés qui émettent des actions privilégiées peuvent se protéger de la faillite, menace qui guette les émetteurs de créances. Les dividendes privilégiés non versés ne représentent pas une créance, et les détenteurs d'actions privilégiées ne peuvent obliger une société à déclarer faillite lorsqu'elle néglige de verser les dividendes.

On peut également choisir d'émettre des actions privilégiées pour des raisons de contrôle. En effet, puisque les détenteurs d'actions privilégiées n'ont en général pas le droit de vote, les actions privilégiées permettent d'obtenir du capital sans perdre le contrôle d'une société.

Du point de vue de la demande, les actions privilégiées sont surtout détenues par des sociétés. Le revenu de société provenant des dividendes d'actions privilégiées est exonéré d'impôt, ce qui diminue considérablement le désavantage fiscal des actions privilégiées. Certaines actions privilégiées à taux variable s'adressent tout particulièrement à des sociétés à la recherche d'un investissement à court terme pour des liquidités inactives temporairement.

Questions théoriques

1. Qu'est-ce qu'une action privilégiée ?
2. Pourquoi ces actions ressemblent-elles davantage à des créances qu'à du capital ?
3. Pourquoi l'émission d'actions privilégiées est-elle avantageuse pour les sociétés non imposables ?
4. Outre les raisons d'ordre fiscal, nommez deux raisons pour lesquelles une société peut choisir d'émettre des actions privilégiées.

8.4 La publication des cours du marché

Les quotidiens financiers (*The National Post*, entre autres) publient des renseignements sur une très grande quantité d'actions sur différents marchés (voir également www.globeinvestor.com et www.lapresseaffaires.com). La figure 8.1 reproduit en partie la page réservée aux actions de la Bourse de Toronto (TSX) du 16 décembre 2002. Situez d'abord la ligne consacrée à la société BCE Inc.

Figure 8.1

Échantillon de cotations de la Bourse du quotidien *National Post*

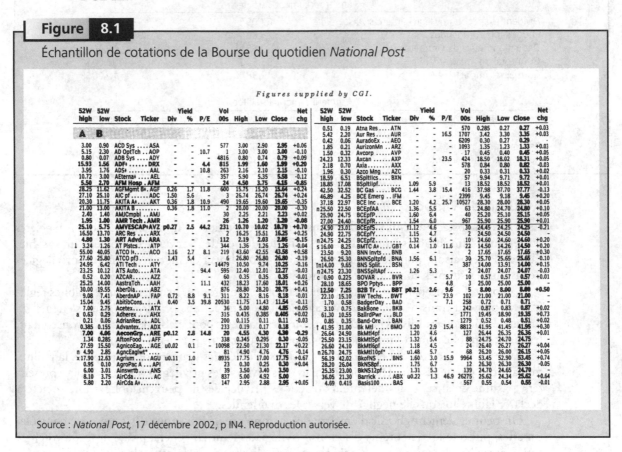

Source : *National Post*, 17 décembre 2002, p IN4. Reproduction autorisée.

Les deux premiers nombres, 37,18 et 22,97, représentent le cours le plus élevé et le cours le plus faible durant les 52 dernières semaines.

Le nombre 1,20 représente le dividende annuel. Puisque BCE Inc., comme la plupart des sociétés, verse des dividendes tous les trimestres, ces 1,20 $ représentent en fait le dernier dividende trimestriel multiplié par quatre. Le dernier dividende versé par BCE Inc. était donc 1,20 $/4 = 0,30 $. La colonne Yield % indique le rendement des dividendes en fonction du dividende courant et du cours de clôture. Dans le cas de BCE Inc., ce rendement est 1,20 $/28,30 = 0,042 ou 4,2 %, tel que c'est indiqué.

Les colonnes High, Low et Cls représentent les cours les plus élevés, les plus faibles et à la clôture au cours de la journée. Net Chg +0,05 signifie que le prix de clôture de 28,30 $ par action est supérieur de 0,05 $ au cours de clôture de la veille ; on dit alors que BCE « a gagné 0,05 $ dans la journée ».

La colonne P/E (*price/earning*), qui signifie « ratio cours-bénéfices », représente le cours de clôture (ici 28,30 $) divisé par les bénéfices annuels par action (selon l'exercice financier complet le plus récent). Dans le jargon du milieu, on pourrait dire que BCE Inc. « se vend pour 25,7 fois les bénéfices ».

Enfin, la colonne Vol 00s indique le nombre d'actions qui ont été négociées dans la journée (par cent unités). Ainsi, le nombre 10,527 pour BCE Inc. signifie que 1 052 700 actions ont été négociées dans la journée. Si le cours moyen pendant la journée était d'environ 28,15 $, le volume en dollars des transactions était de l'ordre de 28,15 $ × 1 052 700 = 29 633 505 $ en actions de BCE Inc.

Les occasions de croissance

Il a déjà été question du taux de croissance des dividendes. On s'attarde maintenant à certains concepts liés à la croissance. Supposons qu'une société possède un flux continu de bénéfices par action sous forme de perpétuité. La société verse ces bénéfices aux actionnaires sous forme de dividendes. Ainsi :

BPA = DPA

L'abréviation BPA représente les *bénéfices par action* et DPA, les dividendes par action. On surnomme souvent ces sociétés qui sont sources de profit des « vaches à lait » ou des « vaches à *cash* ».

À partir de la formule des perpétuités étudiée au cours du chapitre précédent, on peut calculer la valeur d'une action de capital de la façon suivante :

Valeur d'une action de capital lorsqu'une société devient une « vache à lait » : $\dfrac{BPA}{r} = \dfrac{Div}{r}$

La variable r représente le taux d'actualisation des actions de la société.

La politique précédente, qui consistait à verser tous les bénéfices sous forme de dividendes, n'est peut-être pas la plus avantageuse. Bien des sociétés ont des occasions d'augmenter leur croissance, ou plutôt des occasions d'investissement dans des projets profitables. Puisque ces projets peuvent représenter une partie importante de la valeur de la société, il serait dommage de ne pas en profiter et de verser tous les bénéfices sous forme de dividendes.

Bien que la direction étudie souvent plusieurs de ces projets à la fois, il est préférable de se restreindre à la possibilité d'investir dans un seul projet. Supposons que la société retienne tout le dividende à la date 1 pour l'investir dans un projet. La valeur actualisée nette par action du projet en date 0 est la VANOC, c'est-à-dire la *valeur actualisée nette (par action) des occasions de croissance*.

Quel est le cours d'une action ordinaire à la date 0 si la société décide de participer au projet à la date 1 ? Puisque la valeur par action du projet est ajoutée au cours initial de l'action, le cours de l'action doit donc aujourd'hui être :

Cours de l'action une fois la société engagée dans le projet : $\dfrac{BPA}{r}$ + VANOC

Cette équation démontre qu'on peut envisager le cours d'une action de capital comme la somme de deux éléments différents : la première partie de l'équation (BPA/r) représente la valeur de la société si elle s'était contentée de sa situation et qu'elle avait simplement distribué tous les bénéfices à ses actionnaires. La deuxième partie représente la valeur supplémentaire si la société retient certains bénéfices afin de financer de nouveaux projets.

Une application : le ratio cours-bénéfices

Bien que les formules d'évaluation des actions semblent ne s'appliquer qu'aux dividendes et non aux bénéfices, les analystes financiers ont souvent recours au rapport cours-bénéfices (P/E-*price earnings ratio*). On sait déjà grâce à la figure 8.1 que les journaux financiers publient le P/E.

Au cours de la section précédente, on a vu que :

Cours par action = $\dfrac{BPA}{r}$ + VANOC

Si on divise par BPA, on obtient :

$\dfrac{\text{Cours par action}}{BPA} = \dfrac{1}{r} + \dfrac{VANAC}{BPA}$

La partie de gauche représente la formule du ratio cours-bénéfices. L'équation démontre que le ratio P/E dépend de la valeur actualisée nette des projets de croissance. À titre d'exemple, supposons que deux sociétés annoncent toutes les deux des bénéfices par action de 1 $. Toutefois, une des deux sociétés envisage plusieurs projets de croissance alléchants, alors que l'autre n'en prévoit aucun. Les actions de la société qui considère des projets de croissance devraient se négocier à un cours plus élevé, car les investisseurs achètent à la fois le revenu courant de 1 $ et le revenu potentiel des projets de croissance. Supposons maintenant que les actions de la société qui prévoit des projets de croissance se négocient 16 $ et que les actions de l'autre société se négocient 8 $. Les bénéfices de 1 $ par action apparaissent dans le dénominateur du ratio P/E des deux sociétés. Ainsi, le ratio P/E est de 16 pour la société qui envisage des projets de croissance, mais seulement de 8 pour l'autre société, qui n'en prévoit aucun.

Puisque le ratio P/E est calculé à partir des bénéfices plutôt que des flux monétaires, les investisseurs devraient effectuer leur analyse des flux monétaires à partir du modèle d'évaluation des dividendes. À l'aide d'un tableur, les investisseurs peuvent examiner divers scénarios de croissance et ainsi quantifier la croissance projetée.

Comme on peut le voir dans les pages suivantes, les actions des sociétés comme Yahoo! et Research in Motion se cotaient à un ratio P/E de plus de 1 000 au mois de mai 2000. Il est clair que l'analyse du ratio P/E que nous venons de présenter ne peut expliquer ces prix en fonction des opportunités de croissance. De ce fait, plusieurs analystes ont élaboré une nouvelle mesure de performance connue sous le nom de PEG, soit le ratio P/E divisé par la croissance des bénéfices. Bien que cette mesure n'ait aucun fondement théorique, le PEG est devenu populaire auprès des analystes afin d'expliquer le cours de certaines entreprises de haute technologie, en particulier d'entreprises liées à Internet. D'autres analystes croyaient toutefois que le marché financier avait perdu tout contact avec la réalité et que le cours de ces titres Internet ne résultait que d'une fièvre spéculative sur le marché. Les évènements subséquents ont donné raison à ces derniers.

Les propos de...

Matthew Ingram et le nouveau pointage des titres technologiques

En mai 2001, à l'assemblée annuelle de sa société de portefeuille, Berkshire Hathaway, le célèbre investisseur et milliardaire, Warren Buffett, a déclaré que s'il enseignait dans une faculté d'études commerciales, il demanderait à ses étudiants de choisir une entreprise liée à Internet et d'essayer de déterminer sa valeur. « Et tous se tromperaient ! », a-t-il ironisé.

Warren Buffett est l'un des nombreux investisseurs traditionnels à l'affût d'aubaines qui ont renoncé à essayer d'expliquer la façon dont les titres des entreprises technologiques se négocient depuis quelques années. Qui pourrait les en blâmer ? Certaines de ces minuscules entreprises, estimées à des milliards de dollars il n'y a pas si longtemps, ne valent plus qu'une fraction de ce montant aujourd'hui – et il se trouve encore des gens pour penser qu'elles sont surévaluées.

Il est relativement facile pour un milliardaire comme Warren Buffett d'éviter d'investir dans les titres technologiques, lui qui a érigé sa fortune en achetant des compagnies d'assurance ainsi que des actions de Coca-Cola et de fabricants de chaussures. Toutefois, bien des gens croient qu'il faut placer de l'argent dans les titres technologiques malgré les récentes secousses du marché qui ont touché ce secteur, et ils cherchent un moyen de distinguer les gagnants des perdants.

Une des façons d'y parvenir consiste à comparer le prix d'une action à ce qu'elle rapporte, mais il s'agit d'une mesure très générale – comme se servir de jumelles à la place d'une loupe. Elle ne permet pas de déterminer si le prix d'une action qui se vendait précédemment 250 $ et qui se trouve maintenant à 75 $ est avantageux ou non.

Plutôt que de se fier uniquement à une telle mesure, les analystes conseillent aux investisseurs d'utiliser le plus grand nombre d'instruments possible. Ils leur recommandent notamment des moyens aussi traditionnels que le ratio cours-bénéfices et d'autres ratios plus récents comme le taux de croissance cours-bénéfices, les ratios cours-flux monétaires et différentes mesures concernant la façon dont l'entreprise dépense son argent – y compris les coûts « d'acquisition de clients » et le chiffre d'affaires par client ou par usager inscrit.

La tâche de l'investisseur est encore compliquée par le fait que, pendant la montée en flèche des titres technologiques l'année dernière, certains analystes du secteur ont apparemment renoncé à essayer de déterminer la valeur de ces titres.

L'automne dernier, par exemple, les analystes s'attendaient à ce que le titre de Research In Motion Ltd atteigne 150 $ en un an. Non seulement il est parvenu à ce niveau en quelques mois, mais il a grimpé jusqu'à un sommet de 220 $, ce qui donnait à l'entreprise une valeur sur le marché de 15 milliards de dollars.

Selon un analyste qui préfère garder l'anonymat, « l'évaluation des titres technologiques est devenue un processus très difficile au cours des 18 derniers mois. Avec des investisseurs qui se conduisaient comme des joueurs au casino… la tâche d'évaluation perdait presque toute pertinence ».

Malgré la baisse récente du prix de certains de ces titres, il reste toujours aussi difficile qu'avant de leur attribuer une valeur. Ainsi, l'action de Research In Motion a perdu 70 % de sa valeur par rapport à son apogée, mais elle se négocie encore à 250 fois son bénéfice par action. Les actions de Yahoo! inc. (à 540 fois leur BPA), de eBay inc. (à 1 600 fois) et de Nortel Networks Corp. (à 105 fois) se situent encore à des niveaux très élevés. Naturellement, ces ratios sont basés sur les bénéfices du dernier exercice, et la plupart des analystes examinent ceux de l'année qui vient. Pourtant, même cette démarche réduit de très peu la taille des multiples.

De façon générale, il existe deux types de titres technologiques, ceux qui rapportent et ceux qui ne rapportent pas. Dans le cas de ceux qui affichent des bénéfices, il faut décider quels montants on est prêt à dépenser pour en profiter. Toutefois, parvenir à déterminer la valeur des titres d'une entreprise comme Amazon.com inc. – qui a perdu 720 millions de dollars l'année dernière – est extrêmement difficile, au point que certains gestionnaires de portefeuilles conseillent aux investisseurs ordinaires de s'abstenir d'en acheter.

UNE ÉVALUATION FINANCIÈRE DES VALEURS VOLATILES

Pour un investisseur qui recherche des valeurs croissantes, l'utilisation des taux de croissance cours-bénéfices pour évaluer les titres technologiques permet de constater que Yahoo est presque aussi intéressant que Coca-Cola, et que Microsoft constitue probablement une aubaine.

Titres	Prix le plus élevé au cours d'une journée ($ US)	Ratio cours-bénéfices*	Ratio PEG	À la fermeture mardi ($ US)	Ratio cours-bénéfices	Ratio PEG
Microsoft	120 $	72	...	68 $	...	2,5
Yahoo	...	1136		...		9,0
America Online		232				7,0
Research In Motion		1029				4,5
IBM		33				2,6
Coca-Cola		76				9,6

* Ratio cours-bénéfices divisé par la croissance.
Le Globe and Mail

Une explication du ratio PEG

Le taux de croissance cours-bénéfices d'une entreprise sert à comparer son ratio cours-bénéfices – c'est-à-dire le prix de son action divisé par le bénéfice par action – au taux de croissance de ses bénéfices. On le calcule en divisant le ratio cours-bénéfices par le pourcentage de croissance du bénéfice. Une entreprise dont le ratio cours-bénéfices s'élève à 100 et qui a un taux de croissance du bénéfice de 25 présente un taux de croissance cours-bénéfices de 4. Ce taux facilite la comparaison entre des titres négociés à des niveaux extrêmement différents.

Une des manières d'évaluer une telle entreprise consiste à examiner son bénéfice par action et à le comparer à ceux d'entreprises similaires. Selon les analystes, cette forme d'évaluation devrait toujours être employée en combinaison avec d'autres mesures comme les dépenses de l'entreprise par client, son revenu par consommateur de même que sa marge bénéficiaire brute, car le nombre de ventes réalisées ne signifie pas grand-chose si chacune d'elles lui fait perdre de l'argent. Un grand nombre de titres de détaillants, négociés en ligne ou non, sont évalués de cette manière parce que la survie de telles entreprises dépend de leur clientèle.

Les analystes soulignent le fait que, pour la plupart des titres d'entreprises du domaine de l'électronique, le niveau actuel des bénéfices est moins important que la capacité de croissance. Pour cette raison, une méthode d'évaluation commence à devenir de plus en plus populaire. Il s'agit d'une combinaison du ratio cours-bénéfices et du taux de croissance du bénéfice de l'entreprise pour obtenir ce qu'on appelle le « taux de croissance du cours-bénéfices ».

Lorsqu'un titre se négocie à 40 fois son bénéfice et qu'on s'attend à ce que celui-ci augmente de 40 % par année, ce titre présente un taux de croissance du cours-bénéfices de 1 pour 1. Un titre qui se négocie à 20 fois son bénéfice peut paraître beaucoup moins coûteux qu'un autre qui se vend à 50 fois son bénéfice. Cependant, si la première entreprise a un taux de croissance de seulement 10 % par année tandis que l'autre a un taux de 50 %, la première a un taux cours-bénéfices de 2 pour 1 et la seconde, de 1 pour 1. Si vous souhaitez une croissance, il faut choisir la seconde.

Selon Duncan Stewart, gestionnaire de portefeuilles chez Tera Capital à Toronto, ce type de méthode est utile lorsqu'un seul secteur, comme la technologie, prend plus de place que les autres dans l'économie mondiale. « Certains secteurs de l'économie stagnent. D'autres, par contre, qui comprennent des entreprises comme JDS Uniphase, connaissent une croissance de 150 % par année. On ne peut pas les évaluer de la même manière. »

Par exemple, toujours selon ce gestionnaire de portefeuilles, les actions de Coca-Cola Co. se négocient à environ 50 fois leurs bénéfices. Pourtant, la plupart des analystes parlent d'une croissance de l'entreprise qui dépasse à peine les 5 % par année. Autrement dit, l'action a un taux de croissance cours-bénéfices de 10 pour 1, c'est-à-dire un taux plus élevé que celui d'une entreprise de technologie comme Yahoo ! ou même Microsoft Corp. Par contre, on prévoit que les bénéfices de Nortel devraient augmenter de 30 à 40 % par année, puisque son taux de croissance cours-bénéfices se situe entre 2,5 et 3,3, ce qui permet à certains analystes de justifier son ratio cours-bénéfices de 100.

En ce moment, le ratio cours-bénéfices moyen du secteur de la technologie est d'environ 40. Toutefois, un grand nombre d'analystes s'attendent à ce que ce secteur connaisse une croissance de ses bénéfices d'environ 20 % par année, ce qui correspond à un coefficient de 2 pour 1. Le ratio cours-bénéfices moyen de l'indice S & P 500 est d'environ 28, mais la prévision du taux moyen de croissance se limite à 7 % pour un ratio de 4 à 1. Lequel est le plus coûteux ?

Il faut dire que l'évaluation du taux de croissance cours-bénéfices d'une entreprise est loin d'être une science exacte. D'abord, les analystes utilisent souvent des bénéfices projetés dans leurs calculs, ce qui entraîne une large marge d'erreur. De plus, ils avaient l'habitude de supposer que le ratio cours-bénéfices d'une entreprise devrait être égal à son taux de croissance. Néanmoins, certains d'entre eux pensent que les entreprises qui ont un taux de croissance élevé méritent des primes égalant jusqu'à trois ou quatre fois ce taux.

Aucune de ces méthodes d'évaluation ne convient à toutes les situations. C'est pourquoi les investisseurs devraient recourir au plus grand nombre d'instruments possible pour parvenir à séparer le bon grain de l'ivraie ! Le temps où l'on pouvait acheter des actions en sachant qu'elles allaient doubler de valeur sans qu'on ait à lever le petit doigt semble bien révolu !

Matthew Ingram écrit dans le *Globe and Mail*. Ses commentaires, reproduits avec autorisation, sont tirés de l'édition du 4 mai 2000.

Questions théoriques

1. Quels sont les flux monétaires pertinents pour l'évaluation d'une action ordinaire ?
2. La valeur d'une action ordinaire dépend-elle de la durée prévue de l'investissement ?
3. Quelle influence la croissance attendue du dividende a-t-elle sur le cours des actions selon le modèle d'évaluation des dividendes ? Ce résultat correspond-il à celui obtenu par le calcul de la VANOC ?

8.5 Résumé et conclusions

Ce chapitre avait pour but de présenter les concepts de base relatifs aux actions et à leur évaluation. Les points les plus importants sont décrits ci-après.

1. Les flux monétaires d'une action ordinaire représentent des dividendes futurs. On a pu voir que dans certains cas particuliers, il est possible de calculer la valeur actualisée de tous les dividendes futurs et obtenir ainsi la valeur de l'action.

2. À titre de détenteur d'actions ordinaires d'une société, vous possédez certains droits, notamment le droit de voter et, de ce fait, d'élire les administrateurs de l'entreprise. Le scrutin peut alors être cumulatif ou direct. La plupart du temps, le vote est effectué par procuration et une lutte par procuration s'ensuit lorsque deux camps adverses essaient d'obtenir suffisamment de votes pour que leur candidat soit élu au conseil d'administration.

3. En plus des actions ordinaires, certaines sociétés émettent des actions privilégiées. On les nomme ainsi pour indiquer que leurs détenteurs ont la priorité et reçoivent leurs versements avant les détenteurs d'actions ordinaires. Les actions privilégiées ont généralement un dividende fixe.

Avec ce chapitre se termine la troisième partie du manuel. Vous devriez maintenant bien saisir ce qu'est la valeur actualisée. Vous devriez également savoir comment calculer la valeur actualisée, les versements de prêts, et ainsi de suite. Au cours de la quatrième partie, vous étudierez les critères sur lesquels se basent les décisions d'investissement. Comme vous pourrez le constater, les techniques étudiées dans les chapitres 5 à 8 seront essentielles pour une prise de décision éclairée en matière d'investissement.

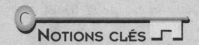

NOTIONS CLÉS

Action ordinaire (page 232)
Actions privilégiées (page 235)
Dividendes (page 233)
Modèle de croissance du dividende (page 227)
Procuration (page 248)

Rendement des dividendes (page 231)
Rendement des gains en capital (page 231)
Vote cumulatif (page 248)
Vote direct (page 248)

Problèmes de récapitulation et auto-évaluation

8.1 La croissance du dividende et l'évaluation des actions La société Brigand vient tout juste de verser un dividende annuel en espèces de 2 $ par action. Les investisseurs exigent un rendement de 16 % pour ce type d'investissement. Si on prévoit que le taux de croissance du dividende sera de 8 % par année, quelle est la valeur courante de l'action ? Quelle sera la valeur de l'action dans cinq ans ?

8.2 La croissance du dividende et l'évaluation des actions Si on se réfère au problème 8.1, quel sera le cours de l'action aujourd'hui dans le cas où on prévoit que le dividende augmentera au taux de 20 % par année pendant les trois prochaines années pour se fixer par la suite à 8 % par année, indéfiniment ?

Réponses à l'auto-évaluation

8.1 Le dernier dividende D_0 était de 2 $. On prévoit que le dividende augmente au taux de 8 %, de façon continue. Le rendement exigé est de 16 %. À partir du modèle de croissance du dividende, on peut calculer le cours du marché ainsi :

$$P_0 = D_1/(r - g) = D_0 \times (1 + g)/(r - g)$$
$$= 2\$ \times 1,08/(0,16 - 0,08)$$
$$= 2,16\$/0,08$$
$$= 27\$$$

On pourrait calculer le cours dans cinq ans en calculant le dividende dans cinq ans, puis en reprenant le modèle de croissance du dividende. On pourrait aussi reconnaître que le cours de l'action augmentera de 8 % par année et calculer directement le cours capitalisé. Pourquoi ne pas effectuer les deux calculs ? Tout d'abord, le dividende dans cinq ans sera :

$$D_5 = D_0 \times (1 + g)^5$$
$$= 2\$ \times 1,08^5$$
$$= 2,9387$$

Le cours dans cinq ans sera donc :

$$P_5 = D_5 \times (1 + g)/(r - g)$$
$$= 2,9387\$ \times 1,08/0,08$$
$$= 3,1738\$/0,08$$
$$= 39,67\$$$

Une fois qu'on saisit bien le fonctionnement du modèle de croissance du dividende, il est plus facile de procéder ainsi :

$$P_5 = P_0 \times (1 + g)^5$$
$$= 27\$ \times 1,08^5$$
$$= 27\$ \times 1,4693$$
$$= 39,67\$$$

Notons qu'on obtient le même résultat, peu importe l'approche.

8.2 On doit cette fois tenir compte d'une croissance excessive pendant trois ans. Il faut donc d'abord calculer les dividendes au cours de la période de croissance excessive et le cours de l'action dans trois ans. Les dividendes sont :

$$D_1 = 2,00\$ \times 1,20 = 2,400\$$$
$$D_2 = 2,40\$ \times 1,20 = 2,880\$$$
$$D_3 = 2,88\$ \times 1,20 = 3,456\$$$

Après trois ans, le taux de croissance chute à 8 %, indéfiniment. Le cours P_3 sera alors :

$$P_3 = D_3 \times (1 + g)/(r - g)$$
$$= 3,456\,\$ \times 1,08/(0,16 - 0,08)$$
$$= 3,7325\,\$/0,08$$
$$= 46,656\,\$$$

Pour compléter le calcul de la valeur actualisée des actions, il faut déterminer la valeur actualisée des trois dividendes et le cours à la période 3 :

$$P_0 = \frac{D_1}{(1 + r)^1} + \frac{D_2}{(1 + r)^2} + \frac{D_3}{(1 + r)^3} + \frac{P_3}{(1 + r)^3}$$

$$= \frac{2,40\,\$}{1,16} + \frac{2,88}{1,16^2} + \frac{3,456}{1,16^3} + \frac{46,656}{1,16^3}$$

$$= 2,07\,\$ + 2,14 + 2,21 + 29,89$$

$$= 36,31\,\$$$

Questions de synthèse et de réflexion critique

1. Pourquoi la valeur d'une action dépend-elle des dividendes ?

2. Un pourcentage important d'entreprises cotées au TSE et au Nasdaq ne versent aucun dividende. Pourtant, les investisseurs sont prêts à acheter leurs actions. Comment est-ce possible, compte tenu de votre réponse à la question précédente ?

3. Concernant la question précédente, dans quelles circonstances une entreprise peut-elle choisir de ne pas payer de dividendes ?

4. Quelles sont les deux hypothèses sur lesquelles on peut se baser pour employer la formule de la croissance des dividendes présentée dans ce chapitre lorsqu'on veut déterminer la valeur d'une action ? Discutez de la logique de ces hypothèses.

5. Supposons qu'une entreprise émette des actions privilégiées et des actions ordinaires. Chacune des actions de ces deux types vient de rapporter un dividende de 2 $. Selon vous, laquelle se vendra au prix le plus élevé, l'action privilégiée ou l'action ordinaire ?

6. D'après le modèle de croissance du dividende, quelles sont les deux composantes du rendement total d'une action ? À votre avis, laquelle est généralement la plus importante ?

7. Dans le contexte du modèle de croissance du dividende, est-il vrai que le taux de croissance des dividendes et le taux de croissance du prix de l'action sont identiques ?

8. En matière de vote dans le contexte d'élections, quelles différences y a-t-il entre la démocratie en politique et la démocratie au sein des entreprises ?

9. Est-il injuste ou peu éthique de la part des sociétés de créer des catégories d'actions comportant des droits inégaux en matière de vote ?

10. Certaines entreprises comme Canadian Tire ont créé des catégories d'actions ne comportant aucun droit de vote. Pourquoi les investisseurs en achèteraient-ils quand même ?

Questions et problèmes

Notions de base (questions 1 à 8)

1. **La valeur des actions** La société Entendus inc. vient tout juste de verser un dividende annuel de 1,75 $ par action. On prévoit que les dividendes augmenteront à un taux constant de 6 % par année, indéfiniment. Si les investisseurs exigent un taux de rendement de 12 % pour les actions d'Entendus inc., quel est leur cours actuel ? Quel sera le cours dans trois ans ? dans 15 ans ?

2. **La valeur des actions** Les prochains versements de dividendes de la société SAF inc. seront de 2,50 $ par action. On prévoit que les dividendes maintiendront leur taux de croissance de 5 %, indéfiniment. Si les actions de SAF inc. se négocient actuellement à 48,00 $ par action, quel est le rendement exigé ?

3. **La valeur des actions** Si on se réfère au problème 2, quel est le rendement sur les dividendes de SAF inc. ? Quel est le rendement attendu des gains en capital ?

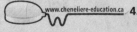

4. **La valeur des actions** La société Griffon versera un dividende de 4 $ par action l'année prochaine. Griffon promet d'augmenter ses dividendes de 4 % par année, indéfiniment. Si vous exigez un rendement de 13 %, quel sera le cours des actions en date d'aujourd'hui ?

5. **L'évaluation des actions** On prévoit que les dividendes de la société Aucourant pourront maintenir un taux de croissance constant de 7 %, indéfiniment. Si le rendement sur le dividende de la société est de 4,2 %, quel est le rendement exigé pour les actions de cette société de production d'électricité ?

6. **L'évaluation des actions** Supposons que vous avez repéré une action qui se vend actuellement 60 $ et dont le rendement exigé est de 14 %. Vous savez aussi que le rendement total de l'action est également réparti entre le rendement des gains en capital et le rendement sur le dividende. Si la société a pour politique de toujours maintenir un taux de croissance constant des dividendes, quel est le dividende par action présentement ?

Notions de base
(suite)

7. **L'évaluation des actions** La société Lémures verse un dividende annuel constant de 9 $ par action. La société maintiendra ce dividende pour les huit prochaines années, puis elle cessera de payer tout dividende. Si le rendement exigé pour cette action est de 11 %, quel est le cours actuel de l'action ?

8. **L'évaluation des actions privilégiées** La société Matodes inc. possède des actions privilégiées en circulation dont le dividende est de 8,50 $ par année. Si les actions se vendent actuellement 124 $ chacune, quel est le rendement exigé ?

Notions intermédiaires
(questions 9 à 18)

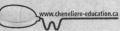
www.cheneliere-education.ca

9. **L'évaluation des actions** Les fermes STP viennent tout juste de verser un dividende annuel de 3,00 $ par action. On prévoit que le taux de croissance des dividendes de 7,5 % par année restera constant indéfiniment. Les investisseurs exigent un rendement de 18 % pour les trois premières années, de 12 % pour les trois années suivantes et de 13 % par la suite. Quel est le cours actuel des actions de STP ?

10. **La croissance variable** La société Métallique est une jeune entreprise. Elle ne compte pas verser de dividendes au cours des neuf prochaines années, car elle prévoit réinvestir ses bénéfices afin de stimuler sa croissance. La société versera ensuite un dividende annuel de 7 $ par action à la dixième année, pour l'augmenter par la suite de 6 % par année. Si le rendement exigé est de 14 %, quel est le cours actuel de l'action ?

11. **Les dividendes variables** La politique de la société Dinge et Donge inc. quant aux dividendes est plutôt curieuse. La société vient tout juste de verser un dividende annuel de 6 $ par action et a annoncé qu'elle compte augmenter ce dividende de 2 $ par action au cours des quatre prochaines années, puis de cesser entièrement de payer des dividendes. Si vous exigez un rendement de 11 %, combien vous coûtera une action aujourd'hui ?

www.cheneliere-education.ca

12. **Les dividendes variables** La société Villagai prévoit verser les dividendes suivants au cours des quatre prochaines années : 6,50 $, 5,00 $, 3,00 $ et 2,00 $. Par la suite, la société promet un taux de croissance constant des dividendes de 5 %, indéfiniment. Si le rendement exigé pour ces actions est de 16 %, quel est leur cours actuel ?

13. **La croissance excessive** La société Croissance Ultra connaît un taux de croissance très rapide. On prévoit que les dividendes augmenteront de 32 % par année au cours des trois prochaines années, pour ensuite chuter à un taux constant de 7 %. Si le rendement exigé est de 15 % et que la société vient tout juste de verser un dividende annuel de 2,25 $, quel est le cours actuel de l'action ?

14. **La croissance excessive** La société Lebeau-Régent est en pleine croissance. On prévoit que les dividendes augmenteront au taux de 25 % par année au cours des trois prochaines années, de 18 % au cours de l'année suivante, puis de 8 % par année par la suite. Le rendement exigé est de 15 %, et le cours actuel de l'action est de 60 $. Quel est le dividende attendu pour l'année à venir ?

15. **La croissance négative** La société Vieux Machins est une fabrique qui existe depuis déjà bien longtemps. La société vient tout juste de verser un dividende annuel de 9 $, mais la direction prévoit réduire les versements de 8 % par année, indéfiniment. Si vous exigez un rendement de 14 %, combien vous coûtera une de ces actions aujourd'hui ?

16. **Le calcul du dividende** La société Falato possède des actions qui se négocient actuellement 45 $ chacune. Le marché exige un rendement de 12 % pour les actions de la société. Si la société Falato maintient un taux de croissance constant des dividendes de 8 %, quel était le montant du dividende le plus récent par action ?

17. **L'évaluation des actions privilégiées** La Banque Meilleure vient tout juste d'émettre une nouvelle action privilégiée. L'action offrira un dividende annuel de 8 $ sous forme de perpétuité, et les versements débuteront dans six ans. Si le marché exige un rendement de 6 % pour cet investissement, quel est le cours d'une action privilégiée de cette société aujourd'hui ?

18. **L'utilisation des cotations** Vous avez trouvé la cotation suivante pour les actions de la société RWJR dans le journal de ce matin. Quel était le cours de clôture dans le journal d'hier ? Si la société possède actuellement 2 millions d'actions en circulation, quel était le bénéfice net pour les quatre trimestres les plus récents ?

| 52 Weeks | | | | | Yld | | | Vol | | Net |
Hi	Low	Stock	Sym	Div	%	PE	100s	Close	Chg.
38,12	19,92	RWJR	RWJR	0,48	1,3	51	10 918	? ?	+0,95

Problèmes complexes
(19 à 25)

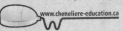
www.cheneliere-education.ca

19. **Les gains en capital et le revenu** Voici quatre actions différentes dont le rendement exigé est de 20 %, et le dernier dividende annuel versé est de 4,50 $. On prévoit que les taux de croissance des dividendes des actions WWW, XXX et YYY resteront constants au cours des années à venir, soit 10 %, 0 % et −5 % par année, respectivement. L'action ZZZ, par contre, est un titre de croissance dont le dividende augmentera de 20 % au cours des deux prochaines années, pour ensuite se maintenir à 12 %. Pour ces quatre entreprises, calculez le taux de rendement sur les dividendes. Pour ces quatre

titres, quel est le rendement prévu des gains en capital ? Discutez le rapport entre les rendements de chacune de ces actions.

20. **L'évaluation des actions** La plupart des sociétés versent des dividendes trimestriels pour leurs actions ordinaires plutôt que des dividendes annuels. À moins de circonstances inhabituelles, le conseil d'administration décide d'augmenter, de diminuer ou de maintenir le dividende courant une fois par année, et il verse ensuite ce dividende en versements trimestriels égaux à ses actionnaires.

   a) Supposons qu'une société verse actuellement un dividende annuel de 2,50 $ pour ses actions ordinaires en un seul versement annuel et que la direction prévoit augmenter ce dividende de 8 % par année, indéfiniment. Si le rendement exigé est de 14 %, quel est le cours actuel de l'action ?

   b) Supposons maintenant que la société paie en fait son dividende annuel en versements trimestriels égaux. Autrement dit, la société vient tout juste de verser un dividende de 0,625 $ par action, tout comme elle l'a fait au cours des trois trimestres précédents. Quel est maintenant le cours de l'action ? [Indice : Trouvez le dividende annuel de fin d'année équivalent pour chaque année.] Selon vous, ce modèle d'évaluation des actions est-il approprié ?

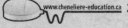
www.cheneliere-education.ca

21. **La croissance variable** La société Kanésataquai vient tout juste de verser un dividende de 4,00 $ par action. La société compte augmenter son dividende de 20 % l'année prochaine et réduira ensuite le taux de croissance du dividende de 5 points de pourcentage par année, pour atteindre finalement la moyenne de l'industrie, qui est de 5 %. Après quoi, le taux de croissance restera constant, indéfiniment. Si le rendement exigé pour les actions de Kanésataquai est de 13 %, quel est le cours de ces actions aujourd'hui ?

22. **La croissance variable** Ce problème est un peu plus difficile. Supposons que le cours actuel des actions de la société décrite dans le problème précédent est de 104,05 $, mais qu'aucune des autres données du problème ne change. Quel serait alors le rendement exigé pour les actions de Kanésataquai ? [Indice : Substituez tous les flux monétaires appropriés dans la formule d'évaluation et procédez par tâtonnements pour trouver le rendement exigé.]

23. **La croissance variable** La société HRM fabrique des chaînes audiophoniques à la fine pointe pour de jeunes professionnels. Les analystes qui suivent de près cette société prévoient que ses bénéfices et ses dividendes continueront de croître à un taux de 16 % pour la prochaine période. Ensuite, le taux de croissance se maintiendra à 5 % pour une période indéfinie. Le dividende de l'année dernière était de 2 $ par action, et les analystes fixent le rendement exigé pour cette action à 16 %.

   a) Quelle est la valeur d'une action de HRM, si le taux de croissance de 16 % se maintient pour les sept prochaines années ?

   b) Quelle est la valeur d'une action de HRM si le taux de croissance chute immédiatement à 5 % ?

   c) Supposons que les actions de HRM se négocient actuellement 50 $ chacune. Selon les prédictions du marché, pendant combien d'années le taux de croissance se maintiendra-t-il à 16 % ? Comment pourriez-vous utiliser votre réponse pour décider s'il vaut la peine d'acheter ou non ces actions ?

24. **L'évaluation des actions** La société Futrell anticipe des flux monétaires nets de 50 000 $ d'ici la fin du présent exercice. Ces flux augmenteront de 3 % si elle ne fait aucun nouvel investissement. L'occasion s'offre au président de l'entreprise, Mike Futrell, d'ajouter une gamme d'armoires de cuisine et de salle de bain à ses produits. S'il profite de cette occasion, ses dépenses immédiates s'élèveront à 100 000 $ et les rentrées nettes de fonds attribuables à cette gamme commenceront dans un an. La nouvelle gamme d'armoires devrait générer 32 000 $ en flux monétaires nets supplémentaires. Ces flux augmenteront également de 3 %. Enfin, l'entreprise a un taux d'actualisation de 15 % et il y a 200 000 actions de Futrell en circulation.

   a) Quel est le prix d'une action de Futrell sans la gamme d'armoires ?

   b) Quelle est la valeur des possibilités de croissance reliées à la gamme d'armoires ?

   c) Si la société ajoute la gamme d'armoires à ses produits, quel sera le prix de son action ?

25. **Le ratio cours-bénéfices** Les sociétés Pacifique Énergie et Ottawa Électronique ont déclaré de récents bénéfices de 800 000 $ respectivement et ont toutes deux 500 000 actions en circulation. Supposez que ces deux entreprises ont le même taux de rendement exigé de 17 % par an.

   a) La société Pacifique Énergie songe à un nouveau projet qui rapporterait des flux monétaires nets de 100 000 $ chaque année à perpétuité. Calculez son ratio cours-bénéfices.

   b) La société Ottawa Électronique examine un nouveau projet qui hausserait ses bénéfices de 200 000 $ au cours de la prochaine année. Ces bénéfices accrus augmenteront encore de 10 % par an à perpétuité. Calculez le ratio cours-bénéfices de l'entreprise.

Mini étude de cas

En tant que conseiller en valeurs, on vous a demandé de choisir l'un des trois titres suivants pour votre plus récente cliente. Celle-ci voudrait investir 25 000 $ dans l'action de votre choix. Elle compte garder son placement à long terme et ne cherche pas à réaliser de gros gains rapidement.

Vous avez appris que la plupart des analystes boursiers prévoient que le titre à risque élevé commencera à rapporter un dividende de 0,25 $ dans cinq ans. Le rendement exigé par le marché est de 9 % en ce qui concerne la plupart des placements en actions, mais il est de 15 % pour les titres à risque élevé.

Titre	Cours	Dividende actuel	Croissance anticipée de l'entreprise
Actions ordinaires	25,50 $	0,80 $	5,0 %
Actions privilégiées	14,76 $	1,25 $	3,5 %
Titre à risque élevé	3,75 $	—	40 % pour les quatre premières années 25 % pour les cinq années suivantes 8,5 % par la suite

a) Combien d'argent devriez-vous accepter de débourser pour chaque investissement compte tenu de l'information disponible ?

b) Sur une période de 15 ans, quel serait le rendement annuel anticipé pour chaque titre ?

c) Si on prévoit une inflation de 4 % par année, quel prix devriez-vous accepter de payer pour ces actions ?

d) Supposons qu'il y a une probabilité de 20 % que chaque entreprise connaisse une croissance d'une fois et demie le taux prévu et une autre de 30 % que cette croissance se limite aux deux tiers du taux prévu. Comment ces probabilités modifieraient-elles votre évaluation de chaque titre ?

e) Quel titre recommanderiez-vous à votre cliente ? Expliquez votre réponse.

Problèmes de Standard & Poor's

1. **Le calcul du rendement exigé** Un des désavantages du modèle de croissance du dividende est la nécessité d'estimer le taux de croissance des dividendes. On peut le faire, entre autres, au moyen du taux de croissance soutenable, dont vous trouverez la formule au chapitre 4. En vous servant de l'état des résultats et du bilan annuels, calculez ce taux pour MDS inc. (MDZ). Trouvez le plus récent cours de clôture mensuel de l'action à l'aide du lien « Mthly Adj. Prices ». Utilisez le taux de croissance que vous aurez calculé, le montant le plus récent du dividende par action et le cours le plus récent de l'action pour déterminer le rendement exigé pour les actionnaires de MDS. Ce résultat est-il logique ? Expliquez votre réponse.

2. **Le calcul des taux de croissance** Coca-Cola (KO) est une entreprise qui verse des dividendes. Récemment, ces dividendes ont augmenté d'environ 5,5 % par année. Trouvez le plus récent cours de clôture mensuel de l'action en cliquant sur le lien « Mthly Adj. Prices ». Trouvez aussi le dividende annuel le plus récent versé par KO et calculez le rendement de l'action. À l'aide de ce résultat et du taux de 5,5 % de croissance des dividendes, déterminez le rendement exigé pour les actionnaires. Supposez maintenant que ce rendement est de 13 %. Quel devrait être le cours de l'action de Coca-Cola dans ces conditions ? Et si le rendement exigé s'élevait à 15 % ?

QUESTIONS SUR DES APPLICATIONS INTERNET

www.cheneliere-education.ca

Lectures suggérées

Voici deux manuels canadiens récents qui sont consacrés à l'investissement. Ils permettent d'approfondir notre analyse de l'évaluation des actions.

BODIE, Z., A. KANE, A. MARCUS, S. PERRAKIS et P. RYAN. *Investments*, 4ᵉ édition canadienne, Whitby, Ontario, McGraw-Hill Ryerson, 2003.

SHARPE, W. F., G. J. ALEXANDER, J. V. BAILEY, D. J. FOWLER et D. DOMIAN. *Investments*, 3ᵉ édition canadienne, Scarborough, Ontario, Prentice-Hall, 1999.

Pour une meilleure compréhension de l'utilisation du modèle de croissance du dividende au Canada, consultez l'ouvrage suivant :

ACKERT, L. et J. SCHNABEL. « The Dividend Discount Model : A Victim of the Tumultuous Eighties ? », *Canadian Investment Review* 6, nᵒ 3, automne 1993, p. 7 à 10.

Afin d'illustrer les deux types de scrutins, supposons qu'une société comprend, parmi ses actionnaires, M. Dufour, qui détient 20 actions, et M. Cloutier, qui en détient 80. Ces deux actionnaires désirent chacun devenir administrateur, mais M. Cloutier voudrait éviter que M. Dufour ne le devienne. Il faut élire quatre administrateurs en tout.

Vote cumulatif

Procédure en vertu de laquelle un actionnaire peut utiliser tous ses votes pour élire un seul membre du conseil d'administration.

Le vote cumulatif Le **vote cumulatif** a pour but de permettre aux actionnaires minoritaires[9] de participer au scrutin. Si le vote cumulatif est instauré, on doit d'abord déterminer le nombre de votes par actionnaire. On calcule alors en général le nombre d'actions (détenues ou contrôlées), multiplié par le nombre d'administrateurs qu'il faut élire.

Lorsque le vote est cumulatif, les administrateurs sont tous élus en même temps. Dans le présent exemple, cela implique que les quatre personnes qui obtiendront le plus de votes seront élues au conseil. Un actionnaire peut distribuer ses votes comme bon lui semble.

M. Dufour parviendra-t-il à siéger au conseil? Outre la possibilité d'une égalité totale entre les candidats, la réponse est oui. M. Dufour détient $20 \times 4 = 80$ votes et M. Cloutier, $80 \times 4 = 320$ votes. Si M. Dufour vote pour lui-même, il obtiendra certainement un siège au conseil. En effet, M. Cloutier ne peut répartir ses 320 votes parmi quatre candidats de façon à donner à chacun plus de 80 votes. Dans le pire des cas, M. Dufour sera donc élu quatrième.

En général, s'il faut élire un nombre N d'administrateurs, il suffit de détenir $1/(N + 1)\%$ des actions (plus 1 action) pour être élu. Faites le calcul : $1/(4 + 1) = 20\%$. Plus il y a de postes disponibles au conseil, plus il est facile (et bon marché) de s'y retrouver.

Vote direct

Procédure par laquelle un actionnaire peut voter pour chacun des membres du conseil d'administration.

Le vote direct Au cours d'un **vote direct**, on choisit les administrateurs un à un. Chaque fois, M. Dufour peut voter 20 fois et M. Cloutier, 80 fois. M. Cloutier élit par conséquent tous les candidats. Le seul moyen de pouvoir obtenir à coup sûr un poste au conseil est de détenir 50 % des actions plus 1 action supplémentaire. Vous seriez alors également sûr de détenir tous les postes. C'est donc tout ou rien.

Exemple 8 A.1 L'achat d'une élection

Les actions de la société NRJ se négocient 20 $ chacune et permettent le vote cumulatif. Actuellement, 10 000 actions sont en circulation. S'il faut élire trois administrateurs, quel montant devriez-vous débourser pour vous assurer de siéger au conseil ?

Il s'agit ici de savoir combien d'actions il est nécessaire de détenir pour siéger au conseil. La réponse est 2 501, pour un total de $2\,501 \times 20\,\$ = 50\,020\,\$$. Pourquoi 2 501 ? Parce qu'il est impossible de diviser les 7 499 votes qui restent en trois parts de plus de 2 501 votes. À titre d'exemple, supposons que deux personnes obtiennent 2 502 votes et remportent ainsi les deux premiers sièges. Une troisième personne pourrait recevoir tout au plus $10\,000 - 2\,502 - 2\,502 - 2\,501 = 2\,495$ votes. Le troisième siège vous appartient donc.

Comme on a pu le voir, un vote direct permet d'exclure les actionnaires minoritaires; c'est pourquoi le vote cumulatif a vu le jour. Mais il existe aussi certaines astuces qui permettent d'en minimiser les conséquences.

On peut par exemple échelonner le vote pour les élections au conseil d'administration. Lorsque les élections sont échelonnées, seule une fraction des sièges est soumise au scrutin, chaque fois. Ainsi, s'il ne s'agit que d'élire deux administrateurs à la fois, il faut alors $1/(2 + 1) = 33,33\%$ des actions pour accéder au conseil. D'une manière générale, l'échelonnage a deux principales conséquences.

1. Il est plus difficile pour les actionnaires minoritaires d'élire un administrateur lorsqu'il y a vote cumulatif en raison du nombre plus faible de postes à combler.
2. L'échelonnage permet de diminuer les risques de prise de contrôle, parce qu'il est plus difficile d'élire une majorité de nouveaux administrateurs.

Il est important ici de comprendre que l'échelonnage peut être bénéfique. Il permet une sorte de « mémoire institutionnelle », c'est-à-dire une certaine stabilité au sein du conseil d'administration. Ce détail peut s'avérer d'une grande importance pour les sociétés qui entreprennent des projets d'envergure à long terme.

Procuration

Document produit par un actionnaire et autorisant une tierce personne à voter en son nom.

Le vote par procuration Les actionnaires autorisent parfois une tierce personne à voter en leur nom par l'entremise d'une **procuration**. Pour des raisons pratiques, l'élection du conseil d'administration de la plupart des sociétés publiques d'envergure se déroule généralement par procuration.

Comme on a pu le voir, lorsqu'il y a vote direct, chaque action correspond à un vote. Celui qui détient 10 000 actions détient également 10 000 votes. Bien des sociétés ont des centaines de milliers, voire des millions d'actionnaires.

---

9 Par « actionnaires minoritaires », il faut comprendre « les actionnaires qui ne détiennent que très peu d'actions ».

Ces derniers peuvent se présenter à la réunion annuelle et voter en personne ou peuvent transmettre leur droit de vote à quelqu'un d'autre.

Évidemment, la direction essaie toujours d'obtenir le plus grand nombre de votes possible par procuration. Toutefois, si les actionnaires ne sont pas satisfaits de la direction, un groupe externe d'actionnaires peut essayer d'obtenir des votes par procuration. Ils peuvent voter le remplacement de la direction par procuration en ajoutant suffisamment d'administrateurs. C'est ce qui s'appelle une «course aux procurations».

Problème de récapitulation de l'annexe et auto-évaluation

Le vote cumulatif et le vote direct La société Krishnamurti possède 500 000 actions en circulation. Il faut élire quatre administrateurs. Combien d'actions devez-vous détenir pour obtenir un siège si on a recours au vote direct? au vote cumulatif? Ignorez la possibilité d'une égalité.

Réponse à l'auto-évaluation

Si on utilise le vote direct, vous devez détenir la moitié des actions, soit 250 000. Vous pourriez alors également élire les trois autres administrateurs. En cas de vote cumulatif, vous auriez besoin de $1/(N + 1)\%$ des actions, où N représente le nombre d'administrateurs qu'il faut élire. Comme il s'agit d'élire quatre administrateurs, vous devez donc détenir 20% des actions ou 100 000 actions.

Problème

L'élection d'administrateurs Les actionnaires de Vycom inc. doivent élire cinq nouveaux administrateurs au conseil. Un million d'actions ordinaires sont en circulation. Combien d'actions devez-vous détenir pour siéger au conseil dans les cas suivants :

a) Si la société a recours au vote cumulatif ?

b) Si la société a recours au vote direct ?

PARTIE IV

LE CHOIX DES INVESTISSEMENTS

CHAPITRE 9

La valeur actualisée nette et les autres critères d'investissement

La société TransAlta est l'un des leaders canadiens de la production privée d'électricité. En octobre 2002, TransAlta a annoncé qu'elle entendait devenir le plus grand producteur d'énergie renouvelable au pays en achetant l'entreprise Vision Quest Windelectric Inc. pour un montant de 37 millions de dollars. L'acquisition faisait partie du plan d'investissement à long terme de TransAlta, qui anticipe que 10 % de sa production d'électricité proviendra d'une source renouvelable d'énergie. Cet investissement montre que les sources d'énergie renouvelables, telles les turbines éoliennes, représentent une option à ne pas négliger en ce qui concerne la production

d'électricité. D'ailleurs, à l'automne 2004, le gouvernement du Québec annonçait un projet d'investissement dans ce type de production d'électricité pour la péninsule gaspésienne.

Cet achat effectué par TransAlta est un exemple de décision à prendre en matière de choix des investissements. Dépenser 37 millions de dollars pour produire de l'électricité au moyen de turbines éoliennes est un projet important dont il faut soigneusement évaluer les risques et les gains potentiels. Dans ce chapitre, nous étudierons les instruments de base qui servent à prendre de telles décisions.

Au chapitre 1, nous avons souligné les trois domaines de responsabilité qui relèvent du gestionnaire financier. Dans le premier, le rôle du gestionnaire consiste à décider quels éléments d'actif immobilisé il faut acheter. C'est ce qu'on appelle le choix des investissements. Dans ce chapitre, nous abordons l'étude des questions que soulèvent ces prises de décisions.

Le processus d'allocation ou de choix des investissements est généralement plus complexe que la simple décision d'acheter ou non un actif immobilisé en particulier. Il s'agit souvent de régler des problèmes plus vastes concernant la possibilité de lancer un nouveau produit ou de pénétrer un nouveau marché. De telles décisions déterminent la nature des activités et des produits d'une entreprise pour des années à venir, principalement parce que des investissements en actif immobilisé durent généralement longtemps et qu'une fois effectués, il n'est pas facile de faire marche arrière.

La décision la plus fondamentale que doit prendre une entreprise concerne le choix de sa gamme de produits. Quels services offrira-t-elle ou quels produits vendra-t-elle ? Sur quels marchés affrontera-t-elle la concurrence ? Quels nouveaux produits lancera-t-elle ? La réponse à n'importe laquelle de ces questions requiert d'une entreprise qu'elle consacre son capital limité mais précieux à l'acquisition de certains types d'éléments d'actif. Par conséquent, tous ces éléments de stratégie sont classés sous le titre général de « choix des investissements », de sorte que ce processus pourrait porter le nom plus descriptif (et plus impressionnant) d'« affectation de l'actif » ou de « répartition stratégique des éléments d'actif ».

Pour les raisons qu'on a déjà évoquées, la question du choix des investissements est probablement la plus importante dans le domaine de la finance des entreprises. La façon dont une entreprise choisit de financer ses activités (la question de la structure du capital) et la manière dont elle administre ses activités d'exploitation à court terme (la question du fonds de roulement) ont certainement leur importance, mais c'est l'actif immobilisé qui définit la vocation commerciale d'une entreprise. Les compagnies d'aviation, par exemple, font du transport aérien parce qu'elles exploitent des avions, peu importe la façon dont elles les financent.

Toute entreprise se trouve devant un vaste éventail d'investissements possibles. Chacun de ces investissements constitue un choix ; certains sont bénéfiques et d'autres, non. L'essence même d'une gestion financière avisée consiste à apprendre à les distinguer. C'est dans cet esprit que ce chapitre est consacré à la présentation des méthodes employées pour analyser les tentatives commerciales potentielles, de façon à déterminer lesquelles valent la peine d'être considérées.

On comparera quelques-unes des différentes méthodes employées par les gestionnaires financiers. L'objectif principal est de vous faire connaître leurs avantages et leurs inconvénients. Comme on le verra, la notion la plus importante dans ce domaine est la valeur actualisée nette, qui sera examinée dans la section qui suit.

9.1 La valeur actualisée nette

Au chapitre 1, nous avons soutenu que l'objectif de la gestion financière est de « créer » de la valeur pour les actionnaires. Le gestionnaire financier doit donc examiner tout investissement potentiel en tenant compte de son effet probable sur le prix des actions de l'entreprise. Pour y parvenir, il dispose d'une technique largement répandue, la méthode de la valeur actualisée nette (VAN).

Le principe de base

Un investissement est souhaitable à la condition qu'il ajoute à la valeur des avoirs de ses propriétaires. De façon générale, on « crée de la valeur » en reconnaissant un investissement qui vaut davantage sur le marché que son coût d'acquisition. Comment quelque chose peut-il valoir plus qu'il ne coûte ? Il s'agit d'un cas où l'ensemble vaut plus que le coût de ses parties.

Supposons que vous achetez une maison délabrée au coût de 65 000 $ et que vous dépensez 25 000 $ en peinture, en plomberie, etc. pour la restaurer. Votre investissement total se chiffre à 90 000 $. Lorsque les travaux sont terminés, vous remettez la maison sur le marché et vous découvrez qu'elle vaut maintenant 100 000 $. La valeur marchande (100 000 $) est supérieure au coût (90 000 $) de 10 000 $. Dans ce cas, vous avez agi comme un gestionnaire en réunissant un actif immobilisé (une maison), de la main-d'œuvre (des plombiers, des charpentiers et autres) et du matériel (des tapis, de la peinture, etc.). Le résultat net de vos efforts est la création d'une valeur de 10 000 $. Autrement dit, cette somme de 10 000 $ est la *valeur ajoutée*.

Dans notre exemple de maison, il est advenu qu'une valeur de 10 000 $ a été créée. Tout s'est donc bien passé. Le vrai défi consistait évidemment à déterminer d'avance, d'une façon ou d'une autre, s'il était raisonnable d'investir 90 000 $. Voilà à quoi sert le choix des investissements, qui a précisément pour but d'essayer de déterminer si un investissement ou un projet aura une plus grande valeur que ce qu'il coûte, une fois effectué.

Valeur actualisée nette (VAN)

Différence entre la valeur marchande d'un investissement et son coût.

Pour des raisons qui paraîtront bientôt évidentes, la différence entre la valeur marchande d'un investissement et son coût porte le nom de **valeur actualisée nette (VAN)** de l'investissement. Autrement dit, la VAN est une mesure de la valeur créée ou ajoutée aujourd'hui par un investissement. Compte tenu de l'objectif des gestionnaires financiers d'augmenter la richesse des actionnaires, on peut considérer le processus de choix des investissements comme une recherche de ceux qui ont une VAN positive.

Dans le cas de la maison délabrée, on peut facilement imaginer comment prendre une décision en matière de choix des investissements. On examine d'abord le prix de vente de propriétés comparables mais en bon état sur le marché. On obtient ensuite l'estimation du coût de l'achat d'une propriété en particulier et du prix de vente sur le marché. À ce stade, on dispose d'une estimation du coût total et d'une estimation de la valeur marchande. Si la différence entre les deux a une valeur positive, l'investissement vaut la peine d'être fait, car sa VAN est positive. Il y a bien sûr un risque parce que rien ne garantit que les estimations se révéleront justes.

Comme le montre notre exemple, l'existence d'un marché d'éléments d'actif semblables à celui dans lequel on projette d'investir simplifie beaucoup les décisions d'investissement. Le choix des investissements devient plus complexe lorsqu'il est impossible d'observer le prix d'investissements relativement comparables sur le marché. Il faut alors se contenter d'estimer leur valeur à l'aide d'information indirecte. Malheureusement, c'est le genre de situation dans laquelle le gestionnaire financier se retrouve le plus souvent. On examine maintenant ce problème.

L'estimation de la valeur actualisée nette

Supposons qu'on se prépare à démarrer une entreprise dans le but de fabriquer et de vendre un nouveau produit, par exemple de l'engrais biologique. Il est possible d'estimer les frais de démarrage avec une certaine précision parce qu'on sait ce qu'il faut acheter pour commencer la production. Toutefois, s'agit-il d'un bon investissement? D'après notre analyse, la réponse à cette question varie selon que la valeur de la nouvelle entreprise dépasse ou non ce qu'il en coûtera pour la démarrer. Autrement dit, l'investissement a-t-il une VAN positive?

Ce problème est plus complexe que l'exemple de la maison à restaurer. En effet, l'achat et la vente d'entreprises entièrement consacrées à la production d'engrais ne sont pas des activités courantes. Il est donc presque impossible d'observer la valeur marchande d'un investissement similaire. On doit alors estimer cette valeur par d'autres moyens.

D'après ce qu'on a étudié aux chapitres 5 et 6, vous êtes probablement en mesure de deviner comment estimer la valeur de cette entreprise. On commence par essayer d'estimer les flux monétaires générés par l'entreprise dans l'avenir. On applique ensuite la méthode de base des flux monétaires actualisés pour estimer la valeur actualisée de ces flux. Lorsqu'on a déterminé ce nombre, on estime la VAN – c'est-à-dire la différence entre la valeur actualisée des flux monétaires à venir et le coût de l'investissement. Comme on l'a mentionné au chapitre 6, cette technique porte souvent le nom d'**évaluation des flux monétaires actualisés**.

Évaluation des flux monétaires actualisés

Processus d'évaluation d'un investissement par actualisation de ses flux monétaires à venir.

Pour savoir comment estimer la VAN, supposons que les produits d'exploitation de l'entreprise d'engrais doivent se chiffrer à 20 000 $ par année, si tout se passe comme prévu. Les charges décaissées (incluant les impôts) s'élèveront à 14 000 $ par année. L'entreprise sera liquidée dans huit ans. L'usine, les biens immobiliers et le matériel (les immobilisations de production) auront alors une valeur de récupération de 2 000 $. Le projet coûte 30 000 $ au démarrage. On doit appliquer un taux d'actualisation de 15 % sur un nouveau projet comme celui-ci. S'agit-il d'un bon investissement? Si 1 000 actions sont en circulation, quel sera l'effet de cet investissement sur le prix de chaque action?

D'un point de vue purement mécanique, il suffit de calculer la valeur actualisée des flux monétaires à venir à un taux de 15 %. La rentrée nette de fonds serait de 20 000 $, dont on soustrait annuellement 14 000 $ en coûts pendant huit ans. Ces flux monétaires sont indiqués dans la figure 9.1. On peut constater qu'on obtient un versement périodique sur huit ans de 20 000 $ – 14 000 $ = 6 000 $ par année ainsi qu'une somme forfaitaire unique de 2 000 $ dans huit ans. Le calcul de la valeur actuelle des flux monétaires à venir se résume alors au type de problèmes analysés au chapitre 6. Le total de la valeur actualisée correspond à :

$$\text{Valeur actualisée} = 6\ 000\ \$ \times (1 - 1/1{,}15^8)/0{,}15 + 2\ 000\ \$/1{,}15^8$$
$$= 6\ 000\ \$ \times 4{,}4873 + 2\ 000\ \$/3{,}0590$$
$$= 26\ 924\ \$ + 654\ \$$$
$$= 27\ 578\ \$$$

Figure 9.1

Les flux monétaires générés par le projet (en milliers de dollars)

Temps (en années)	0	1	2	3	4	5	6	7	8
Coût initial	−30 $								
Rentrées de fonds		20 $	20 $	20 $	20 $	20 $	20 $	20 $	20 $
Sorties de fonds		− 14	− 14	− 14	− 14	− 14	− 14	− 14	− 14
Rentrées de fonds nettes		6 $	6 $	6 $	6 $	6 $	6 $	6 $	6 $
Valeur de récupération									2
Flux monétaires nets	−30 $	6 $	6 $	6 $	6 $	6 $	6 $	6 $	8 $

Lorsqu'on compare ce résultat à l'estimation des coûts, soit 30 000 $, on obtient :

VAN = –30 000 $ + 27 578 $ = –2 422 $

Il ne s'agit donc pas d'un bon investissement. D'après les estimations, il diminuerait la valeur totale des actions de 2 422 $. Si 1 000 actions sont en circulation, on peut supposer que l'effet de la réalisation d'un tel projet serait la perte d'une valeur de 2 422 $/1 000 = 2,422 $ par action.

Cet exemple montre comment les estimations de la VAN peuvent aider à déterminer si un investissement est souhaitable ou non. Lorsque la VAN a une valeur négative, l'effet sur la valeur des actions est défavorable. De même, lorsque la VAN est positive, l'effet est positif. Par conséquent, pour décider si on doit prendre la décision d'accepter ou de rejeter une proposition d'investissement, il suffit de déterminer si la VAN est positive ou négative.

Compte tenu du fait que l'objectif de la gestion financière est d'augmenter la valeur des actions, notre analyse nous amène à formuler la règle suivante concernant la VAN :

> On devrait accepter un investissement lorsque sa valeur actualisée nette est positive et le rejeter lorsque cette valeur est négative.

Dans le cas peu probable où la VAN serait nulle, il importe peu qu'on décide d'effectuer ou non l'investissement.

D'une part, il convient de souligner que dans ce dernier exemple, ce n'est pas le processus assez mécanique d'actualisation des flux monétaires qui a de l'importance. Lorsqu'on connaît les flux monétaires et le taux d'actualisation approprié, les calculs à effectuer sont passablement simples. Par contre, il est plus difficile d'établir les flux monétaires et le taux d'actualisation au départ. Il en sera question plus en détail dans les prochains chapitres. Pour le reste de ce chapitre, on tiendra pour acquis qu'on dispose d'estimations des produits d'exploitation et des coûts et, lorsque c'est nécessaire, d'un taux d'actualisation approprié.

D'autre part, il faut également signaler le fait que la VAN de –2 422 $ est une estimation et que, comme toute estimation, elle peut être trop élevée ou trop basse. La seule façon de déterminer la valeur réelle de la VAN est de mettre l'actif en vente pour savoir combien on obtiendrait en échange. Puisqu'on ne peut généralement pas procéder ainsi, il est important que les estimations soient fiables. On en reparlera plus loin dans le manuel. Dans ce chapitre, on considère que nos estimations sont exactes.

Exemple 9.1   L'application du critère de la valeur actualisée nette

Supposons qu'on vous demande de décider s'il faut ou non lancer sur le marché un nouveau produit de consommation. D'après les projections de ventes et de coûts, on s'attend à ce que les flux monétaires, au cours des cinq années de la durée du projet, se chiffrent à 2 000 $ pour les deux premières années, à 4 000 $ pour les deux années suivantes et à 5 000 $ pour la dernière année.

Le démarrage de la production coûtera environ 10 000 $. On se sert d'un taux d'actualisation de 10 % pour évaluer les nouveaux produits. Quelle décision devrait-on prendre ?

À l'aide des flux monétaires et du taux d'actualisation, on peut calculer la valeur totale du produit en ramenant les flux monétaires à leur valeur présente :

La valeur actualisée des flux monétaires prévus s'élève à 12 313 $, tandis que le coût engagé pour obtenir ces flux est seulement de 10 000 $. Ainsi, la VAN est égale à 12 313 $ – 10 000 $ = 2 313 $. Ce résultat est positif. Par conséquent, d'après le critère de la VAN, on devrait accepter ce projet.

$$\text{Valeur actualisée} = 2\,000\,\$/1,1 + 2\,000\,\$/1,1^2 + 4\,000\,\$/1,1^3 + 4\,000\,\$/1,1^4 + 5\,000\,\$/1,1^5$$
$$= 1\,818\,\$ + 1\,653\,\$ + 3\,005\,\$ + 2\,732\,\$ + 3\,105\,\$$$
$$= 12\,313\,\$$$

Comme on l'a vu dans cette section, l'estimation de la VAN est un moyen d'évaluer la rentabilité d'un projet d'investissement. Il ne s'agit certainement pas du seul moyen et on va maintenant en décrire d'autres. Toutefois, vous constaterez que, en comparaison de la VAN, chacune des autres méthodes examinées présente des défauts majeurs, de sorte que celle de la VAN reste la préférée en principe, même si elle ne l'est pas toujours en pratique.

www.cheneliere-education.ca

STRATÉGIES POUR L'EMPLOI DE TABLEURS

Questions théoriques

1. Quel est le critère de la valeur actualisée nette ?
2. Que veut-on dire exactement lorsqu'on déclare qu'un investissement présente une VAN de 1 000 $?

9.2 Le critère du délai de récupération

Délai de récupération

Période de temps nécessaire avant qu'un investissement génère des rentrées de fonds qui remboursent son coût initial.

En pratique, on parle couramment de retour ou de **délai de récupération** sur un investissement proposé. Globalement, il s'agit du laps de temps nécessaire pour récupérer l'investissement initial ou pour «reprendre sa mise de fonds». Comme cette notion est largement répandue et employée, nous allons l'examiner et la critiquer en détail.

Le délai de récupération : définition

On peut démontrer comment calculer un délai de récupération à l'aide d'un exemple. Examinez la figure 9.2, qui indique les flux monétaires prévus pour un projet d'investissement. Combien d'années faut-il attendre avant que le cumul des rentrées nettes de fonds générées par cet investissement soit égal ou supérieur à son coût? Comme le montre la figure 9.2, l'investissement initial est de 50 000 $. Après un an, l'entreprise a récupéré 30 000 $, mais il lui manque encore 20 000 $. Le flux monétaire de la deuxième année est exactement de 20 000 $, de sorte que l'investissement est remboursé exactement en deux ans. On peut aussi dire que le délai de récupération est de deux ans. Si on exige un délai de trois ans ou moins, alors cet investissement est acceptable. Voici le critère du délai de récupération :

> Un investissement est acceptable si le délai de récupération prévu est inférieur à un nombre d'années établi d'avance.

Dans notre exemple, le délai de récupération est exactement de deux ans. De toute évidence, ce n'est généralement pas le cas. Lorsque les nombres n'arrivent pas juste, il est d'usage de travailler avec des fractions d'années. Par exemple, supposons que le coût initial du projet est de 60 000 $ et que les flux monétaires se chiffrent à 20 000 $ la première année et à 90 000 $ la deuxième année. Dans les deux premières années, les flux monétaires atteignent 110 000 $, de sorte que le retour sur l'investissement est achevé quelque part dans le courant de la deuxième année. Après la première année, le projet a rapporté 20 000 $, ce qui laisse 40 000 $ à récupérer. Pour déterminer la fraction d'année, on calcule que 40 000 $/90 000 $ = 4/9 du flux monétaire de la deuxième année. Si on suppose que la rentrée du flux monétaire de 90 000 $ se répartit uniformément au cours de l'année, le délai de récupération serait de 1 année et 4/9.

Figure 9.2

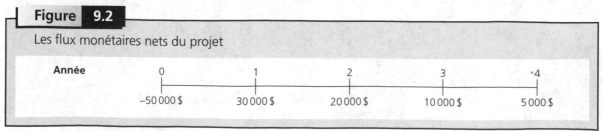

Les flux monétaires nets du projet

Année	0	1	2	3	*4
	−50 000 $	30 000 $	20 000 $	10 000 $	5 000 $

L'analyse du critère du délai de récupération

Lorsqu'on le compare à la méthode de la VAN, le critère du délai de récupération présente de sérieuses lacunes. Premièrement, pour le calculer, on se contente d'additionner des flux monétaires à venir. Comme il n'y a pas d'actualisation, on ne tient pas compte de la valeur temporelle de l'argent. Deuxièmement, ce critère ne tient pas compte des différences de risques, c'est-à-dire que le délai de récupération d'un projet très risqué est calculé de la même manière que celui d'un projet n'en présentant aucun.

Le plus gros défaut de ce critère concerne probablement l'établissement d'une période limite parce qu'on ne dispose d'aucune base objective pour la choisir. Autrement dit, comme il n'existe pas de logique économique justifiant l'emploi du délai de récupération, il n'existe pas non plus de paramètres pour indiquer comment déterminer une limite. On se sert donc d'un nombre choisi arbitrairement.

Supposons qu'on a décidé d'un délai de récupération approprié, par exemple de deux ans ou moins. La règle qui régit les délais ne tient pas compte de la valeur temporelle de l'argent pour les deux premières années ; fait plus important, les flux monétaires après la deuxième année ne sont pas considérés. Il suffit d'examiner les deux investissements du tableau 9.1 pour s'en convaincre. Les deux projets coûtent 250 $. D'après notre analyse, le délai de récupération de l'investissement à long terme est 2 + 50 $/100 $ = 2,5 années et celui de l'investissement à court terme est 1 + 150 $/200 $ = 1,75 année. Avec une période limite de deux ans, l'investissement à court terme est acceptable mais non l'investissement à long terme.

Tableau 9.1	Les flux monétaires projetés pour l'investissement	
Année	Investissement à long terme	Investissement à court terme
1	100 $	100 $
2	100	200
3	100	0
4	100	0

Le critère du délai de récupération permet-il de prendre les bonnes décisions ? Pas nécessairement. Supposons qu'on exige un rendement de 15 % sur ce type d'investissement. En calculant la VAN de ces deux projets, on obtient les résultats suivants :

VAN (à court terme) = $-250\,\$ + 100\,\$/1,15 + 200\,\$/1,15^2 = -11,81\,\$$

VAN (à long terme) = $-250\,\$ + 100\,\$ \times (1 - 1/1,15^4)/0,15 = 35,50\,\$$

La VAN de l'investissement à court terme est négative, c'est-à-dire qu'elle entraînerait une diminution de la valeur de l'avoir des actionnaires. C'est le contraire pour l'investissement à long terme, qui augmenterait la valeur des actions.

Notre exemple met en lumière deux défauts importants du critère du délai de récupération. D'abord, comme il ne tient pas compte de la valeur temporelle de l'argent, le gestionnaire qui l'utilise peut effectuer des investissements (comme l'investissement à court terme du tableau 9.1) dont la valeur est inférieure à leur coût. Ensuite, parce que ce critère ne tient pas compte des flux monétaires au-delà de la période limite, on sera amené à rejeter des investissements rentables à long terme (comme l'investissement à long terme du tableau 9.1). De façon générale, l'utilisation du critère du délai de récupération a tendance à favoriser le choix d'investissements à court terme.

Les aspects positifs du critère du délai de récupération

Malgré ses lacunes, le critère du délai de récupération est souvent utilisé par les petites entreprises dont les gestionnaires manquent de compétences financières, mais aussi par de grandes entreprises dans le cas de décisions relativement peu importantes. Plusieurs raisons peuvent expliquer ce comportement ; la principale est qu'un grand nombre de décisions ne valent pas la peine d'être étudiées en détail, car le coût de l'analyse dépasserait toute perte possible due à une erreur. Sur le plan pratique, un investissement dont le retour se fait rapidement et dont les avantages se prolongent au-delà de la période limite présente probablement une VAN positive.

Dans les grandes entreprises, on prend quotidiennement des centaines de décisions concernant de petits investissements, et ce, à tous les niveaux. Par conséquent, il n'est pas rare qu'une société exige, par exemple, un délai de récupération de deux ans sur tous les investissements de moins de 10 000 $. Les investissements supérieurs à cette somme sont soumis à un examen plus rigoureux. On a vu pour quelles raisons l'exigence d'un délai de récupération de deux ans pose certains problèmes, mais elle permet aussi d'exercer un certain contrôle sur les dépenses et, en conséquence, de limiter les pertes possibles.

Outre sa simplicité, le critère du délai de récupération présente différentes caractéristiques qui le rendent intéressant. Premièrement, comme il favorise les projets à court terme, il favorise aussi la liquidité. Autrement dit, ce critère donne la préférence aux investissements qui libèrent plus rapidement des fonds pour d'autres usages. Ce facteur peut être très important, surtout dans le cas des petites entreprises. Le critère du délai de récupération présente une autre caractéristique positive (et moins controversée) : on sait que les flux monétaires prévus ultérieurement dans la vie d'un projet sont probablement plus incertains. On peut dire que ce critère compense le risque supplémentaire relié aux flux monétaires postérieurs à la date limite, mais il le fait d'une manière assez brutale — en les négligeant totalement.

Un résumé de la règle

En résumé, le critère du délai de récupération est une sorte de mesure de rentabilité comptable puisqu'il ne tient pas compte de la valeur temporelle de l'argent. Par conséquent, ce critère peut avoir une logique comptable, bien que sa logique économique laisse à désirer. Le problème le plus important du critère du délai de récupération est qu'il ne pose pas la bonne question, à savoir quel impact aura l'investissement évalué sur la valeur de l'entreprise. Le temps nécessaire pour rembourser l'investissement initial n'est pas une mesure pertinente.

Néanmoins, la simplicité de la règle permet d'expliquer que ce critère d'investissement a survécu si longtemps. En effet, il permet de gérer à un coût faible la pléthore d'investissements mineurs d'une entreprise. Comme beaucoup de règles *ad hoc*, il est important de réaliser que cette règle est imprécise ; mais si elle n'avait pas son utilité, il y a longtemps qu'elle aurait disparu. Il faut remarquer qu'une partie de la simplicité apparente du critère du délai de récupération est illusoire. On doit encore commencer par déterminer les flux monétaires et, comme on l'a déjà dit, il s'agit d'une tâche plutôt ardue. Pour être précis, on devrait donc dire que le critère du délai de récupération est à la fois intuitif et facile à comprendre. Voici un tableau des avantages et des inconvénients de ce critère.

Critère du délai de récupération

Avantages	Inconvénients
1. Est facile à comprendre ;	1. Ne tient pas compte de la valeur temporelle de l'argent ;
2. S'adapte à l'incertitude des flux monétaires ultérieurs ;	2. Requiert l'établissement d'une période limite arbitraire ;
3. Favorise la liquidité.	3. Ne tient pas compte des flux monétaires au-delà de la date limite ;
	4. Défavorise les projets à long terme tels que la recherche et le développement ainsi que les nouveaux projets.

Le critère du délai de récupération actualisé

Nous avons vu qu'un des défauts du critère du délai de récupération consistait à ne tenir aucun compte de la valeur temporelle de l'argent. Il existe une modification de ce critère qui résout ce problème particulier. Le **délai de récupération actualisé** est la période de temps qui s'écoule avant que la somme des flux monétaires actualisés devienne égale à l'investissement initial. Voici la description du critère du délai de récupération actualisé :

> Un investissement est acceptable si son délai de récupération actualisé est inférieur à un nombre d'années établi d'avance.

Délai de récupération actualisé

Période de temps requise avant que la somme des flux monétaires actualisés d'un investissement devienne égale à son coût initial.

Pour comprendre la façon de calculer le délai de récupération actualisé, prenons un exemple. Supposons qu'on exige un rendement de 12,5 % sur les nouveaux investissements. Les coûts de l'investissement envisagé s'élèvent à 300 $, et les flux monétaires prévus seraient de 100 $ annuellement durant cinq ans. Pour déterminer le délai de récupération actualisé, il faut « actualiser » chacun des flux monétaires à 12,5 % puis les additionner. Ce calcul est présenté dans le tableau 9.2, où les flux monétaires actualisés et non actualisés sont indiqués. Lorsqu'on examine les flux monétaires cumulés, on constate que le délai de récupération ordinaire est de trois ans exactement (notez la flèche à la troisième année), tandis que le total des flux monétaires actualisés n'atteint 300 $ qu'après quatre ans. Par conséquent, le délai de récupération actualisé est de quatre ans[1].

Tableau 9.2 Le délai de récupération actualisé et non actualisé

	Flux monétaires		Flux monétaires cumulés	
Année	non actualisés	actualisés	non actualisés	actualisés
1	100 $	89 $	100 $	89 $
2	100	79	200	168
3	100	70	⇒300	238
4	100	62	400	⇒300
5	100	55	500	355

Comment peut-on interpréter le délai de récupération actualisé ? Rappelez-vous que le délai de récupération non actualisé correspond au temps nécessaire pour atteindre le seuil de rentabilité sur le plan comptable. Comme il tient compte de la valeur temporelle de l'argent, le délai de récupération actualisé représente le temps requis pour atteindre ce seuil mais d'un point de vue économique ou financier. En gros, dans notre exemple, l'entreprise récupère son argent ainsi que l'intérêt qu'elle aurait pu obtenir ailleurs en quatre ans.

D'après notre exemple, le délai de récupération actualisé semble être un critère très recommandable. Pourtant, il est rarement utilisé. Pourquoi ? Probablement parce qu'il n'est pas tellement plus simple que la méthode de la valeur actualisée nette. Pour calculer le délai de récupération actualisé, il faut actualiser les flux monétaires, additionner les résultats et comparer la somme au montant des coûts, comme dans le cas de la VAN. Contrairement au délai non actualisé, il n'est donc pas particulièrement facile à déterminer.

Le critère du délai de récupération actualisé présente quelques autres inconvénients de taille. Le plus important est qu'il faut choisir arbitrairement la période limite et qu'on ne tient pas compte des flux monétaires au-delà de cette limite[2]. Il en résulte qu'un projet ayant une VAN positive peut ne pas être acceptable si la période limite est trop courte. En outre, ce n'est pas parce qu'un projet présente un délai de récupération actualisé plus court qu'un autre projet qu'il a une VAN plus élevée.

Tout bien considéré, le délai de récupération actualisé constitue un compromis entre le délai de récupération ordinaire et la VAN, mais il n'a malheureusement ni la simplicité du premier ni la rigueur conceptuelle de la seconde. Néanmoins, lorsqu'on a besoin d'évaluer le temps requis pour récupérer l'argent investi dans un projet, le délai de récupération actualisé vaut mieux que le délai de récupération non actualisé parce qu'il tient compte de la valeur temporelle de l'argent. Autrement dit, il reconnaît qu'on peut investir de l'argent ailleurs et en retirer un revenu, ce qui n'est pas le cas avec le critère du délai de récupération non actualisé.

Les avantages et les inconvénients du délai de récupération actualisé sont résumés dans le tableau de la page suivante.

---

1 Ici, le délai de récupération actualisé correspond à un nombre d'années entières, ce qui n'est généralement pas le cas. Toutefois, le calcul d'une fraction d'année avec cette méthode est plus complexe qu'avec la méthode du délai de récupération non actualisé et il est rarement effectué.

2 Si la période limite avait une durée illimitée, le critère du délai de récupération actualisé serait identique au critère de la valeur actualisée nette. Il serait aussi identique au critère de l'indice de rentabilité, qu'on étudiera dans une section ultérieure.

Critère du délai de récupération	
Avantages	Inconvénients
1. Tient compte de la valeur temporelle de l'argent ; 2. Est facile à comprendre ; 3. Exclut les investissements dont la VAN a une estimation négative ; 4. Favorise la liquidité.	1. Peut exclure des investissements dont la VAN est positive ; 2. Requiert une date limite arbitraire ; 3. Ne tient pas compte des flux monétaires au-delà de la date limite ; 4. Défavorise les projets à long terme comme la recherche et le développement et les nouveaux projets.

Questions théoriques

1. Qu'est-ce qu'un délai de récupération ? Décrivez ce qu'est le critère du délai de récupération.

2. Pourquoi dit-on que, dans un sens, le délai de récupération est un seuil de rentabilité comptable ?

9.3 Le rendement comptable moyen

Rendement comptable moyen (RCM)

Résultat de la division du bénéfice moyen net d'un investissement par sa valeur comptable moyenne.

Le calcul du taux de **rendement comptable moyen (RCM)** est une autre méthode intéressante mais non exempte de défauts qui aide à prendre des décisions en matière de choix d'investissements. On le définit de bien des manières ; néanmoins, sous une forme ou une autre, il s'agit toujours du rapport suivant :

$$\frac{\text{Mesure quelconque du bénéfice comptable moyen}}{\text{Mesure quelconque de la valeur comptable moyenne}}$$

La définition que nous emploierons est la suivante :

$$\frac{\text{Bénéfice net moyen}}{\text{Valeur comptable moyenne}}$$

Pour comprendre comment calculer ce taux, supposons qu'on cherche à décider si on ouvrira ou non un magasin dans un nouveau centre commercial. L'investissement requis en rénovations est de 500 000 $. Le magasin aurait une durée de vie de cinq ans, car, à la fin de cette période, le tout revient aux propriétaires du centre commercial. Cet investissement aurait un amortissement de 100 % (l'amortissement linéaire) en cinq ans, soit 500 000 $/5 = 100 000 $ par année[3]. Le taux d'imposition pour ce type de petite entreprise est de 25 %. Le tableau 9.3 indique les revenus et les dépenses projetés. Vous y trouverez aussi le bénéfice net calculé pour chaque année d'après ces données.

Dans le calcul de la valeur comptable moyenne de cet investissement, on commence avec une valeur comptable de 500 000 $ (le coût initial) et on finit avec 0 $. Par conséquent, la valeur comptable moyenne au cours de la durée de vie de cet investissement est (500 000 $ + 0)/2 = 250 000 $. Tant qu'on emploie la méthode de l'amortissement linéaire, l'investissement moyen équivaut toujours à la moitié de l'investissement initial[4].

En examinant le tableau 9.3, on constate que le bénéfice net se chiffre à 100 000 $ la première année, à 150 000 $ la deuxième année, à 50 000 $ la troisième année, à 0 $ la quatrième année et à −50 000 $ la cinquième année. Par conséquent, le bénéfice net moyen est le suivant :

$$[100\,000\,\$ + 150\,000\,\$ + 50\,000\,\$ + 0\,\$ + (-50\,000\,\$)]/5 = 50\,000\,\$$$

---

3 L'amortissement et le taux d'imposition ont été choisis de manière à simplifier les calculs. Les aménagements des locaux loués (les améliorations locatives) sont un des rares éléments d'actif pour lesquels l'amortissement est linéaire au Canada. Le chapitre 10 porte sur le sujet de l'amortissement et des impôts.

4 On pourrait évidemment calculer la moyenne des six valeurs comptables directement. En milliers de dollars, on obtiendrait (500 $ + 400 $ + 300 $ + 200 $ + 100 $ + 0 $)/6 = 250 $.

Tableau 9.3 — Les produits d'exploitation et les coûts annuels prévus pour le rendement comptable moyen

	1re année	2e année	3e année	4e année	5e année
Produits d'exploitation	433 333 $	450 000 $	266 667 $	200 000 $	133 333 $
Dépenses	200 000	150 000	100 000	100 000	100 000
Bénéfice avant amortissement	233 333 $	300 000 $	166 667 $	100 000 $	33 333 $
Amortissement	100 000	100 000	100 000	100 000	100 000
Bénéfice avant impôts	133 333 $	200 000 $	66 667 $	0 $	–66 667 $
Impôts ($I_c = 0,25$)	33 333	50 000	16 667	0	–16 667
Bénéfice net	100 000 $	150 000 $	50 000 $	0 $	–50 000 $

$$\text{Bénéfice net moyen} = \frac{(100\,000\,\$ + 150\,000\,\$ + 50\,000\,\$ + 0\,\$ - 50\,000\,\$)}{5}$$

$$\text{Investissement moyen} = \frac{500\,000\,\$ + 0\,\$}{2} = 250\,000\,\$$$

Le rendement comptable moyen est :

RCM = Bénéfice net moyen/Valeur comptable moyenne = 50 000 $/250 000 $
= 20 %.

Si l'entreprise vise un RCM inférieur à 20 %, l'investissement est acceptable. Autrement, il ne l'est pas. La méthode du RCM s'énonce comme suit :

> Un projet est acceptable si son rendement comptable moyen (RCM) est supérieur à une valeur cible de celui-ci.

Dans la sous-section suivante, on verra que cette méthode pose certains problèmes.

L'analyse de la méthode du rendement comptable moyen

Le premier inconvénient de cette méthode saute aux yeux. Le RCM n'est pas un taux de rendement au sens économique du terme. Il s'agit en réalité d'un rapport entre deux chiffres comptables qui ne se compare pas aux rendements qu'offrent, par exemple, les marchés de capitaux[5].

L'une des raisons pour lesquelles on ne peut considérer le RCM comme un taux de rendement véritable est qu'il ne tient pas compte de la valeur temporelle de l'argent. Lorsqu'on fait la moyenne de chiffres qui proviennent d'époques différentes, on traite l'avenir immédiat de la même façon que l'avenir éloigné. Il n'y a aucune actualisation dans le calcul, par exemple, du bénéfice net moyen ci-dessus.

Cette méthode soulève un deuxième problème semblable à celui qu'on a déjà noté dans le cas du critère du délai de récupération et qui concerne le manque d'objectivité dans le choix de la période limite. Comme un RCM calculé ne se compare pas vraiment à un rendement sur le marché, l'entreprise doit préciser une valeur cible de RCM. Or, personne ne s'entend sur la façon de procéder. On peut calculer le RCM de l'entreprise dans son ensemble, puis utiliser cette valeur comme point de repère, mais il existe un grand nombre d'autres solutions.

Le RCM a un troisième défaut pire que les deux précédents. Il porte sur les mauvais éléments, car il est basé non pas sur les flux monétaires et la valeur marchande, mais sur le bénéfice net et la valeur comptable.

Or, ces deux éléments constituent de piètres substituts, car la valeur de l'entreprise est la valeur actualisée des flux monétaires à venir. Étant donné que le RCM n'indique aucunement l'effet d'un investissement sur le prix des actions, il ne fournit pas les renseignements dont les gestionnaires ont vraiment besoin.

---

5 Le rendement comptable moyen est étroitement lié au taux de rendement de l'actif dont il a été question au chapitre 3. En pratique, on le calcule parfois en déterminant le taux de rendement de l'actif pour chaque année puis en faisant la moyenne des résultats. On obtient ainsi un nombre qui est similaire mais non identique à celui qu'on vient de calculer : le quotient des sommes n'est pas égal à la somme des quotients !

Le RCM semble ne présenter qu'un seul avantage. Il est toujours possible de le calculer, puisque les renseignements comptables sont disponibles presque en tout temps, à la fois pour le projet à l'étude et l'entreprise dans son ensemble. Ajoutons toutefois que, comme on peut toujours convertir ces renseignements en flux monétaires, il ne s'agit pas d'un avantage très important. Voici un résumé des caractéristiques de cette méthode :

Critère du rendement comptable moyen

Avantages	Inconvénients
1. Se calcule facilement ; 2. Requiert des renseignements généralement disponibles.	1. N'est pas un véritable taux de rendement ; ne tient pas compte de la valeur temporelle de l'argent ; 2. Utilise un taux de rendement minimal arbitraire comme point de repère ; 3. Se base sur des valeurs comptables et non sur les flux monétaires et les valeurs marchandes.

Questions théoriques

1. Qu'est-ce qu'un taux de rendement comptable moyen ?

2. Quelles sont les faiblesses du critère du rendement comptable moyen ?

9.4 Le taux de rendement interne

Taux de rendement interne (TRI)

Taux d'actualisation pour lequel la valeur actualisée nette d'un investissement est nulle.

Une des plus importantes solutions de rechange à la méthode de la valeur actualisée nette (VAN) est celle du **taux de rendement interne (TRI)**. Nous allons voir que le TRI est étroitement lié à la VAN. Avec cette méthode, on cherche à déterminer un seul taux de rendement qui permet de résumer la valeur d'un projet. En outre, il s'agit d'un taux interne, c'est-à-dire qui dépend uniquement des flux monétaires d'un investissement en particulier et non de taux offerts ailleurs.

Pour illustrer notre propos, supposons qu'une entreprise envisage un projet qui lui coûterait 100 $ aujourd'hui et qui lui rapporterait 110 $ dans un an. Si on vous demandait quel est le rendement de cet investissement, que répondriez-vous ? Il semble à la fois naturel et évident d'affirmer que le rendement est de 10 % puisque, pour chaque dollar investi, on obtient 1,10 $. Comme on le verra dans un moment, 10 % est le TRI de cet investissement.

Ce projet, dont le TRI est de 10 %, est-il un bon investissement ? Il semble que oui, mais seulement à la condition que la rentabilité minimale exigible par l'entreprise soit inférieure à 10 %. Ce raisonnement intuitif est juste et donne un bon exemple d'application de la méthode du TRI, qui s'énonce comme suit :

> Un investissement est acceptable à la condition que son taux de rendement interne (TRI) soit supérieur à la rentabilité minimale exigible. Autrement, il doit être rejeté.

Supposons qu'on veut calculer la VAN pour cet investissement. À un taux d'actualisation r, la VAN équivaut à :

$$\text{VAN} = -100\,\$ + 110/(1 + r)$$

Le fait de ne pas connaître le taux d'actualisation poserait un problème, mais on pourrait tout de même se demander jusqu'à quel niveau ce taux doit s'élever avant que le projet devienne inacceptable. On sait qu'on est indifférent à un investissement si sa VAN est nulle.

Autrement dit, le seuil de rentabilité économique de cet investissement se situe au point où la VAN est nulle parce qu'à ce point, aucune valeur n'est créée ou perdue. Pour déterminer le taux d'actualisation du seuil de rentabilité, on pose que la VAN est égale à zéro et on fait la résolution en fonction de r :

$$\text{VAN} = 0 = -100\,\$ + 110/(1 + r)$$
$$100\,\$ = 110\,\$/(1 + r)$$
$$1 + r = 110\,\$/100 = 1{,}10$$
$$r = 10\,\%$$

Ce taux de 10 % est ce qu'on a déjà appelé le « rendement de l'investissement ». On vient maintenant de démontrer que le taux de rendement interne d'un investissement (ou son rendement) correspond au taux d'actualisation qui rend la VAN égale à zéro. Il s'agit d'une constatation importante qu'on reformule ainsi :

> Le taux de rendement interne (TRI) d'un investissement est la rentabilité minimale exigible qui, lorsqu'elle sert de taux d'actualisation, rend la valeur actualisée nette (VAN) nulle.

Le fait qu'on peut définir le TRI comme le taux d'actualisation qui rend la VAN égale à zéro est important, car il indique comment calculer les rendements d'investissements plus complexes. Comme on vient de le voir, il est relativement simple de déterminer le TRI d'un investissement couvrant une seule période. Toutefois, supposons que vous analysez l'investissement dont les flux monétaires apparaissent dans la figure 9.3. Le coût est de 100 $ et le flux monétaire se chiffre à 60 $ par année pendant deux ans, de sorte qu'il s'agit d'un exemple légèrement plus compliqué que le précédent. Si on vous demandait quel est le rendement de cet investissement, que répondriez-vous ? Il ne semble pas y avoir de réponse évidente (pour nous, du moins !). En se basant sur l'analyse précédente, on peut poser que la VAN est égale à zéro et résoudre en fonction du taux d'actualisation de la manière suivante :

$$\text{VAN} = 0 = -100\,\$ + 60\,\$/(1 + \text{TRI}) + 60\,\$/(1 + \text{TRI})^2$$

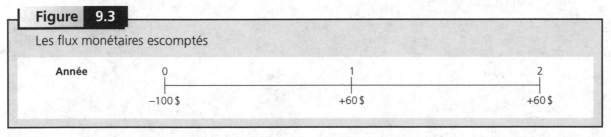
Malheureusement, on ne peut généralement déterminer le TRI que par tâtonnements, soit avec un crayon et du papier, soit à l'aide d'une calculatrice ou d'un tableur. Le même problème s'est présenté quand on cherchait le taux manquant d'un versement périodique au chapitre 5 et le taux de rendement à échéance d'une obligation au chapitre 7. En fait, on peut maintenant constater que, dans chacune de ces circonstances, on a obtenu un TRI.

Dans le cas qui nous intéresse, les flux monétaires constituent un versement périodique de 60 $ en deux périodes. Pour déterminer le taux manquant, on peut en essayer quelques-uns jusqu'à ce qu'on obtienne la réponse. Si on commençait avec un taux de 0 %, la VAN serait 120 $ − 100 $ = 20 $. Avec un taux d'actualisation de 10 %, on obtient le résultat suivant :

$$\text{VAN} = -100\,\$ + 60\,\$/1{,}1 + 60\,\$/(1{,}1)^2 = 4{,}13\,\$$$

Ce résultat se rapproche de la solution. Le tableau 9.4 donne différents résultats possibles. D'après les calculs, il semble que la VAN est nulle entre 10 et 15 %, de sorte que le TRI se trouve quelque part dans cet intervalle. En faisant un effort supplémentaire, on peut déterminer que le TRI correspond approximativement à 13,1 %[6]. Par conséquent, l'entreprise pourrait accepter cet investissement si sa rentabilité minimale exigible est inférieure à 13,1 % et le rejeter si elle est supérieure à 13,1 %.

---

6 En faisant plus d'efforts (ou en utilisant une calculatrice ou un ordinateur), on peut déterminer que le TRI correspond (à 15 décimales près) à environ 0,130 662 386 291 808, bien que personne ne soit intéressé à obtenir autant de décimales !

Profil de la valeur actualisée nette

Représentation graphique de la relation entre les valeurs actualisées nettes (VAN) d'un investissement et différents taux d'actualisation.

Vous avez probablement déjà remarqué que le critère du TRI est très similaire à celui de la VAN. En fait, le TRI porte parfois le nom de «rendement des flux monétaires actualisés». La façon la plus simple d'illustrer la relation entre la VAN et le TRI consiste à transposer les chiffres calculés pour le tableau 9.4 dans un graphique. Sur l'axe vertical (ou l'axe des ordonnées), on inscrit les différentes VAN. Sur l'axe horizontal (ou l'axe des abscisses), on place les taux d'actualisation. Si on disposait d'un très grand nombre de points, on obtiendrait une courbe régulière appelée **profil de la valeur actualisée nette**. La figure 9.4 donne le profil de la VAN pour le projet de notre exemple. En commençant avec un taux d'actualisation de 0 %, on obtient 20 $ au point correspondant sur l'ordonnée. À mesure que le taux d'actualisation augmente, la VAN diminue progressivement. À quel point la courbe coupe-t-elle l'axe de l'abscisse? L'intersection se situe au point où la VAN est nulle, c'est-à-dire à l'endroit précis où le TRI est de 13,1 %.

| Tableau 9.4 | Les valeurs actualisées nettes avec différents taux d'actualisation |

Taux d'actualisation	VAN
0 %	20 00 $
5	11,56
10	4,13
15	−2,46
20	−8,33

Figure 9.4

La courbe de la valeur actualisée nette

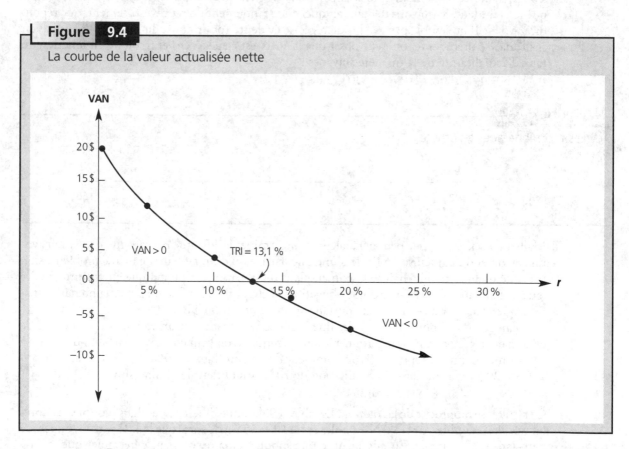

Dans notre exemple, la méthode de la VAN et celle du TRI entraînent les mêmes décisions d'acceptation ou de rejet. Conformément à la méthode du TRI, on accepte un projet d'investissement si la rentabilité minimale exigible est inférieure à 13,1 %.

Par ailleurs, comme le montre la figure 9.4, la VAN est positive à n'importe quel taux d'actualisation inférieur à 13,1 %. Par conséquent, on accepterait également le projet en utilisant cette méthode. Dans ce cas, les deux méthodes sont équivalentes.

Exemple 9.2 Le calcul du taux de rendement interne

Le coût total d'un projet, payable au moment où celui-ci se termine, est de 435,44 $. Les flux monétaires se chiffrent à 100 $ la première année, à 200 $ la deuxième année et à 300 $ la troisième année. Quel est le TRI ? Si la rentabilité minimale exigible est de 18 %, devrait-on accepter ce projet ?

On décrit le profil de la VAN et on détermine le TRI en calculant quelques VAN correspondant à différents taux d'actualisation. Pour vous familiariser avec ces calculs, vérifiez les réponses indiquées ici. En commençant par 0 %, on obtient les résultats suivants :

La VAN est nulle lorsque le taux d'actualisation atteint 15 %, de sorte que le TRI est de 15 %. Si la rentabilité minimale exigible est de 18 %, il ne faut pas faire cet investissement. En effet, à 18 %, la VAN est négative (vérifiez s'il s'agit bien de −24,47 $). Dans ce cas-ci, la méthode du TRI arrive à la même conclusion. On ne devrait pas accepter ce projet, car un rendement de 15 % est inférieur à la rentabilité minimale exigible de 18 %.

Taux d'actualisation	VAN
0 %	164,56 $
5	100,36
10	46,15
15	0,00
20	−39,61

À ce stade, on peut se demander si les méthodes de la VAN et du TRI entraînent toujours des décisions identiques. La réponse est affirmative, mais si deux conditions importantes sont respectées : 1) les flux monétaires du projet doivent être conventionnels, c'est-à-dire que le premier (l'investissement initial) doit être négatif et tous les autres doivent être positifs ; 2) le projet doit être indépendant, c'est-à-dire que la décision de l'accepter ou de le rejeter ne doit pas influer sur la décision d'accepter ou de refuser un autre projet. La première de ces conditions est généralement remplie mais la seconde l'est rarement. De toute façon, lorsque l'une ou l'autre de ces conditions n'est pas respectée, des problèmes risquent de surgir, ce qu'on discute immédiatement.

Les problèmes inhérents au taux de rendement interne

L'utilisation du TRI pose des problèmes lorsque les flux monétaires ne sont pas conventionnels ou lorsqu'on essaie de comparer deux investissements ou plus pour choisir le meilleur. Dans le premier cas, il peut devenir étonnamment difficile de répondre à une question aussi simple que : « Quel est le rendement ? » Dans le second cas, le TRI constitue parfois un indice trompeur.

www.cheneliere-education.ca

STRATÉGIES POUR L'EMPLOI DE TABLEURS

Les flux monétaires non conventionnels Supposons qu'on examine un projet de mine à ciel ouvert qui requiert un investissement de 60 $. La première année, le flux monétaire sera de 155 $. Par contre, la deuxième année, les ressources de la mine sont épuisées et il faut dépenser 100 $ pour la remise en état du terrain. Comme le montre la figure 9.5, les premier et troisième flux monétaires ont une valeur négative.

Pour déterminer le TRI de ce projet, on peut calculer la VAN selon différents taux :

Taux d'actualisation	VAN
0 %	−5,00 $
10	−1,74
20	−0,28
30	0,06
40	−0,31

Figure 9.5

Les flux monétaires projetés

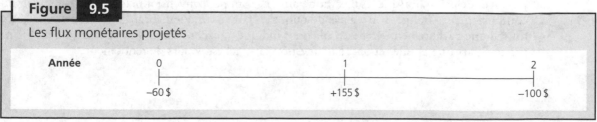

Année	0	1	2
	−60 $	+155 $	−100 $

Figure **9.4**

La valeur actualisée nette et le problème des taux de rendement multiples

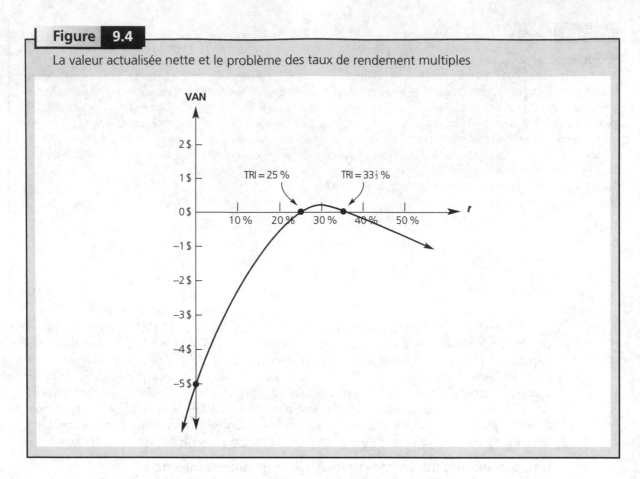

La VAN se comporte de façon très particulière dans cet exemple. À mesure que le taux d'actualisation augmente, de 0 à 30 %, elle passe de valeurs négatives à des valeurs positives. Ce comportement semble aller à contre-courant puisqu'elle s'accroît à mesure que les taux d'actualisation augmentent. Puis ses valeurs commencent à diminuer et redeviennent négatives. Quel est le TRI ? Pour le savoir, il faut dessiner un profil de la VAN (voir la figure 9.6).

Dans la figure 9.6, on remarque que la VAN est nulle à un taux d'actualisation de 25 %. On suppose qu'il s'agit du TRI, mais est-ce vrai ? La VAN se trouve également nulle à 33⅓ %. Lequel des deux taux est le véritable TRI ? Les deux ou ni l'un ni l'autre ! En fait, il n'y a pas de réponse claire à cette question. C'est le problème que posent les **taux de rendement multiples**. Un grand nombre de progiciels financiers (y compris le plus populaire, destiné aux micro-ordinateurs) n'en tiennent aucun compte et se contentent de fournir le premier TRI qu'ils obtiennent. D'autres indiquent seulement le plus petit TRI positif, même si cette réponse n'est pas meilleure qu'une autre.

Dans notre exemple, la méthode du TRI ne s'applique plus. Supposons que la rentabilité minimale exigible soit de 10 %. Devrait-on accepter ce projet ? Les deux taux sont supérieurs à 10 %, de sorte que, d'après cette méthode, on devrait peut-être songer à le réaliser. Pourtant, comme le montre la figure 9.6, la VAN est négative avec n'importe quel taux d'actualisation inférieur à 25 %. Il ne s'agit donc pas d'un bon investissement. Quand devrait-on l'accepter ? Examinez encore une fois la figure 9.6. La VAN n'est positive que si la rentabilité minimale exigible se situe entre 25 et 33⅓ %.

En conclusion, lorsque les flux monétaires ne sont pas conventionnels, le TRI peut avoir un comportement étrange. Il n'y a pas de quoi s'en faire pour autant, car la méthode de la VAN fonctionne parfaitement. Cet exemple nous indique que, chose assez surprenante, on n'obtient pas toujours une bonne réponse à la question : « Quel est le taux de rendement ? »

Taux de rendement multiples

Un des problèmes que peut poser l'utilisation de la méthode du taux de rendement interne (TRI) lorsque plus d'un taux d'actualisation rend nulle la valeur actualisée nette (VAN) d'un investissement.

Exemple 9.3 Quel est le taux de rendement interne ?

Un projet requiert un investissement de 51 $ aujourd'hui. Dans un an, il rapportera 100 $, mais il faudra de nouveau débourser 50 $ dans deux ans. Quel est le TRI de ce projet ?

Connaissant déjà le problème des flux monétaires non conventionnels, vous ne serez pas surpris d'obtenir plus d'un TRI. Toutefois, la recherche par tâtonnements peut prendre beaucoup de temps parce qu'il n'y a aucun TRI. La VAN est négative avec tous les taux d'actualisation. Il ne faudrait donc surtout pas faire cet investissement. Quel est son rendement ? Toutes les suppositions sont également valables.

Exemple 9.4 « Je pense, donc je sais combien il y aura de taux de rendement interne. »

On a vu qu'il est possible d'obtenir plus d'un TRI. Comment s'assurer dans ces conditions de les avoir tous trouvés ? La réponse vient d'un grand mathématicien, philosophe et analyste financier, Descartes (auteur de la célèbre citation « Je pense, donc je suis »). D'après sa règle des signes, le nombre maximal de TRI est égal au nombre de fois que les flux monétaires changent de signe, du positif au négatif ou du négatif au positif[7].

Dans l'exemple où le TRI était de 25 et de 33⅓ %, celui-ci aurait-il pu prendre d'autres valeurs ? Les flux monétaires passent du négatif au positif puis reviennent au négatif, ce qui représente, au total, deux changements de signe. Il y a donc au maximum deux TRI et, d'après la règle de Descartes, il est inutile d'en chercher d'autres. Fait à noter, le nombre réel de TRI peut être inférieur au nombre maximal (voir l'exemple 9.3).

Décisions concernant des investissements mutuellement exclusifs

Un des problèmes que peut poser l'utilisation de la méthode du taux de rendement interne (TRI) lorsque le fait d'accepter un projet empêche d'en accepter un autre.

Les investissements mutuellement exclusifs Même dans le cas où il n'y a qu'un seul TRI, un autre problème peut se poser en ce qui a trait aux **décisions concernant des investissements mutuellement exclusifs**. Si deux investissements X et Y sont mutuellement exclusifs, l'acceptation de l'un entraîne automatiquement le rejet de l'autre. Par exemple, si on possède un terrain formant un coin, on peut y construire une station-service ou un immeuble d'appartements mais non les deux. Il s'agit de deux possibilités mutuellement exclusives.

Jusqu'ici, on se demandait simplement si oui ou non un projet donné valait la peine d'être accepté. Toutefois, il arrive souvent qu'on ait à choisir entre deux investissements mutuellement exclusifs et qu'on se demande lequel est le meilleur. La réponse est relativement simple. Le meilleur des deux est celui qui présente la VAN la plus élevée. Peut-on aussi dire que le meilleur investissement présente le rendement le plus élevé ? Non, et on va comprendre pourquoi à l'instant.

Pour illustrer le problème de la méthode du TRI en cas d'investissements mutuellement exclusifs, considérons les flux monétaires suivants, produits par deux investissements de ce type :

Année	Investissement A	Investissement B
0	−100 $	−100 $
1	50	20
2	40	40
3	40	50
4	30	60
TRI	24 %	21 %

Comme ces investissements sont mutuellement exclusifs, on ne peut en choisir qu'un. La simple intuition pourrait porter à croire que l'investissement A est plus intéressant à cause de son rendement plus élevé, mais elle n'est pas toujours bonne conseillère.

Afin de comprendre pourquoi l'investissement A n'est pas nécessairement le plus intéressant des deux, il suffit de calculer la VAN de chacun d'eux avec différents taux d'actualisation.

---

7 Pour être plus précis, le nombre réel de TRI supérieurs à −100 % est égal au nombre de changements de signe ou en diffère par un chiffre pair. Par exemple, s'il y a cinq changements de signe, on aura soit cinq, soit trois, soit un taux de rendement interne. Dans le cas de deux changements de signe, il y aura deux TRI ou il n'y en aura aucun.

Taux d'actualisation	VAN (investissement A)	VAN (investissement B)
0 %	60,00 $	70,00 $
5	43,13	47,88
10	29,06	29,79
15	17,18	14,82
20	7,06	2,31
25	−1,63	−8,22

Le TRI de l'investissement A (24 %) est supérieur à celui de l'investissement B (21 %). Toutefois, si on compare leurs VAN respectives, on constate que la rentabilité minimale exigible permet de déterminer l'investissement ayant la VAN la plus élevée. L'investissement B présente un flux monétaire total plus important, mais son délai de récupération est plus long que celui de l'investissement A. Par conséquent, il a une VAN plus élevée aux taux d'actualisation les plus bas.

Dans notre exemple, les indications des VAN et des TRI qui servent à classer les investissements deviennent contradictoires avec certains taux d'actualisation. Ainsi, lorsque la rentabilité minimale exigible atteint 10 %, l'investissement B a une VAN supérieure à celle de l'investissement A, de sorte qu'il est le plus intéressant, même si le rendement de l'investissement A est plus élevé. Par contre, si la rentabilité minimale exigible est de 15 %, il n'y a pas de doute que l'investissement A est préférable.

On peut illustrer le désaccord entre le TRI et la VAN en matière d'investissements mutuellement exclusifs par un graphique. Dans celui de la figure 9.7, on a tracé les profils des VAN des deux projets. Le point d'intersection se situe à environ 11 %.

Figure 9.7

La valeur actualisée nette et le problème de classement des taux de rendement interne

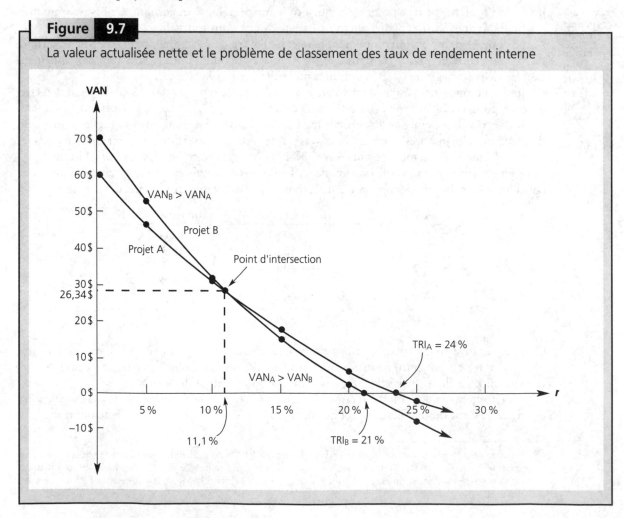

Notons également qu'à n'importe quel taux d'actualisation inférieur à 11 %, la VAN de l'investissement B dépasse celle de l'investissement A. Dans cette région, le choix de l'investissement B est plus profitable que celui de l'investissement A, même si le TRI de ce dernier est plus élevé. À n'importe quel taux excédant 11 %, le projet A présente une valeur actualisée nette plus élevée.

Cet exemple illustre le fait que, chaque fois qu'on se retrouve avec des projets mutuellement exclusifs, on ne devrait pas les évaluer d'après leur rendement. De façon générale, quand on compare des investissements pour déterminer lequel est le meilleur, les TRI peuvent se révéler trompeurs. Pour éviter toute erreur, il vaut mieux considérer les VAN de chaque projet. Rappelez-vous que le but ultime du gestionnaire financier est de « créer » de la valeur pour les actionnaires. Par conséquent, le choix qui présente la valeur actualisée la plus élevée est préférable, quel que soit le rendement des autres investissements.

Si ce raisonnement vous semble aller à l'encontre de votre intuition, considérez l'exemple suivant. Supposons qu'on vous propose deux investissements. L'un offre un rendement de 10 % et permet d'obtenir 100 $ tout de suite, tandis que l'autre, avec un rendement de 20 %, rapporte 50 $ immédiatement. Lequel allez-vous choisir ? Ne vaut-il pas mieux recevoir 100 $ plutôt que 50 $ immédiatement, quel que soit le rendement ? On donnera donc la préférence au premier.

Exemple 9.5 Le calcul du taux correspondant au point d'intersection

Dans la figure 9.7, les deux profils de VAN se coupent à environ 11 %. Comment faut-il procéder pour déterminer ce point ? Le taux correspondant au point d'intersection représente, par définition, le taux d'actualisation qui rend les VAN des deux projets égales. Pour mieux comprendre cette notion, supposons qu'on se fait offrir les deux investissements mutuellement exclusifs suivants :

Année	Investissement A	Investissement B
0	−400 $	−500 $
1	250	320
2	280	340

Quel est le taux correspondant au point d'intersection ?

Supposons qu'on décide de remplacer l'investissement A par l'investissement B. Pour y parvenir, il faut investir un montant supplémentaire de 100 $, c'est-à-dire 500 $ – 400 $. Ce nouvel investissement permet d'obtenir 70 $ de plus (320 $ – 250 $) pour la première année et 60 $ de plus (340 $ – 280 $) pour la deuxième année. S'agit-il d'une bonne décision ? Autrement dit, avait-on raison d'investir un montant supplémentaire de 100 $?

D'après notre analyse, la VAN du passage d'un investissement à l'autre, soit VAN (B – A), s'exprime comme suit :

VAN (B – A) = −100 $ + 70 $/$(1 + r)$ + 60 $/$(1 + r)^2$

On calcule le rendement de cet investissement en posant VAN = 0 et en recherchant le TRI :

VAN (B – A) = 0 = −100 $ + 70 $/$(1 + r)$ + 60 $/$(1 + r)^2$

En effectuant ce calcul, on trouve un TRI d'exactement 20 %. Ce résultat indique qu'à un taux d'actualisation de 20 %, les deux investissements se valent, car la VAN de la différence entre leurs flux monétaires est nulle. Par conséquent, tous les deux ont la même valeur à ce point, et 20 % est le point d'intersection. Vérifiez si, à 20 %, la VAN est de 2,78 $ pour les deux projets.

En général, on peut établir le taux correspondant au point d'intersection en calculant les différences entre les flux monétaires et en déterminant le TRI à l'aide de ces différences. Peu importe lequel des flux on soustrait de l'autre. Pour vous en assurer, on calcule le TRI pour (A – B). On constate qu'il s'agit du même nombre. Pour vous familiariser avec ces notions, déterminez le point d'intersection exact à la figure 9.7. [Indice : La réponse est 11,0704 %.]

Les bons côtés du taux de rendement interne

Malgré ses défauts, le TRI est un critère plus souvent utilisé en pratique que la VAN. Cette préférence est probablement due au fait qu'il satisfait un besoin négligé par la VAN. Dans l'analyse des investissements, les gens en général et les analystes financiers en particulier semblent préférer parler de taux de rendement plutôt que de valeur financière.

Dans le même esprit, le TRI semble simplifier la façon de communiquer de l'information à propos d'un projet. Un gestionnaire trouvera moins compliqué de déclarer à un collègue : « La réorganisation du personnel de bureau augmentera le rendement de 20 % » que de lui dire « Avec un taux d'actualisation de 10 %, la valeur actualisée nette est de 4 000 $. »

Enfin, dans certaines circonstances, le TRI peut offrir un avantage pratique que la VAN ne possède pas. Pour estimer cette dernière, il faut connaître le taux d'actualisation approprié, ce qui n'est pas nécessaire dans le cas du TRI. Supposons que, sans connaître la rentabilité minimale exigible sur un investissement, on trouve qu'il offre un taux de rendement de 40 %. On aura tendance à l'accepter, car il est peu probable que la rentabilité minimale exigible soit aussi élevée. Voici une liste des avantages et des inconvénients du TRI.

Méthode du taux de rendement interne

Avantages	Inconvénients
1. Est étroitement liée à la VAN et mène généralement aux mêmes décisions; 2. Se comprend et s'exprime facilement.	1. Avec des flux monétaires non conventionnels, peut fournir de multiples réponses ou aucune réponse; 2. Peut mener à des décisions incorrectes lorsqu'il s'agit de comparer des investissements mutuellement exclusifs.

Questions théoriques

1. Dans quelles circonstances les critères du TRI et de la VAN mènent-ils aux mêmes décisions d'acceptation ou de rejet ? Quand pourraient-ils être en désaccord ?

2. Est-il généralement vrai qu'un des avantages du TRI sur la VAN est qu'avec le TRI, il n'est pas nécessaire de connaître la rentabilité minimale exigible pour évaluer un projet ?

9.5 L'indice de rentabilité

Indice de rentabilité

Résultat de la division de la valeur actualisée des flux monétaires à venir d'un investissement par son coût initial.

Un autre critère utilisé dans l'évaluation des projets porte le nom d'**indice de rentabilité**. On définit cet indice comme étant le résultat de la division de la valeur actualisée des flux monétaires à venir par l'investissement initial. En conséquence, si un projet coûte 200 $ et que la valeur actualisée de ses flux monétaires à venir est de 220 $, son indice de rentabilité sera 220/200 $ = 1,10. Notons que la VAN de cet investissement se chiffre à 20 $, de sorte qu'on devrait l'accepter.

De façon générale, lorsqu'un projet a une VAN positive, la valeur actualisée des flux monétaires à venir doit être supérieure à l'investissement initial. Ainsi, l'indice de rentabilité sera supérieur à 1,00 lorsque la VAN de l'investissement est positive et inférieur à 1,00 lorsque sa VAN est négative.

Comment faut-il interpréter l'indice de rentabilité ? Dans notre exemple, cet indice est de 1,10. Il nous apprend que, pour chaque dollar investi, on obtient 1,10 $ en valeur ou 0,10 de VAN. Par conséquent, l'indice de rentabilité mesure l'effet sur le dollar, c'est-à-dire la valeur « créée » par dollar investi. Pour cette raison, on s'en sert souvent comme mesure du rendement d'un gouvernement ou d'un investissement « sans but lucratif ». En outre, lorsque le capital est rare, il est logique de l'attribuer aux projets qui présentent l'indice de rentabilité le plus élevé. On reviendra sur ce sujet dans un chapitre ultérieur.

L'indice de rentabilité ressemble beaucoup à la VAN. Toutefois, considérons deux investissements : l'un a un coût initial de 5 $ et une valeur actualisée de 10 $, et l'autre a un coût initial de 100 $ et sa valeur actualisée s'élève à 150 $. Le premier de ces investissements a une VAN de 5 $ et un indice de rentabilité de 2. Le second a une VAN de 50 $ et un indice de rentabilité de 1,50.

Si ces deux investissements sont mutuellement exclusifs, le second se révèle préférable au premier, même si son indice de rentabilité est moins élevé. Il s'agit d'un problème de classement qui ressemble beaucoup à celui du TRI, dont il a été question dans la section précédente. En définitive, il y a peu de raisons de se fier à l'indice de rentabilité plutôt qu'à la VAN. Voici les principales caractéristiques de cet indice.

Indice de rentabilité

Avantages	Inconvénients
1. Est étroitement lié à la VAN et mène généralement aux mêmes décisions; 2. Se comprend facilement; 3. Peut se révéler utile lorsque les fonds d'investissement disponibles sont limités.	1. Peut mener à des décisions erronées lors de comparaisons entre des investissements mutuellement exclusifs.

Samuel Weaver et le choix des investissements chez Hershey Foods Corporation

Le programme d'investissement chez Hershey Foods Corporation, de même que dans la plupart des entreprises du Fortune 500 et du Fortune 1 000, comporte trois étapes : 1) la planification et le choix des investissements ; 2) l'évaluation ; 3) la critique après la réalisation du projet.

Au cours de la première étape, on détermine des projets potentiels à des moments de planification stratégique. Ces projets sont choisis en fonction de leur contribution à l'atteinte des objectifs stratégiques de la société. À ce stade, l'éventail des possibilités est large et l'évaluation financière minime. À mesure que le processus de planification se concentre sur les projets à court terme, on scrute avec plus de rigueur les dépenses importantes en capital. Les projets sont retravaillés minutieusement en ce qui concerne les coûts, et on reconsidère certains d'entre eux.

On procède ensuite à une critique et à une approbation individuelle de chaque projet. Chez Hershey Foods Corporation, la planification, le développement et le calcul minutieux des flux monétaires forment la base de l'analyse des capitaux. Après avoir déterminé les flux monétaires, on a systématiquement recours à des techniques d'évaluation du capital telles que la valeur actualisée nette, le taux de rendement interne et le délai de récupération. La présentation des résultats de ces études est particulièrement soignée grâce à des analyses de sensibilité qui aident grandement la direction à évaluer des hypothèses cruciales et leurs effets.

La dernière étape consiste en une critique qui a lieu après la réalisation du projet. On compare alors les prévisions initiales concernant le rendement des investissements aux résultats obtenus ou aux attentes révisées.

L'analyse de la mise de fonds n'est valable que si les hypothèses qui sous-tendent le projet le sont aussi. C'est pourquoi l'expression populaire « à données inexactes, résultats erronés » s'applique dans ce cas. Les flux monétaires différentiels résultent d'abord et avant tout de ventes marginales ou d'améliorations à la marge (des économies de coûts). Le plus souvent, on peut en anticiper quelques-uns grâce à des études relatives au marketing ou à l'ingénierie. Toutefois, dans le cas d'un certain nombre de projets, déterminer correctement les effets potentiels et les flux monétaires pertinents constitue une tâche complexe sur le plan analytique. Par exemple, lorsqu'on lance un nouveau produit sur le marché et qu'on s'attend à ce qu'il rapporte des millions de dollars en chiffre d'affaires, l'analyse qui s'impose doit porter principalement sur les ventes marginales, et ce, après avoir tenu compte de la cannibalisation du marché par les produits déjà existants.

Un des problèmes auxquels Hershey Foods Corporation doit faire face concerne l'application de la valeur actualisée nette (VAN) par rapport à celle du taux de rendement interne (TRI). Le critère de la VAN offre les bonnes indications en matière d'investissements lorsqu'il s'agit d'évaluer des projets mutuellement exclusifs. Toutefois, les décideurs à tous les niveaux trouvent parfois ses résultats difficiles à comprendre. Comment interpréter, par exemple, une VAN de 535 000 $? Il ne suffit pas de savoir que cette VAN est positive ou même plus élevée qu'une autre. Les décideurs recherchent un certain degré d'assurance quant à la rentabilité de l'investissement en l'évaluant par rapport à d'autres standards.

Même si le TRI donne parfois des indications trompeuses quand il s'agit de choisir parmi plusieurs projets, il se présente sous une forme que tous peuvent interpréter. Il est possible de le comparer mentalement au taux d'inflation prévu, aux taux d'emprunt actuels, au coût du capital, au rendement d'un portefeuille d'actions, etc. Un gestionnaire saura immédiatement ce que signifie un TRI de 18 %, par exemple. C'est peut-être justement parce qu'il est facile à comprendre que, d'après les sondages, la plupart des entreprises du Fortune 500 ou du Fortune 1 000 utilisent ce critère comme principale méthode d'évaluation.

Outre le problème de choisir entre la VAN et le TRI, il existe toujours un certain nombre de projets qu'on peut difficilement évaluer en appliquant des méthodes d'analyse traditionnelles et d'analyse de dépense en capital à cause de l'impossibilité de déterminer leurs flux monétaires. C'est essentiellement le cas lorsqu'on achète du nouveau matériel informatique, qu'on restaure un immeuble à bureaux ou qu'on refait le pavage d'un parc de stationnement. Ces types de décisions concernant les dépenses en capital se font à l'aide d'autres méthodes qui dépendent du jugement des gestionnaires.

Samuel Weaver, Ph. D., a été le directeur de la planification et de l'analyse financières dans la division nord-américaine de Hershey Foods Corporation. Comptable en management accrédité (CMA), il a été vice-président des services aux praticiens du conseil d'administration de la Financial Management Association. En tant que directeur de la planification chez Hershey Foods Corporation, il devait combiner la théorie à la pratique et s'occuper notamment de l'analyse de nombreux aspects de la finance en plus de l'analyse de la dépense en capital.

Questions théoriques

1. Qu'est-ce que l'indice de rentabilité sert à mesurer ?

2. Comment énonceriez-vous le critère de l'indice de rentabilité ?

9.6 Le choix des investissements en pratique

Au cours de sondages, on a demandé à des dirigeants de grandes entreprises quels types de critères ils utilisaient pour évaluer des investissements. Dans le tableau 9.5, vous trouverez les résultats d'une enquête récente menée auprès des directeurs financiers (CFO) des plus grandes sociétés canadiennes. D'après ces résultats, la technique de choix des investissements la plus employée est une forme quelconque de flux monétaires actualisés (du type VAN ou TRI). En pratique, le délai de récupération se classe au deuxième rang des critères les plus populaires. D'autres sondages effectués à la fois au Canada et aux États-Unis viennent confirmer ces données. Ils indiquent également une tendance à l'utilisation croissante de méthodes de flux monétaires actualisés. Le plus souvent, on emploie la VAN ou le TRI en combinaison avec des critères de flux monétaires non actualisés tels que le critère du délai de récupération et le rendement comptable moyen. Compte tenu de ce qu'on a vu jusqu'ici, il s'agit de façons de procéder recommandables. Dans le tableau 9.6, vous trouverez un résumé des principales caractéristiques de ces critères qui pourra vous servir tout au long du manuel.

Tableau 9.5	Les méthodes d'évaluation et les types de projets (en pourcentage)				
	VAN	TRI	Délai de récupération	Taux de rende-ment comptable	Autres
Projets de remplacement	34,6	46,6	48,9	13,5	12,9
Expansion – activités existantes	41,4	61,6	50,0	16,5	7,5
Expansion – nouvelles activités	45,1	61,6	47,4	18,8	6,8
Activités à l'étranger	29,3	41,4	30,8	9,0	8,3
Cession	29,3	19,6	15,0	11,3	21,8
Projets généraux et administratifs	17,3	19,6	27,8	12,0	21,8
Dépenses sur le plan social	10,5	8,3	6,8	5,3	40,6
Contrats de location	42,9	36,1	14,3	7,5	13,5

Remarque : Une entreprise peut avoir recours à plusieurs méthodes pour évaluer le même projet. Les pourcentages ci-dessus indiquent la fréquence avec laquelle une méthode en particulier a été mentionnée comme étant utilisée pour le choix des investissements.

Source : V.M. JOG et A.K. SRIVASTAVA, « Corporate Financial Decision Making in Canada », *Canadian Journal of Administrative Sciences*, n° 11, juin 1994, p.156-176.

Puisque la VAN semble permettre d'obtenir directement tous les renseignements nécessaires, vous vous demandez sans doute pourquoi il existe autant de méthodes et pourquoi celles-ci sont si fréquemment employées. Il faut se rappeler que, lorsqu'on doit prendre une décision concernant un investissement, on se trouve la plupart du temps dans une grande incertitude concernant l'avenir.

Dans un tel cas, on ne peut qu'estimer la VAN. Il est ainsi possible que la véritable VAN soit très différente de cette estimation.

Comme on ne connaît pas la VAN réelle, le gestionnaire financier avisé recherche des indices pour déterminer si son estimation de la VAN est fiable. C'est pour cette raison que les entreprises évaluent généralement un projet à l'aide de différents critères. Par exemple, supposons que l'estimation de la VAN d'un investissement est positive. Par comparaison avec d'autres projets passés, cet investissement paraît avoir un délai de récupération assez court et un taux de rendement comptable moyen très élevé. Dans son cas, les différents indicateurs semblent tous favorables. Autrement dit, les critères du délai de récupération et du rendement comptable moyen confirment la conclusion que la VAN est positive.

Par contre, supposons que l'estimation de la VAN d'un investissement est positive alors que son délai de récupération est long et son rendement comptable moyen, peu élevé. Il pourrait encore s'agir d'un bon investissement, mais le gestionnaire financier devrait être beaucoup plus vigilant au moment de prendre une décision, car les indications qu'il reçoit sont contradictoires.

Tableau	9.6	Résumé des critères de choix en matière d'investissements

I. Critères des flux monétaires actualisés

A. Valeur actualisée nette (VAN) La VAN d'un investissement est la différence entre sa valeur marchande et son coût. D'après ce critère, on peut accepter un projet si sa VAN est positive. On effectue souvent l'estimation de la VAN en calculant la valeur actualisée des flux monétaires à venir (pour estimer la valeur marchande) dont on soustrait ensuite le coût. La VAN ne présente aucun défaut important. C'est le critère de décision préféré des experts financiers.

B. Taux de rendement interne (TRI) Le TRI est le taux d'actualisation qui rend l'estimation de la VAN d'un investissement égale à zéro. On l'appelle parfois « rendement des flux monétaires actualisés ». D'après ce critère, on peut accepter un projet lorsque son TRI est supérieur à la rentabilité minimale exigible. Le TRI est étroitement lié à la VAN et mène aux mêmes conclusions à la condition qu'il s'agisse de projets à flux conventionnels et indépendants les uns des autres. Lorsque les flux monétaires d'un projet ne sont pas conventionnels, il se peut qu'il n'y ait aucun taux de rendement interne ou qu'il y en ait plusieurs. En outre, le TRI ne peut servir à classer des projets mutuellement exclusifs, du meilleur au pire ; c'est-à-dire que le projet qui présente le taux de rendement interne le plus élevé n'est pas nécessairement le meilleur investissement.

C. Indice de rentabilité L'indice de rentabilité est le rapport entre la valeur actualisée et le coût. D'après ce critère, on peut accepter un investissement lorsque son indice est supérieur à 1. L'indice de rentabilité mesure la valeur actualisée d'un investissement par dollar investi. Il ressemble beaucoup à la VAN, mais, de même que le TRI, il ne peut servir à comparer des projets mutuellement exclusifs. Toutefois, on l'utilise parfois pour établir un ordre de préférence lorsqu'une entreprise envisage plus d'investissements avec une VAN positive qu'elle ne peut en financer à ce moment.

II. Critère du délai de récupération

A. Délai de récupération Le délai de récupération est la période de temps qui s'écoule avant que la somme des flux monétaires d'un investissement soit égale à son coût. D'après ce critère, on accepte un projet lorsque le délai de récupération ne dépasse pas une certaine date limite. Le délai de récupération présente des lacunes principalement parce qu'il ne tient pas compte du risque, de la valeur temporelle de l'argent et des flux monétaires au-delà de la date limite.

B. Délai de récupération actualisé Le délai de récupération actualisé est la période qui s'écoule avant que la somme des flux monétaires actualisés d'un investissement soit égale à son coût. D'après ce critère, on peut accepter un projet si le délai de récupération actualisé ne dépasse pas une certaine date limite. Les défauts de ce critère d'évaluation viennent surtout du fait qu'il ne tient aucun compte des flux monétaires après la date limite.

III. Critères comptables

A. Taux de rendement comptable moyen Le taux de rendement comptable moyen est une mesure des bénéfices comptables par rapport à la valeur comptable. Il n'y a aucune relation entre celui-ci et le TRI, mais il ressemble à la mesure comptable du taux de rendement de l'actif étudiée au chapitre 3. D'après ce critère, on peut accepter un investissement si le taux de rendement comptable moyen est supérieur à un taux moyen de référence. Cette méthode d'évaluation présente de sérieuses lacunes et elle est peu recommandable.

Si l'estimation de la VAN repose essentiellement sur des projections concernant le chiffre d'affaires, il faudrait probablement procéder à des analyses complémentaires. En effet, au cours d'un récent sondage, des gestionnaires ont indiqué que les projections qui portent sur le chiffre d'affaires, en particulier dans le cas de nouvelles activités, ont tendance à être beaucoup plus optimistes que les projections sur les économies de coûts de production.

L'industrie du cinéma constitue un cas exceptionnel de dépendance presque absolue entre les flux monétaires et le chiffre d'affaires. Les renseignements qu'un studio utilise pour accepter ou rejeter un concept de film proviennent de la publicité. Un producteur de films indépendant organise une rencontre extrêmement brève avec les dirigeants d'un studio pour vanter les mérites d'un sujet de film. Les quatre paragraphes de citations suivants sont tirés d'un ouvrage intitulé *Reel Power* et concernent ce type de présentation.

« Les directeurs de studios préfèrent ne pas entrer dans les détails, explique M. Ron Simpson. Ils veulent connaître l'idée de base…, deux ou trois phrases susceptibles de leur suggérer une bonne campagne publicitaire. Ils veulent un titre… Tout ce qui est le moindrement obscur les rebute. Et si la rencontre dure plus de cinq minutes, ils refuseront probablement le projet. »

Voici ce que raconte M. Clay Frohman, l'auteur d'*Under Fire*. « Un homme entre et déclare : "Je vous propose l'idée suivante – *Les dents de la mer* à bord d'un vaisseau spatial." Les dirigeants s'exclament que c'est brillant, fantastique. Le résultat ? *Alien* ! Tout compte fait, c'est bien l'histoire des *Dents de la mer* transposée dans un vaisseau spatial… Rien de plus ! C'est tout ce qu'ils veulent entendre. Leur message est clair : "Ne nous embrouillez pas en entrant dans les détails de l'intrigue." »

Les dirigeants de studios s'intéressent davantage à certains scénarios qu'à d'autres. Les concepts qu'ils préfèrent sont suffisamment originaux pour que les spectateurs n'aient pas une impression de déjà vu, mais, en même temps, ils ressemblent suffisamment à d'anciens succès pour rassurer les cadres qui craignent tout ce qui est trop avant-gardiste. D'où cette habitude de décrire les films d'une façon pour le moins laconique. C'est *Flashdance* à la campagne (*Footloose*) ou alors *High Noon* dans l'espace (*Outland*).

Une cadre supérieure, Mme Barbara Boyle, déclarait : « S'il y a une tactique à ne pas employer pendant une présentation, c'est de parler des recettes brutes que devrait obtenir votre scénario. Les dirigeants savent bien qu'il est impossible de prévoir combien d'argent un film rapportera, et toute déclaration qui contrevient à ce principe est considérée comme une véritable ânerie[8]. »

Les auteurs ne prétendent pas avoir la compétence nécessaire pour améliorer les pratiques en matière de choix des investissements dans le domaine cinématographique, que ce soit à Hollywood, à Toronto ou à Montréal. Dans la plupart des autres secteurs d'activité, les grandes entreprises utilisent les méthodes qu'on a présentées, comme en fait foi le tableau 9.5. On reviendra plus en détail sur cette analyse dans les deux prochains chapitres[9].

Questions théoriques

1. Quelles sont les méthodes les plus couramment employées pour le choix des investissements ?

2. Puisque la valeur actualisée nette est théoriquement la façon de procéder la plus recommandable pour le choix des investissements, pourquoi croyez-vous qu'en pratique, les gestionnaires utilisent plusieurs critères à la fois ?

9.7 Résumé et conclusions

Ce chapitre porte sur les différents critères utilisés pour évaluer des propositions d'investissement. Voici les six critères en question dans l'ordre où nous les avons analysés :

1. La valeur actualisée nette (VAN) ;
2. Le délai de récupération ;
3. Le délai de récupération actualisé ;
4. Le rendement comptable moyen ;
5. Le taux de rendement interne (TRI) ;
6. L'indice de rentabilité.

Nous avons montré comment calculer chacune de ces mesures et comment interpréter leurs résultats. Nous avons aussi expliqué les avantages et les inconvénients de chacune d'elles.

La notion la plus importante de ce chapitre est la valeur actualisée nette (VAN). Nous y reviendrons dans les chapitres à venir. Nous avons défini la VAN comme étant la différence entre la valeur marchande d'un actif ou d'un projet et son coût. Nous avons également vu que le gestionnaire financier agit dans l'intérêt des actionnaires lorsqu'il recherche et effectue des investissements ayant une VAN positive.

Enfin, nous avons souligné le fait que, normalement, on ne peut observer la VAN sur le marché, de sorte qu'elle doit plutôt être estimée. Comme il est toujours possible de se tromper dans ses estimations, les gestionnaires financiers utilisent différents critères pour examiner des projets. Grâce aux renseignements supplémentaires qu'ils fournissent, ces autres critères permettent de vérifier si la VAN des projets envisagés est vraiment positive.

---

8 Mark LITWAK, *Reel Power : The Struggle for Influence and Success in the New Hollywood*, New York, William Morrow, 1986, p. 73, 74 et 77.

9 L'annexe du chapitre 14 porte sur la méthode de choix des investissements basée sur la valeur actualisée corrigée.

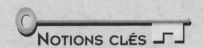

Notions clés

Décisions concernant des investissements
  mutuellement exclusifs (page 267)
Délai de récupération (page 256)
Délai de récupération actualisé (page 258)
Évaluation des flux monétaires actualisés (page 254)
Indice de rentabilité (page 270)

Profil de la valeur actualisée nette (page 264)
Rendement comptable moyen (RCM) (page 260)
Taux de rendement interne (TRI) (page 262)
Taux de rendement multiples (page 266)
Valeur actualisée nette (VAN) (page 253)

Problèmes de récapitulation et auto-évaluation

9.1 Les critères d'investissement Ce problème permettra de vous familiariser avec le calcul de la VAN et du délai de récupération. En étendant ses activités outremer, une entreprise prévoit obtenir les flux monétaires suivants :

Année	Flux monétaires
0	−200 $
1	50
2	60
3	70
4	200

Calculez le délai de récupération, le délai de récupération actualisé et la VAN de ce projet si sa rentabilité minimale exigible est de 10 %.

9.2 Les investissements mutuellement exclusifs Examinez les deux investissements mutuellement exclusifs suivants. Calculez le TRI de chacun d'eux et le taux correspondant au point d'intersection de leurs profils. Dans quelles circonstances le TRI et la VAN permettront-ils une évaluation différente ?

Année	Investissement A	Investissement B
0	−75 $	−75 $
1	20	60
2	40	50
3	70	15

9.3 Le rendement comptable moyen Vous devez évaluer un projet d'une durée de trois ans dont le bénéfice net projeté est de 2 000 $ pour la première année, de 4 000 $ pour la deuxième année et de 6 000 $ pour la troisième année. Le coût du projet s'élève à 12 000 $ et, en trois ans, l'amortissement linéaire de cet investissement aura atteint une valeur nulle. Quel est le rendement comptable moyen d'un tel investissement ?

Réponses à l'auto-évaluation

9.1 Le tableau suivant donne la liste des flux monétaires, des flux monétaires cumulés, des flux monétaires actualisés (à 10 %) et des flux monétaires actualisés cumulés pour le projet en question.

Année	Flux monétaires		Flux monétaires cumulés	
	non actualisés	actualisés	non actualisés	actualisés
1	50 $	45,45 $	50 $	45,45 $
2	60	49,59	110	95,04
3	70	52,59	180	147,63
4	200	136,60	380	284,23

L'investissement initial est de 200 $. Lorsqu'on compare ce montant aux flux monétaires cumulés non actualisés, on se rend compte que le retour sur l'investissement a lieu quelque part entre la troisième et la quatrième année. En effet, les flux monétaires des trois premières années représentent au total 180 $, de sorte qu'en arrivant à la quatrième année, il ne manque que 20 $. La somme des flux monétaires pour la quatrième année est de 200 $. Le délai de récupération correspond donc à 3 + (20 $/ 200 $) = 3,10 années.

Si on examine les flux monétaires actualisés cumulés, on constate que le délai de récupération actualisé se situe entre la troisième et la quatrième année. La somme des flux monétaires actualisés se chiffre à 284,23 $, de sorte que la VAN est de 84,23 $. Il s'agit de la valeur actualisée des flux monétaires obtenus après le délai de récupération actualisé.

9.2 En procédant par tâtonnements pour calculer le TRI, on obtient le tableau suivant :

Taux d'actualisation	VAN (projet A)	VAN (projet B)
0 %	55,00 $	50,00 $
10	28,83	32,14
20	9,95	18,40
30	−4,09	7,57
40	−14,80	−1,17

Ces résultats fournissent certaines indications. D'abord, le TRI du projet A doit se situer entre 20 et 30 % (pourquoi ?). En faisant un effort supplémentaire, on détermine qu'il est égal à 26,79 %. Dans le cas du projet B, le TRI doit être légèrement inférieur à 40 % (pourquoi ?). En cherchant, on trouve qu'il s'agit de 38,54 %. Avec des taux qui se situent entre 0 et 10 %, les VAN des deux projets sont très rapprochées, ce qui indique que le point d'intersection se trouve dans ce voisinage.

Pour déterminer le point d'intersection exact, on calcule le TRI de la différence entre les flux monétaires. Si on soustrait les flux monétaires du projet B des flux monétaires du projet A, on obtient les résultats suivants :

Année	Flux monétaires
0	0 $
1	−40
2	−10
3	55

Ces flux monétaires sont légèrement surprenants mais, comme il n'y a qu'un seul changement de signe, il est possible d'obtenir un TRI. Par tâtonnements, on peut savoir que la VAN est nulle lorsque le taux d'actualisation est de 5,42 %. Il s'agit donc du taux correspondant au point d'intersection des courbes des deux projets.

Le TRI du projet B est plus élevé que celui du projet A. Par contre, le projet A présente des VAN supérieures à celles du projet B pour tous les taux d'actualisation inférieurs à 5,42 %, de sorte que les classements en fonction de la VAN et du TRI divergeront dans cette zone. Rappelez-vous que dans les cas de divergences, on choisit la VAN la plus élevée. La règle de décision est donc très simple. On accepte le projet A si la rentabilité minimale exigible est inférieure à 5,42 % ; on accepte le projet B si la rentabilité minimale exigible se situe entre 5,42 et 38,54 % (le TRI de B), mais on refuse les deux projets si la rentabilité minimale exigible dépasse 38,54 %.

9.3 Dans ce cas, on doit calculer le rapport entre le bénéfice net moyen et la valeur comptable moyenne pour déterminer le taux de rendement comptable moyen. On trouve d'abord le bénéfice net moyen :

Bénéfice net moyen = (2 000 $ + 4 000 $ + 6 000 $)/3 = 4 000 $

Puis on détermine la valeur comptable moyenne :

Valeur comptable moyenne = 12 000 $/2 = 6 000 $

Ainsi, le rendement comptable moyen est égal à :

RCM = 4 000 $/6 000 $ = 66,67 %

Ce rendement est assez considérable. Rappelez-vous, toutefois, qu'il ne s'agit pas vraiment d'un taux de rendement au même titre qu'un taux d'intérêt ou qu'un TRI, de sorte que son importance ne nous apprend pas grand-chose. Il est malheureusement peu probable que l'argent investi rapporte 66,67 % par année !

? Questions de synthèse et de réflexion critique

1. Lorsqu'un projet devant entraîner des rentrées de fonds conventionnelles a un délai de récupération moins long que sa propre durée, peut-on déterminer le signe algébrique de la VAN de façon absolue? Pourquoi? Sachant que le délai de récupération actualisé est inférieur à la durée du projet, que pouvez-vous dire au sujet de la VAN? Expliquez votre réponse.

2. Supposez qu'un projet doit rapporter des flux monétaires conventionnels et avoir une valeur actualisée nette positive. Que savez-vous de son délai de récupération? de son délai de récupération actualisé? de son indice de rentabilité? de son TRI? Expliquez vos réponses.

3. Le délai de récupération
   a) Décrivez la façon de calculer le délai de récupération. Précisez les renseignements que cette mesure fournit concernant une série de flux monétaires. Quelle règle régit le critère du délai de récupération en matière de décisions?
   b) Quels sont les problèmes associés à l'utilisation du délai de récupération comme moyen d'évaluation des flux monétaires?
   c) Quels sont les avantages de l'utilisation du délai de récupération pour évaluer les flux monétaires? Y a-t-il des circonstances dans lesquelles l'utilisation du délai de récupération pourrait se révéler appropriée? Expliquez votre réponse.

4. Le délai de récupération actualisé
   a) Décrivez comment calculer le délai de récupération actualisé. Précisez les renseignements que cette mesure fournit concernant une série de flux monétaires. Quelle règle régit le critère du délai de récupération en matière de décisions?
   b) Quels sont les problèmes associés à l'utilisation du délai de récupération actualisé comme moyen d'évaluation des flux monétaires?
   c) Quel est l'avantage conceptuel d'utiliser la méthode du délai de récupération actualisé plutôt que celle du délai de récupération non actualisé? Le délai de récupération actualisé peut-il être d'une plus longue durée que le délai de récupération non actualisé? Expliquez votre réponse.

5. Le rendement comptable moyen
   a) Décrivez comment on calcule généralement le rendement comptable moyen (RCM). Précisez les renseignements que cette mesure fournit concernant une série de flux monétaires. Quelle règle régit le critère du rendement comptable moyen en matière de décisions?
   b) Quels sont les problèmes associés à l'utilisation du rendement comptable moyen comme outil d'évaluation des flux monétaires d'un projet? Quel facteur sous-jacent du RCM est, à votre avis, le plus inquiétant du point de vue financier? Le rendement comptable moyen a-t-il des qualités?

6. La VAN
   a) Décrivez comment calculer la VAN. Précisez les renseignements que cette mesure fournit concernant une série de flux monétaires. Quelle règle régit le critère de la VAN en matière de décisions?
   b) Pourquoi considère-t-on la VAN comme une méthode supérieure aux autres pour évaluer les flux monétaires d'un projet? Supposez qu'on calcule la VAN des flux monétaires d'un projet et qu'on obtient 2 500 $. Qu'est-ce que ce nombre signifie pour les actionnaires de l'entreprise?

7. Le TRI
   a) Décrivez comment calculer le TRI. Précisez les renseignements que cette mesure fournit concernant une succession de flux monétaires à venir. Quelle règle régit l'application de la méthode du TRI en matière de décisions?
   b) Quelle est la relation entre le TRI et la VAN? Existe-t-il des situations où il serait préférable d'utiliser une méthode plutôt que l'autre? Expliquez votre réponse.
   c) Malgré ses défauts dans certains contextes, pourquoi la plupart des gestionnaires financiers se servent-ils du TRI en même temps que de la VAN pour évaluer des projets? Pouvez-vous imaginer une situation dans laquelle le TRI constituerait une mesure plus appropriée que la VAN? Expliquez votre réponse.

8. L'indice de rentabilité
   a) Décrivez comment calculer l'indice de rentabilité. Précisez les renseignements que cette mesure fournit concernant une succession de flux monétaires à venir. Quelle règle régit le critère de l'indice de rentabilité en matière de décisions?
   b) Quelle est la relation entre l'indice de rentabilité et la VAN? Existe-t-il des situations où il serait préférable d'utiliser une méthode plutôt que l'autre? Expliquez votre réponse.

9. Un projet se caractérise par des flux monétaires perpétuels de F par période, un coût de I et un rendement exigé de R. Quelle est la relation entre le délai de récupération du projet et son taux de rendement interne? Qu'indique votre réponse au sujet des projets de longue durée qui devraient produire des flux monétaires relativement constants?

10. En 1996, Fuji Film, le fabricant japonais de pellicule photographique et d'autres produits similaires, a installé une usine en Caroline du Sud. L'entreprise semble avoir cru qu'elle pourrait plus facilement concurrencer ses rivales et augmenter sa valeur en s'implantant aux États-Unis. D'autres entreprises comme BMW et Mercedes-Benz en sont venues aux mêmes conclusions et ont pris des mesures semblables. Pour quelles raisons, entre autres, des fabricants étrangers de produits aussi différents que de la pellicule photographique et des automobiles de luxe en arrivent-ils à cette même conclusion?

11. Nommez quelques-unes des difficultés que pourrait entraîner l'application des différents critères dont il a été question dans ce chapitre. Quel critère serait le plus facile à appliquer dans le cas de situations concrètes ? et le plus difficile ?

12. Les critères de choix des investissements dont il a été question dans ce chapitre s'appliquent-ils aux sociétés à but non lucratif ? Comment ces sociétés devraient-elles prendre des décisions concernant le choix des investissements ? Les différents ordres de gouvernement (fédéral, provincial et municipal) devraient-ils évaluer leurs plans de dépenses à l'aide de ces techniques ?

Questions et problèmes

Notions de base (questions 1 à 17)

1. Le calcul du délai de récupération Quel est le délai de récupération pour l'ensemble des flux monétaires suivants ?

Année	Flux monétaires
0	−4 400 $
1	900
2	2 500
3	3 800
4	1 700

2. Le calcul du délai de récupération Un projet d'investissement doit entraîner des rentrées de fonds de 780 $ par année pendant huit ans. Quel est son délai de récupération si le coût initial est de 3 000 $? s'il est de 5 000 $? s'il est de 7 000 $?

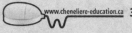

3. Le calcul du délai de récupération L'entreprise Latulipe inc. exige une période de récupération limite de trois ans pour ses projets d'investissements internationaux. On lui soumet les deux projets décrits ci-après. Devrait-elle accepter l'un ou l'autre ?

Année	Flux monétaires (projet A)	Flux monétaires (projet B)
0	−40 000 $	−60 000 $
1	25 000	8 000
2	10 000	20 000
3	10 000	30 000
4	5 000	426 000

4. Le calcul du délai de récupération actualisé Un projet d'investissement apporte des rentrées de fonds annuelles de 7 000 $, de 7 500 $, de 8 000 $ et de 8 500 $ ainsi qu'un taux d'actualisation de 12 %. Quel est le délai de récupération actualisé de ces flux monétaires si le coût initial est de 8 000 $? s'il est de 13 000 $? s'il est de 18 000 $?

5. Le calcul du délai de récupération actualisé Un projet d'investissement coûte 8 000 $ et devrait rapporter des flux monétaires annuels de 1 700 $ pendant six ans. Quel est le délai de récupération actualisé si le taux d'actualisation est de 0 % ? s'il est de 5 % ? s'il est de 15 % ?

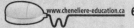

6. Le calcul du TRI Une entreprise évalue tous les projets qui lui sont soumis en appliquant la méthode du TRI. Si la rentabilité minimale exigible est de 18 %, devrait-elle accepter le projet suivant ?

Année	Flux monétaires
0	−30 000 $
1	19 000
2	9 000
3	14 000

7. Le calcul de la VAN Reprenez les flux monétaires du problème précédent. Supposons que l'entreprise se base sur le critère de la VAN pour prendre une décision. Si la rentabilité minimale exigible est de 11 %, l'entreprise devrait-elle accepter ce projet ? si elle est de 21 % ?

8. Le calcul de la VAN et du TRI Un projet doit générer des flux monétaires annuels de 1 200 $ par année pendant neuf ans et coûte aujourd'hui 6 000 $. S'agit-il d'un projet d'investissement intéressant si le taux de rentabilité minimale exigible est de 8 % ? s'il est de 24 % ? À quel taux d'actualisation pourrait-on également accepter ou refuser ce projet ?

9. Le calcul du TRI Quel est le TRI de l'ensemble de flux monétaires suivant ?

Année	Flux monétaires
0	−4 000 $
1	1 500
2	2 100
3	2 900

Notions de base (suite)

www.cheneliere-education.ca

10. Le calcul de la VAN Déterminez la VAN des flux monétaires du problème précédent avec un taux d'actualisation de 0 %, puis avec un taux d'actualisation de 10 % ; de 20 ; de 30 %.

11. La comparaison entre la VAN et le TRI La société Trizec-Hanh a le choix entre les deux projets mutuellement exclusifs suivants :

Année	Flux monétaires (projet A)	Flux monétaires (projet B)
0	–17 000 $	–17 000 $
1	8 000	2 000
2	7 000	5 000
3	5 000	9 000
4	3 000	9 500

a) Quel est le TRI de chacun de ces projets ? D'après le critère du TRI, lequel des deux projets l'entreprise devrait-elle accepter ? Cette décision est-elle nécessairement bonne ?

b) Pour une rentabilité minimale exigible de 11 %, quelle est la VAN de chacun de ces projets ? Si on applique le critère de la VAN, lequel de ces deux projets devrait-on accepter ?

c) Entre quels taux d'actualisation maximal et minimal choisiriez-vous le projet A ? le projet B ? Avec quel taux d'actualisation pourriez-vous choisir indifféremment l'un ou l'autre projet ?

12. La comparaison entre la VAN et le TRI Considérez les deux projets mutuellement exclusifs suivants :

Année	Flux monétaires (projet X)	Flux monétaires (projet Y)
0	–4 000 $	–4 000 $
1	2 500	1 500
2	1 500	2 000
3	1 800	2 600

Tracez les profils de la VAN des projets X et Y avec des taux d'actualisation variant entre 0 et 25 %. Quel est le taux correspondant au point d'intersection des courbes des deux projets ?

13. Les problèmes inhérents au TRI La pétrolière Gascogne inc. tente d'évaluer un projet de production susceptible de générer les flux monétaires suivants :

Année	Flux monétaires
0	–28 000 000 $
1	53 000 000
2	–8 000 000

a) Si l'entreprise exige un rendement de 10 % sur ses investissements, devrait-elle accepter ce projet ? Pourquoi ?

b) Calculez le TRI de ce projet. Combien y en a-t-il ? Si on applique la méthode du TRI, doit-on accepter ou refuser ce projet ? Que se passe-t-il en réalité ?

www.cheneliere-education.ca

14. Le calcul de l'indice de rentabilité Quel est l'indice de rentabilité de l'ensemble des flux monétaires suivants si le taux d'actualisation qui s'impose est de 10 % ? s'il est de 15 % ? s'il est de 22 % ?

Année	Flux monétaires
0	–1 600 $
1	1 200
2	550
3	310

15. Les problèmes inhérents à l'indice de rentabilité La société Zutgraphe inc. voudrait choisir le meilleur des deux projets de design mutuellement exclusifs qui sont présentés ici.

Année	Flux monétaires (projet 1)	Flux monétaires (projet 2)
0	–20 000 $	–3 000 $
1	10 000	2 500
2	10 000	2 500
3	10 000	2 500

a) Si le taux de rentabilité minimale exigible est de 9 % et que l'entreprise applique le critère de l'indice de rentabilité, lequel des deux projets devrait-elle accepter ?

b) D'après le critère de la VAN, quel projet l'entreprise devrait-elle accepter ?

c) Expliquez pourquoi vos réponses en a) et en b) sont différentes.

16. La comparaison des critères d'investissement Examinez les deux projets mutuellement exclusifs suivants :

Année	Flux monétaires (projet A)	Flux monétaires (projet B)
0	−170 000 $	−18 000 $
1	10 000	10 000
2	25 000	6 000
3	25 000	10 000
4	380 000	8 000

Quel que soit le projet choisi, s'il y en a un, il doit satisfaire à la condition d'un taux de rendement de 15 % sur les investissements.

a) D'après le critère du délai de récupération, lequel des investissements faut-il choisir ? Pourquoi ?

b) D'après le critère du délai de récupération actualisé, lequel des investissements faut-il choisir ? Pourquoi ?

c) D'après le critère de la VAN, quel investissement faut-il choisir ? Pourquoi ?

d) D'après le critère du taux de rendement interne, lequel des investissements faut-il choisir ? Pourquoi ?

e) D'après le critère de l'indice de rentabilité, lequel des investissements faut-il choisir ? Pourquoi ?

f) En vous basant sur vos réponses de a) à e), quel projet choisiriez-vous ? Pourquoi ?

17. La VAN et les taux d'actualisation Un investissement a un coût d'installation de 412 670 $. Pour les quatre années de la durée de cet investissement, on prévoit des flux monétaires de 212 817 $, de 153 408 $, de 102 389 $ et de 72 308 $. Si le taux d'actualisation est nul, quelle est la VAN ? Si le taux d'actualisation est l'infini, quelle est la VAN ? À quel taux d'actualisation la VAN est-elle égale à zéro ? Tracez le profil de la VAN de cet investissement à partir de ces trois points.

Notions intermédiaires (questions 18 et 19)

18. La VAN et l'indice de rentabilité Si on définit l'indice de la VAN comme étant le rapport entre la VAN et le coût, quelle est la relation entre cet indice et l'indice de rentabilité ?

19. L'intuition en matière de flux monétaires Un projet, d'un coût initial de I, a un taux de rentabilité minimale exigible r et rapporte un montant C annuellement pendant N années.

a) Déterminez C en fonction de I et de N, de sorte que le délai de récupération de ce projet soit exactement égal à sa durée.

b) Déterminez C en fonction de I, de N et de r, de sorte que ce projet soit rentable d'après le critère de la VAN.

c) Déterminez C en fonction de I, de N et de r, de sorte que ce projet ait un indice de rentabilité de 2.

Problèmes complexes (20 à 23)

20. Le délai de récupération et la VAN Un investissement à l'étude a un délai de récupération de sept ans et coûterait 320 000 $. Si la rentabilité minimale exigible est de 12 %, quelle est la VAN du pire scénario ? Quelle est la VAN du meilleur scénario ? Expliquez vos réponses.

21. Les taux de rendement interne multiples Ce problème permet de vérifier la capacité des calculatrices et des logiciels de finance. Examinez les flux monétaires suivants. Combien y a-t-il de TRI différents ? [Indice : Cherchez entre 20 et 70 %.] Dans quelles circonstances devrait-on accepter ce projet ?

Année	Flux monétaires
0	−504 $
1	2 862
2	−6 070
3	5 700
4	−2 000

22. L'évaluation de la VAN La société Pieds-de-vent souhaite mettre sur pied une entreprise de cimetières privés. Selon son gestionnaire financier, M. Yvon Creuzé, ce domaine est en pleine expansion. En effet, un tel projet entraînerait des rentrées de fonds nettes atteignant 40 000 $ au cours de la première année, et on prévoit que les flux monétaires devraient s'accroître de 7 % par année jusqu'à la fin des temps. Le projet requiert toutefois un investissement initial de 650 000 $.

a) Si la société Pieds-de-vent exige un rendement de 14 % pour les projets de ce type, devrait-elle se lancer dans une telle entreprise ?

b) Cette société n'est pas totalement certaine de son hypothèse d'un taux de croissance de 7 % des flux monétaires. À quel taux de croissance constant atteindrait-elle son seuil de rentabilité si elle continuait d'exiger un rendement de 14 % sur son investissement ?

23. Le choix de projets et l'intuition en matière de VAN La société de forage Megatlantic a obtenu un contrat pour construire un tunnel qui relierait Terre-Neuve au Labrador. D'après ce contrat, le tunnel doit être terminé en trois ans, et la mise de fonds annuelle en espèces se chiffre à 320 millions de dollars à la fin de la première et de la deuxième année. À la fin de la troisième année, le gouvernement versera à Megatlantic la somme de 832 millions de dollars. L'entreprise peut, si elle le désire, se prévaloir de l'option suivante : construire le tunnel en deux ans et confier en sous-traitance une partie du travail à un organisme commandité par les gouvernements en vue de créer de l'emploi dans la région. Conformément aux dispositions de cette option, l'entreprise verserait 704 millions de dollars en espèces à la fin de la première année et recevrait 832 millions de dollars à la fin de la deuxième année.

a) Si le coût du capital de l'entreprise est de 13 %, devrait-elle confier du travail en sous-traitance ?

b) Supposons que l'entreprise ne peut estimer son coût du capital qu'à l'intérieur de certaines limites. Entre quels taux d'actualisation maximal et minimal la sous-traitance devient-elle rentable ?

Mini étude de cas

Pierre Carlos, le directeur financier de Câblotron Canada Ltée (CCL), examine deux projets d'investissement destinés à remédier à l'incapacité actuelle de l'entreprise à répondre à la demande croissante de la clientèle. Le projet « Réaménagement » consiste essentiellement à améliorer la technologie de transmission afin que le réseau de câblodistribution déjà existant de CCL puisse diffuser un plus grand nombre d'émissions. En raison de l'usure progressive du réseau, les augmentations de coûts à venir entraîneront une diminution des flux monétaires pendant les quatre années que durera le projet. Par contre, le projet « Technologie de pointe » vise à améliorer le réseau de câblodistribution pour augmenter la capacité de l'entreprise au-delà des besoins immédiats anticipés. Il devrait entraîner une augmentation des flux monétaires dans le temps à mesure que la demande s'adaptera aux capacités accrues du réseau. Comme le précédent, ce projet durera quatre ans parce que le directeur financier prévoit l'apparition d'une nouvelle génération de produits technologiques à la fin de cette période.

Les estimations suivantes comprennent tous les éléments de flux monétaires exprimés en millions de dollars.

Année	Projet « Technologie de pointe »	Projet « Réaménagement »
0	(75 $)	(75 $)
1	6	49,5
2	50	37,5
3	61,5	15
4	87,5	4

Après avoir analysé les deux projets, l'équipe de Pierre Carlos a déterminé que, dans chaque cas, le niveau de risque est similaire à celui des activités courantes de l'entreprise. Par conséquent, tous deux se sont vu attribuer un coût du capital (ou taux d'actualisation) de 11 %.

À titre d'adjoint de Pierre Carlos, vous devez effectuer l'analyse du choix des investissements et rédiger une note de service. Celle-ci est destinée au conseil d'administration et doit être approuvée par M. Carlos. Lors de la préparation de cette note, n'oubliez pas de traiter des sujets suivants :

a) Énoncez le raisonnement sur lequel vous basez le choix des investissements. Expliquez aussi la façon dont ce choix est lié à l'objectif du gestionnaire financier, qui est de maximiser l'avoir des actionnaires.

b) Ces projets sont-ils indépendants ou mutuellement exclusifs ? En quoi votre réponse à cette question influe-t-elle sur votre analyse ?

c) Calculez le délai de récupération de chaque projet. Lequel est le plus avantageux d'après cette méthode ? Indiquez les avantages et les inconvénients du critère du délai de récupération dans le cas présent.

d) Analysez maintenant les deux projets à l'aide du critère de la VAN. En fonction de cette méthode, quel devrait être le choix de l'entreprise ?

e) Analysez les deux projets à l'aide de la méthode du TRI. En fonction de cette méthode, à quel projet l'entreprise devrait-elle accorder la préférence ?

f) Les méthodes de la VAN et du TRI permettent-elles de faire les mêmes recommandations dans le cas présent ? Servez-vous des analyses de la VAN des deux projets pour déterminer si ces deux méthodes se contredisent parfois par rapport à l'un ou l'autre projet. Comment pourriez-vous résoudre un tel conflit, le cas échéant ?

g) Quelle est votre recommandation au conseil d'administration ? Justifiez votre position.

QUESTIONS SUR DES APPLICATIONS INTERNET

Lectures suggérées

Pour une analyse des techniques de choix des investissements employées par les grandes entreprises canadiennes, vous pouvez consulter les ouvrages suivants :

JOG, V. M. et A. K. SRIVASTAVA. « Corporate Financial Decision Making in Canada », *Canadian Journal of Administrative Sciences*, 11 juin 1994, p. 156-176.

McCALLUM, J. S. « Using Net Present Value in Capital Budgeting », *Business Quarterly*, été 1992, p. 66-70.

SHAHID, A. *The Capital Budgeting Process*, 1re édition, New York, New York, Irwin McGraw-Hill, 2000.

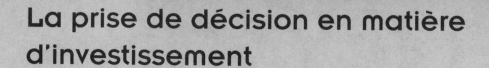

CHAPITRE 10

La prise de décision en matière d'investissement

À l'automne 1996, Ford lançait l'Expédition, un gros véhicule à la fois sport et utilitaire destiné à concurrencer le Suburban, le Yukon et le Tahoe de General Motors. Jusque-là, GM régnait en maître sur ce marché, vendant plus de 250 000 unités de ces modèles en 1995. Deux facteurs ont incité la société Ford à tenter l'aventure : d'une part, l'incapacité de GM à satisfaire à la demande et, d'autre part, les profits de 10 000 $ empochés par sa rivale sur chacun de ces mastodontes.

Ford s'attend à vendre 130 000 Expédition par année. Toutefois, certains analystes contestent le bien-fondé de sa décision. Ils doutent du potentiel de croissance de ce segment du marché et se préoccupent de l'importance d'économiser l'essence. D'autres craignent que l'Expédition ne nuise aux ventes d'un modèle plus petit, l'Explorer. Comment une société telle Ford prend-elle une décision de ce type ? Avec beaucoup de circonspection, bien sûr ! Dans le présent chapitre, nous allons démontrer qu'un grand nombre de questions doivent être prises en considération.

Jusqu'ici, nous avons étudié divers aspects de la décision en matière de choix des investissements. Dans ce chapitre, nous commencerons à rassembler les pièces du casse-tête. Nous allons voir plus particulièrement comment «décortiquer les chiffres» concernant une proposition d'investissement ou un projet, puis, à partir de ces chiffres, comment effectuer une première évaluation pour déterminer si un projet vaut la peine d'être réalisé.

Dans les paragraphes qui suivent, nous concentrerons notre attention sur la façon d'élaborer une analyse des flux monétaires actualisés. Nous avons découvert, dans le chapitre précédent, que les flux monétaires projetés constituent l'élément essentiel d'une telle évaluation. Nous allons maintenant voir comment procéder pour obtenir ces chiffres à l'aide des renseignements financiers et comptables disponibles.

Lors de l'évaluation d'un investissement projeté, il est essentiel de déterminer quels renseignements sont pertinents quant à la décision à prendre et lesquels ne le sont pas. Comme nous allons le voir, il est facile de négliger des pièces importantes du casse-tête que constitue le choix des investissements.

Nous réservons au prochain chapitre l'examen détaillé des façons d'évaluer les résultats de notre analyse des flux monétaires actualisés. Notons aussi que, lorsque c'est nécessaire, nous supposons que le taux de rentabilité minimale exigible ou le taux d'actualisation pertinent est connu. Nous y reviendrons à la partie V.

10.1 Les flux monétaires d'un projet — un aperçu

La décision de réaliser un projet a pour effet de modifier l'ensemble des flux monétaires actuels et futurs d'une entreprise. Lors de l'évaluation d'un investissement projeté, il faut considérer ces modifications et décider si, oui ou non, elles ajoutent de la valeur à l'entreprise. La démarche la plus importante consiste donc à décider quels flux monétaires sont pertinents et lesquels ne le sont pas.

Les flux monétaires pertinents

Qu'est-ce qu'un flux monétaire pertinent pour un projet? En principe, il s'agit d'une notion relativement simple. Un flux monétaire pertinent pour un projet est une variation dans l'ensemble des flux monétaires à venir de l'entreprise qui découle directement de la décision de réaliser ce projet. Comme les flux monétaires pertinents sont définis en fonction de variations ou d'augmentations de flux monétaires existants, ils portent le nom de **flux monétaires différentiels** associés à un projet.

La notion de flux monétaire différentiel joue un rôle fondamental dans notre analyse. Par conséquent, voici une définition générale à laquelle il vous sera toujours possible de vous référer.

> Dans l'optique de l'évaluation d'un projet, les flux monétaires différentiels sont constitués de toutes les variations des flux monétaires à venir de l'entreprise qui découlent directement de l'acceptation du projet.

Cette définition a un corollaire évident et important. Tout flux monétaire qui existe indépendamment de la réalisation ou de l'abandon du projet n'est pas pertinent.

Le principe de la valeur intrinsèque

En pratique, il serait fastidieux de calculer le total des flux monétaires à venir de l'entreprise, qu'un projet soit réalisé ou non, en particulier dans le cas des grandes entreprises. Fort heureusement, ce n'est pas vraiment nécessaire. Lorsqu'on a découvert les effets de la mise en œuvre du projet proposé sur les flux monétaires de l'entreprise, il faut concentrer son attention uniquement sur les flux monétaires différentiels associés au projet. C'est ce qu'on appelle le **principe de la valeur intrinsèque**.

D'après ce principe, dès qu'on a déterminé les flux monétaires différentiels découlant de la mise en application d'un projet, on peut considérer ce projet comme une sorte d'entreprise en miniature, qui comporte ses propres bénéfices et ses coûts à venir, son propre actif et, bien sûr, ses propres flux monétaires. On s'intéresse donc surtout à la comparaison entre les flux monétaires de cette entreprise en miniature et le coût de son acquisition. Une des conséquences importantes de cette méthode est qu'on évalue le projet proposé uniquement d'après sa valeur intrinsèque, sans se préoccuper d'autres activités ou projets, quels qu'ils soient.

Questions théoriques

1. Quels sont les flux monétaires différentiels pertinents lors de l'évaluation d'un projet?
2. Qu'entend-on par «principe de la valeur intrinsèque»?

10.2 Les flux monétaires différentiels

Nous ne nous intéressons ici qu'aux flux monétaires qui ont un effet différentiel sur un projet. Lorsqu'on se réfère à la définition générale, il semble facile de déterminer si un flux monétaire est différentiel ou non. Pourtant, comme il est possible de se tromper dans certaines situations, nous allons examiner quelques méprises courantes et les façons de les éviter.

Les coûts irrécupérables

Un **coût irrécupérable** est, par définition, un coût déjà payé ou qu'on s'est engagé à payer. La décision d'accepter ou de refuser un projet ne fait aucunement varier ce type de coût. Autrement dit, l'entreprise devra le payer, quoi qu'il arrive. D'après notre définition générale des flux monétaires, il est clair qu'un tel coût n'est pas pertinent au regard de la décision à prendre. Il faut donc l'exclure de l'analyse.

Flux monétaires différentiels

Différence entre les flux monétaires à venir d'une entreprise selon qu'elle accepte ou rejette un projet. On dit aussi «flux monétaires marginaux».

Principe de la valeur intrinsèque

Évaluation d'un projet d'après ses flux monétaires différentiels.

Coût irrécupérable

Coût déjà engagé qui ne peut être récupéré et qui, par conséquent, ne doit pas entrer en ligne de compte dans une décision d'investissement.

Ce qui a été dit jusqu'ici semble démontrer qu'un coût irrécupérable n'est pas pertinent. Néanmoins, il est facile de se tromper. Supposons que la société Quatre épaules ltée fait appel à un conseiller financier pour déterminer si elle doit ou non se lancer dans la confection d'une gamme de liqueurs à base de sirop d'érable. Lorsque le conseiller présente son rapport, l'entreprise lui reproche de ne pas avoir tenu compte de sa propre rémunération (qui est de taille) dans le coût du projet.

Qui a raison? On sait maintenant que des frais de consultation représentent un coût irrécupérable, car ils doivent être payés, que le produit soit fabriqué ou non (c'est un des côtés intéressants de la profession de conseiller!).

Les coûts indirects (l'*overhead*, dans la langue de Shakespeare) sont un autre exemple, plus subtil que le premier, de coûts parfois irrécupérables. Supposons que Quatre épaules ltée envisage de construire un nouvel entrepôt qui servirait au vieillissement de la liqueur au sirop d'érable. Devrait-on imputer une partie des coûts indirects au projet d'entrepôt? Si ces coûts sont vraiment irrécupérables et indépendants du projet, la réponse est non. Les coûts de l'entretien d'un avion d'affaires pour les dirigeants de l'entreprise constituent un exemple de ce type de coûts indirects. Par contre, si le nouvel entrepôt requiert des services de comptabilité, de supervision ou des démarches juridiques supplémentaires, ces coûts devraient être intégrés à l'analyse du projet.

Les coûts de renonciation

Lorsqu'on parle de coûts, on pense généralement à des charges décaissées, c'est-à-dire à tout ce qui nécessite le débours d'une certaine somme d'argent. Le **coût de renonciation** a un sens légèrement différent; il signifie qu'on renonce à un profit. C'est une situation courante lorsqu'une division d'une entreprise possède déjà certains éléments d'actif dont un projet à l'étude prévoit l'utilisation dans une autre division. Par exemple, vous pourriez envisager de transformer un ancien moulin à eau, acheté des années auparavant pour 100 000 $, en un immeuble en copropriété de luxe.

Si vous entreprenez ce projet, il n'y aura aucune sortie de fonds directe associée à l'achat du moulin à eau puisque vous le possédez déjà. Pour évaluer ce projet de copropriété, devriez-vous alors considérer que le moulin à eau est gratuit? Non! Celui-ci constitue une ressource de valeur utilisée dans le projet. Si vous décidiez de ne pas le transformer en copropriété, vous pourriez en faire autre chose, par exemple, à la limite, le revendre. Par conséquent, l'utilisation de ce moulin à eau dans le projet de copropriété entraîne un coût de renonciation. Vous renoncez à une possibilité intéressante pour en faire quelque chose d'autre.

Par ailleurs, lorsqu'on a admis que l'utilisation du moulin à eau entraîne un coût de renonciation, quelle valeur faut-il lui donner lors de l'analyse des coûts du projet? Faut-il inscrire 100 000 $, c'est-à-dire le prix de l'acquisition du moulin à eau? Non. Et la raison est liée à la discussion sur les coûts irrécupérables.

Le fait d'avoir payé 100 000 $ il y a quelques années n'est pas pertinent. C'est un coût irrécupérable. Le coût de renonciation minimal imputable au projet correspond au prix de vente du moulin à eau aujourd'hui (en soustrayant les coûts de vente), car c'est le montant auquel vous renoncez en l'utilisant plutôt que de le vendre[1].

Les effets secondaires

Rappelez-vous que les flux monétaires différentiels d'un projet englobent toutes les variations des flux monétaires escomptés de l'entreprise. Il n'est pas rare qu'un projet ait des effets secondaires ou d'entraînement bons ou mauvais. Par exemple, si Ballard Motors Works (BMW) lance une nouvelle voiture propulsée à l'hydrogène, il est possible qu'une partie des ventes se fasse au détriment d'autres véhicules de la même entreprise. Ce phénomène porte le nom d'**érosion** et pourrait s'observer chez n'importe quel producteur ou vendeur de différentes gammes de produits de

---

1 Pour les économistes (qui emploient, à la blague, l'acronyme TANSTAAFL pour *there ain't no such thing as a free lunch*), il n'y a presque jamais rien de vraiment gratuit. En outre, si l'actif en question est unique, le coût de renonciation pourrait être encore plus élevé, car il pourrait être utilisé dans d'autres projets valables. Toutefois, s'il s'agit d'un actif qui s'achète et se vend facilement (une voiture d'occasion, par exemple) le coût de renonciation correspond toujours au prix courant du marché parce que c'est le montant à payer pour en acheter un autre.

grande consommation. Dans le présent cas, les flux monétaires provenant de la nouvelle gamme de produits devraient être rajustés à la baisse pour refléter les flux monétaires perdus par les autres gammes de produits.

Lorsqu'on prend en considération l'érosion, il est important de reconnaître que toute vente perdue à cause du lancement d'un nouveau produit pourrait très bien l'être à cause de la concurrence à venir. L'érosion n'est un facteur pertinent que lorsque les ventes ne pourraient pas être perdues autrement.

Le fonds de roulement

Normalement, pour réaliser un projet, une entreprise doit investir dans un fonds de roulement ainsi que dans un actif à long terme. Par exemple, elle doit disposer d'une certaine somme d'argent en caisse pour payer toute dépense qu'entraînera ce projet. Elle doit aussi effectuer un investissement initial dans les stocks et les comptes clients (pour couvrir les ventes à crédit). Une partie de ce financement prend la forme de montants dus aux fournisseurs (les comptes fournisseurs), mais l'entreprise doit fournir le reste, c'est-à-dire l'investissement en fonds de roulement.

On néglige souvent un aspect important du fonds de roulement au moment du choix des investissements. Lorsqu'un projet tire à sa fin, on vend les stocks, on recouvre les comptes clients, on paie les factures et on peut récupérer le solde de trésorerie. Ces activités libèrent le fonds de roulement investi au départ. On peut donc dire que l'investissement d'une entreprise dans le fonds de roulement d'un projet ressemble beaucoup à un prêt. L'entreprise fournit le fonds de roulement au départ et le récupère à la fin.

Les coûts de financement

En faisant l'analyse d'une proposition d'investissement, on ne considère pas les intérêts versés ou tout coût de financement comme le versement des dividendes ou le remboursement d'un capital parce qu'on s'intéresse principalement aux flux monétaires générés par l'actif associé au projet. Comme on l'a vu au chapitre 2, les intérêts versés, par exemple, font partie des flux monétaires affectés aux créanciers et non de ceux provenant de l'actif.

De façon générale, lorsqu'on évalue un projet, l'objectif consiste à comparer les flux monétaires qu'il génère à ses coûts d'acquisition pour estimer sa valeur actualisée nette. La combinaison de dettes et d'actions que l'entreprise choisit d'employer pour financer un projet est une variable de gestion et détermine d'abord et avant tout comment les flux monétaires du projet seront répartis entre les propriétaires et les créanciers. Cela ne veut pas dire que les arrangements financiers n'ont aucune importance, mais ils doivent être analysés séparément. Il en sera question dans des chapitres ultérieurs.

L'inflation

Comme les projets qui requièrent un investissement en capital sont généralement de longue durée, il y aura probablement inflation ou déflation des prix pendant la vie du projet. Il est très possible que les effets de l'inflation s'annulent — autrement dit, les fluctuations de prix touchent tous les flux monétaires également — et que le taux de rentabilité minimale exigible varie aussi exactement avec l'inflation. Toutefois, comme cette hypothèse est peu vraisemblable, on examinera brièvement comment tenir compte de l'inflation.

Comme on l'a vu plus en détail au chapitre 7, les investisseurs anticipent l'inflation et ils intègrent leurs prévisions au taux d'actualisation pour se protéger de ce phénomène. Les taux, qui incluent une prime d'inflation, portent le nom de «taux nominaux». Au Brésil, par exemple, où le taux d'inflation est très élevé, les taux d'actualisation sont de beaucoup supérieurs à ceux du Canada.

Du fait que les taux nominaux comprennent un rajustement pour l'inflation anticipée, les estimations de flux monétaires doivent aussi tenir compte de l'inflation[2]. Le fait de ne pas tenir compte de l'inflation en procédant à l'estimation des rentrées de fonds entraînerait un rejet quasi systématique des projets lors du choix des investissements. En examinant en détail des

---

2 Au chapitre 7, on a expliqué comment calculer les taux d'actualisation réels. En finance et en économie, le terme «réel» signifie «rajusté à l'inflation», c'est-à-dire sans prime d'inflation. Une méthode moins couramment utilisée consiste à se servir des taux d'actualisation réels pour actualiser les flux monétaires réels.

exemples de choix d'investissement, on commentera les façons d'effectuer des rajustements par rapport à l'inflation. L'annexe 10 A approfondit la question des effets de l'inflation.

L'intervention gouvernementale

Au canada, il n'est pas rare que différents ordres de gouvernement adoptent des mesures incitatives pour favoriser certains types d'investissement de capitaux, par exemple des subventions, des crédits d'impôt à l'investissement, de meilleurs taux d'**amortissement du coût en capital** (**ACC**) et des prêts à taux bonifiés. Comme ces mesures modifient les flux monétaires d'un projet, il faut les inclure dans l'analyse du choix des investissements.

D'autres facteurs

Il faut aussi prendre en considération d'autres facteurs. Premièrement, on cherche à mesurer uniquement les flux monétaires, et ce, au moment précis où ils sont générés au sens propre et non au sens comptable du terme. Deuxièmement, on se concentre sur les flux monétaires après impôts, puisque les contributions fiscales sont sans contredit une sortie de fonds. En fait, chaque fois qu'on emploie l'expression «flux monétaires différentiels», cela signifie «flux monétaires différentiels après impôts». Rappelez-vous, toutefois, que les flux monétaires après impôts et les profits nets ou bénéfices nets comptables sont deux choses bien différentes.

Amortissement du coût en capital (ACC)

Méthode d'amortissement qui, en vertu de la loi fiscale canadienne, permet d'accélérer l'amortissement de la propriété en la classant dans diverses catégories. On dit aussi «amortissement fiscal».

Questions théoriques

1. Qu'est-ce qu'un coût irrécupérable ? Qu'est-ce qu'un coût de renonciation ?
2. Expliquez ce qu'est l'érosion et pourquoi l'étude d'un tel phénomène est pertinente dans le présent chapitre.
3. Expliquez pourquoi les intérêts versés ne constituent pas un flux monétaire pertinent au moment de l'évaluation d'un projet.
4. Expliquez comment l'inflation entre en ligne de compte dans le choix des investissements.

10.3 Les états financiers *pro forma* et les flux monétaires des projets

Lorsqu'on commence à évaluer une proposition d'investissement, on a besoin d'un ensemble d'états financiers *pro forma* ou projetés. À partir de ces documents, il est possible d'établir les flux monétaires que devrait générer le projet. Une fois ces flux monétaires déterminés, on peut estimer la valeur du projet en se servant des techniques décrites au chapitre précédent.

Aux fins du calcul des flux monétaires, on pose ici certaines hypothèses simplificatrices pour éviter de s'embourber dans des détails techniques dès le départ. On utilisera la méthode de l'amortissement linéaire plutôt que celle de l'amortissement fiscal. On supposera aussi qu'il est possible d'obtenir l'amortissement d'une année complète dès la première année. En outre, on construira un exemple de telle manière que la valeur marchande du projet soit égale à son coût d'acquisition comptable lorsqu'il est abandonné. On examinera plus loin des notions complexes qui s'appliquent aux situations réelles telles que l'amortissement du coût en capital et la valeur de récupération, dont il a été question au chapitre 2.

Les états financiers *pro forma*

États financiers *pro forma*

États financiers qui présentent des projections concernant les activités des années à venir.

Les états financiers *pro forma* sont des outils pratiques et faciles à comprendre lorsqu'il s'agit de résumer une grande partie des renseignements pertinents concernant un projet. Pour préparer ces documents, on a besoin d'estimations de certaines quantités telles que le nombre d'unités vendues, le prix de vente à l'unité, le coût unitaire variable et le total des coûts fixes. Il faut aussi connaître le total des investissements requis, y compris tout investissement en fonds de roulement.

À titre d'exemple, supposons qu'une entreprise croit pouvoir vendre 50 000 boîtes d'appâts à requins par année à 4,30 $ par unité. Chaque boîte coûte environ 2,50 $ à préparer, et un nouveau produit comme celui-là a une durée de vie d'environ trois ans (probablement parce que la clientèle diminue rapidement). La rentabilité minimale exigée par l'entreprise est de 20 % sur les nouveaux produits.

Les coûts fixes d'exploitation du projet, y compris des éléments comme le loyer de l'usine de production, s'élèveraient à 12 000 $ par année[3]. De plus, il faudrait investir un montant de 90 000 $ dans le matériel de production. Pour simplifier les choses, supposons que l'amortissement de cette somme sera linéaire (montants égaux) et de 100 % sur les trois ans que durera le projet[4]. Par ailleurs, le coût d'enlèvement du matériel, dans trois ans, sera à peu près égal à sa valeur actuelle, de sorte que sa valeur sur le marché serait, à toutes fins utiles, nulle. Enfin, l'investissement en fonds de roulement requis par ce projet est de 20 000 $ et restera constant tout au long de la durée du projet.

Le tableau 10.1 donne les projections initiales qui serviront à la préparation d'états des résultats *pro forma*.

Tableau 10.1 L'état des résultats anticipés pour le projet d'appâts à requins

Chiffre d'affaires (50 000 unités à 4,30 $ par unité)	215 000 $
Coûts variables (2,50 $ par unité)	125 000
	90 000 $
Coûts fixes	12 000 $
Amortissement (90 000 $/3)	30 000
BAII	48 000 $
Impôts de 40 %	19 200
Bénéfice net	28 800 $

Notons encore une fois que, conformément à la façon de procéder habituelle, on n'a soustrait aucune dépense d'intérêts. Comme on l'a dit précédemment, les intérêts versés constituent une charge financière et non une composante des flux monétaires d'exploitation.

On peut aussi établir, comme dans le tableau 10.2, une série de bilans abrégés qui montrent les besoins en capitaux de l'entreprise pour la réalisation du projet. On y inscrit le fonds de roulement de 20 000 $ pour chaque année. L'actif immobilisé s'élève à 90 000 $ au début du projet (l'année 0) et diminue de 30 000 $ (l'amortissement) chaque année pour atteindre finalement zéro. Fait à remarquer, l'investissement total indiqué ici pour les années à venir correspond à la valeur comptable totale et non à la valeur marchande.

Tableau 10.2 Les besoins en capitaux pour le projet d'appâts à requins

	Année			
	0	1	2	3
Fonds de roulement	20 000 $	20 000 $	20 000 $	20 000 $
Actif immobilisé net	90 000	60 000	30 000	0
Investissement total	110 000 $	80 000 $	50 000 $	20 000 $

À ce stade, il faut commencer à transformer ces renseignements comptables en flux monétaires. On verra comment procéder dans la prochaine section.

Les flux monétaires du projet

Pour établir les flux monétaires générés par un projet, il faut se rappeler que les flux monétaires provenant de l'actif se divisent en trois composantes : les flux monétaires provenant de (ou affectés à) l'exploitation, les dépenses d'investissement et les additions au fonds de roulement (voir

---

3 Les coûts fixes désignent ici une sortie de fonds qui se produit, quel que soit le volume des ventes. Il ne faut pas les confondre avec une quelconque charge de l'exercice.

4 On suppose aussi qu'il est possible de calculer l'amortissement d'une année complète dès la première année. Cette hypothèse irréaliste combinée à l'utilisation de la méthode de l'amortissement linéaire facilite notre exposé. On reviendra aux complications reliées à des situations réelles, tels l'amortissement fiscal et les impôts (dont il a été question au chapitre 2), plus loin dans ce chapitre.

le chapitre 2). Pour évaluer un projet (ou une entreprise en miniature), il faut estimer la valeur de chacune de ces composantes.

Lorsqu'on a des estimations des composantes du flux monétaire, on peut calculer le flux monétaire de l'entreprise en miniature, comme on l'a fait au chapitre 2 pour l'ensemble d'une entreprise :

Flux monétaire du projet = Flux monétaire provenant de l'exploitation
– Additions au fonds de roulement du projet
– Dépenses d'investissement pour le projet

On étudie maintenant ces composantes.

Le flux monétaire provenant de l'exploitation du projet Pour déterminer le flux monétaire associé à l'exploitation d'un projet, il faut se rappeler la définition de ce type de flux :

Flux monétaire provenant de l'exploitation = Bénéfice avant intérêts et impôts
+ Amortissement
– Impôts

Comme précédemment, on suppose qu'il n'y a pas d'intérêts débiteurs associés aux impôts dans cette équation. Pour illustrer le calcul du flux monétaire provenant de l'exploitation, on utilisera les renseignements sur le projet d'appâts à requins. Le tableau 10.3 présente un état des résultats destiné à faciliter les références.

Tableau 10.3 L'état des résultats anticipés pour le projet d'appâts à requins	
Chiffre d'affaires	215 000 $
Coûts variables	125 000
Coûts fixes	12 000
Amortissement	30 000
BAII	48 000 $
Impôts de 40 %	19 200
Bénéfice net	28 800 $

Lorsqu'on dispose de cet état des résultats, le calcul du flux monétaire provenant de l'exploitation est très simple. Comme le montre le tableau 10.4, le flux monétaire d'exploitation projeté dans ce cas s'élève à 58 800 $.

Tableau 10.4 Les flux monétaires anticipés provenant de l'exploitation dans le projet d'appâts à requins	
BAII	48 000 $
Amortissement	30 000
Impôts	–19 200
Flux monétaires provenant de l'exploitation	58 800 $

Le fonds de roulement et les dépenses d'investissement du projet Il faut ensuite tenir compte des besoins en matière d'actif immobilisé et de fonds de roulement. D'après les bilans précédents, l'entreprise doit dépenser au départ 90 000 $ pour l'acquisition d'actif immobilisé et investir 20 000 $ de plus en fonds de roulement. Par conséquent, la sortie de fonds immédiate se chiffre à 110 000 $. À la fin du projet, l'actif immobilisé sera sans valeur, mais l'entreprise récupérera le montant de 20 000 $ investi dans le fonds de roulement[5]. Il y aura donc une rentrée de fonds de 20 000 $ la dernière année.

D'un point de vue purement mécanique, on remarque que, chaque fois qu'il y a un investissement en fonds de roulement, cet investissement doit être récupéré plus tard. En d'autres mots, il faut que le même chiffre réapparaisse précédé d'un signe différent.

---

5 En réalité, l'entreprise récupérerait probablement un peu moins de 100 % de ce montant à cause de créances irrécouvrables, de pertes de stocks, etc. On pourrait, si on le voulait, supposer que l'entreprise récupère seulement 90 % du montant et effectuer les calculs à partir de ce pourcentage.

Le total des flux monétaires et la valeur du projet

À l'aide des renseignements qu'on a accumulés, on peut terminer l'analyse préliminaire des flux monétaires telle qu'elle a été présentée dans le tableau 10.5.

Tableau 10.5 Le total des flux monétaires anticipés pour le projet d'appâts à requins

	Année			
	0	1	2	3
Flux monétaire provenant de l'exploitation	0	58 800 $	58 800 $	58 800 $
Additions aux fonds de roulement	−20 000 $	0	0	20 000
Dépenses d'investissement	−90 000	0	0	0
Total des flux monétaires	−110 000 $	58 800 $	58 800 $	78 800 $
Flux monétaires actualisés	−110 000 $	49 000 $	40 833 $	45 602 $
Valeur nette actualisée	25 435 $			

Une fois les projections des flux monétaires établies, on est en mesure d'appliquer les différents critères étudiés au chapitre précédent. On peut d'abord calculer la valeur actualisée nette, lorsque la rentabilité minimale exigible est de 20 %. On a :

$$VAN = -110\,000\,\$ + 58\,800\,\$/1,2 + 58\,800\,\$/1,2^2 + 78\,800\,\$/1,2^3$$
$$= 25\,435\,\$$$

Par conséquent, d'après ces projections, le projet génère une valeur de plus de 25 000 $ et devrait être accepté. En outre, le rendement de cet investissement dépasse nettement les 20 % (puisque la VAN est positive à 20 %). Par tâtonnements, on peut déterminer que le taux de rendement interne (TRI) s'élève à environ 34 %.

On peut aussi calculer le délai de récupération et le taux de rendement comptable moyen, s'il y a lieu. En examinant les flux monétaires, on constate que le délai de récupération de ce projet est légèrement inférieur à deux ans (vérifiez s'il s'agit bien de 1,85 an[6]).

On a vu au chapitre précédent que le taux de rendement comptable moyen correspond au bénéfice net moyen divisé par la valeur comptable moyenne. Le bénéfice net s'élève à 28 800 $ chaque année. La moyenne (en milliers de dollars) des quatre valeurs comptables (voir le tableau 10.2) pour l'investissement total se chiffre à (110 $ + 80 $ + 50 $ + 20 $)/4 = 65 $, de sorte que le taux de rendement comptable moyen est 28 800 $/65 000 $ = 0,443 07 ou 44,31 %[7]. On a déjà constaté que le rendement de cet investissement (le taux de rendement interne) se situe à environ 34 %. Le fait que le taux de rendement comptable moyen soit supérieur à cette valeur démontre encore une fois pourquoi on ne peut logiquement interpréter ce taux comptable comme le rendement de l'investissement dans un projet.

Questions théoriques

1. Quelle est la définition du flux monétaire provenant de l'exploitation d'un projet ? En quoi se distingue-t-il du bénéfice net ?
2. Dans le projet d'appâts à requins, pourquoi a-t-on réservé l'addition des investissements en fonds de roulement pour la dernière année ?

---

6 On a ici fait preuve d'un peu d'incohérence. Lorsqu'on a calculé la VAN et le TRI, on a supposé que tous les flux monétaires étaient générés à la fin de l'année. Pour le calcul du délai de récupération, par contre, on a procédé comme si les flux monétaires se répartissaient de façon uniforme au cours de l'année.

7 La valeur comptable moyenne totale ne correspond pas au total initial de 110 000 $ divisé par 2. La raison en est que le fonds de roulement de 20 000 $ ne fait pas l'objet d'un amortissement. On pourrait calculer la valeur comptable moyenne de la façon suivante : (Valeur comptable au début du projet + Valeur comptable à la fin du projet)/2 = (110 000 $ + 20 000 $)/2 = 65 000 $.

10.4 Les flux monétaires : information supplémentaire

Dans cette section, nous allons examiner plus attentivement certains aspects des flux monétaires associés à des projets. Nous étudierons en particulier le fonds de roulement des projets de façon plus détaillée ainsi que les lois fiscales actuelles en matière d'amortissement. Nous analyserons enfin un exemple plus complexe de décision en matière de choix d'investissements.

Le fonds de roulement scruté à la loupe

Dans le calcul du flux monétaire provenant de l'exploitation, on n'a pas envisagé de façon explicite le fait que certaines ventes peuvent se faire à crédit. Il est possible aussi que l'entreprise n'ait pas payé tous les coûts inscrits. Dans un cas comme dans l'autre, le flux monétaire ne s'est pas encore matérialisé. On verra que ces situations potentielles ne posent aucun problème, à condition qu'on n'oublie pas de les inclure sous forme d'additions au fonds de roulement. Notre analyse vise à souligner l'importance et les effets d'une telle mesure.

Supposons que, au cours d'une année donnée de la durée du projet, on obtient l'état des résultats simplifié suivant :

Chiffre d'affaires	500 $
Coûts	310
Bénéfice net	190 $

Il n'y a aucun amortissement ni impôts. Il n'y a pas eu non plus d'acquisition d'actif immobilisé au cours de cette année. Enfin, pour illustrer notre propos, on suppose que les seules composantes du fonds de roulement sont les comptes clients et les comptes fournisseurs. Voici les montants de ces comptes en début et en fin d'exercice :

	Début de l'exercice	Fin de l'exercice	Variation
Comptes clients (+)	880 $	910 $	+30 $
Comptes fournisseurs (−)	550	605	+55
Fonds de roulement	330 $	305 $	−25 $

D'après ces renseignements, quel est le total des flux monétaires pour l'année ? Afin de répondre à cette question, on peut appliquer de façon mécanique les concepts étudiés jusqu'ici. Dans le cas présent, le flux monétaire provenant de l'exploitation est identique au bénéfice avant intérêts et impôts, puisqu'il n'y a ni impôts ni amortissement et que ce flux est égal à 190 $. De plus, le fonds de roulement a *diminué* de 25 $, de sorte que l'addition au fonds de roulement est négative. Ce résultat signifie simplement qu'une somme de 25 $ a été libérée au cours de l'année. Comme il n'y a eu aucune dépense d'investissement, le total des flux monétaires pour l'année s'exprime comme suit :

Total des flux monétaires = Flux monétaire provenant de l'exploitation − Additions au fonds de roulement − Dépenses en investissement

= 190 $ − (−25 $) − 0 $

= 215 $

On sait que ce total des flux monétaires, soit 215 $, représente les « rentrées en dollars » dont on a soustrait les « sorties en dollars » de l'année. On peut donc se poser deux autres questions. À combien se chiffrent les revenus encaissés en espèces au cours de cette année ? À combien s'élèvent les charges décaissées ?

Pour déterminer les produits d'exploitation en espèces, il faut examiner plus attentivement le fonds de roulement. Au cours de l'année, le chiffre d'affaires a atteint 500 $. Toutefois, les comptes clients ont augmenté de 30 $ au cours de la même période. Qu'est-ce que cela signifie ? L'augmentation de 30 $ indique que les ventes ont dépassé le recouvrement de 30 $. Autrement dit, l'entreprise n'a pas encore reçu le paiement de 30 $ sur les 500 $ de son chiffre d'affaires. Il en résulte que la rentrée de fonds est 500 $ − 30 $ = 470 $. En général, les revenus encaissés correspondent au chiffre d'affaires dont on soustrait l'augmentation des comptes clients.

On détermine les sorties de fonds de la même manière. Ainsi, dans l'état des résultats, les coûts s'élèvent à 310 $, mais les comptes fournisseurs ont augmenté de 55 $ au cours de l'année. Cette variation signifie que l'entreprise n'a pas encore payé 55 $ sur les 310 $. Par conséquent, les charges décaissées pendant cette période sont seulement 310 $ – 55 $ = 255 $. Autrement dit, dans ce cas, les charges décaissées de la période analysée correspondent aux coûts dont on a soustrait l'augmentation des comptes fournisseurs[8].

Si on regroupe ces renseignements, on constate qu'en soustrayant les sorties des rentrées de fonds, on a 470 $ – 255 $ = 215 $, c'est-à-dire le résultat obtenu précédemment. De fait :

$$\begin{aligned}
\text{Flux monétaire} &= \text{Rentrées de fonds} - \text{Sorties de fonds} \\
&= (500\$ - 30\$) - (310\$ - 55\$) \\
&= (500\$ - 310\$) - (30\$ - 55\$) \\
&= \text{Flux monétaire provenant de l'exploitation} - \text{Variation dans le fonds de roulement} \\
&= 190\$ - (-25\$) \\
&= 215\$
\end{aligned}$$

De façon générale, cet exemple montre que l'intégration des variations du fonds de roulement dans nos calculs a pour effet de compenser les écarts entre les ventes et les coûts comptables, d'une part, et les entrées et les sorties de fonds, d'autre part.

Exemple 10.1   Les entrées de fonds et les coûts

Pour l'année qui vient de se terminer, Frisson Hérisson Télestat ltée (FHT) annonce un chiffre d'affaires de 998 $ et des coûts de 734 $. Voici quelques renseignements de début et de fin d'exercice destinés au bilan :

	Début d'exercice	Fin d'exercice
Comptes clients	100 $	110 $
Stocks	100	80
Comptes fournisseurs	100	70
Fonds de roulement	100 $	120 $

D'après ces chiffres, à combien s'élèvent les rentrées de fonds ? les sorties de fonds ? Que leur est-il arrivé ? Quel est le flux monétaire net ?

Le chiffre d'affaires atteint 998 $, mais les comptes clients ont augmenté de 10 $. Par conséquent, l'entrée de fonds correspond à 10 $ de moins que le chiffre d'affaires, soit 988 $. Les coûts s'élèvent à 734 $, mais les stocks ont diminué de 20 $.

Une telle diminution signifie que l'équivalent de 20 $ de stocks n'a pas été remplacé, de sorte que les charges décaissées sont en fait surestimées de ce montant. En outre, les comptes fournisseurs ont diminué de 30 $, c'est-à-dire que, sur une base nette, l'entreprise a versé à ses fournisseurs la somme de 30 $ de plus que la valeur de ce qu'elle a reçu d'eux, de manière telle que les charges décaissées sont sous-estimées de 30 $. Compte tenu de ces variations, on obtient des charges décaissées de 734 $ – 20 $ + 30 $ = 744 $. Le flux monétaire net est 988 $ – 744 $ = 244 $.

Enfin, on remarque que le fonds de roulement s'est accru de 20 $ au total. On peut vérifier cette réponse en soustrayant du chiffre d'affaires comptable initial les coûts, soit 998 $ – 734 $ = 264 $. Si on tient compte du fait que FHT a dépensé 20 $ sur le fonds de roulement, le résultat en matière de flux monétaire est 264 $ – 20 $ = 244 $, comme précédemment.

L'amortissement fiscal ou l'amortissement du coût en capital

Comme on l'a dit précédemment, l'amortissement comptable est une déduction hors caisse. Il en résulte que l'amortissement a des conséquences sur les flux monétaires uniquement parce qu'il influe sur le montant de l'impôt à payer. La façon dont on le calcule en vue des impôts constitue donc une méthode pertinente dans le cas des décisions en matière d'investissements. Il a été question du système d'amortissement fiscal (ACC) de l'Agence des douanes et du revenu du Canada au chapitre 2. On utilise l'ACC dans l'exemple qui suit.

Un exemple : Les Engrais Majestic inc. (EMI)

À ce stade, on analyse un choix d'investissements un peu plus complexe. Rappelez-vous que la méthode de base employée ici est exactement la même que dans le cas des appâts à requins. On ne fait qu'ajouter des détails concrets (et un grand nombre de chiffres).

---

8 S'il y avait d'autres comptes, on pourrait être obligé d'effectuer d'autres rajustements. Par exemple, une augmentation nette des stocks constituerait une sortie de fonds.

EMI étudie la possibilité de produire une nouvelle gamme de compostières (ou bacs de compostage) électriques destinées au nombre sans cesse croissant d'amateurs de compostage domestique. En se basant sur des conversations exploratoires avec des acheteurs dans des centres de jardinage, l'entreprise prévoit vendre le nombre d'unités suivant :

Année	Nombre d'unités vendues
1	3 000
2	5 000
3	6 000
4	6 500
5	6 000
6	5 000
7	4 000
8	3 000

Au départ, la nouvelle compostière se vendrait 120 $ par unité. Lorsque ses concurrents rattraperont l'entreprise, soit après trois ans, celle-ci prévoit une baisse de prix à 110 $ par unité[9].

Ce projet requiert un fonds de roulement de départ de 20 000 $. Par la suite, le total du fonds de roulement à la fin de chaque année correspondrait à environ 15 % du chiffre d'affaires des 12 derniers mois. Le coût variable par unité est de 60 $, et le total des coûts fixes s'élève à 25 000 $ par année.

L'entreprise devra débourser environ 800 000 $ pour acheter le matériel nécessaire au démarrage de la production. Comme cet investissement sert principalement à acquérir du matériel d'usine, il entre dans la catégorie de biens n° 8, dont le taux d'amortissement du coût en capital est de 20 %[10]. Ce matériel aura une valeur d'environ 150 000 $ dans huit ans. Le taux d'imposition applicable est de 40 %, et la rentabilité minimale exigible est de 15 %. Compte tenu de ces renseignements, EMI devrait-elle entreprendre un tel projet ?

Les flux monétaires d'exploitation Dans cet exemple, une grande quantité de renseignements doivent être clarifiés. La première chose à faire est de calculer le chiffre d'affaires anticipé. Au cours de la première année, l'entreprise s'attend à vendre 3 000 compostières à 120 $ par unité pour un total de 360 000 $. Les autres chiffres apparaissent dans le tableau 10.6.

Il faut ensuite déterminer l'amortissement du coût en capital sur l'investissement de 800 000 $ (voir le tableau 10.7). En vertu de la règle de la demi-année (voir le chapitre 2), la fraction non amortie du coût en capital atteint seulement 400 000 $ pour la première année.

À l'aide de ces renseignements, il est possible d'établir un état des résultats *pro forma* comme celui du tableau 10.8.

Tableau 10.6 Le chiffre d'affaires anticipé pour le projet de vente des compostières

Année	Prix par unité	Nombre d'unités vendues	Chiffre d'affaires
1	120 $	3 000	360 000 $
2	120	5 000	600 000
3	120	6 000	720 000
4	110	6 500	715 000
5	110	6 000	660 000
6	110	5 000	550 000
7	110	4 000	440 000
8	110	3 000	330 000

---

9 Pour que ces prix soient cohérents, une estimation de l'inflation a été prise en considération.
10 Le chapitre 2 explique les catégories d'ACC.

À partir de là, le calcul des flux monétaires provenant de l'exploitation est simple. Les résultats apparaissent dans la première partie du tableau 10.9.

Tableau 10.7 L'amortissement fiscal annuel pour le projet de vente de compostières (catégorie 8, de 20 %)

Année	Fraction non amortie du coût en capital en début d'exercice	Amortissement fiscal	Fraction non amortie du coût en capital en fin d'exercice
1	400 000 $	80 000 $	320 000 $
2	720 000	144 000	576 000
3	576 000	115 200	460 800
4	460 800	92 160	368 640
5	368 640	73 728	294 912
6	294 912	58 982	235 930
7	235 930	47 186	188 744
8	188 744	37 749	150 995

Tableau 10.8 Les états des résultats anticipés pour le projet de vente de compostières

	1	2	3	4	5	6	7	8
Prix unitaire	120 $	120 $	120 $	110 $	110 $	110 $	110 $	110 $
Nombre d'unités vendues	3 000	5 000	6 000	6 500	6 000	5 000	4 000	3 000
Bénéfices	360 000 $	600 000 $	720 000 $	715 000 $	660 000 $	550 000 $	440 000 $	330 000 $
Coûts variables	180 000	300 000	360 000	390 000	360 000	300 000	240 000	180 000
Coûts fixes	25 000	25 000	25 000	25 000	25 000	25 000	25 000	25 000
ACC	80 000	144 000	115 200	92 160	73 728	58 982	47 186	37 749
BAII	75 000	131 000	219 800	207 840	201 272	166 018	127 814	87 251
Impôts	30 000	52 400	87 290	83 136	80 509	66 407	51 126	34 901
Bénéfice net	45 000 $	78 600 $	131 880 $	124 704 $	120 763 $	99 611 $	76 688 $	52 350 $

Tableau 10.9 Les flux monétaires anticipés pour le projet de vente de compostières

	Année								
	0	1	2	3	4	5	6	7	8
I. Flux monétaire provenant de l'exploitation									
BAII		75 000 $	131 000 $	219 800 $	207 840 $	201 272 $	166 018 $	127 814 $	87 251 $
ACC		80 000	144 000	115 200	92 160	73 728	58 982	47 186	37 749
Impôts		30 000	52 400	87 920	83 136	80 509	66 407	51 126	34 901
Flux monétaire provenant de l'exploitation		125 000 $	222 600 $	247 080 $	216 864 $	194 491 $	158 593 $	123 874 $	90 099 $
II. Fonds de roulement									
Fonds de roulement initial									
Augmentation du fonds de roulement	20 000 $	34 000 $	36 000 $	18 000 $	−750 $	−8 250 $	−16 500 $	−16 500 $	−16 500 $
Récupération du fonds de roulement									−49 500 $
Additions au fonds de roulement	20 000 $	34 000 $	36 000 $	18 000 $	−750 $	−8 250 $	−16 500 $	−16 500 $	−66 000 $
III. Dépenses d'investissement									
Mise de fonds initiale	800 000 $								
Récupération après impôts									−150 000 $
Dépenses d'investissement	800 000 $								−150 000 $

Les additions au fonds de roulement Après avoir calculé les flux monétaires provenant de l'exploitation, il reste à déterminer les additions au fonds de roulement. On suppose ici que les besoins en fonds de roulement varient en fonction du chiffre d'affaires. Chaque année, on fait des additions au fonds de roulement du projet ou on récupère une partie de ce montant. En se rappelant que le fonds de roulement s'élevait au départ à 20 000 $ et qu'il a augmenté pour atteindre 15 % du chiffre d'affaires, on obtient le montant de ce fonds pour chaque année, soit les résultats apparaissant au tableau 10.10.

Tableau 10.10 Les additions au fonds de roulement pour le projet de vente de compostières

Année	Bénéfices	Fonds de roulement	Augmentation
0		20 000 $	
1	360 000 $	54 000	34 000 $
2	600 000	90 000	36 000
3	720 000	108 000	18 000
4	715 000	107 250	−750
5	660 000	99 000	−8 250
6	550 000	82 500	−16 500
7	440 000	66 000	−16 500
8	330 000	49 500	−16 500

Au cours de la première année, le fonds de roulement passe de 20 000 $ à $0,15 \times 360\,000$ $ = 54 000 $. L'augmentation est donc 54 000 $ − 20 000 $ = 34 000 $. Les autres chiffres sont calculés de la même manière.

Fait à remarquer, dans le cas du fonds de roulement, une augmentation équivaut à une sortie de fonds, tandis qu'une diminution correspond à une rentrée de fonds. Autrement dit, le signe négatif des tableaux 10.9 et 10.10 indique que l'entreprise a récupéré une partie de ce fonds. Par exemple, la sixième année, l'entreprise récupère 16 500 $ en fonds de roulement. Pendant la durée du projet, le fonds de roulement atteint un sommet de 108 000 $ puis diminue à mesure que le chiffre d'affaires commence à décroître.

La deuxième partie du tableau 10.9 donne les résultats des additions au fonds de roulement. À la fin du projet, il reste encore 49 500 $ de ce fonds à récupérer. Par conséquent, la huitième année, l'entreprise récupère d'abord 16 500 $ en fonds de roulement pendant l'année, puis le montant de 49 500 $ qui reste, c'est-à-dire en tout 66 000 $ (de sorte que l'addition au fonds de roulement est de −66 000 $).

Enfin, il faut aussi rendre compte des capitaux permanents investis dans le projet. Dans ce cas, l'entreprise a investi 800 000 $ en éléments d'actif avant la première année. On suppose que ce matériel vaudra 150 000 $ à la fin du projet. La fraction non amortie du coût en capital (FNACC) se chiffrera alors à 150 995 $ (voir le tableau 10.7). Comme on l'a vu au chapitre 2, le manque à gagner de 995 $ de la valeur marchande par rapport à la FNACC donne lieu à un remboursement d'impôts de 398 $ (soit 40 % de 995 $) seulement s'il y a élimination de la catégorie de biens nº 8. Toutefois, comme on suppose que l'entreprise poursuivra ce type de fabrication, il n'y a pas de remboursement d'impôts. L'investissement et la valeur de récupération apparaissent dans la troisième partie du tableau 10.9.

Le total des flux monétaires et la valeur actualisée nette On dispose maintenant de tous les renseignements nécessaires sur les flux monétaires (voir le tableau 10.11). Outre le total des flux monétaires du projet, on a calculé les flux monétaires cumulés et les flux monétaires actualisés. À ce stade, le calcul de la valeur actualisée nette (VAN), du taux de rendement interne (TRI) et du délai de récupération ne présente pas de problèmes particuliers.

Lorsqu'on additionne les flux monétaires actualisés à l'investissement initial, on trouve que la VAN correspond à 4 604 $ (pour un taux d'actualisation de 15 %). Comme il s'agit d'une valeur positive, d'après ces projections préliminaires, le projet de compostières électriques est acceptable. Le TRI (ou le taux de rendement sur les flux monétaires actualisés) est légèrement supérieur à 15 % puisque la VAN est positive et il atteint 15,15 %, ce qui indique, encore une fois, que le projet est acceptable[11].

---

11 L'annexe 10 B montre comment analyser la situation des Engrais Majestic à l'aide d'un tableur.

	Année								
	0	1	2	3	4	5	6	7	8
Flux monétaire provenant de l'exploitation		125 000 $	222 600 $	247 080 $	216 864 $	194 491 $	158 593 $	123 874 $	90 099 $
Additions au fonds de roulement	–20 000 $	–34 000	–36 000	–18 000	750	8 250	16 500	16 500	66 000
Dépenses d'investissement	–800 000	0	0	0	0	0	0	0	150 000
Total des flux monétaires à venir	–820 000 $	91 000 $	186 600 $	229 080 $	217 614 $	202 741 $	175 093 $	140 374 $	306 099 $
Flux monétaires cumulés	–820 000 $	–729 000 $	–542 400 $	–313 320 $	–95 706 $	107 035 $	282 128 $	422 503 $	728 602 $
Flux monétaires actualisés	–820 000 $	79 130 $	141 096 $	150 624 $	124 422 $	100 798 $	75 698 $	52 772 $	100 064 $
Taux d'actualisation de 15 %									
Valeur actualisée nette	4 604 $								
Taux de rendement interne	15,15 %								
Délai de récupération	4,47								

En examinant les flux monétaires cumulés, on constate que le projet fait presque entièrement ses frais après quatre années, puisque, à cette période, ces flux cumulés sont presque nuls. Comme le montre le tableau, la fraction d'année correspond à 96 306/202 741 = 0,47, de sorte que le délai de récupération est de 4,47 ans. Il est impossible de déterminer s'il s'agit d'un délai acceptable ou non, car on ne dispose d'aucun point de repère à ce sujet pour la société EMI. C'est un problème courant en ce qui a trait aux délais de récupération.

Conclusion Ces résultats complètent notre analyse préliminaire concernant les flux monétaires actualisés. Quelle est la prochaine étape ? Si l'entreprise a pleinement confiance en ses projections, elle n'a pas besoin d'analyse plus approfondie. Elle pourrait se lancer immédiatement dans la production et la mise en marché. Pourtant, il est peu probable que ce soit le cas. D'abord, la VAN n'est pas très supérieure à 0, et le TRI s'élève de quelques centièmes de point seulement au-dessus du taux de rentabilité minimale exigible de 15 %. N'oubliez pas que notre analyse ne fournit qu'une estimation de la VAN et qu'il est rare de pouvoir faire aveuglément confiance à des projections. Autrement dit, il faut poursuivre l'analyse et, en particulier, évaluer la qualité de ces estimations. On y reviendra dans le prochain chapitre. Pour le moment, on examine d'autres définitions du flux monétaire provenant de l'exploitation et on donne différents exemples de situations qui se produisent au moment du choix des investissements.

Questions théoriques

1. Pourquoi est-ce important de tenir compte des additions au fonds de roulement lorsqu'on établit les flux monétaires ? Quel est l'effet de cette façon de procéder ?

2. Comment calcule-t-on l'amortissement du coût en capital dans le cas de l'actif immobilisé selon la loi fiscale actuelle ? Quel est l'effet de la valeur de récupération anticipée et de l'estimation de la durée économique sur le calcul de l'ACC ?

10.5 D'autres définitions du flux monétaire provenant de l'exploitation

L'analyse que nous avons effectuée dans la section précédente est très générale et peut s'adapter à n'importe quel problème d'investissement ou presque. Dans la prochaine section, nous verrons quelques exemples de variations particulièrement utiles, mais il faudrait d'abord discuter le fait que, en pratique comme dans les manuels de finance, on emploie couramment différentes définitions des flux monétaires escomptés provenant de l'exploitation.

Naturellement, ces différentes définitions mesurent toutes la même chose. Lorsqu'elles sont utilisées correctement, toutes fournissent la même réponse et aucune d'elles n'est nécessairement meilleure ni plus utile que les autres. Malheureusement, l'utilisation de définitions différentes tend parfois à semer la confusion. Nous allons donc en examiner quelques-unes pour établir quels sont les liens qui existent entre elles.

Dans l'analyse qui suit, rappelez-vous que l'expression «flux monétaires» désigne les dollars qui rentrent moins les dollars qui sortent. Pour le moment, c'est tout ce qui nous intéresse. Les différentes définitions du flux monétaire provenant de l'exploitation correspondent simplement à différentes manières de manipuler des renseignements de base concernant le chiffre d'affaires, les coûts, l'amortissement et les impôts pour déterminer le montant de ce flux.

Pour commencer, voici quelques abréviations :

FME : flux monétaire provenant de l'exploitation

V : chiffre d'affaires

C : coûts d'exploitation

A : amortissement fiscal ou ACC[12]

T_c : taux d'imposition des corporations

Supposons que, pour un projet et une année en particulier, on dispose des estimations ci-après :

V = 1 500 $
C = 700 $
A = 600 $
T_c = 40 %

Lorsqu'on utilise les abréviations ci-dessus, les BAII se calculent comme suit :

$$BAII = V - C - A$$
$$= 1\ 500\ \$ - 700\ \$ - 600\ \$$$
$$= 200\ \$$$

Encore une fois, on suppose que l'entreprise ne paie aucun intérêt. Par conséquent, elle doit payer le montant suivant en impôts :

$$Impôts = BAII \times T_c = (V - C - A) \times T_c$$
$$= 200\ \$ \times 0,40 = 80\ \$$$

Si on combine tous ces éléments, on obtient le montant du flux monétaire provenant de l'exploitation (FME) :

$$FME = BAII + A - Impôts \quad [10.1]$$
$$= (V - C - A) + A - (V - C - A) \times T_c$$
$$= 200\ \$ + 600\ \$ - 80\ \$ = 720\ \$$$

En examinant attentivement cette définition du flux monétaire provenant de l'exploitation, on constate qu'il est possible d'utiliser d'autres définitions. C'est ce qu'on va voir immédiatement.

La méthode de bas en haut (ou pyramidale)

Comme on ne tient aucun compte des dépenses de financement tels les intérêts dans les calculs du flux monétaire provenant de l'exploitation du projet, on peut exprimer le bénéfice net comme suit :

$$Bénéfice\ net\ du\ projet = BAII - Impôts$$
$$= (V - C - A) - (V - C - A) \times T_c$$
$$= (V - C - A) \times (1 - T_c)$$
$$= (1\ 500\ \$ - 700\ \$ - 600\ \$) \times (1 - 0,40)$$
$$= 200\ \$ \times 0,60$$
$$= 120\ \$$$

En gardant ce résultat en mémoire, on peut élaborer une façon légèrement différente et très répandue de définir le flux monétaire. Il suffit de reformuler l'équation 10.1 comme suit :

$$FME = (V - C - A) + A - (V - C - A) \times T_c \quad [10.2]$$
$$= (V - C - A) \times (1 - T_c) + A$$
$$= Bénéfice\ net\ du\ projet + Amortissement\ fiscal$$
$$= 120\ \$ + 600\ \$$$
$$= 720\ \$$$

---

12 Dans cette analyse, on emploiera indifféremment les termes «amortissement fiscal» ou «ACC».

C'est la méthode de bas en haut. On commence par le bénéfice net (la dernière ligne de l'état des résultats) et on additionne toute déduction autre qu'en espèces, comme l'amortissement fiscal. Il est important de se rappeler que cette définition du flux monétaire provenant de l'exploitation (le bénéfice net auquel on additionne l'amortissement fiscal) constitue simplement un équivalent de la définition de départ et qu'elle s'applique lorsque le calcul de ce même bénéfice net ne comporte pas d'intérêt débiteur qu'il faut soustraire.

Dans le cas du projet d'appâts à requins, le bénéfice net se chiffre à 28 800 $ et l'amortissement fiscal est de 30 000 $, de sorte que la méthode de bas en haut permet d'obtenir ce qui suit :

FME = 28 800 $ + 30 000 $ = 58 800 $

C'est encore une fois la bonne réponse.

La méthode de haut en bas

Une autre manipulation, étroitement reliée à la démarche de départ et peut-être plus évidente, consiste à annuler la dépense d'amortissement fiscal lorsque c'est possible. On a :

$$FME = (V - C - A) + A - (V - C - A) \times T_c \qquad [10.3]$$
$$= (V - C) - (V - C - A) \times T_c$$
$$= \text{Chiffre d'affaires} - \text{Coûts} - \text{Impôts}$$
$$= 1500\,\$ - 700\,\$ - 80\,\$ = 720\,\$$$

Il s'agit de la méthode de haut en bas. Cette fois, on commence par le haut de l'état des résultats, avec le chiffre d'affaires, et on descend jusqu'au flux monétaire mais en soustrayant les coûts, les impôts et toute autre dépense. En chemin, on laisse tout simplement de côté les postes strictement hors caisse comme l'amortissement fiscal.

Dans le cas du projet d'appâts à requins, la méthode de haut en bas est facile à appliquer. Puisqu'on a un chiffre d'affaires de 240 000 $, des coûts totaux (fixes et variables) de 162 000 $ et un montant d'impôts à payer de 19 220 $, le flux monétaire provenant de l'exploitation se calcule comme suit :

FME = 240 000 $ – 162 000 $ – 19 220 $ = 58 800 $

C'est le résultat qu'on avait obtenu précédemment.

La méthode des économies d'impôt

La dernière variation de la définition de base du flux monétaire provenant de l'exploitation est la méthode des économies d'impôt liées à l'amortissement fiscal. Elle sera très utile pour résoudre certains problèmes dans la section suivante. Voici la forme que prend cette définition :

$$FME = (V - C - A) + A - (V - C - A) \times T_c \qquad [10.4]$$
$$= (V - C) \times (1 - T_c) + A \times T_c$$

En y reportant les chiffres dont on dispose, on obtient :

$$= (V - C) \times (1 - T_c) + A \times T_c$$
$$= 800\,\$ \times 0{,}60 + 600\,\$ \times 0{,}40$$
$$= 480\,\$ + 240\,\$$$
$$= 720\,\$$$

ce qui correspond au résultat qu'on avait déjà obtenu.

Avec cette méthode, on considère que le FME comprend deux parties. La première, $(V - C) \times (1 - T_c)$, indique ce que serait le flux monétaire du projet s'il n'y avait pas d'amortissement fiscal. Dans ce cas, ce flux monétaire se chiffrerait à 480 $.

La seconde partie de l'expression du FME est $A \times T_c$, qu'on appelle aussi l'**économie d'impôt attribuable à l'amortissement du coût en capital (EIACC)**. On sait que l'amortissement est une dépense hors caisse. Le seul effet de l'amortissement fiscal sur le flux monétaire est de réduire les impôts, ce qui représente un bénéfice pour l'entreprise. Au taux d'imposition actuel des sociétés, soit de 40 %, chaque dollar de dépense en ACC lui fait économiser 40 cents d'impôts. Dans notre exemple, l'économie d'impôt attribuable à l'amortissement, qui est de 600 $, permet d'épargner 600 $ × 0,40 = 240 $ d'impôts.

Dans le cas du projet d'appâts à requins, l'EIACC se chiffre à 30 000 $ × 0,40 = 12 000 $. La valeur après impôts du chiffre d'affaires dont on soustrait les coûts serait (240 000 $ –

Économie d'impôt attribuable à l'amortissement du coût en capital (EIACC)

Économie d'impôt résultant de l'amortissement du coût en capital et calculée sous forme d'amortissement fiscal multiplié par le taux d'imposition des entreprises.

162 000 $) × (1 − 0,40) = 46 800 $. Lorsqu'on additionne ces résultats, on obtient la réponse recherchée :

FME = 46 800 $ + 12 000 $ = 58 800 $

Cet exemple confirme la valeur de la méthode.

Conclusion

Le tableau 10.12 résume les quatre méthodes de calcul du FME. Ayant constaté que toutes ces méthodes permettent d'obtenir le même résultat, vous vous demandez probablement pourquoi tous ne s'entendent pas pour en adopter une en particulier. Comme on le verra dans la prochaine section, une des raisons pour lesquelles on conserve ces différentes méthodes est que chacune a son utilité dans certaines circonstances. La meilleure est naturellement celle qui s'avère la plus pratique lorsqu'il s'agit de résoudre un problème donné.

Tableau 10.12	Les autres définitions du flux monétaire provenant de l'exploitation

Méthode	Formule
De base	FME = BAII + Amortissement fiscal − Impôts
De bas en haut	FME = Bénéfices nets + Amortissement fiscal
De haut en bas	FME = Chiffre d'affaires − Coûts − Impôts
Des économies d'impôt	FME = (Chiffre d'affaires − Coûts) $(1 − T_c)$ + Amortissement fiscal × T_c

10.6 L'application de la méthode de l'avantage fiscal dans le cas des Engrais Majestic inc.

En examinant notre analyse du projet de EMI, vous constaterez que la plupart des calculs complexes se rapportaient à l'ACC, au BAII et au bénéfice net. La méthode de l'EIACC permet d'économiser beaucoup de temps[13]. Pour ce faire, il faut procéder aux calculs dans un ordre différent de celui du tableau 10.11. Au lieu d'additionner les composantes des flux monétaires, colonne après colonne, pour chaque année et de déterminer la valeur actualisée du total des flux monétaires, on établit la valeur actualisée de chaque source de flux monétaires et on additionne ces valeurs.

La première source de flux monétaires est $(V − C)(1 − T_c)$, comme l'indique la première ligne du tableau 10.13 pour chaque année. Le chiffre de la première année, soit 93 000 $, représente la première partie de l'équation du FME.

$$FME = (V − C)(1 − T_c) + A\,T_c$$
$$= (360\,000\,\$ − 180\,000\,\$ − 25\,000\,\$)(1 − 0,40) + 80\,000\,\$\,(0,40)$$
$$= 93\,000\,\$ + 32\,000\,\$ = 125\,000\,\$$$

Tableau 10.13	Solution permettant une économie d'impôt dans le projet des compostières électriques

					Année				
	0	1	2	3	4	5	6	7	8
$(V − C)(1 − T_c)$		93 000 $	165 000 $	201 000 $	180 000 $	165 000 $	135 000 $	105 000 $	75 000 $
Additions au fonds de roulement	−20 000 $	−34 000	−36 000	−18 000	750	8 250	16 500	16 500	66 000
Dépenses d'investissement	−800 000								150 000

	Total
Valeur actualisée de $(V − C)(1 − T_c)$	645 099 $
Valeur actualisée des additions au fonds de roulement	−49 179
Valeur actualisée des dépenses d'investissement	−750 965
Valeur actualisée de l'économie d'impôt attribuable à l'amortissement	159 649
Valeur actualisée nette	4 604 $

---

13 C'est particulièrement vrai lorsqu'on applique cette méthode à l'aide d'un tableur (voir l'annexe 10 B).

Si on calcule la valeur actualisée de 93 000 $ pour la première année et qu'on additionne les valeurs actualisées des autres $(V - C)(1 - T_c)$ du tableau 10.13, on obtient la valeur actualisée totale de cette source, soit 645 099 $ (qui apparaît plus bas dans ce même tableau).

Le deuxième terme est l'avantage fiscal attribuable à l'ACC de la première année. Le tableau 10.14 donne l'économie d'impôt de la première année, soit 32 000 $, ainsi que l'économie d'impôt correspondant pour chaque année. La valeur actualisée des économies d'impôt attribuables à l'amortissement fiscal se chiffre à 159 649 $.

Tableau 10.14 La valeur actualisée des économies d'impôt attribuables à l'amortissement du coût en capital

	Économies d'impôt		
Année	ACC	0,40 × ACC	Valeur actualisée à 15 %
1	80 000 $	32 000 $	27 826 $
2	144 000	57 600	43 554
3	115 200	46 080	30 298
4	92 160	36 864	21 077
5	73 728	29 491	14 662
6	58 982	23 593	10 200
7	47 186	18 874	7 096
8	37 749	15 100	4 936
	Valeur actualisée des EIACC		159 649 $

Les additions au fonds de roulement et les dépenses d'investissement sont les mêmes que dans le tableau 10.11. Leurs valeurs actualisées apparaissent dans la seconde moitié du tableau 10.13. La VAN correspond à la somme des valeurs actualisées des quatre sources de flux monétaires. Le résultat (4 604 $) est identique à ce qu'on avait déjà trouvé au tableau 10.11.

La valeur actualisée des économies d'impôt attribuables à l'amortissement du coût en capital

Il est possible d'économiser encore plus de temps en employant une formule qui remplace le calcul détaillé de l'amortissement fiscal annuel. L'idée qui sous-tend cette formule est que les économies d'impôt attribuables à l'ACC se poursuivent à perpétuité, aussi longtemps qu'il reste un actif dans cette catégorie d'ACC[14]. Pour calculer la valeur actualisée de l'avantage fiscal attribuable à l'ACC, il suffit de déterminer celle d'un courant infini d'économies d'impôt découlant de deux conditions pratiques — la règle de la demi-année pour l'ACC et la mise au rebut des éléments d'actif — puis d'adapter la formule.

Les éléments de cette dérivation sont décrits ci-après :

C : total du coût en capital de l'actif qui est ajouté à la catégorie

d : taux d'ACC pour cette catégorie d'actif

T_c : taux d'imposition marginal de l'entreprise

k : taux d'actualisation

R : valeur de récupération ou de cession de l'actif

n : durée de vie de l'actif en années

On peut avoir recours à la formule d'évaluation du dividende du chapitre 8 pour établir la valeur actualisée de l'EIACC. Rappelez-vous que, lorsque les dividendes s'accroissent à un taux constant g, le prix de l'action est :

$$P_0 = \frac{D_1}{k - g}$$

---

14 Au sens strict, la FNACC d'une catégorie demeure positive aussi longtemps qu'il reste des biens matériels dans cette catégorie et que le produit de la cession de ces éléments d'actif est inférieur au total de la FNACC pour cette catégorie.

Pour appliquer cette formule dans le cas de l'économie d'impôt, on admet qu'elle peut être généralisée à toute perpétuité croissante lorsque, par exemple, Versement 3 = Versement 2 × (1 + g).

$$\text{Valeur actualisée} = \frac{\text{Premier versement}}{\text{Taux d'actualisation} - \text{Taux de croissance}}$$

Comme on ne tient pas compte temporairement de la règle de la demi-année, le taux de croissance des versements de l'ACC est égal à ($-d$). Par exemple, au tableau 10.14 :

$$\text{ACC}_3 = \text{ACC}_2 [1 + (-d)]$$
$$\text{ACC}_3 = 144\,000\,\$ [1 + (-0,20)]$$
$$\text{ACC}_3 = 144\,000\,\$ (0,8) = 115\,200\,\$$$

Puisque le taux de croissance est de $-d$, on a besoin du montant du premier versement pour compléter la formule. Il s'agit de l'économie d'impôt de la première année CdT_c. On peut donc écrire :

$$\text{Valeur actualisée (EIACC)} = \frac{\text{Premier versement}}{\text{Taux d'actualisation} - \text{Taux de croissance}}$$

$$= \frac{CdT_c}{[k - (-d)]}$$

$$= \frac{CdT_c}{(k + d)}$$

L'étape suivante consiste à développer la formule pour l'adapter à la règle de la demi-année de l'Agence des douanes et du revenu du Canada. Cette règle stipule qu'une entreprise doit additionner la moitié du coût en capital différentiel d'un nouveau projet la première année et l'autre moitié la deuxième année. Il en résulte qu'on calcule maintenant la valeur actualisée de l'économie d'impôt en deux parties. La valeur actualisée du flux commençant la première année correspond simplement à la moitié de sa valeur initiale :

$$\text{Valeur actualisée de la première moitié} = 1/2\,\frac{CdT_c}{k + d}$$

La valeur actualisée de la seconde moitié (reportée d'une année) correspond à la même quantité (le terme entre crochets) actualisée à l'année 0. La valeur actualisée des économies d'impôt attribuables à l'ACC en vertu de la règle de la demi-année équivaut à la somme des deux valeurs actualisées. On a :

$$\text{Valeur actualisée (EIACC)} = \frac{1/2\,CdT_c}{k + d} + \left[\frac{1/2\,CdT_c}{k + d}\right]/(1 + k)$$

Grâce à l'algèbre, on peut simplifier cette formule ainsi :

$$\text{VA} = \frac{1/2\,CdT_c}{k + d}[1 + 1/(1 + k)] = \left[\frac{1/2\,CdT_c}{k + d}\right]\left[\frac{1 + k + 1}{1 + k}\right]$$

$$\text{VA} = \frac{CdT_c}{k + d}\left[\frac{1 + 0,5k}{1 + k}\right]$$

L'adaptation finale pour la valeur de récupération R commence par la valeur actualisée lors de l'année de récupération n des futures économies d'impôt commençant dans l'année $n + 1$:

$$\frac{RdT_c}{k + d}$$

On actualise ce chiffre aujourd'hui et on le soustrait pour obtenir la formule complète[15] :

$$\text{Valeur actualisée (EIACC)} = \frac{[CdT_c]}{k + d} \times \frac{[1 + 0,5k]}{1 + k} - \frac{RdT_c}{k + d} \times \frac{1}{(1 + k)^n}$$

---

15 En n'adaptant pas la valeur de récupération à la règle de la demi-année, on suppose qu'il n'y aura pas de nouvel investissement pendant l'année n.

À l'aide de la première partie de la formule, on trouve que la valeur actualisée de l'économie d'impôt sur le projet d'EMI se chiffre à 170 932 $, si on suppose que l'économie d'impôt se poursuit à perpétuité :

$$= \frac{800\,000\,\$(0,20)(0,40)}{0,20 + 0,15} \times \frac{1 + 0,5 \times (0,15)}{1 + 0,15}$$

$$= 182\,857\,\$ \times 1,08/1,15 = 170\,932\,\$$$

Le rajustement pour la valeur de récupération s'exprime comme suit :

$$= \frac{-150\,000\,\$(0,20)(0,40)}{0,20 + 0,15} \times \frac{1}{(1 + 0,15)^8}$$

$$= -34\,286\,\$ \times 1/(1,15)^8 = -11\,208\,\$$$

La valeur actualisée des économies d'impôt attribuables à l'ACC correspond à la somme des deux valeurs actualisées. On a :

Valeur actualisée (EIACC) = 170 932 $ – 11 208 $
= 159 724 $

La valeur de récupération et la fraction non amortie du coût en capital

Il existe une légère différence entre ce calcul de la valeur actualisée des économies d'impôt attribuables à l'ACC et le résultat qu'on a obtenu au tableau 10.14 en additionnant les économies d'impôt pour toute la durée du projet. Cette différence apparaît chaque fois que la valeur de récupération de l'actif n'est pas identique à sa FNACC. La formule est plus précise, car elle tient compte de l'ACC à venir sur cette différence. Dans le cas présent, l'actif a été cédé pour un montant de 150 000 $, et sa FNACC s'élevait à 150 995 $. Le montant de 995 $ qui reste dans la catégorie de biens après huit ans crée un courant infini d'ACC. À la huitième année, ce courant a une valeur actualisée de [995 $ (0,20) (0,40)]/[0,20 + 0,15] = 227,43 $. À l'année 0, la valeur actualisée de ce courant (à un taux de 15 %) est d'environ 75 $. Pour obtenir une estimation précise de la valeur actualisée des économies d'impôt attribuables à l'ACC, on doit additionner ce résultat à l'estimation du tableau 10.14, soit 159 649 $ + 75 $ = 159 724 $.

Exemple 10.2 Le bateau du monstre Memphré

M. Horatio Villeneuve, des Cantons-de-l'Est, songe à s'acheter un bateau à aubes qui servirait à des excursions touristiques sur le lac Memphrémagog à la recherche de l'insaisissable créature marine nommée Memphré. M. Villeneuve a estimé les flux monétaires de ces excursions et les a actualisés sur une période de huit ans, ce qui correspond à la durée de vie du bateau, avec un taux de rentabilité minimale exigible de 20 %. Voici le résumé de ses calculs :

Investissement	–250 000,00 $
Fonds de roulement	–50 000,00
VA de récupération	11 628,40
VA de récupération du fonds de roulement	11 628,40
VA du bénéfice d'exploitation après impôts	251 548,33
VA (EIACC) des économies d'impôt attribuables à l'ACC	?
VAN	?

M. Villeneuve a de la difficulté à calculer les économies d'impôt attribuables à l'ACC et s'apprête à renoncer à son projet parce que celui-ci ne lui paraît pas rentable. A-t-il raison ?

La valeur de récupération du bateau se chiffre à 50 000 $, le taux d'imposition est de 43 % et le taux de l'ACC est de 15 % sur les bateaux.

$$\text{VA (EIACC)} = \frac{CdT_C}{d+k} \times \frac{[1 + 0,5k]}{1+k} - \frac{RdT_C}{d+k} \times \frac{1}{(1+k)^n}$$

Premier terme = [(250 000 $ × 0,15 × 0,43)/(0,15 + 0,20)]
× [(1 + 0,50 × 0,20)/(1 + 0,20)]
= 42 232,14 $

Deuxième terme = [(50 000 $ × 0,15 × 0,43)/(0,15 + 0,20)]
× 1/(1 + 0,20)^8
= 2 142,95 $

VA (EIACC) = 42 232,14 $ – 2 142,95 $ = 40 089,19 $

Comme la VAN de l'investissement est de 14 894,32 $, M. Villeneuve aurait avantage à réaliser son projet.

Questions théoriques

1. Que signifie l'expression « économies d'impôt attribuables à l'amortissement du coût en capital » ?
2. Donnez la définition de la méthode de haut en bas et de la méthode de bas en haut du flux monétaire provenant de l'exploitation. Donnez deux raisons expliquant cette différence.

10.7 Des cas particuliers d'analyse des flux monétaires actualisés

En conclusion de ce chapitre, nous allons examiner quatre situations courantes qui nécessitent une analyse des flux monétaires actualisés. Dans la première situation, une entreprise vise à améliorer son efficacité par des investissements et, ce faisant, à réduire ses coûts. Dans la deuxième, l'analyse porte sur une décision liée au remplacement d'un actif. La troisième situation comporte un choix entre des outillages qui ont des durées économiques différentes. Enfin, la quatrième situation se produit lorsqu'une entreprise doit préparer une soumission en réponse à un appel d'offres.

Nous pourrions examiner beaucoup d'autres situations, mais celles que nous avons choisies sont particulièrement importantes parce qu'elles décrivent des problèmes courants. En outre, elles illustrent des applications très diversifiées de l'analyse de flux monétaires et de l'évaluation de flux monétaires actualisés.

L'évaluation de propositions de réduction des coûts

Les entreprises doivent souvent décider si elles devraient améliorer des installations existantes en vue d'augmenter leur efficience. Il s'agit de déterminer si les économies de coûts seront suffisamment importantes pour justifier la dépense en capital nécessaire.

Par exemple, supposons qu'une entreprise envisage d'automatiser une partie d'un processus de production, alors que ce dernier était effectué manuellement dans une de ses usines jusqu'à maintenant. Le coût d'acquisition et d'installation de l'équipement requis s'élève à 80 000 $, mais les économies seraient de 35 000 $ par année (avant impôts) grâce à une réduction des coûts de main-d'œuvre et de matériel. L'équipement en question a une durée de vie de cinq ans et appartient à la catégorie n° 8, dont l'ACC est de 20 %. Compte tenu de son obsolescence rapide, il ne vaudra plus rien dans cinq ans. L'entreprise devrait-elle faire cette acquisition ? Le taux d'imposition est de 40 % et le taux d'actualisation, de 10 %.

Comme d'habitude, la première étape de la prise de décision consiste à préciser les flux monétaires différentiels pertinents. Vous les trouverez dans le tableau de la page suivante. Premièrement, l'évaluation de la dépense d'investissement qui s'impose est relativement facile. Le coût initial s'élève à 80 000 $, et la valeur de récupération est nulle après cinq ans. Deuxièmement, il n'y a pas de retombées sur le fonds de roulement dans cette situation, de sorte qu'il est inutile de se préoccuper des additions à ce fonds.

Les flux monétaires provenant de l'exploitation constituent la troisième composante. L'achat d'un nouvel équipement modifie ces flux de deux façons. D'abord, on économise 35 000 $ avant impôts chaque année. Autrement dit, comme le bénéfice d'exploitation de l'entreprise augmente de 35 000 $, il s'agit du bénéfice d'exploitation différentiel pertinent en ce qui concerne le projet. Après impôts, ce montant économisé représente un flux monétaire annuel de 21 000 $, comme le montre le tableau ci-après.

Année	0	1	2	3	4	5
Investissement	−80 000 $					
Fonds de roulement	0					
Somme partielle	−80 000					
Bénéfice d'exploitation		35 000 $	35 000 $	35 000 $	35 000 $	35 000 $
Impôts		14 000	14 000	14 000	14 000	14 000 $
Somme partielle		21 000	21 000	21 000	21 000	21 000 $
Valeur de récupération						0
Total	−80 000 $	21 000 $	21 000 $	21 000 $	21 000 $	21 000 $

La valeur actualisée des économies d'impôt attribuables à l'ACC se calcule comme suit :

$$= \frac{800\,000\,\$(0{,}20)(0{,}40)}{0{,}20 + 0{,}10} \times \frac{1 + 0{,}5 \times (0{,}10)}{1 + 0{,}10}$$

$$= 20\,364\,\$$$

On obtient la valeur actualisée des économies d'exploitation après impôts ainsi :

$$VA = 21\,000\,\$ \times [1 - (1/1{,}10^5)]/0{,}10$$
$$= 21\,000\,\$ \times 3{,}7908$$
$$= 79\,607\,\$$$

Valeur actualisée nette	
Investissement	−80 000 $
Flux monétaires provenant de l'exploitation	79 607
Valeur actualisée de récupération	0
Économies d'impôt attribuables à l'ACC	20 364
Valeur actualisée nette	19 971 $

Ensuite, l'entreprise jouit d'une économie d'impôt attribuable à l'ACC différentiel créé par le nouvel équipement. Celui-ci a une valeur de récupération nulle, ce qui simplifie la formule, comme on l'a vu précédemment. L'ACC se poursuit à perpétuité, de sorte que la valeur actualisée des économies d'impôt correspond à la somme d'une suite infinie. La valeur actualisée se chiffre à 20 364 $.

On peut terminer l'analyse en déterminant la valeur actualisée des économies d'exploitation après impôts, qui sont de 21 000 $, et en l'additionnant aux autres valeurs actualisées. À un taux de 10 %, il est relativement facile de constater que la valeur actualisée nette est de 19 971 $, de sorte que l'entreprise aurait avantage à automatiser son processus de production.

Exemple 10.3 La décision d'acheter ou non

Une entreprise envisage d'acheter un système informatique de gestion des stocks pour 200 000 $. Il s'agit d'un bien de catégorie n° 10, dont le taux d'ACC est de 30 %. L'ordinateur a une durée de vie de quatre ans et, à la fin de cette période, sa valeur sera de 30 000 $. Le système permettrait à l'entreprise d'économiser 60 000 $ avant impôts en coûts reliés aux stocks. Le taux d'imposition dans ce cas est de 43,5 %. Comme la nouvelle organisation est plus efficace que la précédente, l'entreprise pourrait diminuer son stock total et libérer ainsi 45 000 $ de fonds de roulement. Quelle est la VAN à un taux de rentabilité minimale exigible de 16 % ? Quel est le rendement du flux monétaire actualisé (ou le taux de rendement interne, TRI) de cet investissement ?

On commence par calculer le flux monétaire provenant de l'exploitation. Les économies de coûts après impôts se chiffrent à 60 000 $ × (1 − 0,435) = 33 900 $. On détermine la valeur actualisée des économies d'impôt attribuables à l'ACC à l'aide de la formule employée précédemment dans le cas de l'entreprise EMI. On a :

$$VA\ (EIACC) = \frac{200\,000\,\$(0{,}30)(0{,}435)}{0{,}30 + 0{,}16} \times \frac{1 + 0{,}5(0{,}16)}{1 + 0{,}16}$$
$$- \frac{30\,000\,\$(0{,}30)(0{,}435)}{0{,}30 + 0{,}16} \times \frac{1}{(1 + 0{,}16)^4}$$
$$= 48\,126\,\$$$

La dépense d'investissement se chiffre à 200 000 $ payés d'avance pour l'acquisition du système. La valeur de récupération est de 30 000 $. Enfin, et c'est l'élément le plus délicat du problème, l'investissement initial en fonds de roulement correspond à une rentrée de 45 000 $ parce que le système permet de libérer une partie de ce fonds. En outre, il faudra réinvestir ce montant de 45 000 $ à la fin du projet. Pour simplifier les choses, disons que, pendant que le système fonctionne, l'entreprise dispose de 45 000 $ qu'elle peut utiliser ailleurs.

Pour conclure cette analyse, on calcule le total des flux monétaires.

	Année				
	0	1	2	3	4
Investissement	−200 000 $				
Fonds de roulement	45 000				
Somme partielle	−155 000				
Bénéfice d'exploitation		60 000 $	60 000 $	60 000 $	60 000 $
Impôts		26 100	26 100	26 100	26 100
Bénéfice d'exploitation après impôts		33 900	33 900	33 900	33 900
Récupération du fonds de roulement					−45 000

Valeur actualisée nette	
Investissement	−200 000 $
Fonds de roulement aujourd'hui	45 000
Bénéfice d'exploitation net d'impôt	94 858
Valeur actualisée de récupération	16 569
Valeur actualisée de la récupération du fonds de roulement	−24 853
Économies d'impôt attribuables à l'ACC	48 126
Valeur actualisée nette	−20 300

À 16 %, la VAN est de −20 300 $, de sorte qu'il ne s'agit pas d'un investissement intéressant. Par tâtonnements, on trouve qu'elle est nulle lorsque le taux d'actualisation atteint 8,28 %. Le TRI de cet investissement est donc d'environ 8,3 %[16].

Le remplacement d'un élément d'actif

Au lieu de réduire les coûts en automatisant un processus de production manuel, les entreprises doivent souvent décider s'il vaut la peine d'améliorer leur productivité en remplaçant leur équipement actuel par de nouveaux modèles ou une technologie plus récente. Supposons que les calculs prometteurs concernant l'automatisation d'un de ses processus de production incitent l'entreprise présentée dans l'exemple 10.3 à envisager l'achat de trois autres ensembles d'outillage pour remplacer l'ancien matériel d'autres chaînes de montage. Les coûts d'acquisition et d'installation des trois nouveaux ensembles s'élèvent à 200 000 $. (Le coût projeté est inférieur au montant de 80 000 $ par machine exigé précédemment grâce à une remise sur quantité consentie par le fabricant.)

Cette fois, l'analyse est plus complexe, car il s'agit de remplacer un équipement existant. L'entreprise l'a acheté quatre ans plus tôt pour 150 000 $ et s'attend à ce qu'il serve encore six ans. Toutefois, à cause de progrès technologiques rapides, elle n'obtiendrait que 50 000 $ si elle le vendait aujourd'hui. Une technologie plus récente et plus efficace lui permettrait d'économiser 75 000 $ par année en coûts de production au cours de sa durée prévue, soit six ans[17]. En ce qui concerne l'atelier, ces économies prendraient la forme d'une réduction du gaspillage et du temps perdu à cause de pannes.

Si l'entreprise conserve l'équipement actuel pour le reste de sa durée de vie, elle en obtiendra une valeur de rebut de 10 000 $ après six ans. Par contre, le nouvel équipement peut être vendu sur le marché des occasions et devrait avoir une valeur de récupération de 30 000 $ après six ans.

---

16 Il est difficile de calculer ce TRI sans tableur, car l'élément d'actif est vendu pour 30 000 $, un montant inférieur à sa FNACC (après quatre ans), qui atteint 48 000 $. L'ACC sur la différence reste dans la même catégorie de biens et se poursuit à perpétuité. Pour cette raison, on doit résoudre le problème par tâtonnements en fonction des économies d'impôt attribuables à l'ACC.

17 Pour simplifier les choses, on suppose que l'ancien équipement et le nouvel équipement ont encore six ans de durée de vie. Plus tard, on verra comment analyser des situations où les durées de vie sont différentes.

En ce qui a trait au fonds de roulement, le nouvel équipement requiert un stock plus important de pièces de rechange, mais, en compensation, il permet de réduire le gaspillage des produits en cours. Tout bien considéré, on ne prévoit aucune variation dans le fonds de roulement.

On détermine que l'ancien équipement et le nouvel équipement appartiennent à la catégorie de biens n° 8, qui a un taux d'ACC de 20 %. L'entreprise requiert un rendement de 15 % sur les investissements de remplacement et est soumise à un taux d'imposition de 44 %. Dans ces circonstances, recommanderiez-vous l'achat d'un nouvel équipement ?

Cet exemple comporte un grand nombre de renseignements qui ont été ordonnés dans le tableau 10.15. Le premier flux monétaire est la dépense en capital — soit la différence entre le coût du nouvel équipement et le montant obtenu pour la vente de l'ancien. Pour déterminer l'ACC, on peut se servir de l'analyse présentée au chapitre 2. Il restera une FNACC dans la catégorie de biens n° 8, car le montant qu'on ajoute à cette catégorie (le prix d'achat du nouvel équipement) est supérieur au montant qu'on en soustrait (la valeur de récupération de l'ancien équipement). Comme cette FNACC n'est pas négative (grâce à la récupération de l'ACC) et que l'entreprise ne vend pas tous les biens de cette catégorie, il n'y a pas de rajustements d'impôts sur la dépense nette. On traite de la même manière la valeur de récupération différentielle en six ans[18].

Tableau 10.15 Le coût de remplacement d'un actif existant (en milliers de dollars)

	Année						
	0	1	2	3	4	5	6
Investissement	−200 $						
Valeur de récupération de l'ancien élément d'actif	50						
Ajouts au fonds de roulement	0						
Somme partielle	−150						
Économies d'exploitation		75 $	75 $	75 $	75 $	75 $	75 $
Impôts		33	33	33	33	33	33
Somme partielle		42	42	42	42	42	42
Valeur de récupération à laquelle on renonce							−10
Valeur de récupération							30

Valeur actualisée nette	
Investissement	−200 000 $
Valeur de récupération obtenue immédiatement	50 000
Flux monétaires provenant de l'exploitation	158 948
Valeur actualisée de récupération à laquelle on renonce	−4 323
Valeur actualisée de récupération obtenue	12 970
Économies d'impôt attribuables à l'ACC	33 081
Valeur actualisée nette	50 676 $

Le fait qu'il s'agit d'une addition nette à la catégorie de biens n° 8 simplifie le calcul des économies d'impôt attribuables à l'ACC. Dans une situation comme celle-ci, la règle de la demi-année de L'Agence des douanes et du revenu du Canada s'applique à ce type d'addition nette. Par conséquent, on remplace simplement C par la dépense différentielle dans la formule du calcul de la

---

18 On pose ici comme hypothèse implicite qu'à la fin des six ans, la déduction de la valeur de récupération n'aura pas entraîné l'élimination de la catégorie n° 8. Dans le cas contraire, l'amortissement récupéré en surplus serait imposable au taux d'imposition de l'entreprise, soit de 44 %.

valeur actualisée des économies d'impôt. Enfin, on remplace R par la valeur de récupération différentielle et on utilise la formule suivante[19] :

$$VA \, (EIACC) = \frac{150\,000\,\$(0,20)(0,44)}{0,20 + 0,15} \times \frac{1 + 0,5(0,15)}{1 + 0,15}$$

$$- \frac{20\,000\,\$(0,20)(0,44)}{0,20 + 0,15} \times \frac{1}{(1 + 0,15)^6}$$

$$= 33\,081\,\$$$

Les ajouts au fonds de roulement ne sont pas pertinents dans ce cas-ci. On calcule les économies d'exploitation après impôts de la même façon que dans les exemples précédents. Le tableau 10.15 montre que le projet de remplacement présente une solide VAN positive et semble intéressant.

Exemple **10.4** Un remplacement

La société Cinéplex Oléum envisage de remplacer un système de projecteurs dans l'un de ses cinémas. Le nouveau projecteur a un son super holographique et peut projeter des images d'une précision équivalente à celle du laser. Grâce à ces caractéristiques, il devrait attirer un plus grand nombre de spectateurs dans le cinéma. En outre, il permettrait de réduire considérablement les coûts de réparation. Ce projecteur coûte 250 000 $ et peut servir pendant 15 ans. Après ce temps, il devrait être possible de le revendre pour un montant de 20 000 $. Le projecteur actuel a été acheté pour 150 000 $ il y a cinq ans et pourrait maintenant être revendu au prix de 50 000 $. Dans 15 ans, il aurait une valeur de rebut de 5 000 $. Le nouveau projecteur devrait augmenter le bénéfice d'exploitation de 50 000 $ par année. Il fait partie de la catégorie de biens n° 9 en ce qui a trait au calcul de l'ACC (25 %). Cinéplex Oléum requiert un rendement de 15 % sur son actif de remplacement, et son taux d'imposition est de 43,5 %. L'entreprise devrait-elle remplacer ce projecteur ?

Pour calculer la rentabilité d'un tel investissement, on commence par déterminer la valeur actualisée du bénéfice d'exploitation accru :

Flux monétaires après impôts = 50 000 $ × (1 − 0,435)

$$= 28\,250\,\$$$

$$VA = 28\,250\,\$ \times [1 - 1/(1,15)^{15}]/0,15$$

$$= 28\,250\,\$ \times 5,847\,37$$

$$= 165\,188\,\$$$

L'étape suivante consiste à déterminer la valeur actualisée de récupération nette du nouveau projecteur :

$$VA = (20\,000\,\$ - 5\,000\,\$) \times 1/(1,15)^{15}$$

$$= 1\,843\,\$$$

Enfin, on calcule la valeur actualisée des économies d'impôt attribuables à l'ACC :

$$VA \, (EIACC) = \frac{200\,000\,\$(0,25)(0,435)}{0,25 + 0,15} \times \frac{1 + 0,5\,(0,15)}{1 + 0,15}$$

$$- \frac{15\,000\,\$(0,25)(0,435)}{0,25 + 0,15} \times \frac{1}{(1 + 0,15)^{15}}$$

$$= 54\,375\,\$ \times 1,075/1,15 - 4\,078\,\$ \times 1/(1,15)^{15}$$

$$= 50\,829\,\$ - 501\,\$$$

$$= 50\,328\,\$$$

On obtient la valeur actualisée nette en additionnant ces valeurs actualisées à l'investissement initial :

Investissement net	−200 000 $
Bénéfice d'exploitation accru	165 188
Valeur de récupération nette	1 843
Économies d'impôt attribuables à l'ACC	50 328
Valeur actualisée nette	17 359 $

Puisque le projet d'investissement excède la rentabilité minimale exigible par l'entreprise, celle-ci aurait donc avantage à le réaliser.

L'évaluation d'équipements ayant des durées de vie différentes

Les exemples précédents reposaient sur l'hypothèse, peu réaliste, d'après laquelle des systèmes concurrents ont la même durée de vie. Dans le prochain problème, il s'agit de choisir entre différents systèmes, équipements ou processus ayant des durées de vie différentes.

Par exemple, le directeur d'un parc automobile veut savoir s'il vaudrait mieux remplacer ses voitures tous les ans ou les conserver cinq ans. Comme d'habitude, l'objectif est de maximiser la valeur actualisée nette (VAN). Pour ce faire, on place les projets sur le même plan aux fins de comparaison.

---

19 La formule du calcul de la valeur actualisée des économies d'impôt ne permet pas de rajuster la valeur de récupération pour qu'elle puisse satisfaire à la règle de la demi-année. Autrement dit, on suppose que, même si la catégorie de biens se maintient après la sixième année, aucun nouvel élément d'actif n'y sera ajouté durant cette année-là. On pose cette hypothèse et quelques autres en matière d'impôts pour illustrer certaines situations courantes sans se perdre dans les complexités de la fiscalité.

La démarche décrite dans cet exemple n'est nécessaire qu'en deux circonstances : 1) soit lorsque les projets à évaluer ont des durées économiques différentes ; 2) ce qui est tout aussi important, lorsque l'entreprise a besoin de ce qu'elle achète plus ou moins indéfiniment. Dans ce dernier cas, dès que l'élément d'actif s'use, elle en achète un autre.

Pour illustrer ce problème, examinons un exemple simple dans lequel les profits restent constants, peu importe le choix effectué. On peut alors se concentrer sur la détermination du choix le moins coûteux[20]. Supposons qu'une entreprise fabrique des pièces métalliques à partir d'un outillage d'estampage (ou matriçage). Chaque fois qu'un outillage d'estampage est usé, elle doit le remplacer par un nouveau pour rester en affaires. Elle a le choix entre deux outillages.

La machine A coûte 100 $ à l'achat et 10 $ par année en frais de fonctionnement. Toutefois, elle s'use rapidement et doit être remplacée tous les deux ans. La machine B coûte 140 $, et ses frais de fonctionnement sont de 8 $ par année. Elle dure trois ans, après quoi il faut la remplacer. Si on ne tient pas compte des impôts et qu'on utilise un taux d'actualisation de 10 %, laquelle des deux machines l'entreprise devrait-elle choisir ?

En comparant les deux machines, on constate que la première coûte moins cher que la seconde, mais que ses frais de fonctionnement sont plus élevés et qu'elle s'use plus rapidement. Comment évaluer ces deux propositions ? On peut commencer par calculer la valeur actualisée des coûts de chaque machine :

Machine A : $VA = -100\ \$ + -10\ \$/1{,}1 + -10/1{,}1^2 = -117{,}36\ \$$

Machine B : $VA = -140\ \$ + -8\ \$/1{,}1 + -8\ \$/1{,}1^2 + -8\ \$/1{,}1^3 = -159{,}89\ \$$

Fait à noter, puisque tous les chiffres sont des coûts, ils sont négatifs. Si on s'arrêtait à ce stade, on pourrait croire que la machine A est plus intéressante que la machine B, du fait que la valeur actualisée de ses coûts est moindre. Toutefois, la seule chose qu'on a déterminée jusqu'ici est qu'avec la même efficacité, les deux machines fournissent le même travail d'estampage pendant deux ans pour 117,36 $ dans le cas de la machine A et pendant trois ans pour 159,89 $ dans le cas de la machine B. On ne peut cependant les comparer directement à cause de la différence dans les durées d'utilisation.

Il s'agit donc de trouver un coût annuel pour ces deux machines. Pour y arriver, il faut se demander quel montant, versé chaque année de la durée de la machine, présente la même valeur actualisée des coûts. Ce montant porte le nom d'**annuité équivalente (AÉ)**.

Pour calculer l'AÉ, on doit déterminer un montant de paiement inconnu. Par exemple, pour la machine A, il faut trouver un versement annuel ordinaire de deux ans ayant une valeur actualisée de −117,36 $ à 10 %. On a vu, au chapitre 4, que le facteur d'actualisation pour deux ans s'exprime comme suit :

Facteur d'actualisation = $[1 - 1/1{,}10^2]/0{,}10 = 1{,}7355$

Pour la machine A, on obtient donc :

VA des coûts = $-117{,}36\ \$ = AÉ \times 1{,}7355$

$AÉ = -117{,}36\ \$/1{,}7355$

$= -67{,}62\ \$$

Pour la machine B, la durée de vie utile est de trois ans, de sorte qu'on a d'abord besoin d'un facteur d'actualisation pour ce nombre d'années :

Facteur d'actualisation = $[1 - 1/1{,}10^3]/0{,}10 = 2{,}4869$

On calcule l'annuité équivalente pour la machine B de la même façon que pour la machine A :

VA des coûts = $-159{,}89\ \$ = AÉ \times 2{,}4869$

$AÉ = -159{,}89\ \$/2{,}4869$

$= -64{,}29\ \$$

D'après cette analyse, l'entreprise devrait acheter la machine B car, en réalité, elle a un coût annuel de 64,29 $, comparativement à 67,62 $ pour la machine A. Autrement dit, en considérant tous les aspects du problème, la machine B coûte moins cher que la machine A. Sa durée de vie plus longue et ses frais de fonctionnement moins élevés compensent amplement son coût d'achat plus élevé.

---

20 Dans un autre cas, les coûts pourraient être constants et les profits différents. On chercherait alors à maximiser le profit annuel équivalent.

Voici un exemple plus général, qui illustre l'effet des impôts sur les AÉ. On évalue deux systèmes de contrôle de la pollution entre lesquels on doit choisir. Un système de filtration coûte 1,1 million de dollars en frais d'installation et 60 000 $ annuellement avant impôts en frais de fonctionnement. Il devra être remplacé tous les cinq ans. Un système de précipitation coûte 1,9 million de dollars en frais d'installation, mais seulement 10 000 $ en frais annuels de fonctionnement. Ce système a une durée de vie utile de huit ans. L'entreprise loue son usine, et les deux systèmes sont considérés comme des aménagements aux locaux loués, de sorte qu'on emploie la méthode linéaire de calcul pour trouver l'ACC. Ni l'un ni l'autre système n'a de valeur de récupération. Quel système devrait-on choisir si le taux d'actualisation est de 12 % et le taux d'imposition, de 40 % ?

Il faut prendre en considération les AÉ des deux systèmes, car ceux-ci ont des durées de vie différentes et doivent être remplacés lorsqu'ils sont usés. Les renseignements pertinents relatifs à cet exemple sont résumés dans le tableau 10.16.

Notons que le flux monétaire provenant de l'exploitation est positif dans les deux cas, grâce aux importantes économies d'impôt attribuables à l'ACC[21]. Une telle situation se produit chaque fois que le coût d'exploitation est très inférieur au prix d'acquisition.

Pour déterminer lequel des deux systèmes il convient de choisir, on calcule les AÉ de l'un et de l'autre à l'aide des facteurs d'actualisation appropriés :

Système de filtration : −912 550 $ = AÉ × 3,6048

AÉ = −253 149 $ par année

Système de précipitation : −1 457 884 $ = AÉ × 4,9676

AÉ = −293 479 $ par année

Le système de filtration est le moins cher des deux, de sorte que l'entreprise devrait le choisir. La durée de vie plus longue et les frais de fonctionnement moins élevés du système de précipitation ne suffisent pas à compenser son coût initial plus élevé.

Tableau 10.16 Les annuités équivalentes

	Système de filtration	Système de précipitation
Coût d'exploitation après impôts	−36 000 $	−6 000 $
Économies d'impôt attribuables à l'ACC	88 000	95 000
Flux monétaire provenant de l'exploitation	52 000 $	89 000 $
Durée économique	5 ans	8 ans
Facteur d'actualisation de 12 %	3,6048	4,9676
Valeur actualisée du flux monétaire d'exploitation	187 450 $	442 116 $
Dépenses d'investissement	−1 100 000	−1 900 000
Valeur actualisée totale des coûts	−912 550 $	1 457 884 $

L'établissement du montant d'une soumission

Précédemment, on s'est servi du flux monétaire actualisé pour évaluer un nouveau produit. La situation est légèrement différente (mais très courante) lorsqu'il faut présenter une soumission pour obtenir un contrat. Dans ces circonstances, la soumission la plus basse l'emporte toujours.

D'après un vieux dicton, le plus bas soumissionnaire est celui qui fait la plus grosse erreur. C'est la malédiction du gagnant. Autrement dit, lorsqu'on gagne, on a de bonnes chances d'avoir fait une soumission trop basse. Dans cette section, on verra comment établir le montant d'une soumission pour éviter de fâcheuses conséquences. La façon de procéder décrite ici peut servir chaque fois qu'on doit établir le prix d'un produit ou d'un service.

Supposons qu'une entreprise se spécialise dans l'achat et la revente de plates-formes de camions démontées qu'elle modifie d'après les spécifications de ses clients. Un distributeur local demande des soumissions concernant cinq camions spécialement modifiés par année pour les quatre prochaines années, soit au total 20 camions.

L'entreprise doit décider du prix par camion à proposer. Notre analyse a pour objectif de déterminer le prix le plus bas qu'elle peut exiger avec profit. Il s'agit pour elle de maximiser ses chances d'obtenir le contrat tout en évitant des erreurs coûteuses.

---

21 On n'utilise pas la formule de la valeur actualisée des EIACC, car l'ACC sur des aménagements à des locaux loués est linéaire.

Supposons que l'entreprise peut acheter chacune des plates-formes de camions pour 10 000 $ par unité. Le loyer des installations dont elle a besoin s'élève à 24 000 $ par année. Le coût de la main-d'œuvre et du matériel nécessaires pour effectuer les modifications se chiffre à environ 4 000 $ par camion. On calcule donc le coût total par année comme suit :

24 000 $ + 5 × (10 000 $ + 4 000 $) = 94 000 $

L'entreprise doit investir 60 000 $ pour du nouvel équipement. Celui-ci entre dans la catégorie de biens n° 8, dont le taux d'ACC est de 20 %. Il vaudra environ 5 000 $ à la fin de la période de quatre ans. L'entreprise doit aussi investir 40 000 $ dans son stock de matières premières et d'autres éléments du fonds de roulement. Son taux d'imposition est de 43,5 %. Quel prix par camion l'entreprise devrait-elle proposer si elle exige un taux de rendement sur ses investissements de 20 % ?

On commence par examiner les dépenses d'investissement et l'investissement en fonds de roulement. L'entreprise doit dépenser 60 000 $ immédiatement pour du nouvel équipement. La valeur de récupération après impôts est de 5 000 $ seulement en supposant, comme d'habitude, qu'au bout de quatre ans, l'entreprise possède encore d'autres éléments d'actif de catégorie n° 8. Il faut, en outre, que l'entreprise investisse 40 000 $ immédiatement en fonds de roulement. Elle récupérera ce montant dans quatre ans.

Il est impossible de déterminer le bénéfice d'exploitation après impôts à ce stade-ci parce qu'on ne connaît pas le prix de vente. La valeur actualisée des économies d'impôt attribuables à l'ACC se chiffre à 11 438 $. Vous trouverez les calculs qui s'y rapportent dans le tableau 10.17 ainsi que d'autres données pertinentes. En gardant ce résultat en mémoire, on peut faire une observation importante : le montant le plus bas qu'on peut exiger avec profit est lié à une VAN nulle à 20 %. En effet, à ce prix, l'entreprise obtient exactement le rendement de 20 % requis sur son investissement.

Tableau 10.17 L'établissement du montant de la soumission

	Flux monétaire	Année	Valeur actualisée de 20 %
Dépenses d'investissement	−60 000 $	0	−60 000 $
Valeur de récupération	5 000	4	2 411
Additions au fonds de roulement	−40 000	0	−40 000
	40 000	4	19 290
Bénéfice d'exploitation après impôts	$(R - 94\,000\,\$)(1 - 0,435)$	1 à 4	?
Économies d'impôt attribuables à l'ACC			11 438 $
Valeur actualisée nette			0 $

$$\text{VA (EIACC)} = \frac{60\,000\,\$(0,20)(0,435)}{0,20 + 0,20} \times \frac{1 + 0,5\,(0,20)}{1 + 0,20}$$

$$- \frac{5\,000\,\$(0,20)(0,435)}{0,20 + 0,20} \times \frac{1}{(1 + 0,20)^4}$$

$$= 11\,438\,\$$$

Dans ces conditions, il faut d'abord déterminer quel bénéfice d'exploitation après impôts rend la VAN nulle. Pour ce faire, on calcule les valeurs de récupération et de rendement du fonds de roulement actualisées (voir le tableau 10.17). On établit ensuite l'équation de la VAN ainsi :

VAN = 0 = −60 000 $ + 2 411 $ − 40 000 $ + 19 290 $ + VA

(Bénéfice d'exploitation différentiel annuel après impôts) + 11 438 $

VA (Bénéfice d'exploitation différentiel annuel après impôts) = 66 861 $

Comme cette équation représente la valeur actualisée d'un versement périodique annuel, il est possible de déterminer les paiements annuels :

VA (Versement périodique annuel) = 66 861 $ = $P\,[1 - 1/1,20^4]/0,20$

$P = 25\,828\,\$$

Le bénéfice d'exploitation différentiel annuel après impôts s'élève à 25 828 $. En se servant de l'algèbre, on peut résoudre en fonction du chiffre d'affaires requis *V*.

$$25\ 828\ \$ = (V - 94\ 000)\ (1 - 0,435)$$
$$45\ 713\ \$ = V - 94\ 000$$
$$V = 139\ 713\ \$$$

Comme le contrat porte sur cinq camions par année, ce total représente 27 943 $ par camion. Si on arrondit, le montant de la soumission devrait être de 28 000 $ par camion. À ce prix, si l'entreprise obtient le contrat, son rendement sera légèrement supérieur à 20 %.

Questions théoriques

1. Dans quelles circonstances doit-on se préoccuper de durées économiques inégales ? Comment interprétez-vous les annuités équivalentes (AÉ) ?

2. Lorsqu'on établit le montant d'une soumission, on utilise une VAN nulle comme point de repère. Expliquez le bien-fondé de cette façon de procéder.

10.8 Résumé et conclusions

Ce chapitre décrit la façon de préparer une analyse de flux monétaires actualisés. Nous avons présenté les concepts qui suivent.

1. La détermination des flux monétaires anticipés pertinents. Nous avons étudié les flux monétaires de différents projets et la façon de régler certains problèmes qui se posent souvent concernant, entre autres, les coûts irrécupérables, les coûts de renonciation, les coûts de financement, le fonds de roulement et l'érosion.

2. La préparation et l'utilisation d'états financiers *pro forma* ou projetés. Nous avons vu en quoi les renseignements contenus dans ces états financiers sont utiles pour établir les flux monétaires anticipés, et nous avons examiné différentes définitions du flux monétaire provenant de l'exploitation.

3. Le rôle du fonds de roulement et celui de l'amortissement fiscal dans l'établissement des flux monétaires d'un projet. Nous avons montré qu'il est important d'inclure les additions au fonds de roulement pour tenir compte de l'écart entre les coûts et les bénéfices comptables, d'une part, et les coûts et les bénéfices encaissés, d'autre part. Nous avons aussi étudié la manière de calculer l'amortissement du coût en capital selon la loi fiscale actuelle.

4. L'analyse des flux monétaires actualisés appliquée à certains cas spéciaux. Nous avons examiné quatre situations particulières : les investissements visant à réduire les coûts, les décisions liées au remplacement d'éléments d'actif, le problème des durées de vie inégales et l'établissement du montant d'une soumission.

L'analyse des flux monétaires actualisés qui a été étudiée ici est un instrument standard dans le monde des affaires. C'est aussi un outil puissant dont il faut se servir avec discernement. Le plus important est de parvenir à évaluer les flux monétaires d'une façon qui soit logique sur le plan économique. Ce chapitre constitue un bon début pour apprendre comment procéder.

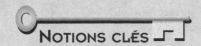

NOTIONS CLÉS

Problèmes de récapitulation et auto-évaluation

Ces problèmes permettent de vous familiariser avec l'analyse des flux monétaires actualisés. Ils sont résolus dans les pages qui suivent.

10.1 Le choix des investissements pour le projet X D'après les renseignements suivants concernant le projet X, recommanderiez-vous sa réalisation ? Pour répondre à cette question, établissez d'abord un état des résultats *pro forma* pour chaque année. Calculez ensuite le flux monétaire provenant de l'exploitation. Enfin, déterminez le total des flux monétaires et calculez la VAN en supposant que la rentabilité minimale exigible est de 20 %. Utilisez un taux d'imposition de 40 % tout au long du problème. Pour vous aider, retournez aux exemples sur les appâts à requins et les compostières électriques.

Le projet X porte sur un nouveau type d'amplificateur stéréophonique pour audiophiles. L'entreprise espère vendre 500 unités par année au prix de 10 000 $ par unité. Les coûts variables se chiffrent à environ 5 000 $ par amplificateur, et le produit devrait avoir une durée de vie de quatre ans. La rentabilité minimale exigible est de 20 % sur les nouveaux produits de ce type.

Dans ce projet, les coûts fixes s'élèvent à 610 000 $ par année. L'entreprise doit aussi investir 1 100 000 $ en équipement de fabrication. Ce type d'équipement appartient à la catégorie de biens nᵒ 8 en ce qui a trait à l'ACC. Dans quatre ans, l'entreprise pourra vendre l'équipement à la valeur de sa FNACC. Elle devra investir 900 000 $ en fonds de roulement au départ. Par la suite, les besoins en fonds de roulement correspondront à 30 % du chiffre d'affaires.

10.2 Le calcul du flux monétaire provenant de l'exploitation Mater ltée prévoit un volume de ventes de 1 432 $ pour la deuxième année de son projet d'expansion. Ses coûts représentent généralement 70 % de son chiffre d'affaires et sont d'environ 1 002 $. L'ACC se chiffrera à 80 $, et le taux d'imposition est de 40 %. Quel est le flux monétaire provenant de l'exploitation ? Calculez la réponse à l'aide des méthodes de haut en bas, de bas en haut et des économies d'impôt décrites dans ce chapitre.

10.3 Les dépenses visant à permettre des économies Pour vous faciliter la tâche, consultez l'exemple 10.3 concernant le système informatique de gestion des stocks. Une entreprise envisage d'acheter un nouveau système de soudage mécanisé pour remplacer son système manuel. Le nouveau système coûte 600 000 $, et ce montant fera l'objet d'un ACC de 30 %. Il a une durée de vie anticipée de quatre ans. À la fin de cette période, il aura une valeur de 100 000 $.

Le nouveau système pourrait permettre à l'entreprise d'économiser 180 000 $ par année avant impôts en coûts de main-d'œuvre. Le taux d'imposition est de 44 %. Quelle est la VAN de l'achat de ce système si la rentabilité minimale exigible est de 15 % ?

Réponses à l'auto-évaluation

10.1 Pour établir des états des résultats *pro forma*, il faut calculer l'amortissement fiscal pour chacune des quatre années. Les pourcentages pertinents d'ACC, les déductions avant impôts et les valeurs de la FNACC des quatre premières années apparaissent dans le tableau ci-dessous.

Année	Taux d'ACC	FNACC admissible	ACC	FNACC à la fin de l'exercice
1	20,0 %	550 000 $	110 000 $	990 000 $
2	20,0	990 000	198 000	792 000
3	20,0	792 000	158 400	633 600
4	20,0	633 600	126 720	506 880

Les états des résultats anticipés prennent donc la forme suivante.

	Année			
	1	2	3	4
Chiffre d'affaires	5 000 000 $	5 000 000 $	5 000 000 $	5 000 000 $
Coûts variables	2 500 000	2 500 000	2 500 000	2 500 000
Coûts fixes	610 000	610 000	610 000	610 000
ACC	110 000	198 000	158 400	126 720
BAII	1 780 000 $	1 692 000 $	1 731 600 $	1 763 280 $
Impôts de 40 %	712 000	676 800	692 640	705 312
Bénéfice net	1 068 000 $	1 015 200 $	1 038 960 $	1 057 968 $

D'après ces renseignements, on obtient les flux monétaires provenant de l'exploitation calculés ci-dessous.

	Année			
	1	2	3	4
BAII	1 780 000 $	1 692 000 $	1 731 600 $	1 763 280 $
ACC	110 000	198 000	158 400	126 720
Impôts	−712 000	−676 800	−692 640	−705 312
Flux monétaire provenant de l'exploitation	1 178 000 $	1 213 200 $	1 197 360 $	1 184 688 $

Il reste maintenant à calculer les flux monétaires ne provenant pas de l'exploitation. Le fonds de roulement se chiffre au départ à 900 000 $, puis il augmente jusqu'à 30 % du chiffre d'affaires, soit 1 500 000 $. Il s'agit donc d'une addition de 600 000 $ au fonds de roulement.

L'entreprise doit aussi investir 1 100 000 $ au départ. Dans quatre ans, la valeur marchande et la valeur comptable de cet investissement seront identiques, soit 506 880 $. Conformément à l'hypothèse de la continuité de l'exploitation, il reste d'autres éléments d'actif dans la catégorie de biens n° 8. Aucun rajustement d'impôts n'est donc nécessaire pour la valeur de récupération.

En combinant ces renseignements, on obtient les flux monétaires escomptés du projet X.

	Année				
	0	1	2	3	4
Flux monétaire provenant de l'exploitation		1 178 000 $	1 213 200 $	1 197 360 $	1 184 688 $
Additions au fonds de roulement	−900 000 $	−600 000			1 500 000
Dépenses d'investissement	−1 100 000				506 880
Total du flux monétaire	−2 000 000 $	578 000 $	1 213 200 $	1 197 360 $	3 191 568 $

À l'aide de ces flux monétaires, on trouve qu'à un taux de 20 %, la VAN est la suivante :

VAN = −2 000 000 $ + 578 000 $/1,2 + 1 213 200/1,2^2 + 1 197 360/1,2^3 + 3 191 568/1,2^4

= 1 556 227 $

Par conséquent, ce projet paraît assez rentable.

10.2 On commence par calculer le bénéfice avant intérêts et impôts du projet, son montant d'imposition et son bénéfice net.

BAII = 1 432 $ − 1 002 $ − 80 $ = 350 $

Impôts = 350 $ × 0,40 = 140 $

Bénéfice net = 350 $ − 140 $ = 210 $

Grâce à ces chiffres, on détermine le flux monétaire provenant de l'exploitation.

FME = Bénéfice avant intérêts et impôts + Amortissement − Impôts

= BAII + A − Impôts

= 350 $ + 80 $ − 140 $

= 290 $

Si on utilise les autres définitions du flux monétaire provenant de l'exploitation, on obtient les résultats suivants :

Économies d'impôt $= (V - C) \times (1 - 0,40) + A \times 0,40$

$$= (1\ 432\ \$ - 1\ 002\ \$) \times 0,60 + 80 \times 0,40$$

$$= 290\ \$$$

Méthode de bas en haut $=$ Bénéfice net $+ A$

$$= 210\ \$ + 80\ \$$$

$$= 290\ \$$$

Méthode de haut en bas $= V - C -$ Impôts

$$= 1\ 432\ \$ - 1\ 002\ \$ - 140\ \$$$

$$= 290\ \$$$

Comme on l'a prévu, toutes ces méthodes permettent d'obtenir exactement le même résultat.

10.3 Compte tenu des économies avant impôts de 180 000 $, on a le montant après impôts suivant :

$$(1 - 0,44) \times 180\ 000\ \$ = 100\ 800\ \$$$

On détermine ensuite la valeur actualisée de ces versements annuels en quatre ans :

VA $= 100\ 800\ \$ \times [1 - (1/1,15^4)]/0,15$

$\quad = 100\ 800\ \$ \times 2,8550$

$\quad = 287\ 782\ \$$

On établit la valeur actualisée des économies d'impôt attribuables à l'ACC ainsi :

$$\text{VA (EIACC)} = \frac{600\ 000\ \$(0,30)(0,44)}{0,15 + 0,30} \times \frac{[1 + 0,5(0,15)]}{1 + 0,15}$$

$$- \frac{100\ 000\ \$(0,30)(0,44)}{0,15 + 0,30} \times \frac{1}{(1,15)^4}$$

$$= 164\ 522\ \$ - 16\ 771\ \$$$

$$= 147\ 750\ \$$$

Le seul flux monétaire qui n'a pas été actualisé est la valeur de récupération de l'équipement. La valeur actualisée est :

VA $= 100\ 000\ \$ \times 1/1,15^4$

$\quad = 100\ 000\ \$ \times 0,5718$

$\quad = 57\ 175\ \$$

Comme il n'y a aucun effet sur le fonds de roulement, on détermine la VAN en additionnant les trois flux monétaires et l'investissement initial.

Investissement	$-600\ 000\ \$$
Valeur actualisée des économies sur les coûts de main-d'œuvre	$287\ 782$
Valeur actualisée de récupération	$57\ 175$
VA (EIACC)	$\underline{147\ 750}$
Valeur actualisée nette	$\underline{-107\ 293\ \$}$

Vous pouvez vous assurer que la VAN se chiffre bien à −107 293 $ et que le rendement du nouveau système de soudage n'est que de 5,4 % environ. Ce projet ne paraît donc pas rentable.

Questions et problèmes

Notions de base (questions 1 à 31)

1. Les flux monétaires pertinents Les Vêtements Naturistes inc. envisage d'établir une nouvelle usine de fabrication d'accessoires mode. Il y a six ans, l'entreprise a acheté un terrain au prix de 4,5 millions de dollars en vue d'y construire un entrepôt et un centre de distribution. Toutefois, pendant ces six années, elle a loué les installations qui lui étaient nécessaires. La semaine dernière, le terrain a été évalué à 625 000 $. L'entreprise souhaite maintenant y installer sa nouvelle usine, dont la construction coûtera 6 millions de dollars. Le terrain requiert des aménagements d'une valeur de 325 000 $ destinés à le rendre propice à la construction. De quel montant de flux monétaire doit-on se servir comme investissement de départ dans des éléments d'actif immobilisé lorsqu'on veut évaluer ce projet ? Justifiez votre réponse.

2. Les flux monétaires pertinents Winnebagel Corp. vend actuellement 18 500 autocaravanes par année à 37 500 $ par unité et 5 000 cars de luxe par année à 62 000 $ par unité. L'entreprise voudrait lancer sur le marché une nouvelle cellule habitable pour compléter sa gamme de produits. Elle espère vendre 13 500 cellules par année à 10 000 $ par unité. Un expert indépendant a déterminé que si elle met ces nouvelles « cellules » sur le marché, elle devra relancer ses ventes d'autocaravanes de 3 500 autres unités par année et diminuer celles des cars de 1 200 unités par année. Quel montant faut-il utiliser comme chiffre d'affaires annuel aux fins de l'évaluation de ce projet ? Justifiez votre réponse.

3. Le calcul du bénéfice net anticipé Une entreprise prévoit qu'un nouvel investissement générera un chiffre d'affaires de 825 000 $. Les coûts variables atteignent 55 % de ce chiffre et les coûts fixes s'élèvent à 200 000 $, alors que l'amortissement fiscal est de 60 000 $. Établissez un état des résultats *pro forma* en supposant que le taux d'imposition est de 27 %. Quel est le bénéfice net anticipé ?

4. Le calcul du flux monétaire provenant de l'exploitation Examinez l'état des résultats que voici.

Chiffre d'affaires	1 050 000 $
Coûts	560 000
ACC	115 000
BAII	?
Impôts de 30 %	?
Bénéfice net	?

Trouvez les chiffres qui manquent dans ce tableau, puis calculez le flux monétaire provenant de l'exploitation. Quelles sont les économies d'impôt attribuables à l'ACC ?

5. Les différentes méthodes de calcul du flux monétaire provenant de l'exploitation Le nouveau projet d'une entreprise devrait générer un chiffre d'affaires de 175 000 $, des coûts de 85 000 $ et un ACC de 4 500 $. Le taux d'imposition est de 30 %. Calculez le flux monétaire provenant de l'exploitation à l'aide des quatre méthodes décrites dans le chapitre et vérifiez si la réponse est la même dans chaque cas.

6. Le calcul du bénéfice net Dans la cinquième année d'un nouveau projet d'investissement, on prévoit un chiffre d'affaires de 800 000 $. Les coûts variables représentent 50 % de ce chiffre et les coûts fixes s'élèvent à 180 000 $. L'ACC pour l'année en question sera de 92 000 $. Établissez un état des résultats du projet en supposant que le taux d'imposition est de 37 %.

7. Le calcul de l'amortissement fiscal Un nouveau moniteur de processus électronique coûte 830 000 $. Ce montant pourrait faire l'objet d'un amortissement de 30 % par année (il s'agit de la catégorie nᵒ 10). Dans cinq ans, le moniteur n'aura plus aucune valeur mais, d'ici là, il permettrait d'économiser 455 000 $ par année avant impôts et coûts d'exploitation. Si la rentabilité minimale exigible est de 12 %, quelle est la VAN de cet achat ? Supposons que le taux d'imposition est de 37 %.

8. La VAN et les besoins en fonds de roulement Dans le problème précédent, supposons que le nouveau moniteur requiert une augmentation du fonds de roulement de 37 500 $ au moment de l'achat. Présumons aussi que cet appareil aura une valeur de 110 000 $ dans cinq ans. Quelle est la nouvelle VAN ?

9. La VAN et l'ACC Dans le problème précédent, supposons que le taux d'ACC du moniteur est de 25 %. Si tous les autres facteurs restent inchangés, la VAN sera-t-elle plus ou moins élevée ? Justifiez votre réponse. Calculez la nouvelle VAN pour vérifier votre réponse.

10. La détermination des coûts pertinents MM. Richard Barton et Édouard Gastier envisagent de construire une nouvelle usine d'embouteillage qui leur permettrait de satisfaire à la demande prévue pour leur nouvelle gamme de punch au vin. Ils étudient la possibilité d'utiliser un terrain qu'ils possèdent depuis trois ans et la comparent à d'autres. « Édouard, dit Barton à son associé, nous devrions intégrer à notre analyse un montant équivalent à celui qu'on a déboursé pour le terrain. Après tout, il nous a coûté assez cher ! » Toutefois, Gastier n'est pas d'accord : « Peu importe ce qu'on a payé — ce qui est fait est fait. C'est ce qu'on appelle un coût irrécupérable. Il ne faut pas tenir compte du prix du terrain. » Que diriez-vous aux deux associés ?

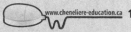 www.cheneliere-education.ca

11. Le calcul de la valeur de récupération Un élément d'actif coûte 350 000 $ et fait l'objet d'un amortissement de 20 % par année (il s'agit de la catégorie nᵒ 8) au cours des 10 années de sa vie imposable. Cet élément doit servir à un projet d'une durée de six ans à la fin duquel il sera revendu 100 000 $. Si le taux d'imposition pertinent est de 40 %, quel est le flux monétaire après impôts provenant de la vente de cet élément d'actif ?

12. La détermination des flux monétaires L'année dernière, Les Entreprises Pizza a enregistré un chiffre d'affaires de 65 500 $, tandis que ses coûts se chiffraient à 26 400 $. Voici les renseignements fournis par l'entreprise concernant cette même période.

	Début d'exercice	Fin d'exercice
Comptes clients	41 250 $	36 250 $
Stocks	51 639	54 244
Comptes fournisseurs	65 000	69 100

D'après ces renseignements, quelle a été la variation dans le fonds de roulement de l'entreprise ? Quel était son flux monétaire net ?

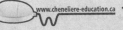

13. Le calcul du flux monétaire provenant de l'exploitation d'un projet Platec Tonique inc. considère un projet d'expansion de trois ans qui exige un investissement initial en actif immobilisé de 1,65 million de dollars. L'actif immobilisé fait l'objet d'un amortissement de la classe 10 aux fins d'impôt (au taux de 30 % par année). Au bout de cette période de trois ans, il peut être revendu pour une valeur égale à la fraction non amortie du coût en capital (FNACC). On estime que le projet générera un chiffre d'affaires annuel de 1 925 000 $ et des coûts de 595 000 $. Si le taux d'imposition est de 40 %, quel est le flux monétaire provenant de l'exploitation de ce projet ?

14. Le calcul de la VAN d'un projet En se référant au problème précédent, supposons que la rentabilité minimale exigible pour un tel projet est de 22 %. Quelle est la VAN du projet ?

15. Le calcul du flux monétaire provenant de l'actif En se référant au problème précédent, supposons que le projet requiert un investissement initial de 245 000 $ en fonds de roulement et que l'actif immobilisé aura une valeur marchande de 450 000 $ à la fin du projet. Quel est le flux monétaire du projet pour l'année 0 ? pour la première année ? pour la deuxième année ? pour la troisième année ? Quelle est sa nouvelle VAN ?

16. Les applications de la VAN Une entreprise croit pouvoir vendre 50 000 dispositifs de sécurité résidentielle par année à 129 $ par unité. Chaque dispositif coûte 90 $ à fabriquer (coût variable). Les coûts fixes de production se chiffrent à 195 000 $ par année. Le coût d'acquisition de l'équipement nécessaire s'élève à 600 000 $, et l'amortissement fiscal se fait à un taux de 25 %. À la fin des cinq ans de la durée du projet, la valeur de récupération de l'équipement sera nulle. En outre, l'entreprise doit investir 150 000 $ en fonds de roulement payables d'avance. Toutefois, aucune autre addition au fonds de roulement ne sera nécessaire. Le taux d'actualisation est de 17 % et le taux d'imposition de 37 %. Que pensez-vous de ce projet ?

17. La détermination des flux monétaires Supposons qu'une entreprise a un chiffre d'affaires de 7 500 $ au cours d'un trimestre. Durant cette période, les comptes clients ont augmenté de 4 300 $. Quelles ont été les entrées de fonds ?

18. Le principe de la valeur intrinsèque Supposons qu'un gestionnaire financier fait la déclaration suivante : « Notre société respecte le principe de la valeur intrinsèque. Nous traitons chaque projet comme s'il s'agissait d'une entreprise en miniature au cours du processus d'évaluation. Nous y incluons les coûts de financement, car ces coûts sont pertinents en ce qui concerne l'entreprise. » Évaluez cette affirmation.

19. Les flux monétaires pertinents Bertrand Plastique inc. songe à construire une nouvelle usine de fabrication de planches à neige. Il y a huit ans, l'entreprise a acheté un terrain au coût de 7,5 millions de dollars en vue d'y aménager un entrepôt et un centre de distribution. Toutefois, pendant ces huit années, elle a loué les installations qui lui étaient nécessaires. La semaine dernière, le terrain a été évalué à 965 000 $. L'entreprise veut maintenant y construire une usine de 20 millions de dollars, mais le terrain requiert des aménagements d'une valeur de 450 000 $ destinés à le rendre propice à la construction. De quel montant de flux monétaire doit-on se servir comme investissement de départ en actif immobilisé pour évaluer ce projet ? Justifiez votre réponse.

20. Les flux monétaires pertinents Moteur Simonvan enr. vend annuellement 17 500 voitures compactes à 11 000 $ par unité et 36 500 berlines de luxe à 41 600 $ par unité. L'entreprise veut lancer une nouvelle berline de taille moyenne pour compléter sa gamme de produits. Elle espère en vendre 24 000 unités par année à 31 500 $ chacune. Un expert indépendant a établi que si l'entreprise met ces nouvelles voitures sur le marché, elle devra relancer la vente de ses voitures compactes de 9 000 unités supplémentaires par année et diminuer celle de ses berlines de luxe de 7 500 unités par année. Quel montant de flux monétaire annuel faut-il utiliser comme chiffre d'affaires au moment de l'évaluation de ce projet ? Justifiez votre réponse.

21. L'évaluation d'un projet Valentin inc. veut se procurer une nouvelle machine à saucisses dont le coût d'installation s'élève à 425 000 $. Cet actif fait partie de la classe 8, dont l'amortissement du coût en capital est de 20 % par année. Le projet aura une durée de vie de six ans, au bout de laquelle la machine aurait une valeur de récupération de 100 000 $. Entre-temps, la nouvelle machine à saucisses permettrait à l'entreprise d'économiser 104 500 $ annuellement en coûts d'exploitation avant impôts. L'investissement initial en fonds de roulement requis s'élève à 23 500 $. Si le taux d'imposition est de 37 % et le taux d'actualisation, de 11 %, quelle est la VAN de ce projet ?

22. **L'évaluation d'un projet** Une entreprise envisage d'acheter un nouveau système informatisé d'enregistrement des commandes au prix de 1 100 000 $. La valeur présente des économies d'impôt associées à l'amortissement du coût en capital est de 235 000 $. On s'attend à une valeur de récupération dans cinq ans de 250 000 $. Toutefois, le nouveau système permettrait de réaliser des économies annuelles de coûts sur le traitement des commandes de 375 000 $ avant impôts et de réduire le fonds de roulement de 100 000 $ (il s'agit d'une réduction unique). Si le taux d'imposition est de 34 %, quel est le TRI de ce projet ?

23. **L'évaluation d'un projet** En se référant au problème précédent, supposons que la rentabilité minimale exigible est de 15 %, que les économies de coûts avant impôts se chiffrent à seulement 350 000 $ par année et que l'amortissement du coût en capital est de 30 % par année (catégorie 10). Le projet serait-il acceptable ? Et si les économies de coûts avant impôts étaient de seulement 250 000 $ par année ? À quel niveau d'économies de coûts avant impôts l'entreprise pourrait-elle indifféremment accepter ou rejeter le projet ?

24. **Le calcul du montant d'une soumission** Une entreprise doit soumettre à un important détaillant une offre concernant un nouveau système de vérification de la solvabilité destiné à des points de vente. Elle se chargerait d'installer le système dans 50 magasins par année pendant trois ans. Pour ce faire, elle devrait se procurer un équipement spécialisé d'une valeur de 750 000 $ qui ferait l'objet d'un amortissement à un taux (ACC) de 20 % et qu'elle revendrait dans trois ans à la moitié du prix qu'elle a payé. Le coût de la main-d'œuvre et du matériel requis pour l'installation s'élèverait à environ 75 000 $ par magasin. Enfin, l'entreprise devrait investir 175 000 $ en éléments de fonds de roulement. Son taux d'imposition est de 37 %. Quel prix devrait-elle proposer par système si la rentabilité minimale exigible sur ses investissements est de 20 % ? Essayez d'éviter la malédiction du gagnant !

25. **Les annuités équivalentes** Saint-Amour est un des principaux fabricants de cerveaux à positrons (ou électrons positifs), une composante essentielle des robots. L'entreprise a le choix entre deux méthodes de production. Le tableau suivant donne les coûts et la durée correspondant à chacune d'elles.

Année	Première méthode	Deuxième méthode
0	5 700 $	8 400 $
1	360	540
2	360	540
3	360	540
4		540

Si on suppose que l'entreprise ne remplacera pas l'équipement lorsqu'il sera usé, lequel devrait-elle choisir ? Si elle remplaçait l'équipement, lequel devrait-elle acheter (avec un taux de 12 %) ? Dans vos réponses, ne tenez compte ni de l'amortissement fiscal ni des impôts.

26. **Le calcul des flux monétaires et des annuités équivalentes** En se référant au problème précédent, supposons que tous les coûts sont calculés avant impôts et que le taux d'imposition est de 35 %. Les deux types d'équipement subiraient un amortissement de la catégorie 9, soit de 25 % par année. Quelles sont les annuités équivalentes dans ce cas ? Quelle est la méthode la plus recommandable ?

27. **Le calcul des annuités équivalentes (AÉ)** Un projet de six ans requiert un investissement initial en actif immobilisé de 210 000 $ et un investissement initial en fonds de roulement de 45 000 $. Son flux monétaire d'exploitation est de 17 500 $. L'amortissement du coût en capital est inclus dans le FME, et la valeur de récupération de l'actif est nulle. Si la rentabilité minimale exigible est de 14 %, quelles sont les AÉ du projet ?

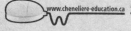
www.cheneliere-education.ca

28. **Le calcul des AÉ** On doit évaluer deux machines à fraiser des plaques de silicium. Le Techron I coûte 250 000 $, il a une durée de vie de trois ans et ses coûts d'exploitation avant impôts s'élèvent à 37 000 $ par année. Le Techron II coûte 375 000 $, il a une durée de vie de six ans et ses coûts d'exploitation avant impôts se chiffrent à 15 000 $ par année. Les deux machines à fraiser se classent dans la catégorie 8 de l'ACC, soit avec un amortissement de 20 % par année, et leur valeur de récupération est de 50 000 $. Si le taux d'imposition est de 40 % et le taux d'actualisation de 20 %, calculez les annuités équivalentes de chacune des machines. Quel est le meilleur choix ? Justifiez votre réponse.

29. **Le calcul des annuités équivalentes (AÉ)** Vous envisagez la possibilité de vous servir de l'une des deux méthodes suivantes pour la construction d'un nouvel entrepôt. La première méthode consiste à utiliser des segments de bâtiment préfabriqués. Le coût initial serait de 4,5 millions de dollars et les coûts d'entretien annuels, de 100 000 $, mais l'immeuble aurait une durée de vie de 20 ans. La seconde méthode est basée sur l'emploi d'une nouvelle technologie de fabrication de panneaux de fibre de

carbone. Elle coûterait au départ 6 millions de dollars et entraînerait des frais d'entretien de 500 000 $ par période de 10 ans, mais l'immeuble aurait une durée de vie de 40 ans. Les deux immeubles se classeraient dans la catégorie 1 de l'amortissement du coût en capital (ACC), à un taux de 4 %. On prévoit que leur valeur de récupération respective équivaudrait à 25 % de leur coût de construction à la fin de leur durée de vie utile. Le taux d'actualisation utilisé par l'entreprise pour l'évaluation des projets est de 15 % et son taux d'imposition, de 40 %. Quel est le coût annuel lié à chaque méthode et laquelle choisiriez-vous ?

30. **Le calcul des annuités équivalentes (AÉ)** Un projet d'une durée de sept ans requiert un investissement initial de 300 000 $ et nécessite une charge d'exploitation annuelle de 15 000 $ durant sa première année. On s'attend à une augmentation de cette charge au rythme de l'inflation, qui devrait être de 4 % pendant la durée du projet. Du point de vue des déductions pour amortissement, le projet se classe dans la catégorie 7, de sorte qu'il aura un taux d'amortissement de 15 % par année. À la fin du projet, la valeur de récupération s'élèvera à 100 000 $. L'entreprise a un taux d'actualisation de 12 %, et son taux d'imposition se situe à 34 %. Quel est l'AÉ de cet investissement ?

31. **Le calcul du montant d'une soumission** Les Entreprises Papillons ont besoin de 175 000 boîtes de vis de mécanique par année pour poursuivre leur production au cours des cinq prochaines années. Votre entreprise décide de présenter une soumission. Elle prévoit devoir débourser 555 000 $ en frais d'installation de l'équipement nécessaire pour démarrer la production. L'ACC pour cet équipement sera de 30 % par année (catégorie 10) et pourra être revendu pour une valeur de 80 000 $ dans cinq ans. En matière de production, les coûts fixes s'élèvent à 180 000 $ par année, et les coûts variables ne devraient pas dépasser 6,50 $ par boîte. En outre, il faut procéder à un investissement initial en fonds de roulement de 77 000 $. Si le taux d'imposition est de 35 % et la rentabilité minimale exigible sur l'investissement de 20 %, quel devrait être le montant de la soumission de votre entreprise ?

32. **Les propositions de réduction des coûts** L'Atelier d'usinage Ferrant envisage un projet d'une durée de quatre ans destiné à améliorer l'efficacité de sa production. L'entreprise estime que l'achat d'une nouvelle presse de 400 000 $ devrait entraîner des économies de coûts avant impôts de 160 000 $ par année. Cet appareil entre dans la catégorie de biens n° 8 en ce qui a trait à l'ACC (20 % par année) et, à la fin du projet, sa valeur de récupération sera de 75 000 $. Il requiert un investissement initial de 21 000 $, sous forme de stock de pièces de rechange, et un débours supplémentaire annuel en stock de 2 500 $ pendant toute la durée du projet. Si le taux d'imposition approprié est de 37 % et le taux d'actualisation de 17 %, l'entreprise devrait-elle acheter et installer cette presse ?

33. **Les flux monétaires et la VAN** Voici les prévisions concernant le nombre d'unités vendues d'un nouveau système domestique de recherche et de destruction des coquerelles au laser.

Année	Nombre d'unités vendues
1	85 000
2	110 000
3	141 500
4	150 000
5	52 500

On a fixé le prix de ce nouveau système à 179 $ par unité. Le projet requiert un fonds de roulement qui, au départ, se chiffre à 950 000 $ et qui devrait augmenter au total jusqu'à 37 % du chiffre d'affaires. Le coût variable par unité est de 137 $, et les coûts fixes représentent un total de 47 700 $ par année. L'équipement nécessaire pour démarrer la production coûte au total 11,3 millions de dollars. Il s'agit principalement d'un ensemble de machines qui donnent droit à un ACC de 20 %. Dans cinq ans, cet équipement vaudra à peu près 30 % de ce qu'il a coûté.

Le taux d'imposition est de 40 % et la rentabilité minimale exigible, de 20 %. D'après ces estimations préliminaires, quelle est la VAN du projet ?

34. **La décision de remplacement** Un des dirigeants d'une grande entreprise de construction s'inquiète de l'apparition d'une nouvelle excavatrice sur le marché. De fait, cet appareil se révèle nettement supérieur à celui que l'entreprise a acheté il y a un an. Par conséquent, la valeur marchande de l'excavatrice utilisée par l'entreprise a considérablement baissé, passant de 400 000 $ l'année dernière à 35 000 $ cette année. Dans 10 ans, elle ne vaudra plus que 5 000 $. La nouvelle excavatrice coûte seulement 775 000 $ et devrait augmenter les bénéfices d'exploitation de 65 000 $ par année. Elle a une durée de vie de 10 ans, et on estime sa valeur de récupération à 100 000 $. Si le taux d'imposition se maintient à 40 %, que le taux d'ACC pour les deux excavatrices est de 25 % et que la rentabilité minimale exigible est de 14 %, que devrait faire ce dirigeant ?

35. **La décision de remplacement** Un étudiant d'université travaille comme peintre en bâtiment pendant l'été. Il envisage d'acheter un nouveau compresseur d'air et un pistolet à peinture pour remplacer celui dont il se servait auparavant. Les deux nouveaux outils entrent dans la catégorie de biens n° 9 en ce qui

a trait à l'ACC, ce qui donne droit à un amortissement de 25 % par année. Ils coûtent 8 500 $ et ont une durée de vie de quatre ans, au bout de laquelle on pourrait les vendre 1 100 $. L'ancien pistolet vaut maintenant 275 $ et, dans quatre ans, sa valeur de rebut sera de 150 $. L'étudiant croit que ses bénéfices d'exploitation augmenteront annuellement de 7 600 $. Si le taux d'imposition est de 24 % et la rentabilité minimale exigible, de 19 %, devrait-il faire cet achat ?

36. **Les durées de vie différentes** Le club de golf et de boulingrin Pete Léger de Cornwall évalue deux projets de systèmes d'irrigation. Un système automatique souterrain coûterait 9,5 millions de dollars en frais d'installation et 55 000 $ par année avant impôts en frais de fonctionnement. Par contre, on n'aurait pas besoin de le remplacer avant 20 ans. Un système en surface coûterait 4,5 millions de dollars en frais d'installation et 165 000 $ par année en frais de fonctionnement. Toutefois, sa durée de vie ne dépasserait pas neuf ans. Comme le club loue un des terrains de la ville, les deux systèmes seraient considérés comme des aménagements à des locaux loués et feraient l'objet d'un amortissement fiscal linéaire. Leur valeur de récupération est nulle. Lequel des deux systèmes faudrait-il choisir si le taux d'actualisation est de 12 % et le taux d'imposition, de 36 % ?

37. **La comparaison de projets mutuellement exclusifs** Les dirigeants des Entreprises de la vallée Ripascale inc. évaluent différentes possibilités d'utilisation d'un immeuble de trois étages, destiné à la fabrication et à l'entreposage, qu'ils viennent d'acquérir pour la somme de 745 000 $. Ils pourraient continuer à le louer pour 45 000 $ par année à leurs locataires actuels, qui sont d'ailleurs intéressés à rester dans l'immeuble encore au moins 15 ans. Ils pourraient aussi entreprendre des aménagements visant à modifier la structure actuelle et l'utiliser pour leurs propres besoins de production et d'entreposage. Selon un de leurs ingénieurs de production, il est possible d'aménager l'immeuble en vue de la production d'une des deux nouvelles gammes de produits de l'entreprise. Les données concernant les coûts et les bénéfices associés à ces deux gammes de produits apparaissent dans le tableau suivant.

	Gamme de produits A	Gamme de produits B
Charges initiales décaissées pour les modifications à l'immeuble	96 000 $	177 500 $
Charges initiales décaissées pour l'équipement	376 000	422 000
Bénéfices annuels avant impôts (pendant 15 ans)	300 500	373 600
Dépenses annuelles avant impôts (pendant 15 ans)	170 000	212 000

L'immeuble servirait seulement pendant 15 ans, que ce soit pour la production de la gamme de produits A ou de la gamme de produits B. Après cette période, il sera devenu trop petit pour abriter de façon efficace la production de l'une ou l'autre gamme de produits. À ce moment-là, les dirigeants prévoient louer de nouveau l'immeuble à des entreprises similaires à celle des locataires actuels. Cependant, ils devront alors lui redonner son aspect initial. On estime que le coût de cette remise en état s'élèverait à 14 750 $ dans le cas de la gamme de produits A et à 112 550 $ dans le cas de la gamme de produits B. Toutefois, l'entreprise pourra déduire ces coûts à des fins de déclaration fiscale dans l'année où ils seront engagés.

Elle pourra amortir la structure originale de l'immeuble (acquis au prix de 745 000 $) à un taux d'ACC de 5 %, peu importe le choix qu'elle fait. Les améliorations locatives entrent dans la catégorie de biens nº 13 et font l'objet d'un amortissement fiscal linéaire sur une période de 15 ans. L'équipement acheté pour la fabrication de l'une ou l'autre gamme de produits entre dans la catégorie de biens nº 8 et a un taux d'ACC de 20 %. Le taux d'imposition de l'entreprise est de 40 %, et la rentabilité minimale exigible est de 16 % sur ce type d'investissements.

Pour simplifier les choses, supposons que tous les flux monétaires d'une année sont générés à la fin de l'exercice. Les dépenses initiales en vue des modifications de la structure et de l'achat d'équipement se font au temps $t = 0$, et les dépenses concernant la remise en état de l'immeuble ont lieu à la fin de la quinzième année. En outre, l'entreprise a suffisamment d'autres activités rentables en cours pour combler toute perte éventuelle.

Quelle utilisation de l'immeuble recommanderiez-vous aux dirigeants des Entreprises de la vallée Ripascale inc. ?

38. **L'évaluation d'une entreprise** La corporation céréalière de Maniwaki (CCM) possède des champs de blé qui lui procurent annuellement des bénéfices nets de 660 000 $. On s'attend à ce que ces champs produisent indéfiniment en moyenne 660 000 $ par année de profits nets en termes réels. La CCM n'a aucun actif amortissable, de sorte que son flux monétaire annuel est également de 660 000 $. Il s'agit d'une entreprise entièrement financée par des fonds propres avec 275 000 actions en circulation. Le taux d'actualisation approprié à son type d'actions est de 15 %. La CCM aurait la possibilité d'investir dans un projet ayant une valeur actualisée brute de 1 650 000 $. Ce projet d'investissement requiert un débours immédiat de 1 100 000 $. C'est la seule possibilité d'investissement qui s'offre à l'entreprise.

Supposons que tous les flux monétaires sont encaissés à la fin de chaque année. Quel est le prix par action de l'entreprise ?

39. La comparaison de projets mutuellement exclusifs Les Industries Six Cols (ISC) doit choisir entre deux systèmes de courroies transporteuses. Le système A coûte 525 000 $, il a une durée de vie de quatre ans et ses coûts d'exploitation avant impôts s'élèvent à 127 000 $ par année. Le système B coûte 600 000 $, il a une durée de vie de six ans et ses coûts d'exploitation avant impôts s'élèvent à 67 500 $ par année. Les deux systèmes ont un taux d'ACC de 30 % (catégorie 10) et n'auront aucune valeur de récupération. Peu importe le système choisi, l'entreprise ne le remplacera pas lorsqu'il sera usé. Si le taux d'imposition est de 36 % et le taux d'actualisation de 18 %, quel système l'entreprise devrait-elle adopter ?

40. La comparaison de projets mutuellement exclusifs Supposons que, dans le problème précédent, la société ISC a toujours besoin à l'avenir d'un système de courroies transporteuses, de sorte que, chaque fois que celui-ci s'use, il doit être remplacé. Quel système l'entreprise devrait-elle alors choisir ?

41. Le calcul du montant d'une soumission Une entreprise examine un projet qui consiste à fournir 32,5 millions de timbres par année à Postes Canada pour les sept prochaines années. Elle possède un terrain vague acheté il y a cinq ans au coût de 600 000 $. Actuellement, la vente de ce terrain lui rapporterait 750 000 $. Pour construire une usine et acquérir l'équipement nécessaire à la production de timbres, elle doit investir 3,1 millions de dollars. L'usine et l'équipement feront l'objet d'un taux d'ACC de 25 % par année. À la fin de cette période, l'équipement pourra être revendu pour la somme de 475 000 $. Par ailleurs, ce projet requiert, au départ, un fonds de roulement de 500 000 $ auquel il faudra ajouter un investissement supplémentaire de 60 000 $ par année pendant toute sa durée. Les coûts de production se chiffrent à 1,6 cent par timbre, et les coûts fixes s'élèvent à 475 000 $ par année. Avec un taux d'imposition de 38 % et une rentabilité minimale exigible de 17 %, quel montant l'entreprise devrait-elle proposer dans sa soumission pour obtenir ce contrat ?

42. Le remplacement et les durées de vie inégales La société C.O.B.O.L. a besoin d'ordinateurs. La direction a restreint son choix à deux systèmes, le SAL 5000 ou le DET 1000. Elle aurait besoin de 12 ordinateurs SAL 5000, qui coûtent chacun 11 500 $ et dont les frais d'entretien s'élèvent à 1 500 $ annuellement. À la fin des six ans que durent ces ordinateurs, l'entreprise espère pouvoir les revendre 1 500 $ chacun. Elle pourrait aussi acheter 10 ordinateurs DET 1000 coûtant 15 000 $ par unité et requérant chacun 1 200 $ par année en frais d'entretien. Par contre, ces appareils ne durent que quatre ans et n'ont aucune valeur de revente. Peu importe le modèle choisi, l'entreprise achètera désormais toujours le même. Sans tenir compte des effets de l'impôt et en supposant que les coûts d'entretien apparaissent à la fin de l'exercice, indiquez le modèle que l'entreprise devrait adopter si le coût du capital est de 14 %.

43. Le remplacement et les durées de vie inégales La station radiophonique CNRJ envisage de remplacer son vieux mélangeur de son, qui est entièrement amorti. Il existe deux nouveaux modèles : 1) le mélangeur de son X, qui coûte 546 000 $, a une durée de vie de cinq ans et permet des économies de flux monétaires après impôts de 198 000 $ par année ; 2) le mélangeur Y, qui coûte 960 000 $, a une durée de vie de 10 ans et dont le flux monétaire après impôts est de 246 000 $ par année. On ne s'attend à aucun nouveau progrès technologique. Si le coût du capital est de 13 %, la station CNRJ devrait-elle remplacer son ancien mélangeur de son par le modèle X ou le modèle Y ?

44. La décision concernant l'abandon Dans certains cas, il peut se révéler avantageux de mettre fin à un projet plus tôt que prévu. Par exemple, lorsqu'un projet occasionne des pertes d'argent, il est possible de minimiser les dégâts en mettant les éléments d'actif au rebut et en interrompant le projet plutôt que de le mener à terme dans de telles conditions. Cela dit, examinez le projet suivant d'Air Chasse-galerie inc. L'entreprise envisage un projet de quatre ans visant à étendre ses services de transport aérien en Utopie. Ce projet requiert un investissement initial de 5 milliards de dollars pour l'achat de nouveaux avions qui feront l'objet d'un taux d'amortissement de 40 % par année tout au long de sa durée. Un investissement initial de 1 milliard de dollars en fonds de roulement est indispensable pour constituer un stock de pièces de rechange. Il s'agit d'un coût entièrement récupérable dès la fin du projet. L'entreprise croit qu'avec un total de 1,5 milliard de dollars en coûts d'exploitation avant impôts, elle pourra obtenir des recettes de 4 milliards de dollars avant impôts. Le taux d'imposition est de 36 %, et le taux d'actualisation s'élève à 12 %. Voici des renseignements sur la valeur marchande des avions pendant la durée du projet.

Année	Valeur marchande (en milliards de dollars)
1	4,00
2	3,50
3	1,75
4	0

a) Si le transporteur aérien met ce projet à exécution pendant quatre ans, quelle est sa VAN ?

b) Calculez la VAN du projet en supposant qu'on l'abandonne après un an, deux ans ou trois ans. Quelle durée économique permettrait à l'entreprise de maximiser la valeur d'un tel projet ? Que vous indique ce problème concernant le fait de ne pas considérer les possibilités d'abandon lors de l'évaluation d'un projet ?

45. Le choix des investissements en matière de rénovations Supposons qu'une entreprise s'apprête à rénover un bureau loué. Les rénovations devraient coûter 250 000 $ et faire l'objet d'un amortissement linéaire jusqu'à une valeur nulle au cours des cinq années de bail qui restent.

Le nouveau bureau permettrait d'économiser 26 000 $ par année en coûts de chauffage et de climatisation. En outre, l'absentéisme diminuerait et, grâce à sa nouvelle image, l'entreprise accroîtrait ses revenus. Ces deux derniers facteurs auraient pour effet d'augmenter les produits d'exploitation de 25 000 $ chaque année. Le taux d'imposition est de 38 % et le taux d'actualisation, de 11 %. D'un point de vue strictement financier, les rénovations devraient-elles être effectuées ?

46. Le calcul des économies requises Un dispositif destiné à réduire les coûts entraîne des frais d'installation de 175 500 $. En ce qui a trait à l'ACC, il entre dans la catégorie de biens n° 8 (20 %). Il a une durée de fonctionnement de cinq ans, après laquelle il n'aura plus aucune valeur. Ce projet d'investissement n'a pas d'effet sur le fonds de roulement, et le taux d'imposition est de 40 %.

a) À combien doivent se chiffrer les économies de coûts avant impôts de cet investissement pour qu'il soit acceptable ? Considérez que la rentabilité minimale exigible doit être de 15 %. [Indice : Il s'agit d'une variation du problème concernant l'établissement du montant d'une soumission.]

b) Supposons que le dispositif a une valeur de récupération de 28 500 $ avant impôts. En quoi ce facteur modifie-t-il votre réponse ?

47. Les flux monétaires et le choix des investissements La société Klaatu vient de terminer une étude de marché de deux ans au coût de 1,1 million de dollars. D'après les résultats de cette étude, l'entreprise estime pouvoir vendre annuellement 17 600 nouveaux robots industriels de catégorie RUR au cours des huit prochaines années au prix de 23 500 $ par unité. Les coûts variables s'élèvent à 19 300 $ par robot, et les coûts fixes totalisent 28 millions de dollars par année.

Les coûts de démarrage se chiffrent à 85 millions de dollars pour la construction des installations nécessaires à la production, à 4,6 millions de dollars pour l'achat de terrains et à 16,5 millions de dollars en fonds de roulement. Les installations de 85 millions de dollars consistent en un immeuble évalué à 10 millions de dollars qui entre dans la catégorie de biens n° 3 (5 %) et en un équipement de fabrication de 75 millions de dollars qui entre dans la catégorie de biens n° 8 (20 %). Au bout des huit ans du projet, l'entreprise estime pouvoir vendre les installations (y compris les terrains) pour un montant de 20,2 millions de dollars. Supposons que l'immeuble aura alors une valeur de 7 millions de dollars. On ne s'attend pas à ce que celle du terrain change.

Enfin, le démarrage des opérations entraînerait des dépenses entièrement déductibles de 3,3 millions de dollars à l'année 0. La société Klaatu est une entreprise rentable, qui a le vent dans les voiles, et dont le taux d'imposition est de 38 %. Si l'entreprise utilise un taux d'actualisation de 15 % pour les projets de ce type, devrait-elle produire des robots de catégorie RUR ?

48. L'évaluation d'un projet Voici les projections de la société Pavarotti-en-nous inc. (PEN) concernant la vente à l'unité d'un nouvel implant d'émulation des ténors d'opéra.

Année	Unités vendues
1	90 000
2	100 000
3	110 000
4	117 000
5	65 000

La production de ces implants nécessite un fonds de roulement de 550 000 $ au départ ainsi que des investissements additionnels annuels à ce fonds équivalant à 35 % de la hausse du chiffre d'affaires prévue pour l'année suivante. (Comme les ventes devraient diminuer au cours de la cinquième année, il n'y a aucun flux monétaire du fonds de roulement pendant la quatrième année.) Le total des coûts fixes s'élève à 175 000 $ par année, les coûts variables de production se chiffrent à 227 $ par unité et le prix de chaque unité est de 360 $. L'équipement requis pour démarrer la production entraîne des frais d'installation de 14,2 millions de dollars. Comme ces implants sont destinés à des chanteurs professionnels, on considère qu'il s'agit de machinerie industrielle qui entre, à des fins fiscales, dans la catégorie de biens n° 8 (20 %). Dans cinq ans, on prévoit vendre cet équipement à environ 25 % de son coût d'acquisition. La société PEN se situe dans la tranche d'imposition marginale de 40 %, et la rentabilité minimale exigible sur tous ses projets est de 25 %. D'après ces estimations préliminaires, déterminez la VAN du projet. Quel est son TRI ?

49. Le calcul de l'économie de coûts L'installation d'un dispositif d'économies de coûts entraînerait des frais de 540 000 $. Ce dispositif servirait à un projet quinquennal, mais, pour des raisons fiscales, il entre dans la catégorie des équipements de fabrication et de traitement (taux d'ACC de 20 %). L'investissement initial requis pour le fonds de roulement se chiffre à 20 000 $. Le taux d'imposition marginal est de 37 % et le taux d'actualisation du projet, de 11 %. Si on estime qu'à la fin de la cinquième année, le dispositif aura une valeur de récupération de 95 000 $, quel niveau d'économie de coûts avant impôts devrait-on exiger pour que ce projet soit rentable ?

50. La décision concernant le remplacement Une entreprise songe à remplacer un ancien ordinateur par un nouveau. L'ancien lui a coûté 300 000 $, et le nouveau lui coûterait 650 000 $. Le nouveau système ferait l'objet d'un taux d'ACC de 30 % (catégorie 10). Au bout de cinq ans, il aurait probablement une valeur d'environ 100 000 $.

L'ancien système subit un amortissement de 60 000 $ par année. Il sera complètement amorti dans trois ans. S'il n'est pas remplacé maintenant, il devra l'être dans deux ans. L'entreprise pourrait le vendre immédiatement pour 150 000 $. Il vaudra probablement la moitié de ce montant dans deux ans. Le nouveau système permettrait d'économiser 110 000 $ en frais d'entretien. Le taux d'imposition est de 36 % et le taux d'actualisation, de 12 %.

a) Supposons que l'entreprise se demande seulement si elle devrait remplacer ou non son ordinateur actuel dès maintenant, sans se préoccuper de ce qui se passera dans deux ans. Quels sont les flux monétaires pertinents ? Devrait-on procéder au remplacement ? [Indice : Considérez la variation nette des flux monétaires de l'entreprise après impôts en cas de remplacement.]

b) Supposons que, si on ne remplace pas l'ordinateur actuel dès maintenant, il faudra le faire dans deux ans. Devrait-on le remplacer tout de suite ou attendre ? [Indice : Il s'agit de décider « d'investir » dans l'ancien ordinateur (en ne le vendant pas) ou d'investir dans le nouveau. Il faut remarquer que les deux investissements ont des durées de vie inégales.]

51. L'analyse de la rentabilité financière Pour résoudre le problème du montant de la soumission présenté dans le chapitre, on a posé que la VAN du projet était nulle et on a déterminé le montant requis à l'aide de la définition des flux monétaires provenant de l'exploitation. On peut donc dire que le montant proposé représente le seuil de rentabilité financière du projet. On peut étendre ce type d'analyse à beaucoup d'autres catégories de problèmes.

a) En vous référant au problème 31 et en supposant que le prix par boîte est de 10 $, déterminez la VAN du projet. Qu'est-ce que votre réponse indique concernant le montant de la soumission ? Que savez-vous sur le nombre de boîtes que l'entreprise peut vendre tout en atteignant son seuil de rentabilité ? sur le niveau de ses coûts ?

b) Résolvez de nouveau le problème 31. Conservez le prix de 10 $ par boîte, mais déterminez le nombre de boîtes que l'entreprise peut fournir par année tout en restant rentable. [Indice : Ce nombre est inférieur à 175 000.]

c) Reprenez la partie *b)* en conservant le prix de 10 $ par boîte et la quantité de 175 000 boîtes par année. Déterminez le niveau de coûts fixes le plus élevé que l'entreprise peut atteindre tout en maintenant sa rentabilité. [Indice : Ce montant est supérieur à 180 000 $.]

Mini étude de cas

En tant qu'analyste financier chez Mineur International (MI), on vous demande d'évaluer deux propositions d'investissement présentées par le service de production de l'entreprise. Avant de commencer votre analyse, on vous rappelle que, d'après la politique de l'entreprise, le coût du capital est fixé à 15 % pour tous les projets proposés. Le taux d'imposition de MI se situe à 36 %.

Le projet consiste à concevoir un nouveau logiciel destiné à faciliter une automatisation partielle de la production dans l'usine de MI. La proposition A entraînerait des coûts initiaux de conception du logiciel évalués à 150 000 $, tandis que la proposition B coûterait 250 000 $. Les coûts de conception du logiciel pourraient être capitalisés, ce qui permettrait d'obtenir un taux de déduction pour amortissement (DPA) de 30 %. En outre, quelle que soit la proposition choisie, le service d'informatique engagerait un conseiller en logiciels pour l'aider à prendre une décision

concernant l'investissement dans ce projet. Le service d'informatique verserait 10 000 $ au conseiller, un coût qui serait passé en charge au moment où il serait engagé.

Pour récupérer ses coûts, le service d'informatique de MI facturerait l'utilisation de temps d'ordinateur au service de production à un taux de 300 $ l'heure. Elle estime qu'il faudrait 100 heures de temps d'ordinateur par année pour faire fonctionner le nouveau logiciel, peu importe la proposition adoptée. MI est propriétaire de tous ses ordinateurs et, en ce moment, elle n'exploite pas leur plein potentiel. Le plan de la section informatique exige que cette capacité excédentaire soit encore disponible dans l'avenir. Pour des raisons de sécurité, l'entreprise a comme ligne de conduite de ne pas louer sa capacité informatique excédentaire à des utilisateurs externes.

Si la nouvelle automatisation partielle de la production est mise en œuvre, on s'attend à épargner les montants qui suivent sur le coût de production (avant imposition).

Année	Proposition A	Proposition B
1	60 000 $	90 000 $
2	60 000	95 000
3	50 000	80 000
4	30 000	40 000
5	10 000	20 000

À titre d'analyste du choix des investissements, vous devez répondre aux questions suivantes dans la note de service que vous présenterez au service de production.

a) Calculez la valeur actualisée nette de chacune des deux propositions. Laquelle recommanderiez-vous ?

b) D'après le directeur du service des finances, l'apparition de nouveaux produits technologiques risque fort de rendre le matériel de production et le logiciel d'automatisation désuets au bout d'à peine trois ans. Dans ces circonstances, quelle proposition recommanderiez-vous ? (Les économies de coûts pour les trois premières années demeureraient identiques.)

c) L'entreprise pourrait se servir des ressources excédentaires du service d'ingénierie pour trouver un moyen d'éliminer l'étape du processus de fabrication qu'on veut automatiser d'ici la fin de la troisième année. La valeur de récupération du matériel (y compris toute DPA et tout effet d'imposition) se chiffrerait à 30 000 $ à la fin de la troisième année, à 20 000 $ à la fin de la quatrième année et elle serait nulle à la fin de la cinquième année. Le service d'ingénierie devrait-il adopter cette solution et se débarrasser de tout le matériel avant la fin de la cinquième année ? avec quelle proposition ? à quel moment ?

www.cheneliere-education.ca

QUESTIONS SUR DES APPLICATIONS INTERNET

Lectures suggérées

Pour en apprendre davantage sur les décisions en matière de choix des investissements, consultez les ouvrages ci-après.

GARRISON, R., E. W. NOREEN, G. R. CHESLEY et R. G. CARROLL. *Managerial Accounting*, 5ᵉ édition canadienne, Whitby (Ont.), McGraw-Hill Ryerson, 2001.

GARRISON, R., E. W. NOREEN, G. R. CHESLEY et R. G. CARROLL. *Introduction à la comptabilité de management*, traduction de *Managerial Accounting*, Fifth Canadian Edition, sous la direction de F. Gélinas, H. Bergeron et C. Roy, Montréal, Chenelière/McGraw-Hill, 2005.

GARRISON, R., E. W. NOREEN, G. R. CHESLEY et R. G. CARROLL. *Fondements de la comptabilité de management : planification, contrôle et prise de décisions*, traduction de *Managerial Accounting*, Fifth Canadian Edition, sous la direction de H. Bergeron et C. Roy, Montréal, Chenelière/McGraw-Hill, 2005.

GRAHAM, J. R. et C. R. HARVEY. « The Theory and Practice of Corporate Finance : Evidence from the Field », *Journal of Financial Economics* 60, mai-juin 2001, p. 187-243.

ANNEXE 10 A L'inflation et le choix des investissements : information supplémentaire

Dans ce manuel, nous avons vu qu'il est possible d'exprimer les taux d'intérêt soit sous forme nominale, soit en termes réels. Par exemple, si le taux d'intérêt nominal est de 12 % et qu'on prévoit un taux d'inflation de 8 % l'année prochaine, le taux d'intérêt réel est alors approximativement :

Taux réel = Taux nominal − Taux d'inflation prévu
    = 12 % − 8 % = 4 %

De même, on peut exprimer les flux monétaires de façon nominale ou en termes réels. Compte tenu de ces deux possibilités, comment devrait-on exprimer les taux d'intérêt et les flux monétaires lorsqu'on fait des choix d'investissements ?

Les experts en finance soulignent avec justesse la nécessité de maintenir une certaine cohérence entre les flux monétaires et les taux d'actualisation. Autrement dit, les flux monétaires nominaux doivent être actualisés à un taux nominal, tandis que les flux monétaires réels doivent être actualisés à un taux réel.

Exemple 10 A.1 Le choix du taux réel ou du taux nominal

Voici les prévisions de Condoms Électriques inc. concernant les flux monétaires nominaux d'un projet donné.

	Date		
	0	1	2
Flux monétaires	−1 000 $	600 $	650 $

Si le taux d'intérêt nominal est de 14 % et qu'on prévoit un taux d'inflation de 5 %, quelle est la valeur de ce projet ?

Les quantités nominales On peut calculer la VAN comme suit :

$$26,47\ \$ = -1\ 000\ \$ + \frac{600\ \$}{1,14} + \frac{650\ \$}{(1,14)^2}$$

Le projet devrait être accepté.

Les quantités réelles Les flux monétaires réels s'expriment comme suit :

	Date		
	0	1	2
Flux monétaires	−1 000 $	571,43 $	589,57 $
		$\frac{600}{1,05}$	$\frac{650}{(1,05)^2}$

Le taux d'intérêt réel est d'environ 9 % (14 % − 5 %). En fait, il s'agit exactement de 8,571 43 %[22].

Pour déterminer la VAN, on effectue le calcul suivant :

$$26,47\ \$ = -1\ 000\ \$ + \frac{571,32\ \$}{1,085\ 714\ 3} + \frac{589,57\ \$}{(1,085\ 714\ 3)^2}$$

La VAN est identique, que les flux monétaires soient exprimés en quantités réelles ou nominales. Les deux méthodes donnent toujours la même VAN.

Dans ces conditions, laquelle faut-il employer ? Il existe une règle élémentaire : choisir la méthode la plus simple. Dans le cas de Condoms Électriques inc., les quantités nominales permettent d'effectuer un calcul plus simple qu'avec les quantités réelles parce qu'on dispose, au départ, des flux monétaires nominaux.

Toutefois, une entreprise fait souvent des prévisions concernant le nombre d'unités vendues annuellement. En général, on peut facilement convertir ces prévisions en quantités réelles en multipliant le nombre escompté d'unités vendues annuellement par le prix du produit à la date 0. (On suppose alors que le prix du produit s'accroît exactement en fonction du taux d'inflation.) Lorsqu'on a choisi un taux d'actualisation réel, il est facile de calculer la VAN d'après des quantités réelles. Inversement, les quantités nominales compliquent l'exemple à cause de l'étape supplémentaire de conversion des flux monétaires réels en flux monétaires nominaux.

Questions théoriques

1. Quelle est la différence entre le taux d'intérêt nominal et le taux d'intérêt réel ?
2. Quelle est la différence entre les flux monétaires réels et les flux monétaires nominaux ?

Question

A.1 Reprenez la question 25 en supposant que tous les flux monétaires et les taux d'actualisation fournis sont des taux nominaux et que le taux d'inflation est de 3 %. Quels sont les flux monétaires et les taux de rendement réels ? Quelle est la nouvelle annuité équivalente (AÉ) liée aux méthodes de production lorsqu'on tient compte de l'inflation ?

ANNEXE 10 B Le choix des investissements à l'aide de tableurs

De nos jours, il y a autant de probabilités de trouver un ordinateur qu'un baladeur chez un étudiant de niveau universitaire. L'utilisation accrue des micro-ordinateurs par les étudiants donne une idée de leur popularité et de leur succès auprès des entreprises partout en Amérique du Nord. Grâce à certains logiciels, ce type d'ordinateurs a considérablement augmenté la productivité de ses utilisateurs. Un des outils les plus utiles pour les étudiants en gestion est le tableur. Parmi les progiciels de tableurs les plus appréciés, citons Lotus 1-2-3, Excel et Quattro Pro.

Ces instruments sont presque essentiels à l'établissement d'une feuille de calcul pour le choix des investissements ou l'utilisation d'états financiers *pro forma*. Le tableau 10 B.2 donne un exemple d'une de ces feuilles

---

22 Voici le calcul exact dans ce cas : 8,571 43 % = (1,14/1,05) − 1.

de calcul basée sur les données provenant des Engrais Majestic inc. La feuille de calcul est entièrement intégrée, de sorte que la modification d'une des variables d'entrée du haut a pour effet de reformuler tout le problème. Il s'agit d'un instrument pratique pour les calculs de sensibilité, car il serait fastidieux d'avoir à recalculer les résultats de chaque colonne de la feuille à la main.

Les cellules mises en évidence indiquent les procédés les plus complexes du tableur. La première, E16, exprime le calcul de l'ACC. L'énoncé «si» sert à décider de l'année dont il s'agit, pour prendre en considération l'effet de la demi-année. La deuxième, G32, utilise un autre énoncé «si» dans le but d'évaluer s'il y a une insuffisance ou un surplus de fonds de roulement. La dernière case, S49, actualise simplement les flux monétaires à venir en dollars de l'année 0.

Une feuille de calcul du choix des investissements soigneusement élaborée permet de modifier facilement la plupart des entrées et simplifie les calculs de sensibilité. Examinons maintenant un exemple simple de ce type de calculs pour démontrer l'utilité des tableurs.

Le tableau 10 B.1 présente deux tables d'analyse de sensibilité. Dans la première, l'investissement initial varie; dans la seconde, c'est le taux d'actualisation qui varie. Notons que si l'investissement initial dépasse le budget de seulement 25 000 $ dans la première table, l'ensemble du projet n'est plus rentable. La seconde analyse indique que le projet est encore plus sensible aux fluctuations du taux d'actualisation.

Les tableurs sont des outils inestimables pour ce genre de problèmes. Ils diminuent le nombre d'erreurs de distraction et facilitent la vérification de toutes les valeurs. Ils permettent aussi des analyses par simulation comme celles qui sont décrites ci-dessus. De nos jours, il est presque essentiel pour les étudiants d'écoles d'administration de savoir se servir d'au moins un logiciel de tableur.

Tableau 10 B.1 L'analyse de sensibilité

Investissement initial	Valeur actualisée nette	Taux d'actualisation	VAN
Cellule de base	4 604 $	15,0 %	4 604 $
750 000 $	44 626	10,0	177 240
775 000	24 615	12,5	84 796
800 000	4 604	15,0	4 604
825 000	−15 407	17,5	−65 319
850 000	−35 418	20,0	−126 589

Tableau 10 B.2

	A	B	C	D	E	F	G	H	I	J	K	L	M	N	O	P	Q	R	S
1	Emi																		
2																			
3	Variables d'entrée :																		
4	Taux d'imposition		40,0%		Taux d'actualisation		15,0%												
5	Taux d'ACC		20,0%		Fonds de roulement en % du chiffre d'affaires		15,0%												
6	Investissement initial		800 000 $																
7																			
8																			
9	États des résultats		0																
10	Année				1		2		3		4		5		6		7		8
11	Prix par unité				120 $		120 $		120 $		110 $		110 $		110 $		110 $		110 $
12	Nombre d'unités vendues				3 000		5 000		6 000		6 500		6 000		5 000		4 000		3 000
13	Bénéfices				360 000 $		600 000 $		720 000 $		715 000 $		660 000 $		550 000 $		440 000 $		330 000 $
14	Coûts variables				180 000		300 000		360 000		390 000		360 000		300 000		240 000		180 000
15	Coûts fixes				25 000		25 000		25 000		25 000		25 000		25 000		25 000		25 000
16	ACC				80 000		144 000		115 200		92 160		73 728		58 982		47 186		37 749
17	Bénéfices avant intérêts et impôts				75 000 $		131 000 $		219 800 $		207 840 $		201 272 $		166 018 $		127 814 $		87 251 $
18	Impôts				30 000		52 400		87 920		83 136		80 509		66 407		51 126		34 901
19	Bénéfices nets				45 000 $		78 600 $		131 880 $		124 704 $		120 763 $		99 611 $		76 688 $		52 351 $
20																			
21																			
22	Flux monétaires à venir		0																
23	Année				1		2		3		4		5		6		7		8
24	Flux monétaires provenant de l'exploitation																		
25	Bénéfices avant intérêts et impôts				75 000 $		131 000 $		219 800 $		207 840 $		201 272 $		166 018 $		127 814 $		87 251 $
26	ACC				80 000		144 000		115 200		92 160		73 728		58 982		47 186		37 749
27	Impôts				30 000		52 400		87 920		83 136		80 509		66 407		51 126		34 901
28	Flux monétaires provenant de l'exploitation				125 000 $		222 600 $		247 080 $		216 864 $		194 491 $		158 593 $		123 874 $		90 099 $
29																			
30	Fonds de roulement																		
31	Fonds de roulement initial		20 000 $																
32	Accroissement du fonds de roulement				34 000 $		36 000 $		18 000 $		–750 $		–8 250 $		–16 500 $		–16 500 $		–16 500 $
33	Récupération du fonds de roulement										–49 500 $								
34	Additions au fonds de roulement		20 000 $		34 000 $		36 000 $		18 000 $		–750 $		–8 250 $		–16 500 $		–16 500 $		–66 000 $
35																			

Tableau 10 B.2 (suite)

	A	B	C	D	E	F	G	H	I	J	K	L	M	N	O	P	Q	R	S
36		Dépenses d'investissement																	
37		Investissement initial	800 000 $																−150 000 $
38		Valeur de récupération après impôts																	
39		Dépenses d'investissement nettes	800 000 $																−150 000 $
40																			
41			0		1	2		3	4			5		6		7		8	
42		Flux monétaire total du projet																	
43			−820 000 $		91 000 $	186 600 $		229 080 $	217 614 $			202 741 $		175 093 $		140 374 $		306 099 $	
44																			
45		Flux monétaire cumulé																	
46			−820 000 $		−729 000 $	−542 400 $		−313 320 $	−95 706 $			107 035 $		282 128 $		422 503 $		728 602 $	
47																			
48		Flux monétaire actualisé (à 15 %)																	
49			−820 000 $		79 130 $	141 096 $		150 624 $	124 422 $			100 798 $		75 698 $		52 772 $		100 064 $	
50																			
51		Valeur actualisée nette	4 604 $																
52																			
53		Taux de rendement interne	15,15 %	Flux monétaires															
54		Délai de récupération	4,47	−820 000 $															
55				91 000															
56				186 600															
57				229 080															
58				217 614															
59				202 741															
60				175 093															
61				140 374															
62				306 099															

Formules des cellules

E16 : (0,0) si (E10=« 1 », $C $6/2* $C $5,($C $6−somme(D16.. $E $16))* $C $5

G32 : @si (somme(F32.. $E $32)+ $C $31< G13* $G $5,G13* $G $5−(somme(F32.. $E $32)
+ $C $31),G13* $G $5−(somme(F32.. $E $32)+ $C $31))

S49 : + $S43/((1+ $G $4)^S41)

CHAPITRE 11

L'analyse de projets et l'évaluation

En juin 2000, Roots Canada et Skyservice Airlines ont annoncé la création, en coentreprise, d'une nouvelle ligne aérienne du nom de Roots Air. La compagnie aérienne visait le marché des voyageurs d'affaires en offrant des tarifs qui se situaient entre ceux des transporteurs en classe affaires et ceux des transporteurs en classe économique ou à tarifs réduits. Dès le début des activités, Roots Air a fait face à une compétition féroce et les rentrées d'argent ont été plus basses que prévu. En mai 2001, après seulement un mois d'exploitation, Roots Air a suspendu tous ses vols.

Le cas de Roots Air montre que les décisions en matière de choix des investissements n'ont pas toujours les effets escomptés. Dans ce chapitre, nous examinerons comment de telles situations se produisent, et nous verrons de quelle façon des entreprises comme Roots Canada, Skyservice Airlines et bien d'autres peuvent raffiner leur analyse afin d'éviter de tels résultats. Nous examinerons aussi comment ces entreprises gèrent de tels problèmes lorsqu'ils se présentent.

Dans le chapitre précédent, nous avons vu comment déterminer et organiser les flux monétaires pertinents aux décisions en matière de choix des investissements. Nous cherchions surtout à faire une estimation préliminaire de la valeur actualisée nette (VAN) d'un projet. Dans le présent chapitre, nous tâcherons d'évaluer la fiabilité d'une telle estimation, et nous examinerons quelques considérations supplémentaires concernant l'analyse de projets.

Nous allons commencer par déterminer pourquoi il est nécessaire de juger de la validité de l'estimation des flux monétaires et de la VAN. Ensuite, nous élaborerons des outils permettant de procéder à ces évaluations. Enfin, nous examinerons des problèmes complexes et porterons notre attention sur certains sujets d'inquiétude qui peuvent surgir lors de l'évaluation d'un projet.

11.1 L'évaluation des estimations de la valeur actualisée nette

Comme nous l'avons vu au chapitre 9, un investissement présente une valeur actualisée nette (VAN) positive lorsque sa valeur marchande est supérieure à son coût. Ce type d'investissement est souhaitable, car il crée de la valeur pour son propriétaire. Le principal problème lié à la détermination de telles possibilités d'investissement est que, la plupart du temps, on ne peut connaître la valeur marchande pertinente. On ne peut qu'estimer cette dernière et, lorsqu'on a effectué ces estimations, il est naturel de se demander si elles se rapprochent ou non des valeurs réelles. C'est ce que nous allons maintenant examiner.

Le problème fondamental

Supposons qu'on fait une analyse préliminaire des flux monétaires actualisés en procédant comme au chapitre 10. On détermine soigneusement les flux monétaires pertinents, en évitant d'y inclure, entre autres éléments, les coûts irrécupérables et en considérant les besoins en fonds de roulement. On additionne l'amortissement fiscal, on tient compte de l'érosion possible et on porte attention aux coûts de renonciation. Enfin, on revérifie tous les calculs et, au bout du compte, on obtient une estimation positive de la VAN.

Dès lors, faut-il s'arrêter à ce stade et passer au projet suivant? Ce n'est probablement pas le cas. Le fait que la VAN prévue est positive constitue certainement un argument en faveur du projet, mais il indique surtout qu'on doit l'examiner plus attentivement.

En réalité, il existe deux situations dans lesquelles une analyse de flux monétaires actualisés permet de conclure qu'un projet présente une VAN positive. Dans la première, le projet présente vraiment une VAN positive; dans la seconde, le projet semble avoir une VAN positive à cause d'une estimation inexacte.

Notons qu'on peut aussi se tromper en faisant le raisonnement inverse. Si on conclut qu'un projet a une VAN négative alors qu'en réalité elle est positive, l'entreprise perd une occasion de faire de l'argent.

Les flux monétaires effectifs et les flux monétaires anticipés

Il faut établir ici une distinction subtile. Que signifie un énoncé du type : « Le flux monétaire anticipé pour la quatrième année s'élève à 700 $ »? Doit-on croire que le flux monétaire se chiffrera effectivement à 700 $? Pas vraiment. C'est possible mais ce serait surprenant. En effet, ce montant est une projection fondée uniquement sur les renseignements dont on dispose aujourd'hui. Entre le moment présent et cette quatrième année, il peut se produire des événements de nature à modifier ce flux.

Un tel énoncé signifie qu'on a pris tous les flux monétaires susceptibles d'être générés dans quatre ans, qu'on a calculé leur moyenne pour obtenir comme résultat 700 $. On ne s'attend donc pas à ce qu'un flux monétaire corresponde exactement à ce montant. On prévoit cependant que pour un grand nombre de projets, ces projections sont généralement justes.

Le risque prévisionnel

Les principaux éléments qui entrent dans une analyse de flux monétaires actualisés sont les flux monétaires anticipés. Si ces projections contiennent de nombreuses erreurs, on se retrouve avec un système classique du type « à données inexactes, résultats erronés ». Dans ce cas, peu importe le soin qu'on met à disposer les chiffres et à les manipuler, le résultat risque de nous induire en erreur. C'est un risque inhérent à l'utilisation d'une technique aussi complexe que celle de l'évaluation des flux monétaires actualisés. Les innombrables calculs peuvent nous faire oublier les éléments de base de la réalité économique.

La possibilité de prendre une mauvaise décision à cause d'erreurs dans l'évaluation des flux monétaires escomptés porte le nom de **risque prévisionnel** (ou risque d'estimation). Le risque prévisionnel fait en sorte, par exemple, qu'on peut penser que la VAN d'un projet est positive alors qu'elle ne l'est pas. C'est ce qui arrive lorsqu'on envisage l'avenir avec trop d'optimisme et que, par conséquent, les flux monétaires projetés ne reflètent pas de façon réaliste les flux monétaires à venir.

Jusqu'ici, on ne s'est pas clairement demandé ce qu'il faut faire en cas d'erreurs dans les prévisions. Un des objectifs de ce chapitre est donc de construire des instruments qui permettront de discerner les secteurs susceptibles d'engendrer des erreurs pouvant être particulièrement dommageables. D'une manière ou d'une autre, on s'efforcera d'évaluer la vraisemblance économique de nos estimations. On examinera aussi l'étendue des dommages que ces erreurs peuvent causer.

Des sources de valeur

Le premier moyen de protection contre le risque prévisionnel consiste à se poser la question suivante : « Quelles caractéristiques donnent à cet investissement une VAN positive? » On devrait pouvoir déterminer l'élément particulier qui constitue la source de valeur. Par exemple, si le projet à l'étude concerne un nouveau produit, l'entreprise se demandera si, par rapport à ses principaux concurrents, elle a la certitude que ce produit est meilleur, qu'elle peut le fabriquer à des coûts moins élevés, le distribuer plus efficacement, découvrir des créneaux de marché non encore exploités ou contrôler une part du marché.

Ce ne sont que quelques-unes des sources de valeur potentielles et il en existe bien d'autres. Ainsi, en 1996, le fabricant américain bien connu de produits domestiques en plastique, Rubbermaid Inc., a fait des plans pour pénétrer le marché (d'une valeur de 1 milliard de dollars)

Risque prévisionnel

Possibilité que des erreurs dans les flux monétaires projetés mènent à des décisions erronées.

des sacs à poubelle. Il n'était pas question pour Rubbermaid Inc. de fabriquer ses propres sacs, mais de mettre en marché et de distribuer ceux que fabrique la société North American Plastics Corp. en son nom. L'entreprise souhaitait promouvoir la vente de sacs adaptés à ses poubelles de cuisine et d'extérieur. Ce marché est déjà relativement saturé, et il s'agit d'un produit d'usage courant, mais l'entreprise pensait que son nom, reconnu partout, serait une source de valeur et lui donnerait un avantage concurrentiel dans le domaine des sacs à poubelle.

Un facteur essentiel à ne pas négliger est le degré de concurrence sur un marché. D'après un principe fondamental en économie, les investissements qui ont une VAN positive sont rares dans un secteur très concurrentiel. Par conséquent, les projets qui semblent présenter une valeur significative malgré une concurrence acharnée sont très problématiques ; il faut examiner minutieusement la réaction probable des concurrents à toute innovation.

De même, il faut se méfier des prévisions qui se contentent d'extrapoler à partir des tendances passées sans tenir compte des changements dans la technologie ou le comportement humain. Voici un exemple du type de prévisions à éviter.

> En 1860, la ville de New York a demandé à certains prévisionnistes du secteur financier de déterminer le degré futur d'une pollution due à l'utilisation du tabac à chiquer et aux chevaux… En 1850, la quantité de crachats dans les caniveaux et celle du fumier au milieu des rues avaient toutes les deux atteint en moyenne 0,5 po (environ 1,2 cm). Vers 1860, chacun de ces niveaux avait doublé pour atteindre 1 po. À l'aide de ce taux de croissance historique, les prévisionnistes ont établi que les niveaux en question atteindraient 2 po en 1870, 4 po en 1880 et 1 024 po (soit 22,5 m) vers 1960[1] !

Pour éviter ce genre d'erreur, il faut se rappeler que les investissements ayant une VAN positive sont relativement rares et que le nombre de projets présentant de telles VAN est forcément limité pour chaque entreprise. Si on ne trouve aucun principe économique solide pour justifier à l'avance le bien-fondé d'un projet, le fait que ce projet a une VAN positive devrait inspirer une certaine méfiance.

Questions théoriques

1. Qu'est-ce qu'un risque prévisionnel ? Pourquoi un gestionnaire financier doit-il s'en préoccuper ?

2. Nommez des sources potentielles de valeur pour un nouveau projet.

11.2 Les analyses de scénarios et l'évaluation par simulation

Notre démarche de base pour juger de la validité de l'estimation des flux monétaires et de la VAN consiste à nous poser des questions du type « Que se passerait-il si… ? » Nous allons donc examiner quelques techniques utiles pour procéder à des évaluations par simulation. Notre objectif est d'évaluer le degré de risque prévisionnel et de déterminer les composantes les plus importantes en ce qui a trait à la réussite ou à l'échec d'un investissement.

Le démarrage

Supposons qu'on examine un nouveau projet. On commence par estimer la VAN d'après les flux monétaires anticipés. C'est ce qu'on appelle l'« hypothèse de base ». Toutefois, on sait que des erreurs peuvent se glisser dans les projections de ces flux monétaires. Après avoir établi l'hypothèse de base, on souhaite examiner l'effet sur les estimations d'autres hypothèses concernant l'avenir.

Une façon de structurer cet examen consiste à fixer une limite supérieure et une limite inférieure aux différentes composantes du projet. Par exemple, supposons qu'on prévoit des ventes de 100 unités par année. On sait que cette estimation est soit trop élevée, soit trop basse, mais on

---

1 Cet exemple apocryphe (dont l'authenticité est douteuse) est tiré de l'ouvrage de L. KRYZANOWSKI, T. MINH-CHAU et R. SEGUIN, *Business Solvency Risk Analysis,* Montréal, Institut canadien des banquiers, 1990, chap. 5, p. 10.

est relativement certain qu'elle ne devrait pas s'écarter du chiffre réel de plus de 10 unités dans l'une ou l'autre direction. On peut donc se fixer 90 comme limite inférieure et 110 comme limite supérieure. On attribue ensuite de telles limites à toutes les autres composantes des flux monétaires sur lesquelles on a des doutes.

En fixant ces limites supérieures et inférieures, on n'exclut pas la possibilité que les valeurs réelles se situent en dehors de cette fourchette. Toutefois, sans entrer dans le détail, il est peu probable que la moyenne véritable (par opposition à la moyenne estimée) des valeurs possibles ne s'y trouve pas.

L'exemple qui suit permet de mieux comprendre cette notion. Un projet à l'étude coûte 200 000 $, il dure cinq ans et n'a aucune valeur de récupération. Il fait l'objet d'un amortissement linéaire[2]. Dans ce cas, la rentabilité minimale exigible est de 12 %, et le taux d'imposition atteint 34 %. Voici d'autres renseignements au sujet de ce projet :

	Hypothèse de base	Limite inférieure	Limite supérieure
Nombre d'unités vendues	6 000	5 500	6 500
Prix unitaire	80 $	75 $	85 $
Coûts variables par unité	60	58	62
Coûts fixes annuels	50 000	45 000	55 000

On peut calculer la VAN de l'hypothèse de base à l'aide de ces renseignements en déterminant d'abord le bénéfice net ainsi :

Chiffre d'affaires	480 000 $
Coûts variables	360 000
Coûts fixes	50 000
Amortissement	40 000
Bénéfice avant intérêts et impôts	30 000 $
Impôts de 34 %	10 200
Bénéfice net	19 800 $

Le flux monétaire correspond donc à 30 000 $ + 40 000 $ – 10 200 $ = 59 800 $ par année. À un taux de 12 %, le facteur d'actualisation pour cinq ans est de 3,6048. Par conséquent, la VAN de l'hypothèse de base est égale à :

VAN de l'hypothèse de base = –200 000 $ + (59 800 $ × 3,6048)

= 15 567 $

Le projet paraît donc recommandable à ce stade-ci.

Dans l'optique de cette analyse, on peut maintenant recalculer la VAN du projet en changeant quelques facteurs clés tels que le nombre d'unités vendues, le prix de vente unitaire, le coût variable unitaire et les coûts fixes. Le calcul selon l'hypothèse de base étant terminé, il est possible de comprendre pourquoi on a envisagé un amortissement linéaire. Ainsi, on a pu se concentrer sur quelques variables sans se compliquer la tâche avec le calcul du bénéfice net (qui serait différent chaque année) ou le calcul de la valeur actualisée des économies d'impôt associées à l'amortissement du coût en capital. Toutefois, il est clair qu'on doit appliquer les règles de l'ACC si l'on veut atteindre un niveau de précision accru.

L'analyse des scénarios

La forme de base de l'évaluation par simulation porte le nom d'**analyse des scénarios**. On examine les variations dans les estimations de la VAN en réponse à des questions du type : « Que se passerait-il si, pour être réaliste, on estimait le nombre d'unités vendues à 5 500 plutôt qu'à 6 000 ? »

Lorsqu'on commence à examiner différents scénarios, on découvre parfois que les plus plausibles d'entre eux ont pour résultat une VAN positive. Dans de telles conditions, on peut entreprendre la réalisation du projet avec une certaine confiance. Par contre, si le projet paraît peu rentable dans un pourcentage important des scénarios, le degré de risque prévisionnel est élevé et un examen plus approfondi s'impose.

---

2 Nous reviendrons sur ce point ultérieurement.

On peut envisager un certain nombre de scénarios possibles. Le pire scénario constitue un bon point de départ. Il permet de déterminer la VAN minimale du projet. S'il s'agit d'un nombre positif, la situation est encourageante. Ensuite, on détermine l'autre extrême, c'est-à-dire le meilleur scénario, pour fixer une limite supérieure à la VAN.

Pour établir le pire scénario, on attribue la valeur la moins favorable à chaque poste. Autrement dit, on assigne des valeurs peu élevées à des postes tels que le nombre d'unités vendues ou le prix unitaire et les valeurs supérieures des coûts. On procède à l'inverse dans le cas du meilleur scénario. En ce qui concerne le projet qui nous intéresse, on obtiendrait les données suivantes :

	Pire scénario	Meilleur scénario
Nombre d'unités vendues	5 500	6 500
Prix unitaire	75 $	85 $
Coûts variables par unité	62	58
Coûts fixes	55 000	45 000

À l'aide de ces renseignements, on peut calculer le bénéfice net et les flux monétaires correspondant à chaque scénario (vérifiez ces résultats par vous-même).

Scénario	Bénéfice net	Flux monétaires	Valeur actualisée nette	Taux de rendement interne
Hypothèse de base	19 800 $	59 800 $	15 567 $	15,1 %
Pire scénario*	−15 510	24 490	−111 719	−14,4
Meilleur scénario	59 730	99 730	159 504	40,9

* On suppose qu'il y a un crédit d'impôt dans le pire scénario.

On constate que, dans le cas du pire scénario, le flux monétaire est encore positif (24 490 $), ce qui est encourageant. Par contre, le taux de rendement interne (TRI) est de −14,4 % dans ce cas et la VAN est de −111 719 $. Comme le projet coûte 200 000 $, l'entreprise risque de perdre un peu plus que la moitié de son investissement initial dans le pire scénario possible. Par contre, dans le meilleur scénario, le TRI serait de 41 %.

Les expressions « meilleur scénario » et « pire scénario » sont très couramment employées. Nous continuerons cependant à les utiliser même si, à l'occasion, elles peuvent être trompeuses. La meilleure chose qui puisse se produire serait ridiculement improbable, par exemple lancer une nouvelle boisson gazeuse de régime et apprendre par la suite que sa formule (brevetée) constitue également, par le plus grand des hasards, un excellent remède contre le rhume. De même, le pire scénario possible, dont la probabilité était pourtant presque nulle, serait un fiasco total. Nous ne prétendons pas que ces événements ne se produisent jamais. Certains produits, comme les ordinateurs personnels, ont un succès qui dépasse les prédictions les plus optimistes. D'autres produits tel l'amiante se révèlent de véritables catastrophes. Nous voulons plutôt faire comprendre que pour évaluer le caractère acceptable de l'estimation d'une VAN, il faut s'en tenir à des situations ayant des chances raisonnables de se produire.

Donc, au lieu de parler du meilleur ou du pire scénario, il serait plus juste d'employer des termes comme « optimiste » ou « pessimiste ». De façon générale, lorsqu'on se représente un éventail raisonnable d'unités vendues, par exemple, ce qu'on désigne par « meilleur scénario » correspondrait à quelque chose qui se rapproche de la partie supérieure de cet éventail tandis que, par l'expression « pire scénario », on ferait référence à ce qui se situe dans la partie inférieure.

Comme on l'a déjà dit, il est possible d'envisager un nombre illimité de scénarios différents. On pourrait vouloir examiner au moins deux scénarios intermédiaires, à mi-chemin entre les montants de l'hypothèse de base et ceux des deux scénarios extrêmes. On aurait alors un total de cinq scénarios, en incluant l'hypothèse de base.

Au-delà de cinq, il est difficile de savoir où s'arrêter. Plus on trouve de possibilités, plus on risque d'être paralysé par le nombre d'analyses. Le problème est que, peu importe le nombre de scénarios obtenus avec des tableurs, il ne s'agit toujours que de possibilités, les unes encourageantes et les autres non. On n'en retire aucune directive concernant les décisions à prendre. L'analyse des scénarios sert donc à indiquer ce qui pourrait se produire et à évaluer le potentiel de désastre financier, mais non pas à déterminer si on doit ou non entreprendre un projet.

L'analyse de sensibilité

Analyse de sensibilité

Examen des variations de la VAN effectué lorsqu'une seule variable est modifiée.

L'analyse de sensibilité est une variante de l'analyse des scénarios. Elle vise à définir les domaines où le risque prévisionnel s'avère particulièrement élevé. Il s'agit de fixer toutes les variables sauf une et de voir comment l'estimation de la VAN varie en fonction de cette variable. C'est le pendant financier de l'approche « toutes choses étant égales par ailleurs » en sciences économiques.

Lorsque l'estimation de la VAN se révèle très sensible à des variations relativement faibles de la valeur anticipée d'une composante quelconque du flux monétaire, le risque prévisionnel associé à cette variable est élevé. Autrement dit, la VAN dépendrait étroitement des hypothèses établies au sujet de cette variable.

Pour illustrer le fonctionnement de l'analyse de sensibilité, on peut retourner à l'hypothèse de base pour tous les postes, sauf pour le nombre d'unités vendues. On peut alors calculer le flux monétaire et la VAN en utilisant le nombre le plus élevé et le nombre le plus bas pour cette variable. Cette tâche est facile à effectuer avec un tableur.

Scénario	Nombre d'unités vendues	Flux monétaires	Valeur actualisée nette	Taux de rendement interne
Hypothèse de base	6 000	59 800 $	15 567 $	15,1 %
Pire scénario	5 500	53 200	−8 226	10,3
Meilleur scénario	6 500	66 400	39 357	19,7

Pour pouvoir comparer, on fixe toutes les variables sauf les coûts fixes et on reprend l'analyse.

Scénario	Coûts fixes	Flux monétaires	Valeur actualisée nette	Taux de rendement interne
Hypothèse de base	50 000 $	59 800 $	15 567 $	15,1 %
Pire scénario	55 000	56 500	3 670	12,7
Meilleur scénario	45 000	63 100	27 461	17,4

Compte tenu des éventails choisis, on constate que l'estimation de la VAN de ce projet est plus sensible au nombre d'unités vendues anticipé qu'aux coûts fixes anticipés. En fait, dans le pire scénario concernant les coûts fixes, la VAN est encore positive.

On peut représenter par un graphique les résultats de cette analyse de sensibilité concernant le nombre d'unités vendues. Dans la figure 11.1, on a inscrit la VAN sur l'axe vertical et le nombre d'unités vendues sur l'axe horizontal. Lorsqu'on porte dans le plan les couples constitués par le nombre d'unités vendues et la VAN correspondante, on observe que les combinaisons de ces valeurs forment une droite. Plus la pente de la droite est forte, plus l'estimation de la VAN est dépendante de la valeur anticipée de la variable étudiée.

Comme on vient de le voir, l'analyse de sensibilité permet de définir les variables qui doivent retenir l'attention. Lorsqu'on s'aperçoit que l'estimation de la VAN est particulièrement sensible à une variable difficile à évaluer d'avance (par exemple le nombre d'unités vendues), le degré de risque prévisionnel est élevé. Dans un tel cas, on pourrait décider qu'il serait opportun d'effectuer de plus amples études de marché.

Comme l'analyse de sensibilité s'apparente grandement à l'analyse des scénarios, elle présente les mêmes inconvénients. Or, si l'analyse des scénarios permet de déterminer dans quels domaines des erreurs de prévision seraient particulièrement dommageables, elle n'indique pas ce qu'il faut faire en cas d'erreurs.

L'évaluation par simulation

Évaluation par simulation

Combinaison de l'analyse des scénarios et de l'analyse de sensibilité.

L'analyse des scénarios et l'analyse de sensibilité sont couramment employées, notamment parce qu'on peut facilement les effectuer à l'aide d'un tableur. Dans le cas de l'analyse des scénarios, toutes les variables changent, mais elles ne prennent qu'un petit nombre de valeurs. Dans le cas de l'analyse de sensibilité, une seule variable change, mais elle prend un grand nombre de valeurs. Lorsqu'on combine ces deux méthodes, on obtient une forme rudimentaire d'**évaluation par simulation**.

Figure **11.1**

L'analyse de sensibilité pour le nombre d'unités vendues

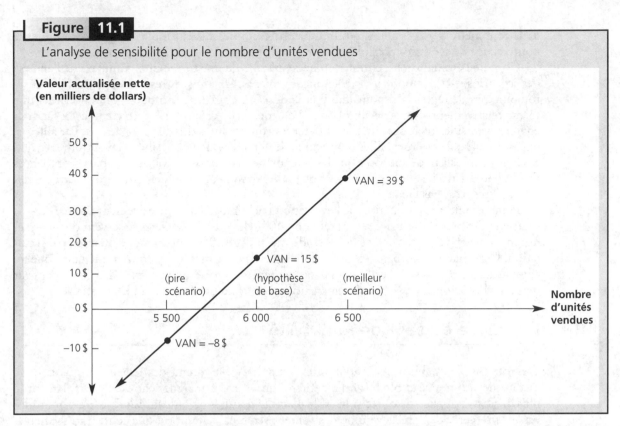

L'évaluation par simulation peut être utile pour mesurer le risque dans un système de variables complexe. Cette technique, qui porte parfois le nom de *méthode de Monte Carlo,* a permis de mettre à l'essai avec succès des stratégies de jeu.

Ainsi, selon certains chercheurs, les joueurs de casino pourraient faire tourner la chance en leur faveur au jeu de hasard vingt-et-un en variant leurs paris pendant la partie. Dans ce jeu, chaque personne joue contre le donneur et gagne si celui-ci échoue en tirant un nombre de cartes dont la somme est supérieure à 21. Le donneur est obligé de prendre une autre carte lorsqu'il obtient une somme de 16 ou moins. La probabilité qu'il dépasse la marque augmente à mesure que la proportion de figures (d'une valeur de 10 points) s'élève dans un jeu. Pour que cette stratégie fonctionne, les joueurs comptent toutes les cartes au fur et à mesure qu'elles sont tirées et augmentent leur mise lorsqu'il reste un nombre élevé de cartes d'une valeur de 10 dans le jeu.

Évidemment, la mise à l'essai d'une telle stratégie dans un casino aurait pu coûter très cher. Les chercheurs ont donc élaboré une simulation informatique du vingt-et-un et ont mesuré des gains hypothétiques. Ils ont découvert que leur stratégie est efficace, mais qu'elle requiert une mise considérable, car il faut souvent attendre longtemps avant de faire un gain[3].

Comme le montre cet exemple, l'évaluation par simulation permet de changer toutes les variables en même temps. Si c'est ce qu'on désire, il faut envisager un très grand nombre de scénarios et il est alors préférable d'utiliser un ordinateur. Dans le cas le plus simple, on commence par le nombre d'unités vendues, et on suppose que toutes les valeurs qui se situent entre 5 500 et 6 500 sont également probables. On choisit (soi-même ou par ordinateur) une valeur au hasard. On choisit ensuite au hasard un prix, un coût variable, etc.

Après avoir attribué des valeurs à toutes les composantes pertinentes, on calcule la VAN. Comme on ne connaît pas le degré de risque du projet avant d'avoir terminé l'analyse, on évite de l'évaluer d'avance en actualisant les flux monétaires à un taux sans risque[4]. On répète ces étapes autant de fois qu'on le veut, par exemple des milliers de fois. Le résultat consiste en un grand nombre d'estimations de la VAN qu'on résume en calculant la valeur moyenne et l'ampleur

---

3 Pour en savoir davantage sur la simulation, le vingt-et-un et les résultats de l'application de cette stratégie à Las Vegas, vous pouvez consulter l'ouvrage d'Edward O. THORP, *Beat the Dealer,* New York, Random House, 1962.

4 Le taux des bons du Trésor du gouvernement du Canada est un exemple bien connu de taux sans risque.

de la fourchette des différentes possibilités. Par exemple, il serait intéressant de déterminer le pourcentage de scénarios possibles dans lesquels l'estimation de la VAN est négative.

Comme l'évaluation par simulation ne représente qu'une forme plus complexe de l'analyse des scénarios, elle comporte les mêmes inconvénients. Une fois les résultats obtenus, il n'existe toujours pas de règle claire pour indiquer la décision à prendre. En outre, on a décrit ici une forme relativement simple de simulation. Pour que celle-ci soit faite correctement, il faudrait envisager aussi les relations entre les différentes composantes des flux monétaires. Par ailleurs, on a supposé que les probabilités d'obtenir les différentes valeurs possibles étaient toutes égales. Il serait plus réaliste de supposer que les probabilités associées aux valeurs les plus rapprochées de l'hypothèse de base sont plus élevées que celles des valeurs extrêmes. Toutefois, le calcul des probabilités n'est pas facile.

Pour ces raisons, l'utilisation de l'évaluation par simulation est relativement limitée dans la pratique. D'après un sondage récent, environ 40 % des grandes sociétés se servent des analyses de sensibilité et d'analyses des scénarios tandis que près de 20 % emploient l'évaluation par simulation. Cependant, les progrès en matière de logiciels et de matériel informatique (ainsi que les connaissances accrues des utilisateurs) permettent de croire que ce type d'analyse pourrait devenir plus courant dans l'avenir, en particulier pour les projets de grande envergure.

11.3 L'analyse du seuil de rentabilité

Très souvent, la variable la plus importante d'un projet est le volume des ventes. Lorsqu'on songe à fabriquer un nouveau produit ou à pénétrer un nouveau marché, par exemple, l'élément le plus difficile à prévoir avec précision est la quantité d'unités qu'on peut vendre. C'est pourquoi on analyse généralement le volume des ventes avec plus d'attention que toute autre variable.

L'analyse du seuil de rentabilité est un instrument bien connu et couramment employé pour étudier les liens entre le volume des ventes et la rentabilité. Il existe différentes mesures de rentabilité, et quelques-unes ont déjà été abordées. Toutes ces mesures ont un objectif commun. De façon générale, elles servent à répondre à des questions du type : « Jusqu'à quel point les ventes doivent-elles diminuer avant que l'entreprise commence à vraiment perdre de l'argent ? » Implicitement, on se demande aussi s'il est possible que les choses empirent à ce point. Avant d'aborder le sujet de l'analyse du seuil de rentabilité, il faut examiner la question des coûts fixes et des coûts variables.

Les coûts fixes et les coûts variables

Lorsqu'il est question de seuil de rentabilité, la différence entre les coûts fixes et les coûts variables prend une très grande importance. On doit donc bien les différencier.

Coûts variables

Coûts qui varient en fonction du volume de production.

Les coûts variables Par définition, les **coûts variables** varient lorsque le volume de production varie et ils sont nuls lorsqu'il n'y a aucune production. Par exemple, on considère généralement les coûts de la main-d'œuvre directe et des matières premières comme des coûts variables. Ce raisonnement est logique puisque si l'entreprise cessait ses activités demain matin, il n'y aurait plus de coûts ultérieurs de main-d'œuvre ou de matières premières.

On suppose toutefois que les coûts variables représentent un montant constant par unité de production, c'est-à-dire que le total des coûts variables est égal au coût unitaire multiplié par le nombre d'unités. Autrement dit, on peut exprimer comme suit la relation entre le coût variable total (CV), le coût unitaire de production (v) et la quantité totale de production (Q) :

Coût variable = Quantité totale de production × Coût par unité de production

$$CV = Q \times v$$

Par exemple, supposons que v correspond à 2 $ par unité. Si Q représente 1 000 unités, quelle sera la valeur de CV ?

$$CV = Q \times v$$
$$= 1\ 000 \times 2\ \$$$
$$= 2\ 000\ \$$$

De même, si Q représente 5 000 unités, alors $CV = 5\,000 \times 2\,\$ = 10\,000\,\$$. La figure 11.2 illustre la relation entre le niveau de production et les coûts variables dans ce cas. Fait à noter, lorsqu'on augmente la production de 1 unité, les coûts variables s'accroissent de 2 $, c'est-à-dire que la pente de la droite correspond à 2 $/1 = 2 $.

Figure 11.2

Le niveau de production et les coûts variables

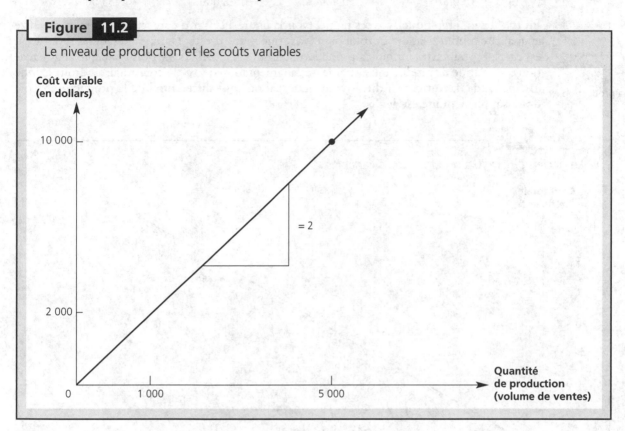

Coûts fixes

Coûts qui ne varient pas en fonction du volume de production au cours d'une période de temps donnée.

Les coûts fixes Par définition, les **coûts fixes** ne varient pas au cours d'une période de temps donnée. Par conséquent, contrairement aux coûts variables, ils ne dépendent pas de la quantité de biens ou de services produits pendant cette période (du moins à l'intérieur d'un certain volume de production). Par exemple, le paiement du bail des installations de production et le salaire du directeur de l'entreprise sont des coûts fixes, du moins pour une période de temps donnée.

Évidemment, les coûts fixes ne restent pas éternellement invariables. Ils sont fixés pour une période de temps déterminée, que ce soit un trimestre ou une année. Au-delà de cette période, le bail peut prendre fin et les directeurs, prendre leur retraite. Plus précisément, il est possible de modifier ou même d'éliminer tout coût fixe sur une période assez longue. Autrement dit, à long terme, tous les coûts sont variables.

Lorsqu'un coût est fixe, il s'agit d'un coût irrécupérable, car l'entreprise doit le payer, quoi qu'il arrive.

Le coût total Le coût total (CT) correspondant à un niveau donné de production se définit comme la somme des coûts variables (CT) et des coûts fixes (CF).

$$CT = CV + CF$$
$$CT = (v \times Q) + CF$$

Ainsi, dans un cas où le coût variable est de 3 $ par unité et les coûts fixes, de 8 000 $ par année, on obtient le coût total suivant :

$$CT = (3\,\$ \times Q) + 8\,000\,\$$$

Si l'entreprise produit 6 000 unités, on a un coût total de production de $(3\,\$ \times 6\,000) + 8\,000\,\$ = 26\,000\,\$$. Le tableau suivant présente d'autres niveaux de production.

Quantité produite	Coût variable total	Coûts fixes	Coût total
0	0 $	8 000 $	8 000 $
1 000	3 000	8 000	11 000
5 000	15 000	8 000	23 000
10 000	30 000	8 000	38 000

Coût marginal ou coût différentiel

Variation dans les coûts associée à une légère variation dans la production.

En traçant un graphique avec ces points (voir la figure 11.3), on constate que la relation entre la quantité produite et le coût total prend la forme d'une droite. Dans le présent cas, coût total est égal aux coûts fixes lorsque la production est nulle. Au-delà de ce point, chaque augmentation d'une unité de production entraîne une augmentation de 3 $ du coût total. La droite a donc une pente de 3. Autrement dit, le **coût marginal** ou **coût différentiel** de la production d'une unité supplémentaire est de 3 $.

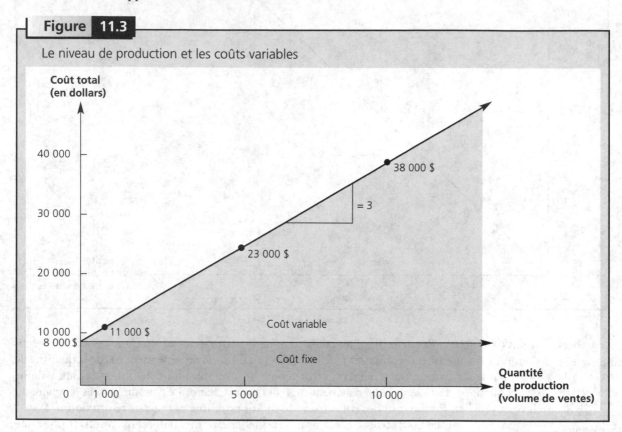

Figure 11.3

Le niveau de production et les coûts variables

L'analyse du point mort

Point mort

Niveau de ventes où le bénéfice net sur un projet est nul.

La mesure de rentabilité la plus couramment utilisée est celle du **point mort** (ou point d'équilibre, ou seuil de rentabilité comptable). Ce seuil correspond simplement au niveau des ventes où le bénéfice net généré par un projet est nul.

Pour déterminer le point mort d'un projet, il faut d'abord se servir de son bon sens. Supposons qu'on vend au détail des disques compacts pour ordinateurs à 5 $ par unité. On peut acheter les disques compacts d'un fournisseur en gros pour 3 $ par unité. Les dépenses comptables consistent en 600 $ de coûts fixes et en 300 $ pour l'amortissement. Combien de disques compacts faut-il vendre pour atteindre le point mort, c'est-à-dire pour avoir un bénéfice net égal à zéro?

Sur chaque disque compact vendu, on retire 5 $ − 3 $ = 2 $ pour payer les dépenses. Comme le total des dépenses comptables s'élève à 600 $ + 300 $ = 900 $, il faut vendre 900 $/ 2 $ = 450 disques compacts. On peut vérifier ce résultat en notant que, à un niveau de ventes de 450 unités, les bénéfices sont 5 $ × 450 = 2 250 $, et les coûts variables sont 3 $ × 450 = 1 350 $. On obtient alors l'état des résultats ci-après :

Chiffre d'affaires	2 250 $
Coûts variables	1 350
Coûts fixes	600
Amortissement	300
Bénéfice avant intérêts et impôts	0 $
Impôts	0 $
Bénéfice net	0 $

Comme il s'agit d'un nouveau projet, on ne tient pas compte des intérêts débiteurs dans le calcul du bénéfice net ou du flux monétaire qu'il génère. En outre, on a inclus l'amortissement dans les dépenses, même si cet élément ne constitue pas une sortie de fonds. C'est pourquoi on parle ici de point mort. Enfin, on remarque que, lorsque le bénéfice net est nul, le bénéfice avant impôts l'est également, de même que le montant d'impôts à payer. Du point de vue comptable, les bénéfices et les coûts sont égaux, de sorte qu'il n'y a aucun profit imposable.

La figure 11.4 représente cette situation de façon différente. Elle ressemble à la figure 11.3, sauf qu'on a ajouté une droite pour les bénéfices. Comme on peut l'observer, le total des bénéfices est nul lorsque la production est nulle. Au-delà de ce point, chaque unité vendue rapporte un montant supplémentaire de 5 $, de sorte que la droite des bénéfices a une pente de 5.

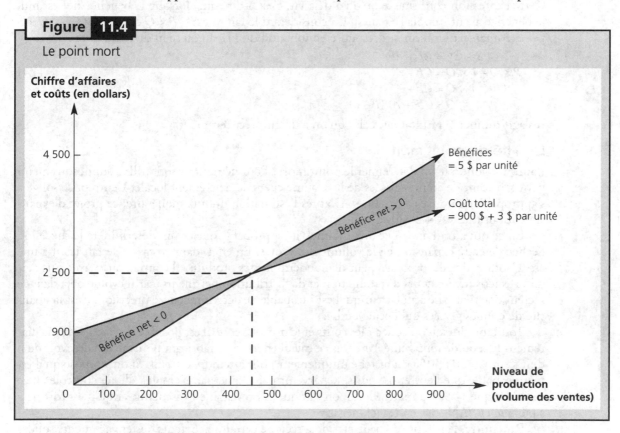

Figure 11.4

Le point mort

D'après ce qu'on a vu précédemment, une entreprise atteint le seuil de rentabilité lorsque ses bénéfices et le total de ses coûts sont égaux. La droite des bénéfices et celle du coût total se coupent exactement au point où la production est de 450 unités. Comme le montre la figure 11.4, à n'importe quel niveau inférieur à 450, le bénéfice net est négatif et, à n'importe quel niveau supérieur à 450, le bénéfice net est positif.

Le point mort : un examen plus détaillé

On peut noter que, dans notre exemple numérique, le niveau de rentabilité est égal à la somme des coûts fixes et de l'amortissement fiscal divisée par le prix unitaire dont on a soustrait les coûts variables par unité. C'est toujours le cas. Avant d'en expliquer la raison, on présente les abréviations qui serviront à représenter les différentes variables :

P = prix de vente à l'unité

v = coût variable par unité

S = chiffre d'affaires

Q = total des unités vendues

CF = coûts fixes

A = amortissement

t = taux d'imposition

CV = coût variable (en dollars)

L'expression suivante permet de déterminer le bénéfice net du projet :

Bénéfice net = (Chiffre d'affaires − Coûts variables − Coûts fixes − Amortissement) $\times (1 - t)$

$$= (S - CV - CF - A) \times (1 - t)$$

On peut maintenant calculer sans difficulté le seuil de rentabilité. En établissant que le bénéfice net est nul, on obtient le résultat suivant :

Bénéfice net = $0 = (S - CV - CF - A) \times (1 - t)$

On divise ensuite les deux membres par $(1 - t)$, ce qui donne :

$$S - CV - CF - A = 0$$

Cette expression confirme ce qu'on a déjà vu, c'est-à-dire que, lorsque le bénéfice net est nul, le bénéfice avant impôts l'est aussi. En considérant le fait que $S = P \times Q$ et que $CV = v \times Q$, on peut réorganiser les termes et résoudre en fonction du niveau du seuil de rentabilité :

$$S - CV = CF + A$$
$$P \times Q - v \times Q = CF + A \qquad [11.1]$$
$$(P - v) \times Q = CF + A$$
$$Q = (CF + A)/(P - v)$$

Il s'agit du même résultat que celui qu'on a décrit précédemment.

L'utilité du point mort

Pourquoi voudrait-on déterminer le point mort ? Pour démontrer son utilité, supposons qu'un petit fabricant de crèmes glacées de luxe a une clientèle strictement locale. L'entreprise songe à s'approprier de nouveaux marchés. D'après l'estimation du flux monétaire, ce projet d'expansion aurait une VAN positive.

En ce qui a trait au risque prévisionnel, il est probable que ce qui déterminera le succès ou l'échec de cette expansion est le volume des ventes. En effet, dans ce cas-ci, le fabricant a une assez bonne idée du prix qu'il peut demander pour ses produits. Il connaît aussi avec une certaine exactitude les coûts de production et de distribution pertinents, car il évolue déjà dans ce secteur d'activité. Le seul facteur qu'il est incapable de déterminer avec précision, c'est la quantité de crèmes glacées qu'il peut vendre.

Toutefois, lorsqu'on connaît les coûts et le prix de vente, il est possible de calculer immédiatement le seuil de rentabilité. Une fois ce calcul effectué, le fabricant pourrait s'apercevoir qu'il doit s'emparer de 30 % du marché uniquement pour atteindre ce seuil. Si on suppose qu'il est peu probable que l'entreprise puisse y parvenir parce que, par exemple, elle ne contrôle en ce moment que 10 % du marché local, on sait que la prévision est discutable et qu'il est fort possible que la VAN soit, en réalité, négative.

Par contre, l'entreprise a peut-être déjà reçu de certains acheteurs des engagements solides pour des montants qui correspondent presque au seuil de rentabilité, de sorte qu'elle est à peu près certaine de vendre encore davantage. Comme le risque prévisionnel a diminué, le fabricant a une plus grande confiance en ses estimations. S'il a besoin de financement externe pour son expansion, cette analyse de rentabilité pourrait lui être utile dans ses discussions avec son banquier.

On peut vouloir connaître le point mort pour plusieurs autres raisons. D'abord, les gestionnaires se demandent souvent quelle sera la contribution d'un projet au total des bénéfices comptables de l'entreprise. Un projet qui n'atteint pas son seuil de rentabilité du point de vue comptable fait baisser ce total.

Ensuite, un projet qui atteint exactement son seuil de rentabilité du point de vue comptable entraîne des pertes d'argent sur le plan financier ou des coûts de renonciation. En effet, l'entreprise aurait pu obtenir davantage en investissant ailleurs. Sans entraîner de débours au sens strict du terme, un tel projet ne rapporte que ce qu'il a coûté. Pour des raisons qui n'ont rien à voir avec l'économie, ces coûts d'opportunité sont plus faciles à accepter que des débours.

Les complications liées à l'application de l'analyse de rentabilité Dans notre examen de l'analyse de rentabilité, on n'a pas tenu compte d'éventuelles complications, bien que cet outil demeure très utile. Pour commencer, signalons que les bénéfices et les coûts variables ne sont linéaires qu'à court terme. En cas d'accroissements importants des ventes, le prix peut diminuer avec les ristournes sur quantité, tandis que les coûts variables augmentent lorsque la production se heurte aux limites de sa capacité. Lorsqu'on dispose de suffisamment de données, on peut tracer à nouveau les graphiques des coûts et des bénéfices sous forme de courbes. Sinon, rappelez-vous que cette analyse est beaucoup plus précise à court terme qu'à long terme.

En outre, bien que dans nos exemples on ait classé les coûts comme étant fixes ou variables, dans la pratique, certains d'entre eux sont semi-variables (en partie fixes et en partie variables). C'est le cas, par exemple, des dépenses liées aux services téléphoniques, qui comportent une charge fixe à laquelle s'ajoute un coût variable selon le volume des appels. Lorsqu'on effectue une analyse de rentabilité, il faut se servir de son jugement pour déterminer la répartition des coûts.

Questions théoriques

1. En quoi les coûts fixes ressemblent-ils aux coûts irrécupérables ?
2. Quel est le bénéfice net au point mort ? Quels sont les impôts ?
3. Pourquoi un gestionnaire financier s'intéresserait-il au point mort ?

11.4 Le flux monétaire provenant de l'exploitation, le volume des ventes et le seuil de rentabilité

L'analyse du point mort est un instrument utile lors de l'évaluation de projets. Toutefois, les flux monétaires nous intéressent plus que le bénéfice comptable. Ainsi, si le volume des ventes constitue la variable importante, il faut en connaître davantage sur la relation entre ce facteur et le flux monétaire que simplement le point mort.

Dans cette section, on essaiera d'illustrer la relation entre le flux monétaire provenant de l'exploitation et le volume des ventes. On examinera également d'autres mesures de la rentabilité. Pour simplifier un peu les choses, on ne tiendra pas compte de l'effet des impôts[5]. Commençons par étudier le lien entre le point mort et le flux monétaire.

Le point mort et le flux monétaire

Maintenant qu'on sait comment déterminer le point mort, on peut se demander ce qu'il advient des flux monétaires. Par exemple, supposons que les Industries Vampires ltée envisagent la possibilité de lancer un nouveau voilier de luxe sous le nom de Mona. Le prix de vente s'élèverait à 40 000 $ par voilier. Les coûts variables représenteraient la moitié de ce montant, soit 20 000 $ par voilier, et les coûts fixes se chiffreraient à 500 000 $ par année.

L'hypothèse de base La mise en œuvre de ce projet nécessite un investissement total de 3,5 millions de dollars pour des améliorations locatives à l'usine de l'entreprise. Ce montant fera l'objet d'un amortissement linéaire jusqu'à une valeur nulle au cours des cinq ans que durera l'équipement. La valeur de récupération est nulle, et il n'y a aucune conséquence sur le fonds de roulement. La rentabilité minimale exigible de l'entreprise sur ses nouveaux projets est de 20 %.

---

5 Il s'agit d'une simplification mineure, car l'entreprise ne paie pas d'impôts lorsqu'elle ne dépasse pas son point mort. Également dans un but de simplification, on utilise un amortissement linéaire, ce qui n'est réaliste toutefois que dans le cas d'améliorations locatives.

D'après des études de marché et l'expérience qu'elle a acquise, l'entreprise prévoit un volume total de ventes de 425 voiliers en cinq ans, soit en moyenne 85 voiliers par année. Devrait-elle réaliser ce projet ?

Pour commencer (en ne tenant pas compte des impôts), on calcule le flux monétaire provenant de l'exploitation pour 85 voiliers par année :

Flux monétaire provenant de l'exploitation = Bénéfices avant intérêts et
$$impôts + Amortissement\ fiscal - Impôts$$
$$= (S - CV - CF - A) + A - 0$$
$$= 85 \times (40\,000\,\$ - 20\,000\,\$) - 500\,000\,\$$$
$$= 1\,200\,000\,\$\ par\ année$$

À un taux de 20 %, le facteur d'actualisation pour cinq ans est de 2,9906, de sorte que la VAN est :

$$VAN = -3\,500\,000\,\$ + (1\,200\,000\,\$ \times 2,9906)$$
$$= -3\,500\,000\,\$ + 3\,588\,720\,\$$$
$$= 88\,720\,\$$$

Si on se base sur les seuls renseignements disponibles en ce moment, l'entreprise devrait réaliser son projet.

Le calcul du point mort Si on examine ce projet d'un peu plus près, on peut se poser différentes questions. Par exemple, combien de nouveaux voiliers l'entreprise doit-elle vendre pour que le projet atteigne le point mort ? Si l'entreprise atteint ce seuil, à combien se chiffrera le flux monétaire annuel généré par le projet ? Quel sera le rendement des capitaux investis ?

Avant de considérer les coûts fixes et l'amortissement fiscal, on note que chaque voilier rapporte 40 000 \$ – 20 000 \$ = 20 000 \$ à Industries Vampires ltée (il s'agit du bénéfice dont on soustrait le coût variable). L'amortissement se chiffre à 3 500 000 \$/5 = 700 000 \$ par année. Les coûts fixes et l'amortissement représentent au total un montant de 1,2 million de dollars. Par conséquent, l'entreprise n'a besoin de vendre que $(CF + A)/(P - v)$ = 1,2 million de dollars/20 000 \$ = 60 voiliers par année pour atteindre le point mort. Il s'agit de 25 voiliers de moins que les ventes prévues. Par conséquent, si on suppose que les projections de l'entreprise sont précises à 15 voiliers près, il est peu probable que cet investissement n'atteigne pas au moins son point mort.

Pour calculer le flux monétaire, on note que si l'entreprise vend 60 voiliers, son bénéfice net est exactement nul. On a vu, dans le chapitre précédent, qu'il est possible d'exprimer le flux monétaire provenant de l'exploitation d'un projet sous forme du bénéfice net additionné à l'amortissement (la méthode de bas en haut). Dans ce cas, le flux monétaire est, de toute évidence, égal à l'amortissement, c'est-à-dire à 700 000 \$. Le taux de rendement interne (TRI) est exactement égal à zéro. (Pourquoi en est-il ainsi ?)

Malheureusement, un projet qui atteint uniquement son point mort a une VAN négative et un rendement nul. En ce qui concerne le projet relatif aux voiliers, le fait que l'entreprise est presque certaine d'atteindre ce seuil est en partie réconfortant, puisque le risque baissier (ou de perte potentielle) est limité. Par contre, on ne sait toujours pas si le projet est vraiment rentable. Il faut approfondir la question.

Le volume des ventes et le flux monétaire provenant de l'exploitation

À ce stade, on peut généraliser cet exemple et présenter quelques mesures du seuil de rentabilité. Comme on vient de le voir, il est possible d'exprimer le flux monétaire provenant de l'exploitation (FME) sans tenir compte des impôts, sous la forme des bénéfices nets avant intérêts et impôts additionnés à l'amortissement fiscal ainsi :

$$FME = [(P - v) \times Q - CF - A] + A \qquad [11.2]$$
$$= (P - v) \times Q - CF$$

Dans le cas du projet relatif aux voiliers des Industries Vampires ltée, la relation générale (en milliers de dollars) entre le FME et le volume des ventes prend la forme suivante :

$$FME = (P - v) \times Q - CF$$
$$= (40\,000\,\$ - 20\,000\,\$) \times Q - 500\,000\,\$$$
$$= -500\,000\,\$ + 20\,000\,\$ \times Q$$

Ce résultat indique qu'on doit représenter la relation entre le flux monétaire provenant de l'exploitation et le volume des ventes par une droite ayant une pente de 20 000 $ qui coupe l'axe des ordonnées au point –500 000 $. En calculant différentes valeurs, on obtient le tableau ci-dessous :

Quantité vendue	Flux monétaire provenant de l'exploitation
0	–500 000 $
15	–200 000
30	100 000
50	500 000
75	1 000 000

Ces points apparaissent dans le graphique de la figure 11.5. On y a indiqué trois seuils de rentabilité différents. Comme on a déjà parlé du point mort, on va maintenant étudier les deux autres seuils.

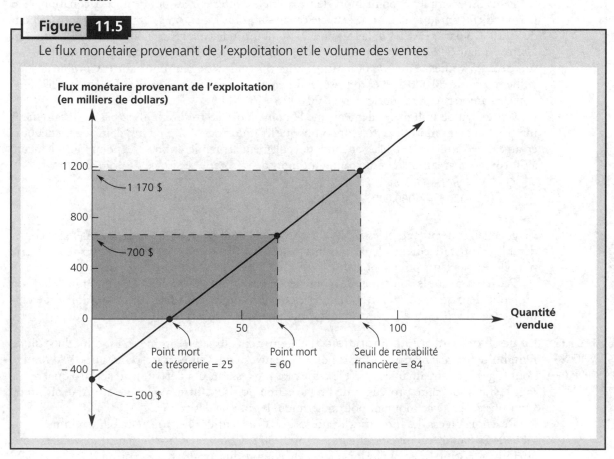

Figure 11.5

Le flux monétaire provenant de l'exploitation et le volume des ventes

Le point mort de trésorerie et le seuil de rentabilité financière

On sait que la relation entre le flux monétaire provenant de l'exploitation et le volume des ventes (en ne tenant pas compte des impôts) s'exprime comme suit :

$$FME = (P - v) \times Q - CF$$

En réorganisant les termes et en résolvant l'équation en fonction de Q, on obtient l'expression suivante :

$$Q = (CF + FME)/(P - v) \qquad [11.3]$$

Cette équation indique que le volume des ventes Q est un facteur essentiel du FME, de sorte que ce résultat est plus général que le point mort. On s'en est servi pour déterminer les différents seuils de rentabilité de la figure 11.5.

Le point mort de trésorerie On a constaté que le projet relatif aux voiliers, qui atteint un point mort, a un bénéfice net nul, même si son flux monétaire est positif. À un certain niveau de ventes inférieur au point mort, le FME devient négatif. Il s'agit d'une situation particulièrement déplaisante. Le cas échéant, l'entreprise doit investir un montant supplémentaire dans le projet simplement pour le maintenir à flot.

Pour calculer le **point mort de trésorerie** (c'est-à-dire le point où le flux monétaire provenant de l'exploitation est égal à zéro), on établit que le FME est nul ainsi :

$$Q = (CF + 0)/(P - v)$$
$$= 500\,000\,\$/20\,000\,\$$$
$$= 25$$

L'entreprise doit donc vendre 25 voiliers pour couvrir le montant de 500 000 $ de coûts fixes. Comme le montre la figure 11.5, ce point correspond à l'intersection de la droite du FME et de l'abscisse.

Dans cet exemple, le point mort de trésorerie est inférieur au point mort. L'équation 11.3 permet d'en connaître la raison. Dans le calcul du point mort, on a remplacé l'amortissement de 700 000 $ par le FME. Or, la formule du point mort de trésorerie établit que le FME est égal à zéro. La figure 11.5 montre que le point mort correspond à 60 voiliers et le point mort de trésorerie, à 25 voiliers. Ainsi, le point mort exige 35 voiliers de plus que l'autre. Comme chaque voilier rapporte 20 000 $ à l'entreprise, la différence entre les deux couvre exactement le montant de l'amortissement, puisque $35 \times 20\,000\,\$ = 70\,000\,\$$.

Cette analyse indique également que le point mort de trésorerie n'est pas nécessairement inférieur au point mort. En effet, supposons que les Industries Vampires ltée doit faire un débours en argent de 1 million de dollars en fonds de roulement la première année. Le point mort demeure à 60 voiliers. Par contre, le nouveau point mort de trésorerie se situe à 75 voiliers :

$$Q = (CF + FME)/(P - v)$$
$$= (500\,000\,\$ + 1\,000\,000\,\$)/20\,000\,\$$$
$$= 75$$

En général, les détaillants et les autres entreprises qui ont besoin d'un fonds de roulement considérable comparativement à leur amortissement fiscal présentent des points morts de trésorerie plus élevés que leurs points morts.

Peu importe que le point mort de trésorerie soit plus ou moins élevé que le point mort, lorsqu'un projet ne dépasse pas ce point, il ne couvre que ses propres coûts fixes d'exploitation et ne rapporte rien, de sorte que l'investissement initial est entièrement perdu (le TRI est de −100 %).

Le seuil de rentabilité financière Le dernier cas qui sera examiné ici est celui du **seuil de rentabilité financière**, c'est-à-dire le point où le niveau des ventes correspond à une VAN nulle. Pour le gestionnaire financier, c'est le cas le plus intéressant. On détermine d'abord à quel montant le flux monétaire provenant de l'exploitation doit se chiffrer pour que la VAN soit nulle. On utilise ensuite ce montant pour déterminer le volume des ventes.

Revenons au cas des Industries Vampires ltée. Cette entreprise a une rentabilité minimale exigible de 20 % sur son investissement de 3 500 000 $. Combien doit-elle vendre de voiliers pour atteindre son seuil de rentabilité lorsqu'on tient compte du taux d'actualisation de 20 % par année?

Le projet relatif aux voiliers a une durée de vie de cinq ans. Sa VAN est nulle lorsque la valeur actualisée du FME est égale à l'investissement de 3 500 000 $. Étant donné que le flux monétaire ne varie pas d'une année à l'autre, on peut résoudre le problème en fonction du montant inconnu en le considérant comme une annuité ordinaire. Le facteur d'actualisation pour cinq ans à 20 % est de 2,9906. On peut donc déterminer le flux monétaire provenant de l'exploitation de la façon suivante :

$$3\,500\,000\,\$ = FME \times 2,9906$$
$$FME = 3\,500\,000\,\$/2,9906$$
$$= 1\,170\,000\,\$$$

L'entreprise a donc besoin d'un flux monétaire d'exploitation de 1 170 000 $ chaque année pour atteindre son seuil de rentabilité. On peut maintenant replacer cette valeur du FME dans l'équation permettant de déterminer le volume des ventes :

$$Q = (500\ 000\ \$ + 1\ 170\ 000\ \$)/20\ 000\ \$$$
$$= 83,5$$

Ainsi, l'entreprise doit vendre environ 84 voiliers par année, c'est-à-dire bien plus que les 60 voiliers de départ!

Comme le montre la figure 11.5, le seuil de rentabilité financière est beaucoup plus élevé que le point mort. Une telle situation se produit fréquemment. En outre, ce projet présente un degré de risque prévisionnel important. L'entreprise s'attend à vendre 85 voiliers par année, mais elle doit en vendre 84 simplement pour atteindre son taux de rentabilité minimale exigible.

Conclusion De façon générale, il est peu probable que le projet des Industries Vampires ltée n'atteigne pas son point mort. Par contre, il semble y avoir de bonnes chances pour que la VAN réelle soit négative. Cet exemple illustre le danger de la démarche qui consiste à ne considérer que le point mort.

La société pourrait tirer une leçon de ce qui est arrivé au gouvernement américain au début des années 1970. Le Congrès américain (soit le Sénat et la Chambre des représentants) avait voté une garantie à Lockheed Corporation, le fabricant d'avions, en se basant sur une analyse d'après laquelle le L1011-TriStar atteindrait son point mort. On s'est aperçu plus tard que le seuil de rentabilité financière était beaucoup plus élevé.

Que devraient faire les gestionnaires de Industries Vampires ltée? Le nouveau projet est-il entièrement mauvais? À ce stade, la décision relève surtout de la direction; c'est elle qui aura le dernier mot. Voici les questions essentielles auxquelles il faut répondre :

1) Jusqu'à quel point l'entreprise est-elle certaine de ses projections?

2) Quelle est l'importance de ce projet pour l'avenir de l'entreprise?

3) Quelles seront les conséquences pour l'entreprise si les ventes ne sont pas aussi élevées que prévu?

Quels sont les choix qui s'offrent à l'entreprise?

On examinera ces questions dans une section ultérieure. Pour un résumé de notre étude des différentes mesures de rentabilité, vous pouvez consulter le tableau 11.1.

Tableau 11.1 Résumé des mesures de rentabilité

Expression générale Sans tenir compte des impôts, la relation entre le flux monétaire provenant de l'exploitation (FME) et la quantité de produits ou le volume des ventes Q s'exprime comme suit :

$$Q = \frac{CF + FME}{P - v}$$

où

CF = Total des coûts fixes

P = Prix unitaire

v = Coût variable par unité

Cette relation peut servir à déterminer le point mort, le point mort de trésorerie et le seuil de rentabilité financière.

Le point mort Le point mort correspond au point où le bénéfice net est nul. À ce point, le FME est égal à l'amortissement fiscal. On détermine donc ce seuil comme suit :

$$Q = \frac{CF + A}{P - v}$$

Un projet qui atteint chaque fois tout juste le seuil de rentabilité sur le plan comptable a un délai de récupération exactement égal à sa durée de vie, une VAN négative et un TRI nul.

Le point mort de trésorerie Le point mort de trésorerie correspond au point où le FME est nul. On l'établit comme suit :

$$Q = \frac{CF}{P - v}$$

Un projet qui atteint toujours exactement le point mort de trésorerie ne se rembourse pas. Il a une VAN négative égale à la dépense initiale. Son TRI est de −100 %.

Le seuil de rentabilité financière Le seuil de rentabilité financière correspond au point où la VAN du projet est nulle. On le calcule comme suit :

$$Q = \frac{CF + FME*}{P - v}$$

* Le FME désigne le niveau de FME qui entraîne une VAN nulle. Un projet qui atteint le seuil de rentabilité financière a un délai de récupération actualisé égal à sa durée de vie. Il a une VAN nulle et un TRI exactement égal à la rentabilité minimale exigible.

11.5 Le levier d'exploitation

Nous avons vu comment calculer et interpréter différentes mesures de rentabilité d'un projet. Toutefois, nous n'avons pas encore examiné ce qui permet de déterminer les points morts et les façons de les modifier. Nous allons y venir immédiatement.

Le concept de base

Levier d'exploitation

Importance des coûts fixes de production dans un projet ou une entreprise.

Le **levier d'exploitation** indique l'importance des coûts fixes de production dans un projet ou une entreprise. Une entreprise dont le levier d'exploitation est faible a des coûts fixes peu importants (proportionnellement à ses coûts totaux) en comparaison d'une entreprise qui a un levier d'exploitation élevé. En général, les projets qui requièrent un investissement relativement important en ce qui concerne l'usine et le matériel ont un niveau assez élevé de levier d'exploitation. On parle alors d'activités intensives en capital.

Chaque fois qu'on envisage une nouvelle opération, il existe différentes manières de produire et de livrer le produit. Par exemple, la direction des Industries Vampires ltée peut acheter le matériel requis et construire toutes les composantes de ses voiliers sur place. Elle peut aussi donner du travail en sous-traitance à d'autres entreprises. La première stratégie requiert un investissement considérable en ce qui a trait à l'usine et au matériel, des coûts fixes et un amortissement plus importants et, par conséquent, un ratio de levier d'exploitation plus élevé que la deuxième.

Les conséquences du niveau du levier d'exploitation

Peu importe la façon dont on le mesure, le levier d'exploitation a d'importantes répercussions sur l'évaluation d'un projet. Les coûts fixes agissent à la façon d'un levier dans le sens où un faible pourcentage de variation dans les produits d'exploitation peut entraîner un fort pourcentage de variation dans le FME et la VAN. C'est pourquoi on parle de «levier d'exploitation».

Plus le ratio de levier d'exploitation est élevé, plus le danger potentiel associé au risque prévisionnel est important. En effet, des erreurs relativement insignifiantes dans la prévision du volume des ventes peuvent être amplifiées ou subir un effet de levier et se transformer en de grosses erreurs dans les projections du flux monétaire.

Du point de vue de la gestion, un des moyens de mener à bien les projets précaires consiste à conserver le ratio de levier d'exploitation le plus bas possible. Cette mesure a généralement pour effet de maintenir le seuil de rentabilité (peu importe la manière de le calculer) à son niveau minimal. On illustrera notre propos par un exemple après avoir vu comment mesurer le levier d'exploitation.

Coefficient de levier d'exploitation

Variation en pourcentage du flux monétaire provenant de l'exploitation par rapport à la variation en pourcentage du volume des ventes.

La mesure du levier d'exploitation

Pour mesurer le levier d'exploitation, on peut, par exemple, se demander quelle serait la variation en pourcentage du flux monétaire provenant de l'exploitation dans le cas d'un accroissement de 5% des quantités vendues. Autrement dit, la définition du **coefficient de levier d'exploitation** (CLE) permet d'écrire la formule qui suit:

Variation en pourcentage du FME = CLE × Variation en pourcentage de Q

Compte tenu de la relation entre le flux monétaire provenant de l'exploitation et le volume des ventes, on peut exprimer le CLE de la façon suivante[6] :

$$CLE = 1 + CF/FME$$

Le ratio *CF/FME* sert simplement à mesurer les coûts fixes sous forme de pourcentage du FME. Avec des coûts fixes nuls, on obtiendrait un CLE égal à 1, ce qui signifie que des variations dans la quantité d'unités vendues se traduiraient par une relation de un pour un dans le FME. Autrement dit, il n'y aurait aucun effet d'amplification ou de levier.

Pour illustrer cette mesure du levier d'exploitation, revenons à notre projet relatif aux voiliers. Les coûts fixes se chiffrent à 500 $ et $(P - v)$ est de 20 $. Par conséquent, le FME s'exprime comme suit :

$$FME = -500\ \$ + 20 \times Q$$

Supposons que Q représente maintenant 50 voiliers. À ce niveau de production, le FME correspond à $-500\ \$ + 1\ 000\ \$ = 500\ \$$.

Si Q augmente de 1 unité pour atteindre 51 voiliers, le pourcentage de variation de Q devient $(51 - 50)/50 = 0,02$ ou 2 %. Le FME s'élève alors à 520 $, une variation de $(P - v) = 20\ \$$. La variation en pourcentage du FME est $(520\ \$ - 500)/500 = 0,04$ ou 4 %. Par conséquent, un accroissement de 2 % du nombre de voiliers vendus entraîne une augmentation de 4 % dans le FME. Le CLE correspond donc exactement à 2,00. On peut le vérifier ainsi :

$$CLE = 1 + CF/FME$$
$$= 1 + 500\ \$/500\ \$$$
$$= 2$$

Ce résultat confirme les calculs précédents.

La formulation du CLE dépend du niveau actuel de production Q. Toutefois, il peut tenir compte de n'importe quelle variation de ce niveau et non seulement d'une variation de 1 unité. Supposons, par exemple, que Q passe de 50 à 75, c'est-à-dire que l'accroissement est de 50 %. Si le CLE est égal à 2, le FME devrait s'accroître de 100 %, c'est-à-dire doubler exactement. Est-ce le cas ? Oui, car lorsque $Q = 75$, le FME est égal à :

$$-500\ \$ + 20\ \$ \times 75 = 1\ 000\ \$$$

Fait à remarquer, l'effet de levier d'exploitation diminue à mesure que la production Q augmente. Par exemple, à un niveau de production de 75 unités, on a :

$$CLE = 1 + 500\ \$/1\ 000$$
$$= 1,50$$

La diminution du CLE est due au fait que les coûts fixes, qui sont considérés comme un pourcentage du FME, deviennent proportionnellement de moins en moins élevés, de sorte que l'effet de levier diminue[7].

À votre avis, quel est le CLE au point mort de trésorerie, lorsque le niveau de production est de 25 voiliers ? À ce point, on sait que le FME est nul. Comme on ne peut diviser par zéro, le CLE demeure indéfini.

---

6 Pour le constater, il suffit de remarquer que lorsque Q augmente de 1 unité, le FME s'accroît de $(P - v)$. La variation en pourcentage de Q est de $1/Q$, et la variation en pourcentage du FME est de $(P - v)/FME$. On trouve alors ce qui suit :

Variation en pourcentage du FME = CLE $\times$ Variation en pourcentage de Q
$$(P - v)/FME = CLE \times 1/Q$$
$$CLE = (P - v) \times Q/FME$$

En outre, d'après notre définition du FME, on a :
$$FME + CF = (P - v) \times Q$$

Par conséquent, on peut exprimer le CLE comme suit :
$$CLE = (FME + CF)/FME$$
$$= 1 + CF/FME$$

7 Les étudiants qui ont des connaissances en économie reconnaîtront dans le CLE un facteur d'élasticité. Rappelez-vous que ces facteurs varient en fonction de la quantité le long des courbes de l'offre et de la demande. Pour la même raison, le CLE varie en fonction des unités vendues Q.

Huskie inc. vend de la nourriture haut de gamme pour chiens gourmets à 1,20 $ par boîte. Le coût variable est de 0,80 $ par boîte. Les coûts fixes liés aux opérations d'emballage et de mise en marché s'élèvent à 360 000 $ par année. L'amortissement se chiffre à 60 000 $ annuellement. Quel est le point mort ? Sans tenir compte des impôts, déterminez l'accroissement du FME lorsque la quantité de boîtes vendues excède de 10 % le seuil de rentabilité.

Le point mort correspond à 420 000 $/0,40 = 1 050 000 boîtes. On sait qu'à ce niveau de production, le FME est égal au montant de l'amortissement, soit de 60 000 $. Par conséquent, le CLE se détermine comme suit :

$$CLE = 1 + CF/FME$$
$$= 1 + 360\ 000\ \$/60\ 000\ \$$$
$$= 7$$

Compte tenu de ce résultat, un accroissement de 10 % du nombre de boîtes de nourriture pour chiens vendues fait augmenter le FME de 70 %.

Pour vérifier cette réponse, on remarque que si les ventes augmentent de 10 %, la quantité de boîtes vendues passe de 1 050 000 à 1 050 000 × 1,1 = 1 155 000. En ne tenant pas compte des impôts, on a un FME de 1 155 000 × 0,40 − 360 000 $ = 102 000 $. Le rapport entre ce montant et le flux monétaire de 60 000 $ établi au début du problème indique une augmentation d'exactement 70 % : 102 000 $/60 000 $ = 1,70.

Le levier d'exploitation et le seuil de rentabilité

On peut démontrer l'importance du levier d'exploitation en examinant un autre scénario relatif au projet des Industries Vampires ltée. Lorsque $Q = 85$ voiliers, le CLE du projet dans le scénario initial s'exprime comme suit :

$$CLE = 1 + CF/FME$$
$$= 1 + 500\ \$/1\ 200$$
$$= 1,42$$

Notons que la VAN correspondant à ce volume de ventes est de 88 720 $ et que le point mort est de 60 voiliers.

L'entreprise pourrait choisir de donner en sous-traitance la production de l'assemblage de la coque de chaque voilier. Le cas échéant, l'investissement requis diminuera jusqu'à 3,2 millions de dollars, et les coûts fixes de production seront ramenés à 180 000 $. Toutefois, les coûts variables augmenteront à 25 000 $ par voilier parce que la sous-traitance est plus coûteuse que la fabrication sur place. Évaluez cette stratégie sans tenir compte des impôts.

Comme exercice pratique, vérifiez si vous arrivez aux résultats suivants :

VAN à 20 % (85 unités) = 74 720 $

Point mort = 55 voiliers

CLE = 1,16

Que s'est-il passé ? Cette stratégie a pour résultat une VAN dont l'estimation est légèrement inférieure à celle du scénario initial. Le point mort diminue de son côté de 60 à 55 voiliers.

Compte tenu du fait que l'option de la sous-traitance présente une VAN plus faible, aurait-on une quelconque raison de l'examiner plus en détail ? Peut-être, car le CLE est considérablement plus faible dans ce cas. Si l'entreprise craint la possibilité de projections trop optimistes, elle préférera possiblement la sous-traitance.

On pourrait envisager cette stratégie pour une autre raison. Si les ventes sont plus élevées que prévu, l'entreprise aura toujours le choix de se mettre à produire sur place un peu plus tard. De façon pratique, il est beaucoup plus facile d'élever le levier d'exploitation (en achetant de l'équipement) que de le diminuer (en vendant de l'équipement[8]). Comme on le verra plus loin, l'un des inconvénients de la méthode des flux monétaires actualisés est la difficulté d'y inclure des stratégies de ce genre de façon explicite, même lorsqu'elles sont très importantes.

---

8 Dans un cas extrême, si les entreprises pouvaient adapter continuellement le rapport entre les coûts variables et les coûts fixes, il n'y aurait pas d'accroissement du risque associé à un levier d'exploitation plus élevé.

11.6 Le choix des investissements : considérations supplémentaires

Pour terminer ce chapitre, nous allons brièvement considérer deux autres variables en matière de choix des investissements : l'éventail des choix de gestion et le rationnement du capital. En pratique, ces deux facteurs prennent parfois une grande importance. Toutefois, nous allons voir qu'il est difficile de tenir compte de l'un comme de l'autre de façon explicite.

L'éventail des choix de gestion et les options réelles

Jusqu'ici, dans notre analyse du choix des investissements, on n'a pas vraiment envisagé la possibilité que les dirigeants puissent prendre de nouvelles mesures dans l'avenir. On a supposé de façon implicite que, lorsqu'on a entrepris un projet, ses principales caractéristiques ne peuvent plus être changées. Pour cette raison, notre analyse est dite « statique » par opposition à « dynamique ».

Éventail des choix de gestion

Occasions que les dirigeants peuvent exploiter advenant certains événements dans l'avenir.

En réalité, selon ce qui se passera effectivement dans les années à venir, il y a toujours possibilité de modifier un projet. On parle alors de l'**éventail des choix de gestion**, et ce dernier est très vaste. On peut changer la façon de fixer le prix d'un produit, de le fabriquer, d'en faire la publicité et de le produire, et ce ne sont que quelques-unes des possibilités qui s'offrent à la direction.

Par exemple, en avril 1992, Euro Disney ouvrait ses portes dans la banlieue parisienne. Le parc thématique avait été construit sur une parcelle de terre de 5 000 acres au coût de 3,9 milliards de dollars. Bien que les propriétaires de l'entreprise, dont la société Walt Disney (à 49 %), avaient cru le projet rentable, Euro Disney a perdu en moyenne 2,5 millions de dollars par jour pendant sa première année d'exploitation. De toute évidence, la direction du parc n'allait pas continuer à perdre des millions de dollars par jour sans réagir.

Au départ, les propriétaires prévoyaient attirer 11 millions de visiteurs par année, soit beaucoup plus que les 7 ou 8 millions nécessaires pour atteindre le seuil de rentabilité. Ils ne s'étaient pas trompés sur ce point, car le parc recevait environ 1 million de visiteurs par mois. Malheureusement, Euro Disney a ouvert ses portes en pleine récession économique en Europe. Alors que les propriétaires s'attendaient à ce que les visiteurs restent plus de quatre jours, ceux-ci ne passaient que deux jours en moyenne sur le site. Une partie du problème était due au fait que le prix des chambres dans les hôtels du parc était trop élevé. En outre, Euro Disney a souffert d'importantes fluctuations dans les affluences saisonnières. Le nombre quotidien de visiteurs pendant les périodes d'affluence pouvait être dix fois plus élevé que pendant les périodes creuses. La nécessité de mettre à pied des employés durant les périodes plus calmes était incompatible avec les horaires de travail inflexibles en France. Euro Disney a donc réagi en réduisant le tarif de ses chambres d'hôtels et le prix d'entrée en saison morte.

En outre, les propriétaires avaient commis quelques erreurs de jugement. D'abord, ils avaient interdit la consommation d'alcool dans le parc, alors que la France est un pays où on a coutume de boire du vin aux repas. Cette mesure a été annulée. Ensuite, comme on leur avait dit que les Européens ne prenaient pas de petit déjeuner, ils avaient construit des cafés plus petits qu'ailleurs. Ils ont réalisé par la suite que les clients s'y rendaient en grand nombre et qu'ils devaient parfois servir 2 500 petits déjeuners dans des restaurants de 350 places seulement.

Un grand nombre d'autres changements ont été envisagés et mis en œuvre à Euro Disney. Comme le montre cet exemple, la possibilité de poser des gestes de réajustement dans le futur a de l'importance. Dans les prochaines sections, on examinera quelques-uns des types de réajustements les plus couramment appliqués par la direction.

L'élaboration de plans de contingences

Les multiples techniques de simulation, et en particulier les mesures de la rentabilité présentées dans ce chapitre, ont une autre utilité. On peut également les envisager comme des méthodes rudimentaires pour explorer la dynamique d'un projet et examiner l'éventail des choix de gestion. Il s'agit de réfléchir à des situations susceptibles de se produire dans l'avenir et aux mesures à prendre, le cas échéant.

Par exemple, on peut se rendre compte qu'un projet ne parvient pas à atteindre son seuil de rentabilité lorsque le volume des ventes tombe en deçà de 10 000 unités. Voilà un renseignement intéressant à connaître, mais, ce qui importe le plus, c'est d'aller plus loin et de se demander quoi faire si une telle situation se produit. Ce type de réflexion porte le nom d'**élaboration de plans de contingences** et consiste à examiner quelques-uns des choix qui s'offrent implicitement à la direction dans un projet.

Il n'y a pas de limites au nombre de situations potentielles ou d'éventualités qu'on peut examiner. Toutefois, il est possible de les regrouper en quelques catégories.

Le choix basé sur la croissance

Un des choix particulièrement importants dont on n'a pas encore traité explicitement est le choix de croître. Si on trouve un projet offrant une VAN vraiment positive, il est légitime de se demander s'il ne vaudrait pas la peine de lui donner de l'expansion ou de le reprendre pour avoir une VAN encore plus élevée. Dans l'analyse statique, par contre, on suppose implicitement que la taille du projet est fixe.

Supposons, par exemple, que les ventes d'un produit dépassent considérablement les prévisions. On peut alors envisager d'accroître la production ou, si cette solution est impraticable pour une raison quelconque, d'accroître le flux monétaire en augmentant le prix de vente. D'une manière ou d'une autre, le flux monétaire potentiel dépasse le montant prévu à cause de l'hypothèse implicite qu'il n'y aurait ni croissance ni hausse de prix. En général, comme l'analyse statique ne tient pas compte de la possibilité d'expansion, on sous-estime la VAN (toutes choses étant égales par ailleurs).

Le choix basé sur la diminution ou l'abandon

Le choix contraire, tout aussi valable, consiste à diminuer l'ampleur d'un projet ou même à l'abandonner. Par exemple, si un projet n'atteint pas le point mort de trésorerie, il ne permet même pas de couvrir les dépenses qu'il occasionne. Dans ces conditions, il vaudrait mieux y mettre un terme. Or, l'analyse du flux monétaire actualisé suppose implicitement que l'entreprise poursuivra ses activités même dans ce cas.

Parfois, la meilleure solution consiste à changer d'orientation. C'est ce que Merrill Lynch Canada a fait à trois reprises. Dans les années 1980, l'entreprise a mis sur pied une maison de courtage pour les consommateurs qu'elle a vendue en 1990 à CIBC Wood Gundy. Quelques années plus tard, en 1998, Merrill Lynch Canada faisait les manchettes en achetant Midland Walwyn, la dernière maison de courtage pour les consommateurs indépendante au Canada pour 1,26 milliard de dollars. L'entreprise souhaitait poursuivre son effort de mondialisation et revenir à un domaine qu'elle avait abandonné précédemment. Toutefois, en novembre 2001, Merrill Lynch Canada a de nouveau fait les manchettes en annonçant encore une fois la vente de sa maison de courtage et de gestion de fonds mutuels à CIBC Wood Gundy. La raison évoquée était la volonté de Merrill Lynch de réduire ses activités internationales.

En fait, si les ventes sont considérablement inférieures aux prévisions, l'entreprise devrait être en mesure de vendre une partie de son potentiel de production ou de l'utiliser à d'autres fins. Elle pourrait par exemple reconsidérer le produit ou le service ou encore l'améliorer. Sans entrer dans le détail, on sous-estime encore une fois la VAN lorsqu'on suppose que le projet doit durer un nombre déterminé d'années, quoi qu'il arrive dans l'avenir.

Le choix basé sur l'attente

Implicitement, on a traité tous les projets d'investissement comme s'il s'agissait de propositions à prendre ou à laisser. On dispose pourtant d'une troisième possibilité qui consiste à reporter un projet à plus tard, en attendant par exemple de meilleures conditions. C'est ce qu'on appelle le « choix basé sur l'attente ».

Prenons le cas d'un investissement qui coûte 120 $ et qui génère un flux monétaire perpétuel de 10 $ par année. Si le taux d'actualisation est de 10 %, la VAN correspond à 10 $/0,10 − 120 = −20 $, de sorte qu'on ne devrait pas entreprendre un tel projet à ce stade-ci. Il ne faudrait pourtant pas conclure qu'on doit y renoncer à jamais, car, dans la prochaine période, il est possible que le taux d'actualisation approprié change. Si ce taux descendait, par exemple à 5 %, la VAN correspondrait à 10 $/0,05 − 120 = 80 $ et le projet serait accepté.

De façon générale, tant et aussi longtemps que dans un scénario futur, un projet présente une VAN positive, la décision d'attendre constitue un choix valable.

Le choix basé sur la fiscalité Les décisions d'investissement peuvent valoir à l'entreprise un traitement fiscal favorable ou défavorable en ce qui concerne les éléments d'actif existants. En effet, comme on l'a vu au chapitre 2, les calculs de l'amortissement du coût en capital (ACC) sont fondés sur les éléments d'actif appartenant à des catégories de biens. On peut s'attendre à des pertes d'économie d'impôt lors de la récupération d'amortissement et à des exemptions d'impôts pour pertes finales uniquement lorsqu'une catégorie de biens est éliminée, soit par la vente de tous les éléments d'actif, soit par l'inscription de la fraction non amortie du coût en capital (FNACC) comme étant inférieure à zéro. Il en résulte que la direction de l'entreprise dispose d'un choix fiscal potentiellement intéressant.

Supposons qu'une entreprise prévoit remplacer toutes ses camionnettes de livraison à la fin de l'exercice. À cause de conditions défavorables sur le marché des véhicules d'occasion, les prix ont baissé et l'entreprise s'attend à subir une perte. Comme il s'agit de remplacer les camionnettes et non d'éliminer une catégorie de biens, il n'y a aucune exemption fiscale immédiate pour compenser la perte. Si l'entreprise est rentable et que l'exemption fiscale potentielle est de taille, ses dirigeants peuvent exercer leur choix fiscal en fermant la catégorie de biens n° 12. Pour ce faire, il leur suffit de louer les nouveaux véhicules ou d'établir une autre entreprise qui se chargerait de leur achat.

Le choix basé sur les possibilités d'investissement : un exemple Supposons qu'une entreprise examine un nouveau projet. Pour simplifier les choses, disons qu'elle prévoit vendre 100 unités par année et obtenir un flux monétaire net de 1 $ par unité à perpétuité. En conséquence, elle s'attend à ce que le flux monétaire annuel s'élève à 100 $.

Dans un an, on en saura davantage sur ce projet et, en particulier, on pourra plus facilement déterminer sa rentabilité. S'il s'agit d'une bonne affaire à longue échéance, on pourrait réviser les prévisions de ventes à la hausse à 150 unités par année. Dans le cas contraire, les prévisions seraient révisées à la baisse, à 50 unités par année.

Dans cet exemple, le succès ou l'échec sont également probables. Avec des chances égales de vendre 150 ou 50 unités par année, les prévisions de ventes demeurent à 100 unités par année.

Le coût serait de 550 $ et le taux d'actualisation de 20 %. Si l'entreprise décide d'abandonner le projet, elle peut se débarrasser de tout l'équipement et le vendre dans un an au prix de 400 $. Devrait-elle accepter ce projet ?

On peut facilement effectuer une analyse des flux monétaires actualisés standard. Le flux monétaire anticipé se chiffre à 100 $ par année à perpétuité, et le taux d'actualisation est de 20 %. La valeur actualisée des flux monétaires correspond donc à 100 $/0,20 = 500 $, de sorte que la VAN est 500 $ − 550 $ = −50 $. L'entreprise ne devrait pas se lancer dans ce projet.

Toutefois, il s'agit d'une analyse statique. Dans un an, il est possible de tout vendre pour 400 $. Comment peut-on en tenir compte ? L'entreprise doit décider de ce qu'elle fera dans un an. Dans un cas aussi simple, il y a deux possibilités à évaluer, une révision à la hausse et une révision à la baisse, de sorte que la tâche n'est pas trop ardue !

Dans un an, si les flux monétaires anticipés sont réduits à 50 $, la valeur actualisée des flux monétaires diminuera à 50 $/0,20 = 250 $. Puisqu'on obtiendrait 400 $ en abandonnant le projet, c'est cette option qu'il faut choisir. (La VAN correspondant à la continuation du projet pendant une autre année serait 250 $ − 400 $ = −150 $.)

Par contre, si les ventes sont révisées à la hausse, la valeur actualisée des flux monétaires anticipés pour la première année correspondrait à 150 $/0,20 = 750 $. Ce montant est supérieur à la valeur d'abandon (400 $), de sorte que l'entreprise devrait poursuivre le projet.

Le projet coûte aujourd'hui 550 $. Dans un an, on prévoit qu'il aura généré un flux monétaire de 100 $. De plus, à ce moment-là, il vaudra soit 400 $ (s'il est abandonné parce qu'il n'est pas rentable), soit 750 $ (s'il est conservé parce qu'il est rentable). Comme ces deux résultats sont également probables, on s'attend à ce que ce projet vaille (400 $ + 750 $)/2 ou 575 $.

En résumé, dans un an, l'entreprise devrait avoir 100 $ en espèces et un projet d'une valeur de 575 $, soit au total 675 $. À un taux d'actualisation de 20 %, ce montant de 675 $ vaut aujourd'hui 562,50 $. La VAN correspond donc à 562,50 $ – 550 $ = 12,50 $. L'entreprise devrait accepter ce projet.

La VAN du projet a augmenté de 62,50 $. D'où vient ce montant ? L'analyse initiale supposait implicitement que l'entreprise poursuivrait le projet même s'il n'était pas rentable. Toutefois, à la fin de la première année, on a pu constater que l'entreprise épargnait 150 $ (400 $ plutôt que 250 $) en abandonnant le projet. Il y avait 50 % des chances de parvenir à une telle issue, de sorte que le gain anticipé sur l'abandon est de 75 $. La valeur actualisée de ce montant correspond à la valeur du choix d'abandon, c'est-à-dire 75 $/1,20 = 62,50 $.

Les choix basés sur la stratégie Les entreprises mettent parfois en œuvre de nouveaux projets en vue d'explorer des possibilités et d'évaluer des stratégies d'affaires potentielles pour l'avenir. C'est un peu comme de vérifier la température de l'eau avant de plonger en y trempant un orteil ! Lorsque McDonald du Canada a décidé d'ouvrir un restaurant à Moscou, des considérations stratégiques l'ont probablement emporté sur l'analyse des flux monétaires immédiats.

Il n'est pas facile d'analyser des projets de ce type au moyen de flux monétaires actualisés traditionnels parce que la plupart des profits se présentent sous la forme de **choix (ou d'options) stratégiques**, c'est-à-dire des options concernant de futures opérations reliées aux activités de l'entreprise. Les projets qui permettent de tels choix ont souvent une valeur considérable mais qui est difficile à mesurer. La recherche et le développement, par exemple, sont des activités importantes et de grande valeur pour de nombreuses entreprises, précisément parce qu'elles leur fournissent la possibilité d'inventer de nouveaux produits ou procédés.

Voici un autre exemple : supposons qu'un grand fabricant décide d'ouvrir, à titre de projet pilote, un magasin de détail. Son principal objectif est d'obtenir un aperçu du marché. À cause des frais élevés de démarrage, le magasin n'atteindra pas son seuil de rentabilité. Toutefois, en se basant sur cette expérience de ventes, le fabricant pourra évaluer l'opportunité d'ouvrir ou non d'autres magasins, de modifier sa gamme de produits, de pénétrer d'autres marchés, etc. Les renseignements obtenus et l'éventail de choix d'activités qui en résulteront ont tous une grande valeur, mais il n'est probablement pas possible de la chiffrer.

Conclusion On a déjà vu à quel point il est difficile d'intégrer différentes options à l'analyse du choix des investissements. Comment peut-on en tenir compte en pratique ? Il faut les avoir à l'esprit lorsqu'on travaille sur des flux monétaires anticipés. On a tendance à sous-estimer les VAN en ne prenant pas ces options en considération. Le dommage est généralement insignifiant dans le cas d'une proposition bien structurée et très précise. Par contre, il peut se révéler considérable dans le cas d'un projet exploratoire comme une mine d'or. La valeur de cette mine dépend de la capacité de la direction à arrêter les travaux si le prix de l'or tombe au-dessous d'un certain niveau et à les reprendre ultérieurement, quand les conditions le permettront[9].

Le rationnement du capital

Il y a **rationnement du capital** lorsqu'une entreprise a des projets d'investissement rentables (ayant des VAN positives), mais qu'elle n'est pas en mesure de se procurer les fonds nécessaires pour les réaliser. Par exemple, les directeurs de divisions d'une grande société pourraient trouver d'excellents projets d'une valeur totale de 5 millions de dollars mais, pour une raison quelconque,

Choix stratégiques

Choix concernant des produits ou des stratégies à venir reliés aux activités de l'entreprise.

Rationnement du capital

Situation dans laquelle une entreprise envisage plusieurs projets ayant des VAN positives alors qu'elle ne peut trouver le financement nécessaire à leur réalisation.

---

9 M. J. BRENNAN et E. S. SCHWARTZ, « A New Approach to Evaluating Natural Resource Investments », *Midland Corporate Financial Journal*, n° 3, printemps 1985.

ne disposer que de 2 millions de dollars. Que devraient-ils faire ? Malheureusement, comme on va le voir, il n'y a probablement pas de solution satisfaisante à ce problème.

Rationnement stratégique

Situation dans laquelle les dirigeants d'une entreprise attribuent à chaque division un certain montant de financement pour leur choix d'investissement.

Le rationnement stratégique La situation qu'on vient de décrire porte le nom de **rationnement stratégique**. On l'observe lorsque, par exemple, différentes divisions d'une entreprise se voient attribuer un montant fixe d'argent chaque année pour leurs dépenses d'investissement. Cette forme d'allocation constitue d'abord et avant tout un moyen de contrôler et de surveiller globalement les dépenses. Il est important de souligner que, dans le cas du rationnement stratégique, l'entreprise dans son ensemble ne manque pas d'argent. Il lui est toujours possible d'en obtenir davantage, aux conditions courantes, si la direction le souhaite.

En cas de rationnement stratégique, la première chose à faire est d'essayer d'obtenir une allocation plus substantielle. Sinon, on suggère habituellement de générer une VAN aussi élevée que possible à l'intérieur du budget existant. Il s'agit donc de choisir les projets ayant le ratio avantages-coût (l'indice de rentabilité) le plus élevé.

À proprement parler, cette solution ne s'applique que si le rationnement stratégique est une mesure exceptionnelle, c'est-à-dire si la direction cesse d'y recourir l'année suivante. S'il s'agit d'un problème chronique, quelque chose ne va pas (voir le chapitre 1). Un rationnement stratégique continu indique qu'on laisse constamment échapper des investissements ayant des VAN positives, ce qui est contraire à l'objectif de base d'une entreprise. Lorsqu'on ne vise pas à maximiser la valeur, la question du choix des projets à réaliser devient complexe parce qu'on n'a plus d'objectif précis comme point de départ.

Rationnement véritable

Situation dans laquelle une entreprise ne peut obtenir de financement pour un projet, quelles que soient les circonstances.

Le rationnement véritable Dans le cas du **rationnement véritable**, l'entreprise n'est en mesure de se procurer le capital nécessaire pour réaliser un projet en aucune circonstance. Une telle situation s'observe rarement dans les grandes sociétés bien gérées. Heureusement, car ce type de rationnement rend une analyse des flux monétaires actualisés inutile, et le meilleur plan d'action reste ambigu.

L'analyse des flux monétaires actualisés devient alors superflue, en partie à cause de la rentabilité minimale exigible. Supposons que l'entreprise établit sa rentabilité minimale à 20 %. Ce taux indique implicitement qu'elle n'acceptera aucun projet dont le taux de rentabilité est inférieur à cette valeur. Toutefois, en cas de rationnement véritable, il n'est pas question d'accepter de nouveaux projets, quelle que soit leur rentabilité. Par conséquent, le concept même de rentabilité minimale apparaît ambigu. La seule interprétation possible dans une telle situation est que la rentabilité minimale est si élevée qu'aucun projet n'a de VAN positive dans les circonstances.

Le rationnement véritable s'observe généralement lorsqu'une entreprise éprouve des difficultés financières et qu'elle est menacée de faillite. En outre, une entreprise peut être incapable d'obtenir des capitaux sans enfreindre un accord contractuel préexistant. Il sera question de situations de ce type dans un chapitre ultérieur.

Questions théoriques

1. Pourquoi dit-on que l'analyse des flux monétaires actualisés standard est statique ?
2. Quel est l'éventail des choix de gestion en matière d'investissement ? Donnez quelques exemples.
3. Qu'est-ce que le rationnement du capital ? Quels sont les types de rationnement existants ? Quels problèmes posent-ils concernant l'analyse des flux monétaires actualisés ?

Dans ce chapitre, nous avons examiné quelques moyens d'évaluer les résultats d'une analyse de flux monétaires actualisés. Nous avons aussi étudié certains problèmes qui se posent dans des situations concrètes. De plus, les concepts suivants ont été abordés :

1. Les estimations de la valeur actualisée nette (VAN) dépendent des flux monétaires anticipés. S'il y a des erreurs dans les projections, les estimations de la VAN peuvent se révéler trompeuses. On parle alors de « risque prévisionnel ».

2. L'analyse des scénarios et l'analyse de sensibilité sont des instruments utiles quand il s'agit de déterminer quelles sont les variables importantes pour un projet et dans quelles circonstances les erreurs prévisionnelles peuvent causer le plus de dommages.

3. Sous leurs différentes formes, les analyses de rentabilité constituent un type assez fréquemment employé d'analyse des scénarios qui permet de déterminer les niveaux critiques de ventes.

4. Le levier d'exploitation est un des principaux facteurs déterminants des seuils de rentabilité. Il reflète la proportion des coûts fixes que représente la réalisation d'un projet ou l'exploitation d'une entreprise. Le coefficient de levier d'exploitation (CLE) indique la sensibilité du flux monétaire provenant de l'exploitation (FME) aux variations du volume des ventes.

5. La plupart des projets sont associés à l'éventail des choix de gestion dans l'avenir. Ces choix sont parfois très importants, mais l'analyse standard des flux monétaires actualisés a tendance à ne pas en tenir compte.

6. Il y a rationnement du capital lorsqu'il est impossible de trouver des fonds pour des projets en apparence rentables. L'analyse statique des flux monétaires actualisés devient alors difficile, car, dans ce cas, la VAN n'est plus nécessairement le critère approprié.

La leçon la plus importante à tirer de ce chapitre est qu'il ne faut jamais se fier aveuglément aux estimations d'une VAN ou d'un taux de rentabilité. Ces facteurs dépendent essentiellement des flux monétaires anticipés. Lorsqu'on a des raisons valables de mettre en doute certains aspects de ces flux, on ne doit pas accorder trop d'importance aux résultats de leur analyse.

Néanmoins, malgré les problèmes dont il a été question ici, la méthode des flux monétaires actualisés demeure le meilleur moyen d'analyser des projets, car elle permet de se poser des questions pertinentes. Nous avons cependant appris dans ce chapitre que même en sachant quelles questions poser, il n'est pas toujours possible d'obtenir une réponse.

NOTIONS CLÉS

Analyse des scénarios (page 330)
Analyse de sensibilité (page 332)
Choix stratégiques (page 350)
Coefficient de levier d'exploitation (page 344)
Coûts fixes (page 335)
Coût marginal ou coût différentiel (page 336)
Coûts variables (page 334)
Élaboration de plans de contingences (page 348)
Évaluation par simulation (page 332)

Éventail des choix de gestion (page 347)
Levier d'exploitation (page 344)
Point mort (page 336)
Point mort de trésorerie (page 342)
Rationnement du capital (page 350)
Rationnement stratégique (page 351)
Rationnement véritable (page 351)
Risque prévisionnel (page 328)
Seuil de rentabilité financière (page 342)

Problèmes de récapitulation et auto-évaluation

Résolvez les problèmes d'auto-évaluation suivants à l'aide des renseignements fournis sous forme d'hypothèse de base.

On envisage un projet dont les coûts s'élèvent à 750 000 $. Sa durée de vie est de cinq ans et il n'a aucune valeur de récupération. Il fait l'objet d'un amortissement linéaire jusqu'à une valeur nulle. La rentabilité minimale exigible est de 17 %, et le taux d'imposition est de 34 %. On prévoit un volume de ventes de 500 unités par année. Le prix unitaire est de 2 500 $, le coût variable par unité se chiffre à 1 500 $ et les coûts fixes atteignent 200 000 $ par année.

11.1 L'analyse des scénarios Supposons que les projections concernant le nombre d'unités vendues, leur prix, le coût variable et les coûts fixes fournies ici sont précises à 5 % près. Quelles sont les limites supérieures et inférieures de ces projections ? Quelle est la VAN dans l'hypothèse de base ? Quelle est la VAN dans le pire scénario ? dans le meilleur scénario ?

11.2 L'analyse de rentabilité Compte tenu des projections de l'hypothèse de base du problème précédent, trouvez le point mort de trésorerie, le point mort et le seuil de rentabilité financière des ventes pour ce projet. Ne tenez pas compte des impôts dans vos réponses.

Réponses à l'auto-évaluation

11.1 Voici un résumé des renseignements pertinents :

	Hypothèse de base	Limite inférieure	Limite supérieure
Nombre d'unités vendues	500	475	525
Prix unitaire	2 500 $	2 375 $	2 625 $
Coût variable par unité	1 500 $	1 425 $	1 575 $
Coûts fixes par année	200 000 $	190 000 $	210 000 $

L'amortissement fiscal s'élève à 150 000 $ par année. Grâce à ce renseignement, on peut calculer les flux monétaires correspondant à chaque scénario. Rappelez-vous qu'on attribue des coûts plus élevés ainsi qu'un volume de ventes et des prix plus bas au pire scénario et qu'on procède de la façon contraire pour le meilleur scénario.

Scénario	Nombre d'unités vendues	Prix unitaire	Coût variable par unité	Coûts fixes	Flux monétaire
Hypothèse de base	500	2 500 $	1 500 $	200 000 $	249 000 $
Meilleur scénario	525	2 625	1 425	190 000	341 400
Pire scénario	475	2 375	1 575	210 000	163 200

À un taux de 17 %, on a un facteur d'actualisation pour cinq ans de 3,199 35, de sorte que la VAN est égale dans chaque cas à :

VAN de l'hypothèse de base = –750 000 $ + (3,199 35 × 249 000 $)
$$= 46\ 638\ \$$$

VAN du meilleur scénario = –750 000 $ + (3,199 35 × 341 400 $)
$$= 342\ 258\ \$$$

VAN du pire scénario = –750 000 $ + (3,199 35 × 163 200 $)
$$= -227\ 866\ \$$$

11.2 Dans ce cas, on a des coûts fixes de 200 000 $ à payer. Comme chaque unité rapporte 2 500 $ – 1 500 $ = 1 000 $, le point mort de trésorerie correspond à 200 000 $/1 000 $ = 200 unités. L'amortissement s'élève à 150 000 $, de sorte que le point mort est (200 000 $ + 150 000 $)/1 000 $ = 350 unités.

Pour déterminer le seuil de rentabilité financière, il faut calculer le flux monétaire provenant de l'exploitation pour lequel le projet a une VAN nulle. On sait que le facteur d'actualisation pour cinq ans est de 3,199 35 et que les coûts du projet s'élèvent à 750 000 $. Par conséquent, le FME doit être tel que :

$$750\ 000\ \$ = FME \times 3,199\ 35$$

Ainsi, pour que le projet atteigne son seuil de rentabilité financière, il faut que le flux monétaire soit égal à 750 000 $/3,199 35 ou 234 423 $ par année. Si on ajoute ce montant aux coûts fixes en espèces de 200 000 $, on obtient un total de 434 423 $ qu'il faut encaisser. Si chaque unité rapporte 1 000 $, l'entreprise devra vendre 434 423 $/1 000 $ = 435 unités.

Questions de synthèse et de réflexion critique

1. Qu'est-ce qu'un risque prévisionnel ? En général, le degré de risque prévisionnel est-il plus élevé pour un nouveau produit ou pour une mesure de réduction des coûts ? Expliquez votre réponse.

2. Quelle est la principale différence entre une analyse de sensibilité et une analyse des scénarios ?

3. Si vous intégrez l'effet des impôts dans l'analyse de rentabilité, que se produira-il, à votre avis, sur les plans du point mort de trésorerie, du point mort et du seuil de rentabilité financière ?

4. Un de vos collègues prétend que l'examen d'éléments marginaux ou différentiels est complètement ridicule. À son avis, « si nos résultats moyens ne dépassent pas nos coûts moyens, les flux monétaires seront négatifs et nous ferons faillite ! ». Comment répondriez-vous à cette affirmation ?

5. Qu'est-ce que le choix basé sur l'abandon ? Expliquez pourquoi on sous-estime la VAN lorsqu'on ne tient pas compte de ce choix.

6. Dans le chapitre précédent, il a été question du lancement de l'Expédition de Ford. Supposez que les ventes d'Expédition se portent à merveille et que la compagnie est obligée d'augmenter sa capacité pour répondre à la demande. De quel type de choix de gestion cette mesure de Ford constituerait-elle un exemple ?

7. Au moins à une occasion, un grand nombre d'entreprises japonaises ont adopté une politique de non-licenciement (comme IBM d'ailleurs). Quelles sont les conséquences d'une telle politique en ce qui a trait au niveau de levier d'exploitation d'une entreprise ?

8. Le transport aérien constitue un bon exemple de secteur où le niveau de levier d'exploitation est relativement élevé. Pourquoi ?

9. Le domaine de l'extraction de ressources naturelles (par exemple les puits de pétrole ou les mines d'or) offre un bon exemple de la valeur du choix de suspension (arrêt et reprise) des activités. Pourquoi ?

10. Au chapitre 1, nous avons vu que les sociétés de personnes et les entreprises individuelles peuvent éprouver des difficultés lorsqu'il s'agit de trouver du capital. Dans le contexte du présent chapitre, quel problème se pose principalement pour les petites entreprises ?

11. Référez-vous au cas d'Euro Disney et aux résultats financiers de la société Walt Disney présentés plus haut. Il est possible de noter que les mesures adoptées subséquemment prennent la forme d'un réajustement du produit. S'agit-il d'une question de mise en marché, de financement ou des deux ? Qu'est-ce que l'expérience d'Euro Disney nous apprend relativement à l'importance d'une coordination entre la mise en marché et le financement ?

Questions et problèmes

Notions de base (questions 1 à 15)

1. **Le calcul des coûts et du seuil de rentabilité** La société Bilbon Bifocalyx inc. (BBI) fabrique des lunettes noires biotechnologiques. Les coûts variables du matériel et de la main-d'œuvre s'élèvent respectivement à 0,74 $ et à 2,61 $ par unité.

   a) Quel est le coût variable par unité ?

   b) Supposons que, pendant une année où sa production totale se chiffre à 300 000 unités, la société BBI a des coûts fixes de 610 000 $. Quel est le total de ses coûts pour l'année en question ?

   c) Si chaque unité se vend 7,00 $, l'entreprise atteint-elle le point mort de trésorerie ? Si l'amortissement s'élève à 150 000 $ par année, quel est le point mort ?

2. **Le calcul du coût moyen** La société Forza inc. fabrique les souliers de marche de marque Lipidophages. Les coûts variables d'une paire sont de 10,94 $ en matières premières et de 32 $ en main-d'œuvre. Chaque paire se vend 95 $. L'année dernière, la production s'élevait à 140 000 paires. Les coûts fixes se chiffraient alors à 800 000 $. Quel est le total des coûts de production pour cet exercice ? Quel est le coût marginal par paire ? Quel est le coût moyen ? Le fabricant envisage d'exécuter une commande spéciale unique pour l'ensemble des athlètes qui participeront aux prochains Jeux du Québec de 10 000 paires de chaussures supplémentaires. Quel est le bénéfice total minimal qui soit acceptable pour cette commande ? Justifiez votre réponse.

3. **L'analyse des scénarios** Voici les estimations de la société Novaterra inc. concernant un projet de nouvelle pignonnerie (ensemble des engrenages d'un dispositif mécanique). Le prix de chaque unité est de 1 850 $, les coûts variables se chiffrent à 160 $ par unité, les coûts fixes s'élèvent à 7 millions de dollars et le volume des ventes est de 90 000 unités. Si l'entreprise est convaincue que toutes ces estimations sont précises à plus ou moins 15 % seulement, quelles valeurs devrait-elle attribuer aux quatre variables indiquées ici dans l'analyse du meilleur scénario ? dans l'analyse du pire scénario ?

4. **L'analyse de sensibilité** En vous référant au problème précédent, supposez que les dirigeants de l'entreprise s'inquiètent de l'effet de leur estimation du prix sur la rentabilité du projet. Comment pourriez-vous les rassurer ? Décrivez comment vous calculeriez votre réponse. Quelles valeurs utiliseriez-vous pour les autres variables de ces prévisions ?

5. L'analyse de sensibilité et du seuil de rentabilité On évalue un projet qui coûte 924 000 $, dont la durée de vie est de six ans et qui n'a aucune valeur de récupération. Supposons que l'amortissement fiscal se fait de façon linéaire pendant toute la durée du projet. On prévoit des ventes annuelles de 130 000 unités. Le prix unitaire est de 34 $, le coût variable par unité est de 19 $ et les coûts fixes s'élèvent à 800 000 $ par année. On sait par ailleurs que le taux d'imposition est de 35 % et la rentabilité minimale exigible, de 15 %.

    a) Calculez le point mort. Quel est le CLE correspondant à ce seuil ?

    b) Calculez le flux monétaire et la VAN dans l'hypothèse de base. Quelle est la sensibilité de la VAN aux variations du volume des ventes ? Expliquez ce que votre réponse signifie dans le cas d'une diminution de 500 unités du volume des ventes anticipé.

    c) Comment le flux monétaire provenant de l'exploitation réagit-il aux variations du coût variable ? Expliquez ce que votre réponse signifie dans le cas d'une diminution de 1 $ dans l'estimation des coûts variables.

6. L'analyse des scénarios En vous référant au problème précédent, supposez que les projections fournies concernant le prix, la quantité, les coûts variables et les coûts fixes sont exactes à plus ou moins 10 % près. Quelle est la VAN dans le meilleur scénario ? dans le pire scénario ?

7. Le calcul du seuil de rentabilité Pour chacun des cas suivants, calculez le point mort et le point mort de trésorerie. (Ne tenez pas compte de l'effet des impôts dans le calcul de ce dernier élément.)

Prix unitaire	Coût variable par unité	Coûts fixes	Amortissement
2 000 $	1 675 $	16 000 000 $	7 000 000 $
40	32	60 000	150 000
7	2	500	420

8. Le calcul du seuil de rentabilité Dans chacun des cas suivants, trouvez la quantité manquante.

Point mort	Prix unitaire	Coût variable par unité	Coûts fixes	Amortissement
125 400	34 $	26 $	175 000 $	?
140 000	?	50	3 000 000	1 250 000 $
5 263	100	?	145 000	90 000

9. Le calcul du seuil de rentabilité Voici les estimations des données d'un projet : prix unitaire = 65 $; coûts variables = 33 $ par unité ; coûts fixes = 4 000 $; rentabilité minimale exigible = 16 % ; investissement initial = 9 000 $; durée de vie de 3 ans. Si on ne tient pas compte de l'effet des impôts, quel volume de ventes correspond au point mort ? au point mort de trésorerie ? au seuil de rentabilité financière ? Quel est le CLE au niveau de production correspondant au seuil de rentabilité financière ?

10. L'analyse de rentabilité Examinez le projet caractérisé par les données suivantes : volume de ventes correspondant au point mort = 18 000 unités ; volume de ventes correspondant au point mort de trésorerie = 12 000 unités ; durée de vie du projet de 5 ans ; coûts fixes = 110 000 $; coûts variables = 20 $ par unité ; rentabilité minimale exigible = 18 %. Sans tenir compte des impôts, déterminez le volume des ventes correspondant au seuil de rentabilité financière.

11. Le calcul du levier d'exploitation À un niveau de production de 30 000 unités, on calcule que le CLE est de 3. Si la production augmente à 36 000 unités, quelle sera la variation en pourcentage du flux monétaire provenant de l'exploitation ? Le nouveau niveau du levier d'exploitation sera-t-il plus ou moins élevé que le précédent ? Justifiez votre réponse.

12. Le levier d'exploitation En vous référant au problème précédent, supposez que les coûts fixes s'élèvent à 150 000 $. Quel est le FME qui correspond à une production de 35 000 unités ? Quel est le CLE ?

13. Le flux monétaire provenant de l'exploitation et le levier d'exploitation Un projet entraînerait des coûts fixes de 30 000 $ par année. Le FME correspondant à une production de 7 000 unités se chiffre à 63 000 $. Si on ne tient pas compte des impôts, quel est le CLE ? Si le nombre d'unités vendues passe de 7 000 à 7 300, quelle sera l'augmentation du FME ? Quel sera le nouveau CLE ?

14. Le flux monétaire et le levier d'exploitation À un niveau de production de 10 000 unités, on calcule que le CLE est de 3,5. Le FME se chiffre à 9 000 $. Déterminez les coûts fixes sans tenir compte des impôts. À combien s'élèvera le FME si la production atteint 11 000 unités ? si elle diminue à 9 000 unités ?

15. Le levier d'exploitation En vous référant au problème précédent, déterminez le nouveau CLE dans chaque cas.

16. L'intuition de la rentabilité Un projet à l'étude a une rentabilité minimale exigible de *r* %. Ses coûts sont de *I* $, et il a une durée de vie de *N* années. Il fait l'objet d'un amortissement linéaire jusqu'à une valeur nulle au cours des *N* années de sa durée. Il n'y a aucune valeur de récupération ni exigence en matière de fonds de roulement.

a) Au niveau de production correspondant au point mort, quel est le TRI du projet ? Quel est son délai de récupération ? Quelle est sa VAN ?

b) Au niveau de production correspondant au point mort de trésorerie, quel est le TRI du projet ? Quel est son délai de récupération ? Quelle est sa VAN ?

c) Au niveau de production correspondant au seuil de rentabilité financière, quel est le TRI du projet ? Quel est son délai de récupération ? Quelle est sa VAN ?

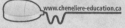

17. L'analyse de sensibilité Évaluez un projet d'une durée de trois ans à partir des renseignements suivants : investissement initial en éléments d'actif immobilisé de 420 000 $; amortissement linéaire jusqu'à une valeur nulle pendant trois ans ; valeur de récupération nulle ; prix unitaire de 26 $; coûts variables de 18 $; coûts fixes de 185 000 $; nombre d'unités vendues de 110 000 ; taux d'imposition de 34 %. Jusqu'à quel point le FME est-il sensible aux variations du volume des ventes ?

18. Le levier d'exploitation En vous référant au problème précédent, déterminez le ratio de levier d'exploitation au niveau de production indiqué. Quel est le CLE au niveau de production correspondant au point mort ?

19. L'analyse de projet Vous devez évaluer le lancement d'un nouveau produit de la gamme XVR. Ce nouveau projet d'investissement dont le coût s'élève à 680 000 $ aura une durée de vie de quatre ans et n'a aucune valeur de récupération. Il fait l'objet d'un amortissement linéaire jusqu'à une valeur nulle. On prévoit vendre 160 unités par année à 19 000 $ par unité. Le coût variable unitaire est de 14 000 $, et les coûts fixes se chiffrent à 150 000 $ par année. La rentabilité minimale exigible pour ce projet est de 15 % et le taux d'imposition, de 35 %.

a) En vous basant sur votre expérience, vous supposez que les projections concernant le nombre d'unités vendues, le coût variable et les coûts fixes sont probablement exactes à plus ou moins 10 % près. Quelles sont les limites supérieures et inférieures de ces projections ? Quelle est la VAN dans l'hypothèse de base ? Donnez les projections du meilleur scénario et du pire scénario.

b) Évaluez la sensibilité de la VAN de l'hypothèse de base relativement aux variations dans les coûts fixes.

c) Quel est le niveau de production correspondant au point mort de trésorerie de ce projet (sans tenir compte des impôts) ?

d) Quel est le niveau de production correspondant au point mort de ce projet ? Quel est le CLE à ce point ? Comment interprétez-vous ce chiffre ?

20. La valeur d'abandon Vous examinez un nouveau projet qui consiste à vendre 6 000 unités par année et dont le flux monétaire net sera de 140 $ par unité (y compris l'amortissement du coût en capital) pendant les 10 prochaines années. Autrement dit, vous prévoyez que le flux monétaire annuel provenant de l'exploitation s'élèvera à 140 $ × 6 000 = 840 000 $. Le taux d'actualisation approprié est de 16 %, et ce projet requiert un investissement initial de 3 500 000 $.

a) Quelle est la VAN dans l'hypothèse de base ?

b) Au bout de la première année, il est possible de démanteler et de vendre les éléments d'actif du projet pour 2 500 000 $. Si vous révisez les prévisions concernant les ventes d'après le rendement de la première année, quand serait-il pertinent de renoncer à l'investissement ? Autrement dit, à quel niveau de volume de ventes anticipé serait-il logique de renoncer au projet ?

c) Expliquez comment la valeur d'abandon de 2 500 000 $ pourrait être considérée comme un coût de renonciation associé à la continuation du projet au bout d'un an.

21. L'abandon En vous référant au problème précédent, supposez que, selon toute probabilité, le volume des ventes anticipé sera révisé à la hausse (7 500 unités), si le rendement est élevé la première année et à la baisse (3 500 unités), si ce rendement est faible.

a) Si les probabilités concernant des rendements élevé ou faible sont égales, quelle est la VAN de ce projet ? Considérez la possibilité d'abandon dans votre réponse.

b) Quelle est la valeur du choix basé sur l'abandon ?

22. L'abandon et la croissance En vous référant au problème précédent, supposez que la taille du projet peut être doublée dans un an, c'est-à-dire que l'entreprise pourrait produire et vendre deux fois plus d'unités. Naturellement, une telle expansion n'est souhaitable que si le projet est rentable. Le cas échéant, le volume des ventes projeté augmenterait jusqu'à 15 000 unités après l'expansion. En supposant encore une fois que les probabilités de réussite ou d'échec sont égales, déterminez la VAN de ce projet. Remarquez que l'abandon est encore une possibilité en cas d'échec du projet. Quelle est la valeur de ce choix basé sur la croissance ?

23. Une analyse de projet McGilla Golf a décidé de fabriquer une nouvelle gamme de bâtons de golf. Un ensemble de bâtons dont le coût variable s'élève à 240 $ se vendra 600 $. L'entreprise a commandé une étude de marketing au coût de 150 000 $. Selon cette étude, elle pourrait vendre 50 000 ensembles par année pendant sept ans. L'étude montre également que la vente des ensembles de bâtons de luxe diminuera de 12 000 unités. Les bâtons de luxe se vendent 1 000 $, et leurs coûts variables se chiffrent à 550 $. Par contre, la vente des ensembles de bâtons bon marché augmentera de 10 000 unités. Ces bâtons se vendent 300 $ et ont des coûts variables de 100 $ par ensemble. Chaque année, les coûts fixes atteindront 7 000 000 $. De plus, l'entreprise a dépensé 1 000 000 $ en recherche et développement pour la conception des nouveaux bâtons. L'usine et l'équipement requis pour les produire coûteront 15 400 000 $. Le taux de DPA sera de 30 % et la valeur de récupération anticipée, de 2 millions de dollars. Pour la production de ces nouveaux bâtons, il faudra augmenter le fonds de roulement net de 900 000 $; ce montant sera remis à la fin du projet. Le taux d'imposition de l'entreprise s'élève à 40 % et le coût du capital, à 14 %. Calculez le délai de récupération, la VAN et le TRI de ce projet.

24. **Une analyse des scénarios** Dans le problème précédent, les dirigeants de l'entreprise ont l'impression que les valeurs fournies sont précises à ±10 % seulement. Quels sont le meilleur et le pire scénario en ce qui concerne la VAN ? (Indice : Les prix et les coûts variables des deux ensembles de bâtons déjà existants sont connus avec certitude ; seuls les gains ou les pertes de ventes sont incertains.)

25. **Une analyse de sensibilité** McGilla Golf voudrait déterminer la sensibilité de la VAN aux variations du prix des nouveaux bâtons et de la quantité de nouveaux bâtons vendus. Quelle est la sensibilité de la VAN par rapport à chacune de ces variables ?

26. **La rentabilité et les impôts** Ce problème concerne l'effet des impôts sur les différentes mesures de rentabilité.

   a) Montrez que, lorsqu'on tient compte des impôts, la relation générale entre le FME et le volume des ventes Q peut s'exprimer comme suit :

   $$Q = \frac{CF + \dfrac{FME - T \times A}{1 - T}}{P - v}$$

   b) À l'aide de l'expression fournie en *a)*, déterminez le point mort de trésorerie, le point mort et le seuil de rentabilité financière pour l'exemple des Industries Vampires ltée. Supposez que le taux d'imposition est de 40 %.

   c) En *b)*, le seuil de rentabilité comptable devrait être identique à celui qu'on a déjà calculé. Pourquoi ? Vérifiez votre réponse algébriquement.

27. **Le levier d'exploitation et les impôts** Montrez que, si on tient compte de l'effet des impôts, on peut exprimer le CLE comme suit :

   $$CLE = 1 + [CF \times (1 - T) - T \times A]/FME$$

   En simplifiant cette expression, on obtient le résultat précédent lorsque $T = 0$. Pouvez-vous formuler verbalement l'interprétation de ce résultat ?

28. **Une analyse de scénario** Examinez le projet suivant qui consiste à fournir à Hull 35 000 tonnes de vis de mécanique par année pour la fabrication de hors-bord. L'investissement en fileteuses qui est nécessaire à son démarrage s'élève à 1 500 000 $. Cet investissement fera l'objet d'un amortissement du coût en capital à un taux de 20 % par année. Le service de la comptabilité estime les coûts fixes annuels à 300 000 $ et les coûts variables à 200 $ par tonne. Il estime également que l'ensemble aura une valeur de récupération de 500 000 $ après le remboursement des frais de démontage à la fin du projet, dans cinq ans. Le service de commercialisation prévoit que les fabricants de hors-bord maintiendront le contrat à un prix de 230 $ par tonne. Le service technique estime, de son côté, que l'investissement initial en fonds de roulement devrait s'élever à 450 000 $. L'entreprise exige une rentabilité minimale de 13 %, et son taux d'imposition marginal atteint 38 % pour ce projet.

   a) Quelle est l'estimation du FME pour ce projet ? Quelle est la VAN ? L'entreprise devrait-elle réaliser ce projet ?

   b) Supposez que les projections du service de comptabilité concernant les coûts et la valeur de récupération ne sont exactes qu'à plus ou moins 15 % près et que l'estimation du prix provenant du service de commercialisation est précise à plus ou moins 10 % seulement. Quant à l'estimation du service technique concernant le fonds de roulement, elle est précise à plus ou moins 5 %. Quel est le pire scénario pour ce projet ? Quel est le meilleur scénario ? L'entreprise tient-elle toujours à réaliser ce projet ?

29. **Une analyse de sensibilité** En vous référant au problème 28, supposez que les projections sont exactes, mais que vous avez des doutes concernant les besoins de Hull en matière de vis de mécanique. Quelle est la sensibilité du FME aux variations de la quantité fournie ? Quelle est la sensibilité de la VAN aux variations de cette quantité ? À l'aide des données sur la sensibilité dont vous disposez, précisez s'il existe un niveau minimal de production au-dessous duquel l'entreprise ne voudrait pas poursuivre ses activités. Justifiez votre réponse.

Problèmes complexes (suite)

30. Une analyse de la rentabilité En utilisant les résultats obtenus au problème 26, calculez les quantités d'unités correspondant au point mort, au point mort de trésorerie et au seuil de rentabilité financière pour le projet d'investissement proposé au problème 28.

31. Une analyse du levier d'exploitation En utilisant les résultats obtenus au problème 27, déterminez le CLE du projet relatif aux vis de mécanique présenté au problème 28 à un niveau de production de 35 000 unités sous l'hypothèse de base. Comparez ce nombre à celui de la sensibilité, que vous avez trouvé au problème 29. Vérifiez que ces deux méthodes donnent le même résultat pour le FME à n'importe quel nouveau niveau de production.

Mini étude de cas*

À titre d'analyste financière chez Minor International (MI), vous devez revoir l'analyse des deux propositions d'investissement soumises par le service de production de l'entreprise. (La présentation détaillée de ces propositions se trouve dans la mini étude de cas présentée à la fin du chapitre 10.) Le directeur financier s'inquiète du fait que l'analyse précédente ne traitait pas suffisamment du risque associé au projet. Votre tâche consiste donc à effectuer une analyse de scénarios et une analyse de sensibilité pour vérifier si la recommandation initiale pourrait changer par suite de l'examen d'une série de questions du type « Que se passerait-il si… ? ».

Grâce à vos discussions avec le directeur financier, le chef de l'information et le directeur du service de production, vous avez déterminé deux facteurs essentiels en ce qui a trait à la décision du choix des investissements — soit les coûts initiaux du développement du logiciel et les économies anticipées en coûts de production (avant impôts). En établissant le contrat de développement du logiciel de façon appropriée, vous êtes convaincu que les coûts du logiciel initial pour chaque proposition pourront être maintenus dans un éventail de plus ou moins 20 % par rapport aux estimations originales. Les économies dans les coûts de production sont moins certaines parce que le logiciel requerra une nouvelle technologie qui n'a pas encore été implantée. Ces coûts devraient normalement se situer autour de plus ou moins 50 % des estimations originales.

En tant qu'analyste du choix des investissements, vous devez fournir les renseignements suivants dans votre note de service destinée au directeur financier.

a) Effectuez une analyse de sensibilité pour déterminer lequel des deux facteurs a le plus de poids dans le choix de l'une ou l'autre proposition.

b) Effectuez une analyse de scénarios pour évaluer les risques que comporte chacune des deux propositions. Quelles sont vos conclusions ?

c) Expliquez ce que vos analyses de sensibilité et de scénarios vous indiquent concernant les recommandations originales.

* L'utilisation d'un tableur est conseillée dans l'analyse de ce cas.

www.cheneliere-education.ca

QUESTIONS SUR DES APPLICATIONS INTERNET

Lectures suggérées

Pour une étude en profondeur (et une lecture très agréable) des analyses de rentabilité et du levier d'exploitation, consultez l'ouvrage suivant :
VISCIONE, J. A. *Financial Analysis : Tools and Concepts,* New York, National Association of Credit Management, 1984, chap. 4.

Vous trouverez une application intéressante des analyses de rentabilité dans le texte suivant :
KILPATRICK, I. « Customized Control », *CA Magazine*, Toronto, octobre 1995.

Les articles suivants sont des classiques en matière d'analyse de risques dans les décisions d'investissement :
HERTZ, D. B. « Risk Analysis in Capital Investment », *Harvard Business Review* 42, janvier-février 1964.
HERTZ, D. B . « Investment Policies That Pay Off », *Harvard Business Review* 46, janvier-février 1968.

L'article suivant, plus récent, est recommandé :
FRENOIS, J.-P. « L'analyse du risque dans les décisions financières », *Gestion*, vol. 25, n° 4, 2001, p. 12-26.

Voici un livre d'intérêt général sur la stratégie et l'avantage concurrentiels :
PORTER, M. E. *Competitive Advantage : Creating and Sustaining Superior Performance,* New York, The Free Press, 1985.

PARTIE V

LE RISQUE ET LE RENDEMENT

CHAPITRE 12

Quelques leçons à tirer de l'histoire des marchés financiers

L'indice S&P/TSX Composite a augmenté de plus de 31 % en 1999 grâce à des actions d'entreprises de haute technologie comme Nortel Networks. Même s'il était resté fondamentalement uniforme (il avait baissé d'environ 1,5 %) en 1998, les investisseurs avaient obtenu de forts rendements au cours des deux années précédentes, soit plus de 14 % en 1997 et environ 28 % en 1996. Par contre, de janvier 2000 à la fin de 2002, le TSX a perdu près de 18 % lorsque le cours des valeurs des entreprises technologiques s'est effondré. Compte tenu de cette expérience récente, à quel rendement devrait-on s'attendre lorsqu'on investit dans des actions ordinaires canadiennes ? Pour le savoir, nous allons étudier cinquante ans de l'histoire des marchés financiers.

Jusqu'ici, nous avons peu parlé de ce qui détermine le rendement requis en matière d'investissement. Dans un sens, la réponse est très simple : le rendement requis dépend du risque associé à l'investissement. Plus le risque est grand, plus ce rendement doit être élevé.

Cela dit, le problème n'est pas si simple. Comment peut-on mesurer le degré de risque que présente un investissement ? En d'autres termes, en quoi un investissement est-il plus risqué qu'un autre ? De toute évidence, nous devons définir ce que nous entendons par « risque » pour pouvoir répondre à ces questions. C'est ce que nous tâcherons de faire dans ce chapitre et le suivant.

Dans les chapitres qui précèdent, nous avons vu que l'une des tâches du gestionnaire financier consiste à évaluer des projets d'investissement dans des actifs. Pour ce faire, il doit savoir ce que les investissements financiers pourraient rapporter. De plus, on a dit au chapitre 2 que le flux monétaire d'une entreprise est égal au flux monétaire affecté aux créanciers et aux actionnaires. Par conséquent, les rendements et les risques des investissements financiers fournissent des renseignements sur les investissements réels effectués par les entreprises.

Ce chapitre donne un aperçu de ce que l'histoire des marchés financiers peut nous apprendre sur le risque et le rendement. Il importe de connaître la signification de ces chiffres. Qu'est-ce qu'un rendement élevé ? Qu'est-ce qu'un faible rendement ? De façon générale, quels rendements devrait-on attendre des actifs financiers et quels sont les risques associés à de tels investissements ? Cet aperçu est essentiel pour comprendre la façon d'analyser et d'évaluer des projets d'investissements risqués.

Pour commencer, nous décrirons l'expérience des investisseurs canadiens sur les marchés financiers. En 1931, par exemple, le marché des valeurs mobilières (ou marché boursier) a perdu environ 33 % de sa valeur. Deux ans plus tard, il en a regagné 51 %. Plus récemment, la Bourse a perdu environ 23 % de sa valeur en 2002. Les gestionnaires financiers peuvent-ils tirer des leçons de telles fluctuations du marché boursier et, si oui, lesquelles ? Pour le savoir, nous explorerons les 50 dernières années de l'histoire du marché des valeurs.

Tout le monde ne s'entend pas sur l'utilité d'étudier l'histoire. On se rappellera le célèbre commentaire du philosophe George Santayana, qui disait que « ceux qui ne se souviennent pas du passé sont condamnés à le répéter ». Par contre, d'après un commentaire tout aussi célèbre de l'industriel Henry Ford, « l'histoire, c'est plus ou moins de la foutaise ». Toutefois, si on se fie aux récents événements, tout le monde conviendra peut-être avec Mark Twain qu'« octobre est un des mois les plus particulièrement dangereux pour spéculer sur des actions! Les autres sont juillet, janvier, septembre, avril, novembre, mai, mars, juin, décembre, août et février!»

On peut tirer deux leçons essentielles de l'étude de l'histoire des marchés boursiers. Premièrement, celui qui prend des risques est récompensé. Deuxièmement, plus la récompense potentielle est grande, plus le risque est élevé. Pour mieux comprendre ces observations concernant le rendement des opérations boursières, nous allons consacrer une grande partie de ce chapitre à la présentation des statistiques et des chiffres qui ont marqué l'histoire des marchés financiers modernes au Canada. Comme les Canadiens investissent également aux États-Unis, nous inclurons quelques analyses des marchés américains. Dans le prochain chapitre, nous nous servirons de ces données pour étudier l'évaluation du risque sur les marchés de capitaux.

12.1 Le rendement

Nous allons traiter de ce qu'ont rapporté différents types d'actifs financiers à travers le temps; mais examinons d'abord brièvement comment calculer le rendement sur l'investissement.

Le rendement en dollars

Lorsqu'on achète un actif quelconque, le gain (ou la perte) associé à cet investissement porte le nom de «rendement de l'investissement». Celui-ci est généralement formé de deux composantes. Premièrement, on peut recevoir directement de l'argent en espèces pendant la période durant laquelle on possède l'investissement; c'est ce qu'on appelle la composante «revenu». Deuxièmement, la valeur de l'actif dans lequel on a investi varie souvent; on parle alors de «gain» ou de «perte en capital sur un investissement[1]».

Supposons que la société Atlantique Canada possède plusieurs milliers d'actions en circulation. Vous en avez acheté quelques-unes au début de l'année et, comme celle-ci tire à sa fin, vous cherchez à savoir ce que vous a rapporté cet investissement.

Au cours de l'année, une entreprise peut verser des dividendes en espèces à ses actionnaires. En tant qu'actionnaire de cette société, vous êtes partiellement propriétaire de l'entreprise. Si celle-ci fait des profits, elle peut décider d'en distribuer une partie à ses actionnaires (il sera question plus longuement de la ligne de conduite en matière de dividendes au chapitre 17). Donc, toute personne qui détient des actions reçoit de l'argent en espèces. Cet argent est la composante «revenu» qui est associée à la possession d'actions.

Outre le dividende, il peut y avoir gain ou perte en capital sur les actions. Cette autre composante du rendement provient des variations dans la valeur de l'investissement. Examinez, par exemple, les flux monétaires de la figure 12.1. Les actions se vendent 37 $ par unité. Pour l'achat de 100 actions, la dépense totale se chiffre à 3 700 $. Supposons qu'au cours de l'année, chaque action rapporte un dividende de 1,85 $. À la fin de l'année, on a obtenu le revenu suivant :

Dividende = 1,85 $ × 100 = 185 $

En outre, la valeur de l'action atteint 40,33 $ à la fin de l'année. Par conséquent, la centaine d'actions vaut maintenant 4 033 $, et le gain en capital se calcule comme suit :

Gain en capital = (40,33 $ − 37 $) × 100 = 333 $

Par contre, si le prix descend à 34,78 $, on subira la perte en capital suivante :

Perte en capital = (34,78 $ − 37 $) × 100 = −222 $

Notons qu'une perte en capital est l'équivalent d'un gain en capital négatif.

Le rendement total de l'investissement en dollars correspond à la somme du dividende et du gain en capital :

Rendement total en dollars = Revenu sous forme de dividendes + Gain (ou perte) en capital [12.1]

Dans le premier exemple, le rendement total en dollars se calcule donc comme suit :

Rendement total en dollars = 185 $ + 333 $ = 518 $

---

1 Les règles étant différentes pour les gains en dividendes et les gains en capital, comme on l'a vu au chapitre 2, le rendement en dollars après impôts ne sera pas le même sur les deux composantes.

Figure **12.1**

Les rendements en dollars

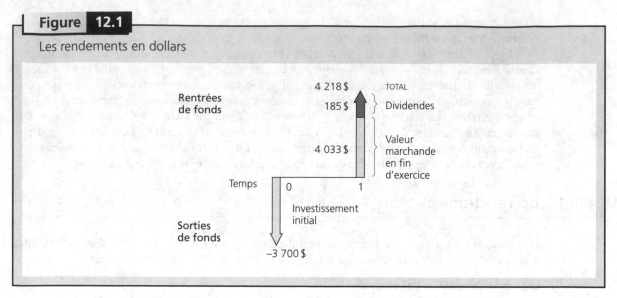

Si on vend les actions à la fin de l'année, la quantité totale d'argent qu'on obtient correspond à l'investissement initial, auquel s'ajoute le rendement total. Dans notre exemple, il s'agit du calcul suivant :

Montant total en espèces si les actions sont vendues = Investissement initial + Rendement total

en dollars   [12.2]

= 3 700 $ + 518 $

= 4 218 $

À titre de vérification, pour obtenir le même résultat, on peut prendre le produit de la vente des actions, auquel on ajoute les dividendes :

Produit de la vente des actions + Dividendes = 40,33 $ × 100 + 185 $

= 4 033 $ + 185 $

= 4 218 $

Supposons que vous ne vendiez pas vos actions d'Atlantique Canada à la fin de l'année. Devriez-vous encore considérer que le gain en capital fait partie de votre revenu ? Ne s'agit-il pas d'un gain sur papier plutôt que d'une rentrée de fonds, s'il n'y a pas de vente ?

La réponse à la première question est clairement affirmative, tandis que la réponse à la seconde est sans conteste négative. Le gain en capital fait tout autant partie du rendement que les dividendes, et il faut absolument le calculer comme faisant partie du revenu. La décision de conserver les actions au lieu de les vendre (et donc de ne pas réaliser de gain) n'est pas pertinente puisqu'on aurait pu les transformer en espèces. La décision de le faire ou non ne relève que de l'actionnaire.

Si on insistait pour convertir son gain en espèces, on pourrait vendre les actions à la fin de l'année puis réinvestir immédiatement l'argent en rachetant ces actions. Il n'y a pas de différence nette entre cette opération et le fait de ne pas vendre (en supposant que la vente n'entraîne aucune conséquence fiscale). Par conséquent, le fait qu'on vende ses actions ou qu'on réinvestisse en ne les vendant pas ne modifie en rien le rendement obtenu.

Le rendement en pourcentage

Il est généralement plus pratique d'exprimer les renseignements concernant le rendement sous forme de pourcentage plutôt que sous forme de dollars. De cette façon, le rendement ne dépend plus du montant de l'investissement. Ce qu'on veut vraiment savoir, c'est le montant obtenu pour chaque dollar investi.

Pour répondre à cette question, on pose que P_t désigne le cours de l'action au début de l'exercice et que D_t représente le dividende versé pour cette action au cours de l'exercice (voir les flux monétaires de la figure 12.2). Ces derniers sont les mêmes que ceux de la figure 12.1 sauf que, cette fois, l'action sert d'unité de base.

Figure **12.2**

Le rendement en pourcentage, en dollars et par action

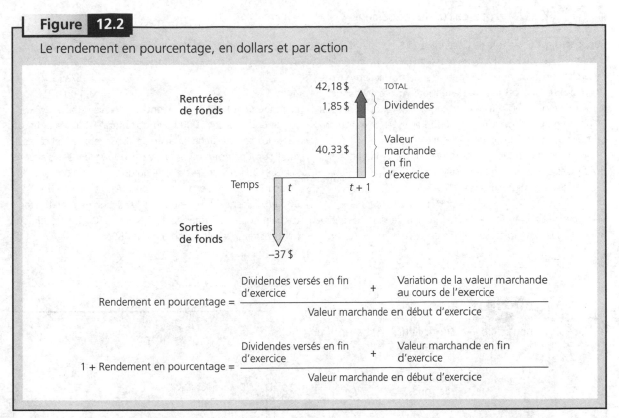

Dans l'exemple, le prix de l'action était de 37 $ au début de l'exercice, et le dividende versé au cours de l'année pour chaque action était de 1,85 $. Comme on l'a vu au chapitre 8, l'expression du dividende sous forme de pourcentage du prix de l'action en début d'exercice permet d'obtenir le rendement des dividendes :

Rendement des dividendes = D_t/P_t

= 1,85 \$/37 \$ = 0,05 ou 5 %

Autrement dit, on obtient 5 ¢ de dividende pour chaque dollar investi.

L'autre composante du rendement en pourcentage est le rendement du gain en capital. On le calcule comme étant la variation du prix au cours de l'exercice (le gain en capital proprement dit) divisée par le prix de l'action en début d'exercice :

Rendement du gain en capital = $(P_{t+1} - P_t)/P_t$

= (40,33 \$ − 37 \$)/37 \$

= 3,33 \$/37 \$

= 9 %

Par conséquent, on obtient 9 ¢ sous forme de gain en capital sur chaque dollar investi.

Si on additionne le tout, on obtient 5 ¢ de dividende plus 9 ¢ de gain en capital, soit un total de 14 ¢. Le rendement en pourcentage est de 14 ¢ sur 1 $, soit de 14 %.

On peut vérifier ce résultat en prenant le montant investi, 3 700 $, et le montant en fin d'exercice, 4 218 $. Quel est le pourcentage d'augmentation de 3 700 $? Comme on l'a vu précédemment, on a obtenu 4 218 \$ − 3 700 \$ = 518 \$. Il s'agit d'une augmentation de 518 \$/3 700 \$ = 0,14 ou 14 %.

Exemple 12.1 Le calcul du rendement

Supposons qu'on achète des actions à 25 $ par unité. En fin d'exercice, le prix de l'action a atteint 35 $. Au cours de l'exercice, on a obtenu 2 $ de dividende par action (voir la figure 12.3). Quel est le taux de rendement des dividendes ? le taux de rendement du gain en capital ? le rendement total en pourcentage ? Si on a investi 1 000 $ au total, de quel montant dispose-t-on à la fin de l'exercice ?

Pour un dividende de 2 $ par action, le rendement des dividendes d'une action est le suivant :

$$\text{Rendement des dividendes} = D_{t+1}/P_t$$
$$= 2\,\$/25\,\$ = 0{,}08 \text{ ou } 8\,\%$$

Si le gain en capital est de 10 $ par action, le taux de rendement du gain en capital se calcule comme suit :

$$\text{Taux de rendement du gain en capital} = (P_{t+1} - P_t)/P_t$$
$$= (35\,\$ - 25\,\$)/25\,\$$$
$$= 10\,\$/25\,\$$$
$$= 0{,}4 \text{ ou } 40\,\%$$

Le rendement total en pourcentage s'élève donc à 48 %.

Si on a investi 1 000 $, on obtiendra 1 480 $ à la fin de l'exercice, soit une augmentation de 48 %. Pour vérifier ce résultat, il suffit de noter qu'on a investi 1 000 $ dans des actions vendues 25 $ par unité, de sorte qu'on a acheté 1 000 $/25 $ = 40 actions. Ces 40 actions ont rapporté un total de 40 × 2 $ = 80 $ en dividende. Le gain de 10 $ par action permet d'obtenir un gain en capital total de 10 $ × 40 = 400 $. En additionnant ces deux résultats, on obtient 480 $.

Figure 12.3

Le flux monétaire — exemple d'investissement

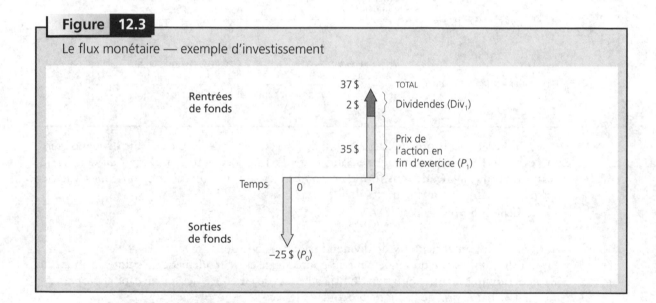

Questions théoriques

1. Quelles sont les deux composantes du rendement total ?
2. Pourquoi inclut-on les gains (ou les pertes) en capital non réalisés dans le calcul du rendement ?
3. Quelle est la différence entre un rendement sous forme de dollars et un rendement sous forme de pourcentage ? Pourquoi ces derniers sont-ils plus pratiques ?

12.2 Les données historiques

L'histoire des marchés financiers présente un grand intérêt pour les conseillers en investissements qui font des recommandations aux investisseurs institutionnels (ou professionnels) en matière de composition de portefeuilles. L'ensemble de données que nous allons utiliser ici apparaît dans le tableau 12.1. Il a été préparé par William M. Mercer Ltd. et se fonde sur deux grandes études : celle de Roger Ibbotson et Rex Sinquefield, qui ont dirigé une série de travaux bien connus portant sur les taux de rendement des marchés de capitaux américains, et celle de James Hatch et

Tableau **12.1** Le rendements annuels de l'indice boursier, de 1948 à 2002

Année	Inflation (Statistique Canada)	Actions canadiennes (S&P et TSX Composite)	Bons du Trésor de 91 jours (Scotia Capital Markets)	Obligations à long terme (Scotia Capital Markets)	S&P 500 (en dollars canadiens)	Actions de petites entreprises (Nestbitt Burns)
1948	8,88	12,25	0,40	–0,08	5,50	—
1949	1,09	23,85	0,45	5,18	22,15	—
1950	5,91	51,69	0,51	1,74	39,18	—
1951	10,66	25,44	0,71	–7,89	15,00	—
1952	–1,38	0,01	0,95	5,01	13,68	—
1953	0,00	2,56	1,54	5,00	–0,99	—
1954	0,00	39,37	1,62	12,23	52,62	—
1955	0,47	27,68	1,22	0,13	35,51	—
1956	3,24	12,68	2,63	–8,87	2,35	—
1957	1,79	–20,58	3,76	7,94	–8,51	—
1958	2,64	31,25	2,27	1,92	40,49	—
1959	1,29	4,59	4,39	–5,07	10,54	—
1960	1,27	1,78	3,66	12,19	5,15	—
1961	0,42	32,75	2,86	9,16	32,85	—
1962	1,67	–7,09	3,81	5,03	–5,77	—
1963	1,64	15,60	3,58	4,58	23,19	—
1964	2,02	25,43	3,73	6,16	15,75	—
1965	3,16	6,67	3,79	0,05	12,58	—
1966	3,45	–7,07	4,89	–1,05	–9,33	—
1967	4,07	18,09	4,38	–0,48	23,61	—
1968	3,91	22,45	6,22	2,14	10,26	—
1969	4,79	–0,81	6,83	–2,86	–8,50	—
1970	1,31	–3,57	6,89	16,39	–1,96	–11,69
1971	5,16	8,01	3,86	14,84	13,28	15,83
1972	4,91	27,37	3,43	8,11	18,12	44,72
1973	9,36	0,27	4,78	1,97	–14,58	–7,82
1974	12,30	–25,93	7,68	–4,53	–26,87	–26,89
1975	9,52	18,48	7,05	8,02	40,72	41,00
1976	5,87	11,02	9,10	23,64	22,97	22,77
1977	9,45	10,71	7,64	9,04	0,65	39,93
1978	8,44	29,72	7,90	4,10	15,50	44,41
1979	9,69	44,77	11,04	–2,83	16,52	46,04
1980	11,20	30,13	12,23	2,18	35,51	42,86
1981	12,20	–10,25	19,11	–2,09	–5,57	–15,10
1982	9,23	5,54	15,27	45,82	25,84	4,55
1983	4,51	35,49	9,39	9,61	24,07	44,30
1984	3,77	–2,39	11,21	16,90	12,87	–2,33
1985	4,38	25,07	9,70	26,68	39,82	38,98
1986	4,19	8,95	9,34	17,21	16,96	12,33
1987	4,12	5,88	8,20	1,77	–0,96	–5,47
1988	3,96	11,08	8,94	11,30	7,21	5,46
1989	5,17	21,37	11,95	15,17	27,74	10,66
1990	5,00	–14,80	13,28	4,32	–3,06	–27,32
1991	3,78	12,02	9,90	25,30	30,05	18,51
1992	2,14	–1,43	6,65	11,57	18,42	13,01
1993	1,70	32,55	5,63	22,09	14,40	52,26
1994	0,23	–0,18	4,76	–7,39	7,48	–9,21
1995	1,75	14,53	7,39	26,34	33,68	13,88
1996	2,17	28,35	5,02	14,18	23,62	28,66
1997	0,73	14,98	3,20	18,46	39,18	6,97
1998	1,02	–1,58	4,74	12,85	37,71	–17,9
1999	2,58	31,59	4,66	–5,98	14,14	20,29
2000	3,23	7,41	5,49	12,97	–5,67	–4,29
2001	0,6	–12,6	4,7	8,1	–6,5	0,7
2002	4,3	–12,4	2,5	8,7	–22,7	–0,9

Source : William M. Mercer Ltd.

Robert White qui, de leur côté, ont examiné les taux de rendement canadiens[2]. Le tableau donne les taux de rendement d'année en année de cinq types importants d'investissements financiers.

---

2 Les deux études classiques sont les suivantes : R. G. IBBOTSON et R. A. SINQUEFIELD, *Stocks, Bonds, Bills and Inflation*, Charlottesville, Virginie, Financial Analysts Research Foundation, 1982 et J. HATCH et R. WHITE, *Canadian Stocks, Bonds, Bills and Inflation : 1950-1983*, Charlottesville, Virginie, Financial Analysts Research Foundation, 1985. Les autres sources utilisées par William M. Mercer Ltd. sont Nesbitt Burns en ce qui a trait à l'investissement dans les actions de petites entreprises, Scotia Capital Markets pour les bons du Trésor du Canada et les obligations à long terme et le CANSIM de Statistique Canada pour les taux de change et d'inflation.

On peut interpréter ces rendements comme étant ce qu'auraient rapporté des portefeuilles des types suivants :

1. **Les actions ordinaires canadiennes.** Ce portefeuille contient un échantillon d'actions des plus grandes entreprises au Canada (en valeur marchande totale d'actions en circulation[3]).

2. **Les actions ordinaires américaines.** Ce portefeuille est composé d'actions des 500 plus importantes entreprises des États-Unis. La série historique complète est donnée en dollars canadiens en tenant compte des variations dans les taux de change.

3. **Les actions de petites entreprises.** Ce portefeuille comporte un choix d'actions canadiennes de petites entreprises selon la compilation effectuée par Nesbitt Burns.

4. **Les obligations à long terme.** Ce portefeuille contient des obligations à long terme de grande qualité qui sont émises par des entreprises, des gouvernements provinciaux et le gouvernement fédéral du Canada.

5. **Les bons du Trésor du Canada.** Ce portefeuille comprend des bons du Trésor du Canada dont l'échéance est de trois mois.

Ces rendements ne sont pas ajustés en fonction de l'inflation ni des impôts. Il s'agit de rendement nominal avant impôts.

Outre les rendements année après année de ces instruments financiers, on a aussi calculé la variation annuelle en pourcentage de l'indice des prix à la consommation (IPC) de Statistique Canada. Il s'agit d'une mesure couramment utilisée pour déterminer l'inflation (quoiqu'en réalité, la variation en pourcentage de l'IPC surestime l'inflation réelle), de sorte qu'il est possible de s'en servir comme taux pour calculer les rendements réels.

Les cinq catégories d'actifs du tableau 12.1 couvrent un vaste éventail d'investissements populaires auprès des simples particuliers comme des institutions financières canadiennes. On y a ajouté des actions américaines, puisque les investisseurs canadiens placent souvent leur argent à l'étranger et, en particulier, aux États-Unis.

Les propos de...

Roger Ibbotson sur l'histoire des marchés financiers

Les marchés financiers constituent peut-être le phénomène le plus minutieusement documenté de l'histoire de l'humanité. Chaque jour, environ 2 000 titres se négocient à la Bourse de New York (New York Stock Exchange — NYSE) et au moins 5 000 autres titres sur divers marchés des changes et hors-cote (de gré à gré). Les marchés d'obligations, les Bourses de marchandises, les marchés à terme et à options fournissent aussi une foule de données qui remplissent une douzaine de pages du *Wall Street Journal* (et de nombreux autres journaux) et ne sont qu'un résumé des transactions d'une journée. Chaque transaction est enregistrée, de sorte qu'on possède non seulement une base de données en temps réel mais aussi des archives qui remontent, dans bien des cas, jusqu'à plus d'un siècle.

Le marché mondial ajoute une autre dimension à cette extraordinaire richesse de données. À la Bourse du Japon, on négocie 1 milliard de titres dans les jours les plus actifs, et la Bourse de Londres rapporte des transactions sur plus de 10 000 titres nationaux et étrangers par jour. [Son volume de transactions en dollars situe le TSE au douzième rang des bourses mondiales, comme on l'a vu au chapitre 1.]

De ces innombrables transactions résultent des données quantifiables, rapidement analysées et distribuées, et facilement accessibles par ordinateur. Pour cette raison, la finance commence à ressembler de plus en plus à une science exacte. Il existe un vaste éventail d'utilisations des données provenant des marchés de capitaux qui va du simple recours au S&P (Standard & Poor's) 500 pour mesurer le rendement d'un portefeuille à des activités beaucoup plus complexes. Par exemple, il y a une génération, le marché des obligations représentait le domaine le plus stable de Wall Street. De nos jours, il attire des multitudes d'opérateurs (ou de cambistes) qui cherchent à tirer parti d'opérations d'arbitrage — de petites erreurs temporaires dans les cours — en utilisant des données en temps réel et des superordinateurs pour les analyser.

Les données des marchés de capitaux sont à la base de la connaissance empirique qu'on possède aujourd'hui de ces marchés. Voici une liste de quelques-unes des principales découvertes réalisées grâce aux recherches sur ces données. Les valeurs mobilières à risque, comme les actions, ont des rendements moyens plus élevés que les titres sans risque comme les bons du Trésor. Les actions des petites entreprises rapportent en moyenne davantage que celles des grandes entreprises. Les obligations à long terme ont un taux de rendement et un rendement moyens plus élevés que les obligations à court terme. On peut prévoir le coût du capital pour

---

3 À partir de 1956, on se base sur le S&P/TSX. Pour les années antérieures, William M. Mercer Ltd. a utilisé un échantillon fourni par la Bourse de Toronto.

une entreprise, un projet ou une division à l'aide des données des marchés. Comme les phénomènes des marchés de capitaux sont soigneusement mesurés, la finance est la branche la plus facilement quantifiable des sciences économiques. Les chercheurs peuvent y effectuer des travaux empiriques plus approfondis que dans n'importe quel autre domaine de l'économie, et il est possible de traduire rapidement les résultats de ces recherches en actions sur les marchés.

Roger Ibbotson est professeur de management à la Yale School of Management. Il est fondateur et président d'Ibbotson Associates, un important fournisseur de bases de données financières dans le secteur des services financiers. Spécialiste éminent, il est surtout connu pour l'originalité de ses contributions en matière de taux de rendement obtenus par les investisseurs sur différents marchés à travers le temps et pour ses recherches sur les nouvelles émissions.

Un aperçu

Avant d'examiner attentivement les rendements de différents portefeuilles, jetons un coup d'œil à l'ensemble. La figure 12.4 illustre ce qu'il est advenu du dollar investi dans trois de ces portefeuilles entre 1957 et 2002. Nous avons choisi la période s'étendant de 1957 à 2002 pour deux raisons. Premièrement, les années qui suivent immédiatement la Seconde Guerre mondiale ne reflètent pas les tendances actuelles et, deuxièmement, le TSE 300 (qui a précédé le TSX) a fait son apparition en 1956, de sorte que 1957 est la première année qui puisse servir de base de comparaison. Naturellement, cette décision ne fait pas l'unanimité et nous y reviendrons lorsque nous tirerons des conclusions de nos données. La croissance en valeur de chacun des portefeuilles au cours de cette période de 46 ans qui se termine en 2002 a été représentée séparément. Notons que, pour tout inscrire dans le même graphique, il a fallu apporter certaines modifications à l'échelle. Comme c'est couramment le cas dans les séries financières, on a gradué l'axe vertical selon l'échelle logarithmique, de sorte que des distances égales représentent des variations égales de valeurs en pourcentages (par opposition à des variations égales en dollars[4]).

En examinant la figure 12.4, on constate que ce sont les investissements en actions ordinaires qui ont le mieux fructifié dans l'ensemble. Chaque dollar investi dans des actions canadiennes valait 54,01 $ au bout de 46 ans.

Par contre, le portefeuille de bons du Trésor n'a augmenté que de 20,87 $. Les obligations à long terme ont eu un meilleur rendement et ont atteint une valeur de 43,41 $. Ces valeurs sont moins remarquables lorsqu'on tient compte du taux d'inflation durant cette période. Comme on peut le voir, le niveau des prix a augmenté de telle manière qu'il faut 6,94 $ simplement pour remplacer le 1 $ initial.

Compte tenu des données historiques dont il a été question jusqu'ici, pourquoi un investisseur voudrait-il posséder des classes d'actifs autres que des actions ? Un examen attentif de la

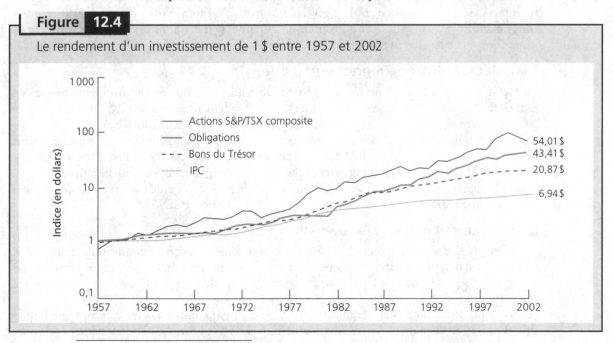

Figure **12.4**

Le rendement d'un investissement de 1 $ entre 1957 et 2002

---

4 Autrement dit, l'échelle est logarithmique.

figure 12.4 permet de répondre à cette question. Le portefeuille des bons du Trésor et celui des obligations à long terme ont augmenté plus lentement que le portefeuille des actions, mais de façon beaucoup plus régulière. Les actions ordinaires ont fini en tête ; néanmoins, leur croissance a été irrégulière par moments. Par exemple, lorsqu'on compare les actions canadiennes aux bons du Trésor, on constate qu'elles ont eu un rendement inférieur à celui des obligations à long terme des gouvernements durant 19 années au cours de cette période.

Un examen plus approfondi

Pour illustrer la variabilité des différents investissements, examinons les chiffres de quelques années du tableau 12.1. On observe, par exemple, que les obligations à long terme ont présenté le rendement le plus élevé de toute leur histoire (45,82 %) il n'y a pas si longtemps, soit en 1982. C'était une année faste pour les obligations. Le plus gros rendement du tableau dans une seule année, 1954, se chiffre à 52,62 % pour le S&P 500. La même année, les bons du Trésor n'offraient qu'un maigre 1,62 %. Le rendement le plus élevé de ces bons a été de 19,11 % en 1981.

Questions théoriques

1. Avec le recul, quel a été le meilleur investissement de la période 1981-1982 ?
2. Pourquoi les gens n'achètent-ils pas tous uniquement des actions ordinaires lorsqu'ils investissent ?
3. Quel a été le taux de rendement le plus bas pour chaque portefeuille dans cette période de 50 ans ? À quel moment cela s'est-il produit ?
4. Combien de fois les actions des grandes entreprises canadiennes (les actions ordinaires) ont-elles rapporté plus de 30 % ? Combien de fois ont-elles rapporté moins de 20 % ?
5. Quelle a été la plus longue période favorable (sans année de rendement négatif) pour les actions des grandes entreprises canadiennes ? pour les obligations à long terme ?
6. Combien de fois le portefeuille de bons du Trésor a-t-il eu un rendement négatif ?

12.3 Le rendement moyen : la première leçon

Comme vous l'avez probablement déjà remarqué, l'histoire des rendements sur les marchés financiers est trop complexe pour se révéler très utile, du moins sans analyse. Il faut résumer tous ces chiffres. Nous allons donc voir comment envisager ces données et, pour commencer, nous allons calculer le taux de rendement moyen.

Le calcul du taux de rendement moyen

La façon de procéder pour déterminer le taux de rendement moyen des différents investissements du tableau 12.1 consiste à additionner tous les rendements annuels et à diviser leur somme par 46. Le résultat constitue la moyenne historique des valeurs individuelles.

Par exemple, si on additionne les rendements des actions canadiennes ordinaires au cours des 46 ans, on obtient environ 4,732. Le taux de rendement annuel moyen est donc 4,732/46 = 0,1029 ou 10,29 %. On peut interpréter ce pourcentage comme n'importe quelle autre moyenne. Si on choisissait une année au hasard à l'intérieur de la période à l'étude et qu'on devait deviner le rendement correspondant, la meilleure estimation serait de 10,29 %.

Le rendement moyen : le relevé historique

Le tableau 12.2 donne les taux de rendement moyens calculés à partir des données du tableau 12.1. On peut constater que, dans une année normale, la valeur des actions des petites entreprises a augmenté de 13,31 %. On notera aussi à quel point le rendement des actions est plus élevé que celui des obligations.

Ces moyennes sont, bien sûr, nominales, c'est-à-dire qu'on n'a pas tenu compte de l'inflation. On sait que le taux moyen d'inflation était de 4,35 % par année pendant cette période. Le taux de rendement nominal des bons du Trésor du Canada est d'environ 6,89 % par année, mais leur taux de rendement moyen réel a donc été d'environ 2,54 % seulement par année. En conséquence, sur le plan historique, ces bons ont eu un taux de rendement réel très bas.

À l'autre extrémité de l'éventail, les actions ordinaires canadiennes présentent un taux de rendement moyen réel d'environ 10 % – 4 % = 6 %, ce qui est relativement élevé. D'après la règle de 72 (voir le chapitre 5) et en effectuant un calcul rapide, on trouve que ce pourcentage de croissance réelle permet à l'investisseur de doubler son pouvoir d'achat environ tous les 12 ans.

Les primes de risque

Après avoir calculé quelques taux de rendement moyens, il serait logique de les comparer les uns aux autres. Compte tenu de ce qu'on a dit jusqu'ici, une de ces comparaisons devrait porter sur les titres émis par les gouvernements et qui échappent à une bonne partie de la variabilité qu'on observe, par exemple, sur le marché des valeurs.

Le gouvernement du Canada emprunte de l'argent en émettant des titres d'emprunt sous différentes formes. On s'intéresse ici essentiellement aux bons du Trésor. Ce sont ceux qui ont les échéances les plus brèves parmi les différents titres d'emprunt gouvernementaux. Comme le gouvernement peut toujours augmenter les impôts pour payer ses factures, ce type de dette de courte durée ne comporte aucun risque de non-paiement. On parle alors de taux de rendement sans risque et on s'en sert comme point de référence.

Il est particulièrement intéressant de comparer le rendement des bons du Trésor, quasiment sans risque, et celui des actions ordinaires à risque élevé. On pourrait interpréter la différence entre ces deux taux de rendement comme une mesure du taux de rendement additionnel exigible d'un investissement à risque moyen (en supposant que les actions d'une grande entreprise canadienne présentent un risque à peu près moyen par rapport à l'ensemble des actifs à risque).

Prime de risque

Taux de rendement additionnel exigé d'un investissement dans un actif à risque par rapport au taux de rendement d'un investissement sans risque.

L'expression « taux de rendement additionnel » signifie qu'il s'agit du rendement que l'investisseur obtient en échangeant un investissement relativement sans risque contre un investissement à risque. Étant donné qu'on peut le considérer comme une récompense destinée à quiconque assume des risques, il porte le nom de **prime de risque**.

En se servant du tableau 12.2, on peut calculer les primes de risque pour les différents investissements. Dans le tableau 12.3, vous ne trouverez que la valeur nominale des primes de risque, car il y a très peu de différence entre la valeur historique nominale de ces primes et leur valeur réelle. On a indiqué une prime de risque nulle pour les bons du Trésor parce qu'on suppose qu'il s'agit d'un investissement sans risque.

Tableau 12.2 Les taux de rendement annuels moyens, de 1957 à 2002

Investissements	Taux de rendement moyen
Actions ordinaires canadiennes	10,29 %
Obligations à long terme	9,01
Bons du Trésor	6,89
Actions de petites entreprises	13,31
Inflation	4,35*

* Le taux de rendement moyen pour les actions de petites entreprises est basé sur des données recueillies entre 1970 et 2002.

Tableau 12.3 Les taux de rendement annuels moyens et les primes de risque, de 1957 à 2002

Investissements	Taux de rendement moyen	Prime de risque
Actions ordinaires canadiennes	10,29 %	3,40 %
Actions ordinaires américaines (en dollars canadiens)	12,85	17,41
Obligations à long terme	9,01	2,13
Bons du Trésor	6,89	0,00
Actions de petites entreprises	13,31*	6,42
Inflation	4,35	−2,54

* Le taux de rendement moyen pour les actions de petites entreprises est basé sur des données recueillies de 1970 à 2002.

La première leçon

En examinant le tableau 12.3, on constate que la prime de risque moyenne obtenue sur des actions ordinaires canadiennes typiques s'élève à environ 3 % : 10,29 % – 6,89 % = 3,40 %. Il s'agit d'une récompense considérable. Le fait qu'une telle prime ait déjà été versée représente une observation importante sur laquelle est basée notre première leçon. En moyenne, les investissements risqués permettent de toucher une prime de risque. Autrement dit, ceux qui prennent des risques ont droit à une récompense.

Comment peut-on expliquer cet état de fait ? Pourquoi, par exemple, la prime de risque sur les actions ordinaires est-elle plus élevée que sur les obligations à long terme ? De façon générale, qu'est-ce qui détermine l'importance relative des primes de risque correspondant à différents actifs ? Les réponses à ces questions touchent à l'essence même de la finance moderne et le prochain chapitre y sera consacré. Pour le moment, on peut trouver une partie des réponses recherchées en examinant la variabilité des rendements de ces investissements dans le temps. On commence donc par étudier la façon de mesurer cette variabilité.

Questions théoriques

1. Qu'entend-on par « taux de rendement additionnel » et « prime de risque » ?
2. Quelle était la valeur nominale de la prime de risque sur les obligations à long terme ? Quelle était sa valeur réelle ?
3. Quelle est la première leçon à tirer de l'histoire des marchés financiers ?

12.4 La variabilité des rendements : la deuxième leçon

Nous avons déjà observé notamment que le taux de rendement des actions ordinaires varie davantage d'année en année que le rendement des obligations à long terme. Nous allons maintenant aborder la façon de mesurer cette variabilité afin de pouvoir ensuite étudier la question du risque.

La distribution de fréquences et la variabilité

Pour commencer, on peut tracer un diagramme de la distribution de fréquences du rendement des actions ordinaires canadiennes semblable à celui de la figure 12.5. Pour ce faire, on compte le nombre de fois où le rendement annuel du portefeuille des actions ordinaires se situe à l'intérieur de chaque intervalle de 5 %. Par exemple, dans la figure 12.5, une hauteur de 1 dans l'intervalle se situant entre –25 et –30 % indique qu'un seul des 50 rendements annuels se retrouve dans cet intervalle.

Figure 12.5

La distribution de fréquences du rendement des actions ordinaires canadiennes

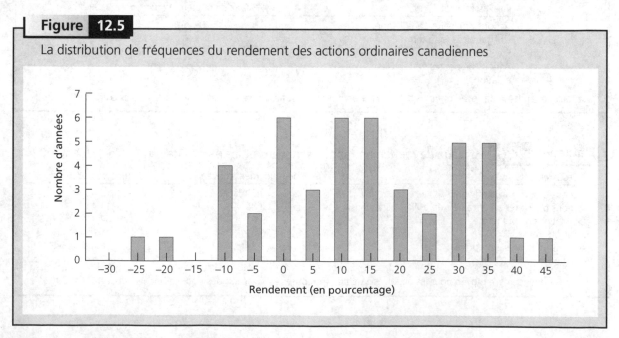

Rendement (en pourcentage) — Nombre d'années

Il s'agit maintenant de mesurer la dispersion de ces rendements. On sait notamment que le rendement des actions ordinaires canadiennes dans une année normale était de 10,89 %. On voudrait maintenant déterminer quel est l'écart entre le rendement réel et cette moyenne d'une année typique. Autrement dit, on cherche à mesurer la volatilité du rendement. La **variance** et sa racine carrée, l'**écart type**, sont les deux mesures de volatilité les plus couramment employées. On va maintenant apprendre à les déterminer.

La variance et l'écart type dans le temps

La variance sert essentiellement à mesurer la différence moyenne au carré entre les rendements observés et le rendement moyen. Plus elle est importante, plus les rendements observés ont tendance à différer du rendement moyen. En outre, plus la variance ou l'écart type sont élevés, plus l'éventail de rendements est grand.

Le calcul de ces deux mesures dépend de la situation. Dans le présent chapitre, on étudie des rendements dans le temps. Par conséquent, la méthode décrite ici convient au calcul d'une variance et d'un écart type historiques. Si on examinait des rendements futurs projetés, il faudrait procéder différemment. Il en sera question dans le prochain chapitre.

Pour démontrer comment calculer la variance dans le temps, supposons qu'un investissement quelconque a eu des rendements de 10 %, de 12 %, de 3 % et de −9 % au cours des quatre dernières années. Le rendement moyen est $(0,10 + 0,12 + 0,03 - 0,09)/4 = 0,04$ ou 4 %. Aucun rendement n'est égal à 4 %. En fait, l'écart entre le premier rendement et la moyenne se chiffre à $0,10 - 0,04 = 0,06$; entre le deuxième et la moyenne, il est $0,12 - 0,04 = 0,08$, etc. Pour déterminer la variance, on élève au carré chacun de ces écarts, on les additionne et on divise le résultat par le nombre de rendements moins 1, soit 3 dans le cas présent. Cette façon de procéder est résumée dans le tableau suivant.

	(1) Rendements observés	(2) Rendement moyen	(3) Écart (1) − (2)	(4) Écart au carré
	0,10	0,04	0,06	0,0036
	0,12	0,04	0,08	0,0064
	0,03	0,04	−0,01	0,0001
	−0,09	0,04	−0,13	0,0169
Total	0,16		0,00	0,0270

Dans la première colonne, on inscrit les quatre taux de rendement observés. Dans la troisième, on calcule la différence entre les rendements observés et le rendement moyen en soustrayant 4 %. Enfin, dans la quatrième colonne, on élève les chiffres de la colonne 3 au carré pour obtenir les carrés des écarts par rapport à la moyenne.

On peut maintenant déterminer la variance en divisant 0,0270, la somme des carrés des écarts, par le nombre de rendements moins 1. On pose que Var(R) ou σ^2 (sigma au carré) symbolise la variance du rendement :

Var(R) = σ^2 = 0,027/(4 − 1) = 0,009

L'écart type correspond à la racine carrée de la variance. Par conséquent, si ET(R) ou σ représente l'écart type du rendement, alors :

ET(R) = σ = $\sqrt{0,009}$ = 0,094 87

On a recours à la racine carrée de la variance parce que celle-ci est exprimée sous forme de pourcentages au carré qui sont difficiles à interpréter. L'écart type, par contre, est un pourcentage ordinaire, de sorte qu'on pourrait écrire ici comme réponse 9,487 %.

Dans le tableau précédent, on peut noter que la somme des écarts est égale à zéro. Comme c'est toujours le cas, il s'agit d'un excellent moyen de vérifier l'exactitude de ses calculs. En général, lorsqu'on a N rendements dans le temps, où N représente un nombre quelconque, on peut exprimer la variance historique comme suit :

Var(R) = [1/(N − 1)] [($R_1 - \bar{R}$)^2 + ... + ($R_T - \bar{R}$)^2]   [12.3]

Cette formule traduit en symboles ce qu'on a fait précédemment, soit prendre chacun des N rendements individuels (R_1, R_2, ...), en soustraire le rendement moyen $\bar{R}$, élever les résultats au carré puis les additionner et diviser finalement le total par le nombre de rendements moins 1₁ (N − 1). L'écart type correspond toujours à la racine carrée de Var(R).

Voici les rendements de Communications Radio-Boréale (CRB) et de la Banque Impériale Canadienne (BIC) au cours des quatre dernières années :

Année	Rendement de CRB	Rendement de la BIC
2001	−0,20	0,05
2002	0,50	0,09
2003	0,30	−0,12
2004	0,10	0,20

Quels sont les rendements moyens ? les variances ? les écarts types ? Quel est l'investissement le plus volatil ?

Pour calculer les taux de rendement moyens, on additionne les rendements et on divise par quatre. On obtient les résultats suivants :

Rendement moyen de CRB = $\bar{R}$ = 0,70/4 = 0,175

Rendement moyen de la BIC = $\bar{R}$ = 0,22/4 = 0,055

Voici un résumé des calculs permettant de déterminer la variance des titres de CRB :

Année	(1) Rendements observés	(2) Rendements moyens	(3) Écart (1) − (2)	(4) Écart au carré
2001	−0,20	0,175	−0,375	0,140625
2002	0,50	0,175	0,325	0,105625
2003	0,30	0,175	0,125	0,015625
2004	0,10	0,175	−0,075	0,005625
Totaux	0,70		0,00	0,267500

Comme il y a quatre années de rendements, on calcule les variances en divisant 0,2675 par (4 − 1) = 3 :

	CRB	BIC
Variance (σ^2)	0,2675/3 = 0,0892	0,0529/3 = 0,0176
Écart type (σ)	$\sqrt{0,0892}$ = 0,2987	$\sqrt{0,0176}$ = 0,1327

Comme exercice pratique, vérifiez si vous obtenez le résultat inscrit ici pour la BIC. L'écart type de CRB, soit 29,87 %, est un peu plus du double de celui de la BIC, qui se chiffre à 13,27 %. Il s'agit donc d'un investissement plus volatil que celui de la BIC[5].

Les données historiques

Le tableau 12.4 résume une grande partie de ce qu'on a vu jusqu'ici sur l'histoire des marchés financiers. On y trouve les rendements moyens, les écarts types et les distributions de fréquences des rendements annuels sur une même échelle. En l'examinant, vous noterez, par exemple, que l'écart type du portefeuille des actions ordinaires canadiennes (16,41 % par année) est environ quatre fois plus élevé que celui du portefeuille des bons du Trésor (3,63 %). Nous reviendrons à ces chiffres un peu plus loin.

Tableau 12.4 Les rendements et les écarts types entre 1957 et 2002

	Rendement moyen	Écarts type
Actions ordinaires canadiennes	10,29 %	16,41 %
Actions ordinaires américaines (en dollars canadiens)	12,85	17,41
Obligations à long terme	9,01	10,47
Actions des petites entreprises	13,31	23,05
Inflation	4,35	3,27
Bons du Trésor	6,89	3,63

La loi normale

Loi normale

Distribution de fréquences symétrique en forme de cloche qu'on peut définir par sa moyenne et son écart type.

Lorsqu'on veut décrire la probabilité que différents événements aléatoires se trouvent dans telle partie d'un intervalle donné, on emploie généralement une distribution de fréquences particulière, la **loi** (ou distribution) **normale**. Par exemple, l'idée de noter des examens à l'aide d'une courbe vient du fait que la distribution des résultats ressemble souvent à une courbe en forme de cloche.

---

5 Comme les deux titres ont des rendements moyens différents, il pourrait se révéler utile de comparer leurs degrés de risque à leurs rendements moyens. Pour ce faire, on emploie le coefficient de variation qui se définit par le rapport suivant : Écart type/Rendement moyen.

La figure 12.6 représente une distribution normale avec sa forme distinctive de cloche. Comme on peut le constater, cette distribution a une apparence plus claire que les distributions de rendements réels du tableau 12.4. Les distributions réelles ressemblent aux distributions normales en ce qu'elles paraissent à peu près symétriques et en forme de monticule. Si c'est le cas, la loi normale est considérée comme une très bonne approximation[6].

Figure 12.6

La distribution normale : les rendements illustrés ici sont basés sur des données historiques concernant le rendement et l'écart type d'un portefeuille d'actions ordinaires de grandes entreprises.

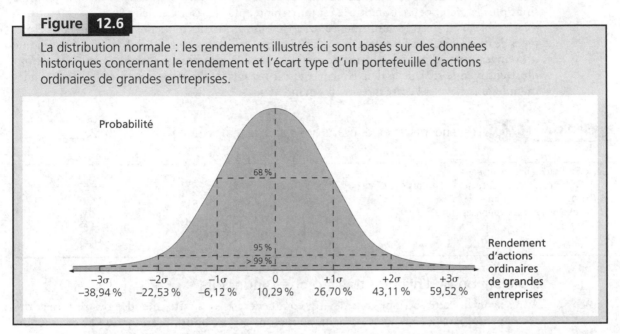

En outre, il faut souligner que les distributions du tableau 12.4 sont basées sur seulement 46 observations, à raison d'une par année, tandis que la figure 12.6 est tracée en principe d'après un nombre infini de données. Autrement dit, si on avait pu observer les taux de rendement pendant 1 000 ans, il aurait été possible d'éliminer un grand nombre d'irrégularités et d'obtenir un aspect beaucoup plus uni. Pour les besoins de cette analyse, il suffit de constater que les rendements sont distribués presque normalement.

L'utilité de la loi normale vient du fait qu'elle est entièrement décrite par la moyenne et l'écart type. Ces deux chiffres suffisent pour déterminer tout ce dont on a besoin. Par exemple, dans une distribution normale, la probabilité qu'une valeur se situe à l'intérieur d'un écart type de la moyenne est d'environ deux tiers. La probabilité qu'elle se retrouve à l'intérieur de deux écarts types s'élève à 95 %. Enfin, la probabilité qu'elle se retrouve à plus de trois écarts types de la moyenne est de moins de 1 %. La figure 12.6 permet d'observer ces intervalles et ces probabilités.

Dans le tableau 12.4, l'écart type des rendements des actions ordinaires canadiennes était de 16,41 % et le rendement moyen, de 10,29 %. Si on suppose que la distribution de fréquences suit approximativement la loi normale, la probabilité que le taux de rendement d'une année donnée se situe entre –6,12 % et 26,70 % (soit 10,29 % plus ou moins un écart type de 16,41 %) est d'environ deux tiers. La figure 12.6 illustre l'intervalle en question. Autrement dit, il y a seulement une chance sur trois qu'un taux de rendement se situe en dehors de cet intervalle. Si on achète des actions de grandes entreprises, on devrait donc s'attendre à ce que leurs rendements se situent en dehors de cet intervalle une année sur trois, ce qui confirme nos observations antérieures concernant la volatilité du marché financier. Toutefois, il y a seulement 5 % de chances (environ) que ces rendements se situent en dehors de l'intervalle délimité par –22,53 % et 43,11 % (10,29 % plus ou moins 2 × 16,41 %). Ces points apparaissent également dans la figure 12.6.

---

6 On peut se demander si une représentation aussi égale correspondrait nécessairement toujours à une distribution normale. On suppose toutefois qu'elle suit la loi normale pour rendre l'analyse statistique aussi simple que possible.

La deuxième leçon

Nos observations concernant la variabilité des rendements d'année en année permettent de tirer une autre leçon de l'histoire des marchés financiers. Le fait de prendre des risques est généreusement récompensé en moyenne, mais, au cours d'une année donnée, il y a de fortes chances pour que les valeurs varient considérablement. Par conséquent, la deuxième leçon s'énonce comme suit : plus la récompense potentielle est importante, plus le risque est élevé.

Le tableau 12.5 tend à confirmer cette leçon. On y trouve les rendements moyens et les écarts types de différents investissements pour les 25 dernières années, soit de 1978 à 2002. On a ajouté un nouveau type d'investissement, des actions de petites entreprises canadiennes. Ces actions illustrent bien le sens de la deuxième leçon, car il s'agit de l'investissement qui offre le rendement le plus élevé et l'écart type le plus grand.

Tableau 12.5 Les rendements et les écarts types dans le temps, entre 1978 et 2002

	Rendement moyen	Écart type
Actions ordinaires canadiennes	12,15 %	16,91 %
Actions ordinaires américaines (en dollars canadiens)	15,85	16,57
Obligations à long terme	11,89	11,95
Actions de petites entreprises	12,85	22,12
Inflation	4,40	3,31
Bons du Trésor	8,49	3,99

L'utilisation de l'histoire des marchés financiers

Après avoir lu cette section, vous devriez commencer à vous faire une idée des risques et des récompenses associés à l'investissement. Supposons que les bons du Trésor du Canada rapportent 5 % et qu'on envisage un investissement qui comporte, en principe, le même risque qu'un portefeuille d'actions ordinaires de grandes entreprises canadiennes. Quel rendement minimal cet investissement devrait-il offrir pour être intéressant ?

Au tableau 12.3, on a trouvé que la prime de risque sur les actions ordinaires canadiennes était de 3,40 % par le passé. En conséquence, une estimation raisonnable du taux de rendement requis consisterait à effectuer la somme de cette prime et du taux des bons du Trésor, soit 5 % + 3,40 % = 8,4 %. Ce taux peut paraître élevé, mais, s'il s'agissait de lancer une nouvelle entreprise, les risques associés à cette opération ressembleraient probablement à ceux d'un investissement dans des actions de petites entreprises. Ainsi, la prime de risque doit être beaucoup plus élevée que 3,40 %, de sorte qu'on pourrait réclamer un minimum de 12 % sur un tel investissement.

Il sera question de façon plus approfondie de la relation entre le risque et le taux de rendement requis dans le prochain chapitre. Pour le moment, il faut noter que, pour un investissement à risque, un taux de rendement interne (TRI) anticipé qui se situe entre 15 et 25 % n'est pas particulièrement surprenant. Tout dépend du degré de risque. C'est une autre leçon importante qu'on peut tirer de l'histoire des marchés financiers.

Questions théoriques

1. Décrivez en mots comment calculer une variance et comment calculer un écart type.

2. D'après la loi normale, quelle est la probabilité qu'un rendement se situe à plus d'un écart type sous la moyenne ?

3. En supposant que les obligations à long terme suivent approximativement la loi normale, déterminez la probabilité (approximative) d'obtenir 17 % ou plus de rendement dans une année donnée. En ce qui concerne les bons du Trésor, quelle est cette probabilité ?

4. Quelle est la première leçon à tirer de l'histoire des marchés financiers ? la deuxième leçon ?

L'expression « titre de croissance » est un euphémisme fréquemment employé pour désigner les actions des petites entreprises. De tels investissements conviennent-ils à des investisseurs plus âgés ayant des tendances conservatrices ? Avant de répondre, il faut considérer leur volatilité dans le temps. Par exemple, d'après les données historiques, quelle est approximativement la probabilité de perdre 10 % ou plus de son argent en une seule année lorsqu'on détient un portefeuille d'actions de petites entreprises ?

Dans le tableau 12.5, le rendement moyen des actions ordinaires est de 12,85 %, et l'écart type se chiffre à 22,12 %. Si on suppose que la distribution des rendements suit à peu près la loi normale, la probabilité d'obtenir un rendement qui soit en dehors de l'intervalle entre –9,27 % et 34,99 % (12,85 % plus ou moins 22,12 %) est d'environ une sur trois.

Comme la distribution normale est symétrique, les chances pour que les rendements se situent au-dessus ou au-dessous de cet intervalle sont égales. Par conséquent, il y a une chance sur six (la moitié de un sur trois) de perdre plus de 9,27 %. On devrait alors s'attendre à ce qu'une telle perte se produise une fois tous les six ans, en moyenne. Les investissements de ce type peuvent donc être très volatils et ne conviennent pas à ceux qui n'ont pas les moyens de prendre un tel risque[7].

12.5 L'efficience du marché financier

D'après l'histoire des marchés financiers, les valeurs marchandes des actions et des obligations peuvent fluctuer grandement d'une année à l'autre. Comment expliquer ce phénomène ? Ces variations de prix se justifient en partie par l'apparition de nouvelles informations qui entraînent une réévaluation de la valeur des actifs par les investisseurs.

Le comportement des prix du marché a fait l'objet d'un grand nombre d'études. On a cherché à savoir en particulier si les prix s'ajustaient rapidement et correctement à toute nouvelle information. Lorsque c'est le cas, on parle d'efficience du marché. Plus précisément, dans un **marché efficient**, le cours du marché reflète exactement les informations disponibles, c'est-à-dire que, d'après celles-ci, il n'y a aucune raison de croire que le cours est trop bas ou trop élevé.

Marché efficient

Marché sur lequel le prix des actions reflète les renseignements disponibles.

L'efficience du marché est un concept riche de sens sur lequel on a beaucoup écrit. Une discussion approfondie du sujet dépasserait la portée de cet ouvrage sur la finance des grandes entreprises. Toutefois, comme ce concept occupe une place importante dans l'étude de l'histoire des marchés, on résume ici quelques-uns de ses éléments essentiels.

Le comportement des prix dans un marché efficient

Pour illustrer le comportement des prix dans un marché efficient, supposons que la Compagnie Vélo-Mode (CVM) a réussi à mettre au point, après des années de recherche et d'essais effectués dans le plus grand secret, un dérailleur automatique. D'après l'analyse de budgétisation des investissements de l'entreprise, le lancement de ces nouveaux dérailleurs devait être une opération très rentable. Autrement dit, la valeur actualisée nette (VAN) paraît être positive et assez substantielle. L'hypothèse cruciale, à ce stade, est que la CVM n'a encore fourni aucune information concernant les nouveaux dérailleurs ; personne ne connaît donc leur existence, sauf à l'intérieur de l'entreprise.

Considérons maintenant le comportement d'une action de la CVM. Dans un marché efficient, son prix reflète les informations disponibles sur les activités actuelles et sur la rentabilité de l'entreprise ainsi que l'opinion du marché concernant son potentiel de croissance et ses profits à venir. Il ne reflète toutefois pas la valeur des nouveaux dérailleurs parce que le marché ne connaît pas encore leur existence.

Si le marché accepte l'évaluation que fait la CVM de son nouveau projet, le prix des actions de l'entreprise montera au moment où la décision de lancer ces dérailleurs sera rendue publique. Supposons qu'on en fait l'annonce dans un communiqué de presse le mercredi matin. Sur un marché efficient, le prix des actions de la CVM s'ajustera rapidement à cette nouvelle information.

---

7 Selon certains chercheurs, les investisseurs plus âgés devraient détenir des actions ordinaires pour ne pas risquer de survivre à leurs actifs. Vous pouvez consulter l'article de M. A. MILEVSKY, K. HO et C. ROBINSON, « Asset Allocation via the Conditional First Exit Time or How to Avoid Outliving your Money », *Review of Quantitative Finance and Accounting* 9, juillet 1997, p. 53-70.

Les investisseurs ne devraient pas être en mesure d'acheter ces actions le mercredi après-midi et de réaliser un profit le jeudi. Si c'était le cas, le marché aurait eu besoin d'une journée entière pour se rendre compte de l'importance de l'information publiée par la CVM. Sur un marché efficient, le prix des actions reflète dès le mercredi après-midi l'information contenue dans le communiqué de presse du matin.

La figure 12.7 illustre trois types d'ajustements possibles du prix des actions de la CVM. Le jour 0 correspond au jour de la parution du communiqué de presse. Comme on peut le voir, avant l'annonce, les actions de la CVM se vendaient 140 $ par unité. La VAN par action des nouveaux dérailleurs pourrait s'élever, par exemple, à 40 $, de sorte que le nouveau prix sera de 180 $ dès qu'il reflétera complètement la valeur du nouveau projet.

Figure 12.7

L'effet de nouvelles informations sur le prix des titres dans des marchés efficients et non efficients

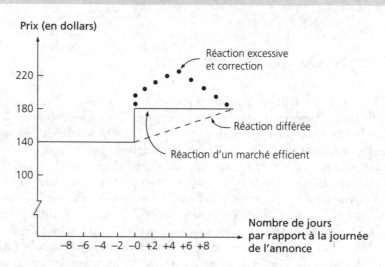

Réaction d'un marché efficient : Le prix s'ajuste instantanément aux nouvelles informations et les reflète parfaitement ; il n'y a pas de tendance ultérieure à la hausse ou à la baisse.
Réaction différée : Le prix s'adapte partiellement aux nouvelles informations ; 10 jours s'écoulent avant que le prix reflète complètement ces informations.
Réaction excessive : Le prix varie de façon excessive en réaction aux nouvelles informations ; il y a dépassement du nouveau prix et correction ultérieure.

La ligne pleine de la figure 12.7 représente le comportement du prix d'une action dans un marché efficient. Le prix s'ajuste immédiatement à la nouvelle information et ne subit aucune autre variation par la suite. La ligne discontinue illustre la réaction différée, dans laquelle le marché met environ huit jours à assimiler entièrement l'information. Enfin, la ligne pointillée représente une réaction excessive suivie d'un retour au prix correct.

La ligne discontinue et la ligne pointillée de la figure 12.7 illustrent le comportement du cours de l'action dans un marché non efficient. Par exemple, si le prix des actions ne s'ajuste pas immédiatement aux nouvelles informations (la ligne discontinue), le fait d'acheter des actions juste après la diffusion de ces informations puis de les revendre quelques jours plus tard constituerait une activité ayant une VAN positive, à cause du prix qui reste trop bas plusieurs jours après l'annonce.

Richard Roll sur l'efficience des marchés

Le concept de marché efficient est une application particulière du principe selon lequel il n'y a jamais rien de gratuit. Dans un marché des capitaux efficient, les statistiques d'investissement qui ne coûtent rien ne génèrent pas de rendements excédentaires. Après un ajustement dû au risque de la stratégie, le rendement de l'investisseur n'est pas beaucoup plus élevé que celui qu'il obtiendrait avec un portefeuille de titres choisis au hasard, du moins en moyenne. On suppose souvent qu'un tel résultat indique quelque chose concernant la quantité d'informations reflétées par les prix des actifs. Toutefois, cela ne signifie pas que les prix reflètent toutes les informations ni même qu'ils reflètent celles auxquelles le public a accès. En fait, le lien entre l'information non reflétée et les prix est trop ténu pour être décelé facilement ou sans frais. Il se révèle souvent difficile et coûteux de découvrir les informations pertinentes et de les évaluer. Par conséquent, si les stratégies d'investissement qui ne coûtent rien sont inefficaces, il doit exister des investisseurs qui gagnent leur vie en spéculant. Ils couvrent leurs frais (y compris le coût de renonciation correspondant à leur temps de travail) en effectuant des transactions.

L'existence de ces investisseurs professionnels est un préalable nécessaire à l'efficience des marchés. En effet, sans eux, les prix ne refléteraient pas tout ce qui est facile et peu coûteux à évaluer. Les prix des marchés efficients devraient se comporter comme un marché aléatoire, c'est-à-dire paraître fluctuer plus ou moins au hasard. Les prix peuvent fluctuer d'une façon non aléatoire dans la limite où il serait coûteux de déceler leur déviation par rapport à un comportement aléatoire. En outre, il arrive que des séries de prix en observation s'éloignent d'un comportement aléatoire apparent à cause de variations dans les préférences et les attentes, mais il s'agit d'un problème technique qui ne devrait pas faire croire aux investisseurs du moment qu'ils peuvent facilement faire des profits.

Professeur « Allstate » de finance à la UCLA, Richard Roll est un éminent chercheur qui a beaucoup écrit sur presque tous les aspects de la finance moderne. Il est bien connu pour la perspicacité de ses analyses et pour l'originalité dont il fait preuve dans l'explication des phénomènes empiriques.

L'hypothèse du marché efficient

Hypothèse du marché efficient

Hypothèse selon laquelle les marchés financiers actuels, comme le TSX, sont efficients.

D'après l'**hypothèse du marché efficient** (ou l'hypothèse de l'efficience du marché des capitaux), les marchés financiers bien structurés comme le TSX et le NYSE sont efficients, du moins sur le plan pratique. Autrement dit, pour un défenseur de cette hypothèse, s'il existe un manque d'efficience, celui-ci est relativement insignifiant et peu courant.

Le fait qu'un marché soit efficient a des effets très importants pour ceux qui y participent. Sur un marché de ce type, tous les investissements ont une VAN nulle. La raison en est fort simple. Si les prix ne sont ni trop élevés ni trop bas, il n'y a aucune différence entre la valeur marchande d'un investissement et son coût. Par conséquent, la VAN est nulle. Ainsi, sur un marché efficient, les investisseurs obtiennent exactement la valeur du montant qu'ils ont déboursé en achetant des titres et les entreprises reçoivent exactement ce que leurs actions et leurs obligations valent au moment où elles les vendent.

L'efficience d'un marché est due à la concurrence entre les investisseurs. Un grand nombre de personnes passent leur vie à chercher des actions dont le prix est erroné. Elles étudient attentivement toute variation antérieure de prix et de dividendes. Elles tâchent de connaître, dans la mesure du possible, les bénéfices d'une entreprise dans le passé, le montant de sa dette envers ses créanciers, les sommes qu'elle verse en impôts, ses types d'activités, les nouveaux investissements qu'elle projette, sa sensibilité aux fluctuations économiques, etc.

Non seulement on peut beaucoup apprendre sur n'importe quelle entreprise, mais l'appât du gain constitue un puissant incitatif dans cette recherche. Quand on connaît une entreprise en particulier mieux que les autres investisseurs sur le marché, on peut en profiter pour acheter des actions lorsque les informations sont prometteuses et pour les vendre lorsqu'elles sont inquiétantes.

Grâce à l'accumulation et à l'analyse de toutes ces informations, on peut logiquement s'attendre à ce que le nombre d'actions dont les prix sont erronés diminue de plus en plus. Autrement dit, la concurrence entre les investisseurs permet au marché de devenir de plus en plus efficace. Une sorte d'équilibre s'installe dans lequel il y a juste assez d'erreurs de prix pour que les investisseurs capables de les déceler puissent en vivre. Pour la plupart des autres investisseurs, la collecte et l'analyse de renseignements ne sont pas des activités payantes[8].

Quelques idées fausses très répandues concernant l'hypothèse des marchés efficients

Aucun concept n'a autant fait parler de lui dans les milieux financiers que celui des marchés efficients — en bien comme en mal. Plutôt que de reprendre tous les arguments à ce sujet, on se contentera d'observer que certains marchés sont plus efficients que d'autres. Par exemple, les marchés des capitaux dans l'ensemble sont probablement beaucoup plus efficients que les marchés d'actifs réels.

Cela dit, une grande partie des critiques qui s'opposent à l'hypothèse du marché efficient sont injustifiées, car elles reposent sur un malentendu concernant son interprétation. Par exemple, lorsque la notion de marché efficient a commencé à être connue du public et discutée dans les journaux financiers populaires, les termes employés pour la définir ont souvent prêté à confusion. En effet, certains ont pu avoir l'impression qu'en lançant des fléchettes sur une page financière, on pouvait se constituer un portefeuille qui rapporterait autant que ceux dont la gestion avait été confiée à des analystes financiers professionnels[9].

La confusion engendrée par de tels énoncés a souvent nui à la compréhension des implications de l'efficience des marchés. Ainsi, certains prétendent parfois à tort que, d'après cette hypothèse, la manière d'investir importe peu puisque l'efficience du marché protège contre les erreurs. Or, en lançant des fléchettes au hasard, on s'expose à les concentrer sur une ou deux catégories d'actions à risque très élevé, par exemple dans le domaine du génie génétique. Qui voudrait vraiment mettre tout son argent dans des actions de ce genre?

Un concours organisé par le *Wall Street Journal* illustre bien la controverse qui entoure la notion d'efficience des marchés. Chaque mois, ce journal demandait à quatre spécialistes de la gestion de portefeuilles de choisir chacun une action. En même temps, quelqu'un était chargé de lancer quatre fléchettes dans la page des actions pour choisir un groupe de comparaison. Au cours des 77 essais effectués entre juillet 1990 et octobre 1996, les spécialistes ont eu raison à 44 reprises. Pourtant, lorsqu'on compare les rendements des portefeuilles à l'indice Dow Jones des valeurs industrielles, le résultat est seulement de 40 à 37 en faveur des spécialistes.

Le résultat initial de 44 à 33 en faveur des spécialistes suggère-t-il vraiment que les marchés ne sont pas efficients? On pourrait répondre que les fléchettes ont naturellement tendance à «choisir» des actions à risque moyen, tandis que les spécialistes, à la recherche de rendements plus élevés, tendent à choisir des actions qui comportent beaucoup plus de risque. Le cas échéant, on s'attend à ce qu'en moyenne, les spécialistes l'emportent. De plus, les choix de ces derniers étaient annoncés au public dès le départ. Cette publicité a peut-être haussé quelque peu le prix des actions dont il était question, de sorte que la prophétie se réalise en partie d'elle-même. Le journal aurait eu avantage à changer ses règles et à n'annoncer les choix des spécialistes qu'au moment des résultats.

L'efficience des marchés implique que, lorsqu'une entreprise vend des actions, elle en obtient un juste prix, c'est-à-dire un prix qui reflète la valeur de ces actions compte tenu des informations disponibles. Les actionnaires n'ont pas à se demander s'ils paient trop cher pour un titre à faible dividende, par exemple, car le marché a déjà intégré cet élément dans le prix. On dit alors parfois que l'information a été incorporée au prix.

La réponse à une objection souvent formulée aidera à mieux comprendre le concept de marché efficient. Certaines personnes prétendent que le marché ne peut être efficient parce que les prix des actions changent d'un jour à l'autre. Si les prix étaient justes, pourquoi varieraient-ils autant

---

8 On pourrait illustrer l'idée qui sous-tend l'hypothèse des marchés efficients par l'anecdote suivante. Un étudiant et son professeur de gestion financière marchaient dans un corridor en discutant lorsqu'ils ont aperçu une coupure de 20 $ à leurs pieds. Comme l'étudiant allait se pencher pour la ramasser, le professeur lui a dit, en hochant la tête d'un air désapprobateur : «Ne prenez pas cette peine. S'il y avait vraiment une coupure par terre, quelqu'un l'aurait déjà ramassée.» La morale de cette histoire exprime bien la logique de l'hypothèse de l'efficience des marchés. Si vous croyez avoir trouvé une tendance dans les prix des actions ou un truc simple pour choisir des actions gagnantes, vous vous trompez probablement.

9 Voir l'ouvrage de B. G. MALKIEL, *A Random Walk Down Wall Street*, 2ᵉ éd. collégiale, New York, Norton, 1981.

et si souvent ? On a vu précédemment que ces fluctuations de prix n'étaient pas incompatibles avec l'efficience. Les investisseurs sont quotidiennement submergés d'informations et la fluctuation des prix est, en partie du moins, un reflet de cette circulation constante de renseignements. En fait, l'absence de fluctuations des prix dans un monde qui change aussi rapidement que le nôtre indiquerait un manque d'efficience.

L'efficience des marchés — les formes et les preuves

On distingue généralement trois formes d'efficience des marchés. Selon son degré d'efficience, on dit qu'un marché est efficient sous une forme faible, semi-forte ou forte. La différence entre ces formes est reliée au type et à la quantité des informations reflétées par les prix.

Commençons par le cas extrême. Lorsqu'un marché se caractérise par une forme forte d'efficience, toutes les informations de tous les types sont reflétées dans le prix des actions. Sur un tel marché, il ne subsiste aucune information privilégiée. Ainsi, dans l'exemple de la CVM, on a apparemment posé l'hypothèse que le marché n'était pas efficient sous une forme forte.

Une observation superficielle des marchés financiers, surtout dans les dernières années, peut donner l'impression qu'il existe des informations privilégiées et qu'elles constituent parfois un atout précieux. Que l'utilisation de ce type d'informations soit légale ou éthique relève d'un autre domaine. Quoi qu'il en soit, on en conclut qu'il peut exister des renseignements confidentiels concernant certaines actions qui ne sont pas reflétés dans le prix de ces actions. Par exemple, la connaissance préalable d'une tentative de prise de contrôle pourrait se révéler d'une valeur inestimable[10].

La deuxième forme d'efficience, ou forme semi-forte, est la plus controversée des trois. Dans un marché à efficience semi-forte, toutes les informations publiques se reflètent dans le prix des actions. Cette forme soulève la controverse pour une raison très simple : si elle existait, un analyste financier qui chercherait à trouver des actions dont le prix est erroné, à l'aide par exemple des renseignements contenus dans des états financiers, perdrait son temps parce que cette information serait déjà reflétée dans le prix courant du marché.

Parmi les recherches portant sur la forme semi-forte d'efficience, on compte des études événementielles qui évaluent si les prix s'ajustent rapidement aux nouvelles informations, conformément au modèle des marchés efficients illustré dans la figure 12.7. Les annonces de fusion, les dividendes, les gains, les dépenses d'investissements et les émissions de nouveaux titres sont quelques exemples de phénomènes étudiés. Même s'il y a des exceptions, les tests effectués au cours de ces études sur de grands marchés comme le TSX et le NYSE tendent à démontrer qu'il s'agit de marchés efficients sous la forme semi-forte. En fait, ils indiquent même que ces marchés ont une certaine capacité de prévoyance, c'est-à-dire que les nouvelles ont tendance à se répandre et à se refléter dans le prix des actions avant même la divulgation officielle de l'information.

Lorsque le marché est efficient sous une forme semi-forte, peu importe les informations publiques sur lesquelles les gestionnaires de fonds communs de placement se basent pour choisir leurs actions, leurs rendements moyens devraient être identiques à ceux de l'investisseur ordinaire sur le marché dans son ensemble. Des chercheurs ont effectué des tests sur la rentabilité des fonds communs de placement par rapport à un indice boursier, et ils ont constaté qu'en général, les gestionnaires de fonds n'ont aucune habileté particulière pour obtenir de meilleurs rendements que l'ensemble du marché. Cette conclusion confirme l'existence d'une forme semi-forte d'efficience des marchés[11].

Dans la troisième forme d'efficience, ou forme faible, le prix courant d'une action reflète au moins ses prix passés. Autrement dit, il est inutile d'analyser les cours antérieurs pour trouver des prix erronés sur ce type de marché. Les recherches qui corroborent l'existence de la forme faible d'efficience semblent indiquer que les variations successives de prix concordent avec la notion de marché aléatoire, sur lequel les écarts par rapport au rendement escompté se produisent au hasard. Des tests effectués sur le TSX et le NYSE montrent qu'il s'agit de marchés caractérisés par une forme faible d'efficience, même si les résultats sont plus concluants dans le cas

---

10 Le film *Wall Street* illustre de façon réaliste à quel point cette information peut se révéler importante.

11 Cela ne signifie pas que les fonds communs de placement constituent de mauvais investissements pour les individus. Même s'ils ne rapportent pas régulièrement des rendements supérieurs à ceux de certains indices boursiers, ils permettent aux investisseurs de diversifier leur portefeuille.

du NYSE que du TSX. Cette forme d'efficience peut paraître plutôt insuffisante, mais on peut en conclure que la recherche de schémas répétitifs dans l'historique des cours en vue de trouver des actions dont les prix sont erronés ne fonctionne pas (une pratique pourtant très courante).

Même si la plus grande partie des preuves indique que les grands marchés de valeurs mobilières comme le TSX et le NYSE sont raisonnablement efficients, il convient, par souci d'équité, de mentionner certains résultats contraires, souvent qualifiés d'anomalies de marché. L'anomalie la plus frappante concerne le caractère saisonnier du prix des actions. Par exemple, beaucoup d'études ont démontré que les entreprises à faible capitalisation ont tendance à avoir des rendements anormalement élevés au cours des cinq premiers jours de janvier, aux États-Unis comme au Canada[12]. Bien que cet effet soit limité en ce qui a trait aux frais de courtage associés à la vente et à l'achat d'actions, les investisseurs qui ont décidé de se procurer des actions dans ce type d'entreprises peuvent tirer parti de cette anomalie en achetant leurs titres en décembre plutôt qu'en janvier.

En outre, le krach boursier du 19 octobre 1987 soulève de sérieuses questions. Le NYSE a perdu plus de 20 % et le TSX, plus de 11 %, un lundi, après une fin de semaine durant laquelle peu de nouvelles surprenantes avaient été révélées. Une baisse de cette importance, sans aucune raison apparente, ne concorde pas avec la théorie de l'efficience des marchés. Selon certains, ce krach est une preuve à l'appui de la théorie des bulles spéculatives, d'après laquelle les prix des titres s'élèvent parfois aléatoirement au-dessus de leur valeur réelle et finissent par retomber à leur valeur initiale, non sans occasionner de grandes pertes pour les investisseurs. L'engouement pour les tulipes en Hollande au XVIIe siècle et le *South Sea Bubble* en Angleterre, un siècle plus tard, sont peut-être les deux exemples de folie spéculative les mieux connus. Avec le recul que nous avons maintenant, il nous apparaît clairement que les actions des nouvelles entreprises Internet ont fait l'objet d'une folie spéculative en 1999[13].

En résumé, que démontrent les études sur l'histoire des marchés financiers concernant l'efficience de ceux-ci ? Malgré un certain risque d'erreur, les connaissances actuelles permettent d'énoncer trois remarques : 1) les prix semblent réagir très rapidement aux nouvelles informations, et la réaction diffère très peu de ce qu'on attendrait d'un marché efficient ; 2) l'évolution des cours du marché, en particulier à brève échéance, est très difficile à prédire d'après les informations accessibles au public ; 3) s'il existe des cas d'erreurs dans le prix des actions, il n'y a aucun moyen évident de les découvrir. Autrement dit, des procédés simplistes, fondés sur des informations rendues publiques, ont peu de chance d'avoir du succès[14].

Exemple   12.4   L'hypothèse du marché efficient et le voile comptable

La comptabilité offre aux entreprises une grande liberté d'action quant aux méthodes d'établissement de leurs états financiers. On a souvent accusé les entreprises et leurs comptables de s'en servir abusivement pour hausser leurs bénéfices et le cours des actions.

Toutefois, les méthodes comptables ne devraient pas influer sur le prix des actions pourvu qu'elles respectent deux conditions. Premièrement, le rapport annuel doit contenir suffisamment d'informations pour que les analystes financiers puissent remanier la présentation des bénéfices suivant la méthode comptable de leur choix. Deuxièmement, le marché doit avoir une forme semi-forte d'efficience. Autrement dit, il doit utiliser de façon appropriée toutes les informations pertinentes de façon à « soulever le voile comptable » lorsqu'il s'agit de déterminer le cours des valeurs.

L'exemple de la Northland Bank illustre bien notre propos. Avant sa faillite, en 1985, la banque a employé des méthodes comptables douteuses pour masquer les risques découlant de mauvais prêts dans le domaine énergétique à des entreprises de l'Ouest canadien. Selon la Commission Estey, qui a enquêté sur cette faillite, « les états financiers ressemblaient à des plombages en or destinés à cacher des trous dans l'actif et les bénéfices de la banque ». Pourtant, des recherches sur le prix des actions avant l'effondrement de la Northland Bank ont démontré que les investisseurs savaient qu'il s'agissait d'investissements à risque très élevé[15].

---

12 Cet effet se ressent partout dans le monde, et on a constaté dans la plupart des Bourses qu'il se produit immédiatement après la fermeture de l'exercice fiscal. Voir l'article de V. JOG, « Stock Pricing Anomalies : Canadian Experience », *Canadian Investment Review,* automne 1988.

13 Voir l'article de Matthew Bishop intitulé « Bubble Trouble » dans le journal *The Economist* du 18 mai 2002 pour une analyse intéressante de la réaction à la folie spéculative des titres d'Internet. Cet article est également disponible à l'adresse suivante : www.cfo.com/Article?article=7240.

14 Les ouvrages suggérés à la fin de ce chapitre citent de nombreuses recherches américaines et canadiennes qui traitent de la question des marchés efficients.

15 Voir l'article de R. GIAMMARINO, E. SCHWARTZ et J. ZECHNER, « Market Valuation of Bank Assets and Deposit Insurance in Canada », *Canadian Journal of Economics* 22, février 1989, p. 109-126.

1. Qu'est-ce qu'un marché efficient ?
2. Quelles sont les formes d'efficience des marchés ?
3. Quelles preuves possède-t-on du fait que les principaux marchés de valeurs mobilières sont efficients ?
4. Expliquez les anomalies se rapportant à l'hypothèse du marché efficient.

12.6 Résumé et conclusions

Ce chapitre porte sur l'histoire des marchés financiers, dont l'utilité ne fait pas de doute, car elle indique quels rendements on peut attendre des actifs à risque. Notre étude se résume à deux leçons essentielles :

1. En général, les actifs à risque rapportent une prime de risque. Le fait de prendre des risques donne droit à une récompense.

2. Plus un investissement est risqué, plus la récompense doit être importante.

Ces leçons ont des conséquences importantes pour les gestionnaires financiers. Il en sera question dans les chapitres à venir.

Nous avons aussi abordé le concept d'efficience des marchés. Sur un marché efficient, les prix s'ajustent rapidement et correctement aux nouvelles informations disponibles. Par conséquent, le prix des actifs sur ce type de marchés est rarement trop élevé ou trop bas. Le degré d'efficience des marchés financiers tels que le TSX et le NYSE reste discutable, mais ceux-ci sont au moins beaucoup plus efficients que la plupart des marchés d'actifs réels.

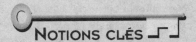

NOTIONS CLÉS

Écart type (page 371)
Hypothèse du marché efficient (page 377)
Loi normale (page 372)

Marché efficient (page 375)
Prime de risque (page 369)
Variance (page 371)

Problèmes de récapitulation et auto-évaluation

12.1 L'historique des rendements récents À l'aide du tableau 12.1, calculez le rendement moyen des actions canadiennes ordinaires, des actions de petites entreprises et des bons du Trésor au cours des cinq dernières années.

12.2 L'historique des rendements récents Calculez les écarts types en vous servant des renseignements obtenus dans le problème 12.1. Lequel des investissements a été le plus volatil au cours de cette période ?

Réponses à l'auto-évaluation

12.1 On calcule les moyennes comme suit :

Année	TSX	Actions des petites entreprises	Bons du Trésor
1998	−0,015 80	−0,1790	0,047 40
1999	0,315 90	0,2029	0,046 60
2000	0,074 10	−0,0429	0,054 90
2001	−0,126 00	0,0070	0,047 00
2002	−0,124 00	−0,0090	0,025 00
Moyenne	0,024 84	−0,0042	0,044 18

12.2 On calcule d'abord les écarts par rapport aux rendements moyens. Grâce aux moyennes obtenues au problème 12.1, on trouve les résultats suivants :

Année	TSX	Actions des petites entreprises	Bons du Trésor
1998	−0,04064	−0,1748	0,00322
1999	0,29106	0,2071	0,00242
2000	0,04926	−0,0387	0,01072
2001	−0,15084	0,0112	0,00282
2002	−0,14884	−0,0048	−0,01918

On élève les écarts au carré et on calcule les variances puis les écarts types :

Année	TSX	Actions des petites entreprises	Bons du Trésor
1998	0,001652	0,030555	0,00001037
1999	0,084716	0,042890	0,00000586
2000	0,002427	0,001498	0,00011492
2001	0,022753	0,000125	0,00000795
2002	0,022153	0,000023	0,00036787
Variance	0,033425	0,018773	0,00012674
Écart type	0,182825	0,137014	0,01125797

Pour calculer les variances, on additionne les écarts élevés au carré et on divise la somme par 4, soit le nombre de rendements moins 1.

Questions et problèmes

Notions de base (questions 1 à 20)

1. Le calcul des rendements Supposez qu'une action, ayant un prix initial de 62 $ par unité, a rapporté un dividende de 1,25 $ par action au cours de l'année et qu'elle a clôturé à 45 $. Calculez le rendement total en pourcentage.

2. Le calcul des rendements En vous référant au problème 1, déterminez le rendement sur les dividendes et le rendement sur le gain en capital.

3. Le calcul des rendements Reprenez les problèmes 1 et 2 en supposant que le prix final est de 75 $.

4. Le calcul du taux de rendement réel Supposez que les bons du Trésor rapportent en ce moment 5 % et que le taux d'inflation est de 3 %. Quel est, approximativement, le taux d'intérêt réel ? le taux d'intérêt réel exact ?

5. L'inflation et les rendements nominaux Supposez que le taux réel est de 1,5 % et que le taux d'inflation atteint 4 %. À votre avis, à quel taux pourrait-on offrir les bons du Trésor ?

6. Les rendements nominaux et les rendements réels Un investissement devrait rapporter 20 % au cours de la prochaine année. Toutefois, Mme Richard croit que le rendement réel total de cet investissement sera seulement de 17 %. Selon elle, quel sera le taux d'inflation l'année prochaine ?

7. Les rendements nominaux et les rendements réels Supposez que vous possédez un actif dont le rendement total s'élevait à 13 % l'an dernier. Si le taux d'inflation était alors de 4 %, à combien se chiffrait le rendement réel de cet actif ?

8. L'inflation et les rendements réels Dans le problème 7, quel aurait été le rendement réel de votre actif si le taux d'inflation avait été de 15 % l'an dernier ? Votre réponse est-elle possible ? Justifiez-la.

9. Le calcul des rendements Supposez que vous avez acheté, il y a un an, une obligation dont le taux du coupon est de 12 % pour une somme de 965 $. Cette obligation se vend aujourd'hui 925 $.

a) Quel est le rendement total de cet investissement en dollars pour l'an dernier ?

b) Quel était le rendement nominal total de cet investissement au cours de la dernière année ?

c) Si le taux d'inflation était de 4 % l'an dernier, quel a été le rendement total réel de cet investissement ?

10. Les rendements nominaux et les rendements réels Quel a été le rendement moyen annuel des actions canadiennes ordinaires entre 1957 et 2002 :

a) du point de vue nominal ?

b) du point de vue réel ?

Notions de base (suite)

11. Les rendements des obligations Quel est le taux de rendement réel historique des obligations à long terme ?

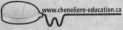

12. Le calcul des rendements et de la variabilité À l'aide des rendements suivants, calculez les rendements moyens, les variances et les écarts types de × et de Y.

Année	Rendements	
	X	Y
1	18 %	26 %
2	6	−7
3	−9	−20
4	13	31
5	7	16

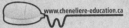

13. Les primes de risque Retournez au tableau 12.1 de ce chapitre et examinez la période de 1980 à 1986.

  a) Calculez les rendements moyens des actions des petites entreprises et des bons du Trésor au cours de cette période.

  b) Calculez l'écart type des rendements des actions des petites entreprises et des bons du Trésor au cours de cette période.

  c) Calculez la prime de risque versée chaque année pour ces deux types d'investissements. Au cours de cette période, quelle était la prime de risque moyenne ? Quel était l'écart type de la prime de risque ?

  d) La prime de risque peut-elle être négative avant qu'on investisse ? La prime de risque peut-elle devenir négative par la suite ? Justifiez vos réponses.

14. Le calcul des rendements et de la variabilité Voici les rendements des actions de la Corporation Picard Data (CPD) au cours des cinq dernières années : 6 %, −10 %, 4 %, 23 % et 12 %.

  a) Quel a été le rendement moyen des actions de cette société au cours de ladite période ?

  b) Quelle était la variance des rendements de ces actions pendant les cinq ans ? Quel était l'écart type ?

15. Le calcul des rendements réels et des primes de risque Dans le problème 14, supposez que le taux d'inflation moyen était de 3,5 % et le taux moyen des bons du Trésor, de 3,8 % au cours de cette période.

  a) Quel était le rendement réel moyen des actions de CPD ?

  b) Quelle était la prime de risque nominale moyenne pour ces actions ?

16. Le calcul des taux réels Compte tenu des renseignements fournis dans le problème 15, quel était le taux réel moyen d'un investissement sans risque pour cette période ? Quelle était la prime de risque réelle moyenne ?

17. Les effets de l'inflation Examinez le tableau 12.1 et la figure 12.4 de ce chapitre. Quand les bons du Trésor ont-ils eu les taux les plus élevés entre 1957 et 2002 ? À votre avis, pourquoi ces taux étaient-ils si élevés durant cette période ? Sur quelle relation basez-vous votre réponse ?

18. L'hypothèse du marché efficient et la VAN Expliquez pourquoi l'une des caractéristiques d'un marché efficient est la valeur nulle de la VAN des investissements.

19. L'hypothèse du marché efficient Un analyste financier peut trouver des actions dont les prix sont erronés en comparant leur prix moyen au cours des 10 derniers jours à leur prix moyen pour les 60 derniers jours. Si cet énoncé est vrai, que pouvez-vous dire concernant ce marché ?

20. L'intuition et l'hypothèse du marché efficient Si un marché se caractérise par une forme d'efficience semi-forte, peut-il aussi avoir une forme d'efficience faible ? Justifiez votre réponse.

Notions intermédiaires (questions 21 à 27)

21. Les taux négatifs Est-il possible qu'un taux d'intérêt réel soit négatif avant l'investissement ? après l'investissement ? et le taux d'inflation ? Justifiez vos réponses.

22. Le calcul des rendements d'investissements Il y a un an, vous avez acheté de Manufactures virtuelles inc. des obligations dont le taux du coupon est de 9 % pour la somme de 1 025,50 $. Ces obligations rapportent un intérêt annuel et viennent à échéance dans six ans. Supposez que vous décidez de vendre vos obligations aujourd'hui, alors que le taux de rendement requis est de 10 %. Si le taux d'inflation était de 3,5 % l'an dernier, quel serait le rendement réel total sur cet investissement ?

23. L'utilisation des distributions de rendement Supposez que le rendement sur des obligations à long terme a une distribution normale. D'après les données historiques, quelle est la probabilité approximative que leur rendement soit inférieur à 24 % pour une année donnée ? Quel intervalle de rendements s'attend-on à trouver dans 95 % des cas ? dans 99 % des cas ?

24. L'utilisation des distributions de rendement Supposez que le rendement des actions de certaines petites entreprises suit une distribution normale. Quelle est la probabilité approximative que la valeur de cet investissement double en un an ? qu'elle triple ?

25. Les distributions Dans le problème 24, quelle est la probabilité que le rendement soit inférieur à –100 % ? (Réfléchissez !) Quelles seraient les conséquences d'une telle situation pour la distribution des rendements ?

26. L'hypothèse du marché efficient Quelles sont les conséquences de l'hypothèse du marché efficient pour les investisseurs qui achètent et vendent des actions en vue de réaliser des gains rapides ?

27. L'hypothèse du marché efficient et la spéculation Évaluez de façon critique les affirmations suivantes : « Spéculer, c'est comme jouer à un jeu de hasard. Ce type d'investissement n'a aucune valeur sociale autre que le plaisir que les gens retirent d'une telle forme de jeu. »

28. L'utilisation des distributions de probabilités Supposez que les rendements des actions ordinaires suivent la loi normale. D'après les données historiques et en vous servant d'une table des probabilités normales cumulative, déterminez la probabilité de perdre de l'argent au cours de n'importe quelle année en investissant dans des actions ordinaires.

29. L'utilisation des distributions de probabilités Supposez que les rendements des obligations à long terme et des bons du Trésor suivent une distribution normale. En vous servant des données historiques et d'une table de probabilités normales cumulative, répondez aux questions ci-après.

a) Quelle est la probabilité que, pour n'importe quelle année donnée, le rendement des obligations à long terme soit supérieur à 10 % ? qu'il soit inférieur à 0 % ?

b) Quelle est la probabilité que, pour n'importe quelle année donnée, le rendement des bons du Trésor soit supérieur à 10 % ? qu'il soit inférieur à 0 % ?

c) En 1974, le rendement des obligations à long terme émises par des sociétés était de –4,53 %. Quelle est la probabilité qu'on enregistre de nouveau un taux de rendement aussi bas dans l'avenir ? La même année, les bons du Trésor avaient un rendement de 7,68 %. Quelle est la probabilité qu'on enregistre de nouveau un taux de rendement aussi élevé dans l'avenir ?

30. Les conceptions erronées de l'hypothèse du marché efficient Plusieurs investisseurs et experts en sélection de titres dont il est fréquemment question dans les journaux financiers ont obtenu d'énormes rendements de leurs investissements au cours des 20 dernières années. Le succès de ces investisseurs infirme-t-il l'hypothèse du marché efficient ? Justifiez votre réponse.

31. L'interprétation des marchés efficients Pour chacun des scénarios suivants, examinez si des transactions sur les actions d'une entreprise seraient rentables aux conditions suivantes : 1) le marché n'a pas une forme faible d'efficience ; 2) le marché a une forme d'efficience faible mais non semi-forte ; 3) le marché a une forme semi-forte mais non forte d'efficience ; 4) le marché a une forme d'efficience forte.

a) Le prix des actions a augmenté régulièrement chaque jour depuis les 30 derniers jours.

b) Les états financiers de l'entreprise ont été publiés il y a trois jours, et vous croyez avoir découvert certaines anomalies dans les techniques comptables (concernant le contrôle des stocks et des coûts) qui tendent à sous-estimer la véritable situation de l'entreprise en matière de liquidités.

c) Vous avez observé que les membres de la direction ont acheté une grande quantité d'actions de l'entreprise sur le marché libre au cours de la dernière semaine.

Lectures suggérées

Vous trouverez une documentation importante concernant le rendement des investissements financiers sur les marchés boursiers canadiens dans les ouvrages suivants :

HATCH, J. E. et R. W. WHITE. *Canadian Stocks, Bonds, Bills and Inflation : 1950-1983,* Charlottesville, Virginie, Financial Analysts Research Foundation, 1985.

Pour les États-Unis, l'étude équivalente est celle-ci :

IBBOTSON, R. G. et R. A. SINQUEFIELD. *Stocks, Bonds, Bills and Inflation (SBBI),* Charlottesville, Virginie, Financial Analysts Research Foundation, 1982, remis à jour dans *SBBI 1994 Yearbook,* Chicago, Ibbotson Associates, 1995.

Voici deux excellents comptes rendus de la recherche sur les marchés efficients au Canada :

BODIE, Z., A. KANE, A. MARCUS, S. PERRAKIS et P. J. RYAN. *Investments,* 1re édition canadienne, Homewood, Illinois, Richard D. Irwin, 1993.

SHARPE, W. F., G. J. ALEXANDER et D. J. FOWLER. *Investments,* 1re édition canadienne, Scarborough, Ontario, Prentice-Hall, 1993.

Le *Canadian Investment Review* est une source pratique de renseignements actuels, très facile à lire, qui traite de la recherche sur les marchés de capitaux canadiens.

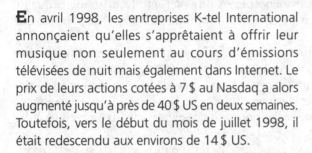

CHAPITRE 13

Le rendement, le risque et la courbe risque-rendement

En avril 1998, les entreprises K-tel International annonçaient qu'elles s'apprêtaient à offrir leur musique non seulement au cours d'émissions télévisées de nuit mais également dans Internet. Le prix de leurs actions cotées à 7 $ au Nasdaq a alors augmenté jusqu'à près de 40 $ US en deux semaines. Toutefois, vers le début du mois de juillet 1998, il était redescendu aux environs de 14 $ US.

Cet exemple montre que les actions de compagnies œuvrant dans Internet sont extrêmement volatiles. Il soulève aussi la question de savoir à quel point on peut se fier à une bonne nouvelle. La réponse à cette question permet de comprendre le risque et le rendement, un sujet dont ce chapitre traite de façon détaillée.

Dans le chapitre précédent, nous avons tiré quelques leçons importantes de l'histoire des marchés financiers. Nous avons vu, par exemple, que le fait de prendre des risques donne généralement droit à une récompense. C'est ce que nous avons appelé la « prime de risque ». Nous avons aussi découvert que plus un investissement comporte de risques, plus la prime de risque est élevée. Le principe d'après lequel des rendements plus élevés sont réservés à ceux qui prennent plus de risques relève d'un certain sens moral. Après tout, on n'a rien pour rien. Dans ce chapitre, nous analysons les conséquences de ce principe sur le plan économique et sur le plan de la gestion.

Jusqu'ici, notre attention s'est portée principalement sur le rendement de quelques gros portefeuilles. Nous allons étendre ces considérations de façon à y inclure les actifs pris individuellement pour que vous compreniez comment leur prime de risque est déterminée.

En examinant les risques associés aux actifs, nous constaterons qu'il en existe deux types : le risque systématique (ou risque du marché) et le risque non systématique (ou risque spécifique). Cette distinction est essentielle, car, comme nous allons le voir, les risques systématiques touchent presque tous les actifs de l'économie, à un degré plus ou moins élevé, tandis qu'un risque non systématique touche un plus petit nombre d'actifs. Nous étudierons ensuite le principe de diversification, d'après lequel des portefeuilles très diversifiés tendent à ne comporter presque aucun risque non systématique.

Ce principe de diversification a une conséquence importante. Pour un investisseur dont le portefeuille est diversifié, seul le risque systématique compte. Il en résulte que, au moment de décider d'acheter ou non tel actif, il ne se préoccupe que du risque systématique qui y est associé. Il s'agit d'une observation cruciale qui permettra de tirer de nombreuses conclusions concernant les risques et les rendements des actifs individuels et d'établir entre eux une relation bien connue qui porte le nom de « courbe risque-rendement ». Pour obtenir cette courbe, nous allons nous servir d'un facteur également bien connu, le coefficient bêta, l'un des éléments centraux de la finance moderne. La courbe et le coefficient sont des concepts indispensables, car ils fournissent, en partie du moins, une réponse à la question concernant la façon de déterminer le taux de rendement requis d'un investissement.

13.1 Les rendements espérés et les variances

Dans le chapitre précédent, nous avons vu comment calculer les rendements moyens et les variances à l'aide de données historiques. Nous allons maintenant voir comment analyser les rendements et les variances lorsque les données dont on dispose concernent des rendements potentiels à venir et leurs possibilités.

Le rendement espéré

Commençons par un exemple simple. Considérons une seule période de temps, par exemple une année, et deux titres, L et U. Le titre L devrait avoir un rendement de 25 % dans l'année qui vient, tandis que le titre U devrait rapporter 20 % au cours de la même période.

Dans une telle situation, si tous les investisseurs s'entendent sur les rendements espérés, pourquoi voudrait-on détenir le titre U ? Pourquoi investir dans un titre si on s'attend à ce que le rendement d'un autre soit supérieur ? De toute évidence, la réponse dépend du degré de risque de chaque investissement. Même si le rendement espéré du titre L est de 25 %, il se pourrait que ce rendement soit plus élevé ou plus bas.

Par exemple, supposons que l'économie est en période de prospérité. En pareil cas, le titre L pourrait avoir un rendement de 70 %. Par contre, si une période de récession s'annonce, ce rendement pourrait diminuer à –20 %. Ainsi, il existe deux « états de l'économie », c'est-à-dire seulement deux contextes possibles. Naturellement, cette mise en situation est exagérément simplifiée, mais elle permet d'illustrer certaines notions fondamentales sans avoir recours à des calculs compliqués.

Supposons que les probabilités associées à une période de prospérité et à une période de récession sont égales, c'est-à-dire de 50 % dans les deux cas. Le tableau 13.1 présente l'information de base fournie jusqu'ici et quelques renseignements supplémentaires concernant le titre U. Il faut noter que cette action rapporte 30 % en cas de période de récession et 10 % en cas de période de prospérité.

Tableau 13.1 L'état de l'économie et le rendement des actions

État de l'économie	Probabilité associée à chaque état	Rendements des titres selon chaque état	
		L	U
Période de récession	0,5	–20 %	30 %
Période de prospérité	0,5	70	10
	1,0		

De toute évidence, si on achète un de ces titres, le titre U par exemple, ce que celui-ci rapporte au cours de n'importe quelle année donnée dépend de l'état de l'économie cette année-là. Toutefois, supposons que les probabilités restent les mêmes avec le temps. Si on garde le titre U durant un certain nombre d'années, il rapportera environ 30 % la moitié du temps et 10 % l'autre moitié. Dans un tel cas, on dira que le **rendement espéré** du titre U, soit $E(R_U)$, est de 20 % :

$$E(R_U) = 0{,}50 \times 30\,\% + 0{,}50 \times 10\,\% = 20\,\%$$

Autrement dit, on peut s'attendre à ce que ce titre rapporte, en moyenne, 20 %.

Dans le cas du titre L, les probabilités sont les mêmes, mais les rendements possibles sont différents, c'est-à-dire qu'on perd 20 % la moitié du temps et qu'on gagne 70 % l'autre moitié du temps. Le rendement espéré de L, soit $E(R_L)$, est donc de 25 % :

$$E(R_L) = 0{,}50 \times -20\,\% + 0{,}50 \times 70\,\% = 25\,\%$$

Le tableau 13.2 donne un aperçu de ces calculs.

Dans le chapitre précédent, on a défini la prime de risque comme étant la différence entre le rendement d'un investissement à risque et celui d'un investissement sans risque. On a alors calculé les primes de risque obtenues pour différents investissements dans le passé. À l'aide des rendements projetés, il est possible de calculer la « prime de risque prévue » ou « escomptée », qui se définit comme la différence entre le rendement espéré d'un investissement à risque et le rendement assuré d'un investissement sans risque.

Rendement espéré

Rendement d'un actif risqué auquel on s'attend dans l'avenir ; on dit aussi « rendement attendu ».

Tableau **13.2** Le calcul du rendement espéré

(1) État de l'économie	(2) Probabilité associée à chaque état	Titre L		Titre U	
		(3) Taux de rendement selon l'état	(4) Produit de (2) × (3)	(5) Taux de rendement selon l'état	(6) Produit de (2) × (5)
Période de récession	0,5	−0,20	−10	0,30	0,15
Période de prospérité	0,5	0,70	0,35	0,10	0,05
	1,0		$E(R_L) = 25\%$		$E(R_U) = 20\%$

Par exemple, supposons que des investissements sans risque rapportent 8 % en ce moment. On pose que le taux sans risque, désigné par R_f, est de 8 %. À partir de cette donnée, quelle est la prime de risque prévue pour le titre U ? pour le titre L ? Comme le rendement espéré de U, soit $E(R_U)$, est de 20 %, la prime de risque prévue se calcule comme suit :

$$\text{Prime de risque} = \text{Rendement espéré} - \text{Taux de rendement sans risque} \qquad [13.1]$$
$$= E(R_U) - R_f$$
$$= 20\% - 8\%$$
$$= 12\%$$

De même, la prime de risque du titre L est 25 % − 8 % = 17 %.

En général, le rendement espéré d'un titre ou de tout autre actif est simplement égal à la somme des rendements possibles multipliés par leurs probabilités. Par conséquent, si on avait 100 rendements possibles, on multiplierait chacun d'eux par sa probabilité et on additionnerait les résultats. Le résultat final constituerait le rendement espéré. La prime de risque correspondrait alors à la différence entre ce rendement espéré et le taux sans risque.

Voici une équation générale pratique pour déterminer le rendement espéré :

$$E(R) = \sum_j O_j \times P_j \qquad [13.2]$$

où

O_j est la valeur du j^e résultat;

P_j est la probabilité associée à chaque résultat;

$\sum_j$ est la somme de tous les j.

Exemple **13.1** Les probabilités inégales

En se référant de nouveau aux tableaux 13.1 et 13.2, supposons qu'on estime à seulement 20 % les chances pour qu'une période de prospérité se produise plutôt qu'à 50 %. À quels montants s'élèvent les rendements espérés des titres U et L en l'occurrence ? Si le taux sans risque est de 10 %, quelles seront les primes de risque ?

Il faut d'abord noter que, d'après l'énoncé du problème, une période de récession peut se produire dans 80 % des cas (1 − 0,20 = 0,80), car il y a seulement deux possibilités. Compte tenu de cette information, le titre U a un rendement de 30 % pour 80 % des années et un rendement de 10 % pour 20 % des années.

Pour calculer le rendement espéré, on se contente encore une fois de multiplier les possibilités par les probabilités et d'additionner les résultats :

$$E(R_U) = 0,80 \times 30\% + 0,20 \times 10\% = 26\%$$

Le tableau 13.3 présente sommairement ces calculs pour les deux titres. Il faut noter que le rendement espéré de L est de −2 %.

Tableau **13.3** Le calcul du rendement espéré

(1) État de l'économie	(2) Probabilité associée à chaque état	Titre L		Titre U	
		(3) Taux de rendement selon l'état	(4) Produit de (2) × (3)	(5) Taux de rendement selon l'état	(6) Produit de (2) × (5)
Période de récession	0,80	−0,20	−16	0,30	0,24
Période de prospérité	0,20	0,70	0,14	0,10	0,02
			$E(R_L) = -2\%$		$E(R_U) = 26\%$

La prime de risque du titre U correspond à 26 % − 10 % = 16 % dans ce cas. La prime de risque du titre L est négative, soit −2 % − 10 % = −12 %. Ce résultat peut paraître étrange mais, pour des raisons dont il sera question plus loin, il n'est pas impossible.

Le calcul de la variance

Pour connaître les variances des rendements de ces deux titres, on détermine le carré des écarts par rapport au rendement espéré. Puis on multiplie chaque écart au carré par sa probabilité. On additionne ensuite les résultats et on obtient ainsi la variance. L'écart type correspond, comme d'habitude, à la racine carrée de la variance.

Voici des équations générales qui permettent de déterminer la variance et l'écart type :

$$\sigma^2 = \sum_j [O_j - E(R)]^2 \times P_j \hspace{4cm} [13.3]$$

$$\sigma = \sqrt{\sigma^2}$$

Pour mieux comprendre ces équations, revenons à notre exemple. Le titre U a un rendement espéré de $E(R_U) = 20\,\%$. Dans une année donnée, ce rendement peut être de 30 % ou de 10 %. Par conséquent, les écarts possibles sont 30 % − 20 % = 10 % ou 10 % − 20 % = −10 %. On obtient alors la variance suivante :

$$\text{Variance} = \sigma^2 = 0,50 \times (10\,\%)^2 + 0,50 \times (-10\,\%)^2 = 0,01$$

L'écart type est la racine carrée de ce résultat, soit 0,10 = 10 %. On a :

$$\text{Écart type} = \sigma = \sqrt{0,01} = 0,10 = 10\,\%$$

Le tableau 13.4 résume ces calculs pour les deux titres. Il faut noter que la variance du titre L est plus importante que celle du titre U.

Tableau 13.4 Le calcul de la variance

(1) État de l'économie	(2) Probabilité associée à chaque état	(3) Écart du rendement par rapport au rendement espéré	(4) Écart du rendement élevé au carré par rapport au rendement espéré	(5) Produit de (2) × (3)
Titre L				
Période de récession	0,5	−0,20 − 0,25 = −0,45	$(-0,45)^2 = 0,2025$	0,101 25
Période de prospérité	0,5	0,70 − 0,25 = 0,45	$(0,45)^2 = 0,2025$	0,101 25
				$\sigma^2_L = 0,2025$
Titre U				
Période de récession	0,5	0,30 − 0,20 = 0,10	$(0,10)^2 = 0,01$	0,005
Période de prospérité	0,5	0,10 − 0,20 = −0,10	$(-0,10)^2 = 0,01$	0,005
				$\sigma^2_U = 0,010$

Lorsqu'on réunit tous ces renseignements sur le rendement espéré et la variabilité des deux titres, on obtient le tableau ci-après :

	Titre L	Titre U
Rendement espéré $E(R)$	25 %	20 %
Variance σ^2	0,2025	0,0100
Écart type σ	45 %	10 %

On constate que le rendement du titre L est plus élevé que celui du titre U, mais que celui-ci présente moins de risque. Il est possible d'obtenir un rendement de 70 % si on investit dans le titre L, mais on peut aussi y perdre 20 % de la somme investie. Il faut noter qu'un investissement dans le titre U rapporte toujours au moins 10 %.

Lequel de ces deux titres devrait-on acheter ? Il est difficile de le déterminer. Tout dépend des préférences de l'investisseur. On peut être raisonnablement sûr que certains investisseurs préféreront le titre L au titre U, tandis que d'autres préféreront le choix contraire.

Vous avez peut-être remarqué qu'on n'a pas calculé les rendements espérés et les variances de la même façon que dans le chapitre précédent. En effet, dans le chapitre 12, comme on considérait des rendements historiques, on a estimé le rendement moyen et la variance moyenne d'après certains événements observés. Ici, on dispose de rendements projetés et des probabilités qui leur sont associées, de sorte qu'on doit se contenter de cette information.

Revenons à l'exemple 13.1. Quelles sont les variances des deux titres en cas de probabilités inégales ? Quels sont les écarts types ?

On peut résumer les calculs à effectuer comme suit :

(1) État de l'économie	(2) Probabilité associée à chaque état	(3) Écart de rendement par rapport au rendement espéré	(4) Écart du rendement au carré par rapport au rendement espéré	(5) Produit (2) × (4)
Titre L				
Période de récession	0,80	−20 − (−0,02) = −0,18	0,0324	0,025 92
Période de prospérité	0,20	0,70 − (−0,02) = 0,72	0,5184	0,103 68
				σ^2_L = 0,129 60
Titre U				
Période de récession	0,80	0,30 − 0,26 = 0,04	0,0016	0,001 28
Période de prospérité	0,20	0,10 − 0,26 = −0,16	0,0256	0,005 12
				σ^2_U = 0,006 40

D'après ces calculs, l'écart type pour le titre L est $\sigma_L = \sqrt{0,1296} = 0,36$ ou 36 %. Dans le cas du titre U, l'écart type est beaucoup plus réduit, soit $\sigma_U = \sqrt{0,0064} = 0,08$ ou 8 %.

Questions théoriques

1. Comment pouvez-vous calculer le rendement espéré d'un titre ?
2. Décrivez verbalement comment calculer la variance du rendement espéré.

13.2 Les portefeuilles

Portefeuille

Groupe d'actifs, par exemple des actions et des obligations, détenues par un investisseur.

Jusqu'ici, nous avons considéré des actifs individuels. Toutefois, en réalité, la plupart des investisseurs détiennent un **portefeuille** d'actifs, c'est-à-dire qu'ils ont tendance à posséder plusieurs actions, obligations ou autres titres. C'est pourquoi le rendement d'un portefeuille et son risque sont des sujets extrêmement pertinents à ce stade. Nous allons donc examiner les rendements espérés et les variances des portefeuilles.

Le poids d'un portefeuille

Il existe bien des manières de décrire un portefeuille. La plus pratique consiste à dresser une liste des pourcentages de la valeur totale du portefeuille investis dans chaque actif faisant partie de ce portefeuille. Ces pourcentages portent le nom de **poids du portefeuille**.

Poids du portefeuille

Pourcentage de la valeur totale d'un portefeuille correspondant à un actif en particulier.

Par exemple, si on investit 50 $ dans un actif et 150 $ dans un autre, la valeur totale du portefeuille s'élève à 200 $. Le poids du premier actif inclus dans le portefeuille est 50 $/200 $ = 0,25 ou 25 %. Le poids du second actif est 150 $/200 $ = 0,75 ou 75 %. Les poids du portefeuille sont donc de 0,25 et de 0,75. Notons que la somme de ces poids doit être égale à 1,00, puisque tout l'argent est investi quelque part[1].

Les rendements espérés du portefeuille

Revenons aux titres L et U. Si on investit la moitié de son argent dans le titre L et l'autre moitié dans le titre U, le poids de chacun des titres que comporte le portefeuille est, de toute évidence, de 0,50 et de 0,50. Quels sont les rendements possibles de ce portefeuille ? Quel est son rendement espéré ?

---

1 Une partie de cet argent pourrait évidemment être sous forme d'espèces, mais on considérerait alors celles-ci comme faisant simplement partie des actifs du portefeuille.

Pour répondre à ces questions, supposons que l'économie entre dans une période de récession. Dans ce cas, on enregistre une perte de 20 % pour la moitié de l'argent investi (dans le titre L). On enregistre en même temps un gain de 30 % sur l'autre moitié de l'investissement (dans le titre U). Le rendement du portefeuille, soit R_P, en période de récession, se calcule comme suit :

$$R_P = 0,50 \times (-20\,\%) + 0,50 \times 30\,\% = 5\,\%$$

Le tableau 13.5 résume le reste des calculs. Il faut noter qu'en période de prospérité, le rendement du portefeuille atteint 40 % :

$$R_P = 0,50 \times 70\,\% + 0,50 \times 10\,\% = 40\,\%$$

Comme le montre le tableau 13.5, le rendement espéré de ce portefeuille est de 22,5 %.

Tableau 13.5 Le rendement espéré d'un portefeuille équipondéré en titre L et en titre U

(1) État de l'économie	(2) Probabilité associée à chaque état	(3) Rendement du portefeuille pour chaque état	(4) Produit de (2) × (3)
Période de récession	0,50	½ × (−20 %) + ½ × (30 %) = 5 %	2,5 %
Période de prospérité	0,50	½ × (70 %) + ½ × (10 %) = 40 %	20,0
			$E(R_P)$ = 22,5 %

On peut éviter une partie du travail en calculant le rendement espéré de façon plus directe. Compte tenu des proportions du portefeuille, on s'attend à ce que la moitié de l'investissement rapporte 25 % (le titre L) et l'autre moitié, 20 % (le titre U).

Par conséquent, le rendement espéré du portefeuille est le suivant :

$$\begin{aligned} E(R_P) &= 0,50 \times E(R_L) + 0,50 \times E(R_U) \\ &= 0,50 \times 25\,\% + 0,50 \times 20\,\% \\ &= 22,5\,\% \end{aligned}$$

Il s'agit du même résultat que précédemment.

Cette méthode de calcul du rendement espéré d'un portefeuille fonctionne, peu importe le nombre d'actifs contenus dans le portefeuille. Supposons qu'une personne a n actifs dans un portefeuille, où n désigne un nombre quelconque. Si x_i représente le pourcentage de l'argent qu'elle a investi dans l'actif i, on peut déterminer le rendement espéré ainsi :

$$E(R_P) = x_1 \times E(R_1) + x_2 \times E(R_2) + \dots + x_n \times E(R_n) \qquad [13.4]$$

Cette équation indique que le rendement espéré d'un portefeuille consiste en une simple combinaison des rendements qu'on attend des actifs de ce portefeuille. Une telle observation peut paraître évidente, mais, comme on va le voir ci-dessous, la méthode la plus évidente n'est pas toujours la bonne.

La variance d'un portefeuille

D'après ce qu'on a vu précédemment, le rendement espéré d'un portefeuille qui contient des sommes égales investies dans les titres U et L est de 22,5 %. Quel est l'écart type du rendement de ce portefeuille ? Intuitivement, on pourrait croire que, pour la moitié de l'argent, l'écart type est de 45 % alors que, pour l'autre moitié, il est de 10 %. On calculerait alors l'écart type du portefeuille comme suit :

$$\sigma_P = 0,50 \times 45\,\% + 0,50 \times 10\,\% = 27,5\,\%$$

Malheureusement, cette méthode est erronée.

Il faut maintenant déterminer l'écart type réel. Le tableau 13.6 présente sommairement les calculs à effectuer. On observe que la variance du portefeuille est d'environ 0,031 et que son écart type est inférieur à ce qu'on avait prévu — soit seulement 17,5 %. On constate ici que la variance d'un portefeuille ne correspond généralement pas à une simple combinaison des variances des différents actifs de ce portefeuille.

On peut illustrer cette conclusion de façon plus imagée, en considérant un ensemble légèrement différent de proportions dans un portefeuille. Supposons qu'on investit 2/11 (environ 18 %)

dans le titre L et le reste, soit 9/11 (environ 82 %), dans le titre U. En cas de période de récession, le rendement de ce portefeuille est le suivant :

$$R_p = \left(\frac{2}{11}\right) \times (-20\,\%) + \left(\frac{9}{11}\right) \times (30\,\%) = 20{,}91\,\%$$

En cas de période de prospérité, le même portefeuille aurait pour rendement :

$$R_p = \left(\frac{2}{11}\right) \times (70\,\%) + \left(\frac{9}{11}\right) \times (10\,\%) = 20{,}91\,\%$$

Il faut noter que le rendement est le même, quoi qu'il arrive. On n'effectue aucun autre calcul. Ce portefeuille a une variance nulle. Apparemment, la combinaison des actifs d'un portefeuille peut modifier considérablement les risques que court l'investisseur. Cette observation a une grande importance et les implications seront examinées dans la section suivante.

Exemple 13.3 Le rendement espéré d'un portefeuille

Supposons qu'on fait les projections suivantes concernant trois titres.

État de l'économie	Probabilité associée à chaque état	Rendement		
		Titre A	Titre B	Titre C
Période de prospérité	0,40	10 %	15 %	20 %
Période de récession	0,60	8	4	0

Quel serait le rendement espéré d'un portefeuille si les sommes investies dans chacun de ces trois titres étaient égales ? Quel serait le rendement espéré dans le cas où la moitié du portefeuille serait composée de titres A et l'autre moitié également divisée entre les titres B et C ?

D'après les analyses précédentes, les rendements espérés pour les titres individuels sont les suivants (vérifiez ces calculs en guise d'exercice pratique) :

$E(R_A) = 8{,}8\,\%$
$E(R_B) = 8{,}4\,\%$
$E(R_C) = 8{,}0\,\%$

Si, pour composer un portefeuille, on a investi des montants égaux dans chaque titre, les proportions du portefeuille sont toutes égales. On parle alors d'un « portefeuille équipondéré ». Comme il y a trois titres, les proportions sont toutes de ⅓ et le rendement requis du portefeuille est :

$E(R_p) = (\frac{1}{3}) \times 8{,}8\,\% + (\frac{1}{3}) \times 8{,}4\,\% + (\frac{1}{3}) \times 8{,}0\,\%$
$= 8{,}4\,\%$

Dans l'autre cas, vérifiez si le rendement espéré du portefeuille est de 8,5 %.

Tableau 13.6 La variance pour un portefeuille équipondéré composé des titres L et U

(1) État de l'économie	(2) Probabilité associée à chaque état	(3) Rendement du portefeuille selon chaque état	(4) Écart au carré par rapport au rendement espéré	(5) Produit de (2) × (4)
Période de récession	0,50	5 %	$(0{,}05 - 0{,}225)^2 = 0{,}030\ 625$	0,015 312 5
Période de prospérité	0,50	40 %	$(0{,}40 - 0{,}225)^2 = 0{,}030\ 625$	0,015 312 5
			$\sigma_p = \sqrt{0{,}030\ 625} = 17{,}5\,\%$	$\sigma^2_p = 0{,}030\ 625$

Exemple 13.4 La variance et l'écart type d'un portefeuille

Dans l'exemple 13.3, quels sont les écarts types des deux portefeuilles ? Pour répondre à cette question, il faut d'abord calculer les rendements des portefeuilles dans chaque état de l'économie. On utilisera le second portefeuille, qui contient 50 % du titre A et 25 % du titre B et du titre C, respectivement. Les calculs pertinents sont résumés ci-dessous.

Le rendement du portefeuille en cas de période de prospérité se calcule comme suit :

$0{,}50 \times 10\,\% + 0{,}25 \times 15\,\% + 0{,}25 \times 20\,\% = 13{,}75\,\%$

Pendant une période de récession, le rendement du portefeuille se calcule de la même manière. Le rendement espéré est de 8,5 %. On détermine alors la variance ainsi :

$\sigma^2 = 0{,}40 \times (0{,}1375 - 0{,}085)^2 + 0{,}60 \times (0{,}05 - 0{,}085)^2$
$= 0{,}001\ 837\ 5$

L'écart type est donc d'environ 4,3 %. Vérifiez si, dans le cas d'un portefeuille équipondéré, l'écart type est d'environ 5,4 %.

État de l'économie	Probabilité associée à chaque état	Taux de rendement en fonction de chaque état			
		Titre A	Titre B	Titre C	Portefeuille
Période de prospérité	0,40	10 %	15 %	20 %	13,75 %
Période de récession	0,60	8	4	0	5,00

Figure 13.1

Exemples de différents coefficients de corrélation

Les graphiques du côté gauche de la figure représentent les rendements individuels des deux titres dans le temps. Chaque point des graphiques du côté droit symbolise les rendements des titres A et B sur une période de temps donnée.

Corrélation positive parfaite
CORR $(R_A, R_B) = 1$

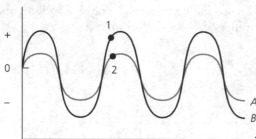

Le rendement du titre A et celui du titre B sont au-dessus de la moyenne en même temps. Tous les deux sont au-dessous de la moyenne en même temps.

Corrélation négative parfaite
CORR $(R_A, R_B) = -1$

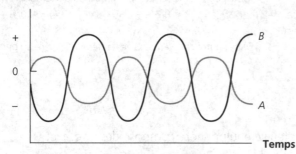
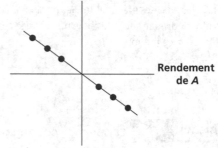

Le titre A a un rendement supérieur à la moyenne lorsque le titre B a un rendement inférieur à la moyenne et inversement.

Corrélation nulle
CORR $(R_A, R_B) = 0$

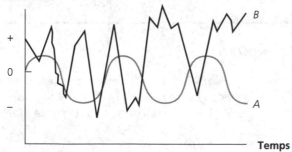
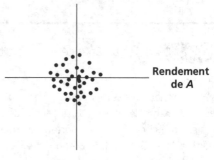

Les variations du rendement du titre A n'ont aucun lien avec celles du rendement du titre B.

L'écart type et la diversification d'un portefeuille

Comment la diversification réduit-elle les risques d'un portefeuille tels qu'ils sont mesurés par l'écart type? C'est ce qu'on va voir en détail[2]. Le concept le plus important dans ce contexte est la corrélation, qui indique jusqu'à quel point les rendements des deux actifs varient « en harmonie ». On parle de « corrélation positive » lorsque les actifs A et B varient dans le même sens, de « corrélation négative » lorsqu'ils varient dans des directions opposées et de « corrélation nulle » s'il n'existe aucun lien entre leurs variations.

La figure 13.1 illustre ces trois points de repère pour les deux actifs A et B. Les graphiques du côté gauche montrent les rendements individuels de chaque titre dans le temps. Chaque point des graphiques du côté droit représente les rendements de A et de B au cours d'un intervalle de temps donné. La figure présente aussi des exemples de différentes valeurs du coefficient de corrélation CORR (R_a, R_b) qui vont de −1,0 à 1,0.

Pour comprendre comment construire ces graphiques, il suffit d'examiner les points 1 et 2 (dans le graphique du coin supérieur gauche) et de les relier au point 3 (dans le graphique du coin supérieur droit). Le point 1 représente un rendement de l'entreprise B et le point 2, un rendement de l'entreprise A. Tous les deux ont été enregistrés au cours de la même période de temps, par exemple au mois de juin, et ils sont supérieurs à la moyenne. Le point 3 représente les rendements de ces deux titres en juin. D'autres points du graphique du coin supérieur droit indiquent les rendements de ces titres au cours d'autres mois.

Comme les rendements du titre B produisent de plus fortes oscillations que les rendements du titre A, la pente de la droite du diagramme du coin supérieur droit est plus forte que 1. Une corrélation positive parfaite ne signifie pas que la pente est égale à 1. Elle indique plutôt que tous les points se situent exactement sur la droite. Dans une corrélation positive inférieure à 1, la pente est positive, mais les points ne se situent pas exactement sur la droite. Le côté gauche de la figure 13.2 donne un exemple de corrélation positive inférieure à 1. Comme dans le cas précédent, chaque point du graphique représente les rendements des deux titres pour un même mois. Dans un tel graphique, plus les points se rapprochent de la droite, plus le coefficient de corrélation est près de 1. Autrement dit, une forte corrélation entre deux rendements se traduit par une relation « bien déterminée[3] ».

Une corrélation négative supérieure à −1 prend la forme d'une pente négative, mais les points ne se situent pas exactement sur la droite (voir le côté droit de la figure 13.2).

Figure 13.2

Les graphiques de relations possibles entre deux titres

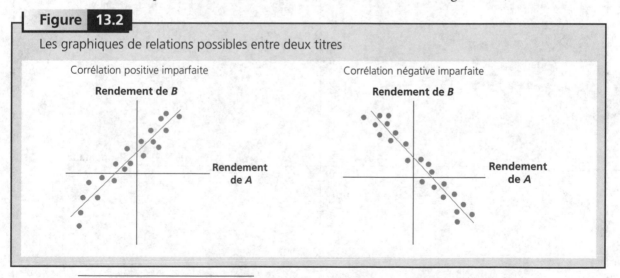

---

2 Les notions présentées dans cette section ont été élaborées de façon systématique pour la première fois dans un article rédigé en 1952 par Harry MARKOWITZ, « Portfolio Selection », *Journal of Finance* 7, mars 1952, p. 77-91. Ce travail a servi de base au modèle d'évaluation des actifs financiers (MÉDAF) décrit principalement dans l'article de William F. SHARPE, « Capital Asset Prices : A Theory of Market Equilibrium under Conditions of Risk », *Journal of Finance* 19, 1964, p. 425-442. Ces pionniers de la théorie moderne du portefeuille financier ont reçu le prix Nobel d'économie en 1991.

3 Si on mesure la corrélation par une analyse de régression, on constate que le coefficient de corrélation correspond à la racine carrée du coefficient de détermination de la régression R au carré. Pour une relation parfaite, il faut que le carré de R et que le coefficient de corrélation soient tous les deux égaux à 1.

Quelle est la corrélation entre les titres U et L de l'exemple 13.2, si on suppose que les deux états de l'économie sont également probables ? Le tableau 13.2 donne les rendements de chaque titre en période de récession et en période de prospérité.

	Titre L	Titre U
Période de récession	−0,20	0,30
Période de prospérité	0,70	0,10

La droite de la figure 13.3 est construite exactement de la même façon que les graphiques du côté droit des figures 13.1 et 13.2. On constate qu'elle a une pente négative et que tous les points forment exactement une droite. (Comme il n'y a que deux résultats pour chaque titre, les points doivent se situer exactement sur une droite.) On peut en conclure que le coefficient de corrélation entre les titres U et L est égal à −1,0.

L'analyse de la corrélation fournit un élément essentiel d'une formule permettant de déterminer la variance d'un portefeuille et sa racine carrée, l'écart type de ce portefeuille. On a :

$$\sigma^2_P = x^2_L\sigma^2_L + x^2_U\sigma^2_U + 2x_Lx_U\text{CORR}_{L,U}\sigma_L\sigma_U \qquad [13.5]$$
$$\sigma_P = \sqrt{\sigma^2_P}$$

Il faut se rappeler que x_L et x_U représentent respectivement les poids des titres L et U dans le portefeuille. L'expression $\text{CORR}_{L,U}$ symbolise le coefficient de corrélation entre les deux titres. On représente généralement ce cœfficient par la lettre grecque ρ.

On peut se servir de cette formule pour vérifier si les calculs précédents de l'écart type du portefeuille sont exacts dans le cas d'investissements à 50 % dans chaque titre. On obtient :

$$= (0,5)^2 \times (0,45)^2 + (0,5)^2 \times (0,10)^2 + (2) \times (0,5) \times (0,5)$$
$$\times (0,45) \times (0,10) \times (-1,0)$$
$$= 0,030\ 625$$
$$= \sqrt{0,030\ 625} = 17,5\ \%$$

Ces résultats sont identiques à ceux qu'on a obtenus dans le tableau 13.6.

Figure **13.3**

La corrélation entre les titres U et L

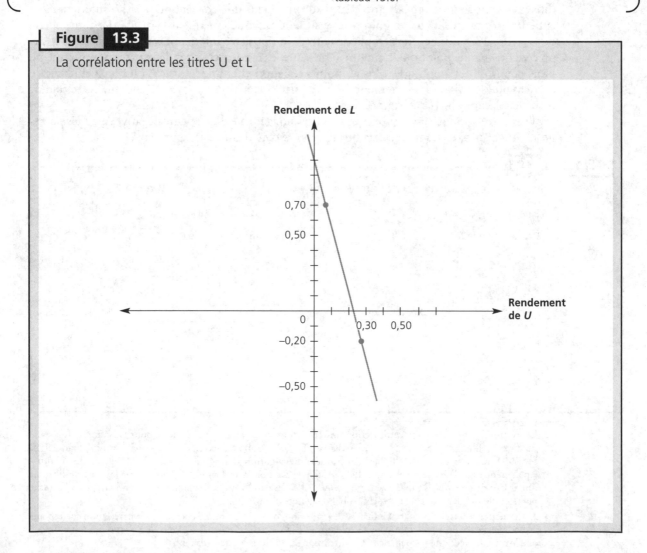

Peut-on trouver un portefeuille composé de titres U et L ayant une variance nulle ? On a démontré précédemment qu'un portefeuille dont 2/11 (environ 18 %) sont composés de titres L et 9/11 (environ 82 %) de titres U donne le même rendement espéré, qu'il y ait une période de récession ou une période de prospérité. Par conséquent, la variance et l'écart type de ce portefeuille devraient être nuls. On peut le vérifier grâce à la formule de la variance d'un portefeuille. On calcule :

$$\sigma^2_p = \left(\frac{2}{11}\right)^2 \times (0,45)^2 + \left(\frac{9}{11}\right)^2 \times (0,10)^2 + 2 \times \left(\frac{2}{11}\right) \times \left(\frac{9}{11}\right) \times (0,45) \times (0,10) \times (-1,0)$$
$$= 0,006\ 694 + 0,006\ 694 - 0,013\ 388$$
$$= 0$$

On constate que la variance du portefeuille et son écart type sont nuls, car les proportions ont été établies de façon que le troisième terme négatif contrebalance exactement les deux premiers termes positifs. Ce troisième terme est appelé « covariance ». En effet, le produit du coefficient de corrélation et des écarts types des deux titres indique le degré de covariance de U et de L[4].

Pour voir comment l'écart type du portefeuille dépend de la corrélation, on l'a recalculé, dans le tableau 13.7, en variant le coefficient de corrélation entre U et L, mais en maintenant inchangées les proportions du portefeuille et toutes les autres données.

Lorsque la corrélation est parfaitement négative, CORR$_{U,L}$ = −1,0, l'écart type du portefeuille est nul, comme on vient de le voir. S'il n'existe aucune corrélation entre les deux titres, CORR$_{U,L}$ = 0, l'écart type du rendement du portefeuille s'élève à 11,5708 %. Dans le cas d'une corrélation positive parfaite, CORR$_{U,L}$ = +1,0, cet écart type atteint 16,3636 %.

Tableau **13.7**   L'écart type et le cœfficient de corrélation d'un portefeuille

Titre L	x_L = 2/11	σ_L = 45 %	$E(R_L)$ = 25 %
Titre U	x_U = 9/11	σ_U = 10 %	$E(R_U)$ = 20 %

$E(R_L)$ = (2/11) × 25 % + 9/11 × 20 % = 20,91 %

CORR$_{L,U}$ du portefeuille	Écart type du portefeuille σ_P
1. −1,0	0,0000 %
2. 0,0	11,5708 %
3. +1,0	16,3636 %

Lorsque la corrélation entre les rendements des deux actifs est parfaite, l'écart type du portefeuille correspond simplement à la moyenne pondérée des écarts types individuels. On obtient alors :

16,3636 = (2/11) × 45 % + (9/11) × 10 %

Lorsqu'il y a corrélation positive parfaite, CORR$_{U,L}$ = +1,0, tous les rendements de portefeuilles possibles se situent sur une droite à pente positive qui relie U et L dans la relation rendement-risque (voir la figure 13.4). Dans un tel cas de polarisation, la diversification se révèle peu rentable. Toutefois, dès que la corrélation n'est plus parfaitement positive, la diversification réduit les risques.

Aussi longtemps que CORR$_{U,L}$ est inférieur à +1,0, l'écart type d'un portefeuille composé de deux titres est moins élevé que la moyenne pondérée des écarts types des titres individuels.

La figure 13.4 illustre ce résultat important en représentant graphiquement tous les portefeuilles composés de titres U et L possibles pour les trois valeurs de CORR$_{U,L}$ données dans le tableau 13.7. À la figure 13.4, les portefeuilles numérotés 1, 2 et 3 ont tous un rendement espéré de 20,91 %, tel qu'il a été calculé dans le tableau 13.7, où sont aussi déterminés leurs écarts types. Les autres points des différentes droites et courbes ont été obtenus en variant les proportions des portefeuilles pour chaque valeur de CORR$_{U,L}$. Chaque droite ou courbe représente tous les portefeuilles possibles composés de titres U et L pour un coefficient de corrélation donné. Elle constitue ce qu'on appelle un « ensemble des solutions réalisables ». L'ensemble le plus bas qui représente CORR$_{U,L}$ = 1,0 a toujours l'écart type le plus élevé pour n'importe quel niveau de rendement. Ce résultat démontre encore une fois que la diversification réduit le risque à la condition que la corrélation soit inférieure à −1,0.

---

4 À mesure que le nombre de titres contenus dans le portefeuille augmente au-delà des deux titres de notre exemple, le nombre de termes de covariance s'accroît de façon géométrique. En général, pour un portefeuille renfermant N titres, le nombre de termes de covariance est N(N − 1)/2. Par exemple, un portefeuille de 10 titres compte 45 termes de covariance.

Figure **13.4**

Des ensembles possibles composés d'actions des titres L et U

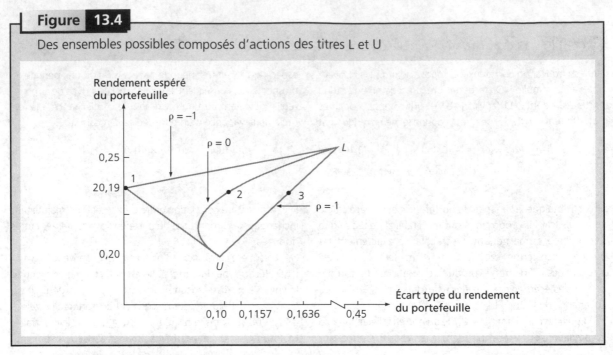

La diversification et l'ensemble efficient

Supposons que le coefficient de corrélation entre U et L est d'environ +0,70. L'ensemble des solutions réalisables apparaît dans la figure 13.5, où le portefeuille de variance minimale VM est également indiqué. Un investisseur riscophobe ne détiendrait pas de portefeuille dont le rendement espéré est inférieur à VM. Par exemple, il n'investirait pas 100 % de son capital dans les titres U, car un tel portefeuille a un rendement espéré moins élevé et un écart type plus grand que le portefeuille à variance minimale. On dit que les portefeuilles tel U sont dominés par le portefeuille à variance minimale. (Comme l'écart type correspond à la racine carrée de la variance, les portefeuilles à variance minimale sont aussi les portefeuilles à écart type minimal, comme le montrent les figures 13.4 et 13.5.) Bien que toute la courbe de U à L porte le nom d'«ensemble des solutions réalisables», les investisseurs ne considèrent que la section allant de VM à L. Cette partie porte le nom d'«ensemble efficient».

Figure **13.5**

La frontière efficiente

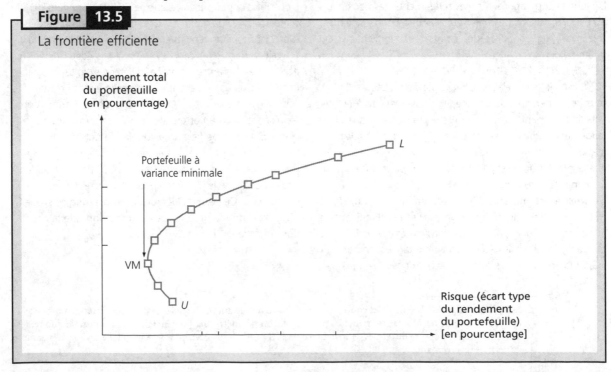

Notre étude sur la diversification permet d'étendre l'analyse des rendements moyens historiques et des risques (voir le chapitre 12) aux portefeuilles d'investissements étrangers. L'ensemble des solutions réalisables ressemble au graphique de la figure 13.5, dans lequel des points comme U et L représentent des portefeuilles plutôt que des titres individuels. Le portefeuille U est composé de 100 % d'investissements dans des titres canadiens et le portefeuille L, de 100 % d'investissements dans des titres étrangers. Le portefeuille de titres canadiens représente moins de risques que le portefeuille étranger. Est-ce à dire que les gestionnaires de portefeuilles canadiens devraient investir entièrement au Canada ?

La réponse est non, car le portefeuille à variance minimale, qui contient approximativement 20 % de titres étrangers, domine le portefeuille U, composé de titres canadiens à 100 %. En passant de 0 % à environ 20 % de titres étrangers, on réduit l'écart type du portefeuille grâce à l'effet de diversification. Un accroissement du contenu étranger au-delà d'environ 20 % augmente le risque associé au portefeuille. Ayant reconnu ce fait, les gestionnaires de caisses de retraite ont exercé avec succès des pressions en 2000 pour augmenter alors le contenu étranger admissible de leurs portefeuilles jusqu'à 25 %[5] et jusqu'à 30 % depuis.

Questions théoriques

1. En quoi consiste la notion de poids dans un portefeuille ?

2. Comment calcule-t-on le rendement espéré d'un portefeuille ?

3. Existe-t-il une relation simple entre l'écart type d'un portefeuille et celui des actifs de ce portefeuille ?

13.3 Les annonces, les imprévus et les rendements espérés

Après avoir vu comment composer des portefeuilles et évaluer leur rendement, nous allons décrire avec plus de précision les risques et les rendements associés à des titres individuels. Jusqu'ici, nous avons mesuré la volatilité en examinant les différences entre le rendement observé d'un actif ou d'un portefeuille R et le rendement espéré $E(R)$. Nous allons maintenant voir pourquoi il existe de tels écarts.

Les rendements espérés et imprévus

Pour commencer, prenons un cas concret et considérons le rendement des actions de TransCanada Industries. Quels facteurs détermineront le rendement de ce titre dans un an ? Le rendement de n'importe quelle action négociée sur un marché des capitaux se compose de deux parties : 1) le rendement espéré de l'action, qui constitue la part de rendement prévu ou anticipé par les actionnaires. Il dépend de l'information que les actionnaires possèdent concernant le titre. De plus, le rendement espéré est basé sur la compréhension qu'a le marché aujourd'hui des facteurs qui influeront sur l'action dans l'année qui vient ; 2) le rendement imprévu ou à risque, causé par de l'information inattendue qui est révélée au cours de l'année. Une liste de toutes les sources possibles de tels renseignements serait infinie. En voici quelques exemples :

- Des nouvelles concernant la recherche chez TransCanada Industries ;
- Le dévoilement par le gouvernement des chiffres du produit intérieur brut (PIB) ;
- La faillite imminente d'un concurrent important ;
- La nouvelle que le chiffre d'affaires de TransCanada Industries est plus élevé que prévu ;
- Une baisse soudaine et inattendue des taux d'intérêt.

D'après cette analyse, on pourrait exprimer le rendement des actions de TransCanada Industries pour l'année qui vient de différentes manières, entre autres de la façon suivante :

Rendement total = Rendement espéré + Rendement imprévu [13.6]

$$R = E(R) + U$$

---

5 Ces données proviennent de H. S. MARMER, « International Investing : A New Canadian Perspective », dans *Canadian Investment Review*, printemps 1991, p. 47-53 et dans *Canadian Investment Review*, hiver 1998, p. 49-51.

La variable R représente le rendement total observé dans l'année, $E(R)$ désigne la partie espérée de ce rendement et U en symbolise la partie imprévue. Cette expression indique que le rendement observé R diffère du rendement espéré $E(R)$, à cause des événements imprévus qui peuvent se produire au cours de cette période.

Les annonces et les nouvelles

Il faut être prudent lorsqu'on parle de l'effet de nouveaux facteurs sur le rendement. Supposons qu'étant donné son type d'activités, la société TransCanada Industries prospère lorsque le PIB croît à un taux relativement élevé, mais qu'elle périclite lorsqu'il est plus ou moins stagnant. Pour déterminer quel rendement les actionnaires peuvent attendre de leurs actions dans l'entreprise cette année, ils doivent se demander de façon explicite ou implicite ce que le PIB sera vraisemblablement pour l'année.

Lorsque le gouvernement donne les chiffres officiels du PIB, qu'advient-il de la valeur des actions de TransCanada Industries ? Tout dépend évidemment des chiffres qui sont annoncés. Plus précisément, l'impact dépend du degré de nouveauté de cette annonce.

Au début de l'année, les acteurs sur le marché ont déjà une idée ou une prévision du futur PIB. Dans la mesure du possible, les prédictions des actionnaires sont déjà intégrées dans la partie espérée du rendement de l'action $E(R)$. Toutefois, si l'annonce du niveau du PIB crée une surprise, cet effet s'incorporera à U, la partie imprévue du rendement.

En guise d'exemple, supposons que les actionnaires sur le marché ont prévu une augmentation du PIB de 0,5 % pour cette année. Si l'annonce correspond exactement à ce chiffre, c'est-à-dire à la prédiction, cette annonce ne sera pas vraiment nouvelle pour les actionnaires. Il n'en résultera aucun effet sur le prix des actions. Il s'agira en quelque sorte de la confirmation de quelque chose qu'on savait depuis longtemps et non d'une révélation.

Voici un exemple concret. Le 27 mai 2003, la Banque de Montréal a annoncé que ses bénéfices pour le deuxième trimestre avaient augmenté de 36 % grâce à la croissance des activités de ses banques de réseau et commerciales ainsi qu'à l'amélioration des conditions de crédit. À première vue, il s'agissait d'une très bonne nouvelle. Pourtant, le prix de son titre n'a augmenté que de 0,1 % après cette annonce. Pourquoi ? Parce que les acteurs sur le marché s'attendaient déjà à ce que la banque obtienne ces résultats. Autrement dit, le prix de l'action avait déjà augmenté parce qu'on comptait sur cette bonne nouvelle. En fait, si l'annonce n'avait pas répondu à l'attente, le prix du titre aurait pu tomber.

Pour exprimer le fait qu'une annonce n'est pas nouvelle, on dit souvent que le marché a déjà « escompté » l'annonce. L'emploi du terme « escompté » dans ce contexte n'a rien à voir avec le calcul des valeurs actualisées même si l'idée de base est la même. Lorsqu'on actualise un dollar dans l'avenir, on dit qu'il vaut moins pour ses propriétaires à cause de la valeur temporelle de l'argent. Le fait d'escompter une annonce signifie que celle-ci a moins d'effet sur le marché parce qu'elle est déjà connue en grande partie.

Pour en revenir à TransCanada Industries, supposons que le gouvernement annonce que le PIB a augmenté de 1,5 % au cours de l'année. Dans ce cas, les actionnaires ont appris quelque chose, soit que l'augmentation dépasse leurs prédictions de 1 point. Cette différence entre le résultat réel et la prédiction, de 1 % dans cet exemple, porte parfois le nom d'« événement imprévu ».

On peut donc décomposer une annonce en deux parties : la partie prévue et la partie imprévue :

Annonce = Partie prévue + Partie imprévue [13.7]

La partie prévue de n'importe quelle annonce est la partie de l'information que le marché utilise pour établir le rendement espéré d'une action $E(R)$. La partie imprévue est la nouvelle qui influe sur le rendement imprévu de cette action U.

Prenons un autre exemple. Si les actionnaires savaient en janvier que le directeur d'une entreprise donnerait sa démission, l'annonce officielle en février serait tout à fait prévue et anticipée sur le marché. Comme la nouvelle était déjà connue avant février, son effet sur les actions s'est fait sentir avant ce mois. L'annonce en elle-même ne suscite aucune surprise, et le prix de l'action ne devrait pas varier au moment où elle a lieu.

Notre étude du chapitre précédent sur l'efficience des marchés a des applications dans la présente analyse. On suppose que les renseignements pertinents qui sont connus aujourd'hui sont déjà reflétés dans le rendement espéré. Autrement dit, le prix courant de l'action tient compte de toute l'information pertinente qui est accessible au public. On présume donc que les marchés ont au moins une forme semi-forte d'efficience.

Dorénavant, lorsqu'on parlera de nouvelles, on considérera l'élément imprévu dans une annonce et non l'élément déjà prévu par le marché et, par conséquent, escompté.

> ## Questions théoriques
>
> **1.** Quelles sont les deux parties fondamentales d'un rendement ?
> **2.** Dans quelles conditions une annonce n'a-t-elle aucun effet sur le prix des actions ordinaires ?

13.4 Le risque systématique et le risque non systématique

La partie non anticipée du rendement, celle qui résulte des imprévus, constitue le véritable risque pour n'importe quel investissement. Après tout, lorsqu'on reçoit toujours exactement ce qu'on attendait d'un investissement, celui-ci est parfaitement prévisible et, par définition, sans risque. Autrement dit, le risque lié à la possession d'un actif provient des imprévus.

Il existe toutefois des différences importantes entre les diverses sources de risques (voir l'énumération au début de la sous-section 13.3). Certaines concernent spécifiquement TransCanada Industries, d'autres sont plus générales. Lesquelles ont une importance particulière pour TransCanada Industries ?

Les annonces concernant les taux d'intérêt ou le PIB sont certainement importantes pour presque toutes les entreprises, alors que des nouvelles concernant le directeur, les recherches ou le chiffre d'affaires de TransCanada Industries ont un effet sur l'entreprise en particulier. Ces deux types d'événements doivent être distingués, car leurs implications sont très différentes.

Le risque systématique et le risque non systématique

Risque systématique

Risque qui influe sur un grand nombre d'actifs ; appelé aussi « risque du marché ».

Le premier type d'imprévu porte le nom de **risque systématique**. Les risques systématiques influent sur de nombreux actifs mais à des degrés divers. Comme ils ont des effets sur tout le marché, on les appelle parfois « risques du marché ».

Risque non systématique

Risque qui influe au plus sur un petit nombre d'actifs ; appelé aussi « risque spécifique », « résiduel » ou « idiosyncratique ».

Le deuxième type d'imprévu le nom de **risque non systématique**. Il influe sur un seul actif ou un petit groupe d'actifs. Comme il s'agit de risques qui touchent spécifiquement une entreprise ou certains actifs, on parle parfois de « risques spécifiques » ou de « risques résiduels ».

On a vu que des incertitudes concernant les conditions économiques en général, telles que le PIB, les taux d'intérêt ou l'inflation en particulier, sont des exemples de risques systématiques. Ces conditions touchent à peu près toutes les entreprises, à un degré quelconque. Par exemple, un accroissement non anticipé ou surprenant de l'inflation a un effet sur les salaires et les coûts des intrants que les entreprises achètent. Il influe sur la valeur des actifs qu'elles possèdent et les prix de vente de leurs produits. Des forces de ce type, auxquelles sont soumises toutes les entreprises, constituent l'essence même du risque systématique.

Par contre, l'annonce par une entreprise de la découverte d'un gisement de pétrole a d'abord un effet sur cette entreprise puis, peut-être, sur quelques autres (par exemple ses principaux concurrents et fournisseurs). Il est peu probable, toutefois, qu'elle ait beaucoup d'effet sur le marché mondial du pétrole ou les affaires d'entreprises qui ne sont pas dans le secteur pétrolier.

Les composantes systématiques et les composantes non systématiques du rendement

La distinction entre un risque systématique et un risque non systématique n'est jamais aussi précise qu'on le voudrait. Même la nouvelle la plus insignifiante, aussi particulière soit-elle, concernant une entreprise provoque une réaction en chaîne dans le monde économique parce que chaque entreprise, peu importe sa taille, fait partie de cet ensemble. Un tel état de choses se compare au conte dans lequel un royaume est détruit à cause d'un battement d'aile de papillon. Il s'agit, dans la plupart des cas, de distinctions exagérément subtiles. Toutefois, certains risques ont une portée nettement plus générale que d'autres. Des preuves de cette affirmation seront examinées un peu plus loin.

La distinction entre les types de risques permet de décomposer la partie imprévue U du rendement des actions de TransCanada Industries en deux éléments. Comme précédemment, on divise le rendement réel en ses deux composantes, l'une prévue et l'autre imprévue :

$$R = E(R) + U$$

On reconnaît ensuite que, pour l'entreprise, l'élément de surprise total U comporte également une composante systématique et une autre non systématique :

$$R = E(R) + \text{Élément systématique} + \text{Élément non systématique} \qquad [13.8]$$

Selon l'usage traditionnel, on emploie la lettre grecque epsilon ϵ pour symboliser l'élément non systématique. Comme les risques systématiques sont souvent appelés « risques du marché », on utilisera la lettre m pour désigner l'élément systématique de la composante imprévue. Grâce à ces symboles, on peut maintenant récrire l'expression du rendement total comme suit :

$$R = E(R) + U$$
$$= E(R) + m + \epsilon$$

Ce qu'il faut retenir quant à la façon de décomposer l'effet total de surprise U est que l'élément non systématique ϵ est plus ou moins particulier à TransCanada Industries. Pour cette raison, il n'est pas lié à la partie non systématique du rendement de la plupart des autres actifs. Pour comprendre l'importance de cette distinction, il faut revenir sur le sujet du risque du portefeuille.

Questions théoriques

1. Quels sont les deux types fondamentaux de risques ?
2. Quelle est la distinction entre ces deux types de risques ?

13.5 La diversification et le risque du portefeuille

Nous avons vu précédemment que les risques liés à un portefeuille peuvent, en principe, être très différents des risques associés aux actifs qui le composent. Examinons maintenant plus en détail le risque associé à un actif en particulier par rapport au risque associé à un portefeuille renfermant différents actifs. Pour ce faire, on va encore une fois se référer à l'histoire des marchés, et on verra ce qui se produit avec de vrais investissements dans les marchés financiers.

L'effet de la diversification : une autre leçon de l'histoire des marchés financiers

Dans le chapitre précédent, on a vu que l'écart type du rendement annuel d'un portefeuille composé de plusieurs centaines d'actions ordinaires de grandes entreprises a été, dans le passé, d'environ 17 % par année, à la Bourse de New York comme à celle de Toronto (voir le tableau 12.4 par exemple). Est-ce que cela signifie que l'écart type du rendement annuel d'une action typique est de 17 % ? Comme vous devez vous en douter maintenant, la réponse est non. Il s'agit là d'une observation très importante.

Pour examiner la relation entre la taille du portefeuille et le risque qui y est associé, il suffit de consulter le tableau 13.8, qui illustre les écarts types moyens annuels de portefeuilles équipondérés contenant différents nombres de titres négociés à la Bourse du New York Stock Exchange (NYSE) et choisis au hasard[6].

---

6 Ces chiffres proviennent du tableau 1 de Meir STATMAN, « How Many Stocks Make a Diversified Portfolio ? », *Journal of Financial and Quantitative Analysis* 22, septembre 1987, p. 353-364. Ils sont tirés de E. J. ELTON et M. J. GRUBER, « Risk Reduction and Portfolio Size : An Analytic Solution », *Journal of Business* 50, octobre 1977, p. 415-437.

Tableau **13.8** Les écarts types des rendements annuels d'un portefeuille

(1) Nombre de titres dans le portefeuille	(2) Écart type moyen des rendements annuels de portefeuilles	(3) Rapport entre l'écart type du portefeuille et l'écart type d'un seul titre
1	49,24 %	1,00
2	37,36	0,76
4	29,69	0,60
6	26,64	0,54
8	24,98	0,51
10	23,93	0,49
20	21,68	0,44
30	20,87	0,42
40	20,46	0,42
50	20,20	0,41
100	19,69	0,40
200	19,42	0,39
300	19,34	0,39
400	19,29	0,39
500	19,27	0,39
1 000	19,21	0,39

La deuxième colonne du tableau indique que l'écart type d'un «portefeuille» renfermant une action est d'environ 49 %. Autrement dit, si on choisit au hasard une seule action négociée sur le NYSE et qu'on y investit tout son argent, l'écart type du rendement sera généralement d'environ 49 % par année. Si on choisissait deux actions au hasard et qu'on investissait la moitié de son argent dans chacune d'elles, cet écart type diminuerait à environ 37 % en moyenne, et ainsi de suite.

Dans ce tableau, il est important de noter que l'écart type décroît à mesure que le nombre de titres augmente. Lorsqu'on dispose de 100 titres choisis au hasard, l'écart type du portefeuille a diminué de près de 60 %, de 49 % à environ 20 %. Pour 500 actions, l'écart type est de 19,27 %, un pourcentage semblable au 21 % qu'on a observé au chapitre précédent pour un portefeuille d'actions ordinaires de grandes entreprises. La petite différence entre les deux s'explique par le fait que les titres du portefeuille et les périodes de temps examinées ne sont pas identiques.

Le principe de la diversification

La figure 13.6 illustre le propos de la section précédente. Il s'agit du graphique de l'écart type du rendement en fonction du nombre d'actions dans le portefeuille. Il faut noter que le profit qui découle de la réduction du risque attribuable à la diversification des titres diminue au fur et à mesure que le nombre de titres augmente. Quand on atteint 10 titres, l'écart type du rendement du portefeuille a baissé de 49,2 à 23,9 %, mais l'essentiel de l'effet est déjà obtenu. Autour de 30 titres, il n'y a plus grand avantage à tirer de cette diversification.

Principe de la diversification

Principe d'après lequel l'étalement d'un investissement sur un certain nombre d'actions élimine une partie des risques mais pas tous.

La figure 13.6 illustre deux observations fondamentales. D'abord, le **principe de la diversification** (dont il a été question précédemment), d'après lequel l'étalement d'un investissement sur plusieurs actifs élimine une partie du risque. La zone ombrée de la figure portant l'indication «Risque non systématique» représente la partie qui peut être éliminée par la diversification.

La seconde observation est tout aussi valable. Il est impossible d'éliminer un niveau minimal de risque par la simple diversification. Ce niveau correspond à la zone portant l'indication «Risque systématique» de la figure 13.6. Mises ensemble, ces deux observations permettent de tirer une autre importante leçon de l'histoire des marchés financiers. La diversification réduit le risque, mais seulement jusqu'à un certain point. Autrement dit, une partie du risque est diversifiable, et une autre résiste à la diversification (elle est systématique).

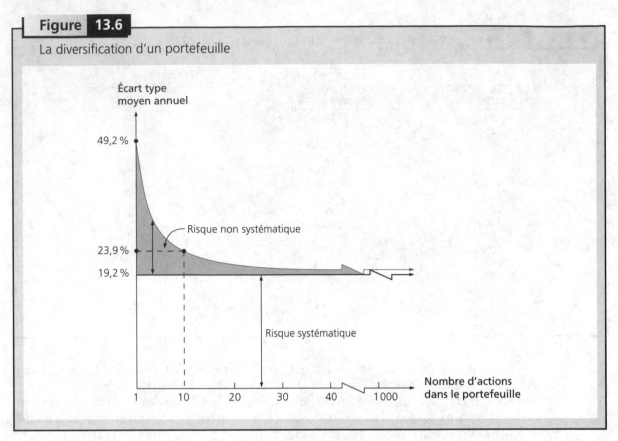

Figure **13.6**

La diversification d'un portefeuille

La diversification et le risque non systématique

Notre analyse du risque du portefeuille a démontré qu'il est possible d'éliminer une partie mais non la totalité du risque associé aux actifs individuels grâce à la diversification. Comment peut-on l'expliquer ? La réponse à cette question est liée à la distinction qu'on a faite précédemment entre le risque systématique et le risque non systématique.

Par définition, un risque non systématique est propre à un actif en particulier ou tout au plus à un petit groupe d'actifs. Par exemple, si l'actif en question est une action d'une seule entreprise, la découverte de projets à valeur actualisée nette (VAN) positive, comme de nouveaux produits très en demande et des moyens innovateurs de réduire les coûts, a tendance à accroître la valeur d'un titre. Par contre, des poursuites judiciaires imprévues, des accidents industriels, des grèves et d'autres événements du même type ont tendance à diminuer les futures rentrées de fonds et, par conséquent, à réduire la valeur des actions.

Il est important de noter que, lorsqu'on détient un seul titre, la valeur de cet investissement fluctue en fonction des événements qui touchent particulièrement l'entreprise. Lorsqu'on détient un portefeuille diversifié, par contre, la valeur de certaines actions peut augmenter à cause d'événements favorables à l'entreprise tandis que celle d'autres actions diminuera à cause d'événements peu favorables. Toutefois, l'effet net sur la valeur totale du portefeuille est relativement faible, puisque les effets contraires ont tendance à s'annuler mutuellement.

On comprend maintenant pourquoi une partie de la variabilité associée aux actifs individuels est éliminée par la diversification. Lorsqu'on combine des actifs dans des portefeuilles, les effets des événements particuliers ou non systématiques — favorables et défavorables — tendent à s'effacer dès qu'il y a plus de quelques actifs.

Cette conclusion importante vaut la peine d'être répétée. Le risque spécifique est en grande partie éliminé par la diversification, de sorte qu'un portefeuille relativement diversifié ne comporte presque plus de risque spécifique.

La diversification et le risque systématique

On a vu qu'il est possible d'éliminer le risque non systématique grâce à la diversification. Qu'en est-il du risque systématique ? Peut-on également l'éliminer par la diversification ? Non, du fait que, par définition, les effets du risque systématique se font sentir sur presque tous les actifs à des degrés divers. Par conséquent, peu importe le nombre d'actifs contenus dans un portefeuille, ce risque continuera d'exister. Certains emploient l'expression «risque non diversifiable» pour parler de risque systématique.

Il serait utile, étant donné l'abondance de notions nouvelles vues jusqu'ici, de les résumer avant de poursuivre cette analyse. On a découvert que le risque total d'un investissement, tel qu'il est mesuré par l'écart type de son rendement, peut s'exprimer comme suit :

$$\text{Risque total} = \text{Risque systématique} + \text{Risque non systématique} \qquad [13.9]$$

Le risque systématique porte aussi le nom de «risque du marché» ou «risque non diversifiable». Le risque non systématique s'appelle également «risque spécifique», «risque résiduel» ou «risque diversifiable». Dans un portefeuille bien diversifié, le risque non systématique se révèle négligeable, et tout risque devient essentiellement systématique.

Le risque et l'investisseur avisé

On a pris la peine de démontrer que le risque non systématique disparaît dans un portefeuille bien diversifié, mais comment savoir si les investisseurs veulent d'un tel type de portefeuille ? Il est aussi possible que les investisseurs aiment le risque et ne souhaitent pas le voir disparaître...

On doit admettre que c'est possible, théoriquement du moins. Toutefois, ces hypothèses ne décrivent pas ce que les experts financiers considèrent comme l'investisseur typique qui, selon eux, éprouve une aversion pour le risque. Il y a plusieurs façons de définir le comportement qui correspond à une telle aversion, mais on se limitera à un exemple. Un pari équitable est un pari dont le rendement espéré est nul. Tout investisseur qui éprouve de l'aversion pour le risque préfère éviter les paris équitables.

Pourquoi les investisseurs choisissent-ils des portefeuilles bien diversifiés ? La réponse est simple. Ils éprouvent de l'aversion pour le risque, et les gens qui partagent ce sentiment évitent de prendre des risques inutiles, comme le risque non systématique associé à un titre. Si cette réponse ne vous paraît pas justifier le choix d'un portefeuille bien diversifié et des efforts pour ne pas prendre de risques non systématiques, demandez-vous si vous seriez prêt à courir ce genre de risque. Supposons, par exemple, qu'en travaillant tout l'été, vous avez réussi à épargner 5 000 $, que vous destinez au paiement de vos études universitaires. Quelqu'un vient vous trouver et vous propose de jouer cette somme sur une pièce de monnaie. Pile, vous doublez votre avoir et face, vous perdez tout.

Accepteriez-vous le pari ? Peut-être que oui, mais la plupart des gens déclineraient cette proposition. En faisant abstraction de l'aspect moral de la question et en admettant la possibilité que certaines personnes acceptent un tel pari, nous croyons que l'investisseur moyen s'y refuserait.

Pour amener l'investisseur typique opposé au risque à accepter un pari équitable, il faut lui offrir une compensation. Par exemple, on peut avoir à augmenter les probabilités de gagner de 50-50 à 70-30 ou même plus. L'investisseur qui éprouve de l'aversion pour le risque sera tenté d'accepter un pari équitable seulement si ce pari cesse d'être équitable de façon à l'avantager.

Exemple 13.8   Le risque associé aux fonds communs de placement canadiens

Le tableau 13.9 donne les rendements et les écarts types de trois fonds communs de placement canadiens sur une période de trois ans se terminant le 31 mars 2003. Il fournit également des statistiques comparables pour le S&P/TSX Composite. Comme on pourrait s'y attendre, le portefeuille du TSX est le plus diversifié des trois, avec la valeur de risque non systématique la moins élevée. Il présente, par conséquent, l'écart type le plus faible de ces portefeuilles. Altamira Equity fund le suit de près avec le deuxième écart type le plus bas grâce à ses investissements dans des titres provenant de différents secteurs des économies canadienne et américaine.

Le fonds Precious & Strategic Metal investit essentiellement dans un seul secteur de l'économie. Par exemple, à la fin de janvier 2003, ses trois principales sociétés de portefeuille étaient Iamgold Corp., Meridian Gold et Gold Fields. Les choix volontairement limités de cette société financière réduisent beaucoup son potentiel de diversification, ce qui se traduit par des écarts types plus élevés.

Que nous révèle cet exemple concernant la valeur de ces fonds communs sur le plan des investissements ? Pour répondre à cette question, nous devrons examiner l'évaluation des actifs, notre prochain sujet d'étude.

Tableau **13.9** Les rendements moyens et les écarts types de trois fonds communs de placement canadiens et du S&P/TSX Composite, de 2000 à 2003

Fonds communs de placement	Rendement annuel	Écart type
S&P/TSX Composite	−11,07 %	18,56 %
Altamira Equity	−18,42	19,37
Altamira Precious & Strategic Metal	20,67	31,17

Source : www.globefund.com

Questions théoriques

1. Qu'arrive-t-il à l'écart type du rendement d'un portefeuille lorsqu'on augmente le nombre de titres qu'il renferme ?
2. Énoncez le principe de diversification.
3. Pourquoi certains risques sont-ils non systématiques ? Pourquoi certains risques sont-ils systématiques ?
4. Pourquoi ne peut-on pas éliminer le risque systématique par la diversification du portefeuille ?
5. Expliquez le concept de l'aversion pour le risque.

13.6 Le risque systématique et le coefficient bêta

Nous allons maintenant nous demander ce qui détermine l'importance de la prime de risque offerte sur un actif risqué. Autrement dit, pourquoi certains actifs ont-ils une prime de risque plus élevée que d'autres ? La réponse à ces questions, qui fera l'objet de la prochaine section, repose également sur la distinction entre le risque systématique et le risque non systématique.

Le principe du risque systématique

Jusqu'ici, on a vu qu'il est possible de décomposer le risque total associé à un actif en deux éléments : le risque systématique et le risque non systématique. On a également établi qu'on peut éliminer une grande partie du risque non systématique grâce à la diversification. Par contre, le risque systématique présent dans un actif ne peut être éliminé de la même manière.

Grâce à notre étude de l'histoire des marchés financiers, on sait que le fait de prendre un risque donne droit en général à une récompense. On précise maintenant ce qu'on entend par « risque ».

Principe du risque systématique

Principe d'après lequel le rendement espéré d'un actif risqué dépend uniquement du risque systématique de cet actif.

D'après le **principe du risque systématique,** la récompense associée au fait de prendre un risque dépend uniquement du risque systématique de l'investissement. Le raisonnement sur lequel repose ce principe est simple. Comme il est possible d'éliminer le risque non systématique presque sans coût (par la diversification), il n'y a aucune récompense qui s'y rattache. Autrement dit, le marché n'accorde pas de récompense pour des risques pris inutilement.

Toutefois, le principe du risque systématique a une implication très importante. Le rendement espéré d'un actif dépend uniquement de son risque systématique. Un des corollaires de ce principe est évident. Peu importe le risque total associé à un actif, seule sa partie systématique compte dans la détermination du rendement espéré (et de la prime de risque).

La mesure du risque systématique

Coefficient bêta

Quantité de risque systématique associée à un actif risqué en particulier par rapport à un actif risqué moyen.

Comme le risque systématique constitue le facteur décisif dans la détermination du rendement espéré d'un actif, il faut un moyen de mesurer le niveau de risque systématique de différents investissements. La mesure qu'on utilise porte le nom de **coefficient bêta,** généralement représenté par la lettre grecque ß. Un coefficient bêta indique le niveau de risque systématique d'un actif en particulier par rapport à un actif moyen. Par définition, on a établi que ß = 1,0 pour un actif moyen. Par conséquent, un actif dont le coefficient bêta est de 0,50 a la moitié du risque systématique d'un actif moyen. De même, un actif dont le coefficient bêta est de 2,0

Figure **13.7**

La volatilité : les coefficients bêta élevés ou peu élevés

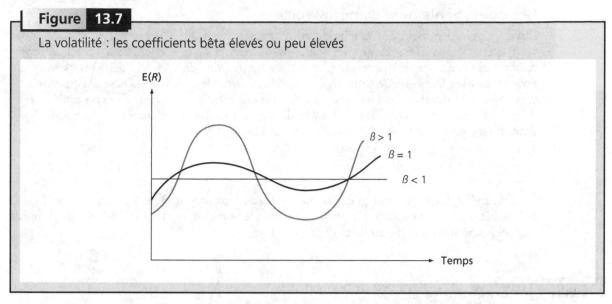

en a le double. Ces différents niveaux sont représentés dans la figure 13.7. Il faut noter que les actifs à coefficient bêta élevé présentent une plus grande volatilité que les autres dans le temps.

Le tableau 13.10 donne des estimations de coefficients bêta pour les actions de quelques entreprises bien connues. L'éventail de ces coefficients varie entre environ 0,81 et 3,81 pour la plupart des actions de grandes entreprises canadiennes. On peut observer des coefficients en dehors de cet intervalle mais ils sont plutôt rares.

Tableau **13.10** Les coefficients bêta de quelques entreprises

	Coefficient bêta
Aliments Maple Leaf	0,81
Groupe Investors	1,08
Banque de Nouvelle-Écosse	1,19
Rogers Communications	2,45
Bombardier	3,37
Nortel Networks	3,81

Source : TD Waterhouse

Il faut se rappeler que le rendement espéré et, par conséquent, la prime de risque d'un actif dépendent uniquement de son risque systématique. Comme les actifs qui ont des coefficients bêta plus élevés présentent des risques systématiques plus importants, leur rendement espéré est plus élevé. Selon le tableau 13.10, un investisseur qui achète des actions de la Banque de Nouvelle-Écosse caractérisées par un coefficient bêta de 1,19 devrait donc s'attendre à un rendement moindre en moyenne que s'il achète des actions de Rogers Communications ayant un coefficient bêta d'environ 2,45.

Exemple **13.9** Le risque total et le coefficient bêta

Examinez les renseignements suivants concernant deux titres. Lequel représente le risque total le plus élevé ? Lequel a le risque systématique le plus important ? le risque non systématique le plus important ? Lequel des actifs offre la prime de risque la plus élevée ?

	Écart type	Coefficient bêta
Titre A	40 %	0,50
Titre B	20	1,50

D'après notre analyse, le titre A présente le risque total le plus élevé, mais son risque systématique est inférieur à celui du titre B. Comme le risque total correspond à la somme du risque systématique et du risque non systématique, le risque non systématique associé au titre A doit être le plus élevé. Enfin, suivant le principe du risque systématique, le titre B doit offrir une prime de risque et un rendement espéré plus élevés que le titre A malgré un risque total moins élevé.

Les coefficients bêta du portefeuille

On a vu précédemment que la relation entre le degré de risque d'un portefeuille et celui des actifs qu'il contient n'est pas simple. Toutefois, on peut calculer le coefficient bêta d'un portefeuille de la même façon que son rendement espéré. À l'aide du tableau 13.10, supposons que vous investissez la moitié de votre argent dans la Banque de Nouvelle-Écosse et l'autre moitié dans Nortel Networks. Quel sera le coefficient bêta de cette combinaison ? Les coefficients bêta de la Banque et de Nortel étant de 1,19 et de 3,81 respectivement, celui du portefeuille $ß_P$ se détermine comme suit :

$$ß_P = 0{,}50 \times ß_{Nouvelle\text{-}Écosse} + 0{,}50 \times ß_{Nortel}$$
$$= 0{,}50 \times 1{,}19 + 0{,}50 \times 3{,}81$$
$$= 2{,}50$$

En général, lorsqu'on a un grand nombre d'actifs dans un portefeuille, on multiplie le coefficient bêta de chaque actif par sa proportion dans le portefeuille, puis on additionne les résultats pour obtenir le coefficient bêta du portefeuille.

Exemple 13.10 — Les coefficients bêta de portefeuilles

Voici un tableau d'investissements :

Titre	Montant investi	Rendement espéré	Coefficient bêta
A	1 000 $	8 %	0,80
B	2 000	12	0,95
C	3 000	15	1,10
D	4 000	18	1,40

Quel est le rendement espéré de ce portefeuille ? Quel est son coefficient bêta ? Ce portefeuille présente-t-il un degré de risque systématique plus ou moins élevé qu'un actif moyen ?

Pour répondre à ces questions, il faut d'abord calculer la proportion de chaque actif dans le portefeuille. Il faut noter que le montant total investi s'élève à 10 000 $. Sur cette somme, 1 000 $/10 000 $ = 0,10 ou 10 % sont investis dans le titre A. De même, on a investi 20 % dans le titre B, 30 % dans le titre C et 40 % dans le titre D. Le rendement espéré $E(R_P)$ se calcule comme suit :

$$E(R_P) = 0{,}10 \times E(R_A) + 0{,}20 \times E(R_B) + 0{,}30 \times E(R_C) + 0{,}40 \times E(R_D)$$
$$= 0{,}10 \times 8\,\% + 0{,}20 \times 12\,\% + 0{,}30 \times 15\,\% + 0{,}40 \times 18\,\%$$
$$= 14{,}9\,\%$$

De même, on trouve le coefficient B_P du portefeuille par le calcul suivant :

$$B_P = 0{,}10 \times B_A + 0{,}20 \times B_B + 0{,}30 \times B_C + 0{,}40 \times B_D$$
$$= 0{,}10 \times 0{,}80 + 0{,}20 \times 0{,}95 + 0{,}30 \times 1{,}10 + 0{,}40 \times 1{,}40$$
$$= 1{,}16$$

Ce portefeuille a donc un rendement espéré de 14,9 %, et son coefficient bêta est de 1,16. Comme ce coefficient est supérieur à 1,0, le risque systématique de ce portefeuille excède celui d'un actif moyen.

Questions théoriques

1. Énoncez le principe du risque systématique.

2. Que mesure le coefficient bêta ?

3. Comment calcule-t-on le coefficient bêta d'un portefeuille ?

4. Le rendement espéré d'un actif risqué dépend-il du risque total de cet actif ? Justifiez votre réponse.

Nous sommes maintenant en mesure de découvrir comment on récompense le risque sur le marché. Pour commencer, supposons que l'actif A a un rendement espéré $E(R_A)$ de 20 % et que son coefficient bêta $ß_A$ est de 1,6. En outre, le taux sans risque R_f atteint 8 %. Par définition, ce taux ne comporte aucun risque systématique (ou non systématique), de sorte qu'il a un coefficient bêta nul.

Le coefficient bêta et la prime de risque

Considérons un portefeuille composé de l'actif A et d'un actif sans risque. On peut calculer différents rendements espérés possibles et différents coefficients bêta pour ce portefeuille en variant les pourcentages d'argent investis dans les deux actifs. Par exemple, lorsque l'actif A constitue 25 % du portefeuille, on obtient le rendement espéré suivant :

$$E(R_P) = 0,25 \times E(R_A) + (1 - 0,25) \times R_f$$
$$= 0,25 \times 20\% + 0,75 \times 8\%$$
$$= 11,0\%$$

De même, on trouve que le coefficient bêta d'un tel portefeuille $ß_P$ serait :

$$ß_P = 0,25 \times ß_A + (1 - 0,25) \times 0$$
$$= 0,25 \times 1,6$$
$$= 0,40$$

Il faut noter que, comme la somme des proportions doit égaler 1, le pourcentage investi dans l'actif sans risque est égal à 1 moins le pourcentage investi dans l'actif A.

Est-il possible que le pourcentage d'argent investi dans l'actif A dépasse 100 % ? Oui, lorsque l'investisseur emprunte à un taux sans risque. Supposons qu'un investisseur a 100 $ et qu'il emprunte un montant supplémentaire de 50 $ à 8 %, qui est le taux sans risque. L'investissement total dans l'actif A équivaut à 150 $, soit 150 % de l'avoir de l'investisseur. Dans ce cas, le rendement espéré correspond à :

$$E(R_P) = 1,50 \times E(R_A) + (1 - 1,50) \times R_f$$
$$= 1,50 \times 20\% - 0,50 \times 8\%$$
$$= 26,0\%$$

Le bêta du portefeuille se calcule comme suit :

$$ß_P = 1,50 \times ß_A + (1 - 1,50) \times 0$$
$$= 1,50 \times 1,6$$
$$= 2,4$$

Voici quelques autres possibilités :

Pourcentage de l'actif A dans le portefeuille	Rendement espéré du portefeuille	Coefficient bêta du portefeuille
0 %	8 %	0,0
25	11	0,4
50	14	0,8
75	17	1,2
100	20	1,6
125	23	2,0
150	26	2,4

Le graphique de la figure 13.8 *a*) représente les différents rendements espérés de ce portefeuille en fonction de ses coefficients bêta. Il faut noter que les combinaisons forment une droite.

Figure 13.8 a)

Les rendements espérés et les coefficients bêta de portefeuilles composés de l'actif A

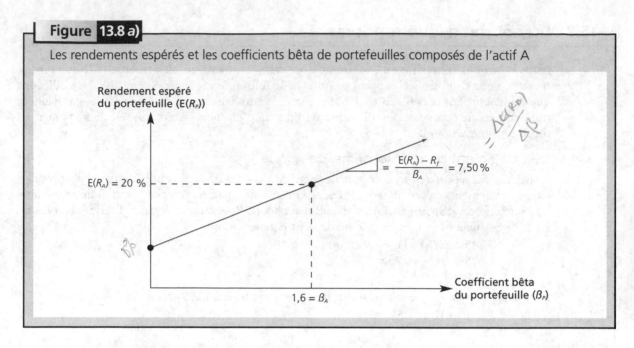

Le ratio rendement-risque Quelle est la pente de la droite de la figure 13.8 a)? Comme d'habitude, la pente d'une droite est égale à Δ_y/Δ_x, soit la variation de l'ordonnée divisée par la variation de l'abscisse. À mesure qu'on s'éloigne de l'actif sans risque pour entrer dans l'actif A, le coefficient bêta s'accroît, passant de 0 à 1,6 ($\Delta_x = 1,6$). Simultanément, le rendement espéré passe de 8 à 20% ($\Delta_y = 12\%$). Par conséquent, la pente de la droite est égale à 12%/1,6 = 7,50%.

Il faut noter que la pente de la droite correspond à la prime de risque pour l'actif A, $E(R_A) - R_f$, divisée par le coefficient bêta β_A de l'actif A :

Pente = $[E(R_A) - R_f]/\beta_A$
= [20% - 8%]/1,6 = 7,50%

Ce calcul indique que le ratio rendement-risque de l'actif A se chiffre à 7,50%[7]. Autrement dit, la prime de risque pour l'actif A est de 7,50% par unité de risque systématique.

L'argument fondamental Considérons maintenant un deuxième actif, l'actif B, ayant un coefficient bêta de 1,2 et un rendement espéré de 16%. Quel est le meilleur investissement, l'actif A ou l'actif B? Peut-être croyez-vous qu'encore une fois, il est impossible de le savoir vraiment et que certains investisseurs préféreront l'actif A, tandis que d'autres préféreront l'actif B. Pourtant, on peut répondre à cette question : l'actif A est préférable à l'actif B, car ce dernier n'offre pas une compensation suffisante, étant donné son niveau de risque systématique, du moins par rapport à l'actif A.

Pour commencer, on calcule différentes combinaisons de rendements espérés et de coefficients pour les portefeuilles composés de l'actif B et d'un actif sans risque, comme on l'a fait précédemment pour l'actif A. Par exemple, si on investit 25% de son argent dans l'actif B et les 75% qui restent dans un actif sans risque, le rendement espéré du portefeuille sera le suivant :

$E(R_P) = 0,25 \times E(R_B) + (1 - 0,25) \times R_f$
= $0,25 \times 16\% + 0,75 \times 8\%$
= $10,0\%$

De même, on trouve que le coefficient bêta de ce portefeuille β_p est égal à :

$\beta_P = 0,25 \times \beta_B + (1 - 0,25) \times 0$
= $0,25 \times 1,2$
= $0,30$

---

7 Ce ratio est appelé parfois l'« indice de Treynor », d'après le nom d'un de ses concepteurs.

Voici quelques autres possibilités :

Pourcentage du portefeuille investi dans l'actif B	Rendement espéré du portefeuille	Coefficient bêta du portefeuille
0 %	8 %	0,0
25	10	0,3
50	12	0,6
75	14	0,9
100	16	1,2
125	18	1,5
150	20	1,8

En traçant le graphique de ces combinaisons de rendements et de coefficients bêta du portefeuille, on obtient une droite [voir la figure 13.8 *b*], comme dans le cas de l'actif A.

Figure 13.8 *b*)

Les rendements espérés et les coefficients bêta de portefeuilles composés de l'actif B

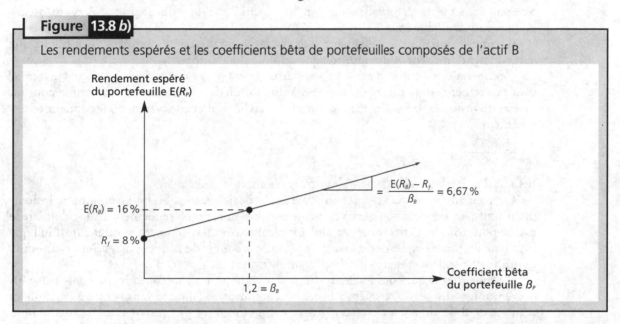

En comparant les résultats des actifs A et B [voir la figure 13.8 *c*], on observe que la droite qui décrit les combinaisons de rendements espérés et de coefficients bêta de l'actif A est plus élevée que celle de l'actif B. Cette différence indique que, pour n'importe quel niveau de risque systématique (mesuré par ß), il existe toujours une combinaison de l'actif A et de l'actif sans risque qui offre un rendement supérieur. On peut donc en conclure que l'actif A est un meilleur investissement que l'actif B.

Figure 13.8 *c*)

Les rendements espérés et les coefficients bêta de portefeuilles composés des deux actifs

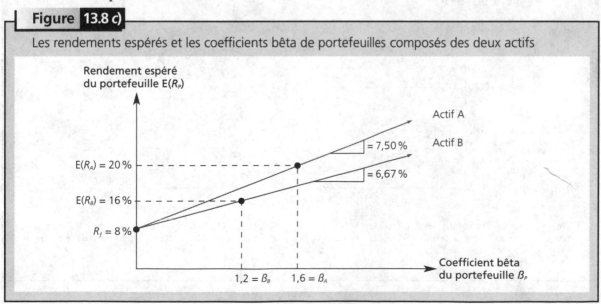

On peut constater que l'actif A offre un rendement supérieur à l'actif B pour le même niveau de risque d'une autre façon, soit en notant que la pente de l'actif B correspond à :

$$\text{Pente} = \left[\frac{E(R_B) - R_f}{\beta_B}\right]$$

$$= \frac{[16\% - 8\%]}{1,2} = 6,67\%$$

Ainsi, le ratio de la prime par rapport au risque de l'actif B est de 6,67 %, ce qui est inférieur au taux de 7,5 % offert par l'actif A.

Le résultat fondamental La situation qu'on a décrite concernant les actifs A et B ne pourrait pas durer longtemps dans un marché actif et bien structuré. En effet, les investisseurs s'intéresseraient à l'actif A et délaisseraient en bloc l'actif B, de sorte que le prix de A augmenterait et que celui de B chuterait.

Comme les prix et les rendements évoluent dans des directions opposées, il en résulte que le rendement espéré de A diminue lorsque celui de B augmente.

Ces opérations d'achat et de vente se poursuivraient jusqu'à ce que les deux actifs se retrouvent exactement sur la même droite, c'est-à-dire lorsqu'ils offriraient la même prime pour un niveau de risque égal. Autrement dit, dans un marché actif et concurrentiel, on obtient nécessairement :

$$\frac{E(R_A) - R_f}{\beta_A} = \frac{E(R_B) - R_f}{\beta_B}$$

Il s'agit d'une relation fondamentale entre le risque et le rendement.

On peut appliquer cet argument de base à plus de deux actifs. En fait, peu importe le nombre d'actifs, on parvient toujours à la même conclusion : le ratio rendement-risque doit être le même pour tous les actifs sur le marché. Ce résultat n'est pas vraiment surprenant. Il indique simplement, par exemple, que si un actif comporte le double du risque systématique d'un autre, sa prime de risque sera deux fois plus importante que celle du second.

Comme il faut que tous les actifs du marché offrent le même ratio rendement-risque, ils doivent tous s'inscrire sur la même droite. Cet argument est illustré dans la figure 13.9, où les actifs A et B se situent exactement sur la même droite et présentent donc le même ratio rendement-risque. Si un actif se trouvait au-dessus de la droite, comme l'actif C dans la figure 13.9,

Figure 13.9

Les rendements espérés et le risque systématique

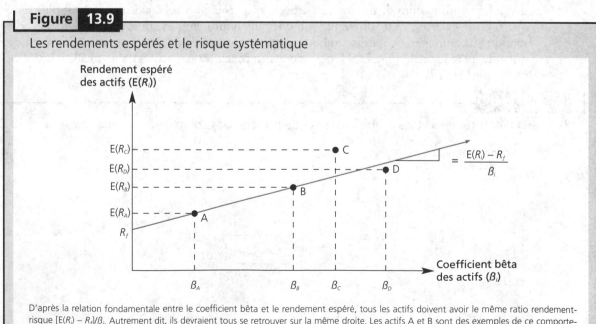

D'après la relation fondamentale entre le coefficient bêta et le rendement espéré, tous les actifs doivent avoir le même ratio rendement-risque $[E(R_i) - R_f]/\beta_i$. Autrement dit, ils devraient tous se retrouver sur la même droite. Les actifs A et B sont des exemples de ce comportement. Le rendement espéré de l'actif C est trop élevé et celui de l'actif D est trop faible.

son prix augmenterait et son rendement espéré diminuerait jusqu'à ce qu'il trouve sa place sur la droite. De même, le rendement espéré d'un actif qui se trouve au-dessous de la droite, comme l'actif D dans la figure 13.9, augmenterait jusqu'à ce qu'il s'inscrive sur la droite.

Les arguments analysés ici s'appliquent à des marchés actifs, concurrentiels et efficients. Les marchés de capitaux, comme le TSX et le NYSE, sont ceux qui satisfont le mieux à ces critères. D'autres marchés comme celui de l'immobilier n'y satisfont pas nécessairement. C'est la raison pour laquelle ces concepts servent surtout à l'examen des marchés de capitaux sur lesquels se concentre cette étude. Toutefois, on verra plus loin que les renseignements recueillis sur les marchés de capitaux au sujet du risque et du rendement jouent un rôle essentiel dans l'évaluation des investissements dans des actifs réels (plutôt que financiers) que font les entreprises.

Exemple 13.11   Le coefficient bêta et l'évaluation des actions

On dit qu'un actif est surévalué lorsque son prix se révèle trop élevé compte tenu de son rendement espéré et de son risque. Supposez qu'on observe la situation suivante :

Titre	Coefficient bêta	Rendement espéré
Entreprise SWMS	1,3	14 %
Entreprise Insec	0,8	10

Le taux sans risque actuel est de 6 %. Un des deux titres du tableau est-il surévalué par rapport à l'autre ?

Pour répondre à cette question, on calcule le ratio rendement-risque de chaque titre. Dans le cas de SWMS, le ratio est (14 % − 6 %)/1,3 = 6,15 %. Dans le cas d'Insec, il est de 5 %. On en conclut qu'Insec offre un rendement espéré insuffisant pour son niveau de risque, du moins par rapport à SWMS. Puisque le rendement espéré de ce titre est trop faible, son prix est trop élevé. Pour vérifier cette conclusion, rappelez-vous que, dans le modèle d'évaluation des dividendes présenté au chapitre 8, on traite le prix comme étant la valeur actualisée des dividendes à venir.

$$P_0 = \frac{D_1}{(r - g)}$$

Une projection de la rentrée des dividendes permet de déterminer D_1 et g. Si le taux de rendement requis est trop bas, le prix de l'action sera trop élevé. Supposons, par exemple, que $D_1 = 2,00$ \$ et que $g = 7$ %. Le taux de rendement requis de ce titre, soit 10 %, est sous-estimé à tort. L'estimation de son prix se chiffre à 66,67 \$ et celui-ci est trop élevé si le taux de rendement espéré réel s'élève à 14 %. À ce taux de rendement plus élevé, le prix de l'action devrait tomber à 28,57 \$. Autrement dit, Insec se trouve surévalué par rapport à SWMS, et on devrait s'attendre à ce que son prix baisse au regard de celui de SWMS. Il faut noter qu'on pourrait aussi dire que SWMS est sous-évalué par rapport à Insec.

Tableau 13.11   Les rendements moyens et les coefficients bêta de quelques fonds communs de placement canadiens, du S&P/TSX Composite et de bons du Trésor du Canada de trois mois, sur une période de 10 ans se terminant le 30 avril 2003

Fonds de placement	Rendement annuel	Coefficient bêta
S&P/TSX Composite	7,68 %	1,00
Bons du Trésor de trois mois	4,72	0,00
Altamira Equity	3,85	0,98
Saxon Stock	11,61	0,38

Source : www.globefund.com

Exemple 13.12

Le tableau 13.11 fournit les données nécessaires au calcul des ratios rendement-risque pour le TSX et deux fonds communs de placement. Dans le cas du TSX, le ratio rendement-risque se mesure comme suit.

(Rendement moyen − Taux sans risque)/Coefficient bêta
(7,68 − 4,72)/1,00 = 2,96 %

En effectuant vos propres calculs, vous constaterez que le ratio rendement-risque d'Altamira Equity est de −0,89 % et celui de Saxon Stock, de 18,13 %. Saxon Stock a donc un ratio supérieur à celui de la compétition – en effet, il est plus élevé que celui du TSX – tandis qu'Altamira affiche une très mauvaise performance pour cette période.

Malheureusement, dans un marché efficient, les performances passées peuvent servir à déterminer l'attente en matière de rendements à venir mais rien ne prouve que les rendements obtenus seront à la hauteur de cette attente.

On ne devrait donc pas espérer que le rendement de Saxon Stock dépasse constamment celui du marché dans l'avenir.

Figure 13.10

La représentation graphique du coefficient bêta

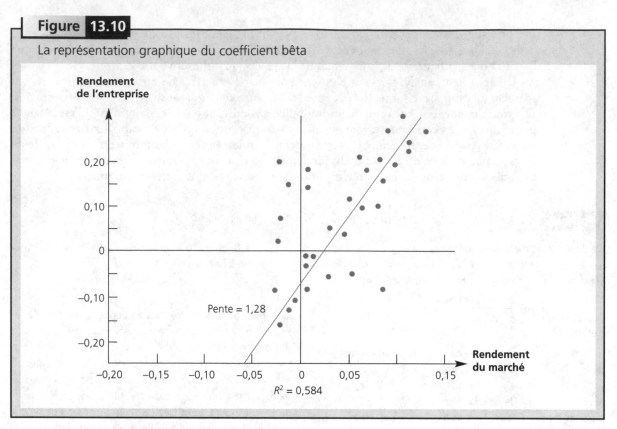

Pente = 1,28

$R^2 = 0,584$

Le calcul du coefficient bêta

Le coefficient bêta d'un titre sert à mesurer la capacité de réaction de son rendement par rapport au rendement du marché dans son ensemble. Pour le calculer, on trace une droite reliant le rendement espéré du titre à différents rendements du marché. Cette droite, qui porte le nom de « courbe caractéristique du titre », a une pente égale au coefficient bêta de ce titre.

La figure 13.10 illustre les rendements d'une entreprise hypothétique et du marché dans son ensemble[8]. Chaque point représente un couple de rendements pour un mois donné. La dimension verticale mesure le rendement de l'action pendant le mois, et la dimension horizontale donne celui de l'indice S&P/TSX. (L'indice S&P/TSX est considéré comme un substitut acceptable du marché en général.)

La figure 13.10 présente également la droite qui explique le mieux ce virage de points. Dans les applications pratiques, on trouve cette droite au moyen d'une régression linéaire. En examinant le graphique, on peut constater qu'il a une pente de 1,28. Le coefficient bêta moyen étant de 1, ce résultat indique que le coefficient bêta du titre (1,28) est plus élevé que celui d'un titre moyen.

L'objectif de l'analyste financier est de déterminer la valeur du coefficient bêta d'un titre dans l'avenir, c'est-à-dire au moment où les dividendes d'un investissement seront versés. Naturellement, on doit utiliser des données antérieures pour l'analyse de régression. Il serait donc erroné de penser que 1,28 est le coefficient bêta de l'entreprise de notre exemple. Il s'agit plutôt de l'estimation du coefficient de l'entreprise d'après des données passées.

On voit, au bas de la figure 13.10, que l'entreprise a un R^2 de 0,584 au cours de cette période. Qu'est-ce que cela signifie ? R^2 permet de mesurer le degré de proximité des points de la figure par rapport à la courbe caractéristique. Sa valeur la plus élevée est de 1 et pourrait être observée si tous les points se retrouvaient exactement sur la courbe. Une telle situation survient lorsque le rendement d'un titre est déterminé uniquement par celui du marché et n'a aucune variation indépendante. Il est possible que R^2 se rapproche de 1 lorsqu'un portefeuille renferme de nombreux titres. Par exemple, un grand nombre de fonds de placement très diversifiés présentent un R^2 de 0,80

---

8 Comme on l'a vu au chapitre 12, le rendement d'un titre inclut à la fois le dividende et le gain (ou la perte) en capital.

ou plus. La valeur la plus basse de R^2 est de zéro, une situation qu'on observe lorsque deux variables n'ont aucun lien entre elles. Les entreprises dont le rendement est relativement indépendant des rendements de la Bourse pourraient avoir un R^2 qui se rapproche de zéro.

On peut décomposer le risque associé à n'importe quel titre en deux éléments : le risque non systématique et le risque systématique. Tandis que le coefficient bêta mesure le degré de risque systématique, R^2 donne la proportion de ce risque dans le risque total. Par conséquent, une valeur peu élevée de R^2 indique que la plus grande partie du risque associé à un titre est non systématique[9].

La façon de calculer le coefficient bêta est fort simple. En affaires, on l'estime souvent à l'aide de programmes informatiques disponibles dans le commerce. Certaines calculatrices effectuent également ce calcul. En outre, un grand nombre de services vendent ou même donnent gratuitement des estimations du coefficient bêta de différentes entreprises. Le tableau 13.10 présente un ensemble de coefficients bêta d'entreprises tels qu'ils ont été déterminés par TD Waterhouse au mois d'août 2003.

Dans leur méthode d'estimation, les analystes ont apparemment posé un certain nombre d'hypothèses qui sont compatibles avec le modèle d'évaluation des actifs financiers établi par des chercheurs canadiens[10]. Premièrement, ils ont choisi des données mensuelles, comme le font un grand nombre d'économistes financiers. D'une part, l'utilisation d'intervalles de temps de moins de un mois pose souvent des problèmes statistiques. D'autre part, on perd des renseignements importants lorsqu'on se sert d'intervalles plus longs. Par conséquent, le choix d'un intervalle de un mois peut être envisagé comme un compromis.

Deuxièmement, les analystes ont fait un autre compromis en utilisant des données recueillies pendant un peu moins de cinq ans. En effet, à cause des changements dans la combinaison optimale de produits, dans les techniques de production, dans le style de gestion ou dans le levier financier, la nature d'une entreprise varie dans le temps. Lorsque le calcul du coefficient bêta se fait sur une longue période de temps, il tient compte d'un grand nombre de données désuètes. De même, une période trop courte entraîne des imprécisions statistiques à cause du nombre restreint d'observations mensuelles employées.

Questions théoriques

1. Quelle est la méthode statistique utilisée pour calculer le coefficient bêta ?
2. Pourquoi les analystes financiers se servent-ils de données mensuelles lorsqu'ils calculent le coefficient bêta ?
3. Qu'est-ce que le R^2 ?

La courbe risque-rendement

Courbe risque-rendement

Droite à pente positive qui illustre la relation entre le rendement espéré et le coefficient bêta.

De toute évidence, la courbe qu'on obtient en traçant le graphique des rendements espérés en fonction des coefficients bêta a une certaine importance et il est temps de la désigner par son nom. Comme elle sert à décrire la relation entre le risque systématique et le rendement espéré dans les marchés de capitaux, on l'appelle généralement la **courbe risque-rendement**. On pourrait soutenir qu'après la VAN, la courbe risque-rendement est le concept le plus important de la finance moderne.

---

9 Les progiciels standards fournissent généralement des intervalles de confiance pour les estimations du coefficient bêta. Plus l'intervalle de confiance est petit, plus les estimations sont fiables. Les titres ayant des R^2 élevés ont généralement de petits intervalles de confiance. Toutefois, c'est la taille de l'intervalle de confiance et non la valeur de R^2 qui est pertinente dans ce cas. Comme le rendement espéré est relié au risque systématique, on n'a plus besoin du R^2 d'une entreprise lorsqu'on a déterminé son coefficient bêta. Une telle affirmation surprend beaucoup d'étudiants qui ont une formation en statistiques, car le R^2 est un concept prépondérant dans bien d'autres situations.

10 Voir l'ouvrage de Z. BODIE, A. KANE, A. J. MARCUS, S. PERRAKIS et P. J. RYAN, *Investments*, 2ᵉ édition canadienne, Whitby, Ontario, McGraw-Hill Ryerson, 1997, chap. 10.

Les portefeuilles du marché Il est très utile de connaître l'équation de la courbe risque-rendement. Il existe différentes manières de l'exprimer, mais l'une d'elles est plus courante que les autres. Supposons qu'on considère un portefeuille composé de tous les actifs disponibles sur le marché, c'est-à-dire ce qu'on appelle un « portefeuille du marché ». Pour désigner le rendement espéré de ce portefeuille, on emploie l'abréviation $E(R_M)$.

Tous les actifs sur le marché doivent se situer sur la courbe risque-rendement, de sorte qu'on y trouvera nécessairement un portefeuille constitué de ces actifs. Pour déterminer sa position sur la courbe, il faut calculer son coefficient bêta, symbolisé par β_M. Comme ce type de portefeuille représente tous les actifs du marché, il doit comporter un risque systématique moyen. Autrement dit, son coefficient bêta est égal à 1. Par conséquent, on peut exprimer la pente de la courbe risque-rendement comme suit :

$$\text{Pente} = \frac{[E(R_M) - R_f]}{\beta_M} = \frac{[E(R_M) - R_f]}{1} = E(R_M) - R_f$$

Prime de risque du marché

Pente de la courbe risque-rendement, c'est-à-dire différence entre le rendement espéré d'un portefeuille du marché et le taux sans risque.

L'équation $E(R_M) - R_f$ porte souvent le nom de **prime de risque du marché** puisqu'elle représente la prime de risque d'un portefeuille du marché.

Le modèle d'évaluation des actifs financiers Pour terminer, si on établit que $E(R_i)$ et β_i représentent respectivement le rendement espéré et le coefficient bêta de n'importe quel actif du marché, on sait que cet actif se retrouvera nécessairement sur la courbe risque-rendement. On sait donc que son ratio rendement-risque est identique à celui de l'ensemble du marché :

$$\frac{[E(R_i) - R_f]}{\beta_i} = E(R_M) - R_f$$

En réorganisant ces termes, on peut écrire l'équation de la courbe risque-rendement de la façon suivante :

$$E(R_i) = R_f + [E(R_M) - R_f] \times \beta_i \qquad\qquad [13.10]$$

Modèle d'évaluation des actifs financiers (MÉDAF)

Équation de la courbe risque-rendement qui exprime la relation entre le rendement espéré et le coefficient bêta (CAPM, en anglais, pour *Capital Asset Pricing Model*)

Il s'agit d'un résultat identique à celui qu'on obtient avec le **modèle d'évaluation des actifs financiers (MÉDAF)** bien connu[11].

Le MÉDAF montre que le rendement espéré d'un actif en particulier dépend de trois éléments :

1. *La valeur purement temporelle de l'argent* Telle qu'elle est mesurée à l'aide du taux sans risque R_f, il s'agit de la récompense rattachée au simple fait d'attendre pour toucher son argent, sans prendre le moindre risque.

2. *La récompense associée au risque systématique* Telle qu'elle est mesurée à l'aide de la prime de risque du marché $[E(R_M) - R_f]$, cette composante est la récompense offerte par le marché à quiconque accepte de prendre une quantité moyenne de risque systématique, outre le fait d'attendre pour toucher son argent.

3. *La quantité de risque systématique* Telle qu'elle est mesurée par β_i, il s'agit de la quantité de risque systématique associée à un actif en particulier, par rapport à un actif moyen.

Soit dit en passant, le MÉDAF s'applique aussi bien aux portefeuilles d'actifs qu'aux actifs considérés individuellement. Dans une section précédente, on a vu comment calculer le coefficient β d'un portefeuille. Pour déterminer son rendement espéré, on se sert de ce β dans l'équation du MÉDAF.

La figure 13.11 illustre notre analyse de la courbe risque-rendement et du modèle d'évaluation des actifs financiers. Comme précédemment, il s'agit du graphique du rendement espéré en fonction du coefficient bêta. En se basant sur le MÉDAF, on constate que la pente de la courbe

---

11 L'analyse qui sert à présenter le MÉDAF est, en fait, encore plus étroitement reliée à une théorie récemment élaborée et appelée « modèle d'évaluation par arbitrage » (MÉA). La théorie qui sous-tend le MÉDAF est beaucoup plus complexe que la description qu'on en a faite, et ce modèle a un grand nombre d'autres implications qui dépassent le cadre de notre étude. Le MÉDAF et le MÉA, tels qu'ils sont expliqués ici, ont des conséquences essentiellement identiques, de sorte qu'on n'a pas cru bon de les distinguer l'un de l'autre. Dans l'annexe 13 A, vous trouverez une autre manière de développer le MÉDAF.

est égale à la prime de risque du marché, $[E(R_M) - R_f]$. Cette constatation met un terme à notre présentation des concepts reliés au compromis entre le risque et le rendement. À l'avenir, en cas de besoin, vous pourrez consulter le tableau 13.12, qui résume ces différentes notions dans l'ordre où elles ont été traitées.

Figure 13.11

La courbe risque-rendement

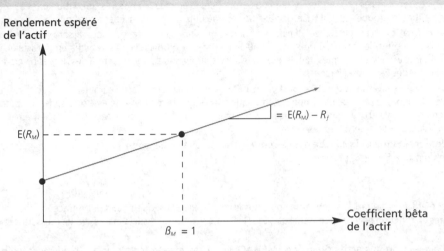

La pente de la courbe risque-rendement est égale à la prime de risque du marché, c'est-à-dire à la récompense réservée à ceux qui prennent un degré moyen de risque systématique. On peut exprimer l'équation décrivant cette courbe comme suit :

$E(R_i) = R_f + \beta_i \times [E(R_M) - R_f]$

ce qui correspond au modèle d'évaluation des actifs financiers (MÉDAF).

Exemple 13.13 Le risque et le rendement

Considérons une situation où le taux sans risque est de 4 %, la prime de risque du marché atteint 8,6 % et un titre en particulier a un coefficient bêta de 1,3. D'après le MÉDAF, quel rendement peut-on espérer de ce titre ? Quel serait le rendement espéré si la valeur du coefficient bêta était deux fois plus élevée ?

Lorsque le coefficient bêta vaut 1,3, la prime de risque de l'action atteint $1,3 \times 8,6 \% = 11,18 \%$. Comme le taux sans risque est de 4 %, le rendement espéré s'élève à 15,18 %. Si la valeur du coefficient bêta double, à 2,6, la prime de risque devrait doubler pour se fixer à 22,36 %, de sorte que le rendement espéré atteindrait 26,36 %.

Questions théoriques

1. Quelle est la relation fondamentale entre le risque et le rendement dans des marchés efficients ?
2. Qu'est-ce que la courbe risque-rendement ? Pourquoi tous les actifs doivent-ils se retrouver exactement sur cette courbe dans un marché efficient ?
3. Qu'est-ce que le modèle d'évaluation des actifs financiers (MÉDAF) ? Qu'est-ce qu'il indique concernant le rendement requis d'un investissement à risque ?

Tableau **13.12** Résumé des concepts de risque et de rendement

Le risque total On mesure le risque total d'un investissement par la variance ou, plus couramment, par l'écart type de son rendement.

Le rendement total Le rendement total d'un investissement a deux composantes, le rendement espéré et le rendement imprévu. Ce dernier découle d'événements inattendus. Le risque associé à l'investissement résulte de la possibilité que de tels événements se produisent.

Les risques systématiques et non systématiques Les risques systématiques, appelés aussi les « risques du marché », sont des événements imprévus qui ont un effet plus ou moins important sur presque tous les actifs financiers parce qu'ils s'étendent à l'ensemble de l'économie. Les risques non systématiques sont des événements imprévus qui ont un effet sur des actifs en particulier ou sur des petits groupes d'actifs. Ces risques portent aussi le nom de « risques spécifiques » ou « risques résiduels ».

L'effet de diversification Il est possible d'éliminer une partie, mais non la totalité, du risque associé à un investissement grâce à la diversification. En effet, les risques non systématiques, c'est-à-dire propres à certains actifs en particulier, ont tendance à s'annuler dans les portefeuilles diversifiés, tandis que les risques systématiques, qui influent à des degrés divers sur tous les actifs d'un portefeuille, ne peuvent être éliminés.

Le principe du risque systématique et le coefficient bêta Comme il est possible d'éliminer le risque non systématique sans frais par la diversification, le principe du risque systématique stipule que la récompense associée au fait de prendre des risques dépend uniquement du niveau de risque systématique. Dans le cas d'un actif unique, ce niveau s'établit relativement à une moyenne et se mesure à l'aide du coefficient bêta de l'actif.

Le ratio rendement-risque et la courbe risque-rendement Le ratio rendement-risque pour un actif i correspond au rapport entre sa prime de risque $E(R_i) - R_f$ et son coefficient bêta B_i :

$$\frac{E(R_i) - R_f}{B_i}$$

Dans un marché efficient, ce ratio est le même pour tous les actifs. Par conséquent, lorsqu'on trace le graphique de leurs rendements espérés en fonction de leur coefficient bêta, tous les actifs se retrouvent sur la même droite, qui porte le nom de « courbe risque-rendement ».

Le modèle d'évaluation des actifs financiers (MÉDAF) En se basant sur la courbe risque-rendement, on peut exprimer le rendement espéré de l'actif i de la façon suivante :

$$E(R_i) = R_f + [E(R_M) - R_f] \times B_i$$

Il s'agit du modèle d'évaluation des actifs financiers. Le rendement espéré d'un actif risqué a donc trois composantes :
1) la valeur temporelle de l'argent R_f ; 2) la prime de risque du marché $[E(R_M) - R_f]$; 3) le coefficient bêta de l'actif B_i.

13.8 La courbe risque-rendement et le coût du capital : un aperçu

Cette étude du risque et du rendement a un double objectif. Premièrement, le risque constitue un élément extrêmement important dans la plupart des décisions d'affaires. Il est donc essentiel de le définir et de voir comment le marché récompense ceux qui en prennent. Deuxièmement, il est important de savoir ce qui permet d'établir le taux d'actualisation approprié pour des flux monétaires à venir. Nous allons maintenant traiter brièvement de ce second sujet, dont il sera de nouveau question au chapitre 14.

Le concept de base

La courbe risque-rendement indique la récompense destinée à ceux qui prennent des risques dans les marchés de capitaux. N'importe quel nouvel investissement envisagé par une entreprise doit lui offrir un rendement espéré à tout le moins égal ou supérieur à ce que les marchés de capitaux proposent pour le même degré de risque. Pourquoi ? Simplement parce que les actionnaires pourraient toujours investir à leur propre compte dans ces mêmes marchés de capitaux.

La seule façon pour une entreprise de satisfaire ses actionnaires consiste à trouver des investissements ayant des rendements espérés supérieurs à ce que les marchés de capitaux offrent pour le même niveau de risque. De tels investissements ont une VAN positive. Par conséquent, si on s'interroge sur le taux d'actualisation approprié, la réponse est simple. Il faut utiliser le rendement espéré offert sur les marchés financiers pour les investissements présentant le même niveau de risque systématique.

Autrement dit, on peut déterminer si un nouvel investissement a une VAN positive en comparant son rendement espéré à ce que le marché des capitaux offre pour un investissement ayant le même coefficient bêta. C'est ce qui explique l'importance de la courbe risque-rendement : celle-ci indique le taux en vigueur destiné à ceux qui prennent des risques dans l'économie.

Le coût du capital

Coût du capital

Rendement minimal requis sur un nouvel investissement.

Le taux d'actualisation approprié dans le cas d'un nouveau projet correspond au taux de rendement espéré minimal qu'un investissement doit offrir pour être intéressant. Ce rendement minimal est très souvent appelé le **coût du capital** associé à l'investissement parce que le rendement requis représente le montant que l'entreprise doit réaliser sur les fonds qu'elle a investis dans un projet pour atteindre le seuil de rentabilité. On peut donc l'interpréter comme le coût de renonciation correspondant à l'investissement de capitaux de l'entreprise.

Il faut noter que, en disant qu'un investissement est intéressant dans la mesure où son rendement espéré dépasse celui des marchés de capitaux pour des investissements comportant le même risque, on utilise le critère du taux de rendement interne (TRI) présenté au chapitre 9. La seule différence est que, maintenant, on a une meilleure idée de ce qui permet de déterminer le rendement requis d'un investissement. Cette connaissance se révélera indispensable lorsqu'on discutera du coût du capital et de la structure du capital à la partie VI.

> ## Questions théoriques
>
> 1. Lorsqu'un investissement a une VAN positive, doit-on le situer au-dessus ou au-dessous de la courbe risque-rendement ? Justifiez votre réponse.
> 2. Qu'entend-on par « coût du capital » ?

13.9 Le modèle d'évaluation par arbitrage

Modèle d'évaluation par arbitrage (MÉA)

Théorie de l'équilibre dans l'évaluation des prix d'un actif qui découle d'un modèle d'explication factorielle basé sur la diversification et l'arbitrage. Il démontre que le rendement espéré de n'importe quel actif financier à risque résulte d'une combinaison linéaire de différents facteurs (APT, en anglais, pour *Arbitrage Pricing Theory*).

Le MÉDAF et le **modèle d'évaluation par arbitrage** (MÉA) sont deux façons de décrire la relation entre le risque et le rendement. Le MÉA offre l'avantage de prendre en considération de multiples facteurs dont le MÉDAF ne tient pas compte. Même si, dans ce chapitre, notre analyse se basait principalement sur un modèle à facteur unique, un modèle à multiples facteurs reflète probablement mieux la réalité.

L'hypothèse du MÉA est que les actions génèrent des rendements conformément à des modèles factoriels. Par exemple, on a décrit le rendement d'un titre comme suit :

Rendement total = Rendement espéré + Rendement imprévu

$$R = E(R) + U$$

Dans le modèle d'évaluation par arbitrage, le rendement imprévu est relié à plusieurs facteurs caractéristiques du marché. Supposons que ces facteurs sont au nombre de trois : 1) les variations imprévues de l'inflation ; 2) le produit intérieur brut (PIB) ; 3) les taux d'intérêt. On peut alors développer le rendement total de la façon suivante :

$$R = R + \beta_I F_I + \beta_{PIB} F_{PIB} + \beta_r F_r + \epsilon \qquad [13.11]$$

Les trois facteurs, F_I, F_{PIB} et F_r, représentent le risque systématique parce qu'ils ont un effet sur un grand nombre de titres. Le terme ϵ est considéré comme le risque non systématique parce qu'il s'applique à chaque titre en particulier.

Suivant ce modèle d'évaluation par arbitrage à multiples facteurs, on peut généraliser l'expression pour passer de trois à K facteurs et exprimer la relation entre le risque et le rendement de la façon suivante :

$$E(R) = R_F + E[(R_1) - R_F]\beta_1 + E[(R_2) - R_F]\beta_2 \qquad [13.12]$$
$$+ E[(R_3) - R_F]\beta_3 + \dots E[(R_K) - R_F]\beta_K$$

Dans cette équation, β_1 symbolise le coefficient bêta du titre en ce qui concerne le premier facteur, β_2 représente le coefficient bêta du titre pour le deuxième facteur, et ainsi de suite. Par exemple, lorsque le premier facteur est l'inflation, β_1 est le coefficient bêta d'inflation du titre. Le terme $E(R_1)$ désigne le rendement espéré du titre (ou du portefeuille) dont le coefficient bêta est égal à 1 en ce qui concerne le premier facteur et à 0 pour tous les autres facteurs. Comme le marché compense le risque couru, $E[(R_1) - R_F]$ a normalement une valeur positive[12]. (On peut donner une interprétation analogue à $E(R_2)$, à $E(R_3)$, etc.)

D'après cette équation, le rendement espéré du titre est relié aux coefficients bêta de ses facteurs. Le raisonnement est le suivant. Chaque facteur représente un risque qu'on ne peut éliminer par la diversification. Plus le coefficient bêta d'un titre est élevé pour un facteur donné, plus le risque associé à ce titre est important. Il serait logique que le rendement espéré du titre compense ce risque. L'équation qui précède indique que le rendement espéré est la somme au taux sans risque et de la compensation inhérente à chaque type de risque associé au titre.

À titre d'exemple, considérons une étude canadienne dans laquelle on a analysé les facteurs suivants :

1. Le taux de croissance de la production industrielle ;
2. Les variations de la pente dans la structure à terme des taux d'intérêt (la différence entre les rendements et les obligations à court terme du gouvernement du Canada) ;
3. La prime de risque de défaut pour les obligations (mesurée par la différence entre le rendement des obligations du Canada à long terme et celui de l'indice des obligations des sociétés de ScotiaMcLeod) ;
4. L'inflation (telle qu'elle est mesurée par la croissance de l'indice des prix à la consommation) ;
5. Le rendement, dont la valeur dépend de la proportion des actions dans le portefeuille du marché (l'indice S&P/TSX[13]).

D'après les résultats empiriques de cette étude, effectuée pendant la période de 1970 à 1984, on pourrait décrire les rendements espérés mensuels d'un échantillon de 100 actions du TSX comme étant une fonction des primes de risque associées à ces cinq facteurs.

À cause du grand nombre de facteurs qui apparaissent dans le membre droit de l'équation, la formulation du modèle d'évaluation par arbitrage explique les rendements espérés de cet échantillon de titres canadiens de façon plus exacte que le MÉDAF. Toutefois, comme on l'a signalé précédemment, il n'est pas facile de déterminer les facteurs appropriés. Dans cette étude, les facteurs ont été choisis sur la base du bon sens et pour des raisons de commodité. Ils ne découlent pas d'une théorie.

Question théorique

1. Quel est le principal avantage du MÉA par rapport au MÉDAF ?

13.10 Résumé et conclusions

Ce chapitre porte sur des notions fondamentales en matière de risque. Nous y avons vu un certain nombre de définitions et de concepts. La notion la plus importante est la courbe risque-rendement. Cette courbe indique quelle est la récompense offerte sur les marchés de capitaux en contrepartie du risque d'un investissement. Elle fournit ainsi des points de repère pour comparer les rendements espérés d'investissements en actifs réels et déterminer s'ils sont profitables.

---

12 En fait, $(R_i - R_F)$ peut être négatif lorsque le facteur i est perçu comme une quelconque opération de couverture.

13 E. OTUTEYE, « How Economic Forces Explain Canadian Stock Returns », *Canadian Investment Review*, printemps 1991, p. 93-99. Une étude canadienne antérieure à cette période donne des arguments à l'appui du MÉA. Il s'agit de l'article de L. KRYZANOWSKI et M. C. TO, « General Factor Models and the Structure of Security Returns », *Journal of Financial and Quantitative Analysis*, mars 1983, p. 31-52.

Comme nous avons examiné un grand nombre de notions, il serait utile de résumer ici la logique économique de base qui sous-tend la notion de courbe risque-rendement :

1. D'après l'histoire des marchés de capitaux, le fait de prendre un risque donne droit à une récompense qui se présente sous forme de prime de risque de l'actif.

2. Le risque total associé à un actif comporte deux composantes : le risque systématique et le risque non systématique. Comme il est possible d'éliminer le risque non systématique sans frais grâce à la diversification (il s'agit du principe de diversification), seul le risque systématique donne droit à une récompense. Il en résulte que la prime de risque d'un actif est déterminée par son niveau de risque systématique. Il s'agit du principe du risque systématique.

3. On peut mesurer le risque systématique associé à un actif, par rapport à une moyenne, à l'aide de son coefficient bêta $ß_i$. On obtient ensuite la prime de risque de l'actif en multipliant ce coefficient par la prime de risque du marché, soit $[E(R_M) - R_f] \times ß_i$.

4. Le rendement espéré d'un actif $E(R_i)$ est égal au taux sans risque R_f, auquel on ajoute la prime de risque :

$$E(R_i) = R_f + [E(R_M) - R_f] \times ß_i$$

Il s'agit de l'équation de la courbe risque-rendement souvent appelée le « modèle d'évaluation des actifs financiers » (MÉDAF).

Le présent chapitre complète notre analyse sur le risque et le rendement et met fin à la cinquième partie de ce manuel. Maintenant que nous comprenons mieux ce qui détermine le coût du capital d'un investissement, nous verrons de façon plus détaillée dans les prochains chapitres comment les entreprises obtiennent le capital à long terme dont elles ont besoin pour leurs investissements.

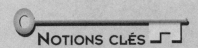

Notions clés

Coefficient bêta (page 404)
Courbe risque-rendement (page 413)
Coût du capital (page 417)
Modèle d'évaluation des actifs financiers (MÉDAF) (page 414)
Modèle d'évaluation par arbitrage (MÉA) (page 417)
Poids du portefeuille (page 389)
Portefeuille (page 389)

Prime de risque du marché (page 414)
Principe de la diversification (page 401)
Principe du risque systématique (page 404)
Rendement espéré (page 386)
Risque non systématique (page 399)
Risque systématique (page 399)

Problèmes de récapitulation et auto-évaluation

13.1 **Le rendement espéré et l'écart type** Ce problème permet de vous familiariser avec le calcul des mesures du rendement espéré d'un portefeuille. Il porte sur deux actifs et trois états de l'économie.

État de l'économie	Probabilité associée à chaque état	Taux de rendement selon chaque état	
		Actif A	Actif B
Période de récession	0,20	−0,15	0,20
Période normale	0,50	0,20	0,30
Période de prospérité	0,30	0,60	0,40

Quels sont les rendements espérés et les écarts types de ces deux titres ?

13.2 **Le risque et le rendement d'un portefeuille** Servez-vous des renseignements fournis dans le problème précédent. Supposez que vous avez 20 000 $ au total. Si vous investissez 15 000 $ dans le titre A et le reste dans le titre B, quel sera le rendement espéré de votre portefeuille ? Quel sera son écart type ?

13.3 Le risque et le rendement Supposez que vous observez la situation suivante :

Titre	Coefficient bêta	Rendement espéré
Bartin inc.	1,8	22,00 %
Société Moyer	1,6	20,44 %

Si le taux sans risque est de 7 %, ces titres ont-ils été correctement évalués ? Quel devrait être le taux sans risque pour que leur évaluation soit exacte ?

13.4 Le MÉDAF Supposez que le taux sans risque est de 8 % et que le rendement espéré sur le marché s'élève à 16 %. Si une action en particulier a un coefficient bêta de 0,7, quel rendement peut-on en attendre d'après le modèle d'évaluation des actifs financiers ? Si un autre titre a un rendement espéré de 24 %, quel doit être son coefficient bêta ?

Réponses à l'auto-évaluation

13.1 Pour déterminer les rendements espérés, on multiplie les rendements possibles par les probabilités correspondantes :

$$E(R_A) = (0,20 \times -0,15) + (0,50 \times 0,20) + (0,30 \times 0,60) = 25 \%$$
$$E(R_B) = (0,20 \times 0,20) + (0,50 \times 0,30) + (0,30 \times 0,40) = 31 \%$$

On obtient les variances en calculant la somme des écarts des rendements espérés au carré qu'on multiplie par leurs probabilités.

$$\sigma^2_A = 0,20 \times (-0,15 - 0,25)^2 + 0,50 \times (0,20 - 0,25)^2 + 0,30 \times (0,60 - 0,25)^2$$
$$= (0,20 \times -0,40^2) + (0,50 \times -0,05^2) + (0,30 \times 0,35^2)$$
$$= (0,20 \times 0,16) + (0,50 \times 0,0025) + (0,30 \times 0,1225)$$
$$= 0,0700$$
$$\sigma^2_B = 0,20 \times (0,20 - 0,31)^2 + 0,50 \times (0,30 - 0,31)^2 + 0,30 \times (0,40 - 0,31)^2$$
$$= (0,20 \times -0,11^2) + (0,50 \times -0,01^2) + (0,30 \times 0,09^2)$$
$$= (0,20 \times 0,0121) + (0,50 \times 0,0001) + (0,30 \times 0,0081)$$
$$= 0,0049$$

Les écarts types correspondent donc aux résultats suivants :

$$\sigma_A = \sqrt{0,0700} = 26,46 \%$$
$$\sigma_B = \sqrt{0,0049} = 7 \%$$

13.2 Les proportions du portefeuille sont les suivantes : 15 000 \$/20 000 \$ = 0,75 et 5 000 \$/20 000 \$ = 0,25. On obtient alors comme rendement espéré :

$$E(R_p) = 0,75 \times E(R_A) + 0,25 \times E(R_B)$$
$$= (0,75 \times 25 \%) + (0,25 \times 31 \%)$$
$$= 26,5 \%$$

On pourrait aussi calculer le rendement du portefeuille pour chaque état de l'économie.

État de l'économie	Probabilité de chaque état	Rendement du portefeuille selon l'état
Période de récession	0,20	$(0,75 \times -0,15) + (0,25 \times 0,20) = -0,0625$
Période normale	0,50	$(0,75 \times 0,20) + (0,25 \times 0,30) = 0,2250$
Période de prospérité	0,30	$(0,75 \times 0,60) + (0,25 \times 0,40) = 0,5500$

Le rendement espéré du portefeuille est :

$$E(R_p) = (0,20 \times -0,0625) + (0,50 \times 0,2250) + (0,30 \times 0,5500) = 26,5 \%$$

La réponse est la même que précédemment.

Pour calculer la variance du portefeuille, on procède comme suit :

$$\sigma^2_p = 0,20 \times (-0,0625 - 0,265)^2 + 0,50 \times (0,225 - 0,265)^2$$
$$+ 0,30 \times (0,55 - 0,265)^2$$
$$= 0,0466$$

Par conséquent, l'écart type est $\sqrt{0,0466} = 21,59 \%$.

13.3 Si on calcule les ratios rendement-risque, on obtient $(22\% - 7\%)/1,8 = 8,33\%$ pour Bartin et $8,4\%$ pour Moyer. Par rapport à celui de Bartin, le rendement espéré de Moyer est trop élevé. Par conséquent, son prix est trop faible.

Si ces titres avaient été correctement évalués, leurs ratios récompense-risque seraient identiques. Le taux sans risque aurait été :

$$(22\% - R_f)/1,8 = (20,44\% - R_f)/1,6$$

Par un calcul algébrique, on détermine que le taux sans risque devrait être de 8 % :

$$22\% - R_f = (20,44\% - R_f)(1,8/1,6)$$
$$22\% - 20,44\% \times 1,125 = R_f - R_f \times 1,125$$
$$R_f = 8\%$$

13.4 Comme le rendement espéré sur le marché est de 16 %, la prime de risque du marché est $16\% - 8\% = 8\%$ (le taux sans risque est de 8 %). La première action a un coefficient bêta de 0,7, de sorte que son rendement espéré est $8\% + 0,7 \times 8\% = 13,6\%$.

Dans le cas de la deuxième action, la prime de risque est $24\% - 8\% = 16\%$. Comme ce nombre représente le double de la prime de risque du marché, le coefficient bêta doit être exactement égal à 2. On peut vérifier ce résultat en utilisant le MÉDAF :

$$E(R_i) = R_f + [E(R_M) - R_f] \times \beta_i$$
$$24\% = 8\% + (16\% - 8\%) \times \beta_i$$
$$\beta_i = 16\%/8\%$$
$$= 2,0$$

Questions et problèmes

Notions de base (questions 1 à 24)

1. **La détermination du poids d'un portefeuille** Déterminez le poids d'un portefeuille composé de 40 actions A qui se vendent 35 $ par unité et 30 actions B qui se vendent 25 par unité.

2. **Le rendement espéré d'un portefeuille** Un portefeuille se compose d'un investissement de 600 $ dans les actions A et de 1 200 $ dans les actions B. Si on s'attend à ce que ces actions rapportent 13 % et 22 % respectivement, quel est le rendement espéré du portefeuille ?

3. **Le rendement espéré d'un portefeuille** Un portefeuille est composé à 60 % d'actions X, à 25 % d'actions Y et à 15 % d'actions Z. Si les rendements espérés de ces trois titres sont de 11 %, de 17 % et de 31 % respectivement, quel est le rendement espéré du portefeuille ?

4. **Le rendement espéré d'un portefeuille** On a investi 10 000 $ dans un portefeuille composé d'actions X dont le rendement espéré est de 18 % et d'actions Y dont le rendement espéré est de 11 %. Si on souhaite constituer un portefeuille dont le rendement espéré est de 16,25 %, quel montant faut-il investir dans les actions X ? dans les actions Y ?

5. **Le calcul du rendement espéré** À l'aide des renseignements suivants, calculez le rendement espéré.

État de l'économie	Probabilité associée à chaque état	Taux de rendement selon chaque état
Période de récession	0,30	0,02
Période de prospérité	0,70	0,23

6. **Le calcul du rendement espéré** À l'aide des renseignements suivants, calculez le rendement espéré.

État de l'économie	Probabilité associée à chaque état	Taux de rendement selon chaque état
Période de récession	0,30	−0,07
Période normale	0,60	0,13
Période de prospérité	0,10	0,23

7. **Le calcul du rendement et de l'écart type** À l'aide des renseignements suivants, calculez le rendement espéré et l'écart type pour chacun de ces deux titres.

État de l'économie	Probabilité associée à chaque état	Taux de rendement selon chaque état	
		Titre A	Titre B
Période de récession	0,20	0,03	−0,20
Période normale	0,55	0,07	0,10
Période de prospérité	0,25	0,11	0,33

8. **Le calcul des rendements espérés** Un portefeuille est composé à 20 % d'actions G, à 60 % d'actions J et à 20 % d'actions K. Si les rendements qu'on attend de ces investissements sont de 15 %, de 25 % et de 35 % respectivement, quel est le rendement espéré du portefeuille ? Comment interprétez-vous votre réponse ?

9. **Les rendements et les écarts types** Examinez les renseignements suivants :

État de l'économie	Probabilité associée à chaque état	Taux de rendement selon chaque état		
		Titre A	Titre B	Titre C
Période de prospérité	0,45	0,07	0,12	0,33
Période de récession	0,55	0,09	0,03	0,00

   a) Quel est le rendement espéré d'un portefeuille équipondéré composé de ces trois titres ?

   b) Quelle serait la variance d'un portefeuille composé à 15 % du titre A, à 15 % du titre B et à 70 % du titre C ?

10. **Les rendements et les écarts types** Examinez le tableau suivant :

État de l'économie	Probabilité associée à chaque état	Taux de rendement selon chaque état		
		Action A	Action B	Action C
Période de prospérité	0,15	0,30	0,45	0,33
Bon	0,25	0,12	0,10	0,15
Faible	0,55	0,01	−0,15	−0,05
Période de récession	0,05	−0,20	−0,30	−0,09

   a) Si ce portefeuille est composé à 40 % d'actions A, à 40 % d'actions C et à 20 % d'actions B, quel est son rendement espéré ?

   b) Quelle est la variance de ce portefeuille ? Quel est son écart type ?

11. **Les types de risques** Expliquez sommairement pourquoi certains risques peuvent être éliminés par la diversification, tandis que d'autres ne peuvent pas l'être. Est-il possible d'en conclure qu'un investisseur peut contrôler le niveau de risque non systématique de son portefeuille, mais non le niveau de risque systématique ?

12. **Les annonces et la valeur des actions** Supposez que le gouvernement annonce, d'après un sondage récent, que le taux de croissance de l'économie sera probablement de 2 % pour l'année qui vient par opposition à 5 % pour l'année qui se termine. Le prix des actions augmentera-t-il, diminuera-t-il ou restera-t-il le même après cette annonce ? Le fait que le marché ait anticipé ce taux de 2 % fait-il ou non une différence ? Justifiez votre réponse.

13. **Le risque systématique et le risque non systématique** Classez les événements suivants selon qu'il s'agit de risques principalement systématiques ou surtout non systématiques. La distinction est-elle claire dans chaque cas ?

   a) Une augmentation imprévue des taux d'intérêt à court terme.

   b) Une augmentation du taux d'intérêt qu'une entreprise doit verser sur un emprunt à court terme à son établissement bancaire.

   c) Une baisse imprévue du prix du pétrole.

   d) Un pétrolier s'échoue et déverse de grandes quantités de pétrole.

   e) Un fabricant perd une poursuite en responsabilité civile de plusieurs millions de dollars au sujet d'un produit.

   f) Une décision de la Cour suprême du Canada accroît considérablement la responsabilité des fabricants en matière de blessures subies par les utilisateurs d'un produit.

14. **Les annonces et le risque** Classez les événements suivants selon qu'ils sont susceptibles ou non de faire varier le prix des actions en général et celui des actions de Petites patentes inc. en particulier.

   a) Le gouvernement annonce que l'inflation a fait un bond inattendu de 2 % au cours du dernier mois.

   b) Le plus récent rapport trimestriel des bénéfices de Petites patentes correspond en gros aux prévisions des analystes.

   c) D'après des rapports gouvernementaux, la croissance économique a été de 3 % au cours de la dernière année, ce qui confirme en gros les prévisions de la plupart des économistes.

   d) Les directeurs de Petites patentes meurent dans un accident d'avion.

   e) Un nouveau budget apporte des modifications au système fiscal qui devraient accroître le taux d'imposition marginal de la tranche supérieure des grandes entreprises. Cette mesure avait déjà été annoncée six mois plus tôt dans un livre blanc.

Notions de base (suite)

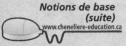
www.cheneliere-education.ca

15. Le calcul du coefficient bêta d'un portefeuille Un portefeuille est composé à 30 % d'actions Q, à 20 % d'actions R, à 10 % d'actions S et à 40 % d'actions T. Ces quatre titres ont respectivement pour coefficients bêta 1,2, 0,6, 1,5 et 0,8. Quel est le coefficient bêta du portefeuille ?

16. Le calcul du coefficient bêta d'un portefeuille Vous possédez un portefeuille composé en parts égales d'un actif sans risque et de deux types d'actions. Si une de ces actions a un coefficient bêta de 1,6 et que le niveau de risque de votre portefeuille dans son ensemble est égal à celui du marché, quel doit être le coefficient bêta de votre autre titre ?

17. L'utilisation du MÉDAF Une action a un coefficient bêta de 1,2. Le rendement espéré du portefeuille de marché atteint 17 %, et le taux sans risque est de 8 %. Quel doit être le rendement espéré de cette action ?

18. L'utilisation du MÉDAF Une action a un rendement espéré de 13 %. Si le taux sans risque est de 7 % et que la prime de risque du marché s'élève à 8 %, quel doit être le coefficient bêta de cette action ?

19. L'utilisation du MÉDAF Une action a un rendement espéré de 17 % et un coefficient bêta de 0,9. Si le taux sans risque est de 7,5 %, quel doit être le rendement espéré du portefeuille de marché ?

20. L'utilisation du MÉDAF Une action a un rendement espéré de 22 % et un coefficient bêta de 1,6. Si le rendement espéré du portefeuille de marché est de 16 %, quel doit être le taux sans risque ?

www.cheneliere-education.ca

21. L'utilisation du MÉDAF Une action a un coefficient bêta de 0,9 et un rendement espéré de 13 %. Un actif sans risque rapporte actuellement 7 %.

    a) Quel est le rendement espéré d'un portefeuille composé en parts égales de ces deux actifs ?

    b) Si un portefeuille composé de ces deux actifs a un coefficient bêta de 0,6, quelle est la proportion de chacun d'eux ?

    c) Si un portefeuille composé de ces deux actifs a un rendement espéré de 11 %, quel est son coefficient bêta ?

    d) Si un portefeuille composé de ces deux actifs a un coefficient bêta de 1,80, quelle est la proportion de chacun d'eux ? Comment interprétez-vous les proportions des deux actifs dans ce cas ? Justifiez votre réponse.

22. L'utilisation de la courbe risque-rendement L'actif W a un rendement espéré de 25 % et un coefficient bêta de 1,6. Sachant que le taux sans risque est de 7 %, remplissez le tableau ci-dessous pour des portefeuilles composés de l'actif W et de l'actif sans risque. Illustrez la relation entre le rendement espéré du portefeuille et son coefficient bêta par un graphique. Quelle est la pente de la droite qui en résulte ?

Pourcentage d'actif W dans le portefeuille	Rendement espéré du portefeuille	Coefficient bêta du portefeuille
0 %		
25		
50		
75		
100		
125		
150		

23. Les ratios rendement-risque L'action Y a un coefficient bêta de 1,59 et un rendement espéré de 25 %. L'action Z a un coefficient bêta de 0,44 et un rendement espéré de 12 %. Si le taux sans risque est de 6 % et que la prime de risque du marché atteint 11,3 %, ces actions sont-elles correctement évaluées ?

24. Les ratios rendement-risque Dans le problème précédent, quel devrait être le taux sans risque pour que les deux titres soient correctement évalués ?

Notions intermédiaires (questions 25 à 33)

25. Le rendement espéré d'un portefeuille Si un portefeuille compte un investissement positif dans chaque actif, est-il possible que son rendement espéré soit supérieur à celui de chacun des actifs qui le composent ? Peut-il être inférieur à celui de chacun de ces actifs ? Si vous répondez par l'affirmative à l'une de ces questions ou aux deux, donnez un exemple à l'appui de votre réponse.

26. La variance et la diversification des actifs considérés individuellement Vrai ou faux ? La caractéristique la plus importante pour déterminer la variance d'un portefeuille bien diversifié est la variance de chacun des actifs qui le composent. Justifiez votre réponse.

27. Le risque du portefeuille Si un portefeuille compte un investissement positif dans chaque actif, est-il possible que son écart type soit inférieur à celui de chacun des actifs qui le composent ? Qu'en est-il du coefficient bêta de ce portefeuille ?

28. Le rendement d'un portefeuille À l'aide de l'information contenue dans le chapitre précédent sur l'histoire des marchés financiers, déterminez le rendement d'un portefeuille dont les investissements sont également répartis entre des actions canadiennes et des obligations à long terme. Quel est le rendement d'un portefeuille dont les investissements seraient également répartis entre des actions de petites entreprises et des bons du Trésor ?

29. Le MÉDAF À l'aide du modèle d'évaluation des actifs financiers, montrez que le ratio des primes de risque de deux actifs est égal au rapport entre leurs coefficients bêta.

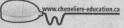

30. Les rendements et les écarts des portefeuilles Voici quelques renseignements concernant un portefeuille composé de trois titres :

État de l'économie	Probabilité associée à chaque état	Taux de rendement selon chaque état		
		Titre A	Titre B	Titre C
Période de prospérité	0,25	0,25	0,35	0,60
Période normale	0,55	0,15	0,10	0,05
Période de récession	0,20	0,00	−0,25	−0,75

a) Si ce portefeuille se compose de 40 % du titre A, de 40 % du titre B et de 20 % du titre C, quel est son rendement espéré ? Quelle est sa variance ? Quel est son écart type ?

b) Si le taux d'intérêt des bons du Trésor est de 3,80 %, quelle est la prime de risque espérée pour ce portefeuille ?

c) Si le taux d'inflation prévu est de 3,50 %, quels sont, de façon approximative puis exacte, les rendements réels espérés de ce portefeuille ? Quelles sont, de façon approximative puis exacte, ses primes de risque réelles ?

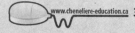

31. L'analyse d'un portefeuille Vous voulez composer un portefeuille dont le niveau de risque est égal à celui du marché et vous disposez de 250 000 $ à investir. Remplissez le tableau ci-dessous en tenant compte de cette information.

Actif	Investissement	Coefficient bêta
Titre A	70 000 $	0,90
Titre B	70 000 $	1,20
Titre C		1,60
Actif sans risque		

32. L'analyse d'un portefeuille On veut investir une somme de 200 000 $ dans un portefeuille composé d'actions X et Y ainsi que d'un actif sans risque. Tout le montant doit y passer. L'objectif est de constituer un portefeuille dont le rendement espéré atteint 11,5 % et dont le niveau de risque correspond à seulement 70 % de celui du marché dans son ensemble. Si le titre X a un rendement espéré de 30 % et un coefficient bêta de 1,60, que le titre Y a un rendement espéré de 20 % et un coefficient bêta de 1,25 et que le taux sans risque est de 6 %, quel montant faut-il investir dans le titre X ? Comment interprétez-vous votre réponse ?

33. Le risque systématique et le risque non systématique Voici quelques renseignements sur les actions I et II :

État de l'économie	Probabilité associée à chaque état	Taux de rendement selon chaque état	
		Action I	Action II
Période de récession	0,20	0,06	−0,25
Période normale	0,55	0,47	0,11
Période de prospérité	0,25	0,23	0,68

Si la prime de risque du marché est de 8 % et le taux sans risque de 6 %, lequel de ces deux titres présente le risque systématique le plus élevé ? le risque non systématique le plus élevé ? Lequel de ces titres est le plus « à risque » ? Justifiez votre réponse.

34. Le coefficient bêta Est-il possible qu'un actif risqué ait un coefficient bêta nul ? Justifiez votre réponse. D'après le MÉDAF, quel est le rendement espéré d'un tel actif ? Est-il possible qu'un actif risqué ait un coefficient bêta négatif ? Qu'est-ce que le MÉDAF permet de prédire concernant le rendement espéré d'un tel actif ? Pouvez-vous expliquer votre réponse ?

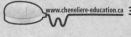

35. La courbe risque-rendement Supposez qu'on observe la situation suivante :

Action	Coefficient bêta	Rendement espéré
Oxyme	1,35	0,23
Auron	0,90	0,17

Supposez que les titres ont été correctement évalués. D'après le MÉDAF, quel est le rendement espéré sur le marché ? Quel est le taux sans risque ?

Lectures suggérées

Pour en savoir davantage sur le sujet du risque et du rendement, consultez les chapitres 8, 9 et 10 de l'ouvrage suivant :

ROSS, S. A., R. W. WESTERFIELD et J. J. JAFFE. *Corporate Finance*, 2ᵉ édition, Homewood, Illinois, Richard D. Irwin, 1990.

Voici deux analyses intuitives du MÉA :

BOWER, D. H., R. S. BOWER et D. LOGUE. «A Primer on Arbitrage Pricing Theory», *Midland Corporate Finance Journal*, automne 1984.

ROLL, R. et S. ROSS. «The Arbitrage Pricing Theory Approach to Strategic Portfolio Planning», *Financial Analysts Journal*, mai-juin 1984.

On trouvera des analyses des tests canadiens du MÉA dans les ouvrages suivants :

BODIE, Z., A. KANE, A. J. MARCUS, S. PERRAKIS et P. J. RYAN. *Investments*, 2ᵉ édition canadienne, Whitby, Ontario, McGraw-Hill Ryerson, 1997.

HATCH, J. E. et M. J. ROBINSON. *Investment Management in Canada*, 2ᵉ édition, Scarborough, Prentice-Hall Canada, 1989.

OTUTEYE, E. «How Economic Forces Explain Canadian Stock Returns», *Canadian Investment Review*, printemps 1991.

SHARPE, W. F., G. J. ALEXANDER et D. J. FOWLER. *Investments*, 2ᵉ édition canadienne, Scarborough, Prentice-Hall Canada, 1997.

ANNEXE 13 A — La dérivation du modèle d'évaluation des actifs financiers

Jusqu'ici, nous avons supposé que tous les actifs de la frontière efficiente étaient risqués. En compensation, un investisseur pourrait facilement combiner un investissement risqué à un investissement dans un titre sans risque, tel un bon du Trésor du Canada. À l'aide de l'équation de la variance des portefeuilles (voir l'équation 13 A.1), on peut déterminer celle d'un portefeuille composé d'un actif risqué et d'un actif sans risque :

$$\sigma^2_P = x^2_L \sigma^2_L + x^2_U \sigma^2_U + 2x_L x_U \text{CORR}_{L,U} \sigma_L \sigma_U \qquad \text{[13 A.1]}$$

Toutefois, par définition, l'actif sans risque (par exemple L dans ce cas) ne varie pas, de sorte que l'équation de l'écart type du portefeuille se réduit à :

$$\sigma^2_P = x^2_U \sigma^2_U$$
$$\sigma_P = \sqrt{\sigma^2_P} = x_U \sigma_U$$

La relation entre le risque et le rendement pour un actif risqué et un actif sans risque est représentée par une droite qui se situe entre le taux sans risque et un investissement total dans un actif risqué (voir la figure 13 A.1). La droite s'allonge du côté droit du point qui représente l'actif risqué lorsqu'on suppose que l'investisseur peut emprunter au taux sans risque pour s'endetter de plus de 100 % en actif risqué.

Pour composer un portefeuille optimal, un investisseur aura tendance à combiner un investissement dans un actif sans risque à un portefeuille d'actifs risqués. La figure 13 A.1 illustre notre propos en représentant un actif sans risque et quatre actifs risqués : *A, X, Q* et *Y*. S'il n'y avait pas d'actif sans risque, l'ensemble efficient correspondrait à la courbe reliant *X* à *Y*. Avec un actif sans risque, il est possible de composer des portefeuilles comme le 1, le 2 et le 3 en combinant *Q* et l'actif sans risque. Les portefeuilles 4 et 5 combinent l'actif sans risque et *A*.

Ce graphique illustre un fait important. En cas d'emprunt et de prêt sans risque, le portefeuille d'actifs à risque de n'importe quel investisseur se situerait toujours au point *A*. Quelle que soit la tolérance de l'investisseur en matière de risque, il ne choisirait jamais aucun autre point de l'ensemble efficient des actifs risqués. En fait, un investisseur qui éprouve une aversion profonde pour le risque combinerait plutôt des titres de *A* à des actifs sans risque. Par contre, celui qui a une faible aversion pour le risque emprunterait l'actif sans risque en vue d'investir davantage de fonds dans *A*. Autrement dit, tous choisiraient des portefeuilles situés le long de la droite II, appelée «droite du marché financier».

Pour passer de notre description de l'investisseur unique à l'équilibre du marché, les économistes financiers imaginent un monde où tous les investisseurs possèdent les mêmes estimations des rendements espérés, de la variance et des corrélations. Cette hypothèse porte le nom d'«anticipations homogènes».

Si tous les investisseurs ont des anticipations homogènes, la figure 13 A.1 devient la même pour tous. Ils établissent le même ensemble efficient d'actifs risqués parce qu'ils disposent des mêmes données. Cet ensemble efficient d'actifs risqués est représenté par la courbe *XAY*. Comme le même taux sans risque s'applique à tout le monde, tous les investisseurs considèrent le point *A* comme un portefeuille d'actifs risqués

Figure 13 A.1

La relation entre le rendement espéré et l'écart type d'un investissement qui consiste en une combinaison de titres à risque et d'actifs sans risque

Le portefeuille Q est composé comme suit : 30 % – BCE, 45 % – Banque de Montréal et 25 % – Nortel.

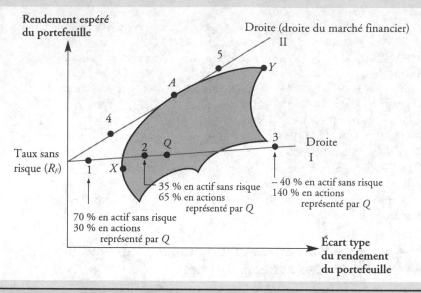

intéressant. Dans un monde d'anticipations homogènes, ils détiendraient tous le portefeuille d'actifs risqués symbolisé par le point A.

Si tous les investisseurs choisissaient le même portefeuille d'actifs risqués A, alors A serait le portefeuille du marché. La raison en est simple. Dans le monde simplifié des anticipations homogènes, aucun actif ne serait demandé (et évalué) s'il ne faisait pas partie du portefeuille A. Comme il existe une demande quelconque pour tous les actifs et qu'aucun d'eux n'a une valeur nulle, A doit être le portefeuille du marché qui renferme tous les actifs.

On peut exprimer la variance du portefeuille du marché de la façon suivante :

$$\sigma_p^2 = \sum_{i=1}^{N} \sum_{j=1}^{N} x_i x_j \sigma_{ij}$$ [13 A.2]

où on définit σ_{ij} comme étant la covariance de i et de j lorsque $i \neq j$, sachant que σ_{ij} est la variance ou σ_i^2 lorsque $i = j$.

$$\sigma_{ij} = CORR_{ij} \sigma_i \sigma_j$$

À l'aide de notions de calcul différentiel élémentaires, on peut représenter le risque systématique d'un titre (la contribution du titre i au risque du portefeuille du marché) en déterminant la dérivée partielle du risque du portefeuille par rapport à une variation du poids du titre dans le portefeuille. Ce calcul permet de mesurer la variation dans la variance du portefeuille lorsque la proportion du titre augmente légèrement. Dans le cas du titre 2 :

$$\frac{\delta \sigma_p^2}{\delta x_2} = 2 \sum_{j=1}^{N} x_j \sigma_{i2} = 2[x_1 COV(R_1, R_2) + x_2 \sigma_2^2 + x_3 COV(R_3, R_2)$$
$$+ \ldots + x_N COV(R_N, R_2)]$$ [13 A.3]

Le terme entre crochets dans l'équation 13 A.3 est COV(R_2, R_M), ce qui montre que le risque systématique est proportionnel à la covariance d'un titre et du portefeuille du marché.

L'étape finale consiste à normaliser le risque systématique en divisant par la variance du portefeuille du marché. Le résultat est ß$_2$, comme on l'a vu précédemment.

$$\text{ß}_2 = \frac{COV(R_2, R_M)}{\sigma^2(R_M)}$$ [13 A.4]

En consultant n'importe quel manuel de statistique, vous constaterez que cette formule est identique à celle de ß$_2$, qu'on obtient par une régression de R_2 sur R_M.

Figure 13 A.2

La relation entre le rendement espéré d'un titre en particulier et le coefficient bêta de ce titre

R_F est le taux sans risque

$\overline{R}_M$ est le rendement espéré du portefeuille du marché

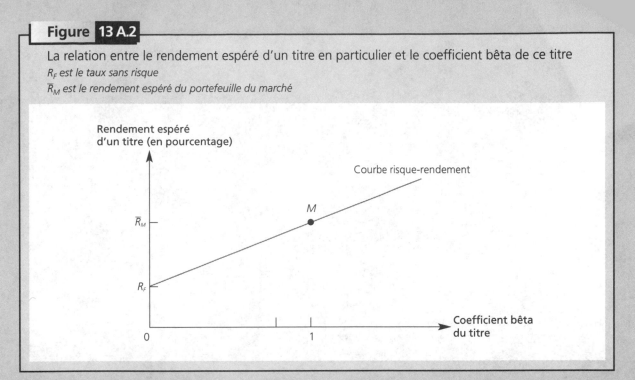

On peut donc tracer de nouveau la figure 13 A.1 dans l'espace du rendement espéré ß (voir la figure 13 A.2). L'axe vertical reste le même, mais, sur l'axe horizontal, on remplace le risque total σ par le risque systématique tel qu'il est mesuré par ß. On place ces deux points sur la droite du marché financier de la figure 13 A.1, R_F au point où ß = 0 et M (le portefeuille du marché représenté par A) au point où ß = 1.

Pour vérifier que $ß_M = 1$, il suffit de remplacer i par le portefeuille M dans l'équation 13 A.4 :

$$ß_M = \frac{\text{COV}(R_M, R_M)}{\sigma^2(R_M)}$$

$$\frac{\text{CORR}_{M,M}\sigma_M\sigma_M}{\sigma^2(R_M)}$$

$$\frac{1,0 \times \sigma^2_M}{\sigma^2(R_M)}$$

$$ß_M = 1,0$$

Le résultat correspond à la courbe risque-rendement de la figure 13 A.2. On peut utiliser la méthode des équations linéaires pour démontrer que l'ordonnée à l'origine de la courbe risque-rendement est R_F et que la pente correspond à $(R_M - R_F)$. L'équation de la courbe est donc :

$$E(R) = R_F + ß(R_M - R_F)$$

Ce résultat termine la dérivation du modèle d'évaluation des actifs financiers.

PARTIE VI

LE COÛT DU CAPITAL ET LA DÉCISION DE FINANCEMENT

CHAPITRE 14

Le coût du capital

La société Alcan Inc. est un leader mondial dans la production d'aluminium avec des revenus annuels de plus de 12,5 milliards de dollars américains en 2002. L'objectif principal de la société Alcan est de maximiser la richesse des actionnaires. Par conséquent, l'entreprise s'est jointe à un nombre grandissant de sociétés canadiennes qui mesurent leur performance en fonction de la différence entre le rendement sur leur capital et le coût du capital.

Cette mesure est utilisée afin d'augmenter la richesse des actionnaires, de mieux cerner les décisions de financement et d'investissement et de déterminer la rémunération des dirigeants et des employés dans les différentes divisions de l'entreprise. Dans ce chapitre, vous apprendrez comment calculer le coût du capital d'une société et ce que celui-ci représente pour la société et ses investisseurs.

Supposons que vous êtes depuis peu le président d'une importante société et que vous devez maintenant décider s'il convient de mettre à jour son système d'entreposage. On vous propose un plan de 50 millions de dollars qui permettra d'économiser 12 millions de dollars par année au cours des six prochaines années.

Ce type de problème est très fréquent en matière de décision d'investissement. Afin de le résoudre, il faut d'abord déterminer les flux monétaires pertinents, les actualiser et, si la valeur actualisée nette (VAN) est positive, entreprendre les travaux, ou tout abandonner si cette dernière est négative. Tout cela peut sembler fort simple, mais encore faut-il connaître le taux d'actualisation.

Comme on l'a vu au cours de l'étude portant sur les risques et le rendement, le taux d'actualisation se calcule en fonction du risque que représente le système d'entreposage. Plus précisément, la VAN du nouveau projet sera positive uniquement si le rendement est supérieur à ce que les marchés financiers offrent pour des investissements qui partagent le même taux de risque. On appelle ce rendement minimal exigé le « coût du capital associé au projet ».

Ainsi, pour effectuer un choix judicieux à titre de président, vous devez examiner les rendements exigés par les investisseurs pour les valeurs qui composent l'ensemble des capitaux qui serviront à financer le projet. Vous pouvez vous servir de ces renseignements pour évaluer le coût du capital du projet ; dans ce chapitre, vous apprendrez la façon de procéder. En fait, plusieurs approches permettent d'y arriver, et toute une série de questions théoriques et pratiques s'y rattachent.

Parmi les concepts les plus importants développés dans ce chapitre, il faut retenir le coût moyen pondéré du capital (CMPC). Il s'agit du coût du capital pour l'ensemble de la société, qui représente le rendement exigé par la société dans son ensemble. Lorsqu'on parle du CMPC, il faut reconnaître qu'une société cherche normalement des sources de financement diverses et que ces opérations de financement engendrent chacune des frais particuliers.

Il faut également savoir que les impôts sont un élément important lorsqu'on doit déterminer le rendement exigé d'un investissement. En effet, il est nécessaire de toujours évaluer les flux monétaires d'un projet après impôts. Il convient donc d'examiner la façon d'incorporer les impôts de manière explicite dans le processus d'évaluation du coût du capital.

Au cours du chapitre 13, on a vu comment utiliser la courbe risque-rendement afin d'étudie[r] le rapport entre le rendement espéré d'une action et son risque systématique. On sait maintenant comment déterminer la prime de risque au moment de l'achat de titres, et ce, du point de vue des actionnaires de la société. Cette connaissance permet d'apprécier davantage les options qui s'offrent à un investisseur sur les marchés financiers.

Dans ce chapitre, on reprend les concepts reliés à la courbe risque-rendement, mais du point de vue opposé, c'est-à-dire de celui des sociétés émettrices. Il faut noter que le rendement que vous recevez lorsque vous investissez dans un titre de placement correspond au coût de ce même titre pour la société émettrice.

Le rendement exigé et le coût du capital

Lorsqu'on indique que le rendement exigé d'un investissement est de 10 %, par exemple, cela signifie en général que la VAN de l'investissement n'est positive que si le rendement est supérieur à 10 %. Le rendement exigé s'explique aussi autrement : la société émettrice doit promettre un rendement de 10 % si elle compte indemniser ses investisseurs pour l'utilisation du capital nécessaire au financement du projet. On peut donc dire également que le rendement de 10 % représente le coût du capital associé à l'investissement.

Supposons que vous devez évaluer un projet sans risque. Il est facile de déterminer le rendement exigé lorsqu'il n'y a pas de risque : il suffit d'observer les marchés financiers et de noter le taux courant qu'offrent les investissements sans risque. On utilise ensuite ce taux pour actualiser les flux monétaires du projet. Dans ce cas, le coût du capital d'un investissement sans risque correspond au taux sans risque.

Si le projet était risqué, toutefois, avec ces mêmes données, le rendement exigé serait sûrement plus élevé. Autrement dit, le coût du capital d'un projet risqué est supérieur au taux sans risque, et le taux d'actualisation sera lui aussi supérieur au taux sans risque.

Les termes « rendement exigé », « taux d'actualisation approprié » et « coût du capital » sont donc plus ou moins interchangeables puisque, comme on l'a vu dans les paragraphes précédents, ils signifient essentiellement la même chose. Ce qu'il faut retenir, c'est que le coût du capital associé à un investissement dépend du risque de celui-ci. Il s'agit d'une des leçons les plus importantes de la gestion financière, et elle mérite d'être répétée : *le coût du capital dépend d'abord et avant tout de l'utilisation des fonds et non de leur source.*

Cette règle est primordiale et on l'oublie trop souvent, préférant croire à tort que le coût du capital d'un investissement dépend surtout de la provenance du capital et des moyens employés pour l'obtenir.

La politique financière et le coût du capital

On sait déjà que chaque entreprise choisit, pour sa structure de capital, un équilibre qui lui est propre entre l'endettement et les fonds propres. C'est une variable de gestion. Au cours de ce chapitre, on supposera que la politique financière de l'entreprise est choisie de manière exogène. Entre autres, on partira toujours du principe que la société maintient un ratio fixe entre les dettes et les fonds propres. Ce ratio D/E reflète la structure du capital que vise la société en question. La prochaine section s'attarde d'ailleurs au choix de ce ratio.

On sait déjà que le coût global du capital d'une société reflète le rendement exigé de l'ensemble des actifs de l'entreprise. Puisqu'une société utilise à la fois l'endettement et les fonds propres, le coût global du capital représente donc un mélange des rendements nécessaires à l'indemnisation des créanciers et des actionnaires. Autrement dit, le coût du capital d'une société reflète à la fois le coût de l'endettement et le coût des fonds propres. Il sera question de ces deux coûts dans les sections qui suivent.

l est le principal facteur qui détermine le coût du capital d'un investissement ?

rapport y a-t-il entre le rendement exigé d'un investissement et le coût du capi-
lui est associé ?

... coût des fonds propres

Coût des fonds propres

Rendement exigé par les investisseurs pour les fonds propres investis dans une société.

Il faut d'abord répondre à la question la plus difficile en matière de coût du capital : quel est le **coût** total **des fonds propres** de la société ? C'est une question complexe, car il est impossible d'observer directement le rendement exigé par les investisseurs de capitaux pour leur investissement. Il faut en fait parvenir à l'évaluer. Cette section illustre deux approches qui permettent de déterminer le coût des fonds propres : le modèle de croissance du dividende et la courbe risque-rendement.

Le modèle de croissance du dividende

La façon la plus simple d'évaluer le coût des fonds propres est d'utiliser le modèle de croissance du dividende déjà étudié dans le chapitre 8. Il faut se rappeler que si le dividende d'une société croît à un taux constant g, on peut calculer le cours par action P_0 ainsi :

$$P_0 = \frac{D_0 \times (1+g)}{[R_E - g]} = \frac{D_1}{[R_E - g]}$$

où D_0 est le dividende qui vient d'être versé et D_1, le dividende prévu pour la prochaine période. Il faut noter que le rendement exigé de l'action est représenté par la variable R_E (E pour *equity*).

Comme on l'a vu au chapitre 8, on peut simplifier l'équation de la façon suivante pour calculer R_E :

$$R_E = (D_1/P_0) + g \qquad\qquad [14.1]$$

Puisque R_E correspond au rendement exigé par les actionnaires, il représente par la même occasion le coût des fonds propres de l'entreprise.

Un exemple pratique Afin d'évaluer R_E à partir du modèle de croissance du dividende, trois données sont bien sûr essentielles[1] : P_0, D_0 et g. S'il s'agit d'une société qui émet des actions dans le public et qui verse des dividendes, on peut observer directement les deux premières données ; elles sont donc faciles à obtenir. Seule la troisième composante, le taux de croissance anticipé des dividendes, doit être évaluée.

Supposons que Téléphone provincial, une importante société de télécommunications, versait l'année dernière un dividende de 4 $ par action. Aujourd'hui, le cours de l'action est de 60 $. On évalue que le taux de croissance du dividende sera constant, soit 6 % par année, indéfiniment. Quel est le coût des fonds propres de Téléphone provincial ? À partir du modèle de croissance du dividende, on peut calculer ainsi le dividende anticipé pour la prochaine année, soit D_1 :

$D_1 = D_0 \times (1 + g)$
$\quad = 4\,\$ \times (1{,}06)$
$\quad = 4{,}24\,\$$

Le coût des fonds propres R_E s'élève donc à :

$R_E = D_1/P_0 + g$
$\quad = 4{,}24\,\$/60\,\$ + 0{,}06$
$\quad = 13{,}07\,\%$

Ainsi, le coût des fonds propres est de 13,07 %.

---

1 Il faut noter qu'à partir de D_0 et de g, on peut calculer D_1 en multipliant D_0 par $(1 + g)$.

L'évaluation de g Afin d'utiliser le modèle de croissance du dividende, il faut d'abord pouvoir évaluer le taux de croissance *g*. Il existe essentiellement deux approches : soit s'inspirer des taux de croissance historiques, soit utiliser les taux de croissance futurs projetés par les analystes. Les projections des analystes sont disponibles auprès de bureaux de recherche des courtiers en valeurs mobilières. Bien sûr, les projections varient selon les sources; il pourrait donc s'avérer plus sage d'obtenir plusieurs projections et d'en calculer la moyenne.

On pourrait aussi observer les dividendes des cinq années précédentes, par exemple, et en calculer le taux de croissance composé. Supposons que la Société de la Baie-James présente le tableau suivant :

Année	Dividende
2001	1,10 $
2002	1,20
2003	1,35
2004	1,40
2005	1,55

Le taux de croissance composé *g* correspond au taux de croissance nécessaire pour que 1,10 $ atteigne 1,55 $ en quatre périodes.

$$1,10\,\$\,(1 + g)^4 = 1,55\,\$$$
$$1,10\,\$\,(1,55\,\$) = 0,7097 = 1/(1 + g)^4$$
$$g = 8,95\,\%$$

Si la croissance historique est instable, le taux de croissance composé dépend alors de la tranche choisie pour l'évaluation. Il est donc préférable de calculer la croissance d'année en année et d'en faire ensuite la moyenne.

Année	Dividende	Montant de l'augmentation	Pourcentage de l'augmentation
2001	1,10 $	—	—
2002	1,20	0,10 $	9,09 %
2003	1,35	0,15	12,50
2004	1,40	0,05	3,70
2005	1,55	0,15	10,71

Il faut noter qu'on a calculé ici le dividende d'année en année, pour ensuite exprimer le changement sous forme de pourcentage. Ainsi, en 2002, le dividende a augmenté de 1,10 $ à 1,20 $, soit une augmentation de 0,10 $, qui représente une augmentation de 0,10 $/1,10 = 9,09 %.

Si on calcule la moyenne des quatre taux de croissance, on obtient (9,09 + 12,50 + 3,70 + 10,71)/4 = 9 %. On pourrait donc remplacer *g*, le taux de croissance, par 9 %. Ici, on obtient sensiblement la même réponse en calculant la moyenne des taux de croissance ou le taux de croissance composé. On pourrait aussi avoir recours à des techniques raffinées de statistiques, mais elles se résument toutes à l'utilisation de données historiques sur le taux de croissance du dividende pour prédire la croissance future[2].

Une autre approche On peut également calculer *g* à partir des bénéfices non répartis (ou bénéfices réinvestis). Supposons qu'une entreprise s'attend à obtenir les mêmes revenus l'année prochaine que cette année, à moins de bénéficier d'un investissement net. Celui-ci ne sera positif que si une partie des bénéfices ne sont pas versés sous forme de dividendes. Autrement dit, il faut qu'une partie des bénéfices soient non répartis. On obtient alors l'équation suivante :

Bénéfices de l'année prochaine	=	Bénéfices de cette année	+	Bénéfices non répartis cette année	×	Rendement des bénéfices non répartis

L'augmentation des bénéfices dépend tout autant des bénéfices non répartis que du rendement des bénéfices non répartis.

---

2 Les techniques statistiques pour le calcul de *g* comprennent, entre autres, la régression linéaire, la moyenne géométrique et le lissage exponentiel.

On peut maintenant diviser les deux parties de l'équation par la somme des bénéfices de cette année :

$$\frac{\text{Bénéfices de l'année prochaine}}{\text{Bénéfices de cette année}} = \frac{\text{Bénéfices de cette année}}{\text{Bénéfices de cette année}} + \frac{\text{Bénéfices non répartis cette année}}{\text{Bénéfices de cette année}} \times \text{Rendement des bénéfices non répartis}$$

La partie gauche de l'équation correspond tout simplement à 1 + Taux de croissance des bénéfices[3], soit $1 + g$. Le ratio entre les bénéfices non répartis et les bénéfices s'appelle le **ratio de réinvestissement**. On peut donc écrire :

$1 + g = 1 + \text{Ratio de réinvestissement} \times \text{Rendement des bénéfices non répartis}$

Il est difficile pour un analyste financier de calculer le rendement espéré des bénéfices non répartis, car on ne diffuse en général jamais de renseignements sur un projet au cours de sa planification. Toutefois, on considère habituellement que les projets choisis pour l'année en cours comportent le même taux de risque et qu'ils partagent donc le même rendement espéré que les projets des années précédentes. On peut donc évaluer le rendement espéré des bénéfices retenus grâce au **rendement des fonds propres** (RFP ou ROE). Après tout, le RFP n'est rien d'autre que le rendement de la totalité du capital de l'entreprise, qui correspond lui-même au rendement de l'accumulation de tous les projets passés de l'entreprise.

On obtient alors une formule toute simple pour l'évaluation de la croissance :

$g = \text{Ratio de réinvestissement} \times \text{RFP}$

Les avantages et les désavantages de cette approche Peu importe l'approche adoptée pour le calcul de g, le principal avantage du modèle de croissance du dividende est sa simplicité. Il est en effet facile à comprendre et à utiliser. Il existe toutefois un certain nombre de problèmes et de désavantages qui lui sont reliés.

Premièrement, le modèle de croissance du dividende s'applique surtout aux sociétés qui versent des dividendes. Dans le cas de sociétés qui n'en versent aucun, on peut utiliser le modèle et évaluer g à partir du rapport bénéfices-croissance; autrement dit, on considère que des dividendes seront versés un jour. Dans les deux cas, on part du principe que le dividende augmente selon un taux constant. Comme l'illustre l'exemple précédent, toutefois, la réalité est habituellement quelque peu différente. D'une façon plus générale, le modèle ne s'applique que lorsqu'on peut s'attendre à un taux de croissance ayant une certaine stabilité.

Un autre problème concerne le coût estimé des fonds propres, qui est très sensible au taux de croissance. Une augmentation d'à peine 1 point de pourcentage, notamment, augmente le coût des fonds propres de plus d'un point. Puisqu'il faudrait également réviser D_1 à la hausse, l'augmentation totale serait en fait un peu plus élevée.

Finalement, cette approche ne tient pas compte du risque de manière explicite. Contrairement à la courbe risque-rendement (voir ci-dessous), aucun rajustement direct n'est effectué pour rendre compte du risque de l'investissement. Ainsi, on ne tient pas compte du degré de certitude ou d'incertitude du taux de croissance estimé des dividendes. Par conséquent, il est difficile de prédire si le rendement estimé dépend du taux de risque[4].

L'approche reliée à la courbe risque-rendement

Au cours du chapitre 13, il a été question de la courbe risque-rendement. On avait alors conclu que le rendement espéré ou exigé d'un investissement risqué dépendait de trois éléments :

1. Le taux sans risque R_f ;
2. La prime de risque du marché $E(R_M) - R_f$;
3. Le risque systématique de l'actif en rapport avec la moyenne, ce qu'on appelle le «coefficient bêta» ß.

Ratio de réinvestissement

Bénéfices non répartis divisés par le bénéfice net. On dit aussi «ratio de rétention».

Rendement des fonds propres (RFP ou ROE)

Bénéfice net après les intérêts et les impôts divisé par le capital moyen des actionnaires ordinaires.

---

3 La variable g représentait auparavant le taux de croissance des dividendes. Toutefois, le taux de croissance des bénéfices est égal au taux de croissance des dividendes dans ce contexte, puisqu'on part du principe que le rapport entre les dividendes et les bénéfices reste constant.

4 Le rajustement en fonction du risque est implicite, puisqu'on utilise le prix courant de l'action. Toutes choses étant égales par ailleurs, plus le risque est élevé, plus le cours de l'action est faible. Aussi, plus le cours de l'action est faible, plus le coût du capital est élevé, toutes choses étant égales par ailleurs.

À l'aide de la courbe risque-rendement, on peut formuler l'équation suivante pour le rendement espéré du capital de la société $E(R_E)$:

$$E(R_E) = R_f + \beta_E \times [E(R_M) - R_f]$$

La variable β_E correspond au coefficient bêta estimé du capital. Pour que l'approche reliée à la courbe risque-rendement corresponde au modèle de croissance du dividende, il faut éliminer l'opérateur espérance et écrire l'équation suivante pour le rendement exigé avec la courbe risque-rendement, R_E, ainsi :

$$R_E = R_f + \beta_E \times [R_M - R_f] \tag{14.2}$$

Un exemple pratique Pour utiliser la courbe risque-rendement, on a besoin d'un taux sans risque, R_f, d'une estimation de la prime de risque du marché $R_M - R_f$ et d'une estimation du coefficient bêta pertinent β_E. Dans le chapitre 12 (voir le tableau 12.3), on avait proposé une estimation de la prime de risque du marché (en fonction d'importantes actions ordinaires de sociétés canadiennes à forte capitalisation) d'environ 3,4 %. Au moment d'écrire ces lignes, les bons du Trésor de trois mois offrent environ 3,2 %, qui représenteront ici le taux sans risque. Les coefficients bêta pour les actions de sociétés ouvertes sont facilement disponibles. L'annexe 13 A montre comment calculer le coefficient bêta à partir de rendements historiques.

À titre d'illustration, on peut reprendre l'exemple de la société Bombardier présenté au chapitre 13. Le coefficient bêta était évalué à 3,37 (voir le tableau 13.10). On peut donc estimer le coût du capital de Bombardier ainsi :

$$R_{BBD} = R_f + \beta_{BBD} \times [R_M - R_f]$$
$$= 3,2\,\% + 3,37 \times (3,4\,\%)$$
$$= 14,66\,\%$$

À l'aide de la courbe risque-rendement, on calcule le coût des fonds propres de Bombardier, qui est d'environ 14,66 %.

Les avantages et les désavantages de la courbe risque-rendement Celle-ci comporte surtout deux avantages. Tout d'abord, elle permet d'effectuer des rajustements explicites en fonction du risque. Ensuite, on peut l'appliquer à des sociétés qui n'affichent pas un taux de croissance des dividendes constant. Elle peut ainsi s'avérer utile dans un plus grand nombre de contextes.

Bien sûr, il y a aussi des désavantages. La courbe risque-rendement exige l'évaluation de deux éléments, soit la prime de risque du marché et le coefficient bêta. Si les valeurs estimées sont erronées, le coût des fonds propres le sera aussi. Ainsi, la prime du marché de 3,4 % utilisée ici s'inspire d'environ 50 ans de rendements extraits d'un portefeuille d'actions donné. En choisissant un échantillon plus ou moins vaste ou en s'inspirant d'autres actions, on obtiendrait probablement des estimations bien différentes.

Finalement, comme pour le modèle de croissance du dividende, on doit se fier principalement au passé afin de prédire l'avenir lorsqu'on utilise la courbe risque-rendement. La conjoncture économique peut changer rapidement, et le passé n'est pas toujours un bon indicateur du futur. Dans le meilleur des mondes, les deux approches (le modèle de croissance du dividende et la courbe risque-rendement) seraient toutes les deux applicables et leurs résultats seraient similaires. On pourrait alors se fier aux estimations. Il serait également possible de comparer les résultats à ceux d'autres entreprises similaires afin de tester nos conclusions.

Le coût des fonds propres lors des audiences publiques sur les tarifs

Supposons qu'Hydro-province, un service public réglementé, vient tout juste d'effectuer une demande pour augmenter les taux qu'elle exige de certains de ses clients. Les autorités de réglementation utilisent, entre autres, un test qu'on nomme la règle du « rendement équitable ». Elles déterminent alors le rendement équitable du capital pour la société et ne permettent une augmentation des taux que si la société peut prouver que ses revenus ne peuvent suffire à l'obtention de ce taux équitable. Supposons qu'une société possède un capital de 100 $ et un bénéfice net de 9 $, avec un rendement de 9 %. Si le rendement équitable était de 10 %, on permettrait à la société d'augmenter son taux de façon à obtenir 1 $ de plus en bénéfices nets.

En 2003, les actions de la Banque Scotia se négociaient 61,05 $ à la Bourse de Toronto. La société avait un coefficient bêta de 1,19. La prime de risque du marché, historiquement, se situe à près de 3,4 %, et le taux sans risque était de 3,7 %. Le dernier dividende de Scotia était de 1,76 $ par action et, selon certains analystes, ce dividende devrait augmenter au taux de 8 %, indéfiniment. Quel est le coût des fonds propres de la Banque Scotia ?

On peut d'abord utiliser la courbe risque-rendement. On apprend alors que le rendement espéré d'une action ordinaire de la Banque Scotia est :

$$R_E = R_f + \beta_E \times [R_M - R_f]$$
$$= 3,7\ \% + 1,19 \times (3,4\ \%)$$
$$= 7,4\ \%$$

Selon ces calculs, le coût des fonds propres de la Banque Scotia serait de 7,40 %. On peut maintenant reprendre les calculs à l'aide du modèle de croissance du dividende. Le dividende anticipé est $D_0 \times (1 + g) = 1,76\ \$ \times (1,08) = 1,90\ \$$. Le rendement anticipé est donc :

$$R_E = D_1/P_0 + g$$
$$= 1,90\ \$/61,05\ \$ + 0,08$$
$$= 11,1\ \%$$

Lorsque l'écart entre les deux réponses est important, on recommande de choisir la méthode qui vous inspire le plus confiance. Si vos données pour la courbe risque-rendement sont plutôt fiables, cette dernière est préférable au modèle de croissance du dividende, qui ne s'applique pas nécessairement à toutes les entreprises. Et même lorsque le modèle de croissance des dividendes s'applique, l'estimation du taux de croissance à perpétuité (le taux de 8 % dans le cas présent) laisse souvent à désirer. De plus, la méthode de la courbe risque-rendement inclut implicitement une mesure du risque des fonds propres dans le calcul du bêta de l'entreprise, ce que le modèle de croissance du dividende ne fait pas. En général, il faudrait donc favoriser la méthode de la courbe risque-rendement, ce qui donnerait un rendement sur le capital de 7,4 % pour la Banque Scotia. Toutefois, comme il n'y a pas trop d'écart entre ces deux estimations, on pourrait également calculer la moyenne des résultats et fixer le coût des fonds propres de la Banque Scotia à environ 10 %.

Les autorités de réglementation déterminent le rendement équitable après avoir assisté à des présentations effectuées par la société et des associations de consommateurs. Puisqu'un rendement équitable plus élevé permet d'obtenir plus facilement une augmentation du taux, il n'est pas surprenant que les consultants engagés par les sociétés luttent pour des rendements équitables plus élevés, alors que les consultants qui représentent les associations de consommateurs essaient d'obtenir des rendements équitables plus faibles. Si vous désirez obtenir plus de détails à ce sujet, vous pouvez consulter les documents publics disponibles auprès de la Régie de l'énergie du Québec (www.regie-energie.qc.ca). Puisque le rendement équitable dépend de la conjoncture du marché financier, les consultants utilisent le modèle de croissance du dividende et la courbe risque-rendement en plus d'autres techniques.

Supposons qu'Hydro-province présente aux autorités de réglementation un coût des fonds propres de 11 %. Vous êtes consultant pour une association de consommateurs. Quelles seraient les failles que vous tenteriez de relever ?

Si vous jugez le coût des fonds propres trop élevé, vous devriez remettre en question le taux de croissance des dividendes. De plus, la prime de risque du marché utilisée avec la courbe risque-rendement est peut-être trop élevée[5]. On a pu voir au chapitre 12 que la prime de risque du marché est moins élevée lorsqu'elle est calculée à partir d'une période plus récente. Si vous savez manipuler ces modèles avec habileté et que vous restez de glace lorsqu'il faut témoigner, vous devriez peut-être songer à devenir consultant financier.

Questions théoriques

1. Que veut-on dire lorsqu'on déclare que le coût du capital d'une société est de 16 % ?
2. Nommez deux approches qui servent à estimer le coût des fonds propres.

---

5 Si vous étiez consultant pour la société, vous devriez rétorquer que, au moment d'écrire ces lignes, les obligations à long terme des services publics canadiens offraient un rendement de 6,5 %. Puisque le capital est plus risqué que les obligations, le coût du capital devrait être supérieur à 6,5 %.

14.3 Le coût de l'endettement et des actions privilégiées

En plus des actions ordinaires, les sociétés utilisent l'endettement et, dans une certaine mesure, les actions privilégiées pour financer leurs investissements. Comme on pourra le voir, il est beaucoup plus facile de calculer le coût associé à ces sources de financement que le coût des fonds propres.

Le coût de l'endettement

Coût de l'endettement

Rendement exigé par les prêteurs pour les dettes de la société.

Le **coût de l'endettement** (ou de la dette) correspond au rendement exigé par les créanciers à long terme de la société pour de nouveaux prêts. En principe, on pourrait déterminer le coefficient bêta de l'endettement de la société, pour ensuite utiliser la courbe risque-rendement afin d'estimer le rendement exigé pour la dette, tout comme on a déjà estimé le rendement exigé des fonds propres. Toutefois, cette démarche n'est pas vraiment nécessaire.

Contrairement au coût des fonds propres d'une société, le coût de l'endettement correspond au taux d'intérêt que doit verser une société pour toute nouvelle créance, taux qu'on peut toujours observer sur les marchés financiers. Par exemple, si une société possède déjà des obligations en circulation, le rendement à l'échéance de ces obligations correspond au rendement exigé du marché pour les créances de la société.

Si on apprenait que les obligations de la société étaient cotées, disons A, il suffirait alors de trouver le taux d'intérêt pour de nouvelles obligations cotées A. D'une façon ou d'une autre, il n'est nul besoin d'estimer le coefficient bêta de la créance, puisqu'on peut obtenir directement le taux recherché.

Il faut toutefois être prudent. Il est inutile ici de connaître le taux de coupon des dettes actives de la société. En effet, ce taux révèle simplement le coût de l'endettement au moment de l'émission des obligations et non le coût de l'endettement en date d'aujourd'hui[6]. C'est pourquoi il faut consulter le rendement de la dette sur le marché d'aujourd'hui. Afin de respecter les choix de variables fixés jusqu'à maintenant, le coût de l'endettement sera représenté par le symbole R_D.

Exemple 14.2 Le coût de l'endettement

Au moment d'écrire ces lignes, la société Gaz Union possédait une obligation en circulation qui devait arriver à échéance dans 22 ans. Le taux de coupon de cette obligation était de 8,65 % et n'était versé qu'une fois l'an. L'obligation se négociait à 125,19 % de sa valeur nominale, soit 125,19 $. Quel est le coût de l'endettement de Gaz Union ?

Pour répondre à cette question, il faut calculer le rendement à l'échéance (R_D) exigé par le marché pour l'obligation suivante :

$$125,19\ \$ = \sum_{t=1}^{22} 8,65\ \$/(1 + R_D)^t + 100/(1 + R_D)^{22}$$

Par tâtonnement, on trouve un rendement à l'échéance de $R = 6{,}47\ \%$. Le coût de l'endettement d'Union Gas R_D est donc de 6,47 %[7].

Le coût des actions privilégiées

Le calcul du coût d'une action privilégiée à taux fixe est assez simple. Comme on a pu le voir au cours des chapitres 7 et 8, ce type d'action privilégiée propose un dividende fixe versé chaque période, indéfiniment ; il s'agit donc essentiellement d'une perpétuité. Le coût d'une action privilégiée R_P est donc :

$$R_P = D/P_0 \tag{14.3}$$

La variable D représente le dividende fixe et P_0, le cours du marché de l'action privilégiée. Il faut noter que le coût d'une action privilégiée est tout simplement égal au rendement du dividende de cette action. Les actions privilégiées sont par ailleurs cotées sensiblement de la même façon que les obligations. Il est donc possible d'estimer le coût des actions privilégiées en consultant le rendement exigé d'actions privilégiées ayant la même cote.

---

6 Le coût de l'endettement calculé à partir de l'historique d'emprunt de la société s'appelle parfois le « coût implicite historique de la dette ».

7 Pour simplifier, on considère toujours que le coupon est annuel.

Le 28 mai 2003, le cours des actions privilégiées de Telus Communications était de 71 $, et ces actions comprenaient le versement d'un dividende annuel de 4,38 $. Quel est le coût des actions privilégiées de Telus Communications ?

Le coût des actions privilégiées est :

$R_P = D/P_0$

$= 4,38\ \$/71\ \$$

$= 6,17\ \%$

Le coût des actions privilégiées de Telus Communications semble donc être de 6,17 %.

Questions théoriques

1. Comment calcule-t-on le coût de l'endettement ?
2. Comment calcule-t-on le coût des actions privilégiées ?
3. Pourquoi le taux de coupon ne représenterait-il pas une estimation valable du coût de l'endettement d'une société ?

14.4 Le coût moyen pondéré du capital

Après avoir obtenu les coûts associés aux principales sources de capital d'une société, il reste encore à examiner la structure de son capital. Comme on l'a déjà mentionné, on considère que cette combinaison est valable pour une année.

Lorsqu'on a recours au coût moyen pondéré du capital (CMPC) pour un projet, on considère, entre autres, que le financement est obtenu dans les proportions optimales. Ainsi, si la proportion optimale de l'endettement est de 25 %, une société qui aurait réuni 100 millions de dollars aurait obtenu 25 millions de dollars par endettement et 75 millions de dollars en actions ordinaires et privilégiées. Dans les faits, la société éviterait de réunir ces fonds simultanément et n'émettrait pas à la fois des dettes et des fonds propres. La société choisirait plutôt d'émettre uniquement des dettes ou uniquement des fonds propres, ce qui, au moment de l'émission, aurait pour effet de déséquilibrer le ratio optimal de l'endettement. Le fait d'émettre ainsi un seul type de titre et de déséquilibrer temporairement les proportions optimales est sans danger si les émissions suivantes permettent de ramener la société au ratio optimal qu'elle recherche. Autrement dit, les proportions de la structure du capital d'une société peuvent fluctuer quelque peu pour une période donnée, mais il faut toujours utiliser les proportions visées lorsqu'on calcule le CMPC.

Au chapitre 3, on a vu que les analystes financiers s'intéressent fréquemment à la capitalisation totale d'une société, c'est-à-dire à la somme des dettes à long terme et des fonds propres. Il faut noter qu'on ignore souvent le passif à court terme lorsqu'il s'agit de déterminer le coût du capital. Certains éléments du passif à court terme tels que les comptes fournisseurs et les salaires payables anticipés augmentent automatiquement avec l'accroissement des ventes et sont déjà intégrés aux flux monétaires estimés. On les ignore donc lorsqu'on calcule le coût du capital afin d'éviter la double comptabilisation. On exclut également d'autres éléments de passif courant comme les emprunts bancaires à court terme, car ils ne servent qu'à satisfaire des besoins saisonniers et ne font pas partie de la structure permanente du capital[8].

Les proportions de la structure du capital

On utilise le symbole E (pour « capital », *equity* en anglais) afin de représenter la valeur marchande du capital d'une société. Pour calculer la valeur marchande du capital, il faut multiplier le nombre d'actions en circulation par le cours par action. La variable D (pour dette) représente quant à elle la valeur marchande des dettes d'une société. Pour calculer les dettes à long terme, on doit multiplier le cours du marché d'une obligation par le nombre d'obligations en circulation.

---

8 Si une société a recours à des emprunts à court terme comme source de financement permanent, on pourrait alors inclure leur coût dans le calcul du coût de l'endettement.

Lorsqu'il y a émission de plusieurs obligations (ce qui est généralement le cas), il faut répéter ce même calcul et additionner les résultats. S'il existe une dette qui n'est pas négociée publiquement (une dette investie en privé auprès d'une société d'assurances, par exemple), il faut alors trouver le rendement de dettes similaires émises dans le public et estimer la valeur marchande de la dette privée en utilisant ce rendement comme taux d'actualisation.

Enfin, on utilise la variable V (pour «valeur») afin de représenter la valeur marchande combinée de la dette et du capital :

$$V = E + D \qquad\qquad [14.4]$$

Si on divise les deux membres de l'équation par V, on peut alors calculer les pourcentages du capital réservés à l'endettement et aux fonds propres :

$$100\% = E/V + D/V \qquad\qquad [14.5]$$

On peut interpréter ces pourcentages de la même façon que les poids des portefeuilles. On les appelle d'ailleurs souvent les «poids de la structure du capital».

À titre d'exemple, si la valeur marchande totale des actions d'une société était de 200 millions de dollars et que la valeur marchande totale de l'endettement de la société était de 50 millions de dollars, la valeur combinée serait de 250 millions de dollars. À partir de ce total, E/V = 200 millions de dollars/250 millions de dollars = 0,80 ou 80 %. Le capital représente donc 80 % du financement de la société et les dettes, 20 %.

Il est important de bien utiliser les valeurs marchandes de l'endettement et des fonds propres. Dans certains cas, s'il s'agit d'une société privée, par exemple, il peut être impossible d'obtenir une évaluation fiable de ces données. Même lorsqu'il s'agit de sociétés ayant des actions émises dans le public, il est parfois difficile d'obtenir les poids de la valeur marchande. Si le cours des actions ou des obligations varie de façon importante, les poids de la valeur marchande peuvent fluctuer suffisamment pour que le **coût moyen pondéré du capital** (CMPC) soit sérieusement affecté, même au cours d'un seul week-end. À vrai dire, puisque les praticiens éprouvent certaines de ces difficultés lorsqu'ils calculent le CMPC à partir des poids de la valeur marchande, les valeurs aux livres offrent en général la solution de rechange la plus acceptable.

L'impôt et le coût moyen pondéré du capital

Il reste encore un élément relatif au CMPC qu'il faut discuter. Le résultat obtenu précédemment représente en fait un CMPC non rajusté, parce qu'il ne tient pas compte des impôts. Comme il faut toujours calculer les flux monétaires après impôts, il faut également, pour être conséquent, déterminer le taux d'actualisation de ces flux monétaires.

Comme on a pu le voir tout au long de ce manuel (et comme on pourra le voir à nouveau un peu plus loin), les intérêts que verse une société sont déductibles d'impôts. Les versements aux actionnaires tels les dividendes ne le sont pas. En termes pratiques, cela signifie que le gouvernement paie une partie des intérêts lorsqu'il s'agit de sociétés qui s'attendent à un revenu taxable positif. Ainsi, lorsqu'on détermine le taux d'actualisation après impôts, il faut distinguer entre le coût de l'endettement avant et après impôts.

Supposons qu'une société emprunte 1 million de dollars à un taux d'intérêt de 9 %. Le taux d'imposition des sociétés est de 40 %. Quel est le taux d'intérêt après impôts pour ce prêt ? Le total des intérêts serait de 90 000 $ par année. Cette somme est déductible, toutefois, ce qui diminue la facture fiscale de $0,40 \times 90\,000\,\$ = 36\,000\,\$$. Le total des intérêts après impôts est donc 90 000 $ – 36 000 $ = 54 000 $. Le taux d'intérêt après impôts est 54 000 $/1 million de dollars = 5,4 %.

En général, le taux d'intérêt après impôts correspond tout simplement au taux avant impôts multiplié par 1, moins le taux d'imposition. Par exemple, en reprenant les mêmes chiffres, on peut calculer ainsi le taux d'intérêt après impôts : $9\% \times (1 - 0,40) = 5,4\%$.

Si on utilise la variable T_C pour représenter le taux d'imposition des corporations, on peut alors exprimer ainsi le taux d'imposition utilisé dans les calculs du CMPC : $R_D \times (1 - T_C)$. Lorsqu'on tient compte de l'effet des impôts, la formule du CMPC devient donc :

$$\text{CMPC} = (E/V) \times R_E + (D/V) \times R_D \times (1 - T_C) \qquad\qquad [14.6]$$

Désormais, le CMPC sera toujours considéré comme étant «après impôts».

Le CMPC est assez facile à interpréter. Il s'agit du rendement global que la société doit viser pour ses actifs afin de maintenir la valeur de ses actions. Le CMPC représente également

Coût moyen pondéré du capital (CMPC)

Moyenne pondérée des coûts de l'endettement et des fonds propres.

le rendement exigé pour tout investissement envisagé par la société et comportant essentielle-ment les mêmes risques que les activités en cours. Si on évaluait les flux monétaires d'une propo-sition d'expansion des activités en cours, c'est ce taux d'actualisation qu'il faudrait utiliser.

Exemple 14.4 Le calcul du coût moyen pondéré du capital

La société Kaduk possède 1,4 million d'actions en circulation. Les actions s'échangent actuellement 20 $ chacune. La dette de la société négociée sur les marchés était récemment cotée à 93 % de sa valeur nominale. La valeur nominale totale est de 5 millions de dollars et le rendement à échéance, de 11 %. Le taux sans risque est de 8 % et la prime de risque du marché, de 7 %. Vous estimez que le coefficient bêta de Kaduk est de 0,74. Si le taux d'imposition des sociétés est de 40 %, quel est le CMPC de Kaduk ?

On peut d'abord déterminer le coût des fonds propres et le coût de l'endettement. En se servant de la courbe risque-rendement, on obtient un coût des fonds propres de 8 % + 0,74 × 8 % = 10,52 %. La valeur totale des fonds propres est de 1,4 million d'actions × 20 $ = 28 millions de dollars. Le coût avant impôts de l'endettement correspond au rendement à l'échéance courant des dettes en circulation, soit 11 %. Les dettes se négocient à 93 % de leur valeur nominale ;

la valeur marchande actuelle de l'endettement est donc 0,93 × 5 millions de dollars = 4,65 millions de dollars. La valeur marchande totale des fonds propres et de l'endette-ment est 28 millions de dollars + 4,65 millions de dollars = 32,65 millions de dollars.

On peut maintenant calculer le CMPC assez facilement. Le pourcentage du financement de Kaduk réservé aux fonds propres est 28 millions de dollars/32,65 millions de dollars = 0,8576 ou 85,76 %. Puisque la somme des poids doit être de 1, le poids de la dette est 1 − 0,8576 = 0,1424 ou 14,24 %. Le CMPC est donc :

$$CMPC = (E/V) \times R_E + (D/V) \times R_D \times (1 - T_C)$$
$$= 0,8576 \times 10,52\% + 0,1424 \times 11\% \times (1 - 0,40)$$
$$= 9,11\%$$

Le coût moyen pondéré du capital de Kaduk est donc de 9,11 %.

La résolution du problème de l'entrepôt et de problèmes similaires de décisions d'investissement

On peut maintenant utiliser le CMPC pour résoudre le problème de l'entrepôt posé en début de chapitre. Toutefois, avant d'actualiser les flux monétaires au moyen du CMPC afin d'éva-luer la valeur actualisée nette (VAN) du projet d'investissement, il faut s'assurer qu'on utilise la bonne méthode.

Si on se fie aux tout premiers principes, on doit trouver une autre solution dans les marchés financiers qui soit comparable à la rénovation de l'entrepôt. Pour être comparable, toute solu-tion de rechange doit comporter le même risque que le projet d'entrepôt. On dit des projets qui comportent les mêmes risques qu'ils sont dans la même classe de risque.

Le CMPC d'une société reflète le risque et la structure du capital souhaitée pour la globa-lité des actifs courants de la société. Par conséquent, en termes stricts, le CMPC d'une société correspond au taux d'actualisation approprié uniquement si l'investissement proposé reproduit exactement les activités d'exploitation de l'entreprise.

D'une manière plus générale, on pourra avoir recours au CMPC de la société pour évaluer le projet d'entrepôt si celui-ci se situe dans la même classe de risque que la société. On consi-dère ici que le projet fait partie intégrante des affaires globales de la société. Dans de tels cas, il est logique de croire que les économies de coûts sont aussi risquées que les flux monétaires ordi-naires de la société et que le projet se situe donc dans la même classe de risque que la société prise dans son ensemble. D'une manière plus générale, on considère souvent que les projets de ce type, intimement liés aux activités d'une entreprise, sont dans la même classe de risque que l'ensemble de la société.

On peut maintenant aider le président à prendre sa décision. Supposons que le ratio dette/fonds propres (D/E) visé par la société est de 1/3. Dans ce cas, E/V correspond à 0,75 et D/V à 0,25. Le coût de l'endettement est de 10 % et le coût des fonds propres, de 20 %. Si le taux d'imposition est de 40 %, le CMPC est alors :

$$\text{CMPC} = (E/V) \times R_E + (D/V) \times R_D \times (1 - T_C)$$
$$= 0,75 \times 20\,\% + 0,25 \times 10\,\% \times (1 - 0,40)$$
$$= 16,5\,\%$$

Il faut se rappeler que le projet d'entrepôt coûtait 50 millions de dollars et que les flux monétaires après impôts (l'économie de coûts) espérés étaient de 12 millions de dollars par année. La VAN est donc :

$$\text{VAN} = -50\,\$ + 12\,\$/(1 + \text{CMPC})^1 + \ldots + 12\,\$/(1 + \text{CMPC})^6$$

Puisque les flux monétaires représentent une annuité de fin de période, on peut calculer la VAN en substituant 16,5 % (le CMPC) au taux d'actualisation comme suit :

$$\text{VAN} = -50\,\$ + 12\,\$ \times [1 - (1/(1 + 0,165)^6)]/0,165$$
$$= -50\,\$ + 12\,\$ \times 3,6365$$
$$= -6,36\,\$$$

La société devrait-elle entreprendre les travaux de rénovation de l'entrepôt ? La VAN du projet est négative si on se fie au CMPC de la société. Cela signifie que les marchés financiers offrent des projets supérieurs dans la même classe de risque (c'est-à-dire la société elle-même). La réponse est claire : il faut rejeter le projet.

À titre de référence, le tableau 14.1 offre une récapitulation des éléments clés du CMPC.

Tableau 14.1 Récapitulation des calculs du coût du capital

Le coût des fonds propres, R_E

❑ Le modèle de croissance du dividende (voir le chapitre 8) :

$R_E = D_1/P_0 + g$,

où D_1 représente le dividende prévu pour la prochaine période, g, le taux de croissance du dividende et P_0, le cours actuel par action.

❑ La méthode de la courbe risque-rendement (voir le chapitre 13) :

$R_E = R_f + (R_M - R_f) \times \beta_E$,

où R_f symbolise le taux sans risque, R_M, le rendement espéré sur le marché dans son ensemble et β_E, le niveau de risque systématique des fonds propres.

Le coût de l'endettement, R_D

❑ Dans le cas d'une entreprise ayant émis des titres de créance dans le public, le coût de l'endettement se mesure d'après le rendement à l'échéance des titres en circulation. Le taux de coupon cesse alors d'être pertinent. La question du rendement à l'échéance (RAÉ) est traitée au chapitre 7.

❑ Lorsqu'une entreprise ne possède pas de dette négociée dans le public, le coût de l'endettement se calcule d'après le rendement à l'échéance d'obligations ayant la même cote. Il est question de la cotation des obligations au chapitre 7.

Le coût moyen pondéré du capital

❑ Le coût moyen pondéré du capital (CMPC) d'une entreprise correspond au total du rendement exigé de cette société dans son ensemble. Il s'agit du taux d'actualisation approprié pour les flux monétaires qui présentent le même risque que l'ensemble de l'entreprise.

❑ On calcule le coût moyen pondéré du capital comme suit :

$\text{CMPC} = E/V \times R_E + D/V \times R_D \times (1 - T_C)$,

où T_C désigne le taux d'imposition de la société, E, la valeur marchande de ses fonds propres, D, la valeur marchande de sa dette et $V = E + D$. Remarquez que E/V est le pourcentage de financement de la société (en ce qui concerne la valeur marchande) qui correspond aux fonds propres et D/V, le pourcentage qui correspond à la dette.

Exemple **14.5** La mise en pratique du coût moyen pondéré du capital

Une société envisage un projet qui permettrait d'épargner 5 millions de dollars en espèces à la fin de la première année. Cette épargne augmenterait de 5 % par année. Le ratio dette-fonds propres de la société est de 0,5, le coût des fonds propres est de 29,2 % et le coût de l'endettement est de 10 %. Le projet est étroitement lié au secteur d'activité de la société ; on considère ainsi qu'il comporte un risque équivalent à celui de la société dans son ensemble. La société devrait-elle entreprendre ce projet ?

Si le taux d'imposition est de 40 %, la société devrait entreprendre le projet si son coût est inférieur à 30,36 millions de dollars. Pour le savoir, il faut d'abord trouver la valeur actualisée ainsi :

VA = 5 millions de dollars/[CMPC − 0,05]

Il s'agit ici d'une perpétuité croissante, comme on a pu le voir au chapitre 8. Le CMPC est :

$$CMPC = (E/V) \times R_E + (D/V) \times R_D \times (1 - T_C)$$
$$= 2/3 \times 29,2\% + 1/3 \times 10\% \times (1 - 0,40)$$
$$= 21,47\%$$

La VA est donc :

VA = 5 millions de dollars/[0,2147 − 0,05]
= 30,36 millions de dollars

La VAN n'est positive que si le coût est inférieur à 30,36 millions de dollars.

Questions théoriques

1. Comment calcule-t-on le CMPC ?
2. Pourquoi multiplie-t-on le coût de l'endettement par $(1 - T_C)$ lorsqu'on calcule le CMPC ?
3. Quand peut-on calculer la VAN à partir du CMPC ?

L'évaluation du rendement : un autre usage du coût moyen pondéré du capital

Si on reprend l'exemple de la société Alcan Inc. présenté au début du chapitre, on peut trouver une autre utilisation du CMPC, soit l'évaluation du rendement. L'approche la plus connue en ce domaine est sans doute la valeur économique ajoutée (VÉA), également appelée la « contribution à la valeur économique », méthode élaborée par Stern Stewart and Co. Parmi les sociétés américaines qui ont recours à la VÉA pour évaluer leur rendement, on trouve AT&T, Coca-Cola et Quaker Oats. Au Canada, un récent sondage de l'ICCA indique que 45 % des sociétés ouvertes et 27 % des sociétés privées utilisent une forme ou une autre d'analyse par VÉA[9], dont Cogeco, Domtar et les Jouets Grand.

Bien que les détails diffèrent, le principe de base de la VÉA et de stratégies similaires est assez simple. Supposons que vous avez 100 millions de dollars en capital (sous forme de dettes ou fonds propres) en circulation et que votre CMPC est de 12 %. En multipliant ces données entre elles, vous obtenez 12 millions de dollars. Comme on a pu le voir au chapitre 2, si les flux monétaires de ces actifs sont inférieurs à cette somme, on pourrait dire, d'une certaine façon, que vous détruisez de la valeur. Si les flux monétaires de ces actifs sont supérieurs à 12 millions de dollars, vous créez de la valeur.

Outre le fait d'évaluer le rendement des employés et de la direction, on utilise la VÉA pour rechercher des actions sous-évaluées. Le Corporate Renaissance Group d'Ottawa calcule sa version de la VÉA et la compare ensuite au rendement du cours des actions. Lorsque la VÉA est élevée et que le rendement est faible, on s'attend à ce que le cours des actions se redresse. En 2002, le Corporate Renaissance Group jugeait que la valeur marchande de Cognos Inc., Dupont Canada Inc. et Wescast Industries Inc. était sous-évaluée, selon la VÉA.

Dans la pratique, de telles stratégies souffrent de certains problèmes d'implantation, du moins en partie. Ainsi, il semble que les sociétés telle Corporate Renaissance Group utilisent largement les valeurs aux livres de la dette et des fonds propres pour calculer le coût du capital. Malgré

---

9 Le tour d'horizon des applications canadiennes de la VÉA s'inspire de S. NORTHFIELD, « A New Way to Measure Wealth », *The Globe and Mail,* 13 juin 1998, page B22, et de V. JOG, « Value Creation and the Credibility of Financial Reporting in Canada », *Canadian Investment Review,* automne 2002, p. 12-20. Nous en parlerons plus en détail dans l'annexe 14 B.

tout, en portant surtout sur la création de valeur, les méthodes d'évaluation qui s'inspirent du CMPC forcent les employés et la direction à s'en tenir à l'essentiel : l'augmentation du cours des actions.

14.5 Le coût du capital par projet ou par division

Comme on a pu le voir, on ne peut utiliser le CMPC à titre de taux d'actualisation pour des flux monétaires futurs que lorsque l'investissement proposé est du même type que les activités courantes de la société. Bien que cette utilisation impose certaines limites, celles-ci ne sont pas aussi sévères qu'on pourrait le croire. Si vous étiez propriétaire d'une chaîne de pizzerias, par exemple, et que vous songiez à ouvrir une nouvelle succursale, vous devriez avoir recours au CMPC. Il en serait de même pour un détaillant qui songerait à ouvrir une nouvelle boutique, un fabricant qui souhaiterait élargir sa production ou une société de produits de consommation à la recherche de nouveaux marchés.

Toutefois, bien que le CMPC soit un point de repère très utile, il existe des situations où les flux monétaires à l'étude comportent des risques bien différents de ceux de la société dans son ensemble. C'est ce dont il sera question ici.

La courbe risque-rendement et le coût moyen pondéré du capital

Lorsqu'on évalue des investissements dont les risques sont plutôt différents de ceux de l'ensemble de l'entreprise, le recours au CMPC peut éventuellement fausser la prise de décision. La figure 14.1 en illustre la raison.

La figure 14.1 propose le graphique de la courbe risque-rendement pour un taux d'intérêt sans risque de 7 % et une prime de risque du marché de 8 %. Afin de simplifier, on parle ici d'une société entièrement financée par fonds propres dont le bêta est de 1. Tel qu'indiqué, le

Figure 14.1

La courbe risque-rendement et le coût moyen pondéré du capital

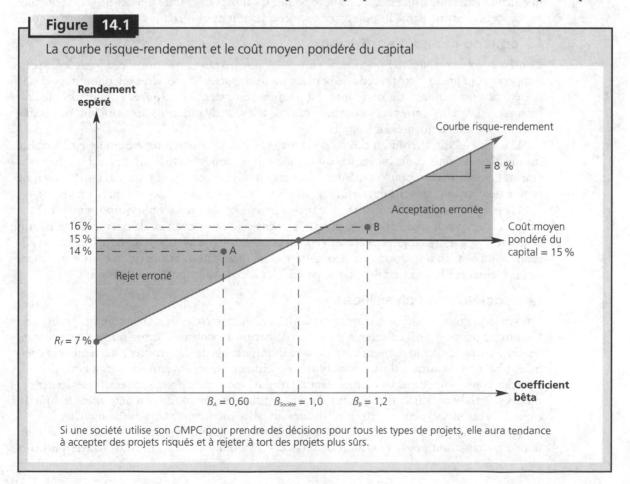

Si une société utilise son CMPC pour prendre des décisions pour tous les types de projets, elle aura tendance à accepter des projets risqués et à rejeter à tort des projets plus sûrs.

CMPC et le coût des fonds propres correspondent exactement à 15 % pour cette société, puisqu'il n'y a aucun endettement.

Supposons que votre société utilise le CMPC pour évaluer tous les investissements. Autrement dit, tout investissement dont le rendement est supérieur à 15 % est accepté, et tout investissement dont le rendement est inférieur à 15 % est rejeté. On sait déjà, grâce à l'étude du risque et du rendement, que pour être profitable, un investissement doit produire un graphique dont les points se situent au-dessus de la courbe risque-rendement. Comme l'illustre la figure 14.1, si la société a recours au CMPC pour évaluer tous les projets, elle pourrait accepter des projets risqués et rejeter à tort des projets plutôt sûrs.

À titre d'exemple, on peut s'attarder au point A. Ce projet a un coefficient bêta de 0,6 par rapport à un coefficient bêta de 1,0 pour la société. Le rendement espéré est de 14 %. L'investissement est-il souhaitable ? La réponse est oui, parce que le rendement exigé n'est que :

$$\text{Rendement exigé} = R_f + \beta \times (R_M - R_f)$$
$$= 7\% + 0,60 \times 8\%$$
$$= 11,8\%$$

Toutefois, si on utilise le CMPC comme critère de décision, le projet sera rejeté, car le rendement est inférieur à 15 %. Cet exemple illustre clairement qu'une société qui retient le CMPC comme critère de décision aura tendance à rejeter des projets profitables dont le risque est moindre que celui de la société dans son ensemble.

À l'opposé, on peut maintenant regarder de plus près le point B. Ce projet offre un rendement de 16 %, ce qui dépasse le coût du capital de la société. Il ne s'agit toutefois pas d'un bon investissement, car le rendement est inadéquat si on considère le risque systématique. Il semble pourtant très attrayant lorsqu'on l'évalue à l'aide du CMPC. Il y a donc une deuxième erreur possible : lorsqu'on choisit le CMPC comme critère de décision, on peut tout aussi bien effectuer des investissements non profitables dont le risque est supérieur à celui de l'entreprise. Par conséquent, au fil du temps, une société qui opte pour le CMPC pour évaluer tous les projets a tendance à accepter des investissements non profitables et à devenir de plus en plus une entreprise risquée.

Le coût du capital des divisions

Le même problème surgit lorsqu'une société qui évolue dans plusieurs domaines adopte le CMPC. Supposons qu'une société possède deux divisions : une société de services téléphoniques et une société de communications de pointe. La première est assez peu risquée, et la deuxième l'est bien plus. De telles entreprises dont les activités relèvent de plusieurs secteurs industriels différents sont très fréquentes au Canada.

Dans un tel cas, le coût du capital de la société considérée dans son ensemble est en réalité un mélange de deux coûts du capital différents, soit un coût par division. Si les deux divisions étaient en concurrence pour les mêmes ressources et que la société avait un seul CMPC comme critère de décision, laquelle des deux divisions recevrait les plus grosses sommes à investir ?

C'est à la division la plus risquée que reviendraient les sommes les plus importantes, car elle offrirait les meilleurs rendements (bien que le risque soit plus élevé). La deuxième division, sans doute moins prestigieuse, permettrait cependant de réaliser davantage de bénéfices, mais elle serait ignorée. Certaines sociétés d'envergure évoluant au Canada et aux États-Unis connaissent ce problème, et plusieurs essaient donc de calculer le coût du capital par division.

Les sociétés non diversifiées

On sait déjà que l'application erronée du CMPC d'une société peut causer certains problèmes. Comment peut-on alors calculer le taux d'actualisation approprié ? Puisqu'on ne peut observer les rendements de ces investissements, il est alors impossible de déterminer directement le coefficient bêta, entre autres. Il faut donc plutôt examiner d'autres investissements à l'extérieur de la société qui comportent les mêmes risques que l'investissement envisagé et utiliser les rendements exigés du marché à titre de taux d'actualisation. Autrement dit, on détermine le coût du capital de ces investissements en trouvant des investissements similaires sur le marché.

On peut maintenant reprendre l'exemple précédent. Supposons qu'on souhaite trouver un taux d'actualisation pour la division de services téléphoniques. On pourrait trouver plusieurs autres sociétés de services téléphoniques dont les actions sont négociées sur les marchés. Il serait alors possible de découvrir qu'une société de services téléphoniques modèle offre un coefficient bêta de 0,40, une dette cotée AA et une structure du capital d'environ 50 % de dettes et 50 % de fonds propres. À partir de ces renseignements, on pourrait déterminer un CMPC pour une société de services téléphoniques type et l'utiliser comme taux d'actualisation.

Si on songeait maintenant à se lancer dans un nouveau secteur d'activité, on pourrait aussi tenter de calculer le coût du capital en observant les rendements exigés du marché pour des sociétés qui évoluent déjà dans le secteur. Une société qui exploite un seul secteur d'activité est qualifiée de « non diversifiée ». Ainsi, si vous vouliez parier sur le prix du pétrole brut en achetant des actions ordinaires, il vous faudrait chercher à reconnaître les sociétés dont les activités portent exclusivement sur ce produit, car elles ressentiraient beaucoup plus l'effet de la fluctuation des prix du pétrole.

On cherche donc ici à trouver des sociétés qui se limitent le plus possible au type de projet à l'étude. On parle alors de l'**approche relative aux sociétés non diversifiées** pour l'évaluation du rendement exigé.

L'approche relative aux sociétés non diversifiées est utile également lorsqu'il faut trouver le rendement équitable d'un service public. Si on reprend l'exemple au sujet d'Hydro-province, on pourrait utiliser l'approche relative aux sociétés non diversifiées si Hydro-province n'était pas une société ouverte. Puisque la plupart des producteurs d'électricité au Canada sont des sociétés de la Couronne, les consultants de part et d'autre se basent donc sur des sociétés de services téléphoniques canadiennes et américaines comme points de comparaison.

Au chapitre 3, on a vu comment reconnaître des sociétés similaires afin de pouvoir effectuer des comparaisons. Les problèmes qu'on a alors posés se retrouvent ici. Tout d'abord, il est possible qu'on ne puisse trouver de société appropriée. Dans ce cas, comment peut-on déterminer un taux d'actualisation approprié en toute objectivité ? De plus, il est toujours possible de trouver une société comparable, mais dont la structure du capital est différente. Dans ce cas, il faut corriger le coefficient bêta pour calculer l'effet de levier. L'annexe 14 A, qui traite de la valeur actualisée nette ajustée (VANA), explique la marche à suivre[10]. Il est important d'être conscient du problème afin de réduire la possibilité d'erreurs provoquées par l'utilisation du CMPC comme limite pour tous les investissements.

L'approche subjective

En raison de la difficulté d'établir avec objectivité les taux d'actualisation pour des projets individuels, les sociétés décident parfois de corriger de manière subjective le CMPC. Supposons que le CMPC d'une société est de 14 %. On divise les projets proposés en quatre catégories :

Catégorie	Exemples	Facteur de rajustement	Taux d'actualisation
Risque élevé	Nouveaux produits	+6 %	20 %
Risque moyen	Économie de coûts, accroissement de la gamme de produits	+0	14
Risque faible	Remplacement de l'équipement	−4	10
Obligatoire	Équipement de contrôle de la pollution	sans objet	sans objet

À l'aide de cette division élémentaire, on considère que tous les projets font partie d'une des trois catégories de risque ou qu'ils sont obligatoires, au choix. Dans ce dernier cas, le coût du capital n'a aucune importance, puisque le projet doit être entrepris. Il peut s'agir, par exemple, de projets de sécurité pour les travailleurs ou de contrôle de la pollution. Avec l'approche subjective, le CMPC de la société peut changer au fil du temps, selon les fluctuations de la conjoncture économique. Au fur et à mesure que la conjoncture se modifie, les taux d'actualisation des divers projets changent eux aussi.

Au sein de chaque catégorie de risque, certains projets devraient à leur tour comporter plus ou moins de risque, et il est toujours possible de prendre une mauvaise décision (voir la figure 14.2). Si on compare les figures 14.1 et 14.2, on remarque les mêmes types de problèmes, mais

---

10 On peut aussi calculer un coefficient bêta comptable à l'aide d'une formule qui permet de le transformer en une fonction de ratio financier de la société.

Approche relative aux sociétés non diversifiées
Utilisation d'un CMPC propre à un projet donné.

l'importance des erreurs éventuelles est moindre avec l'approche subjective. Ainsi, le projet A serait accepté si on utilisait le CMPC, mais il serait rejeté une fois placé dans la catégorie des investissements à risque élevé. On peut donc voir qu'il est sans doute préférable d'effectuer un rajustement du risque, même s'il est évalué à l'aide d'une approche subjective.

Figure 14.2

La courbe risque-rendement — l'approche subjective

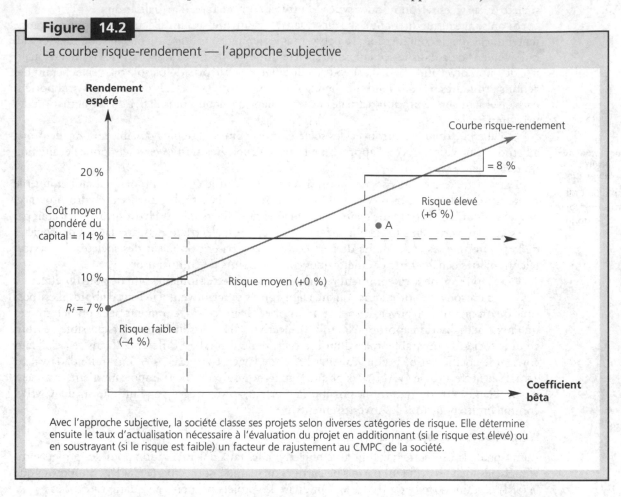

Avec l'approche subjective, la société classe ses projets selon diverses catégories de risque. Elle détermine ensuite le taux d'actualisation nécessaire à l'évaluation du projet en additionnant (si le risque est élevé) ou en soustrayant (si le risque est faible) un facteur de rajustement au CMPC de la société.

En principe, il vaudrait mieux déterminer séparément le rendement exigé objectivement pour chaque projet. Toutefois, d'un point de vue purement pratique, il peut être impossible d'aller au-delà d'une série de rajustements subjectifs, soit parce que l'information nécessaire n'est pas disponible, soit parce que les coûts et l'effort nécessaires au calcul n'en vaudraient tout simplement pas la peine.

Questions théoriques

1. Quelles sont les conséquences possibles de l'utilisation du CMPC pour évaluer tous les investissements envisagés par une société ?
2. Qu'est-ce que l'approche relative aux sociétés non diversifiées en ce qui concerne l'évaluation du taux d'actualisation ? Quand est-elle appropriée ?

14.6 Les frais d'émission et le coût moyen pondéré du capital

Cette étude du coût moyen pondéré du capital n'a pour l'instant pas encore traité des frais d'émission. Si une société accepte un nouveau projet, elle choisira peut-être d'émettre de nouvelles obligations ou de nouvelles actions. Pour ce faire, la société doit assumer certains frais qu'on nomme les «frais d'émission». La nature et l'importance des frais d'émission font l'objet d'une étude plus détaillée au chapitre 15.

On suggère parfois de rajuster le CMPC de la société à la hausse afin de tenir compte des frais d'émission. Ce n'est toutefois pas la meilleure approche, car, de nouveau, le rendement exigé d'un investissement dépend du risque de l'investissement et non de la source elle-même du financement. Cela ne veut pas dire qu'on doit tout simplement ignorer les frais d'émission. Puisque ceux-ci sont une conséquence directe du projet, il s'agit de flux monétaires pertinents. Il faut donc les inclure lorsqu'on analyse un projet.

L'approche de base

Voici tout d'abord un exemple assez simple. Le coût des fonds propres de la société Sorel, une société entièrement financée grâce aux fonds propres, est de 20 %. Puisque la société est financée à 100 % par des fonds propres, le CMPC est égal au coût des fonds propres. Sorel envisage une expansion majeure de ses activités de 100 millions de dollars. Pour financer l'expansion, elle songe à vendre de nouvelles actions.

Après avoir discuté avec ses courtiers en valeurs mobilières, Sorel croit que les frais d'émission seront de l'ordre de 10 % du montant émis. Autrement dit, les bénéfices de la vente de capital-actions seraient uniquement de 90 % du montant de la vente. Lorsqu'on tient compte des frais d'émission, quel est le véritable coût de l'expansion ?

Comme on pourra le voir au chapitre 15, Sorel a besoin de vendre suffisamment de capital-actions pour obtenir 100 millions de dollars après avoir couvert les frais d'émission. En d'autres termes :

100 millions de dollars = (1 − 0,10) × Montant obtenu

Montant obtenu = 100 millions de dollars/0,90 = 111,11 millions de dollars

Les frais d'émission de Sorel sont donc de 11,11 millions de dollars, et le coût véritable de l'expansion de 111,11 millions de dollars, une fois inclus les frais d'émission.

La situation est à peine plus complexe si la société utilise à la fois l'endettement et les fonds propres. Supposons que la structure du capital envisagée par Sorel est de 60 % de fonds propres et de 40 % de dettes. Les frais d'émission des fonds propres sont de 10 %, mais les frais d'émission de la dette sont moindres, soit 5 %.

Précédemment, lorsque le coût de l'endettement et le coût des fonds propres étaient différents, on avait calculé le CMPC à partir des poids de la structure du capital visé. On peut faire ici essentiellement la même chose. En effet, on peut calculer les frais moyens pondérés de l'émission f_A en multipliant les frais d'émission des fonds propres f_E par le pourcentage de fonds propres (E/V) et les frais d'émission de la dette f_D par le pourcentage de dette (D/V) et en calculant ensuite la somme des résultats :

$$f_A = (E/V) \times f_E + (D/V) \times f_D \qquad [14.7]$$
$$= 60\% \times 0,10 + 40\% \times 0,05$$
$$= 8\%$$

Les frais moyens pondérés d'émission sont donc de 8 %. En d'autres mots, pour chaque dollar exigé par le projet en financement externe, la société doit obtenir 1 $(1 − 0,08) = 1,087 $. Dans l'exemple qui précède, le coût du projet est de 100 millions de dollars si on ignore les frais d'émission. Si on les inclut, le coût véritable est 100 millions de dollars/$(1 − f_A)$ = 100 millions de dollars/0,92 = 108,7 millions de dollars.

Lorsqu'elle tient compte des frais d'émission, la société doit user de prudence afin d'éviter de choisir les mauvaises proportions. La société doit utiliser les poids visés, même si elle peut financer entièrement le projet soit avec des dettes, soit avec des fonds propres. Qu'une société puisse choisir de financer un projet donné par l'endettement ou les fonds propres n'a pas ici d'importance véritable. Si le ratio dette-fonds propres souhaité par une société est de 1, par exemple, mais qu'elle choisit de financer un projet donné uniquement par l'endettement, elle devra trouver des fonds propres additionnels un peu plus tard afin de maintenir son ratio dette-fonds propres. Afin de rendre compte de ce qui précède, la société devrait toujours utiliser les poids visés lorsqu'elle calcule les frais d'émission[11].

---

11 Puisque les frais d'émission peuvent être amortis au moment des calculs fiscaux, on doit faire les rajustements en fonction des impôts (voir l'annexe 14 A).

La structure du capital de la société Vincent est de 80 % de fonds propres et de 20 % d'endettement. Les frais d'émission pour les fonds propres sont de 20 % du montant obtenu ; les frais d'émission pour les dettes sont de 6 %. Si Vincent a besoin de 65 millions de dollars pour construire de nouveaux ateliers de fabrication, quel est le coût réel si on tient compte des frais d'émission ?

On doit d'abord calculer les frais moyens pondérés d'émission f_A :

$$f_A = (E/V) \times f_E + (D/V) \times f_D$$
$$= 80\,\% \times 0{,}20 + 20\,\% \times 0{,}06$$
$$= 17{,}2\,\%$$

Les frais moyens pondérés d'émission sont donc de 17,2 %. Le projet coûte 65 millions de dollars si on ignore les frais d'émission. Lorsqu'on les inclut, le coût réel est alors 65 millions de dollars $(1 - f_A)$ = 65 millions de dollars/0,828 = 78,5 millions de dollars. Comme on peut le voir, les frais d'émission peuvent représenter une dépense considérable.

Les frais d'émission et la valeur actualisée nette

Afin d'illustrer l'intégration des frais d'émission dans le calcul de la VAN, supposons que la société Les Imprimeries Lafrousse a atteint son ratio dette-fonds propres souhaité de 100 %. La société songe à entreprendre la construction d'une nouvelle imprimerie de 500 000 $. On s'attend à ce que la nouvelle imprimerie produise des flux monétaires après impôts de 73 150 $ par année, indéfiniment. Deux options de financement s'offrent à l'imprimeur :

1. Une nouvelle émission de 500 000 $ en actions ordinaires. Les frais d'émission des nouvelles actions ordinaires seraient d'environ 10 % du montant obtenu. Le rendement exigé des nouveaux fonds propres de la société est de 20 %.

2. Une nouvelle émission de 500 000 $ en obligations de 30 ans. Les frais d'émission des nouvelles dettes seraient de 2 % des bénéfices. La société peut contracter de nouvelles dettes à 10 %. La société doit composer avec un taux d'imposition combiné (fédéral et provincial) de 40 %.

Quelle est la VAN de la nouvelle imprimerie ?

Tout d'abord, puisque la principale activité de la société est l'imprimerie, on peut utiliser le CMPC de la société afin d'évaluer la nouvelle imprimerie :

$$\text{CMPC} = (E/V) \times R_E + (D/V) \times R_D \times (1 - T_C)$$
$$= 0{,}50 \times 20\,\% + 0{,}50 \times 10\,\% \times (1 - 0{,}40)$$
$$= 13{,}0\,\%$$

Puisque les flux monétaires sont de 73 150 $ par année, indéfiniment, la VA des flux monétaires à 13,0 % par année est :

$$\text{VA} = 73\,150\,\$/0{,}13 = 562\,692\,\$$$

Si on ignore les frais d'émission, la VAN est :

$$\text{VAN} = 562\,692\,\$ - 500\,000 = 62\,692\,\$$$

Le projet permettra d'obtenir une VAN de plus de zéro ; il faut donc accepter le projet.

Qu'en est-il des dispositions financières et des frais d'émission ? Puisqu'il faut réunir des fonds, on doit tenir compte des frais d'émission. D'après ce qu'on sait, les frais d'émission sont de 2 % pour les dettes et de 10 % pour les fonds propres. Puisque la société Les Imprimeries Lafrousse utilise tout autant l'endettement que les fonds propres, les frais moyens pondérés d'émission f_A sont :

$$f_A = (E/V) \times f_E + (D/V) \times f_D$$
$$= 0{,}50 \times 10\,\% + 0{,}50 \times 2\,\%$$
$$= 6\,\%$$

Le fait que la société puisse ici financer le projet uniquement grâce à l'endettement ou aux fonds propres n'a aucune importance. Puisqu'elle a besoin de 500 000 $ pour financer la nouvelle imprimerie, le coût réel, une fois les frais d'émission inclus, est 500 000 $/$(1 - f_A)$ = 500 000 $/0,94 = 531 915 $. Puisque la VA des flux monétaires est de 562 692 $, la VAN de l'imprimerie est donc 562 692 $ – 531 915 $ = 30 777 $. Par conséquent, il s'agit toujours d'un bon investissement. Toutefois, le rendement est inférieur aux attentes initiales.

Questions théoriques

1. Que sont les frais d'émission ?
2. Comment peut-on inclure les frais d'émission dans le calcul de la VAN ?

14.7 Le calcul du coût moyen pondéré du capital de Bomb

Voici un exemple pratique concernant le coût moyen pondéré du capital (CMPC) dans le cas d'une société canadienne d'envergure. Bombardier est une importante multinationale qui se spécialise dans la fabrication d'équipement de transport et de produits de consommation motorisés, en plus de produits destinés à l'aérospatiale et à la défense. Les recettes de Bombardier en 2003 valaient 23,7 milliards de dollars, avec une perte nette de 615,2 millions de dollars.

Comme on a pu le voir, le calcul du CMPC dépend des valeurs marchandes à une date donnée. Dans l'exemple qui suit, les valeurs marchandes de Bombardier datent du 28 mai 2003[12]. Une partie des renseignements provient également du rapport annuel de Bombardier du 31 janvier 2003.

L'évaluation des poids des sources de financement

Le tableau 14.2 est un extrait du bilan de Bombardier. On se souviendra que lorsqu'on calcule le coût du capital, on ignore souvent le financement à court terme (les comptes créditeurs et les comptes de régularisation, par exemple). On met également de côté les dettes à court terme, sauf s'il s'agit de sources permanentes de financement. Comme on ne tient pas compte à la fois de l'actif et du passif à court terme, les augmentations (ou les diminutions) du passif à court terme sont débitées des changements de l'actif à court terme. On inclut toutefois les baux parmi les dettes à long terme pour les besoins de l'analyse.

Tableau 14.2 Le bilan de la valeur aux livres du 31 janvier 2003 (en millions de dollars)

Actif		Passif et fonds propres	
À court terme	17 578,0 $	À court terme	2 563,8 $
À long terme	11 432,4	Impôts différés et autres	13 391,0
		Créances à long terme	10 313,8
		Fonds propres	
		Actions privilégiées	535
		Fonds propres	2 206
Total	29 009,4 $	Total	29 009,4 $

D'après www.bombardier.com. Reproduction autorisée.

Comme il s'agit d'une multinationale, les affaires de Bombardier se déroulent dans plusieurs pays, ce qui inclut plusieurs devises. Le financement de l'entreprise reflète d'ailleurs la nature multinationale de Bombardier. La société et ses filiales ont émis des obligations en francs suisses, en francs français, en schillings autrichiens, en dollars américains et en dollars canadiens. La société a émis des créances à coupon fixe et à taux d'intérêt variable. Certaines obligations offrent des intérêts à un taux déterminé d'après le taux interbancaire offert à Londres (LIBOR). Le LIBOR représente un taux de base pour les transactions internationales qui est similaire au taux préférentiel pour les créances intérieures à taux d'intérêt variable.

Idéalement, il faudrait calculer la valeur marchande de toutes les sources de financement et déterminer ensuite les poids relatifs de chacune de ces sources. Comme il est difficile d'obtenir les valeurs marchandes de certaines obligations non négociées de Bombardier, on doit alors avoir recours aux valeurs aux livres des créances. Il est beaucoup plus important d'utiliser les valeurs

---

12 D'après les marchés financiers de la Banque Scotia et le site www.bombardier.com. Reproduction autorisée.

marchandes lors du calcul du poids des fonds propres que des dettes, puisque la valeur marchande des fonds propres ordinaires est très différente de la valeur aux livres.

Les poids de la valeur marchande de Bombardier

Afin de trouver le poids de la valeur marchande des actions privilégiées et des actions ordinaires, on doit d'abord calculer la valeur marchande totale de chaque type de titre. On calcule les valeurs marchandes en multipliant le nombre d'actions par le cours de celles-ci. Les chiffres de Bombardier, en date du 31 janvier 2003, étaient de 12 millions d'actions privilégiées et de 1 378 millions d'actions ordinaires. Lorsqu'on multiplie chacune par son cours, on obtient les résultats qui suivent :

Titre	Valeur aux livres (en millions de dollars)	Cours du marché	Valeur marchande (en millions de dollars)
Dette portant intérêt	10 314 $	—	10 314 $
Action privilégiée	535	19,91 $	426
Fonds propres	916	3,89 $	5 359
			16 099 $

Proportions	Dollars	Poids de la valeur marchande
Dette	10 314 $	64,06 %
Actions privilégiées	426	2,65
Actions ordinaires	5 359	33,29
	16 099 $	100 %

Comme on peut le voir, d'après le poids des valeurs marchandes, Bombardier émet des actions ordinaires et recourt à l'endettement pour la majorité de ses besoins en financement.

Le coût de l'endettement

Le coût de l'endettement avant impôts de Bombardier correspond au coût marginal de l'endettement ou au montant que la société devrait verser pour émettre les dettes aujourd'hui. On évalue le coût de l'endettement à l'aide du rendement à l'échéance d'une obligation de Bombardier en date du 26 mai 2003 et qui vient à échéance le 19 juillet 2006, soit 7,07 %. Afin d'obtenir un taux après impôts, on utilise le taux d'imposition moyen de Bombardier, qui est de 28 %.

$$R_D = \text{RAÉ}(1 - T_C) = 7,07\,\% \,(1 - 0,28) = 5,09\,\%$$

Le coût des actions privilégiées

On considère les valeurs marchandes actuelles des actions privilégiées de Bombardier afin d'en calculer le coût. Les actions privilégiées de Bombardier de série 3 offrent un dividende de 1,36 $, et leur cours est de 18,25 $.

$$R_P = D_p/P_P = 1,36\,\$/18,25\,\$ = 7,45\,\%$$

Le coût des actions ordinaires

Pour calculer le coût des actions ordinaires de Bombardier, il faut appliquer à la fois le modèle d'évaluation du dividende et le modèle d'évaluation des actifs financiers (MÉDAF). On peut ensuite calculer la moyenne des résultats.

Afin de calculer le coût des fonds propres à l'aide du modèle d'évaluation du dividende, on doit d'abord obtenir le taux de croissance de Bombardier. Une régression géométrique serait ici l'approche la plus précise ; toutefois, il est plus simple d'effectuer une moyenne géométrique et le résultat est presque aussi précis. On a recours aux bénéfices par action pour déterminer le taux de croissance de Bombardier[13].

---

13 Nous ne tiendrons pas compte des années 2001 et 2002, puisque l'entreprise a connu une période exceptionnellement mauvaise en raison des menaces terroristes et du SRAS.

Année	Bénéfices par action
2002	–0,470 $
2001	0,010
2000	1,030
1999	0,760
1998	0,590
1997	0,590
1996	0,225
1995	0,365
1994	0,280
1993	0,215
1992	0,185
1991	0,175
1990	0,170

Le taux de croissance d'après le modèle d'évaluation du dividende

$$(1 + g)^{10} = (1,03 \text{ \$}/0,17)$$
$$1 + g = (6,06)^{1/10}$$
$$g = 19,74\,\%$$

Le taux de croissance géométrique pour la période de 1990 à 2000 était de 19,74 %. Ce taux de croissance plutôt élevé est sans doute excessif, pour reprendre le sujet déjà étudié au chapitre 8. Puisque la formule exige un taux de croissance normal indéfiniment, on doit rajuster le taux de croissance de 50 % vers le bas afin d'obtenir une estimation plus juste :

$$50\,\% \times 19,74 = 9,9\,\%$$
Modèle d'évaluation du dividende = $D_1/P_0 + g$

Afin d'obtenir le dividende de l'année prochaine D_1, on doit rajuster le dividende courant de 0,09 $ pour la croissance projetée :

$$D_1 = D_0(1 + g) = 0,09 \text{ \$} (1,099) = 0,10 \text{ \$}$$
$$P_0 = 3,81 \text{ \$}$$
$$R_E = D_1/P_0 + g$$
$$= 0,10\,\%/3,81 + 0,099$$
$$= 12,52\,\%$$

Le modèle d'évaluation des actifs financiers

ß = 3,37

Prime de risque du marché = 3,40 %[14]

Taux sans risque = 3,2 %

$$R_E = R_f + ß \text{ (Prime de risque du marché)}$$
$$= 3,2\,\% + 3,37(3,4\,\%)$$
$$= 14,66\,\%$$

Coût des actions ordinaires = (14,66 % + 12,52 %)/2
$$= 13,59\,\%$$

Dans ce cas-ci, le modèle d'évaluation du dividende et le modèle d'évaluation des actifs financiers produisent des résultats à peu près similaires. On peut donc en calculer la moyenne pour déterminer le coût des fonds propres.

Le coût moyen pondéré du capital de Bombardier

Afin de trouver le coût moyen pondéré du capital (CMPC), on doit pondérer le coût de chacune des sources à l'aide des poids :

$$CMPC = (E/V)R_E + (P/V)R_P + (D/V)R_D$$
$$= 0,3329(13,59\,\%) + 0,0265(7,45\,\%) + 0,6406(5,09\,\%)$$
$$= 7,98\,\%$$

On constate qu'en mai 2003, le CMPC de Bombardier était d'environ 7,98 %.

---

14 On utilise le coefficient bêta qui a été calculé par Bloomberg et la prime de risque du marché du chapitre 12 pour la période de 1957 à 2002.

14.8 Résumé et conclusions

Dans ce chapitre, portant sur le coût du capital, le concept le plus important à retenir est celui du coût moyen pondéré du capital (CMPC). On le définit comme le rendement exigé de la société considérée dans son ensemble. C'est également le taux d'actualisation pour les flux monétaires dont le risque est similaire au risque de la société considérée dans son ensemble. On a pu voir comment le CMPC correspond au coût moyen pondéré de diverses sources de financement. On a également illustré comment utiliser le CMPC dans certains types d'analyses.

De plus, on a pu voir des situations où le CMPC ne peut servir de taux d'actualisation. Afin de traiter de tels cas, d'autres approches du taux d'actualisation, telle l'approche relative aux sociétés non diversifiées, ont été examinées. On a enfin appris comment inclure les frais d'émission associés à la réunion de nouveau capital dans une analyse de la VAN.

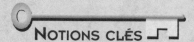

NOTIONS CLÉS

Approche relative aux sociétés non diversifiées (page 445)
Coût de l'endettement (page 437)
Coût des fonds propres (page 432)
Coût moyen pondéré du capital (CMPC) (page 439)

Ratio de réinvestissement (page 434)
Rendement des fonds propres (RFP ou ROE) (page 434)
Valeur actualisée nette ajustée (VANA) (page 457)

Problèmes de récapitulation et auto-évaluation

14.1 Le calcul du coût des fonds propres Supposez que le coefficient bêta des actions de la Société Calas est de 0,90. La prime de risque du marché est de 7 % et le taux sans risque de 8 %. Les derniers dividendes de Calas étaient de 1,80 $ par action, et on s'attend à ce que le dividende augmente de 7 %, indéfiniment. Le cours actuel des actions est de 25 $. Quel est le coût des fonds propres de Calas ?

14.2 Le calcul du CMPC En plus des renseignements que vous détenez déjà, supposez que le ratio dette-fonds propres visé par la société Calas est de 50 %. Le coût de l'endettement est de 8 % avant impôts. Si le taux d'imposition est de 40 %, quel est le CMPC ?

14.3 Les frais d'émission Supposez que dans le problème précédent, la société Calas a besoin de 40 millions de dollars pour un nouveau projet. Il faut pour cela réunir des fonds extérieurs.

Les frais d'émission de Calas pour l'endettement et les fonds propres sont de 3 % et de 12 %, respectivement. Si on tient compte des frais d'émission, quel est le coût réel du nouveau projet ?

Réponses à l'auto-évaluation

14.1 On commence tout d'abord par l'approche de la courbe risque-rendement. D'après les renseignements qu'on détient, le rendement espéré des actions ordinaires de Calas est :

$$R_E = R_f + \beta_E \times [R_M - R_f]$$
$$= 8\% + 0,9 \times 7\%$$
$$= 14,3\%$$

On peut utiliser ensuite le modèle de croissance du dividende. Le dividende prévu est $D_0 \times (1 + g) = 1,80 \$ \times (1,07) = 1,926 \$$. Le rendement espéré avec cette approche est donc :

$$r = D_1/P_0 + g$$
$$= 1,926 \$/25 + 0,07$$
$$= 14,704\%$$

Puisqu'il y a peu d'écart entre les deux estimations (14,3 % et 14,7 %), on peut en calculer la moyenne. Le coût des fonds propres de Calas est donc d'environ 14,5 %.

14.2 Puisque le ratio dette-fonds propres visé est de 0,50, la société Calas utilise 0,50 $ de dettes pour chaque 1,00 $ de fonds propres. Autrement dit, la structure du capital visée par Calas est de 1/3 de dettes et 2/3 de fonds propres. Le CMPC est donc :

$$CMPC = (E/V) \times R_E + (D/V) \times R_D \times (1 - T_C)$$
$$= 2/3 \times 14,5\% + 1/3 \times 8\% \times (1 - 0,40)$$
$$= 11,267\%$$

14.3 Puisque Calas utilise à la fois la dette et les fonds propres pour financer ses activités, il faut d'abord obtenir les frais moyens pondérés d'émission. Tout comme pour le problème précédent, le pourcentage de financement par fonds propres est de 2/3. Le coût moyen pondéré est donc :

$$f_A = (E/V) \times f_E + (D/V) \times f_D$$
$$= 2/3 \times 12\% + 1/3 \times 3\%$$
$$= 9\%$$

Si Calas a besoin de 40 millions de dollars une fois calculés les frais d'émission, le coût réel du projet est 40 \$/(1 − f_A) = 40 \$/0,91 = 43,96 millions de dollars.

? Questions de synthèse et de réflexion critique

1. Au niveau le plus élémentaire, que peut-on conclure du fait qu'une entreprise a un CMPC de 12 % ?

2. Dans le calcul du CMPC, si vous deviez utiliser des valeurs comptables soit pour l'endettement, soit pour les fonds propres, lequel de ces deux éléments choisiriez-vous ? Expliquez votre réponse.

3. S'il vous était possible d'emprunter tout l'argent dont vous avez besoin pour un projet à un taux de 6 %, faudrait-il en conclure que ce pourcentage représente le coût du capital de votre projet ?

4. Pourquoi se sert-on d'un montant après impôts pour le coût de l'endettement, mais non pour le coût des fonds propres ?

5. Quels sont les avantages liés à l'emploi de la méthode de l'actualisation des flux monétaires pour déterminer le coût des fonds propres ? Quels en sont les désavantages ? De quelle information très précise a-t-on besoin pour calculer le coût des fonds propres à l'aide de ce modèle ? Nommez quelques-uns des moyens qui permettent d'obtenir une telle estimation.

6. Quels sont les avantages liés à l'emploi de la méthode de la courbe risque-rendement pour déterminer le coût des fonds propres ? Quels en sont les désavantages ? De quels renseignements en particulier a-t-on besoin pour utiliser ce modèle ? Toutes ces variables sont-elles observables ou doivent-elles être estimées ? Nommez les moyens grâce auxquels on pourrait obtenir ces estimations.

7. Comment détermine-t-on le coût de l'endettement qui convient à une entreprise ? Le fait qu'il s'agisse d'une société fermée ou, au contraire, d'une société dont la dette est négociée sur les marchés fait-il une différence ? Comment estimeriez-vous le coût de l'endettement d'une entreprise dont les seules émissions de dettes sont entre les mains d'investisseurs institutionnels ?

8. Supposez que Pierre MacKay, le président de Produits Caillé, vous engage pour déterminer le coût de l'endettement et le coût des fonds propres de son entreprise.

a) En ce moment, l'action se vend 50 $ l'unité, et le dividende par action se chiffrera probablement à environ 5 $. Selon Pierre MacKay, il en coûtera 5 $ par action pour disposer de l'avoir des actionnaires cette année, de sorte que le coût des fonds propres correspondra à 10 % (5 \$/50 \$). Qu'y a-t-il d'erroné dans cette conclusion ?

b) D'après les états financiers les plus récents, le total du passif de l'entreprise s'élève à 8 millions de dollars. Le total des intérêts débiteurs pour l'année à venir atteindra environ 1 million. Pierre MacKay en déduit ce qui suit : si l'entreprise doit 8 millions et qu'elle verse 1 million en intérêts, son coût d'endettement est, de toute évidence, 1 million/8 millions = 12,5 %. En quoi cette déduction est-elle erronée ?

c) En se basant sur sa propre analyse, Pierre MacKay recommande que l'entreprise augmente le recours à un financement par fonds propres parce que, comme sa dette lui coûte 12,5 % par rapport à 10 % seulement pour les fonds propres, ceux-ci sont moins coûteux. En ne tenant compte d'aucun autre élément, donnez votre opinion sur le raisonnement selon lequel le coût des fonds propres est moins élevé que celui de l'endettement.

9. Les sociétés Dow Chemical Company et Superior Oil, la première étant une grande consommatrice et la seconde un important producteur de gaz naturel, songent à investir dans des gisements de ce combustible situés près d'Edmonton. Leur financement repose entièrement sur des fonds propres. Les deux entreprises étudient des projets identiques. Elles ont analysé leurs investissements respectifs. Ces derniers généreraient d'abord des flux monétaires négatifs qui, selon leurs prévisions, deviendraient positifs dans l'avenir. Il s'agirait de flux identiques dans les deux cas. Les deux sociétés ne prévoient aucun endettement pour financer ces projets. Elles estiment que leurs projets respectifs auraient une valeur actualisée nette (VAN) de 1 million de dollars à un taux d'actualisation de 18 % et de −1,1 million à un taux de 22 %. L'indice

bêta de Dow est de 1,25 et celui de Superior, de 0,75. La prime de risque anticipée sur le marché correspond à 8 %. Les obligations sans risque ont un rendement de 12 %. L'une ou l'autre de ces entreprises devrait-elle mettre son projet en œuvre ? Les deux entreprises devraient-elles le faire ? Expliquez votre réponse.

10. Dans quelles circonstances serait-il acceptable qu'une entreprise utilise différents coûts de capital pour les différentes sections qui servent à son exploitation ? Si le coût moyen pondéré du capital (CMPC) de l'entreprise dans son ensemble servait de taux de rendement minimal (ou taux étalon) pour toutes les sections, lesquelles tendraient à bénéficier de la plus grande part des projets d'investissement, les sections présentant un taux de risque élevé ou les plus conservatrices ? Pourquoi ? Si vous tentiez d'estimer le coût du capital approprié pour les différentes sections de l'entreprise, à quels problèmes devriez-vous faire face ? Nommez les deux techniques que vous pourriez utiliser pour obtenir une estimation rudimentaire du coût du capital de chaque section.

Questions et problèmes

Notions de base (questions 1 à 19)

1. **Le calcul du coût des fonds propres** La société pétrolière Essoesse vient tout juste d'émettre un dividende de 2,10 $ par action sur ses actions ordinaires. La société s'attend à maintenir un taux de croissance constant de 7 % pour ses dividendes, indéfiniment. Si les actions se négocient 40 $ chacune, quel est le coût des fonds propres de la société ?

2. **Le calcul du coût des fonds propres** La société Miroc possède des actions ordinaires dont le coefficient bêta est de 1,15. Si le taux sans risque est de 5 % et que le rendement espéré du marché est de 12 %, quel est le coût des fonds propres de Miroc ?

3. **Le calcul du coût des fonds propres** Les actions de la société Passe-Calle S.A. ont un coefficient bêta de 1,10. La prime de risque du marché est de 8 % et le rendement des bons du Trésor est actuellement de 5,5 %. Le dividende le plus récent de Passe-Calle S.A. était 2,20 $ par action et on s'attend à ce que les dividendes augmentent de 5 % par année, indéfiniment. Si les actions se négocient actuellement 32 $ chacune, à combien peut-on évaluer le coût des fonds propres de Passe-Calle S.A. ?

4. **L'évaluation du taux de croissance du dividende** Supposez que la société de radiodiffusion Douze mois vient tout juste d'attribuer un dividende de 0,68 $ par action pour ses actions ordinaires. La société a versé des dividendes de 0,40 $, de 0,45 $, de 0,52 $ et de 0,60 $ au cours des quatre dernières années. Si les actions se négocient actuellement 12 $ chacune, à combien peut-on évaluer le coût des fonds propres de la société ?

5. **Le calcul du coût des actions privilégiées** La banque Capitale possède des actions privilégiées dont le dividende est de 5 $; ces actions viennent tout juste d'être négociées à 92 $ chacune. Quel est le coût des actions privilégiées de la banque ?

6. **Le calcul du coût de l'endettement** Les services publics WC souhaitent déterminer le coût de l'endettement de leur société. Les dettes en circulation viendront à échéance dans 12 ans, et leur cours est actuellement à 107 % de leur valeur nominale. L'émission offre des versements semestriels, et le taux de coupon est de 10 %. Quel est le coût de l'endettement avant impôts ? Si le taux d'imposition est de 35 %, quel est le coût de l'endettement après impôts ?

7. **Le calcul du coût de l'endettement** La société Patronas a émis, il y a huit ans déjà, des obligations de 30 ans à coupon semestriel dont le taux de coupon est de 9 %. L'obligation se négocie actuellement à 105 % de sa valeur nominale. Le taux d'imposition de la société est de 35 %.

   a) Quel est le coût de l'endettement avant impôts ?

   b) Quel est le coût de l'endettement après impôts ?

   c) Lequel de ces coûts, avant ou après impôts, est le plus profitable ? Justifiez votre réponse.

8. **Le calcul du coût de l'endettement** En vous référant à la question 7, supposez maintenant que la valeur aux livres de la dette est de 20 millions de dollars. La firme décide aujourd'hui d'émettre une dette à escompte pure (zéro-coupon) qui viendra à échéance dans sept ans et qui se négocie à 61 % de sa valeur nominale. La valeur aux livres de cette est de 70 millions de dollars. Quelle est la valeur totale aux livres de la dette de l'entreprise ? Quelle est la valeur totale au marché ? Quelle est votre estimation du coût de l'endettement pour la société Patronas ?

9. **Le calcul du CMPC** La structure du capital visée par la société Marcemme est de 50 % d'actions ordinaires, de 5 % d'actions privilégiées et de 45 % d'endettement. En outre, le coût des fonds propres est de 18 %, le coût des actions privilégiées de 6,5 % et le coût de l'endettement de 8 %. Le taux d'imposition est de 35 %.

   a) Quel est le CMPC de Marcemme ?

   b) Le président de la société vient vous consulter au sujet de la structure du capital de Marcemme. Il veut comprendre pourquoi la société n'utiliserait pas davantage d'actions privilégiées pour réunir des fonds, puisque leur coût est inférieur à celui de l'endettement. Que lui répondriez-vous ?

Notions de base
(suite)
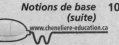
www.cheneliere-education.ca

10. **Les impôts et le CMPC** Le ratio dette-fonds propres visé par les fabricants Modigliani est de 0,75. Le coût des fonds propres est de 18 % et le coût de la dette de 10 %. Si le taux d'imposition est de 35 %, quel est le CMPC de Modigliani ?

11. **Le calcul de la structure du capital visée** La société Lamas d'Ito possède un coût moyen pondéré du capital de 12,5 %. Le coût des fonds propres de la société est de 15 % et le coût de la dette de 8 %. Le taux d'imposition est de 35 %. Quel est le ratio dette-fonds propres visé par Lamas d'Ito ?

12. **La valeur aux livres et la valeur marchande** La société Ferdinand possède 8,2 millions d'actions ordinaires en circulation. Le cours actuel de ces actions est de 52 $, et la valeur aux livres est de 5 $ par action. Ferdinand possède également deux émissions d'obligations en circulation. La valeur nominale de la première émission est de 70 millions de dollars, le coupon est de 8 % et l'émission se négocie à 104 % de sa valeur nominale. La valeur nominale de la deuxième émission est de 50 millions de dollars, le coupon est de 7,5 % et l'émission se négocie à 97 % de la valeur nominale. La première émission possède une échéance de 10 ans et la deuxième, de 6.

   a) Quels sont les poids de la structure du capital de Ferdinand à partir de la valeur aux livres ?

   b) Quels sont les poids de la structure du capital de Ferdinand à partir de la valeur marchande ?

   c) Entre la valeur aux livres et la valeur marchande, laquelle est la plus profitable ? Justifiez votre réponse.

13. **Le calcul du CMPC** Reprenez le problème 12 et supposez que le plus récent dividende de la société était de 4 $ et que le taux de croissance du dividende est de 6 %. Supposez aussi que le coût global de l'endettement correspond à la moyenne du coût de l'endettement des deux émissions de dettes en circulation. Les deux obligations offrent des versements semestriels. Le taux d'imposition est de 35 %. Quel est le CMPC de la société ?

14. **Le CMPC** Le ratio dette-fonds propres visé par la société Xikron est de 0,90. Le CMPC est de 13 % et le taux d'imposition, de 35 %.

   a) Si le coût des fonds propres de Xikron est de 18 %, quel est le coût de la dette avant impôts ?

   b) Si on sait que le coût de la dette après impôts est de 7,5 %, quel est alors le coût des fonds propres ?

15. **Le calcul du CMPC** À partir des renseignements suivants, calculez le CMPC de la société Export-Fumée. Le taux d'imposition de la société est de 35 %.

   • *L'endettement :* 3 000 obligations à taux de coupon de 8 %, la valeur nominale est de 1 000 $, l'échéance est de 20 ans ; elles se négocient à 103 % de la valeur nominale et les versements sont semestriels.

   • *Les actions ordinaires :* 90 000 actions sont en circulation ; elles se négocient 45 $ par action ; le coefficient bêta est de 1,20.

   • *Les actions privilégiées :* 13 000 actions privilégiées à 7 % sont en circulation ; elles se négocient 108 $ par action.

   • *Le marché :* La prime de risque du marché est de 8 % et le taux sans risque, de 6 %.

16. **Le calcul du CMPC** La société Mines Titanesques possède en circulation 8 millions d'actions ordinaires, 500 000 actions privilégiées à 6 % et 100 000 obligations dont le taux de coupon est de 9 % et la valeur nominale, de 1 000 $ par obligation. Les actions ordinaires se négocient actuellement 32 $ par action et le coefficient bêta est de 1,15. Les actions privilégiées se négocient 67 $ par action ; les obligations versent des coupons aux six mois, viennent à échéance dans 15 ans et se négocient à 91 % de la valeur nominale. La prime de risque du marché est de 10 %, le rendement des bons du Trésor est de 5 % et le taux marginal d'imposition de la société est de 35 %.

   a) Quelle est la structure du capital de la valeur marchande de la société ?

   b) Si la société évalue un nouveau projet d'investissement qui comporte les mêmes risques qu'un projet typique de la société, quel taux devrait-elle utiliser pour actualiser les flux monétaires du projet ?

17. **La courbe risque-rendement et le CMPC** Une société dont le financement se fait entièrement grâce aux fonds propres songe aux projets suivants :

Projet	Coefficient bêta	Rendement espéré
W	0,70	11 %
X	0,95	13
Y	1,05	14
Z	1,60	16

Le taux des bons du Trésor est de 5 % et le rendement espéré du marché, de 12 %.

   a) Quels projets ont un rendement attendu plus élevé que le coût du capital de la société de 12 % ?

b) Lequel ou lesquels de ces projets faudrait-il accepter ?

c) Lequel ou lesquels de ces projets seraient acceptés ou rejetés par erreur si on utilisait le coût du capital de la société dans son ensemble comme taux de rendement minimal ?

18. **Le calcul des frais d'émission** Supposez que votre société nécessite 6 millions de dollars pour construire une nouvelle chaîne de montage. Vous visez un ratio dette-fonds propres de 1,0. Les frais d'émission de nouveaux fonds propres sont de 15 %, mais les frais d'émission de la dette sont de seulement 4 %. Votre patron décide de financer le projet en empruntant de l'argent, parce que les frais d'émission sont moindres et que la somme des fonds nécessaires n'est pas trop élevée.

a) Que pensez-vous des raisons données pour justifier l'emprunt de la totalité de la somme ?

b) Quels sont les frais moyens pondérés d'émission de la société ?

c) Quel est le coût réel de la nouvelle chaîne de montage, si on tient compte des frais d'émission ? Le fait que la totalité des fonds provient de l'endettement est-il important ici ?

19. **Le calcul des frais d'émission** La société Vincent doit réunir 12 millions de dollars pour démarrer un nouveau projet. Elle compte vendre de nouvelles obligations pour y arriver. La structure du capital visée par la société est de 60 % d'actions ordinaires, 10 % d'actions privilégiées et 30 % d'endettement. Les frais d'émission d'actions ordinaires sont de 12 %, mais de 6 % pour les actions privilégiées et de 4 % pour l'endettement. Quel est le véritable coût initial que doit envisager Vincent pour évaluer le projet ?

20. **Le CMPC et la VAN** La société Salisbury envisage un projet qui promet une épargne de 4 millions de dollars après impôts à la fin de la première année, somme qui devrait augmenter de 5 % par année, indéfiniment. Le ratio dette-fonds propres que vise la société est de 0,75, pour un coût des fonds propres de 16 % et un coût de l'endettement après impôts de 6 %. Le projet d'épargne est légèrement plus risqué que les projets qu'entreprend généralement la société. La direction a donc recours à l'approche subjective et ajoute un facteur de rajustement de 12 % au coût du capital pour un projet aussi risqué. Dans quelles circonstances la société Salisbury devrait-elle accepter ce projet ?

21. **Les frais d'émission** La société Steak inc. a récemment émis de nouvelles valeurs afin de financer une nouvelle émission de télévision. Le projet coûte 1,4 million de dollars, et la société a versé 105 000 $ en frais d'émission. De plus, les frais d'émission des fonds propres émis étaient de 10 % de la somme réunie, alors que les frais d'émission de l'endettement étaient de 3 % de la somme réunie. Si Steak inc. émettait de nouvelles valeurs dans les mêmes proportions que la structure du capital visée, quel serait le ratio dette-fonds propres visé par la société ?

22. **Les frais d'émission et la VAN** La société PhotoChronographe fabrique des fournitures de photographie numérique. La société a actuellement atteint son ratio dette-fonds propres visé de 1,2. Elle envisage maintenant la construction d'une nouvelle usine de 40 millions de dollars. Celle-ci devrait produire des flux monétaires après impôts de 5,5 millions de dollars sous forme de perpétuité. Trois options de financement sont disponibles :

1. Une nouvelle émission d'actions ordinaires. Les frais d'émission des actions ordinaires représenteraient 8 % de la somme réunie. Le rendement exigé pour les nouveaux fonds propres de la société est de 18 %.

2. Une nouvelle émission d'obligations de 20 ans. Les frais d'émission des nouvelles obligations correspondraient à environ 3 % des bénéfices. Si le taux de coupon de ces nouvelles obligations est de 9 %, celles-ci se négocieront au pair.

3. Une augmentation du financement par les comptes fournisseurs. Puisque ce type de financement fait partie des activités quotidiennes de la société, il n'y a pas de frais d'émission, et la société lui réserve un coût égal à celui du CMPC de l'ensemble de la société. Le ratio visé par la direction entre les comptes fournisseurs et les dettes à long terme est de 0,25. (Supposez qu'il n'y a aucune différence entre les coûts des comptes fournisseurs avant et après impôts.)

Quelle est la VAN de la nouvelle usine ? Le taux d'imposition de PhotoChronographe est de 35 %.

Mini étude de cas

Voici un problème d'évaluation de projet qui vous permettra de récapituler une grande partie des notions étudiées dans ce chapitre et les chapitres précédents.

Supposez que la société Défense Électronique, inc. (DEI) vous engage à titre de conseiller financier. Il s'agit d'une grande entreprise qui émet des actions dans le public et qui détient une part importante du marché dans le domaine des systèmes de détection par radar. Elle considère la possibilité de construire une usine à l'étranger pour fabriquer une nouvelle gamme de

systèmes de radars. Le projet aurait une durée de cinq ans. Il y a trois ans, DEI a acheté un terrain au coût de 6 millions de dollars dans le but de s'en servir comme décharge de déchets toxiques. Toutefois, elle a plutôt décidé d'y construire un circuit de tuyauterie pour éliminer ce type de déchets en toute sécurité. Le terrain a été évalué à 9,2 millions la semaine dernière. L'entreprise veut y installer la nouvelle usine, dont la construction coûtera 14 millions. Les données qui suivent sont les plus récentes concernant les titres de DEI sur le marché.

Les dettes : 10 000 obligations à coupon de 8 % sont en circulation et viennent à échéance dans 15 ans ; elles se négocient à 92 % de leur valeur nominale. De plus, ces obligations ont une valeur nominale de 1 000 $ chacune, et les versements sont semestriels.

Les actions ordinaires : 250 000 actions sont en circulation et se vendent 70 $ chacune ; le coefficient bêta est de 1,4.

Les actions privilégiées : Il y a 10 000 actions privilégiées de 6 % en circulation qui se vendent 95 $ chacune.

Le marché : La prime de risque du marché anticipée est de 8 % et le taux sans risque, de 5 %.

Le principal souscripteur de DEI est S. D. York. Il réclame à l'entreprise des frais de 9 % sur les nouvelles émissions d'actions ordinaires, de 7 % sur les nouvelles émissions d'actions privilégiées et de 4 % sur les nouvelles émissions de dettes. York a pris en compte tous les coûts d'émission directs et indirects (de même que ses bénéfices) dans l'établissement de ces frais. Le souscripteur a recommandé à l'entreprise de réunir les fonds nécessaires à la construction de l'usine en émettant de nouvelles actions ordinaires. Le taux d'imposition de DEI s'élève à 35 %. Pour réaliser ce projet, il faudra un investissement en fonds de roulement net initial de 900 000 $.

a) Calculez le flux monétaire initial du projet au temps zéro en tenant compte de tous les effets secondaires.

b) Le nouveau projet de systèmes de radars présente un risque un peu plus élevé que celui des projets généralement acceptés par DEI, surtout parce que l'usine se situera à l'étranger. La direction vous a donc demandé d'utiliser un « facteur de rajustement » de +2 % pour tenir compte de cet accroissement du risque. Calculez le taux d'actualisation approprié pour l'évaluation du projet.

c) L'usine aura une déduction pour amortissement de 4 % (catégorie 1). À la fin du projet (c'est-à-dire à la fin de l'année 5), elle pourrait être vendue à la casse pour 5 millions de dollars. Quelle est sa valeur de récupération après impôts ?

d) L'entreprise devra faire face à des coûts fixes de 350 000 $ par année. Elle compte fabriquer 10 000 systèmes radars annuellement et les vendre 10 400 $ l'unité. Ses coûts variables de production se chiffreront à 8 500 $ par système. Quel est le flux monétaire d'exploitation annuel d'un tel projet ?

e) La contrôleuse de DEI s'intéresse principalement aux effets des investissements de l'entreprise sur la dernière ligne des états comptables. Quelle quantité de systèmes radars lui direz-vous qu'il faut vendre pour atteindre le seuil de rentabilité comptable de ce projet ?

f) En dernier lieu, le président de l'entreprise vous demande d'inclure tous vos calculs, hypothèses et autres éléments pertinents dans le rapport que vous remettrez au directeur financier. Toutefois, il veut surtout connaître le taux de rendement interne (TRI) et la valeur actualisée nette (VAN) de ce projet. Quelles données lui fournirez-vous ?

QUESTIONS SUR DES APPLICATIONS INTERNET

Lectures suggérées

L'article suivant contient d'excellents renseignements sur certaines subtilités de l'utilisation du CMPC pour l'évaluation de projets :

MILES, J. et R. EZZEL. « The Weighted Average Cost of Capital, Perfect Capital Markets and Project Life : A Clarification », *Journal of Financial and Quantitative Analysis* 15, septembre 1980.

Pour un survol de l'utilisation de la valeur économique ajoutée, consultez :

JOG, V. « Value Creation and the Credibility of Financial Reporting in Canada », *Canadian Investment Review*, automne 2002, pages 12-20.

ANNEXE 14 A   La valeur actualisée nette ajustée

Valeur actualisée nette ajustée (VANA)

Scénario de base pour la valeur actualisée nette (VAN) des flux monétaires d'un projet ajoutée à la valeur actualisée de tout bénéfice de financement.

La valeur actualisée nette ajustée (VANA) offre une solution de rechange au CMPC pour l'analyse de propositions de budgétisation du capital. Avec la VANA, on envisage d'abord un financement uniquement effectué à l'aide de fonds propres, pour ensuite ajouter les effets supplémentaires de l'endettement. On peut simplifier ainsi :

Valeur actualisée nette ajustée = Valeur actualisée nette entièrement financée par fonds propres
+ Effets supplémentaires de l'endettement

On peut illustrer la méthodologie de la VANA avec un exemple très simple[15]. Supposons que BDE envisage un projet de 10 millions de dollars d'une durée de cinq ans. Les flux monétaires d'exploitation sont de 3 millions annuellement. Le taux sans risque est de 10 % et le coût des fonds propres, de 20 %. On l'appelle souvent le « coût des fonds propres sans effet de levier financier » du fait qu'on part du principe que la société n'a au départ aucune dette.

---

15 Pour mieux illustrer la VANA, on a simplifié les détails du projet en partant du principe que les flux monétaires sont une annuité. La plupart des projets canadiens produisent des flux monétaires variables en raison des règles fiscales de l'amortissement du coût en capital. Dans le cas de la VANA, on doit trouver la valeur actualisée de chaque source de flux monétaire séparément, comme on a pu le voir au chapitre 10.

La valeur d'un projet financé entièrement par fonds propres

Si le projet est financé uniquement par des fonds propres, la valeur est :

$$-10\,000\,000 + 3\,000\,000 \times [1 - 1/(1,20)^5]/0,20 = -1\,028\,164\,\$$$

Une société entièrement financée par des fonds propres rejetterait de toute évidence le projet parce que la VAN est négative. De plus, les frais d'émission des fonds propres (qui sont pour l'instant ignorés) ne pourraient que rendre la VAN encore plus négative. Toutefois, le financement par l'endettement pourrait ajouter suffisamment de valeur pour justifier qu'on entreprenne le projet. On peut maintenant se tourner vers les effets de l'endettement.

Les effets supplémentaires de l'endettement

La société BDE peut obtenir un prêt de cinq ans avec un paiement forfaitaire de 7,5 millions de dollars à l'échéance, après le calcul des frais d'émission. Le taux d'intérêt correspond au taux sans risque de l'endettement, soit 10 %. Les frais d'émission sont de 1 % de la somme réunie. On détermine le montant du prêt en utilisant la structure du capital visée par l'entreprise. Dans ce cas-ci, l'endettement représente 75 % de la valeur de la société. Le prêt pour le projet de 10 millions de dollars est donc de 7,5 millions de dollars. Si la société n'empruntait que 5 millions de dollars, la différence de 2,5 millions de dollars resterait sous forme de capacité d'emprunt non utilisée pour un autre projet. Cette capacité d'emprunt non utilisée serait un bénéfice pour le projet actuel. De ce fait, on pourrait toujours utiliser les 7,5 millions de dollars pour calculer l'effet additionnel de l'endettement pour le projet actuel[16]. On peut maintenant examiner trois façons dont le financement par endettement peut modifier la VAN du projet.

Les frais d'émission

La formule présentée précédemment dans ce chapitre permet d'obtenir les frais d'émission :

$$7\,500\,000\,\$ = (1 - 0,01) \times \text{Somme réunie}$$

Somme réunie = $7\,500\,000\,\$/0,99 = 7\,575\,758\,\$$

Les frais d'émission sont donc de 75 758 $, et on a vu comment ajouter cette somme à la dépense initiale, ce qui réduit la VAN.

La méthode de la VANA permet de préciser davantage la valeur estimée des frais d'émission en considérant qu'ils produisent un avantage fiscal. Les frais d'émission sont versés immédiatement, mais ils sont déduits des impôts parce qu'ils sont amortis sur toute la durée du prêt. Dans cet exemple, la déduction fiscale annuelle pour les frais d'émission est 75 758 $/5 ans = 15 152 $. Si le taux d'imposition est de 40 %, l'avantage fiscal annuel est 15 152 $ × 0,40 = 6 061 $.

Afin de trouver les frais d'émission nets du prêt, il faut ajouter la valeur actualisée de l'avantage fiscal aux frais d'émission :

$$\text{Frais d'émission nets} = -75\,758\,\$ + 6\,061\,\$ \times [1 - 1/(1,10)^5]/0,10$$
$$= -75\,758\,\$ + 22\,976\,\$ = -52\,782\,\$$$

La VAN du projet après le calcul des frais d'émission de la dette, mais avant les bénéfices de l'endettement, est :

$$-1\,028\,164\,\$ - 52\,782\,\$ = -1\,080\,946\,\$$$

La subvention fiscale

Le prêt de 7,5 millions de dollars est reçu à la date zéro. Les intérêts annuels sont de 750 000 $ (7 500 000 $ × 0,10). Le coût des intérêts après impôts est de 450 000 $ (750 000 $ × (1 − 0,40)). Le prêt exige un paiement forfaitaire, soit les 7,5 millions de dollars après cinq ans. Le prêt donne lieu à trois séries de flux monétaires — le prêt reçu, le coût des intérêts après impôts et le remboursement du capital. La VAN du prêt correspond à la somme de trois valeurs actualisées :

Valeur actualisée nette du prêt	=	+ Montant emprunté	−	Valeur actualisée des versements d'intérêts après impôts	−	Valeur actualisée du remboursement du prêt
	=	$+ 7\,500\,000\,\$ - 450\,000\,\$ \times [1 - 1/(1,10)^5]/0,10$				
		$- 7\,500\,000\,\$/(1,10)^5$				
	=	$+ 7\,500\,000\,\$ - 1\,705\,854\,\$$				
		$- 4\,656\,910\,\$$				
	=	$1\,137\,236\,\$$				

---

16 Cette explication s'inspire de matériel d'enseignement aimablement fourni par Alan Marshall.

La VAN du prêt est positive et reflète ainsi l'avantage fiscal des intérêts[17].

La VANA du projet avec ce type de financement est :

Valeur actualisée nette ajustée = Valeur des fonds propres − Frais d'émission de la dette +
Valeur actualisée nette du prêt

$$56\,290\,\$ = -1\,028\,164\,\$ - 52\,782\,\$ + 1\,137\,236\,\$$$

Bien qu'on ait pu voir qu'une société entièrement financée par des fonds propres refuserait ce projet, une société accepterait toutefois le projet si elle pouvait obtenir un prêt de 7,5 millions de dollars.

Puisque le prêt proposé était fixé au taux du marché de 10 %, seulement deux des trois effets possibles de l'endettement (les frais d'émission et la subvention fiscale) ont été examinés. On peut maintenant se tourner vers un autre prêt où le troisième effet entre en jeu.

Le financement gouvernemental

Au Canada, il existe certaines sociétés qui ont la chance de pouvoir obtenir du financement d'un ordre de gouvernement. Supposons qu'on juge le projet de BDE d'intérêt social et qu'un organisme gouvernemental fédéral offre un prêt de 7,5 millions de dollars à la société, avec un taux d'intérêt de 8 %. De plus, l'organisme absorbe tous les frais d'émission. De toute évidence, la société devrait choisir ce prêt plutôt que celui qui a été calculé auparavant. Si le taux d'intérêt est de 8 %, les versements annuels d'intérêts sont $7\,500\,000\,\$ \times 0,08 = 600\,000\,\$$. Les versements après impôts sont $360\,000\,\$ = 600\,000\,\$ \times (1 - 0,40)$. À l'aide de l'équation, on obtient :

$$
\begin{aligned}
\text{Valeur actualisée nette du prêt} = &\ +\text{Montant emprunté} - \frac{\text{Valeur actualisée des versements d'intérêts après impôts}}{} - \text{Valeur actualisée du remboursement du prêt} \\
= &\ +7\,500\,000\,\$ - 360\,000\,\$ \times [1 - 1/(1,10)^5]/0,10 \\
&\ -7\,500\,000\,\$/(1,10)^5 \\
= &\ +7\,500\,000\,\$ - 1\,364\,683\,\$ \\
&\ -4\,656\,910\,\$ \\
= &\ 1\,478\,407\,\$
\end{aligned}
$$

Il faut noter qu'on actualise toujours les flux monétaires au taux de 10 %, même si la société emprunte au taux de 8 %. En effet, le taux de 10 % représente le taux équitable pour l'ensemble du marché ; autrement dit, il représente le taux d'intérêt pour un emprunt sans octroi de subvention. La VAN du prêt subventionné est plus élevée que la VAN du prêt de tout à l'heure parce que la société emprunte maintenant à un taux inférieur à celui du marché, soit 8 %. Il faut remarquer que le calcul de la VAN du prêt tient compte à la fois de l'effet des impôts et de celui du taux d'intérêt subventionné.

La VAN du projet avec financement de l'endettement subventionné est :

Valeur actualisée nette ajustée = Valeur des fonds propres − Frais d'émission de la dette +
Valeur actualisée nette du prêt

$$450\,243\,\$ = -1\,028\,164\,\$ - 0 + 1\,478\,407\,\$$$

Le financement gouvernemental a augmenté la VAN de manière importante. Par conséquent, le programme de subvention de l'endettement du gouvernement atteindra ses objectifs — encourager la société à investir dans le type de projet que l'organisme gouvernemental souhaite justement encourager.

Cet exemple permet d'illustrer l'approche de la VANA. On commence avec la valeur actualisée du projet pour une société entièrement financée par fonds propres. Ensuite, les effets de la dette sont ajoutés. L'approche comporte bien des avantages. On la trouve instinctivement attrayante parce que les composantes individuelles sont calculées séparément, puis ajoutées d'une façon toute simple. De plus, si on peut spécifier l'endettement du projet de façon précise, on peut alors calculer avec précision la valeur actualisée de la dette.

La valeur actualisée nette ajustée et le coefficient bêta

L'approche de la VANA permet d'actualiser les flux monétaires d'un projet d'expansion en fonction du coût des fonds propres sans effet de levier financier, qui correspond aussi au coût du capital d'une société entièrement financée par des fonds propres. Comme on examine ici des sociétés qui ont des dettes, ces fonds propres sans effet de levier financier n'existent pas. On doit alors trouver le moyen d'utiliser le coefficient bêta des fonds propres avec l'effet de levier (qui existe bien, lui) afin de calculer le coefficient bêta pour la société sans l'effet de levier hypothétique. On peut ensuite examiner la courbe risque-rendement afin de déterminer le coût des fonds propres pour la société sans effet de levier financier.

---

17 La VAN du prêt doit être de zéro si on ne tient pas compte des impôts, car les intérêts ne fourniraient alors aucun avantage fiscal. Pour vérifier cette assertion, on peut effectuer le calcul suivant :
$0 = +7\,500\,000\,\$ - 750\,000\,\$ [1 - 1/(1,10)^5]/0,10 - 7\,500\,000\,\$/(1,10)^5$

On peut maintenant examiner comment calculer le coefficient bêta de la société sans l'effet de levier à partir du coefficient bêta des fonds propres avec l'effet de levier. On verra tout d'abord un exemple comprenant une société non imposée afin d'expliquer intuitivement les résultats. Cependant, il faut inclure les impôts sur les sociétés si on souhaite pouvoir traiter des cas réels. On examinera donc les impôts dans un deuxième temps.

Une société exempte d'impôts

Dans les deux chapitres précédents, on a déterminé que la valeur d'une société était égale à la valeur de la dette de la société ajoutée à la valeur de ses fonds propres. Pour une société disposant d'un effet de levier financier, on peut représenter la valeur avec la formule suivante : $V_L = B + S$. Supposons qu'une seule personne possède toutes les dettes et tous les fonds propres de la société. Autrement dit, cette personne possède la société au complet. Quel est le coefficient bêta de son portefeuille de l'endettement et des fonds propres de la société ?

Comme pour tout portefeuille, le coefficient bêta représente la moyenne pondérée des coefficients bêta de chacun des éléments du portefeuille. On obtient donc :

$$\beta_{Portefeuille} = \beta_{\substack{Société \\ ayant\ un \\ effet\ de\ levier}} = \frac{Dette}{Dette + Fonds\ propres} \times \beta_{Dette} + \frac{Fonds\ propres}{Dette + Fonds\ propres} \times \beta_{Fonds\ propres} \qquad [14\ A.1]$$

où $\beta_{Fonds\ propres}$ représente le coefficient bêta des fonds propres de la société *ayant un effet de levier*. Il faut noter que le coefficient bêta de l'endettement est multiplié par Dette/(Dette + Fonds propres), le pourcentage d'endettement de la structure du capital. Le coefficient bêta des fonds propres est d'ailleurs multiplié de son côté par le pourcentage des fonds propres de la structure du capital. Puisque le portefeuille représente la société ayant un levier financier, le coefficient bêta du portefeuille est égal au coefficient bêta de la société avec levier financier.

Cette équation met en rapport les coefficients bêta des instruments financiers (l'endettement et les fonds propres) et les coefficients bêta de la société ayant un levier financier. Il manque une dernière étape, toutefois, si on souhaite mettre en rapport les coefficients bêta des instruments financiers et les coefficients bêta de la société si elle n'avait *aucun effet de levier financier*. Sinon, il serait impossible d'utiliser la VANA, car le calcul de celle-ci débute par l'actualisation des flux monétaires prévus pour une société entièrement financée par fonds propres.

Si on ignore les impôts, les flux monétaires des détenteurs de dettes et des détenteurs de fonds propres d'une société ayant un effet de levier correspondent aux flux monétaires des détenteurs de fonds propres d'une société identique, mais sans effet de levier. Puisque les flux monétaires sont identiques pour les deux sociétés, les coefficients bêta des deux sociétés doivent également être identiques.

Puisque le coefficient bêta de la société sans effet de levier correspond à l'équation 14 A.1, on obtient :

$$\beta_{\substack{Société \\ sans\ effet \\ de\ levier}} = \frac{Dette}{Dette + Fonds\ propres} \times \beta_{Dette} + \frac{Fonds\ propres}{Dette + Fonds\ propres} \times \beta_{Fonds\ propres}$$

Le coefficient bêta de l'endettement est très faible dans les faits. Si on considère, comme on le fait généralement, que le coefficient bêta d'une dette est de zéro, on obtient alors la formule pour les situations où il n'y a pas d'impôt :

$$\beta_{\substack{Société \\ sans\ effet \\ de\ levier}} = \frac{Dette}{Dette + Fonds\ propres} \times \beta_{Fonds\ propres} \qquad [14\ A.2]$$

Puisque Fonds propres/(Dette + Fonds propres) doit être inférieur à 1 pour une société ayant un levier financier, il s'ensuit que $\beta_{Société\ sans\ effet\ de\ levier} < \beta_{Fonds\ propres}$. Autrement dit, le coefficient bêta de la société sans effet de levier doit être inférieur au coefficient bêta des fonds propres d'une société identique, mais avec un effet de levier. Cela correspond d'ailleurs à ce qu'on sait de la structure du capital. On a pu voir, en effet, que le niveau d'endettement augmente le risque des fonds propres. Puisque le coefficient bêta est une mesure du risque, il est logique que le niveau d'endettement augmente le coefficient bêta des fonds propres.

Les sociétés versent toutefois normalement des impôts, et les résultats qui précèdent n'en tiennent pas compte. Ainsi, bien que l'exemple précédent explique le raisonnement intuitif qui sous-tend un rapport important, il n'aide aucunement à mettre en œuvre la méthode de la VANA dans des cas réels. Il reste encore à examiner un exemple avec impôts.

Les impôts sur les sociétés

On peut démontrer que le rapport entre le coefficient bêta d'une société sans effet de levier et le coefficient bêta des fonds propres d'une société avec effet de levier, lorsqu'on tient compte des impôts sur les sociétés, est[18] :

$$\beta_{\text{Société ayant un effet de levier}} = \frac{\text{Fonds propres}}{\text{Fonds propres} + (1 - T_C) \times \text{Dette}} \times \beta_{\text{Fonds propres}}$$

[14 A.3]

L'équation 14 A.3 n'est valable que dans les cas suivants : 1) la société a un taux d'imposition de T_C et 2) le coefficient bêta de la dette est de zéro.

Puisque Fonds propres/(Fonds propres + $(1 - T_C) \times$ Dette)) doit être inférieur à 1 pour une société ayant un effet de levier, il s'ensuit que $\beta_{\text{Société sans effet de levier}} < \beta_{\text{Fonds propres}}$. La formule 14 A.3, où on tient compte des impôts, ressemble à la formule 14 A.2, où on n'en tient pas compte, parce que le coefficient bêta des fonds propres d'une société ayant un effet de levier doit être supérieur au coefficient bêta de la société sans effet de levier dans les deux cas. L'idée que l'endettement augmente le risque des fonds propres s'applique donc dans les deux cas.

Toutefois, il faut noter que les deux équations ne sont pas équivalentes. On peut démontrer que l'endettement augmente le coefficient bêta des fonds propres moins rapidement lorsqu'il y a imposition. En effet, lorsqu'il faut verser des impôts, l'endettement produit un avantage fiscal sans risque, ce qui diminue le risque de la société dans son ensemble.

---

18 Ce résultat n'est exact que si le coefficient bêta de l'endettement est de zéro. En effet :

$$V_{SL} + T_C D = V_L = D + S \qquad\qquad a)$$

où

V_{SL} est la valeur de la société sans effet de levier ;

V_L est la valeur de la société ayant un effet de levier ;

D est la valeur de la dette d'une société ayant un effet de levier ;

S est la valeur des fonds propres d'une société ayant un effet de levier.

Comme on a pu le voir, le coefficient bêta d'une société ayant un effet de levier correspond à la moyenne pondérée du coefficient bêta de l'endettement et du coefficient bêta des fonds propres :

$$\frac{D}{D + S} \times \beta_D + \frac{S}{D + S} \times \beta_S$$

où β_D et β_S représentent les coefficients bêta de l'endettement et des fonds propres de la société ayant un effet de levier, respectivement. Puisque $V_L = D + S$, on obtient :

$$\frac{D}{V_L} \times \beta_D + \frac{S}{V_L} \times \beta_S \qquad\qquad b)$$

Le coefficient bêta de la société ayant un effet de levier correspond *aussi* à la moyenne pondérée du coefficient bêta d'une société sans effet de levier et du coefficient bêta de l'avantage fiscal :

$$\frac{V_{SL}}{V_{SL} + T_C D} \times \beta_{SL} + \frac{T_C D}{V_{SL} + T_C D} \times \beta_D$$

où β_{SL} représente le coefficient bêta de la société sans effet de levier. Cela découle de l'équation a). Puisque $V_L = V_{SL} + T_C D$, on obtient :

$$\frac{V_{SL}}{V_L} \times \beta_{SL} + \frac{T_C D}{V_L} \times \beta_D \qquad\qquad c)$$

Les parties b) et c) s'équivalent, car elles représentent toutes les deux le coefficient bêta d'une société ayant un effet de levier. L'équation a) indique que $V_{SL} = S + (1 - T_X) \times D$. Si $\beta_D = 0$, on égalise b) et c), et on utilise l'équation a), ce qui donne l'équation 14 A.3.

Exemple 14 A.1   L'utilisation de la valeur actualisée nette ajustée

Les Industries Trans Canada envisagent un projet d'expansion. La valeur marchande de l'endettement de la société est de 100 millions de dollars, et la valeur marchande des fonds propres de la société est de 200 millions de dollars. On considère que la dette est sans risque. Le taux d'imposition est de 34 %. Une analyse de régression démontre que le coefficient bêta des fonds propres de la société est de 2. Le taux sans risque est de 10 %, et la prime de risque espérée du marché est de 8,5 %. Quel est le taux d'actualisation du projet dans le cas hypothétique où la société serait entièrement financée par des fonds propres ?

On peut répondre à cette question en deux étapes :

1. *En déterminant le coefficient bêta hypothétique de la société entièrement financée par des fonds propres.* À l'aide de l'équation 14 A.3, on obtient :

2. *En déterminant le taux d'actualisation.* On calcule le taux d'actualisation à partir de la courbe risque-rendement, ainsi :

Taux d'actualisation : $R_S = R_f + \beta \times [E(R_M) - R_f]$
$$22,75\% = 10\% + 1,50 \times 8,5\%$$

Donc, selon la méthode de la VANA, il faudrait calculer la VAN du projet en actualisant les flux monétaires au taux de 22,75 % pour une société entièrement financée par des fonds propres. Comme on a pu le voir, il faudrait ensuite ajouter l'avantage fiscal à la VAN des flux monétaires pour obtenir la VANA.

Coefficient bêta sans levier financier : $\dfrac{200 \text{ millions de dollars}}{200 \text{ millions de dollars} + (1 - 0{,}34) \times 100 \text{ millions de dollars}} \times 2 = 1{,}50$

Un projet ne visant pas l'expansion

L'exemple précédent partait du principe que le projet visait l'expansion. Autrement dit, on souhaitait que la société continue de faire ce qu'elle faisait jusqu'à maintenant, mais sur une plus grande échelle. On a donc commencé avec le coefficient bêta des fonds propres de la société. Si le projet ne visait pas l'expansion, on pourrait alors commencer avec les coefficients bêta des fonds propres de sociétés évoluant dans le secteur industriel du projet. Pour chaque société, on pourrait calculer le coefficient bêta hypothétique des fonds propres sans effet de levier à partir de l'équation 14 A.3. On pourrait ensuite utiliser la courbe risque-rendement pour déterminer le taux d'actualisation du projet à partir de la moyenne de ces coefficients bêta.

La comparaison entre le coût moyen pondéré du capital et la valeur actualisée nette ajustée

Dans ce chapitre, on a pu découvrir deux approches de budgétisation du capital pour les firmes qui utilisent le financement par endettement. Le CMPC et la VANA servent tous les deux au même calcul, soit l'évaluation de projets comportant un financement par dette. Toutefois, comme on a pu le voir, les deux approches adoptent des techniques assez différentes. Il serait donc opportun de les comparer[19].

Le CMPC est une approche plus ancienne, qui est très courante dans le monde des affaires. La VANA, plus récente, est très populaire dans les cercles universitaires, mais elle n'est pas aussi présente dans le milieu des affaires. Au fil du temps, on a pu rencontrer des gens d'affaires qui intègrent les deux approches. Ils remarquent en général qu'il est assez facile de calculer le coût des fonds propres, le coût de l'endettement et les proportions de l'endettement et des fonds propres pour une société considérée dans son ensemble.

Certains projets visent l'expansion, et leur risque équivaut à celui de la société. À titre d'exemple, une société de restauration rapide pourrait choisir d'ouvrir de nouvelles succursales dont elle resterait propriétaire. Dans un cas comme celui-ci, il est facile de calculer la VAN du projet à partir du CMPC. Par contre, les proportions et les coûts de l'endettement et des fonds propres du projet sont différents de ceux de la société considérée dans son ensemble si le projet ne vise pas l'expansion. Il est alors plus difficile d'avoir recours au CMPC.

Par conséquent, les sociétés peuvent choisir de passer d'une approche à l'autre et de réserver le CMPC pour les projets d'expansion et la VANA pour des situations spéciales. Ainsi, l'achat d'une société dans un secteur industriel totalement différent n'est pas un projet d'expansion. Donc, lorsque Campeau Corporation, à l'origine une société immobilière, a acheté Federated Department Stores, l'analyse à l'aide de la VANA était tout indiqué, car Federated Department Stores n'était pas dans le même secteur d'activité. De plus, l'acquisition s'est produite par l'entremise d'un achat par endettement, comprenant une forte dette (avec le recul, on la juge aujourd'hui trop importante) et l'approche de la VANA évalue la VAN du prêt.

---

19 Certaines sociétés internationales font parfois face à des cas particuliers où la VANA s'effondre. Voir l'article de L. BOOTH, « Capital Budgeting Frameworks for the Multinational Corporation », *Journal of International Business Studies,* automne 1982, p. 113-123.

1. Quelles sont les étapes à suivre pour utiliser la valeur actualisée nette ajustée (VANA) lors de l'évaluation d'un projet ?

2. Comparez la VANA et le CMPC. Dans quelles situations chacune de ces approches est-elle plus appropriée ?

Questions et problèmes

A.1 La VANA Une société minière vient de découvrir un petit gisement d'argent près de son site actuel. On estime que le gisement pourra être exploité pendant 10 ans, pour un rendement annuel de 13,5 millions de dollars. On prévoit que les frais de développement du site s'élèveront à 63,6 millions de dollars, somme qu'on pourrait réunir en émettant des actions. La société a connu une croissance importante, ce que reflète le coût des fonds propres, de 21,6 %. Après avoir analysé le rendement du projet, le gestionnaire financier de la société recommande que le conseil abandonne les activités qui ne produisent aucun bénéfice. Toutefois, au cours d'une conversation avec un courtier en valeurs mobilières la semaine suivante, le gestionnaire financier apprend qu'il serait possible d'émettre jusqu'à 42 millions de dollars en obligations avec un taux de coupon de 18 %. Les frais d'émission de l'endettement et des fonds propres seraient dans les deux cas de 1,2 %, et le taux d'imposition de la société est de 40 %. La société devrait-elle aller de l'avant et entreprendre le nouveau projet ?

A.2 La VANA Quel serait l'avantage marginal de la société minière si elle pouvait obtenir un prêt du gouvernement de 42 millions de dollars au taux de 14,4 %, s'il faut effectuer un seul versement forfaitaire dans 10 ans ? Ce prêt ne comporte aucuns frais d'émission.

ANNEXE 14 B La valeur économique ajoutée et la mesure du rendement financier (ou de la performance financière)

Au chapitre 13, nous avons vu comment calculer le taux d'actualisation approprié pour le choix des investissements et d'autres problèmes d'évaluation. Considérons maintenant la mesure du rendement financier. Pour ce faire, nous allons présenter le concept de valeur économique ajoutée auquel correspond le même taux d'actualisation que celui que nous avons établi pour le choix des investissements. Commençons par un exemple simple.

Le calcul de la valeur économique ajoutée

Il y a bon nombre d'années, Henri Bonhomme a fondé Bonnet bleu, un des plus importants fabricants de dirigeables souples qui peuvent se diriger à grande vitesse. La croissance de son entreprise a été si rapide qu'il a dû consacrer une grande partie de ses énergies aux choix des investissements. Sa façon de procéder ressemblait à celle que nous avons étudiée au chapitre 13. Il anticipait des flux monétaires pour différents projets, et il les actualisait au coût du capital correspondant à l'indice bêta de l'industrie des dirigeables. Toutefois, ces projets se sont développés très rapidement et, dans certains cas, ont accaparé des sections entières de son entreprise.

Il doit maintenant évaluer le rendement de ces sections de façon à pouvoir récompenser adéquatement leurs gestionnaires. Comment pourrait-il effectuer la bonne analyse ?

Henri Bonhomme sait que le choix des investissements et la mesure du rendement sont des opérations identiques, mais qui sont effectuées en sens inverse. De par sa nature, le choix des investissements s'oriente vers le futur parce qu'il faut estimer les flux monétaires à venir pour évaluer un projet. Par contre, la mesure du rendement porte sur le passé. Voici comment Henri explique ces deux concepts à un groupe de ses cadres supérieurs. « Quand on s'occupe de choix des investissements, c'est comme si on regardait à travers le pare-brise d'une voiture en conduisant. On doit savoir ce qui s'en vient pour pouvoir calculer une valeur actualisée nette. Par contre, quand on mesure le rendement, c'est comme si on regardait dans le rétroviseur. On peut ainsi se rendre compte du chemin parcouru. »

Henri Bonhomme a d'abord mesuré le rendement de ses différentes sections à l'aide du taux de rendement de l'actif, une méthode que nous avons analysée dans l'annexe 3 du chapitre 3. Par exemple, si une section présentait des bénéfices après impôts de 1 000 $ et disposait d'un actif de 10 000 $, son taux de rendement de l'actif correspondrait à[20] :

1 000 $/10 000 $ = 10 %.

---

[20] Les bénéfices après impôts correspondent aux résultats avant intérêts et impôts $(1 - T_C)$, où T_C est le taux d'imposition. Stern Stewart et d'autres utilisateurs de la VÉA considèrent cette formule comme l'expression du bénéfice d'exploitation net après impôts.

Henri Bonhomme a donc calculé ce taux pour chacune de ses sections, et il a versé une prime à leurs directeurs respectifs en se basant sur le taux de chacune d'elles. Toutefois, même si le taux de rendement de l'actif avait en général pour effet de stimuler le zèle des gestionnaires, dans certaines situations, l'effet était contraire.

Par exemple, Henri Bonhomme avait toujours cru que Sharon Doherty, la directrice de la section supersonique, était sa meilleur gestionnaire. Le taux de rendement de l'actif de la section de Sharon Doherty se situait généralement dans des valeurs à deux chiffres très élevées, mais la meilleure estimation de son coût moyen pondéré du capital (CMPC) se limitait à 20 %. En outre, la section avait connu une croissance rapide. Toutefois, dès qu'Henri Bonhomme s'est mis à verser des primes basées sur le taux de rendement de l'actif, cette croissance a cessé. À cette époque, les bénéfices après impôts de la section de Sharon Doherty s'élevaient à 2 000 000 $ pour un actif de 2 000 000 $, ce qui donnait un taux de rendement de l'actif de 100 % (2 millions/2 millions).

Henri Bonhomme a compris pourquoi la croissance s'était arrêtée lorsqu'il a suggéré à Sharon Doherty un projet qui devait rapporter 1 million de dollars par année sur un investissement de 2 millions. Il s'agissait d'un projet intéressant dont le taux de rendement de l'actif s'élevait à 50 % (1 million/2 millions). Henri Bonhomme était convaincu que Sharon Doherty sauterait sur l'occasion d'intégrer ce projet à sa section, puisque son taux de rendement était beaucoup plus élevé que le coût du capital, de 20 %. Pourtant, la jeune femme a tout fait en son pouvoir pour bloquer le projet et, comme son patron s'en est rendu compte plus tard, elle avait d'excellentes raisons de le faire. Elle avait dû s'apercevoir qu'en cas d'acceptation du projet, le taux de rendement de l'actif de sa section équivaudrait au résultat suivant :

$$2\ 000\ 000\ \$ + 1\ 000\ 000\ \$/2\ 000\ 000\ \$ + 2\ 000\ 000\ \$ = 75 \%$$

Cela signifiait que le taux de rendement de l'actif diminuerait de 100 % à 75 % si le projet était accepté et que, par conséquent, sa prime baisserait.

Henri Bonhomme a plus tard entendu parler de la méthode de la valeur économique ajoutée (VÉA[21]), qui semble permettre de résoudre ce type de problème. La formule de la VÉA s'écrit comme suit :

[Taux de rendement de l'actif – Coût moyen pondéré du capital] × Total du capital

Sans le nouveau projet, la VÉA de la section supersonique serait la suivante :

$$[100 \% - 20 \%] \times 2\ 000\ 000\ \$ = 1\ 600\ 000\ \$$$

Il s'agit d'une donnée annuelle. Autrement dit, la section rapporterait chaque année 1,6 million de dollars à l'entreprise au-delà du coût du capital. Lorsqu'on inclut le nouveau projet, la VÉA atteint

$$[75 \% - 20 \%] \times 4\ 000\ 000\ \$ = 2\ 200\ 000\ \$$$

Si Sharon Doherty savait que sa prime est calculée en fonction de la VÉA, elle se rendrait compte qu'elle a maintenant avantage à accepter le projet. Même si le taux de rendement de l'actif apparaît dans la formule de la VÉA, ces deux concepts diffèrent sensiblement l'un de l'autre. La principale différence est que le taux de rendement de l'actif s'exprime sous forme de pourcentage et que la VÉA constitue une valeur en dollars. Dans l'exemple précédent, la VÉA a augmenté après l'ajout du nouveau projet, même si le taux de rendement de l'actif a effectivement diminué. Compte tenu de la situation, la VÉA indique correctement le fait qu'un rendement élevé dans une grande section pourrait être préférable à un rendement très élevé dans une plus petite section.

Pour mieux comprendre le concept de la VÉA, il faut écrire sa formule autrement. Puisque le taux de rendement de l'actif multiplié par le total du capital est égal aux bénéfices après impôts, on peut exprimer la VÉA de la façon suivante :

Bénéfices après impôts – Coût moyen pondéré du capital × Total du capital

On peut alors considérer la VÉA comme étant simplement les bénéfices dont on a retranché les coûts du capital. Même si les comptables soustraient un grand nombre de coûts (y compris l'amortissement) pour obtenir le montant des bénéfices qui apparaît dans les états financiers, ils ne soustraient pas l'ensemble des coûts du capital. On peut comprendre la logique de cette démarche si on tient compte du caractère très subjectif de la notion de coût du capital. Par contre, il est possible de calculer de façon plus objective des coûts tels que le coût des marchandises vendues (CMV), les frais de vente (généraux et d'administration) ainsi que l'amortissement pour dépréciation[22]. Toutefois, même si le coût du capital est difficile à estimer, il y a peu de raisons valables pour le laisser de côté. Dans ce manuel, nous soutenons que ce coût constitue un élément essentiel dans le choix des investissements. Ne devrait-il pas aussi être inclus dans la mesure du rendement ?

---

21 Stern Stewart & Company a breveté l'expression « valeur économique ajoutée » ainsi que « VÉA ». Vous trouverez des renseignements supplémentaires sur la VÉA de Stern Stewart & Company en lisant l'article suivant : J. M. STERN, B. STEWART et D. A. CHEW, « The EVA Financial Management System », *Journal of Applied Corporate Finance*, été 1999.

22 Certains utilisateurs de la VÉA additionnent de nouveau l'amortissement pour dépréciation ainsi que d'autres éléments sans effet sur la trésorerie. Dans un contexte canadien, vous en trouverez un exemple dans l'article suivant : B. A. SCHOFIELD, « Evaluating Stocks », *Canadian Investment Review*, printemps 2000.

L'exemple que nous venons de voir montre que la VÉA peut inciter les entreprises à investir davantage si elles ne le faisaient pas suffisamment jusqu'ici. Toutefois, un grand nombre d'entre elles n'ont vraiment pas besoin de cet encouragement. Leurs gestionnaires cherchent si désespérément à accroître les bénéfices qu'ils acceptent des projets dont les profits ne justifient aucunement les dépenses en capital anticipées. Ils ne sont pas au courant du montant de ces coûts ou alors, le connaissant, ils refusent d'en tenir compte. Étant donné que le coût du capital se trouve au beau milieu de la formule de la VÉA, il ne sera pas facile pour eux de le laisser de côté lorsqu'ils évaluent un projet.

La VÉA offre aussi l'avantage de fournir un chiffre soit positif, soit négatif. Beaucoup de sections ont une VÉA négative pendant plusieurs années. Le fait que ces sections détruisent plus de valeur qu'elles n'en créent constitue alors un argument solide en faveur de leur élimination. Même si les gestionnaires sont généralement opposés à une solution de ce type pour des raisons émotives, une analyse basée sur la VÉA les oblige à prendre conscience de sa nécessité.

Exemple 14 B.1

Supposons que les données suivantes proviennent de la société International Trade.

Résultat avant intérêts et impôts = 2,5 milliards de dollars

$T_C = 0,4$

$r_{CMPC} = 11\%$

Contribution totale en capital = Endettement total + Fonds propres

= 10 milliards de dollars + 10 milliards de dollars

= 20 milliards de dollars

Calculons maintenant la VÉA de la société.

VÉA = Résultat avant intérêts et impôts $(1 - T_C)$

    $- r_{CMPC} \times$ Total du capital

= (2,5 milliards de dollars × 0,6)

    − (0,11 × 20 milliards de dollars)

= 1,5 milliard de dollars − 2,2 milliards de dollars

= − 700 millions de dollars

Dans cet exemple, la société International Trade a une VÉA négative, c'est-à-dire qu'elle diminue la valeur des avoirs des actionnaires au lieu de l'accroître.

Quelques avertissements concernant la VÉA

L'analyse qui précède met l'accent sur les aspects positifs de la valeur économique ajoutée. Toutefois, cette mesure a aussi beaucoup de défauts. Nous allons maintenant étudier deux problèmes bien connus qui sont liés à la VÉA. Premièrement, dans l'exemple ci-dessus, nous avons employé la VÉA pour obtenir une mesure du rendement, ce qui nous semble tout à fait approprié.

Pour nous, la VÉA représente un progrès évident par rapport au taux de rendement de l'actif et à d'autres ratios financiers. Néanmoins, en matière de choix des investissements, elle n'est pas d'une grande utilité puisqu'elle ne porte que sur les bénéfices actuels. Par contre, l'analyse de la valeur actualisée nette se base sur des projections de tous les flux monétaires à venir, lorsque ceux-ci diffèrent généralement d'une année à l'autre. Bien que, selon ses défenseurs, la VÉA intègre correctement le coût moyen pondéré du capital, il faut se rappeler que le taux d'actualisation qui sert dans l'analyse de la VAN correspond au même CMPC. Autrement dit, les deux méthodes utilisent le coût des fonds propres basé sur l'indice bêta et le combinent au coût de l'endettement pour obtenir une estimation de ce coût moyen pondéré.

Deuxièmement, la VÉA pourrait aggraver le manque de vision à long terme des cadres supérieurs. En effet, suivant cette mesure, les gestionnaires reçoivent aujourd'hui de généreuses récompenses lorsque les bénéfices actuels sont élevés. Les pertes à venir ne leur nuiront probablement pas car, d'ici là, ils ont une bonne chance d'obtenir une promotion ou d'avoir quitté l'entreprise. Par conséquent, ils sont encouragés à gérer leur section en tenant compte davantage de la valeur à court terme que de la valeur à long terme. En haussant les prix ou en abaissant le niveau de la qualité, ils peuvent augmenter les bénéfices immédiats (et donc la VÉA). Toutefois, si la satisfaction de la clientèle diminue, les bénéfices à venir (et donc la VÉA future) vont probablement décroître en proportion. Il ne faut pourtant pas se montrer trop sévère envers la VÉA, puisque le taux de rendement de l'actif pose le même problème. En effet, un directeur de section qui augmente les prix ou réduit la qualité des produits augmentera le taux de rendement de l'actif actuel au détriment de sa valeur future. Le problème ne découle donc pas de l'utilisation de la VÉA en soi, mais de celle des données comptables en général. Comme les actionnaires souhaitent une maximisation de la valeur actualisée de tous les flux monétaires, les gestionnaires auxquels on promet des primes basées sur une fonction quelconque des profits ou des flux monétaires actuels auront tendance à concentrer davantage leurs efforts sur le court terme.

Malgré ces désavantages, un grand nombre d'entreprises canadiennes et américaines emploient la VÉA ou une méthode similaire. Le tableau 14 A.1 en donne quelques exemples.

Tableau 14 A.1 Quelques utilisateurs de la valeur économique ajoutée

États-Unis	Canada
Bausch & Lomb	Aluminium Alcan
Briggs and Stratton Corp.	Cogeco, Inc.
Coca-Cola Company	Domtar, Inc.
Dun & Bradstreet Corp.	Grand & Toy
Eli Lilly & Co	Long Manufacturing
JC Penney	Robin Hood Multifoods
Monsanto	
Rubbermaid Inc.	
Print	
Toys R Us	
U. S. Postal Service	
Whirlpool	

Source : Adapté à partir d'information disponible sur le site sternstewart.com.

Questions théoriques

1. Pourquoi le choix des investissements est-il une méthode de gestion importante dans une entreprise ?
2. Quelle est la principale différence entre la VÉA et le taux de rendement de l'actif ?
3. Quels avantages l'utilisation de la VÉA procure-t-elle ?
4. Quels sont les problèmes les plus connus que pose la VÉA ?

Questions et problèmes

B.1 À titre de nouvel analyste financier à la société ABC, votre directeur vous confie l'évaluation de deux projets. Avant la mise en œuvre de l'un ou l'autre de ces projets, l'entreprise avait un taux de rendement de l'actif de 40 % sur un actif total de 10 millions de dollars. Le projet A requiert un investissement de 5 millions et rapporterait des bénéfices après impôts de 1 million. Le projet B exige un investissement de 2 millions, mais il produirait des bénéfices après impôts de seulement 300 000 $. L'entreprise a un coût du capital de 18 %. Votre directeur vous demande d'effectuer une analyse de la VÉA pour déterminer lequel de ces projets il faudrait choisir (ou s'il conviendrait plutôt de rejeter les deux).

B.2 Vous dirigez une section qui vient de lancer une nouvelle gamme de produits chez High Flyer Incorporated. Cette société a investi 3 millions de dollars en fonds propres. De plus, elle a contracté une dette de 2 millions de dollars pour réaliser ce projet, qui lui a rapporté 1,5 million de bénéfices avant impôts en 2003. La structure du capital de l'entreprise a une valeur marchande de 100 millions sous forme de dette et 200 millions sous forme de capitaux propres. Le coût de l'endettement est de 7 % et le coût des fonds propres, de 10 % actuellement. Si le taux d'imposition de l'entreprise s'élève à 34 %, quelle est la VÉA du projet que votre section a réalisé ?

CHAPITRE 15

La réunion de capitaux

Netscape Communications, un fabricant de logiciels pour Internet et le Web, s'est transformé en société ouverte le 9 août 1995. À l'aide de la banque d'investissement Morgan Stanley, la société a vendu 5 millions d'actions à 28 $ par action, pour un total de 140 millions de dollars. Les investisseurs ont accueilli ces actions avec enthousiasme. À la fin de la première journée de commerce, les actions de Netscape Communications se négociaient 58,25 $ par action, après avoir atteint un maximum de 71 $ à la suite d'une période de négociation frénétique. Selon les chiffres à la fermeture, les actions de la société avaient gagné environ 30 $ en valeur ; autrement dit, Netscape Communications aurait dû recevoir 150 millions de dollars de plus.

Les premiers appels publics à l'épargne (ou PAPE) d'entreprises canadiennes, telle Celestica, ont également connu des augmentations de valeur au moment où ces entreprises devenaient des sociétés ouvertes. Il y a également un envers à cette médaille, comme l'illustre le cas de Versus Technologies. Lorsque l'entreprise s'est transformée en société ouverte en mars 1999, le prix par action était de 11,50 $. La valeur sur le marché de cette action est montée à 14,50 $ durant la première journée de transaction avant de chuter sous son prix initial plus tard dans la semaine. Ainsi, les investisseurs ont subi une perte de capital à l'occasion du PAPE.

Dans ce chapitre, nous pourrons voir comment des sociétés telles que Netscape Communications, Celestica et Versus Technologies peuvent émettre des actions dans le public, ce qu'il leur en coûte et le rôle joué par les banques d'investissement.

Toute société doit réunir des capitaux un jour ou l'autre. Pour y arriver, elle peut choisir d'emprunter de l'argent (le financement par emprunt), vendre une partie de la société (le financement par actions) ou combiner les deux. Le choix d'une approche dépend largement de l'importance de la société, de ses cycles de vie et de ses perspectives de croissance.

Ce chapitre s'intéresse en particulier à certains moyens dont disposent les entreprises pour réunir des capitaux. Il sera d'abord question de l'importance du capital de risque pour les sociétés encore jeunes. Nous aborderons ensuite le processus de transformation en société ouverte et le rôle des banques d'investissement. En cours de route, il sera aussi question des nombreux problèmes inhérents à l'émission de valeurs dans le public et de leur impact sur tous les types de sociétés. Le chapitre se termine par une discussion portant sur diverses sources de capital d'emprunt.

15.1 Le cycle de vie du financement d'une entreprise : le financement initial et le capital de risque

Imaginez le scénario suivant. Avec un ami, vous concevez l'idée d'un nouveau logiciel qui aiderait ses utilisateurs à communiquer dans Internet. Animés d'un zèle entrepreneurial, vous nommez votre produit InterComm et décidez de le lancer sur le marché.

En travaillant les soirs et les fins de semaine, vous réussissez à créer un prototype de votre produit. Il ne fonctionne pas vraiment ; néanmoins, vous pouvez le montrer à tous ceux que le concept intéresse pour leur expliquer votre idée.

Pour développer ce produit, vous devez engager des programmeurs, acheter des ordinateurs, louer un bureau, et ainsi de suite. Malheureusement, comme vous êtes tous deux étudiants à l'université, vos avoirs combinés ne suffisent pas pour payer les frais d'organisation d'une fête et encore moins pour mettre sur pied une entreprise. Vous avez besoin d'un soutien financier extérieur — autrement dit, de l'argent provenant des autres.

Vous songez d'abord à demander un prêt bancaire. Toutefois, vous savez qu'en général, les banquiers ne sont pas intéressés à consentir des prêts à des entreprises qui démarrent sans actif (sauf une idée) et qui sont dirigées par des aspirants entrepreneurs n'ayant aucune expérience dans le domaine. Il est donc probable que votre recherche de fonds vous conduira vers le marché du **capital de risque**.

Capital de risque

Financement de nouvelles entreprises comportant souvent des risques élevés.

Le capital de risque

L'expression « capital de risque » n'a pas de signification précise. Ce type de capital fait généralement référence au financement destiné à de nouvelles entreprises qui, souvent, comportent des risques élevés. Par exemple, avant de faire un appel public à l'épargne, la société Netscape Communications était financée grâce à un capital de risque. Certains investisseurs de capital de risque placent leur propre argent. Les bailleurs de fonds, comme on les appelle, sont habituellement des investisseurs individuels qui tendent à limiter leurs activités à des affaires de moindre envergure[1]. Les sociétés de capital-risque se spécialisent dans la mise en commun et l'investissement de fonds provenant de diverses sources. Parmi les sources auxquelles elles s'approvisionnent, on compte des personnes, des caisses de retraite, des compagnies d'assurance, de grandes sociétés et même des fonds de dotation d'universités. L'expression générale « fonds de capitaux propres » sert souvent à désigner le domaine en pleine croissance du financement par fonds propres pour des sociétés fermées[2].

Les investisseurs et les sociétés de capital de risque savent qu'un grand nombre, sinon la plupart, des nouvelles entreprises ne réussiront pas à démarrer, mais il y a des exceptions. Le cas échéant, les bénéfices potentiels sont énormes. Pour limiter leur niveau de risque, ces investisseurs fournissent en général un financement par étapes. À chaque étape, ils investissent une somme suffisante pour atteindre la prochaine, selon un plan préétabli. Par exemple, le financement de la première étape devrait suffire à la construction d'un prototype et à l'élaboration d'un plan de fabrication. Suivant les résultats obtenus, le financement de la deuxième étape peut correspondre à un investissement considérable, celui-ci étant nécessaire pour commencer la fabrication, la mise en marché et la distribution du produit. Il peut y avoir un grand nombre d'étapes de ce type, qui représentent chacune un stade important du processus de croissance de l'entreprise.

Les sociétés de capital-risque choisissent souvent de limiter leurs investissements à l'une ou l'autre des différentes étapes. Certaines se spécialisent par exemple dans la mise de fonds initiale ou le financement du capital de démarrage. Par contre, le financement à des étapes ultérieures peut venir d'investisseurs qui concentrent leur capital de risque à l'étape intermédiaire, qu'on appelle le « crédit mezzanine », et qui suit l'étape du capital de départ.

Le fait que ce type de financement soit disponible par étapes et soit subordonné à la réalisation d'objectifs précis constitue une puissante force de motivation pour les fondateurs d'une entreprise. Souvent, ceux-ci reçoivent relativement peu de salaire, et leurs avoirs personnels se trouvent en grande partie liés à leur entreprise. À chaque étape du financement, la valeur de leur participation augmente en même temps que la probabilité du succès de leur entreprise.

Outre le fait de fournir du financement, les investisseurs de capital de risque participent souvent de manière active à la direction des nouvelles sociétés en faisant bénéficier les débutants de leur expérience en matière de démarrage d'entreprise et d'administration générale. C'est tout particulièrement le cas lorsque les fondateurs ont peu ou pas d'expérience pratique dans la gestion d'entreprises.

---

1 Pour une analyse de cette question au Canada, consultez l'article suivant : A. RIDING, « Roundtable on Angel Investment in Canada », *Canadian Investment Review*, automne 2000.

2 Les investissements « vautours » sont des investissements à risque élevé dans des entreprises bien établies, mais qui connaissent des difficultés financières.

Quelques observations sur le capital de risque

Même s'il existe un vaste marché du capital de risque, l'accès à ce capital est en réalité très limité. Les sociétés de capital-risque reçoivent un nombre considérable de propositions non sollicitées qui, en majeure partie, aboutissent dans la corbeille à papier sans avoir été lues. Les investisseurs de ce type comptent grandement sur des réseaux non structurés d'avocats, de comptables, de banquiers et d'autres investisseurs comme eux pour les aider à déterminer les investissements valables. Par conséquent, dans ce domaine, les relations personnelles sont très importantes et ont une forte influence sur ce marché.

Il faut aussi savoir que le capital de risque se révèle extrêmement coûteux, ce qui est inévitable compte tenu du risque élevé que représentent les nouvelles sociétés. Dans une entente typique, l'investisseur de capital de risque exigera (et obtiendra) 40 % ou plus des fonds propres d'une entreprise. Il détient d'ailleurs souvent des actions privilégiées avec droit de vote, ce qui lui confère différents droits de priorité en cas de vente ou de liquidation de l'entreprise. L'investisseur de capital de risque exige généralement (et obtient) quelques sièges au conseil d'administration de l'entreprise et peut même nommer un ou plusieurs de ses dirigeants.

Le choix d'un investisseur de capital de risque

Certaines entreprises qui démarrent sont très recherchées, en particulier celles qui ont à leur tête des entrepreneurs expérimentés ayant déjà dirigé avec succès d'autres entreprises. Dans ce cas, elles peuvent se payer le luxe de considérer autre chose que l'argent au moment de choisir un investisseur de capital de risque. Le cas échéant, voici un bref aperçu de quelques facteurs importants à considérer.

1. *La santé financière.* L'investisseur de capital de risque doit posséder des ressources et des réserves financières suffisantes pour assumer des étapes de financement supplémentaires, si le besoin s'en fait sentir. Cela ne signifie pas qu'il faut nécessairement choisir l'investisseur le plus riche, comme l'indique le facteur suivant.

2. *Le style.* Certains investisseurs de capital de risque désirent participer très activement aux activités quotidiennes et au processus de prise de décisions, tandis que d'autres se contentent d'examiner les rapports mensuels. Lequel de ces comportements est le plus souhaitable ? Tout dépend de l'entreprise, mais aussi des habiletés de l'investisseur sur le plan des affaires. Toutefois, les grandes sociétés de capital-risque ont tendance à être moins souples et plus bureaucratiques que des sociétés plus petites.

3. *Les références.* L'investisseur de capital de risque a-t-il déjà investi dans des entreprises similaires et avec quel taux de succès ? De plus, et cet aspect n'est pas négligeable, comment a-t-il géré la situation en cas d'échec ?

4. *Les contacts.* Un investisseur de capital de risque a la capacité d'aider les propriétaires de l'entreprise par d'autres moyens qu'en leur fournissant du financement et des conseils de gestion. Il peut par exemple les mettre en relation avec des clients et des fournisseurs potentiellement importants et, de façon générale, favoriser leurs communications avec d'autres agents du secteur. Les sociétés de capital-risque se spécialisent souvent dans quelques domaines particuliers, et cette spécialisation peut valoir son pesant d'or.

5. *La stratégie de désengagement.* L'investisseur de capital de risque n'est généralement pas un investisseur à long terme. Il faut donc évaluer avec soin comment et dans quelles circonstances il retirera son argent de l'entreprise.

Conclusion

Lorsque le démarrage est un succès, il arrive souvent que le véritable gain soit réalisé au moment où l'entreprise est vendue à une autre société ou lorsqu'elle se transforme en société ouverte. Le processus du premier appel public à l'épargne (PAPE) a d'ailleurs permis à un grand nombre d'investisseurs de devenir millionnaires. En ce qui concerne l'un ou l'autre cas, c'est souvent un preneur ferme qui s'occupe des transactions. Nous traiterons du processus de vente de titres au public dans les prochaines sections, et nous examinerons la transformation d'une entreprise en société ouverte.

15.2 L'émission publique

Une société qui émet des titres doit satisfaire à certaines exigences définies par les lois et les règlements provinciaux mis en application par la commission des valeurs mobilières provinciale. La réglementation des marchés des valeurs mobilières au Canada est effectuée par des commissions provinciales et par l'entremise d'actes provinciaux sur les valeurs mobilières. Toutefois, seulement cinq provinces possèdent des commissions, en grande partie parce que les autres ne sont pas dotées de Bourses. À l'opposé, aux États-Unis, la réglementation relève d'un organisme fédéral, la Securities and Exchange Commission (SEC). Le but des organismes de réglementation est de promouvoir la diffusion efficace de l'information disponible sur les valeurs mobilières et de s'assurer du bon fonctionnement des marchés des valeurs mobilières.

Toutes les sociétés cotées à la Bourse de Toronto relèvent de l'autorité de l'Ontario Securities Commission (OSC) (ou Commission de valeurs mobilières de l'Ontario — CVMO, en français). Le Securities Act définit les règlements provinciaux pour toutes les nouvelles émissions de valeurs impliquant l'Ontario et la Bourse de Toronto, et il est administré par l'OSC. D'autres provinces ont des lois et des organismes de réglementation similaires ; toutefois, l'OSC est le plus digne de mention, en raison de l'importance de la Bourse de Toronto. Les autorités canadiennes en valeurs mobilières (Canadian Securities Administration — CSA) assurent la coordination entre les 13 juridictions du Canada[3]. D'une façon plus générale, le but des règlements de l'OSC est de s'assurer que les investisseurs reçoivent toute information significative sur les nouvelles émissions, à l'aide d'une notice d'information et d'un prospectus.

Les responsabilités de l'OSC quant à la diffusion de l'information ne se limitent pas aux nouvelles émissions. L'OSC doit aussi réglementer la négociation de valeurs après émission afin de permettre la mise à jour de l'information. Récemment, l'OSC a élargi ses règlements sur l'information afin d'inclure les opérations sur les actifs entre des entités apparentées. À titre d'exemple, au mois de juillet 2000, l'OSC a mis à l'amende le gestionnaire de portefeuille RT Capital pour pratiques illégales. L'entreprise était accusée de gonfler artificiellement le prix des portefeuilles et des actions confiés à sa gestion.

Parmi ses autres fonctions, l'OSC réunit et publie des *déclarations d'initiés* préparées par des actionnaires, des agents et des directeurs de sociétés figurant sur la liste de la Bourse de Toronto. Afin d'assurer l'efficacité des marchés, l'OSC vérifie la formation et la supervision qu'offrent les courtiers en valeurs mobilières à leurs employés. L'OSC surveille également la situation du compte de capital des courtiers. En raison de la volatilité grandissante des marchés et de la popularité des achats fermes où le courtier endosse entièrement le risque de prix, la suffisance du capital est d'une grande importance.

15.3 Le processus d'émission

Une société qui désire émettre des titres dans le public doit suivre certaines étapes. En bref, la procédure est la suivante :

1. La direction doit d'abord obtenir l'approbation du conseil d'administration afin d'émettre des titres dans le public. À certaines occasions, il faut augmenter le nombre d'actions ordinaires autorisé. Les actionnaires doivent alors voter.

---

3 La Bourse de Toronto est la Bourse la plus importante du Canada et se situait au septième rang mondial en matière de transactions (en dollars), derrière la Bourse de New York (1er rang) et de Tokyo (2e rang) en 2002. On a discuté les marchés des capitaux propres plus en détail au chapitre 8.

2. La société doit préparer et distribuer des exemplaires d'un **prospectus** préliminaire à l'intention de l'OSC et des investisseurs potentiels. Le prospectus préliminaire contient une partie des renseignements financiers qui feront l'objet du prospectus final ; il ne dévoile cependant pas le cours des valeurs émises. Le prospectus préliminaire s'appelle parfois un **prospectus provisoire** et affiche en couverture un avertissement indiquant que l'OSC n'a ni approuvé ni refusé les titres. L'OSC étudie le prospectus préliminaire et indique par la suite à la société les changements nécessaires. Cette étape dure en général environ deux semaines.

3. Une fois la révision effectuée, le prospectus final est approuvé par l'OSC. On peut alors fixer un prix et amorcer la mise en vente. La première des deux opérations suivantes, la livraison des titres ou la confirmation de vente, doit être accompagnée d'un exemplaire du prospectus final. Des exemples courants de prospectus canadiens se trouvent sur le site de SEDAR.

Les placeurs ont recours à des annonces de placement pendant et après la période d'attente. L'annonce comprend le nom de la société émettrice, elle donne certains renseignements sur l'émission et dresse la liste des courtiers en valeurs mobilières (les placeurs) qui participent à la vente. On verra un peu plus loin le rôle exact des courtiers en valeurs mobilières lors de la vente des valeurs.

L'annonce et le prospectus divisent les courtiers en valeurs mobilières en groupes appelés « catégories », et les noms des courtiers sont présentés par ordre alphabétique dans chaque catégorie. Il s'agit en fait d'une sorte de hiérarchie. En règle générale, plus la catégorie est élevée, plus le placeur jouit de prestige.

Bien que le prestige du placeur joue un rôle lorsqu'il s'agit du placement d'une **émission nouvelle** d'une société bien établie déjà négociée à la Bourse de Toronto, son impact est encore plus important lors de la première émission de fonds propres appelée **premier appel public à l'épargne** (PAPE), ou encore lors de l'émission de titres qui ne sont pas en circulation. Le premier appel public se produit lorsqu'une société décide de se transformer en société ouverte. Selon les recherches effectuées sur le sujet, les émissions initiales dont les placeurs jouissent de prestige offrent un meilleur rendement, sans doute parce que les investisseurs considèrent que les placeurs de prestige, soucieux de leur réputation, rejettent les émissions initiales douteuses.

Le système Prompt Offering Prospectus

La Securities and Exchange Commission (SEC) possède un système d'enregistrement en attente conçu pour diminuer le nombre de demandes de classement en provenance des sociétés d'envergure. Le Prompt Offering Prospectus (POP) de l'OSC vise le même but. Les cinq provinces qui bénéficient d'une commission des valeurs mobilières ont toutes des lois compatibles qui permettent à certaines sociétés émettrices d'accéder rapidement aux marchés financiers sans avoir à préparer un prospectus provisoire complet et un prospectus final avant la distribution.

Le système POP n'est accessible qu'aux sociétés d'envergure et permet à l'émetteur de remettre des états financiers annuels et intermédiaires même s'il n'émet aucun titre au cours de l'année. Pour utiliser le système POP, l'émetteur doit non seulement avoir fourni des états financiers lors des 36 derniers mois, mais également s'être plié aux obligations d'information continue. Puisque l'OSC possède un dossier complet sur ces sociétés, elles n'ont qu'à fournir un bref prospectus lorsqu'elles émettent des valeurs. Comme on l'a déjà dit, les offres POP sous forme d'achats fermes sont très populaires depuis la fin des années 1980.

En 1991, les organismes de réglementation du Canada et la SEC aux États-Unis ont lancé le Multi-Jurisdictional Disclosure System (MJDS). D'après le MJDS, les émetteurs importants des deux pays peuvent émettre des valeurs dans leurs deux pays si les documents d'information sont conformes aux règles établies par les organismes de réglementation du pays d'origine. Il s'agit d'une simplification importante des exigences de classement pour certaines sociétés canadiennes d'envergure. Les sociétés canadiennes peuvent alors avoir accès au marché américain des capitaux pour financer leurs investissements. Ainsi, plusieurs entreprises canadiennes sont maintenant cotées sur le parquet des Bourses américaines telles que le NYSE et le Nasdaq.

Questions théoriques

1. Quelle est la procédure de base pour la vente d'une nouvelle émission ?

2. Qu'est-ce qu'un prospectus provisoire ?

3. Qu'est-ce que le système POP et quels en sont les avantages ?

15.4 L'offre d'achat au comptant

Syndicat

Groupe de placeurs qui s'unissent pour diminuer le risque et aider à la vente d'une émission.

Si l'émission publique de valeurs mobilières se présente sous forme d'achat au comptant, on fait généralement appel à des placeurs. Ces derniers effectuent les tâches suivantes pour le compte des sociétés émettrices :

- Formuler la méthode employée pour l'émission des titres ;
- Fixer le prix des nouveaux titres ;
- Vendre les nouveaux titres.

Écart

Indemnisation offerte au placeur ; différence entre le prix de placement et le prix de l'offre.

En général, les placeurs achètent les titres pour un prix moindre que le prix de l'offre et acceptent de courir le risque de ne pas pouvoir les revendre. Étant donné le risque inhérent au placement, les placeurs s'unissent pour former un groupe qu'on appelle un **syndicat** ou un « syndicat de placement » afin de partager le risque et d'aider à vendre l'émission.

Lorsqu'il y a un syndicat, un ou plusieurs directeurs s'occupent de la gestion de l'offre. Le directeur devient le gestionnaire en titre et il est en général responsable de la présentation et de la vente de l'offre. Les autres placeurs du syndicat ont pour principale fonction la distribution de l'émission.

La différence entre le prix de placement et le prix de l'offre s'appelle l'**écart** ou *escompte d'émission*. C'est l'indemnisation de base que reçoit le placeur.

Placement ordinaire

Achat de valeurs de la société émettrice par un preneur ferme, qui les revend ensuite dans le public.

Au Canada, les sociétés entretiennent souvent des relations à long terme avec leurs placeurs. En raison de la grande popularité des achats fermes, la concurrence entre les placeurs s'est intensifiée. Simultanément, la fusion de divers courtiers en valeurs mobilières a réduit le nombre de placeurs. Ainsi, RBC Dominion Securities s'est agrandi grâce à la fusion avec six autres courtiers en valeurs mobilières et une importante injection de capitaux de la Banque Royale.

Les types de conventions de placement

Engagement de placement ferme

Achat de l'émission complète par le placeur et acceptation de l'entière responsabilité financière pour toute action non vendue.

Il existe deux principaux types de conventions de placement pour les offres d'achat au comptant : le placement ordinaire et l'achat ferme.

Dans le cas du **placement ordinaire**, le syndicat de placement achète les valeurs mobilières de la société émettrice et les revend dans le public au prix d'achat, plus un écart de placement. Le placement ordinaire comprend une clause de retrait qui accorde au syndicat le droit de refuser l'émission si le prix chute de façon marquée. En général, l'offre est à ce moment retirée. On peut alors choisir de fixer un nouveau prix ou d'offrir l'émission à nouveau ultérieurement. L'**engagement de placement ferme** est similaire au placement ordinaire, mais il ne contient aucune clause de retrait.

Convention de placement par compte

Vente, par le placeur, de tout ce qu'il peut de l'émission, avec la possibilité de remettre à la société émettrice toute action non vendue, sans en assumer la responsabilité financière.

La **convention de placement par compte** ressemble beaucoup au placement ordinaire. Le placeur est tenu par la loi de tout mettre en œuvre pour vendre les valeurs au prix de l'offre fixé au préalable. Toutefois, le placeur ne garantit pas qu'il pourra remettre une somme précise à l'émetteur. Ce type de placement est utilisé plus fréquemment dans le cas d'un premier appel public à l'épargne.

L'achat ferme

Achat ferme

Achat, par un placeur, des valeurs d'une société émettrice et vente directe à un petit nombre d'investisseurs.

On parle d'**achat ferme** lorsque l'émetteur vend l'émission complète à un courtier en valeurs mobilières ou à un groupe qui cherche ensuite à la revendre. Comme pour l'engagement de placement ferme, le courtier en valeurs mobilières endosse entièrement le risque de prix. Le courtier offre en général l'émission à un petit groupe d'investisseurs institutionnels d'envergure. Les sociétés émettrices qui proposent l'achat ferme, des sociétés importantes et bien connues, sont admissibles au POP pour accélérer le classement par l'OSC. Pour ces raisons, les achats fermes s'effectuent en général avec rapidité. Les achats fermes représentent d'ailleurs aujourd'hui la forme la plus populaire de placement au Canada.

La période de vente

Lorsqu'une émission est vendue dans le public, le groupe de placeurs s'entend pour ne pas vendre de valeurs à un prix moindre que le prix de l'offre jusqu'à la dissolution du syndicat. Le placeur principal peut acheter des actions si le cours du marché devient inférieur au prix de l'offre. Il s'agit ici de soutenir le marché et de stabiliser le prix, ce qui l'empêche de subir une chute temporaire. Si l'émission n'est toujours pas vendue après un délai fixé (30 jours, par exemple), les membres peuvent quitter le groupe et vendre leurs actions au prix que permet le marché.

L'option de placement excessif

De nombreux contrats de placement contiennent des options de placement excessif, ou *Green Shoe provision*, qui offre aux membres du syndicat de placement la possibilité d'acheter des actions supplémentaires au prix de l'offre, moins les frais et les commissions[4]. Le but déclaré de cette option est de couvrir la demande excessive des investisseurs pour le titre. L'option n'a qu'une très courte échéance, d'environ 30 jours, et elle se limite à environ 10 % du nombre initial d'actions émises.

Cette option constitue un bénéfice pour le syndicat de placement et représente un coût pour l'émetteur. Si le cours du marché de la nouvelle émission devait augmenter dès l'émission, l'option permettrait aux placeurs d'acheter des actions supplémentaires de la société émettrice et de les revendre immédiatement dans le public.

Les courtiers en valeurs mobilières

Les courtiers en valeurs mobilières sont au cœur des nouvelles émissions de valeurs. Ils offrent des conseils, assurent la mise en marché des titres (après avoir enquêté sur la réceptivité du marché) et garantissent le montant de l'émission (lorsqu'il s'agit d'un achat ferme).

Le tableau 15.1 dresse la liste des plus importants placeurs du Canada, selon le total (en dollars) des titres émis (les dettes et les fonds propres) dont ils assuraient la gestion en 2002. On peut voir que CIBC World Markets était le plus important placeur au Canada, devant Scotia Capital.

Le tableau 15.2 dresse la liste des 20 plus importantes banques d'investissement du monde. Le rang est établi en calculant le score combiné de trois secteurs d'activité : le placement, la négociation et la consultation. On peut voir que les sociétés américaines dominent et se retrouvent dans les premiers rangs.

Tableau 15.1	Les plus importants placeurs de PAPE au TSX en 2002 (ce classement est établi d'après l'estimation du total des commissions de placement)

1. CIBC World Markets
2. Scotia Capital
3. Financière Banque Nationale
4. RBC Capital Markets
5. BMO Nesbitt Burns
6. TD Securities
7. Canaccord Capital
8. Raymond James
9. Valeurs mobilières Desjardins

Source : Investment Executive Research Investment Executive Chart. Reproduction autorisée.

---

4 L'expression *Green Shoe provision* peut sembler étrange, mais ses origines sont en fait plutôt banales. Elle provient de la société Green Shoe Company, qui a déjà offert une telle option.

Tableau **15.2** Les 20 plus importantes banques d'investissement du monde

		Rang	
		2003	2002
Citigroup	États-Unis	1	2
Deutsche Bank	Allemagne	2	1
UBS	Suisse	3	7
Goldman Sachs	États-Unis	4	4
Merrill Lynch	États-Unis	5	3
JP Morgan Chase	États-Unis	6	6
Morgan Stanley Dean Witter	États-Unis	7	5
Crédit Suisse First Boston	États-Unis/Suisse	8	8
Barclays Capital	Royaume-Uni	9	9
ABN Amro	Pays-Bas	10	10
HSBC Group	Royaume-Uni	11	15
Lehman Brothers	États-Unis	12	11
BNP Paribas	France	13	12
Société Générale	France	14	17
Nomura Securities	Japon	15	13
Mizuho Financial Group	Japon	16	16
Crédit Agricole Indosuez	France	17	—
Nordea	Finlande	18	19
San Paolo IMI Bank	Italie	19	—
Dresdner Kleinwort Wasserstein	Allemagne	20	14

Source : *Euromoney*, janvier 2003, p. 101.

Le prix de l'offre et la sous-tarification

La tâche la plus difficile du placeur reste le calcul du prix de l'offre approprié. Les sociétés émettrices s'exposent à devoir payer des coûts si le prix de l'offre est trop élevé ou trop faible. Si le prix de l'émission est inférieur à la valeur marchande réelle, les actionnaires de la société émettrice subissent une perte d'opportunité, car ils vendent leurs actions à un prix moindre que leur valeur. Si le prix de l'émission est trop élevé, cette dernière risque d'échouer et d'être retirée. Bien sûr, en cas d'achat ferme, c'est le placeur qui hériterait du problème.

La tarification trop basse est assez fréquente. Elle permet d'aider les nouveaux actionnaires à obtenir un rendement plus élevé pour les actions qu'ils achètent. Toutefois, les actionnaires actuels de la société émettrice ne profitent pas de la sous-tarification. En effet, il s'agit pour eux d'un coût indirect de l'émission de nouvelles valeurs. Lorsqu'il s'agit d'une émission initiale, la sous-tarification diminue le produit versé aux détenteurs d'origine.

15.5 La transformation en une société ouverte

Lorsqu'une société fermée atteint une certaine ampleur, il arrive qu'elle songe aux avantages d'une transformation en société ouverte et qu'elle effectue un premier appel public à l'épargne (PAPE) d'actions ordinaires. Entre autres avantages, les sociétés ouvertes peuvent obtenir plus de capitaux lorsque leurs actions sont évaluées sur des marchés secondaires. Les sociétés qui émettent dans le public doivent également satisfaire à certaines exigences de divulgation, dont celles de l'OSC, qui réduisent le risque de manque d'information pour les investisseurs potentiels. De plus, lorsqu'une société émet dans le public, ses principaux propriétaires peuvent vendre une partie de leurs actions et diversifier leurs propres portefeuilles tout en conservant le contrôle de leur société.

La transformation comporte aussi ses désavantages. Les sociétés qui émettent dans le public sont sujettes à des règlements de divulgation plus sévères et à d'autres règlements qui peuvent être coûteux. Elles doivent aussi veiller à respecter la politique 9.1 de l'OSC, qui interdit les transactions intéressées. Enfin, les cadres supérieurs doivent expliquer les activités et les projets de la société aux analystes financiers qui observent les nouvelles émissions, ce qui exige beaucoup de temps.

La plupart des sociétés d'envergure du Canada émettent des actions dans le public. Lorsqu'une société décide de se transformer en société ouverte, elle le fait au moyen d'un PAPE.

Le prix des émissions initiales

Lorsqu'une société n'a encore aucun dossier à titre de société ouverte, la fixation du prix d'un PAPE représente un défi de taille. Selon des recherches effectuées aux États-Unis et au Canada sur les PAPE, les sociétés qui fournissent le plus de renseignements de bonne qualité parviennent à fixer un prix plus élevé pour leurs émissions initiales. Le tableau 15.3 présente un échantillon d'information possible selon le cas. Les sociétés qui divulguent de l'information comptable favorable fixent des prix plus élevés. De toutes les variables du tableau 15.3, la valeur comptable de l'actif a le plus d'impact sur les sociétés canadiennes. On peut donc déduire qu'il est avantageux pour les sociétés d'envergure de se transformer en sociétés ouvertes.

Tableau 15.3 La détermination du prix de placement

Variable	Évidence empirique*
Divulgation directe	
Ventes et bénéfices d'activités en cours	+ ou 0
Valeur aux livres de l'actif courant	+
Intermédiation de l'information	
Services d'intermédiation de haute qualité (bonne réputation)	+
Signes de renseignements d'initiés	
Propriété restante des propriétaires initiaux	+ ou 0
Utilisation de procédés pour des investissements risqués	+
Politique de dividende stipulée	0

* Positive (+), neutre (0) ou négative (−).
Source : W. ROTENBERG, « Pricing Initial Public Equity Offerings : Who Wins, Who Loses, and Why ? », *Canadian Investment Review*, printemps 1990, p. 17-26.

Un autre avantage consiste en l'intermédiation de l'information, qui permet de jumeler des prix d'offres plus élevés et des sociétés qui ont recours aux vérificateurs et aux placeurs les plus réputés. Lorsque les émetteurs utilisent des intermédiaires d'aussi haut calibre (et aussi chers), le marché est plus enclin à croire les projections favorables des prospectus. L'influence de la réputation des intermédiaires pourrait toutefois s'amoindrir, à l'heure où les fusions entraînent une diminution du nombre de courtiers en valeurs mobilières et des cabinets d'experts-comptables, qui deviennent du même coup plus importants et qui se ressemblent davantage.

Les investisseurs reconnaissent que les propriétaires d'origine des émissions initiales détiennent sans doute la meilleure information disponible sur les perspectives d'avenir de la société. Mais il en va de l'intérêt des propriétaires de maximiser le prix des émissions initiales. Afin de résoudre ce problème de *risque moral,* les investisseurs cherchent des signes indiquant que les propriétaires d'origine possèdent de l'information d'initiés favorable. Si les propriétaires croyaient que les perspectives de la société étaient excellentes, ils détiendraient davantage d'actions. Ils utiliseraient également le produit de l'émission initiale pour investir dans des projets d'immobilisation risqués conçus pour engendrer une valeur actualisée nette (VAN) positive à partir des occasions d'investissement de la société. Le tableau 15.3 montre que la recherche sur les émissions initiales américaines et canadiennes confirme en général ces suppositions.

Il a été question jusqu'ici du prix de l'offre. La sous-tarification, dont il a déjà été question, établit un rapport entre le prix de l'offre et le prix de l'émission initiale, une fois terminée la période d'émission. Le tableau 15.4 donne le résumé d'une série d'études sur les émissions initiales aux États-Unis et au Canada. On constate que le prix des émissions initiales est inférieur à leur prix sur le marché secondaire immédiatement après la période d'émission. La figure 15.1 montre que la sous-tarification est un phénomène cyclique. La plus récente sous-tarification a eu lieu au cours de la période du boom Internet de la fin des années 1990.

Tableau | **15.4** | Le rendement initial sur le marché secondaire : les données

Échantillon	Période de l'échantillonnage	Moyenne de sous-tarification
5 000 PAPE américains	1960-1982	18,8
1 026 PAPE américains	Janvier 1980-mars 1981 : marché animé	48,4
	Les autres années, de 1977 à 1982	16,3
	Sous-ensemble des sociétés établies	10,0
1 188 PAPE américains	1983-1987	2,0
	74 achats par endettement	7,8
	1 114, échantillon témoin de PAPE	6,2
1 078 PAPE américains	1981-1985	14,3
1 526 PAPE américains	1975-1984	9,0-11,5
100 PAPE canadiens	1971-1983	4,3
116 PAPE canadiens	1984-1987	12,1
244 PAPE canadiens	1990-1999	

Source : W. ROTENBERG, « Pricing Initial Public Equity Offerings : Who Wins, Who Loses, and Why », *Canadian Investment Review*, printemps 1990, p. 17-26 ; J. M. FRIEDLAN, « Understanding the IPO Market », *CGA Magazine*, mars 1994, p. 42-68 ; V. JOG et L. WANG, « Aftermarket Volatility and Underpricing of Canadian Initial Public Offerings », *Canadian Journal of Administrative Sciences* 19, septembre 2002, p. 231-248.

Les raisons d'être de la sous-tarification

Si on s'inspire de la matière étudiée jusqu'à présent, une question se pose : pourquoi la sous-tarification existe-t-elle ? Les explications sont diverses, et les chercheurs ne s'entendent toujours pas sur le fait d'en privilégier une seule.

Afin de comprendre la complexité de la sous-tarification, deux avertissements sont de mise : premièrement, les moyennes présentées ici masquent le fait que la sous-tarification s'explique en grande partie par la petite taille et l'aspect hautement spéculatif des émissions. Les petites entreprises proposent souvent un prix de l'offre inférieur à 3 $ par action et ces « penny stock », comme on les appelle parfois, peuvent représenter un placement très risqué. On pourrait argumenter que leur prix doit être faible afin d'attirer les investisseurs, et c'est d'ailleurs une des explications possibles de la sous-tarification.

Le deuxième avertissement est que relativement peu d'acheteurs de premières émissions profitent de rendements élevés initiaux et que plusieurs d'entre eux perdent en fait de l'argent. Bien qu'il soit vrai qu'en moyenne, les premières émissions offrent un rendement positif, une part importante d'entre elles subit une chute de prix. De plus, lorsque le prix est trop faible, l'émission souffre souvent d'un placement excessif. En d'autres mots, les investisseurs ne peuvent acheter toutes les actions souhaitées, et les placeurs répartissent les actions entre les investisseurs.

Pour l'investisseur moyen, il est difficile d'obtenir des actions vouées au succès (autrement dit, dont le cours augmentera) parce qu'il n'y a pas suffisamment d'actions pour tout le monde. D'un autre côté, un investisseur qui demanderait sans discernement des émissions initiales s'apercevrait qu'il aurait tendance à recevoir des actions dont le cours se met à chuter.

Il s'agit là d'un autre exemple de ce qu'on pourrait appeler la « malédiction du gagnant », et on croit que cela pourrait expliquer l'importance du rendement moyen des émissions initiales. Lorsque l'investisseur moyen obtient la totalité de sa demande d'un titre à la suite d'un PAPE, c'est peut-être parce que ceux qui détenaient plus d'information ont évité l'émission en question. Le seul moyen que possède un placeur pour contrecarrer la malédiction du gagnant et d'attirer l'investisseur moyen est de proposer un prix trop bas pour les nouvelles émissions (en moyenne) de façon que l'investisseur moyen enregistre tout de même un profit.

Enfin, la sous-tarification représente un type de police d'assurance pour les courtiers en valeurs mobilières. Il est en effet possible que des clients qui se sentent lésés poursuivent un courtier en valeurs mobilières pour tarification excessive. La sous-tarification permet aux clients, en moyenne du moins, de ne rien perdre.

Figure 15.1

Les rendements initiaux moyens par mois pour les émissions publiques initiales enregistrées au SEC, 1960-1998

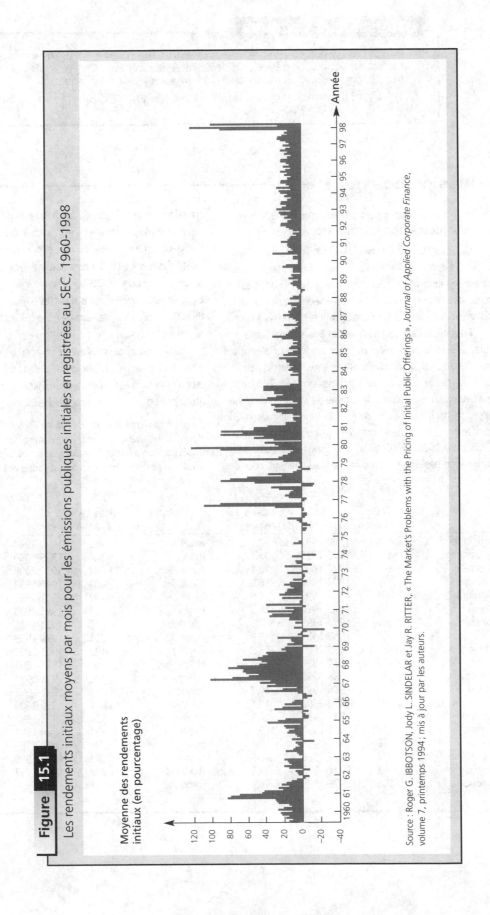

Source : Roger G. IBBOTSON, Jody L. SINDELAR et Jay R. RITTER, « The Market's Problems with the Pricing of Initial Public Offerings », *Journal of Applied Corporate Finance*, volume 7, printemps 1994 ; mis à jour par les auteurs.

1. Supposons qu'un courtier vous appelle soudainement et vous offre « toutes les actions que vous désirez » d'une nouvelle émission. Croyez-vous que le prix de l'émission risque d'être plus ou moins inférieur à la moyenne ?

2. Pourquoi la sous-tarification représente-t-elle un coût pour la société émettrice ?

Les propos de...

Jay Ritter sur la sous-tarification des émissions initiales dans le monde

Les États-Unis ne sont pas le seul pays où le premier appel public à l'épargne (PAPE) d'actions ordinaires se fait à une valeur inférieure à leur valeur marchande. Le phénomène s'observe partout où il y a un marché des valeurs mobilières, même si l'ampleur de la sous-tarification diffère d'un pays à l'autre.

En général, dans les pays dont les Bourses sont bien structurées, la sous-tarification est plus modérée que dans les marchés des valeurs en pleine émergence. Toutefois, pendant l'effervescence qui a entouré Internet en 1999-2000, cette pratique a considérablement augmenté sur les marchés de capitaux de longue date. Aux États-Unis, par exemple, le rendement moyen de la première journée pendant la période 1999-2000 était de 65 %. En même temps que la sous-tarification des Bourses bien établies augmentait, celle des

émissions initiales vendues aux habitants de la Chine diminuait. La moyenne chinoise s'est abaissée à 257 %, ce qui est de beaucoup inférieur à sa valeur au cours de la première moitié des années 1990. Après l'explosion de la bulle Internet au milieu de l'année 2000, la sous-tarification aux États-Unis, en Allemagne et dans d'autres pays dont les marchés financiers sont relativement développés est revenue à des niveaux plus conservateurs.

Le tableau ci-dessous donne un aperçu des rendements moyens du premier jour sur les PAPE dans différents pays du monde. Les données présentées proviennent de nombreuses études effectuées par divers chercheurs.

Jay R. Ritter occupe la chaire de finance Cordell à la University of Florida. Universitaire de renom, il s'est attiré le respect de ses collègues par la perspicacité de ses analyses sur les émissions publiques initiales et sur la transformation des entreprises en sociétés ouvertes.

Pays	Taille de l'échantillon	Période	Rendement moyen du premier jour	Pays	Taille de l'échantillon	Période	Rendement moyen du premier jour
Afrique du Sud	118	1980-1991	32,7 %	Israël	285	1990-1994	12,1 %
Allemagne	407	1978-1999	27,7	Italie	164	1985-2000	23,9
Australie	381	1976-1995	12,1	Japon	1 542	1970-2000	26,4
Autriche	76	1984-1999	6,5	Malaisie	401	1980-1998	104,1
Belgique	86	1984-1999	14,6	Mexique	37	1987-1990	33,0
Brésil	62	1979-1990	78,5	Nigéria	63	1989-1993	19,1
Canada	500	1971-1999	6,3	Norvège	68	1984-1996	12,5
Chili	55	1982-1997	8,8	Nouvelle-Zélande	201	1979-1999	23,0
Chine	432	1990-2000	256,9	Pays-Bas	143	1982-1999	10,2
Corée	477	1980-1996	74,3	Philippines	104	1987-1997	22,7
Danemark	117	1984-1998	5,4	Pologne	149	1991-1998	35,6
Espagne	99	1986-1998	10,7	Portugal	21	1992-1998	10,6
États-Unis	14 760	1960-2000	18,4	Royaume-Uni	3 042	1959-2000	17,5
Finlande	99	1984-1997	10,1	Singapour	128	1973-1992	31,4
France	448	1983-1998	9,5	Suède	251	1980-1994	34,1
Grèce	129	1987-1994	51,7	Suisse	42	1983-1989	35,8
Hong Kong	334	1980-1996	15,9	Taïwan	293	1986-1998	31,1
Inde	98	1992-1993	35,3	Thaïlande	292	1987-1997	46,7
Indonésie	106	1989-1994	15,1	Turquie	138	1990-1996	13,6

15.6 La vente de nouveaux fonds propres et la valeur de la société

Il peut sembler raisonnable de croire qu'une société préfère s'occuper de l'organisation de nouveau financement à long terme une fois terminée la préparation de projets ayant une VAN positive. Par conséquent, lorsqu'une société annonce son recours au financement externe, sa valeur marchande devrait augmenter. Curieusement, ce n'est pas ce qui se produit. Les cours des actions ont plutôt tendance à chuter lorsqu'on annonce une nouvelle émission de fonds propres et à augmenter lorsqu'on annonce l'émission d'une dette. Plusieurs chercheurs se sont penchés sur la question. Parmi les raisons possibles de ce phénomène étrange, on trouve :

1. *L'information de gestion.* Si la direction possède des renseignements de source très sûre concernant la valeur marchande de la société, elle sait peut-être si la société est surévaluée. Si c'est le cas, elle essaiera d'émettre de nouvelles actions lorsque la valeur marchande sera supérieure à la valeur exacte. Les actionnaires sont alors avantagés. Toutefois, les actionnaires potentiels sont rationnels. Ils utilisent cette information de manière telle que le prix du titre après l'émission sera inférieur au prix à la date d'émission.

2. *L'utilisation de l'endettement.* L'émission de nouveaux fonds propres signifie peut-être que la société a contracté trop de dettes ou qu'elle ne possède pas suffisamment de liquidité. On dit parfois que l'émission de fonds propres envoie un signal négatif au marché. Après tout, si les nouveaux projets étaient favorables, pourquoi la société accepterait-elle de les partager avec de nouveaux actionnaires ? On le sait déjà, en matière de PAPE, on considère que lorsque les propriétaires d'origine conservent la plus grande part des actions, ils envoient un signal positif. En poussant à l'extrême, une société pourrait tout simplement choisir d'émettre des dettes et de laisser les actionnaires actuels profiter entièrement des bénéfices.

3. *Les frais d'émission.* Comme on le verra par la suite, l'émission de valeurs mobilières entraîne des coûts substantiels.

La chute de la valeur des actions déjà en circulation à la suite de l'annonce d'une nouvelle émission est un exemple de frais indirects reliés à la vente de valeurs mobilières. Dans le cas d'une société industrielle, la valeur chuterait probablement d'environ 3 %, ce qui, pour une société d'envergure, peut représenter une forte somme. Cette chute de valeur s'appelle le « rendement anormal », comme on pourra le voir à l'instant.

Questions théoriques

1. Nommez certaines des raisons qui provoquent la chute du cours des actions lorsqu'on annonce une nouvelle émission de fonds propres.

2. Expliquez pourquoi une société dont le projet d'investissement a une VAN positive pourrait choisir le financement par endettement plutôt que par fonds propres.

15.7 Les frais d'émission de valeurs mobilières

Émettre des valeurs mobilières dans le public n'est pas gratuit, et les frais afférents à chacune des méthodes employées peuvent servir à déterminer le choix d'une approche. D'une façon générale, on parle des « frais d'émission ». Dans cette section, il sera question des frais d'émission associés à la vente de fonds propres dans le public.

Les frais liés à l'émission d'actions se divisent en six catégories : 1) l'écart ; 2) les autres frais directs ; 3) les frais indirects ; 4) les rendements anormaux (dont il a déjà été question) ; 5) la sous-tarification ; 6) l'option de placement excessif. On se penchera d'abord sur chacune de ces catégories pour la vente de fonds propres aux États-Unis, puis au Canada.

Écart	L'écart représente des frais directs versés par l'émetteur au syndicat de placement — la différence entre le prix que reçoit l'émetteur et le prix de l'offre.
Autres frais directs	Il s'agit de frais directs pour l'émetteur, et ceux-ci ne font pas partie de l'indemnisation versée aux placeurs. Ces frais comprennent les frais de classement, les frais juridiques et les impôts — qui sont tous décrits dans le prospectus.
Frais indirects	Ces frais n'apparaissent pas dans le prospectus et comprennent les frais de gestion associés à la création de l'émission.
Rendements anormaux	Dans le cas de valeurs confirmées, le cours chute en moyenne de 3 % lorsqu'on annonce une nouvelle émission.
Sous-tarification	Lors d'un PAPE, la société émettrice subit des pertes lorsqu'elle vend ses actions à une valeur moindre que la valeur exacte.
Option de placement excessif (Green Shoe)	L'option Green Shoe accorde aux placeurs le droit de vendre des actions supplémentaires au prix de l'offre afin de couvrir les cas de demande excessive pour le titre.

Le tableau 15.5 affiche les frais directs de nouvelles émissions de fonds propres en 1990-1994 pour les sociétés américaines ouvertes. Il s'agit dans tous les cas de valeurs confirmées ; les pourcentages du tableau 15.5 apparaissent dans les prospectus des sociétés émettrices. Le tableau n'affiche que l'écart (la prime du placeur) et les autres frais directs, y compris les frais juridiques, les frais comptables, les frais d'impression, les frais d'enregistrement à la SEC et les impôts. Les frais indirects, les rendements anormaux, la sous-tarification et l'option de placement excessif ne sont pas inclus.

Tableau 15.5 Les frais directs sous forme de pourcentage du produit brut de fonds propres en circulation offerts par des sociétés américaines, 1990-1994

Produit (en millions de dollars)	Émissions initiales			
	Nombre d'émissions	Écart brut	Autres frais directs	Total des frais directs
2-9,99	337	9,05 %	7,91 %	16,96 %
10-19,99	389	7,24	4,39	11,63
20-39,99	533	7,01	2,69	9,70
40-59,99	215	6,96	1,76	8,72
60-79,99	79	6,74	1,46	8,20
80-99,99	51	6,47	1,44	7,91
100-199,99	106	6,03	1,03	7,06
200-499,99	47	5,67	0,86	6,53
500 et plus	10	5,21	0,51	5,72
Total	1 767	7,31 %	3,69 %	11,00 %

Source : Inmoo LEE, Scott LOCHHEAD, Jay RITTER et Quanshui ZHAO, « The Costs of Raising Capital », *Journal of Financial Research* 1, printemps 1996.

Comme le montre le tableau 15.5, les frais directs sont déjà très importants, même lorsqu'il s'agit d'émissions plus petites (moins de 10 millions de dollars). Pour ce groupe, les frais directs, tels que les sociétés les déclarent, représentent en moyenne plus de 13 %. Cela signifie que la société, une fois les frais payés, reçoit 87 % du produit de la vente, en moyenne. Pour une émission de 10 millions de dollars, on parle de 1 million de dollars en frais directs, ce qui est assez considérable.

Le tableau 15.5 ne dévoile pas tout, cependant. Dans le cas d'émissions initiales, les frais réels peuvent s'élever encore davantage en raison des frais indirects. Le tableau 15.6 présente les frais directs de la transformation en société ouverte et le taux de sous-tarification selon les émissions initiales à la Bourse de Toronto de 1984 à 1997. Le coût total réel est toutefois supérieur,

Tableau	15.6	Les frais liés à la transformation en société ouverte au Canada, 1984-1997	
	Frais		6,00 %
	Sous-tarification (rendement de la première journée de négociation)		7,88
	Total		13,88 %

Sources : Les données sur les frais proviennent de l'article suivant : L. KRYZANOWSKI et I. RAKITA, « Is the U.S. 7 % Solution Equivalent to the Canadian 6 % Solution ? », *Canadian Investment Review*, automne 1999, p. 27-34. Les données concernant la sous-tarification sont tirées de V. JOG et A. SRIVASTAVA, « The Mixed Results of Canadian IPOs », *Canadian Investment Review*, hiver 1997-1998, p. 22-26 et du site Web de J. Ritter, bear.cba.ufl.edu/ritter/index.html.

car l'étude n'a pas ici tenu compte des frais indirects, des rendements anormaux et de l'option de placement excessif.

Le coût total d'une transformation en société ouverte au cours de ces années était en moyenne de 14 %. Ce résultat est comparable à celui qui a été obtenu pour de plus petits PAPE américains. Une fois de plus, on remarque que les frais d'émission de valeurs mobilières sont parfois considérables.

Dans l'ensemble, on peut tirer trois conclusions sur le placement :

1. Les économies de taille sont importantes. Les grandes sociétés peuvent réunir des fonds plus facilement.

2. Les frais de placement sont parfois considérables et peuvent dépasser les frais directs.

3. Les frais d'émission sont plus élevés pour les PAPE que pour les titres en circulation.

Questions théoriques

1. Quels sont les divers frais associés à l'émission de valeurs mobilières ?

2. Que nous apprend l'étude de ces frais d'émission ?

Un exemple de PAPE : Air Canada

En octobre 1988, le gouvernement du Canada vendait 30,8 millions d'actions d'Air Canada au cours d'une opération réussie de privatisation partielle[5]. Le prix de l'émission initiale était de 8 $ par action, pour un total de 234 millions de dollars après le calcul des frais d'émission. La société d'aviation, propriété du gouvernement depuis sa fondation en 1937 sous le nom de Trans-Canada Air Lines, devait rester en majorité la propriété du gouvernement, mais ce dernier promettait de ne pas jouer un rôle actif dans la gestion de l'entreprise. À l'époque, le nombre de passagers-milles payants pour les vols intérieurs augmentait en flèche, et les marchés internationaux connaissaient un taux de croissance plus modéré. La déréglementation a permis d'améliorer la flexibilité et Air Canada s'attendait à en tirer profit. Les bénéfices nets étaient volatils en raison de la fluctuation des prix du carburant, mais ils avaient atteint un maximum de 46 millions de dollars en 1987.

Il s'agissait d'actions avec droit de vote, mais les actionnaires non canadiens ne pouvaient voter que pour un maximum de 25 % de leurs actions. Le produit de l'émission a été réparti de façon sommaire entre le remboursement de dettes et l'achat de nouveaux avions, en plus d'autres dépenses en capital. Les placeurs les plus importants étaient RBC Dominion Securities Inc., Wood Gundy Inc., ScotiaMcLeod Inc., Nesbitt Thomson Deacon Ltd., Richardson Greenshields of Canada Limited, Burns Fry Limited, Merrill Lynch Canada Inc., Lévesque Beaubien inc. et Pemberton Securities Inc. Vingt-sept autres courtiers en valeurs mobilières ont participé au placement. Les dispositions étaient simples : il s'agissait d'un placement ordinaire avec option de retrait. Les placeurs bénéficiaient également d'une option de placement excessif représentant jusqu'à 10 % du nombre initial d'actions.

Lorsqu'on applique la théorie de la sous-tarification à cette situation, on remarque que plusieurs facteurs contrôlent en fait la sous-tarification. Puisque la société Air Canada est une entreprise plutôt importante dont l'actif atteignait 3,1 milliards de dollars au total en juin 1988,

---

5 Cette section s'inspire de deux cas du regretté Cecil R. Dipchand, « Air Canada (A) and (B) », Halifax, Dalhousie University, 1990.

la sous-tarification risquait d'être moins élevée que pour une émission plus petite. On peut aussi expliquer la modération de la sous-tarification notamment par la disponibilité de renseignements financiers historiques détaillés et la présence de placeurs de haut calibre. La société projetait aussi d'utiliser la moitié du produit pour un investissement de capitaux dans des actifs risqués, ce qui devait également augmenter le prix de l'émission.

Toutes ces prédictions se sont concrétisées ; la sous-tarification immédiate n'allait pas de soi. Le cours des actions avait chuté de 8 $ (le prix de l'émission) à 7 $ un mois après l'émission. Cette diminution était due sans doute à une baisse du marché en général. En janvier 1989, la Bourse de Toronto et Air Canada ont connu un regain, et les actions ont augmenté pour atteindre plus de 13 $ en juin 1989. Les analystes du marché ont remarqué que le gouvernement fédéral respectait sa promesse de ne pas intervenir dans la gestion de la société. Le taux d'endettement était maintenant comparable à celui de sociétés d'aviation américaines d'envergure, et la rentabilité était excellente.

En juin 1989, le gouvernement fédéral décidait de vendre les actions qu'il détenait encore au prix de 12 $ par action. Le gouvernement jouissait d'un marché favorable : le cours avait augmenté de 50 % depuis le PAPE. La vente a eu lieu en juillet 1989. Le 11 août 1989, le cours augmentait à nouveau, pour atteindre un sommet de 14,88 $. Le rendement pour les investisseurs immédiatement après l'émission était (14,88 $ – 12 $)/12 $ = 0,24 ou 24 %. On remarquait donc une importante sous-tarification lors de la deuxième émission (ou pour la deuxième tranche).

Afin de mesurer les effets de la sous-tarification, supposons qu'on aurait permis la vente des actions de la deuxième tranche avec une sous-tarification d'environ 12 %, plutôt que de 24 %. On ne choisit pas ces 12 % au hasard : il s'agit de la moyenne approximative de sous-tarification du tableau 15.6. Si la sous-tarification avait été de 12 %, le prix d'émission aurait alors été de 13,44 $ ((13,44 $ – 12 $)/12 $ = 0,12). Si les autres frais d'émission étaient restés les mêmes, le gouvernement aurait alors obtenu 59 millions de dollars de plus (41 millions d'actions × (13,44 $ – 12 $)).

Le rendement à plus long terme d'Air Canada n'a pas été aussi favorable. En octobre 1989, le cours a chuté à moins des 12 $ initiaux. En septembre 1992, les actions de la société se négociaient 3,80 $ chacune. En juillet 2000, les actions atteignaient 19,65 $. Toutefois, en mai 2003, Air Canada a dû se mettre sous la protection de la loi sur les arrangements avec les créanciers alors que le titre se négociait à 1,67 $. Le rendement à long terme d'Air Canada est typique du rendement inégal des PAPE.

15.8 Les droits

Lorsque de nouvelles actions ordinaires sont émises dans le public, les actionnaires actuels devraient logiquement perdre un certain pourcentage de leur participation. Toutefois, si les statuts constitutifs de la société contiennent un droit préférentiel de placement (ou droit de préemption), la société doit offrir toute nouvelle émission d'actions ordinaires à ses actionnaires actuels. Si les statuts constitutifs ne comprennent pas ce droit, la société peut alors offrir l'émission d'actions ordinaires soit directement à ses actionnaires, soit directement dans le public. Dans certains secteurs industriels, les organismes de réglementation établissent des règles sur les droits. Ainsi, avant la Loi sur les banques de 1980, les banques à charte devaient réunir des fonds uniquement par des émissions de droits.

Lorsqu'une société émet des actions ordinaires à ses actionnaires actuels, on parle d'« émission de droits ». Chaque actionnaire reçoit alors un droit pour chaque action en sa possession. Les droits offrent aux actionnaires la possibilité d'acheter un nombre précis de nouvelles actions de la société à un prix spécifié, et ce, avant un certain délai au-delà duquel les droits viennent à échéance.

Les conditions des émissions de droits sont décrites dans un certificat nommé justement le « droit ». Les droits sont souvent négociés sur des marchés de valeurs mobilières ou hors Bourse.

Le fonctionnement des émissions de droits

Afin d'illustrer les diverses questions que doit se poser un gestionnaire financier en cas d'émission de droits, on peut examiner la situation de la Compagnie nationale des eaux usées, dont les états financiers abrégés sont présentés au tableau 15.7.

Tableau 15.7 Les états financiers de la Compagnie nationale des eaux usées avant l'émission de droits

Bilan

Actif		Fonds propres des actionnaires	
		Actions ordinaires	5 000 000 $
		Bénéfices non répartis	10 000 000
Total	15 000 000 $	Total	15 000 000 $

État des résultats

Bénéfice avant impôts	3 333 333 $
Impôts de 40 %	1 333 333
Bénéfice net	2 000 000
Bénéfice par action	2
Actions en circulation	1 000 000
Valeur marchande par action	20
Valeur marchande totale	20 000 000 $

Comme on peut le voir au tableau 15.7, les bénéfices de la Compagnie nationale des eaux usées sont de 2 millions de dollars après impôts, et elle possède 1 million d'actions en circulation. Les bénéfices par action sont de 2 $ et les actions se négocient 20 $ chacune, soit 10 fois les bénéfices (autrement dit, un ratio cours-bénéfices de 10). Afin de financer un projet d'expansion, la société compte réunir 5 millions de dollars en nouveaux fonds propres à l'aide d'une émission de droits.

Afin de procéder à une émission de droits, la direction financière de la Compagnie nationale des eaux usées doit répondre aux questions suivantes :

1. Quel devrait être le prix par action de la nouvelle émission ?
2. Combien faudrait-il vendre d'actions ?
3. Combien d'actions les actionnaires auront-ils le droit d'acheter ?

De plus, la direction voudra sans doute poser cette autre question :

4. Quel serait l'effet probable d'une émission de droits sur la valeur par action des actions existantes ?

Les réponses à ces questions sont interreliées, comme on pourra le voir un peu plus loin.

L'émission de droits comporte les mêmes étapes qu'une offre d'achat au comptant ordinaire. Seule l'approche utilisée pour la vente différencie l'émission de droits de l'offre d'achat au comptant. Comme on a pu le voir, dans le cas des offres d'achat au comptant, les actions sont vendues à des investisseurs particuliers ou institutionnels par l'entremise de courtiers en valeurs mobilières. Dans le cas d'émissions de droits, on informe les actionnaires actuels de la Compagnie nationale des eaux usées qu'ils détiennent un droit pour chaque action qu'ils possèdent. La société leur indique ensuite combien de droits ils doivent posséder afin de pouvoir acheter une action supplémentaire à un prix spécifié.

Afin de profiter de l'émission de droits, les actionnaires doivent se prévaloir de leur droit en remplissant un formulaire de souscription qu'ils doivent ensuite envoyer, avec leur paiement, au responsable de la souscription de la société. Les actionnaires de la Compagnie nationale des eaux usées ont en fait plusieurs options : 1) se prévaloir des actions auxquelles ils ont droit et y souscrire ; 2) vendre tous les droits ; 3) ne rien faire et laisser les droits arriver à échéance. Cette dernière option est peu recommandable, tant que les droits possèdent une certaine valeur.

Le nombre de droits nécessaire à l'achat d'une action

La Compagnie nationale des eaux usées désire réunir 5 millions de dollars en nouveaux fonds propres. Supposons que le prix de souscription soit de 10 $ par action. On pourra voir un peu plus loin comment la société en est arrivée à ce prix. Pour l'instant, il suffit de remarquer que le prix de souscription est bien inférieur au cours actuel du marché, soit 20 $ par action.

À 10 $ par action, la société devra émettre 500 000 nouvelles actions. On détermine ce nombre en divisant le montant total des capitaux qu'on souhaite réunir par le prix de souscription :

Nombre de nouvelles actions = Total des capitaux/Prix de souscription [15.1]

= 5 000 000 $/10 $ = 500 000 actions

Puisque les actionnaires ont nécessairement un droit pour chaque action détenue, la Compagnie nationale des eaux usées devrait donc émettre 1 million de droits. Afin de déterminer combien de droits sont nécessaires à l'achat d'une nouvelle action, on peut diviser le nombre des actions en circulation par le nombre de nouvelles actions :

Nombre de droits nécessaires
à l'achat d'une nouvelle action = Anciennes actions/Nouvelles actions [15.2]

= 1 000 000/500 000 = 2 droits

Ainsi, un actionnaire doit utiliser deux droits et verser 10 $ s'il désire recevoir une nouvelle action. Si tous les actionnaires font de même, la société pourrait réunir les 5 millions de dollars souhaités.

Il est important de comprendre que le prix de souscription, le nombre de nouvelles actions et le nombre de droits nécessaires à l'achat d'une nouvelle action sont tous interreliés. Ainsi, la Compagnie nationale des eaux usées peut diminuer le prix de souscription, mais il faudrait alors augmenter le nombre d'actions émises pour obtenir 5 millions de dollars en nouveaux fonds propres. Le tableau ci-dessous illustre diverses options possibles :

Prix de souscription	Nouvelles actions	Nombre de droits nécessaires à l'achat d'une action
20 $	250 000	4
10	500 000	2
5	1 000 000	1

La valeur d'un droit

Les droits ont de toute évidence une valeur propre. Dans le cas de la Compagnie nationale des eaux usées, le droit d'acheter une action de 20 $ pour 10 $ a sans aucun doute de la valeur.

Supposons qu'un actionnaire de cette société détient deux actions juste avant l'émission de droits. C'est la situation illustrée au tableau 15.8. Au début, la société fixe un prix de 20 $ par action ; la valeur totale des actions détenues par l'actionnaire est donc $2 \times 20\ \$ = 40\ \$$. L'émission de droits de la Compagnie nationale des eaux usées offre aux actionnaires qui possèdent deux actions la chance d'acheter une action de plus pour 10 $. Toutefois, l'action supplémentaire ne donne aucun droit supplémentaire.

Tableau 15.8 La valeur des droits pour l'actionnaire individuel

Nombre d'actions	
Nombre d'actions	2
Cours de l'action	20 $
Valeur des actions détenues	40 $
Conditions de l'émission	
Prix de souscription	10 $
Nombre de droits émis	2
Nombre de droits nécessaires pour l'achat d'une nouvelle action	2
Après l'émission	
Nombre d'actions	3
Valeur des actions détenues	50 $
Cours de l'action	16,67 $
Valeur d'un droit	
Ancien cours – Nouveau cours	20 $ – 16,67 $ = 3,33 $

L'actionnaire qui possède deux actions reçoit deux droits. S'il décidait de se prévaloir de ses droits et d'acheter une nouvelle action, il obtiendrait donc trois actions. L'investissement total serait 40 $ + 10 $ = 50 $ (la valeur initiale de 40 $ ajoutée aux 10 $ versés à la société).

L'actionnaire posséderait donc trois actions identiques en tous points. En effet, l'actionnaire aurait déjà épuisé les droits que lui accordaient ses deux actions initiales, et la nouvelle action ne lui donnerait aucun droit supplémentaire. Puisque le coût total de l'achat de ces trois actions est 40 $ + 10 $ = 50 $, le prix par action doit être 50 $/3 = 16,67 $ (le résultat étant arrondi au centième près).

Le tableau 15.9 résume ce qui arrive aux cours des actions de Compagnie nationale des eaux usées. Si tous les actionnaires se prévalent de leurs droits, le nombre d'actions atteindra 1 million + 0,5 million = 1,5 million. La valeur de la société atteindra pour sa part 20 millions de dollars + 5 millions = 25 millions de dollars. La valeur de chaque action chutera donc, pour atteindre 25 millions de dollars/1,5 million = 16,67 $ après l'émission de droits.

Tableau 15.9 L'émission de droits de la Compagnie nationale des eaux usées

Position initiale	
Nombre d'actions	1 million
Cours de l'action	20 $
Valeur de la société	20 millions de dollars

Conditions de l'émission	
Prix de souscription	10 $
Nombre de droits émis	1 million
Nombre de droits nécessaires pour l'achat d'une action	2

Après l'émission	
Nombre d'actions	1,5 million
Cours de l'action	16,67 $
Valeur de la société	25 millions de dollars
Valeur d'un droit	20 $ – 16,67 = 3,33 $

La différence entre l'ancien prix de 20 $ par action et le nouveau prix de 16,67 $ s'explique justement par le droit de souscrire à de nouvelles actions dont bénéficiaient les actions à l'origine. La différence doit être égale à la valeur d'un droit, soit 20 $ – 16,67 $ = 3,33 $.

Même s'il ne détient aucune action de la Compagnie nationale des eaux usées, un investisseur qui souhaite souscrire à la nouvelle émission peut acheter des droits. Supposons qu'un investisseur externe achète deux droits, pour un total de 3,33 $ × 2 = 6,67 $ (en tenant compte de l'arrondissement au centième près). Si l'investisseur se prévaut de son droit et que les frais de souscription sont toujours de 10 $, le coût total serait 10 $ + 6,67 $ = 16,67 $. En retour, l'investisseur recevrait une nouvelle action qui, comme on a pu le voir, a une valeur de 16,67 $.

Exemple 15.1 Le fait de se prévaloir de ses droits

On peut reprendre l'exemple de la Compagnie nationale des eaux usées et supposer que le prix de souscription est de 8 $. Combien d'actions faut-il vendre ? Combien de droits faudrait-il pour acheter une nouvelle action ? Quelle est la valeur d'un droit ? Quel sera le cours des actions après l'émission de droits ?

Pour réunir 5 millions de dollars, il faut vendre 5 millions de dollars/8 $ = 625 000 actions. Comme il y a actuellement 1 million d'actions en circulation, il faut maintenant détenir 1 million/625 000 = 8/5 = 1,6 droit pour obtenir une nouvelle action (on peut acheter 5 nouvelles actions pour chaque ensemble de 8 actions qu'on détient). Après l'émission de droits, on comptera 1,625 million d'actions en circulation, d'une valeur totale de 25 millions de dollars. Le prix des actions sera 25 $/1,625 = 15,38 $ chacune. On détermine la valeur d'un droit en calculant la différence entre le prix d'origine de 20 $ et le prix final de 15,38 $, soit 4,62 $.

La valeur théorique d'un droit

En résumé, voici une équation qui permet de calculer la valeur théorique d'un droit au cours de la période d'émission :

$$D_o = (M_o - S)/(N + 1) \qquad\qquad [15.3]$$

où

M_o est le prix des actions ordinaires pendant la période d'émission ;
S représente le prix de souscription ;
N est le nombre de droits nécessaire à l'achat d'une nouvelle action.

À titre d'exemple pratique, on peut vérifier la réponse obtenue pour la valeur d'un droit à l'exemple 15.1.

$$D_o = (20\ \$ - 8)/(1,6 + 1) = 4,62\ \$$$

La réponse est la même.

La valeur « ex-droits »

La valeur des droits de la Compagnie nationale des eaux usées est indéniable. De plus, l'émission de droits aurait un impact important sur le cours du marché des actions de la société. En effet, le cours chuterait de 3,33 $ le jour où les actions seraient négociées **ex-droits**.

Lorsqu'une société décide d'émettre des droits, elle doit, selon la procédure habituelle, fixer une **date de clôture des registres**. Selon les règles de la Bourse, une action devient ex-droits quatre jours avant ladite date. Si l'action est vendue avant la date ex-droits — donc, lorsque l'action est considérée comme « avec droits » — l'acheteur obtient également le droit qui s'y rattache. C'est ce que montre la figure 15.2, dans le cas de la Compagnie nationale des eaux usées.

Comme on peut le constater, le 30 septembre, la Compagnie nationale des eaux usées annonçait les conditions de l'émission de droits et spécifiait que les droits seraient postés, disons, le 1er novembre aux actionnaires dans les registres en date du 15 octobre. Puisque le 11 octobre correspond à la date ex-droits, seuls les actionnaires en possession d'actions au plus tard le 10 octobre reçoivent le droit.

Figure 15.2

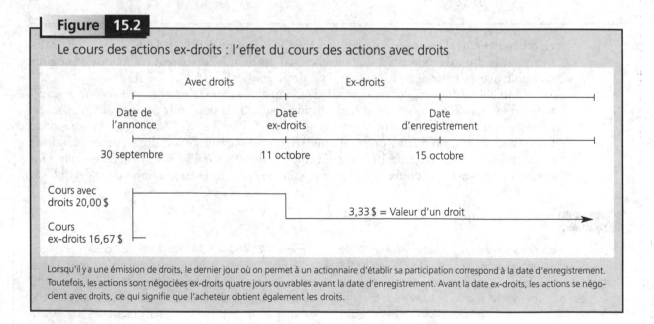

Le cours des actions ex-droits : l'effet du cours des actions avec droits

Lorsqu'il y a une émission de droits, le dernier jour où on permet à un actionnaire d'établir sa participation correspond à la date d'enregistrement. Toutefois, les actions sont négociées ex-droits quatre jours ouvrables avant la date d'enregistrement. Avant la date ex-droits, les actions se négocient avec droits, ce qui signifie que l'acheteur obtient également les droits.

Exemple **15.2** Le fait de se prévaloir de ses droits : deuxième partie

La société Lagrange Multi-plex vient de proposer une émission de droits. Les actions se négocient actuellement 40 $ par unité. Selon les conditions de l'offre, les actionnaires peuvent acheter une nouvelle action pour chaque ensemble de cinq actions qu'ils détiennent, au prix de 25 $ par action. Quelle est la valeur d'un de ces droits ? Quel est le prix ex-droits ?

Vous pouvez acheter cinq droits pour $5 \times 40\,\$ = 200\,\$$, puis vous prévaloir de votre droit pour 25 $ de plus. Votre investissement total est donc de 225 $ pour un total de six actions ex-droits. Le prix ex-droits par action est 225 $/6 = 37,50 $. Les droits ont donc une valeur de 40 $ − 37,50 $ = 2,50 $ par unité.

À partir de l'équation 15.3, on obtient :
$$D_o = (40\,\$ - 25\,\$)/(5 + 1) = 2,50\,\$$$

La valeur des droits après la date ex-droits

Lorsqu'une action devient ex-droits, on sait que le prix chute pour un montant égal à la valeur d'un droit. Jusqu'à l'expiration des droits, les détenteurs peuvent acheter une action au prix de souscription en se prévalant d'un nombre N de droits. Sous forme d'équation[6], on a :

$$M_e = M_o - D_o \qquad\qquad [15.4]$$
$$D_e = (M_e - S)/N \qquad\qquad [15.5]$$

La variable M_e est le cours des actions ordinaires pendant la période ex-droits.

On peut vérifier la formule grâce à l'exemple 15.2 :

$$M_e = 40\,\$ - 2,50 = 37,50\,\$$$
$$D_e = (37,50\,\$ - 25)/5 = 2,50\,\$$$

Exemple **15.3** Un jeu adroit ou un jeu de droits ?

En vous référant à l'exemple 15.2, supposons que vous pouvez acheter les droits pour seulement 0,25 $ plutôt que 2,50 $. Que feriez-vous ?

La richesse vous attend : vous venez de trouver une véritable mine d'or. Voici la recette : achetez cinq droits pour 1,25 $. Prévalez-vous de ces droits et versez 25 $ pour obtenir une nouvelle action. Votre investissement total pour obtenir une action ex-droits est $5 \times 0,25\,\$ + 25\,\$ = 26,25\,\$$. Vendez cette action 37,50 $ et gardez la différence de 11,25 $ pour vous. Répétez aussi souvent que vous le désirez.

Une variation sur ce thème s'est réellement produite au cours d'une émission de droits par une banque à charte canadienne d'envergure au milieu des années 1980. Le régime d'actionnariat de la société avait promu la détention d'actions auprès des caissiers et des employés de bureau qui connaissaient peu la nature véritable des émissions de droits. Lorsque l'annonce de l'émission de droits leur est parvenue, plusieurs n'ont pas répondu, mis à part les employés sollicités par leurs collègues mieux informés qui avaient acheté les droits pour une fraction de leur valeur. On ne peut approuver ce genre de transaction, mais l'événement démontre bien qu'il est important que tous les actionnaires comprennent la nature des émissions de droits.

L'entente de placement

Convention de placement garanti

Entente selon laquelle le placeur accepte toute portion non souscrite de l'émission.

En général, l'émission de droits se fait par l'entremise d'une **convention de placement garanti**. Pour ce faire, l'émetteur fait une émission de droits, et le placeur s'engage à acheter les actions non réclamées. Le placeur reçoit habituellement un **droit d'usage** et des sommes supplémentaires en fonction du nombre d'actions achetées.

La convention de placement garanti protège la société contre une souscription trop faible. Cela peut se produire si les investisseurs ne se prévalent pas de leurs droits ou si des nouvelles défavorables provoquent la chute des cours du marché et que ceux-ci atteignent un taux inférieur au prix de souscription.

Droit d'usage

Somme versée au placeur qui participe à la convention de placement garanti.

En réalité, seulement un faible pourcentage (moins de 10 %) des actionnaires ne se prévalent pas de leurs droits. On peut sans doute attribuer cette inaction à leur ignorance ou à leur

---

6 Pendant la période ex-droits, un droit représente une option à court terme pour acheter l'action. L'équation 15.5 accorde la valeur minimale à cette option. La valeur marchande des droits est en général plus élevée.

Privilège de dépassement de souscription

Possibilité, pour les actionnaires, d'acheter des actions non souscrites lors d'une émission de droits au prix de souscription.

absence au moment de l'émission. De plus, les actionnaires reçoivent en général un **privilège de dépassement de souscription** qui leur permet d'acheter des actions non souscrites au prix de souscription. En raison de ce privilège de dépassement de souscription, il est peu probable que les émetteurs aient recours à un placeur.

Les effets sur les actionnaires

Les actionnaires peuvent soit se prévaloir de leurs droits, soit les vendre. Dans les deux cas, l'actionnaire n'a rien à gagner ni à perdre. Le détenteur hypothétique de deux actions de la National Power Company possède un portefeuille d'une valeur de 40 $. Si l'actionnaire se prévaut de ses droits, il obtiendra trois actions d'une valeur totale de 50 $. Autrement dit, en dépensant 10 $, l'investisseur augmente la somme de ses actions de 10 $, ce qui signifie que la situation de l'actionnaire n'est ni meilleure ni pire.

Par contre, si l'actionnaire vendait les deux droits 3,33 $ chacun, il obtiendrait 3,33 $ × 2 = 6,67 $ et aurait ainsi deux actions d'une valeur de 16,67 $ en plus de l'argent obtenu grâce à la vente des droits :

Actions détenues = 2 × 16,67 $ = <u>33,33 $</u>
Droits vendus = 2 × 3,33 $ = 6,67 $
Total = 40,00 $

La nouvelle valeur marchande de 33,33 $ ajoutée aux 6,67 $ en argent est égale au total initial de 40 $ en actions détenues. Ainsi, l'actionnaire n'a rien à perdre ou à gagner en se prévalant de son droit ou en le vendant.

Évidemment, après une émission d'offres, le nouveau cours du marché pour les actions de la société serait moins élevé qu'avant cette émission. Comme on le sait, toutefois, les actionnaires n'ont aucunement souffert de l'émission de droits. La chute du cours des actions ressemble donc beaucoup à un fractionnement d'actions, une démarche qui sera décrite au chapitre 17. Plus le prix de souscription est faible, plus le cours des actions diminue à la suite d'une émission de droits. Il est important de comprendre que puisque les actionnaires reçoivent des droits dont la valeur est égale à la diminution du cours, l'émission de droits ne touche pas les actionnaires.

Maintenant, comment procède-t-on pour fixer le prix de souscription d'une émission de droits? Si on y réfléchit, théoriquement, le prix de souscription importe peu. Celui-ci doit être inférieur au cours du marché pour que les droits aient une certaine valeur, sinon le prix est arbitraire. En principe, il pourrait être aussi faible qu'on le désire, mais il doit rester supérieur à zéro.

Néanmoins, la pratique veut que le prix de souscription soit en général inférieur de 20 à 25 % au cours actuel de l'action. Si on tient compte des faiblesses du marché et des frictions, un prix de souscription trop près du cours des actions peut entraîner une souscription insuffisante simplement à cause des imperfections du marché.

Les frais d'une émission de droits

Jusqu'au début des années 1980, les émissions de droits constituaient la méthode la plus populaire afin de réunir de nouveaux fonds propres au Canada pour les sociétés ouvertes. (Évidemment, on ne peut émettre des droits à titre de PAPE.) En effet, les ententes de placement étaient alors plus simples, ce qui permettait de réduire les frais d'émission. À la fin des années 1980 et au début des années 1990, grâce à la popularité des Prompt Offering Prospectus (POP), les achats fermes ont pris le pas sur les émissions de droits et sont aujourd'hui la forme la plus populaire d'émission de fonds propres.

Aux États-Unis, les sociétés préfèrent surtout les offres d'achat au comptant aux émissions de droits. Cette préférence a d'ailleurs engendré un débat parmi les chercheurs parce que, tout comme au Canada, les frais d'émission pour les émissions de droits sont moindres. Une étude récente a démontré que chez les sociétés qui effectuent des émissions de droits par l'entremise de placeurs, le prix diminue beaucoup plus que chez les sociétés qui ont plutôt recours aux offres d'achat ferme[7]. Il s'agit de frais cachés, ce qui pourrait expliquer que les émissions de droits avec placeur ne sont pas courantes aux États-Unis.

---

[7] Robert S. HANSEN, « The Demise of the Rights Issue », *The Review of Financial Studies* 1, automne 1988, p. 289-309.

15.9 La dilution

Dilution

Perte de la richesse des actionnaires, en ce qui concerne la propriété, la valeur marchande, la valeur aux livres ou le bénéfice par action (BPA).

Lorsqu'on parle de la vente de valeurs mobilières, il est souvent question de **dilution**. Celle-ci fait référence à une perte de la richesse des actionnaires. On en trouve plusieurs types :

1. La dilution du pourcentage de propriété ;
2. La dilution de la valeur marchande ;
3. La dilution de la valeur aux livres et des bénéfices par action (BPA).

La différence entre ces trois types de dilution prête parfois à confusion, et la dilution elle-même est occasionnellement sujette à des malentendus, qu'il faut maintenant aborder.

La dilution du pourcentage de propriété

Le premier type de dilution peut survenir lorsqu'une société vend des actions au grand public. Par exemple, M. Pierre Tremblay possède 5 000 actions de la société Chaussures Mérite. Cette dernière possède actuellement 50 000 actions en circulation ; chaque action donne droit à un vote. M. Tremblay contrôle ainsi 10 % (5 000/50 000 = 0,1) du vote et obtient 10 % des dividendes.

Si Chaussures Mérite émet 50 000 nouvelles actions ordinaires dans le public par l'entremise d'une offre d'achat au comptant, M. Tremblay pourrait voir son pourcentage de propriété de la société se diluer. Si M. Tremblay ne participe pas à la nouvelle émission, son pourcentage chutera à 5 % (5 000/100 000 = 0,05). Notons que cela n'affecte en rien la valeur des actions de M. Tremblay ; celui-ci possède tout simplement un pourcentage moindre de la société.

Puisqu'une émission de droits permettrait à M. Pierre Tremblay de conserver sa part de 10 % s'il le désire, elle permet donc d'éviter que les actionnaires actuels d'une société soient victimes de la dilution de leur pourcentage de propriété.

La dilution de la valeur : la valeur aux livres et la valeur marchande

On peut maintenant examiner la dilution de la valeur à partir de certaines données comptables. Il s'agit ici d'illustrer un mauvais raisonnement, mais non d'indiquer que la dilution comptable est plus importante que la dilution de la valeur marchande. Comme on pourra le voir, ce serait plutôt l'inverse.

Supposons que la société Téléphone provincial (TP) souhaite construire une nouvelle centrale téléphonique afin de satisfaire à la demande prévue. TP possède actuellement 1 million d'actions en circulation et aucune dette. Chaque action se négocie 5 $, et la valeur marchande de la société est de 5 millions de dollars. La valeur aux livres de TP est de 10 millions de dollars au total, soit 10 $ par action.

La société TP a éprouvé des difficultés par le passé, y compris des dépassements de coûts et de délais réglementaires ainsi que des bénéfices sous la normale. Ces difficultés ont d'ailleurs des répercussions sur le ratio valeur marchande-valeur aux livres de TP, soit 5 $/10 $ = 0,50 (la valeur marchande des sociétés qui réussissent est rarement inférieure à leur valeur aux livres).

Le bénéfice net de TP est actuellement de 1 million de dollars. Avec 1 million d'actions, les bénéfices par action (BPA) sont de 1 $, et le rendement des fonds propres (RFP) est de 1 $/10 $

= 0,1 ou 10 %[8]. TP vend donc pour cinq fois ses bénéfices (le ratio cours-bénéfices est de cinq). Les actionnaires de TP sont au nombre de 200, et chacun d'eux détient 5 000 actions. La nouvelle centrale coûtera 2 millions de dollars. TP doit donc émettre 400 000 nouvelles actions (5 $ × 400 000 = 2 000 000 $). Il y aura ainsi 1,4 million d'actions en circulation après l'émission.

On s'attend à ce que le RFP de la nouvelle centrale soit égal à celui de la société dans son ensemble. Autrement dit, le bénéfice net devrait augmenter de 0,10 × 2 millions de dollars = 200 000 $. Le bénéfice net total serait donc de 1,2 million de dollars. On remarquerait de plus les phénomènes suivants :

1. Avec 1,4 million d'actions en circulation, le BPA serait 1,2 $/1,4 = 0,857 $ par action, ce qui est donc inférieur à 1 $.

2. Le pourcentage de propriété de chacun des actionnaires chuterait donc de 0,50 à 5 000/1,4 million = 0,36.

3. Si les actions se vendent toujours cinq fois la valeur des bénéfices, la valeur chuterait à 5 × 0,857 = 4,29 $, soit une perte de 0,71 $ par action.

4. La valeur aux livres totale est de 10 millions de dollars, plus les 2 nouveaux millions de dollars, pour un total de 12 millions de dollars. La valeur aux livres par action chute à 12 millions de dollars/1,4 million = 8,57 $ par action.

Si on accepte cet exemple tel quel, il y a dilution du pourcentage de propriété, dilution comptable et dilution de la valeur marchande. Les actionnaires de TP subissent donc des pertes importantes.

Un malentendu Cet exemple semble prouver que la vente d'actions, lorsque le ratio valeur marchande-valeur aux livres est inférieur à 1, est préjudiciable pour les actionnaires. Selon certains gestionnaires, cette dilution se produit parce que les BPA diminuent chaque fois qu'il y a une émission d'actions et que la valeur marchande est inférieure à la valeur aux livres.

Lorsque le ratio valeur marchande-valeur aux livres est inférieur à 1, l'augmentation du nombre d'actions n'entraîne pas la diminution des BPA. Celle-ci est une dilution comptable, et la dilution comptable se produit toujours dans de tels cas.

Est-ce à dire qu'il y aura nécessairement une diminution de la valeur marchande ? La réponse est non. Notre exemple n'est pas inexact, mais les raisons qui expliquent la diminution de la valeur marchande ne sont pas claires. Il est temps de les expliquer.

Les raisons véritables Dans cet exemple, le cours du marché diminue de 5 $ à 4,29 $ par action. Il s'agit d'une dilution réelle, mais pourquoi se produit-elle ? La réponse se trouve dans la nature même du projet. TP compte dépenser 2 millions de dollars pour la nouvelle centrale. Toutefois, comme le démontre le tableau 15.10, la valeur marchande totale de la société augmentera de 5 à 6 millions de dollars, une augmentation de 1 million de dollars. Cela signifie tout simplement que la VAN du nouveau projet est de −1 million de dollars. Avec 1,4 million d'actions, la perte par action est 1 $/1,4 = 0,71, comme on l'a déjà calculé.

Donc, s'il y a une dilution réelle pour les actionnaires de TP, c'est que la VAN du projet est négative et non parce que le ratio valeur marchande-valeur aux livres est inférieur à 1. Cette VAN négative cause la chute du cours du marché, et la dilution comptable n'entre pas en jeu.

Supposons que la VAN du nouveau projet soit positive : 1 million de dollars. La valeur marchande totale augmenterait de 2 millions de dollars + 1 million de dollars = 3 millions de dollars. Comme on peut le voir au tableau 15.10 (voir la troisième colonne), le prix par action augmente à 5,71 $. La dilution comptable se produit toujours, car la valeur aux livres par action diminue, mais il n'y a aucune conséquence économique. La valeur marchande des actions augmente.

L'augmentation de 0,71 $ de la valeur des actions se produit justement en raison de la VAN de 1 million de dollars, ce qui représente une augmentation de 0,71 $ par action. Comme on peut le voir également, si le ratio cours-bénéfices reste toujours de 5, les BPA doivent augmenter

8 Le rendement des fonds propres (RFP) est égal aux bénéfices par action divisés par la valeur aux livres par action, ou au bénéfice net divisé par l'avoir des actionnaires. On dit aussi « rendement de l'avoir des actionnaires ». Pour en savoir plus sur ce ratio et d'autres ratios financiers, le lecteur peut consulter le chapitre 3.

| | (1) Initial | Après | |
		(2) Dilution	(3) Sans dilution
Nombre d'actions	1 000 000	1 400 000	1 400 000
Valeur aux livres (B)	10 000 000 $	12 000 000 $	12 000 000 $
Valeur aux livres par action	10 $	8,57 $	8,57 $
Valeur marchande	5 000 000 $	6 000 000 $	8 000 000 $
Prix du marché (P)	5 $	4,29 $	5,71 $
Bénéfice net	1 000 000 $	1 200 000 $	1 600 000 $
Rendement des fonds propres (RFP)	0,10	0,10	0,13
Bénéfices par action (BPA)	1 $	0,86 $	1,14 $
BPA/P	0,20	0,20	0,20
P/BPA	5	5	5
P/B	0,5	0,5	0,67
PROJET			
Coût de 2 000 000 $		VAN = −1 000 000 $	VAN = 1 000 000 $

à 5,71 $/5 = 1,14 $. Les bénéfices nets augmentent à 1,14 $ par action × 1,4 million d'actions = 1,6 million de dollars. Finalement, le RFP augmenterait à 1,6 million de dollars/12 millions de dollars = 0,1333 ou 13,33 %.

Questions théoriques

1. Quels sont les différents types de dilution ?
2. La dilution est-elle importante ?

15.10 L'émission de dettes à long terme

Le processus d'émission d'obligations dans le public est similaire au processus d'émission d'actions. L'émission doit être enregistrée auprès de l'Ontario Securities Commission (OSC) et de toute autre commission provinciale de valeurs mobilières, un prospectus doit être émis, et ainsi de suite. La déclaration d'enregistrement d'une émission publique d'obligations, toutefois, diffère de la déclaration d'enregistrement des actions ordinaires. Dans le cas des obligations, il faut produire un acte de fiducie.

Autre différence importante, on a davantage tendance à émettre des obligations dans le privé. Il existe deux types de financement privé direct à long terme : les prêts à terme et le placement privé.

Prêts à terme

Prêts directs à l'entreprise, généralement de un à cinq ans.

Les **prêts à terme** sont des prêts directs à l'entreprise. Ces prêts ont une échéance de un à cinq ans. La plupart des prêts à terme sont remboursables avant l'échéance. Parmi les prêteurs, on trouve les banques à charte, les sociétés d'assurances, les sociétés de fiducie et les autres prêteurs qui se spécialisent en financement des entreprises. Le taux d'intérêt d'un prêt à terme peut être fixe ou variable.

Prêt syndiqué

Prêt consenti par un groupe de banques ou d'autres institutions.

Les **prêts syndiqués** (ou **prêts consortiaux**) sont des prêts consentis par un groupe (ou syndicat financier) de banques ou d'autres investisseurs institutionnels. On y a recours parce que les grandes banques comme la Citigroup ou la Banque Royale reçoivent généralement plus de demandes de prêts qu'elles ne peuvent en satisfaire. D'un autre côté, les petites banques régionales ont souvent plus de fonds en leur possession qu'il leur est possible d'en prêter avec profit à leurs clients. Par conséquent, une grande banque peut négocier un prêt avec une entreprise ou un pays et vendre ensuite des parties de ce montant à un syndicat financier d'autres banques. Dans le cas d'un prêt syndiqué, chaque banque conclut sa propre entente avec les emprunteurs.

Un prêt syndiqué peut être négocié en Bourse. Il prend parfois la forme d'une marge de crédit utilisée ou non par l'entreprise. En général, on considère ce type de prêt comme un investissement valable. Toutefois, un prêt syndiqué qui augmente l'endettement est classé comme un investissement à caractère spéculatif (c'est-à-dire «de pacotille»). Chaque semaine, le *Wall Street Journal* présente un certain nombre de prêts syndiqués, leurs coût de financement et leurs rendements. En outre, les prix de ces prêts sont indiqués pour un groupe de prêts négociés en Bourse. D'après certaines recherches, le taux de défaut de paiement est légèrement plus élevé dans le cas des prêts syndiqués que dans celui des obligations de sociétés[9].

Même s'il n'existe aucun marché pour la négociation de prêts syndiqués dans le public, les banques «commerciales» et les banques «d'affaires» des États-Unis ont créé des tables de change et un marché secondaire qui sont adaptés à ce type de prêts. En outre, la Loan Syndications and Trading Association a été formée en vue d'aider à l'élaboration de règlements et de pratiques destinés à encadrer ce marché. Actuellement, il n'y a aucun marché de ce genre au Canada[10].

Placements privés

Prêts, généralement à long terme, offerts directement par un nombre limité d'investisseurs.

Les **placements privés** sont très similaires aux prêts à terme, mais leur échéance est plus longue. Contrairement aux prêts à terme, les dettes émises dans le privé recourent en général aux services d'un courtier en valeurs mobilières. Celui-ci facilite le processus, mais n'agit pas à titre de placeur. Un placement privé n'exige pas l'émission d'un prospectus complet. La société et son courtier présentent uniquement une simple notice d'offre qui décrit brièvement l'émetteur et l'émission. La plupart des dettes détenues dans le privé sont vendues à des acheteurs aguerris. Ces acheteurs sont des sociétés d'assurances d'envergure, des caisses de retraite et d'autres établissements qui, à titre de participants expérimentés du marché, n'ont pas besoin de consulter un prospectus complet.

Il existe plusieurs différences importantes entre le financement privé direct à long terme — les prêts à terme et les placements privés de dettes — et l'émission publique de dettes :

1. Les frais d'enregistrement du financement direct sont plus faibles. Un prêt à terme permet d'éviter les frais d'enregistrement à l'OSC. Les placements privés de dettes exigent une notice d'offre, mais les coûts sont moindres que dans le cas d'un prospectus complet.

2. Le placement direct risque de comporter davantage de clauses d'interdiction.

3. Il est plus facile de renégocier un prêt à terme ou un placement privé en cas de défaut de paiement. Il est plus difficile de renégocier une émission publique, car celle-ci met en général en cause des centaines de détenteurs.

4. Les sociétés d'assurances et les caisses de retraite dominent le segment «placement privé» du marché des obligations. Les banques à charte participent de façon importante au marché des prêts à terme.

5. Les frais reliés à la distribution des obligations sont plus faibles dans le marché privé, parce qu'il y a moins d'acheteurs et qu'on n'a pas recours aux services d'un placeur.

Les taux d'intérêt de prêts à long terme et des placements privés sont en général plus élevés que ceux d'une émission publique équivalente. Cette différence reflète le compromis entre un taux d'intérêt plus élevé et des conditions plus flexibles en cas de déboires financiers, ainsi que les coûts plus faibles des placements privés.

Il faut aussi considérer que les frais d'émission de la vente de dettes sont moindres que les coûts associés à la vente de fonds propres.

Questions théoriques

1. Quelle est la différence entre l'émission d'obligations dans le public et dans le privé ?

2. Un placement privé est-il plus susceptible d'avoir un taux d'intérêt plus élevé qu'une émission publique ? Justifiez votre réponse.

---

9 E. I. ALTMAN et H. J. SUGGITT, «Default Rates in the Syndicated Bank Loan Market : A Longitudinal Analysis», *Journal of Banking and Finance,* vol. 24, 2000.

10 Cette analyse du marché secondaire des prêts syndiqués est en grande partie basée sur l'article suivant, publié par la Banque du Canada et disponible à l'adresse www.bankofcanada.ca : J. ARMSTRONG, «The Syndicated Loan Market : Developments in the North American Context», *Bank of Canada Working Paper,* document de travail 2003-15.

15.11 Résumé et conclusions

Ce chapitre a porté sur l'émission de valeurs corporatives. Les principaux points à retenir sont décrits ci-après.

1. Les frais d'émission de valeurs mobilières peuvent être très élevés. Ils sont plus faibles (en matière de pourcentage) lorsqu'il s'agit d'une émission importante.

2. L'achat ferme est la forme de placement la plus fréquente pour les émissions importantes. Cela s'explique probablement par les économies notables qu'on peut faire grâce au prospectus simplifié et aux efforts de vente plus intenses.

3. Les frais directs et indirects de la transformation en société ouverte sont parfois importants. Néanmoins, une fois ouverte, une société peut réunir des capitaux avec une facilité accrue.

4. Les émissions de droits sont moins chères que les offres d'achat au comptant. Malgré tout, la plupart des nouveaux fonds propres émis aux États-Unis sont des offres d'achat au comptant émises par l'entremise de placeurs. Au Canada, l'achat ferme est moins dispendieux et domine le marché des nouvelles émissions.

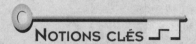

NOTIONS CLÉS

Achat ferme (page 472)
Capital de risque (page 468)
Convention de placement garanti (page 487)
Convention de placement par compte (page 472)
Date de clôture des registres (page 486)
Dilution (page 489)
Droit d'usage (page 487)
Écart (page 472)
Émission nouvelle (page 471)
Engagement de placement ferme (page 472)

Ex-droits (page 486)
Placement ordinaire (page 472)
Placements privés (page 492)
Premier appel public à l'épargne (page 471)
Prêt syndiqué (page 491)
Prêts à terme (page 491)
Privilège de dépassement de souscription (page 488)
Prospectus (page 471)
Prospectus provisoire (page 471)
Syndicat (page 472)

Problèmes de récapitulation et auto-évaluation

15.1 Les frais d'émission La société L5 songe à émettre des fonds propres afin de financer une nouvelle base spatiale. On doit réunir 10 millions de dollars au total. Si les frais directs sont évalués à 6 % de la somme réunie, quelle devrait être l'importance de l'émission ? Quelle est la somme en dollars des frais d'émission ?

15.2 L'émission de droits La société Hadron possède actuellement 4 millions d'actions en circulation. Le cours des actions est de 50 $ par unité. Pour réunir les 30 millions de dollars nécessaires à l'installation d'un nouvel accélérateur de particules, la société prévoit émettre des droits à 20 $ par action. Quelle est la valeur d'un droit ? Quel est le prix ex-droits ?

Réponses à l'auto-évaluation

15.1 La société a besoin de 10 millions de dollars une fois versés les 6 % de frais d'émission. Le montant à réunir est donc :

Somme réunie × (1 − 0,06) = 10 millions de dollars
Somme réunie = 10 $/0,94 = 10 638 millions de dollars
Les frais d'émission sont donc de 638 000 $.

15.2 Afin de réunir 30 millions de dollars à 20 $ par action, il faudra vendre 30 millions de dollars/20 $ = 1,5 million d'actions. Avant l'offre, la valeur de la société était de 4 millions × 50 $ = 200 millions de dollars. L'émission réunit 30 millions de dollars et il y aura 5,5 millions d'actions en circulation. La valeur d'une action ex-droits sera donc 230 $/5,5 = 41,82 $. La valeur d'un droit est donc 50 $ − 41,82 $ = 8,18 $.

Questions de synthèse et de réflexion critique

1. Dans l'ensemble, les émissions de titres de créances (dette) sont beaucoup plus courantes que les émissions de titres participatifs (fonds propres). De plus, elles sont généralement plus considérables. Pourquoi ?

2. Pourquoi les coûts de vente des fonds propres sont-ils plus élevés que les coûts de vente des dettes ?

3. Pourquoi les obligations de moindre qualité ont-elles des coûts directs beaucoup plus élevés que les émissions de valeurs de premier ordre ?

4. Pourquoi la sous-tarification des prix des émissions (de titres) ne constitue-t-elle pas un sujet de préoccupation ?

Servez-vous des renseignements suivants pour répondre aux trois prochaines questions.

Netscape Communications, fabricant de logiciels pour Internet, a fait un appel public à l'épargne en août 1995. Avec l'aide de la banque d'investissement Morgan Stanley, l'entreprise a vendu 5 millions d'actions à 28 $ l'unité pour recueillir au total 140 millions de dollars. À la fin du premier jour de négociation, l'action se vendait 58,25 $ l'unité après avoir atteint un sommet de 71 $ plus tôt dans la frénésie des transactions. D'après les données de clôture, les actions de Netscape ont donc apparemment été vendues à environ 30 $ de moins chacune que leur valeur marchande. Cela signifie que l'entreprise a raté la chance d'obtenir 150 millions de dollars de plus.

5. La nouvelle émission de Netscape a subi une importante sous-tarification, même si le prix d'émission de 28 $ avait déjà été doublé par rapport au prix initial (14 $) établi quelques semaines plus tôt. L'entreprise devrait-elle se plaindre des services de Morgan Stanley dans cette affaire ?

6. Auriez-vous donné la même réponse à la question précédente si vous aviez connu l'information suivante ? Au moment du PAPE, l'entreprise avait au plus 16 mois d'existence ; ses revenus se chiffraient à seulement 16,6 millions de dollars pour la première moitié de son exercice ; elle n'avait jamais fait de bénéfices ; elle offrait son principal produit gratuitement dans Internet.

7. Auriez-vous répondu différemment aux deux questions précédentes si vous aviez connu l'information suivante ? Sur un total de 38 millions d'actions, Netscape n'en avait offert que 5 millions au public, alors que les 33 millions d'actions restantes demeuraient entre les mains de divers fondateurs de l'entreprise. Ainsi, Marc Andreessen, un jeune homme de 24 ans qui détenait 1 million de titres de Netscape, a réalisé 58,3 millions de dollars pour 16 mois de travail (sans compter les options d'achat qu'il détenait sur d'autres actions).

8. La société Ren-Stimpy International prévoit augmenter ses fonds propres en lançant une nouvelle émission importante d'actions ordinaires. Étant déjà une société ouverte, elle doit choisir entre une offre d'achat au comptant garantie et une émission de droits non garantie destinée à ses actionnaires actuels. La direction souhaiterait minimiser les coûts de vente et vous demande de la conseiller sur le choix d'une méthode d'émission. Quelle sera votre recommandation ? Expliquez votre réponse.

9. En 1999, un professeur adjoint en finance a acheté 12 émissions initiales (PAPE) d'actions ordinaires. Il a conservé chacune d'elles environ un mois puis l'a vendue. Il s'est fixé comme règle d'investissement de présenter un ordre d'achat pour chaque PAPE provenant d'entreprises Internet. Il y a eu 22 émissions de ce type, et le professeur a présenté un ordre d'achat pour environ 1 000 $ d'actions de chaque société. Dans 10 cas, le professeur n'a pu obtenir aucune action. Dans 5 des 12 transactions complétées, il a obtenu un nombre d'actions moindre que celui qu'il avait demandé.

L'année 1999 a été très rentable pour les propriétaires d'entreprises Internet. En moyenne, les 22 sociétés qui ont fait un appel public à l'épargne ont pu vendre leurs actions à 80 % au-dessus du cours vendeur un mois après la date d'émission initiale. Après avoir analysé son rendement, le professeur adjoint a constaté que les 8 400 $ investis dans 12 entreprises valaient maintenant 10 000 $, de sorte que le rendement se limitait à 20 % (les commissions étant négligeables). A-t-il été malchanceux ou aurait-il dû s'attendre à réussir moins bien que la moyenne des gens qui investissent dans les PAPE ? Expliquez votre réponse.

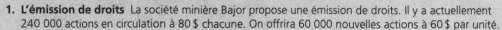

Questions et problèmes

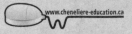

Notions de base (questions 1 à 8)

www.cheneliere-education.ca

1. L'émission de droits La société minière Bajor propose une émission de droits. Il y a actuellement 240 000 actions en circulation à 80 $ chacune. On offrira 60 000 nouvelles actions à 60 $ par unité.

a) Quelle est la nouvelle valeur marchande de la société ?

b) Combien de droits sont nécessaires à l'obtention d'une nouvelle action ?

c) Quel est le prix ex-droits ?

d) Quelle est la valeur d'un droit ?

e) Pourquoi une société choisirait-elle une émission de droits plutôt qu'une offre d'achat au comptant ?

2. **L'émission de droits** La société Kyra vient d'annoncer une émission de droits dans le but de réunir 60 millions de dollars pour un nouveau journal, le *Journal des excès financiers.* Dans ce journal, on évaluera les propositions d'articles une fois que les auteurs auront versé des frais d'évaluation non remboursables de 5 000 $ par page. Les actions se négocient actuellement 60 $ chacune et il y a 4,8 millions d'actions en circulation.

   a) Quel est le prix de souscription maximal possible ?

   b) Si le prix de souscription est de 50 $ par action, combien faut-il vendre d'actions ? Combien de droits seront nécessaires à l'achat d'une action ?

   c) Quel est le prix ex-droits ? Quelle est la valeur d'un droit ?

   d) Démontrez pourquoi un actionnaire qui possède 1 000 actions avant l'émission et qui n'a ni l'envie ni les moyens d'acheter des actions supplémentaires n'est pas touché par l'émission de droits.

3. **Les droits** La société Chaussures Dutalon vient de décider qu'il lui faudra réunir des fonds propres supplémentaires afin de financer son expansion et que la meilleure approche reste sans doute l'émission de droits. La société a déterminé correctement que l'émission de droits entraînera une chute du cours des actions, de 70 $ à 64,50 $ (70 $ est le prix avec droits ; 64,50 $ est le prix ex-droits ou le prix à l'émission). La société a besoin de 13,5 millions de dollars en fonds supplémentaires avec un prix de souscription de 45 $ par action. Combien d'actions y a-t-il avant l'émission ? (Partez du principe que l'augmentation de la valeur du marché des fonds propres est égale au produit brut de l'émission.)

4. **La sous-tarification des émissions initiales** La société Sol et la société Gobelet ont toutes les deux annoncé une émission initiale de 30 $ par action. Une de ces émissions est sous-évaluée de 9 $, et l'autre est surévaluée de 5 $, mais vous ne savez de laquelle il s'agit. Vous songez acheter 1 000 actions de chaque émission. Si une des émissions est sous-évaluée, elle sera rationnée et seulement la moitié de votre commande sera remplie. Si vous *pouviez* obtenir 1 000 actions de la société Sol et 1 000 actions de la société Gobelet, quels seraient vos bénéfices ? Quels seraient les bénéfices que vous pourriez réellement espérer ? Quel principe venez-vous d'illustrer ici ?

5. **Le calcul des frais d'émission** La société MacLeod doit réunir 20 millions de dollars pour financer son expansion vers de nouveaux marchés. Pour y parvenir, la société a décidé de vendre de nouvelles actions par l'entremise d'une offre d'achat au comptant. Si le prix de l'offre est de 28 $ par action et que les placeurs de la société exigent un écart de 8 %, combien faudra-t-il vendre d'actions ?

6. **Le calcul des frais d'émission** Dans le problème précédent, si les frais de classement de l'OSC et les frais administratifs de l'émission sont de 250 000 $, combien d'actions faut-il vendre maintenant ?

7. **Le calcul des frais d'émission** La société Petits Poulets vient tout juste de se transformer en société ouverte. Selon une entente d'engagement ferme, Petits Poulets reçoit 18 $ pour chacune des 2 millions d'actions vendues. Le prix de l'offre initiale était de 19 $ par action, et le cours des actions a augmenté à 23 $ quelques minutes à peine après les premières négociations. Petits Poulets a versé 400 000 $ en frais juridiques directs et en autres frais, ainsi que 200 000 $ en frais indirects. Quels sont les frais d'émission (en pourcentage) des fonds réunis ?

8. **La dilution du prix** La société Ragots inc. possède 100 000 actions en circulation. Chaque action a une valeur de 80 $. La valeur marchande de la société est donc de 8 000 000 $. Supposons que la société émet 20 000 nouvelles actions aux prix suivants : 80 $, 70 $ et 55 $. Quel sera l'effet du prix de chacune de ces émissions sur le cours actuel des actions ?

9. **La dilution** La société Ursa Majorette souhaite agrandir ses installations. La société possède actuellement 10 millions d'actions en circulation et aucune dette. Les actions se négocient 20 $ chacune, mais la valeur aux livres est de 40 $ par action. Le bénéfice net de Ursa Majorette est de 10 millions de dollars. Les nouvelles installations coûteront 31 millions de dollars et permettront d'augmenter le bénéfice net de 500 000 dollars.

   a) Si le ratio cours-bénéfices reste constant, quel sera l'effet de l'émission de nouveaux fonds propres pour financer l'investissement ? Afin de trouver la réponse, calculez la nouvelle valeur aux livres, les nouveaux bénéfices totaux, les nouveaux BPA, le nouveau prix des actions et le nouveau ratio valeur marchande-valeur aux livres. Que se passe-t-il ici ?

   b) Quel devrait être le nouveau bénéfice net de Ursa Majorette pour que le cours des actions reste le même ?

10. **La dilution** La société minière Métal lourd metallica (MLM) souhaite diversifier ses activités. Voici certains renseignements financiers récents :

Cours des actions	96 $
Nombre d'actions	12 000
Total de l'actif	6 000 000 $
Total du passif	2 400 000 $
Bénéfice net	630 000 $

MLM songe à un investissement qui aurait le même ratio cours-bénéfices que la société. Le coût de l'investissement est de 1,1 million de dollars, et le financement sera effectué par une nouvelle émission de fonds propres. Le rendement de l'investissement sera égal au RFP de MLM. Qu'arrivera-t-il à la valeur aux livres par action, à la valeur marchande par action et aux BPA ? Quelle est la VAN de l'investissement ? Y a-t-il dilution ?

11. **La dilution** Dans le problème précédent, quel serait le RFP de l'investissement si le prix après l'émission était de 96 $ par action (et si le ratio cours-bénéfices reste constant) ? Quelle serait la VAN de l'investissement ? Y a-t-il dilution ?

12. **Les droits** La société Frankapou export songe à une émission de droits. La société a déterminé que le prix ex-droits serait de 45 $. Le cours actuel est de 48 $ par action, et il y a 4 millions d'actions en circulation. L'émission de droits doit réunir 60 millions de dollars. Quel est le prix de souscription ?

13. **La valeur d'un droit** Démontrez qu'on peut écrire la valeur d'un droit ainsi :

Valeur d'un droit $= P_{RO} - P_X = (P_{RO} - P_S)/(N + 1)$

où P_{RO}, P_S et P_X représentent le prix avec droit, le prix de souscription et le prix ex-droits, respectivement, et N est le nombre de droits nécessaires à l'achat d'une nouvelle action au prix de souscription.

14. **La vente des droits** La société Troisépaules souhaite réunir 3,29 millions de dollars par l'entremise d'une émission de droits. La société possède actuellement 420 000 actions ordinaires en circulation, qui se négocient 30 $ par action. Le placeur a fixé le prix de souscription à 25 $ par action et exigera de la société un écart de 6 %. Si vous possédez actuellement 6 000 actions de la société et que vous décidez de ne pas vous prévaloir de vos droits, combien d'argent pourriez-vous obtenir grâce à la vente de vos droits ?

15. **L'évaluation d'un droit** La société Charien inc. vient d'annoncer une émission de droits. La société a annoncé qu'il faudra quatre droits pour obtenir une nouvelle action et que le prix de souscription sera de 35 $. À la fermeture, la veille de la date ex-droits, les actions de la société se négociaient 70 $ chacune. Le matin suivant, vous remarquez que les actions se négocient 63 $ par unité et que les droits se négocient 6 $ chacun. Les actions ou les droits sont-ils cotés correctement à la date ex-droits ? Décrivez une transaction qui vous permettrait d'utiliser ces prix pour créer un bénéfice immédiat.

Mini étude de cas : Les Exterminateurs petite peste

Voici la page couverture et le sommaire d'un prospectus pour l'émission initiale de la société Les Exterminateurs petite peste (LEPP), qui deviendra une société ouverte dès demain, par l'entremise d'une émission initiale avec engagement ferme dirigée par la banque d'investissement Erlanger et Roy. Répondez aux questions suivantes :

a) Partez du principe que vous ne savez rien de LEPP, sauf ce que contient le prospectus. D'après vos connaissances en finance, que pouvez-vous prédire sur le prix de LEPP demain ? Justifiez votre raisonnement.

b) Partez du principe que vous avez plusieurs milliers de dollars à investir. Lorsque vous rentrez chez vous ce soir, vous apprenez que votre courtière, à qui vous n'avez pas parlé depuis plusieurs semaines, vous a appelé. Elle vous a laissé un message indiquant que LEPP deviendra une société ouverte demain et qu'elle peut vous obtenir plusieurs milliers d'actions au prix de l'offre si vous la rappelez à la première heure demain matin. Discutez le mérite de cette occasion.

Prospectus   LEPP

200 000 actions
Les Exterminateurs petite peste

La totalité des 240 000 actions offertes est vendue par Les Exterminateurs petite peste inc. («la société»). Avant l'offre, les actions de LEPP n'ont jamais été émises dans le public, et on ne peut offrir aucune garantie de développement d'un marché.

Ces valeurs mobilières n'ont ni été approuvées ni été désapprouvées par l'OSC, et la commission n'a rien déclaré quant à l'exactitude de ce prospectus. Toute déclaration contraire à cet effet constitue un acte criminel.

	Cours au public	Réduction de prise ferme	Produit de la société*
Par action	11,00 $	1,10 $	9,90 $
Total	2 200 000 $	220 000 $	1 980 000 $

*Avant la déduction de frais évalués à 27 000 $, payables par la société.

Il s'agit d'un premier appel public à l'épargne. Les actions ordinaires sont offertes, sujettes à une vente préalable lorsque, et à cette condition, elles sont livrées et acceptées par les placeurs et sujettes à l'approbation relativement à certaines questions de droit par les avocats de la société. Les placeurs se réservent le droit de se retirer, d'annuler ou de modifier l'offre et de rejeter des offres en tout ou en partie.

Erlanger et Roy, spécialistes des services de banques d'investissement
Le 12 février 2005
Sommaire du prospectus

La société	La société Les Exterminateurs petite peste (LEPP) fait et assure la mise en marché de crapauds et de rainettes pour un contrôle écologique des insectes nuisibles.
L'émission	200 000 actions ordinaires, aucune valeur au pair.
Cotation	La société tentera de s'inscrire sur le TSX.
Actions en circulation	En date du 31 décembre 2004, 400 000 actions ordinaires étaient en circulation. Après l'émission, 600 000 actions ordinaires seront en circulation.
Utilisation du produit	Financer son augmentation des stocks, ses débiteurs et ses fonds de roulement, et payer l'adhésion à un cercle sportif pour certains professeurs de finance.

Renseignements financiers choisis (montants en milliers, sauf les données par action)

	Exercice fiscal terminé le 31 décembre 2004		
	2002	2003	2004
Revenus	60,00 $	120,00 $	240 $
Bénéfices nets	3,80	15,90	36,10
Bénéfices par action	0,01	0,04	0,09

	En date du 31 décembre 2004	
	Actuel	Rajusté pour cette émission
Fonds de roulement	8 $	1 961 $
Total de l'actif	511 $	2 464
Fonds propres des actionnaires	423	2 376

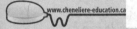 www.cheneliere-education.ca

QUESTIONS SUR DES APPLICATIONS INTERNET

Lectures suggérées

Si vous souhaitez en savoir davantage sur les conventions de placement au Canada et le rôle de la Commission des valeurs mobilières de l'Ontario, vous pouvez consulter les rapports annuels de la Commission et les autres renseignements disponibles à l'adresse www.osc.gov.on.ca.

Voici une étude récente sur les coûts des PAPE au Canada :

KRYZANOWSKI, L. et I. RAKITA. « Is the U.S. 7 % Solution Equivalent to the Canadian 6 % Solution ? », *Canadian Investment Review*, automne 1999, p. 27-34.

Vous trouverez aussi quelques articles intéressants sur les PAPE au Canada à l'adresse Internet www.cirano.qc.ca , entre autres :

SURET, Jean-Marc et Maher KOOLI. « How Cost-Effective Are Canadian IPO Markets ? », octobre 2002 ;

KOOLI, Maher, Jean-François L'HER et Jean-Marc SURET. « Do IPOs Underperform in the Long-Run ? New Evidence from the Canadian Stock Market », avril 2003.

CHAPITRE 16

Le levier financier et la structure du capital

Le calcul du coût moyen pondéré du capital (CMPC) de Bombardier a occupé la plus grande partie du chapitre 14. Dans nos calculs, nous avons considéré telle quelle la structure du capital de l'entreprise. Bien que cette approche ait été appropriée pour notre propos visant à introduire le concept du CMPC, nous devons maintenant reconnaître que le choix de la structure du capital est important pour une entreprise. La question est de savoir quel est le montant de dette qu'une entreprise devrait avoir en relation avec son avoir propre, soit sa structure de capital. Celle-ci a beaucoup d'implications pour une entreprise, qui ne sont pas encore pleinement comprises tant d'un point de vue théorique que pratique. Dans ce chapitre, il sera question des concepts de base de la structure du capital et de la façon dont les sociétés déterminent cette structure.

Jusqu'ici, la structure du capital était toujours sous-entendue. Les ratios dette-fonds propres étant fondés sur des données concrètes, il est maintenant temps de s'interroger sur leur provenance. Comme on a pu le voir au chapitre 1, les décisions relatives au ratio dette-fonds propres d'une société sont appelées les « décisions concernant la structure du capital[1] ».

Dans la plupart des cas, une société peut choisir la structure du capital qui lui convient. Si la direction le désire, une société pourrait émettre quelques obligations et en utiliser le produit pour racheter des actions, de façon à augmenter le ratio dette-fonds propres. La société pourrait également émettre des actions et utiliser le produit pour rembourser des dettes, réduisant ainsi ce ratio. Ces activités modifient la structure du capital de la société et se nomment des « restructurations financières ». En général, ces activités de restructuration surviennent lorsqu'une société transforme sa structure du capital sans modifier son actif.

Puisque l'actif d'une société n'est pas modifié par une restructuration du capital, on peut donc analyser les décisions d'une société quant à la structure du capital indépendamment de ses autres activités. Autrement dit, une société peut décider de sa structure du capital sans songer à ses investissements. Au cours de ce chapitre, on oubliera donc la question de l'investissement pour se concentrer sur le financement à long terme, c'est-à-dire la structure du capital. Il ne sera question que du financement à long terme, car, comme on l'a vu au chapitre 14, les sources de financement à court terme n'entrent pas dans le calcul des pondérations de la structure du capital.

Comme on pourra le voir, les décisions concernant la structure du capital peuvent avoir un effet majeur sur la valeur d'une société et sur son coût du capital. On pourra voir également qu'il est facile de déterminer les éléments importants qui permettent de décider de la structure du capital, mais qu'il est en général impossible de mesurer précisément ces éléments. Par conséquent, on ne peut déclarer avec assurance quelle est la structure du capital qui convient le mieux à une société donnée à un moment précis.

---

1 Selon la tradition, il convient d'appeler les décisions quant à l'endettement et aux fonds propres les « décisions concernant la structure du capital ». Toutefois, l'expression « structure financière » serait plus exacte et ces termes seront utilisés en alternance.

Comment une société devrait-elle décider du ratio dette-fonds propres ? Comme toujours, on part du principe qu'il faut prendre les décisions qui permettront de maximiser la valeur d'une action. Comme on pourra le voir, cependant, décider de la structure du capital équivaut essentiellement à maximiser la valeur de la société et, pour des raisons pratiques, c'est donc dans ces termes que la discussion se poursuivra.

La valeur de la société et la valeur des actions : un exemple

L'exemple suivant démontre que les gestionnaires financiers devraient choisir, pour leurs actionnaires, la structure du capital qui maximise la valeur de la société ; il n'y a donc ici aucun conflit. Tout d'abord, supposons que la valeur marchande de la société Gigi Sprint est de 1 000 $. La société n'a actuellement aucune dette, et les 100 actions de Gigi Sprint se négocient 10 $ chacune. Supposons également que Gigi Sprint effectue une restructuration et emprunte à cet effet 500 $, pour ensuite verser le produit aux actionnaires sous la forme d'un dividende supplémentaire de 500 $/100 = 5 $ par action.

Cette restructuration transforme la structure du capital de la société, sans qu'il y ait un effet direct sur son actif. On remarque immédiatement une augmentation de la dette et une diminution des fonds propres. Toutefois, on ne sait pas quel sera l'effet final de la restructuration. Le tableau 16.1 illustre trois possibilités, en plus du scénario d'origine sans recours à l'endettement. Il faut noter que dans le cas du scénario II, la valeur de la société reste inchangée, soit 1 000 $. Dans le cas du scénario I, la valeur de la société augmente de 250 $ pour diminuer de 250 $ dans le scénario III. À l'heure actuelle, aucune explication ne sera offerte pour ces changements ; il n'est nul besoin pour l'instant de les expliquer. En effet, il ne s'agit que de possibilités présentées à titre d'illustration.

Tableau 16.1 Les valeurs possibles de la société : aucun endettement et endettement plus un dividende

	Aucune dette	Dette plus dividende		
		I	II	III
Dette	0 $	500 $	500 $	500 $
Fonds propres	1 000 $	750 $	500 $	250 $
Valeur de la société	1 000 $	1 250 $	1 000 $	750 $

Puisqu'on cherche à augmenter le profit des actionnaires, il faut examiner, dans le tableau 16.2, le gain net des actionnaires pour chacun de ces scénarios. Actuellement, on ignore l'effet des impôts sur les dividendes, les gains en capitaux et les pertes. On peut voir que, si la valeur de la société reste inchangée, les actionnaires subissent une perte de capital qui compense le dividende supplémentaire, ce qui est le propos du scénario II. Dans le scénario I, la valeur de la société augmente de 1 250 $ et les actionnaires obtiennent donc 250 $ de plus. Autrement dit, la valeur actualisée nette (VAN) de la restructuration est de 250 $. Dans le scénario III, la VAN est de −250 $.

Tableau 16.2 Les gains nets possibles des actionnaires : dette plus dividende

	Dette plus dividende		
	I	II	III
Réduction de la valeur des fonds propres	−250 $	−500 $	−750 $
Dividendes	500 $	500 $	500 $
Effet net	+250 $	0 $	−250 $

Il est important ici de remarquer que le changement de valeur de la société est égal à l'effet net sur les actionnaires. Les gestionnaires financiers peuvent donc tenter de trouver la structure du capital qui maximise la valeur de la société. Autrement dit, la règle de la VAN s'applique aux décisions concernant la structure du capital et le changement de la valeur de la société dans son ensemble représente la VAN d'une restructuration. Ainsi, Gigi Sprint devra emprunter 500 $ si elle prévoit opter pour le scénario I. C'est d'ailleurs la solution : pour choisir efficacement la structure du capital, il faut savoir prévoir le scénario le plus vraisemblable.

La structure du capital et le coût du capital

Il a déjà été question au chapitre 14 du concept du coût moyen pondéré du capital (CMPC) d'une société. On se souviendra que le CMPC signifie que le coût du capital de la société dans son ensemble est une moyenne pondérée des coûts des diverses composantes de la structure du capital de la société. La structure du capital était toutefois toujours sous-entendue. Il faut donc maintenant comprendre ce qu'il advient du coût du capital lorsque le pourcentage de financement par endettement ou le ratio dette-fonds propres varie.

Il est important d'étudier le CMPC, car la valeur de la société se trouve maximisée lorsqu'on le minimise. En effet, le CMPC représente le taux d'actualisation dont on doit se servir pour calculer les flux monétaires de la société dans son ensemble. Puisque la valeur et le taux d'actualisation connaissent une évolution opposée, on peut ainsi maximiser la valeur des flux monétaires de la société en minimisant le CMPC.

Il faut donc établir une structure du capital qui minimise le CMPC. Pour cette raison, on dit que la structure du capital est meilleure qu'une autre si elle permet de réduire le CMPC. De plus, on pourra dire d'un ratio dette-fonds propres donné qu'il représente la structure du capital optimale s'il permet de réduire le CMPC au maximum. C'est ce qu'on appelle parfois la « structure cible du capital ».

Questions théoriques

1. Pourquoi les gestionnaires financiers devraient-ils choisir la structure financière qui maximise la valeur de la société ?
2. Quel est le rapport entre le CMPC et la valeur de la société ?
3. Qu'est-ce qu'une structure financière optimale ?

16.2 L'effet de levier financier

La section précédente expliquait pourquoi la structure du capital qui produit la valeur de la société la plus élevée (ou le coût du capital le plus faible) est la plus avantageuse pour les actionnaires. Dans la présente section, il sera plutôt question de l'impact de l'effet de levier financier sur les gains des actionnaires. On se souvient que l'effet de levier financier correspond au degré d'endettement d'une société. Plus une société a recours au financement par endettement dans sa structure du capital, plus elle utilise l'effet de levier.

Comme on a pu le voir, l'effet de levier financier peut sérieusement altérer les gains des actionnaires de la société. Étonnamment toutefois, l'effet de levier n'influe pas toujours sur le coût total du capital. Dans un tel cas, la structure du capital d'une société n'a aucune importance, puisqu'on pourrait changer la structure du capital sans que cela ait un effet sur la valeur de la société. On y reviendra un peu plus loin.

L'effet de levier financier : notions essentielles

Il faut d'abord comprendre comment fonctionne l'effet de levier. On peut ignorer pour l'instant l'effet sur les impôts. De plus, pour faciliter la présentation, on parlera de l'influence de l'effet de levier sous l'angle de ses effets sur le bénéfice par action (BPA) et du rendement des fonds propres (RFP). Il s'agit donc de données comptables, ce qui n'est pas ici le principal intérêt de l'étude. L'utilisation des flux monétaires plutôt que des données comptables produirait exactement les mêmes résultats, mais elle exigerait un peu plus de travail. Il sera question de l'effet sur les valeurs marchandes un peu plus loin.

Les leviers financiers, le bénéfice par action et le rendement des fonds propres : un exemple La structure du capital de la société Trans-Can ne comprend actuellement aucune dette. Le directeur financier, Marc Caron, songe à effectuer une restructuration par l'émission de dettes dont le produit servira à racheter certaines actions en circulation. Le tableau 16.3 présente la structure du capital actuelle et la structure proposée. Comme on peut le constater, l'actif de la société a une valeur de 8 millions de dollars et 400 000 actions sont actuellement en circulation. Puisque Trans-Can est une société entièrement financée par des fonds propres, le cours des actions est de 20 $ par unité.

Tableau 16.3	Les structures financières actuelles et proposées pour la société Trans-Can	
	Structures courantes	Structures proposées
Actif	8 000 000 $	8 000 000 $
Dette	0	4 000 000
Fonds propres	8 000 000	4 000 000
Radio dette-fonds propres	0	1
Cours des actions	20 $	20 $
Actions en circulation	400 000	200 000
Taux d'intérêt	10 %	10 %

L'émission au pair de dettes proposée permettrait de réunir 4 millions de dollars ; le taux des coupons des obligations est de 10 %, pour un rendement exigé de 10 %. Puisque les actions se négocient 20 $ chacune, les 4 millions de dollars serviraient à acheter 4 millions de dollars/20 $ = 200 000 actions, pour en laisser 200 000 en circulation. Une fois la restructuration terminée, la structure du capital de Trans-Can serait de 50 % de dettes, 50 % d'actions, pour un ratio dette-fonds propres de 1. Il faut noter que, pour l'instant, on suppose que le cours des actions se maintient à 20 $.

Afin d'enquêter sur l'effet de la restructuration proposée, M. Caron a préparé le tableau 16.4, qui permet de comparer la structure du capital actuelle de la société à la structure du capital proposée, selon trois scénarios. Ces scénarios reflètent diverses suppositions quant au BAII de la société. Selon le scénario envisagé pour une période normale, le BAII serait de 1 million de dollars. D'après le scénario conçu pour une période de récession, le BAII chuterait pour atteindre 500 000 $. Finalement, selon le scénario correspondant à une période de prospérité, il atteindrait 1,5 million de dollars.

Afin d'illustrer certains calculs du tableau 16.4, supposons que le scénario représentant une période de prospérité est appliqué. Le BAII est de 1,5 million de dollars. S'il n'y a aucune dette (avec la structure du capital actuelle) et pas d'impôts à payer, le revenu net est également de 1,5 million de dollars. Dans ce cas, il existe 400 000 actions d'une valeur totale de 8 millions de dollars. Le BPA est donc 1,5 million de dollars/400 000 = 3,75 $ par action. De plus, puisque le RFP comptable correspond au bénéfice net divisé par le total des fonds propres, le RFP est 1,5 million de dollars/8 millions de dollars = 0,1875 ou 18,75 %[2].

---

2 Pour une explication concernant le RFP, consultez le chapitre 3.

	Période de récession	Période prévue	Période de prospérité
	Structure du capital actuelle : aucune dette		
Bénéfice avant intérêts et impôts (BAII)	500 000 $	1 000 000 $	1 500 000 $
Intérêt	0	0	0
Bénéfice net	500 000 $	1 000 000 $	1 500 000 $
Rendement des fonds propres (RFP)	6,25 %	12,50 %	18,75 %
Bénéfice par action (BPA)	1,25 $	2,50 $	3,75 $
	Structure du capital proposée : dette de 4 millions de dollars		
Bénéfice avant intérêts et impôts (BAII)	500 000 $	1 000 000 $	1 500 000 $
Intérêt	400 000	400 000	400 000
Bénéfice net	100 000 $	600 000 $	1 100 000 $
Rendement des fonds propres (RFP)	2,50 %	15,00 %	27,50 %
Bénéfice par action	0,50	3,00 $	5,50 $

Avec un endettement de 4 millions de dollars (la structure du capital proposée), le tableau est un peu différent. Puisque le taux d'intérêt est de 10 %, la somme des intérêts sera donc de 400 000 $. Avec un BAII de 1,5 million de dollars, des intérêts de 400 000 $ et pas d'impôts à payer, le bénéfice net est de 1,1 million de dollars. Il n'y a maintenant que 200 000 actions d'une valeur totale de 4 millions de dollars. Le BPA est donc de 1,1 million de dollars/200 000 = 5,50 $ par action, en comparaison avec les 3,75 $ par action calculés auparavant. De plus, le RFP est de 1,1 million de dollars/4 millions de dollars = 0,275 ou 27,50 %, ce qui est bien supérieur aux 18,75 % déjà calculés pour la structure du capital actuelle. L'exemple du tableau 16.4 démontre donc bien comment une augmentation de l'endettement peut accroître le RFP si la rentabilité est bonne.

Un recours plus important à l'endettement peut aussi avoir l'effet inverse sur le RFP. Pour s'en convaincre, il suffit d'étudier l'exemple correspondant à la période de récession du tableau 16.4. Selon la structure du capital actuelle, le BPA chute à 1,25 $ au cours d'une récession où le RFP diminue pour atteindre 6,25 %. Avec l'endettement accru proposé par la nouvelle structure du capital, le BPA n'est que de 0,50 $ et le RFP chute à 2,50 %. Bref, le tableau 16.4 démontre que le recours accru à l'endettement augmente le risque du BPA et du RFP.

Le degré de levier financier Comme le démontre l'exemple précédent, le levier financier permet de mesurer jusqu'à quel point le bénéfice par action (ainsi que le RFP) subissent l'influence des changements du BAII. C'est le pendant financier du levier d'exploitation, déjà étudié au chapitre 2. Afin d'élargir davantage cette étude du levier financier, on peut introduire une formule qui permet de calculer le degré de levier financier :

$$\text{Degré de levier financier} = \text{DLF} = \frac{\text{Pourcentage de changement du BPA}}{\text{Pourcentage de changement du BAII}} \quad [16.1]$$

Tout comme pour le degré de levier d'exploitation, le DLF varie selon certaines plages de BPA et de BAII. Afin d'illustrer cette formule, on peut calculer le DLF de Trans-Can pour un BAII de 1 million de dollars. Il faut exécuter deux calculs, un pour la structure du capital actuelle et un deuxième pour la structure proposée. On commence d'abord par la structure du capital actuelle :

$$\text{DLF} = \frac{(3,75\,\$ - 2,50)/2,50}{(1\,500\,000\,\$ - 1\,000\,000)/1\,000\,000}$$

$$= \frac{0,50}{0,50}$$

$$\text{DLF} = 1,0$$

Donc, pour la structure du capital actuelle, le degré de levier financier est de 1,0. Pour la structure proposée, on obtient :

$$DLF = \frac{(5,50\ \$ - 3,00)/3,00}{(1\ 500\ 000\ \$ - 1\ 000\ 000)/1\ 000\ 000}$$

$$DLF = \frac{0,83}{0,50}$$

$$DLF = 1,67$$

La structure du capital proposée comprend une part d'endettement, ce qui augmente le degré de levier financier. Le calcul du DLF permet de démontrer plus clairement que l'augmentation du levier financier amplifie les gains et les pertes des actionnaires. On peut maintenant dire que les BPA augmentent ou diminuent selon un facteur de 1,67 fois le pourcentage d'augmentation ou de diminution du BAII.

De nombreux analystes utilisent une formule de rechange très pratique pour le calcul du DLF :

$$DLF = \frac{BAII}{BAII - \text{intérêt}} \qquad\qquad [16.2]$$

On peut calculer à nouveau le DLF de la structure du capital proposée pour un BAII de 1 million de dollars afin de démontrer que la nouvelle formule permet d'obtenir la même réponse :

$$DLF = \frac{1\ 000\ 000\ \$}{1\ 000\ 000\ \$ - 400\ 000}$$

$$DLF = \frac{1\ 000\ 000\ \$}{600\ 000\ \$}$$

$$DLF = 1,67$$

Le bénéfice par action (BPA) et le bénéfice avant intérêts et impôts (BAII) Pour mettre en évidence l'effet de levier financier, il suffit d'observer comment la restructuration influe sur le BPA et le RFP. Plus particulièrement, le BPA et le RFP sont beaucoup plus variables avec la structure du capital proposée. On peut donc constater à quel point l'effet de levier financier amplifie les gains et les pertes des actionnaires.

La figure 16.1 montre d'un peu plus près les effets de la restructuration proposée. Il s'agit d'un graphique du rapport entre le BPA et le BAII pour la structure du capital actuelle et la structure proposée. La première droite, intitulée « Structure sans endettement », représente une situation sans levier financier. La droite part de l'origine, ce qui signifie que le BPA serait de zéro si le BAII était lui aussi de zéro. De là, chaque augmentation de 400 000 $ du BAII augmente à son tour le BPA de 1 $ (il y a 400 000 actions en circulation).

La deuxième droite représente la structure du capital proposée. Cette fois-ci, le BPA est négatif lorsque le BAII est de zéro. En effet, il faut verser 400 000 $ en intérêts, peu importe les bénéfices de la société. Puisqu'il y a cette fois 200 000 actions en circulation, le BPA est de −2 $ par action, comme c'est illustré. Si le BAII était de 400 000 $, le BPA serait de zéro, exactement.

Il est important de noter ici que l'inclinaison de la deuxième droite est plus prononcée. Plus exactement, puisque le BPA augmente de 2 $ pour chaque augmentation de 400 000 $ du BAII, la deuxième droite est deux fois plus inclinée que la première. Le BPA est donc deux fois plus sensible aux modifications du BAII en raison de l'effet de levier financier.

Il faut aussi remarquer que les deux droites se croisent. Au point d'intersection, le BPA des deux structures du capital est donc égal. Afin de trouver ce point, il convient de noter que le BPA est égal à BAII/400 000 dans la structure sans endettement. Lorsqu'il y a endettement, le BPA est (BAII − 400 000 $)/200 000. Pour que ces deux valeurs soient égales, le BAII doit être :

$$BAII/400\ 000 = (BAII - 400\ 000)/200\ 000$$
$$BAII = 2 \times (BAII - 400\ 000\ \$)$$
$$BAII = 800\ 000\ \$$$

Figure 16.1

Le levier financier, le BPA et le BAII pour la société Trans-Can

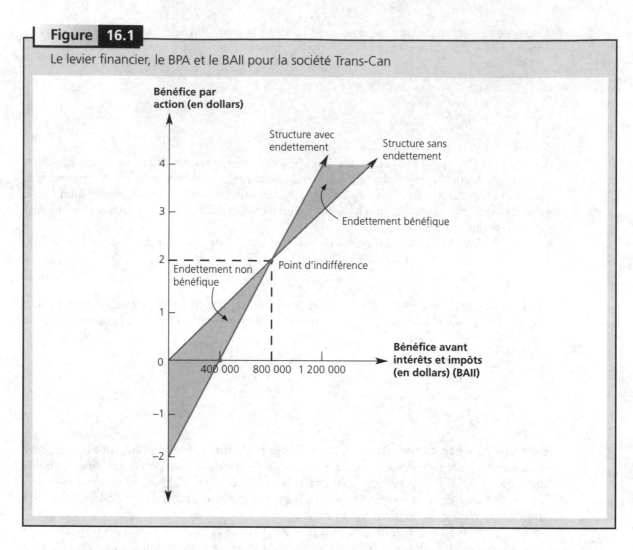

Lorsque le BAII est de 800 000 $, le BPA est de 2 $ par action pour les deux structures du capital. C'est ce qu'on appelle le « point d'indifférence » à la figure 16.1. Si le BAII se situe au-dessus de ce point, le levier financier a un effet bénéfique. S'il se trouve au-dessous du même point, l'effet est défavorable.

On peut aussi comprendre pourquoi le montant de 800 000 $ représente le point d'indifférence d'une façon plus intuitive. Il faut noter que si la société n'a aucune dette et que le BAII est de 800 000 $, son bénéfice net est également de 800 000 $. Dans ce cas, le RFP est de 10 %. Ce taux est précisément le même que le taux d'intérêt de la dette ; le rendement de la société est donc tout juste suffisant pour payer les intérêts.

Les emprunts de sociétés et le levier artisanal

À partir des tableaux 16.3 et 16.4 et de la figure 16.1, Marc Caron tire les conclusions suivantes :

1. L'effet de levier financier dépend du BAII de Trans-Can. Lorsqu'on s'attend à une augmentation du BAII, le levier est bénéfique.
2. Selon le scénario prévu, le levier augmente les rendements pour les actionnaires, comme le démontrent le RFP et le BPA.
3. Les actionnaires courent davantage de risque avec la structure du capital proposée, puisque le BPA et le RFP sont plus sensibles aux changements du BAII dans un tel cas.
4. En raison de l'influence du levier financier sur le rendement prévu pour les actionnaires et le degré de risque des actions, la question de la structure du capital doit être sérieusement prise en considération.

La société MPD a décidé d'entreprendre une restructuration du capital. Actuellement, MPD n'a pas recours à l'endettement. Comme suite à la restructuration, toutefois, la société émettrait pour 1 million de dollars de dettes. Le taux d'intérêt serait de 9 %. MPD possède en ce moment 200 000 actions en circulation et le cours des actions est de 20 $. Si on s'attend à ce que la restructuration augmente le BPA, à quel BAII minimal la direction de MPD (sans tenir compte des impôts) doit-elle s'attendre ?

Il faut tout d'abord calculer le BAII au point d'indifférence. En effet, lorsque le BAII se situe au-dessus de ce point, l'augmentation du levier financier augmente également le BPA ; il s'agit donc du BAII minimal. Selon l'ancienne structure du capital, le BPA est tout simplement de BAII/200 000. Selon la nouvelle structure, les intérêts débiteurs sont 1 million de dollars

× 0,09 = 90 000 $. De plus, si le produit est de 1 million de dollars, MPD pourrait racheter 1 million de dollars/20 $ = 50 000 actions, pour en laisser 150 000 toujours en circulation. Le BPA est donc (BAII − 90 000 $)/150 000.

On sait déjà comment calculer le BPA en fonction des deux scénarios. Il suffit maintenant d'inscrire les BPA de ces deux scénarios dans une équation permettant de trouver le point d'indifférence du BAII :

$$BAII/200\ 000 = (BAII - 90\ 000\ \$)/150\ 000$$
$$BAII = (4/3) \times (BAII - 90\ 000\ \$)$$
$$BAII = 360\ 000\ \$$$

On trouve que, dans les deux cas, le BPA est de 1,80 $ lorsque le BAII est de 360 000 $. La direction de MPD semble donc croire que le BPA sera supérieur à 1,80 $.

Les trois premières conclusions sont de toute évidence exactes. La quatrième conclusion s'ensuit-elle nécessairement ? Étonnamment, ce n'est pas le cas — du moins dans un monde où les marchés financiers seraient parfaits et où les investisseurs individuels pourraient emprunter au même taux d'intérêt que les sociétés. Comme on pourra le constater, les actionnaires peuvent ajuster le montant du levier financier en empruntant et en prêtant à titre individuel. Ce recours à l'emprunt personnel pour modifier le degré de levier financier s'appelle **levier artisanal**.

Levier artisanal

Recours à l'emprunt personnel afin de modifier la somme totale de levier financier à laquelle s'expose l'individu.

Si on part du principe que les marchés sont parfaits, on découvre alors que Trans-Can peut choisir indifféremment d'adopter ou non la structure du capital proposée, car tout actionnaire qui préfère la structure du capital proposée peut la recréer lui-même à l'aide du levier artisanal. Tout d'abord, la première partie du tableau 16.5 montre ce qui se produirait si un investisseur décidait d'acheter pour 2 000 $ d'actions Trans-Can une fois adoptée la structure du capital proposée. L'investisseur achèterait 100 actions. Selon le tableau 16.1, le BPA serait de 0,50 $, de 3,00 $ ou de 5,50 $. Le total des bénéfices pour 100 actions serait donc de 50 $, de 300 $ ou de 550 $, selon le cas, avec la structure du capital proposée.

Tableau 16.5 La structure financière proposée comparée à la structure financière d'origine avec levier financier créé par l'actionnaire

	Période de récession	Période normale	Période de prospérité
		Structure du capital proposée	
Bénéfice par action	0,50 $	3,00 $	5,50 $
Bénéfice pour 100 actions	50,00 $	300,00 $	550,00 $
Coût net = 100 actions à 20 $ = 2 000 $			
		Structure du capital d'origine avec levier financier créé par l'actionnaire	
Bénéfice par action	1,25 $	2,50 $	3,75 $
Bénéfices pour 200 actions	250,00 $	500,00 $	750,00 $
Moins : Intérêts pour 2 000 $ à 10 %	200,00 $	200,00 $	200,00 $
Bénéfices nets	50,00 $	300,00 $	550,00 $
Coût net = 200 actions à 20 $/action − Montant emprunté = 4 000 $ − 2 000 $ = 2 000 $			

Supposons maintenant que Trans-Can n'adopte pas la structure du capital proposée. Dans un tel cas, le BPA serait de 1,25 $, de 2,50 $ ou de 3,75 $. La deuxième partie du tableau 16.5 montre comment un actionnaire qui préfère les gains de la structure du capital proposée peut les obtenir à l'aide d'un emprunt personnel. Pour ce faire, l'actionnaire emprunte 2 000 $ à 10 % à titre personnel. L'investisseur utilise cette somme, en plus des 2 000 $ d'origine, pour acheter 200 actions. Comme on peut le voir, les gains nets sont exactement les mêmes qu'avec la structure du capital proposée.

Comment pouvait-on savoir qu'il fallait emprunter 2 000 $ pour obtenir les gains nécessaires? On essaie ici de reproduire la structure du capital proposée de Trans-Can à titre personnel. Le ratio dette-fonds propres de la structure du capital proposée est de 1. Afin de reproduire la même structure, l'actionnaire doit emprunter suffisamment d'argent pour obtenir ce même ratio. Puisque l'actionnaire possède déjà 2 000 $ en fonds propres, il lui suffit d'emprunter à nouveau 2 000 $ pour obtenir un ratio dette-fonds propres de 1.

Cet exemple montre que les investisseurs peuvent toujours augmenter le levier financier par eux-mêmes afin de modifier les gains obtenus. Pour eux, Trans-Can peut donc choisir indifféremment d'adopter ou non la structure proposée.

Exemple 16.2 L'élimination du levier financier

On peut maintenant reprendre l'exemple de Trans-Can et supposer que la direction décide d'adopter la structure du capital proposée. On pourrait imaginer un investisseur qui détient 100 actions et qui préfère en fait l'ancienne structure du capital. Comment cet investisseur pourrait-il éliminer le levier financier pour recréer les gains d'origine?

Afin de créer un effet de levier, les investisseurs empruntent à titre personnel. Pour éliminer l'effet de levier, les investisseurs doivent plutôt prêter de l'argent. Dans le cas de Trans-Can, la société a emprunté une somme égale à la moitié de sa valeur. L'investisseur peut éliminer l'effet de levier en prêtant de l'argent dans les mêmes proportions. Ici, l'investisseur vendrait 50 actions pour un total de 1 000 $, pour ensuite prêter ces 1 000 $ au taux d'intérêt de 10 %. Les gains sont calculés dans le tableau suivant :

	Période de récession	Période normale	Période de prospérité
Bénéfice par action (structure proposée)	0,50 $	3,00 $	5,50 $
Bénéfice pour 50 actions	25,00	150,00	275,00
Plus : Intérêts sur 1 000 $	100,00	100,00	100,00
Total des gains	125,00 $	250,00 $	375,00 $

Les gains sont donc exactement les mêmes que pour la structure du capital d'origine.

Questions théoriques

1. Quel est l'effet du levier financier sur les actionnaires?
2. Qu'est-ce que le levier artisanal?
3. Pourquoi la structure du capital de Trans-Can n'a-t-elle aucune importance?

16.3 La structure du capital et le coût des fonds propres

On sait maintenant que les emprunts de sociétés ont bien peu d'influence, puisque les investisseurs peuvent emprunter et prêter à titre personnel. Par conséquent, peu importe la structure du capital de Trans-Can, le cours des actions reste le même. La structure du capital de Trans-Can n'est donc pas pertinente, du moins dans le monde simplifié qui sert ici de canevas.

Proposition I de M&M

La valeur d'une société est indépendante de sa structure financière.

L'exemple de Trans-Can s'inspire d'une théorie célèbre bâtie par deux lauréats du prix Nobel, Franco Modigliani et Merton Miller, désignée désormais par l'appellation M&M. L'exemple de Trans-Can illustre un cas particulier de la **proposition I de M&M**. Selon cette proposition, la manière dont une société décide d'organiser ses finances n'a aucune importance.

La proposition I de M&M : le diagramme à secteurs

Afin d'illustrer la proposition I de M&M, considérons deux sociétés identiques desquelles on examine le côté gauche du bilan. Leurs actifs et leurs activités sont exactement les mêmes. Chaque société enregistre un BAII chaque année, indéfiniment. Aucune croissance du BAII n'est prévue. Le côté droit du bilan diffère, toutefois, parce que les deux sociétés procèdent différemment pour le financement. On peut voir la structure du financement sous forme de diagrammes à secteurs, qui sont illustrés à la figure 16.2. Cette dernière montre deux manières différentes de diviser le financement entre les fonds propres E et l'endettement D : 40 %-60 % et 60 %-40 %. Toutefois, les deux diagrammes sont ici de taille identique, la valeur des actifs des deux sociétés étant la même. C'est d'ailleurs ce que stipule la proposition I de M&M : la taille du diagramme ne dépend aucunement des secteurs qui le composent.

Figure 16.2

Deux diagrammes à secteurs représentant des structures financières

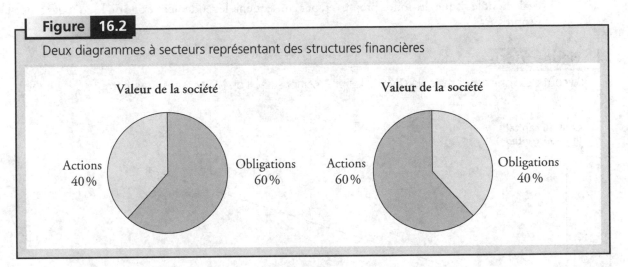

La proposition I est représentée par la formule suivante :

$$V_u = BAII/R_E^u = V_L = E_L + D_L$$ [16.3]

où

V_u est la valeur de la société sans levier ;
V_L est la valeur de la société avec levier ;
BAII est le bénéfice d'exploitation perpétuel ;
R_E^u est le rendement exigé des fonds propres pour la société sans levier ;
E_L est la valeur marchande des fonds propres ;
D_L est la valeur marchande de la dette.

Le coût des fonds propres et le levier financier : la proposition II de M&M

Bien que le fait de transformer la structure du capital d'une société n'en change pas la valeur totale, l'endettement et les fonds propres, par contre, subissent des changements importants. On peut maintenant examiner ce qui se produit lorsque le ratio dette-fonds propres d'une société financée à la fois par l'endettement et les fonds propres est modifié. Afin de simplifier l'analyse, on ignore toujours les impôts pour l'instant.

La proposition II de M&M Au chapitre 14, on a pu voir que lorsqu'on ne tient pas compte des impôts, le CMPC est :

$$CMPC = (E/V) \times R_E + (D/V) \times R_D$$

où $V = E + D$. On sait également que le CMPC représente aussi le rendement exigé pour l'ensemble des actifs de la société. À titre d'aide-mémoire, on utilise le symbole R_A pour représenter le CMPC :

$$R_A = (E/V) \times R_E + (D/V) \times R_D$$

Si on transforme plutôt l'équation pour calculer le coût des fonds propres, on obtient alors :

$$R_E = R_A + (R_A - R_D) \times (D/E) \qquad [16.4]$$

Proposition II de M&M

Le coût des fonds propres d'une société est une fonction linéaire positive de sa structure financière.

C'est la célèbre **proposition II de M&M**, selon laquelle le coût des fonds propres dépend de trois éléments : le rendement exigé des actifs de la société R_A, le coût de l'endettement de la société R_D et le ratio dette-fonds propres de la société D/E.

La figure 16.3 permet de résumer toutes ces notions grâce à un graphique du coût des fonds propres R_E sur le ratio dette-fonds propres. Comme on peut le voir, la proposition II de M&M indique que le coût des fonds propres R_E correspond à une droite dont la pente est de $(R_A - R_D)$. Le point d'intersection sur l'axe des y représente une société dont le ratio dette-fonds propres est de zéro ; dans ce cas-ci, on obtient donc $R_A = R_E$. La figure 16.3 démontre que, au fur et à mesure que le ratio dette-fonds propres augmente, l'augmentation du levier financier accroît également le risque des fonds propres et, par conséquent, le rendement exigé ou le coût des fonds propres R_E.

Figure 16.3

Le coût des fonds propres et le CMPC ; les propositions I et II de M&M (sans tenir compte des impôts)

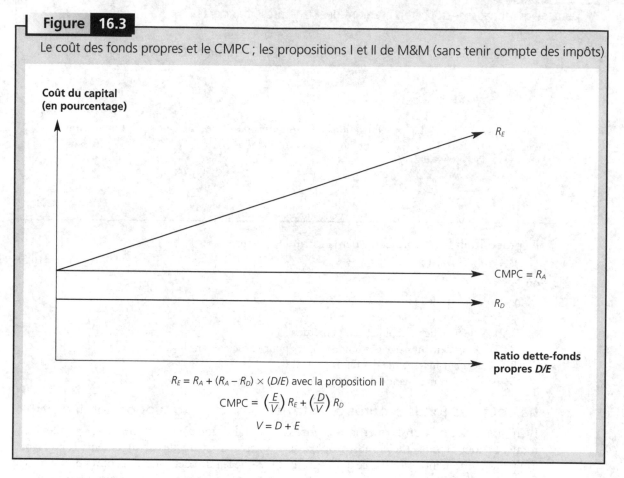

Il faut noter que dans la figure 16.3, le CMPC ne dépend aucunement du ratio dette-fonds propres ; en effet, il reste le même, peu importe le ratio. C'est d'ailleurs ce que stipule la proposition I de M&M : la structure du capital d'une société n'a aucun effet sur le coût du capital global. Comme c'est illustré, si le coût de l'endettement est inférieur au coût des fonds propres, l'augmentation du coût des fonds propres provoquée par l'emprunt compense cette différence. Autrement dit, la modification de la structure du capital (les rapports E/V et D/V) est compensée par la modification du coût des fonds propres R_E, et le CMPC reste donc inchangé.

Le CMPC de la société Ricardo (sans rajustement) est de 12 %. La société peut emprunter au taux de 8 %. Si la structure du capital visée par Ricardo est de 80 % de fonds propres et de 20 % d'endettement, quel est le coût des fonds propres ? Quel est le coût des fonds propres si la structure du capital visée est de 50 % de fonds propres (avec un ratio *D/E* de 1,0) ? Calculez le CMPC sans rajustement et utilisez vos réponses pour vérifier qu'il reste inchangé.

Selon la proposition II de M&M, le coût des fonds propres R_E est :

$$R_E = R_A + (R_A - R_D) \times (D/E)$$

Dans le premier cas, le ratio dette-fonds propres est 0,2/0,8 = 0,25. Le coût des fonds propres est donc :

$$R_E = 12\,\% + (12\,\% - 8\,\%) \times (0,25)$$
$$= 13\,\%$$

Dans le deuxième cas, vérifiez que le ratio dette-fonds propres est bien de 1,0 et que le coût des fonds propres est donc bien de 16 %.

On peut maintenant calculer le CMPC non rajusté, pour un pourcentage de financement par fonds propres de 80 % et un coût des fonds propres de 13 % :

$$CMPC = (E/V) \times R_E + (D/V) \times R_D$$
$$= 0,80 \times 13\,\% + 0,20 \times 8\,\%$$
$$= 12\,\%$$

Dans le deuxième cas, le pourcentage de financement par fonds propres est de 50 %, et le coût des fonds propres est de 16 %. Le CMPC est donc :

$$CMPC = (E/V) \times R_E + (D/V) \times R_D$$
$$= 0,50 \times 16\,\% \times 0,50 \times 8\,\%$$
$$= 12\,\%$$

Selon ces calculs, le CMPC est de 12 % dans les deux cas.

Les propos de...

Merton H. Miller : essai sur la structure du capital — M&M 30 ans plus tard

J'ai compris très clairement combien il serait difficile d'offrir un condensé de la contribution de ces articles au moment où Franco Modigliani s'est vu décerner le prix Nobel d'économie, en partie – mais, évidemment, seulement en partie – pour son travail dans le domaine de la finance. Les équipes de télévision de nos chaînes locales, à Chicago, se ruèrent sur moi. « On croit savoir, disaient-ils, que vous avez travaillé avec Modigliani il y a quelques années à l'élaboration des propositions de la théorie de M&M, et nous voulions savoir si vous pouviez les expliquer brièvement à nos téléspectateurs. » « Brièvement… comment ? », demandai-je. « Oh, en 10 secondes », répondirent-ils.

Dix secondes pour expliquer le travail de toute une vie ! Dix secondes pour décrire deux articles longuement réfléchis, chacun de plus de 30 pages, chacun avec environ 60 notes en bas de page plutôt longues ! Témoins de ma consternation, ils déclarèrent : « Vous n'êtes pas obligé d'aller en profondeur. Énumérez simplement les principaux points en termes simples et accessibles. »

L'idée principale de l'article sur le coût du capital était, en principe du moins, assez facile à résumer. Selon l'article, dans le monde idéal de l'économiste, la valeur marchande totale d'une société serait gouvernée par la capacité bénéficiaire et le risque de ses actifs réels sous-jacents, et elle serait indépendante de la façon dont les valeurs émises pour financer la société seraient réparties entre l'endettement et les fonds propres.

Certains trésoriers de sociétés pourraient croire qu'il serait possible d'augmenter la valeur totale en augmentant la proportion de titres d'emprunt, puisque les rendements de titres d'emprunt, en raison de leur risque plus faible, sont, en grande partie, considérablement inférieurs aux rendements des fonds propres. Toutefois, dans les conditions idéales, le risque ajouté pour les actionnaires lors de l'émission de nouvelles dettes entraînera une augmentation des rendements exigés des fonds propres qui permettra tout juste de compenser les gains apparents du faible coût de l'endettement.

Un tel résumé aurait non seulement été trop long, mais il aurait été exprimé en un jargon et à l'aide de concepts riches en connotations pour les économistes, mais non pour le public en général. J'ai plutôt opté pour une analogie que nous avions nous-mêmes évoquée dans l'article d'origine. « On peut voir une société comme une vaste cuve remplie de lait entier. Le fermier peut vendre le lait entier tel quel. Il peut aussi séparer la crème et la vendre beaucoup plus cher que le lait entier. (Vendre de la crème, c'est comme vendre des dettes à faible rendement mais à prix élevé.) Par contre, le fermier aurait alors du lait écrémé, faible en gras, qu'il devrait vendre à un prix moindre que le lait entier. Le lait écrémé correspond aux fonds propres avec levier. Selon la théorie de M&M, si la séparation du lait n'entraînait aucun coût (et s'il n'y avait, bien sûr, aucune aide gouvernementale), le prix de la crème ajouté au prix du lait écrémé donnerait une somme égale au prix du lait entier. »

Les journalistes se consultèrent un moment pour finalement me déclarer que mes explications étaient trop longues, trop complexes et trop didactiques. « Vous n'avez rien de plus simple ? », me demandèrent-ils. Je tentai de trouver une autre façon de présenter la théorie de M&M qui aurait permis d'expliquer que les valeurs mobilières servent à « diviser » les gains d'une société parmi ses fournisseurs de capitaux. « Imaginez la société comme une gigantesque pizza, divisée en quartiers. Maintenant, si vous divisez chaque quartier en deux pour obtenir des huitièmes, selon la théorie de M&M, vous obtiendrez davantage de morceaux mais pas davantage de pizza. »

À nouveau, il y eut un conciliabule. Cette fois, les lumières s'éteignirent. Les équipes de télévision rangèrent leur équipement. Ils me remercièrent de ma coopération et déclarèrent qu'ils me tiendraient au courant. Mais je savais que,

allez savoir comment, j'avais perdu l'occasion de démarrer une nouvelle carrière à titre de créateur de capsules minutes de sagesse économique pour les téléspectateurs. Certains possèdent ce talent mais d'autres non.

Le regretté Merton H. Miller possédait le titre de Robert R. McCormick Distinguished Service Professor de la University of Chicago Graduate School of Business. Il était célèbre pour son travail innovateur avec Franco Modigliani sur la structure du capital des sociétés, le coût du capital et la politique des dividendes. Il avait reçu le prix Nobel en économie pour ses contributions peu de temps après la préparation de cet essai.

Le risque d'affaires et le risque financier

Au cours du précédent chapitre, on a pu voir comment utiliser la courbe risque-rendement pour évaluer le coût des fonds propres. Si on combine maintenant cette courbe et la proposition II de M&M, on peut éclaircir davantage la question du coût des fonds propres. À l'aide de la courbe risque-rendement, on peut écrire la formule suivante pour le calcul du rendement exigé des actifs d'une société :

$$R_A = R_f + (R_M - R_f) \times \beta_A$$

Le coefficient bêta β_A se nomme le «bêta des actifs» de la société et permet de mesurer le risque systématique des actifs de la société. On l'appelle également le «bêta sans levier», car il correspondrait au bêta des actions si la société n'avait aucune dette.

Le coût des fonds propres calculé à partir de la courbe risque-rendement est :

$$R_E = R_f + (R_M - R_f) \times \beta_E$$

Si on combine cette formule à la proposition II de M&M, on peut démontrer assez simplement que le rapport entre le bêta des fonds propres β_E et le bêta des actifs β_A est[3] :

$$\beta_E = \beta_A \times (1 + D/E) \qquad\qquad [16.5]$$

L'expression $(1 + D/E)$ correspond ici au multiplicateur de fonds propres du chapitre 3, bien qu'il se mesure ici en valeur marchande plutôt qu'en valeur aux livres. D'ailleurs, dans le cas de l'identité de Du Pont (voir les chapitres 2 et 3), on a pu voir que le rendement des actifs RA était égal au rendement des fonds propres RFP multiplié par le multiplicateur des fonds propres. On peut observer ici un résultat similaire : la prime de risque pour les fonds propres de la société est égale à la prime de risque pour les actifs de la société multipliée par le multiplicateur des fonds propres.

On peut maintenant observer directement l'effet du levier financier sur le coût des fonds propres de la société. En reformulant légèrement, on peut voir que le bêta des fonds propres se compose de deux éléments :

$$\beta_E = \beta_A + \beta_A \times (D/E)$$

Risque d'affaires

Risque relié aux fonds propres qui découle de la nature des activités de la société. On dit aussi « risque d'entreprise » ou « d'exploitation ».

La première composante β_A mesure le risque des actifs de la société. Puisque ce risque dépend essentiellement de la nature des activités de la société, on peut dire qu'il mesure le **risque d'affaires** des fonds propres. La deuxième composante, $\beta_A \times (D/E)$, dépend de la politique financière de la société. On dit donc qu'elle mesure le **risque financier** des fonds propres.

Risque financier

Risque relié aux fonds propres qui découle de la politique financière (c'est-à-dire de la structure du capital) de la société.

Le risque systématique total des fonds propres de la société possède donc deux composantes : le risque d'affaires et le risque financier. Comme on a pu le voir, le coût des fonds propres de la société augmente lorsqu'elle augmente son levier financier, car le risque financier des actions

---

3 Pour le comprendre, dites-vous que l'endettement de la société a un coefficient bêta de zéro. Autrement dit, $R_D = R_f$. Si on substitue R_A et R_D dans la proposition II de M&M, on obtient :

$$R_E = R_A + (R_A - R_D) \times (D/E)$$
$$= [R_f + \beta_A \times (R_M - R_f)] + ([R_f + \beta_A \times (R_M - R_f)] - R_f) \times (D/E)$$
$$= R_f + (R_M - R_f) \times \beta_A \times (1 + D/E)$$

Ainsi, le coefficient bêta des fonds propres β_E est égal au bêta des actifs β_A multiplié par le multiplicateur des fonds propres : $(1 + D/E)$.

augmente lui aussi. Les actionnaires exigent une indemnisation sous la forme d'une prime de risque plus importante, ce qui augmente le coût des fonds propres de la société.

16.4 Les propositions I et II et les impôts des sociétés

L'endettement comprend deux éléments distincts qu'on a jusqu'à présent quelque peu négligés : tout d'abord, comme on l'a déjà mentionné à plusieurs reprises, les intérêts versés dans le cas d'une dette sont déductibles d'impôts. Cette déduction est bénéfique pour la société et il peut s'agir d'un avantage de plus en faveur du financement par endettement. Deuxièmement, une société qui ne peut satisfaire aux exigences d'une dette risque la faillite. Il s'agit alors d'un coût supplémentaire du financement par endettement. Si on examine en détail ces deux possibilités, elles pourraient très bien modifier la façon dont on envisage la structure du capital. Il est donc temps de rendre compte de l'effet des impôts (dans cette section) et de la faillite (dans la section suivante).

On peut tout d'abord songer à ce qu'il advient des propositions I et II lorsqu'on étudie l'effet des impôts des sociétés. Pour ce faire, considérons deux sociétés : la société U (sans levier) et la société L (avec levier). Ces deux sociétés sont identiques si on se réfère au côté gauche du bilan ; leurs actifs et leurs activités sont donc identiques.

On part du principe que le BAII prévu est de 1 000 $ chaque année, indéfiniment, pour les deux sociétés. La seule différence entre les deux sociétés est que la société L a émis pour 1 000 $ d'obligations perpétuelles, pour lesquelles elle verse 8 % d'intérêts par année. Le total des intérêts est donc $0,08 \times 1\,000\,\$ = 80\,\$$ chaque année, indéfiniment. On calcule également un taux d'imposition des sociétés de 30 %.

Pour les deux sociétés U et L, on peut maintenant calculer les valeurs suivantes :

	Société U	Société L
Bénéfice avant intérêts et impôts (BAII)	1 000 $	1 000 $
Intérêts	0	80
Revenu imposable	1 000 $	920 $
Impôts de 30 %	300	276
Bénéfice net	700 $	644 $

L'avantage fiscal que procurent les intérêts

Afin de simplifier, on peut supposer que l'amortissement est égal à zéro. On présume également que les dépenses en capital sont de zéro et que rien ne s'ajoute au fonds de roulement net (FRN). Dans ce cas-ci, les flux monétaires des actifs sont tout simplement égaux au BAII – Impôts. Pour les sociétés U et L, on obtient les données suivantes :

Flux monétaires provenant des actifs	Société U	Société L
Bénéfice avant intérêts et impôts	1 000 $	1 000 $
– Impôts	300	276
Total	700 $	724 $

On constate que la structure du capital a un certain effet, car les flux monétaires des sociétés U et L ne sont plus les mêmes, bien que les deux sociétés possèdent des actifs identiques.

Afin de comprendre ce qui se produit, on peut calculer les flux monétaires des actionnaires et des détenteurs d'obligations.

Flux monétaires	Société U	Société L
Pour les actionnaires	700 $	644 $
Pour les détenteurs d'obligations	0	80
Total	700 $	724 $

On constate que le total des flux monétaires de la société U est supérieur de 24 $ à celui de la société L. En effet, la facture fiscale de la société L (qui constitue un décaissement) est inférieure de 24 $. Puisque les intérêts sont déductibles, la société bénéficie d'une économie d'impôts égale aux versements d'intérêts (80 $) multipliés par le taux d'imposition des sociétés (30 %) : 80 $ × 0,30 = 24 $. C'est ce qu'on appelle l'**avantage fiscal que procurent les intérêts**.

Avantage fiscal que procurent les intérêts
Économie fiscale obtenue par une société pour des frais d'intérêt.

Les impôts et la proposition I de M&M

Du fait qu'il s'agit d'un emprunt perpétuel, le même avantage fiscal de 24 $ produit par la dette se répétera d'année en année, indéfiniment. Les flux monétaires après impôts de la société L seraient donc de 700 $, comme pour la société U, plus l'avantage fiscal de 24 $. Puisque la société L pourra toujours compter sur des flux monétaires de 24 $ de plus que la société U, sa valeur sera toujours supérieure du même montant.

Vu que l'avantage fiscal est le résultat de versements d'intérêts, il comporte le même risque que l'endettement ; le taux d'actualisation approprié est donc de 8 % (le coût de l'endettement). La valeur de l'avantage fiscal est donc :

VA = 24 $/0,08 = 0,30 × 1 000 × 0,08/0,08 = 0,30(1 000) = 300 $

Comme l'illustre cet exemple, la valeur de l'avantage fiscal peut s'écrire de la façon suivante :

$$\text{Valeur de l'avantage fiscal des intérêts} = (T_C \times R_D \times D)/R_D \qquad [16.6]$$
$$= T_C \times D$$

On obtient ainsi un autre résultat célèbre, la proposition I de M&M pour les impôts des sociétés. On a déjà vu que la valeur de la société L, V_L, est supérieure à la valeur de la société U, V_U, d'un montant égal à l'avantage fiscal des intérêts, $T_C \times D$. La proposition I de M&M avec impôts stipule donc que :

$$V_L = V_U + T_C \times D \qquad [16.7]$$

La figure 16.4 illustre l'effet de l'emprunt. On y trouve un graphique de la valeur de la société avec levier V_L, sur le montant de la dette D. La proposition I de M&M avec impôts des sociétés sous-entend que leur rapport correspond à une droite dont l'inclinaison est de T_C et le point d'intersection sur l'axe des y est de V_U.

La figure 16.4 contient également une droite horizontale qui représente V_U. Comme c'est indiqué, la distance entre les deux droites est $T_C \times D$, la valeur actualisée de l'avantage fiscal.

Supposons que le coût du capital pour la société U est de 10 %. C'est ce qu'on appelle le **coût du capital sans levier**, R_U. On peut concevoir R_U comme le coût du capital de la société si elle n'avait aucune dette. Les flux monétaires de la société U sont de 700 $ par année, indéfiniment, et puisque U n'a aucune dette, le taux d'actualisation approprié est $R_U = 10 \%$. La valeur de la société sans levier V_U est tout simplement :

$$V_U = \text{BAII} \times (1 - T_C)/R_U$$
$$= 700/0,10$$
$$= 7\,000 \ \$$$

Coût du capital sans levier
Coût du capital de la société qui n'a aucune dette.

La valeur de la société avec levier V_L est :

$$V_L = V_U + T_C \times D$$
$$= 7\,000 \ \$ + 0,30 \times 1\,000 \ \$$$
$$= 7\,300 \ \$$$

Comme le démontre la figure 16.4, la valeur de la société augmente de 0,30 $ pour chaque 1 $ de dette. Autrement dit, la VAN par dollar d'endettement est de 0,30 $. On s'imagine difficilement pourquoi une société refuserait d'emprunter le maximum absolu dans de telles circonstances.

Cette analyse indique clairement que, lorsqu'on inclut les impôts, la structure du capital est tout à fait pertinente. Cependant, on en arrive immédiatement à la conclusion illogique que la structure du capital optimale serait de 100 % d'endettement.

Figure 16.4

La proposition I de M&M avec impôts

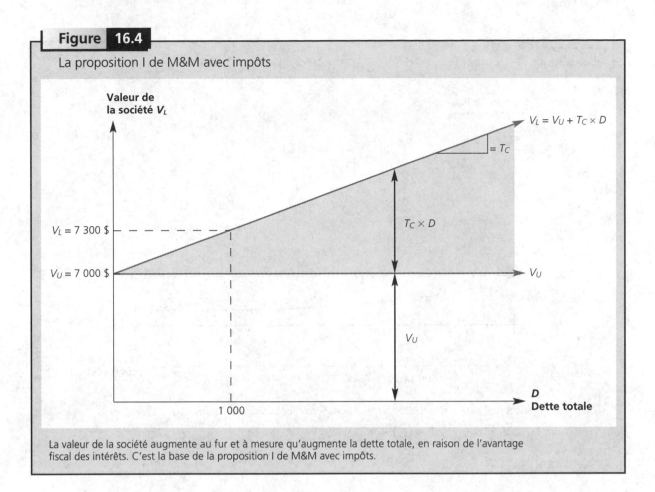

La valeur de la société augmente au fur et à mesure qu'augmente la dette totale, en raison de l'avantage fiscal des intérêts. C'est la base de la proposition I de M&M avec impôts.

Les impôts, le CMPC et la proposition II

On arrive à cette même conclusion (avec 100 % d'endettement) lorsqu'on examine le CMPC. On a vu au chapitre précédent que, si on considère l'effet des impôts, le CMPC est :

$$\text{CMPC} = (E/V) \times R_E + (D/V) \times R_D \times (1 - T_C)$$

Afin de calculer le CMPC, on doit connaître le coût des fonds propres. Selon la proposition II de M&M avec les impôts des sociétés, le coût des fonds propres est :

$$R_E = R_U + (R_U - R_D) \times (D/E) \times (1 - T_C) \qquad [16.8]$$

On a vu à l'instant que la valeur totale de la société L est de 7 300 $. Puisque la valeur de l'endettement est de 1 000 $, la valeur des fonds propres doit être 7 300 $ − 1 000 $ = 6 300 $. Pour la société L, le coût des fonds propres est donc :

$$R_E = 0{,}10 + (0{,}10 - 0{,}08) \times (1\,000\,\$/6\,300\,\$) \times (1 - 0{,}30)$$
$$= 10{,}22\,\%$$

Le coût moyen pondéré du capital est donc :

$$\text{CMPC} = 6\,300\,\$/7\,300\,\$ \times 10{,}22\,\% + 1\,000\,\$/7\,300\,\$ \times 8\,\% \times (1 - 0{,}30)$$
$$= 9{,}6\,\%$$

Sans endettement, le CMPC est de 10 % ; avec endettement, il est de 9,6 %. Par conséquent, la société devrait s'endetter.

Cet exemple permet d'illustrer la plupart des éléments étudiés jusqu'à présent.

La figure 16.5 propose une récapitulation du rapport entre le coût des fonds propres, le coût de l'endettement après impôts et le CMPC. À titre de référence, elle comprend également R_U, le coût du capital sans levier. Le ratio dette-fonds propres se trouve en abscisse. Il faut noter que le CMPC diminue lorsque le ratio dette-fonds propres augmente. Cela permet d'illustrer à nouveau que plus une société a recours à l'endettement, plus elle diminue son CMPC. Le tableau 16.6 résume les résultats les plus importants à titre de référence.

Figure 16.5

Le coût des fonds propres et le CMPC ; les propositions I et II de M&M avec les impôts

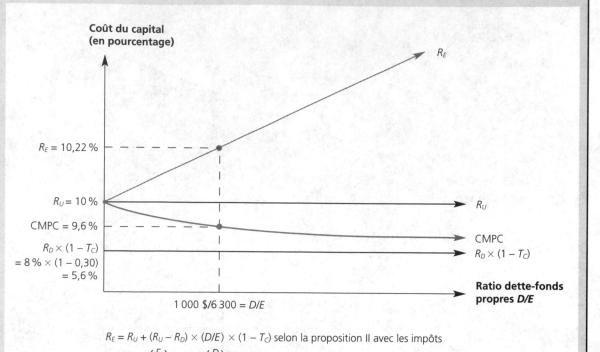

$R_E = R_U + (R_U - R_D) \times (D/E) \times (1 - T_C)$ selon la proposition II avec les impôts

$$\text{CMPC} = \left(\frac{E}{V}\right) \times R_E + \left(\frac{D}{V}\right) \times R_D \times (1 - T_C)$$

Tableau 16.6 Résumé de la théorie de Modigliani et Miller

Sans impôts
- Proposition I : La valeur d'une société avec levier V_L est égale à la valeur d'une société sans levier V_U : $V_L = V_U$
  Conséquences de la proposition I :
  1. La structure du capital d'une société n'a aucune importance.
  2. Le CMPC d'une société reste toujours le même, peu importe les proportions d'endettement et de fonds propres qu'utilise la société pour le financement de ses activités.
- Proposition II : Le coût des fonds propres R_E est :
  $R_E = R_A + (R_A - R_D) \times D/E$
  où R_A est le CMPC, R_D le coût de l'endettement et D/E le ratio dette-fonds propres.
  Conséquences de la proposition II :
  1. Le coût des fonds propres augmente au fur et à mesure que la société augmente son recours à l'endettement.
  2. Le risque des fonds propres dépend de deux éléments : le degré de risque des activités de la société
     (le « risque d'entreprise ») et le pourcentage de levier financier (le « risque financier »).

Avec impôts
- Proposition I avec impôts : la valeur de la société avec levier V_L est égale à la valeur de la société sans levier V_U ajoutée à la valeur actualisée de l'avantage fiscal des intérêts :
  $V_L = V_U + T_C \times D$
  où T_C est le taux d'imposition des sociétés et D le montant de l'endettement.
  Conséquences de la proposition I :
  1. Le financement par endettement est très avantageux et, à l'extrême, la structure optimale du capital d'une société est de 100 % d'endettement.
  2. Le CMPC d'une société diminue lorsqu'elle a recours au financement par endettement.
- Proposition II avec impôts : le coût des fonds propres R_E est :
  $R_E = R_U + (R_U - R_D) \times (D/E) \times (1 - T_C)$
  où R_U est le « coût du capital sans levier », c'est-à-dire le coût du capital d'une société qui n'a aucune dette. Contrairement à la proposition I, les conséquences de la proposition II sont les mêmes que lorsqu'il n'y a pas d'impôts.

Vous recevez les renseignements suivants sur la société Format :

BAII = 166,67 $
T_C = 0,40
D = 500 $
R_U = 0,20

Le coût du capital d'emprunt est de 10 %. Quelle est la valeur des fonds propres de Format ? Quel est le coût des fonds propres de Format ? Quel est le CMPC ?

Ces questions sont plus simples qu'il n'y paraît. N'oubliez pas que tous les flux monétaires sont des perpétuités. La valeur de la société sans endettement V_U est :

V_U = BAII × $(1 - T_C)/R_U$
= 100/0,20
= 500 $

Grâce à la théorie de M&M avec impôts, on sait que la valeur de la société avec endettement est :

$V_L = V_U + T_C \times D$
= 500 $ + 0,40 × 500 $
= 700 $

Puisque la valeur totale de la société est de 700 $ et que la valeur de la dette est de 500 $, on sait que les fonds propres ont une valeur de 200 $:

$E = V_L - D$
= 700 $ − 500 $
= 200 $

Ainsi, selon la proposition II de M&M avec impôts, le coût des fonds propres est :

$R_E = R_U + (R_U - R_D) \times (D/E) \times (1 - T_C)$
= 0,20 + (0,20 − 0,10) × (500 $/200) × (1 − 0,40)
= 35 %

Enfin, le CMPC est :

CMPC = (200 $/700) × 35 % + (500 $/700) × 10 % × (1 − 0,40)
= 14,29 %

Il faut noter que ce résultat est sensiblement inférieur au coût du capital pour la société sans endettement (R_U = 20 %). Le financement par endettement est donc très avantageux.

Questions théoriques

1. Quel est le rapport entre la valeur d'une société sans levier et la valeur d'une société avec levier lorsqu'on considère l'effet des impôts des sociétés ?

2. Si on considère uniquement l'effet des impôts, quelle est la structure du capital optimale ?

16.5 Les coûts de faillite

Parmi les facteurs qui limitent le montant d'endettement qu'une société peut utiliser, on trouve les « coûts de faillite ». Ceux-ci sont un exemple des coûts reliés à l'endettement (voir le chapitre 1). Au fur et à mesure qu'augmente le ratio dette-fonds propres, la probabilité que la société soit dans l'impossibilité de verser aux détenteurs d'obligations les sommes dues augmente elle aussi. Lorsque cela se produit, la propriété des actifs de la société est aussitôt retirée aux actionnaires pour être remise aux détenteurs d'obligations.

En principe, une société est en faillite lorsque la valeur de ses actifs est égale à la valeur de l'endettement. Dans cette situation, la valeur des fonds propres est de zéro, et les actionnaires abandonnent le contrôle de l'entreprise aux détenteurs d'obligations. Ceux-ci détiennent alors des actifs dont la valeur est exactement égale à ce qu'on leur doit. Dans un monde parfait, cela n'entraînerait aucun coût, et les détenteurs d'obligations ne subiraient aucune perte.

Cette vision idéalisée de la faillite n'est évidemment pas conforme à la réalité. Ironiquement, la faillite coûte cher. Comme on pourra le voir, les coûts associés à la faillite peuvent finalement compenser les gains fiscaux produits par l'effet de levier.

Les coûts directs de faillite

Lorsque la valeur des actifs d'une société est égale à la valeur de la dette, la société est en faillite économique, ses fonds propres ayant perdu leur valeur. Toutefois, le processus de remise des actifs aux détenteurs d'obligations est d'ordre juridique et non économique. La faillite comporte des coûts juridiques et administratifs, et on dit parfois que la faillite attire les avocats comme le sang, les requins.

En raison des dépenses associées à la faillite, les détenteurs d'obligations ne recevront pas tout l'argent qui leur est dû. Une partie des actifs de la société est engagée dans le processus

Coûts directs de faillite

Coûts directement associés à la faillite, tels que les coûts juridiques et administratifs.

juridique de la faillite. Il s'agit plus précisément des coûts juridiques et administratifs associés au processus de dépôt du bilan. C'est ce qu'on appelle les **coûts directs de faillite**.

Ces coûts directs de faillite sont spécifiques du financement par endettement. Lorsqu'une société fait faillite, une partie de la société disparaît d'un seul coup. C'est ce qu'on pourrait appeler un « impôt sur la faillite ». La société fait donc face à un compromis : l'emprunt permet à la société d'épargner de l'argent sur les impôts qu'elle doit verser, mais plus elle emprunte, plus elle risque la faillite et le débours d'impôts sur la faillite.

Les coûts indirects de faillite

Puisque la faillite coûte cher, les sociétés utilisent des ressources afin de l'éviter. Lorsqu'une société éprouve de sérieuses difficultés à satisfaire à ses obligations reliées à l'endettement, on dit qu'elle est en détresse ou en difficultés financières. Certaines sociétés qui éprouvent de tels problèmes finissent par déposer leur bilan, mais la plupart se refusent à le faire parce qu'elles parviennent à s'en sortir ou trouvent le moyen de survivre.

Coûts indirects de faillite

Coûts reliés aux difficultés d'une société qui est en détresse financière.

Coûts de détresse financière

Coûts directs et indirects reliés à la faillite ou aux difficultés financières.

Dans le cas d'une société qui traverse des difficultés financières, les coûts engagés pour éviter la faillite ne sont qu'un exemple des **coûts indirects de faillite**. On utilise l'expression **coûts de détresse financière** pour représenter de façon globale les coûts directs et indirects reliés à la faillite ou aux tentatives de l'entreprise pour l'éviter.

Les problèmes qui surviennent en cas de difficultés financières sont particulièrement sérieux, et les coûts de détresse financière sont donc plus importants lorsque les actionnaires et les détenteurs d'obligations proviennent de groupes différents. Jusqu'à la faillite juridique, les actionnaires gardent le contrôle. Évidemment, ils agissent en fonction de leurs propres intérêts économiques. Puisque les actionnaires peuvent tout perdre en cas de faillite, ils ont des raisons valables de vouloir éviter de déposer le bilan.

Les détenteurs d'obligations, par contre, cherchent surtout à protéger la valeur des actifs de la société et à retirer le contrôle des mains des actionnaires. Ils ont avantage à privilégier la faillite afin de protéger leurs intérêts et d'empêcher les actionnaires de dilapider davantage les actifs de la société. Il en résulte souvent une longue bataille juridique, parfois très coûteuse, qui s'éternise.

Bien avant que la justice suive son cours, les actifs de la société perdent leur valeur, la direction cherchant à éviter la faillite plutôt qu'à s'occuper des activités de l'entreprise. De plus, les cadres, de plus en plus « désespérés », décident parfois de tenter le tout pour le tout et ils augmentent alors les risques pris par l'entreprise. C'est ce qui s'est produit lorsque deux banques de l'Ouest canadien ont toutes deux fait faillite en 1985. Libres de continuer leurs activités bien qu'économiquement insolvables, les banques n'avaient rien à perdre en courant des risques importants. Ce sont les contribuables qui devront payer la facture de consolidation des ressources garantie par la Société d'assurance-dépôts du Canada.

Lorsque des sociétés sont au bord de la faillite, les activités normales sont touchées et les ventes diminuent. De précieux employés quittent leur travail, des projets possiblement productifs sont abandonnés afin de réduire les dépenses et bien des investissements profitables sont relégués aux oubliettes.

Tout cela constitue des coûts indirects de faillite ou des coûts de détresse financière. Qu'une société décide ou non de déposer son bilan, il en résulte une perte de valeur provoquée par un recours excessif à l'endettement dans la structure du capital. Cette perte possible limite le pourcentage d'endettement qu'il est souhaitable de fixer.

Les coûts d'agence reliés aux fonds propres

Les coûts de faillite représentent des coûts de délégation, d'encadrement ou de mandat (connus généralement sous le terme « coûts d'agence ») reliés à l'endettement qui augmentent avec le pourcentage d'endettement de la société. Les mêmes coûts d'agence des fonds propres sont produits lorsque les propriétaires gestionnaires se dérobent à leurs responsabilités, ce qui provoque le résultat opposé. L'émission de dettes par un propriétaire entrepreneur encourage ce dernier à travailler davantage, parce qu'il conserve tous les gains au-delà des intérêts fixes de la dette. Si la société émet plutôt des fonds propres, la part du propriétaire entrepreneur est diluée. Dans un tel cas, l'entrepreneur décidera plutôt de réduire ses heures de travail et de rechercher un plus grand nombre d'avantages indirects (se doter d'un grand bureau, d'une voiture de fonction, porter davantage de repas à son compte de dépenses) que si la société contractait des dettes.

Les coûts d'agence reliés aux fonds propres sont généralement plus importants pour les petites sociétés où l'émission de fonds propres dilue la propriété de façon importante. Pour couvrir les coûts de délégation reliés aux fonds propres, les nouveaux actionnaires ont recours à la sous-évaluation de nouveaux fonds propres, particulièrement pour les émissions initiales (voir le chapitre 15). En effet, lorsqu'il y a sous-tarification, c'est le propriétaire entrepreneur qui doit assumer la plupart des coûts de délégation reliés aux fonds propres. Finalement, dans de telles situations, les sociétés risquent davantage de recourir à l'endettement.

Dans les années 1980, on croyait que les «acquisitions par emprunt» réduisaient de façon importante les coûts d'agence des fonds propres. Lorsqu'il y a acquisition par emprunt, un acheteur (en général une équipe de gestionnaires déjà en place) rachète les actions pour un cours supérieur à celui du marché. Autrement dit, la société se transforme en société fermée, car les actions sont maintenant entre les mains d'une poignée d'individus. Puisque les gestionnaires possèdent maintenant une grande part de l'entreprise, ils travailleront sans doute davantage que lorsqu'ils étaient de simples employés. Les résultats des acquisitions par emprunt étant plutôt partagés, il est pour l'instant impossible de trancher quant à leur bien-fondé.

Questions théoriques

1. Quels sont les coûts directs d'une faillite?
2. Quels sont les coûts indirects d'une faillite?
3. Que sont les coûts de délégation reliés aux fonds propres?

16.6 La structure optimale du capital

Les deux sections précédentes ont permis de jeter les bases d'une structure optimale du capital. Une société emprunte parce que l'avantage fiscal est intéressant. Lorsque le degré d'endettement est relativement faible, les risques de faillite et de détresse financière le sont également, et les avantages de l'endettement sont supérieurs au coût. Lorsque le degré d'endettement est très élevé, les risques de détresse financière sont chroniques et les avantages du financement par endettement ne suffisent pas toujours à compenser les coûts reliés aux difficultés financières. Selon ce qui précède, il semble qu'une structure optimale du capital devrait se situer quelque part entre ces deux extrêmes.

La théorie du compromis statique de la structure du capital

Théorie du compromis statique de la structure du capital

Théorie selon laquelle une société emprunte jusqu'à ce que les avantages fiscaux de l'endettement supplémentaire représentent exactement les coûts associés à la probabilité accrue de détresse financière.

La théorie de la structure du capital décrite ici s'appelle la **théorie du compromis statique de la structure du capital**. Cette théorie stipule qu'une société doit emprunter jusqu'à ce que les avantages fiscaux de l'endettement supplémentaire correspondent exactement aux coûts associés au risque accru de détresse financière. On dit de cette théorie qu'elle est «statique», car elle part du principe que les actifs et les activités de la société sont fixes et qu'elle n'envisage que des modifications du ratio dette-fonds propres.

La figure 16.6 propose une illustration de la théorie statique, à l'aide d'un graphique de la valeur de la société V_L par rapport à l'endettement D. Les droites et la courbe correspondent à trois différents scénarios. La première droite représente la proposition I de M&M sans impôts. C'est la droite horizontale qui part du point V_U; elle montre que la valeur de la société n'est aucunement touchée par la structure du capital. La deuxième droite, la droite inclinée, correspond à la proposition I de M&M avec impôts. Ces deux scénarios sont parfaitement identiques à ceux qui ont déjà été illustrés à la figure 16.4.

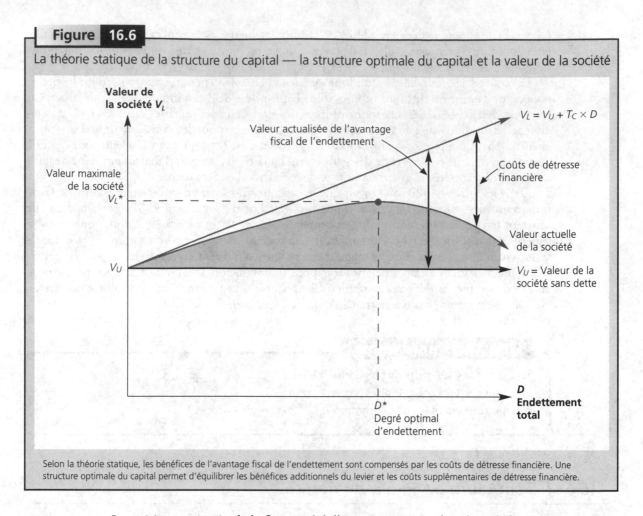

Figure 16.6

La théorie statique de la structure du capital — la structure optimale du capital et la valeur de la société

Valeur de la société V_L

Valeur actualisée de l'avantage fiscal de l'endettement

$V_L = V_U + T_C \times D$

Coûts de détresse financière

Valeur maximale de la société
V_L^*

Valeur actuelle de la société

V_U

V_U = Valeur de la société sans dette

D Endettement total

D^*
Degré optimal d'endettement

Selon la théorie statique, les bénéfices de l'avantage fiscal de l'endettement sont compensés par les coûts de détresse financière. Une structure optimale du capital permet d'équilibrer les bénéfices additionnels du levier et les coûts supplémentaires de détresse financière.

Le troisième scénario de la figure 16.6 illustre ce qui suit : la valeur de la société augmente pour atteindre un point maximal et ensuite diminuer. C'est ce qu'on obtient grâce à la théorie statique. La valeur maximale de la société V_L^* correspond au point D^*, le montant optimal d'endettement. Autrement dit, la structure optimale du capital correspond à D^*/V_L^* en endettement et à $(1 - D^*/V_L^*)$ en fonds propres.

Enfin, il est important de remarquer que dans la figure 16.6, la différence entre la valeur de la société avec la théorie statique et la valeur de la société avec la proposition I de M&M avec impôts représente la perte de valeur provoquée par le risque de détresse financière. De plus, la différence entre la valeur de la société selon la théorie statique et la valeur selon la proposition I de M&M avec impôts correspond au bénéfice du levier, sans les coûts de détresse financière[4].

La structure optimale du capital et le coût du capital

Comme on l'a vu précédemment, la structure du capital qui maximise la valeur de la société permet également de minimiser le coût du capital. La figure 16.7 illustre la théorie statique de la structure du capital en fonction du coût moyen pondéré du capital et du coût de l'endettement et des fonds propres. Il faut noter que le graphique représente le coût du capital par rapport au ratio dette-fonds propres D/E.

---

4 On peut également obtenir la figure 16.6 en introduisant les impôts des particuliers pour les intérêts et les versements de fonds propres. Les intérêts sont plus imposés que les dividendes et les gains en capital au Canada. Par conséquent, cela entraîne un désavantage fiscal lié au levier financier qui annule en partie l'avantage fiscal de l'endettement des entreprises. On y reviendra plus loin.

Figure 16.7

La théorie statique de la structure du capital — la structure optimale du capital et le coût du capital

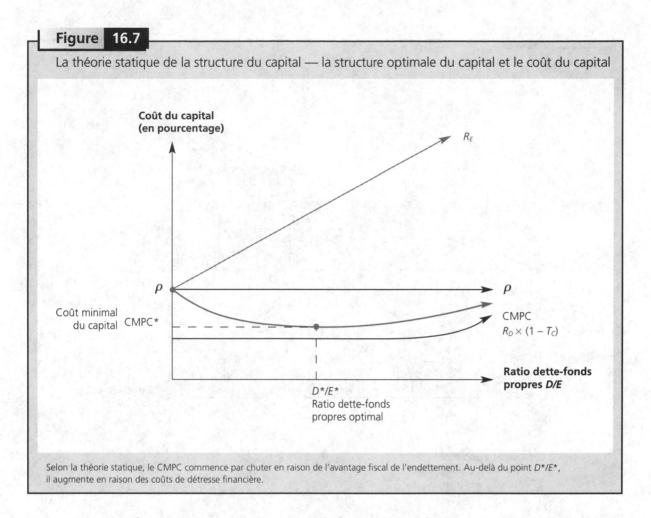

Selon la théorie statique, le CMPC commence par chuter en raison de l'avantage fiscal de l'endettement. Au-delà du point D^*/E^*, il augmente en raison des coûts de détresse financière.

La figure 16.7 ressemble beaucoup à la figure 16.5, sauf qu'on y ajoute une courbe pour le CMPC. Cette courbe, qui correspond à la théorie statique, amorce tout d'abord une chute. En effet, le coût de l'endettement après impôts est moindre que celui des fonds propres, du moins au début, et le coût global du capital diminue en conséquence.

Le coût de l'endettement finit toutefois par augmenter, et les coûts de détresse financière compensent amplement la différence de coût entre l'endettement et les fonds propres. À partir de ce point, toute augmentation de la dette augmente également le CMPC. Comme c'est illustré, le CMPC minimal se produit au point D^*/E^*, comme on l'a décrit précédemment.

La structure optimale du capital : récapitulation

La figure 16.8 résume la structure du capital et le coût du capital. Comme on l'a remarqué, il existe essentiellement trois scénarios. On s'attardera tout d'abord au plus simple des trois scénarios, pour ensuite suivre les étapes jusqu'à l'élaboration de la théorie statique de la structure du capital. En cours de route, il sera question du rapport entre la structure du capital, la valeur de la société et le coût du capital.

Figure **16.8**

La structure financière

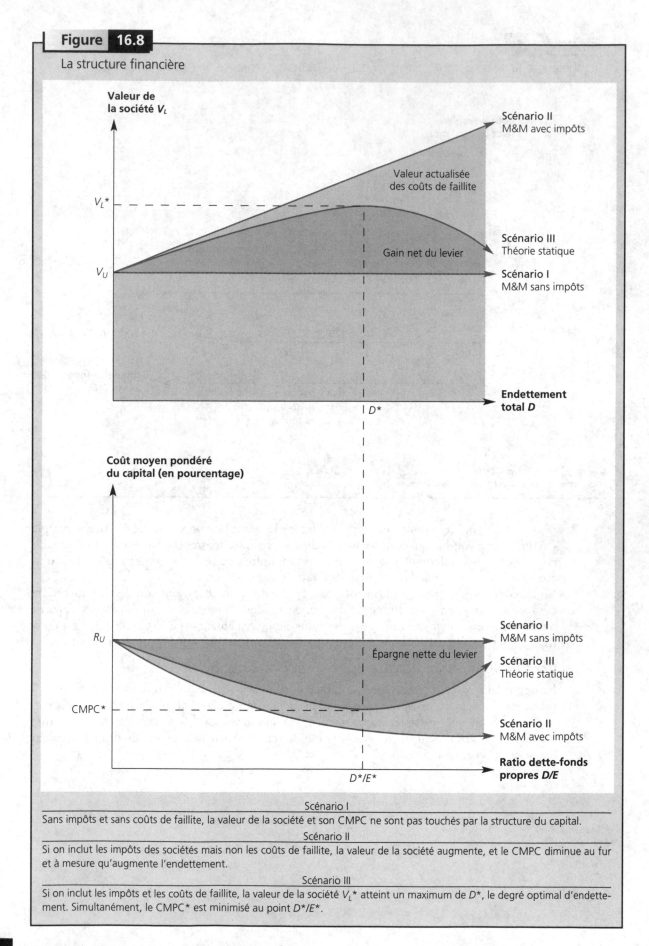

Valeur de la société V_L

Scénario II
M&M avec impôts

Valeur actualisée
des coûts de faillite

V_L^*

Scénario III
Théorie statique

Gain net du levier

V_U

Scénario I
M&M sans impôts

Endettement total D

D^*

Coût moyen pondéré du capital (en pourcentage)

R_U

Scénario I
M&M sans impôts

Épargne nette du levier

Scénario III
Théorie statique

CMPC*

Scénario II
M&M avec impôts

Ratio dette-fonds propres D/E

D^*/E^*

Scénario I

Sans impôts et sans coûts de faillite, la valeur de la société et son CMPC ne sont pas touchés par la structure du capital.

Scénario II

Si on inclut les impôts des sociétés mais non les coûts de faillite, la valeur de la société augmente, et le CMPC diminue au fur et à mesure qu'augmente l'endettement.

Scénario III

Si on inclut les impôts et les coûts de faillite, la valeur de la société V_L^* atteint un maximum de D^*, le degré optimal d'endettement. Simultanément, le CMPC* est minimisé au point D^*/E^*.

Le scénario I de la figure 16.8 illustre la proposition de la théorie de M&M sans impôts et sans possibilité de faillite. C'est le scénario le plus simple. Dans le graphique du haut, on trouve la valeur de la société V_L par rapport à l'endettement total D. Lorsqu'il n'y a pas d'impôts, de coûts de faillite ou d'autres imperfections du monde réel, on sait que la valeur totale de la société n'est aucunement touchée par sa politique d'endettement et que V_L reste donc constant. Le graphique du bas représente le même scénario, mais en fonction du coût du capital. Ici, on représente le CMPC sur le ratio dette-fonds propres D/E. Comme pour la valeur totale de la société, le coût du capital n'est pas touché par la politique d'endettement dans un tel cas et le CMPC reste constant.

Voici maintenant ce qui se produit lorsqu'on ajoute les impôts aux propositions de M&M. Comme l'illustre le scénario II, on peut voir que la valeur de la société dépend étroitement de sa politique d'endettement. Plus une société a recours à l'emprunt, plus sa valeur augmente. On sait déjà que cela se produit parce que les versements d'intérêts sont déductibles et que l'augmentation de la valeur de la société est égale à la valeur actualisée de l'avantage fiscal des intérêts.

Dans le deuxième graphique de la figure 16.8, on peut remarquer que le CMPC diminue au fur et à mesure que la société augmente son recours à l'endettement. Lorsque la société augmente son levier financier, le coût des fonds propres augmente également, mais cette augmentation est amplement compensée par l'avantage fiscal du financement par endettement. Le coût global du capital de la société diminue donc en conséquence.

Pour terminer, il faut également parler de l'effet des coûts de faillite et de détresse financière, ce qui est représenté dans le scénario III. Comme on peut le voir dans le graphique du haut, la valeur de la société ne sera pas aussi importante que celle qui a été indiquée précédemment. En effet, la valeur de la société est réduite d'un montant égal à la valeur actualisée des coûts potentiels de faillite. Plus la société emprunte, plus ces coûts augmentent, pour finalement dépasser l'avantage fiscal du financement par endettement. La structure optimale du capital correspond au point D^*, là où l'épargne fiscale d'un endettement additionnel est exactement égale aux coûts de faillite associés à ce même endettement. C'est là l'essentiel de la théorie statique de la structure du capital.

Le graphique du bas représente la structure optimale du capital en fonction du coût du capital. Le degré optimal d'endettement D^* correspond au ratio dette-fonds propres optimal D^*/E^*. C'est à ce point qu'on trouve le CMPC le plus faible.

La structure du capital : quelques recommandations de gestion

Le modèle statique décrit ici ne permet pas de déterminer une structure optimale du capital avec précision, mais il met tout de même en relief deux facteurs importants : les impôts et la détresse financière. On peut maintenant tirer certaines conclusions limitées à leur sujet.

Les impôts Tout d'abord, il est évident que l'avantage fiscal du levier est important uniquement pour les sociétés imposables. Les sociétés qui ont subi des pertes importantes ne retirent que peu de bénéfices de l'avantage fiscal. De plus, les sociétés qui profitent d'avantages fiscaux importants d'autres sources telle la dépréciation ne bénéficient pas autant du levier.

Il faut également ajouter que les sociétés n'ont pas toutes le même taux d'imposition. Plus le taux d'imposition est élevé, plus l'endettement est avantageux.

La détresse financière Les sociétés qui risquent davantage de souffrir de difficultés financières empruntent moins que celles pour qui le risque est plus faible. Par exemple, toutes choses étant égales par ailleurs, plus le BAII est changeant, moins une société devrait avoir recours à l'emprunt.

De plus, les difficultés financières coûtent plus cher à certaines sociétés qu'à d'autres. Les coûts de détresse financière dépendent surtout des actifs de la société. Plus précisément, les coûts de détresse financière sont déterminés par la facilité de transfert des actifs.

À titre d'exemple, une société dont les actifs sont en grande partie tangibles et peuvent être vendus sans perte de valeur importante pourrait emprunter davantage. Si une société investit dans de nombreux terrains, édifices et autres actifs tangibles, elle risque moins de souffrir de difficultés financières qu'une société qui investit surtout dans la recherche et le développement.

La valeur de revente de la recherche et du développement est en général inférieure à la valeur de revente de terrains ; ainsi, la valeur disparaît en grande partie lors de difficultés financières.

Questions théoriques

1. Décrivez le compromis qui définit la théorie statique de la structure du capital.

2. Quels sont les facteurs importants à considérer lorsqu'on détermine la structure du capital ?

16.7 Le diagramme à secteurs, revu et corrigé

Bien qu'il soit réconfortant de savoir qu'une société peut avoir une structure optimale du capital lorsqu'on tient compte de facteurs réels comme les impôts et les coûts de détresse financière, c'est avec une certaine inquiétude qu'on note que l'intuition d'origine de M&M (c'est-à-dire la version sans impôts) s'écroule devant ces mêmes facteurs.

Les détracteurs de la théorie de M&M disent souvent qu'elle ne tient plus dès qu'on ajoute des facteurs réels et qu'en fait, la théorie de M&M n'a que peu de chose à voir avec le monde réel. Selon eux, la structure du capital est très pertinente ; c'est la théorie de M&M qui ne l'est pas. Comme on pourra le voir, toutefois, une telle position reflète de l'ignorance quant à la véritable valeur de la théorie de M&M.

Le diagramme à secteurs étendu

Afin d'illustrer la valeur de la théorie d'origine de M&M, voyons brièvement une version plus étendue du diagramme à secteurs de tout à l'heure. Dans ce modèle étendu, les impôts représentent tout simplement une autre part des flux monétaires de la société. Puisque les impôts sont réduits en raison de l'augmentation du levier, la valeur de la part des flux monétaires qui revient au gouvernement G diminue avec le levier.

Les coûts de faillite constituent également une part des flux monétaires. Ils sont générés lorsqu'une société s'approche de la faillite et doit modifier ses habitudes afin de prévenir la chute, et ils augmentent s'il y a effectivement faillite. Ainsi, la valeur de la part des flux monétaires réservés à la faillite F augmente avec le ratio dette-fonds propres.

Le diagramme à secteurs étendu permet tout simplement de démontrer que ces parts sont versées à partir d'une seule et même source, les flux monétaires FM de la société. Algébriquement, on obtient :

FM = Versement aux actionnaires + Versement aux détenteurs d'obligations

    + Versement aux différents paliers de gouvernement

    + Versement au tribunal de la faillite et aux avocats

    + Versement à tous ceux qui ont droit à une part des flux monétaires de la société

Le modèle étendu est représenté à la figure 16.9. Il faut noter qu'on a ajouté certains secteurs afin de rendre compte des autres groupes. Il faut aussi remarquer que la taille des secteurs varie lorsque la société augmente son recours à l'endettement.

Cette liste n'est pas exhaustive, et les parts possibles des flux monétaires d'une société peuvent être encore plus nombreuses. À titre d'exemple quelque peu inusité, tous ceux qui lisent ce manuel peuvent prétendre à une part des flux monétaires de la société General Motors (GM). En effet, si vous êtes blessé au cours d'un accident impliquant une voiture de GM, vous pourriez poursuivre GM et, que vous ayez ou non gain de cause, GM devra utiliser une part de ses flux monétaires afin de couvrir certains coûts. Pour GM ou toute autre société, d'ailleurs, il faudrait également inclure un secteur qui représente les poursuites possibles en justice.

C'est là l'essentiel de la théorie de M&M : la valeur d'une société dépend du total de ses flux monétaires. La structure du capital ne fait que diviser ces flux monétaires en parts, sans en modifier le total. Il faut tout simplement reconnaître que les actionnaires et les détenteurs d'obligations ne sont pas les seuls à pouvoir exiger une part.

Figure 16.9

Le diagramme à secteurs étendu

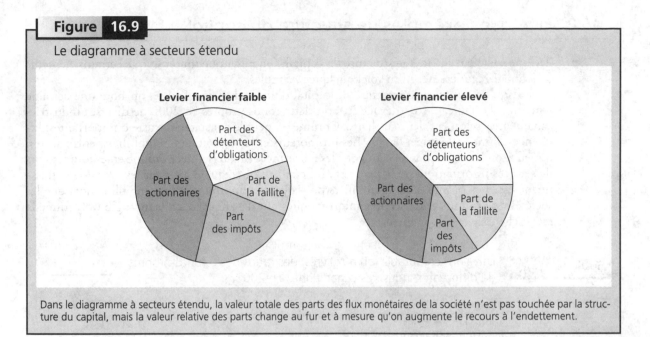

Dans le diagramme à secteurs étendu, la valeur totale des parts des flux monétaires de la société n'est pas touchée par la structure du capital, mais la valeur relative des parts change au fur et à mesure qu'on augmente le recours à l'endettement.

Les droits marchands et les droits non marchands

Lorsqu'on utilise le diagramme à secteurs étendu, il faut bien distinguer les parts destinées aux actionnaires et aux détenteurs d'obligations des parts destinées au gouvernement et aux plaideurs potentiels en cas de poursuite. Dans le premier cas, on parle de «droits marchands» et dans le deuxième, de «droits non marchands». Entre autres différences, les droits marchands s'achètent et se vendent sur les marchés financiers, ce qui est impossible dans le cas des droits non marchands.

Lorsqu'on parle de la valeur de la société, on fait généralement référence à la valeur des droits marchands V_M et non à celle des droits non marchands V_N. Si V_T représente la valeur de toutes ces parts sur les flux monétaires de la société, on obtient alors :

$$V_T = E + D + G + F + \dots$$
$$\quad = V_M + V_N$$

En résumé, le diagramme à secteurs étendu révèle que la valeur totale V_T de toutes les parts des flux monétaires de la société n'est pas altérée par la structure du capital. Toutefois, la valeur des droits marchands V_M peut être touchée par les changements de structure du capital.

Selon le diagramme à secteurs, toute augmentation de V_M implique une diminution égale de V_N. La structure optimale du capital est donc celle qui permet de maximiser la valeur des droits marchands ou, ce qui revient au même, qui minimise la valeur des droits non marchands tels que les impôts et les coûts de faillite.

Questions théoriques

1. Nommez certains droits aux flux monétaires d'une société.
2. Quelle est la différence entre un droit marchand et un droit non marchand ?
3. Que révèle le diagramme à secteurs étendu sur la valeur de toutes les parts des flux monétaires d'une société ?

16.8 Quelques exemples de structure du capital

Aucune société n'a la même structure du capital. On remarque toutefois que certains éléments reviennent régulièrement. En voici quelques exemples.

Lorsqu'on compare la structure du capital d'une industrie à l'autre, on note une certaine tendance. Le tableau 16.7 dévoile le ratio dette-fonds propres en 2002 de diverses industries canadiennes selon la valeur aux livres. Comme on peut le constater, il existe d'importantes différences d'une industrie à l'autre. Les promoteurs et les exploitants immobiliers, entre autres, ont environ huit fois plus de dettes que les fabricants de matériel électronique et les fournisseurs de services informatiques. Cela correspond d'ailleurs à ce qu'on a vu sur les coûts de détresse financière. Les promoteurs immobiliers possèdent d'importants actifs tangibles, alors que les sociétés de produits et de services informatiques ont davantage d'actifs intangibles (comme la recherche et le développement).

Tableau 16.7	La valeur comptable (ou aux livres) des ratios dette-fonds propres de différentes industries canadiennes en 2002

Industrie	Ratio
Toutes les industries	0,924
Industries non financières	1,000
Agriculture, foresterie, chasse et pêche	1,901
Extraction de pétrole, de gaz naturel et de charbon	1,004
Services publics	0,925
Construction	1,950
Secteur de la fabrication	0,584
Commerce de gros	1,015
Vente au détail	1,098
Transport et entreposage	1,495
Secteurs de l'information et des produits culturels	1,336
Assureurs	0,189
Autres intermédiaires en financement	0,525
Immobilier, location et crédit-bail	2,388
Services professionnels, scientifiques et techniques	0,737
Services d'éducation	1,100
Soins de santé et aide sociale	1,472
Arts, spectacles et loisirs	2,949
Services d'aménagement et d'alimentation	1,500
Gestion des entreprises	0,327
Autres fonds et services financiers	0,295

Source: Adapté d'une publication de Statistiques Canada intitulée « Quarterly Financial Statistics for Enterprises », Catalogue 61-008, quatrième trimestre de 2002, vol. 13, n° 04, février 2003, p. 3.

Aussi, du fait que chaque industrie possède ses propres caractéristiques de fonctionnement, entre autres la modalité du BAII et les types d'actifs, il semble y avoir un certain rapport entre ces caractéristiques et la structure du capital. Ce qu'on sait sur les épargnes fiscales et les coûts de détresse financière explique sans doute en partie ce phénomène, mais, jusqu'à maintenant, aucune théorie ne permet d'expliquer entièrement cette régularité.

En pratique, les sociétés (et les prêteurs) se servent également du ratio dette-fonds propres à titre de guide. Si l'industrie est saine, la moyenne de l'industrie offre un repère utile. Bien sûr, si l'industrie traverse une période de difficultés financières, le levier moyen sera probablement trop élevé. Ainsi, en 1998, le ratio moyen dette-fonds propres de 4,938 des promoteurs et des exploitants immobiliers était sans doute trop élevé.

Les ratios d'endettement présentés au tableau 16.7 sont de loin plus élevés que ceux qu'on pouvait observer pendant les années 1960. L'accroissement du financement par dette au Canada s'est effectué principalement lors des années 1970 et 1980, une période où les taux d'intérêt étaient relativement faibles et où la croissance économique était élevée, particulièrement dans l'Ouest du pays. Les taux d'imposition élevés des sociétés ont également contribué à la mode du financement par dette. Le tableau 16.7 illustre que c'est le secteur forestier qui possédait le ratio d'endettement moyen le plus élevé au Canada en 2002.

Le recours au financement par endettement augmente le risque de détresse financière, qu'on peut définir de la façon suivante :

Questions théoriques

1. Les sociétés canadiennes dépendent-elles trop du financement par endettement ? Qu'en est-il des sociétés américaines ?

2. Quelles régularités peut-on observer dans les structures du capital ?

16.9 Le financement à long terme en cas de détresse financière et de faillite

1. *La défaillance d'entreprise* Bien qu'on utilise en général cette expression pour parler d'une entreprise qui se dissout et fait subir des pertes à ses créanciers, même les sociétés entièrement financées par fonds propres peuvent faire faillite[5].

2. *La faillite juridique* Il s'agit des sociétés qui déposent une pétition en faillite à la Cour fédérale. La **faillite** est une procédure juridique qui permet de liquider ou de réorganiser une entreprise.

3. *L'insolvabilité technique* Celle-ci se produit lorsqu'une société ne parvient pas à satisfaire à ses obligations juridiques ; par exemple, si elle ne peut payer une facture. L'insolvabilité technique est une situation à court terme qui peut être renversée afin d'éviter la faillite.

4. *L'insolvabilité comptable* Les sociétés dont la valeur nette est négative sont insolvables selon les livres. Cette situation se produit lorsque le total des passifs comptables est supérieur à la valeur aux livres du total des actifs.

Faillite

Processus juridique pour liquider ou réorganiser une entreprise ; également, transfert d'une partie ou de la totalité des actifs d'une société à ses créanciers.

À titre de référence, la faillite représente le transfert d'une partie ou de l'ensemble des actifs d'une société à ses créanciers. Il est maintenant temps d'examiner de plus près, d'une part, ce qui se produit lors de difficultés financières et, d'autre part, certaines questions importantes reliées à la faillite[6].

La liquidation et la réorganisation

Liquidation

Opérations reliées à la dissolution d'une entreprise.

Réorganisation

Restructuration financière d'une société qui risque la faillite afin de la maintenir en exploitation.

Lorsqu'une société ne peut plus verser les sommes exigées en vertu de ses ententes contractuelles avec ses créanciers ou qu'elle refuse de le faire, deux options se présentent : la liquidation ou la réorganisation. Ces deux options sont prévues par la Loi sur la faillite et l'insolvabilité (1992). La **liquidation** signifie qu'une entreprise cesse d'être en exploitation et elle entraîne la vente des actifs de la société. Le produit, moins les coûts de vente, est distribué aux créanciers selon une hiérarchie prédéterminée. Lors d'une **réorganisation**, toutefois, la société reste active. On décide alors souvent d'émettre de nouvelles valeurs afin de remplacer les anciennes. La liquidation et la réorganisation résultent du processus de faillite. Afin de choisir laquelle de ces options est préférable, il faut déterminer si la société a davantage de valeur alors qu'elle est active ou une fois liquidée.

---

5 Dun & Bradstreet Canada Ltd. calcule les statistiques de faillite dans le « Canadian Business Failure Record ».

6 Cette discussion du processus de la faillite s'inspire de la Loi sur l'insolvabilité de 1992.

Avant le début des années 1990, la plupart des faillites juridiques au Canada menaient à la liquidation. Plus récemment, la fréquence accrue des difficultés financières et de nouvelles lois sur la faillite ont davantage encouragé la restructuration et la réorganisation. Ainsi, les flux monétaires d'Olympia & York, en 1992, ne suffisaient plus aux versements d'intérêts et de capital. La société a donc demandé la protection de la Cour afin de restructurer ses actifs et d'éviter ainsi la liquidation de faillite.

La liquidation de faillite La liquidation se produit lorsque la Cour exige la vente de tous les actifs de la société. Les événements se déroulent généralement de la façon suivante :

1. Une pétition en faillite est déposée à la Cour fédérale. Les sociétés peuvent déposer une pétition volontaire ou les créanciers peuvent choisir de déposer une pétition involontaire contre la société.

2. Les créanciers élisent un syndic de faillite qui saisit les actifs de la société débitrice. Le syndic essaie de liquider les actifs.

3. Lorsque les actifs sont liquidés, une fois réglés les coûts administratifs de faillite, le produit est réparti entre les créanciers.

4. S'il reste des actifs, une fois réglés les dépenses et les versements aux créanciers, on les distribue aux actionnaires.

La distribution du produit de la liquidation se fait selon une hiérarchie précise. Ceux qui se situent au sommet de cette hiérarchie ont plus de chances d'être payés. Afin de simplifier, certaines limites et restrictions ont été omises dans plusieurs des catégories suivantes :

1. Les dépenses administratives associées à la faillite ;

2. Les autres dépenses reliées au dépôt d'une pétition involontaire, mais qui précèdent la désignation d'un syndic ;

3. Les salaires et les commissions ;

4. Les cotisations aux régimes d'avantages sociaux ;

5. Les réclamations de consommateurs ;

6. Les réclamations fiscales du gouvernement ;

7. Les créanciers non garantis ;

8. Les actionnaires privilégiés ;

9. Les actionnaires ordinaires.

Il faut ajouter deux restrictions à cette liste : la première concerne les créanciers garantis. Ces derniers ont droit au produit de la vente de la garantie et sont exclus de la hiérarchie. Toutefois, si le bien garanti est liquidé et que la somme obtenue ne suffit pas à couvrir la somme due, les créanciers garantis doivent se partager la valeur liquidée restante avec les créanciers non garantis. Par contre, si le bien garanti est liquidé et que le produit est supérieur à la somme due, le produit net est remis, entre autres, aux créanciers non garantis.

La deuxième restriction est qu'en réalité, les tribunaux peuvent décider assez librement du déroulement réel de la distribution des actifs en cas de faillite. La hiérarchie décrite ici n'est pas toujours celle qui est adoptée.

La restructuration de Dome Petroleum en 1988 constitue un bon exemple. La chute des prix de 1986 survenait alors que Dome Petroleum éprouvait déjà certaines difficultés en raison d'un précédent rééchelonnement de dette. Le conseil d'administration de la société croyait que si celle-ci faisait faillite, les créanciers garantis pourraient forcer la vente des actifs à des prix dérisoires, ce qui entraînerait des pertes pour les créanciers non garantis et les actionnaires. Selon une évaluation obtenue à l'époque, les créanciers non garantis recevraient tout au plus 15 cents par dollar de dette liquidée. En conséquence, le conseil a obtenu l'approbation de la Cour et des organismes de réglementation pour vendre la société toujours en exploitation à Amoco Canada. Les créanciers non garantis ont finalement reçu 45 cents par dollar.

La réorganisation de faillite Le but principal d'une réorganisation est de restructurer la société tout en prévoyant le remboursement des créanciers. Les événements se déroulent généralement de la façon décrite ci-après :

1. Une pétition de faillite est déposée par la société ou une pétition involontaire est déposée par les créanciers.
2. Un juge fédéral accepte ou refuse la pétition. Si la pétition est approuvée, on détermine une échéance pour le dépôt de preuves de réclamations. Un sursis de l'instance de 30 jours est établi contre tous les créanciers.
3. Dans la plupart des cas, la société (le «débiteur en possession») continue ses activités.
4. La société doit soumettre un plan de réorganisation.
5. Les créanciers et les actionnaires se divisent en deux classes. Une classe de créanciers accepte le plan si la majorité des membres de la classe (en dollars ou en nombre) est d'accord. Les créanciers garantis doivent voter avant les créanciers non garantis.
6. Après avoir été accepté par les créanciers, le plan est confirmé par la Cour.
7. La société effectue des versements en argent, en biens et en valeurs aux créditeurs et aux actionnaires. Le plan peut prévoir l'émission de nouvelles valeurs.

La société peut souhaiter que les anciens actionnaires conservent un droit de participation dans la société. Il va sans dire que les détenteurs d'obligations non garanties risquent de protester.

La direction de la société peut vouloir permettre aux anciens actionnaires de conserver certains droits de participation dans l'entreprise. Inutile de dire que cette mesure risque de susciter des protestations de la part des détenteurs d'obligations non garanties.

Les faillites dites «pré-arrangées» constituent un phénomène relativement nouveau. Dans ce genre de situation, l'entreprise obtient d'abord l'approbation de son plan de faillite par une majorité de ses créanciers, puis elle procède au dépôt de son bilan. Il en résulte qu'après avoir fait faillite, elle «réapparaît» presque aussitôt. Parfois, la procédure de faillite est nécessaire pour avoir recours au pouvoir de coercition de la Cour supérieure, division de faillite. Certaines circonstances font qu'une catégorie de créanciers peut être obligée d'accepter un plan de faillite même s'ils ont voté contre son adoption, d'où l'expression anglaise imagée de *cram down,* qui signifie «faire avaler de force»!

Les ententes permettant d'éviter la faillite

Une société peut manquer à une obligation et tout de même éviter la faillite. Puisque le processus juridique de la faillite est parfois long et coûteux, il est souvent plus avantageux pour toutes les parties d'arriver à une entente qui permettrait d'éviter de déposer le bilan. La plupart du temps, les créanciers peuvent travailler de pair avec la direction d'une société qui ne respecte pas un contrat de prêt. On choisit souvent de parvenir à un accord volontaire pour la restructuration de la dette d'une société. Cela comprend parfois un «atermoiement», c'est-à-dire un report de la date de paiement, ou un «concordat», c'est-à-dire un paiement réduit.

Questions théoriques

1. Qu'est-ce qu'une faillite ?
2. Quelle est la différence entre une liquidation et une réorganisation ?

16.10 Résumé et conclusions

La combinaison idéale de dette et de fonds propres d'une société — sa structure optimale du capital — est celle qui permet de maximiser la valeur de la société tout en minimisant le coût global du capital. Si on ignore les impôts, les coûts de détresse financière et toute autre imperfection au système idéal, on découvre alors qu'il n'y a aucune combinaison parfaite. La structure du capital n'est alors d'aucun intérêt, comme le démontrent les propositions I et II de M&M.

Si on tient compte de l'effet des impôts des sociétés, on découvre alors que la structure du capital est d'une importance primordiale. En effet, les intérêts sont déductibles, ce qui offre un avantage fiscal important. Malheureusement, il est tout aussi vrai que la structure optimale du capital est constituée uniquement d'endettement, ce qu'évitent toujours les sociétés saines.

Si on tient compte des coûts associés à la faillite ou, de façon plus générale, aux difficultés financières, le financement par endettement n'est plus aussi souhaitable. On peut donc conclure qu'une société atteint sa structure optimale du capital lorsque l'épargne fiscale nette des dollars additionnels en intérêts est tout juste égale à l'augmentation des coûts de détresse financière prévus. C'est là l'essentiel de la théorie statique de la structure du capital.

Lorsqu'on observe des structures du capital existantes, on remarque deux phénomènes réguliers : tout d'abord, les sociétés canadiennes utilisent peu le financement par endettement, mais elles sont fortement imposées. Cela signifie qu'il existe une limite à l'utilisation de l'endettement à titre d'avantage fiscal. Ensuite, les sociétés évoluant au sein d'une même industrie ont tendance à adopter des structures du capital similaires, ce qui suggère que la nature de leurs actifs et de leurs activités est un facteur déterminant dans le choix d'une structure du capital.

NOTIONS CLÉS

Avantage fiscal que procurent les intérêts (page 512)
Coût du capital sans levier (page 512)
Coûts de détresse financière (page 516)
Coûts directs de faillite (page 516)
Coûts indirects de faillite (page 516)
Faillite (page 525)
Levier artisanal (page 505)
Liquidation (page 525)

Proposition I de M&M (page 506)
Proposition II de M&M (page 508)
Réorganisation (page 525)
Risque d'affaires (page 510)
Risque financier (page 510)
Théorie du compromis statique de la structure du capital (page 517)

Problèmes de récapitulation et auto-évaluation

16.1 **Le BAII et le BPA (sans tenir compte des impôts)** Supposez que la société GNR opte pour une restructuration du capital qui implique le passage de 5 millions de dollars d'endettement à 25 millions de dollars. Le taux d'intérêt de la dette est de 12 %, et aucune modification n'est prévue. La société a actuellement 1 million d'actions en circulation dont le cours est de 40 $ par unité. S'il est prévu que la restructuration augmente le RFP, quel doit être le BAII minimal attendu par la direction de GNR ?

16.2 **La proposition II de M&M (sans tenir compte des impôts)** Le CMPC de la société Pro Bono est de 20 %. Son coût pour l'endettement est de 12 %. Si le ratio dette-fonds propres de Pro Bono est de 2, quel est le coût des fonds propres ? Si le bêta des fonds propres de Pro Bono est de 1,5, quel est le bêta de ses actifs ?

16.3 La proposition I de M&M (tenir compte des impôts des sociétés) La société de télécommunications Tagada (ayant pour slogan : « On n'est jamais trop loin de quelqu'un ») s'attend à un BAII de 4 000 $ par année, indéfiniment. Tagada peut emprunter à un taux de 10 %.

Supposez que Tagada n'a actuellement aucune dette et que le coût de ses fonds propres est de 14 %. Si le taux d'imposition des sociétés est de 30 %, quelle est la valeur de la société ? Quelle sera sa valeur si Tagada emprunte 6 000 $ et utilise le produit pour acheter des actions ?

Réponses à l'auto-évaluation

16.1 Pour répondre à cette question, on doit calculer le BAII d'indifférence (voir la figure 16.1). Au-delà de ce BAII, toute augmentation de levier financier augmente le BPA. Selon l'ancienne structure du capital, le total des intérêts était de 5 millions de dollars × 0,12 = 600 000 $. Il existe 1 million d'actions. Si on ignore les impôts, le BPA est (BAII – 600 000 $)/1 million.

Selon la nouvelle structure du capital, le total des intérêts est de 25 millions de dollars × 0,12 = 3 millions de dollars. De plus, la dette augmente de 20 millions de dollars. Ce montant suffit au rachat de 20 millions de dollars/40 $ = 500 000 actions, ce qui laisse 500 000 actions en circulation. Le BPA est donc (BAII – 3 millions de dollars)/500 000.

Maintenant que l'on connaît la façon d'obtenir le BAII pour les deux scénarios, il suffit de les inscrire dans une équation pour obtenir le BAII d'indifférence :

$$(BAII – 600\ 000\ \$)/1 \text{ million} = (BAII – 3 \text{ millions de dollars})/500\ 000$$
$$(BAII – 600\ 000\ \$) = 2 \times (BAII – 3 \text{ millions de dollars})$$
$$BAII = 5\ 400\ 000\ \$$$

Vérifiez bien que, dans les deux cas, le BPA est de 4,80 $ lorsque le BAII est de 5,4 millions de dollars.

16.2 Selon la proposition II de M&M (sans tenir compte des impôts), le coût des fonds propres est :

$$R_E = R_A + (R_A – R_D) \times (D/E)$$
$$= 20\ \% + (20\ \% – 12\ \%) \times 2$$
$$= 36\ \%$$

De plus, on sait que le bêta des fonds propres est égal au bêta des actifs multiplié par le multiplicateur des fonds propres. On a :

$$ß_E = ß_A \times (1 + D/E)$$

Dans cet exemple, D/E est de 2 et $ß_E$ est de 1,5 ; le bêta des actifs est donc 1,5/3 = 0,50.

16.3 Sans endettement, le CMPC de Tagada est de 14 %. C'est également le coût du capital sans levier. Les flux monétaires après impôts sont 4 000 $ × (1 – 0,30) = 2 800 $; la valeur est donc simplement de V_U = 2 800 $/0,14 = 20 000 $.

Après l'émission de la dette, la valeur de Tagada est de 20 000 $ plus la valeur actualisée de l'avantage fiscal. Selon la proposition I de M&M avec impôts, la valeur actualisée de l'avantage fiscal est $T_C \times D$ ou 0,30 × 6 000 $ = 1 800 $. La société a donc une valeur de 20 000 $ + 1 800 $ = 21 800 $.

1. Expliquez ce qu'on entend par « risque d'affaires » et « risque financier ». Supposez que le risque d'entreprise de la société A est plus élevé que celui de la société B. Est-il vrai que le coût des fonds propres de la société A est également plus important que celui de la société B ? Expliquez votre réponse.

2. Que répondriez-vous au terme de la discussion qui suit ?

   Question : N'est-il pas vrai que le niveau de risque des fonds propres d'une entreprise s'accroît si elle augmente son financement par endettement ?

   Réponse : Oui, c'est d'ailleurs ce que stipule essentiellement la proposition II de M&M.

   Question : Est-il également exact que, lorsqu'une entreprise a de plus en plus recours à des emprunts, la probabilité de défaillance s'accroît, ce qui augmente ainsi le niveau de risque relatif à sa dette ?

   Réponse : Oui.

   Question : Autrement dit, peut-on avancer qu'une augmentation de l'emprunt accroît le risque des fonds propres et de l'endettement ?

   Réponse : Sans aucun doute.

   Question : Eh ! bien, si l'entreprise n'utilise que le financement par endettement et le financement par fonds propres, et si le niveau de risque de chacun d'eux augmente lorsque l'endettement grossit, n'en découle-t-il pas qu'un endettement croissant hausse le niveau de risque global de l'entreprise et, par conséquent, diminue sa valeur ?

   Réponse : ...???

3. Existe-t-il un ratio dette-fonds propres facile à déterminer qui maximise la valeur d'une entreprise ? Expliquez votre réponse.

4. Retournez aux structures financières présentées dans le tableau 16.7 du présent chapitre. Que remarquez-vous concernant les différents types d'industries en ce qui a trait à leurs ratios dette-fonds propres moyens ? Certaines d'entre elles sont-elles plus susceptibles que les autres de devoir recourir à un important effet de levier ? Quelles raisons pourrait-on invoquer pour expliquer la segmentation observée ? Les résultats d'exploitation et les antécédents fiscaux des

entreprises y jouent-ils un rôle ? Et que dire des possibilités de bénéfices à venir ? Expliquez vos réponses.

5. Pourquoi parle-t-on du recours au financement par endettement comme étant un effet de levier financier ?

6. Qu'est-ce qu'un levier financier (ou levier artisanal) créé par l'actionnaire ?

7. Comme nous l'avons vu dans le présent chapitre, certaines entreprises déposent leur bilan à cause de pertes réelles ou probables reliées à des contestations devant les tribunaux. S'agit-il d'un recours acceptable dans le cas d'une procédure de faillite ?

8. Les entreprises menacent parfois de déposer leur bilan pour obliger leurs créanciers à renégocier des conditions. Selon les détracteurs de cette méthode, elles se servent alors de la loi sur la faillite comme d'une arme offensive plutôt que défensive. S'agit-il d'une tactique moralement acceptable ?

9. D'après le diagramme à secteurs étendu, quel est le principal objectif des gestionnaires financiers en ce qui a trait à la structure du capital ?

10. Quelles sont les principales options qui se présentent à une entreprise incapable de verser les sommes exigées en vertu d'ententes contractuelles, par exemple des intérêts, ou qui refuse de le faire ? Décrivez ces options.

11. **La règle de priorité absolue** Supposez qu'un processus de liquidation d'une société est en cours. Vous devez classer les créanciers (ou les créances) dans l'ordre où ils seront payés.

    a) Les actionnaires privilégiés ;

    b) L'Agence des douanes et du revenu du Canada ;

    c) Les créanciers non garantis ;

    d) Le régime de retraite de l'entreprise ;

    e) Les actionnaires ordinaires ;

    f) Les salaires des employés ;

    g) Le cabinet d'avocats qui représente l'entreprise dans le processus de la faillite.

Questions et problèmes

Notions de base (questions 1 à 15)

1. **Le BAII et le levier financier (sans tenir compte des impôts)** Le fabricant d'équipement électronique Probit n'a aucune dette en circulation et une valeur marchande totale de 100 000 $. On prévoit un bénéfice avant intérêts et impôts (BAII) de 6 000 $ si la conjoncture économique est normale. Si l'économie connaît une période de prospérité, le BAII augmentera alors de 30 %. S'il y a une période de récession, le BAII subira une baisse de 60 %. Probit songe à émettre 40 000 $ en obligations, avec un taux d'intérêt de 5 %. Le produit servira à racheter des actions. Il y a actuellement 2 500 actions en circulation.

   a) Calculez le BPA pour chacun des trois scénarios économiques avant l'émission de dettes. Calculez également le changement de pourcentage du BPA lorsque l'économie est en période de prospérité ou en période de récession.

   b) Recommencez la partie *a)* mais cette fois, en calculant ce qui se produit si Probit effectue une recapitalisation. Que pouvez-vous observer ?

2. **Le BAII, les impôts et le levier financier** Refaites les parties *a*) et *b*) du problème 1 avec un taux d'imposition de 35 %.

3. **Le RFP et le levier financier** Supposez que le ratio valeur du marché-valeur aux livres de la société Probit décrite à la question du problème 1 est de 1.

   a) Calculez le rendement des fonds propres (RFP) selon chacun des trois scénarios économiques, avant l'émission de la dette. Calculez également le changement de pourcentage du RFP en cas de période de prospérité et de période de récession économique (sans tenir compte des impôts).

   b) Effectuez de nouveau la partie *a*) en tenant pour acquis que la société décide d'effectuer la recapitalisation.

   c) Effectuez de nouveau les parties *a*) et *b*) de ce problème pour un taux d'imposition de 35 %.

4. **Le BAII d'indifférence** La société Ixia Électronique compare deux structures du capital différentes : un scénario qui ne prévoit que des fonds propres (le scénario I) et un scénario avec levier financier (le scénario II). Selon le scénario I, Ixia aurait 100 000 actions en circulation. Selon le scénario II, il y aurait 50 000 actions en circulation et 1,5 millions de dollars de dettes en circulation. Le taux d'intérêt des dettes est de 10 % et on ne tient pas compte des impôts.

   a) Si le BAII est de 200 000 $, quel scénario permettra d'obtenir le BPA le plus élevé ?

   b) Si le BAII est de 700 000 $, quel scénario permettra d'obtenir le BPA le plus élevé ?

   c) Quel est le BAII d'indifférence ? Quel est le RFP lorsque ce BAII est atteint ?

5. **La théorie de M&M et la valeur des actions** Reprenez le problème 4 et utilisez la proposition I de M&M afin de trouver le prix par action pour chacun des scénarios proposés. Quelle est la valeur de la société ?

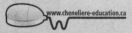

6. **Le BAII d'indifférence et le levier financier** La société Lancelot envisage deux structures du capital différentes. Le scénario I propose 800 actions et 9 000 $ d'endettement. Le scénario II propose 700 actions et 13 500 $ d'endettement. Le taux d'intérêt de la dette est de 10 %.

   a) Si on ignore les impôts, comparez ces deux scénarios à une structure qui ferait appel seulement aux fonds propres, si le BAII prévu est de 8 000 $. Le scénario sans levier proposerait 1 000 actions en circulation. Lequel de ces trois scénarios offrirait le BPA le plus élevé ? le moins élevé ?

   b) Dans la partie *a*), quel est le seuil d'indifférence du BAII pour chaque scénario et dans le cas où il n'y a aucun levier financier ? Lequel est le plus élevé ? Justifiez votre réponse.

   c) Si on ne tient pas compte des impôts, à quel moment le BPA sera-t-il identique pour les scénarios I et II ?

   d) Refaites les parties *a*), *b*) et *c*) avec un taux d'imposition de 40 %. Le seuil d'indifférence du BAII a-t-il changé ? Justifiez votre réponse.

7. **Le levier financier et la valeur des actions** Si on ne tient pas compte des impôts au problème 6, quel est le cours des actions pour le scénario I ? pour le scénario II ? Quel est le principe qu'illustrent ces deux réponses ?

8. **Le levier artisanal** La société Zombie inc., une importante entreprise de produits de consommation, se demande s'il serait opportun de transformer sa structure du capital sans levier et d'opter pour 40 % de financement par endettement. Actuellement, la société possède 1 000 actions en circulation dont le cours est de 70 $. On s'attend à ce que le BAII se maintienne à 7 000 $ par année, indéfiniment. Le taux d'intérêt de la dette serait de 7 % et on ne tient pas compte des impôts.

   a) Mme Deschênes, une actionnaire de la société, possède 100 actions. Quels sont ses flux monétaires avec la structure actuelle, si le pourcentage du bénéfice distribué en dividendes est de 100 % ?

   b) Quels seront les flux monétaires de Mme Deschênes avec la structure proposée si elle conserve ses 100 actions ?

   c) Supposez que la société change effectivement de structure, mais que Mme Deschênes préfère la structure actuelle sans levier. Comment pourrait-elle éliminer l'effet de levier de ses actions et recréer la structure d'origine ?

   d) À partir de votre réponse à la question *c*), expliquez pourquoi le choix de la structure du capital de la société n'a aucune importance.

9. **Le levier artisanal et le CMPC** La société ABC et la société XYZ sont identiques en tous points, sauf pour leur structure du capital. ABC est financée uniquement par des fonds propres et possède 600 000 $ en actions. XYZ utilise à la fois des actions et des dettes perpétuelles. Ses actions ont une valeur de 300 000 $ et le taux d'intérêt de la dette est de 10 %. Les deux sociétés prévoient un BAII de 85 000 $. On ne tient pas compte des impôts.

   a) M. Poulin possède pour 45 000 $ d'actions de XYZ. Quel est le taux de rendement qu'il prévoit ?

   b) Démontrez comment M. Poulin peut obtenir exactement les mêmes flux monétaires et le même taux de rendement en investissant dans la société ABC et à l'aide du levier artisanal.

Notions de base (suite)

c) Quel est le coût des fonds propres d'ABC ? de XYZ ?

d) Quel est le CMPC d'ABC ? de XYZ ? Quel principe venez-vous d'illustrer ?

10. La théorie de M&M La société Anne Jello n'a pas recours à l'endettement. Le CMPC de la société est de 14 %. Si la valeur marchande actuelle des fonds propres est de 40 millions de dollars et qu'on ne tient pas compte des impôts, quel est le BAII ?

11. La théorie de M&M et les impôts Dans la question précédente, supposez que le taux d'imposition des sociétés est de 35 %. Quel est le BAII ? Quel est le CMPC ? Justifiez votre réponse.

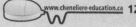
www.cheneliere-education.ca

12. Le calcul du CMPC Les Industries Mocheville ont un ratio dette-fonds propres de 2. Le CMPC est de 11 % et le coût de l'endettement de 11 %. Le taux d'imposition des sociétés est de 35 %.

a) Quel est le coût des fonds propres des Industries Mocheville ?

b) Quel est le coût des fonds propres sans levier de la société ?

c) Quel serait le coût des fonds propres si le ratio dette-fonds propres était de 1,5 ? s'il était de 1,0 ? s'il était de 0 ?

13. Le calcul du CMPC La société Strident inc. n'a pas de dette, mais elle peut emprunter au taux de 9 %. Le CMPC de la société est de 15 % et le taux d'imposition de 35 %.

a) Quel est le coût des fonds propres de Strident inc. ?

b) Si la société décide d'opter pour 25 % de financement par endettement, quel sera alors le coût des fonds propres ?

c) Si la société opte pour 50 % d'endettement, quel sera le coût des fonds propres ?

d) Quel est le CMPC de Strident inc. en b) ? Quel est le CMPC en c) ?

14. M&M et les impôts La société Léom prévoit un BAII de 80 000 $ par année, indéfiniment. La société peut emprunter au taux de 14 %. Elle n'a actuellement aucune dette, et le coût de ses fonds propres est de 25 %. Si le taux d'imposition est de 35 %, quelle est la valeur de la société ? Quelle sera la valeur de la société si cette dernière emprunte 50 000 $ et utilise le produit pour racheter des actions ?

15. La théorie de M&M et les impôts Dans le problème 14, quel est le coût des fonds propres après la recapitalisation ? Quel est le CMPC ? Quel est l'effet de tout ce qui précède sur le choix de la structure du capital de la société ?

Notions intermédiaires (questions 16 et 17)

16. La théorie de M&M Les Fabricants Jetté prévoient un BAII de 26 000 $ sous forme de perpétuité, un taux d'imposition de 35 % et un ratio dette-fonds propres de 0,60. La société possède une dette qui porte intérêt au taux de 9,5 %. Le CMPC est de 12 %. Quelle est la valeur de la société selon la proposition I de M&M, avec impôts ? Les Fabricants Jetté devraient-ils changer le ratio dette-fonds propres s'ils désirent maximiser la valeur de la société ? Justifiez votre réponse.

17. La valeur de la société La société Tournemain prévoit un BAII de 6 000 $ chaque année, indéfiniment. Tournemain n'a actuellement aucune dette et le coût des fonds propres est de 16 %. La société peut emprunter à un taux de 10 %. Si le taux d'imposition des sociétés est de 35 %, quelle est la valeur de la société ? Quelle sera sa valeur si Tournemain opte pour 50 % d'endettement ? pour 100 % d'endettement ?

Problèmes complexes (18 à 22)

18. La théorie de M&M Une entreprise ayant un investissement en capital de 1,5 million de dollars est entièrement financée à l'aide d'actions ordinaires. Elle produit des flux monétaires constants (provenant de l'exploitation) de 500 000 $ par année. Le taux d'imposition de ce type d'entreprises s'élève à 40 %, et le taux du rendement exigé sur les fonds propres pour une entreprise sans levier (R_U) est de 20 %. L'entreprise songe à obtenir 750 000 $ sous forme d'emprunt à un taux d'intérêt de 14 % et à utiliser les produits de cet emprunt pour récupérer des fonds propres en circulation en rachetant des actions.

a) Dans le cas de deux entreprises, l'une avec levier et l'autre sans levier, déterminez :

i) quel est le total des flux monétaires destinés aux porteurs de titres ;

ii) quelle est la valeur totale de l'entreprise ; et

iii) quelle est la valeur des fonds propres.

b) L'entreprise devrait-elle recourir à l'endettement ?

c) Modifieriez-vous votre réponse si le taux d'intérêt sur la dette augmentait jusqu'à 20 % ?

19. La théorie de M&M Une société entièrement financée par des fonds propres songe à émettre des titres de créances et à se servir du produit de cette émission pour racheter un certain nombre d'actions en circulation au prix courant du marché, soit 31,28 $. Il y a 150 000 actions en circulation en ce moment. On prévoit que le bénéfice avant intérêts et impôts (BAII) demeurera à 1,1 million de dollars et qu'il sera entièrement versé sous forme de dividendes. L'entreprise peut émettre des titres de créances à un taux de 10 %, et son taux d'imposition est de 36 %. Ses dirigeants considèrent trois montants possibles d'endettement.

Montant de l'endettement	0	500 000 $	1 000 000 $
Taux de rendement exigé sur les fonds propres	15 %	15,37 %	15,79 %

a) Quel est le montant optimal d'endettement?

b) Montrez que, lorsque l'entreprise atteint une structure financière optimale, elle minimise le coût moyen pondéré du capital (CMPC) tout en maximisant sa valeur globale et le prix de ses actions en circulation.

20. **Le risque d'affaires et le risque financier** Supposez qu'une société ne comporte aucun risque, de sorte que le coût de l'endettement est égal au taux sans risque R_f. Soit B_A, le bêta des actifs de la société, c'est-à-dire le risque systématique des actifs de la société. Soit également B_E, le bêta des fonds propres de la société. Utilisez le modèle d'équilibre des actifs financiers (MÉDAF) et la proposition II de M&M pour démontrer que $B_E = B_A \times (1 + D/E)$, où D/E représente le ratio dette-fonds propres. Le taux d'imposition est de zéro.

21. **Le risque des actionnaires** Supposez que les activités d'une société épousent les fluctuations de l'économie dans son ensemble de très près. Autrement dit, le bêta des actifs de la société est de 1,0. Utilisez la réponse du problème précédent pour calculer le bêta des fonds propres pour les ratios dette-fonds propres suivants : 0, 1, 5 et 20. Que pouvez-vous déduire du rapport entre la structure du capital et le risque des actionnaires? Comment le rendement exigé des fonds propres des actionnaires se trouve-t-il affecté? Justifiez votre réponse.

22. **La faillite** On dépose une pétition pour la réorganisation de la société Lesotos en vertu de la loi sur l'insolvabilité. Selon les administrateurs, la valeur de liquidation de la société, si on considère les coûts afférents, est de 75 millions de dollars. Si on se fie à une analyse de PH-conseils, la société, une fois réorganisée, produira 10 millions de dollars en flux monétaires annuels, sous forme de perpétuité. Le taux d'actualisation est de 18 %. La société devrait-elle être liquidée ou réorganisée? Justifiez votre réponse.

Mini étude de cas

La direction de la société Canada Textile Corporation (CTC) a décidé de déménager ses installations au Québec après qu'elle aura exploité pendant encore quatre ans son usine de Cotton City, en Ontario. À cause des coûts de transport et de l'absence d'un marché de revente pour l'équipement de fabrications de textiles utilisé, toutes les machines dont se sert la CTC n'auront aucune valeur à la fin de cette période.

M. Dufil, un ingénieur de l'usine, recommande l'achat d'une machine Pfitzer à ensouples. Son analyse des deux seuls modèles disponibles indique ce qui suit.

	Modèle à fort rendement	Modèle à rendement limité
Économies annuelles en coûts	340 $	316 $
Durée de vie	4 ans	2 ans
Prix de l'appareil	1 000 $	500 $

Le comptable de la CTC, M. Couture, doit choisir entre l'une des deux solutions suivantes :

1) acheter la machine à fort rendement maintenant; ou

2) acheter la machine à rendement limité maintenant et la remplacer, dans deux ans, par une autre machine à rendement limité.

Le fabricant de ces machines est prêt à garantir que le prix qu'il exigera de la CTC ne variera pas pendant les quatre prochaines années. On connaît les économies annuelles de coûts avec certitude parce que le carnet de commandes de l'entreprise comprend des fournitures pour l'Armée canadienne et que la CTC a conclu des ententes à long terme avec ses employés et ses fournisseurs. Les machines de Pfitzer permettent une déduction pour amortissement de 30 % (catégorie 43), et le taux d'imposition de l'entreprise sera de 36 %.

M. Couture a obtenu les renseignements qui suivent pour son analyse des diverses propositions d'investissement et de financement.

Actifs	Valeur espérée	Variance	Covariance par rapport au rendement du marché
Actifs sans risque	0,10		
Portefeuille du marché	0,20	0,04	
Actions ordinaires de la CTC			0,048

Conformément à sa politique, la CTC n'a jamais fait d'emprunt jusqu'ici. Elle est financée à 100 % par des fonds propres. La valeur marchande de ses actions ordinaires s'élève à 10 millions de dollars.

a) Quel est le coût du capital pour la CTC?

b) Laquelle des deux machines Pfitzer l'entreprise devrait-elle acquérir? Si l'achat de ces machines constitue un mauvais investissement, expliquez pourquoi.

c) Supposez que l'entreprise achète la machine à fort rendement. Quel montant minimal devrait-elle économiser annuellement sur ses coûts pour que cette acquisition devienne un investissement acceptable?

d) M. Couture est depuis longtemps convaincu que la structure financière de la CTC n'est pas optimale. Toutefois, il n'a jamais osé suggérer que l'entreprise modifie sa politique de financement traditionnelle, entièrement axée sur les fonds propres. Séduit par l'analyse de Miller et Modigliani, M. Couture croit qu'en vendant pour 2 millions de dollars d'obligations perpétuelles à durée indéterminée (c'est-à-dire sans échéance) au pair (c'est-à-dire à leur valeur nominale, dont le taux de coupon est de 10 %) et en utilisant les produits de cette vente pour racheter des actions de la CTC, les dirigeants de l'entreprise verront sa valeur totale augmenter.

Si M. Couture a raison et que son plan financier est adopté, que deviendront :

    i) la valeur totale de l'entreprise ?

    ii) la valeur totale de l'action de la CTC ? ou

    iii) le coût moyen pondéré du capital de l'entreprise ?

e) La directrice financière de la CTC, Mme Fortrel, croit que M. Couture se trompe. Selon elle, comme il s'agit d'une entreprise à niveau de risque élevé dans un secteur en plein déclin, la CTC devrait verser un taux d'intérêt de 20 % sur ses obligations, et l'accroissement de sa valeur totale serait bien inférieur à ce que son collègue anticipe. De son côté, M. Dufil soutient qu'avec un taux d'intérêt de 20 %, la valeur de la CTC augmenterait encore plus que ce que prévoit M. Couture, compte tenu de l'accroissement de l'avantage fiscal qui en découlerait. Le président du conseil d'administration de la CTC, M. Dutricot, affirme que MM. Couture et Dufil et Mme Fortrel sont tous dans l'erreur. D'après lui, la valeur totale de l'entreprise demeurerait à 10 millions de dollars quoi qu'il arrive, parce que les personnes qui investissent dans les obligations sont réfractaires à toute forme de risque. Analysez les arguments fournis par M. Couture, M. Dufil, Mme Fortrel et M. Dutricot.

f) Supposez que la nouvelle dette entraîne l'apparition de nouveaux coûts liés à des difficultés financières possibles. Ces coûts correspondraient à 2 % de la nouvelle valeur de l'entreprise. Ce renseignement modifie-t-il votre analyse ?

g) M. Huard, le directeur du crédit à la Banque Royale Impériale Canadienne (BRIC), a reçu de la CTC une demande de prêt de deux 2 millions de dollars pour 20 ans. La BRIC est une des rares banques du Canada qui accorde des prêts à long terme. Même si la CTC est une entreprise locale bien connue et respectée, M. Huard hésite à lui consentir un prêt. Existe-t-il des raisons pour lesquelles il devrait examiner cette demande avec plus de précaution que celle, par exemple, de la Société Québec eau, égouts et électricité ? Quels risques (s'il y en a) court la banque si elle prête à la CTC ?

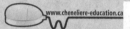

QUESTIONS SUR DES APPLICATIONS INTERNET

Lectures suggérées

Voici deux articles essentiels sur la structure du capital :

MODIGLIANI, F. et M. H. MILLER. « The Cost of Capital, Corporate Finance, and the Theory of Investment », *American Economic Review* 48, juin 1958.

MODIGLIANI, F. et M. H. MILLER. « Corporation Income Taxes and the Cost of Capital : A Correction », *American Economic Review* 53, juin 1963.

L'article suivant propose une récapitulation de certaines recherches :

SMITH, C. « Raising Capital : Theory and Evidence », *Midland Corporate Finance Journal*, printemps 1986.

Le message annuel du président de Stewart Myers de 1984 à l'American Finance Association se trouve dans l'article suivant. Ce discours résume les découvertes universitaires quant à la structure du capital jusqu'au début des années 1980 et propose des pistes pour la recherche à venir :

MYERS, S. « The Capital Structure Puzzle », *Midland Corporate Finance Journal*, automne 1985.

La structure du capital et les impôts personnels

Jusqu'à maintenant, il a toujours été question uniquement des impôts des sociétés. Malheureusement, l'Agence des douanes et du revenu du Canada n'oublie jamais non plus les particuliers. Comme on a pu le voir au chapitre 2, le revenu des particuliers n'est pas soumis au même taux d'imposition. Pour ceux qui se situent dans les tranches de revenus supérieures, certains revenus personnels sont parfois imposés de façon plus importante que le revenu des sociétés.

On a vu précédemment que la valeur d'une société avec levier est égale à la valeur d'une société identique sans levier V_U ajoutée à la valeur de l'avantage fiscal relié aux intérêts $T_C \times D$.

$$V_L = V_U + T_C \times D$$

Cette approche ne tenait compte que des impôts des sociétés. Dans un article marquant, Miller a construit une autre formule pour la valeur de la société avec levier qui tient compte des impôts personnels[7]. Dans l'équation 16 A.1, T_b représente le taux d'imposition personnel pour un revenu ordinaire tels les intérêts, et T_S est le taux d'imposition personnel pour la distribution des fonds propres — les dividendes et les gains en capital[8].

$$V_L = V_U + \left[\frac{1 - (1 - T_C) \times (1 - T_S)}{(1 - T_b)} \right] \times D \qquad [16\,\text{A.1}]$$

La valeur de la société avec les impôts personnels et les impôts des sociétés

Si les taux d'imposition personnels sur les intérêts T_b et sur les distributions de fonds propres T_S sont égaux, la nouvelle équation plus complexe 16 A.1 peut être remplacée par l'équation 16.7, qui calcule ce qui se produit lorsqu'il n'y a pas d'impôts. Il s'ensuit que les impôts personnels n'influent pas sur la formule d'évaluation lorsque les distributions de fonds propres sont imposées au même taux que les intérêts pour les particuliers.

Cependant, les gains produits par le levier sont réduits lorsque le taux d'imposition des distributions de fonds propres est plus faible que celui des intérêts, autrement dit lorsque T_S est inférieur à T_b. On verse ici davantage d'impôts chez les particuliers pour une société avec levier que pour une société sans levier. Supposez par ailleurs que $(1 - T_C) \times (1 - T_S) = 1 - T_b$. La formule 16 A.1 démontre alors que le levier n'offre aucun gain! En d'autres mots, la valeur de la société avec levier est égale à la valeur de la société sans levier. Le levier n'offre aucun gain, car bien que le taux d'imposition des sociétés soit plus faible pour les sociétés avec levier, cet effet est compensé par un taux d'imposition personnel plus élevé. Ce résultat est présenté à la figure 16 A.1.

---

7 M. H. MILLER, « Debt and Taxes », *Journal of Finance* 32, mai 1977, p. 261-275.

8 Les actionnaires reçoivent :

$$(\text{BAII} - r_D D) \times (1 - T_C) \times (1 - T_S)$$

Les détenteurs d'obligations reçoivent :

$$r_D D \times (1 - T_b)$$

Ainsi, le total des flux monétaires de l'ensemble des actionnaires est :

$$(\text{BAII} - r_D D) \times (1 - T_C) \times (1 - T_S) + r_D D \times (1 - T_b)$$

ce qu'on peut réécrire ainsi :

$$\text{BAII} \times (1 - T_C) \times (1 - T_S) + r_B B \times (1 - T_b) \times \left[1 - \frac{(1 - T_C) \times (1 - T_S)}{1 - T_b} \right] \qquad a)$$

Le premier terme de l'équation *a)* représente les flux monétaires d'une société sans levier après impôts. La valeur de ces flux doit être de V_U, la valeur d'une société sans levier. Un particulier qui achète une obligation pour une somme B reçoit $r_D D \times (1 - T_b)$, après impôts. Ainsi, la valeur du deuxième terme en *a)* doit être :

$$D \times \left[1 - \frac{(1 - T_C) \times (1 - T_S)}{1 - T_b} \right]$$

La valeur des flux monétaires en *a)*, qui est la valeur de la société sans levier, doit donc être :

$$V_U + \left[1 - \frac{(1 - T_C) \times (1 - T_S)}{1 - T_b} \right] \times D$$

Figure **16 A.1**

Les gains du levier financier avec impôts des sociétés et les impôts personnels

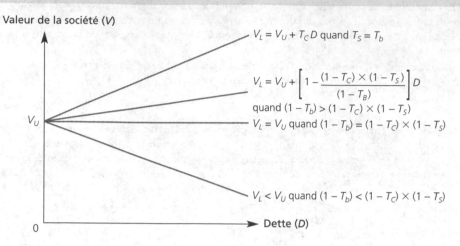

T_C est le taux d'imposition des sociétés.
T_b est le taux d'imposition personnel sur les intérêts.
T_S est le taux d'imposition personnel sur les dividendes ou les autres distributions de fonds propres.
Les impôts personnels et les impôts des sociétés sont inclus. Les coûts de faillite et les coûts reliés aux fonds propres ne sont pas inclus. L'effet de l'endettement sur la valeur de la société dépend de T_S, de T_C et de T_b.

Exemple **16 A.1** Le levier financier avec impôts personnels

Les Industries Acnez prévoient un flux de bénéfices perpétuel avant impôts de 100 000 $ et doivent se soumettre à un taux d'imposition des sociétés de 45 %. Les investisseurs actualisent le flux de bénéfices après impôts au taux de 15 %. Le taux d'imposition personnel pour la distribution des fonds propres est de 30 %, et le taux d'imposition personnel des intérêts est de 47 %. La structure du capital d'Acnez est actuellement entièrement composée de fonds propres, mais la société songe à emprunter 120 000 $ à 10 %.

La valeur de la société sans levier est[9] :

$$V_U = \frac{100\ 000\ \$ \times (1 - 0{,}45)}{0{,}15} = 366\ 667\ \$$$

La valeur de la société avec levier est :

$V_L = 366\ 667\ \$ + [1 - (1 - 0{,}45) \times (1 - 0{,}30)/$
$\quad (1 - 0{,}47)] \times 120\ 000\ \$ = 399\ 497\ \$$

L'avantage du levier est 399 497 $ – 366 667 $ = 32 830 $. Cette somme est bien inférieure au gain de 54 000 $ = 0,45 × 120 000 $ = $T_C \times D$, obtenu dans un monde sans impôts personnels.

Acnez avait déjà examiné ce choix plusieurs années auparavant, alors que T_b = 60 % et que T_S = 18 %. Ici :

$V_L = 366\ 667\ \$ + [1 - (1 - 0{,}45) \times (1 - 0{,}18)]/$
$\quad (1 - 0{,}60) \times 120\ 000\ \$ = 351\ 367\ \$$

Dans ce cas-ci, la valeur de la société avec levier V_L est de 351 367 $, ce qui est inférieur à la valeur de la société sans levier, soit V_U = 366 667 $. La décision d'Acnez de ne pas augmenter le levier financier était donc sage. Le levier entraîne une perte de valeur parce que le taux d'imposition personnel pour les intérêts est beaucoup plus élevé que le taux d'imposition personnel sur les distributions de fonds propres. Autrement dit, la réduction des impôts des sociétés provoquée par le levier financier est largement compensée par l'augmentation du taux d'imposition personnel.

La figure 16 A.1 propose une récapitulation des différentes situations exposées ici. Laquelle s'applique le mieux au Canada ? Bien que les chiffres diffèrent d'une société à l'autre selon les provinces, nous avons vu au chapitre 2 que les intérêts créditeurs sont imposés au taux marginal complet, soit 47 %, incluant la surtaxe pour les tranches supérieures. Les distributions de fonds propres se produisent sous forme de dividendes ou de gains en capital, et le taux d'imposition est inférieur à celui des intérêts. Comme on a pu le voir au chapitre 2, les revenus de dividendes profitent du crédit d'impôt pour dividendes.

Bien que les chiffres exacts dépendent du type de portefeuille, le premier scénario d'Acnez représente assez bien les

---

9 On pourrait aussi dire que les investisseurs actualisent le flux des bénéfices après impôts des sociétés et les impôts des particuliers à 10,5 % = 15 % (1 – 0,30) :
$$V_U = 100\ 000\ \$ \times (1 - 0{,}45) \times (1 - 0{,}30)/0{,}105 = 366\ 667\ \$$$

investisseurs et les sociétés canadiennes[10]. Au Canada, les impôts personnels réduisent mais n'éliminent pas l'avantage du levier financier.

Ce résultat n'est toutefois pas réaliste. Il suggère en effet que les sociétés devraient s'endetter davantage, pour s'éloigner de la deuxième droite du sommet de la figure 16 A.1, afin d'atteindre 100 % de levier financier. Aucune société n'est cependant prête à le faire. Tout d'abord, les intérêts de l'endettement ne sont pas le seul abri disponible pour les sociétés. Le crédit d'impôt à l'investissement, les déductions pour amortissement et les déductions pour épuisement offrent aussi des abris fiscaux, peu importe les décisions d'une société quant au levier financier. Puisque ces autres abris fiscaux existent, l'augmentation du levier comporte toujours le risque que le revenu ne sera pas suffisant pour tirer parti entièrement de l'abri fiscal de la dette. Les sociétés limitent donc leur recours à l'endettement[11].

Bien sûr, comme on l'a vu au cours de ce chapitre, les coûts de faillite et de détresse financière font aussi partie des raisons qui poussent les sociétés à éviter d'avoir recours uniquement à l'endettement.

Questions théoriques

1. Comment l'inclusion des impôts personnels sur les intérêts et la distribution des fonds propres changent-elles les conclusions de M&M sur la dette optimale ?

2. Expliquez la logique qui sous-tend la théorie de Miller sur la structure du capital.

3. Comment cette théorie s'applique-t-elle au Canada ?

Questions et problèmes

A.1 Le modèle de Miller permet d'inclure les impôts personnels dans la théorie de la structure du capital. Lorsqu'on inclut à la fois les impôts personnels et les impôts des sociétés, on arrive à la même conclusion d'indifférence que lorsqu'on ignore les impôts. Expliquez pourquoi.

A.2 Cette question fait suite à la question A.1 sur le modèle de Miller. Lorsqu'on compare cette approche à celle de M&M avec impôts des sociétés, on peut voir que dans un premier cas, les deux modèles laissent entendre que les sociétés devraient avoir uniquement recours à l'endettement. Expliquez pourquoi cette conclusion se produit dans les deux cas. Pourquoi cela ne se produit-il pas dans la pratique ?

---

10 Ce scénario s'inspire de l'ouvrage de M. H. WILSON, « Draft Legislation, Regulations, and Explanatory Notes Respecting Preferred Share Financing », ministère des Finances, Ottawa, avril 1988.

11 Cet argument provient de l'ouvrage de H. DeANGELO et R. MASULIS, « Optimal Capital Structure under Corporate and Personal Taxation », *Journal of Financial Economics,* mars 1980, p. 3-30.

CHAPITRE 17

Les dividendes et la politique de dividende

Plusieurs entreprises canadiennes s'enorgueillissent de verser des dividendes importants depuis plusieurs années ; la Banque de Montréal verse des dividendes depuis plus de 170 ans. En même temps, d'autres sociétés bien connues versent de faibles dividendes depuis peu ou même n'en versent aucun, telle Research in Motion. En 2000, la société Rodgers Communications annonçait qu'elle allait verser des dividendes pour la première fois de son histoire. Le présent chapitre porte essentiellement sur les dividendes et la politique de dividende.

La politique de dividende est un sujet important en gestion financière. À première vue, on pourrait croire que toute société devrait logiquement souhaiter remettre le plus d'argent possible à ses actionnaires sous forme de dividendes. Au contraire, on peut tout aussi bien prétendre qu'une société devrait plutôt investir au nom de ses actionnaires, sans verser de dividendes. C'est ce que doit déterminer la politique de dividende : la société devrait-elle remettre de l'argent à ses actionnaires ou devrait-elle plutôt investir cet argent en leur nom ?

Cela peut surprendre, mais selon de nombreuses recherches et si on se fie à la logique économique, la politique de dividende n'a pas vraiment d'importance. À vrai dire, il en est de la politique de dividende comme de la structure du capital. Il est facile d'en préciser les éléments importants, mais l'interaction entre ceux-ci est complexe et on ne peut trancher avec certitude.

La politique de dividende est sujette à controverse. On explique son importance éventuelle par une multitude de raisonnements improbables, et bon nombre de déclarations faites à ce sujet ne s'appuient sur aucune logique économique. Malgré tout, dans le monde de la gestion financière, le choix d'une politique de dividende appropriée n'est pas pris à la légère. Les gestionnaires financiers qui s'en soucient perdent-ils leur temps ou un aspect important de la gestion financière a-t-il été négligé jusqu'à maintenant ?

En partie du moins, toute discussion sur les dividendes pose le problème inhérent au « vilain à deux faces » : d'un côté, le vilain vous recommande de poser tel geste pour certaines raisons ; toutefois, d'un autre côté, il vous recommande de ne pas le faire pour d'autres raisons. Malheureusement, toute approche sensée de la politique de dividende semble émerger de ce type de raisonnement (ou, plus précisément, d'un « financier à deux faces »). D'un côté, on peut trouver d'excellentes raisons pour recommander qu'une société verse des dividendes élevés ; d'un autre côté, on trouve également d'excellentes raisons pour ne verser que de faibles dividendes, voire aucun.

Ce chapitre présente une étude de trois sujets assez vastes en rapport avec les dividendes et la politique de dividende. Tout d'abord, il sera question des divers types de dividendes et des méthodes de versement. On étudiera ensuite un exemple où la politique de dividende n'a aucune importance. Suivront une discussion sur les limites de cet exemple et une présentation d'arguments pratiques en faveur à la fois de versements élevés et de versements faibles de dividendes. Enfin, le chapitre se terminera par un survol de certaines stratégies accessibles aux sociétés qui cherchent à déterminer leur politique de dividende.

17.1 Les dividendes en espèces et les versements de dividendes

Dividende

Versement effectué à même les bénéfices de la société à ses propriétaires, sous forme d'espèces ou de rachat d'actions.

En général, on entend par **dividende** une somme d'argent versée à même les bénéfices. Lorsque la somme versée provient d'une source autre que les bénéfices courants ou les bénéfices accumulés non répartis, on parle alors parfois de **distribution**. On peut toutefois appeler « dividende » une distribution effectuée à même les bénéfices et les dividendes de liquidation, une distribution effectuée à même le capital. D'une manière plus générale, on peut considérer que tout versement effectué par la société à ses actionnaires constitue un dividende ou fait partie de la politique de dividende. La figure 17.1 montre comment la décision quant au versement de dividendes est partie intégrante du processus de distribution des flux monétaires de l'entreprise, selon diverses possibilités d'utilisation.

Distribution

Versement effectué par une société à ses propriétaires à partir d'une source autre que les bénéfices courants ou accumulés.

Il existe plusieurs formes de dividendes. Les principaux types de dividendes en espèces sont :

1. les dividendes réguliers en espèces ;
2. les dividendes supplémentaires ;
3. les dividendes de liquidation.

Il sera question un peu plus loin des dividendes versés sous forme d'actions et d'une solution de rechange au versement de dividendes en espèces par le rachat d'actions.

Figure 17.1

La distribution des flux monétaires d'une société

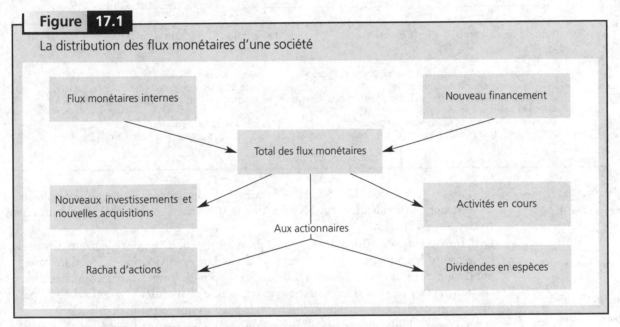

Les dividendes en espèces

Dividendes réguliers en espèces

Versements en espèces effectués par une société à ses propriétaires dans le contexte de ses activités courantes, en général quatre fois par année.

Le dividende en espèces est la forme la plus courante de dividende. En général, les sociétés ouvertes versent des **dividendes réguliers en espèces** quatre fois par année. Comme le nom le suggère, on verse alors des sommes en espèces directement aux actionnaires, transactions qui font d'ailleurs partie des affaires courantes de la société. Autrement dit, la direction n'y voit rien d'inhabituel et ne prévoit pas y mettre fin.

Certaines sociétés versent parfois un dividende en espèces ordinaire ainsi qu'un dividende en espèces supplémentaire ou extra. Puisqu'il s'agit d'un versement dit « supplémentaire » ou « extra », la société indique clairement qu'elle ignore si elle pourra à nouveau verser cette somme à l'avenir.

Enfin, on parle de *dividende de liquidation* lorsque la société est liquidée en partie ou dans son ensemble, autrement dit lorsque la société est vendue. Les clauses d'interdiction (voir le chapitre 7) protègent les créanciers de la société contre une liquidation des dividendes qui violerait leur droit prioritaire sur les actifs et les flux monétaires.

Peu importe le nom qu'on leur donne, les dividendes en espèces diminuent les bénéfices en espèces et les bénéfices non répartis de la société, sauf pour les dividendes de liquidation (cette fois, c'est le capital qui risque de diminuer).

La façon dont les dividendes en espèces sont généralement versés

C'est au conseil d'administration de décider de verser ou non des dividendes. Une fois annoncés, les dividendes constituent une dette que la société ne peut facilement annuler. Quelque temps après la déclaration, les dividendes sont distribués aux actionnaires à partir d'une date donnée.

Le plus souvent, le montant des dividendes en espèces est indiqué en dollars par action (*les dividendes par action*). Comme on l'a vu dans les chapitres précédents, ce montant peut aussi être exprimé sous forme de pourcentage du cours du marché (*le taux de rendement des actions*) ou de pourcentage des bénéfices par action (*le pourcentage du bénéfice net distribué sous forme de dividendes*).

La chronologie du versement des dividendes

On peut illustrer le processus de versement de dividendes à l'aide de l'exemple de la figure 17.2 et de la description ci-après :

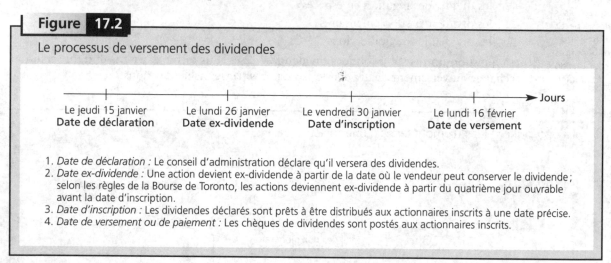

Figure 17.2

Le processus de versement des dividendes

| Le jeudi 15 janvier | Le lundi 26 janvier | Le vendredi 30 janvier | Le lundi 16 février | Jours |
| Date de déclaration | Date ex-dividende | Date d'inscription | Date de versement | |

1. *Date de déclaration* : Le conseil d'administration déclare qu'il versera des dividendes.
2. *Date ex-dividende* : Une action devient ex-dividende à partir de la date où le vendeur peut conserver le dividende ; selon les règles de la Bourse de Toronto, les actions deviennent ex-dividende à partir du quatrième jour ouvrable avant la date d'inscription.
3. *Date d'inscription* : Les dividendes déclarés sont prêts à être distribués aux actionnaires inscrits à une date précise.
4. *Date de versement ou de paiement* : Les chèques de dividendes sont postés aux actionnaires inscrits.

Date de déclaration

Date à laquelle le conseil d'administration vote une résolution pour le versement des dividendes.

1. **La date de déclaration** Le 15 janvier, le conseil d'administration vote une résolution de versement de dividendes, soit 1 $ par action le 16 février à tous les actionnaires inscrits en date du 30 janvier.

Date ex-dividende

Date fixée à quatre jours ouvrables avant la date d'inscription qui permet d'établir ceux qui ont droit aux dividendes. On dit aussi « date de détachement du dividende ».

2. **La date ex-dividende** Afin que les chèques parviennent effectivement à leurs destinataires, les maisons de courtage et les Bourses fixent une date ex-dividende. Cette date correspond à quatre jours ouvrables avant la date d'inscription (le point suivant). Si vous détenez l'action la veille de cette date, vous pouvez recevoir le dividende. Si vous l'achetez à partir de cette date, c'est l'ancien propriétaire de l'action qui reçoit le dividende.

La date ex-dividende permet d'éviter toute ambiguïté quant à l'admissibilité au dividende. Puisque celui-ci représente une somme importante, le cours des actions est touché par cette date. On y reviendra un peu plus loin.

Dans la figure 17.2, la date ex-dividende est le lundi 26 janvier. Avant cette date, on dit que les actions se négocient « avec dividende ». Après cette date, on dit qu'elles se négocient « ex-dividende ».

Date d'inscription

Date à laquelle les actionnaires inscrits sont désignés pour un versement de dividendes.

3. **La date d'inscription** Selon ses registres, la société prépare une liste de tous ceux qui, selon elle, sont actionnaires en date du 30 janvier. Ce sont les *détenteurs inscrits*, et le 30 janvier est la *date d'inscription*. Il est important de souligner l'expression « selon elle », dans le contexte actuel. Si vous achetez l'action juste avant cette date, il est possible que, en raison de divers délais (le courrier, par exemple), vous n'apparaissiez pas dans les registres de la société. S'il n'y avait aucune modification, certains chèques de dividendes seraient postés aux mauvais destinataires. C'est pour cette raison qu'existe la date ex-dividende.

Date de versement

Date à laquelle les chèques sont mis à la poste. On dit aussi « date de paiement ».

4. **La date de versement** Les chèques de dividendes sont mis à la poste le 16 février.

Quelques précisions concernant la date ex-dividende

La date ex-dividende est importante et porte souvent à confusion. Il est temps de regarder de plus près ce qu'il advient des actions après la date ex-dividende. Supposons que vous possédez des actions qui se négocient 10 $ chacune. Le conseil d'administration annonce un dividende de 1 $ par action, et la date d'inscription est le jeudi 14 juin. Comme on l'a vu, on peut fixer la date ex-dividende à quatre jours ouvrables (et non quatre jours civils) avant la date d'inscription, soit le vendredi 8 juin.

Si vous achetez l'action le jeudi 7 juin, juste au moment où ferme le marché, vous recevrez le dividende de 1 $, l'action se négociant toujours avec le dividende. Si vous attendez et que vous l'achetez à la prochaine ouverture du marché, soit vendredi, le dividende vous échappera. Qu'advient-il de la valeur des actions au cours de cette nuit?

Logiquement, lorsqu'on y réfléchit, on déduit facilement que les actions auront perdu 1 $ de leur valeur vendredi matin; le cours chutera donc de 1 $ entre la fermeture de jeudi et l'ouverture de vendredi. En général, on s'attend à ce que la valeur d'une action diminue d'une somme plus ou moins égale au montant du dividende à la date ex-dividende. Il faut porter attention à l'expression «plus ou moins». Puisque les dividendes sont imposables, la chute réelle du cours pourrait bien se rapprocher davantage de la valeur après impôts du dividende. Il est toutefois difficile de déterminer cette valeur, car les taux et les règles d'imposition peuvent varier selon les acheteurs. La figure 17.3 illustre la séquence décrite ci-dessous.

Figure 17.3

Le comportement du cours des actions aux environs de la date ex-dividende pour un dividende en espèces de 1 $

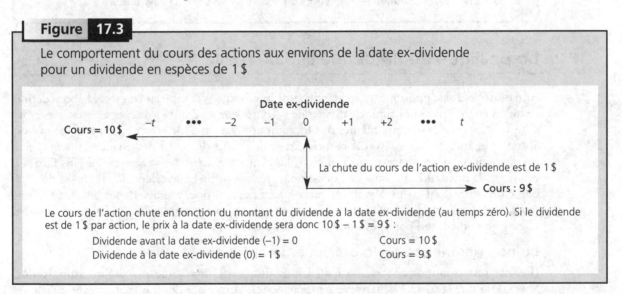

Le cours de l'action chute en fonction du montant du dividende à la date ex-dividende (au temps zéro). Si le dividende est de 1 $ par action, le prix à la date ex-dividende sera donc 10 $ – 1 $ = 9 $:

Dividende avant la date ex-dividende (–1) = 0	Cours = 10 $
Dividende à la date ex-dividende (0) = 1 $	Cours = 9 $

Le montant exact de la chute du cours doit faire l'objet d'une recherche empirique. Selon les chercheurs, en raison des impôts personnels, le cours des actions devrait chuter d'un montant inférieur au dividende[1]. Considérons une situation où les gains en capital ne sont pas imposables. La veille de la date ex-dividende, les actionnaires doivent décider soit d'acheter les actions immédiatement et payer les impôts sur le dividende à venir, soit d'acheter les actions demain et renoncer au dividende. Si tous les investisseurs se situent dans une tranche d'imposition de 30 % pour les dividendes et que le dividende trimestriel est de 1 $, le cours des actions devrait chuter de 0,70 $ à la date ex-dividende. Si le cours des actions chute effectivement de cette somme à la date ex-dividende, les acheteurs recevront donc les mêmes bénéfices, peu importe la stratégie adoptée.

---

1 À l'origine, l'argument énoncé ici a été avancé et vérifié pour les États-Unis dans l'article de N. ELTON et M. GRUBER, «Marginal Stockholder Tax Rates and the Clientele Effect», *Review of Economics and Statistics* 52, février 1970. Les données canadiennes dont il sera question plus loin proviennent de l'article de J. LAKONISHOK et T. VERMAELEN, «Tax Reform and Ex-Dividend Day Behavior», *Journal of Finance* 38, septembre 1983, p. 1157-1180, et de L. D. BOOTH et D. J. JOHNSTON, «The Ex-Dividend Day Behavior of Canadian Stock Prices : Tax Changes and Clientele Effects», *Journal of Finance* 39, juin 1984, p. 457-476.

Le conseil d'administration de la compagnie aérienne Air d'aller vient d'annoncer un dividende de 2,50 $ par action qui sera versé le mardi 30 mai aux actionnaires inscrits en date du mardi 9 mai. La société Québicon achète 100 actions d'Air d'aller le mardi 2 mai à 150 $ par unité. Quelle est la date ex-dividende ? Décrivez ce qu'il adviendra du dividende en espèces et du cours des actions.

La date ex-dividende est de quatre jours avant la date d'inscription du mardi 9 mai ; les actions seront donc ex-dividende le mercredi 3 mai. Québicon achète les actions le mardi 2 mai, alors qu'elles permettent encore le versement d'un dividende. Autrement dit, Québicon reçoit un dividende de 2,50 $ × 100 = 250 $. Le chèque est posté le mardi 30 mai. Lorsque les actions deviennent ex-dividende le mercredi suivant, leur valeur chute pendant la nuit d'environ 2,50 $ par action (ou peut-être d'un peu moins, en fonction des impôts personnels).

Questions théoriques

1. Nommez les divers types de dividendes en espèces.
2. Quel est le processus de versement des dividendes ?
3. Qu'advient-il normalement du cours des actions à la date ex-dividende ?

17.2 La politique de dividende importe-t-elle ?

Afin de décider si la politique de dividende a une importance véritable, il faut tout d'abord définir ce qu'on entend par « politique de dividende ». Toutes choses étant égales par ailleurs, il est évident que les dividendes eux-mêmes ont leur importance. Ils sont versés en espèces, ce qui est apprécié de tous. Reste à savoir si la société devrait choisir de verser des dividendes en espèces maintenant ou si elle devrait plutôt investir l'argent et remettre les versements à plus tard. La politique de dividende est donc une question de planification et de calendrier. Il faut se demander, entre autres, s'il est préférable de verser un important pourcentage de ses bénéfices maintenant sous forme de dividendes ou de n'en verser qu'une petite partie, voire de n'en verser aucune. C'est ce qu'on entend par « politique de dividende ».

La non-pertinence de la politique de dividende

Il existe un argument choc selon lequel la politique de dividende n'a aucune importance. Supposons que la société Wharton est entièrement financée par des fonds propres et qu'elle est en exploitation depuis 10 ans. Les gestionnaires financiers comptent dissoudre la société dans 2 ans. Le total des flux monétaires produits par la société, y compris le produit de la liquidation, sera de 10 000 $ par année pour les deux prochaines années.

La politique actuelle : les dividendes sont égaux aux flux monétaires Selon la politique actuelle, chacun des dividendes est égal au flux monétaire de 10 000 $. Il y a 100 actions en circulation ; le dividende par action sera donc de 100 $. Au cours du chapitre 8, on a pu voir que la valeur des actions est égale à la valeur actualisée des dividendes futurs. Si le rendement exigé est de 10 %, la valeur d'une action aujourd'hui P_0 est :

$$P_0 = D_1/(1 + R)^1 + D_2/(1 + R)^2$$
$$= 100\ \$/1{,}10 + 100\ \$/1{,}10^2 = 173{,}55\ \$$$

La valeur de la société dans son ensemble est donc $100 \times 173{,}55\ \$ = 17\ 355\ \$$.

Plusieurs membres du conseil de Wharton étant insatisfaits de la politique de dividende actuelle, ils vous ont demandé d'analyser une politique de rechange.

La politique de rechange : le dividende initial est supérieur aux flux monétaires La société pourrait également choisir de verser un dividende de 110 $ par action à la première date, pour un total de 11 000 $. Puisque les flux monétaires ne sont que de 10 000 $, il faut donc réunir

1 000 $ de plus. Pour ce faire, on peut émettre 1 000 $ en obligations ou en actions à la date 1. On part du principe qu'il s'agit d'actions. Les nouveaux actionnaires souhaitent que les flux monétaires à la date 2 soient suffisants afin d'obtenir le rendement exigé de 10 % pour leur investissement de la date 1[2].

Quelle est la valeur de la société si elle adopte cette nouvelle politique de dividende ? Les nouveaux actionnaires investissent 1 000 $. Ils exigent un rendement de 10 % et demandent ainsi 1 000 $ × 1,10 = 1 100 $ des flux monétaires à la date 2, ce qui laisse 8 900 $ aux anciens actionnaires. Les dividendes aux nouveaux actionnaires seraient les suivants :

	Date 1	Date 2
Total des dividendes aux anciens actionnaires	11 000 $	8 900 $
Dividendes en actions	110	89

La valeur actualisée des dividendes par action est donc :

$$P_0 = 110\ \$/1{,}10 + 89\ \$/1{,}10^2 = 173{,}55\ \$$$

ce qui correspond à la valeur actualisée calculée précédemment.

La valeur des actions n'est pas touchée par le changement de politique, en dépit de la vente de nouvelles actions qui est nécessaire au financement du dividende. D'ailleurs, peu importe comment la société présentée ici décide de verser ses dividendes, la valeur de ses actions ne variera jamais. Autrement dit, pour la société Wharton, la politique de dividende n'a aucune importance. La raison en est simple : toute augmentation du dividende, peu importe le moment où elle survient, est immédiatement compensée par une diminution dans un autre secteur. L'effet net, lorsqu'on tient compte de la valeur temps, est donc nul.

Les dividendes artisanaux Il existe une autre explication, peut-être instinctivement plus attrayante, qui permet de comprendre pourquoi la politique de dividende n'a ici aucune importance. Supposons que l'investisseur particulier X préfère un dividende par action de 100 $ aux dates 1 et 2. Serait-il déçu d'apprendre que la direction de la société a décidé d'adopter la nouvelle politique de dividende (des dividendes de 110 $ et de 89 $ pour les deux dates, respectivement) ? Tout dépendra de sa réaction. En effet, l'investisseur peut facilement réinvestir les 10 $ de fonds superflus qu'il reçoit à la date 1 en achetant de nouvelles actions de Wharton. Si le taux est de 10 %, cet investissement devient 11 $ à la date 2. Ainsi, l'investisseur recevrait les flux monétaires nets souhaités de 110 $ − 10 $ = 100 $ à la date 1 et de 89 $ + 11 $ = 100 $ à la date 2.

On pourrait également imaginer un investisseur Z qui, lui, préférerait des flux monétaires de 110 $ à la date 1 et de 89 $ à la date 2. L'investisseur découvre toutefois que la direction versera des dividendes de 100 $ aux deux dates. En vendant pour 10 $ d'actions, il obtiendra un flux monétaire de 110 $ à la date 1. Comme le rendement de cet investissement est de 10 %, il perdra toutefois 11 $ à la date 2 (10 $ × 1,1), pour n'obtenir ainsi que 100 $ − 11 $ = 89 $.

Les deux investisseurs X et Z sont donc en mesure de transformer la politique de dividende de la société en achetant ou en vendant des actions. Ils se créent ainsi un **dividende artisanal**. De cette façon, les actionnaires non satisfaits peuvent adapter la politique de dividende de la société à leurs besoins. Aucun avantage particulier ne permet vraiment de choisir entre une politique de dividende et une autre.

De nombreuses sociétés aident en fait leurs actionnaires à se créer des politiques de dividende « maison » à l'aide d'un *plan de réinvestissement automatique des dividendes* (PRAD). Comme le nom l'indique, grâce à un tel plan, les actionnaires peuvent réinvestir automatiquement une partie ou la totalité de leurs dividendes en achetant des actions.

Avec un plan de réinvestissement des dividendes comprenant l'achat de nouvelles actions, les investisseurs achètent de nouvelles actions émises par la société. Ils obtiennent un léger rabais sur les actions, généralement de moins de 5 %. Le réinvestissement attire donc particulièrement les investisseurs qui n'ont pas besoin des flux monétaires provenant des dividendes. Puisque le rabais de 5 % correspond assez bien aux frais d'émission pour de nouvelles actions (voir le chapitre 15), les plans de réinvestissement de dividendes sont très populaires auprès de sociétés d'envergure qui cherchent régulièrement de nouvelles actions[3].

Dividende artisanal

Possibilité, pour un investisseur, d'adapter à ses préférences la politique de dividende d'une société en réinvestissant ses dividendes ou en vendant des actions. On dit aussi parfois « dividende créé par l'actionnaire ».

---

2 On obtiendrait les mêmes résultats avec des obligations, mais la présentation des résultats serait plus ardue.

3 Les dividendes réinvestis sont imposables.

Actions ordinaires dépouillées

Actions ordinaires dont les dividendes et les gains en capital sont présentés autrement et vendus séparément. On dit aussi « actions ordinaires détachées ».

Les courtiers en valeurs mobilières utilisent aussi l'ingénierie financière pour la création de dividendes artisanaux (ou de gains en capital artisanaux). Également appelés des **actions ordinaires dépouillées**, ces procédés permettent au détenteur de recevoir soit tous les dividendes d'une société ou d'un groupe de sociétés connues, soit un reçu de versement qui présente tout gain en capital sous forme d'option d'achat. Cette dernière option accorde à l'investisseur le droit d'acheter les actions dont il est question à un prix fixe. Si le cours des actions dépasse ce prix, l'option possède alors une valeur considérable.

Un test En guise de résumé, il suffit de répondre aux deux questions suivantes :

1. Vrai ou faux ? Les dividendes n'ont aucune importance.
2. Vrai ou faux ? La politique de dividende n'a aucune importance.

La première affirmation est nécessairement fausse ; c'est une question de bon sens. Il est clair que les investisseurs préfèrent recevoir des dividendes plus élevés et non plus faibles, peu importe la date, lorsque le montant du dividende reste constant aux autres dates. Pour préciser davantage, si le dividende par action à une date donnée augmente alors que le dividende par action à chacune des autres dates reste constant, le cours de l'action augmente. En effet, la valeur actualisée des dividendes futurs doit augmenter dès le moment où cela se produit. Pour ce faire, la direction doit prendre des décisions qui favorisent la productivité, augmentent l'épargne fiscale, solidifient la mise en marché ou augmentent les flux monétaires.

La deuxième affirmation est vraie, du moins si on s'en tient à l'exemple simplifié étudié jusqu'ici. La politique de dividende en soi ne peut servir à augmenter le dividende uniquement à une date donnée, pour le maintenir constant à toutes les autres dates. La politique de dividende permet uniquement de déterminer de quelle façon les dividendes versés à une date donnée pourront compenser les dividendes versés à une autre date. Lorsqu'on tient compte de la valeur temps, la valeur actualisée du flux de dividende reste la même. Ainsi, en termes plus simples, la politique de dividende n'a aucune importance, car les administrateurs peuvent choisir d'augmenter ou de diminuer le dividende actuel sans que cela influe sur la valeur de la société. Il faut toutefois tenir compte de certains facteurs réels négligés jusqu'ici et qui pourraient modifier ces conclusions ; c'est ce dont il sera question au cours des sections suivantes.

Questions théoriques

1. Comment un investisseur peut-il créer un dividende artisanal ?
2. Les dividendes sont-ils sans importance ?

17.3 Les facteurs réels qui favorisent un faible ratio de distribution

En tentant de démontrer que la politique de dividende est sans importance, on a toutefois négligé de tenir compte des impôts et des frais d'émission. Autrement dit, on imaginait des marchés financiers parfaits, sans aucun inconvénient de ce type. On pourra voir dans la présente section que ces facteurs pourraient en fait encourager les sociétés à ne verser qu'un faible dividende.

Les impôts

En tentant d'établir que la politique de dividende n'influe en rien sur la valeur de la société, il aurait fallu tenir compte de la complication bien réelle que représentent les impôts. Au Canada, les dividendes et les gains en capital sont imposables à des taux effectifs moindres que les taux marginaux d'imposition.

Pour les dividendes, on a vu au chapitre 2 que les taux d'imposition des investisseurs particuliers étaient inférieurs en raison du crédit d'impôt pour dividendes. Le taux d'imposition des gains en capital des particuliers est de 50 % du taux marginal d'imposition. Puisqu'il n'y a imposition que lorsque les gains en capital sont réalisés, ces derniers ne sont que légèrement imposés au Canada. En général, le taux d'imposition des gains en capital est inférieur à celui des dividendes.

Une société qui choisit de ne verser que de faibles dividendes réinvestit plutôt l'argent. Cela augmente la valeur de la société et de ses fonds propres. Toutes choses étant égales par ailleurs, il en résulte que la portion du rendement provenant des gains en capital sera plus élevée à l'avenir. Ainsi, puisque les gains en capitaux ne sont que légèrement imposés, il peut sembler préférable d'adopter cette approche.

Le désavantage fiscal des dividendes ne signifie pas nécessairement qu'il faut cesser d'en verser. Supposons qu'une société possède un surplus d'argent après avoir choisi tous les projets dont la valeur actualisée nette (VAN) est positive. La société pourrait envisager les possibilités suivantes plutôt que de verser un dividende :

1. *Investir dans des projets supplémentaires* Puisque la société a déjà choisi tous les projets à VAN positive disponibles, elle doit investir ses surplus dans des projets à VAN négative. Cette politique s'oppose de toute évidence aux principes de gestion financière et constitue un exemple de coûts d'agence liés aux fonds propres (voir le chapitre 1). La recherche suggère toutefois que certaines sociétés n'y résistent pas[4]. On dit souvent que les administrateurs qui choisissent des projets dont la VAN est négative s'exposent à la prise de contrôle, à l'acquisition par emprunt et à la course aux procurations.

2. *Le rachat d'actions* Une société peut se défaire de ses surplus en rachetant des actions. Aux États-Unis, les bénéfices obtenus grâce au rachat d'actions peuvent constituer des gains en capital si les investisseurs le désirent. Ces derniers versent ainsi moins d'impôts que si l'argent était distribué sous forme de dividendes. Au Canada, les fonds distribués après un rachat d'actions sont considérés comme des dividendes perçus à des fins fiscales. Pour cette raison, le rachat d'actions n'est pas toujours une solution de rechange souhaitable aux dividendes perçus à des fins fiscales.

3. *L'acquisition d'autres sociétés* Pour éviter le versement de dividendes, une société peut utiliser ses surplus afin d'acheter une autre société. Cette stratégie permet l'acquisition d'actifs profitables. Toutefois, une société doit souvent engager des frais considérables en cours d'acquisition. De plus, les acquisitions se font toujours pour un cours plus élevé que celui du marché. Des primes de 20 à 80 % sont fréquentes. Pour cette raison, bien des chercheurs croient que les fusions sont en général peu profitables à l'acquéreur, même si les sociétés ont d'excellentes raisons d'y recourir[5]. Les sociétés qui voudraient tirer parti de la fusion uniquement dans le but d'éviter un versement de dividendes risquent donc d'échouer.

4. *L'achat d'actifs financiers* On peut illustrer le rachat d'actifs financiers afin d'éviter le versement de dividendes à l'aide de l'exemple suivant.

Supposons que la société Global électrique détient 1 000 $ de surplus. Elle peut soit conserver cette somme et la réinvestir dans des bons du Trésor dont le taux est de 8 %, soit verser l'argent à ses actionnaires sous forme de dividendes. Ceux-ci peuvent également investir dans des bons du Trésor et bénéficier du même rendement. Supposons que le taux d'imposition est raisonnablement de 44 % pour un revenu ordinaire provenant des intérêts d'un bon du Trésor, à la fois pour la société et les investisseurs particuliers, et que le taux d'imposition pour les particuliers en ce qui concerne les dividendes est de 30 %. Quelle somme les investisseurs obtiennent-ils après cinq ans, selon chacune de ces politiques ?

Si les dividendes sont versés maintenant, les actionnaires recevront 1 000 $ avant impôts ou 1 000 $ × (1 − 0,30) = 700 $ après impôts. C'est la somme qu'ils investissent. Si le taux d'intérêt pour les bons du Trésor est de 8 % avant impôts, le rendement après impôts est 8 % × (1 − 0,44) = 4,48 % par année. Ainsi, dans cinq ans, les actionnaires obtiennent :

$$700 \$ \times (1 + 0,0448)^5 = 871,49 \$$$

Si Global électrique conserve l'argent, investit dans des bons du Trésor et verse le produit dans cinq ans, elle investira alors 1 000 $ aujourd'hui. Toutefois, puisque le taux d'imposition des sociétés

---

4 M. C. JENSEN, « Agency Costs of Free Cash Flows, Corporate Finance and Takeovers », *American Economic Review,* mai 1986, p. 323-329.

5 L'hypothèse provient à l'origine de R. ROLL, « The Hubris Hypothesis of Corporate Takeovers », *Journal of Business,* 1986.

est de 44 %, le rendement après impôts des bons du Trésor sera 8 % × (1 − 0,44) = 4,48 % par année. Dans cinq ans, la valeur de l'investissement sera :

$$1\,000\,\$ \times (1 + 0,0448)^5 = 1\,244,99\,\$$$

Si cette somme est versée sous forme de dividendes, après impôts, les actionnaires recevront :

$$1\,244,99\,\$ \times (1 − 0,30) = 871,49\,\$$$

Dans cet exemple, les dividendes sont les mêmes après impôts dans les deux cas : qu'ils soient versés immédiatement ou après avoir été investis dans des bons du Trésor. En effet, la société et les actionnaires obtiennent le même rendement après impôts.

Cet exemple montre qu'une société qui possède un surplus choisira de verser ou non des dividendes selon le taux d'imposition personnel et le taux d'imposition des sociétés. Toutes choses étant égales par ailleurs, lorsque les taux d'imposition personnels sont plus élevés que les taux d'imposition des sociétés, une société choisira plutôt de diminuer ses versements de dividendes. C'est ce qui se serait produit si, dans l'exemple précédent, la société avait choisi d'investir dans des actions privilégiées plutôt que dans des bons du Trésor. (Au chapitre 8, on a pu voir que les sociétés peuvent exclure 100 % des dividendes du revenu imposable.) Toutefois, si les taux d'imposition personnels sur les dividendes sont inférieurs aux taux d'imposition des sociétés (pour les investisseurs faisant partie des tranches inférieures d'imposition ou les investisseurs exonérés), une société choisira plutôt de verser tout surplus sous forme de dividendes.

Ces exemples démontrent que la politique de dividende n'est pas entièrement négligeable lorsqu'on tient compte des impôts personnels et des impôts des sociétés. Il est maintenant temps d'effectuer un retour sur le traitement fiscal des dividendes et des gains en capital.

Le rendement espéré, les dividendes et les impôts personnels On peut illustrer l'effet des impôts personnels à l'aide d'une situation où les dividendes sont imposés et les gains en capital ne le sont pas — un scénario qui n'est pas irréaliste pour de nombreux investisseurs particuliers canadiens. On peut démontrer que la valeur d'une société qui offre davantage de rendement sous forme de dividendes est inférieure à celle d'une société dont le rendement se présente sous forme de gains en capital non imposables. (On peut aussi dire que son rendement requis avant impôts est plus élevé.)

Supposons que les actionnaires se situent tous dans les tranches supérieures (avec un taux d'imposition sur les dividendes de 30 %) et qu'ils doivent tous décider entre les actions de la société G et celles de la société D. La société G ne verse aucun dividende, contrairement à la société D. Le cours actuel des actions de la société G est de 100 $ et on s'attend à ce que ce cours augmente à 120 $ l'année prochaine. Les actionnaires de la société G s'attendent donc à un gain en capital de 20 $. Sans dividende, le rendement est 20 $/100 $ = 0,20 ou 20 %. Si les gains en capital ne sont pas imposables, le rendement avant et après impôts sera le même[6].

Supposons qu'on prévoit que les actions de la société D permettent de verser un dividende de 20 $ l'année prochaine. Si les actions des sociétés G et D comportent le même risque, il faut fixer les cours du marché de façon que leurs rendements espérés après impôts soient les mêmes. Le rendement après impôts de la société D doit donc être de 20 %.

Quel sera le cours des actions de la société D ? Le dividende après impôts est 20 $ × (1 − 0,30) = 14 $. L'investisseur possède donc en tout 114 $ après impôts. Si le taux de rendement exigé est de 20 % (après impôts), la valeur actualisée de cette somme après impôts est :

Valeur actualisée = 114 $/1,20 = 95,00 $.

La valeur marchande des actions de la société D est donc de 95,00 $.

Quelques résultats empiriques sur les dividendes et les impôts au Canada

L'exemple qui précède montre que les actions qui comportent le versement de dividendes offrent un rendement avant impôts plus élevé. S'agit-il d'une représentation exacte des marchés financiers canadiens ? Puisque les lois fiscales changent de budget en budget, il faut interpréter les résultats de recherche avec prudence. Avant 1972, les gains en capital n'étaient pas imposables au Canada

---

6 Selon les lois fiscales actuelles, si les actionnaires de la société G ne vendent pas leurs actions pour obtenir un gain, il s'agira d'un gain en capital latent, non imposable.

(comme dans l'exemple simplifié). La recherche suggère que les actions qui s'accompagnaient de versements de dividendes offraient des rendements avant impôts plus élevés avant 1972. De 1972 à 1977, la même étude n'a soulevé aucune différence dans les rendements avant impôts[7].

En 1985, l'exonération à vie sur les gains en capitaux fait son apparition. De récentes recherches ont permis de découvrir que les investisseurs anticipaient cet allégement fiscal pour les gains en capital et faisaient monter le cours des actions dont les dividendes n'offraient qu'un faible rendement. Les sociétés ont réagi en diminuant leurs versements de dividendes. Tout cela a pris fin en 1994, alors que le budget fédéral mettait fin à l'exonération pour les gains en capital[8]. On soupçonne que, du point de vue des investisseurs particuliers, des dividendes plus élevés exigent des rendements avant impôts plus importants.

On peut également mesurer les taux effectifs des dividendes et des gains en capital au Canada en relevant la diminution du cours à la date ex-dividende. Comme on a pu le voir, si on ne tient pas compte des impôts, le cours d'une action devrait chuter d'une somme égale au dividende à cette date. En effet, la chute du cours compense ce que perdent les investisseurs qui décident d'attendre la date ex-dividende avant d'acheter l'action. Si les dividendes étaient imposables et que les gains en capitaux ne l'étaient pas, le cours devrait moins chuter, soit d'un montant égal à la valeur après impôts du dividende. Toutefois, si les gains étaient eux aussi imposables, la chute du cours devrait être rajustée afin d'en rendre compte. Un investisseur qui attend la date ex-dividende avant d'acheter profite d'un cours plus faible, et ses gains en capital sont plus élevés à la revente de l'action.

À partir de ces données, les chercheurs ont appris à déduire les taux d'imposition selon le comportement des actions à la date ex-dividende. L'étude conclut que les investisseurs marginaux qui fixent les prix sont plus imposés sur les dividendes que sur les gains en capital[9]. Cela soutient d'ailleurs l'argument que les investisseurs particuliers préfèrent sans doute obtenir des rendements avant impôts supérieurs pour les actions qui comportent des dividendes.

Les frais d'émission

Alors qu'on tentait de prouver que la politique de dividende n'a aucune importance, on a pu voir qu'une société pouvait vendre de nouvelles actions, au besoin, pour pouvoir verser des dividendes. Comme on l'a vu au chapitre 15, la vente de nouvelles actions peut coûter très cher. Si on tient compte des frais d'émission, on découvre alors que la valeur des actions diminue lors d'une nouvelle émission.

D'une manière plus générale, supposons que deux sociétés sont identiques en tous points, sauf pour un détail : une des deux sociétés verse une part plus importante de ses flux monétaires sous forme de dividendes. Puisque l'autre société réinvestit davantage, ses fonds propres augmentent plus rapidement. Pour que ces deux sociétés restent identiques, celle qui verse davantage de dividendes doit vendre des actions régulièrement afin de rattraper l'autre. Du fait que ce processus coûte cher, les deux sociétés préféreront sans doute verser de faibles dividendes.

Quelques restrictions

Dans certains cas, la capacité d'une société à verser des dividendes peut être limitée. Par exemple, comme on a pu le voir au chapitre 7, les actes de fiducie comportent souvent une entente qui interdit le versement de dividendes au-delà d'une certaine somme.

7   I. G. MORGAN, « Dividends and Stock Price Behaviour in Canada », *Journal of Business Administration* 12, automne 1989.

8   B. AMOAKO-ADU, « Capital Gains Tax and Equity Values : Empirical Test of Stock Price Reaction to the Introduction and Reduction of Capital Gains Tax Exemption », *Journal of Banking and Finance* 16, 1992, p. 275-287 ; F. ADJAOUD et D. ZEGHAL, « Taxation and Dividend Policy in Canada : New Evidence », *FINECO* (deuxième semestre) 1993, p. 141-154.

9   L. BOOTH et D. JOHNSTON, « Ex-Dividend Day Behavior ». Leur recherche a également démontré que dans le cas des actions interlistées, négociées à la fois aux États-Unis et au Canada, ce sont les investisseurs américains qui fixent les cours et que les changements de lois fiscales canadiennes ne les touchent pas. L'article de J. LAKONISHOK et T. VERMAELEN, « Tax Reforms and Ex-Dividend Day Behavior », *Journal of Finance*, septembre 1983, p. 1157-1158, propose une autre explication en fonction de l'arbitrage fiscal par des négociateurs à court terme.

Questions théoriques

1. Quels sont les avantages fiscaux de faibles versements de dividendes ?
2. Pourquoi les frais d'émission favorisent-ils de faibles versements de dividendes ?

17.4 Les facteurs réels en faveur d'un ratio de distribution élevé

Bien qu'elle doive émettre davantage d'actions pour y parvenir, une société pourrait tout de même choisir de verser des dividendes. Il serait temps d'en étudier les raisons d'un peu plus près.

Dans un manuel devenu un classique du genre, Benjamin Graham, David Dodd et Sidney Cottle ont déclaré que les sociétés devraient en général choisir de verser des dividendes élevés pour les raisons suivantes :

1. « La valeur actualisée des dividendes les plus récents est plus élevée que la valeur actuelle de dividendes éloignés. »

2. Entre « deux sociétés qui partagent la même capacité bénéficiaire et la même position au sein d'une industrie, celle qui verse les dividendes les plus importants se vendra presque toujours à un prix plus élevé[10] ».

Ceux qui adoptent cette vision des choses mentionnent souvent deux facteurs qui favorisent le versement de dividendes élevés : la recherche de bénéfices immédiats et l'élimination de l'incertitude.

La recherche de bénéfices immédiats

On avance parfois à titre d'argument que les particuliers recherchent les bénéfices immédiats. L'exemple le plus classique est celui d'un groupe de retraités ou d'autres personnes qui vivent de revenus fixes, la « veuve et l'orphelin » de toujours. On croit que ces particuliers sont prêts à verser une prime afin d'obtenir un taux de rendement des actions supérieur. Si cela est exact, l'argument viendrait soutenir la deuxième déclaration de Graham, Dodd et Cottle.

Quand on s'y attarde un peu, toutefois, il faut admettre que cet argument n'influe en rien sur l'exemple simplifié présenté plus tôt. Un particulier qui préférerait des flux monétaires actuels plus élevés, mais dont les valeurs mobilières n'offriraient que de faibles dividendes, pourrait facilement vendre des actions afin d'obtenir les fonds nécessaires. Une personne qui souhaiterait également obtenir des flux monétaires actuels plus faibles, mais dont les valeurs mobilières offriraient des dividendes élevés, pourrait réinvestir les dividendes. On retrouve ici l'argument relatif au dividende artisanal. Ainsi, dans un monde de transactions sans frais, une politique de dividendes élevés ne serait d'aucun intérêt pour les actionnaires.

L'argument du revenu immédiat pourrait toutefois s'avérer pertinent dans le monde réel. Cette fois, la vente d'actions à faibles dividendes impliquerait des frais de courtage et divers frais de transaction. La vente de ces actions pourrait aussi être soumise aux impôts sur les gains en capital. On pourrait éviter ces frais directs en investissant dans des valeurs mobilières à dividendes élevés. De plus, les actionnaires investissent de leur temps pour la vente de valeurs mobilières, et plusieurs craignent naturellement (peut-être de manière irrationnelle) d'épuiser leur capital, ce qui peut les pousser à acheter des valeurs à dividendes élevés.

Malgré tout, afin de se donner un peu de recul, il ne faut pas oublier que les intermédiaires financiers tels les fonds communs de placement peuvent effectuer ces opérations de « reconditionnement » pour le compte de particuliers en exigeant des frais minimes. De tels intermédiaires pourraient acheter des actions à faible dividende et, par l'entremise d'une politique contrôlée de gains réalisés, offrir un taux plus élevé à leurs investisseurs.

---

10 G. GRAHAM, D. DOOD et S. COTTLE, *Securities Analysis,* New York, McGraw-Hill, 1962.

L'élimination de l'incertitude

On a pu voir à l'instant que les investisseurs dont les besoins en consommation sont importants préfèrent les dividendes élevés. Dans un autre manuel devenu un classique du genre, le professeur Myron Gordon a démontré qu'une politique de dividendes élevés profite également aux actionnaires, car elle permet d'éliminer l'incertitude[11].

Selon Gordon, les investisseurs fixent le cours d'une valeur mobilière en prévoyant et en actualisant les dividendes futurs. Gordon déclare ensuite que les prédictions de dividendes versés dans un avenir lointain sont plus incertaines que les prédictions de dividendes versés dans un avenir rapproché. Puisque les investisseurs n'aiment pas l'incertitude, le cours des actions devrait être plus faible pour les sociétés qui versent de petits dividendes aujourd'hui afin de remettre des dividendes plus élevés plus tard.

L'argument de Gordon se résume essentiellement à « Un "Tiens" vaut mieux que deux "Tu l'auras" ». Un dividende de 1 $ dans la poche d'un actionnaire a davantage de valeur que ce même dollar versé dans un compte bancaire détenu par la société. On devrait déjà être en mesure de déceler la faille de cet argument. Un actionnaire peut très facilement se créer son propre « Tiens » en vendant quelques actions.

Les impôts et les avantages juridiques des dividendes élevés

Précédemment, on a pu voir que les dividendes étaient plus imposés que les gains en capital, du moins pour les investisseurs particuliers. Cet argument joue fortement en faveur de faibles dividendes. Toutefois, bon nombre d'investisseurs qui bénéficient de dividendes élevés ne sont nullement désavantagés en matière fiscale.

Les investisseurs des sociétés Les sociétés qui possèdent des actions d'une autre société bénéficient d'un allégement fiscal important sur les dividendes. Une société qui reçoit des dividendes ordinaires ou privilégiés est entièrement exonérée sur ses dividendes[12]. Puisque l'exonération totale ne s'applique pas aux gains en capital, ces sociétés sont fiscalement désavantagées à ce titre.

En raison de l'exonération des dividendes, les sociétés ont sans doute avantage à choisir des actions à dividendes élevés mais à faibles gains en capital. Comme on le verra plus loin, c'est la raison pour laquelle les sociétés détiennent un pourcentage important des actions privilégiées en circulation sur le marché. L'avantage fiscal des dividendes encourage également les sociétés à choisir des actions à rendement élevé plutôt que des obligations à long terme, car ces dernières ne bénéficient pas d'une exonération pour les versements d'intérêts aux sociétés qui détiennent des obligations.

Les investisseurs exonérés d'impôts On connaît maintenant les avantages et les désavantages de faibles versements de dividendes. Bien sûr, tout cela n'a aucune importance pour ceux qui sont totalement exonérés. Parmi ces derniers, on trouve certains des plus importants investisseurs du marché : les régimes de retraite, les fonds de dotation et les fonds en fiducie.

Les institutions d'envergure à la recherche de dividendes élevés le font parfois pour des raisons juridiques. Tout d'abord, les régimes de retraite et les fonds en fiducie servent souvent à gérer l'argent des autres. Les administrateurs de ces institutions ont la *responsabilité fiduciaire* d'investir cet argent prudemment. Les tribunaux ont déjà déclaré qu'il était imprudent d'acheter des actions de sociétés qui n'ont pas un historique de dividendes bien établi.

En second lieu, les institutions telles que les fonds de dotations universitaires et les fonds de fiducie n'ont en général pas le droit de dépenser même une portion du capital. De telles institutions pourraient donc préférer des actions à dividendes élevés afin de pouvoir dépenser. Comme les veuves et les orphelins, ce groupe préfère recevoir un revenu immédiat. Contrairement aux veuves et aux orphelins, toutefois, sur le plan de la quantité d'actions détenues, ce groupe est très important et sa part du marché augmente rapidement.

---

11 M. GORDON, *The Investment, Financing and Valuation of the Corporation*, Homewood, Illinois, Richard D. Irwin, 1961.

12 Pour les actions privilégiées, on part du principe que l'émetteur a choisi de verser la retenue fiscale remboursable sur les dividendes privilégiés.

Conclusion

D'une manière générale, les investisseurs particuliers (quelles que soient les raisons de leur attitude) souhaitent parfois obtenir un revenu immédiat et sont alors prêts à verser les impôts sur les dividendes. De plus, certains investisseurs importants tels que les sociétés et les institutions exonérées préfèrent parfois largement les dividendes élevés.

> ### Questions théoriques
>
> 1. Pourquoi certains investisseurs particuliers préfèrent-ils les dividendes élevés ?
> 2. Pourquoi certains investisseurs non particuliers préfèrent-ils les dividendes élevés ?

17.5 Une résolution de facteurs réels ?

Au cours des sections précédentes, on a pu voir certains des facteurs qui favorisent les faibles dividendes ainsi que ceux qui favorisent les dividendes élevés. Dans cette section, il sera question de deux concepts importants en rapport avec les dividendes et la politique de dividende : le contenu informatif des dividendes et « l'effet du type de clientèle ». Le premier concept démontre à la fois l'importance des dividendes d'une manière générale et l'importance de la distinction entre les dividendes et la politique de dividende. Selon le deuxième concept, malgré les facteurs réels dont il a été question, le pourcentage des bénéfices nets distribués en dividendes n'est peut-être pas aussi important qu'on aurait pu l'imaginer.

Le contenu informatif des dividendes

Tout d'abord, il faut passer rapidement en revue certains éléments déjà étudiés. On connaît maintenant trois positions différentes quant aux dividendes :

1. Selon l'argument relatif au dividende artisanal, la politique de dividende n'a pas d'importance.
2. En raison de l'effet des impôts sur les investisseurs individuels et les frais de nouvelles émissions, il est préférable d'avoir une politique de faible distribution de dividendes.
3. Si on recherche des bénéfices immédiats et en raison de facteurs qui s'y rattachent, il est préférable d'avoir une politique de distribution élevée de dividendes.

S'il fallait choisir entre ces trois options, il conviendrait d'observer le cours des actions lorsque des sociétés déclarent un changement de dividendes. On pourrait alors constater que les cours des actions augmentent assez systématiquement lorsque les dividendes actuels augmentent subitement et qu'ils chutent en général lorsque les dividendes diminuent sans préavis. Que peut-on en déduire quant aux trois affirmations citées plus haut ?

De prime abord, cela peut sembler confirmer la troisième affirmation et infirmer les deux premières. C'est d'ailleurs ce que croient de nombreux auteurs. Si le cours des actions augmente avec les dividendes et diminue avec eux, n'est-ce pas un signe que le marché préfère les dividendes élevés ?

D'autres auteurs font remarquer que cette observation ne dévoile rien de nouveau sur la politique de dividende. Tous sont d'accord pour dire que les dividendes sont importants, toutes choses étant égales par ailleurs. Les sociétés ne diminuent les dividendes qu'à contrecœur. Ainsi, une baisse des dividendes est souvent le signe qu'une société connaît des difficultés.

En outre, de façon générale, une baisse de dividendes ne constitue pas un changement de politique planifié et volontaire. Elle indique plutôt que la direction de l'entreprise ne croit pas pouvoir maintenir la politique de dividende actuelle. Par conséquent, il faut en général revoir à la baisse les dividendes futurs espérés. La valeur actualisée des dividendes futurs espérés chute, tout comme le cours des actions.

Dans un tel cas, le cours des actions chute en fonction de la baisse des dividendes en raison de la faiblesse des dividendes et non à cause du changement de pourcentage de bénéfices nets distribués en dividendes.

Le signal transmis par les dividendes en pratique

À titre d'exemple plutôt saisissant, on peut retracer les événements qui ont frappé la société Consolidated Edison, le plus important service public appartenant au secteur privé des États-Unis, au cours du deuxième trimestre de 1974. Victime de résultats d'exploitation plutôt faibles et de problèmes liés à l'embargo du pétrole des pays de l'OPEP, Consolidated Edison a annoncé à la fermeture du marché qu'elle ne verserait pas son dividende trimestriel habituel de 45 cents par action. Vu la taille de l'entreprise, sa position au sein de l'industrie et son long historique de dividendes, la décision était quelque peu surprenante. De plus, les bénéfices de Consolidated Edison à l'époque suffisaient au versement de dividendes, du moins selon certains analystes.

Le lendemain matin, la situation n'était pas des plus agréables. Les ordres de vente étaient si volumineux qu'il a été impossible d'établir un marché pendant plusieurs heures. Finalement, lorsque les négociations ont pu commencer, le cours des actions débutait à 12 $ par action, un cours inférieur aux 18 $ de la veille. Autrement dit, cette société de très grande envergure a perdu environ un tiers de sa valeur marchande en une nuit. Comme l'illustre cet exemple, les actionnaires réagissent défavorablement lorsqu'un dividende est réduit sans préavis.

Toujours en ce sens, une augmentation inattendue des dividendes est signe de bonnes nouvelles. La direction augmente les dividendes uniquement lorsqu'il est prévu que les bénéfices et les flux monétaires futurs ainsi que les perspectives d'avenir s'améliorent suffisamment pour éviter une diminution future des dividendes. En augmentant les dividendes, la direction indique au marché que la société promet un bon rendement. Les actions réagissent en conséquence, mais bien parce que les anticipations de dividendes futurs sont révisées à la hausse et non parce que la société augmente son ratio de distribution de dividendes. Puisque la société doit trouver l'argent nécessaire au versement de dividendes, un tel geste convainc davantage qu'une conférence de presse annonçant d'heureuses perspectives de bénéfices.

La réaction de la direction correspond bien à cette notion de message implicite véhiculé par les dividendes dans la pratique. En 1989, entre autres, les bénéfices par action de la Banque de Montréal ont chuté de 4,89 $ à 0,04 $ en une année, à cause de l'augmentation des provisions pour pertes sur prêt due à l'endettement des pays en voie de développement. Le dividende annuel a toutefois augmenté légèrement, soit de 2,00 $ à 2,12 $ par action. Le pourcentage de bénéfices distribués en dividendes a monté en flèche, pour atteindre 5 300 % (2,12 $/0,04 $). La direction annonçait ainsi au marché que les bénéfices auraient retrouvé la santé en 1990, ce qui s'est d'ailleurs produit.

Dans ces deux cas, le cours des actions réagit aux changements apportés aux dividendes. Cette réaction peut tout aussi bien être attribuée aux changements du montant des dividendes futurs qu'à un changement de politique de distribution des dividendes. C'est ce qu'on appelle l'**effet du contenu informatif** du dividende. Puisque les changements apportés aux dividendes dévoilent certains renseignements sur la société, il est difficile d'interpréter l'effet de la politique de dividende.

Effet du contenu informatif

Réaction du marché à un changement du ratio de versement des dividendes d'une société.

L'effet du type de clientèle

On a vu précédemment que certains groupes (les riches, par exemple) rechercheront plutôt les actions à faibles dividendes, voire les actions sans dividende. D'autres groupes (les sociétés, par exemple) rechercheront plutôt les dividendes élevés. Les sociétés qui offrent des dividendes élevés attirent donc certains groupes précis, alors que les sociétés qui offrent des dividendes plus faibles en attireront d'autres.

Le tableau 17.1 présente les dividendes versés par les 25 plus grandes sociétés canadiennes en capitalisation boursière. En mai 2003, seules deux de ces sociétés ne versaient aucun dividende, alors que des entreprises minières et pétrolières telles que Barrick Gold et Suncor Energy ne versaient que de faibles dividendes. On remarque que les banques proposaient des dividendes plutôt élevés.

Classement des entreprises	Dividende par action
1 Banque Royale du Canada	1,72
2 Thomson Corporation	u 0,72
3 Banque de la Nouvelle-Écosse	1,76
4 Banque TD	1,12
5 Financière Manuvie	0,72
6 BCE inc.	1,20
7 Bombardier inc.	0,09
8 Banque CIBC	1,64
9 Alcan inc.	u 0,60
10 Imperial Oil	0,88
11 Banque de Montréal	1,32
12 Barrick Gold	u 0,22
13 Loblaw Companies	0,60
14 George Weston Ltd	1,20
15 Shell Canada	0,80
16 Nortel Networks	0,00
17 Canadien National	1,00
18 Sun Life Financial Services	0,68
19 Great-West Lifeco	1,08
20 Power Financial	1,20
21 EnCana Corp.	0,40
22 Suncor Energy	0,20
23 Petro-Canada	0,40
24 TransCanada Pipelines	1,08
25 Celestica inc.	0,00

u = les dividendes sont versés en dollars américains.
Source : *National Post*, 3 juin 2003, p. IN4-IN5.

Effet du type de clientèle

Actions attirant des groupes donnés en fonction du taux de rendement des dividendes et de sa conséquence du point de vue fiscal. On dit aussi « effet de clientèle ».

On appelle les divers groupes d'investisseurs à la recherche de versements de dividendes précis les « clientèles », et les paragraphes qui précèdent décrivent l'**effet du type de clientèle**. Selon cet effet, chaque groupe d'investisseurs recherche un niveau de dividende qui lui est propre. Lorsqu'une société choisit une politique de dividende donnée, elle attirera la clientèle qui lui correspond. Si une société change de politique de dividende, elle attirera alors une autre clientèle.

Il ne reste plus qu'un simple problème d'offre et de demande. Supposons que 40 % des investisseurs préfèrent des dividendes élevés, mais que seuls 20 % des sociétés versent de tels dividendes. Les sociétés à dividendes élevés sont donc en nombre insuffisant, et le cours de leurs actions augmente en conséquence. Les sociétés à faibles dividendes trouveront alors avantageux de changer de politique, jusqu'à ce que 40 % des sociétés offrent des dividendes élevés. Dans ce cas, le *marché du dividende* atteint un équilibre. Il serait inutile de changer davantage la politique de dividende, car tous les types de clientèles y trouvent leur compte. La politique de dividende n'a ici plus d'importance.

Afin de vérifier la compréhension de l'effet du type de clientèle, on peut réfléchir à l'affirmation suivante : « Malgré l'argument théorique que la politique de dividende n'a pas d'importance ou que les sociétés ne devraient pas verser de dividendes, plusieurs investisseurs préfèrent les dividendes élevés. Pour cette raison, une société peut augmenter le cours de ses actions en augmentant le pourcentage des bénéfices nets distribués en dividendes. » Vrai ou faux ?

La réponse est « faux », s'il existe des clientèles différentes. Tant et aussi longtemps qu'il existe suffisamment de sociétés à dividendes élevés pour satisfaire les investisseurs qui préfèrent ce type de dividendes, aucune société ne pourra augmenter le cours de ses actions par l'entremise de dividendes élevés.

1. Comment le marché réagit-il aux changements inattendus de dividendes ? Que peut-on en déduire à propos des dividendes ? à propos de la politique de dividende ?

2. Quelle est la relation entre le type de clientèle et le montant du dividende ? À bien y penser, croyez-vous qu'une société à risque dont les perspectives de croissance sont importantes, quoique très incertaines, choisira une politique de distribution élevée ou faible ?

17.6 La façon d'établir une politique de dividende

Comment les sociétés déterminent-elles le montant du dividende à verser à une date donnée ? Comme on l'a vu, les sociétés ont d'aussi bonnes raisons pour choisir des dividendes élevés que des dividendes faibles.

On connaît maintenant certains détails sur la manière dont les dividendes sont versés dans la pratique. Les sociétés n'aiment pas réduire leurs dividendes. C'est ce que démontrait l'exemple de la Banque de Montréal. Comme on peut le voir au tableau 17.2, deux banques à charte, la Banque de Montréal et la Banque de Nouvelle-Écosse, versent des dividendes depuis 150 ans.

Tableau 17.2 Les versements de dividendes

Actions	Année du début des versements de dividendes
Banque de Montréal	1829
Banque de Nouvelle-Écosse	1833
Banque Royale	1870
Bell Canada	1881

Dans la prochaine section, il sera question d'une politique de dividende précise. On mettra cette fois l'accent sur les facteurs réels. On analysera également le rachat d'actions comme solution de rechange au versement de dividendes.

L'approche du dividende résiduel

Précédemment, on a vu que les sociétés qui versent des dividendes élevés doivent vendre des actions plus souvent. On le sait, ce type de vente n'est pas très courant et peut s'avérer très coûteux. On part donc du principe que les sociétés souhaitent minimiser la vente de nouvelles actions. On part également du principe que les sociétés souhaitent préserver leur structure du capital actuelle[13].

Lorsqu'une société cherche à éviter la vente de nouveaux fonds propres, elle doit se rabattre sur des fonds propres autogénérés afin de financer de nouveaux projets à VAN positive[14]. Elle ne pourra verser de dividendes qu'à partir de ce qui reste. C'est ce qu'on appelle le « résidu », et on appellerait une politique de dividende de ce type une **approche du dividende résiduel**.

Lorsqu'une société adopte une politique de dividende résiduel, elle essaie en réalité de combler ses besoins en investissements et de maintenir son ratio dette-fonds propres avant de verser des dividendes. Supposons qu'une société possède des bénéfices de 1 000 $ et un ratio dette-fonds propres de 0,50. On remarquera que, puisque ce ratio est de 0,50, la société possède 50 cents de dette pour chaque 1,50 $ de sa valeur. La structure du capital de la société est donc de 1/3 en dette et de 2/3 en fonds propres.

Approche du dividende résiduel

Politique selon laquelle une société ne verse des dividendes qu'après avoir satisfait ses besoins en investissement tout en maintenant son ratio dette-fonds propres.

---

13 Comme pour la discussion concernant le coût du capital au chapitre 14, il faut mesurer la structure du capital en fonction des pondérations en valeurs marchandes.

14 Voir la discussion sur la croissance durable du chapitre 4. On partait alors du principe qu'une société possède une structure du capital fixe, une marge de profit et une intensité de capital. Dans ces conditions, si la société n'émet pas de nouveaux fonds propres et qu'elle souhaite croître selon un taux précis, elle ne pourra établir qu'un seul scénario de dividende possible.

La première étape pour l'implantation d'une politique de dividende résiduel est de déterminer la somme qu'on peut obtenir sans devoir vendre de nouveaux fonds propres. Si la société réinvestit la totalité des 1 000 $ et ne verse aucun dividende, les fonds propres augmentent de 1 000 $. Afin de maintenir le ratio dette-fonds propres à 0,50, la société doit emprunter 500 $ de plus. Elle peut donc obtenir au total 1 000 $ + 500 $ = 1 500 $ sans vendre de nouveaux fonds propres.

Pour la deuxième étape, on décide s'il faut verser ou non des dividendes. Pour ce faire, on doit comparer le montant total qu'on peut obtenir sans vendre de nouveaux fonds propres (ici 1 500 $) aux dépenses en capital prévues. Si les fonds nécessaires sont supérieurs aux fonds disponibles, aucun dividende ne sera versé. De plus, la société devra vendre de nouveaux fonds propres afin de réunir les fonds nécessaires ou (ce qui est plus probable) remettre à plus tard une part des dépenses en capital prévues.

Si les fonds nécessaires sont inférieurs aux fonds obtenus, il faudra verser des dividendes. La somme des dividendes correspond au résidu, c'est-à-dire la part des bénéfices qui n'est pas réservée au financement de nouveaux projets. Supposons que les dépenses en capital prévues s'élèvent à 900 $. Afin de maintenir la structure du capital de la société, ces 900 $ doivent provenir aux 2/3 de fonds propres et au 1/3 de dette. La société peut donc en réalité emprunter 1/3 × 900 $ = 300 $. La société dépense 2/3 × 900 $ = 600 $ des 1 000 $ en fonds propres disponibles. Le résidu est de 1 000 $ − 600 $ = 400 $; le dividende est donc de 400 $.

En résumé, les bénéfices après impôts de la société sont de 1 000 $. La société versera un dividende de 400 $. Les bénéfices non répartis sont de 600 $, et la société empruntera au total 300 $ de plus. Le ratio dette-fonds propres de la société reste inchangé, soit 0,50.

Le tableau 17.3 présente le rapport entre les investissements et le versement de dividendes pour six investissements différents. Les résultats sont également illustrés sous forme de graphique à la figure 17.4. Les trois premières lignes du tableau peuvent être examinées ensemble, car elles présentent toutes les trois des cas où on ne verse aucun dividende.

Tableau 17.3 L'approche de la politique de dividende résiduel

Ligne	(1) Bénéfices après impôts	(2) Nouvel investissement	(3) Dette supplémentaire	(4) Bénéfices non répartis	(5) Actions supplémentaires	(6) Dividendes
1	1 000 $	3 000 $	1 000 $	1 000 $	1 000 $	0 $
2	1 000	2 000	667	1 000	333	0
3	1 000	1 500	500	1 000	0	0
4	1 000	1 000	333	667	0	333
5	1 000	500	167	333	0	667
6	1 000	0	0	0	0	1 000

Figure 17.4

La ligne du temps (ou diagramme temporel) et son utilisation

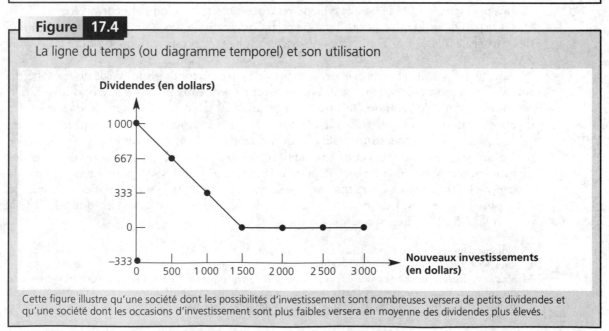

Cette figure illustre qu'une société dont les possibilités d'investissement sont nombreuses versera de petits dividendes et qu'une société dont les occasions d'investissement sont plus faibles versera en moyenne des dividendes plus élevés.

À la ligne 1, par exemple, on remarque que le nouvel investissement est de 3 000 $. Il faut réunir 1 000 $ avec des dettes et 2 000 $ avec des fonds propres afin de maintenir le ratio. Puisque le montant des fonds propres est supérieur aux 1 000 $ de bénéfices, tous les bénéfices sont non répartis. Il faut également réunir 1 000 $ de plus en actions. Dans cet exemple, puisqu'il y a émission de nouvelles actions, les dividendes ne sont pas versés simultanément.

Aux lignes 2 et 3, les investissements diminuent. Le montant de l'endettement nécessaire diminue lui aussi, car il représente 1/3 de l'investissement. Puisque le montant des nouveaux fonds propres nécessaires est toujours supérieur à 1 000 $, les bénéfices sont non répartis et il n'y a aucun dividende.

À la ligne 4, on verse enfin des dividendes. Ici, l'investissement total est de 1 000 $. Afin de maintenir le ratio dette-fonds propres constant, 1/3 de cet investissement, soit 333 $, est financé par endettement.

Les 2/3 restants, soit 667 $, proviennent de fonds autogénérés, ce qui signifie qu'il y aura un résidu de 1 000 $ – 667 $ = 333 $. Le dividende sera donc de 333 $.

Il faut noter qu'aucune nouvelle action n'est émise. Puisque l'investissement nécessaire est encore plus faible pour les lignes 5 et 6, l'endettement nécessaire est réduit davantage, les bénéfices non répartis diminuent eux aussi et les dividendes, pour leur part, augmentent. Il n'y a toujours pas émission de nouvelles actions.

On pourrait s'attendre à ce que les sociétés dont les occasions d'investissement sont nombreuses ne versent qu'un faible pourcentage de leurs bénéfices sous forme de dividendes et que les sociétés dont les occasions sont moins nombreuses en versent une plus grande part. C'est ce qui semble se produire en réalité. Les sociétés jeunes et à croissance rapide n'effectuent que de faibles versements, alors que les sociétés plus anciennes et à croissance plus faible au sein d'industries en pleine maturité effectuent des versements plus élevés[15].

C'est ce que montre le tableau 17.4. La Banque de Montréal est une société à croissance plus lente dont les versements de dividendes sont élevés. La société Canadian Tire croît plus rapidement et verse des dividendes plus faibles. La Banque de Montréal effectue des versements plutôt constants la plupart du temps, sauf pour l'année 1989, où les versements ont dépassé 100 %. Cela démontre bien que les sociétés rajustent leurs versements au besoin afin d'éviter ou de diminuer les baisses de dividendes. C'est ce dont il sera maintenant question.

La stabilité du dividende

L'élément clé de l'approche du dividende résiduel est que les dividendes sont versés uniquement une fois que sont épuisées toutes les possibilités d'investissement profitables. Bien sûr, une approche résiduelle stricte pourrait donner lieu à une politique du dividende plutôt instable. Si les occasions d'investissement au cours d'une période donnée sont très nombreuses, les dividendes seront alors très faibles ou nuls. Toutefois, si au cours de la période suivante les occasions d'investissement sont beaucoup moins prometteuses, les dividendes seront sans doute plus élevés.

Par exemple, la société LGM inc. est un détaillant qui prévoit des bénéfices annuels fixes tous les ans, mais dont les bénéfices trimestriels varient tout au long de l'année. Les bénéfices sont faibles pendant le premier trimestre en raison de l'apathie relative des affaires tout de suite après Noël. Bien que les bénéfices augmentent à peine au cours des deuxième et troisième trimestres, ils augmentent beaucoup au cours du quatrième trimestre (c'est le temps des fêtes!). La figure 17.5 montre un graphique des bénéfices de la société.

15 Les recherches actuelles indiquent que, dans un grand nombre d'autres pays où la loi protège moins bien les actionnaires, les dividendes ne sont pas liés à la croissance de l'entreprise. En fait, ils sont plutôt considérés comme un moyen de diminuer la richesse des actionnaires dominants. À ce sujet, voir R. LAPORTA, F. LOPEZ-DE-SILANES, A. SCHLEIFER et R. W. VISHNY, « Agency Problems and Dividend Policies Around the World », *Journal of Finance*, 2000.

Tableau 17.4 La stabilité des dividendes

	Bénéfice par action	Dividende par action	Pourcentage de distribution
	Banque de Montréal		
1988	4,89 $	2,00 $	41 %
1989	0,04	2,12	5 300
1990	4,20	2,12	50
1991	4,63	2,12	46
1992	4,76	2,12	45
1993	5,18	2,24	43
1994	3,17	1,32	42
1995	3,94	1,44	37
1996	4,45	1,60	36
1997	5,02	1,76	35
	Canadian Tire		
1988	1,38 $	0,23 $	18 %
1989	1,65	0,30	19
1990	1,60	0,38	25
1991	1,41	0,40	28
1992	0,80	0,40	50
1993	0,90	0,40	44
1994	0,12	0,40	30
1995	1,39	0,40	29
1996	1,54	0,40	26
1997	1,84	0,40	22

Figure 17.5

Les bénéfices de la société LGM inc.

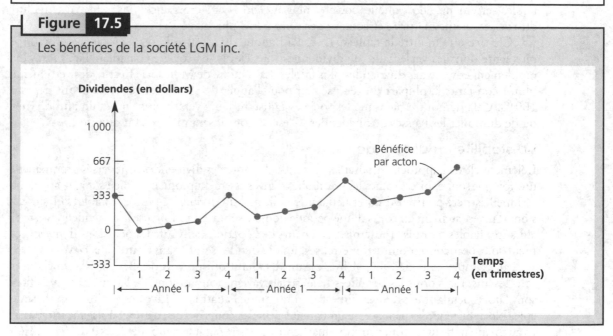

La société peut choisir entre au moins deux types de politiques de dividende. Tout d'abord, le dividende de chaque trimestre peut représenter une portion prédéterminée et fixe des bénéfices du trimestre. Les dividendes varieront donc tout au long de l'année. C'est ce qu'on appelle une « politique cyclique du dividende ». Ensuite, le dividende de chaque trimestre peut représenter une portion prédéterminée et fixe des bénéfices annuels, ce qui signifie que les dividendes seraient tous égaux. C'est une politique stable de dividende. Ces deux types de politiques de dividende sont représentés à la figure 17.6.

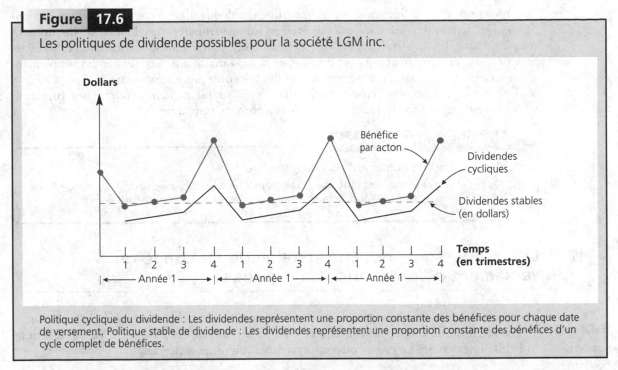

Les politiques de dividende possibles pour la société LGM inc.

Politique cyclique du dividende : Les dividendes représentent une proportion constante des bénéfices pour chaque date de versement. Politique stable de dividende : Les dividendes représentent une proportion constante des bénéfices d'un cycle complet de bénéfices.

Les cadres supérieurs s'accordent en général pour dire qu'une politique stable profite à la fois à la société et aux actionnaires. La stabilité du dividende complète les objectifs de contenu informatif, de revenu et de réduction de l'incertitude des investisseurs. Les investisseurs institutionnels effectuent souvent des tests de « prudence » qui limitent leur investissement dans des sociétés qui ne versent pas régulièrement des dividendes. Pour toutes ces raisons, les politiques stables de dividende sont assez fréquentes. À titre d'exemple, si on regarde à nouveau le tableau 17.4, les dividendes versés par ces sociétés canadiennes d'envergure sont beaucoup plus stables que leurs bénéfices.

Une politique de dividende intermédiaire

Dans la pratique, bien des sociétés semblent choisir ce qui apparaît comme une sorte de politique de compromis. Ce type de politique s'inspire de cinq objectifs principaux :

1. Éviter de réduire les projets à VAN positive afin de verser des dividendes ;
2. Éviter les réductions de dividendes ;
3. Éviter la vente de fonds propres ;
4. Maintenir le ratio dette-fonds propres souhaité ;
5. Maintenir le pourcentage souhaité des bénéfices nets distribués sous forme de dividendes.

Ces objectifs sont énumérés ici plus ou moins selon leur importance. En fonction de l'approche la plus stricte du dividende résiduel, on devrait partir du principe que la société réussit à maintenir un ratio dette-fonds propres fixe. D'après la politique de compromis, ce ratio devient plutôt un objectif à long terme. Les variations sont permises lorsqu'elles sont nécessaires afin d'éviter les réductions de dividendes ou la vente de nouveaux fonds propres.

Outre le fait qu'ils sont réticents à réduire les dividendes, les gestionnaires financiers envisagent souvent les versements de dividendes du point de vue de la proportion du revenu et croient parfois que les investisseurs devraient recevoir une portion équitable du revenu de la société. C'est ce qu'on nomme le **ratio de versement cible** à long terme, c'est-à-dire le pourcentage des bénéfices que la société compte distribuer sous forme de dividendes si la situation reste normale. À nouveau, il s'agit d'un objectif à long terme qui peut varier à court terme, au besoin. Par conséquent, à long terme, la croissance des bénéfices est suivie d'une augmentation du dividende, mais seulement après un certain délai.

Ratio de versement cible

Ratio dividende-bénéfices à long terme visé par une société.

On peut minimiser les problèmes d'instabilité des dividendes en créant deux types de dividendes : les dividendes ordinaires et les dividendes supplémentaires. Pour les sociétés qui utilisent cette approche, les dividendes ordinaires représenteront plutôt un faible pourcentage des bénéfices permanents, ce qui est somme toute assez facile à maintenir. Les dividendes supplémentaires seraient versés lors d'une augmentation des bénéfices jugée temporaire.

Puisque les investisseurs envisagent les dividendes supplémentaires comme une prime, ils ne ressentent pas vraiment de déception si le phénomène reste unique.

Questions théoriques

1. Qu'est-ce que la politique du dividende résiduel ?
2. Quel est le principal désavantage d'une politique de dividende résiduel stricte ? Dans la pratique, quelle est l'approche choisie par la majorité des entreprises ?

17.7 Le rachat d'actions : une solution de rechange au versement de dividendes en espèces

Rachat d'actions

Autre moyen utilisé par les sociétés qui souhaitent verser des bénéfices à leurs propriétaires ; il offre un traitement fiscal plus avantageux que les dividendes.

Lorsqu'une société souhaite verser de l'argent à ses actionnaires, elle le fait en général sous forme de dividendes. Elle peut également choisir de racheter ses propres actions. Le **rachat d'actions** constitue une activité financière majeure et semble vouloir le demeurer.

Les dividendes en espèces et le rachat d'actions

Supposons qu'une société entièrement financée par des fonds propres se retrouve avec un surplus de 300 000 $. La société ne verse aucun dividende, et son bénéfice net pour l'année qui vient de se terminer est de 49 000 $. Le bilan à la valeur marchande à la fin de l'année est reproduit ci-après.

Bilan à la valeur marchande
(avant le versement du surplus)

Surplus	300 000 $	0 $	Dette
Autres actifs	700 000	1 000 000	Fonds propres
Total	1 000 000 $	1 000 000 $	

Il y a 100 000 actions en circulation. La valeur marchande totale des fonds propres est de 1 million de dollars ; les actions se négocient donc 10 $ par unité. Le bénéfice par action (BPA) était 49 000 $/100 000 = 0,49 $ et le ratio cours-bénéfices (C/B) est 10 $/0,49 $ = 20,4.

La société envisage, entre autres, de verser un dividende supplémentaire de 300 000 $/ 100 000 = 3 $ par action. Elle songe également à utiliser l'argent afin de racheter 300 000 $/10 $ = 30 000 actions.

Si on ignore les commissions, les impôts et les autres « imperfections » de cet exemple, l'option choisie ne devrait avoir aucune importance aux yeux des actionnaires. Cela ne devrait d'ailleurs surprendre personne. En fait, la société verse tout simplement 300 000 $ en argent. Le nouveau bilan se présente ainsi :

Bilan à la valeur marchande
(après le versement du surplus)

Surplus	0 $	0 $	Dette
Autres actifs	700 000	700 000	Fonds propres
Total	700 000 $	700 000 $	

Si l'argent est versé sous forme de dividendes, il reste toujours 100 000 actions en circulation, chacune d'une valeur de 7 $.

Si la valeur par action a chuté de 10 $ à 7 $, il ne faut nullement s'inquiéter. Supposons qu'un actionnaire possède 100 actions. À 10 $ par action avant le versement du dividende, la valeur totale de ses actions est de 1 000 $.

Après le versement du dividende de 3 $, ce même actionnaire aurait en sa possession 100 actions à 7 $ chacune, pour un total de 700 $, plus 100×3 $ = 300 $ en espèces, dont le total est de 1 000 $. C'est exactement ce qu'on a déjà vu précédemment : un dividende en espèces n'influe en rien sur la fortune des actionnaires si le marché est « parfait ». Dans ce cas-ci, le cours des actions a tout simplement chuté de 3 $ après la date ex-dividende.

De plus, puisque les bénéfices totaux et le nombre d'actions en circulation n'ont pas changé, le BPA est toujours de 49 cents. Le ratio C/B, cependant, chute à 7 $/0,49 = 14,3. La raison pour laquelle on s'attarde aux bénéfices comptables et au ratio C/B est expliquée ci-dessous.

Si la société rachète 30 000 actions, il en restera 70 000 en circulation. Le bilan reste le même.

Bilan à la valeur marchande
(avant le versement du surplus)

Surplus	0 $	0 $	Dette
Autres actifs	700 000	700 000	Fonds propres
Total	700 000 $	700 000 $	

La valeur de la société est à nouveau de 700 000 $, et chaque action restante a une valeur de 700 000 $/70 000 = 10 $. L'actionnaire de tout à l'heure, avec ses 100 actions, n'en ressent aucun effet. Ainsi, si l'actionnaire le voulait, il pourrait vendre 30 actions et obtenir 300 $ en espèces et 700 $ en actions, exactement comme si la société avait versé un dividende. C'est là un autre exemple de dividende artisanal.

Dans le second cas, le BPA augmente, car le total des bénéfices reste le même alors que le nombre d'actions diminue. Le nouveau BPA sera 49 000 $/70 000 = 0,70 $ par action. Toutefois, il faut remarquer que le ratio C/B est 10 $/0,70 $ = 14,3, le même ratio qu'après le versement du dividende.

Cet exemple illustre un important principe : s'il n'y a aucune « imperfection », le dividende en espèces ou le rachat d'actions sont essentiellement équivalents. C'est à nouveau la preuve que, lorsqu'il n'y a aucun impôt ou autre, la politique de dividende n'a aucune importance.

Le rachat d'actions et les facteurs réels

Dans le monde réel, toutefois, il existe certaines différences comptables entre un rachat d'actions et un dividende en espèces. Un rachat comporte un avantage fiscal considérable dont ne bénéficie pas le dividende en espèces. Ce dernier est imposé, et les actionnaires n'ont pas le choix d'accepter ou de refuser le dividende. Lorsqu'il y a rachat, les actionnaires ne versent des impôts que 1) s'ils choisissent eux-mêmes de vendre et 2) si la vente engendre un gain en capital imposable.

Normalement, à tout moment, environ un tiers des sociétés cotées à la Bourse de Toronto ont annoncé leur intention de racheter des actions par l'entremise de la Bourse. Cela signifie qu'elles comptent acheter jusqu'à 5 % de leurs actions pour leur trésorerie. En raison du traitement fiscal favorable dont bénéficient les gains en capital (même après l'abrogation de 1994 de l'exonération des gains à vie), un rachat constitue une option intéressante pour remplacer les dividendes.

Revendre ainsi ses actions à une société qui les rachète pour sa trésorerie n'est qu'une possibilité parmi d'autres. Un investisseur canadien pourrait vendre des actions à une autre société qui effectue une offre publique d'achat pour l'acquisition d'une autre société. Dans un tel cas, la loi sur l'impôt sur le revenu exige des investisseurs qu'ils déclarent un dividende réputé égal à l'écart entre le montant total du rachat et de la valeur aux livres. L'avantage fiscal du rachat d'actions sur les dividendes est ainsi éliminé, ce qui, soit dit en passant, montre que L'Agence des douanes et du revenu du Canada reconnaît que les dividendes sont plus imposés que les gains.

On peut utiliser le rachat d'actions afin d'atteindre d'autres objectifs tels que la modification de la structure du capital ou une stratégie de défense contre une prise de contrôle. Plusieurs entreprises rachètent leurs actions parce que la direction croit que leur société est sous-évaluée sur le marché. Cette explication du rachat des actions d'une société est controversée parce qu'elle contredit l'hypothèse des marchés efficients. Il existe néanmoins de multiples exemples et travaux de recherche qui tendent à montrer que le rendement des actionnaires d'entreprises qui rachètent leurs actions est plus élevé[16].

Le rachat d'actions et le bénéfice par action

Vous lirez peut-être dans la presse financière que le rachat d'actions est bénéfique en raison de l'augmentation du bénéfice par action qu'il provoque. C'est d'ailleurs ce qui se produit, comme on a pu le voir. La raison en est simple : le rachat d'actions réduit le nombre d'actions en circulation, mais il n'a aucun effet sur le total des bénéfices. Par conséquent, le BPA augmente.

Toutefois, la presse financière insiste peut-être un peu trop sur le BPA lors d'un engagement de rachat. Dans l'exemple qui précède, on a pu voir que la variation du BPA n'influait en rien sur la valeur des actions. Le ratio C/B était d'ailleurs exactement le même lorsqu'on comparait un dividende en espèces et un rachat.

Puisque l'augmentation du BPA suit exactement l'augmentation du cours des actions, il n'y a aucun effet particulier. Autrement dit, l'augmentation du BPA n'est qu'un simple rajustement comptable qui reflète (avec exactitude) le changement du nombre d'actions en circulation.

Dans le monde réel, si le rachat profite à la société, c'est sans doute en raison des considérations fiscales dont il a été question précédemment.

Questions théoriques

1. Pourquoi le rachat d'actions semble-t-il plus logique que le versement d'un dividende en espèces supplémentaire ?
2. Pourquoi les sociétés n'ont-elles pas toutes recours au rachat d'actions plutôt qu'au versement d'un dividende en espèces ?

17.8 Le dividende payé en actions et le fractionnement d'actions

Dividende payé en actions

Versement effectué par une société à ses propriétaires sous forme d'actions, ce qui dilue la valeur des actions en circulation.

On peut également verser un dividende sous forme d'actions. C'est ce qu'on appelle le **dividende payé en actions.** Il ne s'agit pas ici d'un véritable dividende, car il n'est pas versé en espèces. Le dividende payé en actions a pour effet d'augmenter le nombre d'actions de chaque propriétaire. Puisqu'il y a davantage d'actions en circulation, leur valeur est donc moindre.

Un dividende payé en actions se présente en général sous forme de pourcentage ; ainsi, un dividende en actions de 20 % signifie que les actionnaires reçoivent une nouvelle action pour chaque groupe de cinq actions détenues (une augmentation de 20 %). Puisque tous les actionnaires possèdent 20 % de plus en actions, le nombre total d'actions en circulation augmente de 20 %. Comme on pourra le voir, la valeur des actions diminuera du même coup d'environ 20 %.

Fractionnement d'actions

Augmentation du nombre d'actions en circulation d'une société sans transformation des fonds propres des propriétaires. On dit aussi « division d'actions ».

Le **fractionnement d'actions** revient essentiellement au même, mais il s'exprime sous forme de ratio et non de pourcentage. Lorsqu'on annonce un fractionnement, chaque action est divisée afin d'en créer de nouvelles. Ainsi, lors d'un fractionnement de trois pour un, chaque action est divisée pour représenter trois nouvelles actions.

L'effet du fractionnement d'actions et du dividende payé en actions

Le fractionnement d'actions et le dividende payé en actions ont essentiellement le même effet sur les sociétés et les actionnaires : ils augmentent le nombre d'actions en circulation et diminuent la valeur par action. Le traitement comptable n'est cependant pas le même. Selon les règles de la Bourse de Toronto, le dividende payé en actions maximal est de 25 %. Au-delà de ce pourcentage, on considère qu'il s'agit d'un fractionnement d'actions.

---

16 Cette preuve se retrouve dans D. IKENBERRY, J. LAKONISHOK et T. VERMAELEN, « Stock Repurchases in Canada : Performance and Strategic Trading », *Journal of Finance,* octobre 2000. Vous trouverez un point de vue tout à fait opposé dans K. LI et W. MCNALLY, « Information Signalling or Agency Conflicts : What Explains Canadian Open Market Share Repurchases ? », document de travail, Wilfrid Laurier University, mars 2000.

Un exemple de dividende payé en actions La société Peterson, une société d'experts-conseils spécialisée dans les problèmes comptables complexes, possède 10 000 actions à 66 $ par unité. La valeur marchande totale des fonds propres est 66 $ × 10 000 = 660 000 $. Avec un dividende en actions de 10 %, chaque actionnaire reçoit une action supplémentaire pour chaque groupe de 10 actions détenues, et le nombre total d'actions en circulation après le versement du dividende est de 11 000.

Avant que le dividende ne soit payé en actions, la part des fonds propres du bilan de Peterson pouvait ressembler à ceci :

Actions ordinaires (10 000 actions en circulation)	210 000 $
Bénéfices non répartis	290 000
Total des fonds propres des propriétaires	500 000 $

La somme des dividendes payés en actions passe des bénéfices non répartis aux actions ordinaires. Puisqu'il y a émission de 1 000 nouvelles actions, le compte des actions ordinaires augmente de 66 000 $ (1 000 actions à 66 $ chacune). Le total des fonds propres des actionnaires n'est pas affecté par le dividende en actions, car il n'y a aucune rentrée ou sortie d'argent ; les bénéfices non répartis sont donc réduits de 66 000 $. L'effet net de ces opérations est que les comptes de fonds propres de Peterson ressemblent maintenant à ceci :

Actions ordinaires (11 000 actions en circulation)	276 000 $
Bénéfices non répartis	224 000
Total des fonds propres des propriétaires	500 000 $

Un exemple de fractionnement des actions Un fractionnement ou une division d'actions ressemble beaucoup à un dividende payé en actions, mais il s'exprime en général sous forme de ratio. Ainsi, lorsqu'il y a un fractionnement tel trois pour deux, chaque actionnaire reçoit une action supplémentaire pour chaque tranche de deux actions qu'il détient, soit l'équivalent d'un dividende payé en actions de 50 %. Aucune somme d'argent n'est versée, et le pourcentage de la société détenu par chacun des actionnaires reste inchangé.

Le traitement comptable d'un fractionnement d'actions est légèrement différent (et plus simple) que pour les dividendes payés en actions. Supposons que Peterson décide de déclarer un fractionnement d'actions de deux pour un. Le nombre d'actions en circulation est doublé, pour atteindre 20 000. Les fonds propres des actionnaires après la division restent les mêmes, mais on remarque un plus grand nombre d'actions.

Actions ordinaires (20 000 actions en circulation)	210 000 $
Bénéfices non répartis	290 000
Total des fonds propres des propriétaires	500 000 $

La valeur des fractionnements d'actions et des dividendes payés en actions

En toute logique, on pourrait conclure que les fractionnements d'actions et les dividendes payés en actions devraient soit 1) ne pas influer sur la valeur de la société, 2) augmenter sa valeur ou 3) diminuer sa valeur. Malheureusement, la question est suffisamment complexe pour brouiller les cartes et on ne peut trancher avec autant de rigueur.

L'exemple modèle Il existe un argument très solide selon lequel les dividendes payés en actions et les fractionnements d'actions ne changent en rien la fortune des actionnaires et de l'ensemble de la société. Dans l'exemple précédent, la valeur totale des fonds propres était de 660 000 $. Avec les dividendes payés en actions, le nombre d'actions augmente pour atteindre 11 000. La valeur des actions devrait donc être 660 000 $/11 000 = 60 $.

Par exemple, un actionnaire qui possède 100 actions à 66 $ chacune obtiendrait 110 actions à 60 $ après le versement des dividendes. La valeur totale des actions est de 6 600 $ dans les deux cas ; les dividendes payés en actions n'ont donc aucun effet économique réel.

Dans le cas du fractionnement d'actions, on obtenait 20 000 actions en circulation, d'une valeur de 660 000 $/20 000 = 33 $ chacune. Autrement dit, le nombre d'actions double, mais le prix est réduit de moitié. Selon ces calculs, il semble que les dividendes payés en actions et les fractionnements d'actions ne sont des transactions que sur le papier.

Bien que ces résultats semblent évidents, on évoque souvent certains arguments qui indiquent que ces activités sont en réalité bénéfiques. Le gestionnaire financier typique reconnaît qu'il existe des complexités propres au monde réel et, pour cette raison, les fractionnements d'actions ainsi que les dividendes payés en actions ne sont pas traités à la légère.

La plage populaire de négociation des cours

Ceux qui militent en faveur des dividendes payés en actions et des fractionnements d'actions mentionnent souvent que les valeurs mobilières possèdent toutes une **plage populaire de négociation des cours** qui leur est propre. Lorsque le cours d'une valeur est fixé au-delà de cette limite, plusieurs investisseurs n'ont pas les fonds nécessaires pour acheter l'unité commerciale commune appelée le « lot régulier » (*en général de 100 actions*).

Plage populaire de négociation des cours

Tranche située entre le cours le plus élevé et le cours le plus faible auquel l'action est négociée.

Bien que cet argument soit populaire, sa justesse est discutable pour plusieurs raisons. Les fonds communs de placement, les régimes de retraite ainsi que d'autres institutions ont augmenté de façon constante leurs activités boursières depuis la Deuxième Guerre mondiale et ils détiennent maintenant un pourcentage appréciable du volume total des transactions (plus de la moitié du volume des transactions à la Bourse de Toronto et à la Bourse de New York). Comme ces institutions achètent et vendent pour des sommes considérables, le cours individuel des actions a peu d'importance. De plus, on remarque parfois que le cours des actions peut être très élevé sans qu'il y ait d'effet néfaste.

Enfin, il est possible que les fractionnements d'actions provoquent une diminution de la liquidité des actions de la société. Après une division de deux pour un, le nombre d'actions négociées devrait plus que doubler si la liquidité augmente grâce à la division. Cela ne semble toutefois pas se produire et on observe même parfois le phénomène inverse.

Malgré l'effet possible sur la liquidité, les sociétés continuent de diviser leurs actions. Certains gestionnaires croient pouvoir ainsi maintenir l'attrait des actions pour les investisseurs individuels et promouvoir ainsi la participation canadienne.

Le regroupement d'actions

Regroupement d'actions

Processus qui diminue le nombre d'actions en circulation d'une société.

Le **regroupement d'actions** est une manœuvre financière un peu moins fréquente. Par exemple, lorsqu'il y a regroupement d'actions de un pour trois, chaque investisseur échange trois anciennes actions pour une nouvelle. Tout comme pour les fractionnements d'actions et les dividendes payés en actions, on pourrait assez facilement démontrer que les regroupements d'actions n'ont aucun effet précis sur la société.

Si on tient compte des imperfections du monde réel, on peut trouver trois justifications, toutes liées entre elles, pour le regroupement d'actions. Tout d'abord, les frais de transaction des actionnaires peuvent diminuer après un regroupement d'actions. Ensuite, l'augmentation du cours des actions pour atteindre le degré le plus propice à la négociation pourrait améliorer la liquidité et la négociabilité des actions d'une société. Enfin, les actions négociées à moins d'une certaine limite inférieure sont négligées, ce qui signifie que les investisseurs sous-estiment les bénéfices, les flux monétaires, la croissance et la stabilité de ces entreprises. Certains analystes financiers prétendent qu'un regroupement d'actions permettrait à une société de retrouver l'estime des investisseurs de manière instantanée. Comme pour les divisions d'actions, aucune de ces raisons n'est particulièrement convaincante, surtout la dernière.

Il existe deux autres raisons pour justifier les regroupements d'actions. Tout d'abord, les Bourses fixent un cours minimal par action. Un regroupement d'actions permettrait d'augmenter le cours des actions afin d'atteindre ce minimum. Ensuite, les sociétés effectuent parfois un regroupement d'actions tout en rachetant les actions d'actionnaires qui possèdent une quantité moindre d'actions. Cette deuxième tactique peut toutefois devenir abusive et être employée afin d'éliminer les actionnaires minoritaires.

Questions théoriques

1. Quel est l'effet d'un fractionnement d'actions sur la fortune des actionnaires ?
2. Comment le traitement comptable d'un fractionnement d'actions diffère-t-il du traitement d'un petit dividende payé en actions ?

17.9 Résumé et conclusions

Dans ce chapitre, on a pu voir les divers types de dividendes et la manière dont ils sont versés. On a ensuite défini ce qu'est la politique de dividende et examiné si cette dernière est véritablement importante. Enfin, on a illustré comment une société peut décider d'une politique de dividende, puis on a décrit une solution de rechange au versement de dividendes en espèces, soit le rachat d'actions.

Au cours de cette étude, on a acquis les connaissances suivantes :

1. La politique de dividende n'a aucune importance s'il n'y a ni impôts ni autres imperfections, car les actionnaires peuvent outrepasser cette politique. Un actionnaire qui reçoit un dividende plus important que celui qu'il souhaite peut réinvestir le surplus. Celui qui reçoit un dividende plus faible que ce qu'il désire peut de son côté vendre des actions.

2. Les impôts des actionnaires particuliers et les frais d'émission de nouvelles actions sont des facteurs réels qui favorisent plutôt de faibles versements de dividendes. Lorsqu'il y a des impôts et des frais d'émission, les sociétés ne devraient verser des dividendes que lorsque tous les projets à VAN positive ont été entièrement financés.

3. Dans le milieu économique, il existe des groupes qui sont plutôt en faveur de dividendes élevés. On trouve parmi eux de nombreuses institutions d'envergure, tels les régimes de retraite. Si on reconnaît que certains groupes préfèrent les dividendes élevés et d'autres les dividendes plus faibles, l'effet du type de clientèle soutient l'idée que la politique du dividende répond aux besoins des actionnaires. Ainsi, si 40 % des actionnaires préfèrent des dividendes faibles et que 60 % des actionnaires choisissent plutôt des dividendes élevés, environ 40 % des sociétés verseront des dividendes plus faibles et 60 %, des dividendes élevés. Cela diminue de beaucoup l'effet possible de la politique du dividende d'une société donnée sur sa valeur marchande.

4. Lorsqu'une société choisit de verser un simple dividende résiduel, ce dernier sera plutôt instable. On considère en général que la stabilité du dividende est particulièrement souhaitable. Il a donc été question d'une stratégie de compromis qui permet de stabiliser les dividendes et qui semble beaucoup se rapprocher de la politique de dividende de nombreuses sociétés.

5. Un rachat d'actions ressemble fortement à un dividende en espèces, mais il peut offrir un avantage fiscal important. Le rachat d'actions est donc un élément très utile de la politique du dividende.

En conclusion, il est important d'insister à nouveau sur la différence entre les dividendes et la politique de dividende. Les dividendes sont importants, car ce sont eux qui, en fin de compte, déterminent la valeur des actions. Il est toutefois difficile de savoir si le moment choisi pour effectuer les versements de dividendes (un dividende plus important aujourd'hui ou plus tard ?) a un effet véritable. C'est là toute la question de la politique du dividende et il est difficile d'y répondre avec certitude.

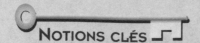

NOTIONS CLÉS

Actions ordinaires dépouillées (page 544)
Approche du dividende résiduel (page 553)
Date de déclaration (page 540)
Date de versement (page 540)
Date d'inscription (page 540)
Date ex-dividende (page 540)
Distribution (page 539)
Dividende (page 539)
Dividende artisanal (page 543)

Dividende payé en actions (page 560)
Dividendes réguliers en espèces (page 539)
Effet du contenu informatif (page 551)
Effet du type de clientèle (page 552)
Fractionnement d'actions (page 560)
Plage populaire de négociation des cours (page 562)
Rachat d'actions (page 558)
Ratio de versement cible (page 557)
Regroupement d'actions (page 562)

Problèmes de récapitulation et auto-évaluation

17.1 La politique de dividende résiduel La société Chenapan inc. a choisi une politique de dividende résiduel et maintient sa structure du capital à 40 % de dette et à 60 % de fonds propres. Les bénéfices pour l'année sont de 2 500 $. Quel est le montant maximal de dépenses en capital possible sans nouveaux fonds propres ? Supposez que les dépenses d'investissement prévues pour l'année qui vient sont de 3 000 $. La société versera-t-elle un dividende ? Si oui, de combien ?

17.2 Le rachat et le dividende en espèces La société Trantor doit choisir entre le fait de verser 300 $ en surplus sous forme de dividende supplémentaire ou sous forme de rachat d'actions. Le bénéfice actuel est de 1,50 $ par action, et les actions se négocient 15 $ par unité. Le bilan à la valeur marchande avant le versement des 300 $ se présente comme suit :

Bilan à la valeur marchande
(après le versement du surplus)

Surplus	300 $	400 $	Dette
Autres actifs	1 600	1 500	Fonds propres
Total	1 900 $	1 900 $	

Évaluez les deux options selon l'effet sur le cours par action, le BPA et le ratio C/B.

Réponses à l'auto-évaluation

17.1 La société Chenapan inc. a un ratio dette-fonds propres de 0,40/0,60 = 2/3. Si la société choisit de réinvestir la totalité des 2 500 $ en bénéfices, il lui faudra emprunter 2 500 $ × 2/3 = 1 667 $ afin de maintenir ce même ratio. Le total de nouveau financement possible sans fonds propres externes est donc 2 500 $ + 1 667 $ = 4 167 $.

Si les dépenses d'investissement prévues sont de 3 000 $, il est possible de financer cette somme à 60 % par des fonds propres. Les fonds propres nécessaires sont donc 3 000 $ × 0,60 = 1 800 $. Cette somme est inférieure aux 2 500 $ en bénéfices ; on verserait donc un dividende de 2 500 $ − 1 800 $ = 700 $.

17.2 La valeur marchande des fonds propres est de 1 500 $. Le cours par action est de 15 $; il y a donc 100 actions en circulation. Le dividende en espèces serait donc 300 $/100 = 3 $ par action. Après la date ex-dividende, le cours chuterait de 3 $ par action pour atteindre 12 $. Autrement dit, le total des actifs diminuerait de 300 $, et la valeur chuterait elle aussi du même montant, pour atteindre 1 200 $. Comme il y a 100 actions, on obtient alors 12 $ par action. Après le versement des dividendes, le BPA reste le même, soit 1,50 $, mais le ratio C/B est 12 $/1,50 = 8 fois.

S'il y a rachat, on rachèterait 300 $/15 = 20 actions pour en laisser 80 en circulation. Les fonds propres seront donc à nouveau de 1 200 $. On calcule ainsi un cours par action de 1 200 $/80 = 15 $, soit le même que tout à l'heure. Le total des bénéfices de Trantor doit être 1,5 $ × 100 = 150 $. Après le rachat, le BPA est plus élevé, soit 150 $/80 = 1,875 $. Le ratio C/B reste toutefois le même, soit 15 $/1,875 = 8 fois.

1. Comment est-il possible que, malgré leur importance, les dividendes puissent être régis par une politique si peu adéquate ?

2. Quel est l'effet d'un rachat d'actions sur le ratio d'endettement d'une entreprise ? Cette constatation vous suggère-t-elle une autre utilisation pour les surplus d'encaisse ?

3. Quel est le principal désavantage d'une politique de dividende résiduel stricte ? Pourquoi est-ce un problème ? Comment une politique de dividende intermédiaire s'applique-t-elle ? En quoi diffère-t-elle d'une politique de dividende résiduel stricte ?

4. Le mardi 8 décembre, le conseil d'administration de la Société Localélectrique a annoncé un dividende de 0,75 $ par action, payable le mercredi 17 janvier aux actionnaires inscrits en date du mercredi 3 janvier. Quelle est la date ex-dividende ? Si un actionnaire achète des actions avant cette date, qui recevra les dividendes, l'acheteur ou le vendeur ?

5. Certaines entreprises, comme cette société anglaise qui offre à ses gros actionnaires l'utilisation gratuite de son crématorium, versent des dividendes en nature (autrement dit, elles offrent à leurs actionnaires des services à un prix inférieur à celui du marché). Les organismes de placement collectif devraient-ils investir dans des actions dont les dividendes sont versés en nature ? (De tels services ne sont pas offerts aux rentiers.)

6. Lorsque l'augmentation de la valeur des dividendes tend à s'accompagner d'une augmentation (immédiate) du prix des actions, comment peut-on dire que la politique de dividende est inadéquate ?

7. À cause de difficultés attribuables à des dépassements de coûts durant la construction d'une centrale nucléaire, la Compagnie Électricité Atlantique a annoncé le mois dernier qu'elle suspendait temporairement ses paiements en prétextant une réduction des flux monétaires associés à son programme d'investissement. Après cette annonce, le prix de son action a baissé de 28,50 $ à 25 $. Comment interprétez-vous cette variation du prix de l'action ? (À quoi est-elle due, selon vous ?)

8. La société DRK a récemment élaboré un plan de réinvestissement automatique des dividendes (ou PRAD). Ce plan permet de réinvestir automatiquement les sommes reçues sous forme de dividendes en échange de nouvelles actions. Avec le temps, les investisseurs de DRK pourront donc, grâce à leurs dividendes, étoffer leur portefeuille en acquérant de nouvelles actions de la société.

   Plus de 1000 entreprises offrent ce type de PRAD. La plupart d'entre elles n'exigent aucuns frais de courtage ni de service. Dans le cas présent, les investisseurs peuvent même se procurer des titres de DRK avec une réduction de 10 % par rapport au cours du marché.

   D'après les estimations d'un conseiller de DRK, environ 75 % des actionnaires de cette entreprise adhéreront à son plan. Un tel pourcentage est un peu plus élevé que la moyenne dans les autres entreprises.

   Évaluez le plan de réinvestissement de DRK. Augmentera-t-il l'avoir des actionnaires ? Analysez les avantages et les inconvénients de ce plan.

9. L'année 1993 a été très faste pour les premiers appels publics à l'épargne d'actions ordinaires. En effet, plus de 43 milliards de dollars ont été amassés par des sociétés grâce à ces émissions. Or, un nombre relativement restreint de ces entreprises ont versé des dividendes en espèces. À votre avis, pourquoi la plupart d'entre elles ont-elles choisi de ne pas payer de dividendes en espèces ?

10. L'Université York de Toronto ne paie pas d'impôts sur ses gains en capital, sur ses revenus en dividendes ni sur ses intérêts créditeurs. Serait-il surprenant de trouver des actions à faible dividende et à forte croissance dans son portefeuille ? Serait-il surprenant d'y trouver des actions privilégiées ? Expliquez vos réponses.

Questions et problèmes

Notions de base (questions 1 à 13)

1. **Les dividendes et les impôts** La société Caputo inc. a annoncé un dividende de 5,00 $ par action. Supposez que les gains en capital ne sont pas imposables, mais que les dividendes sont imposés à 34 %. Caputo inc. vend ses actions 80 $ par unité, et ces mêmes actions seront bientôt ex-dividende. Selon vous, quel sera le cours ex-dividende ?

2. **Les dividendes payés en actions** Les comptes de fonds propres de la société Chrome international sont reproduits ci-dessous :

Actions ordinaires (valeur nominale de 1 $)	10 000 $
Surplus de capital	150 000
Bénéfices non répartis	552 500
Total des fonds propres des propriétaires	712 500 $

   a) Si les actions de Chrome international se négocient actuellement 20 $ par unité et qu'on annonce des dividendes payés en actions de 10 %, combien de nouvelles actions seront distribuées ? Démontrez comment les comptes de fonds propres seraient changés.

   b) Si la société annonce des dividendes payés en actions de 25 %, comment les comptes changeront-ils ?

3. Le fractionnement d'actions Pour la société décrite au problème précédent, démontrez comment les comptes de fonds propres changeront dans les cas décrits ci-après.

a) Chrome international annonce une division d'actions de cinq pour un. Combien d'actions y aurait-il en circulation ? Quelle serait la nouvelle valeur nominale des actions ?

b) La société annonce un regroupement d'actions de un pour quatre. Combien d'actions y aurait-il en circulation ? Quelle serait la nouvelle valeur nominale des actions ?

4. Le fractionnement d'actions et les dividendes payés en actions La société Armada Bitume Construction (ABC) possède actuellement 100 000 actions en circulation à 70 $ par unité. S'il n'y a aucune imperfection et qu'il n'y a pas d'impôts, quel sera le cours par action après :

a) une division d'actions de trois en cinq ?

b) des dividendes payés en actions de 15 % ?

c) des dividendes payés en actions de 42,5 % ?

d) un regroupement d'actions de sept en quatre ?

Calculez le nombre d'actions en circulation pour chacune de ces situations.

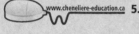
www.cheneliere-education.ca

5. Les dividendes ordinaires Le bilan de la société Tartopom inc. est reproduit ci-dessous en valeur marchande. Il y a 4 000 actions de la société en circulation.

Bilan à la valeur marchande

Encaisse	15 000 $	Fonds propres	150 000 $
Immobilisations	135 000		
Total	150 000 $	Total	150 000 $

La société a annoncé un dividende de 1,25 $ par action. La date ex-dividende est fixée pour demain. Si on ignore l'effet des impôts, à quel montant se négocient les actions aujourd'hui ? Quel en sera le cours demain ? À quoi ressemblera le bilan une fois versés les dividendes ?

6. Le rachat d'actions Dans le problème précédent, supposez que Tartopom inc. annonce le rachat de 3 000 $ en actions. Quel sera l'effet de cette transaction sur les fonds propres de la société ? Combien d'actions seront en circulation ? Quel sera le cours par action après le rachat ? Si on ne tient pas compte des impôts, démontrez comment le rachat d'actions revient en pratique à un versement de dividendes en espèces.

7. Les dividendes payés en actions Le bilan à la valeur marchande de la société Hexbox est reproduit ci-dessous. La société a annoncé des dividendes payés en actions de 20 %. La date ex-dividende est fixée pour demain (la chronologie pour les dividendes en actions est similaire à celle des dividendes en espèces). La société possède 10 000 actions en circulation. Quel sera le cours ex-dividende ?

Bilan à la valeur marchande

Encaisse	180 000 $	Endettement	150 000 $
Immobilisations	320 000	Fonds propres	350 000 $
Total	500 000 $	Total	500 000 $

8. Les dividendes payés en actions La société dont les comptes de capitaux ordinaires sont reproduits ci-dessous vient d'annoncer des dividendes payés en actions de 8 %, alors que sa valeur marchande est de 20 $ par action. Quel sera l'effet de la distribution des dividendes payés en actions sur les comptes de fonds propres ?

Actions ordinaires (valeur nominale de 1 $)	350 000 $
Surplus de capital	1 650 000
Bénéfices non répartis	3 000 000
Total des fonds propres des propriétaires	5 000 000 $

9. Le fractionnement des actions Dans le problème précédent, supposez que la société décide plutôt d'effectuer une division d'actions de quatre pour un. Le dividende en espèces de 60 cents par action de la société sur les nouvelles actions (après la division) représente une augmentation de 10 % par rapport au dividende de l'année dernière sur les actions avant la division. Quel effet aura ce changement sur les comptes de fonds propres ? Quels étaient les dividendes payés par action l'année dernière ?

10. La politique de dividende résiduel Chacha inc., une société qui recycle les litières pour chats, utilise une politique de dividende résiduel. On considère optimal un ratio dette-fonds propres de 0,80. Les bénéfices pour la période qui vient de se terminer étaient de 900 $, et la société a annoncé un dividende de 420 $. Combien la société a-t-elle emprunté sous forme de nouvelles dettes ? Quel était le total des mises de fonds ?

*Notions de base
(suite)*

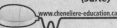
www.cheneliere-education.ca

11. La politique de dividende résiduel La société Contrariant inc. vient d'annoncer un dividende annuel de 0,50 $ par action. Pour l'année qui vient de se terminer, le bénéfice était de 8 $ par action.

    a) Quel est le pourcentage des bénéfices nets de Contrariant inc. distribués sous forme de dividendes ?

    b) Supposez que Contrariant inc. possède 7 millions d'actions en circulation. La société compte emprunter au total 18 millions de dollars au cours de l'année. Quelles sont les dépenses en investissement prévues pour une politique de dividende résiduel ? Quelle est la structure du capital que ces calculs sous-entendent ?

12. La politique de dividende résiduel La société Raide Zeppelin a choisi une politique de dividende résiduel stricte. Son ratio dette-fonds propres est de 3.

    a) Si les bénéfices pour l'année sont de 140 000 $, quel est le maximum de dépenses en capital permis s'il n'y a aucune émission de nouveaux fonds propres ?

    b) Si les dépenses en investissement pour l'année à venir sont de 770 000 $, Raide Zeppelin versera-t-elle un dividende ? Si oui, de combien ?

    c) Est-ce que Raide Zeppelin maintient des versements de dividendes constants ? Justifiez votre réponse.

13. La politique de dividende résiduel Les Produits Pamelaan Delson (PPD) prévoient des bénéfices pour l'année à venir de 45 millions de dollars. Il y a 12 millions d'actions en circulation et PPD maintient un ratio dette-fonds propres de 2.

    a) Calculez la somme maximale des fonds de placement disponibles sans émission de nouveaux fonds propres et l'augmentation de l'endettement qui l'accompagne.

    b) Supposez que PPD choisit une politique de dividende résiduel. Les dépenses en capital prévues totalisent 60 millions de dollars. Selon ces renseignements, quel sera le dividende par action ?

    c) Dans la partie *b)*, quelle sera la somme de l'endettement ? Quelle sera l'augmentation des bénéfices non répartis ?

    d) Supposez que PPD ne prévoit aucune dépense en capital pour l'année à venir. Quel sera le dividende s'il y a une politique de dividende résiduel ? Quelle sera la somme des nouveaux emprunts ?

*Notions intermédiaires
(questions 14 à 17)*

14. Les dividendes artisanaux Vous possédez 1 000 actions de la société Métamorphique inc. Vous recevrez un dividende de 60 cents par action dans un an. Dans deux ans, Métamorphique inc. versera un dividende de liquidation de 30 $ par action. Le rendement exigé des actions de la société est de 15 %. Quel est le cours actuel de vos actions (sans impôts) ? Si vous souhaitez plutôt recevoir un dividende égal pour chacune des deux prochaines années, montrez comment vous pourriez vous y prendre pour créer un dividende artisanal. Indice : Les dividendes seront sous forme d'annuités.

15. Les dividendes artisanaux Reprenez le problème précédent en supposant que vous ne souhaitez recevoir que 200 $ en dividendes au total la première année. Quel serait votre dividende artisanal dans deux ans ?

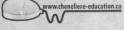
www.cheneliere-education.ca

16. Le rachat d'actions La société Calvillo tente de choisir entre un dividende supplémentaire et le rachat d'actions. Dans les deux cas, il faudrait dépenser 4 000 $. Les bénéfices actuels sont de 0,90 $ par action, et les actions se négocient actuellement 35 $ par unité. Il y a 150 actions en circulation. Ne tenez pas compte des impôts et des autres imperfections pour répondre aux deux premières questions.

    a) Évaluez les deux options en fonction de leur effet sur le cours par action et la fortune des actionnaires.

    b) Quel sera l'effet sur le BPA et le ratio C/B de la société avec chacune de ces options ?

    c) Dans le monde réel, laquelle de ces actions serait préférable ? Justifiez votre réponse.

*Problèmes complexes
(17 et 18)*

17. Le rendement espéré, les dividendes et les impôts La société Recyclage inc. et la société Largesse partagent toutes les deux le même risque d'entreprise, mais leurs politiques de dividende sont différentes. Recyclage inc. ne verse pas de dividende, contrairement à Largesse, dont le rendement des actions est de 8 %. Supposez que les impôts sur les gains en capital sont de zéro, mais que le taux d'imposition sur le revenu est de 35 %. Recyclage inc. s'attend à un taux de croissance des bénéfices de 20 % par année, et le cours de ses actions devrait croître au même taux. Si le rendement après impôts des actions des deux sociétés est le même (puisqu'elles ont le même risque), quel est le rendement exigé avant impôts des actions de Largesse ?

18. Les dividendes et les impôts Comme on a pu le voir, en l'absence d'impôts et d'autres imperfections, on devrait s'attendre à ce que le cours des actions diminue d'un montant égal aux versements de dividendes après la date ex-dividende. Lorsqu'on tient compte du rôle des impôts, cependant, la situation est différente. Parmi les modèles proposés pour tenir compte de l'effet des impôts sur le cours ex-dividende[17], on trouve celui-ci :

$$(P_0 - P_X)/D = (1 - T_P)/(1 - T_G)$$

où P_0 est le cours juste avant la date ex-dividende, P_X le cours après cette date, D le montant du dividende par action, T_P le taux marginal d'imposition personnel et T_G le taux marginal effectif sur les gains en capital.

a) Si $T_P = T_G = 0$, de combien chutera le cours des actions après la date ex-dividende ?

b) Si $T_P = 28\%$ et $T_G = 0$, de combien chutera le cours ?

c) Si $T_P = 35\%$ et $T_G = 28\%$, de combien chutera le cours ?

d) Supposez que les seuls propriétaires des actions sont des sociétés. Souvenez-vous que les sociétés sont exonérées au moins à 70 % sur le revenu de dividendes, mais qu'elles ne sont pas exonérées pour les gains en capital. Si les taux d'imposition du revenu et des gains en capital des sociétés sont tous les deux de 35 %, calculez le cours ex-dividende, selon ce modèle.

e) Que vous indique ce problème quant à la question des impôts et de la politique de dividende de la société ?

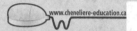

QUESTIONS SUR DES APPLICATIONS INTERNET

Lectures suggérées

La non-pertinence de la politique de dividende s'inspire d'un article qui a fait date :

MILLER, M. H. et F. MODIGLIANI. « Dividend Policy, Growth and the Valuation of Shares », *Journal of Business* 34, octobre 1961.

Higgins décrit l'approche du dividende résiduel dans l'article suivant :

HIGGINS, R. C. « The Corporate Dividend-Saving Decision », *Journal of Financial and Quantitative Analysis* 7, mars 1972.

Les textes suivants explorent le domaine des impôts et des dividendes au Canada :

ADJAOUD, F. et D. ZEGHAL. « Taxation and Dividend Policy in Canada : New Evidence », *FINECO* (2e semestre), 1993, p. 141-154.

AMOAKO-ADU, B. « Capital Gains Tax and Equity Values : Empirical Test of Stock Price Reaction to the Introduction and Reduction of Capital Gains Tax Exemption », *Journal of Banking and Finance* 16, 1992, p. 275-287.

BOOTH, L. D. et D. J. JOHNSTON. « The Ex-Dividend Day Behavior of Canadian Stock Prices : Tax Changes and Clientele Effects », *Journal of Finance* 39, juin 1984.

L'ouvrage suivant explore le domaine des rachats d'actions au Canada :

IKENBERRY, D., J. LAKONISHOK et T. VERMAELEN. « Stock Repurchases in Canada : Performance and Strategic Trading », *Journal of Finance*, octobre 2000.

---

17 N. ELTON et M. GRUBER, « Marginal Stockholder Tax Rates and the Clientele Effect », *Review of Economics and Statistics* 52, février 1970.

Glossaire

À l'abri du rachat   Période au cours de laquelle l'émetteur ne peut exercer son privilège de rachat d'obligation. (page 192)

Achat ferme   Achat, par un placeur, des valeurs d'une société émettrice et vente directe à un petit nombre d'investisseurs. (page 472)

Acquisitions nettes   Total des coûts (y compris les frais d'installation) des acquisitions d'immobilisations dont on soustrait le prix rajusté de toute cession à l'intérieur d'une catégorie de biens. (page 45)

Acte de fiducie   Entente écrite entre la société et le prêteur décrivant en détail les conditions de l'émission de la créance. (page 190)

Action ordinaire   Capital qui ne bénéficie d'une priorité ni pour les dividendes, ni en cas de faillite. (page 232)

Actions ordinaires dépouillées   Actions ordinaires dont les dividendes et les gains en capital sont présentés autrement et vendus séparément. On dit aussi « actions ordinaires détachées ». (page 544)

Actions privilégiées   Actions ayant priorité sur les actions ordinaires quant au versement des dividendes, généralement avec un taux de dividende fixe et souvent sans droit de vote. (page 235)

Actualisation   Calcul de la valeur actualisée d'une somme future. (page 136)

Amortissement du coût en capital (ACC)   Amortissement à des fins fiscales qui n'est pas nécessairement le même que celui des principes comptables généralement reconnus. (pages 44, 286)

Analyse de sensibilité   Examen des variations de la VAN effectué lorsqu'une seule variable est modifiée. (page 332)

Analyse des scénarios   Détermination des effets de certaines questions hypothétiques sur les estimations de la valeur actualisée nette (VAN). (page 330)

Annuité   Flux monétaire constant versé périodiquement pendant une période donnée. (page 153)

Annuité à valeur croissante   Nombre fini de flux monétaires annuels croissants. (page 161)

Annuité équivalente (AÉ)   Valeur actualisée des coûts d'un projet calculée de façon annuelle. (page 307)

Annuité de début de période   Annuité dont les flux monétaires se mesurent et s'évaluent au début de chaque période. (page 157)

Approche relative aux sociétés non diversifiées   Utilisation d'un coût moyen pondéré du capital (CMPC) propre à un projet donné. (page 445)

Approche du dividende résiduel   Politique selon laquelle une société ne verse des dividendes qu'après avoir satisfait ses besoins en investissement tout en maintenant son ratio dette/fonds propres. (page 553)

Avantage fiscal que procurent les intérêts   Économie fiscale obtenue par une société pour des frais d'intérêts. (page 512)

Bilan   État financier qui indique la valeur comptable d'une entreprise à une date donnée. (page 25)

Billet à ordre   Dette non garantie dont l'échéance est en général de moins de 10 ans. (page 192)

Capacité d'endettement   Capacité d'emprunter pour accroître la valeur de l'entreprise. (page 111)

Capital de risque   Financement de nouvelles entreprises comportant souvent des risques élevés. (page 468)

Capitalisation   Cumuler de l'intérêt sur un investissement pendant un certain temps afin d'obtenir davantage d'intérêts. (page 131)

Choix stratégiques   Choix concernant des produits ou des stratégies à venir reliés aux activités de l'entreprise. (page 350)

Clause Canada plus   Clause de remboursement anticipé qui dédommage l'investisseur ayant acheté des obligations pour la différence d'intérêt de façon à rendre peu attrayante l'utilisation de la clause de remboursement par l'émetteur. (page 192)

Clause de rachat différé   Clause d'un privilège de rachat qui prévoit que la société ne pourra pas exercer son privilège avant une date donnée. (page 192)

Clause restrictive   Section d'un acte de fiducie limitant certaines transactions qui pourraient être effectuées pendant la durée du prêt, en général afin de protéger les intérêts du prêteur. (page 193)

Coefficient bêta   Quantité de risque systématique associée à un actif risqué en particulier par rapport à un actif risqué moyen. (page 404)

Coefficient de levier d'exploitation   Variation en pourcentage du flux monétaire provenant de l'exploitation par rapport à la variation en pourcentage du volume des ventes. (page 344)

Convention de placement garanti   Entente selon laquelle le placeur accepte toute portion non souscrite de l'émission. (page 487)

Convention de placement par compte   Vente, par le placeur, de tout ce qu'il peut de l'émission, avec la possibilité de remettre à la société émettrice toute action non vendue, sans en assumer la responsabilité financière. (page 472)

Coupon   Versements d'intérêts prévus aux termes d'une obligation. (page 182)

Courbe risque-rendement   Droite à pente positive qui illustre la relation entre le rendement espéré et le coefficient bêta. (page 413)

Coût de l'endettement   Rendement exigé par les prêteurs pour les dettes de la société. (page 437)

Coût de renonciation   Manque à gagner associé à l'option la plus valable à laquelle l'entreprise doit renoncer si elle décide d'effectuer un investissement en particulier. On dit aussi « coût d'opportunité ». (page 283)

Coût des fonds propres   Rendement exigé par les investisseurs pour les fonds propres investis dans une société. (page 432)

Coût du capital   Rendement minimal requis sur un nouvel investissement. (page 417)

Coût du capital sans levier   Coût du capital de la société qui n'a aucune dette. (page 512)

Coût irrécupérable   Coût déjà engagé qui ne peut être récupéré et qui, par conséquent, ne doit pas entrer en ligne de compte dans une décision d'investissement. (page 283)

Coût marginal ou coût différentiel   Variation dans les coûts associée à une légère variation dans la production. (page 336)

Coût moyen pondéré du capital (CMPC)   Moyenne pondérée des coûts de l'endettement et des fonds propres. (page 439)

Coûts de détresse financière   Coûts directs et indirects reliés à la faillite ou aux difficultés financières. (page 516)

Coûts directs de faillite   Coûts directement associés à la faillite, tels que les coûts juridiques et administratifs. (page 516)

Coûts fixes   Coûts qui ne varient pas en fonction du volume de production au cours d'une période de temps donnée. (page 335)

Coûts indirects de faillite   Coûts reliés aux difficultés d'une société qui est en détresse financière. (page 516)

Coûts variables   Coûts qui varient en fonction du volume de production. (page 334)

Crédit d'impôt pour dividendes   Formule fiscale qui permet de réduire le taux d'imposition en vigueur sur les dividendes. (page 41)

Date d'inscription   Date à laquelle les actionnaires inscrits sont désignés pour un versement de dividendes. (page 540)

Date de clôture des registres   Date à laquelle les actionnaires actuels, selon les registres de la société, sont désignés à titre de récipiendaires de droits. C'est aussi la date de l'enregistrement. (page 486)

Date de déclaration   Date à laquelle le conseil d'administration vote une résolution pour le versement des dividendes. (page 540)

Date de versement   Date à laquelle les chèques sont mis à la poste. On dit aussi « date de paiement ». (page 540)

Date ex-dividende   Date fixée à quatre jours ouvrables avant la date d'inscription qui permet d'établir ceux qui ont droit aux dividendes. On dit aussi « date de détachement du dividende ». (page 540)

Débenture   Dette non garantie dont l'échéance est en général de 10 ans ou plus. (page 192)

Décisions concernant des investissements mutuellement exclusifs   Un des problèmes que peut poser l'utilisation de la méthode du taux de rendement interne (TRI) lorsque le fait d'accepter un projet empêche d'en accepter un autre. (page 267)

Délai de récupération   Période de temps nécessaire avant qu'un investissement génère des rentrées de fonds qui remboursent son coût initial. (page 256)

Délai de récupération actualisé   Période de temps requise avant que la somme des flux monétaires actualisés d'un investissement devienne égale à son coût initial. (page 258)

Dialectique de réglementation   Pressions que les institutions financières et les organismes de contrôle exercent les uns sur les autres. (page 19)

Dilution   Perte de la richesse des actionnaires, en ce qui concerne la propriété, la valeur marchande, la valeur aux livres ou le bénéfice par action (BPA). (page 489)

Distribution   Versement effectué par une société à ses propriétaires à partir d'une source autre que les bénéfices courants ou accumulés. (page 539)

Dividende   Versement effectué à même les bénéfices de la société à ses propriétaires, sous forme d'espèces ou de rachat d'actions. (pages 233, 539)

Dividende « artisanal »   Possibilité, pour un investisseur, d'adapter à ses préférences la politique de dividende d'une société en réinvestissant ses dividendes ou en vendant des actions. On dit aussi parfois « dividende créé par l'actionnaire ». (page 543)

Dividende payé en actions   Versement effectué par une société à ses propriétaires sous forme d'actions, ce qui dilue la valeur des actions en circulation. (page 560)

Dividendes réguliers en espèces   Versements en espèces effectués par une société à ses propriétaires dans le contexte de ses activités courantes, en général quatre fois par année. (page 539)

Droit d'usage   Somme versée au placeur qui participe à la convention de placement garanti. (page 487)

Écart   Indemnisation offerte au placeur ; différence entre le prix de placement et le prix de l'offre. (page 472)

Écart type   Valeur positive de la racine carrée de la variance. (page 371)

Échéance   Date stipulée à laquelle l'émetteur doit remettre le capital d'une obligation. (page 183)

Économie d'impôt attribuable à l'amortissement du coût en capital (EIACC)   Économie d'impôts résultant de l'ACC et calculée sous forme d'amortissement fiscal multiplié par le taux d'imposition des entreprises. (page 297)

Effet du type de clientèle   Actions attirant des groupes donnés en fonction du taux de rendement des dividendes et de sa conséquence du point de vue fiscal. On dit aussi « effet de clientèle ». (page 552)

Effet du contenu informatif   Réaction du marché à un changement du ratio de versement des dividendes d'une société. (page 551)

Effet Fisher   Rapport entre le rendement nominal, le rendement réel et l'inflation. (page 202)

Élaboration de plans de contingences   Prise en considération de l'éventail des choix de gestion qui sont implicites dans un projet. (page 348)

Éléments sans effet sur la trésorerie (ou postes hors caisse)   Dépenses portées au compte des produits d'exploitation et qui n'influent pas directement sur les flux monétaires, comme l'amortissement. (page 31)

Émission nouvelle   Une nouvelle émission de titres pour une entreprise qui a déjà émis des titres dans le public. (page 471)

Engagement de placement ferme   Achat de l'émission complète par le placeur et acceptation de l'entière responsabilité financière pour toute action non vendue. (page 472)

Entreprise individuelle   Entreprise appartenant à une seule personne. (page 6)

Érosion   Flux monétaires d'un nouveau projet générés au détriment d'autres projets existant dans l'entreprise. Ce phénomène est aussi connu sous le nom de « cannibalisme ». (page 284)

Établissement du budget des investissements   Processus de planification et de gestion des investissements d'une entreprise en actifs immobilisés. (page 3)

État de l'évolution de la situation financière   État financier présentant les flux de trésorerie attribuables aux activités d'exploitation, de financement et d'investissement d'une entreprise au cours de l'exercice. (page 59)

État des résultats   État financier qui résume le rendement d'une entreprise sur une période de temps donnée. (page 30)

États financiers de l'année de référence   États financiers standardisés qui présentent tous les postes relatifs à un montant d'une année de référence. (page 62)

États financiers *pro forma*   États financiers qui présentent des projections concernant les activités des années à venir. (page 286)

Évaluation des flux monétaires actualisés   Processus d'évaluation d'un investissement par actualisation de ses flux monétaires à venir. (page 254)

Évaluation par simulation   Combinaison de l'analyse des scénarios et de l'analyse de sensibilité. (page 332)

Éventail des choix de gestion Occasions que les dirigeants peuvent exploiter advenant certains événements dans l'avenir. (page 347)

Ex-droits Actions se vendant sans un droit qui leur était récemment attaché, durant une période qui débute en général quatre jours ouvrables avant la date de clôture des registres. On dit aussi « droits détachés ». (page 486)

Faillite Processus juridique pour liquider ou réorganiser une entreprise ; également, transfert d'une partie ou de la totalité des actifs d'une société à ses créanciers. (page 525)

Flux monétaire affecté aux actionnaires Dividendes versés par une entreprise à ses actionnaires et dont on soustrait les nouveaux fonds propres nets obtenus. (page 35)

Flux monétaire affecté aux créanciers Montant des intérêts versés par une entreprise à ses créanciers et dont on soustrait les nouveaux emprunts nets. (page 35)

Flux monétaire provenant de l'actif Total du flux monétaire destiné aux détenteurs d'obligations et aux actionnaires qui comprend le flux monétaire provenant de l'exploitation, les dépenses d'investissement et les additions au fonds de roulement net. (page 33)

Flux monétaire provenant de l'exploitation Argent produit grâce aux activités d'exploitation courantes d'une entreprise. (page 33)

Flux monétaires différentiels Différence entre les flux monétaires à venir d'une entreprise selon qu'elle accepte ou rejette un projet. On dit aussi « flux monétaires marginaux ». (page 283)

Fonds d'amortissement Compte géré par le fiduciaire de l'obligation pour le remboursement anticipé d'une obligation. (page 192)

Fractionnement d'actions Augmentation du nombre d'actions en circulation d'une société sans transformation des fonds propres des propriétaires. On dit aussi « division d'actions ». (page 560)

Gains en capital Accroissement de la valeur d'un investissement par rapport à son prix d'acquisition. (page 42)

Gains en capital réalisés Accroissement de la valeur d'un investissement lorsqu'on le transforme en argent comptant. (page 42)

Gestion du fonds de roulement Planification et gestion de l'actif et du passif à court terme d'une entreprise. (page 5)

Horizon de planification Période à long terme sur laquelle porte le processus de planification financière, c'est-à-dire généralement les deux à cinq années qui suivent. (page 98)

Hypothèse du marché efficient ou hypothèse de l'efficience du marché des capitaux Hypothèse selon laquelle les marchés financiers actuels, comme le TSX, sont efficients. (page 377)

Identité de Du Pont Expression bien connue qui permet de diviser le taux de rendement des fonds propres en trois parties : la marge bénéficiaire, le coefficient de rotation du total de l'actif et l'effet de levier financier. (page 75)

Indice de rentabilité Résultat de la division de la valeur actualisée des flux monétaires à venir d'un investissement par son coût initial. (page 270)

Ingénierie financière Création de nouveaux titres ou de nouveaux processus financiers. (page 19)

Intérêt composé Intérêts calculés sur un capital initial accru de ses intérêts accumulés au cours de périodes précédentes. (page 131)

Intérêt simple Intérêt calculé uniquement sur un capital initial. (page 131)

Intérêt sur intérêt Intérêt créditeur obtenu en réinvestissant les intérêts cumulés au cours des périodes précédentes. (page 131)

Levier artisanal Recours à l'emprunt personnel afin de modifier la somme totale de levier financier à laquelle s'expose l'individu. (page 505)

Levier d'exploitation Importance des coûts fixes de production dans un projet ou une entreprise. (page 344)

Liquidation Opérations reliées à la dissolution d'une entreprise. (page 525)

Loi (ou distribution) normale Distribution de fréquences symétrique en forme de cloche qu'on peut définir par sa moyenne et son écart type. (page 372)

Marché efficient ou efficace Marché sur lequel le prix des actions reflète les renseignements disponibles. (page 375)

Marché financier Marché des capitaux qui sert à acheter et à vendre des titres de créances et des titres de participation à long terme. (page 14)

Marché monétaire Marché des capitaux sur lequel les titres de créances (ou les valeurs obligataires à court terme) s'achètent et se vendent. (page 14)

Méthode d'estimation fondée sur le chiffre d'affaires Méthode de planification financière dans laquelle on fait des projections des comptes en fonction du volume de ventes prévu. (page 103)

Modèle d'évaluation des actifs financiers (MÉDAF) Équation de la courbe risque-rendement qui exprime la relation entre le rendement espéré et le coefficient bêta (CAPM, en anglais, pour *Capital Asset Pricing Model*). (page 414)

Modèle d'évaluation par arbitrage (MÉA) Théorie de l'équilibre dans l'évaluation des actifs qui découle d'un modèle d'explication factorielle basé sur la diversification et l'arbitrage. Il démontre que le rendement espéré de n'importe quel actif financier à risque résulte d'une combinaison linéaire de différents facteurs (APT, en anglais, pour *Arbitrage Pricing Theory*). (page 417)

Modèle de croissance du dividende Modèle qui permet de calculer le cours actuel d'une action en divisant son dividende à la prochaine période par le taux d'actualisation moins le taux de croissance du dividende. (page 227)

Obligation à coupon détaché Obligation qui ne comporte aucun coupon et qui se négocie donc à très fort escompte. On dit aussi « obligation à zéro-coupon ». (page 196)

Obligation au porteur Obligation émise sans prendre note du nom du propriétaire ; les versements sont remis au porteur de l'obligation. (page 191)

Obligation enregistrée Obligation dont le nom du propriétaire figure dans le registre de la société ; le paiement est effectué directement au propriétaire de l'obligation. (page 191)

Obligation rétractable Obligation qu'on peut revendre à l'émetteur avant l'échéance pour un cours fixé au préalable. (page 199)

Partie intéressée Toute personne ayant potentiellement un droit sur une entreprise. (page 13)

Perpétuité   Annuité dont les flux monétaires ne cessent jamais. (page 158)

Perpétuité à valeur croissante   Flot constant de flux monétaires qui ne cessent jamais et qui devraient s'accroître indéfiniment d'après les prévisions. (page 160)

Perte finale   Différence entre la fraction non amortie du coût en capital (FNACC) et le coût rajusté de la cession lorsque cette fraction est plus élevée que le coût de cession. (page 46)

Placement ordinaire   Achat de valeurs de la société émettrice par un preneur ferme, qui les revend ensuite dans le public. (page 472)

Placements privés   Prêts, généralement à long terme, offerts directement par un nombre limité d'investisseurs. (page 492)

Plage populaire de négociation des cours   Tranche située entre le cours le plus élevé et le cours le plus faible auquel l'action est négociée. (page 562)

Poids du portefeuille   Pourcentage de la valeur totale d'un portefeuille correspondant à un actif en particulier. (page 389)

Point mort   Niveau de ventes où le bénéfice net sur un projet est nul. (page 336)

Point mort de trésorerie   Niveau de ventes auquel le flux monétaire provenant de l'exploitation est nul. (page 342)

Portefeuille   Groupe d'actifs, par exemple des actions et des obligations, détenues par un investisseur. (page 389)

Premier appel public à l'épargne (PAPE)   Première émission de fonds propres qu'une société offre au public. Également, une nouvelle émission qui n'est pas encore en circulation. (page 471)

Prêt syndiqué   Prêt consenti par un groupe de banques ou d'autres institutions. (page 491)

Prêts à terme   Prêts directs à l'entreprise, généralement de un à cinq ans. (page 491)

Prime de rachat   Différence entre la valeur nominale de l'obligation et le prix d'exercice donné par le privilège de rachat. (page 192)

Prime de risque   Taux de rendement additionnel exigé d'un investissement dans un actif à risque par rapport au taux de rendement d'un investissement sans risque. (page 369)

Prime de risque du marché   Pente de la courbe risque-rendement, c'est-à-dire différence entre le rendement espéré d'un portefeuille du marché et le taux sans risque. (page 414)

Principe de la diversification   Principe d'après lequel l'étalement d'un investissement sur un certain nombre d'actions élimine une partie des risques mais pas tous. (page 401)

Principe de la valeur intrinsèque   Évaluation d'un projet d'après ses flux monétaires différentiels. (page 283)

Principe du risque systématique   Principe d'après lequel le rendement espéré d'un actif risqué dépend uniquement du risque systématique de cet actif. (page 404)

Principes comptables généralement reconnus (PCGR)   Ensemble commun de normes et de méthodes conformément auxquelles on dresse les états financiers vérifiés. (page 29)

Privilège de dépassement de souscription   Possibilité, pour les actionnaires, d'acheter des actions non souscrites lors d'une émission de droits au prix de souscription. (page 488)

Privilège de rachat   Entente en vertu de laquelle la société peut racheter l'obligation à un cours donné (prix d'exercice du droit de rachat) avant l'échéance. (page 192)

Problème d'agence   Possibilité de conflits d'intérêts entre les actionnaires et la direction d'une entreprise. (page 11)

Procuration   Document produit par un actionnaire et autorisant une tierce personne à voter en son nom. (page 248)

Profil de la valeur actualisée nette   Représentation graphique de la relation entre les valeurs actualisées nettes (VAN) d'un investissement et différents taux d'actualisation. (page 264)

Proposition I de M&M   La valeur d'une société est indépendante de sa structure financière. (page 506)

Proposition II de M&M   Le coût des fonds propres d'une société est une fonction linéaire positive de sa structure financière. (page 508)

Prospectus   Document juridique contenant certains détails sur la société émettrice et les offres proposées aux investisseurs potentiels. (page 471)

Prospectus provisoire   Prospectus préliminaire distribué aux investisseurs potentiels lors de l'émission d'une nouvelle valeur. Le terme anglais *herring,* plus poétique, fait référence au lettrage rouge utilisé dans ces prospectus. (page 471)

Provenance de l'encaisse   Activités d'une entreprise qui génèrent de l'argent. (page 57)

Rachat d'actions   Autre moyen utilisé par les sociétés qui souhaitent verser des bénéfices à leurs propriétaires; il offre un traitement fiscal plus avantageux que les dividendes. (page 558)

Ratio d'intensité du capital   Résultat du total des actifs d'une entreprise divisé par son chiffre d'affaires ou le montant d'actif nécessaire pour produire 1 $ de ventes. (page 105)

Ratio de réinvestissement   Résultat des bénéfices non répartis divisés par le bénéfice net. On dit aussi « ratio de rétention ». (pages 104, 434)

Ratio de versement cible   Ratio dividende-bénéfices à long terme visé par une société. (page 557)

Ratio dividendes-bénéfice   Résultat du montant versé en espèces aux actionnaires divisé par le bénéfice net. (page 104)

Ratios financiers   Relations établies d'après l'information financière disponible sur une entreprise et utilisées aux fins de comparaison. (page 63)

Rationnement du capital (ou limite des investissements)   Situation dans laquelle une entreprise envisage plusieurs projets ayant des VAN positives alors qu'elle ne peut trouver le financement nécessaire à leur réalisation. (page 350)

Rationnement stratégique   Situation dans laquelle les dirigeants d'une entreprise attribuent à chaque division un certain montant de financement pour leur choix d'investissement. (page 350)

Rationnement véritable   Situation dans laquelle une entreprise ne peut obtenir de financement pour un projet, quelles que soient les circonstances. (page 351)

Récupération d'amortissement   Différence imposable entre le coût rajusté d'une cession et la fraction non amortie du coût en capital lorsque la FNACC est plus élevée. (page 46)

Refinancement des obligations   Remplacement en tout ou en partie de l'émission d'obligations en circulation. (page 216)

Règle de la demi-année   Exigence de l'Agence des douanes et du revenu du Canada en vertu de laquelle on doit calculer la déduction pour amortissement fiscal sur seulement la moitié du coût d'un bien (y compris les frais d'installation) pour la première année de son utilisation. (page 45)

Regroupement d'actions   Processus qui diminue le nombre d'actions en circulation d'une société. (page 562)

Regroupement ou totalisation   Processus par lequel les petites propositions d'investissement de chaque unité d'exploitation d'une entreprise sont additionnées et traitées comme un grand projet. (page 98)

Rendement à l'échéance (RAÉ)   Taux d'intérêt du marché qui fait en sorte que le cours d'une obligation est égal à la valeur actualisée des versements d'intérêt et du remboursement du capital. (page 183)

Rendement comptable moyen   Résultat de la division du bénéfice moyen net d'un investissement par sa valeur comptable moyenne. (page 260)

Rendement des dividendes   Dividende en espèces d'une action divisé par le cours actuel du marché. (page 231)

Rendement des fonds propres (RFP ou ROE)   Bénéfice net après les intérêts et les impôts divisé par le capital moyen des actionnaires ordinaires. (page 434)

Rendement des gains en capital   Taux de croissance du dividende ou taux de croissance de la valeur de l'investissement. (page 231)

Rendement espéré ou attendu   Rendement d'un actif risqué auquel on s'attend dans l'avenir. (page 386)

Rente perpétuelle   Type de perpétuité. (page 158)

Réorganisation   Restructuration financière d'une société qui risque la faillite afin de la maintenir en exploitation. (page 525)

Report de perte rétrospectif ou prospectif   Utilisation des pertes en capital subies au cours d'une année pour compenser les gains en capital réalisés dans le passés ou à venir. (page 43)

Risque d'affaires   Risque relié aux fonds propres qui découle de la nature des activités de la société. On dit aussi « risque d'entreprise » ou « d'exploitation ». (page 510)

Risque financier   Risque relié aux fonds propres qui découle de la politique financière (c'est-à-dire de la structure du capital) de la société. (page 510)

Risque prévisionnel   Possibilité que des erreurs dans les flux monétaires projetés mènent à des décisions erronées. (page 328)

Risque systématique   Risque qui influe sur un grand nombre d'actifs ; appelé aussi « risque du marché ». (page 399)

Risque non systématique   Risque qui influe au plus sur un petit nombre d'actifs ; appelé aussi « risque spécifique », « résiduel » ou « idiosyncratique ». (page 399)

Seuil de rentabilité financière   Niveau de ventes où la VAN est nulle. (page 342)

Société de personnes   Entreprise constituée par deux ou plusieurs copropriétaires. (page 6)

Société par actions   Entreprise constituée en entité juridique distincte et composée d'une ou de plusieurs personnes ou entités. (page 7)

Structure financière (ou structure de capital)   Combinaison de dettes et de fonds propres maintenue par une entreprise. (page 5)

Syndicat   Groupe de placeurs qui s'unissent pour diminuer le risque et aider à la vente d'une émission. (page 472)

Tableau en chiffres relatifs   État financier standardisé qui présente tous les postes en pourcentages. Les bilans sont ainsi présentés sous forme de pourcentages d'actif et les états des résultats, sous forme de pourcentages de ventes. (page 60)

Taux d'actualisation   Taux utilisé pour calculer la valeur actualisée d'un flux monétaire futur. (page 137)

Taux d'imposition marginal   Montant d'impôt à payer sur chaque dollar supplémentaire gagné. (page 40)

Taux d'imposition moyen   Le total des impôts versés divisé par le total des revenus imposables. (page 40)

Taux d'intérêt annuel effectif   Taux d'intérêt présenté comme s'il était calculé une fois par année. (page 163)

Taux d'intérêt spécifié   Taux d'intérêt exprimé sous forme de versements d'intérêts effectués à chaque période. On dit aussi « taux d'intérêt stipulé » ou « taux d'intérêt nominal ». (page 163)

Taux nominal   Taux d'intérêt ou de rendement non rajusté en fonction de l'inflation. (page 201)

Taux réel   Taux d'intérêt ou de rendement rajusté en fonction de l'inflation. (page 201)

Taux de coupon   Coupon annuel divisé par la valeur nominale d'une obligation. (page 183)

Taux de croissance interne   Taux de croissance qu'une entreprise peut maintenir par autofinancement seulement. (page 111)

Taux de croissance soutenable   Taux de croissance qu'une entreprise peut maintenir compte tenu de sa capacité d'endettement, du taux de rendement de ses fonds propres et de son taux de réinvestissement. (page 112)

Taux de rendement interne (TRI)   Taux d'actualisation pour lequel la valeur actualisée nette (VAN) d'un investissement est nulle. (page 262)

Taux de rendement multiples   Un des problèmes que peut poser l'utilisation de la méthode du taux de rendement interne (TRI) lorsque plus d'un taux d'actualisation rend nulle la valeur actualisée nette (VAN) d'un investissement. (page 266)

Taux périodique annuel (TPA)   Taux d'intérêt par période multiplié par le nombre de périodes par année. On dit aussi « taux annuel de financement ». (page 165)

Théorie du compromis statique de la structure du capital   Théorie selon laquelle une société emprunte jusqu'à ce que les avantages fiscaux de l'endettement supplémentaire représentent exactement les coûts associés à la probabilité accrue de détresse financière. (page 517)

Titres dérivés   Contrats d'option ou à terme et autres titres dont la valeur provient d'un autre actif sous-jacent. (page 19)

Utilisation de l'encaisse   Activités d'une entreprise qui entraînent des dépenses d'argent. (page 57)

Valeur actualisée (VA)   Valeur actuelle de flux monétaires actualisés au taux d'actualisation approprié. (page 136)

Valeur actualisée nette (VAN)   Différence entre la valeur marchande d'un investissement et son coût. (page 253)

Valeur actualisée nette ajustée (VANA)   Scénario de base pour la valeur actualisée nette (VAN) des flux monétaires d'un projet ajoutée à la valeur actualisée de tout bénéfice de financement. (page 457)

Valeur capitalisée (VC)   Valeur d'un investissement après une ou plusieurs périodes. On dit aussi « valeur composée ». (page 131)

Valeur nominale   Capital d'une obligation remis à l'échéance ; on parle aussi de « valeur au pair ». (page 182)

Variance   Écart moyen entre le rendement observé et le rendement moyen élevé au carré. (page 371)

Vote cumulatif   Procédure en vertu de laquelle un actionnaire peut utiliser tous ses votes pour élire un seul membre du conseil d'administration. (page 248)

Vote direct   Procédure par laquelle un actionnaire peut voter pour chacun des membres du conseil d'administration. (page 248)

TABLES MATHÉMATIQUES

Tableau A.1 La valeur capitalisée de 1 $ à la fin de t périodes $= (1 + r)^t$

Taux d'intérêt

Période	1 %	2 %	3 %	4 %	5 %	6 %	7 %	8 %	9 %
1	1,0100	1,0200	1,0300	1,0400	1,0500	1,0600	1,0700	1,0800	1,0900
2	1,0201	1,0404	1,0609	1,0816	1,1025	1,1236	1,1449	1,1664	1,1881
3	1,0303	1,0612	1,0927	1,1249	1,1576	1,1910	1,2250	1,2597	1,2950
4	1,0406	1,0824	1,1255	1,1699	1,2155	1,2625	1,3108	1,3605	1,4116
5	1,0510	1,1041	1,1593	1,2167	1,2763	1,3382	1,4026	1,4693	1,5386
6	1,0615	1,1262	1,1941	1,2653	1,3401	1,4185	1,5007	1,5869	1,6771
7	1,0721	1,1487	1,2299	1,3159	1,4071	1,5036	1,6058	1,7138	1,8280
8	1,0829	1,1717	1,2668	1,3686	1,4775	1,5938	1,7182	1,8509	1,9926
9	1,0937	1,1951	1,3048	1,4233	1,5513	1,6895	1,8385	1,9990	2,1719
10	1,1046	1,2190	1,3439	1,4802	1,6289	1,7908	1,9672	2,1589	2,3674
11	1,1157	1,2434	1,3842	1,5395	1,7103	1,8983	2,1049	2,3316	2,5804
12	1,1268	1,2682	1,4258	1,6010	1,7959	2,0122	2,2522	2,5182	2,8127
13	1,1381	1,2936	1,4685	1,6651	1,8856	2,1329	2,4098	2,7196	3,0658
14	1,1495	1,3195	1,5126	1,7317	1,9799	2,2609	2,5785	2,9372	3,3417
15	1,1610	1,3459	1,5580	1,8009	2,0789	2,3966	2,7590	3,1722	3,6425
16	1,1726	1,3728	1,6047	1,8730	2,1829	2,5404	2,9522	3,4259	3,9703
17	1,1843	1,4002	1,6528	1,9479	2,2920	2,6928	3,1588	3,7000	4,3276
18	1,1961	1,4282	1,7024	2,0258	2,4066	2,8543	3,3799	3,9960	4,7171
19	1,2081	1,4568	1,7535	2,1068	2,5270	3,0256	3,6165	4,3157	5,1417
20	1,2202	1,4859	1,8061	2,1911	2,6533	3,2071	3,8697	4,6610	5,6044
21	1,2324	1,5157	1,8603	2,2788	2,7860	3,3996	4,1406	5,0338	6,1088
22	1,2447	1,5460	1,9161	2,3699	2,9253	3,6035	4,4304	5,4365	6,6586
23	1,2572	1,5769	1,9736	2,4647	3,0715	3,8197	4,7405	5,8715	7,2579
24	1,2697	1,6084	2,0328	2,5633	3,2251	4,0489	5,0724	6,3412	7,9111
25	1,2824	1,6406	2,0938	2,6658	3,3864	4,2919	5,4274	6,8485	8,6231
30	1,3478	1,8114	2,4273	3,2434	4,3219	5,7435	7,6123	10,063	13,268
40	1,4889	2,2080	3,2620	4,8010	7,0400	10,286	14,974	21,725	31,409
50	1,6446	2,6916	4,3839	7,1067	11,467	18,420	29,457	46,902	74,358
60	1,8167	3,2810	5,8916	10,520	18,679	32,988	57,946	101,26	176,03

					Taux d'intérêt					
10 %	12 %	14 %	15 %	16 %	18 %	20 %	24 %	28 %	32 %	36 %
1,1000	1,1200	1,1400	1,1500	1,1600	1,1800	1,2000	1,2400	1,2800	1,3200	1,3600
1,2100	1,2544	1,2996	1,3225	1,3456	1,3924	1,4400	1,5376	1,6384	1,7424	1,8496
1,3310	1,4049	1,4815	1,5209	1,5609	1,6430	1,7280	1,9066	2,0972	2,3000	2,5155
1,4641	1,5735	1,6890	1,7490	1,8106	1,9388	2,0736	2,3642	2,6844	3,0360	3,4210
1,6105	1,7623	1,9254	2,0114	2,1003	2,2878	2,4883	2,9316	3,4360	4,0075	4,6526
1,7716	1,9738	2,1950	2,3131	2,4364	2,6996	2,9860	3,6352	4,3980	5,2899	6,3275
1,9487	2,2107	2,5023	2,6600	2,8262	3,1855	3,5832	4,5077	5,6295	6,9826	8,6054
2,1436	2,4760	2,8526	3,0590	3,2784	3,7589	4,2998	5,5895	7,2058	9,2170	11,703
2,3579	2,7731	3,2519	3,5179	3,8030	4,4355	5,1598	6,9310	9,2234	12,166	15,917
2,5937	3,1058	3,7072	4,0456	4,4114	5,2338	6,1917	8,5944	11,806	16,060	21,647
2,8531	3,4785	4,2262	4,6524	5,1173	6,1759	7,4301	10,657	15,112	21,199	29,439
3,1384	3,8960	4,8179	5,3503	5,9360	7,2876	8,9161	13,215	19,343	27,983	40,037
3,4523	4,3635	5,4924	6,1528	6,8858	8,5994	10,699	16,386	24,759	36,937	54,451
3,7975	4,8871	6,2613	7,0757	7,9875	10,147	12,839	20,319	31,691	48,757	74,053
4,1772	5,4736	7,1379	8,1371	9,2655	11,974	15,407	25,196	40,565	64,359	100,71
4,5950	6,1304	8,1372	9,3576	10,748	14,129	18,488	31,243	51,923	84,954	136,97
5,0545	6,8660	9,2765	10,761	12,468	16,672	22,186	38,741	66,461	112,14	186,28
5,5599	7,6900	10,575	12,375	14,463	19,673	26,623	48,039	85,071	148,02	253,34
6,1159	8,6128	12,056	14,232	16,777	23,214	31,948	59,568	108,89	195,39	344,54
6,7275	9,6463	13,743	16,367	19,461	27,393	38,338	73,864	139,38	257,92	468,57
7,4002	10,804	15,668	18,822	22,574	32,324	46,005	91,592	178,41	340,45	637,26
8,1403	12,100	17,861	21,645	26,186	38,142	55,206	113,57	228,36	449,39	866,67
8,9543	13,552	20,362	24,891	30,376	45,008	66,247	140,83	292,30	593,20	1178,7
9,8497	15,179	23,212	28,625	35,236	53,109	79,497	174,63	374,14	783,02	1603,0
10,835	17,000	26,462	32,919	40,874	62,669	95,396	216,54	478,90	1033,6	2180,1
17,449	29,960	50,950	66,212	85,850	143,37	237,38	634,82	1645,5	4142,1	10143
45,259	93,051	188,88	267,86	378,72	750,38	1469,8	5455,9	19427	66521	*
117,39	289,00	700,23	1083,7	1670,7	3927,4	9100,4	46890	*	*	*
304,48	897,60	2595,9	4384,0	7370,2	20555	56348	*	*	*	*

* FVIV > 99 999

Taux d'intérêt

Période	1 %	2 %	3 %	4 %	5 %	6 %	7 %	8 %	9 %
1	0,9901	0,9804	0,9709	0,9615	0,9524	0,9434	0,9346	0,9259	0,9174
2	0,9803	0,9612	0,9426	0,9246	0,9070	0,8900	0,8734	0,8573	0,8417
3	0,9706	0,9423	0,9151	0,8890	0,8638	0,8396	0,8163	0,7938	0,7722
4	0,9610	0,9238	0,8885	0,8548	0,8227	0,7921	0,7629	0,7350	0,7084
5	0,9515	0,9057	0,8626	0,8219	0,7835	0,7473	0,7130	0,6806	0,6499
6	0,9420	0,8880	0,8375	0,7903	0,7462	0,7050	0,6663	0,6302	0,5963
7	0,9327	0,8706	0,8131	0,7599	0,7107	0,6651	0,6227	0,5835	0,5470
8	0,9235	0,8535	0,7894	0,7307	0,6768	0,6274	0,5820	0,5403	0,5019
9	0,9143	0,8368	0,7664	0,7026	0,6446	0,5919	0,5439	0,5002	0,4604
10	0,9053	0,8203	0,7441	0,6756	0,6139	0,5584	0,5083	0,4632	0,4224
11	0,8963	0,8043	0,7224	0,6496	0,5847	0,5268	0,4751	0,4289	0,3875
12	0,8874	0,7885	0,7014	0,6246	0,5568	0,4970	0,4440	0,3971	0,3555
13	0,8787	0,7730	0,6810	0,6006	0,5303	0,4688	0,4150	0,3677	0,3262
14	0,8700	0,7579	0,6611	0,5775	0,5051	0,4423	0,3878	0,3405	0,2992
15	0,8613	0,7430	0,6419	0,5553	0,4810	0,4173	0,3624	0,3152	0,2745
16	0,8528	0,7284	0,6232	0,5339	0,4581	0,3936	0,3387	0,2919	0,2519
17	0,8444	0,7142	0,6050	0,5134	0,4363	0,3714	0,3166	0,2703	0,2311
18	0,8360	0,7002	0,5874	0,4936	0,4155	0,3503	0,2959	0,2502	0,2120
19	0,8277	0,6864	0,5703	0,4746	0,3957	0,3305	0,2765	0,2317	0,1945
20	0,8195	0,6730	0,5537	0,4564	0,3769	0,3118	0,2584	0,2145	0,1784
21	0,8114	0,6598	0,5375	0,4388	0,3589	0,2942	0,2415	0,1987	0,1637
22	0,8034	0,6468	0,5219	0,4220	0,3418	0,2775	0,2257	0,1839	0,1502
23	0,7954	0,6342	0,5067	0,4057	0,3256	0,2618	0,2109	0,1703	0,1378
24	0,7876	0,6217	0,4919	0,3901	0,3101	0,2470	0,1971	0,1577	0,1264
25	0,7798	0,6095	0,4776	0,3751	0,2953	0,2330	0,1842	0,1460	0,1160
30	0,7419	0,5521	0,4120	0,3083	0,2314	0,1741	0,1314	0,0994	0,0754
40	0,6717	0,4529	0,3066	0,2083	0,1420	0,0972	0,0668	0,0460	0,0318
50	0,6080	0,3715	0,2281	0,1407	0,0872	0,0543	0,0339	0,0213	0,0134

Tableau A.2 (suite et fin)

Taux d'intérêt

10 %	12 %	14 %	15 %	16 %	18 %	20 %	24 %	28 %	32 %	36 %
0,9091	0,8929	0,8772	0,8696	0,8621	0,8475	0,8333	0,8065	0,7813	0,7576	0,7353
0,8264	0,7972	0,7695	0,7561	0,7432	0,7182	0,6944	0,6504	0,6104	0,5739	0,5407
0,7513	0,7118	0,6750	0,6575	0,6407	0,6086	0,5787	0,5245	0,4768	0,4348	0,3975
0,6830	0,6355	0,5921	0,5718	0,5523	0,5158	0,4823	0,4230	0,3725	0,3294	0,2923
0,6209	0,5674	0,5194	0,4972	0,4761	0,4371	0,4019	0,3411	0,2910	0,2495	0,2149
0,5645	0,5066	0,4556	0,4323	0,4104	0,3704	0,3349	0,2751	0,2274	0,1890	0,1580
0,5132	0,4523	0,3996	0,3759	0,3538	0,3139	0,2791	0,2218	0,1776	0,1432	0,1162
0,4665	0,4039	0,3506	0,3269	0,3050	0,2660	0,2326	0,1789	0,1388	0,1085	0,0854
0,4241	0,3606	0,3075	0,2843	0,2630	0,2255	0,1938	0,1443	0,1084	0,0822	0,0628
0,3855	0,3220	0,2697	0,2472	0,2267	0,1911	0,1615	0,1164	0,0847	0,0623	0,0462
0,3505	0,2875	0,2366	0,2149	0,1954	0,1619	0,1346	0,0938	0,0662	0,0472	0,0340
0,3186	0,2567	0,2076	0,1869	0,1685	0,1372	0,1122	0,0757	0,0517	0,0357	0,0250
0,2897	0,2292	0,1821	0,1625	0,1452	0,1163	0,0935	0,0610	0,0404	0,0271	0,0184
0,2633	0,2046	0,1597	0,1413	0,1252	0,0985	0,0779	0,0492	0,0316	0,0205	0,0135
0,2394	0,1827	0,1401	0,1229	0,1079	0,0835	0,0649	0,0397	0,0247	0,0155	0,0099
0,2176	0,1631	0,1229	0,1069	0,0930	0,0708	0,0541	0,0320	0,0193	0,0118	0,0073
0,1978	0,1456	0,1078	0,0929	0,0802	0,0600	0,0451	0,0258	0,0150	0,0089	0,0054
0,1799	0,1300	0,0946	0,0808	0,0691	0,0508	0,0376	0,0208	0,0118	0,0068	0,0039
0,1635	0,1161	0,0829	0,0703	0,0596	0,0431	0,0313	0,0168	0,0092	0,0051	0,0029
0,1486	0,1037	0,0728	0,0611	0,0514	0,0365	0,0261	0,0135	0,0072	0,0039	0,0021
0,1351	0,0926	0,0638	0,0531	0,0443	0,0309	0,0217	0,0109	0,0056	0,0029	0,0016
0,1228	0,0826	0,0560	0,0462	0,0382	0,0262	0,0181	0,0088	0,0044	0,0022	0,0012
0,1117	0,0738	0,0491	0,0402	0,0329	0,0222	0,0151	0,0071	0,0034	0,0017	0,0008
0,1015	0,0659	0,0431	0,0349	0,0284	0,0188	0,0126	0,0057	0,0027	0,0013	0,0006
0,0923	0,0588	0,0378	0,0304	0,0245	0,0160	0,0105	0,0046	0,0021	0,0010	0,0005
0,0573	0,0334	0,0196	0,0151	0,0116	0,0070	0,0042	0,0016	0,0006	0,0002	0,0001
0,0221	0,0107	0,0053	0,0037	0,0026	0,0013	0,0007	0,0002	0,0001	*	*
0,0085	0,0035	0,0014	0,0009	0,0006	0,0003	0,0001	*	*	*	*

* Facteur de zéro jusqu'à quatre décimales.

Tableau	A.3	La valeur actualisée d'une annuité de 1 $ par période pendant t périodes $= [1 - 1/(1 + r)^t]/r$						

Nombre de périodes	\multicolumn{9}{c}{Taux d'intérêt}							
	1 %	2 %	3 %	4 %	5 %	6 %	7 %	8 %	9 %
1	0,9901	0,9804	0,9709	0,9615	0,9524	0,9434	0,9346	0,9259	0,9174
2	1,9704	1,9416	1,9135	1,8861	1,8594	1,8334	1,8080	1,7833	1,7591
3	2,9410	2,8839	2,8286	2,7751	2,7232	2,6730	2,6243	2,5771	2,5313
4	3,9020	3,8077	3,7171	3,6299	3,5460	3,4651	3,3872	3,3121	3,2397
5	4,8534	4,7135	4,5797	4,4518	4,3295	4,2124	4,1002	3,9927	3,8897
6	5,7955	5,6014	5,4172	5,2421	5,0757	4,9173	4,7665	4,6229	4,4859
7	6,7282	6,4720	6,2303	6,0021	5,7864	5,5824	5,3893	5,2064	5,0330
8	7,6517	7,3255	7,0197	6,7327	6,4632	6,2098	5,9713	5,7466	5,5348
9	8,5660	8,1622	7,7861	7,4353	7,1078	6,8017	6,5152	6,2469	5,9952
10	9,4713	8,9826	8,5302	8,1109	7,7217	7,3601	7,0236	6,7101	6,4177
11	10,3676	9,7868	9,2526	8,7605	8,3064	7,8869	7,4987	7,1390	6,8052
12	11,2551	10,5753	9,9540	9,3851	8,8633	8,3838	7,9427	7,5361	7,1607
13	12,1337	11,3484	10,6350	9,9856	9,3936	8,8527	8,3577	7,9038	7,4869
14	13,0037	12,1062	11,2961	10,5631	9,8986	9,2950	8,7455	8,2442	7,7862
15	13,8651	12,8493	11,9379	11,1184	10,3797	9,7122	9,1079	8,5595	8,0607
16	14,7179	13,5777	12,5611	11,6523	10,8378	10,1059	9,4466	8,8514	8,3126
17	15,5623	14,2919	13,1661	12,1657	11,2741	10,4773	9,7632	9,1216	8,5436
18	16,3983	14,9920	13,7535	12,6593	11,6896	10,8276	10,0591	9,3719	8,7556
19	17,2260	15,6785	14,3238	13,1339	12,0853	11,1581	10,3356	9,6036	8,9501
20	18,0456	16,3514	14,8775	13,5903	12,4622	11,4699	10,5940	9,8181	9,1285
21	18,8570	17,0112	15,4150	14,0292	12,8212	11,7641	10,8355	10,0168	9,2922
22	19,6604	17,6580	15,9369	14,4511	13,1630	12,0416	11,0612	10,2007	9,4424
23	20,4558	18,2922	16,4436	14,8568	13,4886	12,3034	11,2722	10,3741	9,5802
24	21,2434	18,9139	16,9355	15,2470	13,7986	12,5504	11,4693	10,5288	9,7066
25	22,0232	19,5235	17,4131	15,6221	14,0939	12,7834	11,6536	10,6748	9,8226
30	25,8077	22,3965	19,6004	17,2920	15,3725	13,7648	12,4090	11,2578	10,2737
40	32,8347	27,3555	23,1148	19,7928	17,1591	15,0463	13,3317	11,9246	10,7574
50	39,1961	31,4236	25,7298	21,4822	18,2559	15,7619	13,8007	12,2335	10,9617

					Taux d'intérêt				
10 %	12 %	14 %	15 %	16 %	18 %	20 %	24 %	28 %	32 %
0,9091	0,8929	0,8772	0,8696	0,8621	0,8475	0,8333	0,8065	0,7813	0,7576
1,7355	1,6901	1,6467	1,6257	1,6052	1,5656	1,5278	1,4568	1,3916	1,3315
2,4869	2,4018	2,3216	2,2832	2,2459	2,1743	2,1065	1,9813	1,8684	1,7663
3,1699	3,0373	2,9137	2,8550	2,7982	2,6901	2,5887	2,4043	2,2410	2,0957
3,7908	3,6048	3,4331	3,3522	3,2743	3,1272	2,9906	2,7454	2,5320	2,3452
4,3553	4,1114	3,8887	3,7845	3,6847	3,4976	3,3255	3,0205	2,7594	2,5342
4,8684	4,5638	4,2883	4,1604	4,0386	3,8115	3,6046	3,2423	2,9370	2,6775
5,3349	4,9676	4,6389	4,4873	4,3436	4,0776	3,8372	3,4212	3,0758	2,7860
5,7590	5,3282	4,9464	4,7716	4,6065	4,3030	4,0310	3,5655	3,1842	2,8681
6,1446	5,6502	5,2161	5,0188	4,8332	4,4941	4,1925	3,6819	3,2689	2,9304
6,4951	5,9377	5,4527	5,2337	5,0286	4,6560	4,3271	3,7757	3,3351	2,9776
6,8137	6,1944	5,6603	5,4206	5,1971	4,7932	4,4392	3,8514	3,3868	3,0133
7,1034	6,4235	5,8424	5,5831	5,3423	4,9095	4,5327	3,9124	3,4272	3,0404
7,3667	6,6282	6,0021	5,7245	5,4675	5,0081	4,6106	3,9616	3,4587	3,0609
7,6061	6,8109	6,1422	5,8474	5,5755	5,0916	4,6755	4,0013	3,4834	3,0764
7,8237	6,9740	6,2651	5,9542	5,6685	5,1624	4,7296	4,0333	3,5026	3,0882
8,0216	7,1196	6,3729	6,0472	5,7487	5,2223	4,7746	4,0591	3,5177	3,0971
8,2014	7,2497	6,4674	6,1280	5,8178	5,2732	4,8122	4,0799	3,5294	3,1039
8,3649	7,3658	6,5504	6,1982	5,8775	5,3162	4,8435	4,0967	3,5386	3,1090
8,5136	7,4694	6,6231	6,2593	5,9288	5,3527	4,8696	4,1103	3,5458	3,1129
8,6487	7,5620	6,6870	6,3125	5,9731	5,3837	4,8913	4,1212	3,5514	3,1158
8,7715	7,6446	6,7429	6,3587	6,0113	5,4099	4,9094	4,1300	3,5558	3,1180
8,8832	7,7184	6,7921	6,3988	6,0442	5,4321	4,9245	4,1371	3,5592	3,1197
8,9847	7,7843	6,8351	6,4338	6,0726	5,4509	4,9371	4,1428	3,5619	3,1210
9,0770	7,8431	6,8729	6,4641	6,0971	5,4669	4,9476	4,1474	3,5640	3,1220
9,4269	8,0552	7,0027	6,5660	6,1772	5,5168	4,9789	4,1601	3,5693	3,1242
9,7791	8,2438	7,1050	6,6418	6,2335	5,5482	4,9966	4,1659	3,5712	3,1250
9,9148	8,3045	7,1327	6,6605	6,2463	5,5541	4,9995	4,1666	3,5714	3,1250

Nombre de périodes	Taux d'intérêt								
	1 %	2 %	3 %	4 %	5 %	6 %	7 %	8 %	9 %
1	1,0000	1,0000	1,0000	1,0000	1,0000	1,0000	1,0000	1,0000	1,0000
2	2,0100	2,0200	2,0300	2,0400	2,0500	2,0600	2,0700	2,0800	2,0900
3	3,0301	3,0604	3,0909	3,1216	3,1525	3,1836	3,2149	3,2464	3,2781
4	4,0604	4,1216	4,1836	4,2465	4,3101	4,3746	4,4399	4,5061	4,5731
5	5,1010	5,2040	5,3091	5,4163	5,5256	5,6371	5,7507	5,8666	5,9847
6	6,1520	6,3081	6,4684	6,6330	6,8019	6,9753	7,1533	7,3359	7,5233
7	7,2135	7,4343	7,6625	7,8983	8,1420	8,3938	8,6540	8,9228	9,2004
8	8,2857	8,5830	8,8932	9,2142	9,5491	9,8975	10,260	10,637	11,028
9	9,3685	9,7546	10,159	10,583	11,027	11,491	11,978	12,488	13,021
10	10,462	10,950	11,464	12,006	12,578	13,181	13,816	14,487	15,193
11	11,567	12,169	12,808	13,486	14,207	14,972	15,784	16,645	17,560
12	12,683	13,412	14,192	15,026	15,917	16,870	17,888	18,977	20,141
13	13,809	14,680	15,618	16,627	17,713	18,882	20,141	21,495	22,953
14	14,947	15,974	17,086	18,292	19,599	21,015	22,550	24,215	26,019
15	16,097	17,293	18,599	20,024	21,579	23,276	25,129	27,152	29,361
16	17,258	18,639	20,157	21,825	23,657	25,673	27,888	30,324	33,003
17	18,430	20,012	21,762	23,698	25,840	28,213	30,840	33,750	36,974
18	19,615	21,412	23,414	25,645	28,132	30,906	33,999	37,450	41,301
19	20,811	22,841	25,117	27,671	30,539	33,760	37,379	41,446	46,018
20	22,019	24,297	26,870	29,778	33,066	36,786	40,995	45,762	51,160
21	23,239	25,783	28,676	31,969	35,719	39,993	44,865	50,423	56,765
22	24,472	27,299	30,537	34,248	38,505	43,392	49,006	55,457	62,873
23	25,716	28,845	32,453	36,618	41,430	46,996	53,436	60,893	69,532
24	26,973	30,422	34,426	39,083	44,502	50,816	58,177	66,765	76,790
25	28,243	32,030	36,459	41,646	47,727	54,865	63,249	73,106	84,701
30	34,785	40,568	47,575	56,085	66,439	79,058	94,461	113,28	136,31
40	48,886	60,402	75,401	95,026	120,80	154,76	199,64	259,06	337,88
50	64,463	84,579	112,80	152,67	209,35	290,34	406,53	573,77	815,08
60	81,670	114,05	163,05	237,99	353,58	533,13	813,52	1253,2	1944,8

					Taux d'intérêt					
10 %	12 %	14 %	15 %	16 %	18 %	20 %	24 %	28 %	32 %	36 %
1,0000	1,0000	1,0000	1,0000	1,0000	1,0000	1,0000	1,0000	1,0000	1,0000	1,0000
2,1000	2,1200	2,1400	2,1500	2,1600	2,1800	2,2000	2,2400	2,2800	2,3200	2,3600
3,3100	3,3744	3,4396	3,4725	3,5056	3,5724	3,6400	3,7776	3,9184	4,0624	4,2096
4,6410	4,7793	4,9211	4,9934	5,0665	5,2154	5,3680	5,6842	6,0156	6,3624	6,7251
6,1051	6,3528	6,6101	6,7424	6,8771	7,1542	7,4416	8,0484	8,6999	9,3983	10,146
7,7156	8,1152	8,5355	8,7537	8,9775	9,4420	9,9299	10,980	12,136	13,406	14,799
9,4872	10,089	10,730	11,067	11,414	12,142	12,916	14,615	16,534	18,696	21,126
11,436	12,300	13,233	13,727	14,240	15,327	16,499	19,123	22,163	25,678	29,732
13,579	14,776	16,085	16,786	17,519	19,086	20,799	24,712	29,369	34,895	41,435
15,937	17,549	19,337	20,304	21,321	23,521	25,959	31,643	38,593	47,062	57,352
18,531	20,655	23,045	24,349	25,733	28,755	32,150	40,238	50,398	63,122	78,998
21,384	24,133	27,271	29,002	30,850	34,931	39,581	50,895	65,510	84,320	108,44
24,523	28,029	32,089	34,352	36,786	42,219	48,497	64,110	84,853	112,30	148,47
27,975	32,393	37,581	40,505	43,672	50,818	59,196	80,496	109,61	149,24	202,93
31,772	37,280	43,842	47,580	51,660	60,965	72,035	100,82	141,30	198,00	276,98
35,950	42,753	50,980	55,717	60,925	72,939	87,442	126,01	181,87	262,36	377,69
40,545	48,884	59,118	65,075	71,673	87,068	105,93	157,25	233,79	347,31	514,66
45,599	55,750	68,394	75,836	84,141	103,74	128,12	195,99	300,25	459,45	700,94
51,159	63,440	78,969	88,212	98,603	123,41	154,74	244,03	385,32	607,47	954,28
57,275	72,052	91,025	102,44	115,38	146,63	186,69	303,60	494,21	802,86	1298,8
64,002	81,699	104,77	118,81	134,84	174,02	225,03	377,46	633,59	1060,8	1767,4
71,403	92,503	120,44	137,63	157,41	206,34	271,03	469,06	812,00	1401,2	2404,7
79,543	104,60	138,30	159,28	183,60	244,49	326,24	582,63	1040,4	1850,6	3271,3
88,497	118,16	158,66	184,17	213,98	289,49	392,48	723,46	1332,7	2443,8	4450,0
98,347	133,33	181,87	212,79	249,21	342,60	471,98	898,09	1706,8	3226,8	6053,0
164,49	241,33	356,79	434,75	530,31	790,95	1181,9	2640,9	5873,2	12941	28172,3
442,59	767,09	1342,0	1779,1	2360,8	4163,2	7343,9	22729	69377	*	*
1163,9	2400,0	4994,5	7217,7	10436	21813	45497	*	*	*	*
3034,8	7471,6	18535	29220	46058	*	*	*	*	*	*

* FVIFA > 99 999

RÉPONSES À CERTAINS
PROBLÈMES DE FIN DE CHAPITRE

Chapitre 2

2.1 Fonds propres = 1 900 $
Fonds de roulement net (FRN) = 750 $

2.3 Addition aux bénéfices non répartis = 55 200 $

2.5 Valeur comptable = 2,0 millions de dollars
Valeur marchande = 2,5 millions de dollars

2.7 Dépenses d'investissement nettes = 850 000 $

2.8 Impôts exigibles = 33 516 $
Taux d'imposition moyen = 18,62 %
Taux d'imposition marginal = 18,62 %

2.9 Impôts exigibles = 351 552 $
Taux d'imposition moyen = 36,62 %
Taux d'imposition marginal = 36,62 %

2.10 Revenu imposable = 180 000 $
Économies dues à l'incorporation = 28 817,49 $
Revenu imposable = 960 000 $
Économies dues à l'incorporation = −24 029,49 $

2.11 Flux monétaires affectés aux créanciers = −50 000 $

2.13 Flux monétaires provenant de l'exploitation = 35 000 $

2.15 Amortissement = 1 666 $

2.17 a) Fonds propres = 100 $
b) Fonds propres = 0 $

2.18 a) Impôts exigibles$_x$ = 366 200 $
Impôts exigibles$_y$ = 331 200 $
b) Δ Impôts exigibles$_x$ = 3 662 $
Δ Impôts exigibles$_y$ = 3 312 $
Le taux d'imposition marginal pour X est de 36,62 % mais pour Y, il est de 33,12 %.

2.19 a) Bénéfice net = −40 000 $
b) Flux monétaires provenant de l'exploitation = 75 000 $

2.20 Flux monétaires après impôts (dividendes) = 8 542 $
Flux monétaires après impôts (gains en capital) = 8 650 $
Flux monétaires après impôts (intérêts créditeurs) = 7 300 $

2.21 a) Bénéfice net = 396 $
b) Flux monétaires provenant de l'exploitation = 1 296 $
c) Flux monétaires provenant de l'actif = −104 $
d) Flux monétaires affectés aux créanciers = 100 $
Flux monétaires affectés aux actionnaires = − 204 $

2.27 Rendement après impôts (dividendes) = 28,47 %
Rendement après impôts (gains en capital) = 28,83 %
Rendement après impôts (intérêts créditeurs) = 24,33 %

2.28
Année	FNACC (en début d'exercice)	25 % DPA	FNACC (en fin d'exercice)
1	600 000 $	150 000 $	1 050 000 $
2	1 050 000	262 500	787 500
3	787 500	196 875	590 625
4	590 625	147 656	442 969
5	442 969	110 742	332 227

2.29
Année	FNACC (en début d'exercice)	20 % DPA	FNACC (en fin d'exercice)
1	138 000 $	27 600 $	248 400 $
2	248 400	49 680	198 720
3	198 720	39 744	158 978
4	158 976	31 795	127 181
5	127 181	25 436	101 745

2.30
Année	FNACC (en début d'exercice)	30 % DPA	FNACC (en fin d'exercice)
1	60 000 $	18 000 $	102 000 $
2	102 000	30 600	71 400
3	71 400	21 420	25 980
4	25 980	7 794	18 186
5	18 186	5 456	12 730

2.31 DPA sur le matériel
Année	FNACC (en début d'exercice)	20 % DPA	FNACC (en fin d'exercice)
2002	412 500 $	82 500 $	742 500 $
2003	742 500 $	148 500	594 000 $

DPA sur l'immeuble
Année	FNACC (en début d'exercice)	5 % DPA	FNACC (en fin d'exercice)
2002	500 000 $	25 000 $	975 000 $
2003	975 000	48 750	926 250

2.32
Année	FNACC (en début d'exercice)	50 % DPA	FNACC (en fin d'exercice)
1999	112 500 $	56 250 $	56 250 $
2000	168 750	84 375	84 375
2001	84 375	42 188	42 188
2002	229 688	114 844	114 855
2003	302 344	151 172	151 172

2002 : Acquisitions nettes = 450 000 $ − 75 000 $
= 375 000 $

2.33 a) Impôt fédéral = 1 102 $
Impôt provincial = 380 $
Revenu après impôts = 2 318 $
b) Impôt fédéral sur les dividendes = 685,56 $
Impôt provincial sur les dividendes = 350 $
Revenu après impôts = 2 464,44 $
c) Impôt fédéral sur les gains en capital = 435 $
Impôt provincial sur les gains en capital = 150 $
Revenu après impôts = 2 415 $

2.34 Report sur les quatre prochains exercices = 356

2.35 FNACC$_5$ = 10 963 $

Chapitre 3

3.1   *a)*   Aucun effet (en supposant des objectifs monétaires)
       c)   Augmentation
       e)   Aucun effet
       g)   Accroissement

3.5   Ratio de fonds de roulement = 1,36 fois
       Ratio de trésorerie relative = 0,93 fois

3.7   Coefficient de rotation des comptes clients = 5,88 fois
       Délai moyen de recouvrement des créances = 62,11 jours
       Délai moyen de recouvrement = 62,11 jours

3.9   Ratio dette-fonds propres = 0,54 fois
       Ratio actif-capital = 1,54 fois

3.11   Taux de rendement des fonds propres = 21,78 %

3.13   Diminution de l'encaisse de 1 490 $

3.15   500 $; utilisation d'argent

3.21   *a)*   0,70 fois
         0,86 fois
      c)   0,07 fois
         0,08 fois
      e)   Ratio capitaux dette-fonds propres : 0,89 fois ; 0,57 fois
         Ratio actif-capital : 1,89 ; 1,57

3.25   Bénéfice net = 45,50 $

3.27   Actif immobilisé net = 2 277,95 $

3.29   Ratio de marge bénéficiaire = 3,40 %
       Coefficient de rotation du total de l'actif = 3,86 fois
       Taux de rendement des fonds propres = 21,66 %

3.31   Ratio de couverture des intérêts = 4,00 fois

3.33   *a)*   4,27 fois ; 3,41 fois
      c)   0,45 fois ; 0,21 fois
      e)   1,32 fois
      g)   0,29 ; 0,26
      i)   1,41 ; 1,35
      k)   11,28 fois
      m)   23,27 %

3.35   464 jours

3.37   8,9 ; 5,28 $; 2,8

Chapitre 4

4.3   FER = 249,10 $

4.5   FER = 633 $

4.7   Taux de croissance soutenable = 7,36 %

4.9   Addition aux bénéfices non répartis = 3 588 $

4.11   FER = 364,50 $

4.13   Taux de croissance soutenable = 10,13 %

4.15   Taux de croissance soutenable = 12,18 %

4.17   Nouveaux actifs immobilisés = 0 $

4.19   Ratio capitaux dette-fonds propres = 2,00 fois

4.21   Taux de croissance soutenable = 18,20 %
       Taux de rendement de l'actif = 7,70 %

4.23   FER = 41 701 $

4.25   FER = 7 621 $

4.26   FER à 20,00 % = 12 817 $
       FER à 25,00 % = 27 259 $
       FER à 30,00 % = 41 701 $
       FER à 15,56 % = 0 $

Chapitre 5

5.1   644,47 $

5.3   12 700 $
       20 823 $
       20 260 $
       35 709 $

5.5   18,35 années
       19,48 années
       14,91 années
       7,13 années

5.7   11,90 années
       23,79 années

5.9   20,52 années

5.11   56,72 années

5.13   9,98 %
       1 748 938,82 $

5.15   −9,37 %

5.16   *a)*   *r* = 6,35 % ; b) *r* = 19,9 %

5.17   61 001,92 $

5.19   42 555,57 $

Chapitre 6

6.1   à 10 % : VA = 3 227,44 $
       à 18 % : VA = 2 722,41 $
       à 24 % : VA = 2 425,93 $

6.3   à 8 % : VC = 4 688,14 $
       à 11 % : VC = 4 883,97 $
       à 24 % : VC = 5 817,56 $

6.5   Flux monétaires = 2 688,38 $

6.9   8,62 %

6.11   7,01 %
       8,74 %
       16,98 %
       24,92 %

6.13   Taux d'intérêt annuel = 13,11 %
       Taux annuel effectif = 14 %

6.14   à 5 ans : VC = 6 851,11 $
       à 10 ans : VC = 9 387,54 $
       à 20 ans : VC = 17 625,19 $

6.16   Taux d'intérêt annuel = 300 %
       Taux annuel effectif = 1 355,19 %

6.18   74 mois

6.20   Rendement mensuel = 1,4 %
       Taux d'intérêt annuel = 16,8 %
       Taux annuel effectif = 18,16 %

6.22   VC = 82 285,81 $

6.24   VA = 1 920,79 $

6.25   4,81 %

6.27   279,30 $

6.29   1,23 $; 1,51 $

6.31   41,42 %

6.33   VA = 88 123,82 $

6.35   à 10 % : VA = 12 289,13 $
       à 5 % : VA = 15 443,47 $
       à 15 % : VA = 10 037,47 $

Chapitre 7

6.37	Taux d'intérêt annuel = 8,72 %
6.40	Bénéfice = 7 122,29 $
	Taux du seuil de rentabilité = 18,56 %
6.42	VA = 3 356 644,06 $
6.44	VA = 96 162,01 $
6.46	Valeur = 5 614,47 $
6.48	à 5 ans : VA = 183 255,87 $
	à 10 ans : VA = 281 961,87 $
6.50	*a)* VA = 2 038,79 $
	b) VA = 2 252,86 $
6.52	Trois ans : 1 599,10 $
	Durée du prêt : 7 740,97 $
6.54	Taux annuel effectif = 12,36 %
6.56	Taux d'intérêt annuel = 27,60 %
	Taux d'intérêt effectif = 31,38 %
6.58	Sans frais : à 17,9 % = 92,51 mois
	à 8,9 % = 62,71 mois
	Avec frais : à 17,9 % = 96,57 mois
	à 8,9 % = 64,31 mois
6.61	14,52 %
6.63	VA = 18 514,46 $
	VA = 12 165,84 $
6.65	Remboursement annuel = 15 023,96 $
6.67	Remboursement = 671,83 $ par mois
6.68	Durée = 105,38 mois

Chapitre 7

7.3	843,03 $
7.5	5,56 %
7.7	6,69 %
7.9	2 % ; 1,89 %
7.11	5,45 %
7.13	Durée = environ 4 ans, P_0 = 110,23
7.15	X, Y : P_0 = 1 167,15 $; 850,26 $
	P_1 = 1 158,85 $; 856,79 $
	P_3 = 1 140,47 $; 871,65 $
	P_8 = 1 082,00 $; 922,21 $
	P_{12} = 1 018,69 $; 981,65 $
	P_{13} = 1 000,00 $; 1 000,00 $
7.19	6,68 %
7.21	Cours de clôture = 84 ¼
7.27	*a)* Rendement actualisé = 6,8765 %
	b) Prix = 1 194,91 $
	Rendement pour la période de détention = 9,69 %

Chapitre 8

8.1	P_0 = 30,92 $
	P_3 = 36,82 $
	P_{15} = 74,09 $
8.3	Rendement des dividendes = 5,21 %
	Rendement des gains en capital = 5 %
8.5	11,2 %
8.7	46,32 $
8.9	52,97 $
8.11	33,32 $
8.13	54,46 $
8.15	37,64 $
8.17	99,63 $
8.21	68,01 $
8.23	*a)* VA_0 = 33,09 $; *b)* VA_0 = 19,09 $

Chapitre 9

9.1	2,26 ans
9.3	Délai de récupération $_A$ = 2,5 ans
	Délai de récupération $_B$ = 3,005 ans
9.5	*a)* 4,71 ans
	b) 5,5 ans
	c) Jamais
9.6	TRI = 20,42 %
9.8	à 8 % : VAN = 1 496,27 $
	à 24 % : VAN = −1 721,40 $
	Taux d'actualisation (correspondant au point d'intersection) = 13,70 %
9.10	à 0 % : VAN = 2 500 $
	à 10 % : VAN = 1 277,99 $
	à 20 % : VAN = 386,57 $
	à 30 % : VAN = −283,57 $
9.12	Taux d'actualisation (correspondant au point d'intersection) = 17,87 %
9.14	à 10 % : Indice de rentabilité = 1,111
	à 15 % : Indice de rentabilité = 1,039
	à 22 % : Indice de rentabilité = 0,952
9.16	*a)* Délai de récupération : A = 3,29 ans
	B = 2,2 ans
	c) VAN : A = 91 303,38 $
	B = 6 381,70 $
	e) Indice de rentabilité : A = 1,537
	B = 1,355
9.20	Pire scénario : VAN = −175 248,25 $
	Meilleur scénario : VAN = montant infini
9.22	*a)* à 14 % : VAN = −78 571,43 $
	b) Taux de croissance = 7,85 %
9.23	Taux d'actualisation minimal = 21,1 % ; maximal = 78,8 %

Chapitre 10

10.1	Investissement = 6,95 millions de dollars
10.3	Bénéfice net = 81 212,50 $
10.5	Flux monétaires provenant de l'exploitation = 64 350 $
10.6	Bénéfice net = 80 640 $
10.7	Valeur actualisée de l'avantage fiscal attribuable à la DPA = 207 606 $, VAN = 410 915 $
10.8	VAN = 440 615 $
10.9	VAN = 430 285 $
10.11	Valeur de récupération = 100 000 $
10.13	FME_1 = 897 000 $
	FME_2 = 966 300 $
	FME_3 = 915 810 $
10.15	Flux monétaires$_0$ = −1 895 000 $
	Flux monétaires$_1$ = 798 000 $
	Flux monétaires$_2$ = 798 000 $
	Flux monétaires$_3$ = 695 000 $
	VAN = 406 699 $
10.16	VAN = 2 978 317 $; l'entreprise devrait accepter ce projet puisque la VAN > 0.
10.17	Rentrées de caisse = 7 500 $ − 4 300 $ = 3 200 $
10.19	Coût = 21,415 millions de dollars ; le coût du terrain (7,5 millions de dollars) acheté il y a huit ans est un coût irrécupérable. Comme ce terrain peut se vendre aujourd'hui 965 000 $, le coût de renonciation pour son aménagement est de 965 000 $.

10.20   Ventes différentielles = 543 000 000 $

10.22   TRI = 21,96 %

10.24   Prix par système = 82 856 $

10.25 $VAN_1 = -6\,565\,\$$, $VAN_2 = -10\,040\,\$$; coût annuel équivalent$_1$ = 2 733 $; coût annuel équivalent$_2$ = 3 306 $

10.26   VAN = −4 986 $, coût annuel équivalent = −2 076 $; $VAN_2 = -7\,586\,\$$; coût annuel équivalent$_2$ = −2 498 $. La méthode 2 est la plus coûteuse.

10.28   Coût annuel équivalent$_I$ = 108 134 $
       Coût annuel équivalent$_{II}$ = 97 063 $

10.32   VAN = −28 590 $

10.33   VAN = −6 176 787 $

10.34   VAN = −339 424 $. Ne pas remplacer.

10.35   VAN = 8 457 $. Acheter les nouveaux outils.

10.36   Coût annuel équivalent $_{souterrain}$ = 1 136 048 $
       Coût annuel équivalent $_{surface}$ = 770 155 $

10.37 $VAN_A = 55\,669\,\$$, $VAN_B = 47\,509\,\$$, VAN_{loyer} = 150 537 $

10.38 $P_0 = 18,00\,\$$ par action

10.40   Coût annuel équivalent$_A$ = 235 880 $
       Coût annuel équivalent$_B$ = 179 092 $

10.42 $VAN_{SAL5000} = -199\,795\,\$$, $VAN_{DET1000} = -184\,965\,\$$. Choisir le DET 1000.

10.43 $VAN_X = 232\,050\,\$$, $VAN_Y = 374\,856\,\$$. Choisir Y.

10.44   N = 4 : VAN = 805 716 593 $
       N = 3 : VAN = 765 825 612 $
       N = 2 : VAN = 829 228 805 $
       N = 1 : VAN = 214 293 713 $

10.45   VAN = −62 914 $. Les rénovations ne devraient pas être effectuées.

10.46   Aucune valeur de récupération, Δ économies = 68 613 $.
       Valeur de récupération, Δ économies = 63 179 $

10.47   VAN = 46 890 924 $

10.48   VAN = 8 096 178 $
       TRI = 46,49 %

10.51   *a)*   VAN = 371 917 $
       b)   Quantité de boîtes = 120 336
       c)   Coûts fixes = 371 325 $

Chapitre 11

11.1   *a)*   3,35 $
       b)   1 615 000 $
       c)   Point mort de trésorerie = 167 123 unités
          Point mort = 208 219 unités

11.5   *a)*   Point mort = 63 600 unités
          Ratio de levier d'exploitation = 6,195
       b)   Flux monétaires provenant de l'exploitation = 801 400 $
          VAN = 2 108 884 $
          Δ VAN/Δ unités = 36,8987 $
          Δ VAN = −18 449,47 $
       c)   Δ Flux monétaires provenant de l'exploitation/ Δ Coûts variables = −84 500 $

11.7   à 2 000 $: $Q_C = 70\,769$; $Q_T = 49\,231$
       à 40 $: $Q_C = 26\,250$; $Q_T = 7\,500$
       à 7 $: $Q_C = 184$; $Q_T = 100$

11.9 $Q_C = 219$; $Q_T = 125$; $Q_F = 250$
       Ratio de levier d'exploitation = 1,998

11.11   Δ Flux monétaires provenant de l'exploitation = 60 %

11.13   Ratio de levier d'exploitation$_{7\,000}$ = 1,4762 ; Δ flux monétaires provenant de l'exploitation = +4,2857 %
       Ratio de levier d'exploitation 7 300 = 1,4479

11.15   Ratio de levier d'exploitation$_{11\,000}$ = 2,8519 ; ratio de levier d'exploitation$_{9\,000}$ = 4,8462

11.17   Δ Flux monétaires provenant de l'exploitation /Δ Q = +5,28

11.19   *b)*   Δ VAN/Δ CF = −1,86
       c) $Q_T = 30$
       d) $Q_C = 64$
       Ratio de levier d'exploitation$_C$ = 1,8824

11.21   *a)*   VAN = 281 930 $
       b)   Valeur du choix d'abandon = 104 652,37 $

11.26   *b)* $Q_T = 1,67$; $Q_C = 60$; $Q_F = 99,19$

11.28   *a)*   Flux monétaires provenant de l'exploitation = 465 000 $
          VAN = 464 218 $
       b)   VAN (pire scénario) = −1 509 015 $
          VAN (meilleur scénario) = 2 437 451 $

Chapitre 12

12.1 $r = -25,4\,\%$

12.3 $r = 22,98\,\%$; rendement des dividendes = 2 %; rendement des gains en capital = 20,97 %

12.4   Taux d'intérêt réel = 2 %; taux d'intérêt réel exact = 1,94 %

12.5   Taux des bons du Trésor = 5,56 %

12.6   Inflation = 2,56 %

12.7 $r = 8,65\,\%$

12.8 $r = -1,74\,\%$. Oui, il est possible d'avoir un rendement réel (ou nominal) négatif. L'inflation peut, elle aussi, avoir une valeur négative.

12.9   *a)*   Rendement total = 120 $ + (− 40 $) = 80 $
       b)   Taux de rendement nominal = 80/965 = 8,29 %
       c)   Taux de rendement réel = 1,0829/1,04 − 1 = 0,04125 (4,125 %)

12.15   *a)*   3,38 %
       b)   3,20 %

12.23   92 %; de −11,93 % à 29,95 %; de −20,94 % à 38,96 %

12.29   *a)*   46,23 %; 19,47 %
       b)   19,58 %; 2,88 %
       c)   0 %; 0 %

Chapitre 13

13.1   Proportion de A : 0,6512
       Proportion de B : 0,3488

13.3 $E(R_P)$ = 15,50 %

13.5 $E(R_i)$ = 16,70 %

13.7 $E(R_A)$ = 7,20 %
       σ_A = 2,68 %
       $E(R_B)$ = 9,75 %
       σ_B = 17,67 %

13.9   *a)* $E(R_P)$ = 10,00 %
          σ^2_P = 0,01443

13.15 β_P = 0,95

13.17 $E(R_i)$ = 18,80 %

13.19 $E(R_M)$ = 18,06 %

13.21 *a)* $E(R_P) = 10,00\%$

    b) Proportion de $R_f = 0,3333$

    c) $\beta_P = 0,60$

    d) Proportion de $R_f = -100,00\%$

13.23 Y : 0,2397

    Z : 0,1097

13.31 C = 64 375 $

    Actif sans risque = 45 625 $

    $\beta_{ASR} = 0$

13.33 $\beta_I = 3,350$

    $\sigma_1 = 16,69\%$

    $\beta_{II} = 1,506$

    $\sigma_{II} = 31,96\%$

Chapitre 14

14.1 $r_E = 12,62\%$

14.2 $r_E = 13,05\%$

14.4 $20,66\%$

14.6 $r_D = 9,033 (1 - 0,35) = 5,871\%$

14.10 13,07 %

14.13 12,13 %

14.15 10,27 %

14.17 *a)* X, Y et Z

    b) W, X et Y

14.19 13,1868 millions de dollars

14.21 Ratio $D/FP = 0,7602$

Chapitre 15

15.1   *a)* 22,8 millions de dollars

    b) 4

    c) 76 $

    d) 4 $

15.3   1 063 636

15.6   786 102

15.8   Aucune variation

    Diminution de 1,67 $

    Diminution de 4,17 $

15.10 VAN $= -748 108$ $

15.12 37,50 $

15.14 7 500 $

Chapitre 16

16.1   *a)* BPA = 0,96 $; 2,40 $; 3,12 $

    b) BPA = 0,27 $; 2,67 $; 3,87 $

16.3   *a)* Taux de rendement des fonds propres = 2,4 % ; 6 % ; 7,8 %

    b) Taux de rendement des fonds propres = 0,67 % ; 6,67 % ; 9,67 %

    c) Taux de rendement des fonds propres (aucun emprunt) = 1,56 % ; 3,9 % ; 5,07 %

    Taux de rendement des fonds propres (avec emprunt) = 0,43 % ; 4,33 % ; 6,28 %

16.5   Prix = 30 $ par action

    I : Valeur = 3 millions de dollars

    II : Valeur = 3 millions de dollars

16.7   Prix = 45 $ par action

16.9   *a)* 18,33 %

    c) ABC : 14,167 %

    XYZ : 18,33 %

    d) Coût moyen pondéré du capital = 14,167 %

16.11 Bénéfice avant intérêts et impôts = 8 615 385

    Coût moyen pondéré du capital = 14 %

16.13 *a)* 15 %

    b) 16,3 %

    c) 18,9 %

    d) 13,69 % ; 12,38 %

16.15 27,04 % ; 23,06 %

16.17 24 375 $; 28 641 $; 32 906 $

16.22 Être réorganisé ; VA = 55,56 millions de dollars, ce qui est inférieur au montant de 75 millions de dollars de la valeur de liquidation.

Chapitre 17

17.3   *a)* Actions en circulation = 50 000

    Valeur au pair = 0,20 $

    b) Actions en circulation = 2 500

    Valeur au pair = 4 $

17.5 $P_0 = 37,50$ $; $P_X = 36,25$ $

17.7 $P_0 = 35$ $; $P_X = 29,17$ $

17.9   Valeur au pair = 0.25 $

    Dividende de l'année dernière avant division = 2,18 $

17.11 *a)* 6,25 % ;

    b) $D/FP = 0,3429$

17.13 *a)* 135 millions de dollars ; 90 millions de dollars

    b) 2,08 $

17.15 30 460 $

Index